U0574523

域外漢籍珍本文庫編纂出版委員會

域外漢籍珍本文庫

第一輯

子部

西南師範大學出版社
人民出版社

濟眾新編

提要

《濟眾新編》八卷，朝鮮康命吉撰，朝鮮内閣刻本。朝鮮李朝正祖王時期，康命吉於一七九九年遵王命以《東醫寶鑒》為藍本，參閲《内經》、《難經》及歷代方書二十餘種，删繁取要，間附己見，分類編成。卷一至七分述臨床内、外、婦、兒、眼、耳、鼻、舌、齒、喉各科多種病證，首脈法，次證治。卷八為藥性歌。輯錄《萬病回春》、《壽世保元》所載藥性歌，並新增藥物八十三種。

濟衆新編序

焦錫齋

天地之大德曰生既生生之矣厚生保生之道惟食與藥而必資於聖人之代其工是故農嘗際於教耕軒問並於晝井醫之有關於贊化育已自邃古而然也我

聖上粤在

先朝侍湯之暇深推斯民廣庇之仁使太醫康命吉就古今諸方撥源窮委芟繁補漏候陰陽而辨內外該診息而括經驗分門彙類提綱挈維雖遐鄉窮蔀之民一開卷亦自瞭然於對證之劑書凡八編至是告

成命曰濟衆新編開印內閣廣布中外以臣提舉內局　命序之臣竊念堯舜大聖也博施濟衆其猶病諸夫二帝之治蕩乎巍乎熙如皥如薄海蒼生咸囿耕鑿之樂豈有一夫之不濟特聖不自聖自視歉然故夫子言其病諸者乃所以深讚其能事極功之底於濟衆也恭惟

殿下政先重農德洽惠鮮斂福錫福厥民用康而猶恐夫病於廣濟拳拳垂意於斯編者如此

殿下之心卽堯舜之心而厚生保生之德其將同歸於天地生物之仁猗歟盛哉傳曰其數可陳也其義難知也蓋言乎六藝而醫亦六藝之流耳鍼石湯熨草木蟲魚五苦六辛卽所謂數也究性命之原辨六氣之運表榮衛之分導民於中和以養生引年卽所謂義也數譬則俎豆之事有司存焉義非神而明之孰能與也臣嘗聞　聖教羣聖之言萬理皆備已言者不是多未言者不是不足譬如醫家槩言五味之爲某性而已某性宜寒也反或宜於熱某性宜熱也反或宜於寒此在醫者原其性而變而通之耳既言其性則本宜寒而或宜熱本宜熱而或宜寒者正以其性之元具此理非於性外別有他理大哉言乎斯乃書外之旨而爲醫者必以意會之然後始可喩其旨由數求義之妙其於是乎在敢並爲述歲己未季秋

大匡輔國崇祿大夫議政府左議政臣李秉模奉教謹序

濟衆新編凡例

一古方雖多症論浩繁後學莫知要領今廣取諸方删繁取要症與脉各立分類當用之方列書其下使覽者開卷瞭然在目焉

一俗方之可用者亦爲取錄

一脉症治三條皆取諸方書中最緊之語合而成文難以區别故不錄引用書名只於藥方下各標所見之書

一老人之病異於少壯故别爲增補

一瘟疫治法古方今多不驗故略存檃栝

一藥性註解者方書雖多皆未免浩繁只抄萬病回春壽世保元歌括又附新增八十三首

一曾所製方經驗及間以己意論症添補者不避僭越亦爲載錄而皆書新增以别之

一内醫院　進上藥則皆書内局以别之

粤在

先王朝己丑臣命吉初入太醫院也今

上殿下時御春邸進臣而俯詢醫理焉蓋自素問難經以及歴代諸方無不鉤涉剔微俾臣得以竭其所見聞既而

教曰予以我

大朝久在靜攝之中侍湯之暇汎覽醫書有以知術莫仁於醫而司民命者尤不可不致意焉我朝醫書惟許浚寶鑑雖稱詳悉然文或繁冗語或重疊證或闕漏而應用之方亦多有不錄者内經不云乎

知其要者一言而終不知其要者流散無窮汝其廣取諸方芟其煩而取其要别作一方書以進臣性本庸愚學未窮源聞

命悸恐夙夜靡遑謹聚諸方書一遵

聖敎芟煩取要編成八卷而每編成獻

御則輒賜

御覽指授筆削閱數十載書始完乃

命内閣印頒中外使天下萬世咸囿我

聖上廣濟生民之德意臣之與聞編役實不勝榮幸謹綴數語識其顛末云己未四月崇祿大夫行知中

樞府事臣康命吉拜手稽首謹記

濟衆新編引用諸方

靈樞經
醫學正傳
丹溪心法
萬病回春
壽世保元
本草綱目
醫學入門
百代醫宗
痘疹心法
保嬰撮要
痘科彙編
赤水玄珠
醫方集略
景岳全書
濟陰綱目
得效方
張氏經驗方
趙氏經驗方
黃氏經驗方

醫林撮要
東醫寶鑑

濟衆新編總目

卷之一
風 附風痺 破傷風 麻木 痓痙 歷節風　寒　暑　濕　燥
火
卷之二
內傷　虛勞　身形　精　氣　神　血　夢
聲音　言語　津液　痰飲
卷之三
五臟　六腑　蟲　小便　大便　頭　面　眼
耳　鼻　口舌　牙齒　咽喉
卷之四
頸項　背　胸　乳　腹　臍　腰　脇　皮
脉　手　足　毛髮　前陰　後陰　霍亂
嘔吐　咳嗽
卷之五
積聚　浮腫　脹滿　消渴　黃疸　痎瘧
瘟疫　邪祟　癰疽　諸瘡　諸傷　解毒
救急　雜方
卷之六
婦人　胞

濟衆新編目錄

卷之一

風

老人治病　服人乳法　牛乳粥

精

脉法

精宜秘密　大鳳髓丹

遺精夢泄屬心　黃連清心飮　保精湯　歸元散　樗根皮丸　加味二陳湯

精滑脫屬虛　桂枝龍骨牡蠣湯　約精丸　辰砂旣濟丸

氣

脉法

氣爲諸病

七氣　七氣湯　四七湯　分心氣飮

九氣　正氣天香湯

中氣　八味順氣散

上氣逆氣　蘓子降氣湯　秘傳降氣湯　沉香降氣湯　退熱清氣湯

短氣少氣　人參膏　四君子湯

氣痛　清膈蒼莎丸　神保元　流氣飮子　三和散　復元通氣散

氣鬱　交感丹　上下分消導氣湯

通治　蘓合香元　至聖來復丹

神

脉法

五臟藏七神神統七情

驚悸怔忡　朱砂安神丸　加味溫膽湯　清心補血湯　辰砂妙香散　養心湯　加味四七湯　四物安神湯　朱雀丸

健忘　引神歸舍丹　定志丸　歸脾湯

癲癇　追風祛痰丸　清心滾痰丸　龍腦安神丸　滋陰寧神湯　清心溫膽湯

癲狂　當歸承氣湯　牛黃瀉心湯　寧志化痰湯

神病通治　天王補心丹　加減溫膽湯

血

脉法

血爲氣配

衄血嘔血吐血　莎芎散　三黃補血湯　清衄湯　犀角地黃湯　茯苓補心湯

清熱解毒湯

咳嗽唾咯血　加味逍遙散　清肺湯　清火滋陰湯　玄霜雪梨膏

尿血　清腸湯　茯苓調血湯　清熱滋陰湯

便血　平胃地楡湯　清臟湯　槐花散　厚朴煎

齒衄舌衄　綠袍散　蚊蛤散

血汗

九竅出血

通治　四物湯

夢

魂魄爲夢　益氣安神湯

手

肩臂病因 舒經湯 白芥子散 五靈脂散 消痰茯苓丸 半夏芩朮湯

代指

冬月手足皸裂 黄蠟膏

足

脉法

脚氣治法 神秘左經湯 檳蘇散 羌活導滯湯 當歸拈痛湯 獨活寄生湯 二妙蒼柏散

脚氣危症 木萸湯 三將軍元 烏藥平氣湯

痿病治法 養血壯筋健步丸 三妙丸 滋血養筋湯 清燥湯 五獸三匱丸

鶴膝風 大防風湯

毛髮

鬚髮榮枯黄落

前陰

脉法

疝病之因

疝症治法

疝病有七 蟠葱散 當歸四逆湯 羊肉湯 龍膽瀉肝湯 腰子散 神聖代鍼散 聚香飲子 二香丸 天台烏藥散 三疝湯 橘核丸 橘核散 茱萸内消元 橘茴飲

木腎陰痿陰冷 還少丹 腽肭補天丸 加減内固丸

陰囊濕痒 活血驅風散

諸疝通治 四炒川楝丸 烏附通氣湯 十味蒼柏散

婦人陰門諸疾

後陰

脉法

痔病之因

痔病有五 加味香蘇散 乾葛湯 加味槐角丸 秦艽蒼朮湯 當歸和血散 益智和中湯 熊氷膏 田螺膏 枯痔方

痔漏 凉血飲 秘傳神應膏 黑地黄丸 取痔蟲方 塞漏孔方

脱肛 蔘芪湯 猬皮散 蚊蛤散 七聖丸 洗痔熏痔法

霍亂

脉法

霍亂形症

乾濕霍亂治法 薑鹽湯 木萸散 回生散 麥門冬湯 二香黄連散

霍亂後轉筋 木瓜湯

嘔吐

脉法

嘔吐治法 保中湯 清熱二陳湯 葛根竹茹湯 比和飲

惡心乾嘔 生薑半夏湯 梔子竹茹湯

食痺吐食 茯苓半夏湯

噎膈反胃治法 五膈寬中散 生津補血湯 順氣和中湯

卷之六

婦人

胞

卷之七

小兒

濟衆新編目錄終

濟衆新編卷之一

焦錫齋

內局首醫臣康命吉奉 教撰

風 附風痺 破傷風 痓痙 麻木 歷節風

脉法 中風脉浮滑兼痰氣微而虛者不可踈散浮遲者吉急疾者凶

卒中風救急 昏倒牙噤潮涎喎斜以大指掐人中刺十指井穴及合谷人中竹瀝薑汁香油童便調蘓合香元醫鑑牛黃清心元灌之○香油調麝香一二分灌之○痰盛者白礬水吐之○口噤者烏梅肉和南星細辛末以中指蘸擦自開○虛者獨參湯醫鑑加竹瀝薑汁○中暑中寒中濕痰厥氣厥食厥熱厥虛暈等症皆卒倒不語症類卒中風勿以風治各考本門治之

牛黃清心元 內局 寶鑑治卒中風不省人事痰涎壅塞精神昏憒言語蹇澁口眼喎斜手足不遂

山藥七錢甘草炒五錢人參蒲黃炒神麯炒各二錢五分犀角二錢大豆黃卷炒官桂阿膠炒各一錢七分五里白芍藥麥門冬黃芩當歸防風朱砂水飛白朮各一錢五分柴胡桔梗杏仁白茯苓川芎各一錢二分五里牛黃一錢二分羚羊角麝香龍腦各一錢雄黃八分白歛乾薑炮各七分五里金箔一百二十箔內四十箔爲衣大棗二十枚蒸取肉研膏右末棗膏入煉蜜和勻每兩作十丸金箔爲衣每一丸溫水化下

奪命通關散 保元治中風中氣痰厥不省牙關緊急湯水不下皂角去皮弦二兩用白礬一兩苧布包入水與皂角同煮化去苧再煮乾出曬乾爲末細辛爲末五錢右合勻每遇痰厥或喉閉不省者先以少許吹鼻有嚏可治無嚏不可治却用蜜湯調服二匙即吐痰不吐再服

星香正氣散 入門卒中人事稍醒關節動活後用此理氣亦治中惡中氣藿香正氣散寒門加南星木香○保元加當歸防風

小續命湯 寶鑑治一切風初中無汗表實防風一錢五分防己官桂杏仁黃芩白芍藥人參川

芎麻黃甘草各一錢附子炮五分薑三片棗二枚○一方無防己附子有當歸石膏有熱加白附子

中腑
多着四肢手足拘急脉浮惡風寒面見五色在表宜汗易治

疎風湯
寶鑑治風中腑手足不仁先宜解表後用愈風湯調理羌活防風當歸川芎赤茯苓陳皮半夏烏藥白芷香附子各八分桂枝細辛甘草各三分薑三片

中臟
多滯九竅唇緩失音耳聾鼻塞目瞀二便秘在裏宜下難治脾約丸大便

滋潤湯
寶鑑治風中臟二便閉先服此後以愈風湯調理當歸生地黃枳殼厚朴檳榔大黃麻仁杏仁各一錢羌活七分紅花酒焙三分

臟腑俱中

三化湯
寶鑑治腑臟俱中便尿不利厚朴大黃枳實羌活各等分右剉一兩作一貼煎服日二三次微利即止

濟衆新編 卷一 風 二

羌活愈風湯
寶鑑中腑中臟先服本藥後用此調理凡中風內外邪除盡當服此藥行導諸經療肝腎虛調養陰陽久則大風悉去清濁分榮衛和蒼朮石膏生地黃各六分羌活防風當歸蔓荊子川芎細辛黃芪枳殼人參麻黃白芷甘菊薄荷枸杞子柴胡知母地骨皮獨活杜冲秦艽黃芩白芍藥甘草各四分官桂二分薑三片水煎朝夕服

中血脉
無表裏症但口眼喎斜肢不舉口不言

養榮湯
寶鑑治風中血脉外無六經形症內無便尿阻隔但肢不舉口不言或痰迷不省當歸川芎白芍藥生地黃麥門冬遠志石菖蒲陳皮烏藥白茯苓枳實黃連防風羌活秦艽半夏南星甘草各六分薑三片竹茹一塊

暴瘖
語澀皆屬風○腎虛內奪則舌瘖足廢熱者涼膈散門火加菖蒲遠志朱砂○痰塞心竅滌痰湯熱者加芩連○氣血虛腎虛忽不言十全大補湯號虛去桂加菖蒲遠志

腎瀝湯
寶鑑治腎臟風語音蹇吃羊腎一具生薑二兩切磁石碎一兩七錢以水一斗煑半乃入玄參白芍藥白茯苓各一兩二錢五分黃芪川芎五味子桂心當歸人參防風甘草各一兩地骨皮五錢並剉再煑取二升去滓分三服

地黃飲子
寶鑑治風舌瘖足廢腎虛氣厥不至舌下熟地黃巴戟山茱萸肉蓯蓉石斛遠志五味子白茯苓麥門冬各一錢附子炮官桂石菖蒲各五分薑三片棗二枚薄荷少許空心服

清神解語湯
寶鑑治中風痰迷心竅言語蹇澁或不省人事南星半夏二味同白礬生薑皂角水浸三日曬乾各一錢當歸川芎白芍藥生地黃麥門冬遠志石菖蒲陳皮白茯苓烏藥枳實黃連防風羌活甘草各五分薑三片竹茹一團水煎調童便薑汁竹瀝服

口眼喎斜
風中血脉也生鵲剖腹帶血熱付烏鷄亦可蓖麻子去殼搗爛付之石灰醋炒如泥付之並左取右右取左

濟衆新編 卷一 風 三

清痰順氣湯
寶鑑治風中經絡口眼喎斜南星瓜蔞仁荊芥穗貝母陳皮蒼朮官桂防風各一錢黃連黃芩並酒炒甘草各六分薑三片水煎入木香沉香末各五分調服

手足癱瘓
氣血虛而痰火流注也遷延不死者如木根末衰而一枝先痿男忌左女忌右○左癱四物湯血加竹瀝薑汁桃仁紅花白芥子保元去桃紅芥加鈞藤○右瘓六君子湯痰加竹瀝薑汁白芥子保元去芥加鈞藤○不用風藥湊治用平和藥者防風通聖散○入門云脾實疎風順氣元歟脾虛十全大補湯號虛獨活寄生湯門

加減潤燥湯
寶鑑治左半身不遂屬血虛與死血白芍藥酒炒二錢當歸一錢二分川芎白茯苓白朮南星半夏天麻各一錢生地黃酒炒熟地黃薑汁炒陳皮鹽水洗牛膝酒洗黃芩酒炒酸棗仁炒各八分桃仁羌活防風薄桂各六分紅花酒洗甘草炙各四分黃栢酒炒三分右作二貼水煎入竹瀝薑汁調服

祛風除濕湯（寶鑑）治右半身不遂屬氣虛與濕痰白术一錢二分白茯苓當歸酒洗陳皮赤芍藥半夏蒼术烏藥枳殼羌活黃連黃芩並酒炒各一錢人參川芎桔梗防風各八分白芷七分甘草炙五分右分二貼薑五片

加味大補湯（寶鑑）治左右癱瘓此氣血大虛黃芪蜜炒人參白术白茯苓當歸酒洗川芎白芍藥熟地黃各七分烏藥牛膝酒洗杜冲酒炒木瓜防風羌活獨活薏苡仁各五分附子炮沈香木香官桂甘草各三分薑三片棗二枚

痰涎壅盛 風病皆痰爲患故開關化痰爲先急則祛風緩則順氣久則活血○開關熱者凉膈散（火門）加黃連或牛黃清心元虛者三生飲

導痰湯（寶鑑）治中風痰盛語澁眩暈（方見眩門）○加香附子烏藥沈香木香名順氣導痰湯○加黃芩黃連名清熱導痰湯○加羌活白术名祛風導痰湯○加遠志菖蒲芩連朱砂名寧神導痰湯

濟衆新編 卷一 風 四

滌痰湯（寶鑑）治中風痰迷心竅舌强不言此藥豁痰清熱利氣補虛半夏南星並薑製各二錢枳實一錢五分茯苓陳皮各一錢石菖蒲人參竹茹各五分甘草三分薑五片

三生飲（寶鑑）治卒中風痰塞昏仆不省脉沈無熱南星生二錢川烏生白附子生各一錢木香五分薑十五片○（得效方）烏附皆炮一用○（保元）南星五錢木香一錢五分薑十片烏附並生用氣虛甚加人參一兩如氣盛人只南星五錢木香一錢薑十四片名星香散

中風熱症 風因熱生熱勝則風動○多食者木盛脾虛求助於食

防風通聖散（寶鑑）治熱風燥三者之總劑也滑石一錢七分甘草一錢二分石膏黃芩桔梗一各七分防風川芎當歸赤芍藥大黃麻黃薄荷連翹芒硝各四分五里荊芥白术梔子各三分五里薑五片

人參羌活散（寶鑑）治中風痰盛煩熱羌活獨活前胡人參防風天麻赤茯苓薄荷川芎黃芩

枳殼蔓荊子桔梗甘草各七分薑三片桑白皮七寸

中風虛症 中風年逾五旬氣衰之際多有之壯年肥盛者亦有之是形盛氣衰然也

萬金湯（寶鑑）治風補虛及手足風累驗續斷杜中防風白茯苓牛膝細辛人參桂皮當歸甘草各八分川芎獨活秦艽熟地黃各四分

中風宜調氣 氣一流行風亦疎散

烏藥順氣散（寶鑑）治一切風疾先服此疎通氣道進以風藥麻黃陳皮烏藥各一錢五分川芎白芷白殭蚕枳殼桔梗各一錢乾薑五分甘草三分薑三片棗二枚

八味順氣散 中風當間服此藥又云凡中風先宜服此以順氣（方見氣門）

諸風通治 烏藥順氣散

秘傳順氣散（寶鑑）治中風喎斜癱瘓一切風疾青皮陳皮枳殼桔梗烏藥人參白术白茯苓

濟衆新編 卷一 風 五

半夏川芎白芷細辛麻黃防風乾薑白殭蚕甘草各六分薑五片

木香保命丹（內局）（寶鑑）治中風一切諸症木香白附子生桂皮杜冲厚朴藁本獨活羌活海桐皮白芷甘菊牛膝酒浸白花蛇酒炒全蝎炒威靈仙酒洗天麻當歸蔓荊子虎骨酒浸酥炙南星漿水煮防風山藥甘草酥炙赤箭各五錢朱砂七錢五分麝香一錢五分右末蜜丸如彈子朱砂爲衣每一丸細嚼溫酒下

斑龍固本丹（保元）治諸虛百損羸瘦衰朽中年陽事不擧左癱右瘓脚膝酸痛小腹疝氣婦人下元虛冷久無孕育神效滋補之聖藥兔絲子酒煨四兩人參山藥生地黃熟地黃天門冬麥門冬山茱萸枸杞子五味子巴戟酒浸去心肉蓯蓉酒浸牛膝酒洗杜冲薑炒白茯苓柏子仁木香虎脛骨酥炙各二兩覆盆子地骨皮車前子各一兩五錢澤瀉遠志甘草水泡去心石菖蒲川椒附子炮各一兩右細末好酒化五仁斑龍膠爲丸如梧子每百丸空心溫酒下服至半月陽事雄壯服至

一月顏如童子目視十里小便清滑服至三月白髮再黑久服神氣不衰身輕體健可昇仙位○五仁斑龍膠治眞陽元精內之致胃弱下虛及夢泄自汗頭眩四肢無力此膠生精養血益智寧神補心腎暢三焦塡五臟却病延年乃虛損聖藥鹿角連腦蓋骨者佳自解者不用去蓋至生淨五十兩截作三寸段新汲淡泉井水浸洗去垢吹去角內血腥穢水盡同枸杞子八兩人參天門冬麥門冬牛膝各五兩五品藥以角入淨罈內注水至罈肩用笋殼油紙封固罈口大鍋內注水文武火密煮三晝夜足時常加入沸湯於鍋內以補乾耗取出漉去滓將汁復入闊口砂鍋內熬成膠和藥末聽用和上項藥末作丸時量取五仁斑龍膠酒化用之得宜

預防中風凡人拇指次指麻木必中風之漸○保元云朝服六味地黃丸八味元見腎並五暮服竹瀝枳术丸見脾

單豨薟丸保元治中風不語喎斜吐涎麻痺骨痛腰膝無力一切風濕五月五日六月六日九月九日採豨薟葉洗淨曬乾入甑中層層灑酒與蜜蒸之又曬如此九遍爲末煉蜜丸如梧子每服五七十丸溫酒下

風痺脉浮緩屬濕浮緊屬寒芤濇死血浮濇氣虛浮濇而緊風寒濕三氣合也○有皮脉氣筋骨五痺風勝爲行痺寒勝爲痛痺濕勝爲着痺痺痺症筋攣肌肉不仁若初起驟用參芪歸地氣血滯而邪鬱不散虛者宜行濕流氣散○麻猶痺痺則雖不知痛痒尚覺氣微行在手多兼風濕在足多兼寒濕木則非惟不知痛痒氣亦不流行麻是氣虛木是濕痰死血蓋麻猶痺也俗與風痿通治大誤也痿因血虛火盛肺焦而成也痺因風寒濕三氣合而成也○保元云因濕麻木香蘇散見寒門加蒼朮麻黃桂枝白芷羌活木瓜

增味五痺湯寶鑑治風寒濕合爲痺肌體麻痺不仁羌活防己薑黃白朮海桐皮當歸白芍藥各一錢甘草炙七分五里薑十片

行濕流氣散寶鑑治風寒濕痺麻木不仁手足煩軟薏苡仁二兩白茯苓一兩五錢蒼朮羌活防風川烏炮各一兩右末每二錢溫酒或葱白湯調下

蠲痺湯寶鑑治手冷痺身寒不熱腰脚沉重卽寒痺之甚當歸赤芍藥黃芪防風薑黃羌活各一錢五分甘草五分薑五片棗二枚

升麻湯寶鑑治熱痺肌肉熱極體上如鼠走唇口反縱皮色變升麻二錢茯神人參防風犀角羚羊角羌活各一錢桂皮五分薑五片同煎竹瀝五匙調服

雙合湯寶鑑治濕痰死血作麻木當歸川芎白芍藥生乾地黃陳皮半夏白茯苓白芥子各一錢桃仁八分酒紅花甘草各三分水煎入竹瀝薑汁調服

開結舒經湯寶鑑治婦人七情六鬱氣滯經絡手足麻痺紫蘇葉陳皮香附子烏藥川芎蒼朮羌活南星半夏當歸各八分桂枝甘草各四分薑三片水煎入竹瀝薑汁調服

加味八仙湯保元治麻木遍身手足俱麻此氣血兩虛白朮二錢白茯苓一錢陳皮白芍藥酒炒各八分當歸酒洗川芎熟地黃半夏麴各七分秦艽牛膝人參各六分羌活防風各五分柴胡四分桂枝甘草炙各三分薑一片棗一枚食遠服氣虛加黃芪蜜炒八分

歷節風內因血虛有火外因風濕生痰偏歷關節痛如虎咬夜則痛甚血行於陰也蓋由飲酒當風或血虛熱沸或受濕取冷所致在上多屬風在下多屬濕治法活血疎風消痰虛者獨活寄生湯腿○又名痛風

大羌活湯寶鑑治風濕相搏肢節腫痛不可屈伸羌活升麻各一錢五分獨活一錢蒼朮防己威靈仙白朮當歸赤茯苓澤瀉甘草各七分

疎風活血湯寶鑑治四肢百節流注刺痛皆是風濕痰死血所致其痛處或腫或紅當歸川芎威靈仙白芷防己黃栢南星蒼朮羌活桂枝各一錢紅花三分薑五片

靈仙除痛飲寶鑑治肢節腫痛痛屬火腫屬濕兼受風寒發動經絡之中濕熱流注肢節之間麻黃赤芍藥各一錢防風荊芥羌活獨活威靈仙白芷蒼朮片芩酒炒枳實桔梗葛根川芎各五分當歸梢升麻甘草各三分

破傷風多由亾血汗下過多或產婦及病瘡人擊破皮肉風邪外襲寒熱口噤目斜角弓反張分表裏半表裏用汗下和三法○痓病亦同無汗爲剛痓有汗爲柔痓破傷風及二○痓通用小續命湯柔痓則去麻黃熱減桂冬去芩或並用九味羌活湯覆○手執蠐螬一二介待虫口吐水抹破傷處厚衣微汗又取肚內黃水少許調熱酒飲

玉真散寶鑑治破傷風口噤身強直防風南星等末每二錢薑汁和溫酒調服以滓付瘡口上口噤者童便調下南星爲防風所制服之不麻可以開關定搐

參歸養榮湯寶鑑治風痰痓陰痓人參當歸川芎白芍藥熟地黃白朮白茯苓陳皮各一錢

甘草五分薑三片棗二枚

瓜蔞枳實湯寶鑑治痰火痓瓜蔞仁枳實貝母桔梗片芩陳皮梔子茯苓麥門冬人參當歸蘓子各八分甘草三分薑三片煎和竹瀝薑汁服

寒

脉法宜洪大忌沉細左右俱緊盛挾食傷寒右虛空左緊盛勞力傷寒

太陽頭疼身熱脊強無汗惡寒尺寸浮緊傷寒浮緩傷風

九味羌活湯寶鑑不問四時但有頭痛骨節痛發熱惡寒無汗脉浮緊宜用乃解表神方羌活防風各一錢五分蒼朮川芎白芷黃芩生地黃各一錢二分細辛甘草各五分薑三片棗二枚葱白二莖

陽明目痛鼻乾不眠發熱無汗尺寸長而微洪經病長而沉數腑病

葛根解肌湯寶鑑治陽明經病目疼鼻乾不得臥宜解肌葛根柴胡黃芩芍藥羌活石膏升麻白芷桔梗各一錢甘草五分薑三片棗二枚

白虎湯寶鑑治陽明病汗多煩渴脉洪大石膏五錢知母二錢甘草七分粳米半合○加人參一錢名人參白虎湯治中暍傷氣兼治發斑○加蒼朮一錢名蒼朮白虎湯治中暑傷濕兼治疫癘及秋感熱

少陽耳聾脇痛寒熱嘔而口苦尺寸俱弦

小柴胡湯寶鑑治少陽病半表半裏往來寒熱能和其內熱解其外邪傷寒方之正道也柴胡三錢黃芩二錢人參半夏各一錢甘草五分薑三片棗二枚

黃芩芍藥湯治少陽半表半裏裏證多者宜用此方覷

十棗湯寶鑑治傷寒有懸飲伏飲脇下引痛芫花微炒甘遂大戟炒右等末別取大棗十枚水一

盞煎半調藥末強人一錢弱人五分服大便利下即以粥補之

太陰腹滿咽乾自利尺寸沉實有力當下沉細無力當溫

理中湯寶鑑治太陰腹痛自利不渴人參白朮乾薑炮各二錢甘草炙一錢○加陳皮青皮等分名治中湯治太陰腹痛○加附子炮共一錢名附子理中湯治中寒口噤身強直

少陰舌乾口燥尺寸沉實有力當下沉微無力當溫

通脉四逆湯寶鑑治少陰病下利四肢厥冷脉微欲絕或無脉附子二錢五分乾薑一錢五分甘草一錢○脉絕者猪膽汁半枚和溫服○面赤色者葱白三莖同煎

厥陰煩滿囊拳尺寸沉實有力當下沉遲無力當溫

三味參萸湯寶鑑治厥陰證乾嘔吐涎沫頭痛及少陰證厥冷煩躁欲死陽明食穀欲嘔者皆妙吳茱萸三錢人參二錢薑四片棗二枚

當歸四逆湯 寳鑑治厥陰證手足厥冷脉微欲絶當歸白芍藥各二錢桂枝一錢五分細辛通草甘草各一錢棗二枚

傷寒陽症 即太陽表症也

香蘓散〔寳鑑〕治四時傷寒頭痛身疼發熱惡寒及傷風傷濕傷寒時氣瘟疫香附子紫蘓葉各二錢蒼术一錢五分陳皮一錢甘草炙五分薑三片葱白二莖○去葱白加川芎白芷各一錢棗二枚治傷風傷寒頭痛甚者及陰陽未分皆可服名芎芷香蘓散

人參敗毒散〔寳鑑〕治傷寒時氣發熱頭痛項强肢體煩疼及傷風咳嗽鼻塞聲重羌活獨活柴胡前胡枳殼桔梗川芎赤茯苓人參甘草各一錢薑三片薄荷少許○加天麻地骨皮等分名人參羌活散○加荆芥穗防風等分名荆防敗毒散

香葛湯〔寳鑑〕治傷寒不問陰陽兩感頭痛寒熱蒼术紫蘓葉白芍藥香附子升麻乾葛陳皮各一錢川芎白芷甘草各五分薑三片葱白二莖豉七粒

參蘓飲〔寳鑑〕治感傷風寒頭痛發熱咳嗽及內因七情痰盛胷滿潮熱人參紫蘓葉前胡半夏乾葛赤茯苓各一錢陳皮桔梗枳殼甘草各七分五里薑三片棗二枚

小青龍湯〔寳鑑〕治傷寒表不解因心下有水氣乾嘔氣逆發熱咳喘麻黃芍藥五味子半夏各一錢五分細辛乾薑桂枝甘草炙各一錢服此渴者裏氣温水欲散也

傷寒陰症 厥冷吐利不渴静踡

五積散〔寳鑑〕治感傷風寒頭痛身疼四肢逆冷胷腹作痛嘔吐泄瀉或內傷生冷外感風冷蒼术二錢麻黃陳皮各一錢厚朴桔梗枳殼當歸乾薑白芍藥白茯苓各八分白芷川芎半夏桂皮各七分甘草六分薑三片葱白三莖○除白芷桂皮餘材慢火炒令色變攤冷入桂芷和勻煎名熟料五積散

人參養胃湯〔寳鑑〕治傷寒陰症及外傷風寒內傷生冷憎寒壯熱頭痛身疼蒼术一錢五分陳皮厚朴半夏各一錢二分五里茯苓藿香各一錢人參草果甘草炙各五分薑三片棗二枚梅一箇

藿香正氣散〔寳鑑〕治傷寒陰證頭痛身疼如不分表裏證以此導引經絡不致變動藿香一錢五分紫蘓葉一錢白芷大腹皮白茯苓厚朴白术陳皮半夏桔梗甘草炙各五分薑三片棗二枚

不換金正氣散〔寳鑑〕治傷寒陰證頭痛身疼或寒熱往來蒼术二錢厚朴陳皮藿香半夏甘草各一錢薑三片棗二枚

辛黃三白湯〔寳鑑〕治陰症傷寒在表經者人參白术白芍藥各二錢白茯苓當歸各一錢細辛麻黃各五分薑三片棗二枚

傷寒裏症 陽明入腑潮熱不大便惡熱狂譫發渴腹滿濈濈汗出裏症悉俱脉實有力

大承氣湯〔寳鑑〕治傷寒裏證大熱大實大滿宜急下者大黃四錢厚朴枳實芒硝各二錢水二盞先煎枳朴煎半乃下大黃煎至七分去滓入硝再一沸温服○小承氣湯治傷寒裏症小熱小實小滿宜緩下者大黃四錢厚朴枳實各一錢五分○調胃承氣湯治傷寒裏症大便硬小便赤譫語潮熱大黃四錢芒硝二錢甘草一錢先煎大黃甘草至半去滓入芒硝再一沸温服

大柴胡湯〔寳鑑〕治傷寒病少陽轉屬陽明身熱不惡寒反惡熱大便堅小便赤譫語腹脹潮熱柴胡四錢黃芩芍藥各二錢五分大黃二錢枳實一錢五分半夏一錢薑三片棗二枚

傷寒陰毒 冷汗甲青而身痛若鞭六脉沉細而一息七八至以上或不可數灸臍下二三百壯更以熱藥助之手足煖者生不煖者死○陰症發斑相火乘肺但出胸背手足稀少脉沉身無大熱爲異理中湯加附子玄參

迴陽救急湯〔寳鑑〕治傷寒陰症及陰毒四肢厥冷脉沉細唇青面黑人參白术白茯苓陳皮

半夏乾薑炮官桂附子炮五味子甘草炙各一錢薑七片

傷寒陽毒 無汗眼紅而遍身斑紋胷緊若石

三黃石膏湯 寶鑑治陽毒發斑身黃眼赤狂叫欲走譫語六脉洪大石膏三錢黃芩黃連黃栢山梔仁各一錢五分麻黃一錢香豉半合薑三片細茶一撮

陽毒升麻湯 寶鑑治傷寒陽毒面赤狂言或見鬼脉浮大數黃芩二錢犀角一錢五分升麻射干人參各一錢甘草七分

陰極似陽 火浮於外發躁擾亂狀若陽症但身雖煩躁而引衣自覆口雖燥渴而漱水不下脉必沈細無力而不擊或無脉唇青面黑大便自利黑水身冷或身熱欲坐井地宜通脉四逆湯

迴陽返本湯 寶鑑治陰盛隔陽附子炮乾薑炮人參陳皮麥門冬五味子甘草炙臈茶各一錢以清泥漿二盞同煎去滓入審五匙調和放冷服之取汗爲效面赤者入葱白七莖黃連少許

陽極似陰 熱伏於內身寒厥逆狀如陰症但身雖冷而不欲近衣神雖昏而氣色光潤脉必沈滑數有力而鼓擊大柴胡湯或白虎湯竹葉石膏湯

傷寒煩躁 煩乃心中懊憹欲吐之貌躁則手掉足動起則不安皆氣隨火升○煩主氣肺也躁主血腎也先煩而漸躁爲陽症不煩而便發躁爲陰症○懊憹者菀悶不舒貌○燥屎症亦有怫鬱懊憹二症

梔子豉湯 寶鑑傷寒汗下後虛煩不得眠劇者必反覆顚倒心中懊憹主之○按之心下軟若虛煩也梔子七箇豉半合水二盞先煎梔子至半納豉再煎至七分去滓溫服得吐止未吐再服○若肖滿少氣加甘草名梔豉甘草湯○若肖滿而嘔加生薑名梔豉生薑湯

舌胎 邪在表無胎邪初傳裏白而滑熱淺則白而澁熱深入胃則黃尖白根黃者表多裏少熱極則紫黑或生芒刺燥裂宜下之黑尖者虛煩也黃而中黑至尖或黑亂點者熱毒深也有弦紅心黑或白胎中現黑點表未解○冷滑如淡黑者無根虛火宜化痰降火或淡黑一二點補腎降火○中濕濕痺舌上如胎非真胎也丹田有熱胃中有寒宜五苓散○青布浸井水洗淨舌上薑片浸水刮舌黑胎自退不退者凶

傷寒戴陽 下虛而陽浮於面身微熱脉沈遲面雖赤不紅活而黯理中湯○實熱者面赤而光潤

陶氏益元湯 寶鑑治傷寒戴陽症甘草炙二錢附子炮乾薑炮人參各一錢麥門冬黃連知母各七分熟艾三分五味子二十粒薑五片棗二枚葱白三莖水煎臨熟入童尿三匙去滓冷服

傷寒戰慄 戰者身振而動正氣勝邪大汗而解不必藥慄者心戰而惕邪勝正也心寒足踐鼓頷厥冷便溺安出不省者理中湯或通脉四逆湯○若傳經熱症口燥咬牙雖厥冷有時溫和脉數表症慄者九味羌活湯裏症慄者大柴胡湯

傷寒動悸 傷寒過多其人又手自冒心心下悸欲得按甚則身振振欲擗地

陶氏升陽散火湯 寶鑑治撮空症此因肝熱乘肺元氣虛弱不能主持以致譫語神昏又手冒心或撮空摸床人參當歸芍藥柴胡黃芩白朮麥門冬陳皮茯神甘草各一錢薑三片棗二枚入熟金煎服

傷寒動氣 病人素有積復因傷寒新邪與舊積相搏而痛築築然跳動虛者理中湯去白朮加官桂熱者柴胡桂枝湯

柴胡桂枝湯 寶鑑治傷寒動氣築痛柴胡二錢桂枝黃芩人參芍藥各一錢半夏八分甘草炙六分薑五片棗二枚

傷寒煩渴 水入即吐名水逆○熱在表不渴在裏則渴○陰盛隔陽口燥渴而漱水不嚥此經熱裏寒附子理中湯妙

五苓散 寶鑑治太陽症入裏煩渴而小便不利澤瀉二錢五分赤茯苓白朮猪苓各一錢五分官

桂五分○去官桂名四苓散治火泄

竹葉石膏湯 寳鑑治傷寒解後餘熱及陽明症自汗煩渴並差後虛煩等症石膏四錢人參二錢麥門冬一錢五分半夏一錢甘草七分竹葉七片粳米百粒水煎入薑汁二匙

傷寒譫語鄭聲 譫語者亂語無次第數數更端也實也黃連解毒湯鄭聲者頻頻也只將一句舊言重疊頻言也虛也獨參湯

黃連解毒湯 寳鑑治傷寒大熱煩躁不得眠或差後飲酒復劇者及一切熱毒黃連黃芩黃栢梔子各一錢二分五里

傷寒發狂 熱毒入心神昏妄笑妄語甚則登高踰垣陽毒升麻湯或三黃石膏湯或破棺湯輕者辰砂五苓散

破棺湯 寳鑑治傷寒熱病發狂心躁言語不定不省人事人屎乾者燒存性水漬飲汁一二盞即

甦或細研如麪新汲水調下三錢亦可俗名野人乾水

傷寒結胷 表未解反下之結胷心下按之痛熱結小陷胷湯寒結五積散○大結胷不按而痛連臍腹硬痛渴譫便閉脈沉實大陷胷湯加枳殼桔梗○小結胷按之方痛只心下硬脈浮滑小陷胷湯○水結胷飲水多水停胷脇頭汗身無大熱心下滿按之汩汩有聲半夏茯苓湯與胷門叅看

大陷胷湯 寳鑑治大結胷大黃三錢芒硝二錢甘遂末五分右分二貼每取一貼先煎大黃至六分納硝再煎一二沸去滓納甘遂末攪服得快利止後服

小陷胷湯 寳鑑治小結胷半夏五錢黃連二錢五分瓜蔞大者四分之一水二盞先煎瓜蔞至半乃入半夏黃連煎至半去滓溫服未利再服利下黃涎便安

半夏茯苓湯 寳鑑治水停心下爲水結胷痞滿頭汗半夏赤茯苓各二錢陳皮人參川芎白朮各一錢薑五片

傷寒痞氣 病發於陰而反下之因作痞通用桔梗枳殼各二錢甘草一錢薑五片煎服熱痰胷痞脇痛或咳喘柴梗半夏湯胷門

半夏瀉心湯 寳鑑半夏二錢黃芩人參甘草各一錢五分乾薑一錢黃連五分薑三片棗二枚

傷寒血症 表症不解熱結膀胱似狂若血自下者愈小腹急結者宜攻○小便利大便黑口燥而漱水不嚥者下焦瘀血宜攻之

桃仁承氣湯 寳鑑治血結膀胱小腹急便黑譫語漱水宜此攻之大黃三錢桂心芒硝各二錢甘草一錢桃仁留尖十枚水煎入芒硝溫服以瘀血盡下爲度

傷寒自利 陽症身熱脈數煩渴自利柴苓湯或益元散瀉門陰症身痛脈沉嘔咳自利理中湯

柴苓湯 寳鑑治傷寒熱病發熱泄瀉柴胡一錢六分澤瀉一錢三分白朮猪苓赤茯苓各七分五

里半夏七分黃芩人參甘草各六分桂心三分薑三片

傷寒吐蛔 胃寒蛔不安煩渴而漱水不嚥雖有大熱大忌涼藥急用安蛔理中湯待蛔定小柴胡湯退其熱

安蛔理中湯 回春傷寒吐蚘者手足冷胃空虛也白朮茯苓各一錢人參七分乾薑炒黑五分烏梅二箇花椒去目三分

壞症 傷寒再傳至十二日以上不愈曰過經不解由汗下失宜邪氣留連或重感他邪經久不差謂壞症也

參胡芍藥湯 寳鑑治傷寒十四日外餘熱未除或渴或煩不能安臥不思飲食大便不快小便黃赤此爲壞症生地黃一錢五分人參柴胡芍藥黃芩知母麥門冬各一錢枳殼八分甘草三分薑三片

獨參湯（寶鑑）治傷寒壞症昏沉垂死或陰陽二症不明過經不解及或因誤服藥困重垂死一切危急之症人參一兩水二升於銀石器內煎至半去滓以新水沉冷一服而盡汗自鼻梁上出涓涓如水是藥之效也一名奪命散

百合症 誤汗誤下百脉受病默默欲食不食欲臥不臥欲行不行如寒無寒如熱無熱口苦尿赤如邪祟

陶氏柴胡百合湯（寶鑑）治百合病及勞復等症鱉甲醋煑二錢柴胡百合知母生地黃陳皮人參黃芩甘草各一錢薑三片棗二枚

勞復 復者其病如初也新瘥氣血虛梳洗太早思慮動作太過而成

麥門冬湯（寶鑑）治勞復氣欲絕能起死回生甘草炙三錢麥門冬二錢粳米一合水二盞先煎粳米令熟去米入二藥及棗二枚青竹葉十五片煎至一盞溫服加人參尤妙

益氣養神湯（寶鑑）治勞復空養氣血人參當歸白芍藥酒炒麥門冬知母梔子炒各一錢白茯神前胡各七分陳皮五分升麻甘草各三分棗二枚

食復 新瘥胃弱若恣飲食不能克化依前發熱輕者損穀自愈

梔豉枳實湯（寶鑑）治勞復發熱香豉五錢梔子枳實各二錢煎服微汗之差

小柴胡六君子湯（醫林）治傷寒發熱已解平復後勞役食復作大熱柴胡二錢黃芩陳皮各一錢五分半夏茯苓白朮枳殼各一錢人參八分甘草三分薑三片食後服○頭痛加川芎渴加乾葛一錢

陰陽易 男病新瘥女與之交而反得病曰陽易女病新瘥男與之交而反得病曰陰易言其毒如換易之也頭重身熱衝胷眼火陰腫手足攣小腹腰痛重者吐舌數寸脉離經死

燒裩散（寶鑑）治陰陽易取近陰處裩襠一片方圓四五寸燒存性溫水調服一錢日三小便即利陰頭微腫即愈男女互用之○又方人手足指爪甲二十片燒灰末米飲調下其效亦同

竹皮逍遙散（寶鑑）治勞復及易病青竹皮生地黃人參知母黃連滑石韭白柴胡犀角甘草各一錢薑三片棗二枚煎臨服入燒裩襠末一錢五分調服微汗之未汗再服

婦人傷寒熱入血室 婦人傷寒發熱經水適來適斷晝了明夜譫語如見鬼狀忌汗下柴胡四物湯牛黃膏（並婦人）

傷寒無脉 寒熱而厥面色不澤冒昧兩手無脉或一手無脉必有正汗而解

五味子湯（寶鑑）治傷寒喘促脉伏而厥五味子三錢人參麥門冬杏仁陳皮各二錢薑五片棗二枚

瘥後昏沉 瘥後或旬或二旬無寒熱犇症但神昏語錯目赤舌乾不飲水與粥則嚥不與則不思形貌如醉此熱傳心也

陶氏導赤各半湯（寶鑑）治差後昏沉黃芩黃連梔子知母麥門冬茯神犀角人參滑石各一錢甘草五分薑一片棗二枚燈心一握煎入生地黃汁三匙服

傷寒瘥後雜症 瘥後不食參苓白朮散凝神散（並內傷）○虛煩欲嘔竹葉石膏湯

辰砂五苓散（寶鑑）治傷寒發熱狂言譫語及差後熱不退虛煩等症澤瀉赤茯苓猪苓白朮各二錢五分官桂辰砂各五分右細末每二錢沸湯點服

酸棗仁湯（寶鑑）治傷寒後虛煩不得眠酸棗仁炒二錢麥門冬知母各一錢五分茯苓川芎各一錢乾薑甘草炙各二分五里

竹茹溫膽湯（回春）治傷寒日數過多其熱不退夢寐不寧心驚恍惚煩燥多痰不眠柴胡二錢竹茹茯苓桔梗陳皮半夏枳實各一錢香附子八分人參黃連各五分甘草三分薑三片棗一枚

中寒症 寒毒直入三陰經或上從鼻入下從足心入昏倒肢攣強直厥冷者急用理中湯或五積散並

子部　第二册

加吳茱萸附子○極冷脣青厥逆無脉囊縮急用葱熨法幷灸臍中及氣海關元各三五十壯先用熱酒薑汁和灌

葱熨法 寶鑑治中寒身冷脉微面青黑葱白連根切小麥麩各三升鹽二升右以水和匀分二包炒令極熱綃包之互熨臍上冷則用水拌濕更炒熨之

感冒

尋常感冒不敢輕發汗或不得其宜則惟泄其氣而虛變生他症只平和之劑治之表症芎芷香蘓散○寒入裏吐利藿香正氣散○挾食停痰人參養胃湯

升麻葛根湯 寶鑑治溫病及時令感冒葛根二錢白芍藥升麻甘草各一錢薑三片葱白二莖

交加散 寶鑑五積散性溫敗毒散性凉凡人遇些少感冒取兩藥對半合和煎服則邪氣自散而愈○一名五積交加散

濟衆新編　卷一　寒　十八

和解飲 新增無論傷寒及毒感並皆治之秋麥留皮炒五錢忍冬去皮節炒三錢生栗留外皮九箇切生薑一塊細切○或加蕎麥留皮炒二錢葱白四莖煎服如或食傷加山查神曲○大抵我國罕見傳經傷寒經絡難分以此連服直至止煩止渴則自愈矣近日瘟疫亦用之有效

外感挾內傷 傷寒挾內傷十居八九盖邪之所湊其氣必虛補中益氣湯斛去升麻加川芎羌活防風薑三片棗二枚葱白二莖此內傷多者設也當先補養○若顯外感多者急宜發散九味羌活湯人參養胃湯參蘇飲選用

陶氏補中益氣湯 寶鑑治內傷氣血外感風寒頭痛身熱惡寒自汗沈困無力人參生地黃黃芪當歸川芎柴胡陳皮羌活白术防風各七分細辛甘草各五分薑三片棗二枚葱白二莖煎服如元氣不足加升麻三分

孕婦傷寒 忌汗吐下當和解産前凡藥必加黃芩白术安胎太陽症九味羌活湯陽明升麻葛根湯

少陽小柴胡湯太陰平胃散厥加白术枳實熱者大柴胡湯加厚朴當歸少陰人參三白湯加當歸熱者凉膈散火門厥陰理中湯以上俱合四物湯血門表症具者芎蘓散黃龍湯

芎蘓散 寶鑑治孕婦傷寒頭痛寒熱咳嗽黃芩前胡麥門冬各一錢川芎陳皮白芍藥白术各八分紫蘓葉六分乾葛五分甘草三分薑葱煎服

黃龍湯 寶鑑治孕婦傷寒發熱及産後發熱熱入血室等證卽小柴胡湯去半夏也與凉血地黃湯血門合用妙

人參三白湯 入門治太陽病誤下誤汗表裏俱虛以致鬱冒冒家得汗自愈若不得汗而不解者宜此主之柴胡三錢人參白术白芍藥白茯苓各一錢五分川芎一錢天麻五分如下虛脉微弱者合三生飲風門以溫腎固本

痼冷 臟腑沉寒積冷痼久不散也附子理中湯

濟衆新編　卷一　寒　十九

加減白通湯 寶鑑治沉寒痼冷臍腹冷痛大便自利足脛寒而逆附子炮二錢乾薑炮官桂草豆蔻半夏人參白术甘草炙各一錢薑五片葱白五莖煎服仍灸氣海三里

金液丹 寶鑑治久寒痼冷及吐利日久身冷脉微硫黃十兩研細飛過盛磁盒內以赤石脂泥縫外以鹽泥固濟先掘地坑埋小罐子盛水令滿安盒子在上用泥固濟訖慢火養七日七夜候足加頂火一斤煅取出放冷研爲細末每藥一兩用蒸餅一兩湯浸去水脉丸如梧子每三十丸多至百丸溫米飲下空心

三建湯 入門治陽虛寒邪外攻手足厥冷六脉沈微二便滑數川烏附子天雄各等分薑煎或入麝香少許上焦陽弱加倍天雄下部陰痿倍附子自汗加官桂小麥氣逆加木香或沈香名順元散胃冷加丁香胡椒名丁胡三建湯

黑錫丹 入門治脾腎俱虛冷氣刺痛上汗陰痿除濕破癖黑錫熔去滓硫黃熔化水浸各二兩卽

將錫再熔化汁入碨黃候結成一片傾地上去火毒研至無聲爲度此爲丹頭入附子故紙肉蔻小茴川楝陽起石木香沉香胡蘆芭各一兩官桂五錢爲末和匃酒糊丸如梧子陰乾入布袋內擦令光熱每三五十丸空心薑鹽湯或棗湯下婦人艾醋湯下一切冷瘀鹽酒下年高有客熱者服之効或加肉蓯蓉牛膝白朮丁香名接氣丹治真元虛憊

暑

脉法 虛微細弦芤遲體狀無餘不可汗下但解熱利小便爲要

暑病形症 面垢自汗身熱惡寒煩渴倦怠少氣毛聳頭疼或霍亂或肢厥前板齒燥少勞即熱身體無痛或有澡浴水濕相搏而痛者〇暑毒每入牙頻故遇暑還急漱口勿嚥

中暑毒救急 道途卒倒急扶在陰凉淨處取途中熱塵土積臍上作窩令人尿其中死人心又積生薑或蒜嚼爛以熱湯或童便下外用布蘸熱湯熨氣海立醒勿與冷水即死

中暑中暍辨 中暑者深堂水閣靜而得之必頭痛惡寒身形拘急肢節痛煩心身大熱無汗爲房室之陰寒所遏使周身陽氣不伸陰症也二香散茹薷湯六和湯加羌活川芎蒼朮〇中暍者日中勞役動而得之必苦頭痛發躁熱惡熱捫肌大熱大渴飲汗大泄無氣而動乃天熱外傷肺氣陽症也人參白虎湯竹葉石膏湯〔門寶〕加附子冷服蒼朮白虎湯〔並寶〕

夏暑宜補氣 此時人之陽氣盡浮於肌表故腹中虛矣

生脉散 寶鑑清肺滋水補元氣夏月代熟水飮之麥門冬二錢人參五味子各一錢〇或加黃芪甘草各一錢〇或加黃栢二分服之則令人氣力涌出

清暑益氣湯 寶鑑治長夏濕熱蒸人四肢困倦精神短少懶於動作身熱煩渴小便黃而數大便溏而頻或泄或痢不思飮食氣促自汗蒼朮一錢五分黃芪升麻各一錢人參白朮陳皮神麴澤瀉各五分酒黃栢當歸青皮麥門冬乾葛甘草各三分五味子九粒

十味香薷飲 寶鑑消暑和胃補氣香薷一錢五分厚朴白扁豆人參陳皮白朮白茯苓黃芪木瓜甘草各七分〇或爲末每二錢熱湯或冷水任調下

暑風 搐搦不省先服蘇合香元〔門醫〕候甦用二香散或人參羌活散〔門醫〕合香薷散

二香散 寶鑑治感冒暑風身熱頭痛或泄瀉嘔吐香附子香薷各二錢紫蘇葉陳皮蒼朮各一錢厚朴白扁豆甘草各五分木瓜二片薑三片葱白二莖

消暑敗毒散 丹溪心法治中暑中風人參敗毒散〔門醫〕加香薷二錢黃連一錢薑棗

暑熱煩渴 身熱自汗煩渴引飮即中暍人參白虎湯竹葉石膏湯〔並寶〕

益元散 寶鑑治中暑身熱吐瀉腸澼下痢宣積氣通九竅止渴除煩之劑滑石六兩甘草炙一兩右細末每三錢溫蜜水調服欲冷飮者井水調下〇加乾薑五錢名溫六丸治因寒吐瀉反胃〇加紅麯五錢名清六丸治濕熱泄瀉兩藥俱以陳米飯丸如梧子白湯下五七十丸〇加牛黃三錢名

牛黃六一散治煩燥不得眠右末每一錢井華水調服〇加辰砂一兩名辰砂六一散治熱無所不可

清肺生脉飲 寶鑑治暑傷肺咳喘煩渴氣促黃芪二錢當歸生地黃人參麥門冬各一錢五味子十粒

醍醐湯（內局） 寶鑑解暑熱止煩渴烏梅肉另末一斤草果一兩縮砂白檀香各五錢煉蜜五斤右細末入蜜微沸攪勻磁器盛冷水調服〇內局白清一斗先煎微沸後入烏梅末十兩白檀末八錢縮砂末四錢草果末三錢和勻用

春澤湯 寶鑑治暑熱燥渴引飮無度或水入即吐乃五苓散〔門寶〕去桂加人參也加香薷麥門冬黃連治伏暑

暑病吐瀉 暑毒入腸胃腹痛惡心嘔吐泄瀉〇若外不受寒只內傷生冷腹痛吐瀉理中湯〔門寶〕加麥

芽砂仁

六和湯 寶鑑治暑傷心脾嘔吐泄瀉或霍亂轉筋及浮腫瘧痢香薷厚朴各一錢五分赤茯苓藿香白扁豆木瓜各一錢縮砂半夏杏仁人參甘草各五分薑三片棗二枚○加麯炒黃連一錢名清暑六和湯

縮脾飲 寶鑑治暑月內傷生冷腹痛吐瀉縮砂研一錢五分草果烏梅肉香薷甘草各一錢白扁豆乾葛各七分薑五片

茹藿湯 入門治夏月外傷納涼內傷水果頭身痛寒熱或胸腹痛嘔渴藿香正氣散門寒合香薷散是也

伏暑 暑毒藏伏腸胃間寒熱往來霍亂瘧痢煩渴或下血每夏復發

酒蒸黃連丸 寶鑑治伏暑嘔渴惡心及年深暑毒不差者黃連四兩清酒七合浸之蒸乾以

酒盡為度右末麪糊丸如梧子每三十丸熟水下以胸膈涼不渴為驗

注夏 每春末夏初頭痛脚弱食少體熱乃陰虛元氣不足補中益氣湯門內傷生脉散或腎氣丸臟五

參歸益元湯 寶鑑治注夏病頭眩眼花腿痠脚弱五心煩熱口苦舌乾精神困倦好睡飲食減少脉數無力當歸白芍藥熟地黃白茯苓麥門冬各一錢陳皮知母黃柏並酒炒各七分人參五分甘草三分五味子十粒棗一枚米一撮

暑熱通治 治暑之法清心利小便最好暑傷氣宜補真氣為要

香薷散 寶鑑治傷暑一切暑病或霍亂吐瀉或昏塞欲絕香薷三錢厚朴白扁豆各一錢五分入酒少許沉冷服之○去白扁豆加黃連七分五里名黃連香薷散治中暑熱渴

香葛湯 入門治暑感有熱者即升麻葛根湯門寒合香薷散也

濕

脉法 濕脉濡緩或兼澁小入裏緩沉在表浮緩若緩而弦風濕相搏

濕有內外症 濕氣熏襲人多不覺內因生冷酒麪滯脾生濕鬱熱多肚腹腫脹外因長夏鬱熱濘嵐冒雨行濕汗透沾衣多腰脚腫痛西北人多內濕東南人多外濕

濕病形症 在經則日晡發熱鼻塞在關節則一身盡痛在臟腑則清濁混而大便泄小便澁腹脹滿濕熱相搏則遍身黃如薰色

中濕 面色浮澤腹脹倦怠或一身重著久則浮腫喘滿五苓散門寒加羌活川芎蒼朮

勝濕湯 寶鑑治坐臥濕地或雨露所襲身重脚弱大便泄瀉白朮三錢人參乾薑白芍藥附子炮桂枝白茯苓甘草各七分五里薑五片棗二枚

風濕 太陽感風濕相搏骨節煩痛者濕也關節不利故痛其掣而不伸者風也羌活勝濕湯項頸亦治風濕

朮附湯 寶鑑治風濕白朮三錢附子二錢甘草一錢薑三片棗二枚

除濕羌活湯 寶鑑治風濕相搏一身盡痛蒼朮藁本各二錢羌活一錢五分防風升麻柴胡各一錢

寒濕 身體冷痛尿清不渴五積散門寒蒼朮復煎散○腰下冷重或痛是爲腎著宜腎著湯門腰

蒼朮復煎散 寶鑑治寒濕相合肢體皆痛行步無力蒼朮四兩羌活一錢柴胡藁本白朮澤瀉升麻各五分黃柏三分紅花一分右剉先以水三盞煎蒼朮至二盞入諸藥復煎至一盞去滓空心熱服

生附除濕湯 寶鑑治寒濕蒼朮二錢附子生白朮厚朴木瓜甘草各一錢薑十片

濕熱 尿赤有渴濕勝筋痿熱勝筋縮虛者清燥湯門足實者防風通聖散門風

單蒼朮丸 寶鑑常服除濕壯筋骨明目蒼朮一斤米泔浸剉曬乾半斤以童便浸一宿半斤酒浸一宿並焙乾爲末神麯糊丸如菉豆白湯下七十丸或加白茯苓六兩尤好○或爲末每二錢空

心鹽湯或酒調下亦得

二妙丸 寶鑑治氣如火從脚下起入腹此濕鬱成熱蒼朮黃柏等末水丸服加牛膝防己尤妙

濕溫 夏月先傷濕後傷暑濕熱相搏兩脛逆冷不渴甚則遍身亦冷胷滿頭痛壯熱自汗寸濡弱尺小惡治在太陽忌汗若汗嘔聾身青不語名重暍蒼朮白虎湯寒門凡陰病脛冷則臂亦冷此則脛冷而臂不冷所以知是陽微厥也五苓散白虎湯並寒

苓朮湯 寶鑑治冒暑遭雨暑濕鬱發四肢不仁半身不遂或入浴暈倒口眼喎斜手足不仁皆濕溫類也赤茯苓白朮乾薑澤瀉桂心各一錢

酒濕 亦能作痺喎斜半身不遂渾似中風舌強語澁當瀉濕毒不可作風而汗也

蒼橘湯 寶鑑治酒濕蒼朮二錢陳皮一錢五分赤芍藥赤茯苓各一錢黃柏威靈仙羌活甘草各五分

瘴濕 山嵐瘴氣及出遊遠方不服水土吐瀉下利不換金正氣散藿香正氣散並寒或平胃散六腑虛者補中益氣湯內傷熱者柴苓湯寒門

升麻蒼朮湯 寶鑑治嶺南春秋之月感山嵐瘴霧毒氣發寒熱胷滿不食蒼朮一錢五分半夏一錢厚朴陳皮枳實桔梗川芎木通升麻柴胡各七分黃連黃芩木香甘草各五分薑五片

理脾却瘴湯 保元遊宦四方水土不服常用此方更宜戒酒色慎起居陳皮白朮茯神黃芩山查肉梔子半夏各一錢蒼朮神麯各八分黃連前胡各七分甘草五分生薑

濕病治法及通治 濕在上宜微汗羌活勝濕湯頭顛在中下宜利小便五苓散寒門或升提升陽除濕湯大便通用平胃散六腑

滲濕湯 寶鑑治一切濕症蒼朮白朮赤茯苓各一錢五分陳皮澤瀉猪苓各一錢香附子川芎縮砂厚朴各七分甘草三分薑三片燈心一撮

燥

脈法 脈緊而澁或浮而弦或芤而虛

燥有內外 外因時值燥令久晴令人狂感皮膚乾枯屑起內因七情或吐利亡津或金石燥血或房勞渴精或灸煿酒醬皆燥血液○表病皮膚皴揭四物湯血門去川芎合生脈散暑門加知母黃柏天花粉虛燥腎氣丸五臟勞役氣虛燥補中益氣湯內傷氣虛瓊玉膏身形○防風通聖散風門能清熱潤燥

當歸承氣湯 寶鑑治燥之上藥當歸大黃各二錢芒硝七分甘草五分水煎入芒硝攪化服

瓊脂膏 寶鑑治燥病生地黃二十斤搗取汁去滓白蜜二斤煎沸去沫鹿角膠眞酥油各一斤生薑二兩搗取汁右先以慢火熬地黃汁數沸綿濾取淨汁又煎二七沸下鹿角膠次下酥油及蜜同煎候如餳磁器收貯每服一二匙溫酒下

天門冬膏 寶鑑治燥病天門冬生去心搗絞取汁濾去滓砂鍋熬成膏酒服一二匙

生血潤膚飲 寶鑑治燥症皮膚拆裂手足爪甲枯燥搔之屑起血出痛楚天門冬一錢五分生地黃熟地黃麥門冬當歸黃芪各一錢酒片芩瓜蔞仁桃仁泥各五分升麻二分酒紅花一分五味子九粒

火

脈法 沈而實數實火浮而洪數虛火男子兩尺洪大必遺精陰火盛也細數為害

火有虛實 實火脈洪有力內外皆熱能食口渴日夜潮熱二便閉在表九味羌活湯寒門半表裏小柴胡湯寒門入裏大承氣湯寒門燥渴白虎湯寒門金石灸煿熱黃連解毒湯寒門○虛火脈虛弱無力不能食潮熱有間口燥不渴氣虛補中益氣湯內傷加芎藥黃栢○如大病及吐瀉後陽衰附子理中湯寒門○凡熱夜靜晝熱在氣分晝靜夜熱在血分也氣分實熱白虎湯血分實熱四順清涼飲氣分虛熱清心蓮子飲潮門血分虛熱滋陰降火湯

四順清涼飲（寶鑑）治血熱大黃蒸當歸赤芍藥甘草炙各一錢二分五里入薄荷十葉

上焦熱 咽乾口燥而臭舌糜唇瘡目赤腫

（內局）九味清心元（寶鑑）治心胷毒熱蒲黃二兩五錢犀角二兩黃芩一兩五錢牛黃一兩二錢羚羊角麝香龍腦各一兩石雄黃八錢金箔一千二百箔內四百箔為衣右末蜜和兩作三十丸金箔爲衣每一丸熟水化服

涼膈散（寶鑑）治積熱煩燥口舌生瘡目赤頭昏腸胃燥澁便尿秘結連翹二錢大黃芒硝甘草各一錢薄荷黃芩梔子各五分入青竹葉七片蜜少許同煎至半入硝去滓服○去大黃芒硝加桔梗倍甘草或加防風名加減涼膈散退六經之熱又治熱在上焦

中焦熱 胷滿乾嘔作渴飲食不美胷膈煩燥調胃承氣湯（寒門）四順清涼飲當歸龍薈丸（臟腑）

洗心散（寶鑑）治中焦有熱頭目昏重咽喉腫痛口舌生瘡五心煩熱便尿秘澁麻黃當歸大黃荊芥穗赤芍藥甘草各一錢白朮五分薄荷七葉

濟衆新編 卷一 火 二十六

下焦熱 小便赤澁大便秘結或尿血八正散（小便）五苓散（寒門）加瞿麥燈心

防風當歸飲子（寶鑑）瀉心肝火補脾腎陰治風熱燥熱濕熱補虛之良劑也滑石三錢柴胡人參黃芩甘草各一錢大黃當歸赤芍藥防風各五分薑三片

回金丸（寶鑑）伐肝火黃連六兩吳茱萸一兩右末蒸餅丸如梧子空心白湯下三五十丸○去黃連加片芩製如上法名佐金丸治肝氣從左邊起佐肺金伐肝火

骨蒸熱 嗜欲勞傷真水枯竭陰火上炎發蒸蒸之燥熱其症咳嗽發熱咯血吐痰白濁白淫遺精盜汗精神恍惚日漸尫羸漸成勞劇○婦人骨蒸四物湯（血門）加地骨皮牧丹皮

清骨散（寶鑑）初覺五心煩熱欲成勞瘵骨蒸如神生地黃柴胡各二錢熟地黃人參防風各一錢薄荷七分秦艽赤茯苓胡黃連各五分

人參清肌散（寶鑑）治虛勞骨蒸潮熱無汗人參白朮白茯苓赤芍藥當歸柴胡葛根半夏麴各一錢甘草五分薑三片棗二枚一方有黃芩

五心熱 心火鬱於脾不得伸故也宜發之○肌膚筋骨熱如燎由血虛而熱伏脾土或過食冷物抑遏陽氣於脾土中○小兒則傷食症也大人亦然

升陽散火湯（寶鑑）治火鬱及五心煩熱升麻乾葛羌活獨活白芍藥人參各一錢柴胡甘草各六分防風五分甘草生四分○本方去獨活炙甘加葱白三寸而防風則五分餘材各一錢名火鬱湯治同上

潮熱 其來如潮有時○氣虛有汗潮熱補中益氣湯（內傷）氣虛無汗潮熱人參清肌散血虛有汗潮熱人參養榮湯（虛勞）血虛無汗潮熱茯苓補心湯（血門）氣血兩虛無汗潮熱茯苓補心湯氣血兩虛有汗潮熱加減逍遙散血虛夜分潮熱四物二連湯○參蘇飲（寒門）大解潮熱將欲成勞痰咳喘熱效

濟衆新編 卷一 火 二十七

加減逍遙散（寶鑑）治子午潮熱逍遙散本方（婦人）加胡黃連麥門冬地骨皮黃芩秦艽木通車前子各等分入燈心一撮

八味逍遙散（入門）治脾胃血虛有熱生癰或瘡痒煩熱體痛頭目昏重或怔忡咽乾口瘡耳痛或發熱盜汗食少嗜臥或腹脹尿不利或手足少陽火盛晡熱經不調寒熱或脇乳腫痛耳下結核當歸白芍藥白茯苓白朮柴胡甘草各一錢牧丹皮山梔各七分如頭目不清加川芎五分蔓荊子七分○保元云婦人齒痛晡熱經不調此脾經血虛加升麻因熱腹痛加川芎○甲寅 上候頭部小瘡晝夜煩燥寢睡不穩進御奏効詳載內局日記

四物二連湯（寶鑑）治夜分潮熱四物湯（血門）本方加黃連胡黃連各等分

虛煩 七情致腎虛心煩或雜病餘熱未淨或勞役火旺或陰虛火動而煩類傷寒初症但頭身不痛脈不緊數為異竹葉石膏湯（寒門）

旣濟湯 寶鑑治霍亂後虛煩自利手足冷即竹葉石膏湯（門冬）去石膏加炮附子二錢

辨陽虛陰虛 陽虛之症責在胃陰虛之症責在腎氣虛熱升陽補中益氣湯（加附）或四君子湯（䐃）滲之血虛熱滋陰滋陰降火湯氣血俱虛熱升陽滋陰十全大補湯人參養榮湯（並）（虛）加知母黃栢

當歸補血湯 寶鑑治肌熱大渴目赤面紅其脉洪大而虛重按全無經曰血虛發熱是也症似白虎惟脉不長實爲辨耳誤服白虎湯必死宜用此黃芪五錢當歸二錢空心服

陰虛火動 潮熱盜汗咳嗽吐痰喀血午後至夜發熱面赤脣紅形容消瘦腰痛脚痠遺精夢泄六味地黃丸（五臟）四物湯（血門）加知母黃栢

滋陰降火湯 寶鑑治陰虛火動膶中盜汗午後發熱咳嗽痰盛咯唾血飲食少思肌肉消瘦將成勞瘵白芍藥一錢三分當歸一錢二分熟地黃麥門冬白朮各一錢生地黃酒炒八分陳皮七分知母黃栢並鹽水炒甘草炙各五分薑三片棗二枚

清離滋坎湯 寶鑑治陰虛火動潮熱盜汗痰喘心慌熟地黃生乾地黃天門冬麥門冬當歸白芍藥山茱萸山藥白茯苓白朮各七分牧丹皮澤瀉黃栢知母並蜜水炒甘草炙各五分

補陰丸 寶鑑治陰虛火動凡人陰常不足陽常有餘故常補其陰使陰與陽齊則無病矣故補陰之藥自少至老不可缺也熟地黃五兩黃栢鹽酒炒知母酒炒龜板酥炙各三兩瑣陽黃栢酥炙枸杞子白芍藥酒炒天門冬各二兩五味子一兩乾薑炒紫色四錢冬寒加至六錢右末煉蜜入猪脊髓三條和勻丸如梧子每取八九十丸空心鹽湯或溫酒下

通治 實火防風通聖散（風門）黃連解毒湯（寒門）夏月益元散（暑門）鎭墜○大熱服苦寒藥不退者非甘寒不可加石膏○虛火人參白朮黃芪甘草或附子乾薑之類○若胃虛食冷鬱遏陽氣爲火鬱病宜升散發之如升麻葛根之屬

濟衆新編卷之一

濟衆新編卷之二

內局首醫臣康命吉奉 敎撰

內傷

脉法 人迎大於氣口外感氣口大於人迎內傷內傷勞役恣大不禁若損胃氣隱而難尋食不消化浮滑而疾

食傷消導 食傷亦有消導補益兩法當分饑飽治之饑者胃虛不足補益也飽滯者有餘消導也又有物滯氣傷宜消導補益兼行有物暫滯氣不甚傷宜獨行消導亦有旣滯而復自化只當補益枳朮丸若所滯非枳朮丸所去則備急丸（急）○補脾藥內必加心經藥火能生土故也益智仁是也

枳朮丸 寶鑑治痞消食強胃白朮二兩枳實麩炒一兩右末荷葉裹燒飯丸如梧子熟水下五七十丸至百丸○一云荷葉包飯爲丸恐不能盡荷葉之味不若以荷葉煑粥用之叓妙○加橘皮一兩名橘皮枳朮丸治飲食不消心下痞悶製服法同上下藥製服亦同○加木香一兩名木香枳朮丸消飲食破滯氣○加半夏一兩名半夏枳朮丸治傷冷食痰盛○加神麯麥芽各一兩名麯蘗枳朮丸治食傷胃滿不快○加橘皮半夏各一兩名橘半枳朮丸治飲食傷痞悶○加橘皮黃連各一兩名橘連枳朮丸補脾和胃消食化痰瀉火○加黃芩黃連大黃神麯橘皮名三黃枳朮丸治傷肉食濕麵厚味悶亂不快

香砂平胃散 寶鑑治傷食蒼朮二錢陳皮香附子各一錢枳實藿香各八分厚朴縮砂各七分木香甘草各五分薑三片

丹青飲 黃氏經驗治食傷煨薑一兩便香附蘇葉陳皮紫丹香青皮藿香烏藥各一錢草果檳榔各七分甘草五分木瓜二片

消滯丸 寶鑑消食消酒消水消氣消痞消脹消腫消積消痛此藥消而不見響而不動其功甚捷

黑丑炒頭末二兩香附子炒五靈脂各一兩右末醋糊丸如菉豆薑湯下二三十丸

保和丸〔入門〕治一切食積山查六兩神麯半夏茯苓各二兩陳皮連翹蘿蔔子各一兩右末蒸餅丸如梧子每七八十丸白湯下健脾加白朮六兩名大安丸

木香化滯湯〔寶鑑〕治因憂食䴵心下痞滿作痛半夏一錢五分草豆蔻甘草各一錢柴胡七分陳皮乾生薑木香各六分當歸尾枳實各四分酒紅花一分薑五片

內局 **千金廣濟丸** 治寒食傷霍亂及關格等症紫檀香十兩檳榔八兩便香附蒼朮白檀香各六兩乾薑厚朴各五兩陳皮神麯炒蓽撥丁香去蓋枳實麩炒各三兩麝香一兩右末糊和兩作三十丸朱砂爲衣○庚戌自上製下各營門校療軍兵

內局 **文敎濟衆丹** 治同上紫檀香檳榔乾薑各二十兩蒼朮厚朴便香附各十五兩神麯炒陳皮半夏胡椒各十兩青皮唐木香各五兩右末糊和一兩五錢作十錠朱砂爲衣或兩作二十丸妙○

庚戌自上製下各營門校療軍兵

食傷補益 ○脾胃弱而飲食難任者不可緊用尅伐之藥○宿食吐下後氣虛宜補六君子湯〔醫鑑〕補中益氣湯

錢氏異功散〔寶鑑〕治脾胃虛弱飲食不進未能消化心胷痞悶人參白朮白茯苓橘皮木香甘草各一錢薑三片棗二枚

參朮健脾湯〔寶鑑〕健脾養胃運化飲食人參白朮白茯苓厚朴陳皮山查肉各一錢枳實白芍藥各八分神麯麥芽縮砂甘草各五分薑三片棗二枚

酒傷 酒者穀液大熱有毒少飲通脉過飲身熱尿赤嘔泄自汗鼻瘡甚則爲消渴黃疸肺痿內痔鼓脹失明勞嗽癲癇治法發汗利小便爲要飲酒過多酒蒸黃連丸〔入門〕升麻葛根湯〔入門〕中酒頭痛嘔眩者補中益氣湯去白朮加半夏白芍藥黃芩黃栢乾葛川芎酒後傷風身熱頭痛如破防風通聖散〔入門〕加黃連葱白○善飲人每朝長噯不吐小調中湯合六君子湯〔醫鑑〕

對金飲子〔寶鑑〕治酒食傷和胃消痰陳皮三錢厚朴蒼朮甘草各七分薑三片○加乾葛二錢赤茯苓縮砂神麯各一錢尤好

三豆解酲湯〔寶鑑〕治中酒發病頭痛嘔吐煩渴善解酒毒且多飲不醉因酒患消渴尤宜服之葛根二錢蒼朮一錢五分陳皮赤茯苓木瓜半夏各一錢神麯七分澤瀉五分乾生薑三分黑豆菉豆赤小豆各二錢夏月及酒渴者加黃連五分

勞倦傷治法 勞倦有二勞力純傷氣無汗補中益氣湯勞心兼傷血有汗黃芪建中湯〔入門〕心力俱勞氣血皆傷雙和湯〔入門〕房勞傷腎亦與勞倦相似均一內傷發熱症也勞倦因陽氣下陷宜補氣升提房勞因陽火上升宜滋陰降下治法迥異○七情與食傷俱閉塞三焦熏蒸肺胃清道之氣失其傳化氣口獨緊盛嘔泄痞滿腹痛相似但傷食惡食七情雖飽不惡食○氣浮心亂朱砂安神丸〔入門〕

清而鎭之

補中益氣湯〔寶鑑〕治勞役太甚或飮食失節身熱而煩自汗倦怠黃芪一錢五分人參白朮甘草各一錢當歸身陳皮各五分升麻柴胡各三分○一方加黃栢三分以滋腎水紅花二分入心養血

益胃升陽湯〔寶鑑〕治內傷諸症蓋血脫益氣古聖人之法也先理胃氣以助生發之氣此藥主之白朮一錢五分黃芪一錢人參神麯炒各七分五里當歸身陳皮甘草炙各五分升麻柴胡各三分生黃芩二分

升陽順氣湯〔寶鑑〕治內傷諸症春月口淡無味夏月雖熱猶寒胷腹滿悶飢常如飽黃芪二錢半夏一錢二分草豆蔻八分神麯當歸陳皮人參各六分升麻柴胡甘草各四分黃栢三分薑三片

升陽益胃湯 實鑑治內傷脾胃症秋燥濕熱少退而飲食無味體重口燥大小便不調或灑淅惡寒乃陽氣不伸故也黃芪二錢人參半夏甘草各一錢羌活獨活防風白芍藥各七分陳皮五分柴胡白朮茯苓澤瀉各三分黃連二分薑三片棗二枚

清神益氣湯 實鑑治內傷症脾胃虛損食少倦怠適當暑兩濕熱之盛目疾時作身面俱黃人參一錢生薑八分澤瀉蒼朮防風五味子各六分赤茯苓升麻白朮白芍藥生甘草麥門冬各四分黃柏青皮各二分

內傷脾胃不思食不嗜食 蓋由胃寒宜導痰補脾或有膀胱移熱於小腸者○陰虛有味陽虛無味○不進食補脾不效由下元陽衰二神丸飲兒絲子末數匙酒下飲效如湯沃雪○因事忤意鬱結在脾久不食脾實非枳實不能開溫膽湯隮去竹茹○食後昏困者脾虛弱由升發之氣不行也宜補中益氣湯

平胃散 實鑑和脾健胃能進飲食蓋內傷病脾胃中有宿食故不嗜食用此藥平其胃氣則自然思食方觀○加茯苓丁香白朮名調胃散○加乾薑名厚朴湯○合五苓散膈寒名胃苓湯○合益元散醫鑑名黃白散○加藿香半夏名不換金正氣散

寬中進食丸 實鑑滋形氣喜飲食麥芽麪一兩半夏猪苓各七錢草豆蔻神麯各五錢枳實四錢橘皮白朮白茯苓澤瀉各二錢縮砂一錢五分乾生薑人參青皮甘草各一錢木香五分右末蒸餅丸如梧子米飲下五七十丸

生胃丹 實鑑生胃氣消痰飲開胃膈進飲食寒濕肥白氣虛者宜南星三兩薑汁浸一宿次日以薑汁和句用黃泥包裹煨乾慢火煨半日泥焦乾去泥用人參白朮白茯苓各二兩麥芽砂仁半夏麯陳皮青皮白豆蔻蓽澄茄蓮肉各一兩木香三錢右末用粟米四兩作飯焙乾以薑汁和濕再焙如是製七次作糊丸如菉豆薑湯下五七十丸

香砂六君子湯 實鑑治不思飲食食不化食後倒飽者脾虛也香附子白朮白茯苓半夏陳皮白豆蔻厚朴各一錢縮砂人參木香益智仁甘草各五分薑三片棗二枚

香砂養胃湯 實鑑治飲食不思痞悶不舒此胃寒也白朮一錢縮砂蒼朮厚朴陳皮白茯苓各八分白豆蔻七分人參木香甘草各五分薑三片棗二枚

食傷初寒久熱勞倦初熱久寒 食傷初起寒濕宜辛燥消導久爲濕熱宜辛甘苦寒潤之宜消息清鬱湯○勞倦初起熱中身困無氣表熱自汗心煩胃熱熏肖甘溫補中宜補中益氣湯久變寒中辛熱溫中湯沈香溫胃丸

凝神散 實鑑治內傷熱中收飲胃氣清涼肌表人參白朮白茯苓山藥各一錢白扁豆粳米知母生地黃甘草各五分地骨皮麥門冬竹葉各三分薑三片棗二枚

當歸補血湯 實鑑因飢困勞役致面紅目赤身熱引飲其脉洪大而虛重按全無此血虛發熱症似白虎惟脉不長實爲辨誤服白虎湯必死宜服此藥方觀

三補枳朮丸 實鑑補脾胃化痰清熱消食順氣白朮二兩陳皮去白枳實各一兩貝母八錢黃連黃芩並酒炒黃栢鹽水炒白茯苓神麯山查內各五錢麥芽香附子醋炒各三錢縮砂一錢右末荷葉煮飯丸如梧子薑湯下七八十丸

沈香溫胃丸 實鑑治脾胃虛寒心腹疼痛或霍亂吐瀉及下焦陽虛臍腹痛冷汗出附子炮巴戟乾薑炮茴香炒各一兩官桂七錢沈香當歸人參白朮吳茱萸白芍藥白茯苓良薑木香甘草各五錢丁香三錢右末醋麪糊丸如梧子米飲下五七十丸

呑酸吐酸 呑酸者水刺心咯不出嚥不下寒也○吐酸者吐出酸水津液隨氣上升鬱積爲濕久則生熱也○脉弦而滑沈而遲胃中有寒飲洪數者痰熱在胃膈

蒼連湯 實鑑治呑酸吐酸蒼朮黃連薑汁炒陳皮半夏赤茯苓神麯各一錢吳茱萸炒縮砂各五

分甘草三分薑三片

增味二陳湯 寶鑑治呑酸半夏陳皮茯苓梔子炒黃連炒香附子各一錢枳實川芎蒼朮各八分白芍藥七分神麯炒五分甘草三分薑三片

平肝順氣保中丸 寶鑑治脾胃中伏火鬱積生痰致令嘔吐呑酸嘈雜常服健脾開胃化痰消滯清火抑肝白朮土炒四兩香附子童便浸三日炒三兩陳皮二兩五錢川芎枳實黃連薑炒神曲炒山查肉各二兩半夏製一兩五錢梔子薑炒蘿蔔子炒白茯苓乾生薑吳茱萸各一兩麥芽炒七錢青皮香油炒六錢縮砂炒甘草炙各四錢木香三錢右末竹瀝打神麯爲糊丸如菉豆白湯下百丸此方治呑酸吐酸嘈雜噫氣兼治之劑

香蔻和中丸 保元治噫氣呑酸嘈雜有痰有熱有氣有食胃膈不寬飲食不化白朮炒山查肉連翹各四兩白茯苓半夏薑炒枳殼麩炒陳皮去白神麯炒各二兩乾生薑一兩蘿蔔子炒白豆

蔲各五錢木香二錢五分右細末神麯糊丸如梧子每服百丸食後白湯下

藿香安胃散 寶鑑治脾虛食入嘔吐作酸不待腐熟橘紅五錢人參藿香丁香各二錢五分右末每二錢薑三片水煎服

嘈雜 似飢不飢似痛不痛而懊憹不自寧也由痰因火動○因食爲熱者香砂平胃散或消息清鬱湯

消息清鬱湯 寶鑑治嘈雜半夏陳皮白茯苓神麯炒山查肉香附子川芎麥芽炒枳殼梔子炒黃連薑汁炒蒼朮藿香甘草各七分薑三片

養血四物湯 寶鑑治血虛嘈雜五更心嘈思傷心血四物湯血門一貼加半夏香附子貝母赤茯苓黃連梔子各七分甘草五分薑三片

噫氣 轉出食氣也實噫食罷噫轉腐氣濕熱也二陳湯痰飮加蒼朮神麯麥芽薑炒黃連○虛噫不因食而常噫濁氣塡胷也六君子湯痰飮加沉香厚朴蘇葉吳茱萸或蘇合香元氣門

破鬱丹 寶鑑治婦人噫氣胷緊連十餘聲不盡噯出氣心頭畧寬不噯即緊香附子醋煮梔子仁炒各四兩黃連薑汁炒二兩枳實檳榔蓬朮青皮瓜蔞仁蘇子各一兩右末水丸如梧子滚水下三五十丸

內傷調補 胃惡熱喜冷大腸惡冷喜熱飲食衣服適寒溫調之○淡食則神清○食肉後漱口○多喫茶則下焦虛冷准飽食後緩飲無妨

參苓白朮散 寶鑑治內傷脾胃虛弱飲食不進或吐瀉凡大病後調助脾胃此藥極妙人參白茯苓山藥甘草炙各三錢薏苡仁蓮肉桔梗白扁豆縮砂各一錢五分右末每二錢棗湯點服○剉取一兩入薑三棗二煎服亦可○保元人參白朮白扁豆山藥薏苡仁各一錢白茯苓桔梗各七分蓮肉七枚砂仁五箇甘草炙四分薑三片棗二枚

太和丸 寶鑑治內傷脾胃虛損不思飲食肌體羸瘦面色萎黃開胷快膈清鬱化痰消食調理之

劑也白朮土炒四兩白茯苓白芍藥神麯炒麥芽炒各二兩五錢香附子便炒當歸枳實各二兩龍眼肉無則益智代之白豆蔲各一兩三錢半夏一兩二錢陳皮黃連薑汁炒山查肉各一兩甘草炙七錢人參木香各五錢右末荷葉煎湯打陳米爲糊丸如梧子米飮下百丸

雲林潤身丸 寶鑑治肌瘦怯弱精神短少飮食不甘服此藥可以當勞可以耐飢久服肢體肥壯清火化痰開鬱健脾胃養血和氣當歸酒洗白朮各六兩白茯苓陳皮便香附黃連薑炒山查肉神麯炒各三兩枳實白芍藥人參山藥炒蓮肉各二兩甘草炙五錢右末荷葉煎湯煮飯丸如梧子米飮下百丸勞役之士不可一日無此藥

九仙王道糕 寶鑑養精神扶元氣健脾胃進飮食補虛損生肌肉除濕熱蓮肉山藥炒白茯苓薏苡仁各四兩麥芽炒白扁豆炒芡仁各二兩柿霜一兩白砂糖二十兩右細末入粳米粉五升蒸糕曬乾任意食之米飮下

砂糖元 (寶鑑)調理脾胃砂糖一兩作屑入縮砂末一錢蜜少許和勻每兩作三十丸細嚼嚥下加五味子肉末五分佳

天真元 (寶鑑)治內傷脾腎俱虛飲食不進津液枯竭形容羸瘠當歸十二兩肉蓯蓉山藥鮮天門冬各十兩右四味末精羊肉七斤批開入藥末在內褁定扎縛入糯米酒四瓶中煮令酒乾再入水二升又煮候肉爛如泥乃入黃芪末五兩人參末三兩白术末二兩熟糯米飯焙末十兩拌勻同擣丸如梧子每服一百丸日三次一日約服三百丸若難作丸則入蒸餅同擣爲丸溫酒或塩湯下

蒼朮膏 (寶鑑)治傷食少食濕腫四肢無力酒色過度勞逸有傷骨熱痰火等證初服或作熱或瀉痰或作飽或善飢久服則輕身健骨蒼术泔浸去黑皮切片焙一斤入蒸過白茯苓四兩剉入水十碗熬取汁二碗濾去渣又入水熬取二碗將渣擣爛又入水熬絞取汁一二碗去渣和合前汁再熬至二碗加蜜四兩熬至稠滴水成珠爲度日二三服白湯下此藥氣極雄壯通行脾腎二經

食積類傷寒 凡傷食成積亦能發熱頭痛症似傷寒惟心腹飽悶噎噯嘔逆

陶氏平胃散 (寶鑑)蒼术一錢五分厚朴陳皮白术各一錢黃連枳實各七分草果六分神麯山查肉乾薑木香甘草各五分薑三片

內傷飲食宜吐宜下 宿食在上百沸湯調白礬或薑鹽湯飲之以鷄翎探吐酒傷速吐佳○在下備急丸(救急)感應元(積聚)○(新增經驗)治食傷煩熱心腹脹痛百藥無效片熟石撐兩頭石上擲人糞鷄子大火炊半沸入大豆末黃土末各一握候半乾以眞油清蜜各一鍾和勻以極焦黑爲度入井華水一砂鉢候石冷去石以布澄清黃昏服之名五行湯

除源散 (寶鑑)凡傷食物寒熱心腹痛問其所傷何物取原食物燒存性末一兩用生韭一握擣取汁調服過一二時以備急丸(救急)服以催之宿食下而愈○傷寒食復發熱取所食物燒存性末米飲下二錢

萬億丸 (回春)治大人小兒食滯無所不可瘧痢亦可寒食麪朱砂巴豆右各五錢先將朱砂研細再入巴豆又研極細却將寒食麪用好酒打成糕蒸熟入藥內仍又同研百餘下丸如黍米每服三五丸看人大小加減用之

枳實大黃湯 (寶鑑)治食傷熱物大便不通大黃二錢厚朴枳實檳榔甘草各一錢木香五分

虛勞

脈法 平人脈大爲勞脈極虛亦爲勞○氣虛則弦血虛則大○凡虛細弱虛勞也○虛勞脈大抵多弦或浮大數大者易治若帶雙弦賊邪侵脾難治○男子久病氣口弱則死強則生女子久病人迎弱則死強則生

虛勞治法 不論陰陽損傷皆因水火不濟火降則血脈和暢水升則精神充滿或心腎俱虛或心脾俱虛或心肝俱虛或肺腎俱虛或五臟俱虛但以調和心腎爲主兼補脾胃則飲食進而精神氣血

自生○調和心腎虛中有熱者宜古菴心腎丸虛中有寒者宜究原心腎丸不受峻補者宜歸茸元兼補脾胃宜二神交濟丹天真元(內傷)○峻補烏附天雄乾薑官桂類潤補當歸鹿茸肉蓯蓉類清補兩門冬人參地黃類

陰虛 血虛也凡陰虛每日午後惡寒發熱至晚得微汗而解脈必虛濡而數絕類瘧症但瘧脈弦而虛脈大弦爲辨若誤作瘧治多致不救○與火門陰虛火動參看○四物湯(血門)滋陰降火湯清离滋坎湯(火門)○陰先虛而陽暴絕脈亂垂死用獨參湯(氣門)且灸氣海

加味補陰丸 (寶鑑)補陰虛瀉陰火黃栢知母各四兩牛膝杜冲巴戟熟地黃山茱萸各三兩肉蓯蓉白茯苓枸杞子遠志山藥鹿茸龜板各二兩右末蜜丸如梧子塩湯下八九十丸

大造丸 (寶鑑)治六脈虛微血氣衰弱此方滋陰補陽養壽之聖藥紫河車一具泔浸洗淨盛竹器長流水中浸一刻以回生氣盛小瓦盆於木甑或瓦甑內蒸極熟如糊取出先傾自然汁別貯將河

車石臼內擣千下同前汁和勻生乾地黃四兩龜板杜冲天門冬黃栢薑酒炒各一兩五錢牛膝麥門冬當歸身各一兩二錢人參一兩五味子五錢右末河車汁和米糊爛搗作丸以溫酒或鹽湯任下百丸日再服

入門大造丸 寶鑑治氣血虛弱陽物僅具形迹面色萎黃并大病後不能作呼喚聲久服耳目聰明鬚髮皆黑延年益壽紫河車一具照前法蒸熟生地黃二兩五錢用白茯苓二兩縮砂六錢三物以紗綃包之入磁缸內酒煮乾再添酒煮七次取出去砂苓不用蓋地黃得砂仁茯苓則入腎經故也材料劑服法與上大造丸同

陽虛 氣虛也脉微弱少氣力自汗不止宜四君子湯膩益胃升陽湯內傷

桂附湯 寶鑑治陽虛血弱虛汗不止桂皮三錢附子炮二錢薑三片棗二枚

茸附湯 寶鑑治氣精血虛耗潮熱盜汗鹿茸附子炮各二錢五分薑七片

參芪建中湯 寶鑑治虛損少氣四肢倦怠飲食少進當歸身一錢五分人參黃芪白术陳皮白茯苓白芍藥生乾地黃酒炒各一錢甘草五分五味子三分薑三片棗二枚

鹿茸大補湯 寶鑑治虛勞少氣一切虛損肉蓯蓉杜冲各一錢白芍藥白术附子炮人參官桂半夏石斛五味子各七分鹿茸黃芪當歸白茯苓熟地黃各五分甘草二分五里薑三片棗二枚

陰陽俱虛 氣血皆不足也宜古菴心腎丸究原心腎丸

雙和湯 寶鑑治心力俱勞氣血皆傷或房室後勞役或勞役後犯房及大病後虛勞氣乏自汗白芍藥二錢五分熟地黃黃芪當歸川芎各一錢桂皮甘草各七分五里薑三片棗二枚

八物湯 寶鑑治虛勞氣血兩虛能調和陰陽人參白术白茯苓甘草熟地黃白芍藥川芎當歸各一錢二分

十全大補湯 寶鑑治同上又治虛勞自汗人參白术白茯苓甘草熟地黃白芍藥川芎當歸

黃芪官桂各一錢薑三片棗二枚○加柴胡一錢黃連五分治虛勞氣血俱損漸成勞瘵

固眞飲子 寶鑑治陰陽兩虛氣血不足飲食少思五心煩熱潮熱自汗精氣滑脫行步無力時或泄瀉脉度沉弱咳嗽痰多將成勞瘵熟地黃一錢五分人參山藥當歸黃芪蜜炒黃栢鹽酒炒各一錢陳皮白茯苓各八分杜冲炒甘草炙各七分白术澤瀉山茱萸破故紙炒各五分五味子十粒

人參養榮湯 寶鑑治虛勞成損氣血不足消瘦倦怠氣短食少或寒熱自汗白芍藥酒炒二錢當歸人參白术黃芪蜜炒官桂陳皮甘草炙各一錢熟地黃五味子防風各七分五里遠志五分薑三片棗二枚

異類有情丸 寶鑑治虛勞補氣血兩虛鹿角霜龜板酥炙各三兩六錢鹿茸酒洗酥炙虎脛骨酒煮酥炙各二兩四錢右末雄猪脊髓九條同煉蜜丸如梧子空心鹽湯下七八十丸蓋鹿陽也龜虎陰也血氣有情各從其類非金石草木例也如厚味善飲之人可加猪膽汁一二合以寓降火

之義中年覺衰者便可服餌

是齋雙補丸 寶鑑平補氣血不燥不熱熟地黃補血兔絲子補氣各八兩右末酒糊丸如梧子酒飲下七十丸

滋陰大補丸 寶鑑治虛勞補心腎熟地黃二兩牛膝山藥各一兩五錢杜冲巴戟山茱萸肉蓯蓉五味子白茯苓茴香遠志各一兩石菖蒲枸杞子各五錢右末蒸棗肉和蜜丸如梧子鹽湯或溫酒下七十丸

心虛 曲運神機爲虛勞血少面無色驚悸夢遺盜汗極則心痛咽腫○口舌生瘡語澁肌瘦宜天王補心丹清心補血湯心極人參固本丸腎身

古庵心腎丸 寶鑑治勞損心腎虛而有熱驚悸怔忡遺精盜汗目暗耳鳴腰痛脚痿久服黑鬚髮令人有子熟地黃生乾地黃山藥茯神各三兩當歸澤瀉黃栢鹽酒炒各一兩五錢山茱萸枸

杞子龜板酥炙牛膝黃連牧丹皮鹿茸酥炙各一兩生甘草五錢朱砂一兩爲右末蜜丸如梧子朱砂爲衣空心塩湯或温酒下百九

究原心腎丸（寶鑑）治虛勞水火不交濟怔忡盗汗遺精赤濁兎絲子三兩酒浸牛膝熟地黃肉蓯蓉鹿茸附子炮人參遠志茯神黃芪山藥當歸龍骨五味子各一兩右末以浸兎絲酒煮糊九如梧子棗湯下七十九

肝虛 盡力謀慮爲虛勞筋骨拘攣極則頭目昏眩○脇痛關格不通○筋緩目暗四物湯㸃雙和湯或鹿茸四斤九（小兒）

歸茸元（寶鑑）治虛勞陰血耗竭面色黧黑耳聾目暗脚弱腰痛小便白濁當歸酒浸鹿茸酥炙等分爲末煮烏梅肉爲膏九如梧子温酒下五七十九

拱辰丹（寶鑑）凡男子方當壯年而真氣猶怯此乃稟賦素弱非虛而然僭燥之藥尤宜速戒滋益之方羣品稍衆藥力細微難見功效但固天元一氣使水升火降則五臟自和百病不生此方主之鹿茸酥炙當歸山茱萸各四兩麝香五錢另研右末酒麪糊九如梧子温酒或塩湯下七十九至百九

脾虛 意外過思慮脹滿少食極則吐瀉肉削四肢倦怠關節肩背強痛○氣急肌痺多汗宜天真元參苓白术散九仙王道糕（並內傷）

橘皮煎元（寶鑑）治脾腎大虛不進飲食肌肉消瘦虛弱憔悴及久瘧久痢橘皮五兩甘草三兩三錢當歸萆薢肉蓯蓉吳茱萸厚朴官桂陽起石巴戟石斛附子兎絲子牛膝鹿茸杜冲乾薑各一兩右末用酒一升五合於磁器入橘皮末煎熬如餳却入諸藥末攪勻擣九如梧子空心温酒塩湯下五七十九

肺虛 預事而憂爲虛勞氣乏心腹冷胸背痛極則毛焦津枯咳嗽鬨熱○氣喘面腫口燥咽乾痰盛或唾血人參膏或獨參湯（並氣）

人參黃芪散（寶鑑）治虛勞客熱潮熱盗汗痰嗽唾膿血鱉甲酥炙一錢五分天門冬一錢秦芃柴胡地骨皮生乾地黃各七分桑白皮半夏知母紫菀黃芪赤芍藥甘草各五分人參白茯苓桔梗各三分

腎虛 矜持志節及過傷色慾爲虛勞腰骨痛遺精白濁極則面垢脊痛○尿赤陰瘡耳鳴○腎有兩枚左爲腎屬水不足則爲陰虛六味地黃九（臟腑）或加五味子四兩名腎氣九治同右爲命門屬火不足則爲陽虛八味元（臟腑）腎與命門俱虛斑龍九（身形）

三一腎氣九（寶鑑）治虛勞補心腎諸臟精血瀉心腎諸臟火濕熟地黃生乾地黃山藥山茱萸各四兩牧丹皮白茯苓澤瀉瑣陽龜板各三兩牛膝枸杞子人參麥門冬天門冬各二兩知母黃栢並塩炒五味子官桂各一兩右末蜜九如梧子温酒或塩湯下七十九

小兎絲子元（寶鑑）治虛勞腎損陽氣衰少小便滑數兎絲子五兩山藥（內七錢作糊）蓮肉各二兩白茯苓一兩右末山藥糊九如梧子温酒或塩湯下七十九

三味安腎九（寶鑑）治下虛腎氣不得歸元變見諸證用此補腎令其納氣破故紙茴香並炒乳香各等分右末蜜九如梧子塩湯下三五十九

增益歸茸元（寶鑑）治虛勞腎衰補精血養陽氣熟地黃鹿茸五味子大當歸各四兩山藥山茱萸大附子炮牛膝酒浸官桂各二兩白茯苓牧丹皮澤瀉酒浸一宿各一兩右末用鹿角膠半斤剉入石器中入酒少許熔化九如梧子空心温酒或塩湯下五七十九一法膠作末酒和作九亦可

八仙斑龍膠（保元）乃補益天下第一方也鹿茸五十兩赤何首烏白何首烏枸杞子各八兩人參天門冬麥門冬生地黃熟地黃牛膝各五兩右將藥均入大砂鍋內熬汁五次將渣濾淨再熬至五碗則成膠矣每服銀茶匙二三匙好酒調化空心服

龜鹿二仙膏（張氏經驗）治督任俱虛精血不足鹿角膠龜膠各一斤（料炒）枸杞子龍眼肉各六兩人參四兩右先將二膠酒浸烊杞圓膏中候化盡入右人參末磁罐收貯清晨醇酒調服五錢

虛勞通治　凡人四肢瘦弱多困未知陰陽先損瓊玉膏（湖）夏用六味地黃丸（臟五）春秋腎氣丸（臟五）冬用八味元（臟五）○亾陽失陰諸虛陰瘦遺精膃肭補天丸（陰前）

二神交濟丹（寶鑑）補虛勞治心脾腎三經虛損茯神薏苡仁各三兩酸棗仁枸杞子白朮神麯各二兩柏子仁芡仁生乾地黃麥門冬當歸人參陳皮白芍藥白茯苓縮砂各一兩右末熟水四盞調煉蜜四兩山藥末四兩作糊丸如梧子米飲下五七十丸○（入門）云血虛甚去芍加鹿茸脾虧甚去地黃加五味子

小建中湯（寶鑑）治虛勞裏急腹痛夢寐失精四肢痠疼手足煩熱咽乾口燥白芍藥五錢桂枝三錢甘草炙一錢薑五片棗四枚煎至半去滓下膠飴一兩再煎烊化服之○加黃芪蜜炒一錢名黃芪建中湯治虛勞氣虛自汗○加當歸一錢名當歸建中湯治虛勞血虛自汗

戊戌酒（寶鑑）能補養元氣老人尢佳糯米三斗蒸熟黃雄犬一隻去皮腸煮一伏時候極爛擣爲泥連汁與飯同拌匀用白麯三兩和匀釀之二七日熟空心飲一盃

霞天膏（寶鑑）純黃牯牛肥澤二三歲未交接者取精肉切如栗子入大鍋長流水煮頻攪水耗則添熱湯常使水淹肉至五六寸掠去沫直至肉爛如泥濾去滓將汁入小銅鍋用桑柴文武火煮不住手攪漸如稀餳滴水不散色如琥珀膏成矣火候最用心否則壞矣磁器盛貯用和丸劑每三分攙白麪一分同煮成糊或用煉蜜○新增作膏於大川邊逆取流水仍注鍋內取水之生氣尢效古方雖在吐門曾用於老痰虛損津枯之人每空心二三匙熔化服不吐而大效故移付於此

五重膏（俗方）治虛勞有效大鮒魚一尾去鱗及內腸生薑乾薑胡椒白芥子（一云椒）獨頭蒜各一錢作末盛於鮒魚內以線一縫之鮒魚盛於陳黃鷄腹中縫之黃鷄盛於牛胖一部內縫之胖亦盛於黃狗腹內縫之鷄狗去內腸一如鮒魚熟製黃狗盛於牛皮一領內縫之以刀亂刺開穴俾通水氣大釜中設兩橋橋上置牛皮如懸胎之狀釜內灌水一斗真油燒酒清醬各一升釜蓋以鍮銅盌器覆之罅隙則用鹽泥固濟覆蓋內盛冷水一如燒酒蓋板之狀水中入黃豆數合始慢火煎熬豆熟則又改豆與水如是數次後釜內肉塊更爲翻置如前安蓋盛水入豆待其豆熟又改豆與水數次則其肉自然爛熟矣肉則隨量喫之肉汁亦隨量飲之大法雖如是不無隨症加減之道冬至後立春前不可用

天一補眞丹（新增）治氣血大虛男子瘦弱腎虛婦人虛勞無子羊一隻去筋膜取精肉熟地黃薑浸十兩山藥山茱萸各五兩牧丹皮白茯苓澤瀉各三兩陳皮縮砂各二兩右末羊肉以刀爛擣入石臼爛擣和藥末更擣千餘杵丸如梧子米飲或淡薑茶下七八十丸○腎冷加茴破冷極加官桂附子○氣滯加便香附沉香婦人則加四製香附○有積加靑皮○全羊骨煎服亦可

羊肉湯（新增）治男子婦人陽虛瘦弱能雙補氣血羊脯二三兩生薑二兩桂皮乾薑各五錢○血虛加白芍藥酒炒黃二錢○冬月生羊肉一大盞尤好

鷄膏（新增）貧家遇虛症而難辦參料以此代用雖能辦參素禀血燥肺經有火難服參料者亦宜陳鷄一隻去筋膜皮骨及頭與脊只取肩脚腹下堅肉入生桔梗一條生薑二兩官桂五錢山查二十箇黃栗十箇如法作膏○血燥加白芍藥酒炒黃二錢○陽虛加附子一二錢○氣虛感氣及房勞挾感補瀉兩難忍冬三錢或五錢生薑一兩山查十箇生栗九箇生桔梗一條同鷄作膏用○材料加減全在活法

新增管見　無論大人小兒人參附子用之於熱在陽分則其害立至醫者即覺若用之於熱在陰分則外似無害故醫者以爲用溫熱之藥而無害是用之末洽然也或至數兩而死或至數斤而死死亦不悔醫者主家終不覺悟是病在陰分用熱藥熬盡其津液然後命盡故也如此死者頻頻見之

故姑書以侍後之高明

身形

論身形

人生從乎太易病從乎太素○父精爲魂母精爲魄地水火風和合成人○人之壽夭父精母血盛衰不同○人身猶一國胷腹宮室四肢郊境骨節百官神君血臣氣民○丹田有三腦爲上心爲中臍下三寸爲下○背有三關腦後王枕關夾脊轆轤關水火之際尾閭關○神太用則歇精太用則竭氣太勞則絕○養性者無犯日月之忌無失歲時之和須知一日之忌暮無飽食一月之忌晦無大醉一歲之忌冬無遠行終身之忌夜不燃燭行房○搬運服食按摩導引養生法也富貴之人多勞心而中虛筋柔骨脆貧賤之人多勞力而中實骨勁筋强冨貴者縱情極慾慮遠思多消鑠無非心腎之脂膏貧賤者小怒寡慾願淺易足所傷無非日生之氣血故冨貴之病多從本貧賤之病多從標

養性延年藥

瓊玉膏

寳鑑塡精補髓調眞養性返老還童補百損除百病萬神俱足五臟盈溢髮白復黑齒落更生行如奔馬日進數服終日不飢渴功效不可盡述一料分五劑可救癱瘓五人一料分十劑可救勞瘵十人若二十七歲服起壽可至三百六十若六十四歲服起壽可至五百年生地黃十六斤搗絞取汁人參細末二十四兩白茯苓細末四十八兩白蜜煉去滓十斤右和匀入磁缸內以油紙五重厚布一重緊封缸口置銅鍋內水中懸胎令缸口出水上以桑柴火煑三晝夜如鍋內水減則用煖水添之日滿取出再用蠟紙緊封缸口納井中浸一晝夜取出再入舊湯內煑一晝夜以出水氣乃取出先用少許祭天地神祇然後每一二匙溫酒調服不飮酒白湯下日進二三服如遇夏熱置陰凉處或藏氷中或埋地中須於不聞雞犬聲幽淨處不令婦人喪服人見之製時終始勿犯鉄器服時忌食葱蒜蘿蔔醋酸等物○衞生方生地黃八斤人參二斤白茯苓一斤半白蜜五斤○入門云本方加天門冬名瓊液膏○永樂中太醫會議加天門冬麥門冬地骨皮各八兩進御服食賜號益壽永真膏○本草云加天門冬麥門冬枸杞子末各一斤亦名益壽永真膏○臞仙方加琥珀沉香末各五錢

三精丸

寶鑑久服輕身延年益壽面如童子蒼朮天精地骨皮地精各淨末一斤黑桑椹人精取二十斤揉爛入絹袋內絞取汁去滓將兩藥末投汁內調勻入罐內密封口閣於棚上晝採日精夜採月華直待自肰煎乾方取爲末蜜丸如小豆每十丸酒湯任下

斑龍丸

寶鑑常服延年益壽鹿角膠鹿角霜兎絲子栢子仁熟地黃各八兩白茯苓破故紙各四兩右磨爲細末酒煑米糊和丸或以鹿角膠入好酒烊化和丸如梧子薑塩湯下五十丸昔蜀中有一老人貨此藥於市自云壽三百八十歲矣

人參固本丸

寶鑑夫人心藏血腎藏精精血充實則鬚髮不白顔貌不衰延年益壽藥之滋

補無出於兩地黃世人徒知服兩地黃不知服兩門冬爲引盖生地黃生心血用麥門冬引入所生之地熟地黃補腎精用天門冬引入所補之地四味互相爲用又以人參通心氣天門冬去心薑汁浸二日酒浸二日麥門冬去心酒浸二日泔浸三日生乾地黃熟地黃並酒浸各二兩右以石磨磨如泥或爛搗以杏仁湯化開濾淨渣又磨盡如澄小粉之法撳去上面水取藥粉曬乾乃入人參末一兩煉蜜和丸如梧子每五七十丸溫酒塩湯任下忌蘿葍葱蒜○入門有痰者地黃薑汁炒一方去人參加黃栢鹿角霜名鹿栢固本丸

七寶美髯丹

本草烏鬚髮壯筋骨固精氣續嗣延年久服極驗赤白何首烏各一斤米泔浸三四日瓷片刮去皮淘淨黑豆二升以砂鍋木甑鋪豆及首烏重重鋪盖蒸之豆熟取出去豆曝乾撥豆再蒸如此九次曝乾爲末亦白茯苓各一斤水飛捻塊以人乳十碗浸勻曬末牛膝八兩酒浸一日同首烏第七次蒸之至九次止曬乾當歸八兩酒浸曬枸杞子八兩酒浸曬兎絲子八兩酒浸

生芽研爛曬補骨脂四兩以黑脂麻炒香並忌鐵器石臼爲末煉蜜丸如彈子一百五十丸每日三丸清晨溫酒下午時薑湯下臥時鹽湯下其餘並丸如梧子每日空心酒服一百丸

老人治病 老人雖有外感切忌苦寒藥及大汗吐下宜平和之藥調治老人小水短少即是病進若憊乏宜補中益氣湯方見異功散方見固真飲子雜病尿數腎氣丸方見去澤瀉加茯神益智仁大便乾燥蘊麻粥三仁粥並見大便痰病六君子湯痰飲三子養親湯痰飲

服人乳法 寶鑑無病婦人乳汁二盞好清酒半盞入銀器或石器內同滾頓服每日五更時一服○一方加生梨汁數匙名接命膏

內局**牛乳粥** 寶鑑牛乳汁一升入粳米細心少許煮粥令熟常服最宜老人○內局牛乳盛於鍋內定其多少之限而量入清水煎熬到限始入細米心令熟後入鹽水少許調味以出名駝酪粥

精 男二八女二七精通

濟衆新編　卷二　精　十八

脉法 微弱而澁精氣清冷爲無子也○濇爲精血不足○遺精白濁當驗於尺結芤動緊○洪數精火逼

精宜秘密 五臟各有精並無停泊于其所人未交感精涌于血中未有形狀交感之後慾火動極流行之血至命門變爲精以泄宜秘密不可妄泄

大鳳髓丹 寶鑑治心火旺盛腎水不足心有所欲速於感動疾于施泄黃栢炒二兩縮砂一兩甘草五錢半夏炒猪苓茯苓紅蓮蘂益智仁各二錢五分右末鹽水丸如梧子空心糯米飲下五七十九

遺精夢泄屬心 閉藏者腎也踈泄者肝也皆有相火其系屬心心君火也爲物所感則易動精自走雖不交會暗流踈泄○心腎氣虛因小便而出曰尿精因見聞而流出曰漏精亦有濕痰滲爲遺精○夢泄者心有所感夢而後泄其候有三年少鰥曠矜持強制情慾溢而泄勿藥可也心虛不能主宰而泄用平和之劑真元久虧而泄須作補湯亦有經絡熱而泄者○夢泄屬鬱者居多誤用澁劑愈澁愈鬱其病反甚

黃連清心飲 寶鑑治君火旣動相火隨之而精泄黃連生地黃當歸甘草茯神酸棗仁遠志人參蓮肉各等分右剉五錢煎服

保精湯 寶鑑治陰虛火動夜夢遺精當歸川芎白芍藥生地黃薑汁炒麥門冬黃栢酒炒知母蜜炒黃連薑汁炒梔子童便炒乾薑炒黑牡蠣煅山茱萸各五分

歸元散 寶鑑治夢遺日久氣下陷宜升提腎氣以歸元人參白朮白茯苓遠志酸棗仁炒麥門冬黃栢知母二味並童便炒雞頭實蓮花蘂枸杞子陳皮川芎各五分升麻甘草各二分五里入蓮肉三箇棗一枚空心溫服

樗根皮丸 寶鑑治房勞過傷精滑夢遺樗根白皮炒爲末酒糊丸如梧子肰性凉而燥不可單服須以八物湯虛勞煎水呑下爲佳

濟衆新編　卷二　精　十九

加味二陳湯 寶鑑治濕痰滲爲遺精半夏薑製赤茯苓鹽水炒梔子炒黑各一錢五分陳皮白朮桔梗升麻酒炒柴胡酒炒甘草各一錢石菖蒲七分黃栢知母各三分薑三片

精滑脫屬虛 精傷則骨痠痿厥精時自下精脫則耳聾虛而泄精諸藥不效五倍子一兩白茯苓二兩丸服五倍澁脫之功敏於龍骨蛤粉○童男陽盛有所慕而夢遺慎不可補清心乃安朝服清心蓮子飲雜病暮服定志丸神門虛脫小兔絲子元究原心腎丸虛勞○精隨尿而出曰白淫清心蓮子飲佳

桂枝龍骨牡蠣湯 寶鑑治失精桂枝白芍藥龍骨煅牡蠣煅生薑各三兩甘草二兩大棗十二枚右剉以水七升煑至三升分三服

約精丸 寶鑑治小便中泄精不止新韭子霜後採者一斤酒浸一宿焙白龍骨二兩右末酒調糯米粉爲糊丸如梧子空心鹽湯下三十丸

辰砂旣濟丸 回春治元陽虛憊精氣不固夜夢遺精盜汗遺精不禁此藥大補元氣澁精固陽神效熟地黃酒洗四兩人參黃芪鹽水炒當歸酒洗山藥枸杞子酒洗鎖陽龜板酥炙牡蠣酒浸一宿煅各二兩牛膝酒洗知母酒炒各一兩五錢破故紙鹽水炒一兩二錢黃栢酒炒一兩右末用白术八兩水八碗煎至一半取渣再易水煎濾淨合煎至二碗成膏丸如梧子辰砂爲衣空心淡鹽湯或酒下七十丸乾物壓之

氣

脉法 代者氣衰細者氣少浮而絶氣欲絶沉滑氣兼痰飮沉弦細動皆氣痛症心痛在寸腹痛在關下部在尺

氣爲諸病 氣生於穀爲陽而主外呼吸之根十二經係於生氣之源謂腎間動氣也◯腎生氣肺主氣◯膻中爲氣海諸病諸痛皆因於氣◯風傷氣爲疼痛寒傷氣爲戰慄暑傷氣爲熱悶濕傷氣爲

腫滿燥傷氣爲閉結◯氣逸則滯橘皮一兩煎服

七氣 喜怒悲思憂驚恐◯人有七情病生七氣氣結則生痰痰盛則氣愈結故調氣必先豁痰◯七氣相干痰涎凝結如絮如膜甚如梅核窒碍咽喉爲氣隔氣滯氣秘氣中漸至五積六聚

七氣湯 寶鑑治七情鬱結心腹絞痛半夏三錢人參官桂甘草炙各七分薑三片

四七湯 寶鑑治七氣凝結狀如破絮或如梅核窒碍咽喉咯不出嚥不下或胷膈痞滿痰涎壅盛半夏二錢赤茯苓一錢六分厚朴一錢二分紫蘇葉八分薑七片棗二枚

分心氣飮 寶鑑治七情痞滯通利大小便清而疎快紫蘇葉一錢二分甘草炙七分半夏枳殼各六分青皮陳皮木通大腹皮桑白皮木香赤茯苓檳榔蓬朮麥門冬桔梗桂皮香附子藿香各五分薑三片棗二枚燈心十莖

九氣 怒則氣上喜則氣緩悲則氣消恐則氣下寒則氣收炅則氣泄驚則氣亂勞則氣耗思則氣結治法高者抑之下者舉之寒者熱之熱者寒之驚者平之勞者溫之結者散之喜者以恐勝之悲者以喜勝之

正氣天香湯 寶鑑治九氣作痛亦治婦人一氣痛香附子三錢烏藥陳皮紫蘇葉各一錢乾薑甘草各五分或爲末鹽湯點服二錢佳◯神仙九氣湯治九氣作痛香附子薑黃甘草炙各等分爲末每二錢鹽湯點服

中氣 五志過極氣逆而暈倒脉沉身涼口無痰涎中風者脉浮身溫口多痰涎中風以中氣治之無傷中氣以中風治之必死先用薑湯或蘇合香元星香正氣散門風虛者八味順氣散實者四七湯

八味順氣散 寶鑑治中氣最佳人參白术白茯苓青皮白芷陳皮烏藥各七分甘草三分

上氣逆氣 上氣者肺藏氣有餘則常咳上氣◯逆氣者氣自腹中時時上衝火盛者滋陰降火湯門火加香附茯神沉香

蘓子降氣湯 寶鑑治上氣喘促半夏麴蘓子炒研各一錢官桂陳皮去白各七分五里當歸前胡厚朴甘草炙各五分薑三片棗二枚紫蘓五葉

秘傳降氣湯 寶鑑治上氣及氣不升降頭目昏眩腰脚無力桑白皮一錢陳皮枳殼柴胡甘草炙各五分地骨皮五加皮骨碎補訶子皮草果桔梗半夏麴各三分薑三片紫蘓三葉

沉香降氣湯 寶鑑治氣不升降上氣喘促便香附四兩甘草炙一兩二錢縮砂五錢沉香四錢右細末每服二錢以蘓鹽湯調下

退熱清氣湯 寶鑑治氣逆柴胡陳皮赤茯苓各一錢半夏枳殼各八分便香附七分川芎五分縮砂七粒研木香甘草炙各三分薑三片

短氣少氣 短氣者有氣上衝實非上衝呼吸雖數不能相續似喘而不搖肩似呻吟而無痛實難辨之症氣急短促是也四君子湯去茯苓加黃芪人參養榮湯[illegible]◯少氣者氣不足則息微少氣獨參

湯生脉散醫門補中益氣湯益胃升陽湯辨內

人參膏 寶鑑治元氣虛乏精神短少言語不接能回元氣於無何有之鄉王道也人參一斤切入砂鍋內水浮藥一指文武火煎乾一半傾在別處又將渣如前煎三次嚼參無味乃止却將前汁入鍋內熬成膏日服五六匙有肺火與天門冬對用甚妙○人參膏治脾肺陽氣不足能補氣促短氣少氣非升麻為引用不能補上升之氣升麻一分人參三分為相得也若補下焦元氣瀉腎中火邪茯苓為之使○單人參濃煎服名獨參湯○人參膏獨參湯須以長流水煎服乃有奇效

四君子湯 寶鑑補真氣虛弱治氣短氣少人參白茯苓白术甘草炙各一錢二分五里

氣痛 多因七情飲食鬱痰為積聚痞滿刺痛等症初起辛溫開鬱行氣消積久則辛寒降火氣滯上焦心胷痞痛枳梗湯醫門氣滯中焦腹脇刺痛神保元氣滯下焦腰痛疝瘕蟠葱散[illegible]四磨湯[illegible]氣滯於外周身刺痛或浮腫五皮散[illegible]流氣飲子三和散

清膈蒼莎丸 寶鑑治濕熱散鬱止痛蒼术二兩便香附一兩五錢黃連黃芩各五錢右末取紅熟瓜蔞去皮同搗丸如菉豆溫水下三五十丸○一方蒸餅和丸薑湯下

神保元 內局 寶鑑治諸氣注痛又治心膈痛腹脇痛腎氣痛全蝎七箇巴豆十箇去皮為霜木香胡椒各二錢五分朱砂一錢拌衣入右末蒸餅丸如麻子朱砂為衣每五七丸薑陽溫酒任下

流氣飲子 寶鑑治氣注疼痛或腫脹大腹子一錢陳皮赤茯苓當歸白芍藥川芎黃芪枳實半夏防風甘草各七分五里紫蘇葉烏藥青皮桔梗各五分木香二分五里薑三片棗二枚

三和散 寶鑑治諸氣鬱滯或脹或痛川芎一錢沉香紫蘇葉大腹皮羌活木瓜各五分木香白术檳榔陳皮甘草炙各三分

復元通氣散 寶鑑治氣不宣通周身走痛白丑頭末二兩茴香炒穿山甲煻火煨胖各一兩五錢陳皮去白玄胡索甘草炙各一兩木香五錢右細末每二錢薑湯或溫酒調下

氣鬱 因七情或六氣或飲食津液不行清濁相干氣結不散變為諸症○氣鬱不散二陳湯醫鑑煎水吞交感丹痰壅氣滯順氣導痰湯風門

交感丹 寶鑑治諸氣鬱滯一切公私怫情名利失志抑鬱煩惱七情所傷不思飲食面黃形羸胷膈痞悶諸症神效大能升降水火香附子一斤長流水浸三日取炒茯神四兩右搗末蜜丸如彈子每一丸細嚼以降氣湯下○降氣湯香附子茯神甘草各一錢

上下分消導氣湯 寶鑑治氣鬱功勝分心氣飲常患氣惱之人可用此枳殼桔梗桑白皮川芎赤茯苓厚朴青皮便香附炒各二兩黃連薑汁炒半夏瓜蔞仁澤瀉木通檳榔麥芽炒各一兩甘草炙三錢右剉每一兩薑三片煎服或末神麯糊丸白湯下七八十丸名分消丸

通治 男屬陽得氣易散女屬陰遇氣多鬱男氣病常少女氣病常多治法女調血以耗氣男調氣以養血○氣陽也動則為火故以降火化痰消積分治交感丹四七湯分心氣飲流氣飲子選用

蘇合香元 內局 寶鑑治一切氣疾及中氣上氣氣逆氣鬱氣痛白术木香沉香麝香丁香安息香白檀香朱砂水飛爲衣犀角訶子皮香附子蓽撥各二兩蘇合油入安息香膏內乳香龍腦各一兩右細末用安息香膏并煉蜜搜和千擣每一兩分作四十丸每取二三丸井華水或溫水溫酒薑湯化服○有龍腦則謂之龍腦蘇合元無龍腦則謂之麝香蘇合元

至聖來復丹 寶鑑治氣不升降一切危急之症可冷可熱可緩可急如中氣上氣氣痛氣鬱皆效又治痼冷心腹痛臟腑虛滑霍亂吐瀉脉微欲絶上實下虛氣塞痰厥此藥養心腎均調陰陽切效殊勝硝石硫黃各一兩同為細末入碗內以微火溫炒以柳木篦不住手攪令陰陽氣相入不可火太過恐傷藥力再研極細名二氣砂太陰玄精石研飛一兩五靈脂研水飛澄去砂石曬乾青皮陳皮並去白各二兩為末和勻以好醋打麪糊搜和丸如豌豆每服三五十粒空心粥飲下

神

脉法 七情之脉氣口緊盛○寸口脉動而弱動爲驚弱爲悸○癲疾脉虛則可治實則死○狂疾實大者生沉小者死

五臟藏七神神統七情 七神心神肺魄肝魂脾意腎志又脾意智腎精志○心實則笑虛則悲喜則氣緩怒則氣上嘔血憂則氣塞不行思則氣結悲則氣消驚則氣亂恐則氣散

驚悸怔忡 驚悸者火懼水有時而作也大槩屬血虛與痰有時心跳亦是血虛時作時止者痰因火動盖心胆經病○怔忡者心中躁動惕惕如人將捕無時而作因驚悸久而成○停飲五苓散門寒芎夏湯痰飲○肥人多濕痰瘦人多血虛驚悸怔忡皆肰

朱砂安神丸 寶鑑東垣曰熱淫所勝以黃連之苦寒去心煩除濕熱爲君以甘草生地黃之甘寒瀉火補氣滋生陰血爲臣當歸補血不足朱砂納浮溜之火而安神明也黃連六錢朱砂五錢甘草生乾地黃酒洗各三錢五分當歸酒洗二錢五分右末湯浸蒸餅丸如黍米津唾嚥下二三十

丸

加味溫膽湯 寶鑑治心膽虛怯觸事易驚涎與氣搏變生諸症香附子二錢四分橘紅一錢二分半夏枳實竹茹各八分人參白茯苓柴胡麥門冬桔梗各六分甘草四分薑三片棗二枚

清心補血湯 寶鑑治勞心思慮損傷精神頭眩目昏心虛氣短驚悸煩熱人參一錢二分當歸白芍藥炒茯神酸棗仁炒麥門冬各一錢川芎生地黃陳皮梔子炒甘草炙各五分五味子十五粒

辰砂妙香散 寶鑑治心氣不足驚悸怔忡恍惚恐怖悲憂慘戚喜怒不常虛煩少睡山藥白茯苓茯神黃芪遠志薑製各一兩人參桔梗甘草各五錢朱砂三錢木香二錢五分麝香一錢右細末每二錢溫酒調下不飲酒人以蓮肉煎湯調下

養心湯 寶鑑治憂愁思慮傷心或勤政勞心以致心神不足驚悸少睡白茯苓茯神當歸生地黃

各一錢黃芪蜜炙遠志薑汁炒各八分川芎栢子仁酸棗仁炒各七分半夏麯六分人參五分甘草炙辣桂各三分五味子十四箇薑三片

加味四七湯 寶鑑治心氣鬱滯豁痰散驚半夏二錢赤茯苓厚朴各一錢二分茯神紫蘇葉各八分遠志薑製甘草炙各五分薑七片棗二枚石菖蒲半寸

四物安神湯 寶鑑治心中無血如魚無水怔忡跳動當歸白芍藥生地黃熟地黃人參白朮茯神酸棗仁炒黃連炒梔子炒麥門冬竹茹各七分辰砂另末五分棗二枚炒米一撮梅一箇煎水調辰砂末服

朱雀丸 寶鑑治心神不定恍惚健忘火不下降時復振跳白茯神二兩沉香五錢右末湯浸蒸餅丸如梧子朱砂五錢水飛爲衣人參湯下五十丸

健忘 事有始無終言無首尾由精神短少亦有痰者○思慮過多心傷則血耗散神不守舍脾傷則胃氣

衰而慮愈深治法養心血理脾土○若痰迷心竅健忘瓜蔞枳實湯痰飲加減○所稟陰魄不足善忘

定志丸○怔忡久則健忘由心脾血少

引神歸舍丹 寶鑑治心風健忘南星牛膽製二兩朱砂一兩附子童便浸炮七錢右末猪心血和糊丸如梧子每五十丸萱草根煎湯下

定志丸 寶鑑治心氣不足忽忽喜忘神魂不安驚悸恐怯夢寐不祥人參白茯苓茯神各三兩石菖蒲遠志製各二兩朱砂一兩內半衣爲右末蜜丸如梧子米湯下五七十丸○一去茯神加琥珀鬱金名加味定志丸治痰迷心膈驚悸怔忡

歸脾湯 寶鑑治憂思勞傷心脾健忘怔忡當歸龍眼肉酸棗仁炒遠志製人參黃芪白朮茯神各一錢木香五分甘草三分薑五片棗二枚

癲癇 痰在膈間眩微不仆痰在膈上眩甚仆倒大人曰癲小兒曰癇皆由邪氣逆上陽分亂于頭中○癇

有五馬牛羊鷄猪以其病狀偶類其實痰火驚三者而已○痰結心胷開痰鎮心心經蓄熱清心除熱痰迷心竅祛痰寧心○癲者呻吟甚則僵仆心常不樂言語無倫如醉如癡癎者卒然暈倒咬牙作聲吐沫不省遺後便醒○因怒者寧神導痰湯〔風門〕當歸龍薈丸〔五臟〕婦人加味逍遙散〔婦人〕○病先身熱脉浮六腑易治病先身冷脉沉五臟難治

追風祛痰丸〔寶鑑〕治風痰發癎半夏湯洗為末稱六兩分作二分以一分皂角汁浸作麯一分薑汁浸作麯南星三兩剉一半白礬水浸一宿一半皂角水浸一宿防風天麻白殭蚕炒白附子煨皂角炒各一兩全蝎炒白礬枯木香各五錢右末薑汁糊丸如梧子朱砂為衣薑湯下七八十丸

清心滾痰丸〔寶鑑〕治癲癎驚狂一切怪證專治痰火大黃酒蒸黃芩各四兩青礞石同焰硝煅如金色犀角皂角朱砂水飛各五錢沈香二錢五分麝香五分右末水和丸如梧子朱砂為衣溫水下七十丸

內局**龍腦安神丸**〔寶鑑〕治五種癲癎無問遠近白茯苓[illegible]茯三兩人參地骨皮麥門冬甘草各二兩桑白皮犀角鎊各一兩牛黃五錢龍腦麝香各三錢朱砂馬牙硝各二錢金箔三十五片右末蜜丸如彈子金箔為衣每一丸冬溫水夏涼水化下

滋陰寧神湯〔寶鑑〕治癲疾及不時暈倒痰壅搐搦當歸川芎白芍藥熟地黃人參茯神白朮遠志南星各一錢酸棗仁炒甘草各五分黃連酒炒四分薑三片

清心溫膽湯〔寶鑑〕治諸癎平肝解鬱清火化痰益心血陳皮半夏茯苓枳實竹茹白朮石菖蒲黃連薑汁炒香附子當歸白芍藥各一錢麥門冬八分川芎遠志人參各六分甘草四分薑三片

癲狂

癲陰盛多喜狂陽盛多怒蓋心肝二經火盛大抵狂為痰實癲為心血少治法俱豁痰順氣清火平肝癲謂僵仆不省狂謂妄言妄走○胃大腸實熱燥火鬱結成狂○一切大風癲狂防風通聖散〔風門〕加牧丹皮生地黃桃仁痰火鬱塞癲狂牛黃清心元〔風門〕清心滾痰丸○〔新增〕狗寶入于豆腐內煑熟後去豆腐只取狗寶細末米飲調下色青者佳白者劣

當歸承氣湯〔寶鑑〕治陽狂奔走罵詈當歸大黃各一兩芒硝七錢甘草五錢右剉每一兩薑五片棗十枚水一碗煎至半去滓溫服硝黃去胃中實熱當歸補血甘草緩中加薑棗者引入胃中也

牛黃瀉心湯〔寶鑑〕治癲癎及心經邪熱狂亂精神不爽大黃生一兩龍腦朱砂水飛牛黃各一錢右末每服三錢生薑汁和蜜水調下

寧志化痰湯〔寶鑑〕治癲狂初起膽製南星半夏陳皮茯苓黃連薑汁炒天麻人參酸棗仁炒石菖蒲各一錢薑五片

神病通治

先貴後賤曰脫營先富後貧曰失精雖不中邪病從內生血為憂煎氣隨悲減令人飲食無味神倦肌瘦○牛黃清心元〔風門〕交感丹〔風門〕天王補心丹清心補血湯朱砂安神丸辰砂妙香散

天王補心丹〔寶鑑〕寧心保神令人不忘除怔忡定驚悸養育心神生乾地黃酒洗四兩黃連酒炒二兩石菖蒲一兩人參當歸酒洗五味子天門冬麥門冬柏子仁酸棗仁炒玄參白茯神丹參桔梗遠志各五錢右末蜜丸如梧子朱砂為衣臨臥以燈心竹葉煎湯下三五十丸

加減溫膽湯〔寶鑑〕治痰迷心竅神不守舍因憂思鬱結驚恐傷心心不自安神出舍空使人驚悸怔忡煩亂悲歌叫罵奔走不識人茯神半夏製陳皮枳實梔子炒白朮麥門冬黃連各一錢當歸酸棗仁炒竹茹各八分人參六分辰砂末五分甘草三分薑三片棗二枚梅一箇水煎調辰砂末五分竹瀝半盞服

血

心主血脾裹血肝納血

脉法

諸失血見芤脉○沈細吉浮大凶○濇為少血芤為失血○脫血脉實難治○弦濡弱為亡血

血為氣配

血乃水穀之精氣陽血陰血隨氣行病出於血調氣猶可病原於氣區區調血何加焉故

調氣爲上調血次之○血脫危急補血難期速效故不得已從權益氣益胃升陽湯(內傷門)獨參湯(醫鑑)亦
先陽後陰之義○血上行屬火下行挾濕上行逆下行順

衄血嘔血吐血

衄血者陽明熱鬱口鼻出血涼血行血爲主○衄血出於肺○止衄法以白紙作數十摺冷水浸貼項中以熨斗火頻熨○白芨末冷水調服三錢○以色線緊扎手中指中節左出扎右右出扎左左右俱出左右俱扎○百草霜末三錢水調服○以水噴面使帶驚則止○吐衄血蓮心末二錢調服○有聲爲嘔無聲爲吐實者犀角地黃湯黃連解毒湯(寒門)虛者小建中湯(雜病)加黃連○有因勞倦飲食心血入胃吐者有因酒熱滿悶血從吐後出者有因大飽胃冷不消强吐傷裂胃口吐血腹痛難治者理中湯(寒門)加川芎乾葛○吐血火病雖挾痰治火則血止○行氣莎芎散滋補清肺生脉飲止溢童便乾薑炒末調服還血歸元參苓白朮散(內傷門)四君子湯(氣門)腎氣丸(五臟)瓊玉膏(身形)久則升提三黃補血湯

莎芎散(寶鑑)治衄血香附子四兩川芎二兩右末每二錢茶清調下不以時○丹溪心法芎附飲同香附開鬱行氣使邪火散於經絡川芎和血通肝使血歸於肝臟血歸火散其血立止

三黃補血湯(寶鑑)治六脉虛芤而衄吐血升麻白芍藥各二錢熟地黃一錢當歸川芎各七分五里生地黃柴胡黃芪牧丹皮各五分

清衄湯(寶鑑)治衄血當歸赤芍藥生地黃香附子黃芩梔子側栢葉各一錢黃連七分赤茯苓桔梗各五分生甘草三分藕節五箇童便調服

犀角地黃湯(寶鑑)治衄吐血不止及上焦瘀血面黃大便黑能消化瘀血生地黃三錢赤芍藥二錢犀角鎊牧丹皮各一錢加鬱金片芩升麻妙○(回春)加當歸黃芩黃連各一錢尤佳

茯苓補心湯(寶鑑)治勞心吐血白芍藥二錢熟地黃一錢五分當歸一錢三分川芎白茯苓人參前胡半夏各七分陳皮枳殼桔梗乾葛紫蘇葉甘草各五分薑五片棗二枚

清熱解毒湯(寶鑑)治吐衄血升麻二錢生地黃一錢五分黃栢赤芍藥牧丹皮各七分乾葛黃連黃芩桔梗梔子連翹甘草各五分薑三片

咳嗽唾咯血

咳血者咳甚出血屬肺熱者滋陰降火湯(咳嗽門)虛者八物湯(虛勞)○嗽血者痰嗽帶血屬脾熱者加味逍遙散虛者六君子湯(痰飲)加桑白皮片芩枳殼五味子○唾血者隨唾而出血屬腎滋陰降火湯○咯血者咯出血屑或咯不出或帶紅絲此精血竭四物湯加竹瀝薑汁童便青黛或滋陰降火湯

加味逍遙散(寶鑑)治痰中見血牧丹皮白朮各一錢五分當歸赤芍藥桃仁貝母各一錢山梔黃芩各八分桔梗七分青皮五分甘草三分

清肺湯(寶鑑)先痰後血是積熱也赤茯苓陳皮當歸生地黃赤芍藥天門冬麥門冬黃芩梔子紫菀阿膠珠桑白皮各七分甘草三分棗二枚梅一箇

清火滋陰湯(寶鑑)治嘔吐咳嗽唾咯血天門冬麥門冬生地黃牧丹皮赤芍藥山梔子黃連山藥山茱萸澤瀉赤茯苓甘草各七分水煎入童便服

玄霜雪梨膏(寶鑑)治咳嗽唾咯吐血除勞心動火勞嗽久不愈雪梨六十箇去心皮取汁二十鍾酸者不用生藕汁十鍾生地黃汁十鍾白茅根汁十鍾麥門冬煎取汁五鍾生蘿葍汁五鍾右汁合和重濾去渣火上煎煉入蜜一斤飴糖八兩柿霜八兩薑汁半盞上火再熬如稀糊則成膏矣每服三五匙日三服不拘時

尿血

胞移熱膀胱癃尿血○下焦熱尿血○尿血淋痛或雜尿而出者從膀胱來也若出血不痛非淋即尿血乃心移熱小腸血從精竅中來四物湯加山梔滑石牛膝黃芩黃連或導赤散(小便)○亂髮灰燒存性醋湯調服八正散(小便)加麥門冬四物合五苓散(小便)色傷腎氣丸(五臟)老人六味地黃丸(五臟)暑熱升麻煎湯調益元散(暑門)痛不可忍單豆豉一撮煎服

清腸湯〔寶鑑〕治尿血當歸生地黃梔子炒黃連赤芍藥黃栢瞿麥赤茯苓木通萹蓄知母麥門冬各七分甘草五分燈心一團梅一箇

茯苓調血湯〔寶鑑〕治酒麪過度房勞後小便出血半赤茯苓一錢半赤芍藥川芎半夏麪各七分前胡柴胡青皮枳殼桔梗桑白皮白茅根燈心甘草各五分薑五片蜜二匙

清熱滋陰湯〔寶鑑〕治尿血及便血生地黃麥門冬梔子炒黑各一錢玄參牧丹皮各八分當歸川芎赤芍藥各五分知母黃栢並酒炒白朮陳皮甘草各三分

便血 內因濕熱酒色七情外感六淫氣血逆亂○腸風自外得色鮮在糞前近血屬大腸氣敗毒散[illegible]○腸毒自內得色黯在糞後遠血屬小腸血虛宜胃風湯香連丸[illegible]清榮槐花飲[illegible]日久氣虛補中益氣湯[illegible]傷食平胃散加枳殼槐花當歸烏梅酒毒酒蒸黃連丸[illegible]○臟寒下血無痛宜乾薑桂枝屬之

濟衆新編　卷二　血　三十一

平胃地榆湯〔寶鑑〕治結陰便血蒼朮升麻附子炮各一錢地榆七分葛根厚朴白朮陳皮赤茯苓各五分乾薑當歸神麴炒白芍藥益智仁人參甘草炙各三分薑三片棗二枚

清臟湯〔寶鑑〕治大便下血生地黃一錢當歸酒洗地榆各八分黃芩梔子炒黑黃栢炒各七分白芍藥黃連側栢葉阿膠珠各六分川芎槐角炒各五分

槐花散〔寶鑑〕治腸胃有濕脹滿下血槐花炒二錢蒼朮厚朴陳皮當歸枳殼各一錢烏梅肉甘草炙各五分

厚朴煎〔寶鑑〕治便血及諸下血厚朴生薑各五兩同搗爛炒黃白朮神麴麥芽五味子各一兩同炒黃右末水糊丸如梧子米飲下百丸蓋脾胃本無血緣氣虛腸薄自榮衛滲入而下用厚朴厚腸胃麥芽消酒食白朮導水血自不作多有奇效

齒衄舌衄 齒衄者齦屬胃齒屬腎二經相併血出牙縫漱涼水則止少頃又出外糝綠袍散內服解毒湯[illegible]合犀角地黃湯又竹葉煎湯和鹽漱口仍塗鹽地骨皮煎湯先漱後喫○〔新增〕牛黃膏婦人○舌衄者血從舌出蒲黃炒末糝之又槐花炒末糝之又赤小豆一升搗碎和水取汁服之亂髮灰醋湯調服且糝之

綠袍散〔寶鑑〕治齒縫出血不止黃栢薄荷芒硝青黛各等分右末入龍腦少許糝牙床即止

蚊蛤散〔寶鑑〕治舌上出血如泉五倍子白膠香牡蠣粉等分末糝患處

血汗 膽受熱血妄行為血汗○大喜傷心則氣散血隨氣行汗出汚衣赤色黃芪建中湯虛勞兼服妙香散產婦因大喜而得者葎草汁二升醋二合和之空心服○蝟皮燒灰米飲調服肉煑食之

九竅出血 卒大驚則九竅血溢出百草霜油髮灰龍骨末或吹入或糝之新屠猪羊血熱飲二升○九竅四肢指間出血暴驚所致新生犢子臍中屎燒灰和水服小薊汁一盞酒半盞調和頓服乾者末水調服井華水卒噀其面勿令知○指縫成瘡有孔血不止多年糞桶箍篾燒付○血自皮膚濺出賁酒瓶上紙碎揉如楊花手捏在出血處即止○胭中出血不止十全大補湯虛勞

濟衆新編　卷二　血　三十二

通治 一切失血過多眩暈大劑芎歸湯婦人生地黃汁飲之不暇取汁生吃以滓塞鼻孔好墨汁飲之仍滴鼻孔通用八物湯雜病加黃芪生地黃橘皮荊芥各七分棗二枚梅一箇鹹傷血血病無多食鹹○血虛大忌鹹刺出血多○凡血藥不可純涼加辛溫升藥或酒煎酒炒防風為上使連麴為中使地榆為下使○血結皆用醋湯和之○童便重湯入薑汁服降火滋陰消瘀止吐衄諸虛止血藥中每入童便速效又方人乳好酒童便等分和合重湯服之

四物湯〔寶鑑〕通治血病熱地黃白芍藥川芎當歸各一錢二分五里○一方春倍川芎夏倍芍藥秋倍地黃冬倍當歸○春加防風夏加黃芩秋加天門冬冬加桂枝○本方換生地黃赤芍藥名涼血地黃湯治孕婦傷寒

夢

魂魄爲夢 心虛則多夢○胃氣晝行陽故目張而寤夜行陰故目瞑而寐○口鼻呼吸爲魂耳目聰明爲魄○無夢神能守舍故也

益氣安神湯 (寶鑑)治七情六淫相感而心虛夜多夢寐睡臥不寧恍惚驚悸當歸茯神各一錢生地黃麥門冬酸棗仁炒遠志人參黃芪蜜炒牛膽南星竹葉各八分甘草黃連各四分薑三片棗二枚

虛煩不睡 身不熱頭目昏疼○咽燥不渴清清不寐或心煩擾不寧皆虛煩○大病後虛弱及老人陽衰不寐六君子湯[illegible]加炒酸棗仁黃芪痰在膽經神不歸舍溫膽湯加南星酸棗仁炒○心煩不得眠熱也但虛煩不眠膽冷也○熱者辰砂益元散醫門加牛黃○思慮過結而不睡以怒激之使汗出困臥則睡○勞心膽冷定志丸[illegible]加炒酸棗仁炒柏子仁○朱砂乳香爲衣棗湯下五十丸

溫膽湯 (寶鑑)治心膽虛怯觸事易驚夢寐不祥虛煩不得睡半夏陳皮白茯苓枳實各二錢青竹

茹一錢甘草五分薑五片棗二枚

加味溫膽湯 (寶鑑)治法同上半夏三錢五分陳皮二錢二分竹茹枳實各一錢五分酸棗仁炒遠志五味子人參熟地黃白茯苓甘草各一錢右分二貼薑五片棗二枚煎服

酸棗仁湯 (寶鑑)治不睡及多睡酸棗仁微炒人參白茯苓各等分右末每一錢水一盞煎至七分如要睡即冷服如不要睡即熱服

安神復睡湯 (保元)治勤政勞心痰多小睡心神不足當歸川芎白芍藥酒炒熟地黃益智仁酸棗仁炒遠志甘草水泡去心山藥龍眼肉各等分薑棗

秫米半夏湯 (靈樞)治久病不寐神效秫米一升半夏五合長流水八升揚之萬遍取其清者五升煮秫夏二味炊以葦薪至一升半日三服新病汗之即愈舊病三飮而已

聲音

聲音出於腎 心爲聲音之主肺爲聲音之門腎爲聲音之根六氣及痰熱干心肺病在上隨症散邪則天籟鳴矣大病後失音腎氣丸[illegible]○病人語聲寂寂然善驚呼骨節間病喑喑然不徹者心膈間病啾啾然細而長者頭中病

人參平補湯 (寶鑑)治腎虛聲不出人參川芎當歸熟地黃白芍藥白茯苓兔絲子五味子杜冲巴戟橘紅半夏麯各六分牛膝白朮破故紙胡蘆巴益智甘草炙各三分石菖蒲二分薑三片棗二枚水煎於五更初腎氣之開時不許咳唾言語默默服之

卒然無音 杏仁七錢五分熬桂心末二錢五分和搗取李核大綿裹含嚥汁日五夜三○風冷失音蘇葉荊芥穗各一兩搗取汁入酒相和溫服半盞竹葉濃煎服又橘皮濃煎服

荊蘇湯 (寶鑑)治感風寒卒瘂及失音通用荊芥穗紫蘇葉木通橘紅當歸辣桂石菖蒲各一錢

人參荊芥散 (寶鑑)治感風寒言語不出咽乾鼻涕人參荊芥穗陳皮桔梗半夏細辛杏仁

通草麻黃甘草各一錢薑五片

因雜病失音 虛損憔悴氣血不足失聲音久瘖天真元[illegible]產後失聲茯苓補心湯[illegible]○聲斯蜜脂煎○尋常聲音不清訶子散

杏仁煎 (寶鑑)治咳嗽失音聲不出杏仁泥白蜜砂糖生薑汁各一盞桑白皮木通貝母炒各一兩五錢紫菀五味子各一兩石菖蒲五錢右六味剉水五升煎至半升去滓入杏蜜糖薑再煎成稀膏每取一匙含化嚥下或加知母款冬花尤效

蜜脂煎 (寶鑑)治暴失音聲斷常服潤肺猪脂二斤熬去滓入白蜜一斤再煉少頃濾淨入磁器內候成膏不拘時挑服一匙

訶子散 (寶鑑)治咳嗽聲音不出桔梗五錢半生半炒訶子皮三錢半生半炒木通三錢甘草二錢半生半炒右分二貼每一貼水煎去滓入生地黃汁一小盞臨臥嚥下

言語 肺主聲入肝爲呼入心爲言入脾爲歌入腎爲呻自入爲哭○肺邪或胃熱入心爲譫言

妄語○悲泣呻吟言語譫妄邪祟也

瘖不得語 有舌強不語神昏不語口噤不語舌縱語澁舌麻語澁其間治痰治風安神養氣血各從活法治之與風門暴瘖條參看

大驚不語 大驚入心則敗血頑痰塡塞心竅故瘖不能言

密陀僧散 寳鑑治驚氣入心瘖不能言密陀僧研極細末每一錢茶清調下一方以熱酒調下有熱者麝香湯調下昔有人爲虎蛇所驚久瘖服此卽愈

遠志丸 寳鑑治因驚言語顚錯遠志薑製南星牛膽製人參白附子白茯神酸棗仁炒各五錢朱砂三錢水飛麝香一錢金箔五片右末蜜丸如梧子朱砂爲衣薄荷湯下三十丸日再服

津液 大腸主津小腸主液皆受胃之榮氣行津於上焦灌漑皮毛充實腠理○五臟各有液

脉法 汗脉浮虛或濡或澁自汗在寸盜汗在尺自汗多則血脫津竭

自汗盜汗 自汗者無時濈濈然出動則爲甚屬胃陽虛宜補陽調胃○多汗身軟者濕也○內傷虛損自汗補中益氣湯(方見內傷)小加附子麻黃根浮小麥升柴蜜炒或小建中湯(方見虛勞)倍加桂枝加附子○盜汗者睡則汗出覺則止陰虛有火此腎虛也發熱六味地黃丸惡寒八味元(竝見五臟)○欲睡則汗出者膽熱小柴胡湯(見傷寒)通用當歸六黃湯○通治諸汗雙和湯(方見虛勞)

玉屛風散 寳鑑治表虛自汗白朮二錢五分防風黃芪各一錢二分○防風黃芪實表氣白朮燥內濕

參歸腰子 寳鑑治心氣虛損自汗以此收斂心液人參當歸剉各五錢猪心一箇破作數片幷心內血以水二碗先煎猪心至一碗半乃入二藥同煎至八分取清汁吃猪心以汁送下令盡

當歸六黃湯 寳鑑治盜汗之聖藥也黃芪二錢生地黃熟地黃當歸各一錢黃芩黃連黃栢各七分○黃芪實表氣當歸生熟地黃補陰血芩連黃栢去內火所以有效也

當歸地黃湯 寳鑑治盜汗氣血兩虛者當歸熟地黃生地黃白芍藥酒炒白朮白茯苓黃芪蜜炒各一錢黃栢知母竝蜜水炒陳皮各八分人參五分甘草三分棗一枚浮小麥一撮

心汗手足汗陰汗 心汗者別處無汗獨心孔有汗思慮多汗亦多○大人心血溢盛面常發赤參歸腰子收斂心血小兒因驚得之○手足汗者胃熱用芩連等凉劑不效八物湯(方見虛勞)加半夏茯苓爲君白附子川烏爲使○陰汗蛇床子酒炒白礬陳醬煎洗

茯苓補心湯 寳鑑治心汗心汗者心孔有汗別處無也因七情鬱結而成白茯苓人參白朮當歸生地黃酸棗仁炒白芍藥麥門冬陳皮黃連各一錢甘草三分朱砂五分別爲末棗二枚梅一箇浮小麥百粒同煎調朱砂末服

痰飮

脉法 痰脉弦滑○沉弦者懸飮內痛○雙弦者寒飮偏弦者飮也○肺飮不弦但苦喘短氣○久得濇脉必費調理蓋痰膠固脉道阻澁○沉弦細滑大小不勻皆痰病也

痰論 痰者津液之異名潤養肢體者也痰與飮不同伏於包絡隨氣客肺壅嗽者痰也聚於脾元隨氣上溢口角流出而不禁者涎也惟飮生於胃爲嘔爲吐○其爲內外疾病非止百端皆痰之所致也蓋津液旣凝爲痰爲飮洶涌上焦故口燥咽乾流而之下則便溺閉塞面如枯骨毛髮焦乾婦人則經閉不通小兒則驚癎搐搦治先逐痰然後調理○痰原於腎動於脾客於肺水升火降脾胃調和痰從何生

痰飮諸病 眼胞及眼下如灰烟熏黑者痰也一切痰症食少肌色如故○痰症初起頭痛發熱類外感表症久則潮咳夜重類內傷陰火又痰飮流注肢節疼痛類風症但痰症胸滿食減肌色如故○俗云十病九痰誠哉是言手臂不得動骨節過身痛痰入骨也眼黑行步呻吟擧動艱難入骨痰也

下五十丸

眼黑面帶土色四肢痿痺屈伸不便風濕痰也眼黑頰赤面黃熱痰也○痰病或似邪祟

飲病有八 留飲者胸中有飲短氣而渴四肢歷節痛背冷咳嗽導痰湯芎夏湯○癖飲者水癖在兩脇下動搖有聲十棗湯門○痰飲者暴肥暴瘦水走腸間漉漉有聲胃脇支滿目眩苓桂朮甘湯○溢飲者飲水流行歸於四肢當汗不汗身體重痛小青龍湯門○懸飲者亦名流飲水在脇下咳唾引痛十棗湯沙○支飲者咳逆倚息短氣不得臥其形如腫小青龍湯沙○伏飲者膈上痰滿喘咳或吐發則寒熱腰背痛目淚出振振身瞤控涎丹

苓桂朮甘湯（寶鑑）治痰飲赤茯苓二錢桂枝白朮各一錢五分甘草一錢

茯苓五味子湯（寶鑑）治支飲手足冷痺多唾小腹氣上衝胸咽面熱如醉時復眩冒赤茯苓二錢桂心甘草各一錢五分五味子一錢二分五里支飲法當冒冒者必嘔嘔者復滿加半夏以去其飲飲去嘔止

風痰 多癱瘓奇症頭風眩暈暗風悶亂搐搦瞤動痰色青而光○風虛三生飲門○風痰散之南星皂角白附子竹瀝

青州白圓子（寶鑑）治風痰壅盛嘔吐眩暈及癱瘓風半夏七兩南星三兩白附子二兩川烏五錢右生爲細末清水浸春五夏三秋七冬十日朝夕換水候日數足乃取納生絹袋中濾過其滓再研濾過以盡爲度澄清去水曬乾又爲末以糯米粥清和丸如菉豆薑湯下三五十丸

導痰湯（寶鑑）治風痰半夏二錢南星炮橘紅枳殼赤茯苓甘草各一錢薑五片

寒痰 骨痺四肢不舉氣刺痛無煩熱凝結清冷○因形寒飲冷痰色青黑如灰善唾或喘輕者五積散門重者溫中化痰丸○喜唾痰者胃中有寒或大病後胃冷也理中湯門加益智仁二陳湯加丁香砂仁○脾虛不能制腎水吐痰唾而不咳八味元五臟○寒痰溫之薑附官桂半夏

溫中化痰丸（寶鑑）治冷痰嘔噦惡心青皮陳皮良薑乾薑各等分右末醋糊丸如梧子米飲下五十丸

濕痰 身重而軟倦怠困弱痰色白喘急○濕痰燥之蒼白朮厚朴茯苓二陳湯加蒼白朮

山精丸（寶鑑）健脾清火燥濕痰蒼朮泔浸三日竹刀刮去皮陰乾二斤黑桑椹一斗取汁去渣將蒼朮浸汁曬乾如此九次搗爲細末枸杞子地骨皮各一斤右末蜜丸如梧子每百丸溫湯下

熱痰 多煩熱燥結頭面烘熱或眼爛喉閉癲狂嘈雜懊憹怔忡痰色黃甚則帶血○有痰痰爲本有熱熱爲本宜察之○熱痰清之芩連梔子青黛石膏

清氣化痰丸（寶鑑）治熱痰半夏製二兩陳皮赤茯苓各一兩五錢黃芩連翹梔子桔梗甘草各一兩薄荷荊芥各五錢右末薑汁糊丸如梧子薑湯下五十丸

小調中湯（寶鑑）治一切痰火及百般怪病善調脾胃神效黃連煎水浸甘草甘草煎水浸黃連瓜蔞仁煎水浸半夏半夏煎水浸瓜蔞仁各炒水乾爲度各等分右剉五錢薑三片煎服又四味爲

末煮良薑取汁作糊丸如梧子白湯下五十丸○加人參白朮白茯苓川芎當歸生地黃白芍藥謂之大調中湯治虛而有痰火最佳

清熱導痰湯（寶鑑）治憎寒壯熱頭目昏沉氣上喘急口出涎沫此因內傷七情以致痰迷心竅神不守舍神出則舍空舍空痰自生也黃連黃芩瓜蔞仁南星炮半夏製陳皮赤茯苓桔梗白朮人參各七分枳實甘草各五分薑三片棗二枚竹瀝薑汁調服

鬱痰 與老痰燥痰同即火痰鬱於心肺久則凝滯胸膈稠粘難咯毛焦色白如枯骨咽乾口燥咳嗽喘促○燥痰潤之瓜蔞杏仁五味子天花粉○老痰軟之海石芒硝瓜蔞枳殼便香附

瓜蔞枳實湯（寶鑑）治痰結咯吐不出胸膈作痛不能轉側或痰結胸滿氣急或痰迷心竅不能言瓜蔞仁枳實桔梗赤茯苓貝母炒陳皮片芩梔子各一錢當歸六分縮砂木香各五分甘草三分竹瀝五匙薑汁半匙調服

氣痰 七情鬱結痰滯咽喉形如敗絮或如梅核咯不出嚥不下胷膈痞悶

加味四七湯(寶鑑)治痰氣鬱結窒碍於咽喉之間咯不出嚥不下謂之梅核氣半夏陳皮赤茯苓各一錢神麯炒枳實南星炮各七分青皮厚朴紫蘇葉檳榔縮砂各五分白豆蔻益智仁各三分薑五片

潤下丸(寶鑑)治痰積氣滯及痰嗽降痰甚妙陳皮一斤去白鹽二兩以水化同煮爛焙燥甘草炙二兩右末湯浸蒸餅丸如梧子白湯下三五十丸○橘紅一斤甘草四兩鹽五錢水浸過一指許鍋內煮乾焙爲末每早晚各二匙淡薑湯或白湯調下名二賢散清肺消痰下氣解酒毒

食痰 因飲食不消或挾痰血遂成窠囊多爲癖塊痞滿○食積痰消之山査神麯麥芽

正傳加味二陳湯(寶鑑)治食積痰導痰補脾消食行氣山査肉一錢五分香附子半夏各一錢川芎白朮蒼朮各八分橘紅茯苓神麯炒各七分縮砂研麥芽炒各五分甘草炙三分薑三片棗二枚

酒痰 因飲酒不消或酒後多飲茶水但得酒次日又吐飲食不美嘔吐酸水小調中湯對金飲子(內傷)加半夏乾葛各一錢

驚痰 因驚痰結成塊在胷腹發則跳動痛不可忍或成癲癇婦人多有之

控涎丹(寶鑑)一名妙應丹治痰飲流注作痛甘遂紫大戟白芥子各等分右末糊丸如梧子曬乾臨臥薑湯或溫水下七丸至十丸神效驚痰加朱砂爲衣痛甚加全蝎酒痰加雄黃臂痛加木鱉子桂心驚痰成塊加穿山甲鱉甲玄胡索蓬朮

痰厥 因內虛受寒痰氣阻塞手足厥冷麻痺暈倒二陳湯加桔梗枳實杏仁當歸良薑縮砂木香桂皮或蘇子降氣湯(氣門)三生飲(風門)

清火化痰湯(寶鑑)治熱痰結在胷膈咯吐不出滿悶作痛名痰結半夏陳皮赤茯苓各一錢桔梗枳殼瓜蔞仁各七分黃連黃芩梔子貝母蘇子桑白皮杏仁芒硝各五分木香甘草各三分薑三片同煎至半納芒硝熔化去滓又入竹瀝薑汁服

痰塊 濕痰流注一身作核不散或痛或不痛按之無血潮雖或微紅淡薄不熱堅如石破之無膿或有薄血或清水又有壞肉如破絮或如瘰癧如雞卵可移動軟活不硬○或有塊如腫毒多在皮裏膜外○咽喉痰結作寒熱通順散(癰疽)加半夏南星○南星草烏等末薑汁調付核消○生南星商陸根合擣令爛付○生山藥一塊草麻子三箇並去皮研匀貼之

竹瀝達痰丸(寶鑑)能運痰從大便出不損元氣妙丹溪曰痰在四肢非竹瀝不開此藥是也半夏薑製陳皮去白白朮微炒白茯苓大黃酒浸蒸曬乾黃芩酒炒青礞石碎各二兩人參甘草炙各一兩五錢焰硝一兩同火煅如金色沈香五錢右末以竹瀝一大碗半薑汁三匙拌匀曬乾如此五六度因以竹瀝薑汁丸如小豆每百丸臨臥時以米飮或薑湯下

開氣消痰湯(寶鑑)治胷中胃脘至咽門窄狹如線疼痛及手足俱有核如胡桃者桔梗便香附白殭蠶炒各一錢陳皮片芩枳殼各七分前胡半夏枳實羌活荊芥檳榔射干威靈仙各五分木香甘草各三分薑三片

痰飲治法 順氣爲先分導次之虛人中焦有痰胃氣亦賴所養不可便攻攻則愈虛○治痰用利藥過多痰易生當補脾胃清中氣自然運下痰在脇下白芥子在四肢竹瀝在膈胃可下而愈○痰生於脾胃治法實脾燥濕氣升屬火順氣在於降火○脾虛不能運化六君子湯加竹瀝薑汁或補中益氣湯(內傷)加半夏竹瀝薑汁○陽虛腎寒冷痰溢上或昏暈夜喘上氣八味元(五臟)三味安腎丸(虛勞)或黑錫丹(寒門)鎮墜

六君子湯(寶鑑)治氣虛痰盛半夏白朮各一錢五分陳皮白茯苓人參各一錢甘草炙五分薑三片棗二枚

痰飲通治

二陳湯（寶鑑）通治痰飲諸疾或嘔吐惡心或頭眩心悸或發寒熱或流注作痛半夏二錢橘皮赤茯苓各一錢甘草炙五分薑三片

芎夏湯（寶鑑）逐水利飲通用川芎半夏赤茯苓各一錢陳皮青皮枳殼各五分白朮甘草炙各二分五里薑五片

滚痰丸（寶鑑）治濕熱痰積變生百病大黃酒蒸黃芩去朽各八兩青礞石一兩同焰硝一兩入罐內盖定塩泥固濟曬乾火煅紅候冷取出以礞石如金色爲度沉香五錢右末滴水丸如梧子以茶清溫水任下四五十丸服藥必須臨睡送下至咽卽便仰臥令藥在咽膈之間徐徐而下漸逐惡物入腹入腸方能見效○一方加朱砂二兩爲衣

清氣化痰丸（寶鑑）治一切痰飲及酒食積成痰壅盛南星半夏以白礬皂角生薑各二兩同

水浸一宿並剉作片同煮至南星無白點曬乾各二兩神麴麥芽各一兩五錢陳皮枳實白朮白茯苓蘿蔔子炒瓜蔞仁香附米山查肉白豆蔻各一兩黃芩八錢海粉七錢青皮乾葛黃連各五錢右末以竹瀝薑汁泡蒸餅丸如梧子薑湯或茶清下五七十丸

竹瀝枳朮丸（寶鑑）治老人虛人痰盛不思飲食健脾消食化痰清火去眩暈半夏南星以白礬皂角生薑同煮半日去皂薑焙乾枳實條芩陳皮蒼朮泔浸塩水炒山查肉白芥子炒白茯苓各一兩黃連薑汁炒當歸酒洗各五錢右末神麴六兩作末以薑汁竹瀝各一盞煮糊丸如梧子淡薑湯或白湯下百丸

濟衆新編卷之二

濟衆新編卷之三 焦錫齋

內局首醫臣康命吉奉 教撰

五臟

臟者藏也屬陰藏精神血氣魂魄也藏而不瀉故滿而不實○目屬肝舌屬心唇屬脾鼻屬肺耳屬腎

肝病虛實

肝實則兩脇下痛引小腹善怒瀉青丸當歸龍薈丸○肝虛則目䀮䀮無所見耳無所聞善恐如人將捕四物湯（血門）或加防風羌活蜜丸服名補肝丸腎氣丸（五藏門）鹿茸四斤丸（小兒）

清肝湯（寶鑑）治肝經血虛有怒火白芍藥一錢五分川芎當歸各一錢柴胡八分山梔仁牧丹皮各四分

（內局）**瀉靑丸**（寶鑑）治肝實當歸草龍膽川芎梔子大黃煨羌活防風各等分右末蜜丸如芡實每一丸竹葉湯同砂糖溫水化下

當歸龍薈丸（寶鑑）治肝藏實熱脇痛當歸草龍膽山梔子黃連黃栢黃芩各一兩大黃蘆薈青黛各五錢木香二錢五分麝香五分右末蜜丸如小豆薑湯下二三十丸

心病虛實

心實則胷脇痛滿肩胛膺背痛兩臂內痛善笑導赤散（臟腑門）瀉心湯○心虛則胷腹大脇下腰背相引痛善悲朱砂安神丸（神門）人參固本丸（身形）○一方黃連生二錢官桂五分煎湯入蜜空心服使心腎交於頃刻

醒心散（寶鑑）治心虛熱人參麥門冬五味子遠志茯神生地黃石菖蒲各等分

錢氏安神丸（寶鑑）補心虛朱砂水飛一兩麥門冬馬牙硝白茯苓山藥寒水石甘草各五錢龍腦二分五里右末蜜和一兩作三十丸每一丸砂糖水化下○黃連不拘多少細末每五分或一錢溫水調服名瀉心湯治心熱

脾病虛實

脾實則身重肌肉痿足不收行善瘈脚下痛腹脹便尿不利調胃承氣湯（寒門）○脾虛則腹

滿腸鳴飧泄食不化四肢不用五臟不安橘皮煎元參苓白朮散(脾虛)錢氏白朮散(小兒)理中湯(嘔吐)異功散(六腑)

益黃散(寶鑑)治脾臟虛冷腹痛泄利陳皮一兩青皮訶子肉甘草炙各五錢丁香二錢右末每二錢或三錢煎服或剉五錢作一貼煎服亦可

瀉黃散(寶鑑)治脾熱口瘡口臭梔子一錢五分藿香甘草各一錢石膏末八分防風六分蜜酒拌微炒煎服

肺病虛實

肺實則喘喝逆氣肩背痛涼膈散(喘)甘吉湯(咽痛)○肺虛則鼻息不利令人喘呼吸少氣而咳上氣見血獨參湯單人參膏四君子湯(補虛)

瀉白散(寶鑑)治肺實桑白皮地骨皮各二錢甘草一錢或加知母貝母吉更梔子麥門冬生地黃亦可

腎病虛實

腎實則腹大脛腫喘咳身重盜汗憎風滋腎丸(腎實)滋陰降火湯(腎虛)腎氣丸○腎虛則胸中痛大小腹痛清厥意不樂心懸如飢善恐小兔絲子元三味安腎丸(補虛)八味元腎本無實有補而無瀉

六味地黃元(寶鑑)治腎水不足陰虛熱地黃八兩山藥山茱萸各四兩澤瀉牧丹皮白茯苓各三兩右末蜜丸如梧子溫酒鹽湯空心下五七十九○血虛陰衰熟地爲君精滑山茱萸爲君小便或多或少或赤或白茯苓爲君小便淋澀澤瀉爲君心氣不足牧丹皮爲君皮膚乾澀山藥爲君○加五味子名腎氣丸加官桂附子炮各一兩蜜丸名八味元治命門不足陽虛

六腑

腑者府也屬陽化水穀而行津液故實而不滿

膽病虛實

膽實則怒而勇敢多睡小柴胡湯(實)○膽虛則善恐畏不能獨卧不勇敢又不眠(虛)

仁熟散(寶鑑)治膽虛恐畏不能獨卧栢子仁熟地黃各一錢人參枳殼五味子桂心山茱萸甘菊茯神枸杞子各七分五里煎服或末溫酒調二錢服

半夏湯(寶鑑)治膽實熱煩悶生地黃酸棗仁炒各五錢半夏生薑各三錢遠志赤茯苓各二錢黃芩一錢黍米一合每一兩長流水煎澄清服

胃病虛實

胃實則能食不傷過時不飢或脹○胃虛則泄補中益氣湯(補虛)○脾胃俱旺能食而肥○脾胃俱虛不能食而瘦或少食而肥四肢不擧

平胃散(寶鑑)治脾胃不和不思飲食心腹脹痛嘔噦惡心噫氣呑酸面黃肌瘦怠惰嗜卧常多自利或發霍亂及五噎八痞膈氣反胃等症蒼朮二錢陳皮一錢四分厚朴一錢甘草六分薑三片棗二枚煎服或末二錢薑棗湯點服

異功散(寶鑑)治脾胃虛弱不思飲食腹痛自利人參白朮白茯苓陳皮甘草各一錢薑三片棗二枚

小腸治法

小腸有氣則小腹痛小腸有血則小便澀小腸有熱則莖中痛○小腸心之府有病宜通利

導赤散(寶鑑)治小腸熱小便不利生地黃木通甘草各一錢青竹葉七片○十味導赤散治心藏實熱口舌生瘡驚悸煩渴黃連黃芩麥門冬半夏地骨皮茯神赤芍藥木通生地黃甘草各五分薑五片

大腸治法

大腸熱則出黃如糜大腸寒則腸鳴飧泄

瀉白湯(寶鑑)治大腸實熱臍腹痛腹脹不通生地黃二錢赤茯苓芒硝各一錢陳皮竹茹黃芩梔子黃栢各五分薑三片棗二枚

實腸散(寶鑑)治大腸虛寒腹痛泄瀉厚朴肉豆蔻煨訶子皮縮砂研陳皮蒼朮赤茯苓各一錢木香甘草炙各五分薑三片棗二枚

膀胱治法 膀胱實則小便不通益元散(暑門)五苓散(寒門)○膀胱虛則小便不禁八味元(五藏)去附子倍山茱萸加五味子烏藥益智仁破故紙

三焦治法 三焦病者腹滿小腹尤堅不得小便窘急溢則水留爲脹○上焦不散則喘滿中焦不利則留飲久爲中滿下焦不利則腫滿其病宜通利大小便三和散(氣門)

木香檳榔丸(寶鑑)疎導三焦快氣潤腸半夏麯皂角酥炙去皮弦子郁李仁去殼各二兩木香檳榔枳殼杏仁青皮各一兩右末別以皂角四兩浸漿水搓揉熬膏去滓入蜜少許和丸如梧子空心薑湯下五七十丸○氣門木香檳榔丸治濕熱氣滯痞痛大黃四兩黑丑頭末黃芩各二兩木香檳榔黃連當歸枳殼青皮陳皮香附子蓬朮黃柏各一兩右末水丸如梧子溫水下五七十丸

蟲 人身有三尸蟲又有九蟲凡蟲皆因飲食不節積久成熱濕熱熏蒸隨五行變化爲諸般奇怪之形

脉法 沉實者生虛大者死○尺脉沉滑爲寸白蟲○關緊滑蛔蟲

蟲外候 肘後廉以下三四寸熱者腸中有蟲動則涎下○眼眶鼻下青黑面萎黃臉上有幾條血絲如蟹爪五更心嘈牙關強硬嘔吐涎沫夢中齧齒面色青黃飲食雖多不生肌膚面白唇紅

蛔厥吐蟲 胃寒安蛔理中湯(寒門)○心疼靜而復煩須臾復止得食而嘔又煩吐蛔此爲蛔厥凡蟲鬪甘則起聞酸則吐聞苦則定聞辣則頭伏而下

烏梅丸(寶鑑)治蛔厥心腹痛烏梅十五箇黃連七錢五分當歸川椒細辛附子炮桂心人參黃柏各三錢右末醋浸烏梅取肉和藥末搗極令勻丸如梧子米飲下一二十丸

練陳湯(回春)治小兒蛔蟲苦練根皮二錢陳皮半夏茯苓各一錢甘草五分生薑

靈礬散(寶鑑)治小兒蛔厥心痛五靈脂二錢枯白礬五分右末每二錢煎服當吐蟲卽止

妙應丸(寶鑑)治蟲積檳榔一兩二錢黑牽牛頭末三錢大黃雷丸錫灰蕪荑木香使君子各一錢右末用葱白煎湯露一宿丸如粟米每四錢五更葱湯呑下取寸白蟲以石榴根皮煎湯下小兒服一錢或五分天明取下蟲物此藥不動真氣有蟲卽下蟲有積卽下積有氣卽消了一服見效

練礬散(新增經驗)治蟲積及小兒蛔蟲苦練根白皮二錢五分桂心乾薑炒各二錢半夏陳皮赤茯苓檳榔使君子肉五靈脂醋炒枯白礬(研)各一錢右水二盞煎至半四更後先以猪肉炙嚼之吮汁吐出肉塊或以蜜細吮之引蟲後服藥

寸白蟲 色白形扁居腸胃中時或自下之人筋力耗人精氣當晚勿食飯五更空心先嚼炙猪肉但嚥汁勿食肉取東引石榴根皮一握煎調檳榔末一錢服○榧子末和蜜空心盡量頓喫

小便

脉法 兩尺脉洪數必便濁遺精○淋脉盛大而實者生虛細而澀者死○芤則便血數則赤黃

小便不利 小便澀者血因火爍下焦無血氣不降而滲泄之令不行宜補陰降火四物湯(血門)加知柏牛膝甘草梢○不利有三大便泄瀉津液澀少宜利若熱搏下焦津液不行宜滲泄若脾胃氣澀不能通水道宜順氣○上盛下虛小便赤澀欲成淋清心蓮子飲(消渴)導赤散(小腸)

萬全木通散(寶鑑)治膀胱有熱小便難而黃滑石二錢木通赤茯苓車前子炒瞿麥各一錢右末煎服或末三錢水調服

小便不通 閉癃合而言之一病也分而言之有暴久之殊閉者暴病點滴不出爲不通癃者久病尿澀淋瀝無數爲淋○元氣虛而不能運化補中益氣湯(內傷)虛損久病人參養榮湯八物湯(虛勞)陰虛火動滋陰降火湯(火門)精竭不痛莖痒八味元(五藏)痰滯氣道導痰湯(痰飲)加升麻渴者上焦氣分熱清肺散或導赤散(小腸)加黃連燈心不渴者下焦血分熱滋腎丸○有血滯不通者若大便通利則小便亦通神保元(氣門)○二陳湯(痰飲)探吐提氣尿自通○老人虛人尿閉人參赤茯苓煎湯調琥珀末服又地

膚草自然汁服之肺主氣爲水之化源氣行則水亦行

八正散 寶鑑治膀胱熱積小便癃閉不通大黃木通瞿麥萹蓄滑石梔子車前子甘草燈心各一錢空心服

清肺散 寶鑑治渴而小便閉猪苓通草各一錢五分赤茯苓澤瀉燈心車前子各一錢萹蓄木通瞿麥各七分琥珀五分空心服

滋腎丸 寶鑑治不渴而小便閉黃柏知母並酒洗焙各一兩官桂五分右末水丸如梧子空心白湯下百丸

轉脬症 臍下急痛小便不通凡強忍小便或尿急疾走或飽食忍尿或飽食走馬或忍尿入房使水氣逆上氣迫於脬故屈戾而不舒張也脬落即殂治法涼藥疏利小腸熱仍通泄大腸大便大下尿脬歸正小便自順○老人下部虛冷轉脬欲死六味地黃丸五臟倍澤瀉○孕婦多有之見婦人門

滑石散 寶鑑治脬轉不得尿寒水石二兩滑石亂髮灰車前子木通各一兩葵子一合右剉水一斗煮取五升每服一升日三次即通

葱白湯 寶鑑治小便卒暴不通小腹膨脹氣上衝心悶絶欲死此因驚憂暴怒氣乘膀胱鬱閉而脬系不正陳皮三兩葵子一兩葱白三莖右剉水五升煮取二升分三服

關格症 關着不得小便熱在下焦塡塞不便格者吐逆寒在胷中遏絶不入飲食蓋升降不通乃氣之横格此痰格中焦上下俱病也○二陳湯痰飲加木通探吐提氣不必在出痰○中虛補中益氣湯內傷加檳榔木香以升降之○大小便不通亦謂陰陽關格乃三焦約也長流水煎八正散服之○關格垂死但治下焦大承氣湯寒門又瓜蒂末糊丸如芥子下六十丸令吐瀉效忌淡滲利小便藥

枳縮二陳湯 寶鑑治關格上下不通此痰隔中焦也服此出痰枳實一錢川芎八分縮砂白茯苓貝母陳皮蘇子瓜蔞仁厚朴香附各七分木香沈香各五分甘草三分右除二香薑三片同

煎入竹瀝及沈香木香濃磨水調服之

洗熨法 寶鑑小便難小腹脹不急治殺人葱白三斤細剉炒熱以帕子包分兩裹更替熨臍下即通○炒鹽半斤囊盛熨臍下亦通○掩臍法治小便不通麝香半夏末塡臍中上用葱白田螺二味搗成餅封臍上用布線縛定下用皂角煙入陰中自通女人用皂角煎湯洗陰戶內

小便不禁 尿出不自覺也○腎膀胱俱虛不能溫制水液尿脬滑尿多色白遇夜陰盛愈多○尿赤爲熱白爲虛○淋瀝或尿無度六味地黃丸五臟去澤瀉加益智五苓散寒門合四物湯血門加山茱萸五味子○虛熱尿多六味地黃丸加知柏五味子○伏暑遺尿人參白虎湯寒門加生地黃黃栢○勞役脾虛補中益氣湯內傷加山藥五味子

縮泉元 寶鑑治脬氣不足小便頻數一日百餘次烏藥益智仁等分末酒煮山藥糊丸如梧子臨臥鹽湯下七十丸

家韭子元 寶鑑治腎陽衰敗脬冷遺尿不禁家韭子略炒六兩鹿茸燎去毛四兩肉蓯蓉酒浸牛膝酒浸熟地黃當歸酒洗各二兩兎絲子酒製巴戟各一兩五錢杜冲炒石斛酒洗乾薑炮桂心各一兩右末酒糊丸如梧子空心溫酒或鹽湯下百丸

八淋 勞淋者遇勞即發痛引氣衝及尻○酒慾過傷膀胱虛滯補中益氣湯內傷○血淋者血出莖痛遇熱而發四物湯血門加知柏澤瀉赤茯苓○色鮮心小腸虛熱導赤散小腸去甘草加黃芩色黑腎膀胱火五淋散○熱淋者暴淋尿赤臍下急痛八正散導赤散小腸加梔子吞滋腎丸○氣淋者澁滯餘瀝不盡小腹脹益元散暑門加木香檳榔茴香○沙淋石淋者膀胱陰火熬結津液輕爲沙重爲石莖強痛甚努力出沙石益元散加枳殼吞來復丹寒門久服大便通泄石塊自出○膏淋者尿如膏澁痛○冷淋者先寒慄後溲便澁數竅中腫痛八味元五臟

益元固真湯 寶鑑治縱慾強留不泄淫精滲下作淋甘草梢二錢山藥澤瀉各一錢五分入

參白茯苓蓮蘂巴戟升麻益智仁黃栢酒炒各一錢空心服

增味導赤散（寶鑑）治血淋澀痛生乾地黃木通黃芩車前子梔子仁川芎赤芍藥甘草各一錢薑三片竹葉十片

硼砂散（寶鑑）治沙石淋急痛硼砂琥珀赤茯苓蜀葵子陳橘皮各三錢右末取二錢以葱白二莖麥門冬二十一粒蜜二匙煎湯空心調下

海金沙散（寶鑑）治膏淋海金沙滑石各一兩甘草二錢五分右末每一錢麥門冬燈心煎湯調下

木香湯（寶鑑）治冷淋小便淋澀身體清冷木通木香當歸白芍藥青皮茴香檳榔澤瀉陳皮甘草各七分官桂三分薑五片空心服

諸淋通治 諸淋皆腎虛膀胱有熱心腎氣鬱蓄在下焦故膀胱裏急膏血沙石從尿出澀欲出不出

甚則窒塞皆屬熱也冷淋千百之一也初則爲熱爲血久則煎熬津液爲膏沙石也熱淋血淋散熱利小便膏沙石等淋開鬱行氣破血滋陰古方開鬱鬱金琥珀行氣青皮木香破血蒲黃牛膝滋陰黃栢生地黃○四苓散（寒門）四錢益元散（暑門）二錢梔子一錢空心服○脬痺者小腹按之痛熱此風寒濕客脬寒淋類也宜溫腎

五淋散（寶鑑）治五淋赤芍藥山梔仁各二錢當歸赤茯苓各一錢條芩甘草各五分

白茅湯（寶鑑）治婦人產後諸淋無問膏石冷熱皆治之白茅根五錢瞿麥白茯苓各二錢五分葵子人參各一錢二分五里蒲黃桃膠滑石各七分甘草五分紫貝二箇煆石首魚頭中骨四箇煆右分二貼入薑三片燈心二十莖空心服或末每二錢木通湯調下

禹功散（保元）治小便不通百法不能奏效服此無不愈陳皮半夏薑製赤茯苓猪苓澤瀉白朮炒木通條芩山梔子炒各一錢升麻三分甘草二分水二鍾煎至一鍾不拘時服少時以鷄翎撲探吐

赤白濁 之得解而止妙在吐譬如滴水之器閉其上竅則澀拔之則水通流洩矣

小便光潤凝如膏糊米泔赤膿皆濕熱內傷蓋脾有虛熱而腎不足土邪干水○血虛熱甚爲赤屬心小腸清心蓮子飲（消渴）氣虛熱微爲白屬肺大腸四君子湯（氣門）合五苓散（寒門）○肥人多濕痰二陳湯（痰門）加蒼朮白朮升麻柴胡瘦人是虛火四物湯（血門）加知柏○思慮勞心辰砂妙香散（神門）房勞腎寒小兎絲子元（虛勞）胃氣下陷補中益氣湯（內傷）

水火分清飲（寶鑑）治赤白濁赤茯苓一錢益智仁萆薢石菖蒲猪苓車前子澤瀉白朮陳皮枳殼升麻各七分甘草五分酒水相半煎空心服

萆薢分清飲（寶鑑）治小便白濁凝脚如糊石菖蒲烏藥益智萆薢白茯苓各一錢甘草五分空心入鹽一捻煎服

莖中痒痛 童子精未盛而御女老人陰已痿而思色以降其精則精不出而內敗莖中澀痛或精竭

不痛莖痒八味元（虛勞）加車前子牛膝煎服禁知栢淡滲藥○莖出白津尿閉時痒六味地黃丸（虛勞）莖痛出白津脾虛血燥補中益氣湯（內傷）清心蓮子飲（消渴）莖痛尿淋屬肝主濕熱龍膽瀉肝湯（前陰）熱盛莖痛導赤散（小便）加梔子大黃

交腸症 婦人小便中出大便此陰陽失傳送五苓散（寒門）未愈舊幞頭燒灰酒調服或先服五苓散（寒門）後用補中益氣湯（內傷）○一婦人嗜酒病此六脉沈澀用四物湯（血門）加海金沙木香檳榔木通桃仁而愈

大便

脉法 下痢微小却爲生脉大浮洪無差日○傷風則浮傷寒則沈細傷暑則沈微傷濕則沈緩

泄痢病因 清氣在下則飧泄○大腸寒則鶩溏熱則腸垢謂腸間垢汁下濕火也○痢因有二一者夏食生冷二者風濕夜侵皆令水穀不化鬱生熱熱與濕合傷氣爲白痢傷血爲赤痢傷血氣爲赤白痢○無積不成痢由夏食生冷不化食滯而成○瀉白爲寒青黃紅赤黑皆熱或冷痢青爲寒誤也

○腸為陳積血為新積○腸寒則鳴飱泄腸熱則出黃如糜泄久成痢蓋痢症或膿或血或糟粕相雜或痛不痛皆裏急後重逼迫惱人赤白交下然皆因於暑熱者多寒者少也

胃風湯（寶鑑）治腸胃濕毒腹痛泄瀉下如黑豆汁或下瘀血人參白朮赤茯苓當歸川芎白芍藥桂皮甘草各一錢粟米一撮

胃苓湯（寶鑑）治脾胃濕盛泄瀉腹痛水穀不化蒼朮厚朴陳皮猪苓澤瀉白朮赤茯苓白芍藥各一錢官桂甘草各五分薑三片棗二枚

泄瀉諸症　泄皆無濕初宜分利中焦滲利下焦久則升舉必滑脫不禁然後用澀藥止之○補虛不可純甘溫必生濕清熱不可純太苦傷脾惟淡劑利竅妙○先必分利車前子煎湯調五苓散（入門）次理正中焦理中湯治中湯（醫鑑）不效可斷下○暴泄非陽久泄非陰○穀肉消化無問新久便為熱寒則不消化○濕則飱泄亦有熱盛完穀不化飱泄者

三白湯（寶鑑）治一切泄瀉白朮白茯苓白芍藥各一錢五分甘草炙五分○白朮二錢白茯苓白芍藥炒各一錢五分陳皮一錢甘草炙五分名燥濕湯治諸泄瀉

濕泄　洞泄如水寒濕傷脾腸鳴身重腹不痛胃苓湯加草豆蔻身痛五苓散（入門）加羌活蒼朮

瀉濕湯（寶鑑）治洞泄白朮炒三錢白芍藥炒二錢陳皮炒一錢五分防風一錢升麻五分

萬病五苓散（寶鑑）治濕泄瀉水多而腹不痛腹響雷鳴脈細赤茯苓白朮猪苓澤瀉山藥陳皮蒼朮縮砂炒肉豆蔻煨訶子煨各八分桂皮甘草各五分薑二片梅一箇燈心一團

風泄　惡風自汗或帶清血由春傷風風入腸胃至夏感濕而發暴瀉脈浮弦胃風湯○久者三白湯

寒泄　惡寒身重腹脹痛鳴鴨溏完穀不化理中湯加赤茯苓厚朴或治中湯（醫鑑）加縮砂平胃散（入門）合理中湯

暑泄　夏月暴瀉如水尿赤面垢脈虛煩渴自汗香薷散（入門）合異功散（入門）加白芍藥車前子入陳米炒百粒

梅一箇燈心一團實者益元散（入門）虛者六和湯清暑益氣湯（醫鑑）潮熱柴苓湯升麻葛根湯（醫鑑）

薷苓湯（寶鑑）治夏月泄瀉欲成痢澤瀉一錢二分猪苓赤茯苓白朮香薷黃連薑汁炒白扁豆厚朴各一錢甘草三分

火泄　即熱泄口乾喜冷痛一陣瀉一陣其來暴速稠粘黃連香薷散（入門）合四苓散（入門）加白芍藥梔子益元散（入門）

萬病四苓散（寶鑑）治熱瀉赤茯苓白朮猪苓澤瀉蒼朮炒山藥白芍藥炒梔子炒陳皮各一錢甘草炙五分梅一箇燈心一團

虛泄　困倦無力遇飲食即瀉或腹不痛四君子湯（入門）加木香砂仁蓮肉陳糯米末砂糖湯調下或只加肉豆蔻訶子久者只加升麻白芍藥煩渴或嘔錢氏白朮散（小）參苓白朮散（醫鑑）

升陽除濕湯（寶鑑）治氣虛泄瀉不思飲食困弱無力蒼朮一錢五分升麻柴胡羌活防風神

麴澤瀉猪苓各七分陳皮麥芽炒甘草炙各五分空心服

養元散（寶鑑）治泄瀉少食糯米一升水浸一宿濾乾慢火炒極熟為細末入山藥末一兩胡椒末少許和勻每日侵晨用半盞再入砂糖二匙滾湯調服其味極佳大有滋補或加蓮肉芡仁末丸好

滑泄　瀉久不止大孔如竹筒直出不禁氣陷補中益氣湯（醫鑑）加白芍藥訶子肉豆蔻氣欲脫真人養臟湯

痰泄　或瀉或不瀉或多或少此痰流肺中大腸不固二陳湯（醫鑑）加乾葛白朮神麴六君子湯（醫鑑）

萬病二陳湯（寶鑑）治痰濕泄瀉半夏陳皮赤茯苓白朮蒼朮山藥各一錢縮砂厚朴木通車前子炒甘草炙各五分薑三片梅一箇燈心一團

食積泄　腹痛甚瀉後痛減臭如抱壞鷄子噫氣作酸平胃散（入門）加香附縮砂草果山查子麥芽傷麵人參養胃湯（入門）加蘿蔔子○七情瀉腹常虛痞欲去不去去不通藿香正氣散（入門）加丁香砂仁良薑

酒泄　酒後特甚平胃散（入門）加丁香砂仁乾葛麥芽神麴傷酒晨泄理中湯（入門）加生薑乾葛熱者酒蒸黃連

丸見暑門

脾泄腎泄

脾泄者身重中脘有妨面色萎黃食後倒飽瀉去卽寬久則氣脫不禁急宜澁之○腎泄者一名晨泄每五更溏泄一次腹痛無定處似痢肉削足冷臍下絞痛陽虛三味安腎丸(見虛勞)陰虛腎氣丸(見五臟)或加破古紙肉豆蔻吳茱萸○肝虛忿怒所傷木(見五臟)克土而泄面青而厥熟料五積散(見寒門)去麻黃汗多者黃芪建中湯(見虛勞)

香砂六君子湯(寶鑑)治脾泄香附子縮砂研厚朴陳皮人參白朮白芍藥炒蒼朮炒山藥炒各一錢甘草炙五分薑三片梅一箇

四神丸(寶鑑)治脾腎虛泄痢及晨泄經年者又治飯後隨卽大便曰飧泄破古紙酒浸炒四兩肉豆蔻煨五味子炒各二兩吳茱萸湯泡炒一兩右末生薑切八兩大棗百枚同煮爛去薑取棗丸如梧子空心鹽湯下三五十丸○二神丸治脾腎虛泄破古紙炒四兩肉豆蔻生(煨或)二兩右末肥棗四

十九枚生薑四兩切片同煮爛去薑取棗肉入藥末和勻丸如梧子○三神丸治脾腎虛泄瀉卽二神丸一料加木香一兩劑法服法同

六神湯(寶鑑)治脾腎俱虛泄瀉肉豆蔻煨破古紙炒白朮白茯苓各一錢五分木香甘草炙各七分薑三片棗二枚空心服

赤痢白痢赤白痢

赤痢卽血痢自小腸血分來濕熱爲本腎虛濕熱血痢六味地黃丸(見五臟)加地榆阿膠珠芩連○白痢自大腸氣分來濕熱爲本俗以赤爲熱白爲寒誤也蓋赤而淡者爲寒白而稠者亦熱色症兩參後寒熱可辨益元散(見暑門)○赤白痢冷熱不調赤白各半或赤或白作溏作澁似痢非痢茱連丸

導赤地楡湯(寶鑑)治赤痢及血痢地楡當歸身酒洗各一錢五分赤芍藥炒黃連酒炒黃芩酒炒槐花炒各一錢阿膠珠荊芥穗各八分甘草炙五分空心服

茱連丸(寶鑑)治赤白痢吳茱萸黃連各二兩右以好酒同浸三日乃各揀取焙乾爲末醋糊丸如梧子赤痢則黃連丸三十粒以甘草湯下白痢則茱萸丸三十粒以乾薑湯下赤白痢則各取三十粒以甘草乾薑湯下

黃連阿膠元(寶鑑)治赤白痢及熱痢黃連三兩赤茯苓二兩右末水調阿膠炒末一兩丸如梧子空心米飲下三五十丸

眞人養臟湯(寶鑑)治赤白痢及諸痢罌粟殼一錢甘草九分白芍藥八分木香七分訶子六分官桂人參當歸白朮肉豆蔻各三分空心溫服

膿血痢

膿血稠粘裏急後重皆屬於火是先泄亡津液而火就燥腎惡燥居下焦血分其受邪則便膿血所謂瀉屬脾痢屬腎也○熱積紫黑色者瘀血也腹痛後重異常桃仁承氣湯(見寒門)下之

黃芩芍藥湯(寶鑑)治下痢膿血身熱腹痛脈洪數黃芩白芍藥各二錢甘草一錢煎服腹痛

甚加桂心三分○一名黃芩湯

導滯湯(寶鑑)治下痢膿血裏急後重腹痛作渴日夜無度白芍藥二錢當歸黃芩黃連各一錢大黃七分桂心木香檳榔甘草各三分

噤口痢

不納飲食也熱毒上攻心肺頭疼心煩手足熱○脾虛不食參苓白朮散(見內傷)去山藥加菖蒲○治痢早用罌粟殼則毒閉心絡噤口不食以罌粟殼子煮稀粥溫啜解之○一方生梨去穰入白蜜煨食

參連湯(寶鑑)治噤口痢胃口熱甚黃連三錢人參石蓮肉各二錢水煎取濃汁細細呷之如吐再喫但得一呷下咽便開仍用罨臍法○罨臍法引熱令下行田螺二箇入麝香少許搗爛罨臍中以帛包定

倉廩湯(寶鑑)治噤口痢心煩手足熱頭痛此乃毒氣上衝心肺所以嘔而不食人參敗毒散(見寒門)加

黃連一錢石蓮肉七枚陳倉米三百粒薑三片棗二枚

開噤湯(寶鑑)治噤口痢砂糖七錢細茶五錢縮砂研一錢薑五片水煎露一宿次早面北溫服○外用木鱉子去殼三錢麝香二分共搗罨臍中卽思食

休息痢乍發乍止經年不差致氣血虛而不歛八物湯(虛勞)加陳皮阿膠珠芩連各少許脾胃虛者補中益氣湯參苓白朮散(醫鑑)內或真人養臟湯加附子青皮烏藥茯苓薑三片棗二枚

風痢惡風鼻塞身重色青或純下清水似痢非痢似血非血倉廩湯胃風湯

寒痢白如鴨溏腸鳴痛墜不甚理中湯(寒門)加訶子肉豆蔻不換金正氣散(寒門)加烏梅陳米或熟料五積散(寒門)

濕痢腹脹身重下如豆汁或赤黑渾濁危症當歸和血散(後陰)升陽益胃湯(內傷)

戊己丸(寶鑑)治濕痢黃連吳茱萸白芍藥各等分右末麪糊丸如梧子空心米飲下五七十丸

熱痢凡痢多因伏暑但背寒面垢或面如塗油齒乾煩寃燥渴倉廩湯酒蒸黃連丸(暑門)輕者黃芩芍藥湯重者導滯湯

寧胃散(寶鑑)治赤白熱痢白芍藥二錢黃芩黃連木香枳殼各一錢五分陳皮一錢甘草炙五分

氣痢狀如蟹渤拘急獨甚茱連丸六磨湯

牛乳湯(寶鑑)治氣痢蓽撥二錢剉牛乳半升同煎減半空心服

虛痢色白如鼻涕凍膠困倦穀食難化腹痛無努責虛滑不禁理中湯(寒門)加木香官桂厚朴赤茯苓八物湯(虛勞)補中益氣湯(內傷)真人養臟湯

調中理氣湯(寶鑑)治虛痢氣弱困倦白朮枳殼白芍藥檳榔各一錢蒼朮陳皮各八分厚朴七分木香五分

積痢飲食傷飽者注下酸臭諸有積者以肚熱纏痛推之○色黃或如魚腦漿腹脹痛惡食皆由夏食生冷積氣滯而作一皆以通利行之保和丸(內傷)急痛神保元(氣門)

(內局)**感應元**(醫林)治積痢久痢赤白膿血相雜及內傷生冷霍亂嘔吐丁香木香各二兩五錢百草霜二兩杏仁去皮尖雙仁另研一百四十箇肉豆蔻二十箇乾薑炮一兩巴豆七十箇去皮心膜油酒煮蠟四兩清油一兩右七味各細末入巴豆杏仁末先將油煎蠟令熔化拌和藥末成劑每一兩分作十錠每一錠米飲調服或丸如菉豆白湯吞下十丸○蘇感元治積痢腹內緊痛麝香蘇合元(氣門)四分感應元六分研勻丸如菉豆米飲下三十丸

生熟飲子(寶鑑)治大人諸痢及小兒虛積痢日夜無度罌粟殼大者四箇去瓤蒂半炙半生陳皮二片半生半炒甘草二寸半生半炙烏梅二箇半生半煨大棗二枚半生半煨生薑二塊半生半煨木香一錢作兩片半生半煨訶子大者二箇半生半煨黑豆六十粒半生半炒黃芪二寸半生半炙白朮二塊半生半煨當歸二寸半生半煨右剉和勻每五錢水一盞半同入磁瓶內煮至半去滓

溫服小兒服一二合此方分生熟均冷熱冷熟既散腸胃既厚則水穀自分何患瀉痢哉

疫痢蠱疰痢五色痢疫痢者一方長幼傳染相似敗毒散(寒門)加陳皮白芍藥○生薑茶茗等分煎服○蠱疰痢者久痢毒氣蝕臟腑下黑血如鷄肝雜膿此服五石所致○五色痢者脾胃食積及四氣相併當先通利或茱連丸

茜根丸(寶鑑)治蠱疰痢茜根犀角升麻地榆當歸黃連枳殼白芍藥各等分右末醋糊丸如梧子米飲下五七十丸

絲瓜散(寶鑑)治五色痢及酒痢便血腹痛乾絲瓜一枚連皮燒灰爲末酒調二錢空心服

痢疾腹痛大孔痛裏急後重腹痛者肺氣鬱在大腸實者下之虛者桔梗發之禁人參黃芪○大孔痛者熱流于下久病身冷脈沈小宜溫之暴病身熱脈浮洪宜清之又炙枳實熨之又炒塩熨之如大便不禁大孔開如空筒葱椒爛搗塞肛門服罌粟殼訶子之類收澁○陽虛不

升宜升提○裏急後重者窘迫急痛大腸墜重其症不一治法○火熱清之氣滯調之積滯去之氣虛升之虛坐努責不便亡血倍當歸尾佐生地黃芍藥桃仁和以陳皮

香連丸(寶鑑)治赤白膿血下痢腹痛及一切諸痢黃連一兩吴茱萸五錢水浸一宿同炒去茱萸木香二錢五分右末醋糊丸如梧子空心米飲下二三十丸

立效散(寶鑑)治赤白膿血痢腹痛裏急後重一服立止黃連四兩以吴茱萸二兩水拌同炒去茱萸枳殼麩炒二兩右末每三錢空心黃酒下

新增經驗三伏暑熱之痢無論赤白痢若有裏急後重度數頻數則雖無頭痛寒熱先用倉廪湯加條芩檳榔木香各一錢入陳倉米五十粒或加升麻一錢用三五貼以散暑毒如未快愈薑茶調茵陳丸嚥二三十丸以通利為度未利加服無不愈非暑熱則不可用○凡暑痢三五日以前急治為上若連綿月日則毒留不去元氣斯敗補瀉兩難俗用參連湯絶未見效

痢疾通治凡痢一二日可下五日後不可下然弱者雖初不可下實者雖久可下痢初氣未虛導滯湯立效散通利未愈隨症調之稍久及老人虛人不可輕下胃虛故也不甚滑脫不可驟用粟殼等止澁之劑○通用香連丸寧胃散

(內局)**水煮木香膏**(寶鑑)治一切諸痢罌粟殼蜜炒三兩縮砂肉豆蔻煨乳香各七錢五分木香丁香訶子藿香當歸黃連厚朴陳皮青皮白芍藥甘草炙各五錢枳實乾薑炮各二錢五分右末蜜和兩作六丸每一丸水一盞棗一枚同煎至七分去棗和滓空心溫服○新增此方一若用於久痢虛脫大孔如筒及虛泄可矣用於暑毒裏急後重頻數則必毒留腹脹矣

六神丸(寶鑑)治諸痢要藥黃連木香枳殼赤茯苓神麯炒麥芽炒各等分右末神麯糊丸如梧子每五七十丸赤痢甘草湯下白痢乾薑湯下赤白痢乾薑甘草湯下

大便秘結火伏血中耗散津液甚則不通然亦有腸冷而不通者實者下之虛者潤之○以氣血分之晝則便難氣也杏仁夜則便難血也桃仁老人虛人俱加陳皮○大小便不通八正散小便亦可

通幽湯(寶鑑)治幽門不通大便難宜以辛潤之升麻桃仁泥當歸身各一錢五分生地黃熟地黃各七分炙甘草紅花各三分水煎去滓調檳榔細末五分服○當歸潤燥湯治血燥大便秘澁當歸大黃熟地黃桃仁麻仁生甘草各一錢生地黃升麻各七分紅花二分右剉先取七味作一貼煎將至半乃入麻仁桃仁煎至半空心服

四磨湯(寶鑑)治氣滯大便秘澁大檳榔沈香木香烏藥右四味等分各濃磨水取七分盞煎三五沸微溫服空心○六磨湯治大便秘澁有熱者四磨湯加大黃枳殼如上法濃磨汁服之

蓯沈丸(寶鑑)治亡津液大便常秘結肉蓯蓉二兩沈香一兩右末用麻仁汁打糊丸如梧子每七十丸空心米飲下○半硫丸治老人痃結大便秘澁半夏薑製為末硫黃研極細以柳木槌殺過右等分薑汁浸蒸餅丸如梧子溫酒或薑湯下五七十丸

老人秘結津液少也不可用大黃只服滋潤之藥又槐花煎湯洗肛門常食乳酪血鰡脂麻汁

疎風順氣元(寶鑑)治腸胃積熱二便燥澁諸風秘氣秘皆治之老人秘結尤宜大黃酒蒸[illegible]七次五兩車前子炒二兩五錢郁李仁檳榔麻子仁微炒兔絲子酒製牛膝酒洗山藥山茱萸各二兩枳殼防風獨活各一兩右末蜜丸如梧子每五七十丸空心茶酒米飲下

蘓麻粥(寶鑑)順氣滑大便治老人虛人風秘血秘大便艱澁婦人産後便秘皆宜服之蘓子麻子不拘多少等分同擣爛和水濾取汁粳米末少許同煮作粥食之久服尤佳

三仁粥(寶鑑)治大便秘結老人虛人皆可服桃仁海松子仁各一合郁李仁一錢右同擣爛和水濾取汁入碎粳米少許煮粥空心服

潤血飲(新增)治法上同牛膝酒洗肉蓯蓉當歸各二錢枳殼郁李仁各一錢五分升麻酒炒一錢薑三片水煎空心服

脾約症 胃强脾弱津液但輸膀胱故尿數便難

脾約丸 寶鑑治小便數大便難大黃蒸四兩枳實厚朴赤芍藥各二兩麻子仁一兩五錢杏仁一兩二錢五分右末蜜丸如梧子空心温湯下五十丸

罨臍法 寶鑑大小便不通連根葱二莖薑一塊豆豉三七粒塩二匙同研作餅烘熱掩臍〇田螺或蝸牛連殼搗爛入麝香少許貼臍以手揉按

導便法 寶鑑猪膽一箇傾去汁少許入醋或油少許在內用竹管相接套入肛門以手指撚之令汁入內〇清醬香油相和以竹管吹入肛內〇〇煉蜜入皂角末少許麝香爲衣作餅子納肛門〇〇蜜三合入猪膽兩枚煎如飴入皂角末作釘入肛

頭

脉法 頭痛短濇應須死浮滑風痰必易除〇陽脉弦者頭痛無疑〇氣虛頭痛雖弦必濇痰厥則滑腎厥堅實〇頭痛左脉數熱也脉澁死血也右脉實痰積也脉大是久病

頭風 素有痰飲或櫛沐取凉或當風以致風入腦項自頭以上耳目口鼻眉稜麻木必欲綿裹熱熨也〇頭者精明之府風濕痰熱鬱則不清爽

消風散 寶鑑治諸風上攻頭目昏眩鼻塞耳鳴皮膚麻痒及婦人血風頭皮腫痒荆芥甘草各一錢人參茯苓白殭蠶川芎防風藿香蟬殼羌活各五分陳皮厚朴各三分入細茶一撮煎服或末每二錢以茶清或温酒調下

養血祛風湯 寶鑑治婦人頭風十居其半每發必掉眩如立舟車之上蓋因肝虛風襲故也當歸川芎生乾地黃防風荆芥羌活細辛藁本石膏蔓荆子半夏旋覆花甘草各五分薑三片棗二枚〇新增羌活飲通治頭風羌活防風各一錢五分川芎白芷藁本各一錢或加柴胡青皮

眩暈有六 諸風掉眩皆屬肝大抵上實下虛實者風火痰虛者氣血虛古人云無痰不作眩雖因風亦有痰〇風暈傷風眩暈惡風自汗或素有頭風而發風熱甚則嘔吐養血祛風湯〇熱暈火熱上攻煩渴引飲或暑月熱盛防風通聖散(隔)去麻黃芒硝加菊花人參砂仁寒水石〇痰暈痰盛嘔吐頭重不舉眩而悸是飲也半夏白朮天麻湯〇氣暈七情氣鬱痰迷心竅而眩眉稜痛眼不開七氣湯(氣門)〇虛暈內傷氣虛補中益氣湯(內傷)失血多芎歸湯(婦人)老人每早起眩頃史定陽虛黑錫丹(寒門)腎虛氣不歸元十全大補湯(虛門)〇濕暈冒雨傷濕鼻塞聲重芎朮除眩湯

清暈化痰湯 寶鑑治風火痰眩暈陳皮半夏白茯苓各一錢枳實白朮各七分川芎黃芩白芷羌活人參南星防風各五分細辛黃連甘草各三分薑三片或末薑汁打麪糊丸服之亦佳

玉液湯 寶鑑治氣鬱生涎眩暈怔忡眉稜骨痛半夏薑製四錢薑十片水煎入沉香磨水一呷服

滋陰健脾湯 寶鑑治臨事不寧眩暈嘈雜此心脾虛怯也此治氣血虛損有痰飲作眩暈之仙劑白朮一錢五分陳皮鹽水洗去白半夏製白茯苓各一錢當歸白芍藥生乾地黃各七分人參

白茯神麥門冬遠志製各五分川芎甘草各三分薑三片棗二枚

正頭痛 衛頭痛項目似脫屬太陽是正頭痛〇六陽俱會頭面故有頭痛厥陰與督脉會巔故有頭巔痛少陰頭痛稀少〇多主痰甚者火也〇諸經滯則頭痛〇頭痛連眼風痰上攻白芷開之〇頭痛須用川芎不愈各加引經藥太陽羌活陽明白芷少陽柴胡太陰蒼朮少陰細辛厥陰吳茱萸〇炭重頭痛蘿蔔汁或子研飲〇卒痛如破非冷非風必腦痰賚茗飲吐之

川芎茶調散 寶鑑治偏正頭痛及頭風鼻塞聲重薄荷二兩川芎荆芥穗各一兩羌活白芷甘草各五錢防風細辛各二錢五分右末每二錢茶清調下食後或剉取七錢作一貼入茶少許煎服〇偏頭痛取細末以蔥涎調貼兩太陽穴特效

偏頭痛 左屬血虛或火或風熱朝輕夕重二陳湯(痰門)合四物湯(血門)加荆防薄荷細辛蔓荆柴芩右屬氣虛屬痰或鬱滯朝重夕輕二陳湯加芎芷荆防薄荷升麻年久便燥目赤氣鬱血壅大承氣湯(寒門)〇

蘿蔔汁一蜆殼注痛邊鼻孔左右俱痛俱注

清上蠲痛湯 保元治一切頭痛不問左右偏正新久皆效片芩酒炒一錢五分當歸酒洗川

芎白芷羌活獨活防風蒼朮米泔浸麥門冬各一錢菊花蔓荊子各五分細辛甘草各三分生薑

頭痛有九 ○風寒痛振寒或偏痛或正痛芎芷香蘇散(寒門)○濕熱痛心煩病在膈中防風通聖散(風門)○

厥逆痛大寒入腦腦逆故頭齒痛甚則厥羌活附子湯○痰厥痛頰青黃眩暈目不開身重欲吐痛

客無間二陳湯(痰門)加川芎細辛南星蒼朮○氣厥痛氣血虛也兩太陽穴痛氣虛順氣和中湯自魚

尾上攻血虛當歸補血湯○熱厥痛煩熱雖天寒喜風寒暫止暑來煖處復痛清上瀉火湯○濕

厥痛冒雨傷濕頭重眩遇陰雨甚芎朮除眩湯○眉稜骨痛痰也二陳湯煎水吞青州白元子(痰門)芎

辛導痰湯加川烏白朮○真頭痛腦盡痛入泥丸手足寒至節死

羌活附子湯 寶鑑治大寒犯腦令人腦痛齒亦痛名曰腦風麻黃附子防風白芷白殭蠶炒

各一錢黃柏羌活蒼朮各七分黃芪升麻甘草炙各五分食後服

半夏白朮天麻湯 寶鑑治脾胃虛弱痰厥頭痛其證頭苦痛如裂身重如山四肢厥冷

嘔吐眩暈目不敢開如在風雲中半夏製陳皮麥芽炒各一錢五分白朮神麴炒各一錢蒼朮人參

黃芪天麻白茯苓澤瀉各五分乾薑三分黃柏酒洗二分薑五片

芎辛導痰湯 寶鑑治痰厥頭痛半夏二錢川芎細辛南星炮陳皮赤茯苓各一錢枳殼甘草

各五分薑七片

順氣和中湯 寶鑑治氣虛頭痛宜升補陽氣黃芪蜜炒一錢五分人參一錢白朮當歸芍藥

陳皮各五分升麻柴胡各三分蔓荊子川芎細辛各二分

當歸補血湯 寶鑑治血虛頭痛生乾地黃酒炒白芍藥川芎當歸片芩酒炒各一錢防風柴

胡蔓荊子各五分荊芥藁本各四分

清上瀉火湯 寶鑑治熱厥頭痛柴胡一錢羌活八分酒黃芩酒知母各七分酒黃柏炙甘草

黃芪各五分生地黃酒黃連藁本各四分升麻防風各三分五里蔓荊子當歸身蒼朮細辛各三分

荊芥穗川芎甘草各二分酒紅花一分

芎朮除眩湯 寶鑑治感寒濕眩暈頭極痛川芎二錢白朮附子生各一錢桂皮甘草各五分

薑七片棗二枚

選奇湯 寶鑑治眉稜骨痛不可忍羌活防風半夏製各二錢酒片芩一錢五分甘草一錢薑三片

面 諸陽之會故耐寒病專屬胃或風熱乘之面腫或鼻紫粉刺癮疹外症面青屬肝赤屬心黃屬

脾白屬肺黑屬腎

面熱面寒 面熱者胃熱上熏調胃承氣湯(寒門)加黃連三錢犀角一錢服○面寒者胃虛有寒濕故不

耐寒附子理中湯(寒門)○胃風者食訖乘風涼所致食不下形瘦腹大惡風頭汗膈不通右關弦而浮

緩○搭腮腫因風熱或膏粱積熱升麻胃風湯荊防敗毒散(寒門)○腮牙唇口俱腫出血清胃散(牙門)加

石膏或赤小豆末雞子清或醋調付

升麻黃連湯 寶鑑治面熱升麻乾葛各一錢白芷七分白芍藥甘草各五分黃連酒炒四分

犀角屑川芎荊芥穗薄荷各三分右剉先用水半盞浸川芎荊芥薄荷外都作一貼水二盞煎至一

盞入浸三味再煎至七分去滓食後溫服忌酒麪五辛

升麻附子湯 寶鑑治面寒升麻附子炮葛根白芷黃芪蜜炒各七分人參草豆蔻甘草炙各

五分益智仁三分入連鬚葱白三莖食前服○升麻葛根湯(寒門)乃陽明經主藥也加黃連犀角白芷

川芎荊芥薄荷以治面熱加附子白芷黃芪人參草豆蔻益智仁以治面寒蓋面熱面寒皆本於胃

故也

升麻胃風湯 寶鑑治胃風面腫升麻二錢甘草一錢五分白芷一錢二分當歸葛根蒼朮各

一錢麻黃不去節五分柴胡藁本羌活黃栢草豆蔻各三分蔓荊子二分薑三片棗二枚食後服

犀角升麻湯寶鑑治陽明胃經風熱毒犀角一錢五分升麻羌活防風各一錢川芎白附子白芷黃芩甘草各五分食後臨臥各一服

清上防風湯寶鑑清上焦火治頭面生瘡癤風熱毒防風一錢連翹白芷桔梗各八分酒炒片芩川芎各七分荊芥梔子黃連酒炒枳殼薄荷各五分甘草三分水煎入竹瀝五匙服

眼目屬肝分以言之白屬肺黑屬肝上下瞼屬脾內外眥屬心瞳人屬腎○眼無寒病有風熱有虛

脉法左寸洪數心火○關脉弦洪肝火○右寸關俱弦洪肝挾相火侮肺乘脾○眼見黑花腎虛左尺沈數是也

眼病形症白輪赤火乘肺肉輪赤腫火乘脾黑水神光被翳火乘肝腎赤脉貫目火自甚盖眼無火

不病治法清心凉肝調血順氣

內障肝病也瞖在黑睛內遮而昏暗似不患之眼惟瞳裏有隱隱青白者亦有無此者當取三經之俞天柱風府太衝通里○內障者不疼痛無眵淚如薄霧輕烟之狀日漸月增腦脂下結於烏輪屬血少神勞腎虛之宜養血補水安神丸昏弱不欲視物見黑花瞳子散大養血補腎○久病昏暗腎經真陰微也○目赤不明服祛風散熱藥反畏明重聽脉虛大此勞心飲食失節補中益氣湯加茯神酸棗山藥山茱萸五味子兼用十全大補湯髓日晡兩目緊澁不能視元氣下陷補中益氣湯

壯水明目丸保元治腎水枯竭神光不足眼目昏暗此壯水之主以制陽光熟地黃山藥山茱萸酒蒸取肉各一兩二錢白茯苓當歸蔓荊子各一兩澤瀉牧丹皮各八錢甘菊花黃連五味子生地黃各五錢川芎柴胡各三錢右細末煉蜜丸如梧子每服五十丸酒下

滋腎明目湯寶鑑治血少神勞腎虛眼病當歸川芎白芍藥生地黃熟地黃各一錢人參桔

梗梔子黃連白芷蔓荊子甘菊甘草各五分細茶一撮燈心一團食後服

羊肝元寶鑑治眼目諸疾及障瞖青盲黃連另爲末白羊子肝一具去膜砂盆內同研細衆手丸如梧子空心溫水下三十丸連作五劑差青羊肝尤佳○正傳羊肝元治瞖障青盲黃連一兩甘菊防風薄荷荊芥羌活當歸川芎各三錢右末白羊肝一具蒸熟同擣作丸服

冲和養胃湯寶鑑治內障眼得之脾胃虛弱心火與三焦俱盛上爲此疾黃芪羌活各一錢白人參白术升麻乾葛當歸甘草炙各七分柴胡白芍藥各五分防風白茯苓各三分五味子二分乾薑一分水煎至半入黃芩黃連各五分再煎數沸去滓溫服食遠

補肝散寶鑑治圓瞖在黑珠上昏花柴胡一錢五分白芍藥一錢熟地黃白茯苓甘菊細辛甘草各七分栢子仁防風各五分

家傳養肝丸保元治肝熱不能視眼花視澁眥赤風淚黑睛上有瞖宜服此藥補肝滋膽益

腎大有殊效生地黃酒浸熟地黃酒蒸肉蓯蓉酒洗枸杞子防風草决明炒菊花羌活當歸酒洗蒺藜炒各一兩羚羊角鎊另研楮實子炒各五錢羊子肝小肝葉煮焙乾爲末右細末煉蜜丸如梧子每服五十丸加至七十丸至百丸早鹽湯下下午茶下臨臥酒下不飲酒人當歸湯下

雀盲散寶鑑治雀目夜不見物雄猪肝竹刀批開納夜明砂扎縛煮米泔中至七分熟取肝細嚼以汁送下○治雀目猪肝煮熟和夜明砂作丸服

外障肺病也在睛外遮暗○凡赤脉從上下者屬太陽主表病必眉稜骨痛或腦項痛或偏頭痛宜溫之散之選奇湯順從下上者或從內眥出外者屬陽明主裏多熱或便實宜下之寒之瀉青丸瀝寒則羊肝元○外眥入內者屬少陽主半表裏宜和解神仙退雲丸

石决明散寶鑑治肝熱眼赤腫痛忽生瞖膜或脾熱瞼內如鷄冠蜆肉或蟹睛疼痛或旋螺尖起石决明草决明各一兩羌活梔子木賊青箱子赤芍藥各五錢大黃荊芥各二錢五分右末每二

錢麥門冬湯下

撥雲散（寶鑑）治風毒上攻眼目昏暗瞖膜遮睛痒痛多淚柴胡二兩羌活防風甘草各一兩右末每二錢薄荷湯或茶清調下或剉取五錢煎服

洗肝明目湯（寶鑑）治一切風熱眼目赤腫疼痛當歸尾川芎赤芍藥生地黃黃連黃芩梔子石膏連翹防風荊芥薄荷羌活蔓荊子甘菊白蒺藜草決明桔梗甘草各五分食後服

柴胡湯（寶鑑）治肝火盛目赤腫痛柴胡赤芍藥川芎當歸青皮草龍膽梔子連翹各一錢甘草五分食後服

神仙退雲丸（寶鑑）治一切瞖膜內外障昏無睛者服之累效真妙方也當歸酒洗一兩五錢川芎木賊去節童便浸焙密蒙花荊芥穗地骨皮白蒺藜甘菊羌活各一兩川椒炒七錢五分瓜蔞根枳實蔓荊子薄荷草決明炒甘草炙各五錢蛇蛻蟬蛻黃連各三錢右末蜜和兩作十丸茶清或

湯飲化下一丸

祛風清熱散（保元）治暴發眼腫如桃并赤眼痛澀難開者當歸尾赤芍藥川芎生地黃黃連黃芩梔子連翹薄荷防風荊芥羌活桔梗枳殼白芷梢甘草各等分燈草七根食後服

牛黃丸（寶鑑）治小兒通睛甘草二錢五分犀角屑二錢牛黃一錢金銀箔各五片右末蜜丸如菉豆每七丸薄荷湯下

洗眼湯（俗方）治風熱赤腫眵淚瞖欒白瞖當歸黃連杏仁防風紅花各三分頻頻煎洗

眼病諸症 風則腫軟熱則腫硬○大眥努肉堆起紅者心熱甚小眥紅絲血脹○心虛熱○胞腫膠凝如桃消風散（頭門）○陽虛則眼楞緊急倒睫拳毛之漸陰虛則瞳子散大○迎風冷淚風熱相搏○被物撞打留瘀昏暗黃連一兩寒水石黃栢各五錢末生地黃汁和作餅付○精散則視一爲兩屬肝腎虛腎氣丸（虛勞）○爛弦風者眼弦歲久赤爛薄荷荊芥細辛末以火燒之以碗全些蜜覆烟上取煤

點眼○雀目者日落即不見物肝虛也猪牛肝膽食之○蟹睛者肝經積熱黑睛上突如蟹目石決明散○小兒通睛者欲觀東則見西若振掉頭腦則睛方轉肝受驚風

珊瑚紫金膏（保元）治遠年近日內障青盲雲瞖堆眵火眼暴發迎風冷淚怕日羞明肝腎虛邪等疾點之悉愈能治七十二種眼疾能醫二十年目不通明者惟瞳人反背而二驚散者不治白爐甘石（[illegible]）各一兩海螵蛸（[illegible]）乳香（[illegible]）黃丹（[illegible]）各二錢麝香沒藥（[illegible]）青鹽（[illegible]）白硼砂各五分片腦（[illegible]）三分右將前七味各研細秤足合一處入乳鉢內再研極細無聲後入腦麝二味再研極勻將蜂蜜用絹帋濾過熬蜜滴水成珠夏老冬嫩春秋酌老嫩之間用蜜調藥令稀稠得所磁器內封固不可泄氣點眼則神效

二百味花草膏（寶鑑）治火眼及爛弦風痒痛流淚羞羊膽一枚以蜜滿灌入朱砂末少許

掛起陰乾每取一粒水和點眼以蜜採百花羊食百草故以爲名也

湯泡散（寶鑑）治風毒赤眼腫痛瞖多淚黃連赤芍藥當歸名一錢右剉水煎乘熱熏洗冷則再溫洗頻洗最佳雪水煎之尤妙凡眼目之病皆以血脉凝滞使然故行血藥合黃連治之血得熱即行故乘熱洗之神效○一方當歸赤芍藥黃連防風杏仁各五錢薄荷三錢銅綠二錢右剉取三錢水煎沸乘熱先熏後洗冷則再溫洗之

五行湯（寶鑑）洗暴赤眼及時行眼疾腫痛黃栢一味爲末以濕紙包裹黃泥固濟火煨候乾取出每用一彈子大綿包浸一盞水內飯上蒸熟乘熱熏洗極妙此方有金木水火土製過故名爲五行湯

楓膏（俗方）治爛弦赤腫流淚楓葉多取濃煎汁去滓熬成膏取以點眼又楓葉細切和燒酒蒸絞取汁點眼亦效

不能遠視不能近視

能遠視不能近視，陽盛陰虛，乃血虛氣盛，氣盛者火盛，六味地黃丸[五臟]加牡蠣。能近視不能遠視，陽虛陰盛，乃氣虛血盛，血盛則陰火盛也，氣虛則元氣衰也，此老人桑揄之象也。○能近視責其有水，不能遠視責其無火，定志丸[神門]。

眼病表裏虛實

目得血而能視，然血亦有太過不及。太過則壅而發痛，不及則竭而不明。○在府為表，除風散熱；在臟為裏，養血安神。不過虛實二者。凡暴失明、昏澀、瞖膜、眵淚、腫痛之甚，皆表也；昏花羞明、內障瞳散、腎經真陰之微，皆裏也。實則散風熱，虛則滋真陰，虛實相因則兼乎散熱滋陰。老人多不足，少年多太過。

耳

腎之竅，腎和則聞五音。肺貫耳，亦聽聲。若勞傷氣血，兼受風邪，損腎精脫，耳鳴而聾。

脉法

遲濡腎虛，浮大為風，洪實為熱，細濇為虛。左寸洪數，心火上炎；兩尺洪數，相火上衝。脉大者生，沉細難治。

耳鳴

凡嗜慾勞役，或年衰大病餘，水涸火炎，耳痒耳鳴，漸至聾。惟氣閉者多不鳴便聾。○腎虛微鳴，六味地黃丸[五臟]以全蝎四十九枚炒末，每二錢酒調香百丸，或滋腎丸[小便]。痰火鳴甚，當歸龍薈丸[五臟]。風熱鳴，防風通聖散[風]。

芎芷散

[寶鑑]治風入耳虛鳴。川芎一錢五分，白芷、蒼朮、陳皮、細辛、石菖蒲、厚朴、半夏、木通、紫蘇葉、辣桂、甘草各七分，薑三片，連鬚葱白二莖。

通明利氣湯

[寶鑑]治虛火痰氣鬱於耳中，或閉或鳴，痰火熾盛，痞滿煩燥。貝母一錢二分，陳皮一錢，黃連、黃芩並酒浸猪膽汁拌炒，黃栢酒炒，梔子炒，玄參酒洗，各七分，蒼朮鹽水炒，白朮、香附子便炒，生乾地黃薑汁炒，檳榔各五分，川芎四分，木香二分五里，甘草二分，薑三片，水煎，入竹瀝五分，匙服。

耳聾諸症

聾皆屬熱，然腎肺所繫，治必調氣開鬱。新聾多熱，散風熱，開痰鬱；舊聾多虛，滋補兼通竅。

○左聾忿怒動痰火，多婦人，當歸龍薈丸[五臟]。右聾色慾動相火，多男子，六味地黃丸[五臟]。左右聾厚味動胃火，酒製通聖散[風門]。蓋忿怒為多。或頭痛風熱，酒製通聖散，風虛芎芷散。○風聾耳痒，○濕聾水入耳腫，五苓散[寒門]加陳皮、枳殼、紫蘇、生薑。○氣聾臟氣厥逆必眩暈，實人因怒當歸龍薈丸，虛人因思辰砂妙香散[神門]，憂滯流氣飲子[氣門]加菖蒲。○虛聾陰虛四物湯[血門]加知母、黃栢、菖蒲、遠志，或腎氣丸[五臟]加磁石、破古紙、兎絲子、黃栢。陽虛八味元[五臟虛勞]加知母、黃栢。○勞聾頰黑耳焦塵垢，因房脫精，人參養榮湯。勞力脫氣，補中益氣湯[內傷]加菖蒲，有火加知母、黃栢、茯苓。○卒聾腎虛風搏經絡，邪正相搏，芎芷散、清神散，又甘遂末作丸塞耳內，服單甘草湯。

磁石羊腎丸

[寶鑑]治諸般耳聾，補虛開竅，行鬱散風去濕。磁石三兩，煅再用葱白、木通各三兩，剉同水煑一伏時，取石研水飛二兩，熟地黃二兩，石菖蒲一兩五錢，川芎、白朮、川椒、大棗肉、防風、白茯苓、細辛、山藥、遠志、川烏、木香、當歸、鹿茸、兎絲子、黃芪各一兩，官桂六錢五分。右末，羊腎兩對，酒

煑爛，和酒糊丸如梧子，空心溫酒或鹽湯下五十丸。

滋陰地黃湯

[寶鑑]治色慾動相火致右耳聾。熟地黃一錢五分，山藥、山茱萸、當歸、川芎、白芍藥各八分，牧丹皮、澤瀉、白茯苓、石菖蒲、遠志、知母、黃栢並鹽酒炒，各六分，煎服，空心。亦治大病後耳聾。

薑蝎散

[寶鑑]治耳聾因腎虛所致，十年內者一服愈。全蝎四十九箇，去梢洗焙[去熱風]，生薑切片如蝎大四十九片[illegible]，右二味銀石器內炒乾，為細末。向夕勿食，夜臥酒調作一服，至二更以來徐徐盡量飲。五更耳中聞百十攢笙響，自此聞聲。

清神散

[寶鑑]治風氣壅耳，常重聽，頭目不清。白殭蠶、甘菊各一兩，羌活、荊芥、木通、川芎、香附子、防風各五錢，石菖蒲、甘草各二錢五分。右末，每二錢，食後茶清下，或煎服亦可。

聤耳膿耳

聤耳者原有津風熱搏之，結核暴聾。外用猪脂、地龍、鍋底煤等分，葱汁丸棗核大，綿裹入

耳令悶挑去○膿耳者風熱上壅不散腫痛流膿頻拭去膿人髮燒灰每少許吹入耳中

蔓荊子散 寶鑑治腎經有風熱耳中熱痛出膿汁或鳴或聾蔓荊子赤茯苓甘菊前胡生地黃麥門冬桑白皮赤芍藥木通升麻甘草各七分薑三片棗二枚

荊芥連翹湯 寶鑑治兩耳腫痛由腎經有風熱荊芥連翹防風當歸川芎白芍藥柴胡枳殼黃芩梔子白芷桔梗各七分甘草五分

紅綿散 寶鑑治膿耳枯白礬海螵蛸各一錢乾臙脂五分麝香一字右研勻先以綿纏子拭去耳中膿水盡却以紙撚蘸藥摻入耳中卽乾

透鐵關法 寶鑑治耳聾好活磁石二塊剉如棗核大搽麝香少許於磁石尖上塞兩耳竅中口內噙生鐵一塊候時兩耳氣透颯颯有聲爲度勤用一三五次卽愈

諸蟲入耳 鍮器近耳叩自出○桃葉熟挼塞耳○醋及韭葱薑等汁香油鷄冠血猪脂牛乳牛脂隨

得灌之猪肉或牛肉炙令香安耳孔○耳中有物不出弓弦或麻繩打令頭散塗好膠入耳徐徐粘出○蟲與物入耳以竹管或葱管吸出

鼻 肺之竅知香臭者心心肺和知香臭病則不利

脉法 右寸洪數鼻衄鼻齇左寸浮緩傷風鼻涕

鼻淵鼻鼽 鼻淵者膽移熱於腦爲濁涕而久不已必衄血瞑目者防風通聖散風門加黃連薄荷熱盛金沸草散咳嗽倍黃芩肺風消風散加髮灰○外用蒼耳根莖苗子燒灰醋調塗鼻內頭門○鼻鼽者傷風清涕一云屬肺寒二陳湯痰飮加芎歸細辛白芷防風羌活桔梗薄荷生薑○老人加獨頭蒜四五箇擣爛貼脚心用紙貼之自止○淵鼽等症初則疎風降火久則養血補腎鼻瘡鼻痔亦宜

荊芥連翹湯 寶鑑治鼻淵荊芥柴胡川芎當歸生地黃赤芍藥白芷防風薄荷梔子黃芩桔梗連翹各五分甘草三分

細辛膏 寶鑑治鼻塞腦冷清涕不止猪油六兩桂心一兩細辛川椒乾薑川芎吳茱萸附子各七錢五分皂角屑五錢右煎猪油成膏先一宿以苦酒浸前藥取入油煎附子黃色止以綿裹塞鼻孔中

鼻塞鼻痛 鼻塞者寒傷皮毛火菀清道則不知香臭新者偶感風寒參蘇飮寒門久則略感風寒鼻塞乾燥清金降火消痰外用石菖蒲皂角等末綿裹塞鼻○久不愈必肺胃清氣下陷補中益氣湯內傷或加麥門冬山梔○鼻痛因風邪藿香正氣散寒門因痰火二陳湯痰飮加片芩梔子桔梗麥門冬

蓽澄茄丸 寶鑑治鼻塞不通薄荷葉三錢荊芥穗一錢五分蓽澄茄五分右末蜜丸如櫻桃常含化

麗澤通氣湯 寶鑑治鼻不聞香臭此肺經有風熱也黃芪一錢蒼朮羌活獨活防風升麻葛根各七分甘草炙五分麻黃川椒白芷各三分薑三片棗二枚葱白三寸

鼻痔鼻瘡 鼻痔者瘜肉塞鼻輕爲鼻瘡重爲鼻痔甚爲鼻齆皆肺熱防風通聖散風門加三稜海藻末調服或瀉白散咳嗽外用白礬末加碙砂少許吹鼻○食積熱痰生痔南星半夏蒼朮神麯細辛白芷甘草酒炒芩連煎服或單蒼耳葉蜜丸內服外敷○鼻瘡外用杏仁油和鹽塗之○或青黛杏仁槐花研塗

辛夷膏 寶鑑治鼻中瘜肉窒塞疼痛辛夷二兩細辛木通木香白芷杏仁各五錢右以羊髓猪脂二兩和藥于石器內慢火熬成膏取赤黃色放冷入龍腦麝香各一錢爲丸綿裹塞鼻中數日脫落卽愈○小兒鼻流清涕取此貼顖門又塗鼻中

瓜礬散 寶鑑去鼻痔瓜蔕四錢甘遂一錢枯白礬螺殼灰草烏尖各五分右末麻油調丸如鼻孔大每日一次以藥納鼻內令達痔肉上其痔化爲水肉皆爛下卽愈

黃芩湯 寶鑑治肺火盛鼻孔乾燥或生瘡腫痛片芩酒炒梔子連皮酒炒桔梗赤芍藥桑白皮麥

門冬荊芥穗薄荷連翹各一錢甘草三分

鼻皶

準頭紅也甚則紫黑因飲酒血熱入肺鬱久則血凝濁而赤或不飲酒者乃肺風血熱也

清血四物湯（寶鑑）治酒皶川芎當歸赤芍藥生地黃片芩酒炒紅花酒焙赤茯苓陳皮各一錢生甘草五分薑二片煎水調五靈脂末一錢食後服

硫黃散（寶鑑）治鼻皶生硫黃五錢杏仁二錢五分輕粉一錢右末生酒調臨卧塗之明早洗去

口舌

心脾脉繫舌而主口唇諸經皆會於口而知五味心熱舌破生瘡肝壅出血脾閉白胎治法見傷寒

脉法

口舌生瘡脉洪疾速若見脉虛中氣不足左寸洪數心熱右寸浮數肺熱左關弦數膽虛或洪實則肝熱右關沈實脾熱洪數則口瘡或爲重舌木舌

口舌主五味

肝熱口酸心熱口苦生瘡涼膈散（方見火門）單黃連煎服肝移熱於膽口苦謀慮不決小柴

胡湯（方見寒門）加麥門冬酸棗仁地骨皮遠志甚者腎氣丸（方見五臟）○脾熱口甘或臭瀉黃散（方見五臟）○肺熱口辛甘桔湯（方見咽喉）瀉白散（方見五臟）○腎熱口醎滋腎丸（方見小便）○蓋熱勝則苦寒勝則醎宿食則酸煩燥則澁疸則甘勞鬱則臭腎虛口有味胃虛淡而無味○虛火口臭川芎白芷等末蜜丸臨卧噙化○産後舌出口不收朱砂付之以瓦盆墮地作聲

口糜

口瘡糜爛膀胱移熱於小腸溺澁虛熱口瘡柴胡地骨皮等分煎服甚加芒硝大黃熱盛便閉臍痛喘急口瘡瀉白湯（方見五臟）臟腑積熱涼膈散（方見火門）○虛火口瘡涼藥不效理中湯（方見寒門）甚加附子補中益氣湯（方見內傷門）加麥門冬五味子陰虛四物湯（方見血門）加知母黃柏虛火泛上甘草乾薑末細嚼噙之脣腫脣瘡薏苡仁湯白荷花貼之○藍汁洗之卽差

移熱湯（寶鑑）治口糜心胃壅熱口瘡糜爛導赤散（方見五臟）合四苓散（方見大便）各等分煎服內經曰膀胱移熱於小腸上爲口糜好飲酒人多有此疾

回春涼膈散（寶鑑）治三焦火盛口舌生瘡連翹一錢二分黃芩梔子桔梗黃連薄荷當歸生地黃枳殼赤芍藥甘草各七分

黑參丸（寶鑑）治口舌生瘡連年不愈玄參天門冬麥門冬右等分末蜜丸如彈子每噙化一丸

薏苡仁湯（寶鑑）治風腫在脾唇口瞤動薏苡仁防己赤小豆炒甘草炙各一錢五分

繭唇

口唇緊小不能開合不急治則死實者瀉黃散（方見五臟）腫者薏苡仁湯○外用青皮燒灰猪脂調搽仍以青皮灰末一錢酒調服○亂髮露蜂房六畜毛蛇蛻皮蟾蜍燒灰猪脂調傅

舌腫

腫硬滿不軟名木舌心脾壅熱不急治殺人百草霜芒硝滑石末酒調傅或百草霜白鹽等末水調塗○針刺舌尖或兩傍出血泄毒

黃連湯（寶鑑）治心火舌上生瘡或舌上腫燥裂或舌尖出血或舌硬黃連酒炒梔子炒生地黃酒洗麥門冬當歸酒洗赤芍藥各一錢犀角薄荷甘草各五分

清胃瀉火湯（回春）治上焦實熱心胃二經之火作口舌生瘡腫痛者並咽喉牙齒耳面腫痛皆效連翹桔梗黃連黃芩梔子玄參升麻生地黃各一錢乾葛七分薄荷五分甘草三分水煎頻頻温服

重舌

舌根下生形如舌而小口不能聲飲食不通心脾熱盛也蒲黃末頻糝調竹瀝妙黃連煎湯頻呷或黃柏末竹瀝調塗或百草霜焰硝滑石末酒調傅針刺舌下兩傍去惡血勿刺中脉

青黛散（寶鑑）治重舌黃連黃柏各三錢青黛馬牙硝朱砂各六分雄黃牛黃硼砂各三分龍腦一分右末先以薄荷汁拭口中以藥末糝之咽瘡腫亦佳

龍石散（寶鑑）治口舌生瘡咽嗌腫塞寒水石三兩朱砂二錢五分片腦二分右末糝患處日三五次

加味龍石散（新增）治牙疳乳香沒藥麝香朱砂石雄黃寒水石白礬龍腦各等分爲末糝之

日三五次

牙齒 ○骨之餘屬腎，腎衰則齒豁，精盛則堅，虛則動。○齒根曰齦，上齦屬胃，喜寒惡熱；下齦屬大腸，喜熱惡寒。○熱痛怕冷水，冷痛怕熱水，風痛不怕冷熱。

脉法 齒痛腎虛，尺濡而大；火炎，尺洪疎搖豁壞。右寸關數或洪而弦，此屬腸胃風熱多涎。

牙齒痛有七 蓋因胃熱上出，牙齦被風冷所菀，熱不外達而痛也。寒是標，外用辛溫擦漱；熱是本，內服辛涼散熱。○風熱痛者，外風與內熱相搏，齦腫痛膿臭，犀角升麻湯面門、荆芥湯含漱。但風牙痛，因內風襲，外風吸風則痛甚，消風散面門。○風冷痛，齒齦不腫蛀，漸搖，溫風散含漱。○熱痛，腸胃積熱，齒齦腫爛臭穢，涼膈散火門、敗毒散熱門加荆芥、防風、升麻、石膏，清胃散。虛熱腫痛口瘡，柴胡地骨皮等分，薄荷煎漱或服。○寒痛，客寒犯腦，頭連齒痛，羌活附子湯頭門、白芷湯。○毒痰痛，痰熱攻注，痰盛咳唾，二陳湯痰門加細辛、枳殼、薑、棗、烏梅煎服，薑黃、蓽撥等煎，候溫浸舌。○瘀血痛，風熱攻齦，血出痰滯掣痛，鑽刺，犀角地黃湯血門，又取五靈脂醋煎汁含嚥。齒齲久不愈，桃仁承氣湯熱門蜜九服。○蟲蝕痛，飲食不漱，腐臭淹久，齒齦有孔，宿𧏾亦此類，必殺蟲，痛止。啄木烏舌痛齒咬之。○齦宣齒搖，腎虛，八味元五臟、三味安腎九[illegible]。固齒，羊脛骨灰二錢，當歸、白芷、皀角、青鹽各一錢，爲末擦牙。○新增 龍腦、朱砂等分，爲末擦牙，神效，名龍硃散。

細辛湯（寶鑑）治腎虛熱上片牙痛。細辛一錢五分，蔓荆子、鼠粘子各一錢，升麻、黃連、防己各七分，黃栢、知母並酒炒各五分，薄荷三分，蓽撥一分。

白芷湯（寶鑑）治大腸虛熱下片牙痛。防風、荆芥、連翹、白芷、薄荷、赤芍藥、石膏各一錢。

溫風散（寶鑑）治風冷齒痛。當歸、川芎、細辛、白芷、蓽撥、藁本、露蜂房各一錢，煎服，仍含漱吐之。

清胃散（寶鑑）治胃熱上下齒痛，牽引頭腦，滿面發熱，其痛喜冷惡熱。升麻二錢，牧丹皮一錢五分，當歸、生地黃、黃連各一錢，水煎微冷服。

定痛散（寶鑑）治蟲牙痛。當歸、生地黃、細辛、乾薑、白芷、連翹、苦參、黃連、川椒、桔梗、烏梅、甘草各一錢，水煎含漱後嚥下。

固齒散（寶鑑）大鼠一箇，去肉取骨，川椒炒、乳香各二兩，香附子炒、白蒺藜炒、青鹽各一兩，爲末，每日擦牙，永無齒病。

香椒散（寶鑑）治冷症齒痛。香附子、川椒、破古紙各二錢，蓽撥一錢，右末，入炒鹽二錢，擦牙。

荆芥湯（寶鑑）治風熱齒痛。荆芥、薄荷、升麻、細辛各三錢，爲末，每二錢沸湯點，含漱吐之。

椒鹽散（寶鑑）治蟲牙痛。川椒、白鹽、露蜂房各一錢，葱白三莖，煎水熱漱冷吐。

齒壅 齦間努肉漸長，生地黃汁一鍾，皀角火炙，淬地黃汁，再炙又淬，汁盡爲度，研末付之，又朴硝末付之。○牙齒漸長，難於飲食，蓋液溢也，白朮末和水服，又煎灌漱。○齗齒者，睡中齒相磨有聲，取患人卧席下塵納口，勿令知之，卽差。

去痛齒不犯手方 川椒、細辛各一兩，草烏、蓽撥各五錢，爲末，每少許揩痛齒自落。○陳石灰納臈膽內陰乾，爲末，少許點牙根上卽落，切忌墜入口中。

咽喉 咽者胃系，通地以嚥物；喉者肺系，通天以候氣。○會厭管于咽喉上，司開闔。

脉法 兩寸洪溢，上盛下虛；尺微伏死，尺實滑生。

咽喉病皆屬火 肝膽心包三焦皆有相火，火爲本，痰爲標也。君火勢緩，爲疼爲腫；相火勢速，腫甚爲痺，不通而痰塞以死矣。雖有數種之名，輕重之異，乃火之微甚故也。輕者緩治，急者用針出血，不急治殺人。○新增 形樂志苦，病生於咽，歸脾湯神門主之，去人參、木香，加黃連酒炒、青皮，或加山梔。

單乳蛾雙乳蛾喉痺 會厭一邊腫謂單蛾風，難治；會厭兩傍腫謂雙蛾風，易治；通謂喉痺。皆相火衝逆，蓋關上易治，關下難治。○實火，凉膈散火門加黃連、荆芥、石膏，防風通聖散風門。○虛火，四物湯血門加桔梗、荆芥、知母、黃栢；痰盛者，千緡湯嗽門。通用甘桔湯。

内局**牛黃涼膈元**（寶鑑）治咽腫口舌瘡頷頰腫熱痰壅馬牙硝寒水石煆石膏煆各二兩甘草爁一兩牛膽南星七錢五分紫石英煆水飛五錢牛黃龍腦麝香各二錢五分右末蜜和兩作三十丸每一丸薄荷湯嚼下

内局**龍腦膏**（寶鑑）治喉痺腫痛薄荷葉一斤甘草三兩防風川芎桔梗各二兩焰硝一兩白豆蔻三十粒縮砂五粒片腦一錢右末蜜丸如彈子噙化嚥下

吹喉散（寶鑑）治懸癰下垂腫痛及一切咽喉疾膽礬白礬焰硝片腦山豆根辰砂鷄內金焙爲極細末以竹管吹少許入喉中卽效

清涼散（寶鑑）治實火咽喉腫痛桔梗一錢五分梔子連翹黃芩防風枳殼黃連當歸生地黃甘草各七分薄荷白芷各三分右剉作一貼燈心一團細茶一撮

加味四物湯（寶鑑）治虛火喉痺喉痛喉瘡最能降火桔梗甘草各一錢五分熟地黃白芍藥

各七分當歸川芎黃栢蜜水炒天花粉知母各五分水煎入竹瀝一鍾服

急喉痺纏喉風 急喉痺者瘡發咽嗌緩治則咽塞而死速針出血或好醋噙漱吐痰則妙藥不下以曲竹管灌藥○喉閉危急以紙染巴豆油作撚子點燈吹滅以烟熏鼻流涎自開○皀角白礬黃連等分瓦上焙末吹喉○纏喉風者忽然腫痛氣促脉冷頃刻不治治同急喉痺時行咽痛以大蛤水細細嚥下尤佳

一字散（寶鑑）治急喉纏喉風咽喉堵塞水穀不下牙關緊急不省人事猪牙皀角七錢雄黃二錢生白礬藜蘆各一錢蝎梢七枚右末每一字吹入鼻吐痰

奪命散（寶鑑）治急喉閉枯白礬白殭蠶炒硼砂皀角各等分右末吹少許入喉中痰出卽差

懸癰垂 목젖懸雍者聲音之關伏熱上衝懸雍長而垂腫謂帝鍾風此症及臀傷寒咽痛忌鍼蛇床子瓶中燒烟吸入

鹽礬散（寶鑑）治懸癰垂長咽喉妨悶鹽花白礬枯右末以筯頭蘸藥塗其上卽差

硼砂散（寶鑑）治懸癰腫痛垂長硼砂馬牙硝滑石寒水石各五錢龍腦白礬各三錢右細末新水調五分服

咽喉痛 風客咽喉氣鬱乾枯常如毛刺者風燥荊防敗毒散（寒門）加薄荷黃芩半夏倍桔梗入生薑○大蛤殼內水徐徐嚥呑

内局**加減薄荷煎元**（寶鑑）治風熱咽喉腫痛薄荷葉八兩桔梗二兩防風川芎白豆蔻各一兩縮砂甘草各五錢龍腦五分右末蜜和兩作三十丸每一丸常含化嚥之

内局**薄荷煎元**（醫林）消風熱化痰涎利咽膈清頭目及治鼻衄大小便出血薄荷一斤取葉桔梗五兩甘草炙四兩防風川芎各三兩砂仁五錢右細末蜜丸兩作三十丸每一丸細嚼茶酒任下○（內）局又有白豆蔻

必用方甘桔湯（寶鑑）治風熱咽喉腫痛或喉痺神效桔梗二錢甘草荊芥防風黃芩薄荷各一錢水煎徐徐服加玄參一錢尤妙

清火補陰湯（寶鑑）治虛火上升喉痛喉閉或生瘡玄參二錢白芍藥熟地黃各一錢當歸川芎黃栢童便炒知母生天花粉甘草各七分水煎入竹瀝三匙溫服○喉乾燥痛四物湯（血門）加桔梗荊芥黃栢知母煎服立已

甘桔湯（寶鑑）治少陰客寒咽痛桔梗三兩甘草一兩右五錢水煎徐徐服加鼠粘子竹茹各一錢治咽痛尤妙

咽喉瘡 胃脘實熱熏炙爲白頭赤根發聲散○虛火生瘡清火補陰湯凡咽瘡勿用生薑辛辣反甚故也

牛蒡子湯（寶鑑）治咽喉腫痛牙關緊急或生瘡癰或愈後復攻背脇氣促身熱不能坐卧牛蒡

子二錢玄參犀角升麻黃芩木通桔梗甘草各一錢食後服

發聲散 寶鑑治咽痛生瘡妨悶黃瓜蔞大者一箇桔梗七錢五分白殭蚕炒五錢甘草炒二錢右末每取少許乾糝如咽喉腫痛左右有紅或一邊紅紫長大此藥加朴硝一錢和勻糝之如喉中有小白頭瘡前藥入白礬末五分和糝

喉痺失音 咽瘡失音或服凉藥失音秘傳降氣湯嚫或加黃芩去陳皮風寒失音甘桔湯加訶子木通生地黃汁○虛損咽瘡失音者死粥看聲音門

荊芥湯 寶鑑治咽喉腫痛語聲不出嚥之甚妙桔梗二兩甘草一兩荊芥穗五錢右麤末每取四錢薑三片水煎呷服

魚骨鯁獸骨鯁 凡治鯁皆以類推如髮灰治髮哽之類也○鯉魚鱗皮燒灰水服○諸魚膽皆下魚骨鯁臘月收者佳酒化服○硼砂噙化○貫衆濃煎服○魚骨在腹刺痛吳茱萸煎服○海獺

水獺皮煎飲○白飴糖噙嚥○若鯁即出○獸骨在咽象牙磨水服○狗涎徐嚥○雞足一對燒灰水調服○虎骨末水調服○鷄骨魚骨鯁白梅肉健成大丸子綿裹用線穿在其內冷茶送下扯住線頭在手一嘔即出

引鯁法 寶鑑鯁在咽不下聚牛筋漬之索緊令大如彈丸持筋端吞之候至鯁處徐徐引之鯁着筋自出○綿絮一小塊蜜煮用如上法○薤白或韭白令柔以繩繫中吞之到鯁處引之○弓弦提令頭散吞引即出

誤吞諸物 誤吞金銀取水銀服之消○誤吞金銀及銅錢縮砂煎飲又堅炭末米飲調服○多食胡桃銅自爛○誤吞錢及環或釵或竹木飴糖多食便出小兒煑葵汁冷飲根葉子同功○誤吞鉢磁石磨光攢竅絲穿令含針自出○誤吞銅鐵等物多食猪羊肉肥脂葵菜○誤吞桃李哽喉不下狗頭煑湯摩頭上差○誤吞髮繞喉不出亂髮灰一錢水調服又舊木油梳燒末酒調服○誤吞稻麥

芒在咽不下腫刺謂穀賊乃急取鵝涎灌之甚妙

誤吞諸蟲 誤吞蜈蚣在咽喉食生猪血更灌清油蜈蚣滚在血中即吐出繼以雄黃末水調服鮮毒却以四物湯門血加黃芪調補○誤吞水蛭入腹痛不可忍田中泥作丸如櫻桃一丸白水下即下或食蜜化為水却以四物湯加黃芪調補

濟衆新編卷之三

濟衆新編卷之四

內局首醫臣康命吉奉　教撰

頸項

項強 前頸後項腎與膀胱爲表裏太陽感風濕頭項強痛口噤身腰反張爲痓病〇北人以毛裹頭南人以帛護項

回首散 〔寶鑑〕治頭項強急筋急或挫枕轉項不得者烏藥順氣散〔風門〕加羌活獨活木瓜

羌活勝濕湯 〔寶鑑〕治太陽經中寒濕項強或似拔不得回顧羌活獨活各二錢藁本防風甘草各一錢川芎蔓荊子各五分

背

脉法 腎脉緩甚爲折脊浮大而無力陽虛背惡寒

背寒 內伏寒痰則背寒如掌大導痰湯〔痰門〕合蘇子降氣湯〔氣門〕服之有寒有熱傷寒少陰症口中和陽明症口中乾燥此寒熱之辨

背痛 肺病則喘咳逆氣肩背痛汗出〇腎病則肩背頸項痛〇則脊骨髀眼痛蒼朮復煎散〔濕門〕髃尖痛者陰虛膀胱有火四物湯〔血門〕加知母黃柏桂少許有痰合二陳湯〔痰門〕加澤瀉前胡木香痛甚加乳香沒藥

通氣防風湯 〔寶鑑〕治太陽經中寒濕肩背痛不可回顧又云肩背痛乃風熱乘肺肺氣鬱甚也黃芪升麻柴胡各一錢防風羌活陳皮人參甘草各五分青皮三分白豆蔻黃柏各二分

三合湯 〔寶鑑〕治背心一點痛烏藥順氣散〔風門〕合二陳湯〔痰門〕香蘇散〔寒門〕加羌活蒼朮

胷

膈心肺之分野俗稱心痛非眞心痛乃胃脘當心痛或脾連心痛或陽虛陰厥亦令心下痛久者心之別絡爲風冷熱所乘痛故成疹不死〇眞心痛者大寒或污血衝心手足青至節痛甚死不治

脉法 胷痺痛寸口脉沈遲關上緊數〇心腹痛脉沈細宜浮大弦長命必殂

心痛 因傷思慮也脾胃連心痛因傷食與痰也殊分新久初病身受寒氣口食冷物當溫散扶陽助胃湯稍久則寒鬱成熱或因七情者是火以梔子爲熱藥向導清鬱散諸痛脉必伏多用溫藥附子之類大忌參朮閉氣愈痛

手拈散 〔寶鑑〕治九種心痛及心脾痛極驗詩曰草果玄胡索靈脂并沒藥酒調三二錢一似手拈却

諸種心痛 虫痛痛止能食時作時止嘔涎或清水上下攻刺面白唇紅練陳湯〔虫門〕〇疰痛猝感惡忤尸疰昏倒口噤不省蘇合香元〔氣門〕備急丸〔救急〕〇風痛傷冷或肝勝心引兩脇分心氣飲〔氣門〕〇悸痛因七情怔忡驚悸加味四七湯〔神門〕四七湯七氣湯正氣天香湯〔氣門〕〇食痛因食生冷或過食行氣香蘇散平胃散〔內傷〕香砂養胃湯〇飲痛傷水飲聚痰涎痛如刺芎夏湯〔痰飲〕五苓散〔寒門〕〇冷痛形寒飲冷當

風取涼或腎勝心心懸若飢泄痢下重五積散〔寒門〕〇熱痛積熱攻心暑毒入心面目赤黃煩熱便堅連附六一湯大承氣湯小柴胡湯〔寒門〕去人參甘草加枳殼赤芍藥梔子各一錢〇去來痛或作或止久不愈神仙九氣湯〔氣門〕〇心脾痛心下急痛如針刺手拈散復元通氣散〔氣門〕〇腎心痛心痛引背善瘛如從後觸心傴僂腎傳心筋脉相引心下急痛下重苦泄寒中神保元〔氣門〕蟠葱散〔前門〕〇七情中六情令心氣鬱結惟喜則氣散能止痛加味四七湯分心氣飲

扶陽助胃湯 〔寶鑑〕治胃脘當心而痛經曰寒氣客於陽胃之間則卒然痛得熱則已附子炮二錢乾薑炮一錢五分草豆蔻益智仁白芍藥酒炒人參甘草炙官桂各一錢吳茱萸白朮陳皮各五分薑三片棗二枚

却痛散 〔寶鑑〕治心氣冷痛不可忍川烏炮一錢五分當歸官桂石菖蒲木香胡椒各一錢五靈脂蒲黃炒各五分入鹽醋各少許

枳縮二陳湯 回春治痰涎在心膈上攻走腰背嘔噦大痛枳實麩炒砂仁半夏薑製陳皮香附各一錢厚朴薑製茴香酒炒玄胡索各八分木香草豆蔻乾薑炒各五分甘草三分薑三片水煎入竹瀝磨木香同服

連附六一湯 寳鑑治熱鬱胃脘痛甚黃連六錢附子一錢入薑三片棗二枚水煎熱服

梔薑飲 寳鑑治胃熱作痛山梔仁十五枚炒焦水一盞煎至六分入薑汁三匙再煎熱服或入川芎一錢尤妙

清鬱散 寳鑑治胃中有伏火膈上有稠痰胃口作痛及嘔吐酸水惡心煩悶半夏陳皮白茯苓蒼术便香附神麯黃連薑汁炒梔子薑汁炒各一錢川芎六分乾薑炒黑五分甘草炙二分薑三片

神聖復氣湯 寳鑑治腎元與膀胱經中陽氣不足致胃脇臍腹牵引冷痛大惡風寒或上熱如火下寒如冰等症預先一日用黃栢黃連生地黃並酒洗枳殼各三分另用新水浸又取細辛川芎蔓荆子碎各二分另用新水浸別取羌活柴胡各一錢藁本甘草各八分半夏升麻各七分當歸六分防風人參郁李仁各五分乾薑炮附子炮各三分白葵花三朶去心碎水五大盞同煎至二盞入黃芪草豆蔻煨各一錢橘紅五分同煎至一盞入煎浸兩藥再煎至一大盞去滓空心熱服

行氣香蘇散 寳鑑治內傷生冷外感風寒又觸七情惱怒飲食填滯胸腹脹痛紫蘇葉陳皮蒼术香附子烏藥川芎羌活枳殼麻黃甘草各一錢薑三片不拘時溫服

心胃痛虛實 按之痛止爲虛二陳湯加炒乾薑建中湯加遠志薑炒一錢○按之痛甚爲實

梔萸丸 ○七情作心痛食積痰飲瘀血皆作胃脘痛

梔萸丸 寳鑑治氣實心痛按之尤痛山梔仁炒焦一兩五錢吳茱萸香附子各二錢五分右末蒸餅丸如川椒以生薑生地黃煎湯下二三十丸

寒痞寒結胷熱痞熱結胷 痞胷膈飽悶不舒暢也胷滿不痛爲痞也滿而痛爲結胷治法同而痞輕結重黃連枳實爲主寒痞寒結胷不渴脉遲理中湯加枳實白茯苓熱痞熱結胷煩渴脉數柴陷湯○通用桔梗枳殼湯蓋痞自血中來獨益脾土以血藥治之○大小結胷水結胷見寒門

柴梗半夏湯 寳鑑治痰熱盛胷痞脇痛柴胡二錢瓜蔞仁半夏黃芩枳殼桔梗各一錢青皮杏仁各八分甘草四分薑三片

香砂養胃湯 寳鑑治陰伏陽蓄而爲痞滿能調養脾胃升降陰陽成天地交之泰白术陳皮半夏白茯苓各一錢香附子縮砂木香枳實藿香厚朴白豆蔻各七分甘草三分薑三片棗二枚

桔梗枳殼湯 寳鑑治痞氣胷滿不利煩悶欲死不論寒熱通用又傷寒結胷胷滿欲死服之神效桔梗枳殼各二錢甘草一錢薑五片

柴陷湯 寳鑑治熱實結胷及水結痰結半夏三錢瓜蔞仁柴胡各二錢黃芩黃連各一錢人參七

分甘草五分薑五片棗二枚

支結 傷寒未經下而膈氣塞悶非痞非結柴梗湯虛者半夏瀉心湯

桂枝人參湯 寳鑑治支結桂枝甘草各二錢乾薑人參白术各一錢

柴梗湯 寳鑑治胷膈滿悶痞痛柴胡二錢黃芩半夏枳殼桔梗各一錢人參七分甘草五分薑五片棗二枚

血結胷 婦人瘀血入心脾痛五積散加三稜蓬术桃仁紅花失笑散

玄胡索散 寳鑑治婦人血結胷心腹作痛連腰脇背膂上下攻刺甚作搐搦玄胡索炒當歸蒲黃炒赤芍藥官桂各一錢薑黃木香乳香沒藥各七分甘草炙五分薑七片

乳 男以腎爲重女以乳爲重上下不同性命之根一也○女屬陰陰極上衝故乳房大而陰戶縮男屬陽陽極下降故陰莖垂而乳頭縮

產後乳汁不行 有二有氣血盛壅閉者有氣血弱枯涸者虛則補猪蹄鯽魚實則疎通通草○乳資於衝脉與胃經故也病在衝任者乳小而色黃所生兒怯弱多病無兒欲消乳者麥芽五錢炒末白湯或四物湯調服產後乳自出是虛服血門補藥

當歸補血湯 保元治婦人素稟怯弱血氣虛耗產後無乳宜補養之劑嫩黃芪蜜水炒一兩當歸身酒洗五錢葱白十莖

玉露飲 保元治產後乳脉不行身體壯熱疼痛頭目昏痛此涼膈壓熱下乳川芎白芷桔梗炒各五錢人參白茯苓甘草各二錢五分芍藥一錢五分當歸一錢三分臨卧溫服○如煩熱甚大便結加大黃一錢二分金銀花乳脉不行結成癰腫疼痛黃芪蜜炙當歸金銀花甘草各二錢五分水煎入酒半鍾食後溫服

通乳湯 寶鑑治氣血不足乳汁澁少猪蹄四隻通草川芎各一兩穿山甲十四片炮黃甘草一錢

右剉以水五升煎至半取汁分三服更以溫葱湯頻洗乳房

立效方 寶鑑治乳汁不行蔄苣子糯米各一合細研水一碗攪勻入甘草末一字煎頻頻呷服

乳癰 因膈間濕熱痰與滯乳相搏或小兒口氣吹噓或怒氣激滯而成寒熱煩渴甚則嘔吐毒氣上衝也乳粉托裏散癰初起連根葱白搗爛熱熨未潰神效瓜蔞散內托升麻湯已潰者內托十宣散癰八物湯蜂治法以青皮疎厥陰石膏清陽明甘草節行瘀瓜蔞子消導腫毒蓋四十前行經者可治五十後斷經者難治

神效瓜蔞散 寶鑑治乳癰及妳巖神效黃瓜蔞大者一箇去皮焙爲末子多者有力甘草生當歸酒浸焙各五錢乳香沒藥另研各二錢五分右末好酒三升於銀石器內慢火熬至一升半去滓分作三服食後良久服之如妳巖服此可杜絕病根如毒氣已成能化膿爲黃水毒未成則即於大小便中通利病甚則再合服以差爲度○一方酒水各半煎服

內托升麻湯 寶鑑治乳癰未潰及兩乳間黑陷惡瘡升麻乾葛連翹各一錢五分黃芪當歸甘草炙各一錢惡實五分官桂三分黃栢二分水二盞酒一盞同煎服

加味芷貝散 寶鑑治乳癰腫破作痛白芷貝母天花粉金銀花皂角刺穿山甲土炒當歸尾瓜蔞仁甘草節各一錢酒水各半煎服

結核久成妳巖 婦人憂怒抑鬱時日積累脾氣消肝氣逆遂成隱核如碁子不痛不痒十數年瘡黑陷凹不治若初起使心清神安庶或治之急用十六味流氣飲單青皮湯虛者清肝解鬱湯中年未潰尚可治成瘡者終不可治

十六味流氣飲 寶鑑治妳巖紫蘇葉一錢五分人參黃芪當歸各一錢川芎官桂厚朴白芷防風烏藥檳榔白芍藥枳殼木香甘草各五分桔梗三分加青皮一錢煎服

單煮青皮湯 寶鑑治婦人百不如意久積憂鬱乳房結核青皮四錢日三服

清肝解鬱湯 寶鑑治肝臟鬱火傷血乳房結核凡肝膽不和之證皆治之當歸白朮各一錢貝母赤茯苓白芍藥熟地黃山梔子各七分人參柴胡牧丹皮陳皮川芎甘草各五分

妳頭破裂 秋露茄子花或秋前茄花陰乾燒灰水調付○小兒吹乳血乾裂痛丁香末乾津唾調付○乳栗破少有生者大補氣血○男女乳疾少異女損肝胃男損肝腎蓋怒火房勞過度致肝燥腎虛亦能結核腫痛

乳懸症 產後瘀血上攻兩乳伸長細小過小腹切痛川芎當歸各一斤濃煎服芎歸燒烟熏口鼻兩乳

腹 臍上曰大腹屬太陰臍下曰小腹屬厥陰當臍曰臍腹屬少陰

脉法 尺脉弦腹痛○弦急小腹痛○心腹痛脉沈細宜浮大弦長命必殂

腹痛有六 寒痛綿綿痛而無增減○脉沈遲五積散寒門加吳茱萸葱白理中湯寒門○熱痛時痛時止痛處極熱黃芩芍藥湯歇○瘀血痛因墮撲或婦人經來產後瘀未盡其痛有常處而不移動失笑散

(婦人)○食積痛○瀉後痛減宜溫散行氣忌峻利及寒藥平胃散(內傷)○痰飲痛腹中引鈞脇下有水聲必尿不利芎夏湯(痰飲)○露宿積冷和劑抽刀散○虫痛見虫門

厚朴溫中湯(寶鑑)治客寒犯胃心腹虛冷脹痛乾薑炮二錢厚朴陳皮各一錢五分赤茯苓草豆蔻煨各七分木香甘草炙各五分薑三片棗二枚

薑桂湯(回春)治寒腹痛香附一錢五分陳皮枳殼麩炒厚朴吳茱萸炒砂仁各一錢乾薑官桂良薑各七分木香五分另研甘草三分薑一片

活血湯(回春)治死血痛併治血結痛當歸尾牡丹皮赤芍藥桃仁玄胡索烏藥香附子枳殼各一錢川芎七分紅花木香另研官桂各五分甘草二分薑一片

四合湯(寶鑑)治痰積氣滯腹痛陳皮半夏各一錢五分厚朴枳殼赤茯苓紫蘇葉香附鬱金各七分甘草五分薑五片

和劑抽刀散(寶鑑)治積冷腹痛白薑五兩入巴豆肉二錢二分五里同炒黑去巴豆良薑五兩入斑猫二十五箇同炒黑去斑猫石菖蒲五兩不炒糯米六兩炒黃右末每二錢溫酒下

腹痛有虛實 按痛爲實爲熱大柴胡湯(寒門)重按不痛爲虛爲寒小建中湯(虛勞)加遠志或理中湯(寒門)有積者按之愈痛參看積聚門

腹痛諸症 嘔泄諸藥皆吐蘇感元(大便)薑湯下腹中窄狹者肥人濕痰流灌二陳湯(痰飲)加香附蒼朮瘦人濕熱熏蒸二陳湯加黃連蒼朮氣血虛者宜六君子湯(痰飲)加川芎當歸大腹皮麻痺不仁多煮葱白吃之肚皮痛由腎虛不能行水也○湧水症水客大腸疾行則鳴濯濯如囊裹水

黃連湯(寶鑑)腹痛欲嘔吐者上熱也以陽不得降而肖熱欲嘔陰不得升而下寒也腹痛是降失常也黃連二錢人參一錢五分半夏一錢二分乾薑桂枝各一錢甘草五分薑三片棗二枚

葶藶丸(寶鑑)治涌水病葶藶子隔紙炒澤瀉椒目桑白皮杏仁猪苓各五錢右末蜜丸如梧子葱白湯下三五十丸

腹痛通治 凡腹痛(鬱)結阻氣不運宜溫散又多屬血澁通用芍藥甘草湯雜病腹痛酒煮當歸丸(胞門)大抵宜通利

芍藥甘草湯(寶鑑)白芍藥四錢甘草炙二錢○稼穡作甘甘者己也曲直作酸酸者甲也甲己化土此仲景妙法也酸以收之甘以緩之

四物苦練湯(寶鑑)通治腹痛亦治臍下冷痛四物湯(血門)加玄胡索苦練子各一錢

開鬱導氣湯(寶鑑)治諸般腹痛一服立止蒼朮便香附炒白芷川芎赤茯苓滑石梔子炒神麯炒各一錢乾薑炮陳皮各五分甘草炙三分

臍 命之根常宜溫煖臍下三寸卽下丹田乃腎間動氣生氣之源男貯精血女貯月水名大海○水腫臍突出者死臍下築痛腎氣動也理中湯(寒門)去朮加桂

小接命熏臍方(寶鑑)凡人稟精血成形其在胞胎惟有臍帶與母氣相通隨母呼吸十月脫胎漸長成人七情六欲內外交侵喪失真元殞軀喪命良可惜也余哀世人特傳良方壯固根蒂保護形軀熏蒸本源除却百病其效如神每年中秋日熏蒸一次却病延年乳香沒藥猳鼠糞青鹽兩頭尖(雄鼠糞也)續斷各二錢麝香一分右末令人食飽仰臥用蕎麥麪水和捏一圈徑過寸餘臍大則徑二寸內入藥末安臍上用槐皮一片覆圈藥之上以豆許艾炷灸之百脈和暢冷汗如雨不可令痛痛則反泄真氣灸至行年歲數而止無病者連日灸之有病則三日一次灸至腹內作聲作痛大便有涎沫等物出爲止只服米湯兼食白肉黃酒以助藥力若患風氣有鬱熱在腠理者加女子紅鉛拌藥則汗易出而疾隨愈矣

溫臍種子方(寶鑑)五靈脂白芷青鹽各二錢麝香一分右末用蕎麥粉水和成條圈安於臍上以前藥末實於臍中用艾灸之婦人尤宜但覺臍中溫煖卽止過數日再灸太過則生熱也

腰 腎之府諸經貫腎絡腰脊房勞傷腎痛最多又寒濕多而風熱少不可純用涼藥及純用參芪補藥久則必用官桂以開之腹脇皆然

脉法 沉弦而緊者爲寒○沉弦而浮者爲風○沉弦而濡細者爲濕○沉弦而實者爲挫閃

腰痛有十 腎虛痛常常疼不已或悠悠痛不舉脉大六味地黃丸八味元斷五加歸茸木瓜續斷腰軟者肝腎伏熱加防已黃栢○痰痛痰流經絡腰背痛或腰背重注走串痛芎夏湯加南星蒼朮黃栢二陳湯加木香茴香乳香玄胡砂仁蒼朮羌活酒芩當歸杜冲○食積痛醉飽入房濕熱入腎難以俛仰四物湯合二陳湯加麥芽神麴葛花砂仁杜冲黃栢官桂枳殼桔梗○挫閃及瘀血痛因舉重勞傷或跌撲墜落皆血瘀也日輕夜重五積散去麻黃加茴香木香檳榔桃仁紅花○風痛風傷腎左右無常引兩足強急者五積散加防風全蝎烏藥順氣散加五加皮熱者敗毒散加杜冲木瓜○寒痛寒傷腎經不能轉側連背拘攣者五積散加吳茱萸杜冲桃仁痛甚加黑丑

頭末一錢○濕痛久處卑濕雨露侵淫腰重如石冰冷者五積散加吳茱萸桃仁或川芎肉桂湯○濕熱痛暑濕相搏或膏粱濕熱遇天陰發者二炒蒼栢散○氣痛憂思忿怒氣滯宜調氣散加便香附沉香或沉香降氣湯

青娥元 寶鑑治腎虛腰痛杜冲薑汁炒破故紙炒各四兩胡桃肉三十箇右末生薑二兩五錢取汁入煉蜜丸如梧子空心溫酒或塩湯吞下百丸

加味青娥元 寶鑑治腎腰或風寒血氣相搏爲痛破故紙六兩脂麻同炒變色去脂麻杜冲六兩薑汁浸炒胡桃肉沉香乳香沒藥各三兩右末以肉蓯蓉六兩酒浸成膏和藥搗千杵丸如梧子溫酒或塩湯下五七十丸

速效散 寶鑑治腰痛不可忍川楝肉以巴豆肉五粒同炒赤去巴豆茴香塩炒破故紙炒各一兩右末每一錢空心以熱酒調下

如神湯 寶鑑治挫閃腰痛玄胡索當歸桂心杜冲薑炒各等分右末每二錢溫酒下

立安散 寶鑑治挫閃氣滯腰痛白牽牛頭末半生半炒二錢當歸官桂玄胡索炒杜冲薑汁炒茴香炒各一錢木香五分右末空心以溫酒調下二匙

川芎肉桂湯 寶鑑治瘀血在足太陽足少陰足少陽三經以作腰痛羌活一錢五分官桂川芎柴胡當歸梢蒼朮甘草炙各一錢神麴獨活各五分酒防已防風各三分桃仁五箇酒三盞煎至一盞空心服

七味蒼栢散 寶鑑蒼朮黃栢杜冲破故紙川芎當歸白朮各一錢空心服

調氣散 寶鑑治諸氣藿香甘草各八錢縮砂四錢白豆蔻丁香白檀香木香各二錢右末每二錢塩湯點服不拘時

腎著症 身重腰冷如坐水不渴尿自利善食腰以下冷腰重如帶五千錢蓋與濕同治

腎著湯 寶鑑白朮二錢五分乾薑炮赤茯苓各一錢五分甘草炙五分煎服流濕兼用溫煖之藥以散之

脇 脇肢屬肝膽肝邪流於兩脇爲諸般脇痛○肝苦急急食辛以散之川芎蒼朮青皮

脉法 寸口脉弦者即脇下拘急而痛其人嗇嗇惡寒也脉雙弦者肝氣有餘兩脇作痛

脇痛有七 凡諸脇痛肝火盛木氣實也○氣鬱痛大怒及謀慮不決肝火動小柴胡湯加黃連壯蠣枳殼性急多怒時常腹脇痛小柴胡湯加川芎芍藥青皮神保元○死血痛瘀血留肝居於脇下按之痛甚夜痛午後發者小柴胡湯合四物湯加桃仁紅花乳香沒藥○痰飲痛痰流肝經咳嗽氣急引脇痛芎夏湯痰甚控涎丹○食積痛脇下如杠梗起一條痛枳實煎湯吞神保元○風寒痛寒熱芎葛湯○乾脇痛虛甚成損脇下常一點痛不止八物湯加木香青皮桂心有火去桂加山梔或吳茱萸水炒黃連○腎邪上搏亦爲痛神保元

枳殼煮散 寶鑑治悲哀傷肝兩脇痛又治七情傷肝兩脇兩脇牽痛枳殼二錢細辛桔梗防風川芎各一錢葛根七分甘草五分薑三片棗二枚

芎葛湯 寶鑑治風寒脇痛川芎乾葛桂枝細辛枳殼人參芍藥麻黃防風各一錢甘草五分薑三片

芍藥散 寶鑑治婦人冷證脇痛諸藥不效香附子四兩以醋二升鹽一兩同煮乾爲度官桂玄胡索炒白芍藥酒炒各一兩右末每二錢沸湯下

脇痛虛實 實者手足煩燥不得安臥小柴胡湯脇門加芎歸白芍藥蒼朮青皮草龍膽甚則當歸脇門龍薈丸五臟虛者悠悠痛不止耳目䀮䀮善恐如人將捕四物湯血門加柴胡青皮或五積散寒門去麻黃加青木香青皮○左宜枳芎散小柴胡湯疎肝飲右宜推氣散神保元脇門

枳芎散 寶鑑治左脇刺痛枳實川芎各五錢甘草二錢五分右末每二錢薑棗湯下

推氣散 寶鑑治右脇痛枳殼桂心薑黃各五錢甘草二錢五分右末每二錢五分薑棗湯或酒下

疎肝飲 保元治左脇下痛肝積屬血或因怒氣所傷或跌撲閃挫所致而爲痛黃連吳茱萸煎汁炒三錢柴胡當歸酒洗各一錢五分青皮去穰桃仁研如泥枳殼麩炒各一錢川芎白芍藥酒炒各七分紅花五分水煎食遠服

腋臭 大蜘蛛鹽泥裹煆放冷取蜘蛛研細入輕粉一字醋調成膏夕付腋下必瀉臭黑汁僻處埋之

皮 皮毛屬肺○麻木見風門

脉法 ○斑疹脉陽浮而數火盛於表陰實而大下焦實熱滑伯仁曰脉者血之波瀾發斑者血散於皮膚故脉伏

痒痛 諸痒爲虛血不榮肌宜養血四物湯血門加黃芩煎調浮萍末服○酒後身痒蟬殼薄荷等末每二錢酒水調服

斑疹 有色點而無顆粒曰斑浮小而有顆粒曰疹隨沒隨出○傷寒發斑謂陽毒人參白虎湯寒門春溫發斑謂溫毒夏熱發斑謂熱毒時行發斑謂時毒皆火乘肺紅點見皮毛輕如疹子蚊跡發手足先紅後黃重如錦紋發胸腹先紅後赤切忌發汗又不宜下斑欲出未出之際與升麻葛根湯寒門先透其毒○溫熱毒狂言三黃石膏湯寒門

消斑青黛飲 寶鑑治陽毒熱毒發斑如錦紋黃連石膏知母柴胡玄參生地黃梔子犀角青黛各一錢人參甘草各五分薑一片棗二枚苦酒一匙調服

玄參升麻湯 寶鑑治傷寒發斑煩燥譫語咽喉閉痛玄參升麻甘草各三錢

犀角玄參湯 寶鑑治發斑升麻二錢黃芩一錢五分犀角鎊香附子玄參各一錢人參五分

梔子大青湯 寶鑑治孕婦傷寒發斑變黑梔子大青黃芩各一錢五分升麻一錢杏仁八分甘草三分加大青一錢煎服入葱白三莖

陰症發斑 斑出胸腹及手足亦稀少微紅此無根虛火聚胸熏肺如蚊蚤咬狀虛甚脉沉身無大熱理中湯寒門或加附子玄參

調中湯 寶鑑治內傷外感爲陰證發斑蒼朮一錢五分陳皮一錢縮砂藿香白芍藥桔梗半夏白芷羌活枳殼甘草各七分川芎五分麻黃桂枝各三分薑三片

升麻鱉甲湯 寶鑑治陰毒發陰斑升麻二錢當歸甘草各一錢二分鱉甲炙一錢雄黃末四分川椒二十粒

內傷發斑 胃氣極虛一身之火遊行於外或痰熱所致火則補以降之痰熱則微汗以散切忌下初起無頭疼身熱形如蚊跡疹子調中益氣湯內傷黃芪建中湯虛門

斑疹吉凶 赤者半生半死黑者九死一生○斑疹赤色身煖自胸腹散四肢者吉黑色身涼自四肢

入胸腹者死○陽毒發斑紅潤稀疎起發五六日自愈

癮疹 屬脾隱隱然在皮膚多痒或不仁兼風熱濕之殊赤疹因天熱燥氣乘之稍凉則消川芎茶調散門頭人參羌活散門寒白疹因天寒冷氣折之稍煖則消消風散門頭烏藥順氣散門風枳實煎洗通用升麻葛根湯門寒加惡實荊防

清肌散 寶鑑治癮疹或赤或白瘙痒荊防敗毒散門寒加天麻薄荷蟬殼薑三片

丹毒 人身忽然赤如塗丹俗云赤瘤遊走狀如雲氣是惡毒熱血如熱時以通聖辛凉之劑寒時葛根升麻辛温之劑凡丹從四肢入腹者死小兒最忌丹見小兒門

犀角消毒飲 寶鑑治丹毒及斑疹癮疹鼠粘子四錢荊芥防風各二錢犀角一錢五分另水磨取汁甘草一錢水煎調犀角汁服之

脉 榮行脉中衛行脉外脉者主榮衛而不可須臾失也

結促代 結脉緩遲中一止陰盛陽虛促脉數中一止陽盛陰虛結促皆止歇無定數積聚胎孕痛風痰濕不見之無妨老人及久病見之危○代脉動而中止不能自還停久乃還止歇有定數脾衰危亡然胎孕見之無妨

炙甘草湯 寶鑑治傷寒脉結代心動悸凡見代脉卽宜服之甘草炙二錢生乾地黃酒炒桂枝麻仁麥門冬各一錢五分人參阿膠珠各一錢薑五片棗三枚水二分酒一分同煎至半去滓入阿膠再一沸溫服日三

手 四支屬胃諸陽之本

肩臂病因 心肺有邪氣流兩肘手屈不伸病在筋手伸不屈病在骨○寒痛五積散門寒風痛烏藥順氣散門風濕痛蠲痺湯門風加蒼朮防己○痰飲痛居多左右轉移脉沉細麻木或戰掉皆痰飲所作二陳湯吞青州白丸子並痰飲

舒經湯 寶鑑治氣血凝滯于經絡臂痛不舉薑黃二錢當歸海桐皮白朮赤芍藥各一錢羌活甘草各五分薑三片同煎入沉香磨汁少許服

白芥子散 寶鑑治七情鬱結榮衛凝滯肩臂背胛牵引作痛時發時止白芥子木鱉子各一兩沒藥木香桂心各二錢五分右末每取一錢溫酒調服

五靈脂散 寶鑑治風寒濕氣血凝滯臂胛疼痛五靈脂荊芥穗防風羌活獨活穿山甲骨碎補草烏製甘草節各五錢麝香五分右末每二錢温酒調臨睡服

消痰茯苓丸 寶鑑治痰飲流注臂痛不能舉時復轉移脉沉細半夏二兩赤茯苓一兩枳殼五錢朴硝二錢五分右末薑汁糊丸如梧子薑湯下三五十丸無朴硝以焰硝代之

半夏苓朮湯 寶鑑治痰飲臂痛不能舉半夏蒼朮各一錢五分片芩酒炒白朮南星炮香附子各七分陳皮赤茯苓各五分威靈仙甘草各三分薑五片

代指 指頭先腫焮痛後甲邊膿潰甚則脫○爪甲雄黃入鷄子内浸指一宿又蜈蚣燒烟熏之○蒲公英蒼耳草等末好醋煎浸又焰硝煎漬又烏梅仁末醋調成膏漬之○猪脂和蚯蚓付之又田螺生搗付之○手足觸木惡刺及狐尿刺腫痛蒲公英汁多塗

冬月手足皸裂 生薑汁紅糟白鹽臘猪脂同研炒煎擦入皸內○面目手足皸裂出血猪腦著熱酒洗之○兎腦或雀腦生塗○百沸湯洗後白芨末水調塗之

黃蠟膏 寶鑑治冬月手足皸裂作痛清油五錢慢火煎沸入黃蠟一塊再煎候熔入胡粉五倍子末各少許熬令紫色爲度先以熱湯洗患處火上烘乾用藥付上以紙貼之其痛立止入水亦不落

足

脉法 浮弦風濡弱濕遲濇因寒洪數熱鬱微滑者虛牢堅者實○尺脉虛濇痿病○脾脉緩甚痿厥○痿躄虛則生緊急疾則死

脚氣治法外症全類傷寒但初起脚膝軟痺轉筋赤腫爲異先起處隔蒜灸[illegible]○有乾濕之分筋縮
不腫名乾脚氣宜潤血清燥筋弛腫名濕脚氣宜利濕踈風雖有內傷外感之殊皆濕熱也○脚氣
壅疾宜踈導大便毒氣得泄而愈忌補湯淋洗風烏藥順氣散門風寒五積散門寒濕不換金正氣散門濕
加赤茯苓生乾薑濕熱在三陽敗毒散門寒加大黃蒼朮在三陰踈風順氣元[illegible]氣血虛獨活寄生湯
病久熱甚二妙蒼栢散脚跟痛血熱四物湯門血加知母黃栢牛膝有痰五積散加木瓜脚轉筋有血
熱者四物湯加酒芩紅花

神秘左經湯(寶鑑)治風寒暑濕流注足三陽經脚膝拘攣腫痛麻黃桂心黃芩枳殼柴胡赤
茯苓半夏羌活防風厚朴白薑小草防己麥門冬乾葛細辛甘草各五分薑三片棗二枚

檳蘇散(寶鑑)治風濕脚氣腫痛拘攣用此踈通氣道蒼朮二錢香附子紫蘇葉陳皮木瓜檳榔羌
活牛膝各一錢甘草五分薑三片葱白三莖

羌活導滯湯(寶鑑)治脚氣初發一身盡痛或肢節腫痛便尿阻隔先以此導之後用當歸拈
痛湯除之大黃酒煨二錢四分羌活獨活各一錢二分防己當歸尾各七分枳實五分煎服微利即
止

當歸拈痛湯(寶鑑)治濕熱脚氣腫痛羌活茵蔯酒炒黃芩酒炒甘草炙各一錢知母澤瀉赤
茯苓猪苓白朮防己各六分人參苦參升麻乾葛當歸蒼朮各四分水二盞浸藥少時煎至一盞空
心臨卧各一服

獨活寄生湯(寶鑑)治肝腎虛弱筋攣骨痛脚膝偏枯緩弱冷痺獨活當歸白芍藥桑寄生各
七分熟地黃川芎人參白茯苓牛膝杜冲秦艽細辛防風官桂各五分甘草三分薑三片空心服

二炒蒼栢散(寶鑑)治濕熱脚氣令足膝痛或赤腫脚骨間作熱痛雖一點能令步履艱苦令
人痿躄百用百效蒼朮泔浸一日夜塩炒黃栢酒浸一日夜焦炒各四兩右剉五錢煎服或水丸服

亦可名二妙丸

脚氣危證入心譫妄嘔吐脉亂者死三和散門氣加烏藥入肺喘咳小青龍湯門寒加檳榔入肝頭眩喘
促烏藥平氣湯入腎腰脚腫尿閉上喘目額黑左尺絕者死八味元門虛去山藥或四物湯門血加黃栢
外用附子末津唾調付涌泉穴用艾灸引熱下行

木萸湯(寶鑑)治脚氣入腹喘悶欲死木瓜檳榔各二錢五分吳茱萸一錢五分

三將軍元(寶鑑)治脚氣衝心大便不通吳茱萸木瓜大黃各等分右末米糊丸如梧子枳殼湯
下五七十丸

烏藥平氣湯(寶鑑)治脚氣上攻昏眩喘促烏藥一錢茯神人參白朮川芎當歸木瓜白芷五
味子紫蘇葉各七分甘草三分薑五片棗二枚

痿病治法痿謂手足無力以運動由火乘肺木乘脾血液衰少不能榮養百骸也總屬胃實則筋骨

潤而機關利虛則足痿弱治法瀉心補腎淡薄食味切不可作風治調和金水腎氣丸門虛有氣痰積
有濕熱有濕熱相半有挾氣者兼濕痰二陳湯門痰加兩朮芩栢竹瀝薑汁有熱挾厥滋腎丸[illegible]或挾寒五
積散門寒合獨活寄生湯膏粱者踈風順氣元[illegible]

養血壯筋健步丸(寶鑑)治氣血兩虛兩脚痿軟不能行動熟地黃四兩牛膝酒浸杜冲
薑汁炒當歸酒洗蒼朮黃栢塩水炒各二兩白芍藥酒炒一兩五錢黃芪塩水炒山藥五味子破故
紙塩水炒人參枸杞子兎絲子白朮炒虎脛骨龜板并酥灸各一兩防風六錢防己酒洗五錢羌活
酒洗三錢右末猪脊髓七條入煉蜜丸如梧子塩湯下百丸

三妙丸(寶鑑)治濕熱下流兩脚麻木痿弱或如火烙之熱蒼朮泔浸六兩黃栢酒炒四兩牛膝二
兩右末麪糊丸如梧子薑塩湯下五七十丸

滋血養筋湯(寶鑑)治氣血兩虛兩足痿軟不能行動熟地黃一錢五分白芍藥當歸麥門冬

黃柏酒炒牛膝酒浸杜冲酒炒蒼术薏苡仁各八分人參川芎防風知母各五分羗活甘草各三分五味子九粒薑三片棗二枚

清燥湯 〔寶鑑〕治長夏濕熱盛兩脚痿厥癱瘓黃芪白术各一錢五分蒼术一錢陳皮澤瀉各七分赤茯苓人參升麻各五分生地黃當歸猪苓麥門冬神麴甘草各三分黃連黃柏柴胡各二分五味子九粒

五獸三匱丸 〔寶鑑〕治肝腎不足兩脚痿軟鹿茸酥炙血竭虎脛骨酥炙牛膝酒浸金毛狗脊燎去毛各一兩爲末卽五獸也另用附子一箇去皮剜去中心入辰砂細末一兩填滿又用木瓜一枚去皮剜去中心入附子於內以附子末蓋口卽三匱也却以三匱正坐於磁缸內重湯蒸至極爛取出和五獸末搗丸如芡實木瓜酒化下

鶴膝風 痢後瘀滯經絡兩膝腫痛髀脛枯細拘攣不能屈伸風乘足三陰虛損五積散五積交加散(新寒)

獨活寄生湯痢後陰血虛八味元(五臟)加人參鹿茸牛膝

大防風湯 〔寶鑑〕治鶴膝風熟地黃一錢五分白术防風當歸白芍藥杜冲黃芪各一錢附子川芎牛膝羗活人參甘草各五分薑五片棗二枚煎服去風順氣活血脉壯筋骨

毛髮 在頭曰髮屬心血之餘血盛則潤血熱則黃血衰則白顋下曰鬚屬腎在頰曰髯在口上曰髭眉屬肝

鬚髮榮枯黃落 腎精上升鬚髮潤黑不升則枯白老人常也少壯鬚髮落者血燥風動腎氣丸五(五臟)防風通聖散(風門)肺虛八物湯(虛勞)脉弦氣弱黃芪建中湯(虛勞)

前陰

脉法 疝皆滑而弦急○寸口弦緊寒疝○婦人少陰脉滑數陰瘡浮動陰脫○牢急者生弱急者死

疝病之因 始於濕熱在經鬱久感寒而痛諸疝皆言寒論其標有睪丸連小腹急痛或攻刺腰脇或遊走背膂或不得便尿或厥冷寒熱或下泄自汗或積聚作痛或卵有大小上下不常囊腫脹痛或挾冷觸怒則塊物衝心或有聲如蛙有形如瓜〔局方〕以爲膀胱氣小腸氣腎氣者亦言標也其實專主肝疝久成積

疝症治法 走注痛流散遍身無形屬氣也痛有常處而有形乃濕痰食積瘀血古方辛溫發之者治標也〔丹溪〕以爲痰飲食積死血流注歸肝辛平藥豁痰消積破血治本也大要雖因虛忌驟補流行疎利爲先諸藥借巴豆氣爲此也○手按痛爲實不痛爲虛○挾虛發者其痛亦輕惟重墜牽引人參白术爲君佐以桃仁山査枳實梔子吳茱萸川練子玄胡索丁香木香疎導

疝病有七 寒疝囊冷硬如石莖不舉或控睪丸痛得於寒濕使內過房五積散(寒門)加吳茱萸小茴食鹽○水疝囊腫如水晶陰汗或痒出黃水或小腹按之有水聲得之飲水醉酒使內風寒濕氣聚於囊冰冷卒疝逐水之劑下之○筋疝下疳瘡類陰莖腫脹或潰而爲膿裏急筋縮莖中痛痒

挺縱白物隨尿出得於房勞邪術清心蓮子飲(赤濁)○血疝如瓜在小腹兩傍卽便毒得於春夏大燠勞於使內血滲入脬囊結癰腫或値情慾當泄不泄亦成此疾和血之劑下之桃仁承氣湯(寒門)○氣疝狐疝類上連腎俞下及陰囊得於號哭忿怒之氣欝而脹怒罷則氣散是也散氣之劑下之蟠葱散鈔小兒此疾名偏墜灸築賓穴○狐疝狀如仰瓦臥入小腹立則出腹入囊與氣疝大同逐氣流經之劑下之又寒濕聚囊中爲狐疝屬痰二陳湯(痰飲)加香附子青皮蒼术四妙川練丸○㿉疝囊大如斗不痛痒屬濕五苓散(寒門)加小茴韮汁神保元(氣門)在婦人則陰戶突出小兒胎中積疝不必治○大抵奔豚疝素有腎積因寒發動衝心理中湯(寒門)去白术加官桂赤茯苓

蟠葱散 〔寶鑑〕治脾胃虛冷心腹攻刺連胷脇膀胱小腸腎氣作痛蒼术甘草各一錢三稜蓬术白茯苓青皮各七分縮砂丁香皮檳榔各五分玄胡索官桂乾薑各三分右麤末作一貼葱白一莖煎服

當歸四逆湯 寶鑑治寒疝臍下冷痛當歸一錢二分附子官桂茴香各一錢白芍藥柴胡各九分玄胡索川楝子茯苓各七分澤瀉五分空心服

羊肉湯 寶鑑治寒疝臍腹脹痛手不敢近羊肉一斤生薑五兩當歸三兩右水八升煑取三升每服七合日三服

龍膽瀉肝湯 寶鑑治肝臟濕熱男子陰挺腫脹婦人陰挺瘡痒或陰莖濕痒出膿水此因酒得之龍膽草柴胡澤瀉各一錢木通車前子赤茯苓生地黃當歸並酒拌山梔仁黃芩甘草各五分空心服

腰子散 寶鑑治水疝腫痛黑丑白丑等分並炒取頭末右末三錢取猪腰子一部薄批入川椒五十粒茴香百粒以牽牛末遍糝之濕紙包裹以線扎定煨令香熟取出空心温酒嚼下取下惡物便卽愈

神聖代鍼散 寶鑑治血積疝痛及諸疝刺痛服之神效乳香白芷沒藥當歸川芎芫青製各一錢右末每服一字甚者五分先點好茶一盞次糝藥末在茶上不得吹攪立地細細呷之

聚香飮子 寶鑑治七情所傷遂成疝氣乳香沈香白檀香木香藿香丁香各八分玄胡索薑黃烏藥桔梗桂心甘草各四分薑三片棗二枚

二香丸 寶鑑治狐疝上下出入作痛或疝痛作則腹內塊痛止疝痛止則腹內塊痛復作木香附子各三兩山査肉二兩三稜蓬朮並醋煑神麴薑黃南星各一兩黃連與吳茱萸同炒蘿蔔子梔仁橘核炒各五錢右末薑汁浸蒸餅丸如梧子白湯下五七十丸

天台烏藥散 寶鑑治小腸氣川楝子十箇巴豆十四粒同麩炒黑色去豆麩不用烏藥木香茴香炒良薑青皮各五錢檳榔三錢右細末每一錢溫酒調下痛甚炒薑熱酒下

三疝湯 寶鑑治膀胱氣腫痛車前子二錢四分茴香一錢六分葱白一錢二分沙參八分

橘核丸 寶鑑治四種㿉疝卵核腫脹偏有大小或硬如石或小腹絞痛甚則囊腫潰爛出黃水橘核炒海藻鹽酒炒昆布鹽酒炒海帶鹽水洗桃仁麩炒川楝子炒各一兩玄胡索炒厚朴枳實桂心木香木通各五錢右末酒糊丸如梧子溫酒或鹽湯下六七十丸久不消加醋煑硇砂二錢

橘核散 寶鑑治四種㿉疝久者用橘核丸新者用橘核散橘核一錢五分桃仁十五枚梔子仁一錢川烏炮吳茱萸各五分右各炒麄末煎服○橘核單止痛烏頭散寒鬱山梔除濕熱又引烏頭速下不令胃中停留用之甚捷

茱萸內消元 寶鑑治陰㿉偏大腎囊腫脹或生瘡瘍時出黃水川楝肉一兩五錢大腹皮五味子玄胡索海藻各一兩二錢五分桔梗青皮山茱萸各一兩木香七錢茴香桂心川烏炮吳茱萸食茱萸桃仁各五錢右末酒糊丸如梧子溫酒下三五十丸

橘茴飮 新增治寒疝囊丸腫大疼痛或丸入小腹橘核三錢茴香鹽水炒木通官桂各二錢川楝子吳茱萸黃連煎水炒各一錢五分

木腎陰㿉陰冷 木腎者陰莖堅硬頑痺不痛此心火不降腎水不溫四炒川楝丸又有墜傷驚氣與敗血交攻當消瘀○陰㿉者耗散過度傷筋所致乃七傷之疾固本健陽丹婦或有鬱火甚而陰㿉服知母黃柏清火堅腎藥參看虛勞門○陰冷者下部陽虛八味元斷

還少丹 集略治下部脈微細陰㿉不起熟地黃枸杞子各一兩五錢山藥遠志牛膝山茱萸巴戟白茯苓五味子石菖蒲肉蓯蓉楮實子杜冲茴香各一兩右末蜜和棗肉丸如梧子空心溫酒或鹽湯下三五十丸○亦有鬱火甚而致㿉者非還少丹所能起當服黃栢知母清火堅腎之藥

膃肭補天丸 寶鑑治虛損陰㿉胡桃肉三兩白朮二兩五錢白芍藥黃芪熟地黃杜冲牛膝破故紙川楝肉遠志各二兩膃肭臍人參白茯苓枸杞子當歸川芎茴香各一兩五錢木香茯神甘草蜜炙各一兩沉香五錢右末用膃肭製酒煑麪糊丸如梧子空心溫酒或鹽湯下五七十丸

加減內固丸 寶鑑治命門火衰腎寒陰痿元陽虛憊巴戟肉蓯蓉山茱萸兔絲子各三兩破故紙二兩五錢石斛胡蘆巴各二兩茴香一兩附子五錢右末蜜丸如梧子溫酒或鹽湯下五七十丸

陰囊濕痒 節腎臟風精血不足嗜慾內傷風冷外乘風濕毒氣從虛而入囊下濕痒或生瘡皮脫下注則兩脚生瘡癬或耳鳴眼昏甘草煎洗或蛇床子吳茱萸車前子並佳○囊癬濕熱入肝雖皮脫丸懸不死蘇葉或荷葉包裹如燥香油潤之

活血驅風散 寶鑑治腎臟風囊下濕痒脚生瘡癬白蒺藜炒當歸川芎白芷細辛桃仁半夏梶潤白芍藥五靈脂甘草生各六分蒼朮杜冲桂皮薏苡仁天麻橘紅厚朴檳榔枳殼各三分薑五片棗二枚水煎入乳香末少許空心服之乳香以佐心氣使心腎相交

諸疝通治 二陳湯[illegible]隨症加減五苓散[illegible]茱萸內消元

四炒川練丸 寶鑑治一切疝氣腫痛縮小久服斷根川練肉一斤作四分一分用麩一合斑猫四十九枚同炒一分用麩一合巴戟一兩同炒一分用麩一合巴豆四十九枚同炒一分用鹽一兩茴香一合同炒並以麩黃色爲度揀去同炒藥只取川練肉再加木香破故紙炒各一兩爲末酒糊丸如梧子每五十丸鹽湯下日三服

烏附通氣湯 寶鑑治新久疝病四氣七情疝皆效烏藥香附子當歸白芍藥山查肉橘皮各一錢白朮七分赤茯苓澤瀉各五分猪苓木香甘草各三分空心服

十味蒼栢散 寶鑑通治濕熱疝痛蒼朮黃栢香附子各一錢青皮玄胡索益智仁梔仁各七分茴香炒附子炮甘草各五分空心服

婦人陰門諸疾 陰戶突出如菌四圍腫痛或陰挺尺許名陰㿗肝鬱脾虛先以補中益氣湯入門加山梔茯苓車前子青皮更以歸脾湯[illegible]加山梔茯苓川芎或龍膽瀉肝湯或柴胡四物湯婦人加草龍膽青皮外用藜蘆末猪脂調塗○陰脫詳見婦人門○陰腫痛極便秘枳實橘皮炒綿袋盛遍身陰戶更換熱熨又四物湯[illegible]加柴胡山梔牡丹皮草龍膽寒熱加味逍遙散[illegible]加知母地骨皮車前子○陰瘡乃七情鬱火損傷肝脾濕熱下注或月後行房湛濁流陰道生疳瘡與男子妬精瘡略同先以荊芥蛇床子煎洗黃丹枯礬篇蓄藁本各一兩硫黃蛇床子荊芥各五錢蛇蛻一條燒灰末清油調塗○陰中生蟲極痒蝕臟腑死令人寒熱先以蛇床子煎洗五倍子五錢白礬一錢乳香銅綠各五分輕粉二分五里爲末糝之又猪肝一大片花椒末葱拌猪油煎乾待冷納陰戶蟲入肝損他○濕痒出水痛乃憂思過傷歸脾湯加柴胡梔子牧丹赤芍漬爛加味逍遙散或猪肝搗爛入米粉少許作粥空心服○陰冷蛇床子或硫黃白礬煎洗○交接出血作痛乃房勞有傷肝火動脾不能攝血歸脾湯補中益氣湯外用熟艾綿裹入陰中或亂髮青皮燒末糝之

後陰

脉法 蠶蝕肛陰虛小者生緊急者死○痔脉沉小實易治浮洪而軟弱者難愈

痔病之因 蓋筋脉病也小腸熱必痔重也大腸熱便血輕也痔非外邪乃臟內濕熱風燥合成其腸頭成塊者濕也墜腫者濕兼熱也出膿血者熱勝血也大痛者火熱也痒者風熱也便秘者燥熱也尿澁者肝濕熱也蓋因酒色風氣食過度也

痔病有五 牡痔肛出肉珠如鼠乳滴膿血○牝痔肛生瘡腫突出數枚膿潰且散並秦艽蒼朮湯○脉痔腸頭顆顆發癗且痛且痒○腸痔肛內結核寒熱脫肛治同脫肛○氣痔若當憂恐恚怒立見腫痛氣散則愈加味香蘇散○又有三痔血痔同腸風臟毒○瘻痔同痔漏○酒痔飲酒輒腫痛或下血乾葛湯○毒甚者大如鷄冠毒淺者小如牛乳種種不同皆三陰虛也體薄肝脾腎陰精損者腎氣丸[illegible]補中益氣湯入門十全大補湯[illegible]選用○腸澼下血作一派遠射如箭濕熱也當歸和血散○腸風臟毒見血門便血條

加味香蘇散（寶鑑）治氣痔。陳皮、枳殼、川芎、槐花各一錢，紫蘇莖、檳榔、木香、桃仁、香附子、甘草各五分，薑三片，棗二枚。

乾葛湯（寶鑑）治酒痔。乾葛、枳殼、半夏、赤茯苓、生地黃、杏仁各一錢，條芩、甘草各五分，黑豆百粒，薑三片，白梅一箇。

加味槐角丸（寶鑑）治諸痔及腸風臟毒，通用。槐角、生乾地黃各二兩，當歸、黃芪、黃連、條芩、枳殼、秦艽、防風、連翹、地榆、升麻各一兩，阿膠、川芎、白芷各五錢，右末，酒糊丸如梧子，溫酒或米飲下五七十丸，空心。

秦艽蒼朮湯（寶鑑）治濕熱風燥合而爲痔，其腸頭成塊者濕與熱也，大痛者風也，大便秘結者燥也，此藥神效。秦艽、皂角仁燒存性、桃仁泥各一錢，蒼朮、防風各七分，黃栢酒洗五分，當歸梢酒洗、澤瀉、檳榔末各三分，大黃二分，右除檳榔、桃仁、皂角仁外，餘藥作一貼，水三盞煎至一盞二分，去滓，入三味末，再煎至一盞，空心熱服，以美饍壓之，一服卽愈。

當歸和血散（寶鑑）治腸風射血及濕毒下血。當歸、升麻各一錢五分，槐花、炒青皮、荊芥、白朮、熟地黃各七分，川芎五分，右末，每二錢，空心米飲調下。

益智和中湯（寶鑑）治腸澼下血，色紫黑，腹痛惡寒，右關脈按之無力，喜熱物熨之，內寒明矣。白芍藥一錢五分，當歸、黃芪、升麻、炙甘草各一錢，牡丹皮、柴胡、葛根、益智、半夏各五分，桂枝四分，官桂、乾薑炮各二分。

熊氷膏（寶鑑）治五十年久痔及一切諸痔、痔漏、脫肛腫痛，絶勝他藥。熊膽二分五里，片腦五里，研勻，白雄鷄膽三箇取汁調○勻，以鷄羽蘸塗痔上，先以藥水洗淨，乃上藥，神效○一方，熊膽、片腦各少許，井水研調塗痔上，名曰熊膽膏○又方，治諸痔，雄鷄膽、片腦並研勻，塗之爲佳。

田螺膏（寶鑑）治痔瘡腫痛，坐卧不得，諸藥不效，惟此極妙，一點卽好。大田螺八九箇，鍼破頂蓋，入白礬末少許，置地上，尖底埋土中，其頂蓋仰天，經一宿，次日取蓋上水汁，以鷄羽塗痔上五七次，卽消○治痔瘻，田螺一箇，挑開靨，入片腦少許，過一宿，先以冬瓜煎湯洗後，取藥塗之○又蝸牛一箇，入片腦、麝香各少許，入尾器頓半日，自化成水，取塗痔上。

枯痔方（寶鑑）治諸痔，消腫。雄黃、硫黃、明礬各等分，右末，用新盞先鋪礬末一半，次鋪餘藥，又以礬末蓋上，火煆候礬枯爲度，研爲末，津唾調付，乾落爲度，後用煆石膏、五倍子末研付，收瘡口，神效。

痔漏 痔破流膿卽瘻，如線，得於酒色。痔浸淫濕爛蟲蝕，極痒痛，或射血。痔輕漏重。治法初宜涼血清熱燥濕，久則滋竅殺蟲，無乎溫散，或初因風冷，久虛挾濕熱○一云先服補氣血大劑，外用附子末津和作餅，付漏上灸，微熱，乾則易，至漏肉平，效。

凉血飲（寶鑑）治痔漏因風熱燥歸于大腸，故凉血爲主。人參、黃芪、黃連、生地黃、當歸、川芎、槐角、條芩、枳殼、升麻各一錢，空心煎服，或丸服。

秘傳神應膏（寶鑑）治痔漏。片腦、熊膽、血竭、牛黃、乳香、沒藥各五分，右末，蝸牛取肉，搗成稀膏，每夜洗淨拭乾，將此膏搽上患處數遍，卽愈，宜磁罐收貯，不要乾了。

黑地黃丸（寶鑑）治久痔、痔漏下膿血。蒼朮一斤泔浸，熟地黃一斤，五味子八兩，乾薑秋冬一兩，春七錢，夏五錢，右末，棗肉丸如梧子，空心米飲或溫酒下百丸。

取痔蟲方（寶鑑）槐白皮煎湯熏穀道，桃皮葉杵爛，水漬去滓，漬之○棗肉入水銀，撚如棗核，臨卧納肛內，若痛，加甘草末○東向石榴根皮末，糝之。

塞漏孔方（寶鑑）赤石脂、白石脂、枯礬、黃丹、腦子同末，塞之，或飯和撚條揷入○蒜藥揷竅，童便煆爐甘石、牡蠣粉、龍骨、密陀僧。

脫肛 卽腸痔，氣虛也。勞倦房慾過度，及產婦用力過多，與小兒叫號努氣，並久痢不止，風邪襲虛而作。氣下陷，補中益氣湯劑加訶子、樗根白皮少許○氣熱，條芩六兩，升麻一兩，麵糊丸服。血熱，四物湯門血

加黃柏升麻風邪敗毒散濕熱升陽除濕湯大便 腎虛六味地黃丸八味元肛痒腸中有虫

生艾苦練根煎湯熏洗 或槐白皮煎湯熏洗

參芪湯 寶鑑治肛門虛寒脫出人參黃芪蜜炒當歸 白术生地黃白芍藥酒炒白茯苓各一錢升麻桔梗陳皮乾薑炒 各五分甘草炙三分

猬皮散 寶鑑治因泄痢或努力脫肛猬皮鱉甲各一 箇燒存性磁石煅醋淬七次五錢桂心三錢右末每二錢空心米飲下仍 用草鞋底炙熱按入忌房事

蚊蛤散 寶鑑治脫肛不收五倍子末入白礬蛇床子 煎湯熏洗後以赤石脂末摻芭蕉葉上托入或長尺餘者以兩床相接中空以器盛藥水滿架 起與床平令病者仰卧浸器中逐日如此縮盡為度

七聖丸 寶鑑治肛門痛不可忍脉訣曰積氣生於脾 蔵傍大腸疼痛陣難當此藥主之郁李仁泥

一兩五錢羌活一兩大黃煨八錢檳榔桂心木香 川芎各五錢右末蜜丸如梧子白湯下三五十丸微利即愈切不可 快利其痛滋甚

洗痔熏痔法 寶鑑痔腫痒痛威靈仙枳殼煎湯熏洗 槐花荊芥枳殼艾葉煎湯入白礬熏洗○痔漏川椒艾葉葱白五倍子焰硝馬齒莧茄 子根水煎熏洗○痔痛不可忍木綿花煎湯入焰硝熏洗單用焰硝水妙○脫肛苦參五倍子東壁 土煎湯熏洗又熱童便和白礬末熏洗以烘熱鞋底搽入○五痔及瘻漏蟲蝕膿血猬皮三指大雄 黃如棗大熟艾如鷄子右麄末入尾缸火燒坐上熏之取煙從口中出為佳三日將息更熏三度 永差○鰻鱺魚火燒熏之蟲盡死蠡魚亦佳

霍亂

脉法 浮洪或微滑者生微遲或澁數者死○脉或 伏或絕或結或促或代皆不死脉亂故也

霍亂形症 人或冷熱不調內傷飲食外感風寒不能消 化水穀真邪相干升降失常心腹疼痛吐利寒熱頭痛眩暈虛煩夏秋為多邪在上焦心痛而 吐邪在下焦腹痛而瀉邪在中焦心腹俱痛吐利俱作甚則轉筋欲死 風盛故也不轉悉治死

乾濕霍亂治法 乾霍亂者心腹痛不吐利關格陰陽煩 燥喘脹多死禁凉藥悉用鹽湯或薑鹽湯探吐續以理中湯倍橘紅或藿香正氣散 加官桂枳殼以赤茯苓木瓜香蘇合香元絞腸沙者乾霍亂一名也腹痛不可忍或手足厥冷乃腸 絞縮在腹也悉用鹽湯吐之鍼尺澤委中穴或十指頭出血兼服治中湯或藿香正氣散○濕霍 亂者上吐下瀉渴為熱五苓散不渴為寒理中湯暑月虛冷理中湯五積散暑月煩渴黃連香 薷散或茹苓湯分消上下更合益元散降火虛煩竹葉石膏湯四時通用藿香正氣散或白 礬水吐之○吐瀉心腹痛炒鹽二椀紗包頓胸腹熨斗火熨之氣透則甦又熨背又法鹽炒吳茱 臍○吐瀉時切勿與穀食及酒立死待吐瀉止少與稀粥○大吐瀉氣欲絕肢冷面黑則與脫 陽症同大固陽湯考救急門脫陽條治之

薑鹽湯 寶鑑治乾霍亂欲死鹽一兩生薑切五錢 同炒色變以童尿二盞同煎至一盞分二服

木萸散 寶鑑治霍亂吐瀉肢體轉筋逆冷木瓜吳茱 萸食鹽各五錢右同炒令焦餅盛百沸水三升入藥同煎至二升冷煖任意服如無前藥枯白 礬末一錢沸湯調服如無白礬只用鹽一捻醋一盞同煎服或鹽梅醎 酸等物皆可煑服

回生散 寶鑑治霍亂吐瀉過多但一点胃氣存 者服之藿香陳皮各五錢水煎温服

麥門冬湯 寶鑑治霍亂後煩渴麥門冬二錢陳皮半 夏白术白茯苓各一錢小麥半合人參甘草各五分薑三片梅 一箇一名九君子湯

二香黃連散 寶鑑治伏暑霍亂腹痛燥悶脉沉手足 冷藿香厚朴半夏赤茯苓陳皮白扁豆香薷各一錢黃連澤瀉各八分甘 草三分水煎入薑汁一匙温服

霍亂後轉筋 暴吐瀉亡津液不潤宗筋兩脚轉筋甚則 遍身轉筋厥冷鹽填臍中艾灸無數或灸

大顚中脘氣海背若嫂立甦木萸散加茴香甘草紫蘇理中湯陳加石膏一兩或理中湯去朮加生附子○大蒜研塗兩脚心○脇痛脉弦平胃散加木瓜五錢或小建中湯陳加柴胡木瓜厥冷脉微加當歸附子血熱四物湯陳加酒芩紅花蒼朮南星轉筋不止男子牽陰女子牽乳兩傍

木瓜湯 寶鑑治霍亂轉筋木瓜四錢吳茱萸二錢茴香炒一錢甘草炙四分薑三片紫蘇十葉鹽一撮梅一箇

嘔吐

脉法 寸口數則吐寸緊尺濇或滑或寸細而數數爲熱細爲寒脉弦者胃虛膈噎反胃浮緩生沉澁死

嘔吐治法 皆屬火嘔者有物有聲氣血俱病吐者有物無聲血病噦者有聲無物氣病皆因脾虛或寒客胃或傷食嘔重吐輕胃冷厥冷食久乃吐二陳湯陳加縮砂丁香薑桂甚加附子或理中湯陳去甘草加陳皮半夏赤茯苓藿香丁香縮砂桂皮胃熱手足熱食已卽吐二陳湯加芩連梔子甚加

木香檳榔○上焦吐脉浮洪食入暴吐口渴六君子湯陳加木香中焦吐脉浮弦傷食與氣平胃散六二陳湯加青皮縮砂白豆蔻山查神麯下焦吐脉沉遲朝食暮吐暮食朝吐尿清便秘附子理中湯陳熱結大柴胡湯陳痰火嘔吐小調中湯陳痰血嘔吐腥臊惡心雜涎陳血四物湯陳加赤茯苓收丹皮虛者八物湯陳加陳皮

保中湯 寶鑑因痰火致嘔吐不下飲食白朮土炒二錢黃芩黃連並土炒藿香梔子薑汁炒各一錢半夏陳皮赤茯苓各八分縮砂三分甘草二分薑三片以長流水和黃泥澄清取水煎之稍冷頻服

清熱二陳湯 寶鑑治痰火嘔吐出涎半夏陳皮赤茯苓甘草人參白朮竹茹砂仁梔子麥門冬各一錢薑三片棗二枚梅一箇

葛根竹茹湯 寶鑑治胃熱嘔吐葛根三錢半夏切薑汁漿水同煑焙乾二錢甘草一錢薑三片棗二枚竹茹一彈子大

比和飲 寶鑑治胃虛嘔吐不納水穀聞食卽嘔聞藥亦嘔人參白朮白茯苓神麯炒各一錢藿香陳皮縮砂甘草各五分陳倉米一合右作一貼先以順流水三升泡伏龍肝末澄清取一升五合入藥及薑三片棗二枚同煎至七分去滓稍冷服日二三遂納而不吐別以陳倉米煎湯時時啜之

惡心乾嘔 惡心者無聲無物但兀兀欲吐不吐見食便惡心二陳湯陳加白豆蔻香附子縮砂乾嘔者只有聲或厥冷吐涎生薑橘皮煎服○胃虛寒理中湯陳加陳皮半夏或六君子湯陳加縮砂胃熱痰火煩渴二陳湯加薑炒芩連

生薑半夏湯 寶鑑治胸中似喘不喘似嘔不嘔似噦不噦徹心中憒憒然無奈者半夏五錢水一盞半煎至半盞入薑汁半盞和匀緩緩服

梔子竹茹湯 寶鑑治胃熱惡心乾嘔不止梔子炒三錢陳皮二錢青竹茹一錢五分水煎和

薑汁服

食痺吐食 食痺者食已心痛陰陰然不可名不可忍吐出痛止乃胃氣逆不下行寒也○風客胃翻翻不定全不食不換金正氣散陳

茯苓半夏湯 寶鑑治風痰羈絆於脾胃之間惡心欲吐宜實脾土麥芽炒一錢五分白朮白茯苓半夏神麯炒各一錢三分橘紅天麻各一錢右麄末薑五片煎服

噎膈反胃治法 噎膈反胃者三陽熱結血液俱耗脉洪數有力便尿閉塞反而上行噎食不下縱下復出大率血虛四物湯陳氣虛四君子湯陳痰二陳湯陳實火解毒湯陳便閉通幽湯陳氣血俱虛八物湯陳加薑汁童便竹瀝韭汁食積枳朮丸陳加黃連陳皮半夏或保和丸陳七情分心氣飲陳蓋噎病屬血乾血靜則火不起宜養金水生津液腎氣丸陳且多飲牛羊乳蓋人乳有火不可用禁香燥藥宜薄滋味○酒客加砂糖驢尿以防蟲生

五膈寬中散 寶鑑治五膈食不下厚朴香附子各一錢五分甘草五分青皮陳皮丁香縮砂各四分木香三分白豆蔻二分右爲末薑三片鹽少許煎服

生津補血湯 寶鑑治年少人噎膈乃胃脘血燥不潤故便閉塞而食不下當歸白芍藥生地黃熟地黃白茯苓各一錢枳實陳皮黃連炒蘇子貝母各七分縮砂沉香水磨取汁各五分薑一片棗二枚水煎入沉香汁服

順氣和中湯 寶鑑治嘔吐反胃嘈雜呑酸噎膈吐痰水心腹刺痛陳皮鹽水炒香附子醋炒梔子薑汁炒黑各一錢白朮土炒八分白茯苓七分半夏神麯黃連薑汁浸灑乾猪膽汁拌炒各六分枳實五分縮砂三分甘草炙二分薑三片長流水入黃土泥攪澄清水煎入竹瀝童便薑汁溫服

嘔吐噎膈反胃宜通大便 嘔吐忌利藥言其常若便尿熱結不通嘔吐膈食不用利藥嘔吐何止三一承氣湯（醫源）虛冷蘊感元獻熱結猪膽導等法獻

紫沉丸 寶鑑治中焦吐食由食積與寒氣相格故吐而疼此主之陳皮五錢半夏麯代赭石縮砂烏梅肉各三錢丁香檳榔各二錢沉香木香杏仁白朮各一錢白豆蔻巴豆霜各五分右末醋糊丸如黍米每五十丸薑湯下○一法橘皮一箇去白生薑一塊煨熟煎湯下紫沉丸百丸一日二服後大便通不吐則止

人參利膈丸 寶鑑治噎膈大便燥結喘滿壅塞治膈氣之聖藥也人參當歸藿香枳殼大黃厚朴甘草各一兩木香檳榔各七錢五分右末水丸如梧子白湯下五七十丸

咳嗽

脉法 寸微為咳弦緊為寒○浮風細濕數熱○沉為留飲○胃濡傷食○洪滑多痰弦澁血小○浮大易治沉小難治○喘脉浮滑生澁數死大抵宜浮遲不宜惡數○脉結或促或微可治代者危

咳嗽病因 咳無痰有聲肺氣傷嗽無聲有痰脾濕動咳嗽有聲有痰也○形寒飲冷則傷肺咳嗽○

秋傷濕冬必咳嗽○咳非獨肺也臟腑皆有春宜潤肺抑肝夏清金降火秋清熱瀉濕冬解表行痰○晨嗽食積火流肺瀉白散[illegible]加知母○午前多胃火石膏煅醋糊丸服便閉喘渴痰稠者瓜蔞枳實湯（醫鑑）敗毒散（入門）午後多陰虛四物湯（入門）合二陳湯（醫鑑）加知母黃栢麥門冬○黃昏多肺火不宜用涼藥五味子五倍子飲而降之○咳之為病有二咳即出痰者脾濕勝宜南星半夏皂角灰燥其脾連嗽十數不出痰者肺燥勝宜枳殼紫菀杏仁利其肺○咳而驟痛宜青皮踈肝兼用白芥子

二母散 寶鑑治諸般咳嗽兼治痰喘知母貝母各一兩巴豆十粒依霜右末每服一字與薑三片臨卧細嚼白湯下便合口睡其嗽即定亦治久嗽不愈

風嗽寒嗽 風乘肺脉浮鼻塞聲重寒熱自汗惡風口乾喉痒語未竟而咳參蘇飲（入門）加桑白皮杏仁○寒傷肺脉緊寒熱無汗惡寒煩燥不渴胸緊聲啞遏寒而咳二陳湯（醫鑑）加麻黃杏仁桔梗或理中湯（入門）加赤茯苓半夏陳皮細辛五味子○風寒鬱熱夜咳三拗湯加知母黃芩○天行嗽參蘇飲

金沸草散 寶鑑治肺感風寒咳嗽聲重痰涎黃濁壅盛荊芥穗二錢旋覆花前胡各一錢五分麻黃赤茯苓各一錢半夏七分五里細辛甘草各三分薑三片棗二枚梅一箇水煎綿濾去滓服

三拗湯 寶鑑治感風寒咳嗽鼻塞聲重失音麻黃不去根節杏仁不去皮尖甘草不炙不去皮各一錢五分薑五片

華蓋散 寶鑑治肺感寒邪咳嗽上氣鼻塞聲重麻黃二錢赤茯苓蘇子陳皮桑白皮杏仁各一錢甘草炙五分薑三片棗二枚

半夏溫肺湯 寶鑑治虛寒咳嗽中脘有痰水冷氣心下汪洋嘈雜多唾清水脉沉弦細遲此胃虛冷也半夏細辛桂心旋覆花陳皮人參桔梗白芍藥甘草各一錢赤茯苓六分薑五片

桔梗湯 寶鑑除痰止咳嗽又治心咳桔梗半夏製陳皮去白各一兩枳實三錢右為麤末每三錢薑五片煎服

飴薑元（寶鑑）治冷嗽黑糖一斤乾薑細末四兩右先熔糖次下薑末和勻待凝作片常常嚼下

人參飲子（寶鑑）治天行咳嗽痰盛寒熱人參桔梗五味子赤茯苓半夏各一錢五分枳殼甘草各七分薑五片

熱嗽濕嗽暑傷肺脉數煩渴聲嘶吐沫咯血辰砂六一散醫鑑痰小調中湯痰飲○濕傷肺脉細骨節煩疼濕漸身重有汗尿不利五苓散不換金正氣散並見濕

參朮調中湯（寶鑑）除熱補氣止嗽定喘和胃進食桑白皮一錢黃芪八分人參白朮白茯苓甘草各六分地骨皮麥門冬陳皮各四分青皮二分五味子二十粒

四汁膏（寶鑑）止咳嗽消痰降火雪梨汁藕汁生蘿蔔汁生薄荷汁右等分入砂糖屑和勻慢火熬成膏以匙抄服

千金麥門冬湯（正傳）治火熱乘肺咳唾血胷脇脹上氣喘急羸瘦五心煩熱而渴麥門冬

桑白皮生地黃各七分紫菀茸半夏桔梗竹葉麻黃各五分五味子甘草各三分薑三片煎服若病後火熱乘肺渴而煩悶去半夏代貝母去麻黃代天門冬尤妙

鬱嗽乾嗽火嗽鬱嗽者火甚乾咳無痰乃水枯火炎於肺瀉白散醫五加桔梗虛者腎氣丸醫五○乾嗽者肺無津液有聲無痰火鬱之症久成勞上用桔梗開之下用補陰降火四物湯血門加竹瀝黃栢或瓊玉膏身形或生地黃二斤杏仁二兩生薑白蜜各四兩搗如泥盛器飯蒸五六度五更噙三匙○火嗽者有聲痰少面赤或煩渴脉洪數二母寧嗽湯久不愈宜玄霜雪梨膏血門

清金降火湯（寶鑑）治熱嗽能瀉肺胃之火陳皮杏仁各一錢五分赤茯苓半夏桔梗貝母前胡瓜蔞仁黃芩石膏各一錢枳殼八分甘草三分薑三片水煎食後服

二母清順湯（保元）治上氣喘逆咽喉不利痰滯咳嗽口舌乾渴知母貝母各二錢天門冬麥門冬當歸身枯芩山梔子天花粉玄參桔梗各一錢薄荷七分人參五分甘草三分

勞嗽夜嗽勞嗽虛勞盜汗痰多寒熱或吐血四物湯血門加減六味地黃丸虛勞瓊玉膏身形○夜嗽陰虛六味地黃丸加知母黃栢橘皮貝母天門冬勿用生薑散氣並悉看火門陰虛火動條

人參清肺湯（寶鑑）治久嗽勞嗽及肺痿唾血腥臭人參桑白皮地骨皮知母阿膠珠鶯粟殼蜜炒杏仁桔梗甘草各一錢入大棗烏梅各一枚水煎去滓入蜜一匙攪勻澄清吸服

食積嗽痰嗽食積嗽因食生痰胷滿噫酸二陳湯痰飲加厚朴山查麥芽○痰嗽痰出嗽止多胷滿二陳湯加枳殼桔梗瓜蔞仁黃芩貝母

二母寧嗽湯（寶鑑）治傷飲食胃火上炎衝逼肺氣痰嗽久不愈石膏二錢貝母知母各一錢五分梔子黃芩各一錢二分桑白皮赤茯苓瓜蔞仁陳皮各一錢枳實七分生甘草二分五味子十三粒薑片

氣嗽血嗽氣嗽者七情痰結成咳或如敗絮梅核咯嚥不得婦人多有蘇子降氣湯氣門加味四七湯

神門○血嗽者因打撲喉有腥氣唾血四物湯血門加大黃蘇木末酒調服

三子養親湯（寶鑑）治咳嗽氣急養脾進食紫蘇子蘿蔔子白芥子各一錢紙上微炒研煮湯飲勿煎太過

酒嗽久嗽酒嗽傷酒飲冷冷熱凝胃成濕痰瓜蔞仁杏仁黃連等末竹瀝薑汁糊丸服○久嗽痰膠氣不升降而作蜂薑丸肺胃寒食少只理脾咳止然腎納氣久咳動引百骸臍下氣逆乃氣不歸元三味安腎丸虛勞陰虛腎氣丸虛五陽虛黑錫丹虛腎

蜂薑丸（寶鑑）治酒痰嗽及積痰久嗽留肺脘粘滯如膠氣不升降便香附白殭蠶炒海蛤粉瓜蔞仁蜂房杏仁神麴各等分右末以薑汁竹瀝入蜜丸如櫻桃含化嚥下一方無便香附有茜根

清肺湯（寶鑑）治久嗽及痰嗽肺脹嗽黃芩一錢五分桔梗赤茯苓桑白皮陳皮貝母各一錢當歸天門冬杏仁梔子麥門冬各七分五味子七粒甘草三分薑三片棗二枚

子部　第二冊

風寒喘呼吸急促謂喘風寒內鬱肺脹氣迸風喘金沸草散○寒喘三拗湯加陳皮桂皮五味子或藿香正氣散寒門加五味子杏仁或小青龍湯寒門○冷喘下虛氣不歸元八味元五臟黑錫丹寒門

參蘇溫肺湯〔寶鑑〕治形寒飲冷則傷肺喘喝煩心胷滿短氣人參紫蘇葉官桂木香五味子陳皮半夏桑白皮白朮白茯苓各一錢甘草五分薑三片

痰喘氣喘痰喘有痰聲風痰千緡導痰湯食積濕痰二母散神保元氣門○氣喘七情所傷氣急無痰聲四七湯蘇子降氣湯並氣氣實人服黃芪喘三拗湯湯氣氣

千緡湯〔寶鑑〕治痰喘數服即安半夏七枚炮四破皂角炙甘草炙各一寸南星炮一錢薑五片○加陳皮赤茯苓枳殼各一錢名千緡導痰湯治同

定喘化痰湯〔寶鑑〕治咳嗽痰喘陳皮杏仁各二錢半夏南星並製各一錢五分五味子甘草各八分款冬花人參各七分薑五片

蘇子導痰降氣湯〔寶鑑〕治痰喘上氣蘇子二錢半夏當歸各一錢五分南星陳皮各一錢前胡厚朴枳實赤茯苓各七分甘草五分薑三片棗二枚

四磨湯〔寶鑑〕治七情鬱結上氣喘急人參檳榔沉香烏藥右各等分濃磨水取七分盞煎三五沸微溫服不拘時加木香枳殼等分製法服法同上名六磨湯治同上

火喘陰虛喘火喘火炎肺胃乍進乍退得食則減食已則喘白虎湯寒門加瓜蔞仁枳殼黃芩導痰湯欬嗽加梔子瓜蔞仁杏仁滋陰降火湯火門○陰虛喘陽無所依附而上奔四物湯血門倍芍藥加人參五味子或四物湯合二陳湯欬嗽加枳殼黃芩知母黃栢

瀉火清肺湯〔寶鑑〕治火喘片芩一錢梔子枳實桑白皮陳皮杏仁赤茯苓蘇子麥門冬貝母各八分沉香五分水磨取汁朱砂五分水飛水煎入沉香汁朱砂末竹瀝調服

水喘胃虛喘久喘水喘飲水多漉漉有聲怔忡喘滿小青龍湯寒門○胃虛喘虛極氣逆擡肩擷肚生脈散暑門加杏仁陳皮白朮或理中湯寒門加胡椒○久喘氣短不能接續似喘非喘單人參湯氣門

平肺湯〔寶鑑〕肺與腎皆以至陰積水喘急咳嗽盖水乘之也葶藶子炒二錢桑白皮炒桔梗枳殼半夏紫蘇葉各一錢麻黃七分五里甘草五分薑五片

定喘湯〔寶鑑〕治肺虛久喘歌曰和劑須投定喘湯阿膠半夏及麻黃人參四兩同甘草四兩桑皮五味強罌粟二錢須蜜炙三錢煎服用生薑多年氣喘從今愈始信良醫有妙方

喘嗽劫藥諸嗽不止椒目末一二錢薑湯調服虛者勿用又蘿葍子蒸熟一兩皂角燒灰三錢薑汁和蜜丸服又五味子五錢甘草二錢五分五倍子芒硝各一錢蜜丸噙化

哮證哮肺竅有痰喘甚作響宜吐痰吐藥入醋忌涼藥此寒包熱須帶表散之○水哮水積肺爲痰金沸草散小青龍湯寒門○風痰哮千緡導痰湯○欲斷根定喘湯○遇厚味發者清金丸

定喘湯〔寶鑑〕歌曰諸病原來有藥方惟愁齁喘最難當麻黃桑杏尋蘇子白果冬花更又良甘草黃芩同半夏水煮百沸不須薑病人遇此仙丹藥服後方知定喘湯○治哮喘神方麻黃三錢杏仁一錢五分片芩半夏桑白皮蘇子款冬花甘草各一錢白果[illegible]二十一箇去殼碎炒黃色煎服不拘時

清金丸〔寶鑑〕治哮喘遇厚味發者蘿葍子淘洗蒸熟曬乾末一兩皂角燒存性末三錢右末薑汁浸蒸餅丸如蘿葍子每取三四十丸淡薑湯下

解表二陳湯〔寶鑑〕治哮吼二陳湯欬嗽加紫蘇葉麻黃杏仁桑白皮紫菀貝母桔梗各五分薑三片

肺脹肺痿肺脹咳而上氣煩燥者欲作風水發汗即愈喘而脉浮心下有水氣小青龍湯寒門加石膏○肺脹而嗽不眠痰挾瘀血碍氣動則喘急四物湯血門加桃仁訶子青皮竹瀝薑汁若虛脹喘單人

參膏[門冬]○肺痿寸數咳唾血寒熱自汗涎多盖熱在上焦因咳而得或汗出或嘔吐或消渴小便利數或便難或被快藥下利亡津液而得

門冬清肺飲[寶鑑]治肺胃虛弱氣促氣喘或吐唾血將成肺痿證紫菀茸二錢黃芪白芍藥甘草各一錢五分人參麥門冬各一錢當歸身六分五味子十五粒

噙化仙方[寶鑑]治痰盛咳喘吐膿血名曰肺痿甜梨汁生蘿蔔汁生薑汁白砂糖款冬花桔梗紫菀各二兩五味子一兩右共熬去滓成膏入人參末一兩丸如彈子臨卧噙化一丸

人參平肺散[寶鑑]治心火刑肺傳爲肺痿咳嗽喘嘔痰涎壅盛寒熱盜汗桑白皮二錢知母人參地骨皮甘草炙各一錢天門冬赤茯苓各八分陳皮青皮各五分五味子二十粒薑三片

咳逆治法 咳逆者噦餲之總名乃氣上衝作聲其發有三五聲或七八聲而止紙撚刺鼻得嚏○陰症胃寒脉細或吐下虛極理中湯[入門]倍人參丁香柿蔕散○陽症肯滿脉數發熱口苦[入門]小柴胡湯[入門]加橘皮竹茹○痢後胃氣不足不能接續補中益氣湯[內局]加竹茹生薑附子氣從臍下逆上夜甚四物湯[入門]加知母黃栢竹茹陳皮生薑○食塞二陳湯[醫鑑]加枳角縮砂紫蘇○痰閉上火動下二陳湯加芩連桔梗梔子或人參蘆煎服吐之挾痰氣虛六君子湯[醫鑑]胃虛飲水多結肖小青龍湯[入門]去麻黃加附子或五苓散[入門]○七情氣鬱[醫鑑]木香勻氣散[入門]蘿蔔煎湯下或蘇子降氣湯[入門]

咳逆順逆 噦聲頻密相連爲實可治若半時噦一聲爲虛難治咳逆至七八聲相連收氣不回難治或病久脾敗而發噦汗連聲不止最惡

丁香柿蔕散[寶鑑]治大病後胃中虛寒咳逆丁香柿蔕人參白茯苓橘皮良薑半夏製各五錢甘草二錢五分生薑七錢五分右麁末每三錢煎乘熱服或調蘇合香元[入門]服之爲妙一方七味各一錢甘草五分煎服亦佳

橘皮竹茹湯[寶鑑]治胃虛膈熱而咳逆青竹茹四錢橘皮三錢人參二錢甘草一錢薑五片棗二枚煎服加白朮枳殼尤妙一名陳皮竹茹湯

半夏生薑湯[寶鑑]治噦欲死半夏製五錢生薑切一兩入青竹茹鷄子大

濟衆新編卷之四

濟衆新編卷之五

焦錫齋

內局首醫臣康命吉奉　教撰

積聚

脉法 鬱脉沈伏或結促代濇癥瘕積聚皆弦緊○心肺積脉皆喘數肝積弦長脾腎積皆大○沈伏細而附骨者積也沈結者聚也有積不見脉難治見一脉相應易治○堅強急生虛弱死

鬱爲積聚癥瘕痃癖之本 鬱者病結不散氣鬱生濕濕鬱成熱熱鬱成痰痰鬱血不行血鬱食不消遂成痞塊此六者相因爲病致升降不得順氣爲先降火化痰消積分多少治蒼朮蕪芎揔解諸鬱凡病當尋六鬱與痰火○木鬱吐之火鬱汗之土鬱下之金鬱滲泄解表水鬱抑制衝逆

六鬱湯〔寶鑑〕通治六鬱香附子二錢川芎蒼朮各一錢五分陳皮半夏製各一錢赤茯苓梔子仁各七分縮砂甘草各五分薑三片○氣鬱加木香檳榔烏藥紫蘇葉○濕鬱加白朮羌活防己○熱鬱加黃連連翹○痰鬱加南星瓜蔞仁海粉○血鬱加桃仁牧丹皮韭汁○食鬱加山查子神麯麥芽

䴵麯丸〔寶鑑〕解諸鬱蒼朮便香附川芎神麯炒梔子炒各等分右末水丸如菉豆溫水下七九十丸

六鬱 氣鬱胷滿脇痛脉沈濇二陳湯痰飲下交感丹氣門○濕鬱周身關節走痛首如物蒙足重遇陰寒便發脉沈濡滲濕湯濕門○熱鬱目蒙口乾舌燥小便赤濇脉沈數升陽散火湯火門○痰鬱胷滿動則喘急起卧怠惰寸脉沈滑○血鬱四肢無力能食小便淋大便紅脉沈芤濇○食鬱噫酸惡食黃疸鼓脹痞塊氣口緊盛○不言風寒者鬱則爲熱故也

解鬱調胃湯〔寶鑑〕治氣分之火壅遏於中時作刺痛由怒憂思慮所致梔子鹽水炒當歸酒洗各一錢二分白朮陳皮白茯苓各一錢赤芍藥酒浸乾地黃酒洗薑汁炒香附米各八分神麯炒麥芽炒各七分川芎六分桃仁甘草各四分薑三片

升發二陳湯〔寶鑑〕治痰鬱半夏二錢陳皮蕪芎赤茯苓各一錢五分柴胡防風升麻甘草各一錢薑三片

當歸活血湯〔寶鑑〕治血鬱當歸赤芍藥川芎桃仁各一錢牧丹皮香附子烏藥枳殼青皮各八分紅花五分桂皮乾薑炮甘草各三分薑三片

香砂平胃散〔寶鑑〕治食鬱蒼朮厚朴陳皮便香附各一錢山查肉縮砂枳殼麥芽神麯乾薑木香各五分甘草炙三分薑三片蘿蔔子炒研一撮入

積聚 積屬五臟陰也有形脉沈伏發痛有常處肝積在左脇名肥氣脇痛痎瘧心積起臍上名伏梁心煩脾積在胃脘稍右名痞氣黃疸倦怠飲食不爲肌膚肺積在右脇名息賁咳喘肺癰腎積起小腹上

至心名奔豚喘逆骨痿最難治諸積禁吐下徒損眞氣○聚屬六腑陽也無形脉沈結發痛無常處○痞與痃癖皆膈間病積聚肚腹內疾多見男子癥瘕獨見臍下婦人常得皆因痰飲食積死血而成其實一也在右食積在左血積在中痰積○凡婦人有塊多屬死血

加味柴平湯〔寶鑑〕治積塊有熱柴胡黃芩半夏蒼朮厚朴陳皮山查肉青皮枳殼神麯三稜蓬朮各七分甘草五分薑三片棗二枚

䴵麯保和丸〔寶鑑〕開鬱行氣消積散熱白朮三兩山查肉二兩蒼朮川芎神麯炒便香附陳皮半夏白茯苓枳實黃連酒炒當歸酒洗各一兩梔子炒連翹蘿蔔子炒木香各五錢右末薑汁泡蒸餅丸如梧子薑湯下五十丸

消積正元散〔寶鑑〕治痰飲氣血鬱結食積氣不升降積聚脹痛白朮一錢五分神麯香附枳實玄胡索海粉各一錢赤茯苓陳皮青皮縮砂麥芽炒山查肉甘草各七分薑三片○一名開鬱正

元散無枳實有桔梗

散聚湯 寶鑑 治六聚及癥瘕隨氣上下心腹刺痛二便不利厚朴吳茱萸枳殼各一錢五分陳皮杏仁桂心赤茯苓各一錢川芎附子炮甘草炙各五分半夏檳榔當歸各四分薑三片

潰堅湯 寶鑑 治五積六聚諸般痞塊當歸白朮半夏陳皮枳實山查肉香附子厚朴縮砂各一錢木香五分水磨取汁調服○回春云左脇有塊加川芎右脇加青皮○肉食成塊加薑炒黃連○粉麵食積加神麯○血塊加桃仁紅花官桂去半夏山查○痰塊加海石瓜蔞枳實去山查○飽脹加蘿蔔子檳榔去白朮健壯人加蓬朮瘦人加人參少許○保元有紅花桃仁白茯苓蓬朮甘草加減法與回春同

大七氣湯 寶鑑 治五積六聚心腹痛脹二便不利三稜蓬朮青皮陳皮桔梗藿香益智仁香附子官桂甘草各一錢薑三片棗二枚○一方加大黃檳榔各一錢治諸般痞積面色萎黃四肢無力

皆緣內有蟲積或好食生米或壁土或茶炭鹹辣等物只一服除根水煎露一宿空心溫服不得些少飲食不然則藥力減而蟲積不行矣服後心腹痛當下惡物如魚凍蟲鱉至日午下積盡方用溫粥止之

眞人化鐵湯 寶鑑 治五積六聚痃癖癥瘕三稜蓬朮青皮陳皮山查肉神麯香附子枳實厚朴黃連當歸川芎桃仁檳榔各五分紅花木香甘草各三分薑三片棗一枚

養正積自除 眞氣實胃氣強積自消斷厚味節色慾戒暴怒正思慮○積聚氣虛不食四肢沈困補中益氣湯內附合大七氣湯○凡攻擊藥有病病受之無病胃氣受傷雖參芪性偏況攻擊者乎

諸物傷成積 食積平胃散內附加砂仁香附子神麯麥芽紫蘇生薑○酒積面黃黑腹脹時嘔痰水對金飲子內附加葛根赤茯苓縮砂神麯○麵積阿魏元蘿蔔子煎湯下○肉積阿魏元○魚蟹積香蘇散內附多加生薑木香○果菜積用平胃散加丁香麝香爲末鹽湯服○茶積川椒末麪糊丸如梧子茶清下○水積胷脇引痛瀝瀝有聲十棗湯內附芎夏湯內附○血積打撲瘀蓄面黃糞黑桃仁承氣湯內附○蟲積食積變成蟲妙應丸內附紫金丹內附

阿魏元 寶鑑 食麵食生果過多成積腹痛嘔惡亦治肉積阿魏酒浸化桂皮蓬朮麥芽炒神麯炒蘿蔔子青皮白朮乾薑各五錢百草霜三錢巴豆三七粒去皮油右末薄糊丸如菉豆薑湯下二三十丸麪傷用麪湯下生果菜傷麝香湯下

阿魏丸 寶鑑 治肉積及食積成塊阿魏一兩醋煮軟山查肉蘿蔔子神麯麥芽陳皮青皮香附子各二兩右末炊餅和丸服○一方阿魏山查各一兩黃連六錢五分連翹五錢右末醋糊和丸服名日小阿魏丸

桂香丸 寶鑑 治多食雜苽果子成積腹脹氣急桂心一兩麝香一錢右末飯丸如菉豆白湯下十五丸

積聚癥瘕痃癖痞塊通治法 陽虛有積易治陰虛難以峻補○痞積忌滯藥○偏熱燥血偏寒傷脾不可過用衰其太半而止但平補之劑善消融化

寬中丸 寶鑑 治七癥八瘕五積六聚痃癖氣塊胷腹脹痛面黃肌瘦蒼朮炒烏藥香附子各二兩三稜蓬朮並醋煮焙青皮陳皮乾薑炮良薑炮茴香炒神麯炒麥芽炒各一兩右末醋糊丸如梧子薑湯下五十丸

熨癥法 寶鑑 吳茱萸三升碎之酒和煮熱布裹熨癥上冷更炒熨移走則逐而熨之

浮腫 諸濕腫滿皆屬脾土○脾肺寒結氣化爲水陰陽氣塞不得滲利水溢皮膚爲腫○目下腫鼻頭微黑水之兆○水病上喘下腫標本俱病

脈法 脈沈當責有水○浮大洪大可治微細沈細不可治○陽水沈數陰水沈遲○沈伏相搏陽虛陰實必爲水實者生虛者死

水腫治法

陽水多外因涉水冒兩或感風寒暑濕先腫上體熱渴二便閉八正散傚或敗毒散[illegible]加麻黃防風黃芩山梔○陰水多內因茶酒飢飽勞役房勞先腫下體身凉大便利胃苓湯㱡復元丹○氣腫皮厚按之不成凹三和散分心氣飲[illegible]濕腫按之凹不卽起○血腫皮間有赤縷血痕四物湯[illegible]加桃仁婦人經閉敗血腫者腎氣丸[illegible]加紅花○他病久則皆能變水因兩濕腫平胃散[illegible]加白术赤茯苓草豆蔻飲水過多加減胃苓湯久喘後宜分氣飲久瘧後退黃丸[illegible]久痢後宜加味腎氣丸補中益氣湯[illegible]加炮附子腫後水泡瘡脾土崩壞平胃散末油調付○氣陷者升提則陽舉陰土自降○〔新增〕蘿葍尾濃煎服全體亦可卽당다리블희

越婢湯〔寶鑑〕治腰上浮腫咳喘麻黃三錢蒼术二錢石膏甘草各一錢薑五片棗二枚

復元丹〔寶鑑〕夫心腎真火能生脾肺真土今真火既虧不能滋養真土故土不制水水液妄行三焦不瀉樞機不運腫脹滿溢喘急股冷舌乾不能正偃小便不通澤瀉二兩五錢附子炮二兩木香

茴香炒川椒獨活厚朴白术略炒橘皮吳茱萸桂心各一兩肉豆蔻煨檳榔各五錢右末糊丸如梧子紫蘇湯下五十丸一日三服禁慾絕鹹半年

分氣飲〔寶鑑〕治腫脹喘急桔梗赤茯苓陳皮桑白皮大腹皮枳殼半夏麴蘇子炒蘇葉各一錢草果甘草各五分薑三片棗二枚

加味腎氣丸〔寶鑑〕治腎虛不能行水以致浮腫附子炮二兩白茯苓澤瀉官桂牛膝車前子炒山藥山茱萸牧丹皮各一兩熟地黃五錢右末蜜丸如梧子空心米飲下七十丸或百丸

黃米丸〔寶鑑〕治水蠱結內腹大有聲欲飲皮麤名水蠱乾絲瓜一棒去皮剪碎和巴豆肉十四粒同炒以巴豆色黃爲度去巴豆入陳倉米如絲瓜之多少同炒米黃色去瓜取米爲末水丸如梧子每湯下百丸數服卽愈

赤小豆湯〔寶鑑〕治年少氣血俱熱生瘡疥變爲腫滿赤小豆猪苓桑白皮防己連翹澤瀉當歸商陸赤芍藥各一錢薑五片

結陽腫四肢也氣濕熱爭故腫也邪氣盛陽氣衰致邪代正氣不宣通四維發腫諸陽受氣於四肢也

犀角湯〔寶鑑〕治結陽症四肢腫閉犀角玄參各一錢升麻木通各八分連翹柴胡各六分沈香射干甘草各五分芒硝麥門冬各四分

氣分證血分證氣爲飲隔痞滿腹鳴骨痛冷痺則曰氣分亦曰水分○經脉不行血化爲水四肢紅腫則曰血分皆水氣所作也

桂术湯〔寶鑑〕治氣分桂皮一錢五分白术麻黃細辛甘草各一錢只角乾薑各七分五里薑五片

桂苓湯〔寶鑑〕治血分桂皮赤茯苓當歸川芎赤芍藥蓬术三稜桑白皮檳榔蒼术大腹皮瞿麥青皮陳皮甘草各五分葶藶大黃煨各二分五里薑五片

浮腫通治朝寬暮急血虛暮寬朝急氣虛朝暮急氣血虛○開鬼門發汗潔淨府利小便所謂上下

分消其濕○男從脚下腫女從頭上腫起皆逆○先起腹後散四肢生先起四肢後入腹死○唇黑耳焦缺盆平臍突背平手足掌平肉硬不治○禁鹽及甘藥忌鹹

補中治濕湯〔寶鑑〕通治水病補中行濕人參白术各一錢蒼术陳皮赤茯苓麥門冬木通當歸各七分黃芩五分厚朴升麻各三分

加減胃苓湯〔寶鑑〕治浮腫蒼术一錢五分陳皮澤瀉白术赤茯苓木瓜各一錢厚朴猪苓神麴檳榔各八分山查肉縮砂各七分香附子薑炒大腹皮各六分甘草炙三分薑三片燈心一團

四苓五皮湯〔寶鑑〕治浮腫桑白皮陳皮地骨皮茯苓皮生薑皮大腹皮蒼术白术澤瀉猪苓青皮車前子炒各一錢

行濕補氣養血湯〔回春〕治氣血虛弱單腹鼓脹浮腫人參白术茯苓當歸川芎白芍藥各一錢蘇梗陳皮厚朴大腹皮蘿葍子海金沙木通各八分木香甘草各三分薑三片棗一枚○氣

虛倍人參白朮茯苓○血虛倍川芎當歸白芍藥
○尿澁加猪苓澤瀉滑石○虛脹後腫脹俱退惟面
足不消此陽明氣
虛倍白朮茯苓

消河餅 寶鑑 治水腫膨脹大蒜五箇大田螺四箇車
前子末三錢右研成餅貼臍中以帛縛之少
時尿出如
注卽愈

導水茯苓湯 回春 通身腫光按陷舉起喘滿尿澁赤
茯苓麥門冬澤瀉白朮各三兩桑白皮
紫蘇葉檳榔木瓜各一兩大腹皮砂仁陳皮木香
各七錢五分每五錢入燈心二十五根水二盞煎
至八分
空心服

沈香琥珀丸 寶鑑 治水腫尿澁葶藶子炒郁李仁沈
香各一兩五錢琥珀杏仁蘇子赤茯苓
澤瀉各五錢右末蜜丸如梧子麝香爲衣
每三十丸至五十丸以蘿蔔子煎湯下

壯原湯 赤水 治下焦虛寒中滿腫脹小便不利上氣
喘急陰囊兩腿腫或面浮人參白朮各二錢

赤茯苓破故紙各一錢陳皮七分桂心附子乾薑
砂仁各五分煎食遠服有痰加半夏○咳嗽痰盛
加桑白皮○脚跌面腫加薏苡仁二錢○中氣不
運不知飢加木香厚朴○氣鬱加沈香烏藥○氣虛
甚加人參三錢附子一錢○汗多加桂枝五分白
芍藥酒炒八分○夏月喘乏無力汗多加麥門冬
一錢五味子十一粒○兩脇氣硬加白芥子八分
或加蘇子五分○不能轉側加蒼朮一錢澤瀉七
分○濕盛加赤小豆桑白皮
○夜夢不安加遠志一錢

脹滿 諸腹脹大皆屬熱○中空外堅故名
鼓脹若蟲侵食之義故又名蠱脹

脉法 大堅濇或盛緊或遲滑○闗脉虛內脹○脉弦肝
制脾○浮爲虛滿緊則中實○浮大可療虛小難
保

脹滿 由脾虛之極乃眞臟病也臍腹四肢悉腫爲水但
腹脹四肢不甚腫爲鼓○虛脹陰寒爲邪吐利不
食時脹時減按則陷而軟○實脹陽熱爲邪身熱
咽乾常脹內痛按之不陷而硬蓋寒脹多熱脹少

○濁氣在上則生䐜脹濁氣寒氣也寒在上焦
水穀精微不能運化鬱結爲脹木香順氣湯

木香順氣湯 寶鑑 治濁氣在上生䐜脹宜先灸中脘
後服此藥厚朴白茯苓澤瀉半夏各一
錢蒼朮八分青皮陳皮各六分草豆蔲人參當歸
各五分木香乾生薑升麻柴胡甘草各四分益智
仁吳茱萸各
三分薑三片

脹滿有七 穀脹失飢傷飽痞悶停酸朝能食暮不食○
水脹水漬腸胃溢於皮膚漉漉有聲怔忡喘
息防己椒藶丸○氣脹七情鬱結氣道壅塞升降
不得體腫肢瘦分心氣飲○血脹煩燥漱水迷
忘驚狂尿多便黑婦人多有○寒脹腹滿濡時
減吐利厥冷○熱脹飲食如故○蠱脹見上

大異香散 寶鑑 治穀脹及氣脹三稜蓬朮青皮陳皮
藿香半夏麴桔梗益智仁香附子枳殼各
一錢甘草二分五
里薑五片棗二枚

防己椒藶丸 寶鑑 治水脹病腹滿口舌乾燥此
腸胃間有水氣防己椒目葶藶子炒大

黃各一兩右末蜜丸如
梧子白湯下十丸日三

三和湯 寶鑑 治氣脹大小便不利白朮陳皮厚朴各
一錢檳榔紫蘇葉各七分五里木通大腹皮
白茯苓枳殼海金沙
甘草各五分薑三片

金蟾散 寶鑑 治氣鼓如神大蝦蟆一箇以縮砂推入
其口使吞入腹以滿爲度用一泥罐封固火煆
通紅烟盡取出候冷去泥細末爲一
服陳皮煎湯或酒調下撒屁多乃效

人參芎歸湯 寶鑑 治血脹是瘀血凝成脹川芎二錢
當歸半夏各一錢五分蓬朮木香縮砂
烏藥甘草各一錢人參桂皮五靈脂各五分薑五
片棗二枚紫蘇四片○去烏藥加芍藥名散血消
腫湯治血脹
煩燥漱口

中滿分消湯 寶鑑 治中滿寒脹二便不通益智仁半
夏木香赤茯苓升麻各七分五里川芎
人參青皮當歸柴胡生薑乾薑蓽澄茄
黃連黃芪吳茱萸草豆蔲厚朴各五分

順氣木香散 寶鑑治寒脹心腹痛面黃瘦或泄瀉縮砂丁香皮良薑乾薑炮官桂陳皮厚朴桔梗茴香炒蒼朮炒各一錢甘草炙五分薑三片棗二枚

七物厚朴湯 寶鑑治熱脹厚朴三錢枳實一錢五分大黃甘草各一錢桂心五分薑五片棗二枚

消脹飲子 寶鑑治蠱脹單腹脹猪苓澤瀉人參白朮赤茯苓半夏陳皮青皮厚朴紫蘇葉香附子砂仁木香檳榔大腹皮木通蘿蔔子甘草各五分薑五片棗二枚

脹滿通治 凡脹初是氣脹行氣疎導久成水脹行濕利水比腫更難蓋水腫飲食如常鼓脹飲食不及常病根深固必三五年後成治腫惟補中行濕治脹必更兼消積斷鹽醬音樂妄想不責速效○單腹腫大四肢極瘦名蜘蛛蠱不治○喜行利藥雖暫寬其脹愈甚眞氣傷病邪甚不通治木香檳榔凡脈六○脹久忽瀉數升不止服藥不驗乃脫氣最難救益智仁濃煎服

廣朮潰堅湯 寶鑑治腹脹有積二便澁半夏一錢五分黃連厚朴黃芩益智仁草豆蔻當歸各七分陳皮青皮神麯澤瀉柴胡甘草各五分蓬朮升麻吳茱萸各三分紅花二分薑三片

四炒枳殼丸 寶鑑治氣血滯成鼓脹積聚枳殼米泔浸製四兩分作四分○一分蒼朮一兩同水煮乾炒黃去朮○一分蘿蔔子一兩同水煮乾炒黃去蔔子○一分茴香一兩同水煮乾炒黃去茴○一分乾漆一兩同水煮乾炒黃去漆○香附子醋浸炒二兩○三稜蓬朮各二兩童便幷浸一宿次日用去殼巴豆三十粒同水煮乾炒黃色去巴不用○右末用前同炒蒼朮蘿蔔子茴香乾漆同煮取汁好醋一碗打麪糊丸如梧子米飲下七九十丸

補中行濕湯 入門治鼓脹厚朴澤瀉麥門冬黃芩大腹皮半夏陳皮白朮白茯苓人參○肥人合平胃散瘦人加便香附黃連方見脈六分類注

消渴 胃主血大腸主津俱熱結則喜消水穀皆津液不足之致

脉法 心脉滑爲渴滑者陽氣勝也○心脉微小爲消癉數大或緊實者生沉小或濇微虛者死

消渴有三 上消煩燥舌裂大渴尿數能食人參白虎湯[illegible]不能食錢氏白朮散尿少加柴胡枳殼五味子○中消善食而瘦自汗便硬尿赤數不甚渴調胃承氣湯[illegible]食㑊症善食而瘦治同消中○下消煩燥引飲面黑耳焦尿如膏腿膝枯六味地黃丸八味元[illegible]五去附子加五味子命門火衰八味元加五味子○強中症因耽色或服丹石眞氣旣脫邪熱獨盛善食肌削尿如膏陽強不交精泄難治○酒渴積熱嗜冷○蟲渴單苦楝煎湯入麝香少許

淸心蓮子飲 寶鑑治心火上炎口乾煩渴小便赤澁蓮子二錢赤茯苓人參黃芪各一錢黃芩車前子炒麥門冬地骨皮甘草各七分

藕汁膏 寶鑑治胃熱消中藕汁[illegible]生地黃汁牛乳汁和黃連天花粉末入薑汁白蜜爲膏以匙抄匙舌上白湯送下日三四次

加減腎氣丸 寶鑑治腎消口燥煩渴兩脚瘦熟地黃二兩牧丹皮白茯苓山茱萸五味子澤瀉鹿茸山藥各一兩官桂沉香各五錢右末蜜丸如梧子空心鹽湯下七八十丸

生津養血湯 寶鑑治上消當歸白芍藥生地黃麥門冬各一錢川芎黃連各八分天花粉七分知母黃栢並蜜炒蓮肉烏梅薄荷甘草各五分

黃連猪肚丸 寶鑑治消渴消中及強中症雄猪肚一箇黃連五兩麥門冬知母瓜蔞根各四兩並末入猪肚內以線封口置甑中蒸爛石臼中搗爛入蜜少許丸如梧子米飲下百丸

五豆湯 寶鑑解酒毒止消渴乾葛甘草各一斤貫衆八兩黑豆黃豆菉豆青豆赤小豆各一兩右水五斗五升臘月初八日大鍋熬至熟濾去滓盛磁器封口春夏開用隨意飲大人渴後生𤺥妙酒後渴丸好

消渴傳變 不能食者末傳中滿鼓脹由寒藥太急所謂上熱未除中寒復生○能食者火邪勝也末

傳癰疽黃芪六一湯癰門益元散暑門
○蓋傳變脹滿癰疽強中皆不治

忍冬元寶鑑渴疾須預防發癰疽忍冬草不以多少根莖花葉並剉酒浸糠火煨一宿晒乾入甘
草少許擣末以所沉酒糊丸
如梧子酒飲任下一百丸

消渴通治渴必小便甜○三消多屬血虛亡津四物爲
主上加人參麥門冬五味子天花粉牛乳生
地黃汁藕汁酒客生葛根汁○中加知母石膏寒
水石滑石○下加知母黃栢熟地黃五味子○肺
消飲一溲二者死○
禁酒色忌醎及麪

活血潤燥生津飲寶鑑通治消渴天門冬麥門冬五
味子瓜蔞仁麻子仁當歸熟地黃
生地黃天花粉
甘草各一錢

玉泉散寶鑑治消渴聖藥天花粉二錢粉葛麥門
冬生地黃五味子甘草各一錢糯米一合

杞元膏俗方治陰虛火動發渴龍眼肉枸杞子各一
斤黑豆一升黑豆水三斗沉文武火濃煎取

汁一斗三升入藥再煎至七升餘去滓入煉蜜一
升熬成膏至四升半卽滴水成珠矣磁器盛白沸
湯或淡薑
茶化下

黃疸

脉法洪數者實熱微澁者虛弱
○緩大者順弦急堅者逆

黃疸如盦麯蓋濕熱蒸欝血熱土色上行面目延及爪
甲身體俱黃以十八日爲期○凡病當汗不汗當
利小便而不利及時行感冒伏暑未解宿食未消
皆發黃時行瘟疫發黃殺人瘴疸丸○乾黃熱勝
色黃而明便燥濕黃
濕勝色黃而晦便利

茵蔯丸內局寶鑑一名瘴疸丸治天行病急黃及瘴瘧發
黃茵蔯梔子大黃芒硝各一兩杏仁六錢常
山鱉甲巴豆霜各四錢豆豉二錢右末蒸餅丸
如梧子每三丸或五丸溫水下以吐利爲效

黃疸有五黃疸小便面目牙齒肢體如金食已善飢安
卧懶動茵蔯五苓散無汗爲表實發汗或吐
之麻黃醇酒湯○酒疸心胷懊憹欲吐不食足心
熱面發赤斑黃癰最重茵蔯一物酒煎服酒蒸黃
連丸暑門○穀疸食已頭眩腹脹穀疸丸○女勞疸
又名黑疸額黑微汗手足心熱膀胱急小便利過
房寒熱脾腎俱病難治滋腎丸小便○黃汗身腫發
熱汗出染衣得於汗時水浴芪陳湯桂枝黃芪湯

茵蔯五苓散寶鑑治濕熱黃疸茵蔯一兩五苓
散暑門五錢右末每二錢米飲調下

麻黃醇酒湯寶鑑治黃疸麻黃一兩好酒一升
半煮至半頓服冬用酒春夏用水

穀疸丸寶鑑治冒暑痰熱食不消熱欝發黃苦參三
兩草龍膽一兩人參七錢五分梔子仁五錢
右末牛膽汁猪膽亦用丸如梧子
以麥粥飲下五七十丸日二

腎疸湯寶鑑治腎疸目黃尿赤蒼朮一錢升麻羌活
防風藁本獨活柴胡葛根白朮各五分猪苓
四分澤瀉神麯人參甘草
各三分黃芩黃栢各二分

芪蔯湯寶鑑治黃汗石膏二錢黃芪赤芍藥茵蔯
麥門冬豆豉各一錢甘草五分薑五片

桂枝黃芪湯寶鑑治黃汗黃芪二錢五分桂枝芍藥
各一錢五分甘草一錢好酒三合水一
盞半
煎服

陰黃身面俱黃體重背寒身冷自汗心下痞小便利脉
緊細空虛此寒凉過度變陽爲陰茵蔯一物湯量
加乾薑附子吳茱萸理
中湯寒門加茵蔯茯苓

黃疸通治諸黃皆尿不利惟瘀血黃尿利○疸因食積
下之其餘利小便爲先○疸癖愛喫土炭生
米茶葉
四寶丹

茯苓滲濕湯寶鑑治濕熱黃疸茵蔯二錢赤茯苓澤
瀉猪苓各一錢黃連黃芩梔子防己白
朮蒼朮陳皮青
皮枳實各五分

退黃散寶鑑治黃疸身面如金小便如黃栢汁柴胡
升麻草龍膽茵蔯黃連黃芩梔子黃栢木通
滑石各一錢甘草
五分燈心一握

一清飲寶鑑治黃疸柴胡三錢赤茯苓二錢川芎桑白皮各一錢甘草五分薑三片棗二枚

退黃丸寶鑑治黃疸腫脹溏泄青礬二兩鍋內熔化入陳黃米四升用醋拌勻慢火炒令烟盡入平胃散六兩同炒少頃去火毒爲末醋糊丸如梧子每七八十丸空心臨卧米飲下忌糯米油麪生冷硬物

四寶丹寶鑑治黃病喫生米茶葉黃土黑炭等物○食米者麥芽一斤使君子肉二兩檳榔南星薑製各一兩○食茶葉者茶葉一斤使君子肉二兩檳榔南星薑製各一兩○食黃土者壁土一斤使君子肉二兩檳榔南星薑製各一兩○食黑炭者黑炭一斤使君子肉二兩檳榔南星薑製各一兩右末蜜丸如梧子早晨砂糖水下五十丸

痎瘧如凌虐狀○夏傷於暑秋必痎瘧夏暑汗不出秋成風瘧○無痎不成瘧○痎瘧者少陽也

脉法瘧脉自弦弦數熱弦遲寒弦滑痰弦短傷食○弦小緊宜下弦緊汗浮大吐○病久則虛微中見弦而無力○代散死遲緩愈

瘧源暑舍榮衛得秋之風寒而發或非暑因風寒而得在氣發早在血發晏○榮衛行到病所不通則作寒戰中外皆寒此邪入內寒已內外皆熱此邪氣發外○陽爲腑晝發外感邪氣升也發在春夏邪淺與榮衛並行一日一發其間陽爲風暑有汗陰爲寒濕無汗○陰爲臟夜發內傷正氣虛降也發在秋冬邪深橫連募原不能與正氣並行間日蓄積乃發或三四日一發久必有瘧母其間陽爲氣虛陰爲血虛○○二日連發住一日及日夜各一發者氣血俱病○○衛虛先寒榮虛先熱表邪多寒多裏邪多熱多表裏相半寒熱相等○從卯至午發邪在外從午至酉發邪在內從酉至子發邪在血分

六經瘧太陽寒多熱少汗出難已柴胡加桂湯單寒無汗五積散寒門果附湯○陽明熱多寒少煩渴尿赤柴苓湯單熱而渴白虎加參湯雜證○少陽寒熱相等柴胡桂枝湯風盛筋搐烏藥順氣散風門加柴胡黃芩身疼敗毒散咳嗽參蘇飲雜證以上三陽氣分受病發在處暑前俱謂暴瘧乃傷之淺者○太陰辰戌丑未日發輕者異功散小兒重者理中湯寒門○少陰子午卯酉日發輕者小柴胡湯寒門倍半夏重者合四物湯血門○厥陰寅申巳亥日發輕者小建中湯虛勞重者四物湯量加玄胡索金鈴子附子以上三陰血分受病發在處暑後者俱謂溫瘧乃感冬溫氣藏於腎與骨髓至夏秋重感新邪觸發自臟達腑乃傷之重者○新增大法瘧初先瀉後補以柴苓等藥清熱發散若用參附必久而不愈間或有老人虛極之症雖用參劑不可以爲例也

桂枝羌活湯寶鑑治太陽瘧自汗頭項痛腰脊強桂枝羌活防風甘草各一錢五分去桂加麻黃名麻黃羌活湯治太陽瘧無汗

柴胡桂枝湯寶鑑治少陽瘧寒熱作往作來柴胡二錢桂枝黃芩人參芍藥半夏各一錢甘草五分薑三片棗二枚去參芍名柴胡加桂湯

桂枝芍藥湯寶鑑治瘧寒熱大作此太陽陽明合病也寒熱作則必戰動發熱則必汗經曰病汗出不愈知爲熱也不治則恐久而傳入陰經宜用此赤芍藥知母石膏黃芩各二錢桂枝一錢

桂枝黃芩湯寶鑑服桂枝芍藥湯後寒熱轉甚者知太陽陽明少陽合病宜用此和之柴胡二錢石膏知母各一錢五分黃芩人參半夏甘草各一錢二分桂枝一錢

白虎桂枝湯寶鑑溫瘧者其脉如平身無寒但熱骨節煩疼時便難朝發暮解暮發朝解此藥之主石膏四錢知母二錢桂枝甘草各一錢粳米一合一名加減桂枝湯

諸瘧風瘧感風而得先熱後寒無汗散邪湯有汗正氣湯○寒瘧感寒而得又名牝瘧寒多熱少人參養胃湯寒門交解飲果附湯○熱瘧因暑熱而得一名痺瘧又名暑瘧龍虎湯○濕瘧因冒雨汗出澡浴得之寒熱相半小便不利五苓散寒門加蒼朮川芎羌活○痰瘧嘔吐昏倒柴陳湯加草果二陳湯痰飲倍加白豆蔻或四獸飲久不止露薑飲截之○食瘧一名胃瘧寒已後熱熱已後寒清脾飲○勞瘧

卽久瘧寒熱微寒中有熱熱中有寒難治小勞復來養胃湯合露薑飲氣虛六君子湯勞倦

補中益氣湯內傷加黄芩半夏血虛柴胡四物湯婦人加知母黄柏升麻紅花氣血俱虛十全大補湯勞瘧

加黄芩陽虛去柴胡黄芩加附子呑黑錫丹有瘧橘皮煎元○○鬼瘧因尸疰客忤寒熱恐怖夢

寐不祥辟邪丹○疫瘧一方長幼相似須參運氣而用藥不換金正氣散交加散瘴瘧凡○瘴

瘧迷困發狂或啞一作寒作熱雙解飲子瘴疸丸○痰瘧者老瘧三日一發卽陰經瘧最重○新增凡

散邪湯 寳鑑治風瘧初起川芎白芷麻黄白芍藥防風荆芥紫蘇葉羌活各一錢甘草五分薑三

瘧初用連翹敗毒散加黄芩一錢熱甚加石膏知母

片蔥白三莖煎露一宿早晨溫服

正氣湯 寳鑑治同上柴胡前胡川芎白芷半夏麥門冬檳榔草果青皮赤茯苓各一錢桂枝甘草各五分薑三片棗二枚

果附湯 寳鑑治脾寒瘧疾面青振寒草果附子炮各二錢五分薑七片棗二枚

龍虎湯 寳鑑治熱瘧火盛舌卷焦臭如烟熏六脉洪緊石膏二錢五分柴胡黄連各一錢五分黄芩知母黄栢各一錢梔子八分半夏七分粳米百粒薑三片棗二枚

柴陳湯 寳鑑治痰瘧柴胡半夏各二錢人參黄芩陳皮赤茯苓各一錢甘草五分薑三片棗二枚

四獸飲 寳鑑治七情聚痰五臟氣虛瘧久不已人參白朮白茯苓陳皮半夏草果甘草烏梅生薑大棗各一錢右拌塩少許淹食頃以皮紙包裹水浸濕慢火煨香熟取出煎服末發前連進數貼

露薑飲 寳鑑治瘧生薑四兩連皮搗爛取自然汁約明日瘧當發隔夜安排將紗片蓋露一宿五更初澄者一上飲之或有痰吐任之卽安

淸脾飲 寳鑑治食瘧柴胡半夏黄芩草果白朮赤茯苓厚朴青皮各一錢甘草五分薑三片棗二枚○此方乃小柴胡平胃二陳合而爲一也一方加常山二錢煎之露服五更截瘧令人不吐爲妙

一名淸脾湯

辟邪丹 寳鑑治嵐瘴鬼瘧菉豆雄黑豆各四十九粒信砒五分另研朱砂二錢黄丹一錢右末滴水和勻分作三十粒每一粒取東南桃枝七枚研汁和井華水早晨日出時面東呑之虛人愼用

雙解飲子 寳鑑治瘴瘧及寒瘧神效肉豆蔻草豆蔻各二箇一箇煨一箇生厚朴二寸一寸薑汁浸炙一寸生用甘草大者二兩一半炙一半生生薑二塊一煨一生右各剉合分二貼棗二枚梅一箇空心溫服一名交解飲又名生熟飲

觀音元 寳鑑治瘴瘧半夏生烏梅肉母丁香巴豆肉各十枚晒右末薑汁糊丸如麻子每五丸臨卧冷水下有人於海角遇白衣人授之因名焉

老瘧丸 寳鑑治痎瘧久不差腹痛有母常山草果各二兩縮砂檳榔三稜蓬朮青皮陳皮烏梅半夏各一兩右先將常山草果酒醋各一碗浸一宿後入八味同浸至晩炭火煮乾末酒醋打糊

丸如梧子白湯下三四十丸日二服至八兩卽除根

消癖元 寳鑑治痎瘧彌年經汗吐下氣血虛邪伏脇間成癥癖腹脇堅痛名瘧母芫花炒朱砂各等分右末蜜丸如小豆每十丸棗湯下去癖須用芫花大戟破水之劑

鱉甲飲子 寳鑑治老瘧腹中結癥瘕名曰瘧母鱉甲二錢白朮黄芩草果檳榔川芎陳皮厚朴白芍藥各一錢甘草五分薑三片棗二枚梅一箇

參歸鱉甲飲 寳鑑治老瘧腹脇有塊成瘧母鱉甲醋煑一錢三分黄芪蜜水炒青皮當歸白茯苓白朮厚朴川芎香附子各八分人參縮砂山查肉枳實各五分甘草三分薑三片棗二枚梅一箇空心服

瘧疾治法 暑風傷食及痰三症祛暑消痰爲要○瘧得於暑及感冒與風皆當汗解○寒瘧非草果厚朴不散熱瘧非柴胡黄芩不清陽瘧無汗柴胡蒼朮葛根陰瘧無汗柴胡升麻川芎汗多白朮烏

梅○風暑當發汗○治此病春夏易秋冬難謂汗之難易○如發寅卯○而退於未申或發未申而退於子丑皆謂陰陽不分用藥遲早或移時分定陰陽然後陽瘧截住陰瘧升散○老瘧係風暑之邪在陰分宜用血藥引出陽分而散○老瘧必有水瘀血結成痞塊乃瘧母也雖虛非常山檳榔不瘀除但製熟不損胃○藥必半生半熟所以分陰陽解寒熱○截瘧早則邪閉遲則氣衰○不可帶熱飲食恐成痞塊○遇發日食飽病劇服藥當於未發前兩時否則藥病交爭為害○久瘧虛浮不食死○忌猪牛肉

柴平湯 寶鑑治諸瘧柴胡蒼朮各二錢厚朴陳皮半夏黃芩各一錢人參甘草各五分薑三片棗二枚梅一箇○一名平胡飲子○

加減清脾湯 寶鑑治諸瘧即小柴胡湯與人參養胃湯合和也寒多熱少多用養胃湯熱多寒少多用小柴胡湯寒熱勻則平用每貼入桃柳枝各三寸薑五片棗二枚空心溫服

人參截瘧飲 寶鑑虛人截瘧宜用一切瘧並可截人參白朮白茯苓當歸青皮厚朴柴胡黃芩知母常山酒浸草果鱉甲醋炙各八分桂枝甘草各三分薑三片棗二枚梅一箇桃仁七箇煎露一宿臨發日五更空心服渣再煎朝時服糖拌烏梅下藥忌鷄魚豆腐麪食熱物

不二飲 寶鑑治諸瘧疾一劑截住神效鷄心檳榔要一雌一雄若重二錢則餘藥各二錢常山知母貝母各等分酒一鍾煎至八分不可過熟熟則不效露一宿臨發日五更溫服勿令婦人煎藥

局內 **脾寒丹** 醫林治諸瘧黃丹不拘多少火上炒紫色煨獨頭蒜和勻五月五日午時丸如梧子每服七八丸當發日早晨長流水面東吞下合藥時不令陰人鷄犬見之或四更東桃柳枝煎湯下四丸

斷瘧如聖丸 寶鑑信砒二錢大蜘蛛三箇雄黑豆四十九粒右末滴水丸如芡實如來日發今夜北斗下先獻過次早以綿裹一丸於男左女右耳內塞之立愈一丸可救二人

瘟疫 冬傷於寒春必病瘟○春應煖而反寒夏熱反涼秋涼反熱冬寒反溫病無少長大率相似謂之時行瘟疫

脉法 未汗時強急生虛軟死○熱病汗後脉靜者生躁疾煩熱者死○新增入門云疫氣不拘於診陶節菴云勿藥無妨至哉斯言大抵脉和緩無力者生躁疾澁者死

瘟疫形症 感四時不正之氣使人痰涎壅盛煩熱頭疼身痛憎寒壯熱項強睛疼或飲食如常起居依舊甚至聲啞或眼赤口瘡大小腮腫喉痺咳嗽稠痰噴嚏

瘟疫治法 切不可作傷寒正治而大汗大下但當從乎中治少陽小柴胡湯入門陽明升麻葛根湯入門加減○初得疑似問人參敗毒散入門加乾葛以試之或人多風痰腳氣疫弱者尤佳○表症加荊防敗毒散入門半表裏小柴胡湯裏症大柴胡湯入門發狂或大便泄柴苓湯入門去桂代黃連加乾葛一錢

聖散子 寶鑑治疫癘流行不問陰陽表裏連服取瘥又治風溫濕溫等證草豆蔻煨猪苓石菖蒲赤茯苓良薑獨活赤芍藥附子麻黃厚朴藁本枳殼柴胡澤瀉細辛防風白朮藿香半夏吳茱萸蒼术甘草各五分薑三片棗二枚○平朝煮一釜老幼各飲一盃則時氣不入

十神湯 寶鑑治時令不正瘟疫妄行葛根二錢赤芍藥升麻白芷川芎陳皮麻黃紫蘇葉香附子甘草各一錢薑五片葱白三莖

瘟疫預防 常以鷄鳴時淨心誦四海神名三遍則辟百鬼瘟疫火災東海神阿明西海神巨乘南海神祝融北海神禺強○大豆或赤小豆新布袋盛納井中大豆一宿小豆三宿大豆吞七粒小豆舉家服男十女二十○清酒一瓶浸蘇合香元入門九丸時時飲之又絳囊盛三丸當心帶之妙

屠蘇飲 寶鑑辟瘟氣白朮一兩八錢大黃桔梗川椒桂心各一兩五錢虎杖根一兩二錢川烏六錢右剉盛絳囊十二月晦日中沈井中正月朔日早曉出藥入二瓶清酒中煎數沸東向飲從少至老飲一杯其滓還沈井中取水飲之

局內 **神聖辟瘟丹** 寶鑑歌曰神聖辟瘟丹留傳在世間正元焚一炷四季保平安○蒼朮二兩羌

活獨活白芷香附子大黃甘松三乃子赤箭雄黃各一兩右末麪糊丸如彈子黃丹爲衣晒乾正朝早晨焚一炷○（内局）加虎頭骨

不傳染法（寳鑑）香油塗鼻端紙撚嚔之○雄黃朱砂末塗耳鼻內○門戶並開水二斗置堂中心煎蘓合香元（醫鑑）二十九其香能散疫氣醫者診視不染○凡入疫家從容自左而入男病醫坐於足女病坐於頭既出紙撚噴嚔

大頭瘟即頭痛腫大如斗也甚則潰裂又染他人○俗呼狸頭瘟從耳前後腫起名蝦蟆瘟從頤頷腫起名鸕鷀瘟十死八九推運氣治之

普濟消毒飮子（寳鑑）治天行大頭瘟黃芩黃連（酒炒）各五錢人參三錢陳皮桔梗玄參柴胡甘草各二錢鼠粘子馬勃板藍根（無則用靑黛）連翹各一錢升麻白殭蚕各五分右末取一半白湯調時時呷之畱一半蜜丸如彈子每一丸細嚼熟水下或加防風薄荷川芎當歸各一兩水煎分二三

次服腫甚宜砭刺出血

鸕鷀瘟方（赤水）治頰腮紅腫嘔惡發熱下午煩燥口苦夜不能睡脉洪大此少陽陽明二經症柴胡貫衆各二錢乾葛竹茹半夏麪各一錢黃連枳殼各七分甘草四分一貼而愈半再服腫快消

一方（醫林）東向栢葉乾末白湯或酒一盃調服○桃樹蟲屎末水調服方寸匕

邪祟

脉法脉來遲伏或如雀啄乃邪脉也欲知祟害心脉虛散肝脉洪盛或浮沈長短大小無定或錯雜不倫乍大乍小乍長乍短此皆邪脉神志昏亂○乍踈乍數乍大乍小或結促皆邪脉也

邪祟形症能言平生未見聞事見五色鬼見青鬼肝虛赤鬼心虛黃鬼脾虛白鬼肺虛黑鬼腎虛此乃氣血虛極神光不足或挾痰火也神氣衰乏邪因而入理或有之若夫氣血兩虛痰滯心胷升降不得以致十二官失職視聽言動皆妄非眞有鬼祟也以邪治之必殺人

十疰五尸皆挾鬼邪之氣流注身體令人寒熱淋瀝精神錯亂積年累月漸至頓滯以至于死死後復易傍人乃至滅門故號謂尸疰一日飛尸二日遁尸三日沈尸四日風尸五日伏尸

驗尸疰法（寳鑑）以紙覆痛處燒病者頭髮令病人以蔟紙上若尸疰則髮粘著紙此疰氣引之非疰則不著紙

禳法（寳鑑）蘓合香元浸酒服之又盛於蠟紙當心佩之○女人感邪交通取雄黃末一兩松脂二兩熔化以虎爪攪之丸如彈子焚之用焙籠令女坐其上以被蓋之只畱頭耳不過三丸神效

還魂湯（醫林）治疰忤中惡乾霍卒死若口噤折齒下湯入口不下分病人髮左右捉踏肩引之藥下復增取盡二升立甦麻黃去根節洗一兩五錢甘草桂皮各一兩杏仁去皮尖一百五十枚右每服四大錢水一盞半煎服不拘時○正傳云黃三兩桂枝二錢杏仁十二粒水煎灌即醒名還魂丹

蘇合香元（寳鑑）治疰忤鬼氣一切邪祟及鬼魅狐狸等病（勑脫）○蠟紙裹一丸如彈子當心帶之一切邪神不敢近又取二七丸浸一瓶清酒中時時溫服令微醺邪氣自絕

太乙紫金丹（寳鑑）治感鬼邪成鬼胎溫酒化下半錠至一錠（勑覩）○一女子爲邪魅所交腹中作痞服此藥隨下惡物其邪仍至又服半錠叓燒三錠藥氣滿屋邪不復至

桃奴元（寳鑑）治邪祟尸疰客忤魘夢不祥言語錯亂恍惚失常桃奴七箇另研玳瑁鎊細末安息香去滓各一兩右三味同入銀石器中熬成膏辰砂犀角各五錢琥珀雄黃各三錢龍腦麝香牛黃各二錢桃仁十四箇麩炒右末入安息香膏丸如芡實陰乾密封固置靜室人參湯下一丸

一方（保元）丹溪治婦人如不省人事一日略甦診視間忽聞香氣又不省此氣血虛邪從入以秦承祖灸鬼法灸之病者哀告曰我自去遂愈○灸鬼法（正傳）以病者兩手大拇指用細麻繩扎縛以大艾炷一置於其中兩指甲及兩指角肉四處著火一處不著即無效灸七壯神驗

一方 保元凡感臭穢瘴毒暴絶曰中惡不治即死燒炭火以醋沃之令病人鼻受醋氣則復甦藿香正氣散門寒服之

一方 保元初到館驛久廢冷房睡中爲鬼物所魘但聞吃吃聲傍人叫喚如不省用牛黃雄黃各一錢朱砂五分右末每一錢床下燒一錢酒灌下○又蘇合香元門寒酒調服

一方 保元有人得病之初譫語發狂六部無脈寸口上有動脈此爲鬼脈乃邪祟也不用藥宜符呪或從俗送鬼亦可

一方 保元男子被鬼打有青痕作痛者金銀花煎服

一方 正傳一婦人年二十七美貌忽如醉如癡頰赤面青潮熱不嗜食脈乍踈乍數而虛每夜白衣少年與睡醫與八物湯加減不効召予治見病家白犬枕戶閾予曰此犬作祟殺犬取心血膽汁丸遠志菖蒲當歸黃連茯神朱砂側栢葉草龍膽等安神藥以八物湯吞下而愈

一方 正傳治魘死不還半夏末不拘多少吹入鼻中即甦○醫林云令病人仰卧以物塞兩耳及二陰以竹筒納鼻中使兩人痛吹之塞口傍無令氣出半日病人即噫噫則勿吹

狐狸精迷人 保元不問男女被他媱惑直傳至死其狐狸精來先用口陰戶一展即昏迷不省或男子來陽物上一展即昏迷用眞桐油抹在陰戶陽物上其狐狸即大嘔而去神效

癰疽

脈法 數脈不時生惡瘡也浮洪滑爲陽微沈緩濇爲陰脈數身無熱內有膿也

癰疽 寒熱頭痛惡心筋攣煩悶○陰滯於陽發癰大而高起屬六腑陽也易治陽滯於陰發疽平而內發屬五臟陰也難治未破時毒攻臟腑切禁熱藥已破臟腑既虧切禁冷藥未潰痛瀉之既潰痛補之穢氣所觸和解風冷所逼溫散○小按痛病淺大按痛病深○男左重女右重○腫高軟者發血脈腫下堅者發筋肉色不變者發骨髓又有半陰半陽似腫似痛似赤似潰脈數無力用藥托裏變陽者生內托不起死有熱生無熱死小瀉無熱不妨○腫痛熱渴便閉邪在內宜疎通死嗽痛寒熱頭疼在表宜發散嗽腫痛甚邪在經絡宜和解微腫微痛不膿氣血虛宜補托漫腫不痛不膿或膿成不潰虛甚宜峻補○色黯微腫痛或膿成不出或腐肉不潰虛寒溫補○未潰前雖例用敗毒過則損脾愼之

癰疽辨膿淺深 手掩腫熱軟而即復者有膿不熱強而不復者無膿按之堅硬者未膿半軟半硬者已膿也○小按即痛膿淺重按乃痛膿深○膿稠實膿稀虛

癰疽五善九惡 潰後動息自寧飲食知味一善便尿調勻二善神彩精明聲清三善膿清腫消色鮮不臭四善氣和五善也○眼白睛黑緊小一惡不能飲食不知味服藥嘔二惡腹痛渴甚三惡肩背不平四肢沈重四惡聲嘶色脫唇鼻青黑面目四肢浮腫五惡煩燥時嗽泄利尿淋六惡膿血大泄色敗臭嗽痛甚七惡喘麄短氣恍惚嗜卧八惡未潰黑陷面青唇黑便汚九惡也盖五善見三吉九惡見六危

癰疽五發 腦鬢眉頤背五處發至險頤尤險○背後五臟腧分生最重○因風則痒氣則痛食則寒熱藥毒則堅硬勞損則瘦弱風氣食易治藥毒勞損難治

替鍼丸 寶鑑治癰疽膿成未破或膿出不快白丁香二十粒硇砂没藥陳倉米各一字研勻米飯丸如粟米貼瘡上即潰膿○蛾蠒殼燒存性好酒調下一時許便出瘡口服一枚出一口服兩枚出兩口名透膿散治諸癰及附骨疽不潰能代鍼

癰疽治法 初起寒熱連翹敗毒散加味不換金正氣散虛而寒戰乳香末一錢熟水調下○隔蒜灸法治癰疽腫毒麻木及瘰癧先覆濕紙看先乾處獨頭蒜切片如三文錢厚安其上蒜上艾灸五炷換蒜如瘡大蒜搗爛攤患處鋪艾灸若痛灸至不痛不痛灸至痛毒隨火散大有回生之功若瘡白不膿不問日期多灸○葱灸法治虛怯人患腫或痛或不痛或風襲經絡肢體疼痛流注或跌撲損

傷棒打刺痛及婦人吹乳陰症腹痛手足厥冷忽
頭竹爛炒熱付之冷則易之○潰後排膿生肌內
托補中益氣湯○內傷○諸托裏藥選用○洗藥頻頻
洗之糯米飯糝雄黃末付之膿去後付諸生肌膏

連翹敗毒散 寶鑑治癰疽初憎寒壯熱甚似傷寒頭
痛拘急羌活獨活柴胡前胡桔梗川芎
赤茯苓金銀花枳殼連翹防風
荊芥薄荷甘草各七分薑三片

加味不換金正氣散 寶鑑治癰疽寒熱或挾風邪或
內氣虛餒瘡术橘紅半夏麴藿
香厚朴各一錢二分五里甘草炙一錢白茯苓
川芎各七分五里木香五分薑五片棗二枚

仙方活命飲 寶鑑治一切癰疽毒腫未成內消已成
即潰排膿止痛消毒大黃五錢金銀花
三錢當歸尾皂殼刺陳皮各一錢五分乳香貝母
天花粉白芷赤芍藥甘草節各一錢防風七分没
藥五分穿山甲三片燒另研用好酒入尾雖封口
煎熟隨瘡上下飲之服後再飲酒二三盃側卧臙
忌酸物鐵器在背皂殼刺為君在
腹白芷為君在四肢金銀花為君

十宣散 寶鑑治一切癰疽瘡癤已成速潰未成速散
敗膿自出消惡肉止痛生肌人參黃芪鹽水
浸蒸焙當歸酒洗厚朴薑製桔梗官桂川芎防風
白芷甘草各等分為末每三錢溫酒調服不飲者
木香湯
調下

托裏消毒散 寶鑑治癰疽未成即消已成即潰能壯
氣血使毒氣不致內攻金銀花陳皮各
三錢黃芪鹽水炒天花粉各二錢防風當歸川芎
白芷桔梗厚朴穿山甲炒焦皂殼刺炒各一錢分
作二貼每一貼酒水相半
煎服病在下只用水煎

托裏和中湯 寶鑑治癰疽潰後氣虛飲食少思或嘔
吐泄瀉久不收斂人參白朮各一錢五
分黃芪白茯苓乾薑炮陳皮半夏各一
錢甘草炙木香各五分薑三片棗二枚

托裏消毒飲 寶鑑治癰疽潰後氣虛不斂及陰疽不
潰發人參黃芪白芍藥當歸白朮白茯
苓陳皮連翹金銀花各
一錢白芷甘草各五分

托裏散 寶鑑治癰疽潰後久未收斂人參黃芪各二
錢白朮陳皮當歸熟地黃白茯苓白芍藥各
一錢五分
甘草一錢

托裏溫中湯 寶鑑治癰疽陽氣下陷腹痛泄瀉咳逆
昏憒附子炮二錢乾薑羌活各一錢二
分五里甘草炙一錢益智仁丁香沈
香木香茴香陳皮各五分薑五片

托裏益氣湯 寶鑑治癰疽肉不變或潰不斂白术
二錢人參白茯苓貝母陳皮香附子白
芍藥熟地黃當歸各一
錢桔梗甘草各五分

洗藥 寶鑑桑灰淋水○鹽湯○苦參防風露蜂房甘
草煎水○諸瘡久不合肉白膿少虛冷陳艾煎洗

雄黃散 寶鑑去諸瘡惡肉雄黃末一錢巴豆一箇不
去皮研入乳香没藥各少許再研付惡肉即
消○俗用田螺搗付
瘡口能去惡生新

神異膏 寶鑑治發背癰疽及諸惡毒瘡癤付
之神效膏藥雖多效不及此[illegible]旋

雲母膏 寶鑑治癰疽惡瘡腫毒折傷瘰癧骨疽內疽
乳癰肺癰腸癰并外貼內服[illegible]旋○五發及
發背以敗蒲煎水洗貼又取一兩丸如梧子溫酒
下三十丸瘰癧骨疽亦如之腸癰甘草湯吞下下
膿即愈忌
食羊血

糯米膏 寶鑑淨糯米三升入磁盆內於端午前四十
九日以冷水浸之一日再換水勿令米碎至
端午日取出用絹篩盛之風乾每取少許炒黑為
末冷水調成膏量瘡大小貼之絹帛包定候瘡愈
為度乾則
換常令濕

牛糞熨法 俗方治一切癰疽毒腫多取牛糞尾器炒
熱作片塗油乘熱付瘡冷則換熱不計其
數無間斷而直至瘡根
自消瘡口突起為度

秋麥熨法 俗方治四時成腫或疾結隱痛將成陰腫
付之秋牟淨搗以鹽湯作飯乘熱付之冷
則換熱無有間斷則能
散結核而腫自消矣

臟腑癰 肺癰中府隱隱痛上肉微起胠満喘咳唾膿寒熱能食實者參蘇飲上虛者小青龍湯並寒門○心癰巨闕隱隱痛上肉微起○肝癰期門隱隱痛上肉微起脇満卧則驚尿澁小柴胡湯寒門隨症加減○腎癰京門隱隱痛上肉微起胠下至小腹満八味元臟或托裏散加減○胃脘癰中脘隱隱痛寒熱身皮甲錯咳嘔唾膿雲母膏雜方作丸桔梗甘草煎湯下○腸癰關元天樞丹田隱痛上肉微起小腹腫按痛尿淋寒熱身皮甲錯腹皮急如腫或繞臍生瘡膿出或臍中膿出若便膿者自愈虛者十宣散加茯苓熱者桃仁承氣湯寒門雲母膏作丸牛膝煎湯下○腹癰生於肚腹皮裏膜外治同腸癰

桔梗湯 寶鑑治肺癰桔梗貝母各一錢二分當歸瓜薑薏苡仁各一錢枳殼桑白皮防風黃芪各七分杏仁百合甘草節各五分薑五片

涼血飲 寶鑑治心癰退潮止渴解熱能內消木通瞿麥荊芥薄荷白芷天花粉赤芍藥麥門冬生乾地黃梔子車前子連翹甘草各八分入燈心竹葉煎服

十六味流氣飲 寶鑑治癰疽無名惡腫等疾乃表裏氣血藥也人參當歸黃芪桔梗防風木香枳殼川芎官桂白芍藥檳榔白芷厚朴紫蘇葉烏藥甘草各六分

牧丹散 寶鑑治腸癰冷證腹軟而痛時下膿血牧丹皮人參天麻白茯苓黃芪薏苡仁桃仁白芷當歸川芎各一錢官桂甘草各五分木香三分

諸癰 發癰陰中之陰道遠氣不到中年後難治初起慈癹托裏消毒飲○懸癰生兩陰間初如松子甚痒數十日赤腫如桃卽破便尿從中出難治首尾服國老膏切禁凉藥○便癰便毒同血疝生山藥砂糖搗付復元通氣散陰門○囊癰見前陰門

國老膏 寶鑑治懸癰橫紋大甘草帶節一兩四寸切以山澗長流水一椀文武火慢慢蘸水炙自早至午乾則投前水再炙直待水盡看甘草中心潤透為度細剉好酒二升煎取一升空心隨量飲之三日一服二三服可保無虞此藥雖不卽消過二十日後必盡消

附骨疽 因露卧浴水寒濕襲深與痛風相類初起痛不能轉寒熱無汗筋骨痛如刺外無赤腫菀久熱而膿用火鍼使毒不得內潰甚則腐潰碎骨出而愈○流注骨疽因痰火或感風寒而發痰飲流注不論上下結塊腫硬或痛或不痛按無血潮淡紅不熱破之出清水或薄血通順散合二陳湯痰飲

青草蒼栢湯 寶鑑治附骨疽始作宜預防蒼朮黃栢各三錢青皮一錢五分甘草節五分水煎調薑汁三匙空心飲冬加桂枝夏加條芩體虛加牛膝

通順散 寶鑑專治痰腫及癰疽發背一切痰患赤芍藥木通白芷何首烏枳角茴香烏藥當歸甘草各一錢酒水各半煎服○宜與十宣散相間用之並加忍冬藤○能順氣均血治流注腫毒等症○虛加炮附子○實加大黃○痰盛加南星半夏○腫硬不穿加川芎麻黃蔥白全蝎穿山甲○流注加獨活○此藥治流注癰疽發背至於救壞病活死肌弭患於未萠之前拔根於既愈之後一名榮衛返魂湯

蟾蜍膏 寶鑑治附骨疽久不差膿汁敗壞或骨從瘡孔出桑白皮烏豆煎湯淋洗拭乾却貼之大蝦蟆一箇亂髮一握猪脂四兩右以猪脂煎去滓凝如膏貼之

疔疽 因膏粱酒色熱毒而發形如釘蓋黃疱中或紫黑先寒後熱先痒後痛頭痛心驚眼花重則嘔逆難治鍼刺知痛出血為好如不痛無血火鍼烙瘡焦黑取痛為效

紅絲疔 一条紅絲直上急用鍼刺紅絲所至處出毒血外付萍草根又蟾酥乳香和塗瘡口若入心腹及咽喉必致危殆

拔疔法 寶鑑蒼耳莖葉燒灰和雄黃醋調塗乾換根出○斑猫捻破鍼刺疔封之○馬齒莧和梳垢封疔○白狗糞燒灰和酒服又塗疔上○紫金丹解毒淡酒和下又塗疔○新增經驗南瓜花檣付疔自拔疽疔付之亦神效

癰疽雜症 煩渴八物湯虛勞加黃芪麥門冬山茱萸五味子○嘔逆潰前毒氣上攻也潰後六君子湯

鱇加木香砂仁獨參湯嗽痰盛通順散加南星半夏六君子湯○寒熱加味不換金正氣散○泄瀉

乳粉托裏散木香白茯苓煎湯調服加味不換金正氣散六君子湯加炮附子

乳粉托裏散 寶鑑治癰瘡毒氣攻心迷悶嘔吐喉舌瘡初起服此返出毒氣不致內陷菉豆粉四錢乳香一錢末每二錢甘草湯調時時呷下或新水調服或一加朱砂二分名乳香護心散治同

忍冬酒 寶鑑治癰疽惡瘡背癰乳癰不問發在何處初發當服忍冬藤生取一把以葉入砂盆研爛入酒少許塗付四圍中心留一口又取五兩槌碎甘草一兩剉入砂瓶水二碗文武火煎至一碗入好酒一大碗煎數三沸分三服

忍冬丸 寶鑑治一切癰疽諸瘡消渴後發疽丸忍冬草不以多少根莖花葉並用入瓶內好酒浸以糠火煨一宿晒乾入甘草少許搗末以所浸酒打麵糊丸如梧子每服百丸酒飲任下

灸疔疽法 寶鑑大蒜爛搗成膏塗瘡四圍留瘡頂以艾炷灸之以爆爲度不爆難愈多灸百壯無不愈

三仁膏 俗方癰疽初發神效萆麻子去殼取仁麻子去殼取仁杏仁留皮尖右各細研白清攪勻調付

食疫死牛馬禽獸肉生疔 十患十死急取紫金丹解淡酒化下吐利神效白頭蚯蚓擣爛和酒濾去滓飲之滓塗疔四圍留頭出毒○大蜘蛛放疔上自咂其毒連易三五箇其毒自敗

諸瘡

大風瘡 脉風成癩榮衛熱腐遍身癩疹初起白屑紫雲或皮落鼻壞色敗毛落眉脫俗謂龍病防風通聖散

白花蛇酒 寶鑑治大風癩瘡白花蛇一條先蒸糯米二斗缸底先安酒麴次將蛇以絹袋盛之頓於麴上後以糯飯頓於蛇上以紙封缸口候三七日開取酒將蛇去皮骨焙乾末每溫酒一盞調蛇末一匙服之仍以酒脚並糟做餅食之○烏蛇釀酒法亦同

瘰癧 頸前項側核如銀杏梅李也生胷脇腋下堅硬如石形如馬刀蛤曰馬刀瘡也蓋因味厚氣鬱與風熱毒蘊積而成肝膽主筋病則筋累累如貫珠寒熱焮痛孔竅相穿流汁氣血虛而痰熱相乘非斷慾絕慮淡食不治婦人多有之

梔子清肝湯 寶鑑治肝膽火盛耳後頸項胷乳等處結核腫痛寒熱柴胡二錢梔子酒炒牡丹皮各一錢三分赤茯苓川芎赤芍藥當歸牛蒡子各一錢青皮甘草炙各五分

海藻散堅丸 寶鑑治瘰癧馬刀堅硬形瘦潮熱及癭氣神麴四錢海藻昆布草龍膽蛤粉通草貝母白礬枯眞松蘿各三錢半夏二錢右末麥丸如菉豆葱白湯下三十丸或取末二錢溫酒調服

益氣養榮湯 寶鑑治懷抱抑鬱瘰癧流注日晡發熱或潰而不斂黃芪一錢五分人參白朮各一錢當歸酒洗川芎白芍藥酒炒生地黃陳皮香附子貝母各七分柴胡桔梗地骨皮甘草炙各五分煎服日二次

夏枯草散 寶鑑治瘰癧散結氣有補養厥陰血脉之功夏枯草末六錢甘草末一錢和勻每二錢茶清調下○又取一兩水煎服虛者多服兼十全大補湯方虛加香附子遠志貝母治瘰癧馬刀服退寒熱之聖藥

柴胡通經湯 寶鑑治少陽經分項側有堅核不潰名馬刀瘡桔梗二錢柴胡連翹當歸尾黃芩黃連並酒炒鼠粘子三稜甘草生各一錢紅花一分

外治法 寶鑑瘰癧日久成膿若腫高消軟面色痿黃皮膚壯熱上蒸膿已成鍼決核中追毒藥餅紙之用膏貼之夏枯草熬膏貼之○隔蒜灸麤尤妙

蟾酥膏 寶鑑蟾酥如大豆許白丁香十五枚巴豆肉五粒寒水石寒食麵各少許右各研合和再

研蜜丸如菉豆每一丸或二丸三丸入鍼竅中如未盡再納數丸以膿盡爲度

瘰癧膏 回春眞香油四兩象皮三錢熬熟去滓入官粉一兩五錢黃蠟三錢離火燒溫入孩兒茶一兩乳香没藥各三錢龍骨一錢五分血竭一錢攪匀以磁器收貯任意貼之

奇效膏 回春貼瘰癧未破内消已破則合眞香油一斤二兩大黃六兩入油煤焦濾去滓慢火下淨黃丹半斤慢火再熬滴水成珠下古石灰炒過五錢乳香没藥各四錢黃蠟二兩成膏用油單紙攤貼

琥珀膏 醫林治瘰癧及腋下初如梅子漸若連珠不潰或穿穴流膿不絶經久成漏琥珀一兩別研丁香木香各七錢五分木通桂心當歸白芷防風松脂朱砂木鼈子去殼各五錢麻油二斤右用琥珀丁香桂心朱砂木香爲末其餘並剉以油浸一宿於鐺中慢火煎候白芷焦黃漉出次下松脂末濾去滓再澄安鐺中慢熬下黃丹一斤以柳木篦不住手攪令黑色入水中成珠不散看硬軟得

濟衆新編　卷五　諸瘡　二十九

所入琥珀等末攪匀磁器盛紙上匀攤貼之

絲雲膏 寳鑑治瘰癧黃連大黃黃芩玄參黃栢木鼈子去殼各一錢細切用香油一兩同煎焦色去滓入松脂五兩再熬成膏濾入水中扯拔一如金色再熬放溫入猪胆汁三箇銅綠三錢醋浸一宿去滓攪匀攤貼如瘡口不乾加乳香没藥輕粉妙○又法夏枯草地榆各一兩甘草三錢蜜丸如菉豆米飲下

糝貼藥 寳鑑白膠香海螵蛸降眞香等分末糝患處外以水紙掩之一夕而退○未破者蜜蜂二十一箇蛇蛻七分五里蜈蚣二條端午前收者右用香油四兩熬成入光粉二兩以桑枝七條急攪候冷出火氣七日收貯攤紙上貼患處

洗傅方 寳鑑治瘰癧白芷荆芥煎湯溫洗拭乾貼膏藥膿汁出盡後半夏南星血竭各一錢輕粉少許末唾調傅之

一方 寳鑑治瘰癧烏鷄卵一枚穿頂納斑猫一箇紙封其竅蒸熟去猫日一服煎五積散傷寒下四五枚卽效

治瘰癧方 新增大蜘蛛四五箇浸香油三四合過六七日後和人中白末塗紙撚納瘡孔

生肌膏 新增治瘰癧及諸瘡油髮松脂黃蠟黃𤏡油枯礬乳香没藥血竭香油右先以香油煎髮熔化後去滓和諸藥末磁器收貯塗舊藍貼瘡

毒腐散 新增治連珠瘰癧砒礵蟾酥各一錢巴豆去油白丁香輕粉各五分麝香大蜘蛛蛇含草石雄黃各四分糯米三錢青黛水浸石黃蠟松脂香油調付

一方 新增治同上巴豆去油大黃人中白各一錢石雄黃乳香没藥砒礵輕粉各五分白丁香三分大蜘蛛一箇爲末糯米糊和付○一方連珠久不合以入吐蛔蟲乾爲末糝之

癭瘤 氣血凝滯結爲五癭六瘤决不可破破則殺人有脂瘤决去脂則愈癭因憂恚傷心肺多頸項肩瘤

濟衆新編　卷五　諸瘡　三十

因勞慾邪氣乘經虛隨處有之初起十六味流氣飲癰疽

疳瘻 多項腋及陰僻肛門間失治生寒熱凡癰疽有宿膿朽骨停蓄爲漏治法急空溫散風冷收水次之生肌又次之○隔蒜灸法癰疽佳

蜂房散 寳鑑治久年漏瘡露蜂房炙黃七錢五分穿山甲焦龍骨各二錢五分麝香少許右末臘猪脂調付

雄黃膏 寳鑑治積年冷瘻黃水不止頭髮灰黃蠟各五錢雄黃硫黃研細各二錢五分和匀用香油二兩熬成膏貼之

六精膏 醫林治漏瘡久不愈濃汁淋漓成血不合殺蟲妙眞油二兩童子亂髮明松脂各一錢五分蛇脫皮四寸黃蠟四錢白清三錢右先將清油亂髮蛇皮用磁器盛熬亂髮色黃爲度次下三物以柳枝不住手攪凝如清蜜磁器貯紙撚塗塞

熏洗方寶鑑艾葉五倍子白膠香苦練根等分剉於桶内燒坐其上熏之○白芷露蜂房或大腹皮苦參煎湯熏洗拭乾取東向石榴根皮末乾糝殺蟲○凡漏瘡多穢惡常洗淨忌洗生水

取朽骨方寶鑑久疽及痔漏中有朽骨空取去之烏骨鷄脛骨砒礵實之鹽泥固濟火煅通紅取出去泥研爲末飯丸如粟米以紙撚入竅内外用膏藥封之其骨自出

取漏蟲法寶鑑取活鱔魚數條令盤屈以竹簽串定香油塗上下覆瘡上以布巾繫定良久痒痛不可忍取鱔入水中有蟲如線出焉未盡再覆蟲盡後以艾湯入白礬洗淨黃連檳榔末糝付治臁瘡

治心漏方寶鑑胷前有孔常出血水人多不知鹿茸酥炙附子炮鹽花等末棗肉丸如梧子空心酒下三十丸

疥癬乾疥皮枯屑起濕疥焮腫痛流汁易於傳染○乾癬搔生白屑濕癬狀如蟲行搔之汁出○蓋血分

熱燥致風毒皰皮浮淺爲疥深沈爲癬疥多挾熱癬多挾濕○凡疥痛加寒水石痒加貫衆微痒加蛇床子有蟲加雄黃喜熱加硫黃○久不愈防風通聖散風○何首烏陳艾等分煎洗○冬瓜藤煎洗○溫泉浴之妙○濕癬牛糞燒存性眞油調塗

一上散寶鑑治疥癬痛痒蛇床子炒黑狗脊鯽貫白膠香寒水石各一兩枯白礬黃連各五錢雄黃三錢五分硫黃吳茱萸各三錢斑猫十四箇去翅足右末臘猪脂或香油調先以蒼耳煎湯洗去痂後掌中擦藥令熱鼻中嗅二三次却擦瘡上一擦卽愈

一掃光回春治疥瘡枯礬一兩硫黃七錢五倍子花椒各五錢砒礵二分香油煎鷄子令熟去鷄子只油調藥末付之

秦礬散新增治疥瘡秦艽藍漆各一錢五分羌活黃丹各一錢胆礬水銀各五分右末香油調塗

解毒散新增治濕癬黃丹三錢枯礬石雄黃乳香沒藥白芷王不留行人中白輕粉各一錢胆礬

辰砂各五分右末糝

癩頭瘡頭上生瘡如癩鹽湯溫洗服防風通聖散風

酒歸飲寶鑑治頭瘡酒當歸白朮各一錢五分酒芩酒芍藥川芎陳皮各一錢酒天麻蒼朮蒼耳各七分五里酒黃柏酒甘草各四分防風三分水煎日三服服後穩睡片時

陰蝕瘡濕陰瘡腎虛風濕乘之成瘡汁出○姤精瘡下壯年久曠慾動敗精流莖生瘡○陰蝕瘡又名疳瘡熱結下焦經絡澀滯或婦人有宿精或月水時交合房勞後不洗莖睪腫痛尿如淋久蝕潰膿屬肝經龍膽瀉肝湯肝八正散小潰後八物湯虛加柴胡梔子知母

消疳敗毒散寶鑑專治下疳瘡柴胡一錢五分黃柏赤芍藥赤茯苓木通草龍膽各九分連翹荊芥黃連蒼朮知母各七分防風獨活各六分甘草三分燈心一團

洗疳湯寶鑑治下疳瘡川練子黃連尾松川椒葱根艾葉等分煎水以青布蘸洗立效○黃柏以

磁鋒刮取末蛤粉右等末糝上名柏蛤散治下疳濕瘡

七寶檳榔散醫林治玉莖上生瘡漸至蝕透檳榔石雄黃輕粉黃柏密陀僧黃連朴硝右細末和匀先以葱白漿水洗淨軟帛拭乾如瘡濕乾糝瘡乾少油調傅

麝香輕粉散醫林治疳蝕瘡乳香白礬各一兩輕粉五錢麝香五分右末每用一錢乾塗之○一方輕粉麝香各五分又有沒藥一兩

銅綠散寶鑑治男女陰濕瘡蟲蝕瘡五倍子五錢白礬一錢乳香銅綠各五分輕粉二分五里右末洗後糝之

臁瘡生於兩脚腫爛臭穢三陰虛也八物湯虛先取蟲後貼膏○生臁骨上肉少皮薄故爲重○風熱濕毒鹽湯或葱白湯洗之次付黃蠟膏或連翹敗毒散癰

馬齒膏寶鑑治臁瘡馬齒莧煎取汁一釜入黃蠟五兩再熬成膏塗之

黃蠟膏寶鑑治內外臁瘡香油一兩入油髮如梅大熬消化入白膠香三錢黃蠟一兩熔化入龍
骨赤石脂血竭末各三錢攪勻候冷盛磁器每用捏作薄片貼瘡上綃帛縛定三日後翻過貼之

洗藥寶鑑治臁瘡以海桐皮石榴皮煎湯洗後牛蒡子五錢末燒熏之無海桐代地骨皮○又槐枝
葱白川椒湯淋洗乃貼膏藥○蠡魚腸以五味火上炙貼蟲出卽去之

凍瘡冬月凍傷成瘡流水○耳爛貝母末乾糝○足爛黃丹猪脂調付○足跟瘡潰川椒湯洗刮去腐肉
針刺出血馬勃調牛髓付之○五倍子煎洗○免雀腦生付○生附子末麵水調付凡凍瘡皮爛不
可忍大黃末井水調付立效

臘享膏寶鑑治凍瘡松脂黃蠟各三兩七錢五分猪脂猯油各二兩五錢香油二合半海松子油
一合右各煉去滓和合成膏先以藥水洗後塗之

湯火瘡湯燒傷卽急向火炙強忍一時不痛忌冷物冷水熱毒不出側柏葉搗付○生胡麻搗付○柴

濟衆新編　卷五　諸瘡　三十三

灰白蜜調付○火燒瘡好酒洗之付鹽○熱酒傷糯米粉炒黑酒調付○瘡皮脫者阿膠酒熬付之○
湯火熱油傷白蜜塗竹膜付之○醋泥或醬汁付之無痕○水中青苔付之○黃柏煎洗又末油調
付○黑大豆煎服○西瓜灰香油調付○水溝泥付之○新增經驗冬栢油塗之神效○陶器細末
香油調付○針刺瘡邊紅暈

漆瘡生蟹黃付之○石蟹汁塗之○芒硝湯冷洗○井中苔搗付○生薑汁付之○鷄子黃付之○韭葉
研付○紫蘇葉搗擦○人乳塗之○柳枝葉煎洗○芥子喫之

月蝕瘡小兒多有生耳後隨月盛衰胡粉炒黃枯礬黃丹黃連輕粉各二錢乾臙脂一錢麝香少許爲
末香油調塗○黃連枯白礬末付之

內疳瘡生口上腭初如蓮花根小而垂大以刀決其根鐵烙止血雄黃輕粉粉霜白芷白斂等末付之

諸般惡瘡諸般遍身瘡及惡瘡出膿血痛痒升麻葛根湯合人參敗毒散寒症加天麻蟬殼生地黃麥
門冬

祛毒湯回春治一切無名腫毒初起大黃三錢半生半炒貝母穿山甲土炒成珠殭蠶各二錢水
煎用好酒一盞攪勻空心服渣滓再煎一服以利爲度

三白散回春治一切腫毒諸瘡疼痛白芨白斂各一兩白礬五錢右末入水碗中卽洗底外用桑
皮紙拖水搭於患處熱則再易直待腫處冰冷將藥敷上立消

追毒膏回春治諸般惡瘡及無名腫毒芙蓉葉白芨各四兩孩兒茶二錢青木香沒藥各一錢唐
木香乳香各五分血竭一分右末和勻臨用看瘡大小以生蜜調塗患處以綿紙付之不過三五
次卽消

磨風膏醫林治頭面五發瘡腫疥癬湯火破傷磨風止痛滅瘢痕大瓜蔞二兩瓜蔞根一兩白附
子白芍藥白茯苓零陵香白芨白斂白芷白檀升麻細辛藿香黃芪甘草杏仁去皮尖各五錢腦

濟衆新編　卷五　諸瘡　三十四

二錢五分黃蠟六兩芝麻油一斤右先藥十四味剉油內浸百日於臘日慢火木炭上銀石器內煎
至白芷微焦黃離火入瓜蔞二味着內煮百沸重綿濾去滓再慢火上煉油香下黃蠟熔開爲度傾
在磁器內收上糝腦子密封旋用塗之

乳香蠟油膏醫林治癘瘡久不差杏仁去皮乳香各三錢硫黃輕粉各一錢五分黃蠟五錢
麻油一合右細末先熬油沸入蠟熔盡次入諸藥煎攪成膏冷地出火毒磁器收用

大黃膏寶鑑治腫初結大黃當歸黃栢等分右末地黃汁和塗之

紫草膏寶鑑治熱毒瘡紫草茸黃連黃栢漏蘆各五錢赤小豆末菉豆粉各一合右末猪脂或清
油調日三付之

一掃光寶鑑治小兒頭瘡及多虱子瘙痒成瘡膿水不止牙皂川椒各二錢研細細茶水銀各一
錢右末油調擦上

黃蠟膏寶鑑治諸瘡能生肌香油黃蠟松脂各等分右熔化待凝貼之加油髮灰尤妙

洗藥方寶鑑治諸般惡瘡黃栢茵蔯荊芥葱白藿香煎水淋洗妙○洗諸般惡瘡毒艾葉細茶葱白柳枝桃枝川椒濃煎湯入鹽頻洗

殺蟲方寶鑑治惡瘡有蟲龍骨虎骨白礬露蜂房各二錢五分碙砂雄黃土蜂房各二錢膽礬輕粉乳香各一錢麝香五分片腦一字右末藥水洗後付之神效○諸瘡殺蟲檳榔五錢黃連二錢五分穿山甲五片燒灰麝香一字右末茶清調塗○諸惡瘡有蟲須用斑猫藜蘆

生肌散寶鑑治一切瘡斂口大效寒水石煅滑石各一兩烏賊骨龍骨各五錢密陀僧枯白礬乾臙脂定粉各二錢五分右末乾糝瘡中妙

天疱瘡方新增紫金丹䃃五錠水銀五錢朱砂雄黃各一錢龍腦三分右末棗肉丸如菉豆每十一丸空心熟水呑下五日

一方新增治新舊天疱瘡槐花三錢輕粉二錢朱砂川芎當歸妙白芷各一錢血竭乳香没藥皂角刺孩兒茶石雄黃各五分丁香四分牛黃二分龍腦一分麝香少許觀其病輕重加減右末棗肉米粉打糊丸如菉豆土茯苓煎湯下

一方新增治年久漏瘡及天疱瘡白蠟一錢五分作薄片入水銀碎作粉一錢無名石銅綠石雄黃各等分百草霜倍入捲藥末作紙撚三四箇真油燈引火口含冷水熏鼻孔

青雲生肌膏新增去惡瘡水銀桂皮燒存性各一錢朱砂三分黃蠟松香各一兩真油一合半右同煎成膏

黃雲出毒膏新增治同上蠐酥砒礵龍腦黃丹輕粉巴豆各等分乳香倍入右末真油調用

神聖散新增治諸般惡瘡及無名腫毒及天疱等瘡枯白礬石硫黃各一錢五分黃丹一錢三分朱砂一錢胡桐淚三分輕粉唐麝香各一分五里右末白芨糊作錠納于瘡孔能生肌合瘡

灸瘡方新增灸瘡不合人糞燒存性真油調塗

齒距瘡方新增一婦人口內齦交穴生贅肉長寸餘妨礙飲食房勞則痛不可堪百藥無效烙亦復出得燕京醫方神驗其方莞花煎湯浸線一宿取線繫其贅根勿緊待二三日則贅色青黑耍緊扎之自落試於他贅亦神效

煮線方新增治瘻瘤及痔根細者莞花五錢勿犯鐵壁錢二錢同細白線三錢并入小磁罐內水一碗慢火煮至湯乾取線陰乾雙扣活繫使易解扎於病根蒂兩頭留線日日漸緊扎以病處紫黑冰冷爲度輕者七日重者十五日自然枯落後用珍珠輕粉韶粉水片爲散收瘡口爲妙一人股間有肉刺用此線扎之自落

諸瘡中風水發腫痛鯉魚目及諸魚目燒灰研付汁出即愈○川椒一升和麪作餅灰火煨熟封瘡上冷則易付出水瘥○桑灰水漬之○葱白連鬚煎洗或煨研付之又韭白搗爛熱付以

帛扎定冷則易付出水瘥

諸傷

金瘡止血生肌合瘡藥白膠香老松皮白芷血竭爲末付之或血竭末付之又黃丹白礬末付之又黃丹滑石末付之

救急方寶鑑金瘡及諸傷重痛悶欲死取牛一隻割腹納其人可甦○又熱尿多灌即甦童尿尤好

箭鏃金刃中脉不出鏃及鍼入肉象牙屑和水塗上鼠腦塗之螻蛄汁頻塗磁石着上

攧撲墮落壓倒傷如氣絶急擘開口灌熱小便以袖掩口鼻候開眼蘓合香元臘五丸熱湯或童便下

杖瘡即服童便好酒各一鍾合而温服免血攻心實者鷄鳴散下之虛者當歸鬚散○外治擣葱熱付○

片豆腐藍水煮熱付豆腐色紫換之至色淡爲度鳳仙花連根葉搗付○蘿蔔搗付

馬驢騾咬踢傷 獨顆栗或栗嚼付又燒灰貼付○艾灸傷處○雞冠熱血塗或浸之○取其尿洗瘡以糞塗之又飲糞汁

犬傷 人尿洗淨胡桃殼半邊填滿人尿掩瘡上著艾灸之殼焦尿乾易之連日至三五百壯○杏仁嚼付○狂犬傷蚯蚓糞封之○虎牙及頭頸骨末酒調服○狂犬咬人發狂如犬吽蝦蟆膾食之

猫鼠咬傷 猫傷薄荷葉嚼付○虎骨及毛燒末塗之○鼠傷取猫毛燒灰入麝香少許津調付或單麝香塗之

蛇咬傷 雄黃末付之萵苣汁和付○白礬火熔滴瘡○蒼耳葉汁酒和服滓付○人尿洗後人唾及齒蚯塗之○人屎付之

蜈蚣咬傷 取蜘蛛置咬處自吸其毒烏雞血及屎塗之○人頭垢塗之○鹽湯漬之○蝸牛汁付之

蜘蛛咬傷 羊乳飲之○飲酒大醉○雞冠血塗之○韭白搗付蔓菁子研油調付

蚯蚓傷 鹽湯飲○又洗之○石灰水浸之○雞屎付之

蠼螋傷 烏雞翎燒灰雞子清調付○猪脂苦酒和付○鹽湯洗之○犀角磨汁付之

蜂叮傷 搗芋莖付之○嚼青蒿付之○雄黃醋磨付之○醬付之○蜂房末猪脂和付

壁鏡傷 壁鏡咬毒人必死桑灰淋濃汁調白礬末付之○雄黃末醋和付之

夏月雜色毛蟲傷 致一桃清油半盞同搗厚付經一宿埋地一藥之白芷湯洗後烏賊骨末付之○伏龍肝醋和作團搓轉傷處其毛皆出○麝香付之○蒲公英汁付之○馬齒莧搗付

簽刺傷 鹿角燒末和水塗之○栗楔生嚼付之○人頭垢付之○羊屎燒灰和猪脂付之○烏雄雞搗付○魚骨在肉中不出嚼吳茱萸封之又海獺皮煮服○鐵棘竹木刺鼠腦厚付

人咬傷 成瘡龜板或鱉甲燒灰油調付

鷄鳴散 寶鑑 治金刃傷打撲傷血瘀凝積煩悶欲絕大黃酒蒸五錢當歸尾三錢桃仁二七粒研酒煎鷄鳴時服次日下瘀血即愈治折傷妙○花蘂石散治一切瘀血內服外摻效花蘂石四兩硫黃一兩右末入一瓦罐內鹽泥固濟安塼上火煅經宿候冷研細每一大匙童便入酒煎熱調服之

當歸鬚散 寶鑑 治打撲損傷致氣凝血結胷腹脇痛當歸尾一錢五分赤芍藥烏藥香附子蘇木各一錢紅花八分桃仁七分桂皮六分甘草五分酒水相半煎服

二生膏 寶鑑 治折傷手足生地黃一斤生薑四兩右搗爛入酒糟一斤炒熱布裹罨傷處熨之傷筋損骨神效○傷損臂臼脫出腫痛生地黃搗爛攤油紙上次摻木香末一層又攤生地黃貼患處○治折傷筋損骨生地黃取汁好酒服日二三次又搗爛蒸熱封傷處一月筋骨連續

化瘀散 寶鑑 治杖打重血上攻心煩悶蘓木當歸尾各三錢大黃紅花各二錢右末每三錢溫酒童便調服

軍中一捻金 回春 治金瘡傷破出血並狗咬要端午日石灰不拘多少炒研生韭菜連根同搗作餅陰乾爲末摻上止血生肌千年古石灰尤妙

鬱金膏 回春 治一切腫毒杖瘡鬱金四兩生地黃入猪油一斤內煎枯去渣入黃蠟八兩化開入韶腦一兩磁確收貯每用一兩加官粉二錢熔化攪勻攤油單紙上貼之神效

解毒 諸中毒不省多灌香油以羽探吐○芒硝煎甘草湯調服利之○甘豆湯並解百毒神效

蠱毒 門戶屋樑無塵潔淨必畜蠱家也食其家枚一匙在手後食之○紫金丹解蠱毒

砒礵毒 飯中得易治酒中得難治毒在膈上瓜蒂末吐之在腹紫金丹下之○臘猪膈水和服○生菉豆汁服之○人糞汁灌之○猪狗羊鷄鴨血飲之○藍根汁和水調砂糖服之○稻稈灰和水作淋飲之

菌毒 夜有光者煮不熟者煮訖照人無影者皆有毒蓋夏秋有毒冬春無毒地漿飲之人屎汁飲之人頭

荷葉汁及末和水服○蕎頭煮汁飲之○多飲香垢和水服吐之○吐瀉不止雀舌末井水調服

油○楓菌食之笑不止而死地漿人屎爲妙○六畜及鵝鴨熱血飲之

河豚毒 卵尤毒必死蘆葦根汁或人屎汁或香油多灌吐出○白礬末白湯下○白扁豆末积水服羊蹄葉擣汁飲之

川椒毒 戟喉氣欲絶喫大棗三枚○閉口椒尤毒下白沫身冷痺飲井水一二升桂皮煎飲地漿黑豆汁人屎多飲

巴豆毒 大吐瀉煩渴發熱黃連黃栢煎服○黑豆煮汁飲之寒水石磨水服菖蒲或葛根擣汁飲之○冷水浸手足藍根砂糖擣爛和水服○忌食熱物

附子天雄川烏草烏毒 中附子天雄川烏毒心煩悶頭岑岑然遍身皆黑必死菉豆黑豆汁冷服甘豆湯煎服○棗肉飴糖食之多飲井水令吐瀉○中草烏毒麻痺暈悶甘豆湯飲之又

生薑汁飲之○童便飲之○黃連煎服

躑躅半夏芫花甘遂毒 躑躅毒梔子煎飲○半夏毒生薑汁乾薑汁飲之○芫花毒桂皮煎服又甘草防風煎飲○甘遂毒黑豆汁飲之

海菜毒 多食傷人腹痛發氣吐白沫飲熱醋卽安○凡海菜傷皆同此法

馬毒 開剝死牛馬中毒遍身生紫疱俱潰服紫金丹○凡瘡馬汗馬毛馬氣皆害○馬汁入瘡毒氣攻心燒粟稈灰淋汁熏瘡白沫出卽癢○生馬血入人肉中害人○馬汗毒引入如紅綫以鍼刺瘡口出血烏梅和核研爛和醋付之○馬汗及毛入瘡○冷水浸瘡飲好酒○驢涎馬汗成瘡烏頭末付之馬毒月經塗之

諸獸肉毒 六畜肉毒犀角磨汁一碗飲之○食馬獸六畜毒黃栢末二三錢水調服○食自死鳥獸肝毒人頭垢一錢熱湯和服○食猪肉毒生韭汁飲之燒猪骨末和水服又和犬屎燒灰酒和服○凡

肉盛密器蓋之隔宿名鬱肉又茅屋漏水沾濕脯名漏脯皆有毒多飲人乳又燒犬屎或燒人屎和

酒服○食牛馬肉及肝中毒先剉頭髮令寸長拌好土作漿泥二升合和飲之須臾髮皆貫所食物

出○中馬肉毒杏仁三兩香豉二兩和蒸一炊久熱杵服又多飲清酒卽解○食狗肉不消心下痞

服口乾發熱安語煮蘆根汁飲之又杏仁一升去皮研水三升煎去滓分三服下血片爲效○中牛

羊肉毒煮甘草汁服一二升○中生肉毒地漿飲之

諸禽肉毒 食鵝鴨肉毒糯米泔或温酒飲之秫米水研汁飲之○中雉肉毒吐下犀角末和水服又水磨服○食中毒箭死鳥獸肉及野鳥肉中毒狸骨燒灰和水服又黑豆汁藍葉汁飲之

魚蟹毒 食魚中毒煮魚膾飲之冬苽汁飲之海獺皮煮汁飲之鮫魚皮燒灰和水服○蟹毒藕汁冬苽汁煮蒜汁飲之紫蘇煎飲○鱸魚鯸鮧毒蘆根蔗服○蟹毒食蟹○食膾不消飲薑汁服爪蒂末採吐久成癥瘕取水中石子數十燒赤投五升水中七次熟飲○魚肉不消成積狗屎燒存性末和酒

服日三○服天門冬後食鯉魚中毒浮萍草服而解之

苽果毒 過食苽果腹脹氣急桂心末五錢麝香少許飯丸如菉豆水下○百菓毒多飲香油吐之又地漿藍汁甘草汁飲之○苽毒石首魚煑汁服之桃毒桃梟燒末和水服

燒酒毒 過飲面青口噤不省甚則腐腸穿脇初覺脫衣推身轉之無數吐之卽甦又以温湯淋洗一身常令温煖若灌冷水卽死○生苽及蔓取汁開口灌之不住又碎冰納口中及肛門又葛根汁灌口則愈

豆腐毒 過食腹脹氣塞井水多飲若飲酒卽死毒甚生瘡噫氣遺精白濁蘿葍煎飲杏仁水研飲之米泔水飲之

麵毒 熱麵毒蘿葍汁飲之無則取子水研飲之又地骨皮煑汁飲之又赤小豆末和水服

誤吞水蛭鼠涎 面春誤吞水蛭宜食蜜又田泥丸如櫻桃每一丸白水下蛭抱泥同下○一男

子誤吞鼠涎低頭向暗處藏身不言問亦不答飲食俱背人竊食以爲中邪用三牲祭之問其物經宿
其妻食之病亦如之皆中鼠涎毒也以吳茱萸塞猫口取猫涎將吳萸令夫妻服之卽愈

烟熏毒 煙熏人迷悶不省生蘿蔔汁飲之○炭熏頭痛蘿蔔汁子水研飲亦可

石藥毒 中石藥毒人參煎服又服防服之又白鴨屎末和水服

艾毒 艾葉久服毒發熱氣上衝狂躁不禁攻眼有瘡甘豆湯冷服藍葉汁菉豆汁飲之

菜蔬毒 諸菜毒發狂或吐下葛根煎服生汁尤佳○○烏雞屎燒末和水服香油多飲甘草湯煎服○○菜
蔬魚肉毒苦參三兩苦酒一升煎服吐出卽愈

杏仁毒 誤食雙仁必死藍葉汁飲之又藍實水研取汁飲之又地漿香油多灌

誤吞金銀銅鐵鉛鍼錢木屑 回春誤吞金銀銅鐵等物不化砂仁濃煎服其物自
下○誤吞銅錢銅物多食胡桃肉或荸薺其銅自爛○誤吞鍼蠶豆煮熟同韭菜吃下鍼從大便出

濟衆新編　卷之五　解毒　四十一

○誤吞木屑搶喉不下欲死鐵斧磨水灌下○一婦人將燒酒貯錫壺經旬服中鉛毒陳土水入甘
草湯服愈

鹽滷毒 景岳凡婦女服鹽滷垂危者急取活鴨或雞斬頭將塞口中以熱血灌之可解若飲滷多必數
隻方盡收其毒

甘豆湯 寶鑑解百藥百物毒甘草黑豆各五錢水煎取汁溫冷任意服之○或加竹葉或加薺苨
九效

內局**太乙紫金丹** 寶鑑一名萬病解毒丹治蠱毒草木諸肉毒山嵐瘴氣諸藥金石毒鳥獸百蟲
一切毒蚊蛤去蟲土三兩山茨菰去皮焙二兩大戟洗焙一兩五錢續隨子去皮油一兩麝香三錢
右末糯米粥和句搗作四十錠每服半錠重者一錠並薄荷湯下○自縊落水鬼迷驚死心頭溫者
並冷水磨灌卽醒○蛇犬諸惡蟲傷以酒化服又水磨塗傷處○加石雄黃一兩朱砂五錢名化王樞
丹治同

救急 危病有十一霍亂二纏喉風三吐下四中砒礵毒五尸厥六中惡客忤七脫陽八鬼魘鬼
打九孕婦橫逆産十胎衣不下

脉法 中惡之脉緊細易治浮大難痊脉至如喘名曰暴厥

中惡 中惡客忤凡人暮夜登厠或出郊或遊空冷室忽見鬼物口鼻吸著驀然倒地厥冷握拳口鼻出血
或心腹絞痛脹滿氣衝與尸厥同但腹不鳴心腹煖切勿移屍卽令衆人圍繞打鼓燒火或燒麝香
安息香候醒方移先用銅器或尾器盛熱湯用厚衣襯腹上熨之冷則易蘇合香元臘薑湯或溫酒
或童便下三丸且用備急丸○急取半夏皂角末吹鼻心頭溫可活又麝香一錢研和醋服又生薑
汁醇酒各半盞同煎百沸服又韭汁灌口鼻又菖蒲汁灌之又灸臍中百壯

尸厥 卽中惡之類凡吊死問疾或入墓登塚卒中邪惡與臟氣相忤忽然逆冷頭面青黑牙關緊急昏倒

濟衆新編　卷五　救急　四十二

如尸但氣不絕脉無倫或乍大乍小或微細不見心胸煖是也竹管吹兩耳卽甦急取蘇合香元臘
溫酒或薑湯調下又還魂湯煎灌又菖蒲汁灌之又附子炮一枚末酒煎分二服或薑汁半盞酒一
盞煎百沸灌之

還魂湯 寶鑑一名追魂湯主中惡尸厥暴死客忤鬼擊飛尸奄忽口噤氣絕麻黃三錢杏仁二十
五粒桂心甘草各一錢煎服口噤者斡開口灌之藥下立甦○凡尸厥鬱冒卒死卒中之類皆當發
表

鬼魘 鬼魘鬼打之症人到客舍館驛及入無人居冷房睡中爲鬼所魘吃吃作聲而不醒令人叫喚不急
救卽死痛咬其足跟及大拇指甲邊並多唾其面卽活仍用筆管吹兩耳又取半夏或皂角末吹鼻
若元有燈不可吹滅如無燈切不可用燈照○夢中被刺或被打諸般不祥忽然吐衄下血甚者九
竅出血升麻獨活續斷地黃各五錢桂皮一錢爲末每二錢白湯調下

雄朱散〔寳鑑〕治鬼魘。牛黃雄黃各一錢朱砂五分右末每挑一錢於床下燒之次挑一錢以酒調灌之

鬱冒卒死鬱冒者亦名血厥婦人多有平居無疾忽如死人身不動不知人目閉口啞或但如眩冒移時方寤此由汗多血少氣并于血陽上氣壅藜蘆瓜蒂雄黃白礬等末少許吹鼻○卒死者乘年之衰逢月之空失時之和因賊風所傷是爲三虛暴病卒死或火氣入臟則卒死○凡卒死者口張目開手散遺尿爲虛宜補氣目閉口噤手拳爲實宜發表○赤色出兩顴病雖愈卒死黑色出額雖不病卒死○暴亡者心腹溫鼻微溫目中神彩不轉口中無涎舌與陰卵不縮可活雄雞冠血頻塗其面或滴鼻中又牛黃清心元飄蘇合香元隤薑汁或溫酒童便調灌又半夏或皂角末吹鼻又牛黃或麝香一錢溫酒調灌○驚怖卒死溫酒灌之甚佳

白薇湯〔寳鑑〕治鬱冒白薇當歸各一兩人參五錢甘草二錢五分右麤末每五錢煎服

内局 **備急丸**〔寳鑑〕主諸卒死暴疾百病及中惡客忤鬼打面青口噤氣絶大黃乾薑巴豆霜各一兩爲末蜜丸如小豆三丸熱酒下口噤以酒化下即活或溫水下亦得

脫陽凡大吐瀉後元氣不接四肢逆冷面黑氣喘冷汗出外腎縮不省人事須臾不救與傷寒陰陽易同症桂枝二兩好酒煎服又連鬚葱白三七莖酒煎服又生薑一兩研酒煎服又葱鹽爛擣炒熱熨臍下氣海

大固陽湯〔寳鑑〕治脫陽不省大附子一枚炮切作八片白朮乾薑炮各五錢木香二錢五分水煎去滓放冷灌服須臾又進一服神效

救凍死四肢強直口噤只有微氣者用炒灰囊盛熨心上冷則易口開氣出後溫粥或溫酒薑湯灌之若不先溫其心便將火灸則冷氣與爭必死矣又用氈或藁薦裹之以索繫定放平穩處兩人對面輕輕衮轉四肢溫和即活也

救餓死若累日不得食飢困將死者頻契飯及肉死先以稀粥清稍稍嚥下令咽腸潤過一日頻與稀粥過數日乃與軟飯

絞腸沙見霍亂

入井塚卒死凡入枯井古塚先以鷄鴨毛投之直下則無毒若徘徊不下則有毒當以酒灑其中久乃入○夏月淘井多致殺人古塚及深井中皆有伏氣若入則令人冒悶奄忽而死即取井水噀面又調雄黃末一二錢服之轉筋入腹痛欲死者使四人捉住手足灸臍左二寸十四壯又生薑一兩酒五盞濃煎頓服又醋煮衣絮裹轉筋處又濃煎鹽湯浸手足洗胷脇即甦

蛇入七竅蛇入耳鼻口中捉不出急以刀傷蛇尾納川椒或胡椒二三粒裹着即出又以艾灸蛇尾即出後用雄黃末調人參湯服制蛇毒○人卒爲蛇繞不解以熱湯淋之無湯令人尿之即解

雜方

内局 **芙蓉香**〔寳鑑〕沉束白檀香各二兩零陵香甘松香茅香各一兩丁香三乃子八角香各七錢小腦五錢白芨四兩或五兩右末水和撚作條陰乾燒之○〔内局〕芙蓉香每一封入白檀香沉束各一兩六錢丁香五錢八角香三乃子各四錢二分五里小腦草各二錢三分五里零陵香甘松香各一兩二分白芨八錢作炷用

内局 **衣香**〔寳鑑〕茅香蜜炒一兩白芷五錢沉束白檀香零陵香甘松香八角香丁香三乃子各二錢並麤末入小腦二錢作貼加龍腦尤好置衣箱中○〔内局〕衣香每一封入白檀香沉束丁香各九兩零陵香甘松香三乃子八角香小腦草各七兩六錢龍腦一錢作封用

内局 **六香膏**〔寳鑑〕治冬寒凍傷皸瘃白檀香沉束丁香零陵香甘松香八角香各一兩爲末入三升蜜中浸之封口經七日或十日取出微溫下篩去滓入三乃子五錢小腦三錢冬瓜仁七兩或十兩攪句再下篩貯器中用○其滓作團火燒甚佳此謂江梅香○〔内局〕白清一斗以柳木箆不住手攪入

冬瓜仁末八兩六錢三乃子末二兩小腦末一兩龍腦末一錢和勻用

神仙太乙膏 內局
寶鑑 玄參白芷當歸官桂赤芍藥大黃生地黃各一兩浸麻油二斤春五夏三秋七冬十日慢火煎令白芷焦黃色去滓下黃丹一斤極攪勻滴水成珠候凝作片聽用

萬病無憂膏 內局
回春 治一風寒濕氣所傷跌撲傷損皆貼效及治一切無名腫毒便貼即消已成能止痛長肉生肌川烏草烏大黃各六錢當歸赤芍藥白芷連翹白蘞白芨木鱉子烏藥官桂各八分桃柳桑槐棗枝各四錢加苦參皂角各五錢右剉用真香油二斤浸藥一宿用火熬至藥焦色以生絹濾去滓不用將油再熬一滾入飛過黃丹十二兩炒過陸續下槐柳棍攪不住手滴水成珠爲度離火次入乳香沒藥末各四錢攪勻收貯退火毒聽用一方加蘇合香二錢尤妙

神異膏 內局
寶鑑 露蜂房杏仁各一兩黃芪七錢五分蛇退鹽水洗淨玄參各五錢亂髮鷄子大香油十兩黃丹五兩右先將油及髮銚中熬候髮烊盡入杏仁候杏仁黑色綿濾去滓乃入黃芪玄參熬

一二時稍停入蜂房蛇退攪熬至紫黑色又濾去滓慢火熬下黃丹急攪千餘轉滴水不散膏即成磁器收貯治諸般癰癤毒

雲母膏 內局
寶鑑 雲母焰硝甘草各四兩槐枝柳枝陳皮桑白皮側柏葉水銀各二兩川椒白芷沒藥赤芍藥官桂當歸鹽花黃芪血竭菖蒲白芨芎藭木香白蘞防風厚朴麝香桔梗柴胡松脂人參黃苓蒼朮草龍膽合歡乳香附子茯苓高良薑各五錢黃丹十四兩淸油二斤八兩右除雲母焰硝血竭沒藥乳香麝香黃丹鹽花餘藥剉浸油中七日後文火煎候白芷附子焦黃色以布絞去滓再熬後下黃丹等八味末以柳木篦不住手攪直至膏凝滴水成珠爲度傾在磁器內彈水銀在上每用刮去水銀凡癰疽瘡腫外貼內服神效

蛇油丸 內局
內局 治瘰癧及飲酒熱痰或痰腫或熟痰成積或癃疾或小兒蛔蟲等症藥蛇去頭尾如法取油菉豆水浸去皮晒乾作末右蛇油二升菉豆粉一斗和勻入酒少許作丸如菉豆薑湯或溫

造煎藥法 內局

酒吞下此藥性凉虛冷者不可服

寶鑑 白薑五兩桂心二兩丁香胡椒各一兩五錢爲末大棗蒸去核取肉爲膏二鉢一三鉢爲阿膠煉蜜各三鉢右先熔膠次入棗蜜消化乃入四味藥末攪勻煎微溫下篩貯器待凝取用甚佳〇內局以白淸一斗阿膠一斗二升先煎熔化和勻後入桂皮末六兩官桂末六錢乾薑末一兩四錢胡椒末五錢丁香末三錢大棗肉八合攪勻再煎數沸磁器收貯候凝用之

造神麯法 內局
寶鑑 六月六日謂諸神集會之辰故名爲神麯或此日修合三伏內上寅日踏麯亦可〇帶麩白麵（[illegible]）二十五斤〇蒼耳（[illegible]）自然汁一升〇野蓼（[illegible]）自然汁一升三合〇青蒿（[illegible]）自然汁一升〇杏仁（[illegible]）去皮尖雙仁搗如泥一升三合〇赤小豆（[illegible]）煮熟搗如泥一升右共修合踏麯

法製半夏
寶鑑 大半夏一斤石灰一斤滾水七碗入盆內攪掠澄淸去滓將半夏浸之手攪日

晒夜露七日撈出井華水洗淨三四次泡三日每日換水三次撈起控乾用白礬八兩皮硝一斤滾水七八碗入盆內攪掠浸半夏七日日晒夜露取出水洗三四次泡三日每日換水三次取出控乾入甘草薄荷各四兩丁香枳實木香白薑陳皮青皮枳殼五味子縮砂各五錢白豆蔻官桂各三錢洗香一錢右切片滾水十五碗將半夏同藥共入盆內泡二七日日晒夜露攪之日足取出藥與半夏用白布包住放在熱炕用器皿覆住三炷香時藥與半夏分胎半夏乾收用有痰火者及有痰疾中風不語者神效

解鬱氣
寶鑑 凡久閉空房不宜輒入先以香物及蒼朮皂莢焚之使鬱氣消散後可入不然感之成疾

辟蚊蠅
寶鑑 五月取浮萍陰乾燒烟〇百部根殺蠅蠓〇藍漆末和飯蠅食盡死〇鰻鱺魚乾燒室中蚊盡死〇五月五日蝙蝠晒乾和桂皮乳香末燒去蚊〇木鱉子川芎石雄黃末燒之能去蚊

辟蚤虱（寶鑑）菖蒲殺蚤虱及蟲○百部根煮洗殺虱亦去犬牛虱○青蒿煎洗殺虱○水銀唾研塗殺膚中虱輕粉亦同○濯衣時粉糊內入水銀少許研勻糊衣永不生虱○壁虱蜈蚣萍燒烟熏之卽去

辟蠹（寶鑑）鰻鱺魚燒熏氈中斷蛀蟲置骨箱中斷白魚免諸蟲咬衣燒熏諸竹木辟蛀蟲○芸薹辟蠹置書中無蠹患○蕎麥花捋去席下辟蟲蠹○檳榔置衣箱中殺蟲魚○烏賊魚骨投井中蟲盡死

濟衆新編卷之五

濟衆新編卷之六

內局首醫臣康命吉奉　敎撰

婦人

脉法 求嗣之脉專在於尺○右尺偏旺火動好色左尺偏旺陰虛非福○惟沈滑勻易爲生息

求嗣 專責婦人宜先調經察看胞門○婦人無子由血少不能攝精宜養經血亦宜鼓動微陽玉鑰啓榮凡瘦怯者子宮乾澁四物湯加香附黃芩肥盛軀脂滿溢子宮行濕燥痰導痰湯加芎歸黃連亦在男子察尺虛實陽虛精冷不射子宮固本健陽丹○命門脉微補陽洪擊滋陰腎脉浮大雙緊補陰帶洪數兼瀉火若腎脉微甚無火陰陽補四十後雖火動只小兎絲子元驗天門冬膏忌知母黃栢寒涼藥○月經方絶金水生時乃受精結胎之候

種子方（濟陰丹）經云凡婦人一月經行一度必有一日絪縕之候於一時辰間氣蒸而熱昏而悶有欲交接不可忍之狀此的候也此時逆而取之則成丹順而施之則成胎矣當其慾情濃動之時子宮內有如蓮花蘂者不拘經淨幾日自然挺出陰中如蓮花初開內人洗下體以手探之自知也但含羞不肯言男子預密告之令自言一擧卽中矣

千金種子方 保元進火之時至陰節間而止不爾則過一宮矣蓋淺則少陰之分肅殺之方何以生化深則厥陰之分融和之方故能發生所以受胎之處在淺不在深也非經後不可用辜經後一日男二日女三日男

固本健陽丹（寶鑑）凡人無子多是精血清冷或房勞過傷以致腎水欠旺不能直射子宮故爾豈可專責於母血之不足熟地黃山茱萸各三兩巴戟二兩兎絲子續斷酒浸遠志製蛇床子炒各一兩五錢白茯神山藥酒蒸牛膝酒洗杜冲酒洗切酥炒去絲當歸身酒洗肉蓯蓉酒浸五味子益智仁鹽水炒鹿茸酥灸各一兩加枸杞子三兩人參二兩右末蜜丸如梧子空心鹽湯或溫酒下

五七十丸臨卧再服

補天育嗣丹

保元服則有子熟地黄酒浸八兩山茱萸酒蒸山藥枸杞子當歸酒洗各四兩白茯苓乳汁浸晒乾三次牧丹皮各三兩澤瀉天門冬鹿茸酥炙虎脛骨酥炙龜板酥炙補骨脂盐水微炒各二兩右並忌鐵器細末先用紫河車一具米泔水洗净再以長流水浸一刻以取生氣放砂鍋内蒸一日極爛如糊先傾自然汁於藥末畧和匀將河車石臼杵如泥却將藥末同杵丸如梧子如乾少加煉蜜每三錢空心温酒下忌三白此全補天元真氣以人補人玄妙不可言

調經種玉湯

寶鑑治婦人無子多因七情所傷致經水不調不能受孕熟地黄香附子炒各六錢當歸身酒洗吴茱萸川芎各四錢白芍藥白茯苓陳皮玄胡索牧丹皮乾薑炒各三錢官桂熟艾各二錢右分作四貼薑三片煎空心服待經至之日服起一日一貼藥盡交媾必成孕矣此藥百發百中回春無薑桂艾三味

百子附歸丸

寶鑑久服有孕治月水參差不調四製香附末十二兩[illegible]川芎白芍藥當歸熟地黄阿膠珠陳艾葉各二兩右末用石榴一枚連皮搗碎煎水打糊丸如梧子每百丸空心醋湯下一名百子建中丸無石榴終始忌鐵

玉鑰啓榮丸

寶鑑治婦人無子香附子搗去皮毛醋水浸三日炒乾細末十五兩當歸二兩白芍藥川芎赤石脂藁本人參牧丹皮白茯苓白薇桂心白朮白芷玄胡索没藥各一兩右除石脂没藥外餘藥剉酒浸三日焙乾末足十五兩重羅極細入別研赤石脂没藥末煉蜜丸如彈子每取一丸鷄鳴時先以温茶或薄荷湯漱口後細嚼温酒或白湯下以乾物壓下服至一月效○一名女金丹無桂心有熟地黄治婦人無子或無疾火等疾經候亦調容顏不減但久無孕乃子宫有陰無陽不能生發宜服此鼓動微陽一月即效或赤白帶下崩漏及血風血氣虚勞諸症無所不治真女中金丹也

煖宮螽斯丸

寶鑑婦人無子者服之厚朴一兩二錢五分吳茱萸白茯苓白芨白歛石菖蒲白附子桂心人參没藥各一兩細辛乳香當歸酒浸牛膝酒洗各七錢五分右末蜜丸如小豆酒下一二十丸壬子日修合一名壬子丸

續嗣壯元丹

保元種子第一方山藥山茱萸酒蒸栢子仁各四兩鹿茸酥炙沈香肉蓯蓉天門冬麥門冬人參熟地黄酒蒸巴戟枸杞子白茯苓五味子當歸酒洗杜冲去絲酒炒牛膝酒洗兔絲子酒蒸茴香盐水炒鼈甲酥炙破故紙炒何首烏米泔浸石菖蒲各一兩朱砂五錢右細末酒麪糊丸如梧子每四十丸空心温盐湯下忌燒酒胡椒乾薑煎炒物○治虚損陽事不舉少弱而痼冷心腎不交無子遺精白濁臨卧又服

烏鳳丸

保元治婦人無子香附米一斤四製酒醋童便米泔各浸四兩炒乾白茯苓熟地黄各四兩當歸茴香蓮肉各二兩陳皮去白一兩五錢川芎白芍藥白朮土炒山藥酸棗仁黄栢知母各一兩大附子一箇童便浸吳茱萸黄芪蜜炙阿膠蛤粉炒作珠各五錢右用雄烏骨鷄吊死去毛屎净蒸熟連骨搗爛同前藥末蜜丸每服二錢臨經日日三服半月見效

仙傳種子藥酒方

保元白茯苓一斤大棗蒸取肉半斤胡桃肉泡去皮六兩白蜜六斤入鍋熬滾入前三味攪匀再用微火熬滾傾入磁罈又入燒酒二十斤糯米白酒十斤黄芪蜜炙人參白朮當歸川芎白芍藥炒生地黄熟地黄小茴香枸杞子覆盆子陳皮沈香木香官桂砂仁甘草各五錢乳香没藥五味子各三錢右細末共入罈罈和匀箬葉封口麪外固入鍋大柴火煮二炷香出埋土中三日去火毒每日早午晚三時男女各飲數盃勿令醉安魂魄悅顏色添髓駐精滋陰降火補元調經壯筋骨明目寒暑不侵除百病能生子○服時戒氣惱怒忌生冷

交合避忌

忌丙丁日弦望晦朔大風大雨大霧大寒大暑大雷電霹靂天地晦冥日月蝕虹霓地動日月星辰火光下神廟佛寺井灶圊厠塚墓尸柩傍

十月養胎一月足厥陰脉二月足少陽脉三月手心主脉四月手少陽脉五月足太陰脉六月足陽明脉七月手太陰脉八月手陽明脉九月足少陰脉十月足太陽脉

妊娠脉手少陰動甚有妊主血故也○尺脉搏擊與寸脉別○經斷三月尺不止是胎細句易產大浮緩氣散難產

艾醋湯寶鑑驗胎有無以好醋煮艾葉服半盞腹中大痛是孕不痛無孕

辨男女法摸腹如覆杯者男如肘頸參差起者女○左乳傍有核男右有核女○遣孕婦南行急呼之左顧男右顧女

辨男女脉左疾男右疾女俱滑疾雙男左尺大男右尺大女左沈實男右浮大女左右俱沈實雙男左右俱浮大雙女

轉女爲男法始孕以斧置孕婦床下勿令知○石雄黃一兩盛絳囊帶孕婦左臂○一云弓絃縛

腰中滿三月解之○萱草花佩之雄鷄長尾三莖置孕婦臥席下而勿令知○取夫頭髮手足爪甲鋪孕婦床下勿令知

惡阻吐嘔惡心或吐清水頭眩惡食擇食多從痰治或誤交合子宮穢盛者過百日卽愈○孕婦所思之物任意食之必愈肥人多痰瘦人多熱○禀受弱者顏色如故脉和但體重頭眩惡食好食鹹酸甚則寒熱心憒嘔吐痰水恍惚

二陳湯寶鑑婦人經閉不食瘦弱似虛勞然果子雜物喜食是有孕二陳湯餓加縮砂吉㕮入薑棗烏梅服消痰順氣

芩連半夏湯寶鑑治惡阻病胷背滿痛黃芩一錢二分五里白朮半夏各一錢赤茯苓七分五里黃連陳皮當歸梔子枳殼香附子人參蒼朮縮砂甘草各五分薑七片

歸元散寶鑑治惡阻全不入食白朮白茯苓陳皮各一錢五分半夏一錢人參川芎當歸白芍藥

丁香甘草各五分桔梗枳殼各二分五里薑五片棗二枚

參橘散寶鑑治惡阻病嘔吐痰水全不入食橘皮赤茯苓各一錢五分麥門冬白朮厚朴人參甘草各一錢薑七片青竹茹鷄子大

保生湯寶鑑治婦人月經不行身無病似病脉滑大而六脉俱勻乃孕婦之脉也精神如故惡聞食氣或但嗜一物或大吐或時吐清水此名惡阻宜服此白朮香附子烏藥橘紅各二錢人參甘草各一錢薑三片

妊娠禁忌大忌交合又忌胎殺所遊繕修刀削土役打擊繫縛○飲食忌驢馬犬兔等肉及無鱗魚螃蠏羊肝鱉肉麥芽莧菜蒜鮎魚鴨肉及卵又鷄肉及卵合糯米食又忌食雀肉飲酒食諸般菌蕈令子驚風而夭○藥忌芫青斑猫水蛭蝱蟲烏頭附子天雄野葛水銀巴豆牛膝薏苡蜈蚣三稜代赭芫花麝香大戟蛇蛻雄黃雌黃芒硝牡丹桂槐花牽牛皂角半夏南星通草瞿麥乾薑硇砂乾漆

桃仁茅根躑躅花螻蛄牛黃藜蘆金銀箔胡粉蟬退龍腦蝟皮鬼箭羽馬刀樗鷄衣魚神麴葵子犀角大黃

妊娠將理衣無太溫食無太飽勿安服藥針灸舉重登高涉險勞力心驚臨月不可洗頭勿登高厠勿多睡時時行步

胎漏胎動孕婦血漏屬氣虛有熱○犯房下血八物湯號加阿膠艾葉○胎動下血腹痛宜行氣胎漏下血無腹痛宜清熱○勞傷小腹常墜甚則子宮墮出者氣陷補中益氣湯腳因房勞八物湯酒黃芩爲君防風升麻爲使○因母病胎動治母則胎安因胎病致母疾安胎則母自愈○犯房胎動氣欲絕飲竹瀝一升○下血服涼藥反甚脾虛不攝血補中益氣湯

膠艾四物湯寶鑑治胎漏腹痛熟地黃當歸川芎白芍藥阿膠珠條芩白朮縮砂艾葉香附子炒各一錢糯米一撮空心服

桑寄生散 寶鑑治胎漏及經血安行桑寄生續斷川芎當歸白朮香附子阿膠珠茯神各一錢人參甘草各五分薑三片

安胎飲 寶鑑治胎動不安五六箇月常服數貼甚妙白朮二錢條芩一錢五分當歸白芍藥熟地黃縮砂陳皮各一錢川芎紫蘇葉各八分甘草四分○一方有人參無熟地黃代生地黃○胎不安加阿膠胎痛加縮砂○黃芩安胎者降火也縮砂安胎者行氣也若血虛而胎不安阿膠主之

獨聖散 寶鑑治因墮落胎動腹痛縮砂細末二錢熱酒調下須臾覺腹內熱胎已安不飲酒者米飲調下或葱湯下○葱粥治胎動糯米粥入葱白三五莖再煎用之○單葱白濃煮飲治胎動腰痛搶心或下血若或胎死亦出卽愈

杜續丸 寶鑑治胎動不安腰痛以此防墮杜冲炒續斷各二兩末棗肉丸如梧子米飲下五七十丸○本草綱目云胎藏不安杜冲去皮尾上焙乾木臼搗末棗肉丸如彈子每一丸糯米飲化下日二服

半產 氣血虛不榮養兩自隆猶枝枯果落七情火亦墮胎蓋屬虛屬熱重於正產十倍調治○三五七陽月易墮芩朮湯清熱氣血虛八物湯臛○若婦人不肯服藥四五年老雌鷄入紅穀小黃米煑粥食之固胎單紅蛤煎服亦好

半產漏下脈 革脈主之弱則血耗立危少陰浮緊疝瘕腹中痛半產而墮胎

芩朮湯 寶鑑治懷孕四五月常墮不安者內熱甚故也子芩三錢白朮一錢五分煎服安胎聖藥也蓋孕則脾土運化遲而生濕濕則生熱故以黃芩清血熱白朮健脾燥濕凡安胎之藥皆從此方推之

金匱當歸散 寶鑑孕婦常服養血清熱素慣半產者宜服黃芩白朮當歸川芎白芍藥各一兩爲末每三錢溫酒調下或酒糊和丸米飲下五七十丸

芎歸補中湯 寶鑑氣血虛不能榮養致胎漏每數月而墮黃芪當歸白朮杜冲白芍藥各一錢乾薑阿膠珠川芎五味子木香人參甘草各五分○一方無木香

安榮湯 寶鑑胎氣不固時常小產熟地黃白芍藥川芎當歸阿膠珠香附子桑寄生白朮黃芩縮砂各一錢糯米百粒

和痛湯 寶鑑治小產心腹痛當歸川芎白芍藥酒炒熟地黃各一錢三分玄胡索一錢澤蘭香附子青皮各八分桃仁紅花各五分以水一鍾童便清酒各半鍾煎服甚佳

察色驗胎生死 胎死則產母面唇指甲舌青心腹脹口臭如兩臉微紅或面赤舌青母活子死面青舌赤沫出母死子活舌黑子已死佛手散

欲產候 漿雖出腹不痛腹雖痛腰不甚痛曰弄痛○臍腹俱痛連腰引痛穀道挺迸眼中生火是欲產

脈法 脈見離經離經者一呼三至或一呼一至也見此則一周日內生也○尺脈轉急如切繩轉珠

保產 八九箇月不能謹慾氣血虛故爲難產也○但待時候不安服催生藥富貴安逸之人多難產貧賤辛苦之人多易產○不曾行動曲身側臥胎不轉動以致横逆產禁其喧閙且進粥飯令人扶行或凭物而立痛緊然後坐草且進催生藥直待兒逼產門用力凡臨產不可驚動蓋恐怯則氣不行上閉下脹以致難產急服紫蘇飲以寬其氣

達生散 寶鑑孕婦臨月服二十餘貼易產無病大腹皮酒洗二錢甘草炙一錢五分當歸白朮白芍藥各一錢人參陳皮紫蘇葉枳殼縮砂研各五分入青葱五葉煎服或以煎水下益母丸尤佳一名縮胎飲

佛手散 寶鑑孕婦臨月服之則縮胎易產當歸六錢川芎四錢作一貼水煎臨熟入酒少許再煎溫服若加益母草三錢炒○益母丸治產前後諸病及難產神效益母草五月五日收採陰乾不犯鐵器爲末蜜丸彈子每一丸白湯或溫酒化下

子癇 姙婦項背強直筋攣口噤痰盛昏迷時作時止或發搐反張不省輕者四物湯𠡠加葛根牧丹皮秦艽細辛防風竹瀝服之

羚羊角湯【寶鑑】治子癇重者羚羊角鎊獨活酸棗仁五加皮各一錢二分防風薏苡仁當歸川芎茯神杏仁各七分木香甘草各五分薑三片

子煩 孕婦心煩燥悶多於受胎後四五月間相火盛或值天令君火大行暑熱乘之俱能發燥胎動

竹葉湯【寶鑑】白茯苓二錢麥門冬黃芩各一錢五分防風一錢青竹葉七片○又竹瀝細細飲之則最妙

子腫 胎中有水多於五六月遍身腫腹脹喘急或腹大高於胷氣逆常服鯉魚若不治損胎平胃散加赤茯苓桑白皮○自脚面腫至膝腿足指間黃水出曰子氣

鯉魚湯【寶鑑】治子腫白朮赤茯苓各二錢白芍藥當歸各一錢五分橘紅五分先取鯉魚一箇修事如食法水煮取清汁一盞半入藥及薑七片煎至一盞空心溫服以水盡腫消爲度○一方實者山梔仁炒末每一錢米飲調服不拘時

全生白朮散【寶鑑】治子腫白朮一兩生薑皮大腹皮陳皮茯苓皮桑白皮各五錢右末每二錢米飲調下

茯苓湯【寶鑑】治子腫當歸川芎白芍藥熟地黃白朮赤茯苓澤瀉條芩梔子炒麥門冬厚朴甘草各七分薑五片○一方桑白皮五錢赤小豆三合煎服治子氣

天仙藤散【保元】治自三月成胎後兩足漸腫至腿膝步艱喘悶足指間出黃水謂之子氣天仙藤紫蘇葉陳皮香附子炒烏藥木瓜甘草各等分薑三片煎服加蒼朮爲妙○天仙藤卽青木香藤洗略炒用

子淋 積熱膀胱或胎氣壅滿尿澁作痛芎歸湯加木通麥門冬人參燈心甘草臨月加滑石○麥門冬赤茯苓木通竹茹煎服葱白切和塩炒熱熨臍下

澤瀉湯【寶鑑】治子淋澤瀉桑白皮赤茯苓枳殼檳榔木通各一錢五分薑五片空心服

孕婦轉脬 尿脬爲胎所壓轉在一邊脬系了戾不通胎若擧起脬系得疏水道自行

參朮飲【寶鑑】治孕婦轉胞尿閉四物湯𠡠材各一錢加人參白朮半夏陳皮各一錢甘草五分薑三片煎飲後探吐又與又吐小便立通神效

一法【寶鑑】治轉胞尿閉脹急令產婆香油塗手入產門托起其胎則尿出如注脹愈○又法將孕婦倒竪起則尿自出

子嗽 外感風寒久嗽不止貝母去心麸炒黃末砂糖屑丸如櫻桃常含化神效

紫菀湯【寶鑑】治姙娠咳嗽胎不安紫菀天門冬各二錢桔梗一錢五分杏仁桑白皮甘草各一錢竹茹鷄子大水煎去滓入蜜半匙再一沸溫服

子痢 下痢赤白腹中㽲痛裏急後重熱者芩朮湯風虛者胃風湯香連丸癡大腸冷兼瘧痢醒脾飲子

當歸芍藥湯【寶鑑】治子痢白芍藥白朮各一錢五分當歸白茯苓澤瀉條芩各一錢木香檳榔黃連甘草各七分煎服白痢去芩連加乾薑

鴨子煎【寶鑑】治同上生薑年少者百錢年老者二百錢搗取自然汁鴨子一箇打破入薑汁內攪勻右煎至八分入蒲黃三錢再煎五七沸空心溫服立效

子瘧 姙婦患瘧寒熱往來露薑飲瘧門

醒脾飲子【寶鑑】治子瘧寒瘧厚朴草豆蔻研各五錢乾薑三分甘草二分薑五片棗二枚空心服

濟生石膏湯【寶鑑】治姙娠熱瘧渴飲無度石膏二錢生地黃一錢五分黃芩麥門冬人參知母乾葛各一錢甘草五分烏梅一箇

子懸 胎氣不和逆上心胷脹滿疼痛葱白二握濃煎快服

紫蘇飲 寶鑑治子懸及臨產驚惶氣結難產紫蘇葉二錢五分人參大腹皮川芎陳皮白芍藥當歸各一錢甘草五分薑四片葱白三莖

妊婦感寒 產前安胎產後補血治法不可汗下利小便但和解小柴胡湯隨○葱白十莖生薑二兩煎連服取汗○熱病浮萍朴硝大黃蛤粉藍根等末貼臍護胎葱白三莖

芎蘇散 寶鑑治孕婦感寒川芎紫蘇葉白芍藥白朮麥門冬陳皮乾葛各一錢甘草五分薑五片

黃龍湯 寶鑑治孕婦感寒寒熱如瘧柴胡四錢黃芩人參甘草各一錢

妊婦不語 重身九月而瘖胞絡繫腎脉貫舌本而爲胎所壓胞絡不通也產則自愈四物湯衄加文硝大黃一錢水煎去滓入蜜少許沈冷時時呷服火降金清則能言矣

兒在腹中哭 因登高取物脫出兒口母臍疙瘩令婦曲腰拾地物使兒復得含入口卽止○黃連濃煎呷服○多年空屋下鼠穴土令婦嚥之腹中作鍾聲亦爲末酒調服

十產候 正產月滿腹痛漿水淋下用力卽生○坐產孕婦疲倦久坐兒塞生路高懸手巾令產婦攀引輕輕屈足卽生○卧產產母仰卧平身不偃曲卽生○橫產兒露手或臂產母仰卧徐推兒下截令直上以手中指摩其肩推上正之漸引手攀其耳令頭正候兒身正門路順服催生藥○逆產先露足坐產先露臀背用力太早之過若手足先露細針刺手足心三四次鹽塗輕輕送入又露足鹽塗脚心因忌搔並以鹽摩母腹○偏產兒頭逼產門而偏拄一傍露額者令產母仰卧輕輕推兒頭端正向產門或頭後骨偏拄穀道當以綿衣炙熱裹手急於穀道外傍徐推近上令頭正○礙產產門露項不下者臍帶攀掛兒肩產母仰卧輕輕推兒近上徐以中指按兒兩肩脫臍帶○盤腸產卧產時子腸先出兒卽隨產治法頂貼如聖膏收縮以水卽洗如腸頭爲風吹乾不入者磨刀水微溫潤

腸磁石煎飲一盃又法溫湯潤腸令產婦仰卧以言安慰用醋半盞井水七分調和忽噀曲背則收

○熱產盛暑宜靜室陰涼免發熱○凍產嚴冬宜密閉房戶溫和厚覆下體溫煖免難產○又有傷產過月或一二三四五年而產者或用力太早漿水先下敗血裹住宜井水磨京墨服卽產

交骨不開難產 產時交骨不開陰氣虛也

龜殼散 寶鑑治產難日久垂死及矮石女子交骨不開者龜殼一箇生男女婦人頭髮一握燒存性川芎當歸各一兩右末每三錢煎服良久生胎死胎俱下

黑神散 寶鑑治產難及橫逆產凡坐草日久漿水多下則其血必乾子道艱澀如舟坐灘須湧水而後可通服此藥再固其血則如魚得水決自轉生百草霜白芷各等分右末每取二大錢清酒童便各半盞入麝香少許煎沸熱服不過再服卽驗○一法服此藥後外用葱白二斤搗爛鋪於小腹上取急水灘頭沙一斗炒熱鋪裹於葱上輕輕略揉卽產○一名催生如神散一名神應黑散

催生宜滑利藥 滑利之藥兔腦髓筆頭灰弩牙蛇退○水血下多子道乾澀猪脂香油蜜酒童尿葵子牛乳滑石榆白皮○若風冷氣血滯者牛膝葱白桂心生薑○若觸惡氣心煩燥悶麝香末砂乳香竹茹○漿水盡下胞乾不產香油清蜜各一碗微沸調滑石末一兩服之外以油蜜摩母腹卽驗○油蜜童尿效和益母膏丸妙最

如聖膏 寶鑑治難產及死胎不下危急巴豆十六箇去殼萆麻子四十九粒去殼麝香二錢同搗如泥攤絹帛上貼臍上一時產下卽洗去○一方萆麻子去皮一兩確黃二錢同研成膏塗母右脚心纔產速洗去否則腸出用此膏塗頂上腸自入亦名如聖膏

單鹿茸湯 新增經驗主氣血虛難產胞係於腎以此峻補腎液則易產鹿茸一兩或五錢濃煎連服

禳法 寶鑑產母尋常穿衣以籠竈頭及竈口勿令知○海馬石燕子鼺鼠皮兩手各把又坐赤馬皮

下死胎 平胃散[illegible]加朴硝五錢酒水相半煎服又烏雞去毛細剉水三升煮取二升去鷄用手巾蘸湯摩臍下用佛手散○猪脂白蜜各一升酒二升合煎分二服即下

香桂散 寶鑑下死胎桂心三錢麝香五分右末作一貼溫酒調下須臾即下

胞衣不下 稍久則血入胞中胞脹沖心喘急疼痛必致危篤以小物緊繫臍帶後切斷使惡血不入胞中只要心安胞進粥飯有驗氣虛芎歸湯倍桂皮以溫之

牛膝湯 寶鑑治產後胞衣不下腹滿即殺人服此爛下滑石冬葵子各二錢木通當歸牛膝瞿麥各一錢五分

一方 寶鑑猪脂白蜜清油各半盞火上熔化分二溫服極驗但多服亦效○三姓家鷄卵各一箇三姓家水各一匙三姓家鹽各一撮相和頓服仍探口吐之即下○葱白濃煎湯熏洗下部○童尿一升生薑葱白各三錢煎數沸熱服令產婦以自己頭髮搊入喉探嘔○赤豆二十一粒白湯

吞下

禳法 寶鑑取產母梘覆井口上勿令知○初洗兒湯一盃服之勿令知

產後脉 新產緩滑吉○實大弦急死○洪實不調實大堅強急死○沈微沈細附骨不絕生

產後兒枕痛 產後敗血未下成塊作痛按腹愈痛瘀血芎歸湯加三稜蓬朮玄胡索牧丹皮桃仁紅花按腹不痛血虛四物湯〔血門〕加人參白朮茯苓若痛而作嘔胃虛六君子湯[illegible]如渴加乾薑白芍藥

失笑散 寶鑑治產後兒枕臍腹痛五靈脂蒲黃炒各等分右末每二錢和醋熬成膏水一盞煎至七分熱服立效

起枕散 寶鑑治兒枕痛極苦當歸白芍藥各二錢川芎一錢五分白芷桂心蒲黃牧丹皮玄胡索五靈脂沒藥各七分水煎入好醋空心服

血暈 有二下血過多暈者昏悶煩亂眼花芎歸湯如血不止倍炒黑乾薑甚則口噤氣冷不省獨參湯隨身熱氣急加童便一盞身寒加附子以醋噀面醋沃炭火熏鼻○下血少而暈者惡露上搶心下滿急口噤不省花蘂石散[illegible]奪命散諸破血藥妙

清魂散 寶鑑治產後血暈荊芥穗五錢川芎二錢五分人參澤蘭葉各一錢二分五里甘草一錢右末溫酒熱湯各半盞調二錢灌之下咽即甦荊芥散治血暈如神荊芥穗擣末每二錢童便一盞調熱服口噤斡開灌之

奪命散 寶鑑治血暈譫安沒藥血竭各等分右末每三錢童便好酒各半盞煎數沸調服神效○一名血竭散

血崩 是謂重傷大劑芎歸湯加芍藥○若小腹滿痛是肝己壞四物湯〔血門〕加蒲黃生地黃汁阿膠薊根陳皮白芷參看血門治之

補氣養血湯 寶鑑治小產後下血不止人參黃芪當歸白朮白芍藥酒炒艾葉阿膠川芎青

皮香附子炒縮砂研甘草炙各一錢

衄血 口鼻黑色起及衄血氣血亂不歸元此胃絕肺敗荊芥散妙○緋線一條并產母頂心髮兩條緊扎產母中指節○犀角地黃湯〔血門〕妙

喘嗽 極危多死○產後咳喘多痰血入肺乃血下過多榮血暴竭孤陽絕陰大劑芎歸湯奪命散獨參湯〔氣門〕

二母散 寶鑑治產後惡露流入肺經咳嗽桃仁杏仁各二錢知母貝母白茯苓人參各一錢

小參蘇飲 寶鑑治產後敗血入肺面黑發喘欲死蘇木二兩剉水二碗煎至一碗調人參細末二錢服

咳逆 不止欲死官桂五錢薑汁三合煎溫服二合以手炙火摩背令熱時時塗藥汁以盡爲度○壁鏡窠三五箇取汁熱呷當歸玄胡索血竭沒藥各一錢末每二錢童便調了

七珍散寶鑑治產後不語人參生地黃石菖蒲川芎各二錢細辛防風辰砂各一錢右末每一錢薄荷湯調服○加甘草一錢名八珍散

產後見鬼譫語敗血干心童便調蘇合香元朦昏冒瞑目不省蓋因血暴亡甚則循衣摸空錯語全生活血湯[illegible]八物湯[illegible]去芍藥加琥珀柏子仁遠志朱砂金銀

交感地黃煎元寶鑑治產後眼見黑火發狂如見鬼狀或中風角弓反張或下血如豚肝狀臍腹疞痛結為癥瘕生地黃二斤洗搗以布裂汁畱滓生薑二斤洗搗以布裂汁畱滓以生薑汁炒地黃滓以地黃汁炒生薑滓各至乾燥為末為度蒲黃四兩當歸玄胡索琥珀各一兩右末蜜丸如彈子當歸酒化下一丸

產後發熱血虛熱入血室發熱悶燥晝輕夜重或譫語見鬼而寒熱○下血多脉虛內不痛增損四物湯惡露不盡惡寒脇滿腹痛有塊食傷惡寒頭痛噯酸厭食膈悶○內傷挾外感補中益氣湯

[illegible]加川芎白芷羌活防風○早起勞力歸朮保產湯感冒風寒五積散[illegible]去麻黃入醋少許○傷寒挾食行氣香蘇散[illegible]蒸乳乳硬脹痛捻乳自愈大小產後熱入血室小柴胡湯[illegible]加五靈脂黃連赤茯苓○產後煩熱或口渴陳葵莖煎服神效

芎歸調血飲寶鑑治產後去血過多以致發熱心煩腹痛頭暈眼花或口噤神昏當歸白朮川芎白茯苓熟地黃陳皮便香附烏藥乾薑益母草牧丹皮甘草各七分五里薑五片棗二枚

歸朮保產湯保元產後諸疾以朮治之大補氣血為主治一切虛脾胃弱或惡露不行或去血過多或飲食失節或怒氣相衝致寒熱自汗口乾煩喘腹痛頭眩眼黑昏憒不省當歸酒洗一錢五分川芎白芍藥酒洗熟地黃白朮炒白茯苓便香附各一錢陳皮乾薑炒黑各八分炙甘三分氣虛加人參七分薑三片棗一枚○去血過多倍芎歸乾薑○胃滿加枳實縮砂厚朴山查○腸痛加青皮桂皮○小腹痛加玄胡桃仁紅花蘇木○有汗加黃芪蜜炒酸棗炒○口乾苦加麥門○惡露不行加益母牧丹桃仁入童便酒○吐痰加半夏貝母○咳嗽加五味子桑白皮○氣喘加烏藥○昏憒口噤加荊芥

理脾湯回春治食傷胃脘飽悶寒熱不思食厚朴一錢五分蒼朮山查肉陳皮神麴麥芽各一錢乾薑炒黑八分縮砂七分甘草三分○泄瀉加白朮白茯苓○便閉加桃仁紅花○尿閉溢加大腹皮車前子

牛黃膏寶鑑治產後熱入血室朱砂鬱金各三錢牛黃二錢五分牧丹皮二錢甘草一錢龍腦五分右末蜜丸如皂子每一丸井水化下

柴胡四物湯寶鑑治產後發熱及熱入血室柴胡生地黃各二錢川芎赤芍藥當歸黃芩各一錢人參半夏甘草各五分薑三片一名三元湯

產後乳汁不行見乳　乳癰見乳　妳巖見乳　妳頭破裂見乳　乳懸症見乳

產後陰脫臨產用力太過陰門脫出腫痛清水出尿淋四物湯[illegible]加龍骨外以沸湯和香油熏洗草麻子搗貼頂上硫黃烏賊魚骨五錢五倍子二錢五分為末付患處○產後生腸不收或不斂或陰出如合鉢有岐或損落並補中益氣湯[illegible]去柴胡八物湯[illegible]加升麻防風酒炒黃芪為君外以枳殼煎水溫浸○陰戶出肉線三四尺牽引心腹極痛先服失笑散數貼仍用生薑三斤留皮搗爛清油二斤拌炒油乾為度却用熱絹摺作數層令輕輕盛起肉線使屈曲作圓納陰戶却用絹帒畏油薑溫付肉線熏之冷則易肉線入後再服失笑散芎歸湯調理禁切斷肉線

當歸黃芪飲寶鑑治產後陰脫黃芪酒炒三錢人參當歸升麻各二錢甘草一錢水煎日三服

鬱冒產後亡血心神無養昏冒不省移時方悟亦曰血厥又婦人經來又發汗則表裏俱虛亦為此症全

生活血湯胞門

產後風痓 發熱若舌卷唇急手指微動乃風痓歸荊湯○荊芥穗畧炒爲末三錢豆淋酒調下○氣血大虛不宜發表通用血風湯○產後中風切不可作風治八物湯血門加減○因虛遇風挾痰人參竹瀝之類○角弓反張四物湯血門加秦艽羌活

歸荊湯 寶鑑治產後風痓荊芥穗微炒當歸身尾各等分右末每三錢豆淋酒調下

二合湯 保元治孕婦口噤吐沫不省陳皮白茯苓半夏石菖蒲麥門冬當歸川芎白芍藥生地黃遠志各一錢甘草五分竹茹各一團薑三片

血風湯 寶鑑治產後諸風攣急或痿弱川芎當歸熟地黃白朮白茯苓各一兩白芍藥秦艽羌活白芷各七錢防風五錢右以一半細末溫酒調下二錢以一半爲末蜜丸如梧子溫酒下五七十丸

豆淋酒 寶鑑治產後風黑豆一升炒熟乘熱投三升清酒中密封隨量飮之

濟衆新編 卷六 婦人 十六

鷄爪風 醫宗炙法治婦人鷄爪風因月家得此症不時而發手足拘攣拳束疼痛其法依左右穴膝骨兩傍各有一小窩共四穴名曰鬼眼穴各灸三壯其症卽愈

產後頭痛 產後發熱頭疼身痛非感冒多血虛或敗血芎歸湯加荊芥穗二錢

產後血瘕 心腹痛無定處童尿三升生地黃汁生藕汁各一升生薑汁二升右先煎三味約三分減二分下薑汁慢火煎如餳每一合溫酒調服○灸看兒枕痛條

羊肉湯 寶鑑冬月解產寒氣入產門臍下脹痛手不可近此寒疝也羊肉四兩當歸陳皮各二兩生薑一兩右剉水三碗酒一盞煎至一碗去滓分二服

產後嘔逆 產後腹脹滿悶嘔吐不定由敗血入脾胃故不能食

抵聖湯 寶鑑治產後嘔逆惡心不能飮食赤芍藥半夏澤蘭葉人參陳皮各一錢五分甘草五分薑七片一名拒勝湯

和脾飮 保元治產後嘔吐陳皮半夏白朮白茯苓砂仁藿香人參神麯當歸甘草薑五片

產後淋瀝遺尿 產理不順脬傷遺尿無時急以大劑補稍遲亦難成功

參朮膏 寶鑑治產後脬損成淋人參二錢五分白朮二錢黃芪一錢五分陳皮桃仁白茯苓各一錢甘草五分水煎猪羊脬入藥再煎去滓空心服○一產婦因收生者不謹損破尿脬而致淋瀝不禁遂爲廢疾因思肌肉在外而尚可補完診其脈虛甚試與峻補服參朮膏至一月而安盖血氣驟長其脬自完恐稍遲亦難成功

產後泄痢 產後月內泄痢鴨子煎四物湯血門加桃仁黃連木香或當歸芍藥湯

保產止瀉湯 回春治產後泄瀉人參白朮土炒白茯苓陳皮白芍藥炒乾薑炒澤瀉厚朴砂仁當歸酒炒甘草炙各等分薑棗煎服

的奇散 寶鑑治產後泄瀉惡露不行此餘血滲入大腸爲瀉下青黑色物是驗大荊芥穗於盞內

濟衆新編 卷六 婦人 十七

燃火燒存性不得犯油火入麝香少許研爲末每取一錢沸湯一二呷調服神效

產後大便秘結 血虛多汗胃燥亾津也八物湯血門血虛火燥加味逍遙散產前後不通芎歸湯加防風枳殼甘草各二錢薑棗煎服便閉脹滿氣急難以坐臥麥芽末三錢酒調下

滋腸五仁丸 寶鑑治產後陰血虛耗大便閉澁橘紅末四兩杏仁桃仁各一兩栢子仁五錢松子仁二錢五分郁李仁一錢右各另研爲膏合橘紅末蜜丸如梧子米飮下五六十丸

產後浮腫 敗血循經流入四肢血行腫消卽愈忌峻利藥○虛者四君子湯氣門加蒼朮

澤蘭散 寶鑑治產後風腫水腫澤蘭防己各等分右末每二錢溫酒或醋湯調下

小調經散 寶鑑治產後浮腫當歸一兩桂心赤芍藥各五錢沒藥琥珀甘草各二錢細辛麝香各一錢右末每服一錢溫酒入薑汁調服

產後治法 大補氣血爲主雖有雜症以末治之胎前無滯產後無虛○禁發表禁芍藥然酒炒黃則

無妨○先逐瘀後行補若不逐瘀服參芪瘀血攻心

補虛湯 寶鑑人參白朮各一錢五分當歸川芎黃芪陳皮各一錢甘草七分薑三片○熱輕倍茯苓熱重加酒黃芩熱甚加乾薑炒黑引諸藥入肝經生血

產後虛勞 產後未滿月七情過勞或針工恣食生冷粘硬之物及犯觸風寒所致其症虛羸食不消時有咳嗽頭目昏痛發渴盜汗寒熱名蓐勞凡百日內交合成勞慎之當歸建中湯號補虛湯或歸朮保產湯

猪腎湯 保元治產後蓐勞發熱盜汗人參當歸各等分猪腰子一箇切片糯米半合葱白三根淡豆豉一合以水煮米熟取清汁一盞入藥二錢煎至八分不拘時服

當歸羊肉湯 寶鑑治蓐勞肥羊肉四兩當歸川芎黃芪各一兩二錢五分生薑一兩五錢右剉水九盞煎至三盞分三服○一方無羊肉代以猪內腎一雙

增損四物湯 寶鑑治產後亡血榮衛虛損乍寒乍熱四物湯血門去熟地黃加人參乾薑甘草等分煎服

姙娠通治

芎歸湯 寶鑑治產前產後諸疾血暈不省橫生逆產死胎不下血崩不止臨月服之則縮胎易產產後則惡血自下川芎當歸各五錢水煎日二三服○又治半產去血多產後去血多崩中去血多金瘡去血多拔牙齒去血多及一切去血過多眩暈悶絕不省人事者連進數服即甦

益母膏 寶鑑一名返魂丹通治姙娠諸病及催生神效又治橫產逆產及死胎不出胞衣不下益母草重午日不犯鐵器採取洗淨搗取汁銀石器熬成膏右每取一大匙溫酒或白湯化下

過月不產 按月行經胎自長者名盛胎盖氣血充盛養胎之外倘見餘血也若胎數月血大下者謂漏胎盖因事動經血下而不傷子宮也雖不墮胎氣血大虛多致十二三月或二十四五月生者八

寡婦師尼之病異乎妻妾 物湯血門加黃芪鹿角膠珠峻補之

此二種獨陰無陽慾心萌而不遂陰陽交爭惡風體倦寒熱面赤心煩或自汗必肝脈弦長而出寸口稍涉勞動與月候時其症尤極四物湯血門加人參茯神陳皮柴胡羌活香附子甘草

柴胡抑肝湯 寶鑑治寡居獨陰無陽慾心萌而多不遂以致寒熱類瘧柴胡二錢青皮一錢五分赤芍藥牧丹皮各一錢地骨皮香附子梔子蒼朮各七分川芎神麯炒各五分生地黃連翹各三分甘草二分

芙蓉散 寶鑑治男無室女無夫思慾動火以致胃痛自汗頻赤脈亂用芙蓉葉有花帶花有子帶子採一朶搗爛和井水濾去滓服即效

藏燥症 婦人悲傷欲哭象如神靈所作數欠伸有自哭自笑者紅棗燒存性米飲調服神效

甘麥大棗湯 寶鑑甘草一兩小麥三合大棗七枚水二升煎至一升溫服產前後皆可用

婦人雜病 婦人者衆陰之所集常與濕居所以別立方者有氣血不調胎產崩傷之異故也比男極難療盖慾多於男加嫉妬憂恚慈戀愛憎深着情不自抑養血健脾爲本降火清鬱爲標

逍遙散 寶鑑治月經不調及血虛五心煩熱寒熱如瘧白朮白芍藥白茯苓柴胡當歸麥門冬各一錢甘草薄荷各五分薑三片

加味逍遙散 寶鑑治血虛煩熱潮熱盜汗痰嗽似勞白芍藥白朮各一錢二分知母地骨皮當歸各一錢白茯苓麥門冬生地黃各八分梔子黃柏各五分桔梗甘草各三分

滋陰至寶湯 寶鑑治婦人諸虛百損五勞七傷經脈不調寒熱羸瘦當歸白朮各一錢白茯苓陳皮知母貝母便香附地骨皮麥門冬白芍藥酒炒各八分柴胡薄荷甘草各五分薑三片

婦人陰門諸病 詳見前陰門

胞

脈法

脈微氣血俱虛年少者亾血也赤白漏日下血數升脈急者死遲者生○寸關調而尺不至者及脈如琴絃若小腹痛主月水不利○帶下宜遲浮忌虛滑

胞爲血室

胞爲子宮男藏精女藏月水寒則無子衝脈爲血海任脈主胞胎相資有子○衝任爲血海諸經朝會男運行無積故不滿女停止有積故能滿有時溢故爲月信

月候形色

血陰也陰從陽故紅也血爲氣配氣之寒熱升降凝滯淸濁血亦隨之成塊者氣凝臨經痛者氣滯行後痛者氣血虛色淡者亦虛而水渾之也安行者氣亂紫者熱甚則黑或以紫黑爲風冷用溫熱藥危哉雖不對期色鮮則無妨也

和血治法

經色紫者風也四物湯門血加防風白芷荊芥○色黑或成塊紫黑者熱也四物湯加芩連香附○痰白者虛也芎歸湯加人參黃芪白芍藥香附子○淡者有水渾也二陳湯門痰加川芎當歸

或八物湯門濕○如烟塵水者如屋漏水首如豆汁者或帶黃者濕痰也二陳湯加秦艽防風蒼朮一云如黑豆汁者四物湯加芩連○成塊色不變者氣滯也四物湯加香附玄胡索枳殼陳皮○通用百子附歸丸

月候不調

或前或後或多或少凡行後痛者虛也八物湯門虛多者氣虛也將行作痛及凝塊不散者滯也不調之中趲前者爲熱四物湯門血加芩連柴胡退後爲虛四物湯加黃芪陳皮升麻人參常時與經前作痛者血積也經後痛者血虛也常時發熱者血虛有積也經行發熱者血虛有熱也

淸熱調血湯

寶鑑治經水將來腹中陣痛乃氣血俱實也當歸川芎白芍藥生乾地黃黃連香附子桃仁紅花蓬朮玄胡索牧丹皮各七分

淸經四物湯

寶鑑治經水不及期而來乃血虛有熱當歸一錢五分生乾地黃條芩香附子各一錢白芍藥黃連薑汁炒各八分川芎阿膠珠黃栢知母各五分艾葉甘草各三分

通經四物湯

寶鑑治經水過期不行乃血虛有寒當歸一錢五分熟地黃白芍藥香附子蓬朮蘇木各一錢木通八分川芎官桂甘草各五分紅花三分桃仁二十箇空心服

四製香附丸

寶鑑治月候不調能調和經脈香附米一斤分作四製○一用盐水加薑汁浸煮畧炒主降痰○一用米醋浸煮畧炒主補血○一用山梔仁四兩同炒去梔主散鬱○一用童便洗過不炒主降火右末入川芎當歸各二兩同爲末酒麪糊丸如梧子每五七十丸隨證作湯下○入門香附米一斤分四包用酒醋童便盐水各浸七日焙乾搗末醋糊丸盐酒下

七製香附丸

寶鑑治月候不調結成癥瘕或骨蒸發熱香附米十四兩分七包一包同當歸二兩酒浸二包同蓬朮二兩童便浸三包同牧丹皮艾葉各一兩米泔浸四包同烏藥二兩米泔浸五包同川芎玄胡索各一兩水浸六包同三稜柴胡各一兩醋浸七包同紅花烏梅各一兩盬水浸右各浸春五夏三秋七冬十日曬乾只取香附爲末以浸藥水打糊丸如梧子臨卧酒下八十丸

血閉

月事不來者胞脈閉而迫肺心氣不下也○經閉有三一者胃弱形瘦氣血衰不生津名血枯○此中焦胃熱結也○二者便尿不利心胞脈洪數乃血海乾枯此下焦胞脈熱結也○三者因勞心心火上行此上焦心肝肺熱結也○凡室女童男思慮傷心而血逆竭女則月事先閉男則神色先散盡心病不能養脾故厭食脾虛肺虧故發嗽○心爲氣血之主脾爲氣血之本○經閉久則血滲脾經發腫宜活血健脾行氣

通血治法

先降火後補血○胃弱血枯補中益氣湯門婦加川芎生地黃天花粉○大小產後失血經閉十全大補湯門虛濕痰經閉導痰湯門痰加川芎當歸黃連忌生地黃脾胃鬱火耗血不通歸脾湯門神鬱怒傷血不通加味歸脾湯先理脾氣則血通叉有凝滯可行血○經來身痛五積散門寒去乾薑桂皮加羌獨活牛膝○咳嗽又加杏仁五味子

三和湯

寶鑑治熱結血閉生乾地黃白芍藥川芎當歸連翹大黃朴硝薄荷黃芩梔子甘草各七

分○此方乃集四物湯血門調胃承氣湯熱門凉膈散火門三方也

玉燭散 寶鑑治月候疑滯不通漸成癥瘕當歸白芍藥川芎熟地黃大黃芒硝甘草各一錢大便泄者不可用

通經湯 寶鑑治月閉當歸川芎白芍藥生乾地黃大黃官桂厚朴枳殼枳實黃芩蘇木紅花各七分烏梅一箇薑三片棗二枚○心氣不得下通故月事不來宜用黃連厚朴之類導痰降火則月事來矣此藥是也宜加黃連七分

烏藥湯 寶鑑治婦人血海疼痛香附子二錢烏藥一錢五分當歸一錢木香甘草各五分

加味歸脾湯 寶鑑治肝脾怒鬱月經不通即歸脾湯脾門加柴胡山梔各一錢

六合湯 寶鑑治月經不行結塊疼痛四物湯血門加蓬朮官桂等分

瑞金散 寶鑑治月經不行血氣撮痛薑黃一錢五分牧丹皮蓬朮紅花當歸赤芍藥川芎玄胡索官桂各七分水一盞酒半盞煎服

室女月經不行 女十四歲衝任盛而血自下若感寒血氣不順腹脹寒熱頭身疼小溫經湯○十五六歲誤食生冷經不通日夜寒熱手足麻食少頭疼嘔惡腹結塊痛加減四物湯

小溫經湯 保元當歸酒洗便香附炒熟地黃白芍藥酒炒各一錢川芎黃芩枳殼各七分白朮五分白芷羌活柴胡縮砂小茴香酒炒各四分桂枝三分甘草二分○血氣刺心腹難忍加玄胡索乾漆炒各五分○咳嗽加杏仁七箇五味子十粒桔梗七分薑三片水煎熱服

加減四物湯 保元便香附炒熟地黃各一錢當歸酒洗川芎枳殼柴胡白芍藥酒炒各八分黃芩陳皮三稜醋炒莪朮醋炒各六分白芷玄胡索小茴香酒炒白朮炒青皮縮砂官桂甘草各五分空心服○遍身痛加羌活○回春加紅花四分去官桂名四物調經湯

牧丹皮湯 寶鑑治室女經閉咳嗽發熱當歸牧丹皮各一錢五分白芍藥生乾地黃陳皮白朮香附子各一錢川芎柴胡黃芩各七分甘草四分

血結成瘕 衝任皆起胞中爲血之海血澁不行則成瘕疼痛宜調氣破血消食豁痰衰其太半而止不可猛攻傷元氣

歸朮破癥湯 寶鑑治經閉腹有積塊疼痛香附子醋炒一錢五分三稜蓬朮並醋煮赤芍藥白芍藥當歸尾青皮各一錢烏藥七分紅花蘓木官桂各五分入酒少許煎服

桃仁散 入門治經不調或淋瀝不斷斷後復來如瀉水或前或後或閉四肢沈重欲眠不食腹中堅痛多思酸物赤芍藥生地黃各一錢桃仁半夏澤蘭葉牛膝當歸桂心牧丹皮人參蒲黃川芎甘草各五分生薑煎服

四物調經湯 寶鑑治經閉有積塊動痛香附醋炒一錢當歸川芎白芍藥酒炒柴胡黃芩枳殼各七分熟地黃陳皮白朮三稜蓬朮並醋炒白芷茴香鹽水炒玄胡索各五分青皮縮砂紅花甘

草各三分薑三片葱白三莖

腸覃石瘕血蠱 腸覃寒氣客大腸與胃相搏爲瘕日久瘜肉乃生始如鷄卵久如懷胎按堅推移月事時下此氣病血不病二陳湯痰飲加香附稜蓬鱉甲並醋炒○石瘕胞傷瘀結久則硬如石塞子門大如孕月事不下此先感寒而後血壅所致○血蠱即癥瘕甚者腹硬如石

桃仁煎 寶鑑治婦人血蠱血瘕血積經閉桃仁大黃朴硝各一兩蝱蟲炒五錢右末先以醇醋一升二合銀石器中慢火煎取七合許下桃仁大黃蝱蟲末極攪次下朴硝更熟攪良久出之丸如梧子前一日不吃晚飯五更初溫酒吞五丸取下惡物如豆汁鷄肝未下再服見鮮血即止藥

抱甕丸 寶鑑治血蠱婦人鬼胎如抱甕芫花吳茱萸川烏秦艽柴胡白殭蠶巴戟巴豆各等分爲末蜜丸如梧子每七丸蜜酒下惡物立出○輕者去芫花巴戟巴豆名斬鬼丹

血枯 黃帝曰胷脇支滿妨於食先聞腥臊臭出清液先唾血四肢清目眩時時前後血此得之年少時大

脫血或醉入房氣竭肝傷月事衰少不來四物湯(血門)加桃仁紅花或八物湯(虛勞)

烏賊骨丸〔寶鑑〕治血枯烏賊魚骨藺茹各等分右末雀卯不拘多少和丸如小豆每十丸煎鮑魚湯下日三服壓以美饍

血崩血漏 忽然暴下爲崩淋瀝不止爲漏○崩漏有三一者脾虛下陷與相火相合濕熱下迫漏不止色紫黑腐臭中有白帶脉沉疾弦洪或腰痛臍下痛大補脾胃升舉血氣○二者故貴奪勢心氣不足火旺血脉又飲食失節容顏如常經水不時下先以言慰令心不動大補氣血舉養脾胃微加鎭墜心火之藥補陰瀉陽○三者悲哀太甚胞絡絕陽氣內動心下崩也

崩漏治法 經血錯亂安行遷止則成瘀不止則昏暈先服五靈脂末一錢溫酒下能行能止後用五積散(寒門)加荊芥防風入醋二貼不止更服五靈脂去故生新○胃氣下陷血暴下益胃升陽湯(內傷)急則治標白芷煎湯調百草霜末甚者棕櫚灰或狗頭骨灰或五靈脂半生半炒酒調服後四物湯(血門)

加黃芩黃連人參黃芪香附乾薑調理○室女思男血崩成勞四物湯加柴胡黃芩或條芩荊芥穗或加味逍遙散(婦人)○凡崩漏有寒有熱

備金散〔寶鑑〕治血崩不止香附子炒黑四兩當歸尾一兩二錢五靈脂炒一兩右末每二錢醋湯調空心服

涼血地黃湯〔寶鑑〕治腎水虛不能鎭胞絡相火爲血崩羌活防風柴胡各一錢生地黃當歸各五分知母黃栢荊芥細辛蔓荊子黃芩川芎藁本黃連升麻甘草各三分紅花一分

開鬱四物湯〔寶鑑〕治故貴奪勢先富後貧因心氣所使兩下爲崩漏香附米炒當歸身白芍藥酒炒熟地黃白朮各一錢川芎黃芪蒲黃炒地榆人參各五分升麻三分

伏龍肝散〔寶鑑〕治衝任經虛崩漏不止臍腹冷痛川芎艾葉各一錢五分伏龍肝一錢赤石脂麥門冬各七分當歸乾薑熟地黃官桂甘草各五分棗二枚煎服或末米飮調二錢服

奇效四物湯〔寶鑑〕治血崩神效四物湯(血門)加阿膠珠艾葉黃芩共七錢薑五片

全生活血湯〔寶鑑〕治崩漏多血暴亡心神無所養昏冒不省瞑目法當補而升舉以助其陽則目張神不昏此補血養血生血益陽以補手足厥陰白芍藥升麻各一錢防風羌活獨活柴胡當歸身葛根甘草各七分藁本川芎各五分生地黃熟地黃各四分蔓荊子細辛各三分紅花一分

赤白帶下 脾傳之腎小腹寃熱而出白○任脉自胞上過帶脉貫臍故濕熱寃結不散爲帶赤者熱入小腸屬血白者熱入大腸屬氣與赤白濁一般但不痛耳脉浮惡寒不治

帶下治法 胃中積痰滲入膀胱腰酸頭暈小腹脹痛肢倦宜升提甚者用吐二陳湯(痰飮)加兩朮升柴○屬濕熱宜燥濕爲先○肥人白帶是濕痰瘦人白帶是熱○血崩久則亡陽故白滑之物下流不止血海將枯通用補經固眞湯必斷厚味○月經不調暮則發熱小腹裏急掌熱口燥此屬帶下曾經半產瘀在小腹○虛寒歸脾湯(神門)補中益氣湯(內傷)五積散(寒門)加香附茴香吳茱萸甚者酒煮當歸

丸○大八梢魚卵食之或煎服妙

蒼栢樗皮丸〔寶鑑〕治肥人白帶是濕痰蒼朮黃栢樗根白皮海石半夏南星炮川芎香附子乾薑各等分爲末醋糊丸如梧子白湯下五七十丸夏月去乾薑代滑石

芩栢樗皮丸〔寶鑑〕治瘦人帶下是熱黃芩黃栢樗根白皮滑石川芎海石青黛當歸白芍藥各等分右末醋糊丸如梧子白湯下五七十丸

補經固眞湯〔寶鑑〕治白帶血崩久則血少復亡其陽故白滑之物下流不止血海將枯也乾薑細末人參各二錢郁李仁泥柴胡甘草炙陳皮黃芩各一錢白葵花七朶右剉除黃芩以水二盞先煎藥至一盞七分再入黃芩煎至一盞空心熱服以美饍壓之

酒煮當歸丸〔寶鑑〕治白帶長流不止腰以下如在氷雪中面白目青肌肉消瘦此上中下三陽眞氣俱虛也當歸一兩良薑附子炮各七錢茴香五錢右剉以好酒一盞半同煮至酒盡焙乾乃

入玄胡索四錢炒黃蓝全蝎各三錢柴胡二錢炙甘草川楝子丁香木香升麻各一錢右細末酒麵糊丸如梧子空心淡醋湯下五七十丸

五色帶下 白如涕赤如絳黃如爛瓜青如藍黑如衃五臟俱虛五色並下皆血病胃風湯代五積散脉去麻黃加荊芥穗伏龍肝散妙

地榆散 寶鑑治漏下五色黃瘦虛渴地榆三兩剉醋一升煑十餘沸空心熱服一合

寒入血室熱入血室 經不通繞臍寒疝痛脉沉緊此寒客血室○傷寒發熱經水適來適斷晝明夜譫見鬼此熱入血室柴胡四物湯婦人

桂枝桃仁湯 寶鑑治寒入血室桂枝赤芍藥乾地黃酒洗各二錢甘草炙一錢桃仁三十箇薑三片棗二枚

柴胡破瘀湯 寶鑑治熱入血室及蓄血證柴胡二錢黃芩半夏赤芍藥當歸生地黃各一錢桃仁五靈脂甘草各五分

經斷復行 七七後天癸當住反每月却行或過多不止四物湯衃加人參吳茱萸各一錢薑棗煎服

濟衆新編卷之六

焦錫齋

濟衆新編卷之七

內局首醫臣康命吉奉 教撰

小兒 初生曰嬰兒三歲曰小兒七八歲曰齔九歲十歲曰齠十一歲至十四歲曰童丱十五歲依大科部位三指診脉

脉法 六七至平四五至遲九至十至數弦急氣不和沈緩傷食促急虛驚浮風數熱遲寒沈細爲冷洪緊傷寒脉亂不治

病機總要 凡兒病太半胎毒小半傷食外感風寒十分之一大率脾虛肝盛腎水弱心火旺肺金受制

初生 未啼前急以綿裹手指蘸黃連甘草煎汁拭口中惡物繃褁兒後朱砂或牛黃末少許抹口中痘稀無胎瘡豆豉煎汁三匙灌口養脾消食下胎毒○乳勿太飽恐吐○桃柳桑槐嫩枝煎和猪膽温洗

少驚風○延生第一方臍帶落後置新尾上炭火圍燒存性末五分朱砂二分五里調生地黃當歸身煎水抹上腭及乳頭一日內盡呑無瘡疹諸疾

保護法 厚衣過煖傷皮膚○天氣和暖無風抱見日光氣血堅剛○枕豆袋○一向仰卧恐成驚疾時時回動○覆衾露兒面○三五月勿豎頭抱出○六月與稀粥○啼時勿飲乳勿見粧○乳多損胃○宜足煖頭凉常以帛護顖門風府○常以舊衣作衣不可用新

胎熱胎寒 胎熱眼閉二便閉不乳多啼釀乳方○胎寒身冷瀉青黑腹痛多啼白薑散

白薑散 入門白薑木香官桂陳皮檳榔甘草各等分嘔加木瓜丁香面青肢冷去檳榔加川芎當歸水煎量兒大小以綿蘸灌之

釀乳方 入門澤瀉五分生地黃四分猪苓赤茯苓天花粉茵蔯甘草各二分水煎令乳母捏去宿乳服之良久乳兒此釀乳法餘皆倣此○有單小便不通者心氣積熱併於小腸急用生地龍數條

蜜少許研勻數嗾莖上內用蠶退燒灰入朱砂龍腦麝香少許為末麥門冬燈心煎湯調服○有不乳尿難者乳汁四合蔥白一寸煎三沸灌之

變蒸 變生五臟蒸養六腑俗謂牙生骨長陰陽水火蒸於血氣使成形體每三十二日一變三百二十日十變五蒸乃成人其症似傷寒而身熱耳尻冷上唇中發一點白疱狀如魚目熱隨發實者自愈弱者平和飲子○〔入門〕又有三大蒸初生至五百十二日變蒸畢平和飲子

平和飲子〔入門〕白茯苓一錢五分人參甘草各五分升麻二分弱者加白术一錢煎服可免百病此微和之藥

柴胡散〔入門〕治變症骨熱心煩啼不已柴胡人參麥冬甘草各二分龍膽草防風各一分煎服

繼病魃病 兒生十餘月母又有娠令兒飲乳身瘁神不爽或瘧痢伏翼燒灰細研五分粥飲下夜明砂袋盛佩之

噤口 卽鵝口瘡眼閉啼聲漸小舌上聚肉如粟吮乳不得吐白沫二便通此胎熱毒流心脾以亂髮纏指蘸薄荷汁拭淨如不脫用保命散○又龍腦南星和薑汁灌之

撮口 面目黃赤氣喘啼聲不出此胎熱毒流心脾舌強唇青撮口聚面白殭蠶二枚略炒末蜜調付唇口又牛黃一錢竹瀝一合調和時抹口中

臍風 斷臍後爲風濕所勝或尿濕棚裙而成面赤喘急啼聲不出臍突腹脹不能飲乳甚則發搐噤口宜宣風散臍腫荆芥煎洗後葱葉火炙候冷刮薄貼之臍出血水汁或赤腫當歸白石脂末蝦蟆燒灰油髮灰皆可付○斷臍作瘡枯白礬龍骨當歸末皆可糝○百日內見上三證手足踡者不治

保命散〔寶鑑〕治鵝口瘡不能吮乳馬牙硝五錢枯白礬朱砂各一錢右末每取一字用白鵝糞搐水調塗舌上及口內日三次

一捻金散〔寶鑑〕治同上雄黃三錢硼砂一錢甘草五分龍腦少許右末乾糝或蜜調塗之

宣風散〔寶鑑〕治臍風撮口多啼不乳口出白沫全蝎二十一箇全者酒炙爲末入麝香末一字和勻每取半字以金銀器煎湯調下

通心飲〔寶鑑〕治旋螺風赤腫而痛清心火通小便退潮熱連翹木通瞿麥梔子仁黃芩甘草各四分入燈心麥門煎服

香螺膏〔寶鑑〕治臍風腫硬如盤田螺三箇入麝香少許右搗爛搭臍上須臾再易腫痛立消

客忤中惡 客忤者小兒神氣軟弱忽有非常之物觸之或經神廟佛寺鬼氣客忤其狀口吐青黃白沫或下水穀鮮雜面變五色腹痛瘈瘲似癎但眼不上竄耳其口中懸雍以竹鍼或指爪摘破急作醋炭皂角燒煙熏之蘇合香元〔入門〕薑湯下又竄心黃土蚯蚓糞等研水調塗兒頭上及五心○中惡者卒然心腹刺痛悶亂欲死人中青黑服蘇合香元未醒皂角末吹鼻○中馬汗氣或馬鳴驚忤者取馬尾燒煙熏兒面有效

雄麝散〔寶鑑〕治客忤雄黃一錢乳香五分麝香一字右末每一字刺雄雞冠血調灌之仍以母衣覆兒身卽愈

夜啼 有四一寒二熱三口瘡四客忤○寒則腹痛而啼面青白口有冷氣手足腹冷曲腰而啼又下半夜啼六神散○熱則心燥而啼面赤口中熱尿赤腹燒或有汗仰身而啼又上半夜啼必痰熱也到曉方息導赤散〔入門〕加黃芩○月內夜啼驚搐者由胎中受驚有痰抱龍丸○夜啼不止蟬退二七枚去足爲末朱砂一字蜜調下○大凡作心熱心虛治之

六神散〔寶鑑〕治腹冷痛夜啼白茯苓白扁豆炒各二錢人參白术山藥炒各一錢甘草炙七分右麄末每取一錢薑三片棗二枚煎服

鎮驚散〔寶鑑〕治胎驚夜啼朱砂牛黃麝香各少許右合細研猪乳汁調稀抹入口令嚥下

燈心散〔寶鑑〕治小兒心燥夜啼燈花三四顆研細以燈心煎湯調塗口中以乳汁下日三○一[illegible]

燈花七枚硼砂一字朱砂少許研細蜜調抹唇上立止

黃連飲 寶鑑治心經有熱夜啼人參二錢黃連一錢五分甘草炙五分青竹葉十片薑一片煎取汁灌口中

胎驚癎風 由孕婦嗜慾忿怒驚撲傷風兒初生即嘔吐搐掣喎斜身腰强直臍腹腫起與噤口撮口同證眉間紅赤者生青黑者死）新增胎中積乳調服之○胎中鼠及新生無毛鼠雛煎服有效亦治二三歲兒急驚

辰砂膏 寶鑑治胎驚癎風及噤口風辰砂三錢玄明粉二錢硼砂馬牙硝各一錢五分全蝎真珠末各一錢麝香一字右末油紙封裹自然成膏每取一豆許薄荷湯調下或乳汁調塗乳頭上令兒吮之

急驚風 聞不常聲及六畜聲而驚由內熱或挾風邪而成實也牙關緊急搖頭竄視張口出舌角弓反

張身體掣顫手足搐搦四肢蹺攣十指開合此八候俱全十無一生男搐左視左眼上竄順女搐右視右眼下竄順先用蘇合香元嚥瀉青丸驅龍腦安神丸門神牛黃抱龍丸○搐有真假假者搐搦反張斜視而牙關不緊是外感風寒內傷飲食挾驚而成也頻發不死

錢氏安神丸 寶鑑治急驚風及心熱驚啼麥門冬馬牙硝白茯苓山藥寒水石甘草各五錢朱砂三錢龍腦二字右末蜜和兩作三十丸每服一丸砂糖水化下

內局 **抱龍丸** 寶鑑治驚風潮搐身熱昏睡能下痰熱乃心肺肝藥也牛膽製南星一兩無膽則星取生者剉炒熟用天竺黃五錢雄黃朱砂各二錢五分麝香一錢右末煮甘草膏丸如皂子溫水化下百日內兒一丸作三次服五歲兒一二丸服臘雪水煮甘草和藥丸佳○內局臘劑去天竺黃以鈞鉤藤代用

加味敗毒散 保元治急驚風初發熱搐搦眼上視及風寒頭疼發熱咳嗽鼻塞聲重及痘疹

欲出發搐并時行天瘟疫羌活獨活柴胡前胡白茯苓人參枳殼桔梗天麻全蝎殭蠶白附子地骨皮川芎甘草薑三片煎熱服○本方無錢數臨病斟酌分數用之

慢驚風 吐瀉日久或大病後或過服寒藥脾敗而成體冷或熱口眼牽引瘈瘲脈沈遲宜溫補男以瀉得爲重女以吐得爲重

錢氏白朮散 寶鑑治吐瀉久不止津枯煩渴欲成慢驚乾葛二錢人參白朮白茯苓木香藿香甘草各一錢右麁末每二錢任意煎服○一名白朮散○泄瀉加山藥白扁豆肉豆蔲已成慢驚加天麻細辛全蝎白附子○驚風泄瀉煩渴皆津液內耗不問陰陽多服尤好

益黃散 寶鑑治慢驚風黃芪二錢人參陳皮各一錢白芍藥七分生甘草炙甘草各五分白茯苓四分黃連二分右麁末水煎時時服

加味朮附湯 寶鑑治吐瀉後變成慢驚或因臟寒洞泄得者附子炮白朮各一兩肉豆蔲煨

二箇木香甘草炙各五錢右麁末每二錢薑三片棗二枚煎服

急慢驚風通治

內局 **牛黃抱龍丸** 寶鑑治急慢驚風痰嗽潮搐能鎮驚安神牛膽南星一兩天竺黃五錢雄黃辰砂各二錢五分麝香真珠琥珀各一錢牛黃五分金箔十片右細末水煮甘草膏丸如芡實金箔爲衣三歲兒服一丸五歲二丸十歲三五丸薄荷湯化下○內局臘劑去天竺黃以鈞鉤藤代用

牛黃抱龍丸 入門治同上鈎藤一兩五錢膽星八錢天竺黃二錢五分雄黃人參茯苓各一錢五分辰砂一錢二分麝香五分殭蠶三分牛黃二分爲末用甘草四兩煎膏丸如芡實金箔爲衣每服一丸或半丸薄荷煎湯磨服

星香散 寶鑑治急慢驚風搐搦竄視涎潮南星炮二錢五分木香橘紅各一錢全蝎二箇薑四片煎頻灌大便去涎愈

慢脾風 慢驚之重者胃氣極虛肢冷痰涎虛熱往來面青額汗舌短頭低眼合口噤微搐吐舌頻嘔脉沈微四君子湯入門加生附子

黑附湯 寶鑑治慢脾風危急者附子炮三錢木香一錢五分白附子一錢甘草灸五分右分二貼薑五片水煎以匙灌下若手足煖而甦省即止

蝎附散 寶鑑治慢脾風回陽豁痰附子炮二錢南星炮白附子炮木香各一錢全蝎七箇右剉取一錢薑五片煎服

天吊驚風 由心肺熱痰鬱氣滯外觸風邪頭目仰視啼笑無常如神祟甚者爪甲青黑合香元抱龍丸

釣藤散 寶鑑治天吊人參犀角各五分全蝎天麻各二分甘草一分○一名釣藤飲有釣藤一味

釣藤膏 寶鑑治驚風內釣木香薑黃各二錢乳香沒藥各一錢五分木鱉子肉五箇右末蜜調成

膏收罐內以釣藤煎湯或薄荷湯化下少許

痙痓 痓病寒熱似傷寒但脉沈遲弦細搖頭露眼噤口搐搦項强背反張如發癇終日不醒爲異亦驚風之類有二柔痓有汗身軟理中湯剛痓無汗身强麻黃葛根湯通用小續命湯或先服烏藥順氣散

麻黃葛根湯 入門治太陽發熱惡寒無汗剛痓麻黃芍藥各三錢葛根一錢五分葱白七莖薑五片豆豉一合

癲癇 卒倒目瞪流涎四肢縮掣其聲惡叫過後惺惺似剛痓而四體柔似急驚而吐沫○陽癇仰卧面光啼叫脉浮在腑易治牛黃瀉心湯清心滾痰丸○陰癇身冷不能啼面黯脉沈微在臟難治釣藤散量加官桂附子○驚癇朱砂安神丸○食癇紫霜丸○風痰癇追風祛痰丸慢驚成癇至聖來復丹薄荷湯下一二丸

紫霜丸 寶鑑治食癇及腹有食積痰癖吐乳代赭石醋淬七次赤石脂各一兩杏仁五十箇去皮尖巴豆三十粒去皮油右先將杏仁泥巴豆霜入二石末相和搗千杵若硬入小蜜貯瓷器中月內兒服麻子大一粒乳汁化下百日內服小豆大食癇用此取積并不乳虛人凡兒有熱不欲飲乳眠睡不寧常常驚悸此皆發癇之漸以此藥導之减其盛勢則無驚風釣癇之患矣○一方赭石二錢巴豆二十一粒去皮油杏仁二十一箇右末飯丸如粟米服

疳病 多食肥甘或早食飯粥乳哺不節而得初起內熱中滿酷嗜瓜果酸鹹炭米泥土多飲水氣血虛憊形瘦腹脹二十前曰疳二十後曰勞治忌妄表過凉峻溫驟補須扶胃兼踈導實者先踈利後和胃不可因循以致積久成疳○疳勞潮熱盜汗骨蒸咳嗽泄瀉脇硬面如銀不治八物湯加柴胡黃芪陳皮半夏使君子蝦蟆灰鱉甲去白朮

肥兒丸 寶鑑此藥消疳化積磨癖清熱伐肝補脾進食殺蟲胡黃連五錢使君子肉四錢五分人

參黃連薑汁炒神曲炒麥芽炒山查肉各三錢五分白朮白茯苓甘草灸各三錢蘆薈碗盛泥裹糠火煨透二錢五分右末黃米糊丸如菉豆米飲下二三十丸

肥兒丸 入門治身黃肚腹脹急脇硬痞塊泄瀉瘦弱黃連薑炒神麯炒各一兩麥芽炒肉豆蔲煨使君子五錢檳榔木香各二錢右細末猪膽浸糕丸如麻子每三四十丸米飲下○去豆蔲檳榔木香加蕪荑青皮名黃連肥兒丸治諸疳疳眼

煮肝丸 寶鑑治疳眼盲膜不見物夜明砂青蛤粉穀精草各等分右細末小兒一錢七歲以上三錢猪肝一大片批開糝藥麻線縛定米泔半碗煮肝熟取出肝湯則傾碗內熏眼取肝分三次嚼訖却以肝湯下一日三服十日必退如大人雀目空心服至夜便見物

諸熱 肝熱多驚怒尋衣左頰先赤寅卯時甚瀉青丸○心熱壯熱飲水合睡咬牙發驚上竄額先赤搖頭巳午時甚導赤散○脾熱面黃肚大身熱渴飲鼻先赤嗜卧夜盃甚瀉黃散○肺熱右頰先

赤寒熱咳嗽喘悶壯熱飲水日西時甚瀉白散○腎熱虛熱身重足熱脛骨稀稀如蟲蝕狀頗先五臟
赤下竄畏明六味地黃丸五臟○實熱氣麁渴飲尿赤澁大便硬掀衣暴叫唇焦黑四順清涼飲火門○
虛熱病後虛弱日數三次發熱不渴自汗困倦不食乳大小便如常四君子湯氣門錢氏白朮散補中
益氣湯瀉門加地骨皮鱉甲

內局**小兒清心丸**寶鑑治諸熱及驚熱煩燥人參茯神防風朱砂柴胡各二錢金箔三十片右末
蜜丸如梧子每一丸竹瀝調下○內局臘劑加犀角牛黃

天乙丸寶鑑凡小兒生理本天一生水之妙凡治病以水道通利為捷徑此方清心利小便所以
散火也凡小兒蘊熱丹毒驚風痰熱變蒸發熱之病用之最當而嘔吐瀉利無不治也澤瀉三錢滑
石猪苓各二錢五分燈心一兩六錢以米粉漿水洗晒乾為末入水澄之浮者為燈心取二錢五分
赤茯苓白茯苓茯神各一錢七分右末用人參一兩煎膏丸如櫻桃朱砂為衣金箔裹之每一丸以

燈心麥門冬湯或薄荷湯化下

諸積有傷乳傷食而身熱惟肚熱甚耳夜間熱者傷積之驗也○癖積在兩脇下痞塊者時痛寒熱肚熱
咳嗽吐痰面黃腹脹便青泄尿如油腸鳴夜發熱

消乳食丸入門行氣消乳食香附一兩砂仁陳皮三稜蓬朮神麴麥芽各五錢右末糊丸如麻
子每二十丸紫蘇煎湯下

消食餅回春治小兒傷食皮黃肌瘦肚腹脹大用此焦餅令兒常食之蓮肉山藥炒白茯苓神麴
炒麥芽炒白扁豆炒各等分右細末每四兩入麪一斤以水和勻烙焦如餅使兒食之○一方有山
查芡仁

白餅子寶鑑腹中有癖則不食但飲乳此主之滑石輕粉白附子南星炮各一錢為末巴豆二十
四粒去皮膜水一升煮水盡為度右研勻糯米飯丸如菉豆捏作餅子三歲以下一二餅三歲以上

三五餅蔥白湯下○一名玉餅子一名白玉餅

虎堅膏回春專貼小兒癖塊發熱羸瘦者木鱉子穿山甲川烏甘草甘遂當歸右剉各八錢先用
真香油一斤入鍋內將前藥熬成灰濾去滓再慢火熬滴水不散方下黃丹八兩熬滴水成珠方下
細藥入內再不見火蘆薈阿魏硼砂皮硝水紅花子各五錢硇砂三錢麝香一錢右細末入內攪勻
不熱攤為膏藥貼時先用皮硝水洗皮膚以膏貼癖二三日後覺肚內疾作疼四五日發痒糞後有
膿血之物是其驗也水紅花子即蔘花子也

消癖清肌湯新增治腹有癖塊寒熱如瘧口渴尿赤盜汗咳嗽或晝歇夜發柴胡鱉甲各一
錢黃芩山查肉神麴白芍藥各七分半夏地骨皮人參木通各五分胡黃連甘草各三分薑三片煎
服甚則加稜蓬虛則加苓朮

萬安膏新增治傷食吐瀉心腹絞痛或痢疾腹痛平胃散癖水煎調蘇合香元氣門二三丸入蜜少

許不拘時服

好吃泥土乃脾虛胃熱所致面色青黃或蟲動不急治生癖症清脾養胃湯又方好黃土為末濃煎
黃連汁和為餅服之名黃金餅

清脾養胃湯保元石膏黃芩陳皮白朮白茯苓甘草胡黃連使君子等分煎服或為末旋於
飲食內令兒服

吐瀉乳食過飽生冷不節脾虛則瀉胃虛則吐久則成慢驚與疳當分虛實○傷寒乳或外感風寒而吐
腥臊瀉青白身涼不渴是寒理中湯寒門或先瀉後吐乃虛冷四君子湯氣門○是傷熱乳或感暑而吐酸
臭瀉黃赤身熱面赤是熱益元散暑門合四苓散寒門或先吐後瀉熱在脾胃白虎湯寒門○傷風吐瀉木
克土憎寒壯熱頭疼咳嗽氣促盖熱者先服鈎藤散後服益黃散冷者先服益黃散後服鈎藤散○
內傷乳食腹脹吐瀉如抱壞雞卵臭消乳食丸○腹痛吐乳萬安膏○傷濕吐瀉身重腹脹尿澁瀉

下如水傾出腹不痛燥濕湯歟平胃散歟虛者異功散歟○吐瀉久不止氣下陷升陽益胃湯補中益氣湯歟內虛渴錢氏白朮散○吐瀉日久臟寒氣脫面青歟肢冷四君子湯加木香訶子肉豆蔻陳皮臟寒甚欲作慢驚附子理中湯歟

香橘餅 寶鑑治初生停乳吐瀉厚朴神麴麥芽縮砂各五錢木香橘皮青皮各二錢五分右末蜜丸如芡實每一丸以紫蘇葉煎湯或米飲任下

木瓜丸 寶鑑治初生吐不止木瓜麝香木香檳榔膩粉各一字右末麪糊丸如黍米甘草湯下一二丸

燒針丸 寶鑑治內傷乳食吐瀉不止危甚者黃丹朱砂白礬枯各等分右末棗肉丸如芡實每一丸用鍼挑於燈焰上燒存性乳汁或米飲化下此藥清鎮專主吐瀉

助胃膏 寶鑑治小兒吐瀉和脾胃進乳食山藥五錢人參白朮白茯苓陳皮甘草各二錢五分木

香一錢縮砂二十箇白豆蔻七箇肉豆蔻二箇右末蜜丸如皂子每一丸米飲化下或為末木瓜湯調下一錢

啓脾散 入門百病愈後俱用此藥調脾蓮肉一兩白朮白茯苓山藥炒神麴炒山查肉各五錢人參豬苓去皮澤瀉藿香木香當歸身白芍藥微炒砂仁炒各三錢肉豆蔻煨三箇陳皮二錢甘草一錢右末薑湯任意調服驚風後加辰砂滑石各二錢調服

土龍膏 俗方治暑熱入心肺身熱煩渴吐瀉小便不利地龍大者十餘條入黃土泥餅中作圈如鵝鴨卵慢火煨熟浸香薷煎湯或車前子糯米同炒煎湯澄取用微溫和些蜜頻服○一方真黃土化水煎數沸入地龍旋即傾出待清取用

感冒風寒 貪睡口中熱呵欠煩悶傷風也頭目痛畏人畏寒傷寒也頭身痛鼻涕咳嚏煩赤眼澁山根青皆傷風寒通用參蘇飲陳○新增蔥鬚細切入真油煎一二沸服之治感冒及痰嗽又治驚風

初起

人參羌活散 寶鑑治傷風寒發熱羌活獨活柴胡前胡枳殼桔梗人參赤茯苓川芎甘草各二分天麻地骨皮各一分薄荷三葉

惺惺散 寶鑑治傷風發熱痰嗽煩渴人參白朮白茯苓桔梗川芎白芍藥瓜蔞根甘草各二分五里細辛薄荷各一分薑二片

痰涎喘嗽 痰者風苗火靜則伏於脾動則壅於肺痰火交作則咳喘瀉白散歟○合導痰湯歟寒嗽華蓋散歟熱嗽清金降火湯歟○涎者脾肺虛而流溢在咽喉如水雞聲喘嗽煩悶抱龍丸○馬脾風者寒邪入肺寒鬱為熱痰喘上氣肺脹駒駘若不速治立危

馬脾風散 寶鑑治馬脾風辰砂二錢五分甘遂一錢五分輕粉五分右末每取一字以溫漿水少許上滴香油一點抄藥在油花上待沉下却去漿水灌之神效

泄痢 疳痢瀉青白黃沫水痢色變無常目胞腫腹脹好飲水漸瘦瘠蘇感元歟赤痢黃芩芍藥湯歟白痢益元散門赤白痢六神丸歟○一方五倍子炒黃末烏梅末水浸丸如彈子每一丸白痢米飲赤痢薑湯水瀉冷水下

腹痛腹脹 腹痛者身熱口渴便秘尿赤腹熱暴痛暴止積熱黃芩芍藥湯歟面青白肢逆冷甚則吐瀉臟寒理中湯歟乳食所傷痛消乳食丸○諸痛大同小異惟蟲痛小兒多有口出涎沫發無時肩背痛食則加痛唇紫黑蓋早食肥甘濕熱化生或傷冷胃寒痛安蛔理中湯門練陳湯門○腹脹者喘嗽悶亂有積實也紫霜丸不喘無積虛也六君子湯歟○諸脹皆由脾胃虛氣不升降當分新舊虛實補脾消導如一時壅滯脹悶急下通利○盤腸痛者因寒鬱小腸膀腹刺痛以內鈞但盤腸則曲腰乾啼額汗為異蓋傷食成霍而痛急以蔥白搗炒熨臍腹蘇合香元門薑湯下

乳香散 寶鑑治盤腸內吊腹痛乳香沒藥各少許細研另取木香一塊於乳鉢內磨水一分滚數

沸調乳汲末服之

消積丸（寶鑑）治乳食傷積腹脹氣急丁香縮砂各十二箇使君子肉五箇烏梅肉巴豆肉各三箇右末飯丸如麻子每三丸或五丸橘皮湯下

安蟲散（寶鑑）治蟲痛胡粉炒黃檳榔苦練根鶴虱白礬半生半枯各二錢右末每服一字大兒五分米飲調下○或以米糊丸如麻子一歲兒五丸溫漿水入清油打勻送下名曰安蟲丸

苦練丸（新增）治小兒多食膏粱甘味化為蚘蟲經年不愈苦練根鶴虱朱砂各一兩檳榔五箇麝香一錢右細末麵糊丸如小豆每三丸白湯下日三

五軟五硬 五軟者頭項軟天柱骨倒補中益氣湯[illegible]亦有熱者○手軟肝虛無力不舒伸○脚軟行遲髓虛筋弱不能束骨腎氣丸[illegible]加鹿茸牛膝五加皮○身軟身熱筋痿飲食不為肌膚四君子湯[illegible]或補中益氣湯○口軟語遲胎中因母驚使心神虛舌本不通蓋五軟稟受不足或久瀉大病後虛弱而成○五硬者頭項手脚身口強直氷冷乃肝受風烏藥順氣散[illegible]

涼肝丸（入門）治肝臟伏熱唇面俱紅肌膚熱筋緩項軟又治痘後目赤腫痛黃芩羌活蔚子玄參酒洗大黃酒炒知母各一兩防風二錢人參赤茯苓各一錢五分右末蜜丸如菉豆量兒大小食後茶清下

健骨散（寶鑑）治頭軟不能正頭軟者天柱骨倒也白殭蠶炒為末每服五分或一錢薄荷泡酒調下日三

薏苡丸（寶鑑）治手軟薏苡仁當歸秦艽酸棗仁防風羌活各五錢右末蜜丸如芡實荊芥湯化下

鹿茸四斤丸（寶鑑）治身軟筋骨痿弱肉蓯蓉牛膝木瓜兔絲子熟地黃鹿茸天麻杜冲五味子各等分為末蜜丸如梧子溫酒或米飲下三五十丸○一名加減四斤元

菖蒲丸（寶鑑）治心氣不足五六歲不能言石菖蒲人參麥門冬遠志當歸川芎各二錢乳香朱砂

各一錢右末蜜丸如麻子每二十丸米飲下日三服

五加皮散（寶鑑）治三歲不能行五加皮二錢五分牛膝酒洗木瓜各一錢二分五里右末每一錢米飲調下

解顱 頭縫開[illegible]不合由腎氣不成腦髓虛也八味元腎氣丸[illegible]八物湯十全大補湯[illegible]虛或南星白斂末醋調貼顱上

人參地黃丸（保元）治腎氣不成顱顖自開及血氣不充筋骨呈露如鶴之膝六味地黃丸[illegible]去澤瀉加人參鹿茸一方或加當歸鹿茸牛膝

顖填顖陷 顖填者顖門腫起因乳哺失常或寒熱乘脾寒氣上衝牢鞕補中益氣湯[illegible]熱氣上衝柔軟瀉青丸[illegible]○顖陷者顖門成坑因臟腑有熱渴飲致泄痢脾胃虧陷補中益氣湯或十全大補湯[illegible]加附子或黃狗頭骨炙黃末雞子清調付

髮不生齒不生 髮不生者氣血不能榮上○齒不生者髓不充骨十全大補湯[illegible]加鹽炒知母黃栢吞腎氣丸[illegible]或雄鼠糞二十枚每日一粒揩齒齦老鼠脊骨末入麝香少許鍼刺齦數處擦日三四

蓯蓉元（寶鑑）治髮不生當歸生乾地黃肉蓯蓉白芍藥各一兩胡粉五錢右末蜜丸如黍米每十丸黑豆湯下兼磨化二三十丸塗擦頭上

龜背龜胷 龜背者風入脊骨或坐太早背突如龜背何首烏末調龜尿付脊骨凸○龜胷者肺熱脹滿胷骨高起蓋因乳母多食辛熱痰嗽喘急瀉白散[illegible]加酒炒片芩薑炒山梔痰盛合二陳湯[illegible]

松蘂丹（寶鑑）治龜背松花枳殼防風獨活各一兩麻黃大黃前胡桂心各五錢右末蜜丸如黍米粥飲下十丸

百合丹（寶鑑）治龜胷大黃七錢五分天門冬杏仁百合木通桑白皮枳殼甜葶藶石膏各五錢右

末蜜丸如菉豆白湯下五七丸至十丸

滯頤 熱涎流出稠粘漬於頤間胃火上炎通心飲瀉黃散臟五○冷涎清而自流胃虛不能收約

木香半夏丸 (寶鑑)治胃虛冷涎木香半夏麴丁香各五錢白薑白朮青皮陳皮各二錢五分

右末蒸餅丸如麻子米飲灌下

丹毒 有赤白皆因母食五辛及尿衣不乾濕熱之毒與血相搏而風乘之自腹出四肢易治自四肢入腹

難治百日內發者及入腎入腹則必死急以細鍼刺出惡血即消犀角地黃湯臏犀角消毒飲升

麻葛根湯臏或焰硝大黃等末井水調匀雞羽塗之又蚯蚓糞二分焰硝一分新汲水調敷○(新增)

經驗馬齒莧搗付色變易之神效冬則青黛代用○南瓜去皮割付水流即愈

諸瘡 因孕婦七情之慾飲食之毒發於頭面胷背四肢初生月內發者深一二歲發者淺消毒保嬰丹瘡

犀角地黃湯臏外用兒父尿以雞羽刷瘡上或臘猪脂付之或春柳條荊芥夏棗葉槐枝秋苦參煎

湯溫洗癩頭瘡防風通聖散臏酒製為末每一錢煎服○外以黃蠟膏臏付之○詳見諸瘡門參考

大連翹飲 (寶鑑)治諸瘡甘草四分柴胡黃芩荊芥各三分蟬殼二分五里連翹車前子瞿麥滑

石惡實赤芍藥梔子木通當歸防風各二分燈心十莖竹葉二片

生料四物湯 (寶鑑)治同上生地黃赤芍藥川芎當歸防風各三分黃芩薄荷各二分

牛黃解毒丹 (保嬰)治小兒胎瘡諸熱甘草金銀花各一兩紫草茸酒洗五錢牛黃三錢右末

煉蜜丸如梧子量兒大小薄荷或蟬退湯化服○(彙編)金銀花紫草茸各一兩甘草五錢牛黃三錢

或加蟬退製法服法同上

猪膽散 (新增)治胎毒黃丹石雄黃乳香沒藥白芷王不留行各一錢右末猪膽一部調塗

痘疹

痘瘡預防 每遇冬溫煖恐春發痘預服黑荏油一升逐日飲令盡永不出痘

稀痘兎紅丸 (寶鑑)一名太極丸臘月初八日取生兎一雙取血以蕎麥麵和之少加雄黃四

五分候乾成餅丸初生小兒三日後與菉豆大者二三丸乳汁下一歲兒五丸或七丸三歲後十五

丸服久則遍身發出紅斑是其驗也有終身不出痘疹者雖出亦稀小兒已長會飲食者就以兎血

啖之尤妙或云不必八日但臘月兎亦可用然終不若八日佳

三豆飲 (寶鑑)赤小豆黑豆菉豆各一升甘草五錢右水煮熟逐日飲汁喫豆任意服已染則輕解

未染者服之過七日永不出

(內局)**消毒保嬰丹** (保元)未經痘者每春分秋分時服一丸痘毒能漸消化纏豆藤即毛豆梗上纏

繞細紅藤八月間採陰乾一兩五錢赤豆七十粒黑豆三十粒山査肉牛蒡子生地黃辰砂各一兩

升麻連翹各七錢五分荊芥防風獨活甘草當歸赤芍藥黃連桔梗各五錢經霜絲瓜長五寸者二

箇燒存性右極細末和勻淨砂糖拌丸如李核每服一丸濃煎甘草湯化下○右藥預辦精料遇春

分秋分或正月十五日七月十五日修合務在精誠忌婦人猫犬合時向太陽祝藥曰神仙真藥體

合自然嬰兒吞服天地齊年吾奉太上老君急急如律令勅一氣七遍○(入門)有七夕製法

痘有五般症 肝為水疱色青而小肺為膿疱色白而大心為斑色赤而小脾為疹色赤黃而小歸

腎變黑凡痘疹一色大小不等吉或二三色相合凶

痘瘡治法 或發或瀉或解肌或化毒涼血清肺調其臟腑平其飲食謹禁忌嚴攝養適寒溫始終無

他症不可下當用平和藥頻與乳食不受風冷可也

發熱三朝 初起似傷寒呵欠噴嚏耳後有紅筋尻足耳尖冷睡中急驚眼澁暴熱肌綳急熱甚或驚

搐切不把持使氣血流通可也○昏睡喜嚏悸者將發痘四臟俱有症腎獨無候疑似未辨升麻葛

根湯參蘇飲麩挾驚痰壅薄荷湯化抱龍丸或瀉青丸臟五腰痛痘必黑陷神解湯蓋未出發散已出

忌發散自初熱至出痘終日或吐瀉無妨宜多汗而能食免黑陷渴則金銀花茶糯米茶紅花子茶

三豆飲切忌冷水○熱盛發搐爲吉紅綿散調加味六一散表之

加味敗毒散(寶鑑)發熱似傷寒未辨疑似間服此解表柴胡前胡羌活獨活防風荊芥薄荷枳殼桔梗川芎天麻地骨皮各三分煎服宜加紫草蟬殼紫蘓麻黃葱白汗之○本方除參苓恐助火也

紅綿散(寶鑑)全蝎麻黃荊芥穗天麻甘草各五分更加薄荷紫草蟬殼煎服

加味六一散(寶鑑)治熱毒大盛狂言煩渴及痘瘡紅紫黑陷滑石六兩研水飛甘草細末六錢辰砂水飛三錢片腦三分另研別入右和勻春秋以燈心煎湯調下夏月以新汲水調下三五歲兒服一錢十歲服二錢發熱初用加味敗毒散調下能解毒稀痘出痘紅紫者亦效

神解湯(寶鑑)治發熱欲出痘而腰痛柴胡一錢五分乾葛一錢麻黃白茯苓升麻防風各八分甘草五分煎服溫覆出汗不汗再進一服免出腎經之痘此法甚奇

四物解肌湯(寶鑑)即升麻葛根湯隣去甘草代黃芩也○凡傷寒痘疹疑似未辨以辛涼藥調之即此湯也

出痘三朝　痘瘡初出與麻疹痱瘡相似但痘根窠紅活頂圓突堅實捫之碍手者痘也○發熱一日或二日出者爲重微熱三日後出或四五日身涼見痘爲輕○出盛而內外壅熱煩渴狂譫猪尾膏○痘瘡初出如粟米黍米菉豆大似真珠光澤明淨爲吉○○一出即變黑腎症也爲凶保元湯加紫草紅花○色紅赤手摸皮軟不碍指名賊痘過三日變成水疱甚至紫黑疱危也保元湯加紫草蟬退紅花已成水疱保元湯合四苓散隣

消毒飲(寶鑑)治痘不快出及胃前稠密急用三四服快透解毒鼠粘子二錢荊芥穗一錢生甘草防風各五分煎服或加山查子酒芩紫草服或和犀角磨汁服尤佳

犀角消毒飲(寶鑑)治痘疹未能快透或已出熱尚未解急服此藥鼠粘子二錢荊芥穗防風

黃芩各一錢犀角屑甘草各五分

化毒湯(寶鑑)治痘出不快且令稀少紫草茸一錢升麻甘草各五分入糯米五十粒

解毒防風湯(寶鑑)凡痘出速且密或七日後壯熱毒盛氣弱聲啞防風一錢地骨皮黃芪白芍藥枳殼荊芥穗鼠粘子各五分

透肌湯(寶鑑)治痘不快透紫草白芍藥升麻各一錢糯米五十粒

加味四聖散(寶鑑)治痘出不快或陷伏倒靨一切惡候紫草茸木通木香黃芪川芎人參甘草各四分蟬殼二分入糯米百粒

紫草飲(寶鑑)治痘瘡出不快三四日隱隱將出未出紫草二兩以百沸湯一大椀沃之以物蓋定勿令氣出候溫服半合或一合痘即出○治痘紫草皆當用茸有發出之功令人用根反利大便大便泄者勿用

絲瓜湯(寶鑑)發痘疹最妙取絲瓜連皮子燒存性爲末砂糖溫水調下半匙許或以紫草茸甘草煎湯調服或煎服

連翹升麻湯(寶鑑)治瘡疹一發便密如蠶種或如一榛枇毒盛者即升麻葛根湯門寒加連翹一味也

九味神功散(保元)痘出毒氣太盛血紅一片不分地界如蚊蚤種或諸失血或吐瀉七日以前諸症可服解毒黃芪蜜水炒人參白芍藥酒炒生地黃酒洗紫草茸紅花鼠粘子炒研各一錢前胡甘草各五分○熱甚加黃芩黃連並酒炒各一錢○有驚加蟬退○若痘粒淡黑色者有寒乘之加桂一錢○大便閉加大黃

起脹三朝　順痘則自昨始有脹意先出者先起次第漸起毒之淺深與虛實全在此關蓋上體已脹下體緩慢者無害下體已脹上體緩慢者逆若起脹時縈滯不行頂陷不起或風寒所尅水楊湯洗

浴痘密勢重九味神功散熱加芩連連翹淡黑加官桂血熱太紫紅四物湯門血加紫草紅花黃芩或
保元湯加芎歸木香泄瀉脾胃大虛保元湯加官桂木香項平色枯恐陷伏保元湯有痘長大而紫
黑手摸痛名痘疔保元湯加惡實荊芥芩連外用銀簪挑破疔頭令父母吮去惡血中黑陷外白起
或外黑赤內白陷氣虛血熱保元湯加芎歸木香原不起淡灰白中陷氣虛單人參湯隨○五六日
頂尖滿起如皷釘把之礙指光澤明潤肥滿紅活或出不快直待起脹時陸續出如粟米於痘空隙
處圓淨者吉根窠全不起頭面紅腫如郁爪之狀或痘疔黑中有眼如鍼孔或遍身陷伏腹脹不食
氣促神昏者凶

內托散〔寶鑑〕活血均氣調胃補虛內托瘡毒使之盡出令易收易靨即癰痘門十宣散加白芍藥
一味也○若紅紫黑陷屬熱毒者去桂加紫草紅花黃芩若淡白灰黑陷伏屬虛寒者加丁香當貫
膿而不貫膿者倍人參黃芪當歸煎熟入人乳好酒溫服

歸茸湯〔保元〕治痘瘡已成出齊而難脹或已脹齊而難靨者由內虛故耳蓋痘既出灰白色及頂
平不起或陷伏者氣血大虛也宜此方嫩鹿茸酥炙當歸身酒洗每對五錢好酒煎溫服

紫草膏〔寶鑑〕治痘疹不起脹白附子麻黃紫草茸甘草各五錢蟾酥一錢全蝎二十箇白殭蚕炒
八箇右細末另將紫草一兩封熬成膏又用蜜二兩入酒半盞煉過同紫草膏攪勻調藥末丸如皂
角子一歲兒半丸三歲兒一丸用之紅紫黑陷者紫草湯化下淡白灰陷者好酒化熱服

貫膿三朝痘以胃氣爲主胃氣升騰化毒成膿自肌肉上貫起漸至頂尖充滿光潤者順○當結膿
窠而不結由血熱相搏毒氣內外灌注必復入心宜猪尾膏若化膿不滿者氣血因寒小緩宜保元
湯加乾薑官桂糯米血虛色淡者四物湯門血去地黃加紅花少許中空乾燥無膿血枯小活血散加
當歸○貫膿時九竅愼宜封閉飮食藥餌極忌寒凉解毒及發滲之劑若傷脾胃淸氣下陷不能貫
膿不治○若累有淸水根窠紅活猶有生意內托散倍人參黃芪當歸煎入好酒人乳各半盞溫服

此貫膿之巧法也○若未曾解毒則至此水不能化反歸胃胃病則不能成就或吐瀉陷伏宜定中
湯○若壯熱毒盛氣弱聲啞宜解毒防風湯○漿行疱裏肥滿黃色或蒼蠟色或黃綠色者吉頭面
先回漿四肢方纔起脹者吉貫膿時或吐瀉不食腹脹聲啞寒戰咬牙痘爛無膿肌肉黑者凶貫膿
純是清水皮白薄如水泡三四日遍身抓破或痘中乾枯全無血水皮白乾如豆殼者凶

收靨三朝將靨時漿老痂結如果熟帶落氣收血平光色始斂自上而下按之堅硬蒼蠟色或黃黑
色或似紫紅葡萄色者佳○當靨不靨謂慢有毒盛不結痂者猪心龍腦膏妙若發熱蒸蒸甘露回
天飮○纔纔不收靨異功散調四糞散妙○寒戰咬牙足膝如水耳尻反熱起脹貫膿收靨時極忌
乃氣血虛宜保元湯加桂甚者異功散救之○痘痂不焦是內熱蒸外散漫而行宣風散導之生犀
磨汁解之必着痂矣○痂落從頭上至胷腨手腹腰足節節緩緩靨下者吉自下先靨者凶○靨謝
後瘢紅者吉白無血色者凶補氣血藥預防之○或一時盡黑非靨火極攻裏即凶遍身皆靨惟數

顆不靨者凶

甘露回天飮〔寶鑑〕砂糖屑半盞入百沸湯一碗調服

通治首尾保元湯爲主○不快出不起脹不貫膿不收靨通用猪尾膏救之○凡出痘起脹回漿貫膿頂
陷不起漿滯不行俱以水楊湯浴之

保元湯〔寶鑑〕人參二錢嫩黃芪甘草各一錢薑一片○一二日初出乾紅少潤此毒尚淺宜用活
血勻氣散解毒之藥加白芍藥一錢當歸五分以活血加陳皮五分以勻氣加玄參鼠粘子各七分
以解毒○二三日根窠雖圓而頂陷者爲氣虛弱血亦難聚宜加川芎官桂○四五日根窠雖起色
不光澤爲氣弱血盛宜加白芍藥官桂糯米○五六日氣盈血弱色昏紅紫宜加木香當歸川芎○
六七日不能成漿爲氣血少寒不能制宜加官桂糯米○七八日毒雖化漿而不滿宜加官桂糯米
發陽助漿○八九日漿不冲滿氣弱而險宜加糯米以成漿○十一日十二日血盡漿足濕潤不斂

者內虛也加白朮白茯苓助其收斂○十三十四十五日毒雖盡解或有雜證相仍只以此藥隨證加減不可用大寒大熱之劑恐致內損之患

解毒　疎則無毒密則有毒宜酒炒芩連清京之劑解瘡毒○痘初出如肩前稠密急服消毒飲加山查子酒黃芩紫草茸太多犀角地黃湯衄出如蚊蛟色黑者毒氣與熱相搏宜猪尾膏○毒鬱蔵燥黑陷驚狂譫忘加味六一散○解痘毒三豆飲絲瓜湯熱者解毒湯隊虛者保元湯加川芎官桂糯米

加味犀角消毒飲　寶鑑治痘疹毒氣壅遏未能勻透及口舌生瘡不能吮乳鼠粘子一錢二分甘草五分防風升麻各三分荆芥穗麥門冬犀角屑吉更各二分

神功散　寶鑑治痘毒太盛以此解之毒氣卽散陷者卽起川芎當歸升麻甘草各六兩右麄末一起取東流水煎三次每次用水三碗文武火煎至一碗半濾下又煎二次共藥水四碗半聽用又用好朱砂四兩以絹袋懸入磁罐加煎藥水封固水煮盡爲度取出焙乾爲末以紙羅過聽用再以引

濟衆新編　卷七　痘疹　二十一

經散用糯米二三合以紙包緊外用黃泥固濟入火煉紅冷定打碎取米黃色者用之白色者不用每服以朱砂末一錢米末一錢煉蜜二匙好酒二匙百沸湯一小鍾共一處調勻用茶匙喂盡取效

黑散子　寶鑑解痘毒初出服此便消不出臘月猪糞瓶子盛尾片蓋口火煅存性放冷研細每二錢新水調下

照燈影法　寶鑑凡痘形色雖險若燈光影與痘根圓暈相爲周旋根窠紅活縈影深厚則皆可調治若根窠不紅不起血死不活縈無影者雖軒難治故白日窠亦必用麻油紙撚照之眼法神巧全在於此

痘疹宜食物　寶鑑宜食菉豆○赤小豆○黑豆○雄猪肉○石首魚○廣魚○鰒魚○山藥○海松子○葡萄○煨栗子○蔓菁○蘿葍○芯蕕○軟白飯○泄瀉糯米粥○起脹蕎麥麵母酒○雪糕○砂糖

浴法　寶鑑氣血虛弱或爲風寒所尅不能起脹成漿貫膿或枯燥陷伏胡荽煎湯浴之○鬼皮毛煎湯臘猪肉煮湯並可

水楊湯　寶鑑楊柳五斤春冬用枝夏秋用葉洗淨搗碎取長流水一大釜煎六七沸去渣將三分之一注盆中先用保元湯加川芎桂皮糯米煎服乃乘熱洗浴良久以油紙撚點燈照之纍纍然有起勢陷處有圓暈紅絲此縈影也縈必滿足如不滿又如前浴弱者只浴頭面手足勿浴背如照燈而無起勢則必添湯久浴使透徹肌肉踈通內外令毒氣隨煖氣而發也此藥升提開腠萬竅枯者轉潤白者轉紅陷伏者自起矣冬寒則温房內浴之

痘瘡諸症　聲音不問痘己出未出失聲者身温解毒防風湯身冷內托散倍吉更○咽喉痛痘出咽喉痛消毒飲如聖飲毒入臟腑猪尾膏○驚搐欲發瘡疹先身熱驚跳搐搦非驚風加减紅綿散瀉青凡臟五導赤散腑六○嘔吐九顯痘疹而吐瀉者吉謂邪氣背出也痘出後忌之宜定中湯○寒甚腹

濟衆新編　卷七　痘疹　二十二

痛吐瀉理中湯隊加木香丁香肉豆蔻○吐瀉異功散木香散參苓白朮散補中益氣湯○痰喘前胡枳殼湯痘紫黑陷伏痰盛先用抱龍丸以降痰○煩渴脾胃虛津液少不可與冷水木香散保元湯加麥門冬五味子或參苓白朮散加乾葛天花粉五味子或定中湯○痒痛血不榮肌小活血散百花膏內托散去桂倍白芷當歸木香○寒戰氣虛保元湯加桂血虛保元湯加川芎當歸○咬牙乃熱毒入臟腑加味宣風散○失血犀角地黃湯閉尿澁導赤散或大連翹飲○便秘四順清京飲閃油漿法○斑爛痘毒出盛表虛難靨致肌肉壞爛膿不乾作痛敗草散硝膽膏纖氣衝黶發痒爪破宜內托散○倒靨痘形陷伏內傷氣虛內托散保元湯○外感及觸穢調解散○黑陷毒氣入裏心神昏悶猪尾膏四糞散○護眼痘出太盛恐入眼消毒飲加酒炒芩連桑白皮草龍膽外塗臙脂膏

如聖飲　寶鑑治咽喉痛麥門冬桔梗各一錢鼠粘子甘草各五分入竹葉三片

加減紅綿散（寶鑑）治痘未出先驚搐麻黃荆芥穗全蝎天麻薄荷紫草茸蟬殼各五分葱白一莖

定中湯（寶鑑）收歛胃氣止吐瀉神妙取真正黃色土不雜沙石者一塊置碗內以百沸湯泡之以盞合定候溫右用兩酒盞和水飛雄黃末一錢水飛朱砂末五分少加砂糖溫服二服立止

異功散（寶鑑）治痘靨之際頭溫足冷腹脹渴瀉如寒戰咬牙腹脹足冷過膝溫者用此救之木香當歸各三分五里桂皮白朮白茯苓各三分陳皮厚朴人參肉豆蔲丁香各二分五里附子炮半夏各一分五里薑三片棗二枚○此等症亦多屬熱不可不察有熱則不可用

木香散（寶鑑）治痘瘡腹脹渴瀉木香丁香桂枝陳皮半夏赤茯苓人參訶子皮大腹皮前胡甘草各三分薑三片○冷症可用有熱則不可用

前胡枳殼湯（寶鑑）治痘出後痰盛喘急前胡枳殼大黃赤茯苓甘草各六分

紅花子湯（寶鑑）治痘渴及痘不快出紅花子一合煎服

烏梅湯（寶鑑）治同上黑豆菉豆各一合烏梅三箇煎服○一方甘草瓜蔞根各二錢煎服

小活血散（寶鑑）治血不榮肌痒痛白芍藥細末每一錢淡酒調下○百花膏白蜜略用湯和時時鷄羽刷身上

紫草木通湯（寶鑑）治痘瘡不快煩燥咬牙尿澁紫草茸木通人參赤茯苓糯米各四分甘草二分

油醬法（寶鑑）治大便久不通香油清醬各一合攪令十分和勻以小竹筒挿入肛門內取油醬灌入竹筒內令人吹之令漸入或以物推入肛內卽通

敗草散（寶鑑）治痘瘡斑爛多年蓋屋上爛草晒乾細末糝之若渾身瘡爛則攤於席上令坐卧其上此草經霜雪雨露感天地陰陽之氣善解瘡毒

硝膽膏（寶鑑）治同上芒硝爲末調猪膽汁塗之無芒則焰硝亦可

調解散（寶鑑）治外感及觸穢謂倒靨當溫散寒邪青皮陳皮桔梗枳殼當歸紫蘇葉半夏川芎紫草茸木通乾葛甘草各三分人參一分五里薑三片棗二枚

猪尾膏（寶鑑）治痘瘡陷伏倒靨不起發或毒氣入裏黑陷危惡者龍腦一錢刺取小猪尾尖血丸如小豆淡酒或紫草飲化下熱盛則新汲水化下神驗蓋猪尾無一時休息取振掉發揚之意也

百祥丸（寶鑑）治痘紫黑陷伏寒戰口禁憂齒危證紅芽大戟不以多少陰乾漿水煮軟去骨晒乾復納汁中煮汁盡焙乾末水丸如黍米每一二十丸研脂麻湯下此方太峻宜代以棗變百祥丸加味宣風散

棗變百祥丸（寶鑑）治痘黑陷及大便秘結紅芽大戟去骨一兩大棗去核二十枚右水二盞同煎水盡爲度去大戟不用將棗肉作丸如上法服之蓋大戟性峻以棗變者緩其性也

宣風散（寶鑑）治痘青乾黑陷煩渴腹脹而喘二便赤澁乃熱蓄於內宜服黑丑四兩取頭末一兩半生半炒陳皮甘草各二錢五分檳榔兩箇右細末二三歲兒服五分四五歲已上兒一錢蜜湯下

加味宣風散（寶鑑）治同上卽宣風散加青皮二錢五分也依上法服之先下黑糞次下褐糞後以四君子湯加厚朴木香糯米煎服和胃良久糞黃瘡自微臕出又以胡荽酒噴身卽發起

龍腦膏子（寶鑑）治痘瘡未透心煩狂躁氣喘妄語或見鬼神或已發而倒靨黑陷不速治則害入臟必死梅花腦子一錢研細滴猪心血丸如豆子每服一丸井華水化下心煩狂躁紫草湯化下黑陷溫淡酒化下一服少時心神便定得睡瘡復透活○一名猪心龍腦膏

獨聖散（寶鑑）治黑陷氣欲絶穿山甲取前足及背上者炒研爲末木香煎湯入酒少許調五分服入麝香少許尤妙

四糞散（寶鑑）治倒靨黑陷危惡者童男黑猫黑犬黑猪各一具取未破陽雄者先於重九日各置

學室中勿雜食收其屎陰乾至臘月初八日日未出時火煆存性細末每用一錢蜜水調下〇一方倉卒無此藥只取無病小兒糞燒灰以蜜水調下〇一名無價散一名捷效化毒散一名萬金散

二角飲（寶鑑）治痘焦黑陷身熱如火犀角羚羊角各等分井水濃磨取汁服有回生之功

一方（寶鑑）治黑陷牛黃清心元（門風）半丸井水調下〇烹鼠水溫服亦可

臙脂膏（寶鑑）乾臙脂蜜調塗兩眼眶則痘不入眼

痘後瞖膜　痘後餘毒入眼生瞖膜遮睛瀉青丸（五臟）大效促活血解毒則疼痛自止瞖膜自去

密蒙花散（寶鑑）治痘疹入眼生瞖膜密蒙花青箱子決明子車前子各等分為末取二錢用羊肝一大片薄批摻藥濕紙裹煨熟空心以米泔嚼下

地黃散（寶鑑）治痘後瞖遮黑睛多致失明生地黃熟地黃當歸防風羌活蟬殼犀角木賊穀精草白蒺藜大黃各一錢玄參五分木通甘草各二分五里右末每取五分以羊肝煑汁調服

兎屎湯（寶鑑）治痘後生瞖障兎屎焙為末每一錢茶清調下最妙

痘後癰癤　牛蒡子根搗碎如泥和菉豆黑豆赤豆末等分妙付如乾則入醋尤妙

消毒湯（寶鑑）赤芍藥連翹各一錢甘草節桔梗各五分貝母忍冬草白芷瓜蔞根各三分〇此即（丹溪）消痘癰方也

犀角化毒丹（寶鑑）治痘疹餘毒未解頭面身體多生癰癤或唇口腫破生瘡牙齦出血口臭桔梗一兩連翹玄參各六錢生乾地黃酒洗赤茯苓鼠粘子微炒各五錢焰硝犀角鎊甘草各三錢青黛二錢右末蜜和兩作二十丸每一丸薄荷湯化下

綿繭散（寶鑑）綿繭一箇須用出蛾空者以生白礬末填滿其中炭火燒令礬汁盡取出研細乾摻之

痘後瘖（痘疹心法）此毒在腎也痘後失音有二咽痛不能言者此毒氣結於咽喉痰壅作痛而然天花散主之心熱不能言者心中邪熱未微腎虛不能上接於陽雖有聲而不能言四物湯（門血）去芎加麥門白茯〇（趙氏經驗）痘靨後聲啞甘吉湯（咽喉）加牛蒡子山豆根菖蒲訶子肉各三分煎服愈〇痘後聲啞用菖蒲七分吉更牛蒡子玄參麥門知母各五分荊芥杏仁各三分訶子肉二分水煎入竹瀝二三匙服之愈〇生痘喉乾聲啞用清肺天花散麥門桔梗各二錢麻黃一錢五分知母荊芥天花粉各一錢訶子石菖蒲各八分水煎入竹瀝服之愈（痘疹心法）云女子種痘經水忽行暴瘖不能言者〇心主血舌者心之苗血去則心虛心虛則少陰脈不能上榮於舌故猝不語也先以當歸養心湯養心血利心竅待其能言以十全大補湯（門虛）調之

天花散（寶鑑）治痘後失聲天花粉吉更白茯苓訶子石菖蒲甘草各等分右細末用水調半匙在碗內外以小竹七莖黃荊七條縛作一束點火在碗內煎臨臥服

當歸養心湯（痘疹心法）當歸身麥門冬升麻炒人參甘草炙生地黃酒洗右細剉加燈心十

二莖水一盞煎至七分食後服

附孕婦痘瘡　孕婦發痘瘡罩胎散熱甚參蘇飲（門寒）痘稠密內托散倍芍藥當歸去桂皮加香附烏藥胎動安胎散

罩胎散（寶鑑）赤茯苓白朮當歸赤芍藥柴胡乾葛人參吉更條芩防風陳皮荊芥枳殼紫草阿膠白芷川芎縮砂甘草各三分入糯米百粒柿蔕七箇苧根七寸瓜蔕一箇以銀器用荷葉蓋覆水煎空心服無銀器以砂罐煎之荷葉無亦不妨

安胎散（寶鑑）人參陳皮大腹皮白朮當歸川芎白芍藥便香附縮砂紫蘇葉赤茯苓甘草各三分燈心七莖糯米百粒

麻疹

麻疹諸症　痘屬五臟為陰難出難靨麻屬六腑為陽易出易靨藥宜始終清凉麻毒原來只腸胃之

熱蒸於肺挾外感內傷升發與痘症表似同而裡實異初熱三日出脹共三日出而又沒沒而又出

出沒一周時許重者遍身綳脹眼亦封閉有赤白微黃不同仍要紅活最嫌黑陷仍有夾斑夾丹夾

瘡同出者初起呵欠寒熱咳嗽噴嚏流涕頭眩升麻葛根湯門加紫蘇葉葱白潮熱盛加黃芩黃連

地骨皮○譫語辰砂六一散門○咳甚凉膈散門加桔梗地骨皮○泄瀉四苓散門○便血犀角地

黃湯門○寒熱似瘧小柴胡湯門○已出煩躁作渴解毒湯合白虎湯門○喘滿便秘前胡枳殼湯

門○便秘小承氣湯門防風通聖散門○譫語尿秘導赤散門○如狂解毒湯○便血或尿血犀角

地黃湯合解毒湯○吐衄血解毒湯輕者黃芩湯嗽重者凉膈散○泄瀉解毒湯合四苓散○喘兼

尿澁柴苓湯門○蓋治麻氣虛四君子湯門血虛四物湯門天寒傷冷則溫中之藥一時之權也始

終以升麻葛根湯消毒飲門解毒湯隨症選用

葱白湯 寶鑑生葱去青葉取白根連鬚不拘多少水煎取汁服

蘇葛湯 寶鑑紫蘇葉乾葛甘草各二錢白芍藥一錢五分陳皮縮砂研各五分薑三片葱白二莖

葛根麥門冬散 寶鑑石膏一錢葛根麥門冬各六分人參升麻赤茯苓赤芍藥甘草各三分

養老 新增

老因血衰 夫人年少則兩腎間一點動氣鼓舞變化大闔周身熏蒸三焦消化水穀外禦六淫內當萬慮晝夜無停年老則精血俱耗平居七竅反常啼哭無淚笑反有淚鼻多濁涕耳作蟬鳴喫食口乾寢則涎溢溲尿自遺便燥或泄晝則多睡夜臥惺惺不眠此老人之病也

老人保養 老人雖有外感切忌苦寒藥及吐汗下宜以五穀五菜五果禽獸鱗介與平和之藥調治○如老人一向憊乏則當加溫補調治饘粥以爲養○大抵老人之病治法補養氣血爲主可也

蘇荏粥 蘓子水沉去浮者淨洗乾炒真荏子右不拘多少等分同搗爛和水濾汁粳米末少許同煮作粥調薑汁清蜜食之能治老人大便乾燥或咳嗽氣虛風秘血秘便甚艱澁○咳嗽喘急加杏仁

三仙粥 海松子去皮桃仁泡去皮尖各一合郁李仁泡去皮一錢右同搗爛和水濾取汁入碎粳米少許煮粥空心服之治老人忽然頭痛腹痛惡心不食正是風秘臟腑壅滯氣聚腦中腹脹惡不欲食上至於巔則頭痛神不清

橘杏丸 治老人虛人氣秘風秘服之則大便自無澁滯兼能最治人咳嗽橘皮去白杏仁去皮尖萊菔子各等分右末蜜丸如梧子米飲下七十丸此治晝便難若夜便難去杏仁用桃仁

蓮葱飲 治老人虛人大便秘澁大葱白連根三莖蓮根五錢新水一盞煎之葱爛熟去葱蓮入阿膠珠二錢攪令熔化空心服忌和蜜服

蓮子粥 主止渴止痢益神安心強志益氣聰耳明目補臟腑養氣力潤皮膚肥五臟補虛羸治水氣除百疾令人喜蓮肉去心皮六兩芡仁炒四兩白茯苓水飛三兩右末和勻每一兩海松子細屑五錢水一升同和入米泔心或碎米心煮成粥和蜜少許長服極佳

杏桃粥 通經脈潤血脈令肥健止咳嗽聰耳目杏仁泡去皮尖水沈去毒胡桃肉去皮右不拘多少各等分搗磨作膏和水下篩取汁煮入粳米粉少許作粥調清蜜任食之入夏後禁用

蘇杏粥 主調中下氣利大小便潤心肺消痰氣益五臟治上氣咳逆咳嗽喘急霍亂反胃寧肺氣行風氣泄腸胃通血脈潤肌膚蘓子水沈去浮者淨洗炒真荏子有熱則生用有寒則炒用杏仁泡去皮尖水沈去毒右各等分以水細磨下篩取汁煮入米泔心成粥和蜜用

榛子粥 主益氣力寬腸胃不食不飢開胃健行平脾胃長肌肉溫中止痢壯氣除煩榛子水沈去皮不拘多少用水磨濾取汁煮沸以粳米作泔量入成粥和蜜服長服甚佳

山查粥 主消食積化宿滯行結氣療痢疾健胃開膈消痰塊血塊治魚肉滯山查肉去核細末一

兩桂皮細末一錢長流水一升同和煑沸糯米粉量入作粥和蜜用

栗子粥 益氣厚腸胃治一切風頭風旋手戰筋惕肉瞤惡心厭食氣虛嘈雜風痺麻木不仁偏枯黃栗細末不拘多少和水煑入碎米心或米泔心作粥和蜜服

木果粥 強筋骨治足膝無力霍亂轉筋木果細末一兩和水煑入粟米泔或粳米泔作粥調薑汁清蜜用之

紅柹粥 潤心肺止消渴療肺痿清心熱開胃氣解酒熱安胃熱止口乾治吐血補元氣紅柹不拘多少下篩取汁和糯米泔煑成粥任食之和齊尤好或和粘米粉成泥作粳團餅可以補中益氣

白柹粥 溫補厚腸胃健脾胃消宿食去面䵟除宿血潤聲喉乾柹不拘多少水浸下篩取汁和糯米泔煑成粥任食之和蜜用亦好或和粘米粉作餅粳團可以堅大便或和木麥粉作雲頭餅可以實腸胃益氣力

梨菁飲 除客熱止心煩消風熱治胷中熱結又能下氣生梨磨取汁二合菁根磨取汁一合同和調清蜜少許用

桂粟飲 解煩熱止渴止泄實大腸止霍亂粟米一升水沉淨洗炒極熱桂皮去麁皮五錢並爲細末同和每下一合溫蜜水調

薏苡飲 治肺痿肺氣吐膿血咳嗽又治風濕痺筋脉攣急乾濕脚氣輕身勝瘴氣老人咳喘薏苡粉二合真荏子炒蘇子炒各一合右蘇子真荏子用水細磨濾取汁煑入薏苡粉成粥和蜜用或單薏苡作末煑粥亦好久服令人能食

寧嗽糖 補虛乏益氣力潤五臟消痰止嗽治肺氣喘嗽肺痿咳嗽鎮心神百合二兩天門冬一兩桂皮胡椒橘皮各三錢桔梗二錢右細末糯米一斗造稀糖同和再熬成軟糖無時隨量服

牛骨膏 補中益氣強筋骨健行步益髓填精氣力健壯肌膚肥澤益壽延年嫩肥黃犍牛去其肉取其骨用大鼎多灌水煎至一斗許漉濾貯器待凝去其油只取精明者重湯化爲水入鹽少許量空飲下或和五味食之

雪梨膏 治咽喉瘡痛口瘡膈熱止嗽定喘消痰開胃生梨三箇去皮切片去核胡桃二十一粒碎硼砂一錢五分生薑五錢右水二升煎半和蜜二合煮數沸頻頻小小飲下

梨硼膏 治天行咳嗽失音咽痛小兒咳喘生梨一箇帶邊作小孔去穰入硼砂五分清蜜滿入封其孔先以濕紙裹之次以黃土泥裹煨待濃熟食之

桂椒錠 補脾開胃消滯溫中治痰喘嗽腦腹冷痛又解酒毒橘皮一兩五錢天門冬一兩桂皮五錢乾薑胡椒各二錢丁香一錢右細末乾柹百箇去核同和搗爲泥作錠用之

五果茶 俗方治老人氣虛外感咳嗽胡桃十箇銀杏十五箇大棗七箇生栗外皮七箇切生薑一塊細切煎服○或加銀杏或加胡桃九粒和蜜或砂糖尤好○無外氣只咳嗽去生栗加黃栗

濟衆新編卷之七

濟衆新編卷之八

內局首醫臣康命吉奉　敎撰

藥性歌
元三百三首　增八十三首

人參味甘大補元氣止渴生津調榮養衛 심肺中實熱並陰虛火動勞嗽吐血勿用肺虛氣短少氣虛喘煩熱去蘆用之反藜蘆忌鐵

黃芪性溫收汗固表托瘡生肌氣虛莫少 단너삼불휘得防風其功愈大用綿軟箭幹者以蜜水浸炒用之

白朮甘溫健脾強胃止瀉除濕兼歐痰痞 삽듓불휘去蘆油

茯苓味淡滲濕利竅白化痰涎赤通水道 去皮

甘草甘溫調和諸藥炙則溫中生則瀉火 解百藥毒反甘遂海藻大

戟芫花梢去溺管澀痛節消癰疽欬腫子除胷熱身生炙隨用

當歸性溫生血補心扶虛益損逐瘀生新 승엄초불휘頭止血上行身養血中守尾破血下流全活血不走酒浸洗體肥痰盛薑汁漬曬乾用

川芎味溫能止頭疼養新生血開鬱上行 궁궁不宜單服久服令人暴亡

白芍酸寒能收能補瀉痢腹痛虛寒勿用 함박꼿불휘下痢用炒後重用生

赤芍酸寒能瀉能散破血通經產後勿犯

生地微寒能清濕熱骨蒸煩勞兼消瘀血 忌蘿蔔薑汁炒不泥膈痰忌銅鐵

唐

熟地微溫滋腎補血益髓塡精烏髭黑髮 酒浸蒸用勿犯鐵器忌蘿蔔

麥門甘寒解渴祛煩補心清肺虛熱自安 겨으ᄉᆞ리불휘溫水漬去心不令人心煩忌鐵

天門甘寒肺痿肺癰消痰止嗽喘熱有功 溫水漬去心皮忌鐵

黃連味苦瀉心除痞清熱明目厚腸止痢 去鬚生用瀉心清熱酒炒厚腸胃薑炒止嘔吐

黃芩苦寒枯瀉肺火子清大腸濕熱皆可 속서근풀去朽枯飄者治上焦條實者治下焦

黃栢苦寒降火滋陰骨蒸濕熱下血堪任 황벽나모겁질去粗皮切

片蜜炒酒炒人乳炒童便炒或生用隨病用之忌鐵

梔子性寒解鬱除煩吐衄胃痛火降小便 지지淸上焦鬱熱用慢火炒黑清三焦實火生用能清曲屈之火

連翹苦寒能消癰毒氣聚血凝濕熱堪逐 어어리나모여름去心

石膏大寒能瀉胃火發渴頭痛解肌立安

滑石沉寒滑能利竅解渴除煩濕熱可療 곱돌白色者佳雜色有毒

知母味苦熱渴能除骨蒸有汗痰咳皆舒 去皮毛忌鐵器生用瀉胃火酒炒瀉腎火

唐

貝母微寒止嗽化痰肺癰肺痿開鬱除煩 去心

大黃苦寒破血消瘀快膈通腸破除積聚 장군풀酒炒上達巓頂酒

洗中至胃脘生用下行

芒硝苦寒實熱積聚蠲痰潤燥疏通便閉即朴硝用再煎煉傾入盆內結成芒硝也

柴胡味苦能瀉肝火寒熱往來瘧疾均可뫼미나리去蘆忌銅鐵

前胡微寒寧嗽消痰寒熱頭痛痞悶能安사양칫불휘去蘆毛軟者佳

升麻性寒清胃解毒升提下陷牙疼可逐씨뎔가릿불휘

桔梗味苦療咽腫痛載藥上升開胸利壅도랏去蘆

紫蘇味辛風寒發表梗下諸氣消除脹滿ᄎᆞ조기

麻黃味辛解表出汗身熱頭疼風寒發散止汗用根

葛根味甘傷寒發表溫瘧往來止渴解酒츩불휘

薄荷味辛最清頭目祛風化痰骨蒸宜服영싱이

防風甘溫能除頭暈骨節痺疼諸風口噤병풍나모불휘去蘆

荊芥味辛能清頭目表寒祛風治瘡消痰뎡가

細辛辛溫少陰頭痛利竅通關風濕皆用去土葉

羌活微溫祛風除濕身痛頭疼舒筋活骨강호리

獨活甘苦頸項難舒兩足濕痺諸風能除땃들흡

白芷辛溫陽明頭疼風熱瘙癢排膿通用구리댓불휘

藁本氣溫除痛巔頂寒濕可祛風邪可屛

香附味甘快氣開鬱止痛調經更消宿食향부ᄌᆞ搗去毛忌鐵

唐 烏藥辛溫心腹脹疼小便滑數順氣通用

枳實味苦消食除痞破積化痰冲墻倒壁탱ᄌᆞ여름水漬切片麩炒

唐 枳殼微溫快氣寬腸胸中氣結脹滿堪嘗水漬軟去瓤麩炒氣血弱者勿與枳殼以其損氣也

唐 白蔻辛溫能祛瘴翳益氣調元止嘔龢胃

青皮苦寒能攻氣滯削堅平肝安脾下食프른귤少用熱水浸透去瓤乾

陳皮甘溫順氣寬膈留白和脾去白消痰동뎡귤溫水略洗不可久泡滋味盡去

蒼朮甘溫健脾燥濕發汗寬中更祛瘴疫米泔水浸二宿刮去黑皮

厚朴苦溫消脹泄滿痰氣瀉痢其功不緩去粗皮薑汁浸炒亦有生用者

南星性熱能治風痰破傷身強風搐皆安두여머조자기薑湯泡透切片薑汁浸炒一兩研末臘月黑牯牛膽將末入攪勻懸風處吹乾名牛膽南星

半夏味辛健脾燥濕痰厥頭疼嗽嘔堪入끠무릇生薑湯泡透切片再用薑汁浸炒用如治風痰用皂角白礬生薑煎湯泡透炒乾用

唐 藿香辛溫能止嘔吐發散風寒霍亂爲主

唐 檳榔辛溫破氣殺蟲逐水祛痰專除後重

唐 大腹皮微溫能下膈氣安胃健脾浮腫消去此有鴆糞毒用黑豆水洗淨曬

香薷味辛傷暑便澀霍亂水腫除煩解熱 노야기
扁豆微凉轉筋吐瀉下氣和中酒毒能化 변두콩
唐 猪苓味淡利水通淋消腫除濕多服損腎 去砂石 忌鐵
澤瀉苦寒消腫止渴除濕通淋陰汗自遏 쇠귀나모불휘
木通性寒小腸熱閉利竅通經最能導滯 으흐름나모불휘 去皮
車前氣寒溺澀眼赤小便能通大便能實 길경이삐
地骨皮寒解肌退熱有汗骨蒸強陰凉血 괴좃나모불휘겁질 忌鐵
木瓜味酸濕腫脚氣霍亂轉筋足膝無力 모과 忌鐵
葳靈苦温腰膝冷痛積痰痃癖風濕通用 술위나물불휘
牧丹苦寒破血通經血分有熱無汗骨蒸 모란쏫불휘겁질 忌鐵

玄參苦寒淸無根火消腫骨蒸補腎亦可 肉堅黑者佳 忌銅鐵
沙參味苦消腫排膿補肝益肺退熱除風 더덕
唐 丹參味苦破積調經生新去惡袪除帶崩
苦參味苦癰腫瘡疥下血腸風眉脫赤癩 쁜너삼불휘
龍膽苦寒療眼赤疼下焦濕腫肝經煩熱 과남풀 忌鐵
五加皮寒袪痛風痺健步堅筋益精止瀝 셧둘흡
唐 防己氣寒風濕脚痛熱積膀胱消癰散腫 去皮酒浸洗
地楡沉寒血熱堪用血痢帶崩金瘡止痛 외나모불휘 胃弱者少用
茯神補心善鎭驚悸恍惚健忘兼除怒恚 去皮木
遠志氣温能敺驚悸安神鎭心令人多記 아기풀불휘 甘草湯漬一

宿搥去骨 曬乾用
酸棗味酸斂汗袪煩多眠用生不眠用炒 묏대쵸씨 去殼
菖蒲性温開心通竅去痺除風出聲至妙 셕챵포 忌鐵
唐 栢子味甘補心益氣斂汗扶虛更除驚悸
唐 益智辛温安神益氣遺溺遺精嘔逆皆治 去殼
唐 甘松味香善除惡氣浴體香肌心腹痛已
小茴性温能除疝氣腹痛腰疼調中煖胃 鹽湯洗炒
唐 大茴味辛疝氣脚氣腫痛膀胱止嘔開胃
乾薑味辛表解風寒炮苦逐冷虛熱尤堪
唐 附子辛熱性走不守四肢厥逆回陽功有 厥冷回陽用生 引諸藥行

經用麪裹火煨去皮臍切四片用童便浸透炒乾
唐 川烏大熱搜風入骨濕痺寒疼破積之用
唐 木香微温散滯和胃諸氣能調行肝瀉肺
唐 沉香降氣煖胃逐邪通天徹地衛氣堪誇
唐 丁香辛熱能除寒嘔心腹疼痛温胃可曉 氣血勝者勿與丁香以其
益氣
唐 砂仁性温養胃進食止痛安胎通經破滯
蓮肉味甘健脾理胃止瀉澀精淸心養氣 련밤
唐 肉桂辛熱善通血脈腹痛虛寒温補可得
唐 桂枝小梗橫行手臂止汗舒筋治手足痺

唐 吳茱辛熱能調疝氣臍腹寒疾酸水通治去梗砂

延胡氣溫心腹卒痛通經活血跌撲血崩

薏苡味甘專除濕痺筋脈拘攣肺癰肺痿율믜발去殼淨

唐 肉蔻辛溫脾胃虛冷瀉痢不休功可立等麪裹煨熟切碎紙包搥去油忌銅

唐 草蔻辛溫治寒犯胃作痛嘔吐不食能治

唐 訶子味苦澁腸止痢痰嗽喘急降火斂肺

唐 草果味辛消食除脹截瘧逐痰解瘟辟瘴

常山苦寒截瘧吐痰解傷寒熱水脹能寬조팝나모불휘酒浸切片

唐 良薑性熱下氣溫中轉筋霍亂酒食能攻

山査味甘磨消肉食療疝催瘡消膨健胃아가외少用溫水潤透去子取肉

神麯味甘開胃消食破結逐痰調中下氣약의ᄃᆞᆫ누룩炒用

麥芽甘溫能消宿食心腹膨脹行血散滯보리기름用大麥生芽炒用

蘇子味辛驅痰降氣止咳定喘更潤心肺차조기씨炒用

白芥子辛專化脅痰瘧蒸痞塊服之能安흰계ᄌᆞ炒用

唐 甘遂苦寒破癥消痰面浮蠱脹利水能安反甘草

唐 大戟甘寒消水利便腫脹癥堅其功瞑眩버들옷反甘草海藻

唐 芫花寒苦能消脹蠱利水瀉濕止咳痰吐反甘草

商陸辛甘赤白各異赤者消腫白利水氣자리공불휘

海藻鹹寒消癭散癧除脹破癥利水通關몰反甘草

牽牛苦寒利水消腫蠱脹痃癖散滯除壅姙婦忌服黑者屬水效速白者屬金效遲研爛取頭末

葶藶苦辛利水消腫痰欬癥瘕治喘肺癰두루믜나이삐

三稜味苦利血消癖氣滯作疼虛者當忌미자기불휘醋浸透炒

唐 莪朮溫苦善破痃癖止痛消瘀通經最宜醋浸炒

唐 五靈味甘血痢腹痛止血用炒行血用生

乾漆辛溫通經破瘕追積殺蟲效如奔馬마른옷炒用

蒲黃味甘逐瘀止崩補血須炒破血宜生부들곳ᄀᆞᄅᆞ

唐 蘇木甘鹹能行積血產後月經兼醫撲跌다목

桃仁甘寒能潤大腸通經破瘀血瘕堪嘗복숑화삐水泡去皮尖

紅花辛溫最消瘀熱多則通經少則養血닛

唐 薑黃味辛消癰破血心腹結痛下氣最捷大者爲薑黃

鬱金味苦破血生肌血淋溺血鬱結能舒심황小者爲鬱金

金銀花甘療癰無對未成則散已成則潰겨ᄋᆞ사리곳忌鐵

漏蘆性寒祛惡瘡毒補血排膿生肌長肉절국대

蒺藜味苦療瘡瘙癢白癜頭瘡翳除目朗납가시

白芨味苦功專收斂腫毒瘡瘍外科最善대왐풀

蛇床辛苦下氣溫中惡瘡疥癩逐瘀祛風비얌도랏삐

天麻味辛能敺頭眩小兒驚癇拘攣癱瘓슈ᄌᆞ히좃

白附辛温治面百病血痺風瘡中風諸證흰바곳

唐全蝎味辛却風痰毒口眼喎斜風癇發搐

蟬退甘平消風定驚殺疳除熱退瞖侵睛미야미험울

唐殭蠶味鹹諸風驚癇濕痰喉痺瘡毒瘢痕누에죽어므ᄅᆞ니

唐木鱉甘温能追瘡毒乳癰腰疼消腫最速去殼

蜂房鹹苦驚癇瘈瘲牙疼腫毒瘰癧腸癰몰벌의집

唐花蛇温毒癱瘓喎斜大風癩疥諸毒彌佳산므애비얌

槐花味苦痔漏腸風大腸熱痢更殺蛔蟲회화나모쏫

鼠黏子辛能消瘡毒癮疹風熱咽疼可逐우웡씨

茵蔯味苦退疸除黃瀉濕利水淸熱爲凉더위지기

蔓荊味苦頭痛能醫拘攣濕痺淚眼堪除승법실

兜鈴苦寒能熏痔漏定喘消痰肺熱久嗽쥐방울

百合味甘安心定膽止嗽消浮癰疽可啖개나리불휘

秦艽微寒除濕榮筋肢節風痛下血骨蒸망초불휘

紫菀苦辛痰喘欬逆肺痿吐膿寒熱並濟팅알酒洗

唐款花甘温理肺消痰肺癰喘欬補劣除煩

金沸草寒消痰止嗽明目袪風逐水尤妙하국

桑皮甘辛止嗽定喘瀉肺火邪其功不淺뽕나모불휘겁질去紅皮忌鐵

杏仁温苦風痰喘嗽大腸氣閉便難切要ᄉᆞᆯ고씨水泡去皮尖雙仁有毒勿用

烏梅酸温收歛肺氣止渴生津能安瀉痢미화여름

天花粉寒止渴袪煩排膿消毒善除熱痰하ᄂᆞᆯ타리불휘가로卽瓜蔞根

唐密蒙花甘主能明目虛瞖靑盲服之效速

菊花味甘除熱袪風頭眩眼赤收淚殊功강셩황家園黃菊花甘甜者佳酒漬曬

木賊味甘益肝退瞖能止月經更消積聚속셕

決明子甘能除肝熱目痛收淚仍止鼻血초결명

唐犀角酸寒化毒辟邪解熱止血消腫毒蛇忌鹽

羚羊角寒明目淸肝却驚解毒神智能安산양의쁠忌鹽

龜甲味甘滋陰補腎逐瘀續筋更醫顱顖남셩의등겁질

鼈甲酸平勞嗽骨蒸散瘀消腫去痞除崩자라등겁질肉冷甘主熱氣濕痺婦人帶下益氣補不足肽不可久食

海螵蛸鹹下血除癥通經水腫目瞖心疼오증어뼈

火麻味甘下乳催生潤腸通結小水能行삼씨

唐山豆根苦療咽腫痛敷蛇蟲傷可救急用俗名金鎖匙取根口嚼汁呑止咽喉腫痛

益母草甘女科爲主產後胎前生新去瘀암눈비얏忌鐵

紫草苦寒能通九竅利水消膨疸疹最要(지초)

地膚子寒去膀胱熱皮膚瘙癢除熱甚捷(대ᄡᆞ리ᄡᅵ)

唐 練根性寒能追諸蟲疼痛一止積聚立通

樗根味苦瀉痢帶崩腸風痔漏燥濕澀精(가죽나모불휘겁질)

澤蘭甘苦癰腫能消打撲損傷肢體虛浮

牙皂味辛通關利竅敷腫痛消吐風痰妙(쥬염나모여름)

瓜蔕苦寒善能吐痰消身浮腫幷治黃疸(참외꼭지)

唐 巴豆熱辛除胃寒積破癥消痰大能通利(去皮心膜或生或熟聽用)

斑猫有毒破血通經諸瘡瘰癧水道能行(갈외)

唐 胡黃連苦治勞骨蒸小兒疳痢盜汗虛驚

唐 使君甘溫消疳清濁瀉痢諸蟲總能除却(煨去殼取肉)

唐 赤石脂溫保固腸胃潰瘍生肌澀止瀉利

青黛酸寒能平肝木驚癇疳痢兼除熱毒

阿膠甘溫止欬膿血吐衄胎崩虛羸可啜(갓플蛤粉炒成珠用)

白礬味酸善解諸毒治證多能難以盡述(빅번)

玄明粉辛善除宿垢化積消痰諸熱可療(用朴硝一斤蘿蔔一斤同煑蘿蔔熟爲度綿紙濾過瓷盆內露一宿收之宜冬月製)

通草味甘善治膀胱消癰散腫能通乳房(으흐름너출)

枸杞甘溫添精固髓明目祛風陰興陽起(괴좃나모여름酒洗忌鐵)

黃精味甘能安臟腑五勞七傷此藥大補(죽댓불휘洗淨九蒸九曬)

(用之鉤吻略同切勿誤用)

何首烏甘添精種子黑髮悅顏長生不死(江原道名온죠롱黃海道名새박불휘九蒸九曬用之忌銅鐵)

五味酸溫生精止渴久嗽虛勞金水枯竭(오미ᄌᆞ此酸味歛束肺氣不宜多多則閉其邪恐成虛熱)

山茱性溫澀精益髓腎虛耳鳴腰膝痛止(名石棗酒浸蒸熟取肉去核核反能泄精)

唐 石斛味甘卻驚定志壯骨補虛善毆冷閉(셕곡플去根酒洗)

唐 破古紙溫腰膝酸痛興陽固精鹽酒炒用(卽補骨脂)

薯蕷甘溫理脾止瀉益腎補中諸虛何怕(마卽山藥乾)

唐 蓯蓉味甘峻補精血若驟用之反動便滑(酒洗去浮甲忌鐵)

兎絲甘平夢遺滑精腰疼膝冷添精強筋(새삼삐水淘淨用酒同入砂罐內煑爛擣成餅曬入丸藥用)

唐 杜冲辛甘益腎固精腰膝酸疼小便淋瀝(去皮酒和薑汁炒去絲忌鐵)

牛膝味苦除濕痺痿補精強足破瘀下胎(쇠무릅디기酒洗)

唐 巴戟辛甘大補虛損精滑夢遺強筋固本(酒浸搥去骨曬乾用)

唐 龍骨味甘夢遺精泄崩帶腸癰驚癇風熱(룡의뼈火煆)

唐 胡巴溫煖補腎臟虛膀胱諸疝脹痛皆除

鹿茸甘溫益氣滋陰泄精溺血崩帶堪任(사슴의ᄀᆞᄂᆞᆫ뿔)

牡蠣微寒澁精止汗崩帶脅痛老痰祛散 굴죠개 火煆左顧者佳肉即石花食之有益令人細肌膚美顔色

唐 楝子味苦膀胱疝氣中濕傷寒利水之劑

虎骨味辛專治脚膝定痛追風能壯筋力 갈범의뼈

唐 萆薢甘溫風寒濕痺腰背冷疼添精益氣 멸앳불휘

寄生甘苦腰疼頑麻續筋壯骨風濕尤佳 뽕나모우희겨으사리忌

銅鐵

續斷味辛接骨續筋跌撲折傷且固遺精 酒浸洗用

麝香辛煖善通關竅伐鬼安驚解毒甚妙 국놀의비암

唐 乳香辛苦療諸惡瘡生肌止痛心腹尤良

唐 沒藥溫平治瘡止痛跌打損傷破血通用

唐 阿魏性溫除癥破結却鬼殺蟲傳尸可滅

唐 水銀性寒治疥殺蟲斷絕胎孕催生立通

唐 靈砂性溫能通血脈殺鬼辟邪安魂定魄

唐 砒霜有毒風痰可吐截瘧除哮能消沉痼

唐 雄黃甘辛辟邪解毒更治蛇虺喉風瘜肉

珍珠氣寒鎭驚除癎開聾磨翳止渴墜痰

牛黃味苦大治風痰安魂定魄驚癎靈丹 쇠속애난우황

唐 琥珀味甘安魂定魄破瘀消癥利水通澁

唐 血竭味鹹跌撲傷損惡毒瘡癰破血有準

硫黃性熱掃除疥瘡壯陽逐冷寒邪敢當 석류황

唐 龍腦味辛目痛喉痺狂燥妄語真爲良劑

唐 蘆薈氣寒殺蟲消疳癲癎驚搐服之立安

唐 硇砂有毒潰癰爛肉除翳生肌破癥消毒

唐 硼砂味辛療喉腫痛膈上熱痰噙化立中

唐 朱砂味甘鎭心養神辟邪殺鬼安魂定魄

竹茹止嘔能除寒痰胃熱欬噦不寐安歇 即竹上青皮刮下用

竹葉味甘退熱安眠化痰定喘止渴消煩 用淡竹

竹瀝味甘除虛痰火汗熱渴煩効如開鎖

燈草味甘通利小水癃閉成淋濕腫爲最 골속

艾葉溫平敺邪逐鬼漏血安胎心疼即愈 ᄉᆞᄌᆞ발ᄡᆞᆨ 陳久愈佳

川椒辛熱祛邪逐冷明目殺蟲溫而不猛 쵸피나모여름

唐 胡椒味辛心腹冷痛下氣溫中跌撲堪用

石蜜甘平入藥煉熟益氣補中潤燥解毒 ᄭᅮᆯ

葱白辛溫發表出汗傷寒頭疼腫痛皆散 흰파밋

韭味辛溫祛除胃熱汁清血瘀子醫夢泄 부치

大蒜辛溫化肉消穀解毒散癰多用傷目 마놀

食鹽味鹹能吐中痰心腹卒痛過多損顔 소곰

茶茗味苦熱渴能濟上清頭目下消食氣 작셜차 早採爲茶晩採爲茗

茗

唐

酒通血脉消愁遣興少飲壯神過則損命 술

醋消腫毒積瘕可去産後金瘡血暈皆治 초

淡豆豉寒能除懊憹傷寒頭疼兼理瘴氣 약젼국

紫河車甘療諸虛損勞瘵骨蒸培植根本 ᄌᆞ식나흔안ᄭᅴ

人乳味甘補陰益陽悅顔明目羸瘦仙方 졋

童便氣凉撲損瘀血虛勞骨蒸熱嗽尤捷 아희오좀

生薑性溫通暢神明痰嗽嘔吐開胃極靈 ᄉᆡᆼ강

五倍苦酸療齒疳䘌痔癬瘡膿兼除風熱 북나모여름

瞿麥辛寒專除淋病且能墮胎通經立應 셕쥭화

蓽澄茄辛除脹化食消痰止噦能逐鬼氣 係嫩胡椒青時摘取者是

也

蛇退辟惡能除翳膜腸痔蠱毒驚癎搐搦 ᄇᆡ얌의허믈

瓜蔞仁寒寧嗽化痰傷寒結胷解渴止煩 하ᄂᆞᆯ타리ᄡᅵ 去殼用仁重紙包磚壓摻之只一度去油

射干味苦逐瘀通經喉痺口臭癰毒堪憑 범부치

鶴虱味苦殺蟲追毒心腹卒痛蛔蟲堪逐 여의오좀

豨薟味甘追風除濕聰耳明目烏鬚黑髮 진득출 蜜酒浸九曬爲丸服

覆盆子甘腎損精竭黑鬚明眸補虛續絶 나모ᄯᆞᆯ기 去蔕

郁李仁酸破血潤燥消腫利便關格通導 묏이스랏ᄡᅵ 碎殼取仁湯泡去皮研

唐

伏龍肝溫治疫安胎吐血欬逆心煩妙哉 오ᄅᆡᆫ솟밋ᄒᆡ누른흙 取年深色變褐者佳

唐

穿山甲毒痔癬惡瘡吹奶腫痛鬼魅潛藏 用甲剉碎土炒成珠

蚯蚓氣寒傷寒瘟病大熱狂言投之立應 디룡이

磁石味鹹專殺鐵毒若誤吞針繫線卽出 지남셕

青礞石寒硝煅金色墜痰消食神妙莫測 用焰硝同入鍋內火煅如金色者佳

唐

花蘂石寒善止諸血金瘡血流産後血洩 火煅研

代赭石寒下胎崩帶兒疳瀉痢驚癎鬼怪 조흔쥬토

蓖麻子辛吸出滯物塗頂肚收塗足胎出 비마ᄌᆞ 去殼取仁

雄雞味甘動風助火補虛溫中血漏亦可 수ᄃᆞᆰ 有風人幷患骨蒸者俱不宜食

羊肉味甘專補虛羸開胃補腎不致陽痿 양의고기

猪肉味甘量食補虛動風痰物多食虛肥 돗틔고기

牛肉屬土補脾胃弱乳養虛羸善滋血涸 쇼고기

螃蟹味鹹散血解結益氣養筋除胷煩熱 게방

雞內金寒溺遺精洩噤痢漏崩更除煩熱 ᄃᆞᆰ의멀더구니속에누른겁플

萹蓄味苦疥瘙疽痔小兒蛔蟲女人陰蝕 온마답

熊膽味苦熱蒸黃疸惡瘡蟲痔五疳驚癇곰의쓸기
蘇合香甘誅惡殺鬼蠱毒癇痓夢魘能起
安息香辛辟邪敺惡逐鬼消蠱鬼胎能落북나모진黑黃芭燒香鬼懼神散
檀香味辛升胃進食霍亂腹痛中惡鬼氣
膃肭臍熱補益元陽敺邪辟鬼痃癖勞傷酒浸微火炙令香
鹿角膠溫吐衄虛羸跌撲傷損崩帶安胎사슴의쁠고은것
仙茅味辛腰足攣痺虛損勞傷陽道興起吹咀製米泔十斤乳石不及一斤仙茅忌鐵
夜明砂糞能下死胎小兒無辜瘰癧堪裁복쥐똥

濟衆新編 卷八 藥性 十七

蓽撥味辛溫中下氣痰癖陰疝霍亂瀉痢
鯉魚味甘消水腫滿下氣安胎其功不緩어리
鯽魚味甘和中補虛理胃進食腸澼瀉痢부어
犬肉性溫益氣壯陽炙食作渴陰虛禁嘗가히고기不可與蒜同食頓損人
芡實味甘能益精氣腰膝酸疼皆主溫痺거싀련밤去殼取仁
藕味甘寒解酒清熱消煩逐瘀止吐衄血련근
龍眼味甘歸脾益智健忘怔忡聰明廣記
茅根味甘通關逐瘀止吐衄血客熱可去띄불휘
柿子氣寒能潤心肺止渴化痰澀腸禁痢감

石榴皮酸能禁精漏止痢澀腸染鬚尤妙석류불휘겁질忌鐵
陳倉穀米調和脾胃解渴除煩能止瀉痢창의드러무근쌀愈陳愈佳
萊菔子辛喘欬下氣倒壁衝墻脹滿消去댄무우씨卽蘿蔔子也
芥菜味辛除邪通鼻能利九竅多食通氣계ᄌ
砂糖味甘潤肺和中多食損齒濕熱生蟲
飴糖味甘和脾潤肺止渴消痰中滿休食엿
麻油性冷善解諸毒百病能除功難悉述참기름
白菓甘苦喘嗽白濁點茶壓酒不可多嚼은힝
胡桃肉甘補腎黑髮多食生痰動氣之物호도

濟衆新編 卷八 藥性 十八

梨味甘酸解酒除渴止嗽消痰善敺煩熱비勿多食令人寒中作泄產婦金瘡屬血虛切忌
榧實味甘主療五痔蠱毒三蟲不可多食비ᄌ
菉豆氣寒能解百毒止渴除煩諸熱可服녹두
大棗味甘調和百藥益氣養脾中滿休嚼대조
鰻鱺魚甘勞瘵殺蟲痔漏瘡疹崩疾有功빅얌장어
鱔魚味甘益智補中能祛狐臭善散濕風드렁허리血塗口眼喎斜左患塗右右患塗左
蟾蜍氣涼殺疳蝕癖瘟疫能碎瘡毒可祛두텁비
蛤蜊肉冷能止消渴酒毒堪除開胃頓豁개좀죠

田螺性冷利大小便消腫除熱醒酒立見우렁이

桑椹子甘解金石燥清除熱渴染鬚髮皓오듸

胡麻仁甘疗腫惡瘡熟補虛損筋壯力強거문참ᄭᆡ一名巨勝黑者佳

兔肉味辛補中益氣止渴健脾孕婦勿食토ᄭᅵ고기春夏忌食

白鵝肉甘大補臟腑最發瘡毒痼疾勿與거유고기

鴨肉散寒補虛勞怯消水腫脹退驚癇熱오리고기

雀卵氣溫善扶陽痿可致堅強常能固閉참새알

新增

烏賊魚平益氣通經益精有子骨主漏崩오증어

魴魚味甘調和脾胃和芥食之能助肺氣방어痢人不可食

蠡魚甘寒浮腫亞痔瘡者當忌膽主喉痺가믈치

鮫魚性平補益五臟皮主吐血魚毒最良사어

鱖魚甘平下血腸風補勞益脾去腹內蟲소가리卽錦鱗魚也膽主魚鯁在喉不下

石魚甘平益胃消食腹脹暴痢淋用頭石조긔

鯔魚甘平開胃健脾通利五臟百藥無忌슈어

鱸魚甘平補益五臟益筋補骨和胃調腸로어

鮎魚甘溫浮腫利水稍益胃氣無腮殺人머여기赤目赤鬚殺人不可與牛肝野雞野猪同食

比目魚甘補虛開胃食之甚益多反動氣가자미

鯕魚益人大毒在尾要治其毒煮飲獺皮가오리

河豘甘溫補虛去濕脚氣痔疾肝卵尤毒복與水芹同煮則無毒

大口魚肉味鹹性平食之補氣腸脂尤良대구

八梢甘平善治肉滯卵主補陽養血成胎문어能治眩氣

小八梢魚性平味甘養血益氣只供食品락뎨

鰱魚性平味亦甘美卵如真珠色紅尤佳련어

白魚性平開胃下食去水助脾補肝明目빙어我國漢江生者尤好

銀條魚平同薑作羹食之甚美健胃寬中疑今銀口魚也冬月鑿冰取之

凡諸魚鮓性平味甘雖云無毒不益脾胃

凡諸魚膾溫而甘味喉中氣結心下酸水和薑芥醋食之

石決明肉味鹹性凉啖之明目殼消翳障싱복

蟹則鹹寒胷熱消食亦治胃氣霜前有毒게獨螯獨目四目六足皆有毒不可食

蟶則甘溫心胷煩悶産後虛損亦能補虛가리맛

淡菜甘溫補虛益陽消食久痢大益婦人홍합治崩漏帶下癥瘕産後血結冷痛

海參鹹平清潤津液能補脾腎婦人尤益믜性滑患泄痢者勿食

黿龍肉溫補中益陽心腹冷氣消食健胃강요쥬殼燒紅醋淬醋丸

服治痰積癥癖又燒存性小兒走馬疳付之有效

鰕則甘平主治五痔久食動風小兒尤忌 새오無鬚及煮色白者不可食

海菜鹹寒能下熱煩癭瘤結氣通利水道 머육

海帶味鹹疝氣下水癭瘤結氣能軟堅硬 다ᄉᆞ마

昆布鹹寒十二水腫面腫瘻瘡癭瘤結氣 곤포

甘苔鹹寒主痔殺蟲霍亂吐瀉除心煩熱

鹿角菜寒大下熱氣小兒骨蒸能解麪毒 청각疑今青角

大豆甘平補臟益中調中煖胃久服身重 흰콩

赤豆酸平水腫脹滿消渴利洩排癰膿血 불근팟

粟米鹹寒益氣養腎去胃中熱能利小便 조쌀

糯米甘寒補中益氣能止霍亂令人多熱 찹쌀壅諸經絡四肢不收

發風動氣不必多食久食

青粱微寒胃痺熱中消渴利洩能止泄痢 싱동찰

黃粱甘平益氣和中霍亂吐利能除煩渴 누른조쌀功勝於青白粱也

黍米甘溫益氣補中不可久食令人多煩 기장쌀

稷米甘冷益氣補虛壓丹石毒多食發冷 피쌀

小麥微寒主除煩熱止渴利洩能養肝氣 밀

大麥鹹溫益氣調中止泄補虛久食肥健 보리쌀

蕎麥甘寒實腸益氣雖動諸病能鍊五臟 모밀久食動風

秫薥甘溫溫中澀腸能止霍亂粘者同黍 슈슈功效同黍也

荏子辛溫下氣止嗽止渴潤肺補精填髓 들깨

醬性冷利除熱止煩殺魚菜毒又殺火毒 장

豆腐甘平益氣和脾淸熱散血多食膨脹 두부漿水治毒

雀肉性煖壯陽益氣益精興陽能煖腰膝 참새고기

雉肉微寒補中益氣止泄除瘻三冬宜食 셩치고기自正月至八月不宜食之發五痔瘡疥

鶉肉甘平補臟益氣能消熱結小兒疳痢 뫼ᄎᆞ라기

猯肉甘平水脹垂死食之肥健久痢大效 오소리고기

柑子大寒腸胃熱毒止渴利泄能解酒毒 감ᄌᆞ

柚子味甘去胃惡氣能解酒毒橘之大者 유ᄌᆞ

蒲萄甘平濕痺治淋益氣強志乾則發痘 포도

蘡薁味酸止渴益氣亦堪作酒藤通小便 묏머루

栗子鹹溫益氣厚腸補腎耐飢略煨尤良 밤

櫻桃甘熱調中益脾能悅顏色止水穀痢 잉도

唐

荔枝甘平通神益智止渴好顏核治疝氣 례지

李實味甘骨節勞熱亦能益氣不可多食 외얏

獼猴桃寒止渴解煩熱壅反胃能下石淋 다래

海松子溫主骨節風風痺頭眩潤膚補虛 잣

榛子甘平益氣寬腸開胃健行令人不飢 기암
芋子辛平寬腸充肌補益破血葉主止瀉 토란
蔓菁甘溫通利五臟消食下氣益氣治疸 쉰무우
萊菔甘溫消食止渴痰癖利關肺痿勞嗽 댄무우
菘菜甘凉胃熱利腸消食下氣解酒止渴 비차多食發冷病惟生薑可解
竹筍甘寒利水消渴除煩益氣多食發冷 쥭슌
西瓜甘寒煩渴暑毒寬中下氣血痢利溲 슈박
甜瓜甘寒止渴除煩通利三焦能利小便 참외
冬瓜甘寒消渴積熱利大小腸壓丹石毒 동화

胡瓜甘寒不可多食能動寒熱又發瘧疾 외
南瓜甘溫補中益氣羊肉同食令人氣壅 호박多食發脚氣黃疸同猪肉煮食甚良
絲瓜性冷一切惡瘡小兒痘疹乳疽丁瘡 수세외
萵苣苦冷通利五臟胸膈壅氣多食患冷 부룻동
茄子甘寒傳尸勞氣五臟虛勞多食動氣 가지
水芹甘平養神益精肥健止煩利大小腸 미나리
蕨菜甘寒利水暴熱不可久食消陽脚弱 고사리
苜蓿性涼脾胃邪氣熱毒黃疸利大小腸 거여목
忍冬甘寒外感寒熱身腫熱痢癰疽熱渴 겨ᄋᆞ사리너출卽金銀花

藤無毒忌鐵
甘藷甘平強腎健脾補虛益氣代食不飢 海中之人不食五穀食此多壽
海桐皮苦腰脚麻痺瀉痢疳癬善除風氣 엄나모겁질
黃梅微溫産後寒熱消痰下氣腹痛瘀血 싱강나모
煙草辛熱逐瘴治痰寒毒風濕殺蟲尤堪 담비純陽善行善散用於陰滯神效若陽盛氣越而多燥多火及氣虛多汗者不宜或多吸醉倒冷水一口解之卽醒若煩悶者用白糖解之

全芳備祖

提要

《全芳備祖》四十一卷，南宋陳詠撰，日本宫內廳藏宋刊本。此書專輯植物，故稱『芳』，原五十八卷。據自序：『獨於花、果、草、木，尤全且備』，『所輯凡四百餘門』，故稱『全芳』。涉及有關每一植物的『事實、賦詠、樂賦，必稽其始』，故稱『備祖』。書分前後兩集。前集二十七卷，為花部，分記各種花卉。後集三十一卷，分為七個部分，計九卷記果，三卷記卉，一卷記草，六卷記木，三卷記農桑，五卷記蔬，四卷記藥，著錄植物一百五十餘種。陳詠，字景沂，號肥遯，又號愚一子，天臺人。

天台陳先生類編花果卉木全芳備祖卷之十四

江淮肥遯愚一子陳　景沂　編輯

建　安　祝　穆　訂正

○花部

葵花

附　葵菜　葉葵　一丈紅

事實祖

碎錄　葵有二種一取其花名蜀葵一取其葉名蒲葵一取其可食名葵菜 南方草木記 菺戎葵今蜀葵也如木槿花 晉傅元蜀葵賦序曰其苗似瓜瓠既大而紫鮮黃色耀日 尔雅 菺戎葵 葵常傾葉向日不令照其根 說文 蜀葵有檀心色如牡丹姚黃葵則蜀葵也 本草 黃葵治便淋及催生處々有之春生苗葉與蜀葵頗相似葉尖狹多刻缺夏末開花淺黃色頭蜀葵別種將產時取四十九粒研爛溫熟水調下妙小花者名錦葵又名戎葵 圖經本草 若葵藿之傾太陽 曹子建表

葵菜　葵菜也 說文 七月亨葵及菽 豳詩 葵承露也大莖小葉華紫黃色 尔雅

一丈紅　浙間又一種葵俗名一丈紅花有五色 南方草木記

衛葵　仲尼曰鮑莊子之智不如葵々猶能衛其足 左傳 公儀休爲魯相食於舍而茹葵々美慍而拔之曰又奪園夫紅女之利乎 董仲舒策 魯監門女嬰相從績中夜泣曰衛世子不肖足以泣其偶問其故曰宋司馬得罪於宋出奔於魯馬逸食吾園葵是歲失利一半由是觀之禍福相及也 韓詩外傳 魯漆室女曰昔晉客舍吾家繫馬於園馬逸踐吾園葵使吾終歲不厭葵味 列女傳 丁次都不知何許人爲遼東丁氏作人丁氏嘗使買葵冬得生葵問何得此云從日南來 列女傳 周顒清貧終日長蔬王儉謂顒曰鄉山中何所食最勝答曰赤米白鹽綠葵紫蓼 文曰春初早韭秋末晚菘 南史 北齊彭城王浟在郡王氏種葵三畝被人盜之王密令書葵葉明旦市看之遂得偷者 北史本傳 苻堅欲南師夢葵生城南以問婦曰君軍遠出難爲將也 異苑 雜蓂蘘荷依陰時藿向陽綠葵含露白薤負霜 潘岳賦 布護交加蓊茸兮葩疏萃紫蕚茂葉兮丹華 梁王筠葵賦 惟茲珍草懷芬吐榮挺河渭之高壤邁昇井之元精繞銅爵而疏植映昆明而羅生作妙觀於神州翕今夕於東京馳驛騎而遠致攢華林而麗庭申修翹之冉々播圓葉之青々 虞繁葵賦 蝶翅堪增蜂鬚可妬幾多之金粉遺竊一點之檀心被污 韓渥賦

賦詠祖

五言散句

紅葵旋節花 顯(?)崇 葵枯猶向日 文選

香宜配碧葵 杜甫

青青園中葵朝露待日晞 文選 沈休文 譬如後園葵有葉待秋霜 文選

流目視西園曄々榮紫葵 淵明 無以肉食資取笑葵與藿 文選

水煙通徑草秋露接園葵 杜甫 葵花雖粲々蒂淺不勝簪 東坡

七言散聯

爛煮葵羹斟桂醑風流可惜在蠻村 東坡

西崦人家應自樂黃葵燒筍餉春耕 東坡

秋風似學金丹術戲把疏黃裹酒杯 陳司封

一樹黃葵金盞側勸人相對醉西風 潘德久

五言古詩

實廚何所有炊稻烹秋葵紅粒香復軟綠葉滑且肥飢來止於飽々後復何思々憶榮遇日迨今窮退時今亦不凍餒昔日無餘貧口既不減食身又不減衣撫心私自問何者是榮衰 白樂天

昨夜一花開今日一花開今日花正好昨日花已老人生不得長少年莫惜床頭沽酒錢請君有錢向酒家君不見戎葵花 唐岑參

弱質困夏永奇姿蘇曉涼低昂黃金盤照耀初日光檀心自成

疊翠葉森森有芒古來寫生人妙絶誰似昌長[illegible]鄭貴能[illegible]
陰陽君看此花枝中有風露香 東坡

【五言古詩散聯】

種葵北園中葵生鬱萋萋朝榮東西傾夕穎西南晞零露垂甲澤
鮮明日耀其輝

豐條併春盛落葉後秋萎處彼晚凋福忘此孤生悲

兩二晚凋葵孤生寄此蕃被蒙覆露恩微軀後時殘庇足同一
智生理各万端不若闇道易但傷知命難 范伯機

淘米必汲水汲多井水渾刈葵莫放手放手傷葵根 杜甫

採葵莫傷根傷根葵不生結交莫羞貧羞貧交不成 古詩

紅白相間繁色鮮香亦淺相對庭戶間俗尚爲能免 宋景文公

白若繒初斷紅如顏欲酡坐令仙駕儀幢節紛騈羅物性有常
妍人情輕所多吾蒲僅自憂葉擲不吾過 温公

錦江何日別滌水今朝見清露繞顛色秋鵝一分淺 文与可

花生初咫尺意思已尋丈一日復一日看二丈花已足 荆溪詠一丈紅

【五言絶句】

慙君能衛足歎我遂無根白日如分照還歸守故園 李太白

【五言八句】

災天花盡歇錦綉獨成林不入當時眼其如向日心寶釵知見
棄幽蝶或來尋誰許清風下芳醪對一斟 韓忠獻

【七言絶句】

此花莫遣俗人看新染鵝黃色未乾好逐秋風天上去紫陽宮
裏要頭冠 李涉

名花八葉嫩黃金色照書窗透竹林無柰美人閑把嗅直疑檀
口印中心 張祐

嬌黃初綻欲題詩尽日含毫有所思記得玉人春病較道家裝
束素纖時 崔能

眼前無柰蜀葵何淺紫深紅數百窠能共牡丹成幾許得人輕
處秖緣多 陳標

白露清風催八月紫蘭紅藥共凄凉黃花冷淡無人看獨自傾
心向太陽 劉原父

開時閑淡斂時愁蘭菊應容預勝流剩欲持杯相領略一庭風
露不禁秋 張蜀公

黃葵貴體不天饒一朶新晴松外高還似近英臨鞠座朦朧曉
日照天袍 宋景文

昔年南國看黃葵玉蕊金鈿向後垂今日村家籬落下秋風寂
寞兩三枝 王平美

植物雖微性有常人心翻覆乇難量李陵衛律陰山死不似葵
花識太陽 劉後村

紅白青黃弄淺深旌分幢列自成陰但疑承露矜殊色誰識傾
陽無二心 楊吳齋一丈紅

人情物理要推求不番數黃隷晩秋黃得十分雖好看風霜爭
柰在前頭 陳肥遯

都將葵葉盖亭中樹似桄榔葉似椶欲問天公覓微雪裝成急
響打船篷 楊誠齋詠葵葉盖屋

蒻笠端能直幾錢騎奴不擬兩連天盖頭旋折山葵葉學破青
青傘半邊 楊誠齋詠葵葉

【七言八句】

人笑戎葵定自癡不知曦景和遲遲便令[illegible]光難到也則傾
心苦爲誰衛足平生非我志向陽一點只天知話頭試問程休
父休父用處使晏葵 楊誠齋寄程山父

【七言律詩散聯】

拓罷雕花南金戟牙時平來往野僧家鏘旗謾調新句雨旌亂旋
移春後花洪平齋
恐是牡丹重撥葉又疑芍藥再翻紅嬌饒不辨叢間久敝苗深
迷亭下翁謝公翁詠一十丈紅

樂府祖
菩薩蠻 秋花最是黃葵好天然嫩態迎秋早染得道
家衣淡雅梳洗時。晚來清露滴一一金杯側插向
綠雲鬟便隨王母仙晏元獻

蓼花

事實祖
雜錄 一名天蓼一名澤蓼本草 薔虞蓼小雅 以嬉蓼
蓼詩惠枝尋又集于蓼小毖 膾秋用蓼禮記 鶉雞羹
鴛六蓼同上
紀要 越王念吳欲復怨非一旦也苦思勞心夜以接日臥則攻
之以蓼吳越春秋 霍丘古號西蓼東蓼蓋古之蓼國也安豐志
雜著 蓼蟲在蓼則生在芥則死非蓼仁而芥賊也戰國策 覩盛茂蓼
紛葩吐盈猗那隨風綠葉厲莖妥有蠕蟲厥狀似蝎聚於葉間
食之以生則困不知辛況乎人以安逆為心乎漢孔臧蓼蟲賦

賦詠祖
五言散句 蓼花被堤岸柳子厚 臨風煎芹蓼鄭毅夫
蓼雜芳菲疇韓文
君看方坐長歌聊自舒春風石曼卿 叢蓼雖可喜輕紅隨秋渠東坡
七言散句 水蓼冷花紅簇簇白樂天 兩岸蓼花千穗紅溫庭筠
蓼花無數入船窗李元膺
暮天新鴈起汀洲紅蓼花開水國秋羅鄴
花穗迎秋結晚紅園林清淡更西風宋景文
簇簇孤蒲映蓼花水痕天影蘸秋霞林和靖

五言八句 簇簇復遲遲年年拂漫流差池伴黃菊冷落過清秋晚帶鳴蟲
急寒藏宿鷺愁敵溪歸不得憑仗繫漁舟鄭谷
七言絕句 秋歸南浦蟪蛄鳴霜落橫湖溪水清盡日雨幽花无限思抱叢寒
蝶不勝情東坡
分紅間白汀洲晚拜雨揖風江漢秋看誰耐得清霜去卻恐芦
花先白頭劉後村
七言律詩散聯 紅穗已沾巫峽雨綠痕猶帶錦江泥吟狂不覓鸂鶒鷺坐困翻
疑在舊溪張忠定

樂府祖
行香子 金井先秋梧葉飄黃幾回驚覺夢初長雨微
煙淡疎柳池塘漸蓼花明菱花淨藕花凉。幽人已
慣衾單枕冷任商飆催換年光閒誰相伴終日清狂有竹間風
樽中酒水邊林王晉卿

蘆花

事實祖
雜錄 兼葭芦葦也小雅
紀要 鴈銜芦以避繒繳淮南子

賦詠祖
五言散句 芦花留客晚杜甫 芦花似朝霜李白
七言散句 楓葉荻花秋瑟瑟白樂天
十年九陌寒風夜夢掃芦花絮客衣張蠙
歸來鸂鶒共斷魂荻花楓葉泊孤村張載
最愛芦花經雨後一蓬煙火飯漁舡和靖
白蘋洲畔帰來晚秋著芦花一夜霜蘇養直
忘却芦花叢裏宿起來誤作雪天吟張一齋

門外酒帘風竹定櫓声揺玉出蘆花 趙訥軒

白鳥一双簾外去蘆花風静釣舟閑 趙訥軒

【五言八句】

摧折不自守秋風吹若何暫時花帶雨幾處葉沉波躰弱春苗蚤叢長夜露多江湖後揺落亦恐歳蹉跎 杜甫

避世水雲国卜鄰鷗鷺家風前揮玉麈霜後幻楊花骨相縁詩瘦秋声訴月華欲招廬處士歸去老生涯 楊誠齋

【七言古詩】

琵琶亭前夜泊舟荻花索索風颼颼潯陽夜静月如晝琵琶寂寞江空流 王雲溪

【七言絶句】

罷釣帰來不繫舡江村月落正堪眠縱然一夜風吹去只在蘆花浅水邊 司空文明

竹映風窓数障斜旅人愁坐思無涯夜來留得江湖夢全爲乾声似荻花 唐彦謙

雨折霜乾不耐秋白花黄葉使人愁月明小艇湖邊宿即是江南鸚鵡洲 東坡

眇眇臨窓思美人荻花楓葉帶離声夜深吹笛移舡去三十六灣秋月明 鄭克己

夜合花

【事實祖】【埤雅】安和五臟利心志令人歡楽無憂又云合歡夜合也生益州山谷閭近洛皆有之人家多植於庭除似梧桐枝甚柔弱葉似皂莢槐等細而密互相交結風來一似相觧不相牽綴其葉至暮而合一名合昏五月花發紅白色瓣上若絲茸至秋而實作莢子極薄細 類要 圖經 注本草 欲蠲人

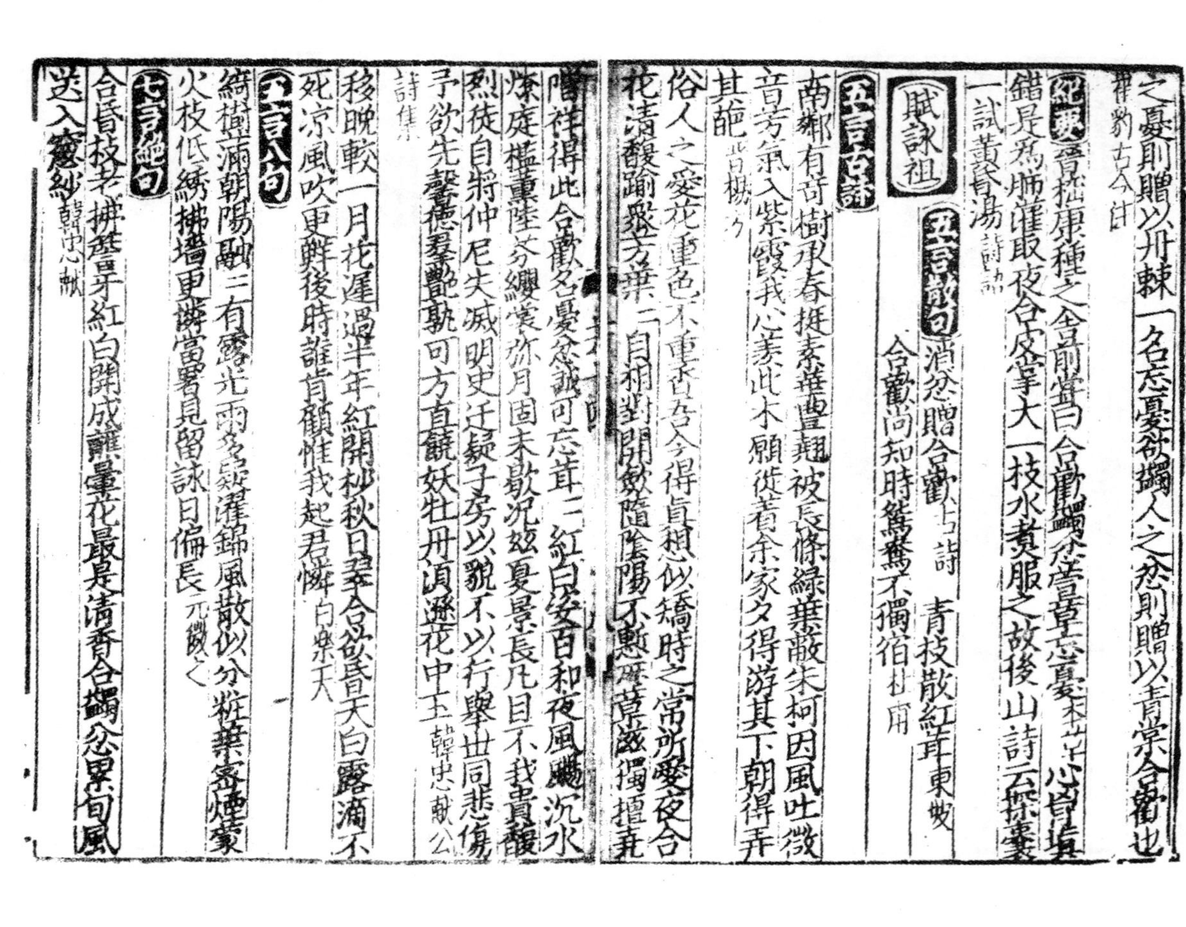

之憂則贈以丹棘一名忘憂欲蠲人之忿則贈以青棠合歡也 崔豹古今註

【紀要】晉嵆康種之舍前嘗曰合歡蠲忿萱草忘憂 本草 心皆眞錯是爲狒崔最夜合皮掌大一枝水煑服之故後山詩云探囊一試黄昏湯 詩話

【賦詠祖】

【五言絶句】

消忿贈合歡 古詩　青枝散紅茸 東坡

合歡尚知時鴛鴦不獨宿 杜甫

【五言古詩】

南鄰有奇樹承春挺素華豐翹被長條緑葉蔽朱柯因風吐微音芳氣入紫霞我心羨此木願徙著余家夕得游其下朝得弄其葩 晉楊方

俗人之愛花重色不重香吾今得真賞似矯時之常所愛夜合花清馥踰衆芳葉葉自相對開斂隨陰陽不慙歴莫蕊獨擅竒階祥得此合歡名憂忿誠可忘茸茸紅白姿百和夜風颺沉水燎庭檻薰陸芬纓簷亦月固未歇況茲夏景長凡目不我貴馥烈徒自將仲尼失滅明史遷疑子房以貌不以行舉世同悲傷予欲先馨德孰可方直饒妖牡丹須遜花中王 韓忠獻公詩集

移晩較一月花遲過半年紅開杪秋日翠合欲昏天白露滴不死涼風吹更鮮後時誰肯顧惟我起君憐 白楽天

【五言八句】

綺樹滿朝陽融融有露光雨多疑濯錦風散似分粧葉密烟蒙火枝低綉拂墻更憐當暑見留詠日偏長 元微之

【七言絶句】

合昏枝老拂簷牙紅白開成蘸暈花最是清香合蠲忿累旬風送入窻紗 韓忠献

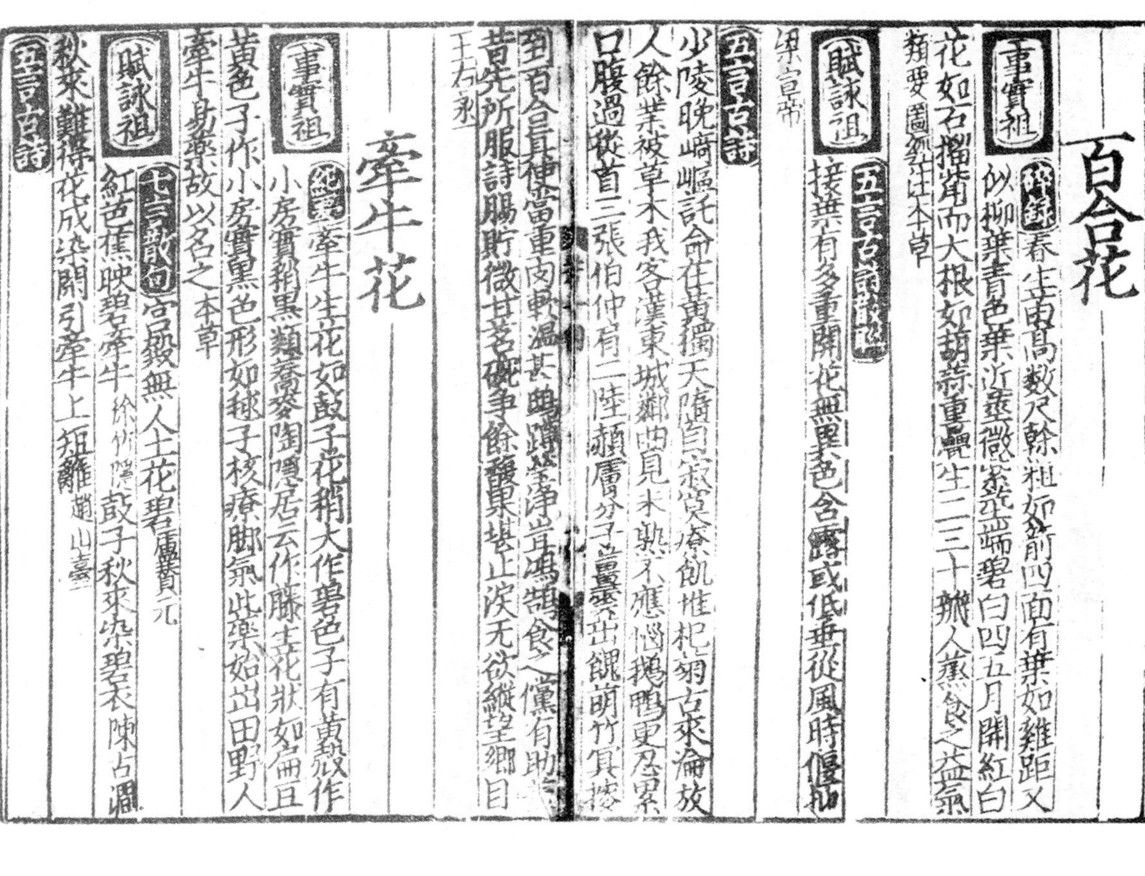

百合花

事實祖 碎錄 春生苗高數尺幹粗如箭四面有葉如雞距又似柳葉青色葉近莖微紫莖端碧白四五月開紅白花如石榴觜而大根如葫蒜重疊生二三十瓣人蒸煮食之益氣

類要 圖經注本草

賦詠祖 五言古詩散聯 接葉有多重開花無異色含露或低垂從風時偃仰 梁宣帝

五言古詩 少陵晚崎嶇託命在黃獨天隨自寂寞飧菊推杞菊古來淪放人餘業被草木我客漢東城鄰曲見未熟不應惱搜腸更欲求口腹過從首二張伯仲有二陸頼屢分子益羞出餽萌竹且接到百合其性當重肉軟溫甚宜曉鴻淨肯鴻鵠食之儻有助黃先所服詩腸貯微甘苦殘手餘馥果甚止渼无欲織望鄉目 王右永

牽牛花

事實祖 紀要 牽牛生花如鼓子花稍大作碧色子有黃殼作小房實稍黑類蕎麥陶隱居云作藤生花狀如扁豆黃色子作小房實黑色形如毬子核療腳氣此藥始出田野人牽牛易藥故以名之 本草

賦詠祖 七言散句 古殿無人土花碧 盧贊元 紅芭蕉映碧牽牛 徐俯隱 鼓子秋來染碧衣 陳古淵

五言古詩 秋來雖得花成染關引牽牛上翔離 趙山臺

婺女霧中鄰上摘牽牛花蔓相連延星宿光未收采之一何早日出顏色休持賞梅發蘭絕蓋牽盤盂爛如珊瑚枝燦爛牙柔齒牙不能食求凶坐爲鑠 梅聖俞

墻根有冬瓜費盡滋溉力牽牛獨得志抽走無尋尺旣上我屋壁復罥我籬落遊藤僅細綫逐節分其葉未欲揮鋤斤且與粧秋色任他繞屋去無裹幽人宅 李春伯

牽牛易斯樂固將取其義安用柔軟蔓曲爲縈紆地汝若不巧汝何能可旁致始者无附託頭腦極細㣲一得風動搖四畔亂拈綴撿着纖毫末走上牆壁亦儻得梯此身亦纏松竹外吐花白而青數葉光且膩曩露作嬌態舒風示豪氣使忘抑鬱時剩有譏逞意詭言松和竹如我兄與弟下盼蘭菊羣反欲恥其覓如此無忌憚不過是瞞昧教知早晚霜風髙杪表何曾見牛羣 陳肥遯

五言古詩散聯 柔條長百尺秀萼包千葉不惜作髙架爲君相引接 文与可

弱質不自持離落紛布護霜刀剪翠雲零落不知數 盤溪 李釗

五言八句 西風樵子谷藤蔓緣柴關名在星河上花開曉露間秋空同碧色晚日轉紅顏若上青松頂翛然不可攀 趙燕覺

七言絕句 銀漢初移漏欲殘步虛人倚玉欄干仙衣染得天邊碧乞與人間向曉看 古詩

素羅笠頂碧羅簷晚卸藍裳著茜衫望見竹籬心獨喜翩然飛上翠瓊簪 楊誠齋 二首

葛巾包德不服箱天孫爲織錦雲裳良言偷得星橋巧口解𥿡盤染此薑

曉思歡欣晚思愁繞離紫架太嬌柔木犀未發芙蓉老買斷西風一半秋

青花綠葉上疎籬別有長條竹尾垂老覓淡粧差有味滿身秋露立多時 姜白石二首

不見青青纏竹生西風離落抱枯藤道人一任寒花過愁殺山陰老衲句 僧

青青柔蔓遶脩墻刷翠成花著處芳應是折從河鼓手天孫斜插鬢雲香 吳文英 監丞

一泓天水染鉄衣生怕紅埃透日飛急整離離蒼玉佩解雲裏渡河歸 施東洲

團似流錢碧剪紗墻頭藤蔓自交加天孫滴下相思淚長向秋叢結此花 林埔山

紅蔓黃花取次秋離巴處二碧雲浮風煙入眼俱成趣報根田家戚薄收 徐橘隱

凌霄花

事實祖

錢塘西湖有詩僧清順居其上自名藏春塢門前有二古松各有凌霄花絡其上順常晝臥其下子瞻爲郡一日屏騎從過之松風騷然順指落花覓句子瞻爲作木蘭花 本事集

賦詠祖

七言散句

固知臭味非相類其奈縈纏不自由 曾南豐

引蔓閒花欲透雲託身下倚老松身 蘇潁濱

五言古詩

草木不解行隨生自有理觀此引蔓柔必憑高樹起氣類固未合女蘿豈由己仰見蒼虬枝上發彤霞蘂曾霄不易凌移者誰子 梅聖俞

凌霄倚樹纖柔枝葉工託麗青青亂松樹且斡遭蒙蔽不有嚴霜威爲能辨堅脆 邵文明

七言絕句

直饒枝幹凌雲去猶有根原與地平不道花依他樹發强攀紅日鬪鮮明 楊繪

嬌嬌枯藤淺絳葩償緣直上照殘霞老僧不作依附想將謂青松自有花 趙汝回

樂府祖

木蘭花

雙龍對起白甲蒼髯煙雨裏踈影微香下有幽人晝夢長 ○ 湖風清軟雙鵲飛來爭噪晚翠颭紅輕時墮凌霄百尺英 東坡詠双松上凌霄花

天台陳先生類編花果卉木全芳備祖卷之十四

天台陳先生類編花果卉木全芳備祖卷之十五
江淮肥遯愚一子陳 景沂 編輯
建 安 祝 穆 訂

花部

酴醾 黃酴醾附

事實祖

碎錄 酴醾本作荼蘼後加酉 海錄

紀要 唐寒食宴宰相用酴醾酒 酴醾本酒名世以所開花顏色似之故取為名 叢時 唐召侍臣學士食櫻桃飲酴醾酒盛以琉璃盤和以香酪 景龍文館記

賦詠祖

五言散句 書舞風自展 白居易
蒸蒸霜龍螢層層玉葉同 梅聖俞
臨風誰自持為舞白霓裳 [illegible]
无華真國色有韻自天香 宋景文公
光疑真照夜枝軟或牽衣 [illegible] 國艷[illegible]拖粉天香白染衣 [illegible]文
側月光艷薄餘芳香氣微 蔡君謨 青春逐流水素質獨輕微 張芸叟
玉女雕瓊萼似為借菊[illegible] [illegible]

七言散句 風動髮條腰嫋娜 白居易 不問春歸自放花 趙信庵
荼蘼纏雜金沙墻 葉水心
少府无妻春寂寞花開將尔當夫人 白居易
殘春鈴閣无公事來就酴醾放晚衙 盧溪
媚條无力倚風長架作圓陰覆坐凉 宋景文
姑射真人玉骨香淡月微風惜良夜 盧元贊
風霜老枯蟠龍蛇中有青春白玉葩 張文潛
金沙豐腴合德艷酴醾輕盈飛燕身 前人
高唐神女蘭芷澤姑射仙人雪玉肌 楊元素
傾家釀酒經年醉不使春風負玉壺 劉原父
強挽春風留一醉露香還可折朝酲
不作殘春十日飲定知無柰此香何
綠葉黃花相映深水邊臺畔結浮陰 [illegible]前人
晚風尚自知人意時去時來管送春 張芸叟
曉來風入万花動零落滿頭花下時 劉巨濟
癸巢崇壇冷玉球月斜星淡思悠悠 晏元獻
誰遣虬枝上高架稍留雲陰覆行路 王梅溪
園林綠樹成陰後卓立青春欲老時 前人
走上松梢繞去好為他雨挿一頭花 楊廷秀
借令香盡仍堪愛且道開時是底花 前人
快晴似為酴醾計急雨還妨燕子飛 范石湖
玉立春深雪不如生香透骨雪應無 張南軒
還將瘦盡空身面換却何郎粉色姿 劉後村
青蛟腰盡翠雲亡白雲深春壓架香 徐溪月
催趁荼蘼交夏景安排芍藥送春光 易寓言
可堪收拾歸屏枕頗欲浮沉付酒杯 吳履齋
踈簾半捲荼蘼雨小立黃昏等燕歸 徐抱諾
不料忽成惆悵事片時飛盡白薔薇 周汾陽

五言古詩
倡女卷春裾迎風戲玉除近叢看影密隔樹望叙踈横枝斜綰
袖嫩葉下牽裾墻高攀不及花新摘未舒莫疑插鬢少分人猶
有餘 梁元帝
新花臨曲池佳麗復相隨鮮紅同映水輕香共逐吹繞架尋多
處窺叢見好枝今新猶恨少將故復嫌萋斂邊爛熳插無處不
相宜 梁劉緩
荼蘼不爭春寂寞開最晚青蛟走玉骨羽蓋蒙朱幰不粧艶已

絕無風香自遠淒涼豈宮闕紅粉埋故苑餘香入此花千載尚
悽惋 蘇東坡

【五言古詩散聯】

下騰赤蛟身上抽碧龍鬚千枝攢一蓋一蓋簪万毬花要帶月
看香要和露收一點落衣袂經月氣未休一滴入醲甕經歲味
尚留 謝堯仁

【五言絕句】

故作酴醾架金沙紙漫栽似將顏色好飛度雪前開 王介甫
來自蠶叢國香傳弱水湄所解破春併艷欲留春 宋景文
清香透水檻榮落在天家尋常宸游後毬欄畫影斜 吳充
風枝長雨蓋露臉汗何郎水淡醽醁芳姿韻更香 王梅溪

【五言四句】

叢英扶金蕊微風動弱枝比人言語巧喚作荊荼蘼 徐致中黃

荼蘼

【五言律詩】

梅殘紅藥遲此物共春暉名字因壺酒風流付枕幃墜鈿香經
草飄香箏垣衣玉氣晴虹發沉村露冒霏直知多可厭可忍摘
令稀常恨金沙學顰時正可嗤 黃山谷

【五言八句】

雨過無桃李唯餘雪覆牆青天映妙質白日照繁香影動春微
透花寒餘韻帶長風流到尊酒猶足助詩狂 陳簡齋

【五言律詩散聯】

穠因天與色麗共日爭光萬朵千叢研朱欒万芳 白樂天
姻條垂石綠粉蕊撲鵝黃根動彤雲湧枝搖赤羽翔 葳人
乍見疑回面遙看誤斷腸風朝舞飛燕雨夜泣蕭娘桃李慙無
言蔓之蘭蓀不芳山榴何細碎石竹苦尋常蕙摻隈欄避蓮羞映

誧藏怯教蕉葉顫妬得柳花狂豈可輕嘲詠應須痛比方 白樂
天集
生成從火令顏色占中央綠英排團碎青苞蓄異香叢陰周曲
幹蝟刺比鋒鋩 种明逸

【七言古詩】

裊裊長數尋青青不作林一莖獨秀當庭心數枝分作滿庭陰
春日遲遲欲將半庭影玲玲正堪玩枝上鶯嬌不畏人葉底蛾
飛自相亂秦家女兒愛芳菲畫眉相喚採新蕤高處紅鬚欲就
手低邊綠刺已牽衣蒲萄架上朝光滿楊柳園中暝鳥飛連袂
踏歌從此去風吹香氣逐人歸 儲光羲
花飛十不帶五六青子團枝未紅綻江南桃李總成陰不論少
城與韋曲酴醾珍重不浪開晚堆綠雲點水玉體重山麝非一
臍水洗銀河費十斛滴成八九稍瓷於檢亂走長條柔可束醉眸
須及月下來破鼻試從風裏觸先生未必被花惱偶与門人暮
春浴為拾壓架十萬枝八九分邊領新醱剌拆好語龍璦疑更
撥清英付醽醁先生何得便社中霸贊猶煩王堂宿 楊廷秀
西湖野僧夸藏冰半年化作真水精南湖詩人笑渠拙不如儂
家解乾雪藏水香于山之幽鐵遶九地山鬼愁儂家藏雪有妙
手分明曬在翡翠樓向來巽二一粒勝六玉妃夜投玉川屋剪水
作花吹朔風揉雲為粉散寒空醉揮兩袖拂銀漢捎得乃斛冷
不融瓊田挈月拾翠羽鋪成重樓大半許盤作青蛟吐綠霧亂
飄六出熏沉炷人間雪肥那可藏天上雪落何曾香二月盡頭
四月首南湖香雪今誰有分似誠齋老詩叟碎挼玉花泛春酒
一飲一石更五斗 楊誠齋

【七言古詩散聯】

京師三月荼蘼開高架交垂自為洞素蕊繁實二紫蕊香醲歸帥光

緑春生靨東陌西阡走鈿輦方於廣圃飛朱粒 楊巽齋
已冷正發香晚暖猶愛知開花的皪半垂野水弱如嬋柔且上長
松勇無敵風中娜々應數丈月下煌々真一色 劉須溪
不傳人間玉盌粉別有天上金爐煙獨清今作諸蘭佩深白末
數揚花綿春風爛熳倚墻角一月不復燒龍涎 白敏若
庭前積水過々不流落葉千片水上浮拾花不忍見凋謝風力頗
猛摧嬌柔 張无尽

七言絶句

鬱斷千家作一池不栽桃李種荼蘼莫教英落秋風後荊棘論
庭君始知 曹勛
平生爲愛此香濃仰面常迎落架風每至春歸有遺恨典刑猶
在酒盃中 韓維
漢宮嬌額半塗黃肌骨濃薰蘋馬香日色漸遲風力細倚欄偷
舞白霓裳 黄山谷
沉水衣龍白玉面不蒙溺拂舌无聊煩君斫取西莊柳扶起春
風萬々條 黄山谷荼蘼委地
酴醾一架最先來夾竹金沙次第栽濃綠扶疎雲對起醉紅撩
亂雪先開 黄山谷又一首見金沙門
長憶故山寒食夜野荼蘼發暗香來分無素手簪羅髻且折霜
蕤浸玉醅 東坡
後園荼蘼手自栽清於芍藥釀於梅舊來酒客今无幾三嗅馨
香懶舉杯 蘇潁濱
冰肌雪艶脱殘春煥日薰風入四鄰任是主人能愛惜也拚一
半與游人 張芸叟二首
明紅暗紫競芬菲送尽東風不自知占得餘香慰愁眼百芳无
得似荼蘼 刘原父

東皇收拾春歸去獨遣酴醾殿後塵撈我筭忽賦愁寂時看玉
面送殘春 王盧溪
名園雨盡漫童童不似青蛇出壁中好事主人仍好施定移韻
友乞山翁 王梅溪乞首氣
仰架遥看時見些登樓下瞰脫然佳酴醾胡蝶渾無辨飛去方
知不是花 楊誠齋
雪顆霏條一架春酒中風度夢中聞東風不是無顏色過了梅
花便到君 盧蒲江
香雪支離半墜風柔條無力不成叢最何發如許風流骨打困秋
千細雨中 謝幼謙
東風雨架索春饒二月梁園雪未消勝馥向人燈蘭麝柔條無
力帶瓊瑤 戴石屏
紛々紅紫逐毎苔帶月和烟特地開疑是玉妃新浴出翠雲梯
上舞風臺 徐竹隱
雨後溪流半沒沙粉墻賣酒是誰家客中不管春深淺開了酴
醾一架花 張道山二首
一春多雨少晴光眠底青春去意忙已恨點衣紅作陣絶憐滿
架雪生香
穠華先占早春芳色別仙姿五樣粧步穰東郊風力軟吹來只
是一般香 百花新詠
梅釀蘭盈芍藥清摘攬婆律萃天馨試開秦趙當年日何藉珠
簾翡翠屏 蘇双溪
布葉數條翠作圍自生芒刺護裳衣莫嫌野只雖拘束只伴春
風亦見幾 陳三松
一年春事到酴醾香雪紛々又撲衣尽把擅心好看取與留春
住莫教歸 任拙齋

荼蘼架倒無人架全似老夫狂醉時昨夜一番溪雨横又添苔
蘚到花枝 周方泉

【七言八句】肌膚冰雪薰沉水百草千花莫比芳露濕何郎試湯餅日烘荀
令炷爐香風流徹骨成春酒夢寐宜人入枕囊輸與能詩王主
簿瑶臺影裏據胡床 黄山谷

荼華休羨黑頭公且對芳尊賞麗叢十万青條寒掛雨二千粉
面笑臨風莫將疑雪才情賦盍與觀梅况味同只恐春歸有遺
恨與刑借在蜀醪中 劉后村

花神未怯春歸去故遣仙姿殿後芳白玉體輕蟾魄瑩素紗囊
薄麝臍香夢思洛浦嬋娟態愁記瑶臺淡淨粧勾引詩情清絶
處一枝和雨在東墻 宋林然

青蛟縱骨万條長玉架盤雲護曉霜劝面看來些子葉中閒索
得許多香一枝絶色分明好百卉含羞不敢芳飛殺銜花双蛺
蝶被渠勾引一春狂 劉溪翁

【七言律詩散聯】驪啼珠露渾无力蝶舞羅裙不著行若綴壽陽公主額六宮爭
肯學梅粧 李嶠

瓊林殿側玉鈎欄雪後新花四月閑窗影酡容羊客坐柔條何
啻万龍蟠 劉原父

雨後荼蘼將落局風前芍藥正催粧道人不管春深淺贏得山
中歲月長 王畬僧

獨嫌朱臉花顔俗全學瑶臺玉女粧素月共成山夜色好風分
散四鄰香 程金紫

【樂府祖】

【鷓鴣天】紅紫飄零緑滿城春風於此獨留情誰將十
幅吳綾被撲向薰籠一夜明○風不定雨初晴曉來
苔上拾殘英速教貯向鴛鴦枕猶有餘香入夢清 張次齊

【滿江紅】千種繁香已去翻然無迹誰信道荼蘼枝上靜中收
得曉鏡洗粧非粉白晚衣弄舞餘衫碧鬢寶鈿珠珥不勝持濃
陰夕○金剪度還堪惜霜蝶睡從無覓知多少好詞清夢醒成
冰骨天女散花無酒聖仙人種玉熏香德悵攀條記得鬢絲青
東風客 趙德莊

【臨江仙】鶯喚屏山驚睡覺嬌羞須索郎扶荼蘼斗帳冷熏爐翠
穿珠落索香泛玉流酥○長記枕痕消醉色日高猶倦粧梳一
枝春瘦想如初夢迷芳草路望斷素鱗書 張仲宗 不恨緑陰桃
李過荼蘼正向人開一樽清夜月同倒似花如人意好月爲此花
來○未信人間香有許却疑同在瑶臺紛紛殘雪墮深杯直教
攀折盡猶勝酒醒回 韓南澗

【少年遊】去年同醉荼蘼花下健筆賦新詞今年君去荼蘼欲破
誰與醉爲期○舊曲重歌斟別酒風露泣花枝章水能長湘水
遠流不盡兩相思 向薌林

【浣溪沙】翠羽衣裳白玉人不將朱粉汚天眞清風爲伴月爲隣
○枕上解隨良夜夢壺中別是一家春同心小綰更尖新 前人

【西江月】紅退小園桃杏緑生芳草池塘誰教芍藥殿春光不似
荼蘼官様○翠蓋更蒙珠幰熏爐剩爇沉香娟娟風露滿衣裳
獨步瑶臺月上 前人

【點絳唇】羽蓋垂垂玉英亂簇春光滿韻香清遠暖日烘庭院○
露浥瓊枝臉透何郎暈飛餘恨古人不見誰与花公論 王梅谿
野態芳姿枝頭占得春長久怕鈎衣袖不放攀花手○試問東
山花似當時否遥依舊謫仙去後風月今誰有 前人

【最高樓】司春有序排次到荼蘼須報在庭知蕊珠宫裏晨粧
罷披香殿下曉班齊探花正驅使問賞花期○元不遜梅花浮

月影也知姤染花帶雨枝偏恨柳綠條垂與其向晚包圍緊不如對酒折芳叢謝東君收拾在牡丹時

【賀新郎】曾与瑤姬約恍相逢翠裳搖曳珠瓔聯絡風露青其非人世攬結玉龍驂鶴愛不奈千條軟弱倚税花神擬借取到開時晴雨須斟酌枝上雪莫消却○惱人還似中狂藥凭危欄燭光交映樂聲遥作身上春衫香熏透看到參横月落算荼蘼猶低一着坐有缑山王郎子倚玉簫度曲誰為酢君不顧鑄成錯 刘後村王庶文小荼蘼詞後飲花下用韻

想起瑶池約向東風名姤駿呰翠鞭金鋪太液池邊鶴舞下又似南樓呼鶴盃不就穠纖嬌弱羅帕封香來天上瀉銅盤沆瀣微清酌春去也被留却○芳意再返應无藥似詩詠綠衣黃裏感傷而作愛惜尚嫌蜂採去何况流鶯蹙落且放下珠簾遮着除却江南黃九外有何人敢与花酬酢君認取莫教錯 劉後村黄荼蘼

浅把宫黄然細端相香陀煙裏金身珠絡蔞綠華輕羅襪小飛下祥雲彩鶴九疑山中蔓綠萼黄雲承襪 到羊家朶〻賽蜂腰纖弱已被色香撩病思伏鵝兒酒美无多酌看不足怕殘却○人間難得傷春藥更拔頭流鶯喚起少年狂作留取姚家花相伴壽与嵩紅同落臉肯讓嶺梅先看樂府今無黃絹手問斯人清唱何人酢休草〻認題錯 同上

院宇重〻掩醉沉〻亭陰轉午繡簾高捲金鴨香濃熏寶篆驚起雕梁語燕正架上酴醾開遍嫩蕊初頭舒素怎似月娥初試宮粧淺風力嫩異香散○佳人說意拈針線遶朱欄六曲徘徊為他留戀試把花心輕輕數暗卜歸期近遠奈數了依然重恕把酒問春〻不管狂教人只恁空腸斷腸斷勸今消遣 劉龍洲

【如夢令】今夜荼蘼風起應是玉消瓊碎淡蕩滿城春惱破愁人春睡須醉須醉莫待梅黄雨細

【[illegible]】羞朱姤粉染露栽雲淡然簪佩仙裳半額蜂粧莫道梳洗家常碧羅亂縈小帶舞虬寒一架春香清思倚晴嬌无力如待韓郎 露屋籠芳吟夜任露沾輕袖月轉空弱骨柔姿偏解勾引詩狂遺鈿碎金滿地恨无情風送韶光閑來看青青乖臺過墻 史可堂

天台陳先生類編花果卉木全芳備祖卷之十五

天台陳先生類編花果卉木全芳備祖卷之十六

江淮肥遯愚一子陳　景沂　編輯
建安　祝　穆　訂正

○花部

紫薇花

【事實祖】

【碎錄】紫薇花小而叢，其色紫，俗所謂伯痒花也。詩話

【紀要】唐制，中書舍人知制誥，姚崇為紫微令，開元改紫微舍人，又曰紫薇省。唐書　虛白堂前有紫薇兩株，俗云是樂天所種。　哲宗朝邇英閣講讀終篇，賜執政講讀官吏宮宴，遣中使就賜御書詩各一首，東坡得樂天紫薇花絕句。坡集

【賦詠祖】

【七言散句】不先搖落應為有，已欲別離休更開。李嘉祐
薄露有香不勝輕，風嫩英生宜近禁廬。梅聖俞

【五言古風】幾年丹霄上，出入金華省。暫別萬年枝，看花桂陽嶺。南方足奇木，公府成佳境。紫耳垂組綬，金縷攢鋒穎。露濡暗傳香，風暖徐就影。興生紅藥後，愛與甘棠並。不學夭桃姿，浮榮在俄頃。劉禹錫
亭亭二紫薇，花向我如有意。高煙晚溟濛，清露晨點綴。豈無陽春月，所得時節異。靜女不爭寵，幽姿如自喜。去吾　歐陽永叔
紫薇異眾木，名與星垣同。應是天上花，偶然落塵中。艷色羅朝日，繁香清曉風。劉原父

【五言絕句】天上絲綸閣，如今萬里餘。飄零空自歎，曾對紫薇花。王右丞
盛夏綠遮眼，此花紅滿堂。自慚終日對，豈是紫微郎。王梅溪

【五言八句】堂前紫薇花，堂下紅藥欄。繁華天上春，福及人間世。曹文昭

明霞碧天霞，千葉紫綬花。香聞句令宅，艷入孝王家。我歲自羞高情方歎，嗟有人移上苑，猶足占年華。劉尚賢

【五言律詩散聯】宮中萬年木，天上紫微垣。此地飛塵隔，經時絳雪翻。劉原父
誰妒艷相兒亦叫，殊號標紫薇。身雖隨赤馭，種合近黃扉。樹動情何密，花濃艷欲飛。數枝臨省戶，幾朵入宮闈。趙后鳴金瑟，秦娥卷綉幃。無情笑梅白，淺俗厭桃緋。張俞

【七言絕句】絲綸閣下文書靜，鐘鼓樓中日月長。坐對黃昏誰是伴，紫薇花對紫微郎。白香山二首
一叢暗淡將何比，淺碧籠裙襯紫巾。除却微之見應愛，人間少有別花人。
曉凝瑞露一枝新，不占園林最上春。桃李無言又何在，向風偏笑艷陽人。杜牧之
人言清禁紫微郎，草詔紫薇花影旁。山木不知官況別，也隨紅日上東廊。陶弼
虛白堂前合抱花，秋風落日照橫斜。閱人此地知多少，物化無涯生有涯。東坡二首
折得芳英兩眼花，題詩相報字傾斜。箧中尚有絲綸句，坐覓天光照海涯。
一樹濃姿獨看來，秋庭暮雨洗塵埃。天涯地角同榮謝，豈要移根上苑栽。李義山
晴霞艷艷覆檐牙，絳雪霏霏點砌沙。莫管身非香案吏，也移床對紫薇花。楊廷秀
禁門深鑰寂無譁，濃墨淋漓兩相麻。唱徹五更天未曉，一池月浸紫薇花。洪平齋

風標雅合對詞臣映砌窺窗伴演綸忽發一枝深谷裏似知茅屋有詩人 劉後村

【七言八句】紫薇花對紫微翁名目雖同貌不同獨占芳菲當夏景不將顏色託春風潯陽官舍雙高樹興善僧庭一大叢何似蘇州安𣌀處木蘭堂下月明中 白香山

禁中五月紫微開後近聞新蕾花薄薄嫩膚搔鳥爪離離碎葉剪城霞鳳凰浴出池波響鵁鶄飛來日影斜六十無名空執筆顛毛雖笑映華 梅聖俞

【七言律詩散聯】西掖重雲開禁署北山疎雨點朝衣千門柳色連青瑣三殿花香入紫微 岑參西省即事

八月吳天覺早涼叢叢初拆碎朱房繁枝欲卧不勝力落片時飛猶白香 蔡君謨

【樂府祖】【點絳唇】今古凡花詞人尚作詞稱慶紫薇名盛似得花之聖。為底時人一曲希流詠花端正花無節病亦歸之命 陳肥遯

【賀新郎】此木生林野自唐家置絲綸閣託根其下長伴詞臣揮帝制因號紫薇堪託料想紫薇垣降種紫微郎豈是同名首兼二美作佳話。一株乃肯臨茅舍肌膚薄長身挺立扶疎瀟灑定怯麻姑爬痒爪只許素商陶寫聲繁雪柔枝低亞我憶香山東坡老只小詩便為增声價後當有繼風雅 祝和父

杜鵑花

【事實祖】【碎錄】一名山石榴一名山躑躅一名杜鵑花杜鵑啼時開 白集 其花深山蜀人號曰映山紅荊楚山間最多 坡詩註 躑躅所在有之春生苗似鹿葱葉似紅花莖高三四尺夏開花似凌霄山石榴旋盲兒花等而正黃色羊誤食其葉則躑躅而死故以為名今嶺南蜀道山谷偏生皆深紅色如錦繡然 圖經

【紀要】鶴林寺在潤州有杜鵑花高丈餘每至春月爛熳僧相傳云正元中有僧自天台移栽之其後有殷七七字文祥周寶舊識之及移鎮浙西營飾其花院鎖閉時或窺見二女子共游林下俗傳花神也寶一日謂七七曰鶴林之花天下奇絕常聞能作時花今重九將近能開此花副此日乎七七乃前一日往鶴林爲中夜女子來謂七七曰妾爲上帝所命司此花今與道者開之然此花非久歸閬苑矣於是女子瞥然不見及九日爛熳如春寶驚異遊賞累日花俄不見其後兵火焚寺樹失根株信歸閬苑矣 坡詩註 物以希見爲珍不必異種也鶴林寺杜鵑適今映山紅又名紅躑躅在江東彌山亘野殆與榛莽相似而鶴林之花至以爲外国僧鉢盂中所移上玄命玉女下司之已踰百年終歸閬苑是不特土俗罕見雖神仙亦不識也王建宮詞云大儀前日暖房來囑向昭陽乞藥栽敕賜一窠紅躑躅謝恩未了奏花開其重如此則宮禁中亦貴之 容齋隨筆

【賦詠祖】【七言散句】杜鵑花落杜鵑啼 白樂天

杜鵑啼處血成花 寇萊公

莫怪行人頻悵望杜鵑不是故鄉花 司空圖

山榴躑躅少意思照耀黃紫徒為叢 韓退之

山榴花似結紅巾容艷新妍占斷春 白樂天

當時只道鶴林仙能遣秋花放杜鵑 東坡

楓林翠壁楚江邊躑躅千層不忍看 東坡

牧童出澗烏犍角越女歸簪謝豹花 徐竹隱

遊人莫苦忙春早躑躅花殘有牡丹 陳舜山
一声杜宇啼春風明朝綵掛千山叢 王梅谿
造物私我小園林此花大勝金腰帶 王梅谿

五言古詩散聯

山中泉谿暖幽木寒更花春鳥叉嘵口遊子未還家一声誰未及
還對此重叉悲何必因啼血顏色勝明霞 梅聖俞
夏園無雜英尒灼 山榴開落日杜鵑苦花仍委蒼苔餘芳不可
贖含章空裴廻 張俞

五言律詩散聯

濃艷臙脂暮猶含琴軫房離披乱剪綵斑駁未成粧燼燈千
炷紅裙妓一行好差青鳥使封作百花王 白楽天

七言古風

孤光鼻尒 叢燭影參差姸迸火燒閑地紅星墮遠天 白楽天
九江三月杜鵑來一声催得一枝開江城上佐閑无事山下斲
得廳前栽爛熳一欄十八樹根株有數花無數千房萬蘂一時
新嫩紫殷紅鮮麹塵淚痕裛損胭脂臉剪刀裁破紅綃巾[illegible]楽
紫躑躅灭擺裾倚山腰文君新寡乍歸來羞怨春風不能笑我
從相識便相怜但是花叢不回目山花漸暗月漸明月照空山
滿山綠山空月午夜无人何處知我顏如玉 元微之

七言古風散聯

忠州三㝡今日花廬山一二頭去年樹已怜根損斬新栽還喜花
開依舊數 白楽天
南谿杜鵑天下無披香殿上紅鸚鵡鶴林兵火今其知無不歸閬
苑歸西湖 東坡 南澗堂

七言絶句

一叢一朵壓欄干剪碎紅綃却作團風嫋嫋腰香不盡露銷擲

憶淚初乾 白楽天二首
玉泉南澗花奇怪不似花叢似火堆今日多情唯我到每年岩
故爲誰開
蜀國曾聞子規鳥宣城還見杜鵑花一叫一廻腸一斷三春三
月憶三巴 李太白
蜀魄千年尚怨誰声声啼血向花枝滿山明月東風夜正值愁
人不寐時 羅鄴
春紅嬌謝又秋紅蜀国亡來入楚宮應是蜀冤啼不尽更憑顏
色訴西風 吳融
嫩紅輕紫仙姿貴合是山中宰相開九陌尋常青相顧可怜空
使下山來 劉原父
雲樹重重和淚痕故宮消息漸有[illegible]春來萬里昆明草染到山
花根最深 趙孟[illegible]四首
春山未有杜鵑啼花發杜鵑知不知寄語催歸休哀怨莫將[illegible]
血汚仙姿
冰肌玉骨擅无双不與山花鬪艶粧欲染啼紅究杜宇争如傳
粉伴何郎
泣露啼紅作麼生開時偏值杜鵑聲杜鵑口血能多少恐是征
人淚滴成 楊誠齋
何須名苑看春風一路山花不負儂日日錦江呈錦樣清溪倒
照映山紅 楊誠齋
金鴨香殘午夜煙空彈寶瑟怨流年東風一架薔薇雪老尽春
風是杜鵑 謝月澗
露凝丹臉粲芳肌不御鉛華亦自奇強李海棠春睡足如何拏
得未醒時 杜柳僧
蜀魄啼山血洒枝幻成紅艶送春暉不須声裏催人去終見花

閑便合歸 陳龜峯
鮮紅澗澗映霞明，只是冤禽血染成。羈客有家歸未得，對花無
語兩含情 楊升庵
深藏密葉人難見，斷送春光夢一空。啼得血流成底事，只應都
作映山紅 劉蘭仲
輕剪梢頭薄薄羅，子規滴血恨難磨。園林莫道香飛盡，嫩緑枝
頭不用多 劉勘言

七言詩散句 一叢千朶壓欄干，剪碎紅綃却作團。風嫋舞腰香不盡，露銷粉
臉淚新乾 白樂天

樂府祖

定風波 白紫千紅過了春，杜鵑聲苦不堪聞。却解啼
教春小住，風雨，空山招得海棠魂。○一似蜀宮當日
女無數，猩猩血染綺羅巾。畢竟花開誰作主，記取，大都花屬惜
花人 稼軒

沁園春 只為此愁，只為春歸，且恁恨深。況雨急黃昏，寒欺客路，
月明夜半，人夢家林。店舍無煙，楚鄉寒食，一片花飛那可禁。小
疑佇，聽紅萬翠老，江樹陰陰。○汀洲杜若誰尋，想朝鶴怨兮猿
夜吟。甚連天芳草，凄迷離恨，拂簾香絮，撩亂身心。汝亦知乎，吾
今倦矣，甕有餘春可共斟。歸來也，問淵明而後，誰是知音 劉秋崖

點絳唇 啼魄一天涯，怨入芳華，可憐零血染煙霞。記得西風，秋
露冷，曾浼司花。○明月滿窗紗，倦客思家。故宮春事與愁賒
冊斷魂招不得，翠冷紅斜 高竹屋

天台陳先生類編花果卉木全芳備祖卷之十六

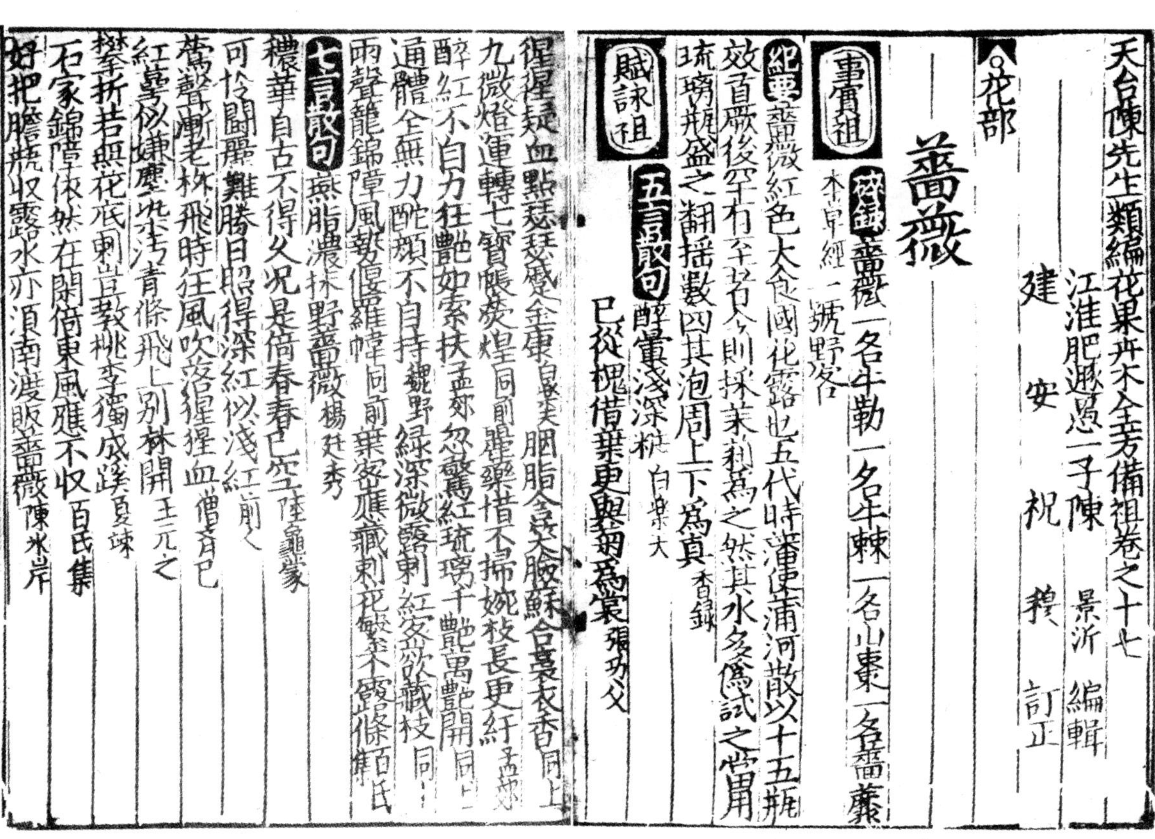

天台陳先生類編花果卉木全芳備祖卷之十七

江淮肥遯愚一子陳 景沂 編輯
建安 祝 穆 訂正

花部

薔薇

事實祖

碎錄 薔薇一名牛勒，一名牛棘，一名山棗，一名薔蘼。
本草經 一號野客

紀要 薔薇紅色，大食國花露也。五代時，蕃使蒲訶散以十五瓶
效貢。厥後罕有至者，今則採茉莉為之，然其水多偽，試之，當用
琉璃瓶盛之，翻搖數四，其泡周上下為真 香錄

賦詠祖

五言散句 醉暈淺深妝 白樂天
已從槐借葉，更與菊為裳 張功父
猩猩凝血點，瑟瑟蹙金匡 白樂天　胭脂含笑臉，蘇合裛衣香 同上
九微燈運轉，七寶帳熒煌 同前　醒樂惜不掃，婉枝長更紆 孟郊
醉紅不自力，狂豔如索扶 孟郊　忽驚紅琉璃，千豔萬豔開 同上
通體全無力，酡顏不自持 魏野　綠深微露刺，紅密欲藏枝 同上
雨聲籠錦障，風勢偃羅幃 同前　葉密應藏刺，花繁不露條 百氏

七言散句 蕪脂濃抹野薔薇 楊廷秀
穠華自古不得久，況是倚春春已空 陸龜蒙
可憐鬬靡難勝日，照得深紅似淺紅 王荊公
鶯聲漸老柳飛時，狂風吹落猩猩血 僧齊己
紅蔓似嫌塵染污，青條飛上別林開 王元之
攀折若無花底刺，豈教桃李獨成蹊 夏竦
石家錦障依然在，閑倚東風避不收 百氏集
好把膽瓶收露水，亦須南漫販薔薇 陳水岸

湘紅染就高張起蜀錦機成不剪來 劉後村

可惜荼蘼都過了繞籬猶自有薔薇 張谷山

薔薇野性難拘束却過隣家屋上紅 趙崇嶓

解向人間占五色風流不盡是荼蘼 劉原父

五言古詩

當戶種薔薇枝葉太葳蕤不摇香已亂無風花自飛春閨不能靜開匣理明妃曲池浮采采斜岸列依依或聞好音度時見銜泥歸且對清酤湛其餘任是非 梁柳惲

似錦如霞色連春接夏開淺紅分影入風好帶香來得地依東閣當階奏上台淺深還有態次第暗相催滿地愁英墜緣堤惜棹回芳穠濡雨露明麗隔塵埃似著燕支染如經巧婦裁奈花無別計只有酒殘杯 劉禹錫聯句

五言古詩散聯

石榴珊瑚蘂木槿悲星葩豈如茲木麗逢春始發花迴風舒紫萼照日吐新芽 梁簡文帝

經植宜春館霏霏上蘭宮片舒猶帶紫半卷未全紅葉疎難蔽日花密易傷風佳麗新妝罷含笑折芳叢 梁鮑泉

低枝詎勝葉輕香幸自通發萼初攢紫餘采尚霏紅新花對白日故蘂逐春風 齊謝朓

五言絕句

不到東山久薔薇幾度花白雲還自散明月落誰家 李白

五言八句

四面垂條密浮陰入夏清綠攢傷手刺紅墜斷腸英粉著蜂鬚膩光凝蝶翅明雨中看亦好况復值初晴 朱慶餘

堪愛復堪傷无情不及長浪摇千臉淚風舞一身香似濯文君錦如啼漢女妝所思雲雨外何處寄馨香 李群玉

海外薔薇水中州未得方旋偷金掌露淺染玉羅裳已換桃花骨何須賈氏香更煩麴生輩同訪墨池揚 楊誠齋謝黃薔薇及酒

七言古詩

裊裊長數尋青青不作林一莖獨秀當庭心數枝分作滿庭陰春日遲遲欲將半庭影玲玲正堪玩枝上鶯嬌不畏人葉底蛾飛自相乱秦家女兒愛芳菲畫眉相伴採葳蕤高处紅鬚欲就手低邊綠刺已牽衣蒲萄架上朝光滿楊柳園中暝鳥飛連袂踏歌從此去風吹香氣逐人歸 儲光羲

仙機軋軋織鳳凰花開七十有二行天霞落地橫紅光風枝嫋嫋時一揚飛葩散馥紈空王忽驚錦浪洗春色又似宮娃逞妖飾終當一使移花根還比蒲桃天上植 孟郊

七言絕句

一架長條萬朵春嫩紅深綠小窠勻只因根下千年土曾與西川織錦人 裴説

朵朵精神葉葉柔雨晴香拂醉人頭石家錦障依然在閑倚東風夜不收 杜牧

碎剪紅綃間綠叢風流疑在列仙宮朝真更欲熏香去爭擲霓衣上寶籠 魏野

紫透紅殷態度陳露葵全色借芳新春風便是黃金屋羞殺黃金屋裏人 比澗

紅殘綠暗已多時路上山花也則稀藹藹尚餘春澤子細燕支濃抹野薔薇 楊誠齋野薔薇

七言八句

浥露凝香風匝樹閒呼童浮掃架邊苔湘紅染就高張起蜀錦機成不剪來公子但貪桃李道貴人自愛藥闌堦寧知野老茅茨

下亦有繁英送一盃 後村

七言律詩散聯

曉風抹盡燕支顆，夜雨催成蜀錦機。當晝開時正明媚，故鄉疑是買臣歸 張栻

還列從容蹀躞歸，光風駘蕩發紅薇。鶯藏密葉宜新霽，蝶繞低林愛晚暉。艶色當軒迷舞袖，繁香滿徑拂朝衣 儲光羲

樂府祖

生查子 玉女翠帷熏，香粉開粧面。不是占春遲，羞被群花見。○纖手折柔條，絳雪飛千片。流入紫金卮，未許停歌扇 李樠山

金沙

賦詠祖

五言散句 故作酴醿架，金沙祇謾栽。似矜顏色好，飛度臘前開 王荊公

七言絶句

海棠開後數金沙，高架層層吐絳葩。咫尺西城無力到，不知誰賞魏家花 王荊公

天遣酴醿玉作花，紫綿揉色染金沙。憑君著意樽前看，便與春工立等差 黄山谷 又一首見荼蘼

獨種荼蘼冷卻伊，金沙作伴暖相依。荼蘼枯了來年補，且看金沙也自奇 楊誠齋 二首

雙松樹子碧團欒，紅錦纏頭白錦冠。佇放花枝過墻去，不妨分與路人看

滿架冰肌合碧雲，翻嫌翠袖助紅裙。玉卮只有金沙在，併直明年又屬君 周益公

七言八句

金沙追是殿群芳，不道酴醿輸一場。十里紅粧踏青出，一張錦

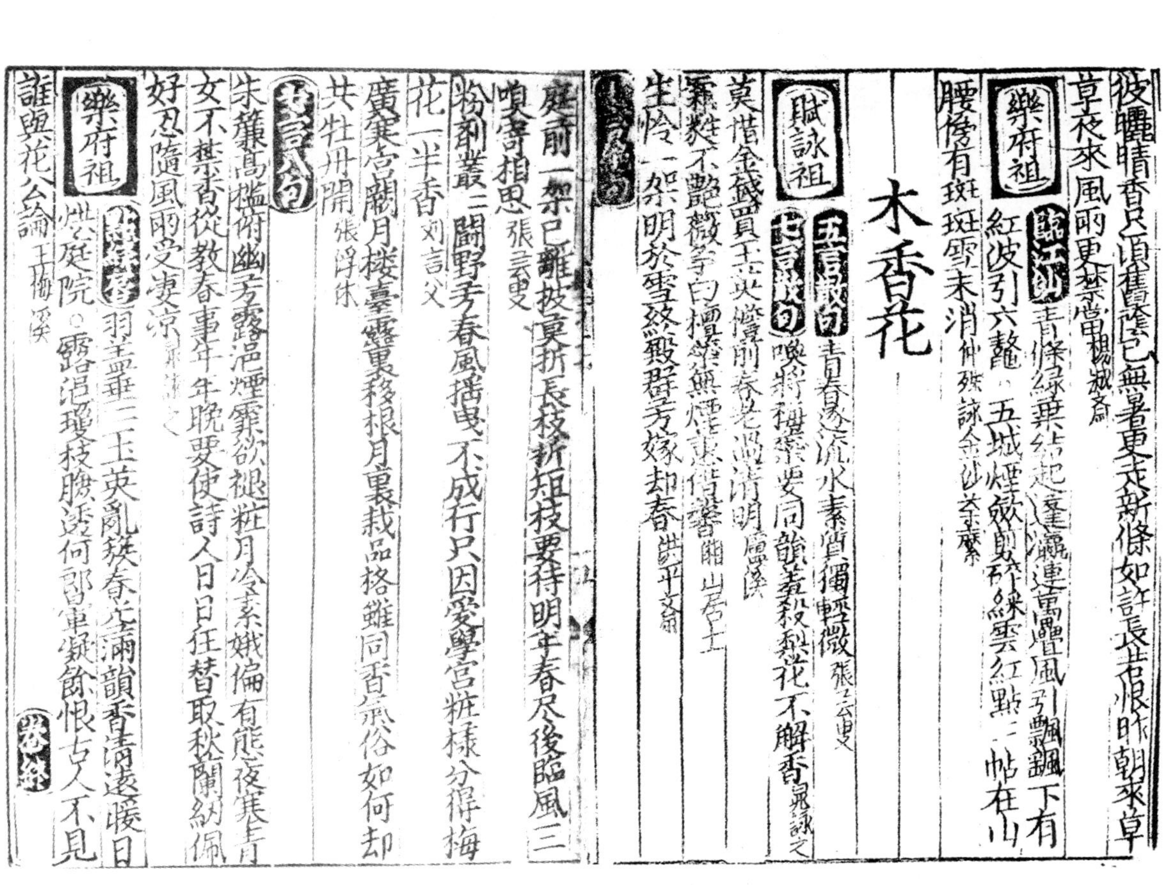

彼驪晴香只須舊蔭，已無暑著更栽新條。如許長莫恨昨朝來草草，夜來風雨更禁當 楊誠齋

樂府祖

臨江仙 青條綠葉結起，蓬瀛連萬疊，風引飄飄。下有紅波引六鼇。○五城煙歛盡，殘縷雲紅點點，帖在山腰。傍有斑斑雪未消 仲殊詠金沙荼蘼

木香花

賦詠祖

五言散句 青春逐流水，素質獨輕微 張右史

七言散句 喚將穠李要同韻，羞殺梨花不解香 晁詠之

莫惜金錢買玉英，憐渠削春老過清明 盧溪

霜粧不艷纖毫白，纓絡無煙只借馨 鮑山居士

生怜一架明於雪，終殺群芳嫁卻春 洪平齋

七言絶句

庭前一架已離披，莫折長枝折短枝。要待明年春盡後，臨風三嗅寄相思 張芸叟

粉刺叢叢鬭野芳，春風搖曳不成行。只因愛學宮粧樣，分得梅花一半香 劉言父

廣寒宮闕月樓臺，露裏移根月裏栽。品格雖同香氣俗，如何卻共牡丹開 張浮休

七言八句

朱簾高檻俯幽芳，露浥煙霏欲褪粧。月冷素娥偏有態，夜寒青女不禁香。從教春事年年晚，要使詩人日日狂。替取秋蘭紉佩好，忍隨風雨受淒涼 晁詠之

樂府祖

[illegible] 羽蓋垂垂，玉英亂簇，春光滿，韻香清，遠暖日烘庭院。○露浥瓊枝，勝透何郎，留軍疑飾，恨古人不見，誰與花公論 王梅溪

卷終

天台陳先生類編花果卉木全芳備祖卷之十八

江淮肥遯愚一子陳　景沂　編輯
建安　祝　穆　訂正

木部

柳花

事實祖

碎錄　柳花一名絮本草　楊花入水經宿化爲浮萍東坡詩註

紀要　謝安姪女道韞乃謝弈之女雪下叔父安曰何所似也安兒子曰撒鹽空中差可擬道韞曰未若柳絮因風起晉書

賦詠祖

五言散句　飛綿亂上空陳祖孫　仰蜂粘落絮杜
春陰妒柳絮白樂天　柳花閑度竹韓
春風吹柳絮貫休　落絮風捲盡春歸不留迹歐公
華似鏡中看花如關外雪韋承慶　邂逅一杯酒東風柳絮天吳足儀齊
輕狂楊花落還裘燕子隨賈秋壑　本是無情物南飛又北飛鶴子爾

七言散句　糝徑楊花鋪白氈　輕輕柳絮點人衣
雀啄江頭黃柳花　生憎柳絮白於綿並杜
推排春事到楊花呂東萊
顛狂柳絮隨風起輕薄桃花逐水流杜
憑鶯說向楊花道絆惹春風莫放歸白樂天
楊花榆莢無才思秪解漫天作雪飛韓愈
百花長恨風吹落惟有楊花獨愛風古詩
輕花細葉滿林端昨夜春風腕色寒宋景文
閶門風暖落花乾飛遍江城雪不寒孫光憲
爲問何如插楊柳明年飛絮作浮萍東坡
長恨漫天柳絮輕只將飛舞送清明東坡

一春情緒空撩亂不是天生穩重花韓忠獻
依微謝女吟來雪零落襄王夢後雲齊伯良
二月紛紛飛作雪白門啼殺護兒鴉宋景文
回雪有風嘗借舞落梅無曲可供愁前人
花邊嬌軟粘蜂翅陌上輕狂趁馬蹄朱淑真
風絮流花一任渠北窗高卧綠陰初呂東萊
風前輕薄從人命天外飄零若子身高九万
行人自送楊花去不是楊花肯送人陳長樂
落花飛絮將春去斷雨零雲入暮寒吳毅齋
飛花落絮滿長安欲盡離杯度曲慢曹秋壑
莫欺春到荼蘼盡更有楊花落後飛孫月境
芳草綠邊啞鴉鵲楊花飛處避何豚趙寓齋
楊柳若知行客恨不教飛絮撲人衣王花洲
惟有楊花思空闊正零落處是開時王太冲
賦質太輕難作主飄蹤無着易粘人陳肥遯

五言古詩散聯　輕飛不假風輕落不委地撩亂舞晴空發人無限思劉夢得
垂楊拂綠水搖艷東風年花開玉關雪葉暖金窗煙李白
晴天黯黯雪來送青春暮無意似多情千家萬家去劉夢得

五言絕句　寒食少天氣春風多柳花倚樓心目亂不覺見棲鴉杜甫

五言八句　楊花三月暮撩亂送春歸盡日閑相逐無風亦自飛輕輕欄影燕故故撲征衣莫上高樓望徘徊酒落暉蔡確

七言絕句　輕盈臬娜占年華舞榭妝樓處處遮春盡絮飛留不得隨風好

去洛誰家 刘禹錫二首
煬帝行宮汴水濱数株殘柳不勝春晚來風起花如雪飛入宮
墻不見人
楊子江頭楊柳春楊花愁殺渡江人数声風笛離亭晚君向瀟
湘我向秦 鄭谷
灞岸晴來送別頻相偎相倚不勝春自家飛絮猶無定爭把長
條絆得人 羅隱
永豐坊裏舊腰肢曾見青青初種時看盡道邊離別恨爭教風
絮不狂飛 張右史
銀毬拋出莫煙深聚散高低不自禁飄去長郊迎暖日飛來深
院怯春陰 張右史
乱條猶未变初黄倚得東風勢便狂解把飛花蒙日月不知天
地有清霜 曾南豐

春光未老楊花飛遊子此情傷別離攀折楊柳贈爲別暖二匹
馬歸何時 楊繪
只道垂楊管別離楊花一去不思歸浮蹤浪跡無拘束飛到蛛
絲也不飛 楊誠齋
三月名園草色青夢回猶聽賣花声春光不管人憔悴飛絮紛
紛弄晚晴 趙信庵
蝶撲蜂粘發出狂飄然欲上白雲鄉無端却被遊蜂攪飛往東
風第幾墻 李梅亭
柳漸成陰万縷斜舞腰柔弱弄韶華一庭春色無人管蝶雨声
中飛尽花 顏頤仲
苦無筋力太輕柔何物如君得自由帶雨飄來成墜雪捲春歸
去作飛毬 石敏若
柳送腰肢日幾回更教飛絮舞樓臺顛狂忽作高千丈風力微

時穩下來 陳簡齋
短長亭外柳依依 念我思歸未得歸粉蝶不知行客恨也隨風
絮點征衣 虞劭
七言八句
飄揚南陌起東鄰漠漠濛濛暗度春花巷暖隨輕蝶舞玉樓晴
拂艷妝人縈迴謝女題詩筆點綴陶公漉酒巾何處好風偏似
雪隋河隄上古江津 刘禹錫
弱植驚風急自傷暮來翻遣思悠揚曾飄綺陌隨高下敢拂朱
欄競短長縈砌任飛還任舞撲池如雪又如霜莫令岐路頻攀
折漸擬清陰到畫堂 薛逢
隨風墜露事輕儇巧巧人間欲夏天只恐障空飛似雪從教粘
逕白於綿未央宮暖粘歌袖揚子江清惱客船老去強看愁底
事昏花滿眼意茫然 張芸史

寒勤花遲却速殘暖將絮過忽吹還雪翻飛春日光風急毬衮回
廊曲榭開萬里雲天皆去處羣飛蹤跡愁中間追渠催得春闌
着春不緣渠獨不闌 楊誠齋
樂府祖
水龍吟 似花還似非花也无人惜從教墜拋家傍路
思量却是无情有思縈損柔腸困酣嬌眼欲開還閉
夢隨風萬里尋郎去處又還被鶯呼起○不恨此花飛尽恨西
園落紅難綴曉來雨過遺蹤何在一池萍碎春色三分二分塵
土一分流水細看來不是楊花點點是離人淚 東坡 燕忙鶯懶
芳殘正隄上柳花飄墜輕飛點尽青林誰道全無才思閑趁遊
絲靜臨深院日長門閉傍珠簾散漫垂垂欲下依前被風扶起
○蘭帳玉人睡覺怪春衣雪霑瓊綴繡床漸滿香毬無數纔圓
却碎時見蜂兒仰粘輕粉魚吹池水望章臺路杳金鞍遊蕩有
盈盈淚 章質夫

二郎神 日高睡起又恰見柳梢飛絮倩說與年〻相挽却又因
他相誤南北東西何時定看碧沼青蘋無數念蜀郡風流金陵
年少那尋張緒 應許雪花比並撲簾堆戶更打綴遊絲飄鋪
小逕腸斷鶺鴒喚雨舞態顛狂眠腰軟都揲散了幾廻重聚空暗
想昔日長亭別酒杜鵑催去馬莊父

蝶戀花 春蠶〻黃金初脫後暖日飛綿取次粘窻牖不見長條低
拂酒贈行旗已輸先手 鶯擲金梭飛不透小樹危樓處〻添
奇秀何日隋隄縈馬首路長人倦空思舊周美成

天仙子 三月灞橋煙雨收拂拂依依飛到處雪毬輕颺弄精神
撲不住留不住常繫柔腸千萬縷 只恐舂風無定據容易着
人容易去肯將心緒向才郎待擬處終須與伊羅幃收拾取垂
于做揶花

清平樂 柳塘新漲艇子操雙槳閑倚曲樓成悵望是處春愁一
樣 傍人幾點飛花夕陽又送棲鴉試問畫樓西畔暮雲恐近
□呂吾仁

天台陳先生類編花果卉木全芳備祖卷十九

江淮肥遯愚一子陳 景沂 編輯

建 安 祝 穆 訂正

花部

木蘭花

事實祖

碎錄 木蘭葉氣味辛香不及桂本草

紀要 宋文帝元嘉元年芝生後庭木蘭樹上古今注

北海于君病癩見市中賣藥姓公孫帛因問之公曰明日木蘭
樹下當邂明日往授素書一卷以消災救病无不愈者神仙傳

雜著 元冥授節猛寒嚴烈哉〻堅冰霏〻白雪木應霜而枯花
草隨風而摧折窮青翠之茂葉繁旖旎之弱條諒抗節而矯
獨茲茂而不彫成公綏賦 張摶為蘇州刺史植木蘭花於堂前
嘗盛開燕客命即席賦之陸龜蒙後至張連酌浮之徑醉強索
筆題兩句云洞庭波浪渺无津日〻征帆送遠人頹然醉倒客
續之皆莫詳其意既而龜蒙稍醒續曰幾度木蘭船上望不知
元是此花身遂為絕唱嵐齋錄

賦詠祖

七言散句 木蘭花謝可憐條遠道音書轉寂寥徐殷

五言古詩 二月二十三木蘭開拆初〻當新病酒復以久離居愁絕更傾
國驚新聞遠書紫絲何日郭油壁幾時車弄粉知傷重調紅或
有餘波痕空映襪烟態不勝裾桂嶺含芳遠蓮塘屬意疏瑤姬
与神女長短定何如李義山

五言律詩散句 未識春風面先聞樂府名洗粧濃出塞避艇客登瀛鄭毅夫

七言古詩

曉來隨手抹新粧半額蛾眉宮樣黃鉄衣染畫薔薇鏤[illegible]鬭香不炷香君不見同時素馨与茉莉笑竟帶些脂粉氣又不見錢塘欲語嬌荷花麁枝大葉忒鉛華何如个様隱君子色香不俗眞有味根苗在處傲炎涼敢与松栢爭雪霜椒桂裏猶君雜覅小窗相對毋相忘 刘招山

七言絶句

紫房日照胭脂拆素艶風吹膩粉開悟得獨饒脂粉態木蘭曾作女郎來 白樂天 二首

膩如玉指塗朱粉光似金刀剪紫霞從此時時春夢裏應添一對女郎花

石上紅花低照水山頭翠篠細含煙天仙一本徐熙畫只欠鷓鴣相對眠 張芸叟

辛夷花

事實祖

（碎錄）正二月開花既落无子夏秋再著花即離騷所謂辛夷者 本草 一名侯桃人家園庭多種木高數尺葉似柹而長初出如筆故北人呼為木筆花其子如相思子 本草注

雜著 剪容條而對嘉樹【註】辛夷也 李衛公懷嵩樓記

賦詠祖

七言散句 谷口春殘黃鳥稀辛夷花發杏花飛 錢起

辛夷始花亦已落況我与子非壯年 杜甫

五言古詩

昔年將出谷幾日對辛夷倚樹憐芳意攀條惜歲滋清陰須暫憩秀色正堪思只待揮金日殷勤泛羽卮 李衛公

辛夷吐高花衛公曾手植根況今已非不改舊時色平泉幾步主況乃刺史宅 韓忠獻

五言絶句

緣隄春草合王孫自留玩況有辛夷花色与芙蓉亂 裴迪

七言古詩

明君辛夷花君言已斑駁不畏辛夷不爛開顧我筋骸官束縛遣推囚名刺史狼籍囚徒滿田地明日不推緣國忌依前不得花前醉韓員外家好辛夷開時乞取三兩枝折枝為贈君莫惜縱君不折風亦吹 元微之

七言絶句

紫粉筆含尖火焰紅胭脂染小蓮花芳情鄉思知多少惱得山僧悔出家 白樂天

桐花

附 賴桐 刺桐

事實祖

（碎錄）季春之月桐始華 月令

（紀要）賴桐花嶺南處處有之自夏初生至秋盡花草也葉如桐其花連枝蕚皆深紅俗呼為賴桐花 南方草木狀

刺桐花溫陵城留從效重加版築植刺桐環繞其城高大而枝葉蔚茂初夏開花極鮮紅如葉先萌芽而其花後發則五穀豐熟 郡志

賦詠祖

七言散句 木綿花發刺桐開 東坡

喚起十年閩嶺夢賴桐花畔見紅蕉 蘇子美

誰與深春共憔悴陽江一樹紫桐花 徐抱獨

梅葉陰陰桃李盡春光已到白桐花 晁[illegible]集

城角日高人寂寂小庭行徧拾桐花 刘[illegible]父

五言古詩

朧月山上館紫桐垂好陰可惜黯淡色无人知此心舜没蒼梧野鳳歸丹穴吟遺落在人世光華那復深年年怨春意不競桃

李林惟占清明後牡丹還復侵況此空館閑云誰忿幽深徒煩
烏巢集不語山鬱岑滿院青苔地一樹蓮花簪自開還自落暗
芳終暗沉亦生不得所我願裁為琴元微之
春令有常候清明桐始發何此巴蜀中桐花開十月白樂天
一株青玉立千葉綠雲委亭亭五丈餘高意猶未已山僧年九
十清淨老不死自云手種時一顆青桐子劉原父
（五言古詩散聯）
春暄井氣生白花飛濛濛曉枝滴甘露味落寒泉中梅聖俞
得時花葉鮮照影清香助當軒蔽赤日對卧醒百慮南豐
（五言絶句）
兩翟捏袍茜晴烘鶴頂丹因人顏色好護惜着朱欄槭宋集刺
（七言絶句）
聞說鄉人說刺桐花如後發始年豐我今到此憂民切只愛青
青不愛紅丁晉公刺桐花
犄犄小艷爽涌欄晴日薰風笑越姝只是紅芳移不得刺桐屏
障滿中都陳陶刺桐花
春色來時物喜初春光嬌日只闌餘更無人餞春行色猶有桐
花管領渠楊誠齋二首
老去能逢幾个春今年春事不關人紅千紫百何曾夢壓尾桐
花也俗塵

萬年枝花 一名冬青

賦詠祖 （七言散句）好風吹動万年枝盧照鄰
（七言絶句）
百子池邊種最奇无人識是万年枝細花密葉青青子常得披
之白雨露滋楊誠齋

禁路風清飛蚤鴉官卑誰趁紫宸衙丁元公事鈞簾坐閑看冬
青落細花任參政在試院時作

楝花

賦詠祖 五言散句 密葉已成陰高花初着枝陳后山
七言古詩散聯 紫絲暈粉綴鮮花綠羅布葉攢飛霞鶯舌未調香萼醉東風吹
颺銅梗斜梅聖俞

橘花

賦詠祖 五言八句 花靜何須艷林深不隔香初開何處覓小摘莫令長
春落秋仍發梅兼雪未強禦寒發淺浸一枝涼首楊誠齋二
不夜非關月无風也自香看花能許細落子不多長玉[illegible]猶
半金鬚須撚更強得秋向恨眈映暑却生涼
七言八句 一種靈根有異芬初開尤勝結丹黄白於薝蔔林中見清似旃
檀國裏聞淡月珠胎明璀璨微風玉屑撼繽紛平生苟令薰衣
癖露坐花間至夜分劉後村

柚花

賦詠祖 五言八句 春融百卉茂素榮敷綠枝淑郁麗芳遠悠揚風日遲
南國富佳樹騷人留恨詞空齋對日夕愁絶鬢成絲朱文公

含笑花

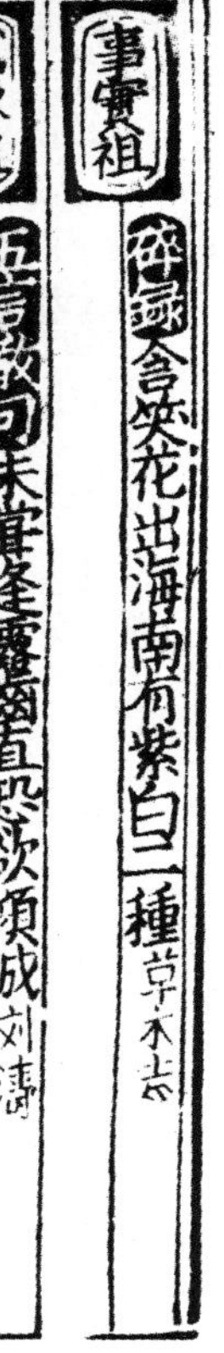

事實祖

碎録 含笑花出海南有紫白二種 草木志

賦詠祖

五言散句 未嘗逢靨笑直恐欲傾城 刘濤

七言散句 不語向人如欲語 山氏集

花非識面常含笑 東坡

消々滴露紫含笑 東坡

草解忘憂々底事花名含笑々何人 丁晋公

如今只有花含笑々道秦皇欲奔仙 東坡

試問嫣然如可買會須一笑與千金 白氏集

深情厚意知多少盡在嫣然一笑中 百氏集

五言絶句

瓜香濃欲攔蓮蕊碧初勻含笑知何事低頭似愧人 徐溪月

薄々沉熏骨英々玉煉顏惱人風味別斗帳夢中間 嵗寒集

五言律詩聯

自有嫣然態風前欲笑人涓々朝泣露盈々夜生春 [illegible]

七言絶句

大笑何如小笑香紫花不似白花粧不知自笑還相笑々殺人來斷殺腸 楊誠齋二首

秋來二笑再芬芳紫笑何如白笑強只有此花偷不得无人知處忽然香

薰風破曉碧蓮著花意猶低白玉顏一粲不曾容易發清香何自徧人間 白笑

春風滿面喜津々縱有癡拳不忍嗔尚恐旁觀安註脚笑他何事與何人 刘後村

肥様凋成玉色仙碧瑶幢裏粲嬋娟道渠解笑何曾笑只合更名小白蓮 蕭大山

獻笑佳人絶可憐姿々壓面輔巧承歡一枝不用千金買兩洗風吹却粲然 許仲啓

七言八句

菖蒲節序芰荷時翠羽衣裳白玉肌暗折花房須日暮遥將香氣報人知半開微吐長懷寶欲説還休竟悅眉擒肥枝柔惟葉健不消更畫只消詩 楊誠齋

一點瓜香破醉眠誤他酒客枉流涎如何滴露牛心李化作垂頭玉井蓮初喜曉光將莞爾竟羞午影不嫣然忽看吐下金櫻核歎々聲乾暮葉邊 許仲啓

此花枝葉山礬類氣味雖殊本共行鐵定青門瓜醜変舌因李白酒寬香紫含半吐胭脂重素臉初開玉色裝[illegible]詫名色乱施治鬓過低墻 陳肥遯

樂府祖

[illegible] 綠蠟芳跌雪一包綻發稍清香都[illegible]晚風飄○笑[illegible]葉為誰[illegible]長隨[illegible]輕綃伴良宵

山茶花

事實祖

碎録 有紅白二種又有千葉者名品頗多不能盡録 草木記 南山茶葩萼大倍中州者色微淡葉柔傳有毛結實如梨大如拳中有數子如肥皂子大別自有一種葉厚硬花深紅如中州所出者 虞衡志

賦詠祖

五言散句 葉硬經霜綠花肥映雪紅 張芸叟

栽培奪天巧接綴假人力 前人

七言散句 蒼枝老樹昔誰種照耀萬朶紅相圍 南豐

惟有山茶殊耐久獨能深月占春風 曾裘甫

性晚每經寒始拆色深却爱日微紅 刘後村

道人贈我歲寒種不是尋常兒女花 王梅谿
新枝綠嫩籠和日繁艷紅深奪曉霞 桂水集

五言古詩散聯

誰憐兒女花散火冰雪中堂中調丹砂染此鶴頂紅 東坡
南國有嘉樹華居赤玉杯曾無冬春改常冒霰雪開 梅聖俞
山茶又晚出舊不聞圖經花深嫌少態曾入蘇公評爛來亦變怪紛然著名稱黃香開最早與菊為輩朋粉紅更妖嬈玉環帶春醒偉哉紅百葉花重枝不勝尤愛並山茶開花一尺盈日丹又其亞不減紺帶鞓吐絲心抽鬚鋸齒葉剪稜白茶亦數品玉磬尤晶明桃葉何從來派別疑武陵龕出愈奇怪一見一歎驚 徐溪月

七言古詩散聯

蒼然老樹昔誰種照耀萬朶紅相圍蜂藏鳥伏不得留九先嘘吹近思前者葉蓋地萬木慘慘須空枝 曾南豐

七言絕句

淺為玉茗深都勝大日山茶小海紅名譽漫多朋援少年年身在雪霜中 陶弼二首
江南池館厭深紅零落空山煙雨中却是北人偏愛惜數枝和雪上屏風
遊蜂掠掠粉絲黃荷葉猶收蜜露香待得春風幾枝在年來殺菽有飛霜 東坡二首
山茶相對本誰栽細雨無人我獨來說似與君君不見爛紅如火雪中開
花近東溪居士家好攜樽酒款攜茶玉皇收拾還天上便恐筠陽無此花 俞國寶白花二首
玉緊冰寒自一家地偏驚對此山茶歸來不負西游眼曾識人間未見花

七言律詩散聯

長明灯下石闌干長共杉松鬪歲寒葉厚有稜犀角健花深少態鶴頭丹久陪方丈曼陁雨羞對先生苜蓿盤雪裏盛開知有意明年歸後更誰看 東坡開元寺山茶
摘子團團映碧岑初看喚作木犀林誰將金粟銀絲膾淚飣朱紅菜碗心春圣橫招桃李妬歲寒只受雪霜侵題詩畢竟輸坡老葉厚有稜花色深 楊誠齋

七言八句

青女行霜下曉空山茶獨殿衆花叢不知戶外千林縞且看盆中一本紅性晚每經寒始拆色深却愛日微烘人言此樹尤難養暮數晨澆自課童 劉後村

七言律詩散聯

鶯声老矣移難晚鶴頂丹時看始嘉兩葉鮮鮮成小蕊艷首群花 王梅溪

山丹花

賦詠祖

五言散句

堂前種山丹錯落瑪瑙盤 東坡

五言古詩

昔游嶺海間幾見蠻卉拆素英溥夕露朱蕊爛晴日歸來今幾年睠對秋寒碧因君賦山丹悅復見顏色 朱文公

七言古詩散聯

山丹吹出青黎火金蝶窺叢何婀娜朱槿更作猩袍紅誇道凡人貫印可茉莉從旁槩然笑奄却諸香誰似我素馨肅然山澤臞至香不數脂粉腴 康川齋

七言絕句

亭下佳人錦綉衣滿身瓔珞綴明璣晚來銷歇无尋處花已飄零露已晞東坡二首

煙紅露綠曉風香燕舞鶯啼春日長誰道使君貧且老繡屏錦帳咽笙簧

人間花木眼曾經未識斯花狀與名卅卻青山暮春色續他紅樹隨時英

軒窻一日綮三英尺室无塵眼倍明閩粵固嘗矜絕美風騷猶未及知名陳止齋

團欒絳蘂簇枝間鉛鼎成丹七返還乞與幽人伴幽寂不妨相對兩朱顏鄭松窻

七言八句

春去无芳可得尋山丹最晚出幽林柿紅一色明羅緌鈕粉綴攢集寶簪花似鹿葱還耐久葉如芍藥不多深香沈冊移山藥聊着書窻伴小吟楊誠齋

偶然避雨過民舍一本山丹恰盛開種久樹身搽似蓋澆頻花面大如盃惟疑朱草非時出驚閙紅雲甚處來可惜書生无事力千金移入畫欄栽劉後村

天台陳先生類編花果卉木全芳備祖卷之十九

天台陳先生類編花果卉木全芳備祖卷之二十

江淮肥遯愚一子陳　景沂　編輯

建　安　祝　穆　訂正

花部

朱槿花　木槿同

事實祖

碎錄朱槿花莖葉皆如桑葉光而厚樹高止四五尺而枝葉婆娑自二月開花至中冬即歇其花深紅色五出大如蜀葵有蘂一條長於花葉上綴金屑日光所爍疑若焰生一叢之上日開數百朵朝開暮落插枝即活出高涼郡一名赤槿一名日及南方草木狀舜木槿也朝華暮落說文椵木槿櫬木槿別一名似李樹尔雅木槿夕死朝榮東方朔書木槿如小葵花淡紅色五葉成一花朝開暮斂湖南北人家多種為籬本草衍義有女同車顏如舜華注木槿也詩仲夏之月木槿榮月令莊子貴支離悲木槿淮南子

紀要汝陽王璡嘗戴砑絹帽打曲上自摘紅槿置帽上極滑久而方安曲終花不墜以為能曰花奴資質明瑩必是神仙中謫墮來也開元遺事

雜著覓蔪隅之嘉木慕朝華之可玩晉盧湛朝華賦覽中堂之奇樹稟沖氣之至清應青春之敷蘤逮朱夏而誕英紅葩紫蔕翠葉素莖晉傅咸賦草木春榮秋悴此花朝生暮落晉嵇含賦哉日昇而朝華玄景逝而夕零夏侯湛賦日及多名蕣質舉生東方記其夕死郭璞贊以朝榮潘文体其夏盛孫楚賦閔其秋零此則京華之麗木非于越之齋也南中群卉名花之寶稚什未名騷人失藻所以翠潤露鬱紅濕疊疊疑葉低垂若倒朝霞映日殊未研珊瑚照水定非蟹千葉芙蓉詎相似百枝燈花復羞

然〈齊江揔賦〉其爲花也色甚鮮麗迎晨而榮日中則衰至夕而零莊周載朝菌不知晦朔此朝不及夕者乎〈詩〉朝菌者蓋朝華而暮落世謂之木槿或謂之日及詩人以爲蕣華宣尼以爲朝菌其物向晨而結建明而布見陽而盛終日而殞亦異乎何名之多也〈晉潘尼朝菌賦〉

【賦詠祖】

（五言散句）蕭條槿花風〈白樂天〉　槿枝無宿花〈前人〉

朝榮殊可惜暮落實堪嗟〈白樂天〉

回頭向殘照殘照更空虛〈李義山〉　連後紅何遽梅先白莫誇〈同上〉

吾聞調羹梅異味及枌榆〈注冬用槿 黃山谷〉

（七言散句）

槿花一日自爲榮〈白樂天〉　槿艷繁開照日紅〈陳草閣〉

槿籬芳援近樵家壟麥青青一徑斜〈溫飛卿〉

槿籬護藥纔通徑竹筧通泉遠遍村〈秦少游〉

（五言古詩）

風露雖已冷天色亦黃昏中庭有槿花榮落同一晨秋開已寂寞夕隕何紛紛正怜少顏色復嘆不逡巡男兒老富貴女子晚婚姻頭白始得志色衰方事人後時不獲已安得如青春〈白樂天〉

（五言絕句）

晨日映籬生流暉種艷明紅顏易零落何異此花榮〈六一先生〉

（五言古詩散聯）

君子芳桂性春濃秋更繁小人槿花心朝在夕不存〈文粹〉

（七言絕句）

風露凄凄秋景繁可怜榮落在朝昏未央宮裏三千女但保紅顏莫保恩〈李義山〉

籬外涓涓澗水流槿花半照夕陽收欲題名字知相訪又恐芭蕉不奈秋〈賈島〉

秋蕣晚英無艷色何因栽種在人家使君只別羅敷面爭解回頭愛白花〈白樂天白槿〉

甲子雖推小雪天刺桐猶綠槿花然陽和長養無時歇却是炎州雨露偏〈張籍〉

赤坂橋西小竹籬槿花還似去年時淡黃衫子渾無色腸斷丁香畫雀兒〈崔涯〉

朱槿移栽釋梵中老僧非是愛花紅朝開暮落關何事祇要人知色是空〈僧紹嵩〉

風雨無人弄晚芳野橋千樹鬬紅房朝榮暮落成何事可笑紛華不久長〈張俞二首〉

朝菌一生迷晦朔靈椿千歲換春秋如何槿艷無終日獨保欄干爲尔羞

野槿扶疏當絕籬山深不用掩山扉客來踏破松梢月鶴向主人頭上飛〈陸雲西〉

（七言八句）

夾路疏籬錦作堆朝開暮落復朝開抽包粔籹輕拖粉近蘂臙脂釀抹顋占破半年猶道少何曾一日不芳來花中却是渠長命換舊添新底用催〈楊誠齋〉

（七言律詩散句）

曉艷欲開孫武陣晚風多墮綠珠樓來如急雷無因駐去似驚鴻不可收

佛桑花

【事實祖】

（碎錄）花似槿四時常開婦人多簪髻帶之〈臨漳志〉佛桑花比朱槿頗耐蓋一種也〈清漳志〉佛桑其花册重敷柔澤葉如桑其花五六出大如蜀葵有葉一條長數寸葉上綴

金谷日光所鑠凝爲焰朝生暮隕晉安海物異名記花文以喦梅浸佛桑花爲紅緑漬之曝乾色紅而甘蔡君謨荔枝譜

【紀要】明道中予爲漳州軍事判官昳秋至州西耕園驛庭有佛桑數十株開落繁盛念其寒月窮山方自媚好乃作耕園驛佛桑花詩一首既而棨梓東下又作溪行一首慶曆七年予使本路明年夏四月自汀來漳複至是驛花尚仍舊追感昔遊因紀前事併載舊篇龕於西壁云蔡君謨詩序

【賦詠祖】（五言散句）野人家焰一燒紅有佛桑同前

（七言八句）使軺迢遞到天涯候館迁延感歲華白髮却驚臨砌樹青條猶放過墻花悲來惟有金城叻醉後曾乘海客槎欲問昔遊無処所晚煙生水日沉沙蔡君謨二首

溪館初寒似早春寒花相倚如含人可怜萬木凋零盡獨見叢枝爛熳新清艷夜沾雲表路逸香時過轍中塵名園不肯爭顏色灼灼夭桃野水濱

茶花

【賦詠祖】（七言散句）青裙玉面初相識九月茶花滿路開陳簡齋

（七言律詩）細嚼花須味亦長新芽一粟葉間藏稍經臘雪侵肌瘦旋得春雷發地狂開落空山誰比較蕊功來歲最先嘗蘇潁濱

巴欖花 攢花附

【賦詠祖】（七言八句）南湖窠木巳交加種欖栽攢吏北涯生眼錯呼爲夜合欖新鶯知不是桃花攢綠陰四合藏雲

層寥浪全機織素紗挂隱主人臞骨不飡酥酪只飡茶楊誠齋

山枇杷花

【賦詠祖】（七言散句）若使此花兼解語推囚御史定違程白樂天和元詩

【七言古詩】山枇杷花似牡丹殷潑血往年乘傳過青山正值山花好時節壓枝凝艷巳全開映葉含苞纔半裂緊縛紅袖欲支頤慢解絳囊初破結金線叢飄繁蕊亂珊瑚朵重纖莖折因風旋落裙片飛帶日斜看目精熱亞水依岩半側傾龍雲隱霧秋愁絕元微之

【七言古詩散聯】火樹風來翻絳焰瓊枝日出曬紅紗回看桃李都無色映得芙蓉不是花爭奈結根深石底因多得到人家白樂天

【七言絕句】萬里青嶂蜀門口一樹紅花山頂頭春盡憶家歸未得低紅如解替君愁白樂天

月季花

【事實祖】【紀要】有紅白二色每月一開花草木記

【賦詠祖】【五言散句】四時花不絕張芸叟　開花不遺月潁濱　人間不老春百氏集

【七言散句】月季祗應天上物張文潛　春色四時長在目百氏集　但看花開日日紅百氏集　天下風流月季花陳參政　花落花開無間斷春來春去不相關百氏集　牡丹最貴惟春晚芍藥雖繁只夏初百氏集

一壺不盡叢邊尺暮雨霏霏欲濕鴉 陳參政

五言古詩 幽芳本長春暫瘁如蝕月且將付造物未易料枯耕也知宿根
深使作紫筍出乘時出婉娩爲我暖栗冽先生早貴重廟論推
英拔而今城東瓜不記召南茇陋居有遠寄小園无闊躅還爲
久処計坐待行年匝臘果綴梅枝春孟浮竹葉誰言一萌動已
覺万木活聊將玉蕊新插向綸巾折 東坡
羣花各分榮此花冠時序聊披淺深艶不易冬春慮是季竟何
言予將造形悟 宋景文四季花

五言絶句 月季花上雨春帰一憑欄東西南北客更得幾回看 陳簡齋二首
紅衿映肉色薄暮无乃寒園中如許多獨貢賦詩難

七言絶句 牡丹殊絶委春風露菊蕭疎怨晚叢何似此花榮艶足四時長
放淺深紅 韓魏公四季花

七言八句 只道花无十日紅此花无日不春風一尖已剥臙脂筆四破猶
包翡翠茸别有香超桃李外更同梅鬭雪霜中折來喜作新年
看忘却今晨是季冬 楊誠齋

樂府祖

醜奴兒 牡丹不好長春好有箇因依一兩二枝但是
風光總屬伊○當初只爲嫦娥種月正明時教恁芳
菲伴著團圓十二回 王冠卿

麗春花

賦詠祖

七言散聯 柰柰發時俱比麗白榆開処欲争妍 晏元獻
塵壓鶯簷飛錦機蒲頭空插麗春枝 名賢集

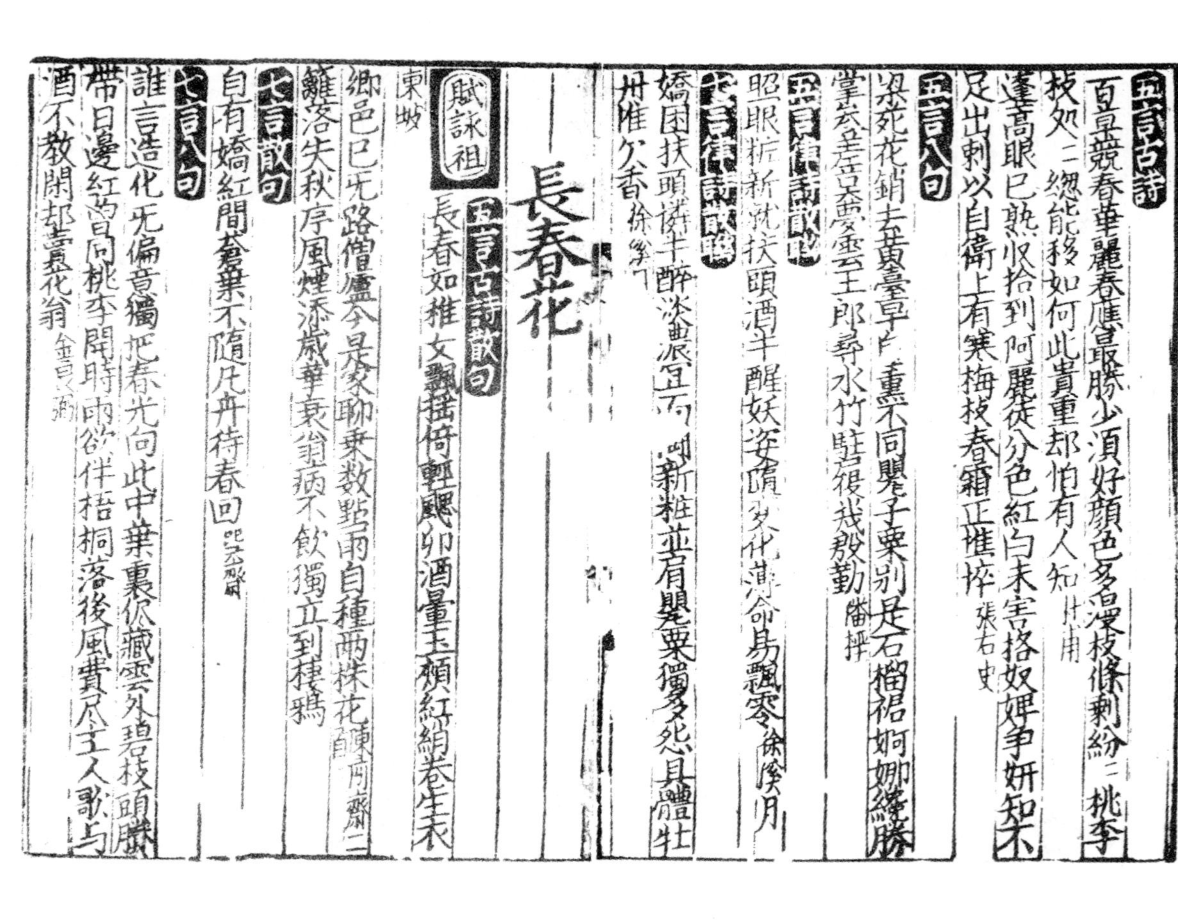

五言古詩 百卉競春華麗春應最勝少須好顔色多漫枝條剩紛紛 桃李
枝処処總能移如何此貴重却怕有人知 杜甫
逢高眼已熟収拾到阿麗徒分色紅白未害格奴婢争姸知不
足出刺以自衛上有寒梅枝春霜正摧悴 張右史

五言八句 枲苑花銷去黄臺草薰不同罌子粟別是石榴裙婀娜纔勝
掌名差吞夢雲王郎尋水竹駐很幾殷勤 潘評

五言律詩散聯 照眼拆新枕扶頭酒半醒妖姿隨变化薄命易飄零 徐月

七言律詩散聯 嬌困扶頭諸半醉淡妝濃宜石榴新粧並肩罌粟獨多怨且體牡
丹惟欠香 徐參

長春花

賦詠祖

五言古詩散句 長春如稚女飄搖倚輕颸卯酒暈玉頰紅綃卷生衣
東坡
鄉色已无路價盧今是家聊乘数點雨自種兩株花 陳簡齋二
離落失秋序風煙添歲華衰翁病不飲獨立到棲鴉

七言散句 自有嬌紅間蒼葉不隨凡卉待春回 毗陵齋

七言八句 誰言造化无偏意獨把春光向此中葉裏似藏雲外碧枝頭
帶日邊紅曾同桃李開時雨欲伴梧桐落後風費尽主人歌与
酒不教閑却賣花翁 金吳

【樂府祖】【一落索】葉底枝頭紅小天然窈窕後園桃李謾成蹊〻若許占得春多少。不管雪消霜曉朱顏長好年〻若許醉花間待拚了花間老 尚信道

壽春花

【賦詠祖】【七言絕句】花開碧玉最敷腴香把南薰賞文殊天賦芳姿長不老命名爲壽豈非誣 楊巽齋

迎春花

【事實祖】【碎錄】屠削迎春花二月初始開与小桃同時 劉原父詩序

【賦詠祖】【七言散句】朱門深鎖不知[illegible]二十年光暗中換 王岐公

【五言律詩散聯】淺艷侔鶯羽纖條結兔絲〻〻早春發應誚衆芳遲 晏元獻

【七言絕句】幸与松筠相近栽不隨桃李一時開杏園豈敢教君去未有花時且看來 白樂天二首

金英翠萼帶春寒黃色花中有幾般憑君与向遊人道莫把蕪菁花眼看

覆闌纖弱綠條長帶雪衝寒折嫩黃迎得春來非自足百花千卉共分芳 韓忠獻二首

迎得新春入舊科獨先嘉卉占陽和今年頓役寒摧朽應爲尖頭送暖多

穠李繁桃刮眼明東風先入九重城黃花翠蔓無人顧浪得迎春世上名 劉原父二首

沉沉華省鎖紅塵忽地花枝覺歲新爲問名園最深處不知迎得幾多春

華省當時綠鬢郎金樽美酒醉紅芳今日對花不成飲春愁已與草爭長 王岐公

仙掌花

【賦詠祖】【七言絕句】綠葉披頭數朶紅不禁風日變芳容未應得近花壇列只可山簪對野農 翁元廣

剪春羅花

【賦詠祖】【七言絕句】誰把風刀碎薄羅極知造化著工多飄零易逐春光老[illegible]前奈若何 翁元廣

天台陳先生類編花果卉木全芳備祖卷之二十

天台陳先生類編花果卉木全芳備祖卷之二十一

江淮肥遯愚一子陳　景沂　編輯

建　安　祝　穆　訂正

花部

水仙花

【事實祖】

【紀要】嫣娄華陰瑾鄉隱首人服八石得水仙是名河伯 清泠傳 江妃二女游於江漢之濱逢鄭交甫解佩以与之 列向列仙傳 杭州西湖上有水仙王廟 坡詩注

【雜著】水夷倚浪以徵睨【注】水夷水神也 文選江賦 羅襪凌波微步生塵 曹子建洛神賦 以上係借用 世以水仙為金盞銀臺蓋單葉者其中有一酒琖深黃而金色至千葉水仙其中花片捲皺密蹙一片之中下輕黃而上淡白如染一截者与酒盃之狀殊不相似安得以見之耶單葉者當命以舊名而千葉者乃真水仙云 楊詩序

【賦詠祖】

【五言散句】雪宮孤弄影水殿四无人 楊廷秀

天仙不行地且借水為名 同上

至今寒花種清徹瑩心神 徐致中 雜葉秀且聳蘭香細而幽 仝上

【七言散句】姑射樓臺獲水仙 陳朝老

碧玉簪長生洞府黃金杯重壓銀臺 錢穆父

玉㫕相倚帶仙風璧立春前乃卉空 鄭安晚

曉風洛浦凌波際夜月江皐解佩時 徐淵子

極知今世无曹植祈得陳玄記洛神 僧窗舡

弱水蓬萊歸不得梅花相与伴春寒 同上

【五言古詩】仙人緗色裘縞衣以裼之青帨紛委地獨立春風時吹香洞庭暖弄影清晝遲寂二籬落陰亭二与子期誰知園中客能付會真詩 崔鶠事陳簡齋

隆冬凋百卉江梅厲孤芳如何蓬艾底亦有春風香紛敷翠羽帔温靚白玉相黃冠表獨立淡然水仙裝弱植愧蘭孫高操摧冰霜湘君謝遺褋漢水羞捐璫嗟彼世俗人欲火焚衷腸徒知慕佳冶詎識懷貞剛凄凉柏舟誓惻愴終風章卓哉有遺烈千載不可忘

江梅丈人行歲寒固天姿蠟梅微著色標致亦背時胡然此米嘉支本但自持廼以平地尺氣与松篁爭粹然金玉相形以翠羽儀獨立万槁中水膠雪垂二水仙誰強名相宜未相知刻畫近脂粉而況山谷詩吾聞抱太和未易形似窺當其自英華造物且齊戚平生根剛編嬌奏裹擬花豈贈瓶吾令得吾師 止齋

定州紅花甕塊石我羨出水仙厥名為玉霄適從閬越來綠綬擁翠條十花冒其一振鷺翅拊翼間黃白清香從風飄回首天台山更識膽瓶蕉 許仲企

【五言古散句】坐令參一枝娥眉淡初掃笑弄黃金盃蓮莖盤拗倒 曾文清公

贈以金琅玕捧以白玉人酌醴動芳氣妙与蘭庭紉 徐敏中

花仙凌波子乃有松柏心人情自弃忘不改玉与金 趙西山

攀巢隆小白梅兄矜老蒼仲氏似白眉表二金玉相 徐月溪

【五言四句】韵絕香仍絕花清月未清天仙不行地且借水為名 楊誠齋

開處誰為伴蕭然不可清雪宮孤弄影水殿四无人 同上

清真処子面剛烈丈夫心翠帶拖雲舞金卮照雪斟古吟二不得移入伯牙琴 林可山

如聞交珮解疑是洛妃來朔吹欺羅袖朝霜滋玉臺 僧船窗

七言古詩

凌波仙子生塵襪波上盈盈步微月是誰招此斷腸魂種作寒
花寄愁絕含香體素欲傾城山礬是弟梅是兄坐對眞成被花
惱出門一笑大江橫 黃山谷

七言古詩散聯

琴中此操淡而古花中此名清而高金琖銀臺天下俗誰以奴
僕命離騷

七言絕句

折送南園栗玉花併移香本到寒家何時持上玉宸殿乞与宮
梅定等差 黃山谷五首
錢塘昔聞水仙廟荊州今見水仙花暗香靜色撩詩句宜在林
逋處士家
得水能仙天與奇寒香寂寞動冰肌仙風道骨今誰有淡掃蛾
眉參一枝
借水開花自一奇水沉爲骨玉爲肌暗香已壓荼蘼倒只比寒
梅无好枝
淤泥已作白蓮藕糞壤能開黃玉花可惜国香天不管隨緣流
落野人家
宮様鵝黃綠帶垂中州未省見仙姿只疑湘水綃機女來伴清
歌宋玉愁 張文潛
湘君遺恨付雲來雖墮塵埃不染埃疑是漢家涵德殿金芝相
伴玉芝開 陳簡斋
早於桃李晚於梅冰雪肌膚姑射來明月寒霜中夜靜素娥青
女共徘徊 劉貢父
水中仙子來何處翠袖黃冠白玉英報道幽人被渠惱著詩送
與老難兄 朱文公
瘴上風煙那有此只疑姑射是前身仙風道骨誰倘得付与霜
臺衣繡人 張于湖二首
淨色只應撩處士国香今不落民家江城望斷春消息故遣詩
人詠此花
红妃虛却蕊珠宮銀漢仙人謫此中偶趁月湖波上戲一身冰
雪舞東風 楊誠齋二首
額間拂殺御袍黃衣上偷將月姊香侍倩東風作媒却西湖嫁
與水仙王
金玉其相一兩花遐公子爲尔與嗟山礬不用來修敬只許江
梅共一家 游寒岩二首
黃琮白璧綴幽花珍重湘人爲歎嗟織女橫河溪月墮玉盤猶很
簪水仙家
天然初不事鉛華此是無塵有韻花翠帶詎容榮俗客金盃只
合勸詩家 徐淵子二首
林下清風自一家稍親梅竹近蘭芽只緣羞與凡花伍移植名
園不肯花
瑤池來宴老金家醉倒風流萼綠華白玉斷笄金暈頂幻成癡
絕女兒花 豫章來氏二首
花盟平日不曾寒六月曝根高處安待得秋殘親手種万姬圍
繞雪中看

七言八句

薤葉葱根兩不差重蒙風味獨清嘉薄揉肪玉圍金鈿細染鵝
黃剌素紗臺弦元非千葉種手容要是小蓮花向來山谷相看
日知是他家身當家 楊誠齋二首
生來弱不禁風匹似蘋花較少豐腦子醲熏眾香国江妃寒

擷水晶宮銀臺金盞談何俗礬弟梅兄品未公寄語金華老仙
伯凌波仙子更凌空二
歲華搖落物蕭然一種清芬絕可憐不許淤泥侵皓素全憑風
露發幽妍騷魂灑落沉湘客玉色依稀捉月仙卻笑涪翁太脂
粉誤將高雅匹嬋娟 劉後村

七言律詩

矮叢傍砌小成陰嗅徹數腴謝水沉細著蜂風扶弱幹膩將零
露酌芳心華裾冉冉低香綬柔毛被二靚嫩金 僧北磵
玉潤金裳翁兒身翩二翠袖挽青春水晶宮裏神仙女香醉山
中得道人翔出我回埋不死南州一出淨无塵 晉天民

樂府祖

菩薩蠻 人人盡者春意淡儂家解說黃葵艷可 古日克
喜音戲萬般宜共八勞朱粉施○摘來金盞酒勸我千
長壽擊作女真冠試伊嬌面看

菩薩蠻 高梧葉下秋光晚珍叢花出黃金盞還似去年時傍欄
三兩枝○人情須耐久花面長依舊莫希蜜蜂兒等閑遠飛

促拍醜奴兒 清露濕幽香想瑤臺无語淒涼飄欲去依然如夢
雲度銀漢○又是天風吹淡月珮丁東攜手西廂冷二玉磬沉
沉素瑟舞遍霓裳 朱希真

朝中措 幽芳獨秀在山林不怕曉寒侵應笑錢塘蘇小語嬌終
帶吳音○興搓歸去雲臺濤萬頃誰是知心寫向生綃舞上蕭然
伴我寒衾 曾紘父 綠華居處渺雲深不受一塵侵細看宜州新
句平生幾是知音○凌波一去平山夢斷誰最關心惟有青天
碧海知渠夜二孤衾 曾紘父

賀新郎 雲臥衣裳冷看蕭然風前月下水邊幽影羅襪塵生凌
波步湯沐煙波萬頃愛一點嬌黃成暈不記相逢曾解佩甚多
情為我香成陣待和淚揾殘粉 靈均千古懷沙恨二當時忿
忿忘把此花題品煙雨淒迷僝僽損翠袂遙二誰整謾寫入瑤
琴幽憤弦斷招魂无人賦但金杯的皪銀臺潤愁殢酒又還醒
辛稼軒

十二名 戔戔寶佩明珂度紋波親到洞庭曾入夢聽雲和○香
隨月影來過無塵上敢浣弓羅匹似夢時風韻更嬌多 張約齋

金人捧露盤 夢湘雲吟湘月弔湘靈有誰見羅襪塵生凌波步
穩背人羞整六銖輕娉二梟二暈嬌黃玉色輕明○香心靜波
心冷琴心怨客心驚怕珮解卻返瑤京杯擎清露醉春蘭友與
梅兄蒼煙萬頃斷腸是雪冷江清 高賓王

菩薩蠻 相思一夜庭花發忽到窗前疑是羋塵襪曉起艷寒粧雪肌
生暗香○佳人纖手摘手與花同色插鬢有誰宜除非潘玉兒
謝竹友

減字木蘭花 景陽樓上一鐘聲曉半面啼粧勻未了殘月紛二斜
影幽香暗斷魂 玉顏憔在昭陽殿卻向前村深夜見冰雪肌
膚還有班二雪點無 前人

水仙子 白玉為臺金作盞香是江梅名閬苑年時把酒對君歌
不斷盃无算花月當樓人意滿○翹戴一枝蟬影亂樂事且隨
人意換西樓回首月明中花已綻人何遠可惜國香天不管鴻

南柯子 翠袖垂龍腦烏雲映玉臺春愁一簇鴦金盃曾記西樓
同醉角聲催○嫋二凌波淺深深步月來隔紗微笑恐郎猜素
艷濃香依舊去年開

金盞子 得水能仙向漢皐遺珮碧波涵月藍玉煖生煙翻綃袂
黃冠素姿冰潔亭二獨立風前香多愁絕當時事琴心妙處
誰傳有誰堪說○歲晚相看無人更自景繁雲天欲雪蕭湘煙水
茫二但万里相思寒江空闊殷勤折向梅邊聽玉龍吹徹丁寧
道百年兄弟相看晚節 趙虛齋

揭練子心字小玉釵頭月娥飛下白蘋洲水仙十月下遊○江漢珮洞庭舟香名薄倖寄青樓問何如打拍浮 李乃舟

卜算子 珮解洛波遥弦冷湘江渺月底盈盈誤不歸獨立風塵表○窗綺護幽妍瓶玉扶輕梟到後知誰語素心寂寂山寒峭 眉晋院

菩薩蠻 雪妒雲娥羞相倚凌波共酌春風醉的皪玉壺寒肯教金錢單○只疑双蝶夢牽袖和香擁香外有鴛鴦風流煙水鄉 高竹屋

山礬花

事實祖

碎錄 山礬一名鄭花一名七里香 雜志

紀要 江南野中有一種小白花木高數尺春開極香野人謂之鄭花王荊公嘗欲作詩而陋其名予請名曰山礬野人採鄭花葉以染黃不借礬而成色故名山礬海岸孤絕處補陀落伽山譯者謂小白花山疑即此花爾不然何以觀音老人端坐不去耶 山谷山礬花詩序

賦詠祖

七言散句 山礬是弟梅是兄 山谷水仙花詩

可惜不當梅葉破幽香合在弟兄間 曾文靖

七言古詩 秋風刻穀搗黃桑七里尋香不辭遠荒蹊日暮下牛羊滿路幽香誰掛眼世間草木久紛然妖紅慢綠徒爭先何當伴君老一世細看四面秋香懸 張東窗

七言絕句 黃龍山中春事晚山谷道人上山坂鼻端山礬花氣濃怪底經行衆芳死

一種風姿極可人幽姿正色相鮮新素毅香藉甚不足意黃淡羞澀終非真 倩孫居士

北嶺山礬取意開輕風正用此時來生平君氣誰料理愛着幽香未擬回 黃山谷二首

高節亭邊竹已空山礬獨自倚春風三三名士開顏笑把斷山光水不通

春水薄壓枝柯倒分與清香是月娥忽似雪天深澗底老松擎出白婆娑 王元之

青雲巢底雪花繁只與田家插鬢鬟不杜涪翁初著句能令大士久開顏 曾文靖

一樹山礬白綠妝曉風微送雨中香鼻端空寂誰知許莫怪狂風取次狂 劉幼解

漫山白眾殺春華多貯清香野老家頻向風前招蝶使密通家籍肯梅花 張季霖

折來隨意插銅壺能白能香雪不如匹似梅花輸一着枝肥葉密不清癯 鄭良山令

只有江梅合是兄水仙終似號夫人季方政爾難為弟冊根詩評未逼真 方秋崖

玲瓏葉底雪花寒春容香薰草木間移植小軒供宴坐恍疑身在普陀山 况泅父

樂府祖

南柯子 細葉黃金嫩繁花白雪香共誰連璧向河陽自是不須湯餅試何郎○婀娜瑰瓏髻輕盈淡薄妝莫令韓壽往伊傍便遣狂蜂遊蝶過東墻 徐師川

鵲橋仙 未開大如木犀總開後是梅花小底僋然只欲住山林肯容易結根城市○巢兄又與冬青比等何止香聞七里不因山谷品題來誰知道是水仙兄弟 草窗軒

天台陳先生類編花果卉木全芳備祖卷之二十一

天台陳先生類編花果卉木全芳備祖卷之二十二

江淮肥遯愚一子陳　景沂　編輯

建　安　祝　穆　訂正

○花部

瑞香

【事實祖】

【碎錄】瑞香花紫而香烈，非群芳之比，其始盖出於廬山之中。廬山記

【紀要】成都志：瑞香，芳草也，其木高纔數尺，生山坡間，花如丁香而有黃紫二種，冬春之交，其花始發，植之庭檻，則芬馥出於戶外，野人不以爲貴，宋景公亦嗣而不載。予今春城後二十年守成都，公庭僧圃靡不有也。予恐其沒於草，一日見知於時，殆與人事無異，故而圖之，爲之序。呂大防瑞香圖序

【賦詠祖】

【五言散句】結爲楚臣佩，散乱天女襟。蘇東坡

菩薩園青蓋，開花炷玉熏。韓子蒼

紫袖染難透，瓊膚暖轉香。文楊誠齋

【七言散句】此花清絕更纖濃。東坡

玉英金實碧淋枝。陶弼

粉面回宜垂紫袖，錦裳何必着中禪。周益公

齋閑忽作攣枝錦，未拆猶疑紫素馨。楊誠齋

檻中紫艶繞盈握，天上花香暗襲人。張芸叟

風雨雖披枝葉瘦，可憐終不減清香。曾文昭

世人競重薰籠錦，予素何曾恢瑞香。王梅谿

便覓麝囊無速韻，頻挑蟻蠹有新芽。劉後村

宣和殿裏春風盈，紅錦熏籠二月時。

濛濛清露濯幽葩，醉質斕斑襯曉霞。並陳子高

山家安得瑞龍腦，春事不專紅鶴翎。方秋崖

長時不藝沉檀炷，運月如薰腦麝臍。三阮唱和集

曉露染成雞舌紫，東風吹作麝臍香。陳古瀾

【五言古詩】幽香結淺紫，來自孤雲岑。骨香不自知，色淺意殊深。移栽青蓮宇，遂冠薝蔔林。誰爲楚臣佩，散落天女襟。君持風霜節，耳冷歌笑音。一逢蘭蕙質，稍回鐵石心。置酒要妍暖，養花須晏陰。及此陰晴間，恐致慳霰霖。綵雲知易散，鶗鴂憂先吟。明朝便陳迹，試着丹青臨。東坡次曹子方詠瑞香

【五言排律】芳蘂何蒨絢，尤物真猗旎。玉葉映雕欄，三桠駢粉蘂。妍分春月魂，香徹肌骨髓。蘇双溪

香密緻紅糝，寶熏罩宮羅。幽窺小團亦，微風自婆娑。陳子高

嫋妙與春競，紛二持所長。此花最幽遠，如以禮自將。猗蘭[illegible]步，薝蔔亦退藏。樵隱居士

【五言絕句】真是花中瑞，本朝名始聞。江南一夢後，天下遇清芬。王梅谿

【五言八句】得地秋根遠，交柯繞指柔。露香濃結桂，池影鬪蟠虬。黛葉輕雲綠，金花笑菊秋。如何南海外，万里謫炎州。錢起

外着明霞綺，中裁淡玉紗。森森千萬笋，旋旋兩三花。小露迎風喜，輕寒索幔遮。香中真上瑞，蘭麝敢名家。

短短重籠小，團團錦帊圍。浮陽烘酒思，沉水着人衣。茉莉通家遠，椒花且辟微。春愁渾瘦盡，別有瘦中肥。並楊誠齋

【七言絕句】織錦天孫矮作機，紫茸翩了白花枝。更將沉水濃薰卻，日澹風微欲午時。楊廷秀

夜撥香棠沐露華青移翠斛馥窗紗將身扶起簾帷看生怕簾
帷挨着花 楊誠齋移山瑞香花斛
廬阜當年春睡濃花名從此擅春工紫葩四迸呈鮮粉如夢仙
香透錦籠 白氏集
繁花簇粉烘晴日謫有濃香透暖風六曲欄干凝睇處錦籠爭
似玉爲籠 仝上詠白瑞香
粉面芳心碧玉裳持來宛作故山香征途不覓春如許更問蘭
牙幾寸長 郭安晚

【七言律詩】上苑夭桃自作行劉郎去後幾回芳厭從年少追新賞閑對宮
花識舊香折贈佳人非泛泛好紉幽佩吊沉湘鶴林神女無消
息爲問何由返帝鄉 東坡
侵雪開花雪不侵開時色淺不教深碧團栾裏叢成束紫蓓蕾
中香滿襟別派近傳廬阜頂孤芳元自洞庭心詩人自有熏籠
錦不用衣篝炷水沉 楊誠齋
近看丁香萬粒攢遠看却與紫毬般誰將玉膽薔薇水新濯瓊
膚錦繡禪淨界薰籠不芬馥無人剪剔自檀欒下元前至上元
後省得龍沉與麝蘭 楊誠齋
斜來大笥東仍攢作麼開時色兩般茍令金爐炷沉水昭容紫
袖襯中禪同花異葉株〻異一種栾枝節〻栾雪裏寒香得三
友溪邊梅與雪邊蘭 楊誠齋
生來体弱不禁風匹似蘋花較小豐腦子濃薰眾香閣江妃寒
損水晶宮銀臺金盞談何俗礬弟梅兄品未公若語金華老仙
伯凌波仙子更凌空 楊誠齋
玲瓏巧蹙紫羅裳今得東君着意妝帶露欲開宜曉日臨風微
困怯春霜發揮名字來廬阜彈壓芳菲入醉鄉最是午窗初睡
醒重〻熏得夢魂香 朱淑真
一樹婆娑緊復斜使君輟贈到田家自憐甕牖繩樞子不稱香
囊錦傘花小借暖風爲破萼旋澆新水待抽芽丁寧男子勤封
殖留與甘棠一樣誇 劉後村謝太守送瑞香花

【樂府祖】

【西江月】公子眼花亂發老夫鼻觀先通領巾飄下瑞
香風驚起謫仙春夢○后土祠中玉蕊蓬萊殿後鞓
紅此花清絕更纖穠把酒何人心動 東坡
【西江月】剪就碧雲闘紫列成紫玉芳心淺春不怕峭寒侵暖徹
熏籠瑞錦○花裏清芬獨步草前勝韵難禁飛香直到玉枢深
消得猷〻痛飲 張材甫
【浣溪沙】臘後春前別一般梅花枯淡水仙寒翠雲裹着紫霞冠
○妙二只今推第一實香元不是人間爲君更酌小龍團 張于
湖
【點絳唇】護雨烘晴紫雲縹緲來深院曉寒誰見紅杏梢頭怨○
絕代佳人萬里沉香殿光風轉夢餘千片猶恨相逢淺 趙德莊
【點絳唇】欄檻陰沉紫雲呈瑞餘寒凜捲簾歆枕香逼幽人寢○
入夢何年廬阜聞名稔風流甚阿誰題品喚作薰籠錦 王梅谿
【水龍吟】當年睡裏聞香阿誰喚做花間瑞巾飄沉水籠熏古錦
擁青綾被初日酣晴和風送暖十分清致掩窗綃特得香融酒
醒偎消受這春思○縱把萬紅排比想較伊更爭些子詩仙老
手春風妙筆要題教似十里揚州三生杜牧可曾知此趁紫唇
微綻芳心半透與騷人醉 方秋崖
【錦帶長】簇真香似風前拆麝裹嬌紫輕紅間闘異芳風流富貴
自有蘭蕙荒獨占蘂珠春光○繡結流蘇密綴魂夢攸颺氣融
液散滿洞房朝寒料峭殢嬌不易當着意要得韓郎 方侯雅言
詠瑞香

薝蔔花

【事實祖】【碎錄】一名梔子一名木丹一名越桃本草 薝蔔梔子
花也与雪皆六出坡詩注凡草木花五出而薝蔔六
出韓詩外傳 諸花少六出者惟梔子六出陶真白曰即薝蔔花
也酉陽雜俎 如人入薝蔔林中聞薝蔔香不聞他香佛書 楼石
山多梔子名山志 宜氣与人家黃氣者梔子樹也境地畬
【紀要】漢有梔茜此見切 園說文曰芳菀可以染緋漢書 晉有華
林園種梔子晉書 晉令諸宮有秋梔子守護者置吏一人同上
蜀有紅梔花其形六出孟知祥召百官於芳林園賞之万花谷
【雜著】林蘭近雪而揚猗【注】林蘭梔子也謝靈運賦
【賦詠祖】【五言散句】梔子艷色殊杜甫
色疑瓊樹倚香似玉京來刘夢得

【七言散句】桃蹊李徑年雖古梔子紅椒艷復殊杜甫
六花薝蔔林間佛九節菖蒲石上仙東坡
【五言古風】
有美當堦木霜露未能移金貴發香采映日以離 二幸賴夕陽
下餘景及西枝還思照綠水君堦無曲墀餘榮未能已晚实猶
見奇復留頃崖德君息信未貲謝朓
林蘭擅孤芳世与凡木異不受雪霰侵自足中和氣欲知清淨
身即此林間是曾文昭
李世多植蘗而我李種梔穎色固不別良苦誠異宜園 又綠堦
側豈畏秋風吹同心誰可贈爲詠昔人詩梅聖俞
【五言古風散聯】素華偏可喜的 二半臨池疑爲霜裏無復類雪封枝日斜光隱
見風還影合離蕭梁簡文帝

濯雨時摛素嘗颸獨含芳豐榮殊未紀銷落竟誰聞宋朗彦
【五言絕句】禪友何時到遠從毗舍園妙香通鼻觀應悟佛根源王十梅谿
【五言八句】梔子比衆木人間誠未多於身色有用与道氣俱和紅取風霜
实青看雨露柯无情移得汝貴在映江波杜甫
樹恰人來矩花時雪樣看孤姿妍外淨幽馥暑中寒有朵簪瓶
子无風忽鼻端如何山谷老只爲賦山礬楊誠斎
【五言律詩散聯】一花分六出十葉是重臺玉潔渾无玷金黃謾奪胎北磵
【七言絕句】何処飛來薝蔔林老枝椏屈更蕭椮凄涼杜老江頭坐 又 對行
吟得自箴朱文公

十根曾寄小峯亦薝蔔香清水影寒玉質自然无暑意更宜多
就月中看朱淑真
清淨法身如雪瑩肯來林下現孤芳對花六月无炎暑省拋鋪
匝幾炷香蕭梅邊
薝蔔標名自宝坊薰風開遍一庭霜閑來掃地跏趺坐受用此
花无尽香楊巽斎
未說司花刻玉工已知名与佛相同可怜結子薰風子依舊身
歸色界中潘鄭屋
【樂府祖】【風入松】芳叢簇簇 又水濱生勾引午風清六花大似天
邊雪又幾時曾有三層明艷射回蜂翅淨香熏透蟬
声○晚薝人共月同行疎影動銀屏指尖輕撚都如玉聽畫欄
嬌囀兒鶯道是花枝比得不成花也多情張約斎
【點絳唇】毗舍遙遙 二 異香一炷馳名久妙香稀有鼻觀深參透○

問訊東來知誰先後称仙友十花爲偶近有江西守王梅谿范號妙香

【七言八句】花解笑吟淡不求知長是殿衆芳時鮮鮮杏頭蹉圓玉洛陽翠佩剪琉璃向人前迎茉莉送荼蘼。我欲把清香換春色費多少黃金誚不得梅兩姬。風欺細腰空戀當時榮同心猶結舊年枝謝家娘將遠寄待憑誰 馬古洲

天台陳先生類編花果卉木全芳備祖卷之二十一

天台陳先生類編花果卉木全芳備祖卷之二十二

江淮肥遯愚一子陳　景沂　編輯

建　安　祝　穆　訂正

花部

蘭花 蕙花附

【事實祖】

【碎錄】蘭香草也說文 蘭與澤蘭相似生水傍紫莖赤節綠葉光潤本草 同心之言其臭如蘭易繫辭 五月五日以蘭湯沐浴大戴禮 婦人或賜之茝蘭則受獻諸舅姑禮記 佩帨蘭茝內則 民之好我芳若椒蘭荀子 蕙草也生下濕地麻葉而方莖赤花而黑實即零陵香也本草 蕙草零陵香也唐人但名鈴子香取其花倒懸如鈴也邵集 古所謂蕙乃今之零陵香今之蕙不知起於何時也朱文公蕙詩註

【紀要】鄭文公有賤妾曰燕姞夢天使與已蘭曰余爲伯鯈余而祖也以是爲而子以蘭有國香人服媚之文公與之蘭而御之辭曰妾不才幸而有子將不信敢徵蘭乎公曰諾生穆公名之曰蘭左傳 鄭國之俗上巳於溱洧兩水上執蘭招魂祓除不祥韓詩 漢尚書郎含香握蘭漢官儀 先主殺張裕諸葛亮救之先主曰芳蘭當門不得不鋤蜀志 謝安嘗謂諸子弟曰子弟何預人事答曰譬如芝蘭玉樹欲其生於庭階世說 晉書 龍朔年改秘書省曰蘭臺秘書郎曰省郎唐書 李訢嘗賜李泌湯餅給香粉蘭澤唐德宗 崔定與友生遊以千金求人鶴翎其家樹上蘭曲江花插帽兼自持往羅綺叢中賣之士女爭買拋擲金錢曲江春宴錄 【詩】蕙草綠葉紫花魏武帝以爲香燒之廣志 王維貯蘭蕙以黃磁斗養以綺石累年彌盛汗漫錄

【雜著】芝蘭生於深林不以无人而不芳君子修道立德不爲困

窮而改節家語 孔子曰與善人居如入芝蘭之室久而不聞其香與之俱化矣與不善人居如入鮑魚之肆久而不聞其臭亦與之俱化矣家語 是故日月欲明浮雲蓋之叢蘭欲秀秋風敗之文子 蘭芷不爲莫服而不芳君子行道不爲莫知而止家語

紉秋蘭以爲佩 秋蘭兮蘼蕪羅生兮堂下綠葉兮素枝芳菲兮襲予 秋蘭兮青青綠葉兮紫莖 蘭芷幽而有芳 戶服艾以盈腰兮謂幽蘭其不可佩 浴蘭湯兮沐芳 沅有芷兮澧有蘭 懷蘭英兮把瓊若並楚詞 蘭有秀兮菊有芳攜佳人兮不能忘漢武帝秋風辭 循彼南陔言采其蘭以爲佩也束皙補亡詩 爰有奇特之草産于空崖之地仰鳥路而裁通視行蹤而莫至挺自然之高介豈深情之服媚寧紉結之可求非延佇之能泊隨造化而均育與卉木而齊致入幽道而銷聲身幽山而靜異獨見識於琴臺及逢知於綺季陳周弘賦 蘭紫莖

丹花晉左思賦 蘭葳蕤兮紅芳李白集 蘭以秋芳[illegible] 在門不得不鋤李德裕[illegible]賦 蘭以香自焚東漢書 十步之內必有芳蘭說苑 猗蘭操者孔子所作也孔子聘諸侯莫能任自衛反魯隱谷之中見香蘭獨茂喟然歎曰夫蘭當爲王者香今乃獨茂與衆草爲伍乃止車援琴鼓之自傷不逢時託辭於蘭云蘭之猗猗揚揚其香不採而佩於蘭何傷韓愈琴操 蘭之猗猗揚揚其香 遁世无悶抱道深藏不以無人而遂廢其芳磐礴冰霜之際蕭然蕭艾之場揭之揚之於古有光不采而佩於蘭无傷豈曾恙之爲用也必蘙必割珠琴之異適足必剖必絕蛋佩玉而紐紳亦吐哺而握髮李農公集 余既滋蘭之九畹兮畹畦也滋音栽 又樹蕙之百畝 蘭芷變而不芳兮荃蕙化而爲茅何昔日之芳草兮今直爲此蕭艾也。光風轉蕙汎崇蘭注光風者雨止日出而風也草木之有光也轉搖也汎猶動貌崇高也 豈惟紉夫蕙茝 既替余以蕙纕兮又申之以攬茝中恐夫蕙蘅之曾數兮紛猗猗乎都房何曾華之無實兮從風雨而飛颺以爲君獨服此蕙兮羌無以異於衆芳並楚詞 離騷

山谷以蘭似君子蕙似士大夫大槩山林十蕙而一蘭也離騷云既滋蘭之九畹又植蕙之百畝則知楚人賤蕙而貴蘭矣蘭蕙叢生蒔以砂石則茂灌以湯茗則芳是則同也至其一幹一花而香有餘者蘭也一幹五七花而香不足者蕙也細葉爲蘭闊葉爲蕙黃山谷記 蘭蕙一物本草言之甚詳劉次莊云今沅澧所生花在春則黃不若秋紫之芬馥又黃魯直云一幹一花而香有餘者蘭一幹數花而香不足者蕙今按本草所言之蘭雖不之識然而云似澤蘭則今處處有之可推其類以得之矣蕙則自爲零陵香尤不難識其與人家所種葉類茅而花有兩種如黃說者皆不相似劉說又詞不分明大抵古之所謂香草必其花葉皆香而燥濕不變故可刈而爲佩若今所謂蘭蕙則其花雖香而葉乃無氣其香雖美而質弱易萎皆非可刈而佩者也朱文公楚辭辨證 楚辭所詠香草曰蘭曰蓀曰茝曰葯曰蘺曰芷曰荃曰蕙曰薰曰蘼蕪曰江離曰杜若曰杜衡曰揭車曰留夷釋者但一切謂之香草而已如蘭一物或以爲都梁香或以爲澤蘭或以爲猗蘭草今當以澤蘭爲正山中又有一種如大葉門冬春開花極香此則名幽蘭非真蘭也蓀則今人所謂石菖蒲者[illegible]有四名止是一物今所謂白芷是也蕙即零陵香一名薰蘼蕪即芎藭苗也一名江離杜若即山薑也杜衡今人呼爲馬蹄香[illegible]惟茝與揭車留夷終莫能識余他日當徧求其本列植欄檻間以爲楚香亭遯齋閑覽

賦詠祖

五言散句

秋蘭被幽崖謝[illegible] 秋蘭被長坂曹子建

握蘭勤徒結[illegible] 秋蘭映玉墀文選

清露被聞皐何胤宗　種蘭已當門李敞　蘭橋不改兮文擁
猗蘭泛葉光杜甫　紫蘭含幽色韋應物　風蘭舜幽香孟郊
庭蘭紫芽出白樂天　蘭秋香風遠李白　芳蘭哀自焚李白
水光澤蘭葉李賀　流声馥秋蘭謝正叔　歸鴈映蘭侍謝正叔
搴蘭流水曲歐陽公　佩蘭思絜身歐陽公　蕙草留芳根李白
寄君青蘭花惠好庶不絶李白　光華童子佩花較美人心劉夢得
春蘭抱幽姿无意生髙文曾文昭　楚人歌紫蘭筆葉无傳文歐陽公
苗分鄭土脈香發謝諸郎黃山谷　靜然時有得習処却无聞趙次公
雖為澗国冠而有出塵心楊伯成

七言散句

蘭生谷底人不鉏李白　雙開蘭葉帶香風暖李白
蘭花幽林亦自芳劉貢父　光風催蘭吹小殿李賀
更許光風為泛香張文潛　荒郊溶処有芳蘭王逢
從來託迹喜深林參寥　曾伴靈均賦楚騷參寥

謾道中心比芳草不知讒舌起椒蘭晏元獻
療疴炎帝与書功紉佩楚臣空有意梅聖俞
燕姞夢魂惟是見謝家庭户本來多文潞公
深林幽寂秋雨晦叢蘭猗猗無所佩劉原父
江海久无發灸賦一枝止可薦靈均參寥
葉侵海氣三分瘁花比家山一樣香蕭紫岩
清潤潘郎玉不如中然蕙草雪消初楊巨源
靈均九畹雁无比福地三茅浪自誇楊東山
国香不欲論家譜合姓孫枝作鄭花鄭安晚
靈均去後无人佩修禊亭空絶賞音船窓

五言古詩

靈芝生河洲動揺因洪波秋蘭榮何晩嚴霜悴其柯哀哉二芳草不植泰山阿後漢酈炎

蕙草生山北託身失所依植根陰崖側夙夜惧危顛寒泉浸我根淒風常徘徊三光照八極獨不蒙餘暉劉琨
蘭生不當户别是閉庭草夙被霜露欺紅榮已先老謬接瑶華枝結根君王池顧无馨香美叨沐春風吹臨風若可佩卒歳長相隨李白
孤蘭生幽園衆草共蕪没雖照陽春暉復悲髙秋月凘瀝飛霜早綠豔恐休歇若无清風吹香氣為誰發李白
春蘭如美人不採羞自獻時聞風露香蓬艾深不見丹青寫真色欲補離騷傳對之如靈均冠佩不敢燕宋城
秋至百草晦寂寞寒露滋聞皐一以佩先微不能治端居念離索无以遺所思領言記孤根成晏以為期朱文公寄蘭一首
幽獨麗事姿婉晩秋霜滋方馨不自媚捲抑空相思晤對日方永披叢露未晞偶然發孤詠九畹陳悲詩朱文公
幽人非愛山出山將何之山居種蘭蕙歳寒以當知初藝止一畝餘地惜奚爲先生无廣居千巖一茅茨四面祗藝蕙中間纔置維紛緑紛紛宿叢繼紫擢幼枝孤軫入九花一花破初蕤西風澹无味微度成香吹燈夢得幽馥月寫得静姿我欲擬芳英和露充晨炊春然惻不忍環玩自忘飢嘗無衆花草不頓秋不遅種時乱不擇歳晚悔可追楊誠斎
蒔蘭當九畹蘭生香滿路紉君身上衣光明奪練素孤方一表歇凋零溫秋露佩服得君子亦足慰遲莫周竹坡

五言古詩散聯

秋蘭蔭王池二水清其旁双魚自踴躍兩鳥時回翔晉傅元
楚客重蘭蓀遺芳今未歇葉抽清浅水花照暄妍節紫艶映渠鮮輕香含露紫李嶠公
根移地因偏花老色未改意蘇瘡霧餘氣壓初寒外姿燕女清節

窻影舞靈均佩 王右丞

五言絶句

甚植日繁滋，芬芳時入座。青葱春茹擢，皎潔秋英墮。盧公

春蘭如美人，不採羞自獻。時聞風露香，蓬艾深不見。東坡

昔人慕猗蘭，佩服比修潔。往往卒歲間，山中行採擷。參寥

健碧繽繽葉，斑紅淺淺芳。幽香空自秘，風肯秘幽香。楊誠齋

今花得古名，猗猗香更好。適意欲忘言，塵編詎能考。朱文公

蘭居地之陰，藹藹含華滋。此至不以剛，而為剛者師。巢水心

五言律詩

蕙本蘭之族，依然臭味同。重為水仙佩，相識楚詞中。幻色雖非實，真香亦竟空。云何起微馥，鼻觀已先通。東坡

秋蘭遍初馥，芳意滿中襟。想子空齋裏，淒涼楚客心。夕風生遠思，晨露洒中林。顛憊孤根在，幽期得重尋。朱文公求蘭一章

七言古詩散聯

陽崖月窟得芳叢，兩握歸來誇所遇。淨掃幽徑植葬垿，紫莖綠葉并奇姿。疎簾風軟日華薄，芳馥滿襟君自知。参寥

七言絶句

謾種秋蘭四五莖，疎簾底事太関情。可能不作涼風計，護得幽香到晚清。朱文公

一朶俄生几案光，尚如逸士氣昂藏。秋風試與平章看，何事當時林下香。趙虛齋

蕭艾榮枯各有時，深藏芳潔欲奚為。世間鼻孔无憑託，且伴幽窻讀楚辭。刘後村

寒谷初消雪半林，紫花揺弄昼陰陰。是誰曾見吹香処，千古春風楚客心。吳荊譚

七言八句

雪徑偷開淺碧花，水根乱吐小紅芽。生无桃李春風面，名可山林処士家。政坐国香到朝市，不容霜節老雲霞。江蘺蕙圃非吾耦，付与騒人定等差。楊廷秀

深林不語抱幽貞，賴有微風遞遠馨。開処何妨依蘚砌，折來未肯恐金瓶。孤高可挹供詩卷，素淡堪移入臥屛。莫笑門无佳子弟，數枝濯濯映階庭。刘後村

兩盆去歲共移來，一置雕欄一委苔。我拙事持令葉瘦，君能調護遣花開。隸人挑蠹巡千匝，稚子澆泉走幾迴。亦欲效顰耘小圃，地荒終恐費栽培。刘後村

樂府祖

賀新郎

轉紅蔓引絲多少，剪青蘭葉巧人，向月中歸留下。星鈿彈破真珠小。○等閑不管春知多，著繡簾圍繞，只恐被東風偷得，餘香分付閑花草。俞外珠

浣溪沙

楚客才華為發揚，深林著意不相忘，一成緘国正分香。

○莫把品名閑擬議，且看青鳳羽毛長，十分須取面前香。仲殊

浣溪沙

綠玉叢中紫玉條，幽花疎淡更香饒，不將紅粉污高標。

○空谷佳人宜結伴，貴游公子不能招，小窻相對誦離騷。鄭子諲

天台陳先類編花果卉木全芳備祖卷之二十三

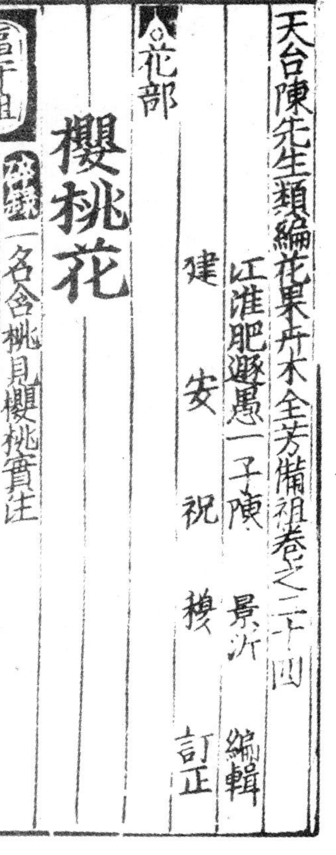

天台陳先生類編花果卉木全芳備祖卷之二十四

江淮肥遯愚一子陳景沂　編輯

建安　祝穆　訂正

花部

櫻桃花

事實祖

碎錄　一名含桃見櫻桃實注

紀要　晉式乾殿前櫻桃二株含章殿前一株華林園二百七十株　晉宮閣名

雜著　古人有言芳蘭在門不得不鋤眷茲櫻之攸止亦在物之宜除覯其體異脩直材非棟幹外沉森以茂各中紛錯而交亂先君子以效誠至嚴霜而凋換綴繁英而霰集駢朱實以星燦我朴甫也　蕭穎士櫻桃賦

賦詠祖

五言散句　紅蕊滴霜枝　崔國輔

緗葉未開蕊紅葩已發光　王僧達

野棠開未落山櫻發欲然　沈約

人行已荒徑花落半枯槎　歐公

七言散句　背人不語向何處下階自折櫻桃花　李賀美人歌

風光冥占少年家白髮然勳最戀花　李涉

別來我春未還家玉窗五見櫻桃花　李白

尋芳長恨見花遲直意貪花獨後時　歐文忠

病見試尋蜂蝶處櫻桃花發見清明　名賢拾遺

五言古詩散聯　櫻桃千萬枝照耀如雪天王孫宴其下隔水疑神仙　劉禹錫

五言八句　皎日照芳菲對葩含素煇愁人惜春夜達晚想岩扉風靜陰盈砌露濃香入衣恨無金谷妓為我奏思歸　李衛公

五言律詩散聯　偶因移晚雨似欲占春風嫩葉藏輕綠繁葩露淺紅　文與可

七言古詩散聯　晨暉照屋青露晞櫻桃花房欲開有繁華先得造物巧不與衆卉爭高低參差互相照耀恍惚滿眼令人迷　劉原父

山櫻抱石蔭松枝比並餘花發最遲賴有春風嫌寂寞吹香度水報人知　王文公

櫻桃花發滿晴柯不賭嬌饒只賭多落盡江梅餘半朵依然韻合還他挹　延秀

樂府祖

采桑子　櫻桃謝了梨花發紅白相催燕子歸來幾處風簾繡戶開○人生樂事知多少且酌金杯管咽絃哀謾引蕭娘舞袖回　晏叔原

浣溪沙　小圃春光不待邀望通消耗與含桃晚來芳意半寒消○帶笑不言春淡淡試妝未遍雨瀟瀟東君少女可憐嬌　毛澤民

石榴花

事實祖

碎錄　一名海榴凡花以海名皆自海外來　雜志

紀要　張騫使西域還得安石榴花係金林種　博物志

溫湯朝元閣七聖殿繞殿石榴皆太真所植　洪氏雜記

崔元徽遇數美人李氏陶氏又緋衣少女曰醋醋又有封家十八姨來石醋醋曰諸女伴皆住苑中每被惡風所撓常求十八姨相庇處士每歲旦與作一朱幡圖日月五星則免矣崔許之其日立幡東風刮地折木飛花而苑中花不動崔方悟衆花之精封家姨乃風神也石醋醋乃石榴也　博異記

雜著　披綠葉於脩條綴朱華於弱幹豈金翠之足珍實茲葩之

可愛新莖擢潤膏葉垂腴丹臉綴於朱房緗的點乎紅鬚潘岳賦
○風觸枝而翻鶴雨淋條而殞血環青軒而燧列統翠波而星
分宋顔氏賦縹葉翠萼紅葩絳榮照烈泉石分披山海梁江淹
頌其在晨也灼若九日之栖扶桑其在夕也爽若燭龍之吐潛
光陳張正見賦王荊公作内相時翰苑中有石榴一叢枝葉甚茂但
只發一花故荊公題云濃綠万枝紅一點動人春色不須多余
每以不見全篇爲恨邇來閲覽以爲唐人詩非也王直方詩話

賦詠祖

五言散句

花作博雲纈紅溫飛卿　榴開帶酒紅張說
艷艷裎血染楊文公
蠟珠攢作帶緗綵剪成叢盧照鄰　葉翠如新剪花紅似舊栽孔紹安
新枝含淺綠晚萼帶深紅蕭穎士　畏日助殷紅歐陽公　雨添濃暈溫公
都緣賦色淺攙不趁春妍宋景文公

七言散句

石榴花發滿溪津李賀
風翻火艷欲燒天白樂天　海榴紅綻錦窠新元微之
胭脂新染薄羅裳謝幼槃　紅纈誰家合羅袴古詩
江上年年小雪遲年光獨報海榴知李嘉祐
薰風四月濃芳歇火玉燒枝拂露華劉原父
安石榴花開最遲絳裙深樹出幽菲東坡
日烘羅蕚紅繁火雨過高條綠暗煙李迪
綠葉晚鶯啼處密紅房初日照時繁歐陽公
春花開尽見深紅夏葉始繁明淺綠梅聖俞

五言古詩

曾女東窻下海榴世所希珊瑚映綠水未足比光輝清香隨風
發落日好鳥歸願爲東南枝低舉拂羅衣无由共攀折引領望
金扉李白
弱植不盈尺遠意駐蓬瀛月寒空階曙幽夢綵雲生糞壤擢珠
樹莓苔插瓊英芳根閟顏色徂歲爲誰榮柳子厚
炎州氣序早十月榴始華是誰初植此石罅抽根斜綠陰蔽朝
曦朱艷奪暮霞始猶一二枝俄已千百葩染人不能就爭更无
以加汝沼陽擅牡丹久矣理胡沙蜀州誇海棠邈然隔蠶巴安知
籬壁間亦有尤物耶朱公豐園室化爲金帳家詩人好模擬東
榮并寒槎斯篇僕今見无乃識吾奢劉後村
庭前安榴樹花飛更可憐青旌擁絳節伴我作神仙遲日耿不
暮微陰眩弥鮮一樽兼白晝心賞竟悠然陳簡齋

五言古詩散句

靈園同嘉称幽山有奇質得來又弥鮮含華豈期實是願徵名
隱无使孤株出沈約
塗林未應發春暮轉相催燃燈疑夜火連株勝早梅梁元帝

五言絶句

荷葉參差捲榴花次第開但令心有賞歲月任渠催荊公
窈窕安榴花乃是西鄰樹墜萼可憐人風吹入幽户朱文公

五言律詩

何年安石国万里貢榴花迢遞河源遠因依漢使槎酸辛犯葱
嶺憔悴涉龍沙初到標珍木多來比亂麻深抛故園裏少種貴
人家惟我荊州見怜君胡地賒元微之
春去花隨尽紅榴映欲然後時何所恨如獨不祈怜葉二自相
偶重二又更鮮流珠沾暑雨改色淡朝煙者子專寒酒移根擅
化權愧非无價手刻畫竟難傳陳无已

五言排律

綠葉裁煙翠紅英動日華新叢裾透影疎牖燭龍紗委作金炉
焰飄成玉砌瑕不驚珠纈綴誤綴幃香琥珀烘梳碎胭脂嫩
頰搖風翻一林火電轉五雲車絳帳迎霄日芙蓉綻早寺淺深

俱隱映前後各分施佰露低運臉朝光借綺霞暗紅徒妙綵錦昊周遴俗態能嫌舊芳妥尚可嘉 元微之

【七言古詩】

紅榴双葉元自双誰能一朝使異隻如何嗯張刎頸交借兵相亡不餘力有情著物猶死爭誰知有情而无情 黄山谷

【七言絶句】

五月榴花照眼明枝間時見子初成可憐此地无車馬顛倒青苔落絳英 韓昌黎

幾年封殖愛芳叢韻艷朱顔竟不同從此休論上春事看成古木對衰翁 柳子厚

蹙蹙生紅露滴珠晝風深幌曉粧初折來戴朵頰拈看應猶裙色不如 武翊宗

似火山榴映小山繁中能薄艷中閑一朶佳人玉釵上秪疑燒卻碧雲鬟 杜牧

五月榴花忽見春白頭還喜一番新可能略不解春意只有尋枝摘葉人 陳后山

待闗南風欲炷香東風打併住西堂石榴已着乾紅蕾却問春歸有底忙 楊誠齋

精羅綴薄剪薰風已自開花帶亦同不肯染時輕着色却將綠護深紅 楊誠齋

【七言八句】

一叢千朶壓欄干剪碎紅綃却作團風裹舞腰香不盡露銷粧臉淚成乾薔薇帶刺攀常懶菡萏生泥玩亦難不及此花簷戶下任人攀折倣人看 韓昌黎

陰陰鑿瀨二接江鄉登陸猶褰未涉裳入晚天容糊水色拂明雲影帽山光悶拈昌歜嗟香玉披讀離騷玩徽音最是荷鉏滿懷

古對人无語濕紅粧 陳肥遯

【樂府祖】

【滿江紅】翠樹芳條颭灼灼裙腰初染佳人攜手弄芳菲綠陰紅影共嫋双紋簟○插花照影窺鴛鑑只恐芳容減不堪零落春晚青苔雨後深紅點 歐陽公

【賀新郎】乳燕飛華屋悄无人桐陰轉午晚涼新浴手弄生綃白團扇二手一時似玉漸困倚孤眠清熟簾外誰來推繡戶枉教人夢斷瑤臺曲又却是風敲竹○石榴半吐紅巾蹙待浮花浪蘂都盡伴君幽獨穠艷一枝細看取芳心千重似束又恐被西風驚綠若待得君來此向花前對酒不忍觸共粉淚兩簌二 蘇東坡

【南歌子】紫陌尋春去紅塵拂面來无人不道看花回惟見石榴新蘂一枝開○冰簟堆雲髻金樽灩玉醅綠陰青子莫相催留取紅巾千點照池臺

【[illegible]】深庭濃館鎖清風榴花芳艷濃陽光染就欲燒空誰能窺化工○觀物外喻声中霧砂別有功若將一粒比花容金丹色又紅

芙蓉花

【事實祖】

【[illegible]】產於陸者曰木芙蓉產於水者曰草芙蓉亦猶芳藥之有草有木也 草木記 唐人謂木芙蓉為木蓮 鶴山叢談志 一名拒霜其木叢生葉大而其花甚紅九月霜降時候開東坡為易名曰拒霜 坡集

【記要】孟後主於成都四十里羅城上種此花每至秋四十里皆如錦繡高下相照因名錦城 成都記 慶曆中一有朝士將曉赴朝見美女三十餘人靚粧麗服兩二並馬而行觀文丁度按轡於其後朝士驚問曰丁素儉灼何姬之衆耶有一人最後行朝士

問曰觀文將宅眷何往曰非也諸女御迎芙蓉館主簿俄聞丁卒石林詩話石曼卿去世後其故人有見之者云我今為仙主芙蓉城欲呼故人共遊不諾忿然騎一素騾而去 歐公歸田錄

東坡云九月十日歡之置酒秋香亭有拒霜獨向君歡開坐客喜笑以為非使君莫可當此作此詞以記之 詞作

賦詠祖

五言散句

託根地雖卑凌霜花亦茂 梅聖俞

纖塵輕抱蘂宮纈巧粧叢 宋景文

何人露秋纈不管著秋霜 文与可

霜樹不知醜棄与花爭紅 許棐

七言散句

芙蓉城中花冥冥 東坡

莫怕秋无伴醉物水蓮開後木蓮開 白樂天

芙蓉生在秋江上莫向東風怨不開 高蟾

情知邊地風霜惡不肯將花判占秋 宋景文

何事獨蒙青女力墻頭催放數苞紅 王禹玉

莫知何處惟青帝不使東風管領吹 百家吟

落晚自怜窺露沼忍寒誰念倚霜籬 文与可

芙蓉雖与秋相好獨對霜臺襯曉粧 相山居士

且看小檻新花蘂休泥他家晚菊叢

霜花留得紅粧面酌盡齋中竹葉缾

元冥發迫三秋盡青女催殘一夜空 並山谷

芙蓉墻外垂〻發九月憑欄未怯風 陳簡齋

舊時憶在延真館玉作芙蓉院〻明 韓子蒼

風露商量借膏沐臙脂深淺入肌膚

乱剪素羅裝一樹略將敗朶點臙脂 並楊廷秀

一帶拒霜三十里又催蕭鼓作秋聲 徐竹隱

待教滿地妖紅死獨与秋風作主人 張俞

就中一種𧰼容別只染鵝黃學道粧 戴石屏

五言古詩

有美不自蔽安能守孤根盈〻湘西岸秋至風露繁麗景別寒水穠芳委前軒蹇荷諒難雜反此生高原

初約山寺游端為惟奇石那知雲水鄉化作錦繡國入門徑深深過眼秋寂〻隔竹小亭明稠紅滿跋碧山僧引幽践絶嘯恣倚陟三步綺為障十步霞作壁爛如屏四閑搭以帳五色滿山盡芙蓉山僧所手植秋英例臞淡此花獨腴澤却意補外時朝士作祖席是間万株梅令射千崖白舊游不可尋雪核半榛棘 楊誠齋

五言古律

玉女襲朱裳重〻映皓質晨霞耀丹景片〻明秋日蘭澤多芬芳妍姿不相匹 李衛公

芳菲能幾時顏色如自愛鮮〻弄霜曉裊〻含風態美蘭倘然春桃李嬌春醉時節雖不同盛衰終一致莫笑黃菊花籬根客憔悴 歐陽公

甚疑牡丹叢但病皮骨老不宜入水看只可滿水眺 李春伯

湖上野芙蓉含思秋脉〻娟〻如靜女不肯傍阡陌詩人杳未來幽艷冷誰宅 歐公

五言絶句

閑吟鮑昭賦更起屈平愁莫引西風動紅衣不耐秋 陸龜蒙

木末芙蓉花山中發紅萼澗戶寂無人紛〻開且落 王維

浩露津湘蘂尖風織絳英繁霜不可拒切勿愛空名 宋景文

深淺霜前後偎同檣渚紅翠不坐裹欲聊自舞秋風 石孝友

溪邊野芙蓉花水相媚好非看池蓮盡獨伴霜菊槁 歐公

紅芳曉露濃綠樹秋風冷共喜巧回春不妨閑弄影

染露金風裏宜霜至水濱莫嫌開最晚元自不爭春 楊誠齋

江南江北樹秋至僅成叢向晚誰爭艷酡顏淺作紅 宋景文公
玉蘂折黍栗金旁落晚霞涉江從楚女採菊聽陶家 梅聖
芙蓉乃微本晚艷獨嬌春穠粹覓蘭瘦芬敷知菊貧 張文潛
新開寒露叢遠比水邊紅艷色寧相妬嘉名偶自同採江秋節
晚寒木古祠空須勸勤來飲无令便逐風 [illegible]
拒霜花已吐吾宇不淒涼天地雖肅殺草木有芬芳道人宴坐
處侍女古時粧濃露濕丹臉西風吹綠裳 陳簡齋
孤芳託寒木一曉一番新春色不為主天香難動人丹楓見流
落黃菊坐因循莫訝偏相愛衰遲似我身 陶弼

五言律散聯

霜深纔吐艷日暮更饒紅掩映殘荷浦馮夷敗菊叢 船窻

七言古風

人間八月初霜嚴芙蓉溪上春酣酣二南变尽三嘗更筆七国破
後鄒軻談人間三月春風好溪
枯漢室隆時賈生老小兒造化誰能
人老不復少有酒且發衰顏紅 唐子西

七言古風散聯

清霜夜隕秋荷敗翠蓋紅粧愁割愛碧條奢葉生春妍買斷秋
光作容態 劉叔儗

七言絕句

水面芙蓉秋已衰繁條倒是着花時平明露滴垂紅臉似有朝
開暮落悲 李嘉運
翠幄臨流結絳囊多情長伴菊花芳誰憐冷落清秋後能把柔
姿獨拒霜 劉珵
種処雪消春始動開時霜落鴈初過誰栽金菊叢相近識出新
番蜀錦窠 歐陽公

綠裳丹臉水仙容不謂佳名偶自同一朶方開初日色千枝應
發去年叢莫驚霧露添新紫更待微霜暈淺紅却笑牡丹消淺
俗但將濃艷醉春風 方秋崖

樂府祖

（定風波）兩兩輕紅半暈腮依依獨為使君回若道使
君无此意何為双花不向別人開○但看低昂煙雨
裏不已勸君休訴十分盃更問樽前狂副使來歲花開時節與
誰來 東坡
（少年遊）霜華滿樹蘭凋蕙慘秋艷入芙蓉臙脂嫩臉黃金輕蘂
猶自怨春風○前歡往事當歌對酒无限到心中更憑朱檻憶
芳容腸断一枝紅 晏元獻
（三臺令）魚藻池邊射鴨芙蓉苑裏看花日色赭黃相似不著紅
鸞翁遮○池北池南水綠殿前殿後花紅天子千秋万歲未央
明月清風 柳耆卿
（卜算子）曉雨洗新粧艷艷嬌羞眼不趁東風取次開待得清霜
晚○曲港照回流影亂微波淺作態低昂好自持江闊煙村遠
葉石林
（菩薩蠻）冰明玉潤天然色拚作西風客不肯嫁東風殷勤霜露
中○綠窻梳洗晚罰飲琉璃盞斜日上粧臺酒紅和困來 [illegible]
湖紅雲平壓秋波急艷粧泣露嬌啼色佳要入仙城風流石曼
卿○宮袍呼醉醒休捲西風錦明日粉香殘六橋煙水寒 [illegible]

天台陳先生類編花果卉木全芳備祖卷之二十五

江淮肥遯愚一子陳景沂編輯

建安祝穆訂正

花部

茉莉花

事實祖

碎錄　茉莉花似薔薇之白者香愈於耶悉茗南方草木狀　今多採茉莉蒸取其液以代薔薇水香譜　花作末和面藥其奇經歲其香不歇王右丞詩注　或以薰茶及烹茶尤香雜志　廣州城西九里曰花田盡栽茉莉及素馨鄭松窗詩註

紀要　耶悉茗花與茉莉花皆胡人自西國移植於南海南人憐其芳香競植之陸賈南越行紀曰南越之境五穀無味百花不香此二花特芳香者緣自胡國移至不隨水土而變與夫橘北為枳異矣彼之女子以綵絲穿花心以為首飾南方草木狀

雜著　東坡謫儋耳見黎女簪茉莉戲云暗麝著人簪茉莉大全

賦詠祖

五言散句　冰姿澹不粧百氏集　九里花田地鄭松窗

庭中紅茉莉冬月始歲叢杜甫

佛香紅茉莉番供碧玻璃蔣之奇

七言散句　尋得天花伴衆芳王右丞　日暮園人獻寶珠王梅溪

名字惟因佛書見根苗應逐賈胡來劉屏山

王母欲歸香滿路曉風吹下玉搔頭王民瞻

西域名花最孤潔東山芳友更清幽王梅溪

五言古詩散聯　萋跌琲珠圓碎蔟柔梢垂繁然經月餘艷色愈不衰始疑神功化火結丹砂為[illegible]

火令行南國彤雲間丹霞之子方熱中濯二冰雪花植根卻月

盆翫駕七香車許仲啓

五言八句　翠葉光如沃冰葩淡不粧一番秋蚤秀徹日座旁香色照衹園靜清回瘴海涼儂堪紉作佩老子欲浮湘劉彥冲

曠然塵慮盡為對夕花明密葉低層幄冰蕤亂玉英不因秋露濕詎識此香清預恐芳菲盡微吟小砌行朱文公

玉蕊琅玕樹天香知見薰露寒清透骨風定遠含芬爽致銷煩暑高情謝晚雲遙憐河朔飲那得醉時聞朱文公

五言律詩散聯　風韻傳天竺隨經入漢京香飄山麝馥露染雪衣輕鄭松窗

七言古詩　江梅去二木犀晚之草石榴剛人眼茉莉獨立幽更佳龍涎避香雪避花朝來無熱夜涼甚急遣山童開花信一枝帶雨折

來走送詩人覓好詩楊誠齋

七言古詩散聯　自是天上冰雪種占盡人間富貴香不煩鼻觀偷馥郁解使心地俱清涼　南船賈客初到岸未道主人容寄廊許野雲

七言絕句　歆煙裛露暗香濃曾記瑤臺月下逢万里春回人寂寞玉顏知復為誰容

香嚴童子沉熏鼻姑射仙人雪作膚誰向天涯收落藥發君顏色四時朱王右丞

風流不肯逐春光削玉團酥素淡裝疑是化人天上至毗耶一夜滿城香白氏集

茉莉名佳花亦佳遠從佛國到中華老來恥逐蠅頭利故向禪房覓此花王梅溪

露華洗出通身白，沉水熏成換骨香。近説根苗移上苑，休憑系出本南荒。（楊廷秀）

玉琢蓮子作尖尖，龍腦熏來鬭鬒添。冠好是瑩无紅一點，若教紅却不堪看。（鄭松窗）

盛種傳聞出越裳，何人提挈上蠻航。他年我若修花史，列作人間第一香。（江奎二首）

雖无艷態驚群目，幸有秋香壓九秋。應是仙娥宴歸去，醉來卓下玉搔頭。

一卉能熏一室香，炎天尤覓玉肌涼。野人不敢煩天女，自折瓊枝置枕旁。（劉後村）

荔枝香裏玲瓏雪，來助長安一夏凉。情味於人最濃處，夢魂猶覺鬢邊香。（許倫峯）

炎洲綠女雪爲肌，十二朱欄月未移。香遍簟紋眠不得，爲渠醒過打鍾時。（徐千里）

刻玉雕瓊作小葩，清姿元不受鉛華。西風偷得餘香去，分与秋城无限花。（趙福元）

臍麝龍涎韻不侔，熏風移種自南州。誰家浴罷臨粧女，愛把閑花帶酒頭。（楊巽齋）

七言律詩散聯

海客園翁珠樹木，水仙宮從玉鑾裳。錦挑何用紅絲綫，蜂採須成白蜜房。

重譯新離越裳国，一枝都掩桂林香。養成蔗谷黃蜂蜜，盡死江湖白藕房。（范陶㵎）

樂府祖

南歌子 五月炎州路，千叢撲地開。只疑標韻是江梅，不道熏風庭院雪成堆。○寶髻瓊瑤綴，仙衣翡翠裁。一枝長伴荔枝來，付与玉人和笑插鴛釵。（韓南澗）

[illegible] 既蓮以就蔭盆盎，賦相伴更无花，借爐熏日長難覓。柔桑華裏，玉礫小芙蕖，生空国長閒山，移向王城住。○此亭竹院，夏坐冰園，處綠遶百千叢。夜將闌手開迎露，熱曾許論嬌媚，勝江梅香稱月，韻宜風，消尽人間暑。（張約齋）

鵲橋仙 乱葱涼透南窗月，浴罷滿懷風露。不知何処有花來，但怪底清香无数。○炎州珍産，吳兒未識，天上与人間獨步。外肌玉骨歲寒時，借閣上名堂中留住。（張于湖）

洞仙歌 玉肌翠袖，較似荼蘼瘦，度熏醒夜窗酒。問炎州何事得許清涼，塵不到，一段冰壺剪就。○晚來庭户悄，暗数流光，細摘芳英黯回首。念日暮江東，偏爲魂銷，人易老，幽韻清標似舊。正簟紋如水帳如烟，更奈向月明露濃時候。（宋浦江）

素馨花

事實祖

紀要 素馨舊名耶悉茗，昔劉王有侍女名素馨，冢上生此花，因以得名。（龜山志）

賦詠祖

五言散句 細花穿弱縷，盤向綠雲鬟。（[illegible]）

七言散句 山林託足雖无地，猶有佳名万里聞。（黄公度）

七言古詩散聯 衆芳發越充南溟，海花腦飛水弄沉，露精發檀新隆冕，熏陸光射琉璃瓶。山川草木一天香，分素質如玉備衆馨。（朱待制）

七言絶句 昔日雲鬟鎖翠屏，只今烟塚伴荒城。香魂斷絶无人問，空有幽花獨擅名。（傅大諫）

蓋將姿媚陪花譜，愛伴孤高上月評。獨恨遇寒成弱植，芭香殊不遂梅兄。（陳止齋）

妙香曩已得之天，羞御鉛華素女研。只向温柔鄉裏活，怕

許上林傳 鄭松窓

【樂府祖】【夢横塘】層層細剪冰花小新隨荔子雲帆到一露一番開玉人催貫栽○爱花心未已摘放冠兒裏輕侵水晶涼一窩雲影香 張约斋

【念奴嬌】調冰弄雪想花神清夢徘徊南土一夏天香收不起付与蕊仙无語秀入精神涼生肌骨銷盡人間暑稼軒愁絶借花還勝兒女○長記歌罷酒闌珊瑚開時向晚笑絶金莖露月浸欄干天似水誰伴秋娘窓户困殢雲鬟醉欹風帽總是牽情處返魂何在玉川風味如許 刘叔安

【霓裳中序第一】青蝉襲素襪海国仙人偏耐熱餐尽風香露屑便万里凌空肯憑蓮葉盤二[illegible]月[illegible]似撲輕去搖闌何人在蒼泪凝小點二爱輕撚○愁絶舊遊輕別忍重看瑣窗[illegible]夜簟席杳二詩魂真化風蝶冷香清到骨夢千里梅花雪[illegible]來厭二心事自共素娥説 尹梅津

天台陳先生類編花果卉木全芳備祖卷之二十五

天台陳先生類編花果卉木全芳備祖卷之二十六

江淮肥遯愚一子陳 景沂 編輯

建安 祝 穆 訂正

花部

萱草花

【事實祖】【碎録】一名鹿葱 坡詩注 一名宜男草花如蓮宜懷妊人佩之必生男 風土記 神農經曰中藥養性謂合歡蠲忿萱草忘憂 博物志 吳中謂萱草療愁 述異記 其葉四垂其跗六出 徐勉賦 恵書忽然難得萱草忘憂草蘇鐸早尤以加也王郎与姬太子書 鹿葱根苗可以薦於俎如人欲求男者服之尤良 記 水葱花葉如鹿葱花色有紅黄紫三種出始興婦人懷妊佩其花生男者即此花非鹿葱也交廣人佩之極有験然其土多男不厭女子故不常佩也 南方草木記

【紀要】焉得諼草言樹之背 伯兮 孔氏曰諼訓忘非草名背北堂也孔氏曰士昏礼云婦洗在北堂有司徹云主婦北堂房室所居之地總謂之堂房半以北爲北堂房半以南爲南堂 釋文諼本又作萱説文作藼云令人忘憂也 詩注 嵇康種之舍前 古今注

【賦詠祖】草號宜男既曄且貞厥貞伊何惟乾之嘉其曄伊何緑葉丹花光采晃曜配彼朝日君子耽樂好和琴瑟固作[illegible]斯微立孔臧福齊大姒永世克昌 曹子建宜男草頌 猗二令草生于中方花曰宜男號應禎祥遠而望之煥若三辰之麗天近而察之晃若芙蓉之鑒泉於是狡童媛女以時來征結九秋之永思含春風以娱情 晋傅玄宜男花賦 徼大邦之奇草兮應則百之休祥稟天上之靈氣兮顯嘉名以自彰冠衆卉而挺生兮承木德於少陽体柔性剛蕙蘭芳結纖根以立本兮盡[illegible]於[illegible]

陰陽以滋茂兮含章之有文遠而望之灼若丹霞照清天近而觀之煒若芙蓉鑒綠泉萋萋翠葉灼灼朱華曄若珠玉之樹煥如景宿之羅元后妃之盛飾兮覽紫微之內庭回日月之輝光兮隨天運以盈虛 夏侯湛宜男花賦

賦詠祖

五言散句

忘憂當樹萱 李白 萱草含丹粉 溫庭筠

我非兒女萱 東坡

叢疎露始滴 芳餘蝶尚留 韋應物 膩鵡金英撲 纖莛玉股抽 宋景文

若教花有語 那解使人愁 [illegible]居元 萱是兒女花 不解壯士憂 孟東野

莪萱盈九畹 蔾子憂国病 山谷 我有憂民心 對君忘不得 [illegible]

移萱樹之背 丹霞間綠蕊 白居易 萱草朝始開 研然黃鵠觜 [illegible]

穠花天豈少 愛此入風雅 朱[illegible]

七言散句

不聞幽艷接江蘺 晏元獻

宜男謾作後庭草 不似櫻桃結子紅 溫庭筠

五言古詩散聯

野馬不任騎 莬絲不任織 既非中野華 無堪麐麚食 沈約

脩莖無附葉 繁蕚擅蓮首 每欲問詩人 定得忘憂不 宋景文

萱草雖微花 孤秀能自拔 亭亭亂草中 一一芳心插 東坡

種萱不種蘭 自謂憂可忘 綠葉何萋萋 春愁更茫茫 劉原父

五言絕句

可愛宜男草 垂采映倡家 何時如此葉 結根復含花 梁元帝

萱草生堂階 遊子行天涯 慈親倚堂門 不見萱草花 聶夷中

杜蘭能散悶 萱草解忘憂 借問萱逢杜 何如白見劉 白樂天

春條擁新翠 夏花明夕陰 北堂罕悴物 獨尔澹沖襟 朱文公二首

西窓萱草叢 昔是何人種 移向北堂前 諸孫時繞弄

莫評萱枝小 能施宮樣粧 口以綠時紫 足絕似杜蘭香 徐竹隱

從來占此堂 雨露借恩光 與菊亂佳色 共葵傾太陽 人生貴若相 物理忌孤芳 不及空庭草 榮衰可兩忘 山谷

七言絕句

人心与草不相同 安有樹萱憂自釋 若言憂及此能忘 乃是人心為物易 梅聖俞

樂府祖

清平樂

小庭春老 碧砌紅萱草 長憶小闌閑共繞 携手綠叢含笑 別來音信全乖 舊期前事堪猜 門掩日斜人靜 落花愁點青苔

金錢花

事實祖

碎錄

金錢花日開夜落 風土記

紀要

梁豫州掾屬雙陸賭金錢 金錢盡 以金錢花相足 魚洪謂得花勝得錢 雜俎

賦詠祖

五言散句

金錢色傍秋 東坡 繁多終不臭 百氏集

風流自不負 百氏集

能買三秋景 難供九府輸 百氏集

七言散句

堪疑劉寵遺風在 不許山陰父老貪 李衛公

如今莫共金錢鬭 買斷秋天是此花 陸龜蒙

孚重圜殊秦半兩 輕飄薄似漢三分 百氏集

七言古詩

黃金錢 誰解數 十指如春葱 惟有河間金錢多 不知數 手結羅裙拾將去 鄭內翰

五言八句

披沙百煉貴 濟世五銖圜 倖也都疑似 須形適自然 蕭蕭一秋意 早采二露華 鮮負謝侏儒 甚煩君慰眼前 劉原父

【七言絶句】占得佳名繞樹芳依依相伴向秋光若教此物堪收貯應被豪家盡斸將 羅隱
也无稜郭也无神露洗還同鑄出新青帝若教花裏用牡丹應是得錢人 來鵠
陰陽爲炭地爲爐鑄出金錢不用模謾向人前逞顔色不知還解濟貧无 白氏集
名貴已居三品上價高仍在五銖先春來買斷深紅色燒得人心似火然 石懋
巧冶都由造化爐風揩雨洗好形模花神果有神通力買斷春光用得无 高翥菊磵

金鳳花

【事實祖】【碎錄】一名鳳仙花草木記菊詩中呼爲菊婢因此得名 張文潛

【賦詠祖】【五言散句】金鳳乃婢妾紅紫徒相鮮 張右史

【七言散句】飛花只合秦樓去莫与金釵壓翠蟬 [illegible]

【五言古詩】天霜彫九陵梧桐日枯槁鳳德何其衰鸞飛下幽草九苞空芳鮮衆彩各自好黄中獨含章見脫更傾倒託根謾亭峯弱質深自保便翾金翅短淡泊乃栽道俗眼迷是非人間迹如掃 劉翰
鮮二金鳳花得時亦自娟物生无貴賤分見乃爲貴 徐淡月
手植中庭地分破紫蘭畹綠葉紛映階紅芳爛盈眼輝二丹穴禽矯二翅翎展 劉原父

【七言古詩】花有金鳳爲小叢秋色已深方盛發英二秀質賓其体文采賓然无少闕纖莖翻二翠影動紅白紛乱如點綴誰云脆弱易飄墮自矜羞翼亦数月鋪葺剪彩轉難似只把長條恣穿結常疑一似小兒花性命所繫不忍折君不見昨夜雨今朝風一隊鸞飛返丹穴 文与可

【七言絶句】九苞顔色春意動丹穴威儀秀氣攢題品直須居最上昂昂驟首倚朱欄 晏元獻
憶繞朱欄手自栽綠叢高下戢苗開中庭雨過无人迹狼籍深紅點綠苔 歐陽公
細看金鳳小花叢費盡司花染作工雪色白邊袍色紫更饒深淺四般紅 楊誠齋
小似釵頭綵鳳金不將紅淺笑紅深虚名亢到閑花草寂寞朝陽采羽簪 北磵僧

【樂府祖】【水龍吟】階前砌下新來嫩姿弱質婆娑小仙家甚処鳳雛飛下化成窈窕尖葉參差柔枝裊娜体將玉造自川葵放後堂萱謝了是園苑无花草 自限西風太早逞芳容紫團緋繞管裏低昂笑頭約掠空成懊惱圓臉結就小鈴垂下直開臨杪凡間謫隨去不知西帝曾関宸抱 陳肥遯

金燈花

【賦詠祖】【七言散句】但看青玉五枝燈蟠螭火尽光欲然 李頎王母歌
如能化作青藜焰穿用窗前讀短檠 楊誠齋

【五言古詩散聯】燈二三五枝燈下有玉蟠螭漢宮已荊棘此地生何爲既无膏火用虚名徒自欺 晏元獻

【七言絶句】花蕊為飯露為漿黑霧玄霜製薄裳飛繞金燈來又去不知能有幾多香 楊誠齋

蘭香熱處光猶淺銀燭燒時焰不馨好向書生窗下種免教辛苦更囊螢 晏元獻

滴滴金花

【賦詠祖】【七言絶句】滿庭黄色抑何深一滴檐霖一滴金莫使貪夫來見此開多應起覬覦心 謝幼槃

秋來蔓草莫相侵露滴花梢滿地金若入山陽丹竈裏還如松有歲寒心 百花集

玉簪花

【賦詠祖】【七言絶句】宴罷瑶池阿母家嫩瓊飛上紫雲車玉簪墮地无人拾化作東南第一花 山谷

素娥昔日宴仙家醉裏從他寶髻斜遺下玉簪无覓處如今化作一林花 震齋

玉色羞盆緑柄深夜凉移向小窗陰兒童莫訝心難展未展心時正似簪 飯牛翁

玉玫瑰

【賦詠祖】【五言古詩散聯】瑶堦縷空濛水纈攢重疊寒光欲衝斗迴秀難藏葉誰碎辟邪香風盈飛作蝶 宋景文

紅玫瑰

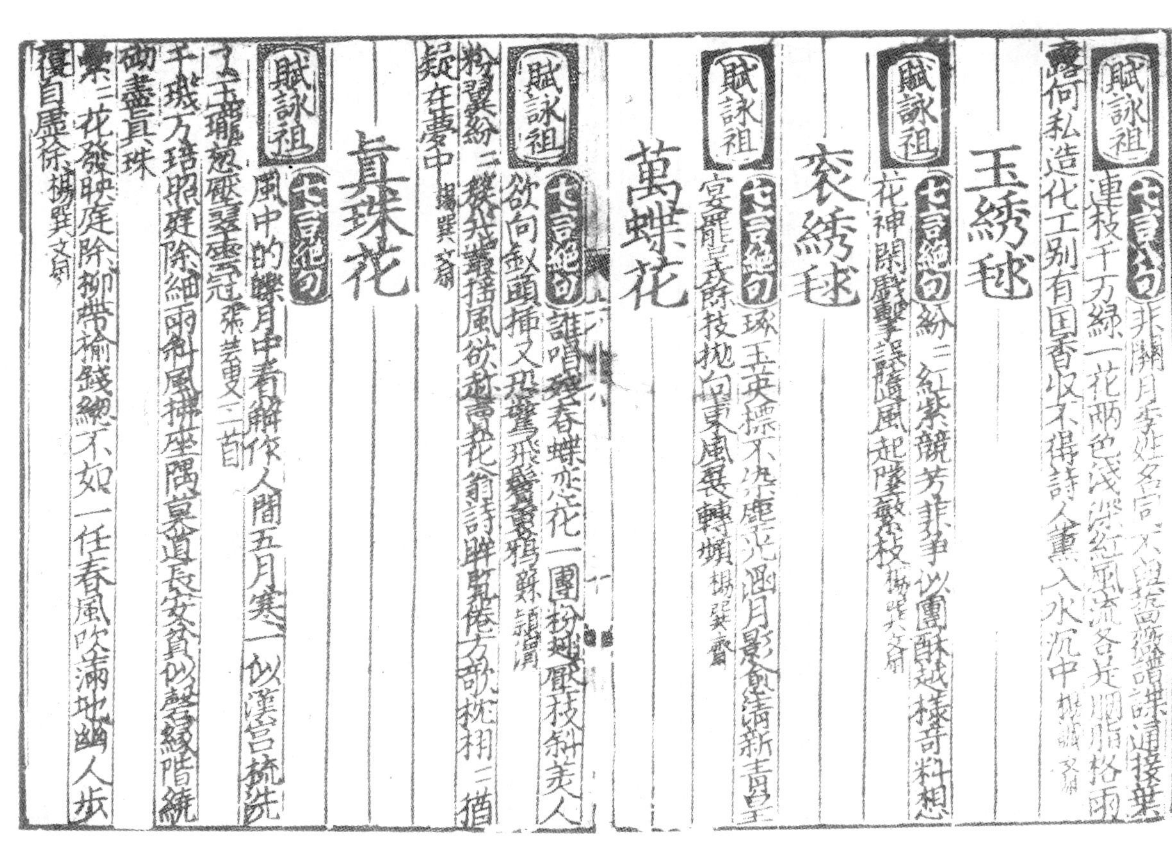

【賦詠祖】【七言八句】非關月姊姓名同又與薔薇譜諜通接葉連枝千萬緑一花兩色淺深紅風流各足胭脂格雨露何私造化工別有國香收不得詩人薰入水沉中 楊誠齋

玉繡毬

【賦詠祖】【七言絶句】紛紛紅紫競芳菲爭似團酥越樣奇料想花神閑戲擊誤隨風起墜繁枝 楊巽齋

衮繡毬

【賦詠祖】【七言絶句】琢玉英標不染塵光涵月影愈清新青皇宴罷長餘枝抱向東風展轉頻 楊巽齋

萬蝶花

【賦詠祖】【七言絶句】誰唱殘春蝶戀花一團粉翅壓枝斜美人欲向釵頭插又恐驚飛鬢髮鴉 蘇頌

粉翼紛紛幾萬叢搖風欲逐賣花翁詩腸斷倦方歌枕栩栩猶疑在夢中 楊巽齋

真珠花

【賦詠祖】【七言絶句】風中的皪月中看解作人間五月寒一似漢宮梳洗了玉瓏璁壓翠雲冠 張芸叟 二首

千璣萬琣照庭除細雨斜風拂座隅莫道長安貧似磬綠階繞砌盡眞珠

葉葉花發映庭除柳帶榆錢總不如一任春風吹滿地幽人步履自徐徐 楊巽齋

子部　第二册

黃雀兒花

【賦詠祖】

【七言絶句】管領東風知幾春也將俗態染香塵有人不具看花眼惱殺飄蓬老病身 翁元廣

雞冠花

【事實祖】

【碎錄】矮雞冠或云即玉樹後庭花也 蘇子由詩註

【賦詠祖】

【五言散句】雨餘疑飲啄風動欲飛鳴 百氏集

對立如期鬬初開若欲飛 百氏集

【七言散句】紫冠黃鈿綱絲窠 山谷

西風吹得一枝生昂向西風飛不去 鄭内翰

【五言古詩】神農記百卉五色異甘酸乃有秋花實全如雞幘丹龍煙何登登泣露更團團取譬可无意得名殊足觀通眞歸造化任巧即彫剜赤玉書留魏丹砂同誦韓詠能因造化誰謂入時難有客驅亂領臨風運筆端賞嗟古吟嗣每惜此芳殘擒精妙繼音懸未安 梅聖俞

秋至天地閉百芳变枯草爰尔得雞名宛然出陳宝未甘階墀陋肯与時節老赤玉刻縝栗丹芝謝彫槁舞二雲葉卷粲二𩇕兒翁好由來名实副何必榮華早君看先春花浮浪難自保

【七言絶句】出墻那得丈高雞只露紅冠隔錦衣却是旦兒工料事會稽眞箇不能啼 楊誠齋二首

陳倉金碧夜双飛一隻今棲紀渚家別有飛來矮人国化成玉樹後庭花

如飛如舞對瑤臺一頂春雲若剪裁誰爲移根箕夾畔玉雞知應太平來 王逢原白花

末雞不與衆雞同曾逐旌陽上碧空直學得仙家餐玉法至今不血不能紅 趙山臺

一叢濃艷對秋光露滴風搖倚砌傍曉景乍看何處似道家新汙紫雞裳 百花集

擢二高花出短牆却怜金距起閑爭宋家窓下宜栽此莫聽臨風不解鳴 鵝巢翁

秋光及物眼猶迷著葉婆娑擬碧雞精采十分佯欲動五更只欠一声啼 趙循道

亭二高出竹籬間露滴風吹血色乾文字得京城梳洗樣舊羅包卻綠雲鬟 錢熙

天台陳先生類編花果卉木全芳備祖卷之二十六

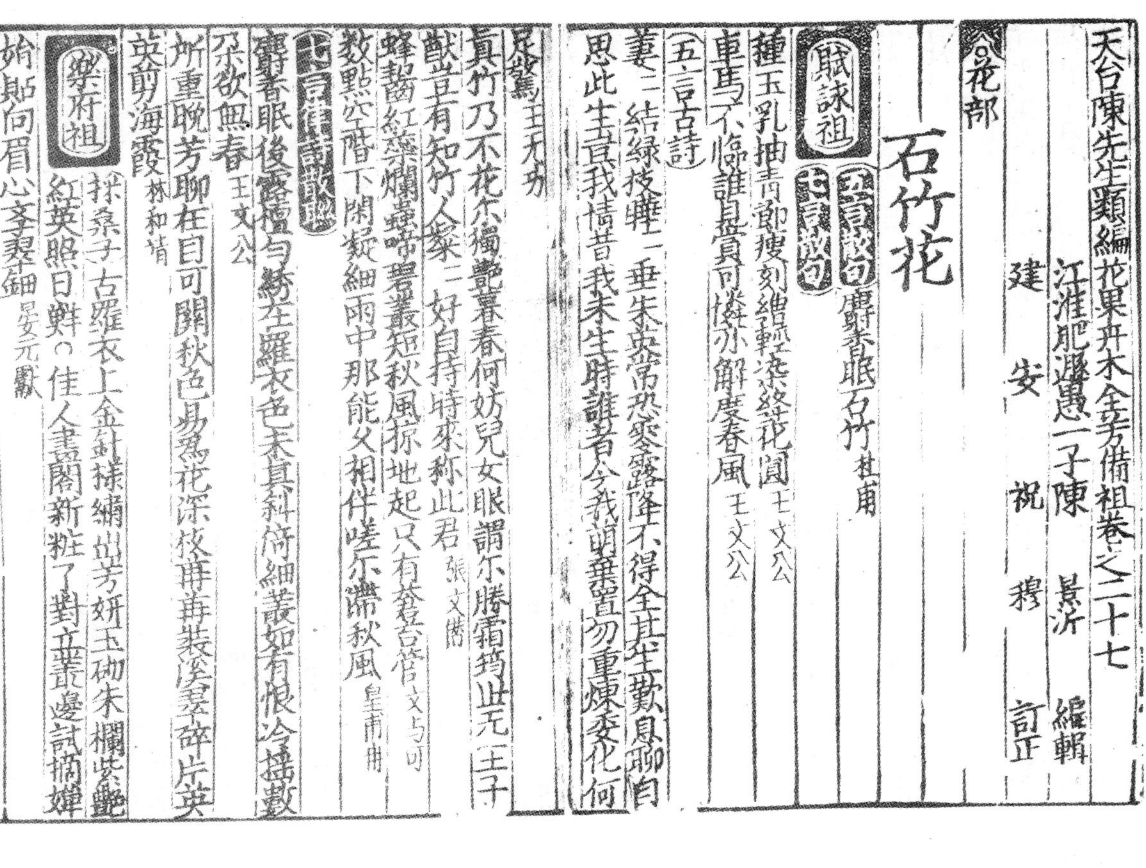

天台陳先生類編花果卉木全芳備祖卷之二十七

江淮肥遯愚一子陳　景沂　編輯

建　安　祝　穆　訂正

花部

石竹花

賦詠祖

五言散句　麝香眠石竹 杜甫

七言散句　種玉乱抽青節瘦刻繒輕染絳花圓 王文公

車馬不臨誰見賞可憐亦解度春風 王文公

五言古詩

萋二結綠枝曄二垂朱英常恐零露降不得全其生歎息聊自

思此生豈我情昔我未生時誰者令我萌棄置勿重陳委化何

足驚 王元功

眞竹乃不花尔獨艶暮春何妨兒女眼謂尔勝霜筠世无王子

猷豈有知竹人粲二好自持時來称此君 張文潛

蜂黏紅蘂爛蟲嚙碧叢短秋風掠地起只有蒼苔管 文与可

數點空階下閑凝細雨中那能久相伴嗟尔殢秋風 皇甫冉

七言律詩散聯

麝香眠後露檀匀繡在羅衣色未真斜倚細叢如有恨冷搖數

朶欲無春 王文公

所重晚芳聊在目可關秋色易為花深枝苒苒裝零碎片英

英剪海霞 林和靖

樂府祖

採桑子　古羅衣上金針様繡出芳妍玉砌朱欄紫艶

紅英照日鮮○佳人畫閣新粧了對立叢邊試摘嬋

娟貼向眉心學翠鈿 晏元獻

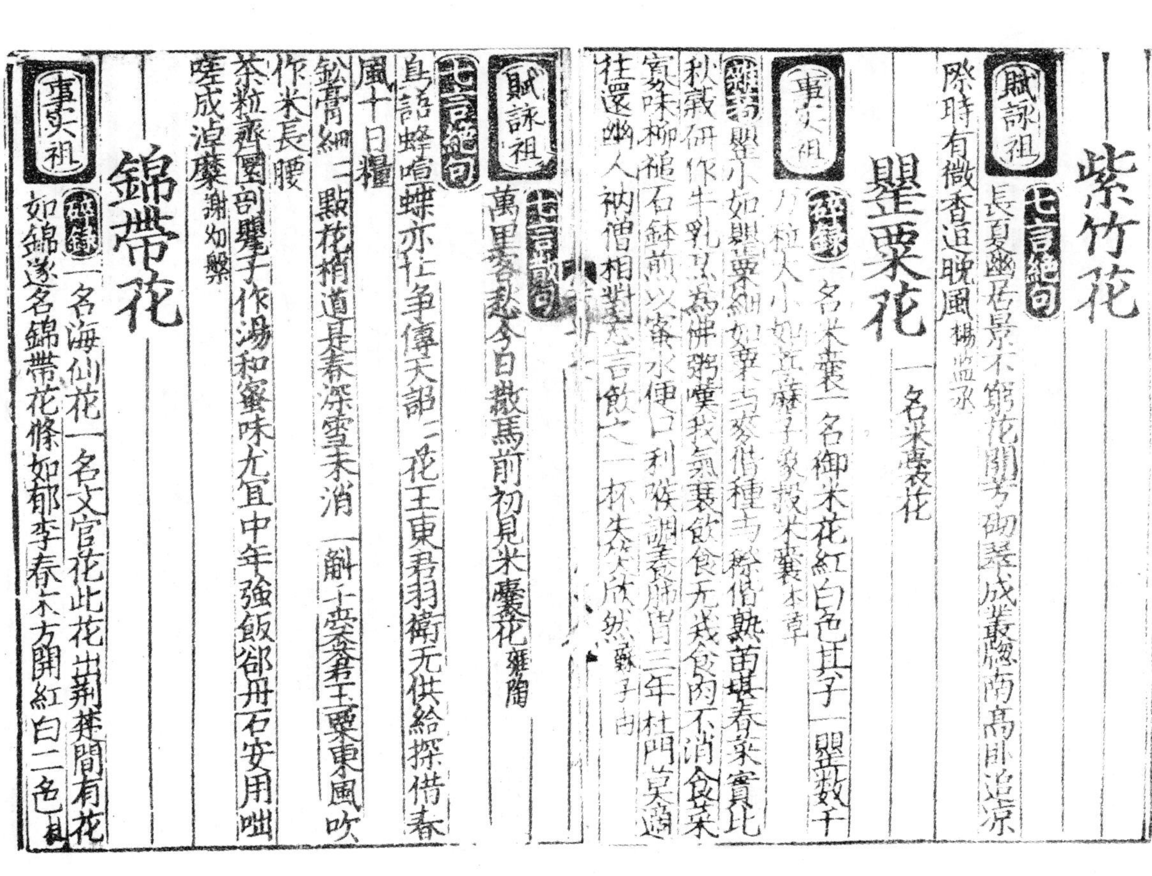

紫竹花

賦詠祖

七言絶句　長夏幽居景不窮花開芳砌翠成叢懸窗南高卧追凉

際時有微香送晚風 楊監丞

罌粟花

一名米囊花

事實祖

碎錄　一名米囊一名御米花紅白色其子一罌數千

粒大小如葶藶子象殼米囊 本草

雜錄　罌小如罌粟細如粟与麥俱種与稻俱熟苗堪春菜實比

秋穀研作牛乳烹為佛粥嘆我氣衰飲食无幾食肉不消食菜

寡味柳槌石鉢煎以蜜水便口利喉調養肺胃三年杜門莫適

往還幽人衲僧相對忘言飲之一杯失笑欣然 蘇子由

賦詠祖

七言散句　萬里客愁今日散馬前初見米囊花 雍陶

七言絶句

鳥語蜂喧蝶亦忙爭傳天詔二花王東君羽衛无供給探借春

風十日糧

鈆膏細二點花梢道是春深雪未消一斛千囊蒼玉粟東風吹

作米長腰

柔粒蒸圜剖鶴子作湯和蜜味尤宜中年強飯郤丹石安用咄

嗟成淳糜 謝幼槃

錦帶花

事實祖

碎錄　一名海仙花一名文官花此花出荊楚間有花

如錦遂名錦帶花條如郁李春末方開紅白二色具

詩註

【譜詩】海仙花者世謂之錦帶維揚人傳云初得于海島間其種長而花容若錦帶然予視其花未開如海棠既開如文瓜而繁麗嫋弱過之或一朶滿頭不克荷惜其不香而无子但可鈎壓其條移植他所因以釋草釋木驗之皆无有也近之好事者作花譜以海棠爲花中神仙予謂此花不在海棠下宜以仙爲號目之錦帶俚孰甚焉又取始得之地命曰海仙且爲賦詩三章王元之賦海仙花序貢士李院本廣曾故營有花初開白次綠次緋次紫故名爲文官花 万花谷

【賦詠祖】

【七言散句】礼部又開南省榜賞花羞聽叫文官 陳古

【七言絶句】一堆絳雪壓春叢嫋嫋長條弄曉風借問開時何[illegible]將繞被襆薰籠 王元之二首

春憎窈窕教無子色爲妖嬈不與香盡日含毫難比興花中應是儕莊妾

何年移植在僧家一簇柔條綴彩霞錦帶爲名卑且俗爲君呼作海仙花

萬釘簇錦若垂紳閬任東風穩稱身聞道沈腰易寬減何妨留与繫青春 楊巽齋二首

鶴袍換綠契初心旋賜銀緋与紫金堪念紛紛名利客對花應是欲侵尋

【七言八句】天女風梭織露機碧絲地上茜花枝何曾敢在春歸腳只解索長客恨眉節節生花花點點茸茸曬日遲遲後園初夏无題目小樹微芳也得詩 楊誠齋

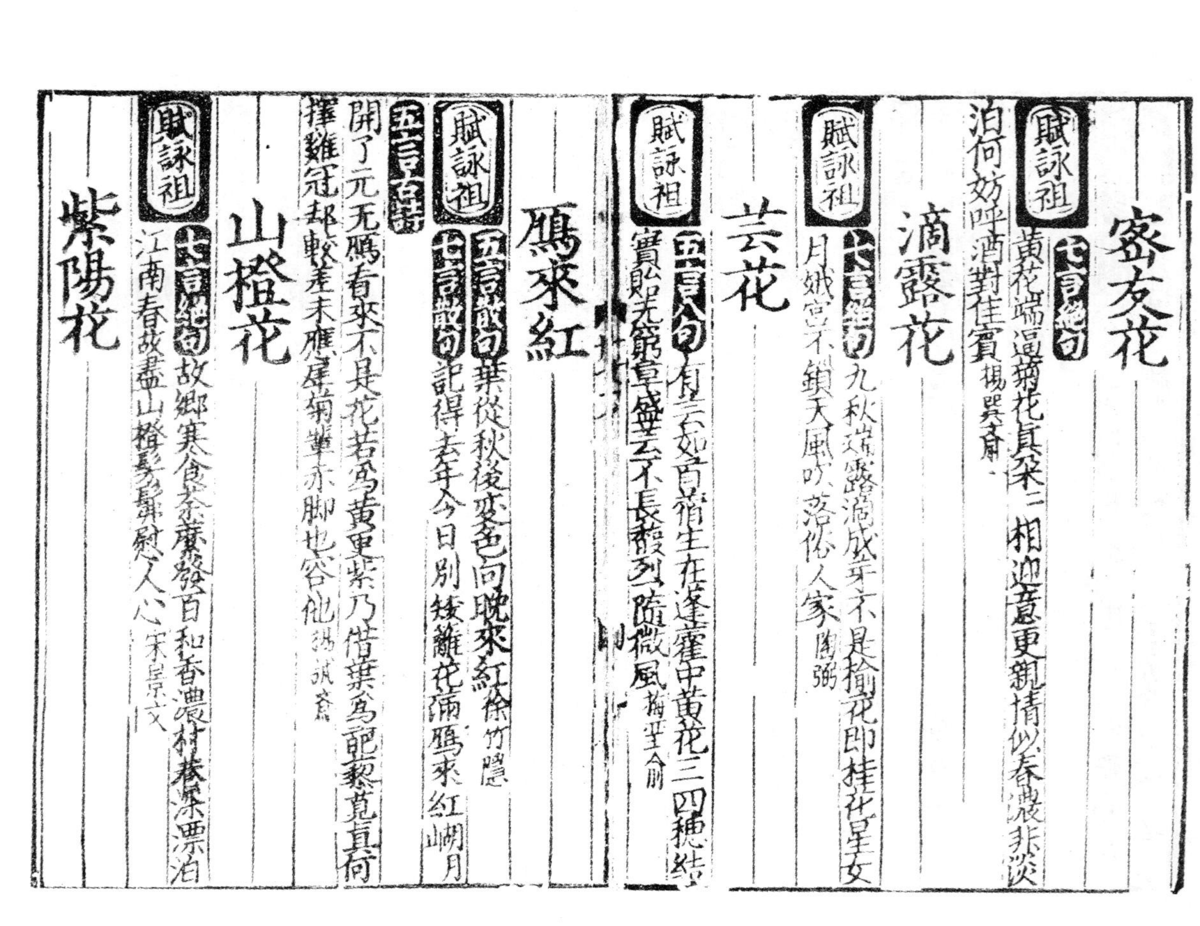

密友花

【賦詠祖】

【七言絶句】黃花端逼菊花真朶朶相迎意更親情似春濃非淡泊何妨呼酒對佳賓 楊巽齋

滴露花

【賦詠祖】

【七言絶句】九秋端露滴成芽不是榆花即桂花星女月娥宮不鎖天風吹落伴人家 陶弼

芸花

【賦詠祖】

【五言八句】有芸如苜蓿生在蓬藋中黃花三四穗結實貽无窮草盛芸不長馥烈隨微風 梅聖俞

鴈來紅

【賦詠祖】

【五言散句】葉從秋後變色向曉來紅 徐竹隱

【七言散句】記得去年今日別矮籬花滿鴈來紅 劉澗山

【五言古詩】開了元无鴈看來不是花若爲黃更紫乃借葉爲葩黎莧真何擇雞冠却較差未應屠菊輩亦腳也容他 楊誠齋

山橙花

【賦詠祖】

【七言絶句】故鄉寒食荼蘼發百和香濃村巷深漂泊江南春欲盡山橙髣髴慰人心 宋景文

紫陽花

子部　第二册

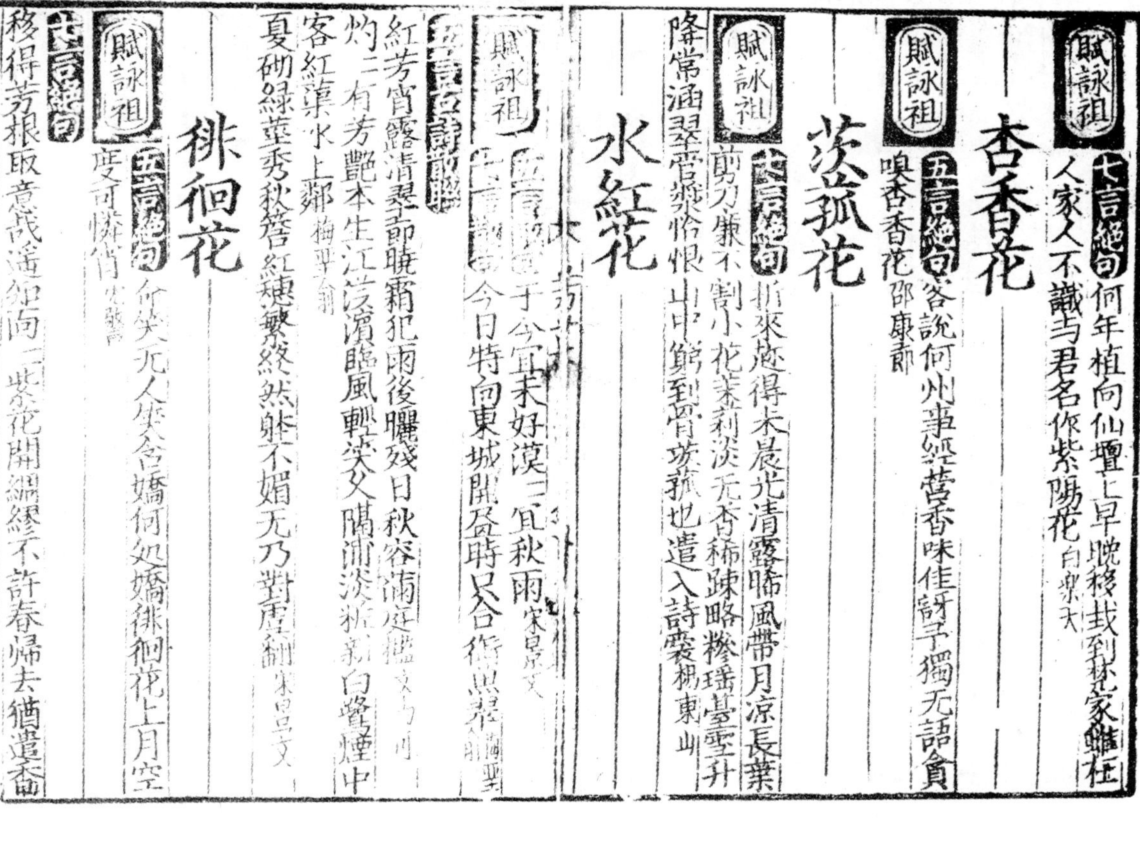

賦詠祖　七言絶句　何年植向仙壇上，早晚移栽到梵家。雖在人家人不識，与君名作紫陽花。白樂天

杏香花

賦詠祖　五言絶句　客說何州事，經營香味佳。舒子獨无語，貪嗅杏香花。邵康節

茨菰花

賦詠祖　七言絶句　折來避得未晨光，清露晞風帶月涼。長葉翦刀兼不割，小花茉莉淡无香。稀疏略糝瑶臺雪，升降常涵翠管漿。恰恨山中窮到骨，茨菰也遣入詩囊。楊東山

水紅花

賦詠祖　五言[illegible]　[illegible]于今宜末好，漠漠宜秋雨。宋景文
[illegible]今日特向東城開，盈盈時只合衛[illegible]。[illegible]
五言古詩散聯　紅芳宵露清，翠節曉霜犯。雨後曬殘日，秋容滿庭檻。文与可
[illegible]灼灼有芳艷，本生江渚濱。臨風輕笑久，隔浦淡妝新。白鷺煙中客，紅蕖水上鄰。梅聖俞
[illegible]夏砌綠莖秀，秋簷紅穗繁。終然酕不媚，无乃對廣翻。宋景文

徘徊花

賦詠祖　五言絶句　爾笑无人笑，含嬌何處嬌。徘徊花上月，空度可憐宵。宋壽翁
七言絶句　移得芳根取意栽，遥知向一紫花開。綢繆不許春歸去，猶遣香

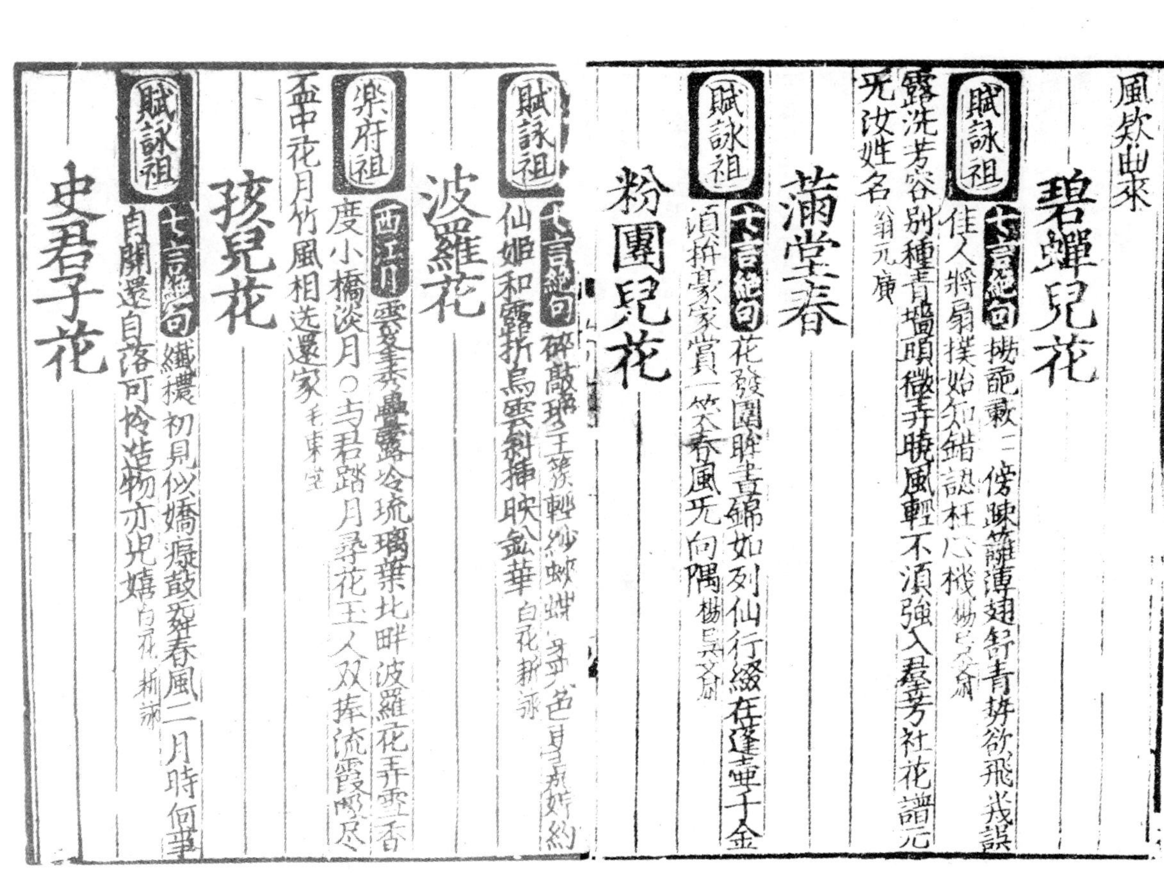

風欵曲來

碧蟬兒花

賦詠祖　七言絶句　揚葩簌簌傍疏籬，薄翅舒青勢欲飛。戎誤佳人將扇撲，始知錯認枉心機。楊巽齋

蒲棠春

賦詠祖　七言絶句　露洗芳容別種青，牆頭纔弄曉風輕。不須強入羣芳社，花譜元无汝姓名。翁元廣

粉團兒花

賦詠祖　七言絶句　花發團團聘素錦，如列仙行綴在蓬壺。千金須拚豪家賞，一笑春風无向隅。楊巽齋

賦詠祖　七言絶句　碎簇瑤玉簇輕紗，蛺蝶[illegible]色身[illegible]綽約仙姬和露折，烏雲斜插映鉛華。白花新詠

波羅花

樂府祖　西江月　雲叢叢露冷，琉璃葉比畔，波羅花弄雲香。度小橋淡月，与君踏月尋花。玉人双捧流霞，醉盡盃中花月。竹風相送還家。毛東堂

孩兒花

賦詠祖　七言絶句　纖穠初見似嬌癡，鼓舞春風二月時。何事自開還自落，可怜造物亦兒嬉。白花新詠

史君子花

二一七

賦詠祖 七言絶句 竹籬茅舍趁溪斜，白白紅紅墻外花。浪得佳名史君子，初無君子到君家。翁元廣

曼陀羅花

賦詠祖 五言絶句 我聞殊不俗，翠蕊敷玉房。秋風不敢吹，謂是天上香。煙迷金錢夢，露醉木蕖粧。同時不同調，曉月照低昂。陸龜蒙

小黄蘗花

賦詠祖 五言絶句 簇簇碎金英，絲絲綴玉莖。步揺釵朶見，老眼爲增明。刘允叔

山礬紛似玉，黄蘗碎如金。二美專春晚，同心契亦音。刘允叔

闍提花

賦詠祖 七言絶句 此花移種自招提，借佛爲名識者稀。優鉢曇陀果何似，併參香色問因依。鄭拾遺

玉手鑪花

賦詠祖 七言絶句 習習東風二月餘，此花宜近玉庭除。美人雲鬢不宜插，献与閑吾作手鑪。百花集

小院無人春意深，峻風傲日出墻陰。只應落在山僧手，那得王孫爲賞音。翁元廣

御仙花

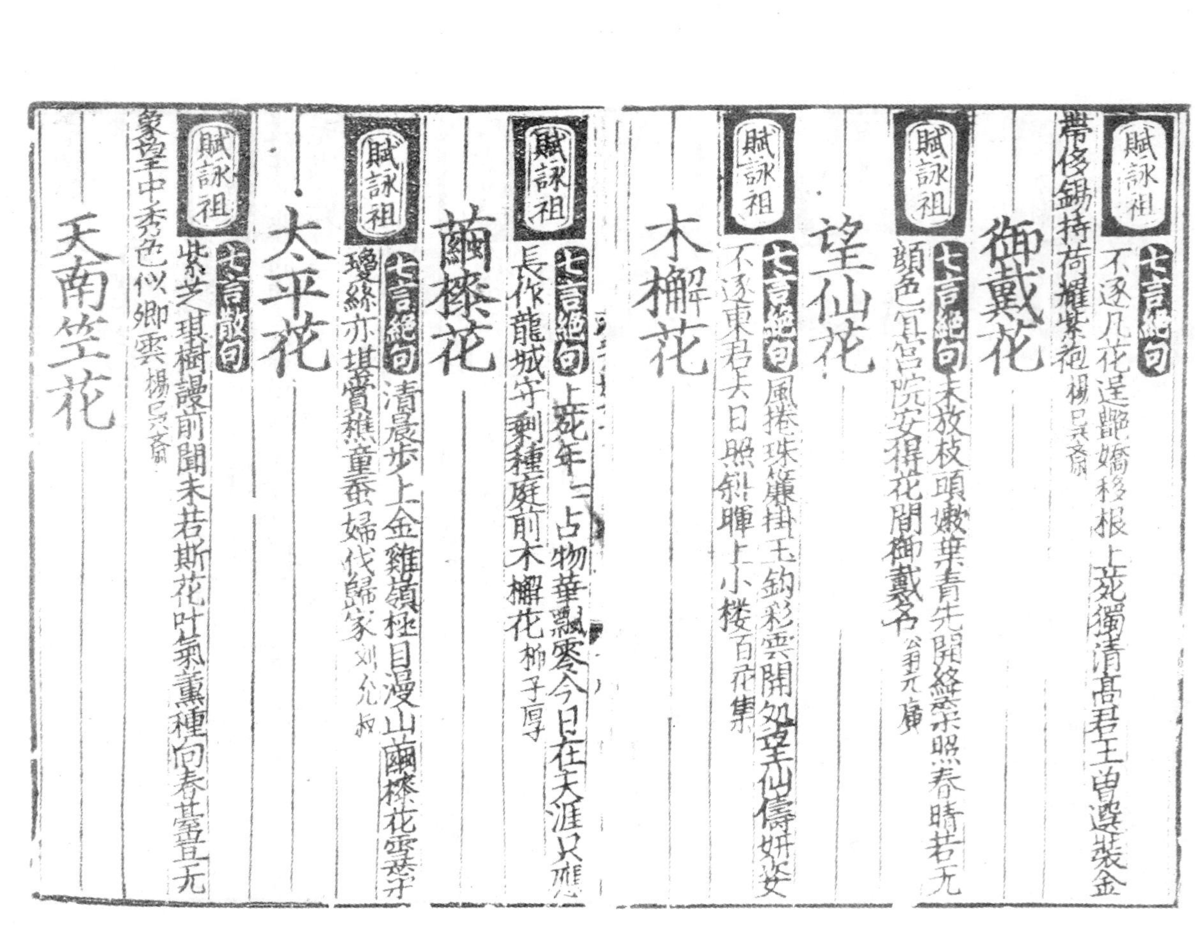

賦詠祖 七言絶句 不逐凡花逞艷嬌，移根上苑獨清高。君王曾遣裝金帶，修錫持荷耀紫袍。楊巽齋

御戴花

賦詠祖 七言絶句 未放枝頭嫩葉青，先開絡紫照春晴。若無顔色宜宫院，安得花間御戴名。翁元廣

望仙花

賦詠祖 七言絶句 風捲珠簾掛玉鈎，彩雲開処望仙儔。妍姿不逐東君去，日照斜暉上小樓。百花集

木槲花

賦詠祖 七言絶句 上苑年年占物華，飄零今日在天涯。只應長作龍城守，剩種庭前木槲花。柳子厚

薾榛花

賦詠祖 七言絶句 清晨步上金雞嶺，極目漫山薾榛花。雪蕊瓊絲亦堪賞，樵童蚕婦伐歸家。刘允叔

太平花

賦詠祖 七言散句 紫芝琪樹謾前聞，未若斯花吐氣薰。種向春臺豈無象，望中秀色似卿雲。楊巽齋

天南竺花

賦詠祖 七言絕句 花發朱明雨後天結成紅顆更輕圓人間熱惱誰醫得正要清香淨業緣 楊巽齋

紅鉢盂花

賦詠祖 七言絕句 恰似枝頭纇絳英朱縣梵器出天成檯邊更種蠻薑葉依約如歸佛手擎 楊巽齋

佛手花

賦詠祖 七言絕句 丹瓣點漆細攢簪淨葉輕排指掌香案淨瓶安頌了義能摩頂濟人 不揚監丞

佛見笑花

樂府祖 七言絕句 方說曾真美折輕紅想是祇園秀氣鍾解使金仙猶動色解憐誰不解愁容 留元文肅

散水花

賦詠祖 七言絕句 數枝點綴雪花鮮環映清流分外妍應是東君歸騎速不知墜下玉絲鞭 百花新集

寶相花

賦詠祖 五言絕句 開榮同此春淡艷自生光不為露益色不為風益香節換華已盡尚可見餘芳 梅聖俞

天台陳先生類編花果卉木全芳備祖卷之二十七終

新編花果卉木全芳備祖總目

果部

卉部

荇 又見菜門　蘋　蒲

蘆

草部

芭蕉 卷之十三　木綿　薜荔

藤蘿　藍　茅

蓬　莎

木部

松 卷之十四　柏 卷之十五 檜栝並附　杉

槐　檜　竹 卷之十六

楊柳 卷之十七　楓 卷之十八　榕

楸　榆　桐 梓附

豫章 卷之十九　石楠　柟

靈壽木　椰子　桄榔

楮　櫟　椶櫚 椶筍附

黃楊　欅欅　樺

荊　水清木　海棕木

女貞木　七葉木　桫欏木

農桑部

穀 卷之二十 禾 稼穡 黍 稷 粟 粳 秫 農田 並附

稻　米 卷之二十一 粟附　麥

豆 卷之二十二　桑 麻附

蔬部

筍 卷之二十三　蕨菜 薇附　枸杞 卷之二十四 甘菊附

蔬菜　蓴　元脩菜

山[illegible] [illegible]五　芋　瓠

茄　薤　韭

葱　薑　菌蕈 卷之二十六

木耳　芸薹　蒪菜

决明　首蓿　藜藿

薺　蘩菜　蕪菁 卷之二十七

萵苣　芥　菘

菠薐　莧　芹

菫菜　蒿　荇
茭白　蘆筍　豆腐
○藥部
茶卷之二十八　人參卷之二十九　茯苓
朮白朮蒼朮並附　肉豆蔻白豆蔻附　丁香
甘草　辰砂　鍾乳
茱萸卷之三十　皂莢　仙靈毗
[illegible]　蘡薁　白頭翁
[illegible]
白[illegible]　益智　覆盆子
杜若　蘼蕪　兔絲子卷之三十一
地黃　椒　芎
檳榔　扶留　薏苡
黃精　金櫻子　麥門冬天門冬附
紫蘇　胡麻

新編花果卉木全芳備祖總目　後集

新編花菓卉木全芳備祖目録　後集
江淮肥遯愚一子陳　景沂　編集
建　安　祝　穆　訂正
○卷之一
菓部
荔枝
事實祖　碎録　紀要　雜著
賦詠祖　五言散句　七言散句　五言古詩
五言古詩散聯　五言律詩[illegible]　五言八句　七言古詩散
[illegible]律詩散[illegible]

樂府祖　浪淘沙　定風波　減字木蘭花
南鄉子　滿庭芳　西江月
醉落魄　浣溪沙　搗練子
壺中天　沉沙溪
○卷之二
菓部
蓮
事實祖　碎録　紀要　雜著
賦詠祖

五言散句　七言散句　五言古詩
五言古詩散聯　五言八句　七言絶句

樂府祖

漁家傲

藕

事實祖

碎録　紀要

賦詠祖

五言散句　七言散句　五言散句
五言絶句　五言律詩散聯　七言古詩
[illegible]

事實祖

碎録　雜著

賦詠祖

五言散句　七言散句　五言古詩
五言古詩散聯　七言古詩　七言絶句
七言八句

樂府祖

鵲橋仙

芡

芡菰　鳧茈並附

事實祖

碎録　紀要

賦詠祖

五言散句　七言散句　五言八句
五言古詩散聯　七言古詩　七言古詩散聯
七言絶句　七言八句

樂府祖

浣溪沙

卷之三

菓部

橘

柚　枸櫞附

事實祖

碎録　紀要　雜著

賦詠祖

[illegible]　五言古詩
[illegible]詩散聯　[illegible]
七言絶句　[illegible]　五言律詩散聯

樂府祖

浣溪沙　清平樂　西江月

柑

事實祖

碎録　紀要　雜著

賦詠祖

五言散句　七言散句　五言古詩散句
五言絶句　五言八句　七言絶句
七言八句

樂府祖

洞仙歌

○卷之四

菓部

橙

事實祖 碎録 雜著

賦詠祖 五言散句 七言散句 五言古詩散聯

七言絶句 七言律詩散聯

金橘

事實祖 [illegible]

[illegible]

賦詠祖 五言散句 七言散句 五言古詩散聯

七言古詩 七言絶句 七言八句

甘蔗 蔗水附

事實祖 碎録 紀要 雜著

賦詠祖 五言散句 七言散句 七言古詩

七言絶句

橄欖

事實祖 碎録 雜著

賦詠祖 五言散句 五言古詩 五言古詩散聯

七言絶句

樂府祖 好事近 浣溪沙

餘甘子

事實祖 碎録 紀要 雜著

賦詠祖 五言散句 六言[illegible] 五言古詩

七言絶句

樂府祖 更漏子

榲桲

賦詠祖 五言古詩 七言古詩散聯

甘露子

賦詠祖 七言古詩

○卷之五

果部

梅

事實祖　碎録　紀要　雜著

賦詠祖　五言散句　七言散句　五言古詩

七言絶句　七言古詩散聯

樂府祖　阮郎歸　菩薩蠻　永遇樂

杏

事實祖　碎録　紀要　雜著

賦詠祖　五言散句　七言散句　五言古詩

樂府祖　浣溪沙二首　蝶戀花　訴衷情

桃

事實祖　碎録　紀要　雜著

賦詠祖　五言散句　七言散句　七言絶句

七言八句　七言律詩散聯

樂府祖　定風波　小筭子　鷓鴣天　壺中天

卷之六

果部

梨 楂附

事實祖　碎録　紀要　雜著

賦詠祖　五言散句　七言散句　五言古詩

五言古詩散聯　五言律詩散聯　七言古詩

七言絶句　七言八句

石榴

事實祖　碎録　紀要　雜著

賦詠祖　五言散句　七言散句　五言絶句

五言古詩　五言八句　五言律詩

七言古詩　七言絶句　七言八句

樂府祖　梁州令

楊梅

事實祖　碎録　紀要　雜著

賦詠祖　五言散句　七言散句　五言絶句

五言律詩散聯　七言絶句　七言古詩散聯
七言八句

樂府祖

攤破浣溪沙　南柯子　浪淘沙

枇杷

事實祖

碎録　紀要　雜著

賦詠祖

五言散句　七言散句　五言古詩散聯
五言絶句　五言八句　七言古詩
七言絶句　五言絶句

卷之七

果部

柹

事實祖

碎録　紀要　雜著

賦詠祖

五言散句　五言八句　七言古詩
七言絶句

樂府祖

西江月

棗

事實祖

碎録　紀要　雜著

賦詠祖

五言散句　七言散句　五言古詩
五言古詩散聯　五言律詩　七言古詩散聯
七言絶句

胡桃 桃子附

事實祖

碎録　紀要　雜著

賦詠祖

七言八句　七言絶句

栗

事實祖

碎録　紀要　雜著

賦詠祖

五言散句　七言散句　五言古詩
七言絶句　七言八句

銀杏

事實祖

碎録　紀要

賦詠祖

五言散句　七言散句　五言古詩
五言古詩散聯　七言古詩散聯
七言絶句

榧

事實祖
碎錄

賦詠祖
七言散句　五言古詩　五言絕句
七言古詩　七言古詩散聯

卷之八
果部

瓜

事實祖
碎錄　紀要　雜著

賦詠祖
五言散句　七言散句　五言古詩
五言古詩散聯　五言絕句　五言律詩散聯
五言八句　七言絕句　七言八句
七言律詩散聯

樂府祖
壺中天　青門引　小重山

木瓜

事實祖
碎錄　紀要　雜著

賦詠祖
五言散句　五言古詩　五言絕句

樂府祖
七言絕句
蝶戀花

李

事實祖
碎錄　紀要　雜著

賦詠祖
五言散句　七言散句　五言古詩散聯
七言絕句

柰

事實祖
碎錄　紀要　雜著

賦詠祖
五言散句　七言散句　五言古詩散聯

卷之九
果部

櫻桃

事實祖
碎錄　紀要　雜著

賦詠祖
五言散句　七言散句　五言古詩
五言古詩散聯　五言絕句　五言八句
五言律詩　五言律詩散聯　七言古詩散聯

七言絶句　七言八句　七言律詩散聯

樂府祖　浣溪沙　菩薩蠻　浪淘沙

蒲萄

事實祖　碎録　紀要　雜著

賦詠祖　五言散句　七言散句　五言古詩

五言古詩散聯　五言律詩散聯　七言古詩散聯

七言絶句　七言八句

樂府祖　瑞鷓鴣　眼兒媚

卷之十

卉部

草

事實祖　碎録　紀要　雜著

賦詠祖　五言散句　七言散句　五言古詩散句

五言絶句　五言八句　五言律詩

七言古詩　七言絶句　七言八句

七言八句散聯

樂府祖　踏青遊　鵲橋仙　點絳唇　鳳簫吟

八聲甘州慢　春草碧　少年遊

卷之十一

卉部

芝草

事實祖　碎録　紀要　雜著

賦詠祖　五言散句　七言散句　五言律詩

五言古詩散聯　七言八句

七言律詩散聯

樂府祖　點絳唇

虞美人草

事實祖　碎録　紀要　雜著

賦詠祖　五言古詩　五言八句　七言古詩

七言絶句

樂府祖　虞美人三首　浪淘沙

菖蒲

事實祖　碎録　紀要　雜著

賦詠祖
五言散句　七言散句　五言古詩
五言八句　七言古詩　七言八句
七言絶句

卷之十二

草部

苔蘚

事實祖
碎録　紀要　雜著

賦詠祖
五言散句　七言[illegible]
五言古詩

萍 蘋附

事實祖
碎録　紀要　雜著

賦詠祖
五言散句　七言散句　五言古詩
五言古詩散聯　五言絶句　五言八句
五言律詩散聯　七言絶句　七言八句

荇 又見菜門

事實祖
碎録　雜著

賦詠祖

五言散句　七言散句　五言律詩散聯

菰

事實祖
碎録　紀要　雜著

賦詠祖
五言散句　七言散句　五言古詩散聯
七言絶句

蒲

事實祖
碎録　紀要　[illegible]

賦詠祖
五言散句　七[illegible]句　五言絶句
五言古詩　五[illegible]詩散聯　五言絶句
七言古詩

蘆

事實祖
碎録　紀要

賦詠祖
五言散句　七言散句　五言古詩
五言絶句　五言八句　七言絶句
七言八句

樂府祖
齊天樂

[illegible]卷之十三

草部

芭蕉

事實祖

碎録　紀要　雜著

賦詠祖

五言散句　七言散句　五言古詩

五言古詩散聯　五言絶句　五言八句

五言律詩散聯　七言古詩　七言絶句

七言律詩散聯

樂府祖

天字[illegible]奴兒　[illegible]　菩薩蠻

[illegible]綿

事實祖

碎録

賦詠祖

七言散句　七言古詩散聯

薜荔

事實祖

雜著

賦詠祖

五言散句　七言散句

五言古詩

藤蘿

事實祖

碎録　雜著

賦詠祖

五言散句　七言散句　五言古詩

五言古詩散聯　五言八句　七言古詩

七言律詩散聯

藍

事實祖

碎録　紀要　雜著

賦詠[illegible]

茅

事實祖

碎録　紀要　雜著

賦詠祖

五言散句　七言散句　五言古詩

蓬

事實祖

碎録　紀要　雜著

賦詠祖

五言散句　五言古詩　五言古詩散聯

五言絶句

莎

事實祖 碎録

賦詠祖 五言散句 七言散句 五言八句

七言絶句

卷之十四

木部

松

事實祖 碎録 紀要 [illegible]

賦詠祖 五言散句 七言散句 五言古詩

五言古詩散聯 五言絶句 五言八句

五言律詩 五言律詩散聯 七言古詩

七言古詩散聯 七言八句 七言律詩散聯

樂府祖 水龍吟 臨江仙

卷之十五

木部

柏 檜 松柏附

事實祖

碎録 紀要 雜著

賦詠祖 五言散句 七言散句 五言古詩

五言古詩散聯 五言絶句 五言八句

五言律詩散聯 七言古詩 七言古詩散聯

七言絶句 七言八句

杉

事實祖 碎録

賦詠祖 五言散句 五言古詩散聯

七言、八句

槐

事實祖 碎録 紀要 雜著

賦詠祖 五言散句 七言散句 五言古詩

五言古詩散聯 五言絶句 七言絶句

七言八句

椿

事實祖 碎録

賦詠祖

五言古詩散聯　七言古詩

卷之十六

木部

竹

事實祖

碎録　紀要　雜著

賦詠祖

五言散句　七言散句　五言古詩

五言古詩散聯　五言絶句　五言古詩

五言八句　五言律詩　五言律詩散聯

七言古詩　七言絶句　七言八句

樂府祖

水龍吟　朝中措　謁金門　沁園春

卷之十七

木部

楊柳

事實祖

碎録　紀要　雜著

賦詠祖

五言散句　七言散句　五言絶句

五言古詩散聯　五言八句　五言律詩散聯

七言古詩　七言古詩散聯　七言絶句

七言八句

樂府祖

蘭陵王　蝶戀花五首　玉樓春二首　朝中措

浣溪沙　解連環　虞美人　驀山溪

江城子　柳枝　採桑子　行香子

謝池春

卷之十八

木部

楓

事實祖

碎録　紀要　雜著

賦詠祖

五言散句　七言散句　五言古詩散聯

五言絶句　[illegible]詩　七言[illegible]

七言絶句　七言八句

榕

事實祖

碎録

賦詠祖

五言散句　七言散句　五言古詩

七言絶句

楸

事實祖

碎録　雜著

賦詠祖

七言散句　五言古詩　五言古詩散聯
七言古詩散聯　七言四句

榆

事實祖　碎録　紀要
賦詠祖　五言散句　七言散句　五言古詩
五言古詩散聯

桐 梓附

事實祖　碎録　紀要　雜著
賦詠祖　五言散句　七言散句　五言古詩
五言古詩散聯　五言四句　五言八句
七言古詩散聯　七言四句　七言八句
樂府祖　憶秦娥　卜算子　訴衷情

卷之十九

木部

豫章

事實祖　碎録　紀要　雜著
賦詠祖

五言散句　七言散句　七言絶句

石楠

事實祖　碎録　雜著
賦詠祖　七言散句　五言古詩散聯　七言絶句

柟

事實祖　碎録
賦詠祖　七言古詩　五言八句

靈壽木

事實祖　碎録　紀要
賦詠祖　五言散句　五言古詩　五言八句
七言絶句

椰子

事實祖　碎録　紀要
賦詠祖　七言散句　五言古詩　七言絶句

桄榔

事實祖　碎録

賦詠祖　五言散句　七言散句　七言絶句

七言八句

楮

事實祖　碎録　紀要

賦詠祖　五言古詩　五言古詩散聯　五言絶句

七言絶句

㯃

事實祖　碎録　紀要

賦詠祖　五言散句　五言古詩　七言古詩

欒櫚　欒筍附

事實祖　碎録　紀要　雜著

賦詠祖　五言散句　七言散句　五言古詩

五言古詩散聯　五言八句　七言古詩

七言絶句

黄楊

事實祖　碎録

賦詠祖　五言散句　七言散句　五言古詩散聯

樗櫟

事實祖　碎録　紀要

賦詠祖　七言絶句

樺

事實祖　碎録　紀要

賦詠祖　五言散句　七言散句

荊

事實祖　碎録　紀要

賦詠祖　五言散句　五言古詩　七言絶句

水清木
賦詠祖　七言古詩　七言古詩散聯
海棕木
賦詠祖　七言古詩
女貞木
事實祖　碎錄
賦詠祖　七言散句　五言律詩散聯　七言絶句
樂府祖　眼兒媚
七桑木
賦詠祖　五言古詩
桫欏木
賦詠祖　七言古詩

卷之二十
農桑部

穀 禾　稌穤　黍稷　粟
粳　秫　農田並附
事實祖　碎錄　紀要　雜著
賦詠祖　五言散句　七言散句　五言古詩
五言古詩散聯　五言絶句　五言八句
七言古詩　七言古詩散聯　七言絶句
七言八句
稻
事實祖　碎錄　紀要　雜著
賦詠祖　五言散句　七言散句　五言古詩
五言八句
樂府祖　點絳唇

卷之二十一
農桑部

米 粟附
事實祖　碎錄　紀要　雜著
賦詠祖　五言古詩　七言散句　五言古詩

七言古詩散聯　七言絶句

麥

事實祖　碎録　紀要　雜著

賦詠祖　五言散句　七言散句　五言古詩散聯

五言律詩散聯　七言古詩　七言古詩散聯

七言絶句　七言八句

樂府祖　滿庭芳

卷之二十二

農桑部

豆

事實祖　碎録　紀要　雜著

賦詠祖　五言散句　七言散句　五言古詩

五言律詩散聯

桑　麻附

事實祖　碎録　紀要　雜著

賦詠祖　五言散句　七言散句　五言古詩

五言絶句　七言古詩　七言絶句

七言八句

樂府祖　憶秦娥　錦纏道

卷之二十三

蔬部

筍

事實祖　碎録　紀要　雜著

賦詠祖　五言散句　七言散句　五言古詩

五言古詩散聯　七言絶句　五言[illegible]

五言律詩　五言律詩散聯　七言[illegible]

七言古詩散聯　七言絶句　七言八句

樂府祖　玉樓春

蕨菜　薇附

事實祖　碎録　紀要

賦詠祖　五言散句　七言散句　五言古詩

七言八句

卷之二十四

蔬部

枸杞 甘菊

事實祖 碎錄 紀要 雜著

賦詠祖 五言散句 七言散句 五言古詩

五言古詩散聯 七言古詩 七言八句

七言絶句

蔬菜

事實祖 碎錄 紀要 雜著

賦詠祖 五言散句 七言散句 五言[illegible]

五言絶句 五言律詩 七言古詩

七言絶句 七言八句

虀

事實祖 碎錄 紀要 雜著

賦詠祖 七言古詩 七言八句

元脩菜

事實祖 紀要

賦詠祖 五言古詩 七言絶句

卷之二十五

蔬部

山藥

事實祖 碎錄 紀要 雜著

賦詠祖 五言散句 五言律詩 五言古詩散聯

五言古詩 七言絶句 七言八句

樂府祖 臨江仙

芋

事實祖 碎錄 紀要 雜著

賦詠祖 五言絶句 七言絶句

瓠

事實祖 碎錄 紀要

賦詠祖 五言散句 七言散句 五言絶句

五言律詩散聯 七言絶句

薑

事實祖　碎錄　紀要　雜著

賦詠祖　五言古詩　五言絶句　七言絶句

卷之二十六

蔬部

菌蕈

事實祖　碎錄　雜著

賦詠祖　五言散句　七言散句　五言絶句

五言古詩散聯　七言古詩　七言古詩散聯

七言八句

木耳

事實祖　碎錄

賦詠祖　五言散句　七言散句　五言絶句

七言古詩　五言古詩

芸薹

事實祖　碎錄

賦詠祖　七言古詩　七言絶句

蓴菜

賦詠祖　五言古詩　五言絶句　七言絶句

五言八句

決明

事實祖　碎錄

賦詠祖　五言散句　五言古詩　七言古詩

苜蓿

事實祖　碎錄　紀要

賦詠祖　五言散句　七言散句　七言古詩

藜藿

事實祖　碎錄　紀要　雜著

賦詠祖　五言散句　七言散句　五言古詩

莽

事實祖 碎錄 紀要

賦詠祖 五言散句 七言散句 五言古詩

五言古詩散聯 七言絶句

藤菜

事實祖 碎錄

賦詠祖 五言散句

卷之二十七

蔬部

蕪菁

事實祖 碎錄 紀要

賦詠祖 五言散句 七言散句 五言古詩

五言古詩散聯 五言絶句 七言古詩散聯

五言絶句

萵苣

事實祖

碎錄 紀要

賦詠祖 五言古詩

芥

事實祖 碎錄

賦詠祖 五言散句 七言散句 五言古詩散聯

五言絶句

菘

事實祖

碎錄 紀要

賦詠祖 五言散句 七言散句 五言古詩散聯

五言絶句 七言絶句

菠薐

事實祖 碎錄

賦詠祖 五言絶句 七言古詩散聯

莧

事實祖

碎録

賦詠祖　五言散句　七言散句

七言八句

芹

事實祖　碎録　紀要　雜著

賦詠祖　五言散句　七言散句　五言古詩

七言古詩散聯　七言八句

賦詠祖　牛蒡子

蓴菜

事實祖　碎録　紀要

賦詠祖　五言散句　七言散句　七言絶句

七言八句

萵

事實祖　碎録　紀要

賦詠祖　五言散句　七言散句　七言古詩散聯

七言絶句

荇

事實祖　碎録

賦詠祖　五言絶句

茭白

事實祖　碎録

賦詠祖　五言絶句

蘆筍

事實祖　碎録

賦詠祖　五言散句　七言散句　七言絶句

豆腐

事實祖　紀要

賦詠祖　五言絶句

藥部

茶

事實祖　碎錄　紀要　雜著

賦詠祖　五言散句　七言散句　五言古詩　五言古詩散聯　五言律詩　五言八句　五言律詩散聯　七言古詩　七言古詩散聯　七言絕句　七言八句

樂府祖　滿庭芳　阮郎歸二首　行香子

藥部

人參

事實祖　碎錄　紀要　雜著

賦詠祖　五言古詩　七言古詩　七言八句

茯苓

事實祖　碎錄

賦詠祖　七言散句　五言古詩

樂府祖　五言八句　七言絕句　七言古詩

鷓鴣天

朮

白朮　蒼朮附

事實祖　碎錄　紀要　雜著

賦詠祖　七言散句　五言古詩　七言絕句

肉豆蔻

白豆蔻

事實祖　碎錄

賦詠祖　七言散句　五言絕句

樂府祖　南鄉子

丁香

事實祖　碎錄　紀要

賦詠祖　五言古詩　五言律詩散聯　五言八句　七言絕句

甘草

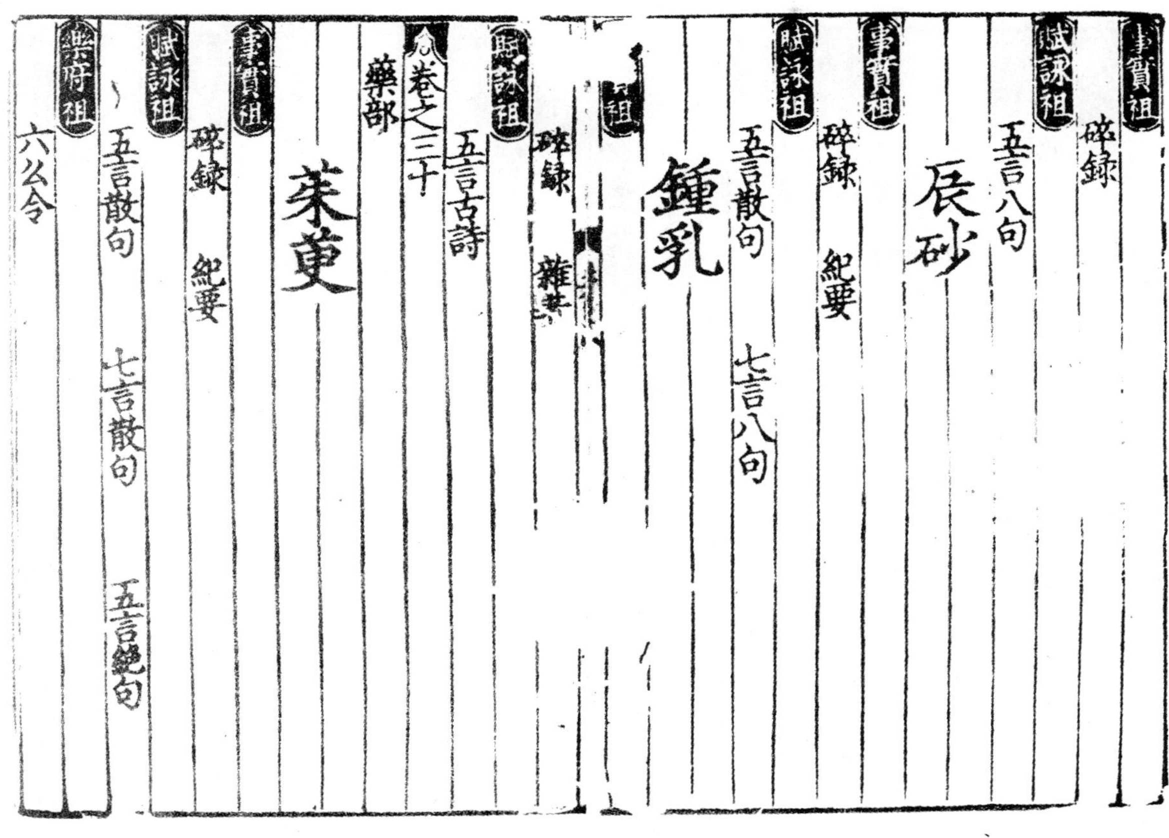

事實祖　碎錄

賦詠祖　五言八句

辰砂

事實祖　碎錄　紀要

賦詠祖　五言散句　七言八句

鍾乳

祖　碎錄　雜著

賦詠祖　五言古詩

卷之三十　藥部

茱萸

事實祖　碎錄　紀要

賦詠祖　五言散句　七言散句　五言絶句

樂府祖　六么令

皂莢

事實祖　碎錄

賦詠祖　七言絶句

仙靈毗

賦詠祖　五言古詩

芣苢

祖

碎錄

賦詠祖　七言絶句

菝葜

事實祖　碎錄

賦詠祖　五言古詩

白頭翁

事實祖　碎錄

賦詠祖 五言八句

白蘘荷

事實祖 碎錄

賦詠祖 五言古詩

益智

事實祖 碎錄

賦詠祖 五言古詩散聯

覆盆子

事實祖 碎錄

賦詠祖 五言古詩

杜若

事實祖 碎錄

賦詠祖 五言散句 七言散句 五言古詩

五言八句 七言古詩

蘼蕪

事實祖 碎錄 雜著

賦詠祖 五言散句 七言散句 五言古詩

五言古詩散聯 七言絶句

卷之三十 藥部

兎絲子

事實祖 碎錄

賦詠祖 五言散句 五言古詩 五言古詩散聯

地黃

事實祖 碎錄

賦詠祖 五言古詩

椒

事實祖 碎錄 紀要 雜著

芎

賦詠祖　五言散句　七言散句　五言古詩

事實祖　碎録　紀要

檳榔

賦詠祖　五言八句　七言八句

事實祖　碎録　紀要　雜著

賦詠祖　五言散句　七言散句　五言古詩散聯
五言八句　七言絶句　七言八句

扶留

賦詠祖　五言絶句

薏苡

事實祖　碎録　紀要

賦詠祖　七言散句　五言古詩　五言古詩散聯
七言古詩　七言古詩散聯

黄精

事實祖　碎録　紀要

賦詠祖　五言散句　七言散句　五言古詩
七言古詩　五言絶句

金櫻子

事實祖　碎録

賦詠祖　五言古詩　七言絶句

麥門冬

天門冬附

事實祖　碎録

賦詠祖　五言古詩散聯　五言絶句
七言絶句

紫蘇

事實祖　碎録

賦詠祖　五言古詩

胡麻

事實祖 碎録 紀要

賦詠祖 五言古詩散聯

天台陳先生類編花果卉木全芳備祖卷之一 後集

江淮肥遯愚一子陳 景沂 編輯

建 安 祝 穆 訂正

果部

荔支 龍眼附

事實祖

碎録 荔支樹高五六丈大如桂樹綠葉蓬蓬冬夏榮茂青華朱實實大如雞子核黃黑似熟蓮子實白如肪甘而多汁似安石榴有酸甜者至日將中翕然俱赤則可食也一樹下子百斛[illegible]荔支性熱[illegible]熟以蜜漿解之 [illegible]者或遇之花實落盡 民間以鹽梅鹵浸佛桑花爲紅漿投荔支漬乾曝之[illegible]不蛀 荔支諸核之細者謂之焦核荔支[illegible]方常兼集品以綠李爲首楔梨爲副[illegible]爲五或曰若論爲首當用荔支[illegible]

龍眼 一名比目一名益智 本草 葉似荔支[illegible]可敵荔支 廣志 龍眼樹如荔支但枝葉稍小殼青黃色形如彈丸核如木梡子而不堅肉白而帶漿其甘如蜜一朵五六十顆作一穗如蒲萄然荔支過即龍眼熟故號曰荔支奴[illegible]

紀要 漢武破南越於上林苑中起扶荔宮以植所得龍眼荔支菖蒲皆百餘本土產南北異宜時多有枯悴者荔支自交趾移植于庭者无一生焉猶移而不息偶一株稍茂終無華實[illegible] 黄圖 漢永元間嶺南獻生荔支十里一置五里一候晝夜傳送 唐羌上書以謂上不以滋味爲德下不以貢膳爲功切見交趾七郡獻生荔支龍眼等南州土地炎熱惡虫猛獸不絶於道至於觸犯死亡之害然此二物升殿未必延年益壽詔敕大官勿

復受献（本紀）漢單于來朝賜橙橘龍眼荔支（東觀漢紀）魏文帝詔曰南方有龍眼荔支西國有蒲桃石蜜南方果之珍異者令歲貢焉（魏文）唐元宗正月十五夜於殿中撒閩中紅錦荔支令宮人拾之（開元遺事）明皇命方士以樂得荔支根得核小宮人呼爲丁香子（同上）貴妃生日長生殿新曲未有名會南海進荔支因名荔支香（外傳）唐天宝中取涪州荔支自子午谷路進入（蜀志）貴妃嗜生荔支當時以馬遞馳載七日七夜至京人馬多斃於路百姓苦之（本傳）楊妃生於蜀好荔支南海荔支勝蜀者故每歲飛馳以進然方暑而熟經宿輒敗（唐書）白樂天在忠州爲荔支圖寄朝士劉禹錫嬌篇或千以財率不苦但畫荔支圖與之（仕陽編）本朝故相陳文惠公祠堂下有手植荔支郡人謂之将軍樹（坡詩序）

雜著　荔支生巴峽間形狀團團如帷蓋[illegible]青[illegible]如橘春榮實如丹夏熟朶如蒲桃核如枇杷殼如紅繒膜如紫綃瓤肉瑩白如冰雪漿液甘如醴酪大略如彼其實過之若離本枝一日而色變二日而香變三日而味變四五日外色香味盡去矣元和十五年夏南賓守樂天命工圖而書之蓋爲不識者與識而不及一二　若設云（白樂天荔支圖序）荔支之於天下惟閩粵南粵巴蜀有之漢初南粵王尉佗以之備方物於是始通中国司馬相如賦上林云荅遝離支盖夸言无有是也東京交趾七郡貢生荔支十里一置五里一堠昼夜奔騰有毒虫猛獸之害臨武長唐羌上書言狀詔太官省之魏文帝有西域蒲桃之比世譏其繆論豈當時南北斷隔所擬出於傳聞耶唐天宝中妃子尤愛嗜涪州歲命驛致時之詞人多所称詠張九齡賦之以託意白居易刺忠州既形於詩圖而序之雖髣髴顏色而甘滋之勝莫能著也洛陽取於嶺南長安來於巴蜀雖曰鮮献而傳置之速腐爛之餘色香味之存者亡幾矣是生荔支中国未始見之也九齡居易雖見新實驗今之廣南州郡與夔梓之間所出大率早熟肌肉薄而味甘酸其精好者僅比東閩之下等是二人者亦未遇夫眞荔支也閩中惟四郡有之福州最多而興化軍最爲奇特泉漳時亦知名列品雖高而歲夥無紀猶尤異之物昔所未有乎蓋亦有之而未始遇乎人也予家莆陽再臨泉福二郡十年往還道由鄉国每得其尤者命一寫生粹集既多因而題目以爲倡始夫以一木之實生於海濱之險地遠而能名徹上京外被夷狄重於當世是亦有足貴者其於果品卓然第一然性最高寒不堪移植而又道理遼絶雖不得班廬橘江橙之右少發光彩此所以爲之歎惜而不可不述也第一篇興化軍風俗園池勝処惟種荔支當其熟特雖有他果不復見省大重陳紫富室大家歲或不甞雖别品千計不爲滿意陳氏欲採摘必先閉戶隔墻入錢度錢與之得者自以爲幸不敢較其直之多少也今列陳紫之所長以例衆品其樹晚熟其實廣上而圓下大可徑寸有五分香氣清遠色澤鮮紫殼薄而平瓤厚而瑩膜如桃花紅核如丁香母剝之凝如水精食之消如絳雪其味之至不可得而狀也荔支以甘爲味雖有千株莫有同者過甘與淡失味之中惟陳紫之於色香味自拔其類此所以爲天下第一也凡荔支皮膜形色一有類陳紫則已爲中品若夫厚皮尖刺肌理黃色附核而赤食之有查食已而澁雖無酢味亦自下等矣第二篇福州種植最多延施原野洪塘水西尤其盛處一家之有至於万株城中當州署之比鬱爲林麓暑雨初霽晚日照耀絳囊翠葉鮮明蔽映數里之間焜如星火非名畫之可傳而精思之可入也觀覽之勝無與爲比初着花時商人計林斷之以立券若後豊寡商人知之不計美惡悉爲紅盐（去声）

水浮陸轉以入京師外至北戎西夏其東南舟行新羅日本流求大食之屬莫不愛好重利以酬之故商人販益廣而鄉人種益多一歲之出不知幾千万億而鄉人得飫食者蓋鮮以其斷林鬻之也品目總三十有二惟江家綠爲州之第一 蔡君謨荔支譜論第三篇

江家綠　陳紫興化　方家紅　游家紫
小陳紫　宋公荔　藍家紅泉州　周家紅興化
何家紅漳州　法石白泉州　綠核　圓丁香
虎皮　牛心　玳瑁紅　硫黃
朱柿福州　蒲桃　蚶殼　龍牙
水荔支　蜜荔支　丁香荔　大丁香
雙髻　真珠　十八娘　將軍荔
釵頭顆　粉紅　中元紅　火山本出廣南

以上計三十三品已言姓氏尤其著者言州郡記所出也不言姓氏州郡四郡皆或有之 同上 牡丹花之絕而無甘實荔支果之絕而無名花昔樂天有感於二物矣然斯二者惟不兼万物之美故各得其精造化之理宜如此也余少游洛陽花之盛處也因爲牡丹作記君謨閩也故能識荔支而譜之因念昔人嘗有感二物而三人者適各得其一之詳故書其所以然而附於君謨之譜末歐陽公譜後論 莆田荔支名品皆出天成雖以其核種之終與其本不相類宋香之後無宋香所存者孫枝爾陳紫之後無陳紫過墻則爲小陳紫矣筆談謂之焦核荔子令勿生旁枝其核自小里人謂不然此果形狀變態百出不可以理求或似龍牙或類鳳爪釵頭之可簪綠珠子之旁綴是豈人力所能加哉初方氏有樹結實數千顆欲重其名以二百顆送蔡忠惠公紿以常歲所産止此公爲目之曰方家紅著之於譜印證其妄自後華实雖極繁茂逮至成熟所存者未嘗越二百遂成語讖此段已載遯齋閑覽中郡士黃處權復志其詳如此 容齋隨筆 君謨譜所論名目三十有三已詳矣間有不論或論不備及有遺者今論于後

蕙園荔支　傅元云雙髻小荔支也每朶數十皆並帶雙垂
眞珠荔支　圓如白珠無核
蒲桃荔支　一穗之實至二三百顆纍纍然
火山荔支　本出南越今閩中僅有之
丁香荔支　核如丁香出福州天慶觀
十八娘荔支　閩王審知有女弟好食因此得名其女塚在福州城東報恩院塚旁出此種
方紅荔支　最大者出興化軍尚書屯田郎中方氏家
狀元紅荔支　晚者
藍家紅　出泉州爲第一出尚書都官員外丞家
周家紅荔支　第一陳紫與方家紅爲次
玳瑁紅荔支　出福州色紅而點黑
游家紫　出興化軍
陳紫荔支　出興化軍著作郎陳綺家爲第一也
小陳紫荔支　亦興化軍所出也
江綠荔支　亦出福州爲第一也
綠核荔支　亦出福州
硫黃荔支　以色類名出福州
法石白　出泉州法石院其色青白
圓丁香　如丁香加以圓也
釵頭顆荔支　顆紅而小可施於釵頭
朱柿荔支　色如朱柿

牛心荔支　其狀相類
虎皮荔支　色紅而有虎皮之青斑出福州
龍牙荔支　彎曲如爪無核出興化軍漳肥遯云
【雜著】雖受氣於震方實稟精於離火　紫紋紺理黑葉緗枝
綠蔕䔧䔧　青英苾苾　不豊其花但旨其實 張九齡賦 綠葉雲舒
朱實星映 孔稚圭啓 灼灼若朝霞之映日離離如繁星之麗天
王逸賦荔子丹兮蕉葉黃雜有蔬兮進侯堂 東坡作韓廟碑 南
海郡出荔支焉每至季夏其實乃熟狀甚環詭味特甘滋百果
之中無一可比余往在西掖嘗盛稱之諸公莫之知固未之信
唯舍人彭城劉侯弱年累迁經于南海一聞斯談倍復嘉歎以
爲甘美之極也又謂龍眼凡果而与荔支齊名魏文帝方引蒲
萄及龍眼相比是時二方不通傳聞之大謬也每相顧聞議欲
爲賦未也發乎此志莫謬及理郡服官追叙往心夫物以不
知爲輕味以無味而疑遠不可驗終焉永屈况士有未效之用
而身在無言之間苟無深知與彼亦何以異也因道揚其實遂
作此賦云　果之美者厥有荔枝雖受氣於震方實稟精於火
離乃作酸於此裔爰負陽以從宜蒙休和之所播涉寒暑而匪
虧下合圍以擢幹傍蔭畝而抱規紫文紺理黛葉緗枝蓊茸翳
薈環合其紛纚如蓋之張如帷之垂雲煙沃若孔翠于斯靈根所
盤不高不卑陋下澤之沮洳惡層崖之險巇彼前志之或妄何
側生之見疵爾其勾芒在辰凱風入律肇氣含滋芬敷謐溢綠
穗靡靡青英苾苾不豊其花但旨其實如有意乎端本故徵文
而妙質帶葯房而倅萃皮龍鱗以騈比膚玉英而含澤色江萍
以吐日朱苞剖明璫出冏然數寸猶不可匹未玉齒而殆銷雖
瓊漿而可軼彼衆味而有五此甘滋之不一伊醇淑之無算非
精言之能悉聞者歎而疎企見者訝而驚移心恚可以蠲忿口

爽可以忘疾且欲神於醍醐露何比數於甘橘援蒲萄以見擬亦
古人之深失若乃華軒洞開嘉賓四會時當燠煜客或煩憤而
斯果在焉莫不心侈而體泰信瑚盤之仙液實玳筵之綺饋有
終食於累百愈益氣而理内故無厭於所甘雖不貪而必愛沉
美李而莫取浮甘瓜而自退豈一座之所榮冠四時而爲最夫
其貴可以薦宗廟珍可以羞王公亭十里兮莫致門九重兮曷
通山五嶠兮白雲江千里兮青楓何斯美之獨遠嗟爾命之不
逢每被銷於凡口罕獲知於貴躬柿何稱乎梁侯梨何幸乎張
公亦因地之所遇孰能辨乎其中哉
【龍眼】左思蜀都賦中竹緣嶺圃桂臨崖旁挺龍目側生荔枝有
綠葉之萋萋結朱實之離離　故張九齡賦荔支云雖觀上國之
光而被側生之誚者杜亦云側生野岸及江蒲不熟丹宮滿玉
壺雲壑布衣鮐背死 並言臨武長唐羌勞人害馬翠眉須 龍
眼惟閩　南越有之太冲自言十年作賦三都所有皆具工
物之實至於言龍目亦不自知其失也 山谷詩註 又云生本是
巫人字也誤轉爲生

【賦詠祖】
【五言散句】輕紅擘荔支 杜　蠻果綴蕉荔 山谷
一色鮮猩血 程金紫　有龍曾看眼 百氏集
憶昔南海使奔騰獻荔支 杜　莆陽荔子乾皺殼紅釘綴 梅聖俞
荔子幾時熟花頭今正繁 坡　新來首小綠又勝擘輕紅 石屏
獨使皴皮生弄色映琱俎 坡
【七言散句】墻頭荔子已斕斑 程金紫
映我綠衫渾不見對公銀印最相鮮
香連翠葉真堪畫紅透青籠實可憐
摘來正帶凌晨露寄去須憑下水船
十年結子知誰在自向中庭種荔支 並白樂天

側生野岸及江浦不熟丹宮滿玉壺 丹宮玉壺至尊所御 杜甫
二京曾見畫圖中數本芳菲色不同 鄭谷
葉似楊梅蒸霧雨花如盧橘傲風霜 東坡
天與蹙羅裝寶髻更將𧹞血染殷紅
贈我甘酸三百顆稍知身作近南官
五月照江鴨頭綠六月連山柘枝紅 並山谷
荔子凝丹摘既鮮江南來路與烘迷 蔡君謨
京華内苑爭妍黃白共芳根有榴顏
絳衣仙子過中元別葉烘枝去不還
託根曾是二山下結實雖歸五本先 並蘇潁濱
南買徒貴傳名久曾怪此人奇楚人 劉原父
水晶肉白殼皮紅色奧香移色不同 張天盡
春暖水分花只品日雲士荔子紅

八 荔枝

嶺南荔〻豐今年必有人如姑射仙 並晁冲之
海山珠樹玉斕斑擬襞火雲覲玉顏 王右丞
紅錦皺縫包玉液青絹斜剪襯金丸 汪內翰
綠幄翠籠文縠皺絳囊包就寸珠圓 程金紫
味重帶新馳驛貢花殘難老隔年芳 前人
文園渴疾正如酲誰念流涎向側生 曾文昭
蘭蕙香浮衿解後雪冰膚在酒酣間 曾文清
紅消白瘦香猶在想見當年十八娘 蘇子由
白蓮近揖三千女丹荔遐招十八娘 周文忠
水晶透膜輕含液絳縠雖包未變香 朱待制
甘露落來雞子大曉風凍作水晶團 楊誠齋
西川紅錦無此色南海綠羅猶帶酸
臨水釃粧新雨後出牆背向曉風西 楊誠齋

五言古詩

南州積炎德嘉樹凌冬綠薰風海上來丹荔迎夏熟煌〻錦繡林亭〻翡翠屋鴝頭爛晨霞天酒瑩寒玉流聲咸華夏採掇如不足開元白馬外漢嫔玉里從君王玉食間此薦知不將迨今糟粕餘猶足驚凡目憶初成上林四方會奇木使臣得安榴天馬來首蓿擢身自幽遐託地幸滲漉我欲登貢守嗟然恨荒服将非名賞雄百果爲羞縮區〻化工意聊尓存衆族 劉貢父
龍眼與荔支異出同父祖端如柑與橘未易相可否異哉西海濱琪樹羅玄圃纍〻似桃李一〻流膏乳坐疑星殞空又恐珠還浦圖經未嘗說玉食遠莫數獨使皴皮生弄色映啁狙亦嘗荒非汝常亨妃子污 東坡詠龍眼

五言古詩散聯

叔師貴〻珍武仲稱斯美 [illegible] 出自遠致含滋不留齒 梁劉〻

九

平昔誰相愛驪山遇貴妃枉教生處遠愁見摘來稀 鄭谷

五言律詩

奇異標南土芳林對北堂素華春漠〻丹實夏煌〻葉捧低垂戶枝拳重壓牆始因風弄色漸與日爭光夕訝條懸火朝疑樹點粧深於紅躑躅大校白檳榔星綴連心朵珠排耀眼房紫羅裁襯縠白玉裹填囊早歲曾聞說今朝始摘嘗嚼疑天上味嗅異世間香潤勝蓮生水鮮逾橘得霜燕脂掌中顆甘露舌頭漿物少尤珍重天高苦渺茫已教生暑月又使阻遐方粹液靈難駐妍姿嫩易傷近南光景熱向北道途長不得充王賦無由寄帝鄉唯君堪擲贈面白似潘郎 白樂天
五月南遊渴欣逢荔子丹殼勻仙鶴頂肉露水晶丸〻瘴離為火甘殊木作酸枝繁恐相染樹重欲成團赤蚌遺珠潔紅牽露角端爽能消肉熱潤可濯中乾桂嶺無霜処梅天畏曬時 云云

一簇冰蠶繭千苞火鳳冠甜甌銀葉嫩透膜玉漿寒 周號

五言八句

丞相祠堂下將軍大樹旁炎雲駢火實瑞露酌天漿爛紫垂先熟高紅掛遠揚分甘徧鈴下也到黑衣郎 東坡惠州食荔支詩

五言律詩散聯

櫻珠真小子龍眼是凡姿甑覺為下輩枇杷客作兒 陳從易寄荔支與盛參政

火齊驪龍脫紅綃玉露團諳居深不負沉醉亦何難 張芸叟

七言古詩

十里一置飛塵灰五里一堠兵火催顛坑仆谷相枕藉知是荔支龍眼來飛車跨山鶻橫海風枝露葉如新採宮中美人一破顏驚塵濺血流千載永元荔支來交州天寶歲貢取之涪欲食林甫肉無人舉觴酹伯游我願天公憐赤子莫生尤物為瘡痏雨順風調百穀登民不飢寒為上瑞君不見武夷溪邊粟粒芽前丁後蔡相籠加爭新買寵各出意今年鬥品充官茶吾君所乏豈此物致養口體何陋耶洛陽相君忠孝家可憐亦進姚黃花 東坡

南村諸楊北村盧 楊梅盧橘也 白花青葉冬不枯垂黃綴紫煙雨裏特與荔支為先驅海山仙人絳羅襦紅紗中單白玉膚不須更待妃子笑風骨自是傾城姝不知天公有意無遣此尤物生海隅雲山得伴松檜老霜雪自困楂梨麤先生洗盞酌桂醑冰盤薦此赬虬珠似聞江鰩斫玉柱更洗河豚烹腹腴我生涉世本為口一官久矣輕蓴鱸人間何者非夢幻南來萬里真良圖 東坡

炎精孕秀多靈植荔子佳名聞自昔絳囊剖雪出瑚盤異常百果無顏色閩天六月雨初晴星火熒煌耀川澤劍如彩鳳戲翱翔爛若彤雲堆翕赩中郎栽品三十二陳紫方紅佳倚巴蟲熱蜜漬尚絕偷啄鸚空羨南飛翼我聞今知今盛時貢輸不減開元日涪州距雅已云遠况此奔馳來海側綵衣使者動膏車黃紙封林遍阡陌浮航走轍川郊妙品人間無復得似聞供給只纖塵往往盡入公侯宅驪山廢苑狐兔靜長嶽行宮鞞鼓急繁華今古共凄凉遶樹行吟悲野客西風刮地戰塵昏一聽胡笳雙淚滴 陳簡齋

粵犬吠雪非差事粵人語冰夏虫似北人冰雪作生涯冰雪一窖活一家帝城六月日卓午市人如炊汗如雨賣冰一声隔水來行人未喫心眼開井[illegible]南山下去年藏冰試工夫山鬼失守嬉西湖北風一夜動地惡吹北冰作南雹飛來嶺外荔支梢絳衣朱裳紅錦包三百露珠凍霙傘燒林不成卜北人藏冰天奪之却與南人銷暑氣 楊誠齋

荔支歌

君欲和詩无怨怨唱首天下文章公今年荔子况倍熟一[illegible]蓋高張空猿偷鶴啄牧童採林間殘顆猶殷紅在昔唐家充歲貢吟諷何止杜陵翁南窮交州西蜀土快馬馱送如飛龍絳囊冰肌初照眼玉環一笑恩光濃惟閩以遠幸免流一顆不到甘泉宮自從陳紫無真本皺玉晚出尤稱雄迩來雜古壇埕璋蕢香與味萬喙同辭臺仙人親題品天為此果開遭逢乃知識物似有數声價亦與時污隆列聖綏德被華夷微如淮白不敢供奈何置驛奉私室安得木鐸觀民風山蹊谷塹日力窮血肩踠足馳鸄籠請公移此食荔歎移在薰風殿閣中 劉後村和趙南塘荔支歌

七言古詩散聯

蜀中荔支止嘉州餘波及眉半有否稻糠宿火却霜霰結子僅

與黄金侔
名園競摘絳紗包，密漬瓊膚甘且滑。北遊京洛墮紅塵，若龍白
晒脯最珍　並顧濆
𨙻江六月水如湯，江邊荔子紅且黃。摘時須是帶枝葉，滿盤
璀璨堆琳琅　張芸叟

七言絶句

遐方不許貢珍奇，密詔唯教進荔支。漢武碧桃爭比得，枉令方
朔號偷兒　韓偓
封開玉籠雞冠涴，葉襯金盤鶴頂鮮。想得佳人微啓齒，翠釵先
取一枝懸
巧裁絳片裹神漿，崖蜜天然有異香。應是仙人金掌露，待成冰
入茜羅囊
長安回首繡成堆，山頂千門次第開。一騎紅塵妃子笑，無人知
是荔支來　杜牧
憶昔瀘戎摘荔支，青楓隱映石逶迤。京華應見無顔色，紅顆
甜只自知　杜甫
羅浮山下四時春，盧橘楊梅次第新。日啖荔支三百顆，不妨長
作嶺南人　東坡
絳殼囊收白露團，未曾封殖向長安。昭陽殿裏紬聞得，已道佳
人不耐寒　顧濆
玉潤冰清不受塵，仙衣裁剪絳紗新。千門万户誰曾得，只有昭
陽第一人
剖見隋珠醉眼開，丹砂緣手落塵埃。誰能有力如黄犢，摘盡
星始下來　並南曹
厚葉纖枝雜絳囊，使君分寄驛人忙。綵毫封処留題筆，篛籠開
時不減香　蔡端明

一錢不直程衞尉，萬事称好司馬公。白髮求照懷惻門，六年惆
悵荔支紅
今年荔子熟南風，莫愁留滯太史公。五月臨江鴨頭緑，六月連
山柘枝紅
舞女謂柘枝也荔支熟時晚照江橋影自幽公　見李賀綠公篇
天与穠羅裝玉膚，更授粧嬪殼紅
莆田乾荔老楊妃　荔支名　誰在開元得見之，却憶沉香亭北畔
輕紅曾照禰黄衣　郭功父三首
紅綃皮皺核丁香，日曝風凝玉露漿。不向海邊為逐客，長安無
此荔支香
暑館風涼睡眼醒，荔支新熟暗香生。玉纖為剝紅綃顆，甘露初
疑滴水晶
選荔端於選[illegible]佳，能有幾[illegible]。林家新出金釵子，合入希
謨譜後刊　蕭[illegible]
縫衣揺曳綻冰肌，依約華清出浴時。何物鶏兒驅不去，前身
是食酥兒　李梅亭
曾識坡仙海上山，清冰寒露洗炎天。老天不与詩為地，却又閒
中往一番　方秋崖二首
風枝露葉走筠籠，玉潤冰寒壁錦紅。自往曾中評史記，久聞格
調略相同
荔子如今尚典刑，秋林圓實著嘉名。雖無顧玉南風面，却願筠
籠千里行　張南軒寄龍眼二首
手自封題寄故人，聊將風味起詩情。千年尚憶唐宮跡，不污華
清驛騎塵
側生海畔遠難將，風日尤能變色香。借問驛馳丞相府，何如輦
鼓道山堂　劉後村五首

邦貢无因送上天漫山如錦但堪憐羅浮所產真奴隸只爲曾逢玉局仙

十顆千錢品最珍北人驚訝未嘗嘗苦生京洛豪華士買斷州林背萬緡

輦轂嘗新索價高士人棄擲便許毫不嗔園客工偷竊絕喜天工享老饕

風韻能令百果低難將盧橘鬭新奇品題自合還詩祖模寫何妨覓畫師　並劉後村

七言八句

錦墜火齊堆金盤五月甘漿破齒寒南國已隨朱夏熟北人猶指畫圖看煙嵐不續州櫻詠□空悲羯鼓殘相見任誇双蒂美多情莫笑鳴水晶丸　劉貢父

王公權家荔支□□□致千家綠荔　文試傾一盃重碧色快剜□黏輕紅肥□□□□數州顆　品乳不同時誰能同此勝□味惟有老杜東樓詩　山谷

代北寒蔗搖苦萍奇苞茶落似晨星逢搖父巳成枯腊得登猶疑是薄刑欲就左慈求拄杖便隨李白跨滄溟□條□□名字見女稱呼恐不經　東坡蠶頭生荔枝

柳花着水萬浮萍荔實周天兩歲星本自玉肌非□□□□府殼似猩刑侍郎賦詠窮三峽妃子煙塵動四溟莫道詩人說功過且隨香草附騷經　東坡

時新滿坐問名字別久何人記色香葉似楊梅蒸霧雨花如盧橘傲風霜每憐□□□□□□□□□回首驚塵卷飛雪詩情真合與君嘗　東坡荔支

挺秀窮荒歎未遭昔賢吟賞□□風騷絳紗□□□橘材非偶不近長安價愈高煙雨萬株遥君書塵埃一騎笑徒勞瑪盤此日無遺選品格詎敢自逃　劉屏山

炎蒸午枕夢滄浪落落星苞喜下嘗筆下州青千出色蚁頭風露一枝香雞冠借諭何輕許馬乳爭名固不量直得當時妃子笑驪山千古事凄凉　劉屏山

一點燕支染帶旁忽然紅遍綠衣裳紫瓊骨髓丁香瘦白雪肌膚午暑涼掌上冰丸那忍觸胸前風味獨難忘老饕要啖三百顆却怕甘寒凍斷腸　楊誠齋

幽株傍挺綠婆娑啄咂雖微奈美何香割蜜脾知韻勝價輕魚目爲生多者無誠味名初出王句揄揚論豈頗地極海南秋更暑登盤猶見洗沉痾　劉屏山詠龍眼

七言絕句

先帝貴妃今寂寞荔枝還復入長安炎方每續朱櫻獻玉座應悲白露團　杜甫

夜郎城近含章□杜宇寄巢低起暗風腸斷渝瀘霜霰薄不教辭似霸陵紅　鄭谷

託根初不異南山十八天饒帶溼州玉潤滿苞甘露液文綃團蹙絳紗丸便爲仙苑千年果回笑幽卑九畹蘭　張九成

仙果移從海上山露華供液鶴分丹朱砂已剝嘉紅殼龍目團圓避赤丸光射腰金凌宝印影回殿砌拂猗蘭　洪駒父

樂府祖

浪淘沙　五嶺麥秋殘荔子初丹絳紗囊裏水晶丸可惜天教生處遠不近長安○往事憶開元妃子偏憐一從魂散馬嵬關只有紅塵無驛使滿眼驪山　歐陽公

憶昔謫巴蠻荔子親攀冰肌照映柘枝冠日擘輕紅三百顆一味甘寒○重入鬼門關也似人間一双和葉插雲鬟賴得清湘燕玉面同倚欄干　黄山谷

定風波　準擬階前摘荔支今年歇盡去年枝莫是春光厮料理

無比譬如痎瘧有休時。碧甃朱欄情不淺何曉年來枝上報
荔又雨後園林坐清影蘇醒紅裳剝盡看香肌黃山谷晚歲炎
州閩荔支赤英垂墜壓欄枝萬里來逢方夏歡然絳綃盤空憶
去年時。爛草山花光照坐春過閩苦李又纍纍萬顆負渠泉
浸紅皺鶴瘦有人花病損香肌前人

【風入松】閩溪珍獻過海雲帆來似箭玉座金盤不貢奇葩
四百年。輕紅釀白雅稱佳人纖手擘骨細肌香恰似當年十
八娘東坡

【南鄉子】天與化工知賜得衣裳是絳羅每向華堂深處見憐伊
兩個心腸一片兒。自小便相隨綺席歌筵不暫離苦恨人人
分拆破東西怎得成双似舊時東坡双荔

【滿庭芳】香瑩高張嫩枝巧綴萬顆香染紅殷絳羅衣潤疑是火
然山白玉釵明試參黃金帶奇巧工鑽題評處仙家異種分付
在人間。年年輸帝里歡呼內監貯點金盤況曾得貴妃笑靨
頻看炎荒當時奏曲風流命樂府名傳遍誰道移歸禁苑長使
近天顏古詞

【西江月】名与牡丹聯譜南珍獨比江瑤閩山入貢冠前朝露桑
風枝裊裊。香玉滿包仙液絳紅圓殼鮫綃華清宮殿蜀中遙
一騎紅塵人笑康伯可

【醉落魄】雪裳并月冰肌不受人間熱分明蜜露枝枝結碧樹珊
瑚容易攀君折。玉環舊事誰能說但道驛路香風徹故人莫
恨東南別不寄梅花千里寄紅雲韓南澗

【浣溪沙】只說閩山錦繡幃忽從園葉得生枝綴紅衫子映豐肌
。春線應憐壺漏永夜針頻見燭花催璧飛一騎憶來時張于湖

【摘綠子】紅粉裹絳金囊一包仙酒豔最與醉溫柔別有鄉。請
君殿偶風涼雜頭鬢破說君王立製丸春夢長李方叔

【雲中天】素肌瑩淨隔鮫綃貼襯猩紅粧束火傘飛空落不遂一
塊玲瓏水玉破曉當筵擘衣剝帶微露圓珠內中心此子似人
何太焦縮。應恨舊日楊妃塵埃走遍向閩西蜀何入鈎籠
消黯攢香色精神愁盛賢賴有君謨爲傳家譜不與青黃綠到頭
甜口是人都要圖熟鄭弘窗

【浣溪沙】洒拍燕脂顆顆新丹砂燃火棗精神暑天秋扶錦生春
。香味已驚櫻實淡絳皮還笑荔枝皴美人偏喜破朱脣

天台陳先生類編花果卉木全芳備祖卷之一（終）

十七

天台陳先生類編花果卉木全芳備祖卷之二 後集

江淮肥遯愚一子陳 景沂 編輯

建安 祝 穆 訂正

果部

蓮

事實祖

碎錄 何芙蕖也其莖茄其葉葭其本蔤其花菡萏其實蓮其根藕其中的的子也的中薏子中心也的䓣音懲即蓮實也爾雅 的五月中生嫩脆至秋表皮黑的成可食或可磨以為飯輕身益氣令人強健 [illegible]詩註

紀要 宋元嘉十八年揚州刺史王濬州治後池有兩蓮駢生雙房分跗 [illegible] 宋書 泰始二年嘉蓮雙葩並實合跗同莖生豫州鯉湖 同上 [illegible]郁為秘書郎 [illegible] 張承業以[illegible]任事與[illegible] 宴集陳列[illegible]果客餌 [illegible]先嘗者郁食之必盡 [illegible] 秉戒士者 [illegible] 曰郁不[illegible] 乾藕 [illegible] 其荊而已郁知不可啖輒中出一鐵錐擿碎食之 [illegible] 大笑為公易之云勿敗吾案 後唐

雜著 採淳葩摘圓質析碧皮食素實味甘滋而清美同[illegible]異乎橙橘 [illegible] 龍見萌秀火中結房 傅亮賦 綠房紫的 [illegible] 鴉賦 金房綠莖 傅元賦

賦詠祖

五言散句 泚蓮拆秋房 [illegible] 藝實冰齒瘦 [illegible] 美物有嘉實旁發[illegible]加[illegible] [illegible] 欲煩春筍手且為剝蓮蓬 [illegible] 綠房含青實金條垂白璆 [illegible]

七言散句 青房圓實齊戢戢 張耒 半脫蓮房露壓欹 坡 蓮實大如指分甘念母慈 歐陽 露冷蓮房墜粉紅 杜 蓮子擘時須見薏 東坡 剝分玉蛹蜷盤塊嚼破冰丸齒頰涼 [illegible] 綠宮袍裹黍中禪全身都作如來色 半脫蓮房露壓欹綠荷深處有遊龜 坡

五言古詩 蓮實大如指分甘念母慈 [illegible]房頭[illegible] [illegible]中有么荷拳如小兒手令我憶[illegible] [illegible]能甘[illegible] [illegible]食[illegible] [illegible]同調食蓮誰不甘知味[illegible] [illegible]里秋風香[illegible]得同袖子歸製芙蓉[illegible] [illegible]

五言古詩散聯 採花莫傷葉剝葉傷蓮根食子何棄心味苦生意存 朱蕭父

五言[illegible] 蓮[illegible]後[illegible]烘暾[illegible]須齊[illegible] [illegible]蜂子稜深[illegible]烏蹄尚連[illegible] 在[illegible]亂荷低脆[illegible]如新采 [illegible] 帶泥濕 [illegible]

七言絕句 城中擔上買蓮房未抵西湖之野航旋折荷花剝蓮子露為風味月為香

綠玉蜂房白玉蟬折來帶露復含煙玻璃盆面冰漿底醉嚼新蓮一百圓

蜂不禁人採蜜忙荷花蕊裏作蜂房不知玉蛹甜於蜜又被詩人嚼作霜

山蜂愁雨損蜂兒巢底安巢更倒垂只有荷蜂不愁雨蠟房仰臥萬花枝

蜂兒來自宛溪中兩翅雖無已是蟲不似荷花窠裏蜜方成玉蛹未成蜂 五首並東坡

新收千百秋蓮的剝盡紅衣擣玉霜不假參同成氣味跳珠椀[illegible]

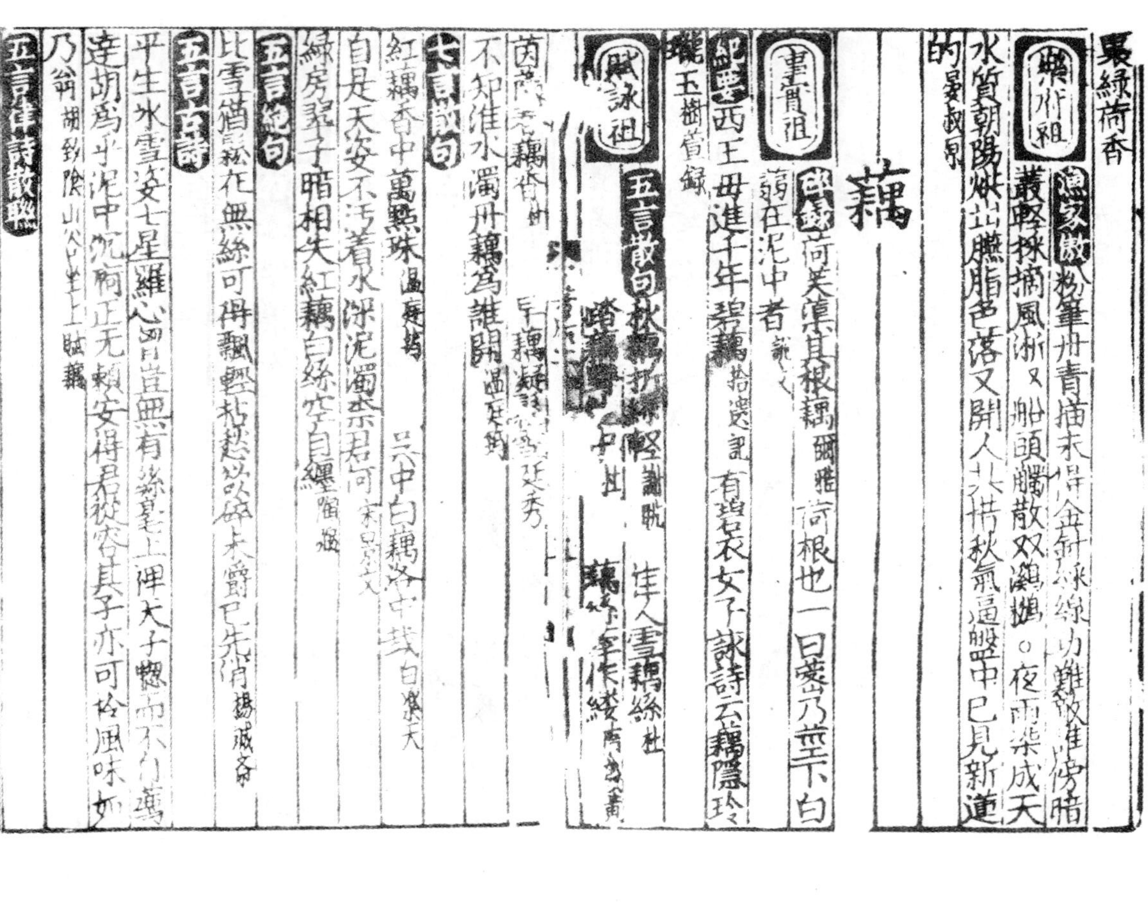

裊綠荷香

樂府祖 漁家傲 粉筆丹青描未得金針綉線功難敵誰傍暗叢輕採摘風淅淅船頭觸散雙鸂鶒。夜雨染成天水碧朝陽烘出臙脂色落又開人不惜秋氣逼盤中已見新蓮的 晏叔原

藕

事實祖 碎錄 荷芙蕖其根藕 爾雅 荷根也一曰蔤乃莖下白蒻在泥中者 說文

紀要 西王母進千年碧藕 拾遺記 有碧衣女子詠詩云藕隱玲瓏玉樹 筍錄

賦詠祖 五言散句 秋藕折輕絲 杜甫 佳人雪藕絲 杜 [illegible]藕[illegible] 藕絲下牽作綾 [illegible] 茵[illegible]香藕香 [illegible] 早藕凝[illegible] 延秀 不知淮水濁丹藕為誰開 溫庭筠

七言散句 紅藕香中萬點珠 溫庭筠 只中白藕冷中栽 白樂天 自是天姿不污着水深泥濁奈君何 宋景文 綠房翠子暗相失紅藕白絲空自纏 溫庭筠

五言絕句 比雪猶松花無絲可得飄輕枝起以碎未斷已先傳 楊誠齋

五言古詩 平生冰雪姿七星羅心胸豈無有絲毫上俾大子體而不仍鳥達胡爲乎泥中沉痾正无賴安得君從容其子亦可恰風味如乃翁 胡到除山[illegible]上賦藕

五言律詩散聯

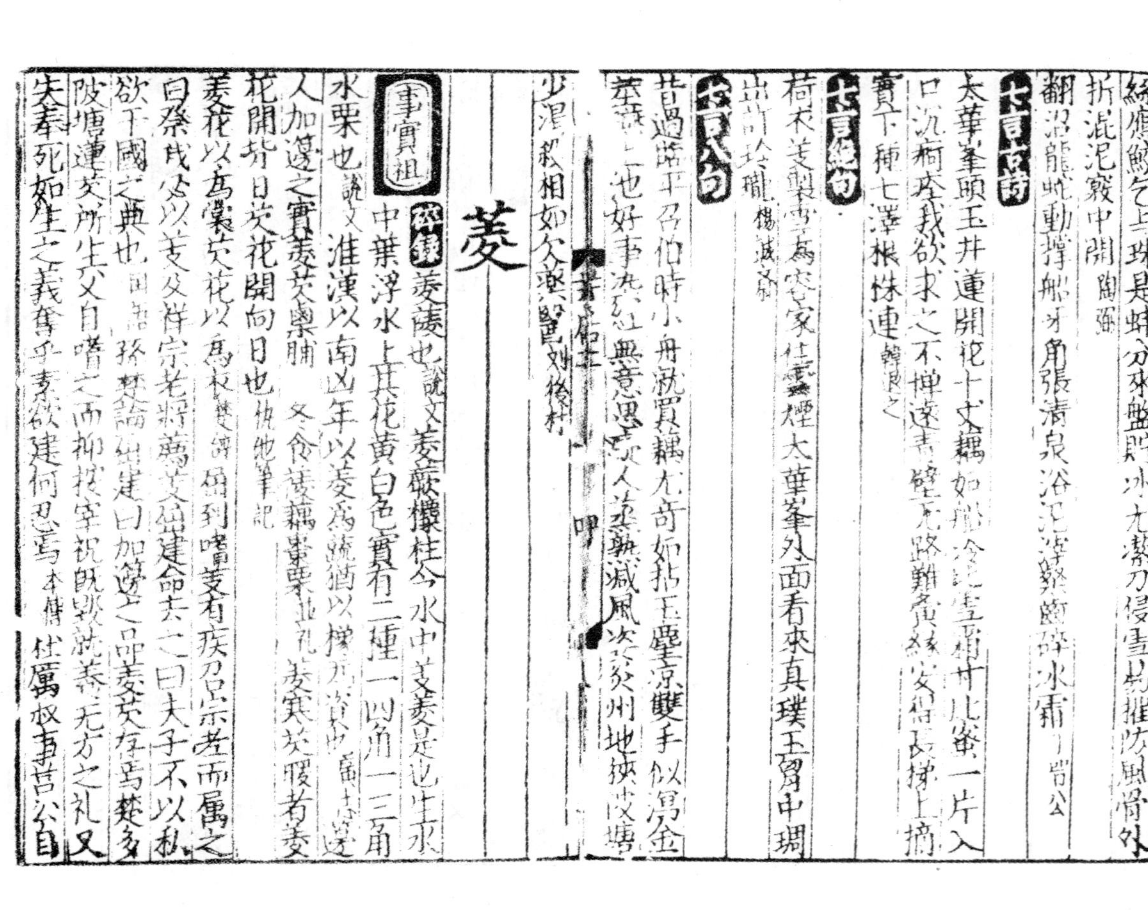

絲憔皎乞與珠是蚌分來盤貯冰尤潔刀侵雪易摧皆風骨外折泥泥窺中開 陶弼

翻泥龍蛇動撑船牙角張清泉浴泥滓皎齒碎冰霜 丁謂公

七言古詩 太華峯頭玉井蓮開花十丈藕如船冷比雪霜甘比蜜一片入口沉痾痊我欲求之不憚遠青壁無路難夤緣安得長梯上摘實下種七澤根株連 韓退之

七言絕句 荷衣芰製當為家佳氣煙太華峯久面看來真璞玉胸中瑚出許玲瓏 楊誠齋

七言八句 昔過臨平召伯時小舟流買藕尤奇如拈玉璧寒涼雙手似寫金莖潔且白也好事流紅無意思應須人莖熟滅風次炎州地狹少池塘少濕叙相如文藥醫 刘後村

菱

事實祖 碎錄 菱蔆也 說文 菱蔆蔆榛杜今水中芰是也生水中葉浮水上其花黃白色實有二種一四角一三角 水栗也 說文 淮漢以南凶年以菱為蔬猶以橡為資也 周禮 籩人加籩之實菱芡栗脯 又食菱藕芣菜並孔 菱寒芡暖者菱花開背日芡花開向日也 倫池筆記

菱花以為鏡芡花以為衣 楚辭 屈到嗜菱有疾召其宗老而屬之曰祭我必以芰及祥宗老將薦芰屈建命去之曰夫子不以私欲干國之典也 國語 孫楚論屈建曰加籩之品菱芡存焉楚多陂塘蓮芡所生又自嗜之而掃投宗祝既毀就義無方之禮又失奉死如生之義奪乎素欲建何忍焉 本傳 杜厲叔事莒公自

以爲不見知居海上百食菱芡冬食橡栗呂春秋 能遂爲湖海不
守勸民益畜果實菱芡本傳 魚弘爲湘東王鎮西司馬述職西
上道中乏食緣路采菱作飯給所部梁書 東平呂球豐財美貌
乘船至曲阿湖值風不得行泊菰際見一小女乘船採菱舉體
皆衣荷葉因問曰非鬼耶衣服何至如此女有懼色答云子不
聞荷衣兮蕙帶倏而來兮忽而逝然有懼容迴舟理棹逡巡而
去球遥射之即獲一獺向者之船皆是蘋蘩蕰藻之葉見老嫗
立岸側如有所候望見船過因問云君向來不見湖中採菱女
耶球云近在後尋即獲老獺居湖次者或云湖中常有采菱
女容色過人有時至人家結好者甚衆也 幽明錄

雜著 雜蘊藻而俱浮側芙蓉而外發 宋文帝 菱結帶兮行令
絲 沈氏 其萍之浮與菱葉之浮相似也菱植根浮隨波 杜恕篤論
鳧鵠浮喋菱芡 潘岳西征賦

賦詠祖

五言散句 吹菱牛歌用 庾信　水里亂菱花 李
採菱寒刺上 杜　菱葉亂牽萍 韓
菱翻紫角利 韓　采顧進菱芡 柳　閶沼連菱芡 杜
新菱刺驪紅 韓　轉葉杏隨風舒花影凌日 陶

七言散句 青菱引蔓參差角綠蕤菱芳浮萍綠錦池 杜牧之
江南稚女珠腕繩桂棹容與歌采菱 梁武帝
堆盤菱熟胭脂角用藉蘋蘸新米黑 陳克佐
雨過亂菱堆野艇月明長由和菱歌 蘇養直
梅雨晴時插秧鼓蘋風起處採菱歌 放翁
何時却泛耶溪路臨聽菱歌四面聲 放翁

五言古詩 濁水菱葉肥清水菱葉鮮義不遊濁水志士多苦言湖没具區
數……雲夢田朝隨北風去暮逐南風還浦口多漁家相與邀
我船飯稍以給日享尊將求年方冬水物窮又欲休山樊去臺
相隨從所貢无憂患 歐九

五言古詩散聯 菱花落復含桑女罷新蠶桂棹浮星艇徘徊蓮葉南 梁簡文帝
妾家五湖口採菱五湖側玉面不關妝雙眉本翠色 丁仙芝
風生紫葉聚波動紫莖開含花復含實正待佳人來 江洪
紫角菱實肥青銅菱葉老孤根未能定不及寒塘草 梅聖俞

七言古詩 紫菱如錦綵鸞翔蕩舟遊女滿中央采菱不顧馬上郎爭多逐
勝紛相向時轉蘭橈破輕浪長鬟弱袂動參差錦影鴛文浮蕩
漾笑語哇咬顧晚暉蓼花緣岸扣舷歸歸來共到市橋步野蔓
繫船萍滿衣家家竹樓臨廣陌下有連檣多估客携觴薦芰夜
經過醉踏大堤相應歌屈平祠下沅江水月照寒波白煙起一
曲南音此地聞長安北望三千里 劉禹錫

七言絕句 菱池如鏡淨无波白點花稀青角多時唱一聲新水調謾人道
是採菱歌 白樂天
含機綠錦翻新葉滿匣青銅瑩古花最愛曉來鷗與鷺宿煙翹
雨便爲家 林和靖
辛自江湖可避人懷珠韞玉冷無塵何須抵死露頭角荇葉荷
花老此身
官濠水落兩三痕正是秋初雨後天菱荇中間開一路曉來誰
過採菱船
柄似蟾蜍股樣肥葉如蝴蝶翼相差蟾蜍翹立蝴蝶飛起便是菱
花着子時 楊誠齋

七言八句

【樂府祖】【臨江仙】連汀接渚紫蒲帶藻萬鏡香浮光滿湖烟吹

霽木蘭輕照波底紅嬌翠婉○玉纖採處銀籠攜去

一曲山長水遠彩鴛雙慣貼人飛恨南浦離多夢短張叔夏

芡

茨菰　鳧茈並附

【事實祖】【啓蒙】一名鴈頭葉似荷而大葉上蹙皺如沸實有芒刺其間如米可以療飢崔豹古今注一名雞頭又名鴈喙夜青刺黃本草南楚謂之雞頭北燕謂之夜淮泗之間謂之芡夜揚雄方言【茨菰】一名烏芋本草【鳧茈】芍也爾雅

【紀要】【鳧茈】王莽末南方饑饉民衆羣入野澤掘鳧茈食之漢史

【賦詠祖】

【五言散句】鴈頭拼刺芡韓　平池散芡盤韓

水果剝菱芡杜　風能拆芡觜韓

剝芡珠走盤山谷　剖蚌煮雞頭山谷

【七言散句】千頭剖蚌明珠熟　明珠論斗煮雞頭山谷

菰葉風翻嘩剪刀白樂天

繡頭金蕊傾倒光團圓皺綠雞頭葉溫庭筠

蚌毛蒼蒼珠不死銅盤矗矗釘頭生梅聖俞

吳雞鬪罷絳幘碎海蚌抉出真珠明梅聖俞

風開黃葉鐵爲鬚斧斫砂磨旋出廚陳堯佐

寒沙瀝水苹殼滑斫桂煮釜風波聲宋景文

鼻觀溫芳炊桂歇齒根軟熟剝肌餘楊誠齋

玉質欲藏如許脆鐵芒何苦大尖生鄭文寶

【五言八句】三伏池塘沸雞頭美可夸香囊聯錦破玉指剝珠明葉綱非蓮蓋根甘是竹萌不應徒適口炎帝亦曾嘗楊誠齋

【五言古詩散聯】盤肥猶正繭石破髓初堅節物秋風早樵豐夜月偏楊誠齋

【七言古詩】六月京師暑雨多夜夜南風吹芡觜凝祥池鎖香雲團撲射荒陂安可擬爭先園客採新句剖蚌得珠從海底都城百物貴新鮮厥價難酬與珠比金盤磊落何所鳴借與潑醅如玉醴自慙竊食乃錢刀口飄零嗟我齒却忠年少在江湖對樹高歌妻行裏香新美全手自摘玉粟沙磨軟還美一飢因不羨五鼎方事適情爲可喜何時遂買潁東田歸去結茅臨野水文忠公

芡巢初生緑如穀南風吹開輪脫輻紫苞青刺猬毛水向放花波底熟森然赤手初莫近誰料明珠藏滿腹割開膏液尚模糊大盎磨聲風雨迷清泉活火曾不久滿堂坐客分升掬紛然咀嚼惟恐遲勢若羣雛方脫粟東都每憶會靈沼南國陂塘種尤足東遊壁士來想見此物秋來日常食穎濱

方鵝闌開碧輪蛾東嶽中妬嘗銀漢兩父老舊不識日一岸上多少人騈頭翡翠露初熟緑袍紅針割寒玉龍當筵破紫苞老蚌一開珠一掬文與可

【七言絕句】水晶冷浸碧玉叢琉璃滂出青毛蝟何人採得離波瀾磊落破顆顆生光寒王岩叟

【七言絕句】龍宮失寶惱江妃也養鳴雞報早暉要啄爾殘無孕粒只教蒲領飽珠璣楊誠齋

【七言八句】江妃有訣煑真珠菰飯牛酥軟不如手擘雞頭金五色盤傾驪頷琲千珠夜光明月供朝嚼水府靈宮恐久虛好與藍田倉玉法編歸醉殺赤松書楊誠齋二首

三危瑞露東成珠九轉丹砂鍊作如鼻觀溫芳炊桂歇齒根軟

熟泉胎餘半甌雁八中秋近一灶龍涎文室虛却憶吾廬野趣畔滿山梯葉正堪書

樂府祖

浣溪沙堪為席上珍銀鐺百沸麝臍熏蕭娘欲餇意中人。○拈鳳玉龍龍蚌顆剝時瓊齒嚼香津仙郎小口即身輕聆噴者人

天台陳先生類編花果卉木全芳備祖卷之二　後集

天台陳先生類編花果卉木全芳備祖卷之三　後集

江湖肥遯愚一子陳　景沂　編輯

建　安　祝　穆　訂正

果部

橘

柚　枸櫞附

事實祖

碎錄　橘葉與枳無辨刺出於莖間夏初生白花至冬而皆熟本草　江陵千樹橘其人與千戶侯等皆殖傳

橘洲在長沙縣西南四里江中時有大水洲渚皆沒此洲獨存寰宇記　昭潭无底橘洲浮湘中記　璇樞星散為橘春秋運斗樞

厥包橘柚錫貢疏小曰橘大曰柚禹貢　橘踰淮而北為枳此地氣然也考工記　夫樹柤梨橘柚食之則美嗅之則香淮南子　柚條一名櫾

一名櫾有梅柚大橘也亦似橘而酢風土記　柚梨橘柤皆可於口也莊子　吳越之間有木焉其名曰櫾碧樹而冬青實丹而味酸列子

泡花南人名柚花春末開圓白如大珠氣極清芳與茉莉素馨相軋番禺人採以蒸香大抵浥取其氣令自薰陶以入香骨未嘗以甑釜炊焮廣州志

枸櫞子形如瓜皮似橙而金色故人重之愛其香氣南中女工競取其肉雕鏤花鳥浸之蜂蜜點以臙脂亦不讓於鏤木瓜冬瓜也嶺表錄

紀要　晏子使楚楚王進橘置削晏子并食不剖王曰橘當去剖對曰臣聞之賜人主前者瓜桃不削橘柚不剖今者萬乘無教故不剖臣非不知也晏子春秋

橘白華赤實皮馨香有美味自漢武帝交趾有橘官長一人秩二百石主貢御橘抱朴子　吳黃武中交趾太守士燮獻橘十七實同一蔕以為瑞異群臣賀儲含錄　吳王餽魏文帝大橘帝詔曰南方有橘酢正裂人牙時有甜

耳吳志 陸績年六歲初九江見袁術術出橘績懷三枚去拜而墮地術謂曰陸郎作賓客而懷橘乎績跪答曰欲歸遺母術大奇之吳志 王右軍帖奉橘三百顆霜未降未可多得 晉庾亮爲平西將軍送橘十二實共一蔕群臣賀 續晉陽秋 蘇耽將仙告母曰後二年郴人大疫乃植橘鑿井曰受病者但食一橘葉飲水一盞當自愈今郴州蘇仙觀乃其舊宅 郴州圖經 唐開始數歲家中橘樹冬熟諸兒競取之原獨不取家人皆異之 南史 楊由爲成都文學掾少治易晚占候忽有風起太守問由由曰南方有薦木實者色黃赤頃之五官掾貢橘數包 益部耆舊傳 巴園人種橘收兩大橘如三斗盎剖之有二叟相對身長尺餘象戲一叟曰橘中之樂不減商山但恨不得深根固蔕耳一叟曰僕飢矣須龍脯食之食訖以水噀之化爲一白龍而去 幽冥錄 唐天寶十載九日宴群臣賜湖南新橘 江陵進乳柑橘二百顆於蓬萊宮結一合歡實上與妃子持翫曰此果似知人意 楊妃外傳 劉晏自江淮表橘珍甘常與本道分貢競欲先至雖封山斷道以禁前發乃厚貲以爲之常冠諸府 唐書 柳玭爲嶺南節度廨中橘柚熟既食遂計直以還于官中 本傳 柳毅見龍君叩海岸橘樹名橘社 異聞集 陳允升好道抚州危全諷迎寘郡中嘗夜坐危謂之曰豐城橘美頗思之允升曰方有一船泊豐城港今爲取之港去城十五里少選即還攜一布囊數百枚 江淮異錄 建中詔江南橘爲歲貢供廟享 本紀

雜著

后皇嘉樹橘徠服兮受命不遷生南國兮深固難徙更壹志兮綠葉素榮紛其可喜兮曾枝剡棘圓果摶兮青黃雜揉文章爛兮精色内白類可任兮紛緼宜脩姱而不醜兮 屈原橘頌

黃甘陸吉者楚之二高士也黃隱於泥山陸隱於蕭山楚王聞甘名遣使召之陸吉先至賜爵左庶長封洞庭君尊寵在群臣右久之黃甘始來一見拜溫尹平陽侯班賜令尹吉起隱士与甘齊名立朝久尊貴用事一旦吉位居上甘心銜之群臣皆疑之會秦遣蘇軫鍾離意使楚楚召燕章臺群臣皆与甘坐上坐吉啽然謂之曰請与子論事甘曰唯唯吉曰齊楚約西擊秦吾引兵踰關身犯霜露与杞棘最下者同甘苦率家奴千人戰甘洲之上拓地至漢南而歸子功孰与吉甘曰不如也曰神農氏之有天下也吾刳剔肝肺顛下氣以固蔕之術獻上上喜之命記注官陶洪景狀其方略以付国史出爲九江守宣上德澤使兒童亦懷之子孰与吉甘曰不如也吉曰是二者皆出吾下而位吾上何也甘徐應之曰君何見之晚也每歲太守勸駕乘傳入金門上玉堂与貴戚近臣俱衛禍東萬之徒列侍上前使數子者口呿舌縮不復上齒牙間當此之時屬之於子乎屬之於我乎吉默然良久曰屬之於子矣甘曰此吾所以居子之上也於是秦臣皆伏歲終吉以疾免更封甘子爲穰侯吉之子爲下邳侯穰侯以寵嬖不顯下邳以美湯藥官至陳謝治中 太史公曰田文論相吴起說相如回車廉頗屈姪何嘗衣丑細而甘吉亦然諺曰女无好惡入宮見妬士无賢不肖入朝見嫉此之謂也雖美惡之相遼嗜好之不齊亦爲可勝道哉 東坡黃甘陸吉傳

質葳蕤而懷風性耿介而凌霜 謝惠連賦 貞枝凝碧催開岸之多陰華實變黃動江潭之秋色碧葉獨潤金衣更鮮 梁吳均賦 甘踰萍實剖食既同於楚謠綦比柘漿析醒何慙於漢史 劉禹錫謝表 爛日色麗彤庭 群臣賀表 春白花兮玉園香氣清兮柴檀冬柯不改兮蒼官秋實正味兮木酸棘直兮所難世所知兮推蘭葉不採兮汝女 鄭松䂊

賦詠祖

五言散句

朱荀待霜潤 沈約 寒橘帶霜甘 許渾

鹵裏嫌橘醋 白樂天 香能破腥惡 宋景文

天寒橘柚垂 杜　橘委么金丸 黄山谷　綠枳橘同氣 丁晋公
黄知橘柚來　荒庭垂橘柚 杜　茅屋依橘柚 並杜
橘柚當家僮　寒初榮橘柚 柳　人烟寒橘柚 李白
星懸橘柚村 刘禹锡　春飛白玉花秋吐黄金實 綠金
此郊千樹橘不見比封君 杜　芳條結繁翠圓實變霜朱 梁范雲
逢君金華宴得在玉階前 張華　蓝落蠟珠圓參池金壺重 刘原父
須声騷客詠橘貢尚書逞 刘原父　荊州持大橘亦名作黄柑 道之
彼美出南国闗山不常有 張九齡　吉敢風前實繁令宗和後蜜 紫綠金

七言散句　橘州田土仍甘腴 杜　[illegible]表丹誠 白樂天
楚鄉寒食菊花時 杜牧之　君家秋實羅浮種 山谷
清園一洗黄金圓 張文潛　黄金毬戲相麈盪 南豊
珠顆形容隨日長瓊漿氣味得霜成 白居易
千頭黄柑三百株春來新葉滿城隅 柳子厚
燕園開花閒實雲何人橘 宜見垂珠 前人
千里晩霞雲夢北一洲霜橘洞庭南 張泌
莫遣兒童酸打盡要看霜後十分黄 黄山谷
書後合題三百顆頻隨驛使未應壓 前人
江南碧木映霜秋丹實清香破客愁 刘原父
氣味肯同淮枳變皮膚不作楚梅酸 李邦直
浥霜火齊纍纍熟噀霧金苞冉冉香 王臨川
入苞豈數橘柚賤芼鼎始足盐梅和 南豊
惟有橘園風景異碧叢叢裏万黄金 范石湖
那堪富有千頭橘使可称為四老人 徐竹隱
香於栀子細於梅柳絮梨花向後開 丁公言詠橘花

五言古詩

伊橘少生意雖多亦奚為惜哉結實小酸澁如棠梨剖之尽蠹
蝕採掇炎所宜紛然不適口豈止存其皮蕭蕭半死葉忽忽別
故枝玄冬霜雪積况乃回風吹嘗聞蓬萊殿羅列瀟湘姿此物
歲不稔玉食失光輝寇盜尚憑陵當君減膳時汝病是天意吾
意罪有司憶昔南海使奔騰獻荔支百馬死山谷到今耆舊悲
杜甫病橘
橘柚懷貞質受命此炎方密林耀朱綠晚歲有餘芳殊風限清
漢飛雪滞故鄉攀條何所歎北望熊与湘 柳宗元

五言古詩散聯

萎蕤映庭樹枝葉凌秋芳故條雜新實金翠共含霜攀枝折
幹日日嘗蹔無假存雕飾玉盤余自嘗 梁簡文帝
衡飆發寒瀧洲雪變炎洲推折江南桂離披漢北楸獨有凌霜
橘榮麗在中洲 吾霞文
[illegible]臨江洲結翠似芳蘭煌玉衡散照曜金衣丹 梁徐摛
橘生湘水側菲陋人莫傳 金華宴得在玉几前 張華
吾聞江南橘乃比千戸侯歲獻天子旁取為廊堂羞 刘原父

五言八句

野寺煙波外西風橘柚香湖光欲無際山色忽深藏塔古燈猶
照塔餘籠已荒何當蛇壑鞍從此訪漁郎 趙節文斎
借客滄浪意扁舟汗漫遊雲歸林屋晩木落洞庭秋此地真堪
老中原卒未休可知侯萬戸不似橘千頭 前人

五言律詩散聯

娟娟重重裹幽花裛裛香苞垂列星緯味变九霞漿 宋景文
白華如霰雪朱實似垂金自有凌冬質能堅歲晩心 李元嵩

七言絶句

憐君病後思新橘始摘猶酸亦未黄書後欲題三百顆洞庭猶
待滿林霜 韋應物

宜春果結洛陽枝正遇耆朋會客時更引輕舟停華岸香稉鮮
鱠雅相宜 溫公
十年不摘洞庭霜喜見新苞照眼黃但對典刑休嗜味虎賁猶
得作中郎 張文潛
新霜徹曉報秋深染盡青林作纈林惟有橘園風景異碧叢叢
裏萬黃金 范石湖
兩樹亭亭鮮砌傍未論包貢奉君王世無班馬堪熏炙且嗅幽
花也自香 劉後村橘

樂府祖

浣溪沙 前暗荷枯一夜霜新苞綠葉照林光竹籬茅
舍出青黃。香霧噀人驚半破清泉流齒怯初嘗吳
姬三月手猶香 東坡
清平樂 西江霜後萬點暄晴晝璀璨寄來光欲溜正值文君病
酒。畫屏斜倚窗紗睡痕猶帶朝霞爲問清香絕韻何如欲語
梅花 李古溪
西江月 那夜十分霜重晴來千里書傳吳山秀處洞庭邊不夜
星垂初徧。好事寄來禪榻多情聊送琴仙爲憐佳果稱嬋娟
一笑聊同勝賞 前人

柑

事實祖

碎錄 柑者乃橘之屬滋味甘美特異者也有黃者有
赬者赬者謂之壺柑交趾人以席囊貯蟻鬻於市者
其窠如薄絮囊皆連枝葉蟻在其中幷窠而賣蟻亦黃色大
於常蟻南方柑樹若無此蟻則其實爲蠹所傷無復一完今華
林園有柑二株遇結實上命羣臣飲于樹下摘而分賜焉 橘今已錄
眞柑一名乳柑惟泥山爲最地不彌一里所產柑其大六七寸
圍皮薄而味珍脉不黏瓣食不留滓一顆之核纔一二間有全
無者 生枝柑鄉人以其耐久留之枝上俟味變甘帶葉而折
故名生枝 並韓彥直錄
紀要 張磐爲廬江太守弟盼令嘗餉一奩柑其小男孰取一枚
磐尊取付外卒以兩枚與之磐尊兒柑辦卒曰何故行賂於吾
子 謝承後漢書 彭城王義康時四方獻饋皆以上品獻義康而
以次者供御上嘗噉柑歎其味並劣義康在坐曰今年柑殊有
佳者遣人還東府取甘大三寸 宋書 王丞相僚帳下柑果盈溢
涉春爛敗 世說 李衡字叔平爲丹陽太守每欲治家妻輒不聽
後密遣人於武陵龍陽洲上作宅種柑千樹臨死敕兒曰汝母
惡吾治家今窮如是然吾州里有千頭木奴不責汝衣食歲上一
疋亦用足矣及柑成歲得絹數千疋 襄陽記 隋文帝好食柑蜀
中摘黃柑即以蠟封其蒂獻之 杜寶 唐故事 賜近臣黃柑以黃
羅包之人各二枚上元夜以黃柑遺近臣謂之傳柑宴 坡詩註
荊州進黃柑帝以紫帕包賜寵臣 唐史 唐明皇得合歡柑與宰
臣分食之又令工畫爲圖 開元遺事 唐明皇食柑凡千餘枚皆
缺一瓣問進柑使云中塗嘗有一道士嗅之 蓋羅公遠也 同上
安祿山帝使中官輔璆琳賜大柑因祭其非常 同上 益州歲進
柑皆以紙裹之他時長史嫌紙不敬代以細布既而恐柑子爲
布所損每懷憂懼俄有御史柑布至長以爲推 布裹柑子事懼
曰果爲所推及于布到驛長史叙以布裹恐敬子布初不之知
久而方悟聞者莫不笑 唐新語 開元末江陵進乳柑橘上以十
枚種於蓬萊宮至天寶十載九月結實宣示宰臣曰朕近於宮
內種柑子數株今秋已結實一百五十顆乃與江南及蜀道所
進不異宰臣賀曰雨露所均混天區而齊被草木有性憑地氣
以潛通故得資江外之珍果爲禁中之華實 大眞外傳 董元素
自江南來上召見留于翰林中宿泊延召與語曰聞公頗有神

衍今南中柑橘正熟卿能致之不對曰請安一合於御前數刻忽有微風入簾元素乃啓其合柑子滿中奏曰此江陵之縣柑也遂勅恐進上賞之數焉 異聞 南陽郡東鄉山有柑正熟三人共食致飽訖懷二枚去以示人聞空中有語云放雙柑乃聽汝去 述異記 安定郡王以黃柑釀酒名曰洞庭春色嘗爲作賦 坡集

雜著 橘出溫郡然多種柑又別種有八曰真曰生枝曰海紅曰洞庭曰朱曰金曰木曰甜橘別種爲十四曰黃曰塌曰包曰綿曰沙曰荔曰軟條穿曰油曰綠曰乳曰金曰自然曰早黃曰凍柢橘別種爲五曰枨曰朱欒曰香欒曰香櫞曰枸橘凡其類合二十有七種而乳柑推第一故溫人謂乳柑爲真柑謂他種皆若假設者而獨真柑爲柑爾然橘亦出蘇州台州西出荊州而南出閩廣數十州皆木橘爾已不敢與溫州齒矧敢與真柑爭高下耶且溫四邑俱種柑而出泥山者又傑然推第一泥山蓋平陽一孤嶼大都塊土不過覆釜其旁地延袤只三二里許無連岡陰壑非有佳風氣之所淫漬鬱蒸出三二里外其香味輒益遠益不逮夫物理何可考耶或曰溫並海地斥鹵宜橘與柑而泥山特斥鹵佳處物生其中故獨與他異予頗不然其說夫姑蘇卅丘與七閩兩廣之地往往多並海斥鹵何獨溫而又豈無三二里得斥鹵佳處如泥山者自昔原司馬遷李衡潘岳王羲之謝惠運韋應物輩皆言吳楚間出者而未嘗及溫溫最晚出晚出而群橘盡發物之變化出沒其浩不可攷如此以予意之溫之學者繇晉唐間未聞有傑然出與天下敵者至 國朝始盛至於今日尤號爲文物極盛處豈亦天地光華秀傑不沒之氣來鍾此土其餘英遺液猶被草木而泥山偶獨得其至美者邪予北人平生恨不得見橘著花然嘗從橘舟市橘亦未見任者又安得所謂泥山者啗之去年秋把麾此來得一親見花而再食其實以爲幸獨故事太守不得出城從遠遊厄因領客入泥山香林中泛酒其下而客乃有遺予泥山橘者且曰橘之美當不減荔子荔子今有譜得與牡丹芍藥花譜並行而獨未有譜橘者子盍譜之橘若有待於子不可辭也因爲之譜且妄欲自附於歐陽公蔡公之後亦以表見溫之學者足以參天下而不在夫橘而已 韓彥直橘錄 以上皆韓彥直之錄也韓但知乳橘出于泥山獨不知出于天台之黃岩者也出于泥山者固奇也出于黃岩者天下之奇也 陳肥遯識 名傳地理遠自武陵之淵[illegible]遥開洋春[illegible]頭上逸[illegible]取對荔支張衡製[illegible]連石蜜足使萍實非甜蒲萄[illegible]羲之與諸子遊觀有一時甘割而分之以娛目前六六 [illegible]東王賽甘李黃甘傳 已見橘門

賦詠祖

五言散句 登俎黃柑重 杜　破柑霜落爪 杜

白露濤甘子 杜

撫掌笑木奴爾豈當封侯 蘇轍之

逢君金華宴正味下朵先 蘇文

七言散句 聞道黃柑常抵鵲 坡

君家秋實維浮種已作纍纍垂插牆 山谷

燕南異事真堪記三寸黃柑擘永嘉

黃柑似是勝崖蜜帶葉初擎翠竹籃 梅聖俞

歸來一點殘燈在猶有傳柑遺細君 東坡元夕

風搖玉蘂霏霏墜落霜後金衣蹙蹙繁 蘇子美

楚山黃橘彈丸小未識洞庭三寸柑 蘇穎濱

磊落金盤薦糟醨纖柔玉指破霜柑 陳師川

五言古詩散句

朱實殞荊南苞品擅珍淑上林雜嘉樹江浦間脩竹 梁徐陵

園柑長茂時三寸如黃金諸侯舊上計厥貢傾千林 杜甫

五言絕句

黃金結縹帶搖落楚天涯來助杯盤勝羞將橘柚偕 溫公

五言八句

春日清江岸千甘二頃田青雲羞葉密白雪避花繁結子隨邊使開筒近至尊後於桃李熟終得獻金門 杜甫

晝寂双樹橘婆娑一院香交柯低几杖垂實礙衣裳滿歲如松碧同時待橘黃幾回霑月露乘月上胡床 杜甫

七言絕句

侍史傳柑玉帝旁人間草木盡天香寄與維摩三十丈不知薝蔔是餘香 東坡

色深林表風霜下香著樽前指爪間書後合題三百顆頻隨驛使未應慳 山谷謝送柑

君家秋實羅浮種已作[illegible]三千[illegible]莫遺兒童酸打盡要看經霜後十分黃 山谷

七言八句

手種黃柑二百株春來新葉徧城隅方同楚客憐皇樹不學荊州利木奴幾歲開花聞噴雪何人摘實見垂珠若教坐待成林後滋味還堪養老夫 杜子美

一双羅帕未分珍 故事賜近臣黃柑以黃羅帕包之 林下先嘗愧逐臣露葉霜枝剪寒碧金盤玉指破芳辛清泉蔌蔌先流齒香霧霏霏欲噀人坐客殷勤為收子千奴一掬為吾貧 東坡

樂府祖

洞仙歌 江陵種橘尚比封侯何況江濤轉千里帶天香令洞乳宜入春盤紅荔子馳驛風流彷比。齒疎潘令老怯咀冰霜十顆金苞謾分遺觴前消細認別有餘甘從此去枉却栽桃種李想相如酒渴對文君渾不是人間等閑風味 晁補之

溫江異果惟有泥山貴驛送江南數千里半含霜腥噀霧曾怯吳姬親贈我綠橘黃橙怎比。双親雲水外陸子空懷悵恨无人可歸遺報周郎須念我物少情多春酒醒獨勝甜挑醋李兒燈火樓臺迎元宵似不減傳歸袖中香味 [illegible]子

天台陳先生類編花果卉木全芳備祖卷之三 後集

天台陳先生類編花果卉木全芳備祖卷之四　後集

江淮肥遯愚一子陳　景沂　編輯

建　安　祝　穆　訂正

果部

橙

事實祖

碎録　橙橘屬，橙食之則美，嗅之則香。淮南子　橙皮可爲醬虀。風俗通　橙似橘而非，若柚而香，冬夏華實相繼，或如彈，或如拳。果木志　木有刺，香氣馥郁，可以熏衣，可以芼鮮，可以漬蜜。劉孝儀橘啓

雜著　褒橙御橘。司馬相如賦　在南稱柑，度北則橙。文選

賦詠祖

五言散句　細雨更移橙。杜　霜橙壓香橘。杜　霜橙其我鄉。張文潛　鵁殼橫瑒橙。韓

七言散句　西風初作十分涼，喜見新橙透甲香。坡

五言古詩散聯　清霜夜漠又，佳食曉累又。鵁殼橫脩幹，金華耀暖曦。張右史

七言古詩散聯　翠團白數見秋實，錯綴衆葉傾霜柯。碧羽流酥出天仗，黃金毬戲相爭摩。曾鞏

七言絶句　荷盡已無擎雨蓋，菊殘猶有傲霜枝。一年好景君須記，正是橙黃橘緑時。坡

金棖縱復里人知，不見鱸魚價自低。須是松江煙雨裏，小船燒薤擣香虀。坡

嘉樹團又俯可攀，壓枝秋實漸斕斑。朱欄碧瓦清霜曉，又繫星緑葉間。歐公

天將金鬮與黃色，借與洞庭霜後橙。松滋解作逡巡麴，壓倒江南好事僧。山谷詠橙酒

棖橘甘香各效能，南包錫貢不同升。果中亦抱賞音歎，有客攀條氣拂膺。劉屏山

尚嫌細雨初移日，著子已見清霜潛絶璘，面有貴人色，偶致吾儕樽俎間。

橙虀細縷風韻勝，我不痛飲那知音。何如金丸走余杭，三月夢遊蒼崗林。

自從天樂守吏散，老樹零落煙雲淒，今朝我爲作知己，小摘秋風黃欲卉。事見賈公

花瓷小劑供橙有，扁快壓邪功生枝，滋味雖可口，流品故應甘下風。事見本草

七言律詩散聯　洞庭未橘未青色，裹水錦帳冬已黃。玉臼擣虀鮮鱠美，金盤[illegible]酒助杯香。雖生南土名猶重，未信中州客厭嘗。欲寄百包憑[illegible]去，口應佳味祛風霜。梅聖俞

金橘

事實祖

紀要　金橘產於江西，以遠難致，都人初不識。明道、景祐初，始與竹子俱至。竹子味酸，京師人不喜，後遂不至。而金橘香清味美，置之樽俎，光彩的皪，如金彈丸，珍果也。都人初不甚貴，後溫成皇后尤好食之，由是價重京師。余世家江西，見吉州人甚惜此果，若欲久留，藏於菉豆中藏之，可經時不變。蓋橘性熱而豆涼，故能久也。歸田録

賦詠祖

五言散句　金丸小木奴。元稹　霜苞絲辮香。梅聖俞　且辦橘包織。前人

誦句蘗露囊香甘冷尉齒 梅聖俞

七言散句 霜枝摇落黃金彈 山谷

黃熟晚荊垂金砌圓如明珠落細盤 王岐公

五言古詩散聯

韓彈有輕薄樊筵知是非甘香泰軟組咀嚼破明璣 梅聖俞二首

越橘如金彈爛然已盈篋評傳嶺外信尚帶霜間葉 前人

七言古詩

誠齋老子不耐靜偶拄烏藤出苔徑獨游無伴邦成愁牽從同行還起興權籬竹户重複重雜鳴犬吠青霞中蓬萊老仙出迎客朱顏綠髮仍方瞳餐霞爲糧露爲醑染霧作巾雲作襍欣然領客到仙家行盡蓬萊日未斜更從仙瓢酌仙酒瓢外瓢邊亦何有偶有小樹雙團欒碧琉璃葉黃金丸主人忍喫不忍摘笑道未霜猶帶酸小童隨我步過我不管仙翁惜仙果爭挽風枝揀霜顆爭獻滿盤來飣坐隅水蓬萊看絕奇蓬萊看水海如池主人勸客對絕境不飲令人怒生瘦何如寄下未尽瓢留待早梅伴疎影 楊誠齋同蕭采訪叔和於小蓬萊摘金橘小酌

七言絶句

禪客入秋無氣息想依紅袖醉毿毿霜枝摇落黃金彈許送筠籠殊未來 黃山谷寄歐陽道

圓小香黃珠顆垂結成洛邑重霜時相公和氣陶鎔物不是寒暄變土宜 溫公

風餐露飲橘洲仙留炙清於月樣圓仙客偶遺金彈子蜂王[illegible]作菊花鈿 楊誠齋蒔金橘

七言八句

竝臣初摘置琱盤口救嘗恩賜近官氣味豈同淮枳変序書不作楚梅酸參差翠葉藏珠琲錯落黃金鑄彈丸安得一株擎兩

露書圖傳與世人看 李清臣

甘蔗 蔗氷附

事實祖

碎録 藷蔗也 說文 赤者名崑崙白者名荻蔗 本草 節踈而皮厚者謂之荻蔗 吳志 扶南蔗一丈三節見日即消遇風即折 世說 蔗氷 甘蔗其餳爲石蜜 魏志 泰尊柘漿取柘汁以爲飲也 漢郊祀志 勝鬻毄蔗有柘漿 注 蔗漿和其汁以爲飲也 宋玉招魂賦 交趾所生者圍數寸長丈餘頗似竹斷而食之甚甘笮取其汁曝數日成飴入口消釋彼人謂之石蜜 吳録

紀要 顧愷之爲虎頭將軍每食蔗自尾至中或問曰漸入佳境 世說 元嘉二十七年魏太武引兵攻彭城求甘蔗於武陵王駿駿命與之 魏史 魏主致意遠來疲乏若有甘蔗及酒可以分惠世祖答曰知行路多乏今付酒二器甘蔗百挺 沈約宋書 平虜將軍劉勳奪威鄧展等共飲聞展有手臂曉五兵與論劍良久謂將軍怯也求與對酒酣耳熱方食蔗即以爲杖下殿數交三中其臂左右大笑 魏典論 盧絳中痁疾逾月既乏資給疲瘵且極忽夢一白衣婦人頗有姿色謂之曰子之疾當食蔗即愈既詰朝見鬻蔗絳揣囊中且乏一錢唯有唐韻一冊遂詣易之其人曰吾乃負販者將此安用哀君欲之遂貽數杖絳喜而食之至旦疾愈 野史 神宗問呂惠卿曰何草不庶獨於蔗庶何也對曰凡草種之則正生此嫡出也甘蔗旁生所謂庶出也 野史

蔗氷 孫亮使黃門以銀碗幷蓋就中藏吏取交州所獻甘蔗餳黃門先恨藏吏以鼠屎投餳中啓言吏不謹亮呼吏持餳器入問曰此器既蓋之有油覆何緣有此黃門將有恨汝耶吏叩頭曰嘗從某求宮莞席有數不敢與亮曰必是此也問之具服 江表傳 唐太宗遣使西域取熬糖法即詔揚州上諸蔗柞如[illegible]

剝色味逾西域　唐史

【雜著】唐大曆間有僧號鄒和尚不知所從來跨白驢登繖山結茅以居雖鹽菜薪米之屬即書寸紙繫錢緡遣驢負至市區人知爲鄒也取平直掛物于鞍縱驢歸一日驢犯山下黄氏蔗苗黄請償於鄒鄒曰汝未知因蔗糖爲霜利當十倍吾語汝塞責可乎試之果信自是流傳其法鄒末年北走通泉縣靈鷲山龕中其徒追及之但見一文殊石像始知大士化身而白驢者乃獅子也　王灼　諸甘蔗只生於南方北人嗜之而不可得魏太武至彭城遣人求酒及蔗於武陵王郭汾陽在汾上代宗賜甘蔗二十條子虛賦所云諸柘也且諸蔗者甘蔗也蓋相如指言楚雲之物漢郊祀歌泰尊柘漿亦謂取甘蔗汁以爲飲咎齊又有糖霜譜云糖霜之名唐以前無所見自古食蔗者始爲蔗漿宋玉招魂所謂胹鼈炰羔有柘漿是也其後爲蔗餳如孫亮者黄也後又爲石蜜南中八郡志云窄甘蔗汁曝成飴謂之石蜜本草亦云煉糖和乳爲石蜜是也後又爲蔗酒唐赤土國用甘蔗作酒雜以紫瓜根是也唐太宗遣使至摩揭陀國取熬糖法即詔揚州上諸蔗榨瀋如其劑色味愈於西域然只是今之砂糖蔗之技盡於此不言作霜非古也歷世詩人模奇寫異亦無一章一句及之惟東坡過金山寺作詩送遂寧僧圓寶云涪江與中冷共此一味水冰盤薦琥珀何似糖霜美山谷在戎州作頌答梓州雍熙長老寄糖霜云遠寄蔗霜知有味勝如崔子水晶盤正宗掃地從誰說我舌猶能及鼻尖則遂寧糖霜見之文字者實始二公甘蔗所在皆植獨福唐四明番禺廣漢遂寧有糖冰而遂寧爲冠四郡所産甚微而顆碎色淺味薄纔比遂之最下者亦皆起於近世唐大曆中有鄒和尚者始來小溪之繖山教民黄氏以造霜之法繖山在縣北二十里凡前後爲蔗田者十之四糖霜戶十之三蔗有四色曰杜蔗曰西蔗曰芳蔗本草所謂荻蔗也曰紅蔗本草所謂崑崙蔗也紅蔗止堪生噉芳蔗可爲砂糖西蔗可作霜色淺土人不甚貴杜蔗紫嫩味極厚專用作霜凡蔗最困地力今年爲蔗田者明年改種五穀以息之霜戶器用曰蔗削曰蔗鎌曰蔗凳曰榨斗曰漆甕各有制度凡霜一甕中品色亦自不同堆疊如假山者爲上團枝次之甕鑑次之小顆塊又次之沙脚爲下紫爲上深琥珀次之淺黄又次之淺白爲下宣和初王黼創應奉司遂寧常貢外歲別進數千斤是時所産益奇墻壁或方寸應奉司罷乃不再見當時因之大擾敗本業者太半久而未復遂寧王灼作糖霜譜七篇具載其說予采取之以廣聞見云　容齋隨筆

都蔗雖甘杖之必折巧言雖美用之必滅　曹植

挫斯蔗而療渴若漱醴而含蜜清滋津於紫梨流液豐於朱橘　張協甘蔗賦

都蔗醲蜜殊美絕快渴者所思　錦之安衆帶　張載

初味猶噉蔗　韓愈答張徹

【賦詠祖】

【五言散句】

春雨餘甘蔗　杜

甘蔗消殘醉　元稹

薑蔗傍湖田　韋應物

漿甜蔗節調　白樂天

挺挺自超羣稜稜類比君　白氏

偶然存蔗芋幸各對松筠　杜

【七言散句】

蔗漿歸廚金椀凍　東坡蔗冰

疑是此君紫綬却來佳境醉紅裙　白氏集

少年辛苦真食蓼老境清閑如啖蔗　東坡

百味旨酒布蘭生泰尊柘漿析朝酲　郊祀歌以下係蔗漿

垂柳陰陰日初永蔗漿酪粉金盤冷　東坡

糖霜不待蜀客寄荔支莫信閩人誇　東坡

【七言古詩】

瑤池宴罷王母傳九芝飛入三仙山空餘絳節留人間雲軿縹洗無時閒節旄落盡何斕斑野翁提攜出茅管吳刀戛戛鳴雙

環截斷寒氷何滔滔相如賦就空上林倦遊渴病長相侵劉伶愛酒眞荒狂來欲倒滄溟深此時一嚼輕千金盧遷何用文君琴五斗一石安足斟生想毛髮生青陰蒼蘭甘泌欲誰釀柤梨橘柚紛殊狀冷氣相射盃盤上顧那不見休問張佳境到時還不妄詩成錐愧陽春唱全勝乞與將軍椒 舒信道

七言絕句 亦非崖蜜亦非餳青女吹霜凍作氷透骨清寒輕着齒嚼成人跡板橋聲 楊誠齋 糖霜

橄欖

事實祖 異物 橄欖大如棗二月華八九月熟生食味酢蜜藏乃甜美 南州草木狀 橄欖樹身聳枝皆高數丈其子深秋方熟閩中尤重其味云咀之香口勝雞舌香生啖及煮飲悉解酒毒有野生者子繁樹峻不可梯但刻其根下方寸許內鹽於其中一夕子皆落 嶺表異錄 廣州有烏欖色黑澁酢人不食 廣州記

雜著 龍眼橄欖 吳都賦

賦詠祖

五言散句 緊緊核中仁尚可淪奇茗 程金紫

五言古詩 江南多果實橄欖最珍奇北人將就酒食之先顰眉皮肉苦且澁歷口復棄遺良久有回味始覺甘如飴我今何所喻喻彼忠臣辭直道逆君耳斥退投天涯世亂思其言噬臍焉能追寄語採詩官毋輕橄欖詩 王元之

五行居四時惟火盛南訛炎焦灰木氣橄欖得之多酸苦不相入初爭久方和霜苞入中州萬里來江波幸登君子席得與衆果羅中州衆果集珠圓玉光瑳娓茲微賤實以遠不見貢舍兒女甜遺味久則那良藥不甘口砭功見沉痾忠言初厭之重至悔若何 歐陽公

南珍富奇異疇昔煩窮覽夷荒不書傳從古隨鉛槧苞封走中土天亭異離坎有香已來棄有色多黯黮今君此嘗千眞物推橄欖青膚鏤瑩璗翠顆森頭角苦爲幽人正久見君子淡甘攘彼包羞日新此剛敢清泉薦芳茗臭味獨潛感滌煩醒滌除塋玄覽蠹垢採時菊西伯嗜昌歜廟鼎實調梅壯士仍嘗膽由來超俗好諸絕不言慘啟勤謝凡口趣白空三啖 劉貢父

江魚肆潛毒頃刻輒僵仆宿酒發狂酲千日尚沉昏性命如危弦一絕不可救幸然服刀圭咄叱及其舊吾昔評橄欖不在百果後俗人多不識至美或莫售 劉原父

五言古詩聯 南國青青果涉冬如始摘雖咀澁難任竟嘗甘莫敵 梅聖俞

七言絕句 方懷味諫軒中果忽見金盤橄欖來想共餘甘有瓜葛苦中眞味晚方回 黃山谷

紛紛青子落紅鹽正味森森苦且嚴待得微甘回齒頰已輸崖蜜十分甜 蘇東坡

樂府祖

好事近 滿酒薦氷盤滿坐暗驚香集久後一般風味問幾人知得○畫堂飲散已歸來清潤轉更措留取酒醒時候助茗甌春色 山谷

浣溪沙 南國風流是故鄉紅鹽落子不因霜於中小底最珍藏○薦酒薦茶些子澁透心透頂十分香可人回味越思量 吳礼之

餘甘子

子部　第二冊

【事實祖】

【碎錄】菴摩勒餘甘子也 本草 又名菴摩落迦果 佛書

餘甘如彈丸大梘之理如陶瓜片初入口苦久乃更甜美鹽而蒸之尤美可食 異物志 餘甘子梭形初入口酸澁飲水乃甘 異物志 其實似李青黃色梭側作六七棱食之先苦後甘 草木狀 瀘水南岸有餘甘子樹色微黃味酸苦核有五棱 雲南記

【紀要】戎州蔡次律家軒外有餘甘余名之曰味諫軒 山谷集

【雜著】其果則丹橘餘甘荔支之林 吴都賦

【賦詠祖】

【五言散句】果子菴摩勒 鄭松窗

【六言古詩】百斤黃鱸鱠玉萬戶赤酒流霞餘甘渡頭客艇荔支林下人家 [illegible]

【五言古詩】炎方橄欖佳餘甘昔申商風姿雖少殊氣韻乃酷似醉頦澁吻餘暑驚清甘至今聞收寸長數骨成珍剤猶附雜霤章少時齋嚴味奇材用不專雖用何殊棄端如效苦言逆耳多嫌忌棄果事何傷違言德之累悅口易逢知感茲長發嘆 劉屏山

【七言絶句】甘言誤我三折臂良藥爲洗五年腸欲知苦過味方永請試君家肘後方 張于湖謝寄餘甘湯二首

此老才堪上諫坡南州留滯意如何還將苦口刺人主醫國懸知藥驗多

苦愁人意未相諳寧以初嘗廢後甘王氏有詩推橄欖可憐遺味在巴南 程金紫

【樂府祖】

【更漏子】菴摩勒西土果霜後明珠顆顆憑玉兔擣香塵稱爲席上珍○號餘甘爭奈苦臨上馬時分付管回味却思量忠言君試嘗 黃山谷

榲桲

【賦詠祖】

【五言古詩】秦中物專美榲桲爲佳果南枝種府署高樹立婀娜秋來收新實照日垂萬顆中滋甘醴酸外飾素茸裹彦思摘最奇合持贈我 文与可

【七言古詩散聯】蒺藜已枯天馬歸蝴蝶龍黃霜冒幹不比江南柤橘酸棗馳載與吳人看 梅聖俞

甘露子

【賦詠祖】

【五言古詩】甘露子甘露子喚作地蠶亦良似不食柘葉不食桑何須去入地底藏不能作繭不上蔟如何也蒙賜湯沐呼我果謂之果呼我蔬謂之蔬處林泉與山澤逢他高陽酒徒咀爾不撻牙 楊誠齋

天台陳先生類編花果卉木全芳備祖卷之五 後集

江淮肥遯愚一子陳 景沂 編輯

建 安 祝 穆 訂正

○果部

梅

事實祖

碎録 梅杏類樹及葉皆如杏而實同詩疏 標有梅男女及時也詩 墓門有梅詩 侯栗侯梅詩 五月煑梅爲豆實大戴禮 籩人饋食之籩其實乾橑音老 注梅乾也周禮

紀要 高宗命傳説曰若作和羹爾惟鹽梅説命 東方朔與門生三人行見一鳩一生曰當得酒一生曰其酒必酸一生曰雖得酒不及飲二生皆到酒吏主人出酒安樽於地而覆之不得酒問其故曰出門見鳩飲水故知得酒鳩飛集梅故知酒酸飛鳩去集枝折故知不得飲也朔傳 孫亮方食生梅使黃門以銀碗併蓋就藏吏取甘蔗餳黃門著鼠矢於餳中吳志 魏武帝以行兵失道三軍皆渴帝曰前有大梅林結子甘酸可以解渴士卒聞之口皆出水 ○ 吳人謂梅子爲曹公又謂鵝爲右軍有士人遺醋梅與燖鵝作書云醋浸曹公一瓶湯燖右軍兩隻筆談 范任能嗽梅人嘗致一斛奩留任食之須臾而罄語林 五代趙康凝揚偓方宴食青梅康凝顧偓曰勿多食發小兒熱諸將以爲慢偓遷康凝海陵 ○ 夏至前雨名黃梅沾衣裳皆敗黦又埤雅載云今江湘二浙四五月閒梅欲黃落則水潤土溽柱礎皆汗蒸鬱成雨謂之梅雨故自江以南三月雨謂之迎梅五月雨謂之送梅 黦於勿於月二反黑有文也 周處風土記 江淮有梅雨號爲梅霖沾衣皆黦又有落梅風以爲信風風俗記

雜著 魏元林而止渴范留信以前嘗陳照食梅賦亦果中之嘉實矣淑郢 天子置公卿大夫士欲水土相濟鹽梅相仍不得獨异獨非也王義方疏

賦詠祖

五言散句 紅綻雨肥梅 四月熟黃梅 梅杏半傳黃並杜 齒軟減梅酸韓偓 好折待賓侶金盤薦紅裙周庾信

七言散句 梅熟許同朱老喫村 水盤未薦含酸子坡 冰盤青子渴爭嘗朱韋齋 江南樹樹黃垂密竹坡

五言古詩 江梅有佳實結根桃李場桃李終不言朝露借恩光孤芳已皎潔冰霜空自香古來和鼎實此物升廟廊歲月坐成晚煙雨青已黃得升桃李盤以遠初見嘗終爲不可口擲置官道傍但使本根在棄捐果何傷山谷

七言絕句 天賜臙脂一抹顋盤中磊落笛中哀雖然未得和羹便曾與將軍止渴來羅隱

青沙逕裏香未乾黃鳥陰中實已團蒸豆作烏鹽作白獨同丹杏薦牙盤山谷消梅二首

北客未嘗眉自顰南人誇說口生津磨錢和蜜誰能許去蔕供鹽亦可人

帶葉連枝摘未殘依依茶塢竹籬閒相如病渴應須此莫與文君蹙遠山黃山谷二首

渴夢吞江起解顏詩成有味齒牙閒前年鄞下劉公幹今日江南庾子山

以雨令人不出門新晴喚我到西園要知春事深和淺試看青梅大幾分

紅雨斑斑竹外蹊黃金嫋嫋水邊絲牽頭揀徧低偃處帶葉

梅摘一枝 楊誠齋

【七言古詩】實成卜商人主知 進登玉階調鼎鼐 那得滋味甘如飴 無忘風雨摧挫時 王臞軒

【樂府祖】

【阮郎歸】南園春早踏青時 風和聞馬嘶 青梅如豆柳如眉 日長蝴蝶飛 ○花露重 草煙低 人家簾幙垂 鞦韆慵困解羅衣 畫梁雙燕棲 歐公

【青門引】一聲羌管吹嗚咽 玉溪半夜梅翻雪 江月正茫茫 斷橋流水香 ○含章春欲暮 落日千山雨 一點着枝酸 吳姬先齒寒 孫濟卿

【永遇樂】風雨肥梅 實又還如豆 玉枝初成紅顆 尚淺齒軟酸微 故故偷嘗 正任人驚見 不管露沾襟袖 一枝釵子未插 應把手挼頻嗅 ○相如病酒 只因思此 免使文君眉皺 入鼎調羹 攀林止渴 功業還依舊 看看飛燕 銜將春去 又是欲黄昏時候 爭如向金盤滿捧 共君對酒 王冠卿

杏

【事實祖】

【本草衍義】杏以梅差大而微紅 其仁可入藥 本草 師曠占曰 梅桃杏實多者 來年謂之穰 海錄 寒食人煑麥粥 研杏仁為酪 以餳沃之 玉燭寶典 嵩山有牛山 其山多杏 至五月爛然黄茂 自中國喪亂 百姓饑饉 皆資此為命 人人充飽 而杏不盡 嵩山記

【紀要】孔子休坐杏壇之上 莊子 漢武帝上林苑有文杏 西京雜記 神仙董奉居廬山 為人治病 重者種杏五株 輕者種一株 於杏林中以杏一器換穀一器 穀少者 虎逐之 乃以穀賑貧 總號董仙杏林 神仙傳 孫楚祭子推云 欽一盤醴酪 二盂寒食 有杏酪麥粥 即其類也 荆楚歲時記 後周張元 性廉潔 南鄰有杏兩株 杏熟 多落元園中 悉以還主 周書 馬燧之子暢 以第中大杏饋竇文場 文場以進德宗 德宗未嘗見 頗怪 暢令中使就封杏樹 暢懼 進宅 廢為奉誠園 唐史

【雜著】魏王送西山之杏 下說 文賦 飾文杏以為梁 司馬長卿賦 杏有惱公 公爲羞艷稱之 其首章曰 宋玉愁空斷 嬌饒粉自紅 歌聲春草露 門掩杏花風 故晁以齊詞用此

【賦詠祖】

【五言散句】芳枝結青杏 翠葉新奕奕 歐

【七言散句】青杏初嘗酒正醇 歐　大杏金黄小麥熟 東坡

仙人愛杏令虎守 梅聖俞

里中饋杏得新嘗 后山

【五言古詩】天暖雨[illegible] 還春暮花殘 覓芳行到南園 杏子半紅碧 輕風動高枝 可望不可摘 從旁有跂一足 偶鄰摘得纍條 初亦喜 折條還復惜 小苦已自韻 未酸政堪喫 聊將插鬢歸 空樽有餘瀝 楊誠齋 擦杏

【樂府祖】

【浣溪沙】青杏園林煑酒香 佳人初試薄羅裳 柳絲搖曳燕飛忙 ○乍雨乍晴花自落 閑愁閑悶晝偏長 為誰消瘦減容光 歐公

葉底青青杏子垂 枝頭薄薄柳綿飛 日高深院晚鶯啼 ○堪恨風流成薄倖 斷无消息道歸期 託顋无語翠眉低 歐公

【蝶戀花】花褪殘紅青杏小 燕子來時 綠水人家遶 枝上柳綿吹又少 天涯何處無芳草 ○墻裏鞦韆墻外行人笑 笑漸不聞聲漸杳 多情却被無情惱 東坡

【訴衷情】出林杏子落金盤 齒軟怕嘗酸 可惜半殘青子 猶有小唇丹 ○南陌上 落花閒 雨斑斑 不言不語 一段傷春 都在眉間

古詞

桃

【事實祖】【碎錄】旄冬桃冬熟 榹桃山桃爾雅 有蕡其實桃夭 投我以桃報之以李抑 其實棗采桃禮記 玉衡星散爲桃春秋運斗樞 水經曰東海有山名度索上有大桃屈蟠三千里名曰蟠桃吳都賦注 波斯國有波淡樹長五六丈圍四五尺葉似桃三月開花白色花落結實狀如桃子而形偏故謂之偏桃其肉苦澀不堪啖核中仁子甘美西域諸國共珍之南蠻志

【紀要】孔子侍坐於魯哀公哀公賜之桃与黍公曰以黍雪桃也對曰黍五穀之長果六而桃爲下君子以貴雪賤家語 老子西遊省太真王母共食碧桃紫梨尹喜內傳 昔彌子瑕有寵於衛君食桃而甘以其半啖君君曰愛我哉忘其口而啖寡人及彌子瑕得罪於君曰是固啖我以餘桃韓子 公孫接田開強古冶子事景公勇而無禮公患之晏子言於公請公饋之二桃曰三子計功而食公孫接田開強先言功援桃而起古冶子又言其功令二子反桃二子慙而自殺古冶子曰恥人以言夸其聲不義也亦反其桃契領而死故曰三桃殺三士晏春秋 秦吏趙凱私恨告國民吳且生盜食宗廟御桃且生對曰民不敢食也王曰剖其腹取其桃史記 惡而書之曰食桃之肉當有遺核王不知此而剖人腹以求桃非理也周書 東都獻短人帝呼東方朔朔至短人謂上曰王母種桃三千歲一結子此兒不良已三過偷之矣後西王母以七月七日降帝宮命侍女索桃須臾盤盛七枚母自啖二以五枚与帝帝留核著前母曰用此何爲上曰欲種之母笑曰此桃三千年一著子非下土所植漢武故事 漢永平中劉晨阮肇入天台迷不得返經十三日飢甚遙望山上有桃遂躋險援葛至其下啖數枚飢止躰充下山取水見一杯流下有胡麻飯乃相謂此近人矣遂度山見大溪溪邊有二女子色甚美見二人持杯便笑曰劉阮二郎投向杯來劉阮驚二女欣然曰來何晚耶因邀至家十日求還苦留半年女遂相送指子還路鄉邑零落已七世矣搜神記 張陵沛人也弟子趙升就陵受學陵已七歲試之第七試者陵与諸弟子登雲臺山絕岩上有一桃樹傍生岩上石壁下臨不測深三四丈有大桃實陵謂諸弟子曰得此桃者當告以道弟子皆流汗無敢視者升曰神人所護何險之有乃從上自擲正投桃樹上取桃滿懷而石壁峭峻不能得還乃擲桃百枚陵分桃賜諸弟子餘二枚陵自食一留一以待升陵乃伸手引升升忽已還乃以向一桃与升神仙傳 樊夫人与劉綱俱有道術各自言勝中庭有大桃樹夫妻各呪其一桃便鬪相擊良久所呪桃走出籬外同上 巨崖在京下有好桃亘元就求不得佳者元曰德之休明則肅謹貢其楛矢如其不然籬壁間物亦不可得也世說 譙郡夏侯文規亡後見形還家經庭前桃樹邊過曰此桃我昔所種子乃美好其婦曰人言亡者畏桃君何不畏耶答曰桃東南枝長二尺八寸向日者憎之或亦不畏也甄異傳 葛由羌人好刻木作羊賣之騎羊入蜀蜀中王侯貴人追之上綏山食桃得仙故里諺曰得綏山一桃雖不能仙亦足以豪列仙傳 莊宗幸鄴多疾馮道奏曰臣頭陛下寢膳之間動思調衛因指御前果實曰如食桃不康翊日見桃而思戒可也五代史 有一紅衣人送酒歌曰絳衣披拂露盈盈淡染臙脂一朵輕自恨紅顏留不住不干青帝太無情月中隨而送之踰墻入苑乃桃花精也博異記

【雜著】嗟王母之奇果特實兮兼副既陶照而夏成又凌寒而冬就嗟異植兮難拔亦晚枯兮先茂纍黃品其味漢帝驚其珍求

休反耕之牛宅樹司惡之神雖無言其成蹊亘充有於魏君宋
牟輯之國桃賦　有東園之珍果兮承陰陽之靈和結柔根以列
樹兮艷長畝而駢羅夏日先熟而進廟堂辛氏践秋厥味益長
亦有冬桃冷伴冰霜於神適意恣口所嘗華升御於內庭飾佳
人之令顏實充虛而療飢兮信功烈之難原嘉於牛於斯林兮
悦萬國之乂安望海島而慷慨兮懷度索之靈山何兹樹之獨
茂兮條枝紛而麗閑根龍虬而雲結兮彌千里而屈盤樂百鬼
之妖慝兮列神荼以司姦辟凶邪而濟正兮豈惟榮美之足言
晉傅玄桃賦

賦詠祖

五言散句　鸚鵡啄金桃杜　王母獻金桃杜
二桃殺三士李

七言散句　九重春色醉仙桃杜
十八年來墮世間瑶池歸夢碧桃閑李義山
要待花餘見秋實縹肌細肉薦盤珍宋景文

七言絶句　金桃兩飣照銀杯一是栽來一買來香味比嘗無兩樣人情畢
竟愛親栽楊誠齋
小桃着子可憐渠疎處全疎無處無併綴一梢三十顆縋枝欲
折没人扶楊誠齋
崴崴春風花滿墻摘來紅實亦甘香當時無種瑶池本却恐河
清未得嘗劉後村

七言八句　桃李今春勝去春添新換舊却重新宜移奇特根窠底好簡團
栾樹子勻移處帶花非差事登時着子亦娱人坡云千載方成
蔭請看誠齋別有神楊誠齋

七言律詩散聯
兩添煙蒸萬實垂丹砂爲骨玉爲衣客疑麗水新淘得人向瑶
池舊帶歸只恐壓枝星欲落最憐和藥露初稀文与可

樂府祖

定風波　墻上夭桃簌簌紅巧隨飛絮入簾櫳自是芳
[illegible]貪結子翻使惜花人恨五更風○露蘂鮮濃粧臉
靚○[illegible]事此門中粉面不知何處在無奈武陵流水卷
春空賀方回

卜算子　灼灼一枝桃粉艷天然好只被春風攛掇多顏色周零
早○結子未爲遲毎恨隨芳草不下山來不出溪待守劉郎老
朱希真

鷓鴣天　阿毋蟠桃不計春長沙星裏壽星明金花羅紙新裁就
月華旁行別授經○同犬子祝龜齡天教二老鬢長青明年今
日稱觴處更有孫枝滿謝庭張于湖蟠桃

壺中天　蓬宮仙子愛癡兒不禁三偷家果棄核成根傳漢苑依
舊曲風煙雖老養丹砂長留紅臉點透臙脂顆金盤盛處憮然天
上新墮○莫厭對此飛觴千年一熟異人間梨棗劉阮塵緣猶
未斷却向花間虛過爭似連枝摘來滿把遍滿平分破殘霞嚼
露鎮長歌醉蓬島鄭松窻

天台陳先生類編花果卉木全芳備祖卷之六 後集

江淮肥遯愚一子陳 景沂 編輯

建 安 祝 穆 訂正

果部

梨

事實祖

碎錄 梨曰快果本草 梨山樆爾雅 眞定郡梨大如拳甘若蜜脆若菱可以解煩結魏文帝詔 上林苑有紫梨青梨大谷梨縹梨西京雜記 淮北滎陽河濟之間千株梨其人與千戶侯等史記貨殖傳

紀要 柤相梨橘柚其味相反而皆可於口莊子 老子西遊與王母共食紫梨尹喜內傳 漢武帝園一名樊川一名御宿有大梨如五升落地則破取者以布囊盛之名含消梨三秦記 孔融與諸兄食梨輒取小者人問其故曰小兒法當取小者後漢 晉昇平中徐氏湖州安吉人爲安吉令先是其家有梨結一實大如升其父異之將獻于郡守有謂其父曰此果非常年所有即上獻來年見索安知復有此物不如勿獻其父然之因會鄰里將共食即席割之有赤蛇在實中割者大驚擲刀於地俄而赤蛇走于母榻之下尋之了無所見未幾其母遂殁知誥 張公大谷之梨注洛陽北邙張公夏梨海內惟一株潘岳賦 河南郡每見人不快輒嗔曰君得哀家梨當復不蒸食否舊語秣陵有哀仲家梨甚美大如升入口即消釋言愚人不別味得好梨蒸食之也世說 征遠文才清麗風神峻整當時目爲釘坐梨言席上之珍唐書 李建勳罷相江南出鎮豫章一日遊西山田間茅舍老叟教授村童公憩于其廬連食數梨賓僚有曰梨號五臟刀斧不宜多食叟笑曰鶡冠子云五臟刀斧乃離別之離非梨也蓋離別戕伐習懷有苦刀斧遂就架取小冊振拂以呈丞相乃鶡冠子東軒 唐肅宗嘗夜坐召潁王等三弟同坐地爐時李泌方絕粒上自燒二梨以賜之潁王等曰臣等請聯句以爲他年故事潁王曰先生年幾許顏色似童兒信王曰夜抱九仙骨朝披一品衣上曰不食千鍾粟惟餐兩顆梨上曰天生此間氣助我化無爲鄴侯傳 上大人謂許長史曰交梨火棗是飛騰之藥要使生於胸中今君胸中荊棘未除未尽是以梨棗不生也 柤張敷小名查父邵小名梨帝嘗戲謂之曰查何如梨答曰梨萬果之宗查何敢比宋書

雜著 紫花開處擅美春林綠帶垂時同光秋浦離離玉潤落落珠圓李嶠進梨表 夫循與壞舒慘殊時惟氣在春具物含滋嘉木之生于彼之基開榮布彩不離壑緇宋孝武帝雎陽東苑子梨[illegible] 圍三尺新豐箭谷枝垂六斤未有生因汾水產自桐丘影連鄴橘林交苑柿來薦中廚爰頒下室事同靈棗有殞遐年恐似仙桃無因留核庾肩吾啓 味出靈關之陰旨潤玉津之滋[illegible]定歸美大谷滋懟將恐帝臺妙棠安期靈棗不得孤擅其美獨甘仙蒂雖秦君得器漢后推食望古可儔於今誰各[illegible] 紫梨[illegible]潤蜀都賦

賦詠祖

五言散句 紫實已含津梁簡文帝 山梨結小紅杜 色好梨勝頰杜 秋梨雨也紅[illegible] 剖破玉壺梨梅聖俞 紅梨[illegible]溜杜 山盤薦霜梨李白 酸甜如梨柤杜 張梨不外求杜 柤梨且綴碧杜 呼兒且梨栗濁酒亦在眼杜 但見成蹊處[illegible]得正冠[illegible] 梨傳眞定間其甘如白蜜[illegible] 常期摘楟又洛吾半南豐 遺之析朝醒亦以蠲煩疾前人 初嘗蜜經齒久嚼泉垂口南豐

老嫌冰熨齒渴愛蜜過喉 梅聖俞　色鮮因曉日聲脆得秋霜 陶弼

七言散句

自得佳名過冰蜜 韓忠獻　山梨顆顆包還落 蔡西山

真定為霜寒樂薄樊川初曉露枝低 劉偁

紫花青蒂壓枝繁秋實離離出畫欄 錢惟演

嗟予久苦相如渴却憶冰梨熨齒寒 歐陽公

嘉名舊出新豐谷美實今鄰御宿園 晏元獻

蒙君知重惠瓊實尖導起金刀釘玉深 辛當遜

嚼處春冰敲齒冷咽時雪液沃心寒 前人

九秋青女霜添味五夜方諸月漾津 楊文公

嘗滋沆瀣充飢腹不假臙脂上臉紅 韓忠獻

五言八句

張泉出[illegible]園有實大如斗疑須青女熟不禁飛廉吼料應秋草間磊砢驪珠走磨刀垂饞涎佇立待一剖 楊道山

五言古詩散聯

甘棠詩所歌自足誇衆果愛其凌秋霜萬玉垂磊砢園夫勝採摘市賈爭包裹 王荊公詠甘棠梨

初嘗蜜經齒久嚼泉垂口蠲煩慰諸親愈渴析衆友肯論故畦瓜敢論濁泥藕 南豐

五言律詩散聯

遠意來嘉惠秋芳啓翠籃清香殊未散奇品互相參鳳卵辭丹穴龍珠出古潭剖輕刀匕快嚼易齒牙甘 程金紫

霜降紅梨熟柔柯已不勝未嘗蠲夏渴惟見助冬冰 東坡

七言古詩

願君莫愛金花梨願君須愛紅消梨金花紅消兩般味一般顏色如臙脂紅消食之甘如飴金花食之先蹙眉似此誤人多少事未食之前當辨之 邵康節

匀沙張陵最宜果萬梨壓樹當高秋去年花開往獨晚不見瓊葩腸欲斷 晁無咎

七言絕句

元圃雲腴滋絳質上林風御猶清香尋芳尚意瓊為樹蠲渴應知玉有漿 丁晉公

骨裏馨香衣不隔胸中冰雪齒先知貴漿竭碎瓊為汁解甲方知玉作肌 楊廷秀

莘渭當年已誤來南山芝老更堪哀人生若要常無事兩顆梨須手自栽 陸放翁

七言八句

尚想飛花映綺疏離離秋實點璧瑜并州頗覺露香薄玉齒寒冰嚼欲無舊有佳名傳大谷誰分靈種下仙都杯漿不用傳金梳猶得相如病少甦 劉屏山

珍實渾疑露結成香肥況是雪儲精下鶩磊落堆盤出旋剝輕盈照骨明盧橘謾勞誇夏熟柘漿未許析朝酲喉餘更檢桐君錄快果知非浪得名 朱文公

掛冠大谷皆干時飣坐風流特地奇骨裏馨香衣不隔胸中冰雪齒先知貴漿碎搗瓊為汁解甲方憐玉作肌老子醉來渾[illegible]客見渠倒屣只嫌疑 楊誠齋

想像含消与接枝英華集裏脆香詩外拋翠羽中懷玉嚼出瓊泉上滿池益齒應饕多正好堆盤促飣老將宜爭炎烝時節還能洗不是梨侯更有誰 楊東山

石榴

事實祖

碎錄 若榴石榴也 廣雅　安石榴有甜酢二種 廣志　一名丹若 梁知　頓孫國有安石榴取汁停盃中數日成

美酒 扶南傳

【紀要】張騫爲漢使外國十八年得塗林安石榴種 陸機與弟雲書 博物志

晉安帝時武陵臨沅獻安石榴一蔕六實 [illegible]

齊安德王延宗納趙郡李祖收女爲妃帝幸李宅妃母宋氏薦二石榴於帝前莫知其意帝問魏收答曰石榴房多子王新婚妃母欲子孫衆多帝大喜 北史

崔元徽嘗遇數美人其一曰石措措即石榴也 小說

洋見榴花門李漢辭胡碼碯盤送王苔因安石榴奉送呂見之不疑食之乃覺 揚州事迹

【雜著】若榴者天下之奇樹九州之名果也千房同膜十子如一御飢療渴解酲止醉 潘岳賦 紫房綺態顏膚自拆剖之則珠散含之則冰釋 張載賦花似鏡裂實留鄉賦

【賦詠祖】

【五言散句】庭榴剖珠實 白樂天　味美蔗爲漿 韓

潛苞絳實拆 韓　晴林紫榴拆 歐

紅榴踈玉房 山谷　試剖紫金梳滿堆紅玉珠 鄭獬

滿房蜂蜜一腹蚌含珠 古詩　不競灼灼花只效離離實 宋景文

【七言散句】海榴紅綻錦窠堆 元稹

淚痕裛損臙脂臉剪刀裁破紅綃巾 白樂天

煙滋黛葉千條困露裂星房百子均 宋景文

人拾鳥啄真可惜皮開子落不論錢 張芸叟

盡日攜樽芳樹下何須佳醞得塗林 石延年

【五言絕句】開從百花後占斷羣芳色更作琴軫房輕盈瑣窻側 晏元獻

安榴若拳石中蘊丹砂粒割之珠滿盤不待鮫人泣 梅聖俞

【五言古詩】榴枝苦多雨過熟拆已半秋蜜石壁破曉日丹砂爛任從雕俎薦豈待霜刀判張騫西使時安石同歸漢 梅聖俞

【五言八句】高枝重欲拆霜老拆丹雲試剖紫金碗滿堆紅玉珠根雖傳大夏種必近仙都題作江南信人應賤橘奴 鄭獬

【五言律詩】春去花隨盡紅榴暖欲然後時何所恨憂獨不祈憐葉葉自相偶重重久更鮮流珠露著雨改色淡朝煙有子寄寒酒移根擅化權愧非無價手刻畫竟難傳 陳后山

【七言古詩】蝉噪秋枝槐葉黃石榴香老愁寒霜流霞包染紫鸚粟黃蠟紙裹紅瓠房玉刻冰壺含露濕斕斑似帶湘娥泣蕭娘欲嫁嗜甘酸嚼破水精千萬粒 皮日休

玳瑁皺皺枝婀娜馬牙砌骨綿數裏霜風擊破錦香囊鸚鵡啄殘紅豆顆美人擎在金盤腹錯落瑜瑜斑綠綠滿口甞含瓊液甘一堂幽冷敲寒玉 莊布

榴枝婀娜榴實繁榴膜輕明榴子鮮可羨瑤池碧桃樹碧桃紅頰一千年 李商隱

【七言絕句】庭榴結實壓芳叢一夜飛霜染茜容萬子同包無異質金房玉隔護重重 劉屛山

【七言八句】深着紅藍染暑裳琢成紋玳敵秋霜半含笑處清冰齒忽綻吟邊古錦囊霧縠作房珠作骨水晶爲醴玉爲漿劉郎不爲文園渴何苦星槎遠取將 楊誠齋

【樂府祖】

【梁州令】翠樹芳條颭的的裙腰初染佳人攜手弄芳菲綠陰紅影共展雙紋簟插花照影窺鸞鑑只恐芳容減不堪零落春晚青苔雨後深紅點一去門閑掩重來却

嘉朱欄離離秋實弄輕霜嬌紅脉脉似見臙脂臉人非事往眉空斂誰把佳期賺芳心只願長依舊春風更放明年艷 歐公

楊梅

事實祖

碎錄 楊梅其子如彈丸正赤五月中熟時似梅其味甜酸 異物志 杭州人呼白楊梅為聖僧 又按杭州圖經楊梅塢在南山近瑞峯楊梅甚盛有紅白二種 坡詩注 會稽楊梅為天下之奇顆大核細味甘色紫 郡志 建安亦有之 郡志

紀要 楊氏子年九歲孔君平詣其父設果有楊梅孔指示兒曰此是君家果兒應聲答曰未聞孔雀是孔子家禽 郭子

雜著 鏡日繡壑照霞綺岫 江淹頌

賦詠祖

五言散句 散火楊梅林 坡

七

姑射團肌雪祝融留眼睛 張芸叟 正秋春酒盞且喜火丹成 張[illegible]

七言散句 玉盤楊梅為君設吳鹽如花皎白雪 李白

落落出羣非櫸柳青青不朽豈楊梅 杜甫

羅浮山下四時春盧橘楊梅次第新 東坡

味方河朔蒲萄重色比瀘南荔子深 可正平

年年梅裏見楊梅火齊堆盤更有香 曾文清

聖僧火丹驪珠冷粟起丹砂鶴頂殷 方秋崖

五言絕句 顆顆龍睛濕深深映石門自憐非荔子不得薦堯階 郭功父

五言律詩散聯 紅實綴青枝爛熳照前塢不及杏繁時林間有仙虎 郭功父

七言絕句 正為還相似和羹謾亦同不思五和裏均擅一調功 陳肥遯

嶺北土寒無荔子一言形味似楊梅翠條丹火休相索不願紅塵一騎來 陶弼

火齊無光荔寶遺未嘗先說齒先涎喚回天竺三年夢參透披雲一味禪 翁[illegible]

七言律詩散聯 南村諸楊北村盧白華青葉冬不枯垂紅綴紫煙雨裏特與荔子為先驅 東坡

七言八句 梅出稽山世少雙情知風味勝他楊玉肌半醉生紅粟墨暈微深染紫裳火齊堆盤珠徑寸醴泉繞齒柘為漿故人解寄吾家果未變蓬萊閣下香

越嶠諸山盛一時蔣儂瓜葛不曾知一夫自笑吾衰矣此客何從夢見之[illegible]德祖政緣作君是江湖浪客不是南村泓未定先驅事荔支 楊誠齋 謝通郎江宗鄉楊梅二首

綠陰翳翳連山市丹實纍纍照路隅未愛滿盤堆火齊先驚探領得驪珠斜插寶髻看遊舫細纖筠籠入上都醉裏自矜豪氣在欲乘風露摘千株 陸放翁

五月梅晴暑正祥楊家亦有果堪攀雪融火齊驪珠冷粟起丹砂鶴頂殷與文園消午渴不禁越女壓春山略如荔子仍同姓直恐前身是阿環 方秋崖

樂府祖

[illegible] 生與真妃姓字同家隨西子住羅浮誰道玉肥寒起粟酒能紅□火齊燒空米上苑外瓊蕤露出西宮不似荔支生處遠恨薰風 [illegible]

南柯子 德祖家珍熟錢塘五月中碧梧桐蓋翠籠傾向水晶盤內鬪骨空□絳粟成團小滑甜嫩蜜濃微酸猶解惱人客暑是玉纖撚處染輕紅 陳[illegible]翁

【浪淘沙】素手水晶盤疊起仙凡紅綃剝展碎都成團近得安排金
粟遍何似雞冠○味勝玉漿寒只為官酸莫將荔子一般看色
淡香銷僧憔損幾到長安王冠卿

枇杷

【事實祖】

【碎錄】枇杷冬華夏實大如雞子小者如杏味甜酢廣
志 或云一名盧橘

【紀要】建中元年詔山南之枇杷江南之甘橘歲為次第貢者取
一次以供廟饗唐史

【雜著】盧橘夏熟上林賦 東坡詩云盧橘楊梅尚帶酸張嘉甫問
曰盧橘何種果類曰枇杷是也冷齋夜話 今人生不思甘露醴
泉而患枇杷荔支之獨亦鄙矣仲長統昌言 枇杷寒暑無變負
雪揚華余植之庭圃遂賦之云名同音器質貫四序一采
素華冬馥周祗賦

【賦詠祖】

【五言散句】枇杷樹樹香杜 攢金盧橘塢坡
似梅嫌足核如橘少加酸張舜休

【七言散句】夢繞吳山歸月廊楊梅盧橘覺猶香東坡
客來茶罷空無有盧橘楊梅尚帶酸東坡

【五言古詩散聯】有果產西蜀作花凌早寒樹繁碧玉葉柯疊黃金丸上都不可
寄咀味獨長嘆宋景文

【五言絕句】五月枇杷實青青味尚酸獼猴定撩亂欲待熟時難梅聖俞

【五言八句】綠暗初迎夏紅殘不及春魏花非老伴盧橘是鄉人井落依山
盡岩崖發興新歲寒君記取松雪看蒼鱗東坡

大葉聳長耳一梢堪滿盤荔支多與核金橘却無酸雨壓低枝
重漿流冰齒寒長卿今在否莫遣作園官楊誠齋

【七言古詩】昭陽睡起人如玉粧臺對罷雙娥綠琉璃葉底黃金簇纖手拈
來嗅清馥可人風味少人知把盡春光夏初熟笑渠梅杏空自
狂生被三郎鼓声促上林此物今安在望斷長安動悲哭飛猿
過鳥競搖啄磋牙秖餘枯樹腹周必大

【七言絕句】五月枇杷黃似橘誰思荔支同此時嘉名已著上林賦却恨紅
梅未有詩梅聖俞
萬顆金丸綴木綢遺根漢苑識風流也知不作清朝瑞朽蠹聊
關聖主憂劉屏山

【五言八句】

擊碎珊瑚小作珠鑄成金彈密相扶羅襦襟解春葱手風露[illegible]
凉冰玉齒並世声名楊子只舊家門户北村盧知音未必能知
味曾遣青衫淚濕無方秋崖

天台陳先生類編花果卉木全芳備祖卷之七　後集
江淮肥遯愚一子陳　景沂　編輯
建安　祝　穆　訂正

果部

柿

事實祖

碎錄　柿朱實　說文　俗謂柿有七絕一壽二多陰三無鳥巢四無蟲五霜葉可翫六嘉實七落葉肥大　雜俎
梁侯家有烏椑八稜　地理志

紀要　鄭虔好書苦無紙慈恩寺貯柿葉數屋虔日取隸書歲久殆徧　小說

雜著　鴻柿若瓜　七發　梁侯烏椑之柿　潘岳賦　椑柿彼實於長浦　謝靈運賦　韓退之青龍寺詩終篇言赤色莫曉其故嘗見小說鄭虔寓青龍寺無紙取柿葉書九月柿葉赤而實紅則退之詩乃謂此也　坡集

賦詠祖

五言散句　霜天熟柿栗　韓愈　柿林綠陰合　白樂天　垂實滿園林柿味滋殊絕　劉恭義　想見冰盤中石蜜與柿霜　韓愈

五言八句　紅柿曾題字烏椑昔擅場凍乾千顆蜜尚帶一林霜核有都無底吾衰喜細嘗勳無瓊玖句報惠不相當　楊誠齋

七言古詩　秋灰初吹季月管日出卯南暉景短友生招我佛寺行正值万株紅葉滿光華閃壁見神鬼赫赫炎官張火傘然雲燒樹火實駢金烏下啄赬虬卵魑魅畏之忽所亦氣冲融無間斷有如流傳上古時九輪照燿乾坤旱二三道士席其間靈液屢進玻

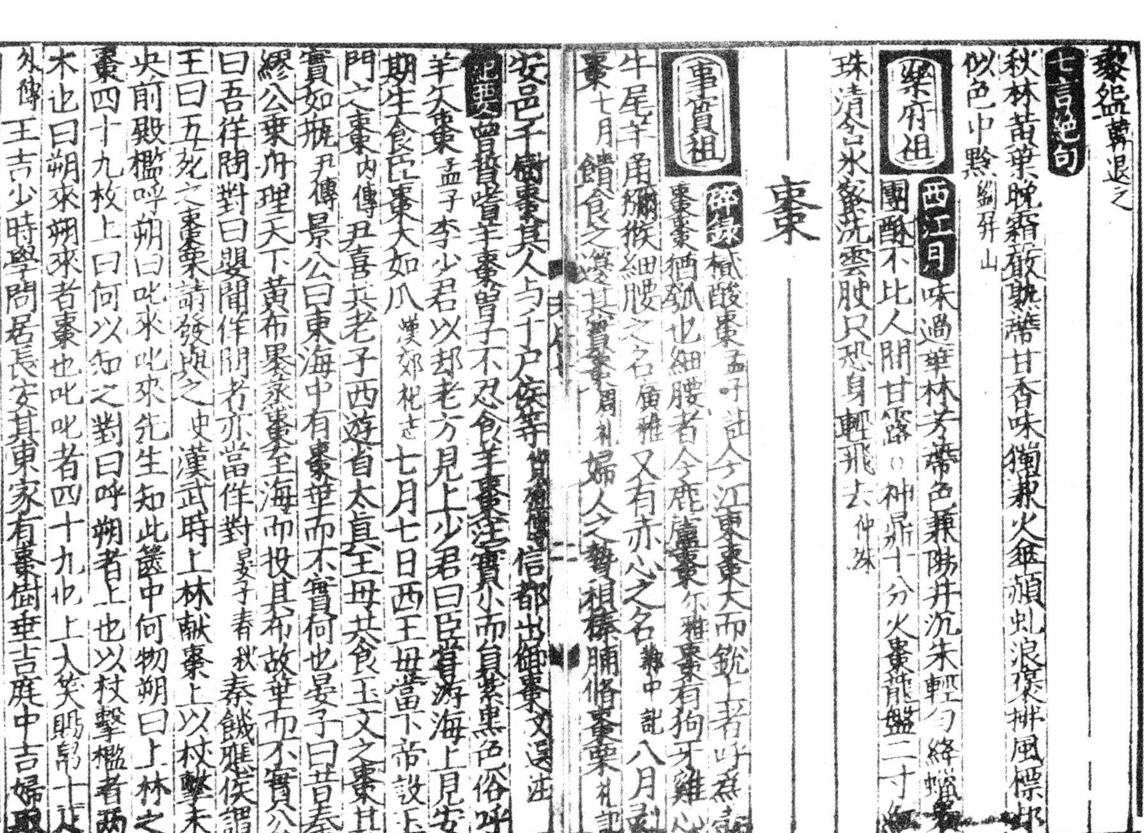

瓈盤　韓退之

七言絕句　秋林黃葉晚霜嚴熟蔕甘香味獨兼火傘頳虬浪滾排風標挺似色中黔　劉屏山

樂府祖

西江月　味過華林芳蔕色兼陽井沉朱輕勻絳蠟裹團酥不比人間甘露○神鼎十分火棗龍盤二寸紅珠清含冰蜜洗雲腴只恐身輕飛去　仲殊

棗

事實祖

碎錄　樲酸棗　孟子註　今江東棗大而銳上者呼為壺棗棗栖猕也細腰者今鹿盧棗　爾雅　棗有狗牙雞心牛尾羊角獮猴細腰之名　廣雅　又有赤心之名　鄴中記　八月剝棗　七月　饋食之籩其實棗　周禮　婦人之贄棗栗腶脩　禮記　安邑千樹棗其人與千戶侯等　貨殖傳　信都出御棗　文選注

紀要　曾晳嗜羊棗曾子不忍食羊棗　註實小而員紫黑色俗呼羊矢棗　孟子　李少君以郤老方見上少君曰臣嘗游海上見安期生食臣棗大如瓜　漢郊祀志　七月七日西王母當下帝設玉門之棗　內傳　尹喜共老子西遊省太眞王母共食玉文之棗其實如瓶　尹傳　景公曰東海中有棗華而不實何也晏子曰昔秦繆公乘龍理天下黃布裹蒸棗至海而投其布故華而不實公曰吾佯問對曰嬰聞佯問者亦當佯對　晏子春秋　秦饑應侯謂王曰五苑之棗栗請發與之　史　漢武時上林獻棗上以杖擊未央前殿檻呼朔曰叱叱來叱叱先生知此篋中何物朔曰上林之棗四十九枚上曰何以知之對曰呼朔者上也以杖擊檻者兩木林也朔來朔來者棗也叱叱者四十九也上大笑賜帛十疋　外傳　王吉少時學問居長安其東家有棗樹垂吉庭中吉婦取

棗以啖吉吉後知之乃去婦東家聞而欲伐其木鄰里共止之
因請吉令還婦 本傳 魏文帝忌帝弟任城王驍壯因在卞太后所
共圍棊並啖棗帝密以毒著諸棗中太后索水救之不及 本史
王敦尚武帝舞陽公主如廁見漆箱中盛乾棗本以塞鼻敦謂廁
上下果遂食之羣婢莫不笑之 本傳 蕭琛預御筵醉伏梁武帝
以棗投琛琛乗取栗擲上正中面御史中丞在坐動色曰此中
有人不得如此豈有説耶琛答曰陛下投臣以赤心臣敢不報
以戰栗上笑悦 本傳 鄧太師仙去永樂有無核棗人不可得永
樂道士侯道華竊食之 神仙傳 河中永樂縣得無核棗有姜氏
女自少獲而食之不食五穀年五十嫁顔如處子自就離後人
知其所 同上 石晉朝趙令公第家有棗樹婆娑異常四遠俱
見望氣者訪其鄰里問人云此家今有宰輔者不在其人在
其子孫後令公由大府大拜 北夢瑣言

雜著 周文弱枝之棗 潘安仁賦 信都之棗 魏都賦 脆若離雲甘
如含蜜 傅元賦 因林制義亦心㮚直藹藹卿士亮此宦職 郎奐
替棗喜昏鈍 范蔚宗 棗下纂纂朱實離離宛其死矣化爲
枯枝人生不能行樂何以壺謚爲 潘岳笙賦

賦詠祖

五言散句 飢食野棗實 傅元 紅皺曬簷瓦 韓
棗圃落青璣 韓
棗熟從人打葵荒欲自鋤 杜 垂花臨碧澗結實依丹巘 呂彷

七言散句 堂前撲棗任西鄰 杜 出籬大棗垂紅淚 子瞻
蔌蔌衣巾落棗花 山谷
又聞牛尾何曾識竊比雞頭意未安 潁濱
庭前八月梨棗熟一日上樹能千回 杜
秋來紅棗壓枝繁堆向君家白玉盤 歐
日顆曝乾紅玉軟風枝牽動綠羅鮮 黄

五言古詩

種桃昔所傳種棗予所欲在實爲美果論材爲良木餘甘入鄰
家尚得饞婦逐况予秋盤中快啖取饜足風包墜蔡繝日顆皺
紅玉贄享古已然豳詩自宜録緬懷齊魯間萬樹蔭平陸誰云
食之昏慮智乃成俗廣疑鶴毀壽以此參新穀北赤心投皇
明償予獨 荊公

五言古詩散聯 浮苴齊水靡垂彩鄭都奇白紛英靡三紫色 標離離風搖丰圓
樹日映雜心枝穀城剛石蜜遥岳表仙儀巳聞安邑美永茂玉
門垂 梁簡文帝
棗下何欑欑榮華各有時棗欲初赤時人從四邊來棗適今朝
賜誰能仰視之 李太白賦
黄華離昌朝册棗生自零不背棗自零念我少年弟兄 傅玄
北園有一樹布葉垂重陰外雖多棘刺内實有赤心 後秦趙整
皮皺似龜手葉小如鼠耳君若作大車輪軸材須此 白樂天

五言律詩

彼美祇園果珍同玉井船後期千歳熟今日萬珠圓北闕悉依
信閣深白帯煙結花雖最晩藏核莫如堅火食移根遠番禺託
講筵舊名稽藥録新賞著詩篇甜出諸餅上香啓百果前黒腰
垂羨爾紅皺豈爲然邂逅爲公壽婆娑與世延暮鍾催酒散嘶
馬引旗旋今作中州瑞元從異國傳何當驥栽植欲以慰飢年
郭功父千歳棗

七言古詩散聯

樹頭陽鳥飢啄棗破紅遠地上青蠅老青蝇雨濕驚不飛殘棗入
泥人不掃西風落盡鳥亦歸留客齒黄甚于懊惱 梅聖俞

七言絶句

子部　第二冊

蜀說山東第二州棗林桑泊冨春遊城西亦有紅千葉人老簪花却自羞 東坡

胡桃 松子附

事實祖

齊諧 陳倉胡桃皮薄多肌陰平胡桃大而肥脆急捉則破 錦志 山胡桃皮厚而堅底以斧椎之方破 嶺表錄

松子 樹與中國松樹同但結實大如小栗三角肥甘香美亦樽俎中佳果也出林邑名曰海松子 嵇氏錄

紀要 張騫使西域還得胡桃 博物志 漢末大亂宮人小黃門上墓樹上避兵食松柏實遂不復飢舉體生毛長尺許亂離既平魏武聞而收之還食穀米齒落髮白 異苑

雜著 三桃表櫻胡之列 潘岳賦 胡桃本生西域外剛澳內柔甘質似古賢欲以奉貢 晉劉滔母答吳國書

賦詠祖

七言八句 三韓萬里半天松方丈蓬萊東復東珠玉鏁成七載實冰霜吹落九秋風酒邊腦脾牙車響座上須臾滿檻空新果新嘗正新暑繡衣使者念山翁 楊誠齋

七言絕句 皺殼傾來紫麥新中藏瓊彔不勝珍胡桃松實何曾哭却嚼秋風柏子仁 楊誠齋

栗

事實祖

齊諧 陽有栗 山櫃 樹之榛栗 定之方中 饋食之籩實栗 周礼 女贄不過榛栗棗脩 左傳 燕秦千樹栗其人與千户等 漢書 中山好栗 何晏論 諸暨產如拳之栗 地理志 人有腳弱啖栗數升遂能行 本草

紀要 古者禽獸多民少皆巢居以避之晝拾橡栗暮栖樹上故命曰有巢氏 莊子 哀公問社於宰我宰我對曰夏后氏以松殷人以栢周人以栗曰使民戰栗 論語 宋有狙公好養狙以家口與若芧 芧栗也 朝三而暮四足乎眾狙皆起而怒曰朝四而暮三足乎眾狙皆悅 列子 宋劉秀之爲州縣戶外是秀之孫也穆之爲丹陽與子弟聽事上宴廳事柱有一穿穆之謂子孫曰我以栗擲柱入穿者必得此郡惟秀之入焉後果驗 南史 秀之幼敏悟年數歲祖母散栗於床羣兒競之秀之獨不取人問其故答曰不取當自得賜人皆異之 世說 殷七七名文祥能造酒更酒開頃刻花嘗於一官僚處飲酒取栗散於官妓皆聞異香驚之七七者栗然於鼻不可脫但聞臭氣須臾狂舞粉黛狼藉人爲陳過栗方隱 小說

雜著 人有折蔡氏祠前栗者故蔡邕作栗賦云何根莖之豐美嗟大折以摧傷 蔡邕賦 榛栗罅發 蜀都賦

賦詠祖

五言散句 採栗元猿窟 韋應物 穰多栗過拳 杜 山家蒸栗暖 杜 夜火爆山栗 歐 霜入熟柿栗收拾不妨遲 韓 山果多瑣細羅生雜橡栗 杜

七言散句 園收芋栗不全貧 杜 歲拾橡栗隨狙公 杜 山栗似拳應自飽 [illegible]

五言古詩 金英已勁霜實繁秋梢尺素走下隸一奩來遠郊中黃比玉質外刺同芡苞 梅聖俞 天師攜此種至自上饒遂當時十七樹高幹苛孤巉蒼遂疾栗大紫殼擯鄉軟蜀部名果中推之爲上選 文與可

七言絕句 老去自添腰腳病山翁服栗舊傳方客來爲說朝和晚三咽徐

收白玉穰 續智

遊困歸來訪栗園栗園樹老再生孫莫驚頭上見髮白拾栗兒童長幾番 石竹道

揩拙無煙爇夜長地爐煨栗酒熟如湯黃嘴老婦與盤飣笑指灰中丁栗香 范石湖

七言八句

樹雜椅桐纔國風莫教林下長蒿蓬其明秋實充腸飽不羨春華轉眼空病起數升傳藥録晨興三咽學仙翁 見蘇黃門詩

櫻桃浪得銀絲薦一笑纔堪發面紅 朱文公

銀杏

事實祖

碎録 一名鴨脚 草木志

紀要 京師無鴨脚樹駙馬王和父自南方移植于其第 歐詩注

賦詠祖

五言散句 何人栽銀杏青條數尺間 張右史

七言散句 宣城此物常充貢 晁无咎

五言古詩

鵝毛贈千里所重以其人鴨脚雖百箇得之誠可珍問予得之誰詩老遠且貧霜野摘林實京師寄時新封包雖甚微採掇皆躬親物賤以人貴人賢棄而淪開緘重嗟惜詩以報慇懃 歐公 謝梅聖俞寄銀杏

鴨脚生江南名實未相浮絳囊因入貢銀杏貴中州致遠有餘力好奇自賢侯因令江上根結實夷門秋始摘纔三四金奩獻凝旒公卿不及識天子百金酬歲久子漸多累累枝上稠主人名好客贈我比珠投博望昔所徙蒲萄安石榴想其初來時厭價與此侔今也徧中國籬根及牆頭物性久雖在人情逐時流惟當記其始後世知來由是亦史官法豈徒續君謳 歐陽和聖俞

北人見鴨脚南人見胡桃識內不識外疑若橡栗韜鴨脚類綠李其名因葉高吾鄉宣城郡多以此為勞種樹二十年結子防山猱剝核手無膚持置宮省曹今喜生都下薦酒為宮庖初聞帝苑誇又復主第褒嗟我誅採掇示攜上金鼇金鼇文章宗分贈我已叨豈無異鄉感感此微物遭一世未埋土壤頗得霜毛 梅聖俞謝歐公

五言古詩散聯

百歲蟠根地雖於淨梵居凌雲枝已密似蹼葉非踈 梅聖俞

魏帝昧遠圖於吾求鴨脚乃為吳人料重玩志已恢江南有佳木偕貢入天祿葉如欄邊跡子剝杏中甲持之奉漢宮百果不相敵 劉原父

七言古詩散聯

鴨脚半熟色猶青紗囊馳寄江陵城城中朱門翰林宅清風一月吹簾旌玉纖雪腕白相照爛銀殼破玻瓈明 張無盡

七言絕句

深灰殘火略相遭小苦微甘韻最高未必雞頭如鴨脚不妨銀杏伴金桃 楊誠齋

榧

事實祖

碎録 產信州玉山縣以懷玉得名 故詩云榧實甘

無毒主五痔去三蟲 本草

七言散句

博士獨能名玉榧 晁無咎

五言古詩

彼美玉山果粲爲金盤實瘴霧脫蠻溪清尊奉佳客客行何以
贈一語當加璧祝君如此果德膏以自澤驅攘三彭仇已我心
腹疾願君如此木凜凜傲霜雪斲爲君倚几滑淨不容削物微
興不淺此贈毋輕擲 東坡

五言絕句

榧樹移時活風霜不変青家墳雖閒寂田客每丁寧 梅聖俞

七言古詩

老坡文中咾闘聲凜凜常如對英峙琅然諷詠見凌雲慳若追
攀顔流泚玉山妙唱久寂寥可與言詩有之子栽培遂風露
薪坐我千尺黃山巔初披玄霧出水箱小嚼清香迷惑凡已輕
魏帝昵蒲桃自許煩贊殊綠李極知人口無正味苦淡甘酸各
矜美不經真識爲品題此物初爲錢不齒青青有用拔萬未白
粲無訓齋糠粃士樸璞瑞勿自神邂逅飛沈同一理子才郡然
會肆然於澤中負甲 固已驅煩邪更道更須柳骨韻
劉屏山次韻寄榧子

七言古詩散聯

平林常常說俚蠻王 盤其中一樹斷崖立石劉山
根多歲寒 楊東山

天台陳先生類編花果卉木全芳備祖卷之八 後集

江淮肥遯愚一子東 景沂 編輯

建 安 祝 穆 訂正

果部

瓜

事實祖

碎錄 瓞瓝其紹瓞注云俗呼瓝瓜爲瓞紹者瓜蔓緒
亦著子但小如瓝耳 爾雅 綿綿瓜瓞 綿詩 七月剝瓜
七月爲天子削瓜者副之巾以絺注副披偪反析也四析之也
以巾覆焉爲國君者華之巾以綌注華中裂也音話爲大夫累之
注累倮也爲不巾覆乃果切士疐之注不中裂橫截去疐而已
庶人齕之注齕齧也 禮記 瓜祭尚環食中棄所操 注 瓜頭也
示先也 禮記 [illegible]人嘗瓠 瓠 [illegible] 桃李梅 禮記
豈瓠瓜 [illegible] 而不食 論語 七月七日設瓜於庭中以乞巧
有喜子布網於瓜上則爲得巧 歲時記
[illegible] 契丹破回紇得此種以牛糞覆棚而種大如中國冬瓜而
味甘可生食 五代陷虜記

紀要 齊侯使連稱管至父戍葵丘瓜時而往曰及瓜而代 左傳
曾子芸瓜而誤斬其根曾晳怒大杖擊其背曾子仆地有頃乃
蘇孔子聞之告門弟子曰參來勿納也曾子使人請於孔子孔子
曰舜之事瞽瞍得小捶則受大杖則走今參事父委身以待暴
怒身死陷父於不義不孝孰大焉 家語 初刑史子臣謂宋景公
曰從今以往五祀日臣死後五年五月丁亥吳亡以後五祀八
月辛巳君薨刑史子臣至死日朝見景公夕而死吳亡景公懼
思刑史子臣之言將死日乃逃於瓜圃遂死焉求得已蟲矣 古
[illegible]語 始皇密令種瓜於驪山硎谷中溫處瓜實成使人上書

曰瓜冬實有詔下博士諸生說之人人各異使往視之儒生皆至方相難不決因發機從上填之以土皆壓死 史 邵平故秦東陵侯秦滅後爲布衣種瓜長安城東瓜有五色甚美故世謂之東陵瓜又云青門瓜青門即東陵 蕭何傳 西王母謂上元夫人曰後造朱陵山食靈瓜其味甚好憶此味已七千歲矣 漢武內傳 梁大夫宋就爲邊令與楚鄰界梁楚邊亭皆種瓜梁亭劬力數灌其瓜美楚人窳而希灌其瓜惡楚令以梁瓜之美怒因往夜竊搔梁瓜梁亭欲往報搔楚瓜宋就曰是搆怨之道也乃令人夜往潛爲楚灌瓜楚旦往則已灌瓜伺而察之乃梁亭爲之也楚人大悅因具聞楚王楚王乃謝以重幣故梁楚之驩由宋就也 賈誼新書 五原察部入山而還敬家人云至崑崙有玉瓜光明洞徹而堅剛須以玉井水洗之即軟可食 抱朴子 馬湘有道術常於[illegible]又馬湘坐上冬月以酒盃盛土種瓜須臾引一年生實食[illegible] [illegible]仙傳 有徐光能行術于里而乞瓜不與卻促瓣丈地種之俄而瓜生蔓生花成實乃取食之又從而贈又觀者爲 神仙傳 後漢曹娥父溺死娥見瓜浮而得屍 曾鞏 孫鍾富春人與母居至孝篤信種瓜爲業忽有三年少來乞瓜爲鍾定墓地出門悉化爲白鶴而去 幽冥錄 姚俊常種瓜菜灌園以供衣食時人或餉一無所受 異錄 步騭避難江南單身窮困種瓜自給 吳志 晉孫盧家園瓜熟有人踰園盜之盧見園籬多棘刺使人爲開道及盜負出見道通知盧使除之乃送瓜叩頭請罪盧與之 史 滕曇恭年五歲母患熱病思食寒瓜土俗不產曇恭歷訪而不得俄遇一桑門曰我有雙瓜分一相遺 至宋家驚異 南史 韓靈敏兄早孤並有孝性家貧無以營葬共種半畝瓜朝採暮又生遂辦葬事 齊史 梁任昉亡高祖方食瓜聞之投瓜悲不自勝 史 唐太宗食瓜美思杜如晦輟其半使祭之 史 王弘義賊時求傍舍瓜不與及爲御史騰文園有白兔本縣爲集人捕逐睡瓞遺瓜李昭德曰昔聞蒼鷹獄吏今有白兔御史 史 代宗皇后沈氏河南爲史思明所沒失后所在德宗即位令咨訪高力士女嘗從后遊性狀恰似后嘗削脯啣削傷左指高女亦剖瓜傷指 史 武儒衡議論勁正有風節時元稹依倚宦官取制誥儒衡鄙厭之會食瓜蠅集其上儒衡揮以扇曰適從何處來遽集於此一坐失色 史 陸贄常辛梁道有爵賞者帝嘉其意欲授以官贄曰爵位天下之公器不可輕也今獻瓜一器果一成則授之彼忘軀命者何勸哉 唐史 後周王羆嘗與客食瓜削瓜皮侵肉頗厚羆意嫌之及瓜皮落引手就地取而食之客有慚色 史 呂文穆家貧[illegible]在龍門讀書一日行伊水上見賣瓜者意欲得之無錢其人遺之枚公懷然食之後作相買園洛城東南下直伊水起亭以[illegible]瓜爲名不忘貧賤也 聞見錄

賦詠祖

五言散句

瓜畦爛文貝 韓

秋瓜未落蒂 韓

澄激甘瓜濯 韓

茶瓜留客遲 杜

瓜嚼水晶寒 杜

甘瓜抱苦蒂 古詩

破瓜霜落爪 杜

霜蔓絕寒瓜 柳

辰日宜種瓜 山谷

瘦地翻宜粟陽坡可種瓜 杜

浮沉亂水玉落刃嚼冰霜 杜

清吟冰有味甘潤玉無瑕 制李侍

惟應種瓜地分我讀書功 趙紫芝

七言散句

豈傍青門學種瓜 杜

每見秋瓜憶故園 杜

翠瓜碧李沉玉甃 杜

五言古詩

江閣雖炎瘴瓜熟亦不早柏公鎮夔國滯務茲一掃食新先戰士共少及溪老傾筐蒲鴿青箱眼顏色好竹竿接嵌竇引注來鳥道沉浮亂水玉愛惜如芝草落刃嚼冰霜開懷慰枯槁許以秋蒂除仍看小童抱東陵跡蕪絕楚漢休征討園人非故侯種

此何草草 杜甫

【五言古詩散聯】昔聞東陵瓜近在青門外連畛距阡陌子母相鉤帶 阮籍

種瓜黃臺下瓜熟子離離一摘使瓜好再摘使瓜稀三摘猶自可四摘抱蔓歸 李泌作此救八子

夏膚爲已皺秋蒂熟將脫不辭抱蔓歸聊慰相如渴 范石湖

【五言絕句】獨酌聖賢酒新嘗子母瓜丁寧林下友莫道故侯家 楊誠齋

【五言律詩散聯】冰泉浸綠玉霜刃破黃金凉冷消煩暑清甘洗渴心 趙山臺

【五言八句】病背那禁暑衰年更作愁有風依舊熱初伏幾時秋瓜葉誰新餉饞涎小忍休金盆井花水且看玉雙浮 楊誠齋二首

風露盈籃至竹香隔壁聞綠團罌一擘白裂玉平分蘇凝開冰段梅山失火雲老夫供晚酌不用辨漿葷

【七言絕句】事去人亡迹自留黃花綠蒂不勝愁誰能更向青門外秋草茫茫覓故侯 劉長卿

故人夙有瓜畦約走送籃輿百里間翠瓏瓏璁一握極知風味勝黃斑 劉屏山謝劉草堂瓜二首

柘漿溜溜香浮玉蘇水沉沉色弄金那似甘瓜能破暑一盤霜雪洗清襟

碧圓到眼舌生津三載深慚拜賜頻莫恠尊前最知味東陵自是種瓜人 刘漫塘

【七言八句】暑軒無物洗煩蒸百果凡材得我憎藓井竹籃浸蒼玉金盤碧筯薦寒冰田中誰問不納履坐上適來何處蠅此理一杯分付與我思明哲在東陵 山谷

【七言律詩散聯】一杯山茗雪花白數片甘瓜碧玉香但得心閒無箇事人間何地不清凉 方秋崖

瓜疇暑雨亂花飛美實蠲煩喜及時藓井鈎籠香發越金刀玉手翠離披侯家昔見連阡盛貴肆徒誇斗顆奇珍重故人分小意臨風宛似對奇安 樹指以餽取人時謂如斗瓜世取大者

呼兒急走送銷藍敵暑惟憑此物堪一握青瑶含秀潤滿襟寒雪沍清甘播園底用修鄰乞煎棘聊應益流澌佛日儻收遺獻種離離 以上二首范刘屏山前係惠瓜後係送瓜

【樂府祖】

【庸中天】東陵美景有輕煙和月斜風吹雨一種龍鬚隨地轉不學松蘿兒女結就圜青收來掌握猶帶金盤露拍浮金井水花寒亂飛蹕。誰信六月飄霜破開落刃散銀絲金縷冷碧凄香縈齒煩洗我塵襟煩暑杜老吟詩卬公留客此興無今古安期外誕世間有棗如許 鄭松窗

【青門引】手種園二王香趣日晴初熟金刀錯落曉霜寒十分風味獨向暑天足。唐君去後雲空谷異事傳流俗刀圭儻見廁藥地皮捲盡猶飛肉 馬古洲

【小重山】碧水浮瓜紋簟前只知閑枕手不成眠晚雲如火雨晴天輕雲遠亭外一聲蟬。池館紀年二倚欄催小艇採新蓮多情還到芰荷邊應相憶折藕看絲牽 晁叔用

木瓜

【事實祖】

【雜錄】楙木瓜也 爾雅 宣州人種蒔滿山谷如寔成則鏃紙薄其上夜露日曝漸而變紅花如生本州以充

貢爲 本草 投我以木瓜報之以瓊琚 齊詩 孔子曰吾於木瓜見苞苴之禮行 木瓜詩註

【紀要】唐元獻皇后思食酸味明皇以告張說因進經袖出木瓜以獻 明皇雜録 崔涓守杭州湖上飲餞客有獻木瓜所未嘗有也有中使即袖歸曰禁中未嘗有宜進於上頃之解舟而去守懼得罪欲斃飲官妓作消綿者白守某度木瓜經宿必委中流也會送者還云果遺爛棄之矣守異其言召問之曰此物芳脆易損必不能入獻守取香錦資之 唐語林

【雜著】爲中州之嘉木 伺承天木瓜賦 木瓜神能降時雨 杜牧之祭文

賦詠祖

【五言散句】客心自酸楚況對木瓜山 李白

【五言古詩】商州楚地戶外在江漢偏草木已滿苞果實未可怜木瓜大如拳橙橘家家懸隅崖有宿葉黄紫凝霜煙高秋萬嶂出一壑通鄭川都邑雖僻陋來者多名賢 張芸叟

百果各甘酸或田人所植木瓜聞衛詩贈好非玉色投此瓊瑤報蓋重車馬飾辛資藥品用少助宣調力南土加文章中州異肥瘠 梅聖俞

【五言絶句】金牛蜀路遠玉樹帝城春榮耀華堂裏逢迎久主人 刘禹錫

沉沉黛色濃鬖鬖金沙絢却笑宣州房競作紅粧面 范石湖

【七言絶句】晝漏沉沉倦鎖闈西園東閣芳菲繁花滿樹似留客應爲主人休澣歸 權載之

古言疾病由卑濕木瓜能醫見藥書有力與人銷患難無心望外報瓊瑤 張芸叟

簇簇紅葩間綠芳陽和閑暇不須催天教爛熳足奇絶不與李桃次第開 王逢原

天下宣州花木瓜日華露液綉成花何須堠子強呈界自有瓊琚先報衙 楊廷秀

樂府祖

【[illegible]】濃綠拂黄新葉嫩掩映嬌紅脈脈 羣芳後京兆畫眉[illegible]古風安別是閑芬芳○新篆題詩宮闈[illegible]就換得瓊琚心事倩長父雁足春來初覺有卅青傳得獻一瓊 于道輔

李

事實祖

【[illegible]】或朱或黄 唐元賦 駮赤李 爾雅 上林苑有紫李青房李青皮李綠李顔淵李合枝李羌李朱李車下李蜀李侯李縹李西京雜記 麥李細小有鑣李肌粘如似鐸有離核李有㮽李似㮽有劈李熟必先劈裂有黄扁李有鼠李可以染 黄志 有圍丘紅李 同上 杜陵有金李 述異記 丘中有李 詩 報之以李 抑詩 李直方品第果子以綠李爲首 國史補

【紀要】陳仲子居於陵三日不食井上有李螬食實者過半矣匍匐往將食之三咽而後耳有聞目有見也 孟子 李將軍恂恂如鄙人言寡貌 死之日知與不知皆爲流涕其忠誠信於士大夫也諺曰桃李不言下自成蹊此言雖小可以喻大 李廣傳 琳國多生玉葉李五千歲一熟韓終嘗食之亦名韓終李 洞冥記 房陵朱仲有李園三十六所 閑居賦注 和嶠性至儉家有好李求之不過數十王濟候其上直率少年詣園共啖畢伐樹送一車枝與和公唯笑而已○和嶠諸弟往園中食李皆計核責錢故嶠婦弟王濟伐之也 語林 王安豐有好李常賣之恐人得種常鑽其核 世說 王戎字濬仲年六七歲與羣兒戲於道側見李多

子部　第二冊

實笑群兒競趍之戎獨不往或問其故戎曰李在道邊而多子必苦李也取之果然（晉書）　五原蔡誕入山而還其家人云到崑崙山有二玉李形如世間者但光明洞徹而堅以玉井水洗之即軟可以食（抱朴子）　李義（典論）諸謁不行時人語曰李下無蹊徑（謝承）

來禽　王羲之帖云青李來禽櫻桃日給藤子皆囊盛爲佳函封多不生足下所疏云此果佳可爲致子當種之此當佳今在田里惟以此故遠爲致此子則大惠也又云來禽以味甘來衆禽也（法帖）　永徽中魏郡村人王方於江中灘上得一小樹埋之又長乃林檎也實大如小黃瓤色白如玉間以朱點一一數又如纈狀實爲奇果光明瑩目又非常甘美紀王謹爲曹州刺史有得之獻於王貢於高宗以朱柰又名五色林檎上大重之賜王文林郎名曰文林果

嘉慶子　東都嘉慶坊有李樹其實甘鮮爲京都之美故稱嘉慶子（韋述西京記）

賦詠祖

潛實內結豐肌外盈翠質朱實形隨運成（傅玄賦）　沉朱李於寒水（魏文帝與吳質書）　中山之縹李（左太沖蜀都賦）

五言散句　夏李沉朱實（謝元暉）　朱李沉不冷（韓）　道傍多苦李（山谷）　軋籠熟李香（杜）　排蹙渴漸醺（鄭谷　林檎）　右軍好佳果墨帖求來禽（梅）

七言散句　水盤夏薦碧實脆（韓）　碧李生瓜沉玉甃　朱李扶疏禽自來（坡）　野桃山杏水林檎（白樂天）　曾見歙公出縹墻更將朱實奉華堂（宋景文）　乞人肝膽無猶忌果下遊人但整冠（陶弼）　東坡先生未歸時自種來禽與青李（東坡）

五言古詩散聯　熟果無風時自落半顛迎日鬭鮮紅（蘇邁　林檎）

君子防未然不处嫌疑間瓜田不納履李下不整冠（顏延年）　桃生露井上李生桃樹傍虫來嚙桃根李樹代桃僵樹木自相代骨肉還相忘（古歌詞）　青玉冠西海碧石弥外區化爲中園實其下成蹊[illegible]色潤房陵縹味奪寒水朱（梁沈約）　摘以筠根籠沉以石根泉濛濛粉未落粲粲葉相連（歐公）

七言絕句　東都綠李萬州栽君子封題我手開把得欲嘗先悵望與渠同別故鄉來（白樂天嘉慶子）　粲粲來禽已青花芳根誰徙向天涯好將青李相遮映風味應同逸少家（劉莘山來禽）　甘露落來雞子大曉風凍作水晶團西川紅錦無[illegible]羅猶帶酸（楊誠齋　林檎）　枝上離離金彈丸宜隨[illegible]金盤從來[illegible]以[illegible]溪荔子丹（謝幼槃　林檎）　喜時能笑醉能歌眉映青山眼映波舊日美如潘騎省只今瘦似病維摩（楊誠齋　人面子）

柰

事實祖

雜錄　上林苑有白柰紫柰綠柰（西京雜記）

紀要　王祥後母庭中有柰始著子使祥守視晝驅鳥雀夜驚鼠時雨忽至祥抱柰至曙黑母見之惻然（本傳）　楊愔四世同居庭有柰實落于地羣兒咸爭愔獨坐不顧季父見之曰此兒恬裕有我風（三國典略）　王僧孺五歲有饋其父柰者先與僧孺僧孺曰大人未見不敢先嘗不受（本傳）　袁本初時有神出河東號度索君在兗州蔡氏母病往禱見一布衣高冠謂度索

君曰昔蘆山共食白柰未久已三千年日月易流使人悵然去後度索君曰此南海李少君也 神仙傳

雜著 曹植謝賜表即夕殿中虎賁宣賜臣等冬柰一大奩以柰夏熟今則冬生物以非時爲珍恩以絕口爲厚 文選 素柰夏成左思太冲嗟其夏成子建帳其寒熟[illegible]二柰耀丹白之色 潘安仁賦

賦詠祖

五言散句 輕籠熟柰香 杜 山風猶滿把野露及新嘗 杜

七言散句 素柰花開西子面 王建

五言古詩散聯

成都貴素質酒泉稱白麗紅紫奪夏藻芬芳掩春[illegible] [illegible]安仁 [illegible]後堂柰落盡風雨枝行空偶散步倚杖聊[illegible] [illegible] [illegible]真山[illegible]未知物亦以晦 [illegible] 梅聖俞 [illegible]孫情來周丁扶病爲尒起 庭柰喜 梅聖俞

天台陳先生類編花果卉木全芳備祖卷之八

天台陳先生類編花果卉木全芳備祖卷之九 後集

江淮肥遯愚一子東 景沂 編輯

建安 祝 穆 訂正

果部

櫻桃

事實祖

碎錄 楔荊桃今櫻桃也 爾雅 一名含桃以鶯鳥所含故名 呂氏春秋 一名朱桃一名麥英 本草 實深紅色者謂之朱櫻正黃明者謂之蠟櫻 同上 仲夏之月天子羞以含桃先薦寢廟 月令 黎奉欲以帳子陌櫻桃但恨不同時 金城記 李直方第果品以櫻桃第三 國史補

紀要 漢惠帝出離宮叔孫通曰古者春嘗果方今櫻桃熟可獻願陛下出取櫻桃獻宗廟 [illegible] 漢明帝於月夜宴賞臣於園太官進櫻桃以赤瑛爲盤賜群臣月下視之盤與桃同色群臣皆笑云是空盤也 [illegible] 唐三月宰相有[illegible]時最盛 唐史 唐新進士九重櫻桃宴 摭言 帝命侍臣升殿食櫻桃並盛以琉璃和以杏酪飲酴醾酒 景龍記 唐文宗即位因內園進櫻桃以奉三宮又景龍文館記上與侍臣於樹下摘櫻桃恣食末後大陳宴席奏宮樂至暝人賜朱櫻兩籠 [illegible]

陽盧子在東都下第嘗春暮遊僧舍有僧開講盧詣講筵至[illegible]舍有青衣携一籠櫻桃因與同餐青衣云娘子姓盧即盧子再從姑也盧即隨之盧娶爲御史大夫爲相經三十年却到昔逢携櫻桃青衣精舍門遂下馬升殿禮佛忽然昏醉聞講師云何久不起乃見身着白衫服飾如故訪其僕曰日已午矣 異聞錄

李希烈始入汴聞戶曹參軍竇良女美強取之竇稱陳仙奇忠勇可[illegible]竇姓願爲婢[illegible]以固其夫希烈許諾及希烈死其

子不發喪欲悉誅諸將自立未決有獻含桃者賓請分遣仙奇因燕帛九離果中出所謂仙奇大驚率兵入斬之（異聞錄）蕭頴士李林甫欲用之乃召見時頴士居母喪即縗麻而謁林甫林甫素不識遽見縗麻即令斥去頴士乃爲伐櫻桃以刺林甫云（唐史）

【雜著】擢無用之弱質因本枝而自託泪羣林而非據專階庭之右地雖先後而或爲豈和羹之正味（蕭頴士賦）推櫻桃之爲挑先百果而含榮爲絕食而使進雨薄灑而皆零（梁宣帝賦）櫻桃爲樹則多陰爲果則先熟（雜賦）集繁星而積燿（趙文）

【賦詠祖】

【五言散句】或櫻落紅珠（白樂天）櫻桃千子紅（温飛卿）

[illegible]水求江六櫻桃（杜）

倒[illegible]櫻桃[illegible]朱實[illegible]未須含遠日早色[illegible]長生[illegible]　紅[illegible]滿眼日白髮滿頭時[illegible]

甘爲[illegible]路[illegible]腹中[illegible]

賞應[illegible]杖扶歸及熏櫻桃（杜）　亦擬櫻桃[illegible]隱映銀絲籠[illegible]

流鶯猶故在爭得諱含來（李商隱）　惜堪充鳳實[illegible]含[illegible]（前人）

朱實鳥含盡青樓人未歸（前人）　何因古樂府惟有鄭櫻桃（前人）

西游爲櫻筍東道尺鶯鶯（東坡）　味兼羊酪美食厭楚梅酸（謝聖俞）

昨日酪將熟今朝櫻可食（梅）　並帶隨宜好連心著意紅（陳后山）

已驚鶯濃綠忽更垂繁紅（劉原父）　磊落火齊珠參差珊瑚叢（劉原父）

【七言散句】櫻桃爛熟滴階紅（東坡）

鳥偷飛處嘴將火人摘爭時踏破珠（白樂天）

朱櫻此日乘朱實郎外誰家負郎[illegible]（杜甫）

捧盤小吏初宣敕當殿羣臣共拜恩（張籍）

昨日南園新雨後櫻桃花發舊枝柯（前人）

飽食不須嫌內熱太官還有蔗漿[illegible]（王維）

蓬萊羽客如相訪不是偷桃一小兒（張祜）

聞道令人好顏色神農本草自應知（崔興宗）

石榴未拆梅猶小愛此山花四五株（張祜）

秪追朱櫻纔弄藥及來幽圃已成枝（梅聖俞）

朱櫻再食双盤日紫筍重須四月時（梅聖俞）

盤中的皪明珠滑舌上逡巡絳雪消（魏野）

傾筐的皪沾朝露出袖熒煌得貫珠（陳后山）

敢恨東君少才思不留擅口待櫻桃（王元之）

階翻紅藥曾重見敕賜櫻桃亦屢經（周益公）

草二杯盤草草朱櫻千路也嘗新（陸放翁）

紅實[illegible]二璧彩枝熒煌珠珠纍纍（張俞）

【五言古詩】

含桃丹更圓輕[illegible]千粒珠中藏半[illegible]可人[illegible]好手万顆擲處[illegible]成花鈿[illegible]作冰[illegible]紫[illegible]獨美（楊誠齋櫻桃）

【五言古詩散聯】

朝光破浮陰喧鳥声交加櫻桃此時盛滿樹紛形霞當户仍拂簾參差自相遮（劉原父）

別來過南京麥老櫻桃熟今來舊游處櫻麥半黃綠（東坡）

【五言絕句】

並帶隨宜好連心稱意紅口只堪驚老眼持此与誰同（楊誠齋）

火齊寶瓔珞垂於綠繭絲幽禽都未覺和露折新枝（范石湖）

【五言八句】

故人憐一老輟食寄三山厚味非貧具先嘗媿客間甘酸俱可口表白不宜顏好句那能繼情深未肯慳（陳后山）

綠樹帶未實驪禽嘗彈丸獨先諸果熟堪奉五侯餐猩血和瓊液蠙珠走玉盤同時得同賞藥滿雕欄（戴石屏）

五言長律詩

清曉趨丹禁紅櫻降紫宸驅禽養得熟和葉摘來新圓轉盤傾
玉鮮明籠透銀内園題兩字西掖賜三臣熒惑晶華赤醍醐氣
味真如珠未穿孔似火不燒人瓊液酸甜足金丸大小勻偷須
防曼倩惜莫擲安仁已懼長尸祿仍驚數食珍最慚恩未報飽
餵不才身 白樂天

五言律詩散聯

忍用烹酥酪從將洗玉盤流年如可駐何必九華丹 杜牧之
離宮時薦果樂府艷歌新石髓疑秦洞珠胎剖漢津三挑聊並
列百果獨先春清樂來君賜雕盤助席珍甘餘蔗受和國極豈
能神楚客便羊酪歸期負紫蓴 楊億
團欒火色圓照曜日光殊西母瑤池苑曾城翠吐函 風幡望
猶嫩龍睛未脫枯形標與霞彩紫府閬雲腴

上苑只枝從芳岩雨樹斗烏銜紅映背稜鉤滑流啓浴寺初供
佛山齋已待賓 果襯青絲纈籠蒙綠繞鑽結翦鎊熱沈酒
益甘辛 王元之 燕擬寒上器華
酪氷中尉細碎搖外匹尋常豬可奴還當坐林下筍合盛朝薦
石曼卿
林長錦呈拖枝重串珠錯摘自青絲籠來宜紫莖尋賞野流火
動瑩熟醉霞溫 宋景文
南國饒春實累累如瑪瑙然已先廣摘歌更壓珊文圓向日含嬌
液無人薦古盤 張俞
穀雨櫻桃落熏風卯帶斜發筵新曲存休唱綠庭花 謝希孟

七言古詩散聯

金衣玲禽弄深織燕雛未櫻斑若纈上李離宮促薦新勝藍璧
籠絡瑙發 君王日午坐猗蘭芳華一盤紅靺鞨 歐陽句

櫻桃薄齲紅亦糜槐葉探翳紫碧絲摘中洞庭張春綠腫筍煎
花煮甘羽舞台分坐葉底低攀條弄芳有茶薦為君刻竹記幽
會桐葉題詩滿新翠 文台集

七言絕句

雲陽初獻滿筠籠聖渥新裁色平紅今日頒嘗空對酒倒將淚
眼望秦中 張文潛
四月江南黃鳥肥櫻桃滿市燦朝暉赤瑛盤裏雖殊遇何必筠
籠相發揮 陳簡齋
王母階前種幾株水晶簾外看如無只應漢武金盤上瀉得珊
瑚白露珠 趙循道

七言八句

西蜀櫻桃也自紅野人相贈滿筠籠數回細寫愁仍破萬點匀
圓訝許同憶昨賜霑門下省退朝擎出大明宮金盤玉箸無消
息此日嘗新任轉蓬 杜甫
時節雖同氣候殊未知堪薦寢園無合充鳳食留三島誰許鶯
偷過五湖吉日尤難同象乙酪漿無復望增珠金為歲歲長富
賜忍淚看天憶帝都 韓偓
漢家舊種明光殿炎帝還書本草經豈似滿朝承雨露共看傳
賜出青冥香隨翠籠擎初到色照銀盤瀉未停食罷自知無所
報空然慙汗仰皇扃 韓愈
滿合虛紅怕動搖尚書知是賜櫻桃擎盤尚帶新鮮葉潑血猶
殘舊折條万顆真珠輕觸破一團甘露軟含消扶來老病人多
荷併食中腸似火燒
開門先得故人書寄宮提攜送瑤瓜得句有誰知我在營新
日預五品從傾籃的皪沾朝露出袖熒煌得寶珠曾為琅玕裝一
座見賜森口未良圖 陳后山

櫻挑一兩半彫零更與黃鸝翠羽爭計會小風留紫脆殷勤落
日映紅明摘來珠顆光如瀑走下金盤不待傾天上薦新更分
賜君童稚猶憶寅清 李常覺○白湯誠齋

【七言律詩散聯】

朱實初傳九華殿繁花舊雜萬年枝全勝晏子江南橘莫比潘
家大谷梨 崔興宗
綠見寢園春薦後非關御苑鳥啣殘歸歟尺帶朱絲籠中使頻
傾赤玉盤 士綝

【樂府祖】

【浣溪沙】雨後園亭綠暗時櫻桃紅顆壓枝低綠兼紅
好眼中迷 荔子天教生處遠風流一種阿誰知最
紅深處有黃鸝 宋元外

【菩薩蠻】香浮乳酪玻璃碗年年醉裏嘗新慣何物比春風歌脣
一點紅 江湖清夢斷翠籠明光殿萬顆瀉輕勻低頭愧野人
稼軒

【浪淘沙】上苑又春殘櫻顆如丹明光宮裏水晶盤想得退朝花
底散宣賜千官 往事記金鑾薦荔子難攀多情更有酪漿寒蜀
客筠籠相贈處憶長安 洪子大

蒲萄

【事實祖】

【爾雅翼】蒲萄苗作藤蔓而極長大盛者一二本綿被山
谷間花極細而黃白色其實紫白二色而形之圓銳
亦二種其汁可以釀酒 本草 一名馬乳或名水晶 雜志

【紀要】李廣利為貳師將軍破大宛得蒲萄種歸漢 六帖 西域蒲萄
酒可至十年 張騫使西域還得蒲萄 博物志 龜茲國胡人奢侈
家有至千斛蒲萄 漢使取實來離宮別館盡種之 異國志 大
宛俗嗜蒲萄酒馬嗜苜蓿後漢使因采蒲萄苜蓿種以歸植於

離宮館旁今皆有之漢時種也 異國志 西王母下帝設蒲萄酒
漢武內傳 孟佗以蒲萄一斛遺張讓即為涼州刺史 續後漢書
李元忠贈世宗蒲萄一盤世宗報以白練遺書曰忽意蒲萄良
深佩仰荷聊以縑百匹以酬清德 北史 唐高祖賜羣臣食於御前
有蒲萄侍中陳叔達執而不食上問其故云臣母患口乾求之
不能得上曰卿有母可遺乎遂流涕嗚咽因賜之 唐史 唐太宗
破高昌收馬乳蒲萄於苑中種之并得其造酒之法 唐史 貝丘
之南有蒲萄谷天寶中沙門曇霄因游諸岳至此谷得蒲萄食
之又見枯蔓堪為杖大如指五尺餘持還本寺植之遂活長高
數仞蔭地幅員十丈仰觀若帷蓋焉其房實磊落紫瑩如墜時
人號為草龍珠帳 雜俎

【雜著】蒲萄結蔭延蔓延而果密故多陰又云若蒲萄之珍磊落
蔓衍乎其間 [illegible] 且說蒲萄醒酒宿酲掩露而食甘而不餡
酸而不脆冷而寒味長汁多除煩解餡又釀以為酒甘於麴米
善醉而易醒道逢園以流涎咽唾況親食之耶他方之果寧有
匹之者 魏文帝詔

【賦詠祖】

【五言散句】一縣蒲萄熟 杜 蒲萄出漢宮 李
露垂珠顆重日耀水晶明 白氏集

【七言散句】九月肅霜初熟時寶璫碌碌珠纍纍 白樂天
向奴數頭數應尺明在應入蒲桃宮 李白
京師皆騎汗血馬回紇餧肉蒲萄宮 杜甫

【長篇】野田生蒲萄纏繞一枝高移來碧墀下張王日日高分岐浩繁
縟脩蔓蟠詰曲揚翹向庭柯意思如有屬為之立長架布濩當
軒綠米液溉其根理疏看滲漉繁葩組綬結懸實珠璣蹙馬乳
帶輕霜龍鱗躍初旭有客汾陰至臨堂瞠雙目自言我晉人種

此如種玉釀之成美酒令人飲不足爲君持一斗往取凉州牧
劉禹錫

五言古詩散聯

朱盤何疊疊紫乳封霜厚今爲馬谷繁且醞凉州酒 梅聖俞

五言律詩散聯

魚鱗含宿潤馬乳帶殘霜染指鉛華膩滿喉甘露香醞成千日
酒味敵五雲漿 劉禹錫

七言古詩散聯

婉婉長條力虬蟠纍纍佳實綴金寒鮫室珠盤驚不定蓬萊金
醴恨微酸甘泉滲液秋香薰露凝霜曉色乾 劉原父
蒲萄新條易扶踈樁花裝碎滿庭除旱乾只喜雨破土潦潤不
憂河決渠 [illegible]
蒲萄滿架如綴蟻春來藤起紆橫斜延之升架蟹甲動[illegible]栟櫚鬆
鬃生光華盤堆馬乳未敢望慇勤灌溉意匪他 張文潛

七言絶句

新蒸未遍半猶枯高架支離倒若扶若欲滿盤堆馬乳莫辭援
竹引龍鬚 韓愈
滿架龍鬚卷復伸堆盤馬乳釀青春潑醅一斗宜延客莫忖凉
州至漢人 王梅溪
凉州博酒不勝癡銀海乘槎領得歸玉骨瘦來無一把向來馬
乳太輕肥 楊誠齋
君家小圃占春光眼看龍鬚百尺長移向樓邊並春井明年垂
實更陰凉 張南軒謝送蒲萄栽

七言八句

映日圓光萬顆餘如觀寶藏隔蝦鬚夜愁風起飄星去曉喜天
晴綴露珠宮女揀枝模錦繡論師持味比醍醐欲收百斛供春
醞放出聲名壓酪奴 黃山谷
綠葉盤藤捲葉生又驚蟠架暗成陰夏寒涼潤青油幕秋摘甘
寒果水晶近竹猶爭一尺許抛鬚先買兩三莖今年乞種江西
去長是茅齋怯曉晴 楊誠齋

樂府祖

[illegible] 陰陰一架紺雲凉裊裊千絲翠蔓長紫玉乳
圓秋結穗水晶珠瑩露凝漿 相並熟試新嘗纍纍
輕剪粉痕香小槽壓就西凉酒風月無邊是醉鄉 張約齋
眼兒媚 玄霜凉夜鑄瑤丹飄落翠藤閒西風嵓顆明珠巧綴零
露凉溥 詩人那識風流品馬乳堆盤玉織搓摘銀罌分釀莫
負清懽 張約齋

天台陳先生類編花果卉木全芳備祖卷之九

天台陳先生類編花果卉木全芳備祖卷之十　後集

江淮肥遯愚一子陳　景沂　編輯
建　安　祝　穆　訂正

卉部

草

事實祖

碎錄　卉，草也。草謂之華，木謂之榮。不榮而實者謂之秀，榮而不實者謂之英。爾雅　天地變化，草木蕃。易坤卦　兖州厥草惟繇。書禹貢　徐州草木漸包。　揚州厥草惟夭。並同上　庶草蕃廡。洪範　圃圃毓草木。禮大宰　孟春草木萌動。記月令　季秋草木黃落。同上　為國家者見惡，如農夫之務去草焉，芟夷蘊崇之，絕其本根，勿使能殖。左傳　無使滋蔓，蔓難圖也。　一薰一蕕，十年尚猶有臭。並同上

紀要　神農始嘗百草，一日七十毒。淮南子　黃帝問師曠曰：吾欲知苦樂善惡，可知乎？對曰：歲欲豐，甘草先生；甘草，薺也。歲欲苦，苦草先生；苦草，葶藶也。歲欲惡，惡草先生；惡草，水藻也。歲欲旱，旱草先生；旱草，蒺藜也。歲欲疫，疾病草先生；疾病草，艾也。師曠占志　黃帝問天姥曰：天地所生，豈有食之令人不死者乎？天姥曰：太陽之草名曰黃精，餌之可以長生。太陰之草名曰鉤吻，不可食，食之入口立死。人同上　堯時階生蓂莢，草生庭，名曰蓂莢。朔日至十五日以前，生一葉；十六日以後落一葉，若小盡則一葉厭而不落。通曆　堯時有屈軼草，佞人入朝則屈而指之，又名指佞草。博物志　魯城孔子墓中不生刺人草。世家　秦時大宛中多枉死者，橫道，有鳥如烏，銜草以覆死人面，皆活。鬼谷先生曰：此草是瀛洲不死草也，生瓊田中，亦名養神芝。廣記　東方朔曰：臣有吉雲草，種於九景山中，二千歲一花，臣種一千九百九十九年矣。明年應生，臣走往刈之，以飼馬，馬食不飢。帝許之。朔平旦而去，至暮而返，背負數束，其形葉似麥而金色，刈以飼馬，即不食飢。洞冥記　漢王昭君嫁單于，服毒死，葬之。胡中地草白，而此塚草獨青，因謂青塚。漢書　不其城東有鄭玄教授山，山下生草如薤，葉長一尺餘，名康成書帶草。三齊記　漢元帝永光二年，大雨草，葉相糾結，如彈丸。史記　靈帝中平元年，東郡陳留濟陽長垣濟陰諸縣界中有草生，莖其大如指，狀似鳩雀龍蛇鳥獸之形，五色各如其物，毛羽頭目足翅皆具。續漢書　魏以錫義山多生薇蘅草，其草有風不偃，無風不搖。水經　謝靈運思詩不就，忽夢弟惠連，即得池塘生春草之句，人以為工。史　苻堅至壽春，與苻融登城而望王師，見部陣齊整，又望八公山上草木皆類人形，顧謂融曰：此亦勍敵。憮然有懼色。晉史　定昌羌俗無文字，但候草榮落以記歲時。後周書　有園客者，濟陰人，嘗植五色香草，積十年，服其實。一日有五色蛾止其上，客收而蓄之。至蠶時有女夜半至，自稱客妻，道蠶之狀，客與俱蠶，得一百二十頭繭，皆如甕。太平廣記　午橋莊小兒坡茂草盈里，晉公每使數群羊散于坡上，曰：芳草多情，賴此妝點。劉禹錫嘉話　周茂叔窗前草不除去，云：與自家意思一般。程語錄

雜著　何所獨無芳草兮，爾何懷乎故宇。離騷　畦留夷與揭車兮，雜杜衡與芳芷。　既替余以蕙纕兮，又申之以攬茝。　蘭芷變而不芳兮，荃蕙化而為茅。　覽椒蘭其若茲兮，又況揭車與江離。　采薜荔兮水中。　采芳洲之杜若，將以遺乎下女。　若有人兮山之阿，被薜荔兮帶女蘿。　被石蘭兮帶杜衡，折芳馨兮遺所思。　何昔日之芳草兮，今直為此蕭艾也。　春草生兮萋萋，王孫遊兮不歸。以上並楚辭　春草碧色，春水綠波，送君南浦，傷如之何。江淹別賦　芳草被隄。蜀西都賦

賦詠祖

五言散句

芳草換野色 古詩　光風草際浮 選
嚴霜凋衰草 曹顏遠　霜露在草根 選
青青河畔草 古詩　東風擺百草 選　春草秋更綠 謝朓
疾風知勁草 唐太宗　無名江上草 杜甫　春風百草生
秋露滴草根　草見踏青心　江白草纖纖
碧委牆隅草　碧知湖外草　忘機對芳草
百草競春華　春草隨青袍　汀草乱青袍
相期拾瑤草 並杜甫　燕草如碧絲　池草暗生春 李白
露排四岸草 韓愈　平野春草綠 柳宗元　陰草濕翠羽 同上
秋草含綠滋 張景陽　草色入簾青 劉禹錫
春草如有意，羅生玉堂陰 選　曉邊沙舊白，洲外草新青 杜甫
年深荒徑在，老恐失柴扉 杜　金谷人亡後，沙場日暖時 僧虛中

七言散句

獨尋春草上荒臺 薛能　獨憐幽草澗邊行 韋應物
綠楊如線草鋪茵 丁晉公　映階碧草自春色
煙迷碧草萋萋長 杜甫　草岸斜鋪翡翠茵 白樂天
草深閒院蟲相語 陸放翁
不似萋萋南浦見，晚來煙雨半相和 羅鄴
欲識王孫多少恨，正和煙雨滿亭臺 韓
館娃宮外姑蘇臺，鬱鬱芊芊撥不開
若共吳王鬥百草，不知應是欠西施 劉禹錫
庭下已生書帶草，使君疑是鄭康成 東坡
點淡江村春日斜，汀洲芳草野田花 蔡端明
落花過雨掃不去，敗草經春剗又生 趙竹所

五言古詩散句

終朝採草葉，日暮不盈掬。採之欲遺誰，所思在遠道。
綠蘿紛葳蕤，繚繞松柏枝。草木有所託，歲寒尚不移 古詩

白露下百草，蕭蘭共憔悴。青青四牆下，已復生滿地 韓愈
芳草復芳草，斷腸還斷腸。自然傾淚，何必更斜陽 杜牧
董子惡其蕃，謂我盡掃除。我爲再三歎，愛之不能鋤。人生禀動中，一氣本不殊。爾何自私害，彼安其軀。況我麋鹿性，得此亦可娛。延蔓蔽離開，若在田野居 張文潛

五言絕句

離離原上草，一歲一枯榮。野火燒不盡，春風吹又生 李白
山中相送後，日暮掩柴扉。春草年年綠，王孫歸不歸 王維
君王不可見，芳草舊宮春。猶帶羅裙色，青青向楚人 劉長卿
芳草知誰種，緣階已數叢。無心與時競，何苦綠葱葱 王荊公
塞北鴻初叫，江南客未歸。萋萋堪恨處，煙雨又斜暉 名賢集

五言八句

萋草經寒碧，逢春入眼濃。舊低收葉舉，新掩卷牙重。步履宜輕過，開筵得屢供。看花隨節序，不敢強爲容 杜甫
漠漠更離離，閒吟笑復悲。六朝爭戰處，千載寂寥時。陣闊圍空壘，叢疏露斷碑。不堪殘照外，牧笛隔煙吹 僧希晝
苒苒迷春意，秋原綠更新。空隨白雲暮，重和碧城春。苦寒有來雁，洞庭無主人。王孫歸未得，愁斷夕陽塵 張祜
草才起寒色，望來秋更清。舟橫遥夜月，風度隔城更。避俗心雖在，休官跡未行。空慙舊吟侶，有句續唐聲 賈秋壑

五言律詩

將謀司天曆，先觀近砌蓂。一旬開應月，五日數從星。桂滿叢初合，蟾虧影漸零。辨時長有素，數閏或餘青。墜葉推前事，新芽會未形。堯年始今歲，方欲瑞千齡

七言古詩

憶春草，處處多情洛陽道。金谷園中見日遲，銅駝陌上迎風蚤

河南大尹頻出難只得池塘千歩看府門閉後滿街月幾処遊
人草頭歇館娃宫外姑蘇臺[illegible]鬱芊芊撥不開無風自偃君知
否西子裙裾曾拂來 刘禹錫
勿去草草無悪若比世俗俗浮薄君不見長安公卿家公卿盛
時客如麻公卿去後門無車又不見千里萬里江湖濱觸目凄
凄無故人惟有芳草隨車輪一朝返故居階前草許除草於主
人實無負主人於草宜何如勿去草草無悪若比世俗俗浮薄
王文公

七言絶句

花落江堤簇煖煙雨餘江色遠相連香輪莫碾青青破留與遊
人一醉眠
清江碧草两悠悠各自風流一種愁正是落花寒食夜夜深無
伴倚空樓 韓偓

砌下芝蘭新滿徑門前桃李舊垂陰却憐田舍江邊草放出春
煙一寸心 李建勲
芳草和煙煖更青閑門要路一時生年年點檢人間事惟有春
風不世情
春草綿綿不可名水邊原上乱抽榮似嫌車馬繁華処纔入城
門便不生 刘原父
春盡江南茂草深遠池藂樹碧涔涔長安客舍孤根地一寸幽
芳萬里心 晏殊
山無人跡草長青異彩奇香不識名只是春花兼鮮葉也無半
點俗塵生 楊誠斋 二首
霜前乱碧未全枯霜後紛黄却更蘇偷喚瑶臺青女粉都生瓊
鬢與銀鬚
年年春色屬垂楊金撚千絲碧萬行今歲京芽先得計擺他濃
翠奪他黄 楊誠斋
楚甸秦原一望平誰教根向路傍生輕蹄綉轂長相蹋合是榮
時不得榮 徐俯

七言八句

漸覺東皇意思勻陳根初動夜來新勿驚平地有輕緑蓋盡六
街無舊塵莫爲榮枯吟野草且憐愁酌枕香輪詩人怨恨王孫
遠極目萋萋又一春 程明道
滄煙斉草六朝宫萬城叢生一眺中不識群公丘壠虎獨於此
地必争雄秦河濺淚西風泣淮獻含羞晚照紅臨得許多愁爲
底秖緣淚倚大江東 陳肥遯 四首
未破殘陽樓易亭亡今又幾經年七峯迴路轉勢不改木秀陰
繁人到頭流下山泉音若咽煙餘寺刻塊如拳柴王一殿今何
在衰草殘煙護曉娟

江城滕閣倚空寒鶴影寒飛遠耐看青列西山青玉案高縈南
浦白銀盤摩挲王記猶無恙拂拭韓碑尚未刓翻憶賞心亭下
水草洲埋没貯恭酸
長淮何処雁聲多西去渦心北遶河影逐泗濱煙月艇風驚亳
邑水雲衰小王草筆終難委蘇武林書果若何睡草邊蘆兩蕭
索遠啼砌女作離歌

七言八句散聯

裊裊垂綫軟如茵古渡叢茸映曉痕解感有情迷霧雨忽生閑
地雅蘭孫緑鋪春色園荒寺遠襯斜陽接釣村
波翻別浦情無盡日下重樓望欲迷獨鳥自飛煙寞寞行人不
到雨凄凄王孫何事征鞍晚蘭澤空閑故宇啼 王岐公

樂府祖

踏青遊 改火初晴緑遍禁池芳草闘錦綉大城馳道
踏青遊拾翠借羅弓小蓮步裊腰支佩蘭輕妙○

行歌下稍春好今日天涯何限舊情相憐念嬌落千古美男倩
劉郎心目斷蓬山難到仙夢杳夜宵又過了樓臺萬家清曉
東坡

【鵲橋仙】多情燕翩留連春意滿地紫花悲紫王孫何在不歸來又徧滿閒門要路。咸陽原上短亭草下腸斷綠波南浦迢迢歸思碧連雲解送春山盡處 朱淑真

【點絳唇】金谷年年乱生春草誰為主餘花落處滿地烟和雨。又是離歌一闋長亭暮王孫去萋萋無數南北東西路 林和靖

【憶王孫】一瑣離恨連綿無際來時陌上初薰繡幃人念遠暗垂珠淚泣送征輪長行長在眼更重重遠水孤雲但望極樓高盡日目斷王孫。消魂池塘別後曾行處綠妒輕裙恁時攜素手乱花飛絮裏緩步香茵朱顏空自改向年年芳意長新遍綠野嬉遊醉眼莫負青春 醉王

【八声甘州慢】斷鶯声近也探年芳河畔桃輕輪旋東風染綠綿綿平野無際煙春晶若又陽天外愁顏倚欄人无奈瀟湘杳留滯王孫。冷落池塘殘夢見送君歸後南浦銷魂賴東君能存醉臥展香裀儘教更行人行遠也相伴連水複連雲閑山古道無今古客恨長新 鄭子玉

【春草碧】又入隋芳緒生看萋連寒空愁遍征路東風裏誰望斷西塞恨送南浦天涯地角意不盡消沉萬古曾是送別長亭下細綠暗煙雨 何處乱紅鋪繡茵有醉眠蕩子拾翠遊女王孫遠柳外共殘照斷雲無語池塘夢生謝公後還能繼否獨上畫樓春山暝鴈飛去 万俟雅言

【少年遊】春風吹碧春雲映綠曉夢入芳裀軟襯飛花遠連流水一望隔香塵 萋萋多少江南恨翻憶翠羅裙冷落閒門凄凉古道煙雨正愁人 高竹屋

天台陳先生類編花果卉木全芳備祖卷之十一 後集

江淮肥遯愚一子陳 景沂 編輯

建 安 祝 穆 訂正

卉部

芝草

【事實祖】

【碎錄】芝瑞草名也一名菌一名芝 爾雅 芝生於土土氣和故芝草生瑞命禮曰王者慈仁則芝草生是也 論衡 黑為惡黄為喜 菌芝如樓 五德芝如車馬 酉陽雜俎

【紀要】四皓避秦隱於商山採芝而歌曰漠漠高山深谷逶迤曄曄紫芝可以療飢唐虞世遠吾將何歸駟馬高蓋其憂甚大富貴之畏人不如貧賤之肆志乃共入商山隱于地肺山秦滅漢高帝召之不至深入終南山 史 漢武帝甘泉宮生芝草九莖連葉乃作芝房之歌以薦宗廟 本紀 漢宣帝神爵元年詔金芝九莖産于函德殿銅池中 本紀 明帝永平間芝草生殿前 本紀 章帝朝零陵獻芝草 本紀 唐太宗正觀中于子寢室中産紫芝十四莖並為龍翔鳳翥之形 本紀 元宗天寶中有玉芝産于大同殿柱礎一本兩莖神光照于殿 本紀 肅宗上元中延英殿御坐生玉芝一莖三花御製玉靈芝詩 本紀 天寶初臨川郡人李嘉嗣所居柱上生芝草形類于尊太守張景佚截柱獻之 酉陽雜俎 伊祁元為上種於殿前一日雙麟芝色獨一莖兩穗如麟頭尾悉具其中有子如琴瑟 杜陽編 唐安祿山擊敗开州還奏河北郡芝生于梁 史 韓思廷滁州守有黄芝之生于州署民為刻頌其瑞 史 景祐四年有芝生于化成殿柱御製瑞芝之詩儒者並獻頌韓琦言願陛下特以災異為重芝於珍符奇瑞雖仁愛所感亦望日謹一日以雖休勿休為念 長編 東坡云夜夢游何人家開

堂西門有小園古井井上有蒼石石上生紫藤如龍蛇枝葉如赤箭主人言此石芝也余率爾折食一枝衆皆驚笑其味如雞蘇而甘明日作詩（東坡詩序）子瞻詩所記胡道士五芝之一名夔田草者俗號其葉云唐慎微本草之鬼臼也歲生一臼如黃精之眼壽瘦可辟穀（山谷詩序）

雜著 渥靈芝之於朱柯（西京賦）玉芝之含秀而晨敷（天台賦）車蓋之狀 煒煌靈芝一年三秀（同上）赤箭青芝（韓文）鳳凰芝言其如馬皆知為美瑞（同上）使受天澤餘潤雖朽株敗腐不能生植猶居蒸出芝菌以為祥瑞（柳文）齊芳產草九莖連葉宮童效異披圖按牒乃元氣之精回復此都蔓蔓日茂芝成靈華（禮樂志）王欽若曰今歲豐百物繁衍公私所覽雖有靈芝慶雲醴泉不足以諭物不若豐年之為瑞也（本傳）晉陵邵君叫為新昌宰視事之三月靈芝之五色十二生於便坐之室吏民來觀無不動色相與言曰吾令君始將有嘉政以福我民乎山川鬼神其與知之矣不然此不時而秀不根而成非人力所能致而自至者何也乃相與闢其室四達為亭命曰瑞芝奔走來謁記於豫章黃庭堅黃庭堅曰予觀神農草木經青芝之生泰山赤芝之生衡山黃芝之生嵩山白芝之生華山黑芝之生常山皆久食而輕身延年而不老蓋序列養生之藥不言瑞世之符又其傳五芝曰赤者如珊瑚白者如截肪黑者如澤漆青者如翠羽黃者如紫金皆光明洞徹如堅冰而世之所名芝草不能若是也故嘗考於信書自先秦之世未有稱述芝草者及漢孝武厭飫四海之富貴求致神仙不死天下騷然元封中乃有芝草九莖連葉生甘泉殿齋房中於是赦天下作芝房之歌孝宣興於民間厲精為事事無過舉然廟頌數有美頌頗甘心焉故復脩孝武郊祀以瑞紀年元康中金芝九莖又產函德殿銅池中然此芝不生於五嶽果神農經所謂芝者耶予又切怪漢世既嘉尚芝草而兩漢循吏之傳未有聞焉何也豈其所居民得其職所去民思其功生則羽儀於朝歿則烝嘗於社則是民之鳳凰麒麟醴泉芝草也耶抑使民田畝有禾黍則不必芝草生戶庭使民伏臘有雞豚則不必麟鳳在郊藪黠吏不舞文則不必虎渡河里胥不追擾則不必蝗不入境此其見效優於空文也耶又嘗試論之古之傳者曰上世蓋有鉅軼抽俊美菌弱庖貧蓂紀曆嶰竹生律既不經見後世亦不聞有之則前世之有芝草特未定也邵君家世儒者又能好脩求自列於循吏之科故即其氣酞而取之異草來瑞使因是而發政於民修柄而九縣民將盡力於田士將盡心於李則非常之物不足其顯日必受賜金增秩之賞用儒術顯於朝廷矣豈獨本縣丁口而已乎故書予所論使歸刻之（黃山谷鄂州瑞芝亭記）

賦詠祖

五言散句 靈芝望三秀（選）芝葉正玲瓏（庾肩吾）靈芝冠衆芳（杜甫）黃金九莖發紫蓋六英通（庾肩吾）吾慕漢初老時清猶如芝（杜甫）柯同庭柏勁色近御衣深（王岐公）一榮不復枯五色異衆芳（梅聖俞）四明開奧壤三秀發靈芝（夏英公）菌蠢朝承露熒煌夜吐霓（蘇子由）齊秀輝玉砌岱岭雜金泥（王岐公）不須許子子勤求五芝（山谷）

七言散句 枯朽猶能出菌芝（東坡）靈根盤錯呈天瑞宝葉蟬聯表地仙（李紳）穆穆晬容分喜色煌煌宝坐秀靈芝（夏英公）可憐九轉功成後却把飛昇乞內芝（歐陽脩）內芝寅熟石芝老笑唯能掌嚼雕胡（東坡）冊頂一九深自祕紫芝三秀却先知（穎濱）不用採芝驚世俗恐人謗道是神仙（陸放翁）

【五言律詩】

明王諡孝感，宝殿秀靈芝。色帶朝陽靜，光涵宿露滋。日標宣德重，更引國恩施。聖祚今無限，微臣樂未歸。纖廸

【七言古詩散聯】

空堂明月清且新，幽人睡息來初勻。了然非夢亦非覺，有人夜扣祈孔竇。披衣相從到何許，朱欄碧井開瓊戶。忽驚石上推龍蛇，玉立紫筍生无數。翛然散折青珊瑚，味如蒸鵝和雞蘇。主人相顧一拊掌，灑然坐客皆胡盧。亦知洞府嘲輕薄，終勝嵇康羨王烈。神仙一去五百年，吹風空籥堅如鐵。東坡石芝

卓仙在時養瓊芝，深根固蒂活人命。惟一出問此何草，但告渠是唐蓬[illegible]

【七言八句】

廟錫珍符豈偶然，瑞芝待見只經年。祥開二室昭前燕，根託同楹自屬聯。上端應誠雖紹聖，宸衷思孝益增虔。微臣願考皇天意，不厭終童效異篇。張于湖進瑞芝二百

煌煌瑞彩映金蒲，元氣回旋即此都。太史連年書盛事，近臣更日獻新圖。琉宮薦祉宸應，玉葉流芳已兆符。早晚清塵從原廟，臨觀敢請駐前驅。

【七言律詩散聯】

豈如玉殿生三秀，詎有銅池出五雲。陌上堯樽傾北斗，樓前舜樂動南薰。錢起

【樂府祖】

【點絳唇】高柳蕭蕭，睡餘已覺西風勁。小窗人靜，淅瀝生秋聽。○底事多情，欲與流年競。殘雲暝，喚千巾慵整，獨立芝蘭徑。葉石林山樓生闌檻側生紫芝十一本

虞美人草

【事實祖】

【碎錄】雅州名山縣出虞美人草，如雞冠花，葉兩兩相對。人或近之，即向人而俯，如為唱虞美人曲，則此草應拍而舞，他曲則否。益州草木記 今此草在在有之。雜記

【紀要】漢王圍羽垓下，歌曰：力拔山兮氣蓋世，時不利兮騅不逝。騅不逝兮可奈何，虞兮虞兮奈若何。左右皆泣。史

【賦詠祖】

【五言古詩】夜闌出歌起，玉帳生悲風。江東可千里，棄妾蓬蒿中。化石那解語，作草猶可舞。陌上望騅來，翻然不相顧。姜白石

【五言八句】

幽草默通神，舊題虞美人。長言方度曲，應節若翻身。律呂聲相召，靈氛氣自親。無情猶感會，不獨在君臣。陳後山

【七言古詩】

鴻門玉斗紛如雪，十萬降兵夜流血。咸陽宮殿三月紅，霸業已隨煙燼滅。剛強必死仁義王，陰陵失路非天亡。英雄本學萬人敵，何用屑屑悲紅粧。三軍散盡旌旗倒，玉帳佳人坐中老。香魂夜逐劍光飛，青血化為原上草。芳心寂寞寄寒枝，舊曲聞來似斂眉。哀怨徘徊愁不語，恰如初聽楚歌時。滔滔逝水流今古，漢楚興亡兩丘土。當年遺事久成空，慷慨樽前為誰舞。曾姓

君恩如海海不深，妾義如鐵利斷金。舍生取義我所欲，忍死織室羞同心。春姿忽作秋蓮委，一寸剛明曾不死。明年原上野花繁，一枝自托華風起。裊裊娉娉不成艷，能度淺深生色染。向人欲訴却無言，寂寞千年恨誰掩。亡兮遊女宛轉歌，停春拍手看婆娑。曾艽淵

【七言絕句】

曾公死後一杯荒，誰與芊頭薦一觴。妾願得生墳土上，日翻舞袖向君王。蕭千岩

霸業將衰漢業興佳人玉帳醉難醒可怜血染原頭草直至如今舞不停 [illegible]幼奉
合歡枝染想腰身不共長安草木春若聽楚歌能楚舞未央空有戚夫人 許[illegible]

樂府祖

虞美人 歌唇不啓塵飛處似遇舞能遲嬌谷婉條纖麗玉玲瓏怯秋扇 ○虞姬珠翠今古同 西蜀 [illegible]文重莫認埋魂地只因遺恨寄芳叢露和清淚濕輕紅 ○文王當年得意如芳草日日春風好技山力盡忽悲歌飲罷虞兮從此奈君何 ○人間不識精誠苦貪看青青舞屬然欲往却無言怕是曲中猶帶楚歌聲 辛稼軒 帳前草草軍情變月下旌旗亂褫衣推枕愴離情遠風吹下楚歌聲月三更 ○撫鞍欲上重相顧艷態花無主手中蓮萼凜秋霜九泉歸路是仙鄉恨茫茫 顧下

浪淘沙 不肯過江東玉帳匆匆至今草木憶英雄唱着虞兮當日曲便舞春風 ○兒女此情同往事朦朧湘娥竹上淚痕濃舜蓋重瞳堪痛恨羽又重瞳 辛稼軒

卉部

菖蒲

事實祖

【集錄】菖蒲一名昌歜 説文 其根盤屈有節狀如馬鞭大一根旁引三四根節尤密一寸九節者佳亦有一寸十二節者 一名昌陽 本草 人家以瓦石器種之旦暮易水則茂水濁及有泥滓則萎 同上 羅浮山中菖蒲一寸十二節 羅浮山記 菖蒲又名堯韭 呂氏春秋 菖蒲放花人食之長年 風俗通

紀異 堯時天降精於庭爲韭感百陰氣爲菖蒲 典術 文王好食菖本菹 説苑 王使周公閱來聘饗有昌歜 左傳 ○漢武帝上嵩高忽見有仙人長二丈耳出頭下垂肩帝禮而問之仙人曰吾九疑山中人也聞中嶽石上有菖蒲一寸九節食之可以長生故來採之忽然不見帝謂侍臣曰彼非欲服食以此諭朕耳 神仙傳 ○蕃禺東有澗澗中生菖蒲皆一寸九節安期生採服仙去但留玉舄焉 同上 ○韓終服菖蒲十三年身上生毛日視書萬言皆誦之冬袒不寒 本草 一作韓衆 又見抱朴子 ○王興採菖蒲食得長生 神仙傳 ○[illegible]激之以菖蒲映竹曰菖蒲止以九節爲貴而此君面目儼然菖蒲亦當拜此君而此君亦安得不受之耶 高士[illegible] ○太祖后張氏見庭前菖蒲生花曰嘗聞見菖蒲花當貴即吞之[illegible] 菖蒲始者芳氣酷烈世言有花無人見見者必大富貴趙隱之母傅氏嘗於山澗中見花大如車輪子有神人守護識之勿泄享富貴年九十四忽向子孫説此言訖得疾而終 瑯嬛記 以上 ○僧普救大好菖蒲房中以菖蒲種成獅子高鳳仙人之狀 海錄碎事 成都營妓薛陶元微之使蜀愛侍燕笑元後寄詩云別後相思隔煙水菖蒲花發五雲高 [illegible]

【雜著】其輕身延年之功既非昌陽之所能及至於忍寒苦安淡薄與清泉白石爲伍不待泥土而生者亦豈昌陽之所能髣髴哉 東坡集 寒溪之濱沙石之寄産此靈苗蔚然而秀有美君子采持而歸文石相并函蓄清泚根盤九節霜雪不撓置之幽齋永以爲好 參寥頌

賦詠祖

五言散句 石上生菖蒲 [illegible] 新蒲含紫茸 謝惠連
碧節吐寒蒲 杜甫 菖蒲花紫茸 李白
蕭然一寸碧 [illegible] 有草應羞死無花敢鬬香
靈根九節痼 一改四時青 范石湖集 薄寒得菖蒲猶勝竟日無 [illegible]
根盤龍骨瘦 [illegible]

七言散句 掃除白髮煩菖蒲東坡　九節菖蒲石上仙同上
斕斑碎石養菖蒲一勺清泉半石盂東坡
人謂花開難際遇天將壽考報勤劬東坡
莫道幽人無一事汲泉承露養菖蒲曾文

五言古詩 神人多古貌雙耳下垂肩漢武疑是九疑仙我來采菖
蒲服食何長年言終忽不見滅影入雲煙喻帝覺悟終歸茂
陵田仝上
自我來關輔南山得再遊山中亦何有草木媚深幽菖蒲人不
識生此亂石溝山高霜雪苦苗葉不得抽下有千歲根蟠縮如
蟠虬[illegible]得此神守德濤安敢俞東坡

五言八句 [illegible]湘潭王韻靈苗憐勁直達節著芬芳宜謂盤盂
小而忘臭味長拳山并勺水所至未能量[illegible]

七言古詩 石上生菖蒲一寸十二節仙人勸我食令我頭青白如雪逢君
寄君一縷裳書中不得傳此方君能來作棲霞侶與君同入丹
丘鄉張文昌

七言八句 春美秋炎兩須臾神藥人間果有無無鼻何由識薝蔔有花今
始信菖蒲芳心未飽兩蛺蝶寒意知鳴幾蟪蛄記取明年十二
節小兒休更繡霜鬚東坡

七言絕句 碧玉椀盛紅瑪瑙青盆水養石菖蒲也知法供無窮盡試問禪
師得飽無同上
閑行澗底採菖蒲千歲龍蛇抱石臞明朝却去房州路飛下山
顛不用扶陳簡齋
窓明几淨室空虛盡道幽人一事無莫道幽人無一事汲泉承
露養菖蒲曾茶山
君家蘭杜久蕭蕭近莽菖蒲綠未齊乞與幽人伴岑寂小窓風
露日凄迷朱文公謝送菖蒲二首
泉清石瘦碧纖長秋露懸珠燭夜光箇裏無一閑造化別來誰
與共平章
翠羽紛披一尺長帶煙和雨過書堂知君別有臞仙種容易誰
教出洞房朱文公謝送菖蒲
一掬寒泉堆石頭兩三莖葉弄輕柔愛田一雲能欲雨五月斬
窓世[illegible]胡澤
石盆猶帶潤痕在自
蒼苔故球[illegible]有詩情已見間抱石小龍鱗甲老龍

天台陳先生類編花果卉木全芳備祖卷之十二 後集

江淮肥遯愚一子陳 景沂 編輯

建安 祝 穆 訂正

草部

苔蘚

事實祖

碎錄 苔衣注云水苔也一名石髮江東人多食之尔雅 藫石衣即海苔也 鮑昭注 在屋曰昔邪在垣曰垣衣 廣雅 苔水衣也 本草 石髮水衣青綠色皆生於石 風土記 窮谷之污生青苔 淮南子 海藻一名海苔 南粤志 空室無人行則或生紫苔苔一名員蘚一名綠錢一名綠苔一名綠蘚 古今注

紀要 陳王初喪 憂多暇綠苔生閣芳塵凝榭 曹子建賦 亭張華進博物志武帝嫌煩令削之賜側理紙王子年云側理陟厘也此紙以水苔為之溪人語訛謂之側理 亦晉書 宋王微乃太保弘之弟也吏部尚書江湛愛其才舉為吏部郎因病不受與湛書[illegible]足不踰閫十餘年棲遲環堵之室芸草沒階 南史本傳

雜著 鑿山楹為室有老苔為 江淹苔賦 綠苔鬖髿乎研上松栝交陰泉雨長注 江淹賦 踐莓苔之滑石 孫綽賦

賦詠祖

五言散句 青苔日夜黃 江文通 新苔侵履濕 韋應物 白露點蒼苔 李白 蒼苔綠行徑 劉長卿 苔錢似錦茵 唐人 出晝王佩鮮 苔蘚山門古 歸休步紫苔 苔逕臨江竹 苔移玉座春 玉殿莓苔青 隨意坐莓苔 並杜甫 青青染馬蹄 王建 苔班錢剝落 歐陽天 飢鵝啄莓苔 東坡 隨潮染岸石 逐脉聚浮棱 [illegible] 微根知欲斷 輕縷似更聯 沈約

苔痕上階綠 草色入簾青 劉禹錫 紅藥當階翻 蒼苔依砌上 謝玄暉 濕翠連澗陰 淨綠纏巖坎 繞繞水仙髮 青苔蛟客鬚 [illegible] 空山正幽寂 淨綠無人掃 並梅聖俞 碁聲敲月重 履齒印苔深 綠髮莓苔地 紅衣菡萏天 鄭谷 [illegible]吹烟迷跡 露濕徑入蒼苔 苔侵垂暗蔓 竹隱斷巖花 [illegible] 莓苔猶傍屐 不識洛陽塵 [illegible] 蘚色迷行徑 松陰叩隱關 范[illegible] 綠嫌新筍破 紅愛落花粧 張太和

七言散句 階面青苔先自生 石田茅屋荒蒼苔 苔蘚飽經波濤痕 並杜甫 剝苔剔蘚露節角 韓愈 古砌苔缺落生[illegible] 東坡 路旁[illegible]中[illegible]來 白樂天 共愛[illegible]往踐莓苔 劉禹錫 憑仗幽人收[illegible]入莓苔 [illegible]

千頃綠苔在[illegible] 東坡 儻欲濟貧無少補[illegible]靜有深功 不產豪門嫌[illegible]窮巷似憂貧 直疑漢室都中朽 卻許唐家地上流 並百氏集 柴門雖設不曾開 為怕人行損綠苔 蘇羅氏 門掩蒼苔[illegible] 春深庭院日初斜 李師中 蒼苔無萬[illegible] 飛梁接石[illegible] 小山 幽人去後[illegible]落草[illegible] 李方叔 濕帶秋痕[illegible]花陰竹色[illegible] 詩人只道窮難送 也有[illegible]

五言古詩 豪家如可用 窮巷即[illegible] 山疑和雨[illegible] 買地似帶烟 祖 [illegible]

貪多寧擯志嫌少不爲愚良岩何由鑄常流豈敢圖野人惟自愛難把挖妻奴 龔野

萍 蘋附

事實祖

【爾雅】此有三種大者曰蘋中者曰荇菜即鳧葵也小者水上浮萍即溝渠間生者是也江東謂之藻 本草

于以采蘋于以采藻 注 沈曰蘋浮曰藻 詩 萍氏掌國之水禁 注 萍之草無根而浮 周礼 苟有明信蘋蘩蘊藻之菜可羞於王公 左傳 柳絮落水三日爲浮萍 東坡詩注 荇黃花色似蓴可用爲祭祀之用 顏氏家訓

【紀事】楚昭王渡江得一物色赤以問孔子孔子曰此萍實也可剖而食之吾昔過陳聞童謠云楚王渡江得萍實大如斗赤如日剖而食之甜如蜜 家語 湖州有白蘋洲在苕溪東南一里乃越女采蘋處梁時柳惲爲吳興守賦詩因以得名 吳興記 浮光多美鴨太原少尹樊千里買百隻置後池載數車浮萍入池使爲鴨作茵褥 雲林異景誌

【雜著】俯觀萬物擾擾焉如江漢之載浮萍 劉伶 ○自比如萍隨水浮游 江淹賦 萍實時出而漂沫 同上 秋風起於青蘋之末 宋玉秋風賦 蘋以春蠕蘭以秋芳 陸機賦 蘋荇荷花組繡一川蘋之爲用風有季女之慕騷有放臣之望 李直方白蘋亭記 蘋葉圓而小如荷花始生俗呼爲水照以其類鑑也其花五出黃細而香盛於中夏無飄零 晏元獻蘋花詩序

賦詠祖

【五言散句】微聲借浩萍 乾坤水上萍

旅泛一浮萍 萍泛無休日

風約半池萍 龜開萍葉過 並杜甫 萍盡汀池靜 韓愈

沈沈水中萍 張籍 風水悲流萍 劉禹錫 風起青蘋末

寒魚依密藻 野棹沉青蘋 弱藻舒翠縷

翻藻白魚跳 並杜甫

青萍含吹轉紫蔕帶波流 幽颺千點紫水約半奩青 李商隱

暖老須燕玉充饑憶楚萍 杜甫 汎汎江漢萍飄蕩永無根 司馬彪

汀洲採白蘋日晚江南春 柳惲 東流一積蘋西日一洲蘋 荀濟

春風故人夜又醉白蘋洲 朱放 閑家何所有生事如浮萍 李頎

【七言散句】亂點清江帶白蘋 楊花雪落覆白蘋 並杜甫

明年飛絮作浮萍 東坡

風水春來洞庭闊白蘋愁殺白頭翁 杜甫

客路浮生兩如寄萬重波裏一浮萍 劉貢父

沅湘寂寂春歸盡水綠蘋香人自愁 李羣玉

泥新高棟初巢燕萍匝荒池已集蜻 秦少游

【五言古詩】溪光照秋芳娟然卧流萍水仙弄幽姿寄余汀洲情眷懷玉色子弄波濯纓夜寒有佳音屬此冷然清 毛東堂

【五言古詩】風飄作青紫浪起時蹤寄本欲歎無根還驚能有實 庾肩吾

【五言絕句】遂水應無定因風不自由只緣根底薄飄蕩幾時休 古詩

春池深且廣會待輕舟回靡靡綠萍合垂楊掃不開 裴迪

搖蕩越江春相將採白蘋歸時不覺夜出浦月隨人 張仲素

雨帶蒼暈合烟浮碧紋通賦閣并摩捲詩階伴藥紅 宋景文

【五言八句】可憐池裏萍蒙蒙紫復青工隨浪開合能逐水低平微根無所綴細葉詎須莖飄蕩終難測流連如有情 吳均

【五言律詩】

泥滓根萌淺風波性質輕晚來推岸曲猶得護蛙鳴 李廸

【七言絕句】春紅秋紫繞池臺箇箇圓如濟世財雨後無端滿窮巷買花不得買愁來 鄭谷

春草秋風老此身一瓢長醉任家貧醒來只愛浮萍草飄寄官河不屬人 劉商

曉來風約半池明重疊侵沙綠罽成不用臨池重相笑最無根蒂是浮名 陸龜蒙

纖似金枝颺似烟多情渾欲擁紅蓮明朝擬附南風訊寄與湘妃作翠鈿 皮日休

十載芳洲採白蘋移舟弄水賞青春當時自倚青春力不信東風解誤人 宋子京

盆池本不種青萍春杪無根也自生人道一宵生九葉不知誰數得分明 僧可朋

白髮已侵殘夢境綠萍應憶舊魚磯桃源雖大塵凡隔杜曲桑麻念想歸 山谷

【七言八句】斑斑染黛色差輕箇箇微圓類綠萍不比榆錢鋪砌白未饒荷葉點溪青陶鎔盡出春工巧磨就多應夜雨零好與詩人買風月何妨積貯滿空庭 趙循道

荇

又見菜門

【事實祖】

【散錄】荇接余也根生水底葉浮水上 爾雅

【雜著】蘋荇荷花組繡一川 李華文

【賦詠祖】

【五言散句】魚戲亂水荇 謝元暉　兼葭夾荇香 張載　水荇葉連香 張載

被微水中荇尚煩左右芼 韓

【七言散句】水荇牽風翠帶長 杜甫　渚蒲牙白水荇青 杜

【五言長韻】荇葉光於水鉤牽入遠江淺黃雙蛺蝶五色小蜻蜓老死懷江女飄浮笑楚萍 梅聖俞

因風離其處隨浪此中過不定猶如此孤根還若何未聞流水盡更見落花多 陳希夷

菰

【事實祖】

【散錄】菰蔣草也 廣韻 說文 菰其實蔣其米謂之凋胡 菰生水中葉如蒲葦刈以秣馬甚肥又謂之茭白其歲久者中心生白臺如小兒臂謂之菰米其臺中有黑者謂之茭鬱其根如蘆根冬月啟謂之菰葑以去其葉便可耕蒔其中有堅梗者謂之菰蔣草至秋結實乃彫胡米也 本草注字 菰米飯也 杜詩註 菰可以爲席甚溫 杜詩註

【故事】孔子之楚舍於蟻丘之漿 莊子 主人之女爲臣炊雕胡之飯露葵之羹 宋玉賦

【雜著】菰穗炯胡菰子作餅 吳都賦

【賦詠祖】

【五言散句】雕胡方自炊 沈約　願作吟秋菰 杜甫

鄭國稻苗秀楚人菰葉肥 王維

春菰牙露翠水荇葉連青 張載　朱李沉不冷彫胡炊屢新

滑憶雕胡飯香聞錦帶羹　鳴蟹隨浮梗別燕起秋菰

飯抄雲子白瓜嚼水晶寒 並杜甫　秋菰爲黑穟精鑿成白粲

翠牙穿裊蔣碧節吐寒蒲 杜甫　木末斷幽茂菰蒲雜游龍 東坡

綠花香滿路菰葉亂汀洲 賈秋

【七言散句】溪毛入饌光浮挾雲子新炊滑溜匙 洪駒父
霜後木奴香饌子秋來雲子滑流匙 汪彥章
【五言古詩散聯】結根布洲渚垂葉滿皐澤匹彼露葵羨可以留上客 沈約
【七言絕句】短短菰蒲綠未齊汀洲水暖雁行低柳陰小艇無人管自送流花下別溪 東萊

蒲

【釋名】蒲似蘭可以為席 說文 彼澤之陂有蒲與菅 詩
魚在在藻依于其蒲 詩

【事實祖】

【紀要】齊侯之雉蒲舟鮑守之不與民共 左傳 臧文仲妾織蒲 禮記 鄭太叔政寬鄭國多盜取人於萑符之澤遂興徒兵以攻萑符之盜盡殺之 昭平 秦時一湖有九十臺皆生結蒲乃始皇遊此臺結蒲繫馬自是蒲生皆結 續征記 趙高獻蒲以為脯以惑二世有言蒲者誅之 史記 漢帝以蒲裹輪迎申公 史 路溫舒字長君鉅鹿東里人父為里監門使牧羊溫取澤中蒲截以為牒編用寫書稍習善求為獄小吏因學律令轉獄史縣中疑事皆問焉 本傳 劉寬宣帝時迁臨淮南守用蒲鞭罰吏 漢書 晉顧愷之曰蒲柳之質望秋先零 史 符洪其家生蒲長五丈許其節如竹咸異之謂之蒲家由此以為姓氏後以讖文改姓符氏 晉載記 河東常醜奴將一小兒于湖邊拔蒲暮宿于田舍中見一小女姿容極美乘小舟直前投醜奴舍寄宿因臥頃覺有臊氣女已知人意便求出戶變為獺 幽明錄

【雜著】抽蒲兮陳坐 楚詞

【賦詠祖】

【五言散句】蒲葉何離離 文選　春蒲長雪消 杜甫
水長減蒲芽　沙茸出小蒲
渚蒲隨地有　蒲荒八月天
風斷香蒲節
暮齒倚蒲柳 並杜甫　為書叨白截 應柳綬宜春 梁元帝
我有一池水蒲葉生其間 [illegible]　蒲淺鸂鶒戲花暖鷓鴣眠 許渾
岸樹綠已合渚蒲長且疎 劉貢父　水暗菰蒲老山青橘柚紅 夏竦

【七言散句】細草青蒲為誰綠　渚蒲牙白水荇青 並杜甫
渚蒲抽英劍脊動 劉禹錫　沮洳沙泉雜葉鋪 顧瑱
風蒲獵獵弄輕柔 [illegible]
旋抽煙劍碧參差何時織得孤帆去 陸龜蒙
紙窗竹屋深自暖擁衲坐睡依團蒲 東坡
[illegible]陰下臨菅蒲蕭蕭秋意滿菰蒲 張文潛
屬玉雙飛水滿塘菰蒲深處浴鴛鴦 黃魯直

【五言絕句】青青水中蒲下有一雙魚君今上隴去我在誰與居
青青水中蒲長在水中居寄語浮萍草相隨我不如
青青水中蒲葉短不出水婦人不下堂行子在萬里 並韓愈

【五言古詩】魯國寒事蚤初霜刈渚蒲揮鐮若轉月拂水生連珠此草影可珍何必貴龍鬚織作玉床席欣承清夜娛羅衣能再拂不畏素塵蕪 李白

【五言古詩散聯】離離水上蒲結水散為珠初照明寶雕俎暮若雜椒塗所暖堂上曲遂鑠黃金軀 謝朓

【五言絕句】蒲葉清淺水杏花和暖風地偏緣底綠人老為誰紅 李白

蘆

【七言古詩】圓蒲相將結僧夏荷葉蒲葦綠相亞浮花浪蕊自飄零小院迴廊正蕭洒葉如青幢花成茵細腰起舞來送春麥光如銀墨如漆落筆四座驚有神軟衫短帽付餘子花前醉倒輸閒人 謝竹隱

【事實祖】

【發揮】一名葭蘆荻也 說文 蒹葭蘆葦也 爾雅 萑葦亂爲萑葭爲葦 詩詩

【紀要】季秋之月命虞人材葦供國 石氏春秋 誰謂河廣一葦杭之 詩 魏明帝使后弟毛曾與夏侯元共坐時人謂之蒹葭倚玉樹 本紀 衣叔機董偃獻荻爲籍田曰此上之所欲也 漢書 吳世有姚光者善火術吳主試之積荻數千束光坐其上及燔盡光於灰中振衣而起 抱朴子 盧龍將攻京師有謠曰十丈尾蘆作樁爲欄干 異苑 童謠云官家養蘆化成荻荻生不止自成積是時盧循竊據廣州朝廷未能討之因而用之荻猶敵也是官養蘆爲荻也 晉書載記 郭璞奏云不宜焚荻地理云名山大澤不封 宋志 欲與民同利也 宋本 帝詔前廢少府所封諸州蘆荻可開以利民 宋書 李全忠有蘆生其室一尺三節問張建建曰蘆茅類生於澤公茅土兆也傳節者其三世乎 唐書

【賦詠祖】

【五言散句】渚荻蘆芽綠 香飯魚包蘆 泥筍苞初荻 亭古帶蒹葭 北風吹蒹葭 孤桂 雁響蒹葭浦 張再崔 翠荻王泄前遙映江南蓮 梁元 靜聞宜紅蓼開棲見白鷗 臨砌復臨流我時尚未凋 魏 葉亂藏脩節苞遺出紺書 旁迷暖虫掛近識翠禽呼 吳均 嗥雀寒枝宿螢依敗葉 溫公 勿以比蒹葭蒼蒼淨白露 劉原父 北雁爲南客衛之以避繳 宋景文

【七言散句】猿聲幾夜宿蘆洲 皎然 孤蘆何處有詩材 宋景文 蒹葭淅瀝含秋霧橘柚玲瓏透夕陽 林宗元 要待九秋風雨後冷梢寒葉作蕭蕭 宋景文 風雨寂歷蘆花秋梧葉落盡斜陽洲 洪 齋 兩岸早霜紅橘柚半汀殘雨老蒹葭 夏英公 可惜年年明月夜漁家只作等閑看 張逸 只揀有蘆多處宿愛眠蓬底作秋声 葉竹溪

【五言絕詩】蘆筍初似竹稍開葉如蒲方春抱節甲漸老根生鬚不愛當夏綠愛此及秋枯黃洪倒風西白花搖江湖江湖不可到移植若勤劬遂得双野鴨成畫圖 東坡

【七言絕句】高臺面蒼陂六月風日冷蒹葭離披去天水相與永 杜甫

蕭蕭江上葦芽生叢最已深清風日夕過白鷺鳥晴見臨 劉原父 故移蘆葦叢粗慰江湖趣翠葉侵凡席疎影入窗戶 同上 瘦碧雨 蒼蘆蕭雨各晴江湖未歸客不忍聽秋声 石舍人

【五言八句】風雨瀟瀟夕春寒灯較長蒼簷數椽屋蒼清幾家村網到江活沽來市酒渾焙衾供結局一竟眇乾坤 陳肥遯 一逕沙石堆成幾別離青蒲駛檣黃葦掠船蓬話別從今日去來是幾時藏心栗黃螂帰買酩吞吹 同上

【七言八句】裊娜修莖青玉擢見翁睡罷翠痕乾相君真奇江湖樂要作風汀兩獺看 宋景文公 溶溶晴港漾清暉蘆筍生時柳絮飛還有江南風物否桃花流水鱖魚肥 東坡寒蘆港

兩折霜乾不柰秋白花黃葉使人愁月明小艇湖邊宿便是江南鸚鵡洲 東坡荻洲

【七言八句】

鑿地栽蘆貯碧沉臨軒一望似汀洲苑瀟好映作南樹疎野偏宜海上鷗歷歷迎風欲枕曉蕭蕭和雨捲簾秋君看范蠡功成後不道煙波黑去舟 張祐

江客因貪識荻芽一清磨退雜魚蝦燒來味挾螃邊雨摘得身離雁外沙春饌且供行釜菜秋糚亨管釣舡花食根思到蕭騷葉痛感邊聲咽成笳 蕭大山

【樂府祖】

【憶王孫】孤蓬夜夜低叢泊蕭蕭雨聲悲切一岸霜痕半江煙 ○愁到沙頭枯葉深雲烘段點西風吹老蒲汀新雪天豈無清離筵默默送歸客 ○歸去來兮怎得儘鷺鷥鷗伴寒時節秋晚山川夕陽浦漵贏得別腸千古濤翻浪疊那得似西來一笛橫吹蘆首 ○閑雁銜千里月 方秋崖和楚客賦蘆

天台陳先生類編花果卉木全芳備祖卷之十二 後集

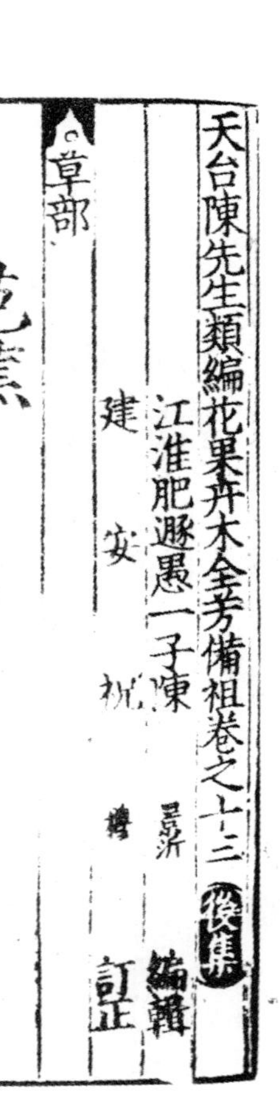

天台陳先生類編花果卉木全芳備祖卷之十三 後集

江淮肥遯愚一子陳 景沂 編輯

建 安 祝 穆 訂正

草部

芭蕉

【事實祖】

【碎錄】一名芭苴江東所在有之根葉與甘蕉無異惟子不堪食今出二廣閩中者有花其實極美可啖甘蕉乃是有子者其卷心中抽幹作花初生大萼如倒垂菡萏盛紅者如火炬謂之紅蕉白者如蠟色謂之水蕉閩人以灰埋其皮令滑績以為布 本草 莖如山芋重皮相裹大如盂葉廣尺長一丈有角子長六七寸四五寸三二寸兩二相對若相抱形剝其上皮色黃白味似葡萄甜而脆亦飽人 廣志 甘蕉望之如樹株大者一圍餘葉長一丈或七八尺廣一二尺許花大如酒杯色如芙蓉莖著末百餘子各為房相連累甜美亦可蜜藏湘如芊魁大者如車轂實隨華每華一闔各有六子先後相次子不俱生花不俱落一名芭蕉或曰芭苴剝其子上皮色黃白味似蒲萄甜而脆亦療飢此有三種子大如拇指長而銳有類羊角名羊角蕉味最甘好一種子大如雞卵有類牛乳名牛乳蕉微減羊角一種大如藕子長六七寸形正方少甘最下也其莖解散如絲以灰練之可紡績如絺綌謂之蕉葛雖脆而好黃白不如葛赤也交廣俱為之 南方草木狀

【雜著】僧懷素貧無紙可書嘗於故里種芭蕉以供揮灑 懷素傳

【贊】扶疎似樹質則非木 宋卞敬宗贊

【賦詠祖】

【五言散句】芭蕉開綠扇 李義山　蕉葉題詩詠 白居易　蕉絲暑服輕 同上

亂戰三更雨頻敲午夜風舊百氏翠旂舒曉日綠錦障西風寫文諧

雨葉工驚夢春心巧卷愁題跋一

七言散句

芭蕉一枕西窗雨 荊公　更展芭蕉夏季書 山谷

一緘書札藏何事先被東風皆拆開 百氏集

生涯自笑惟詩在旋種芭蕉聽雨聲 放翁

綠章封事緘初啓青鳳求凰尾四開 錢希白

自是秋懷易寂寥強將離緒怨芭蕉 北磵

不追松柏凌霜操却學芭蕉送雨聲 前人

從教心向愁邊碎移去芭蕉葉上聽 曹竹塘

芭蕉自作抽書樣不與行人寄短愁 趙野雲

五言古詩

紅英值鶉節綠潤含朱光以茲正陽色窈窕凌清霜遠物世所重旅心人獨傷回暉眺林際戚戚无遺芳 柳子厚

植蕉低簷前双叢對含雨葉間求丹心一日視百腑胷中數寸赤不惜爲君吐心盡腹亦空況復雪霜苦非无後凋意柔脆不足禦 狄元規

五言古詩散聯

吾喜我所愛明潔而中虛禪房宜墨根頗似人清臞 林雪巢

以此陰涼葉代彼青琅玕但恐浮質脆不堪期歲寒 曾文清公

五言絕句

一種靈苗異天然體性虛葉如斜界紙心似倒抽書 路德延時作

夢斷添惆悵更長轉寂寥如何今夜雨只是滴芭蕉 呂居仁

芭蕉植秋檻勿云憔悴姿與君障夏日羽扇寧復持 朱文公二首

弱植不自持芳根爲誰好雖微九秋榦丹心中自保 紅蕉

五言八句

幸有青絲用寧將眾草同心虛含夕露葉大快秋風細響宜安禪

後濃陰坐夏中由來何所喻持以問支公 錢起

五言律詩散聯

不枝惟葉茂無幹信中空所以免摧折寫依君子風 宋景文

雨凋單盖側風偃半旗開脆理縮爭裂斜規扇欲栽 宋景文

空山夜雨至滴滴復瀟瀟涼葉之朝露芳心展夕飈 張右史

七言古詩

芭蕉得雨便欣然終夜作声清更妍細声巧學蠅觸紙大声鏘若山落泉三點五點俱可聽万籟不生秋夕靜芭蕉自喜人自秋西風收却雨即休 楊誠齋芭蕉雨

七言絕句

水痕天影淡相宜露坐天涼午快時桐葉芭蕉最多事曉昏風雨報人知 唐宋詩畢公叔

夜外伶仃品格低霰勤務向小窗西無端風雨瀟瀟夜却共搘

桐闘響育 名賢集

芭蕉心盡展新枝新卷新心暗已隨願學新心養新德旋隨新葉起新知 張橫渠

瀟瀟洒洒復亭亭一半風流一半清不爲暑留添午蔭却來秋枕作秋声 楊誠齋二首

骨相玲瓏透入窗花頭倒插紫荷香繞身无數青羅扇風不來時也不凉

世情易變如雲葉官事无窮類海潮退食北窗涼意滿臥聽急雨打芭蕉 張南軒作朱文公云打字不如到字

秋風鳴玉雨蹤蹤嫩綠臨窗半卷舒似是相知慰牢落朝來[illegible]寄一緘書 湖山居士

擾碎幽眠挾雨声碧叢宜看不宜聽而今一任瀟瀟滴萬[illegible]翁一夜醒 劉後村

自是愁人愁不消非干雨裏聽芭蕉芭蕉易去愁難去移在梧桐轉寂寥 方秋崖

炎蒸誰解喚清涼扇影搖〻上竹窻準擬小軒添睡美夢成風雨夜翻江 曾雲[illegible]

數葉芭蕉數葉秋燈長雨久不眠愁[illegible]裏夜曾聽又聽靈溪二水流 方菊田

【七言律詩】畢竟空心何所有欹傾大葉不勝肥蕭騷莫雨鳴山樂狼籍秋霜碎弊衣〻宅上幽人觀幻久逢人指示此身非 蘇[illegible]

【樂府祖】【[illegible]】窻前誰種芭蕉樹陰滿中庭陰滿中庭葉〻心〻舒卷有餘清○傷心枕上三更雨點滴霖霪點滴霖霪愁損北人不慣起來聽 李易安

【[illegible]】飛過溪〻莎帷屢一線水沉煙未斷紅樓西畔小欄干尽日倚欄人已遠○黃梅雨又芭蕉晩風乍暑搖双葉短舊年顏色舊年心留到如今春不管 僧仲殊長生芭蕉

【[illegible]】風流不把花為主多情管定煙和雨瀟洒綠衣長滿身如許涼○文箋舒卷知似索題新句莫倚小欄干月明生夜[illegible] 張綠窗

木綿

【事實祖】【雜錄】閩嶺以南多木綿樹實如桐子口有綿如蚕之綿可以作布 吳錄地理志

【賦詠祖】【七言散句】江東賈客木綿裘 東坡

記取城南上巳日木綿花落剌桐開 東坡

【七言[illegible]】幾樹半開紅似染居人云是木綿花 劉後村

祖花染春日曬紅細綿披夏雪輥風亦皇世界嶺皆熱救百徵綿底癡絕 蕭大山

薜荔

【事實祖】【雜著】薜荔柏兮蕙綢 注 薜荔香草也 柏搏壁也 綢束縛也 楚詞

被薜荔兮帶女蘿 同上

【賦詠祖】【五言散句】紅浸珊瑚短青垂薜荔長 杜甫

春色生烽燧幽人泣薜蘿 杜甫

【七言散句】山鬼水怪着薜荔 黃亞夫

【五言古詩】薜荔亦枝萌何年附幽石驕陽或侵陵士薄失潤澤天風吹汝声枯葉久无色前年直外省薜荔不[illegible]江梅見幾時歸來忽滿壁我前窓且踈我髮玄且白此復[illegible]對之猶嘆息[illegible]

藤蘿

【事實祖】【雜錄】藟藤也 廣雅 江東呼藟為藤〻似葛麄大也 爾雅

南有樛木葛藟纍之 毛詩 女蘿松蘿也兔絲也 詩云蔦与女蘿施于松上 廣雅 在草曰兔絲在木曰松蘿 毛詩注

紫藤葉細長莖如竹根極堅實重〻有皮花白子黑置酒中歷二十年亦不腐敗其莖截置烟炙中經時成紫香可以降神 南方草木狀

櫖藤依樹蔓生如通草藤也其子紫黑色一名象豆三年方熟其殼貯藥不壞生南海解諸藥毒 同上

廣州山中生草名高藤津潤滑軟无物可比代以為舡以此纜之如流 樂氏廣州記

鍾藤附樹作根軟弱須緣樹而作藤既纏裏樹即死且有惡汁尤令速朽也藤盛成樹若木自然大者或至十圍

又云藤圜數寸重於竹可以爲杖筴以縛舡及爲席勝於竹也 異物志

【雜著】剡溪古藤甚多爲紙工斬伐以造紙唐舒元輿作悲剡藤文 本集

【賦詠祖】

【五言散句】藤枝刺眼新 杜甫 藤蔓曲藏蛇

倒松頹藤纏 高羅重飲猿

高羅成帷幄 對門藤蓋瓦 庭中藤刺簷

通林帶女蘿 丘壑蔓寒藤 並杜甫 蔓衍傍松枝 王融

緑羅紛島杪家龍蓋一山 文選 女蘿亦有託蔓葛亦有尋 陸士衡

與君爲新婚兎絲附女蘿 文選 託根軒墀下如喪松竹林 儲光羲

高木八九株有藤縈終之 韓愈

【七言散句】幾歲生成爲大木一朝纏繞困[illegible]

【五言古詩】藤花紫蒙茸藤葉青扶疎誰謂好顔色而爲害有餘下如蛇屈盤上若繩縈紆可憐中間木束縛成枯株柔蔓不自勝嫋嫋二樹空虛豈知纏木身千夫力不如先柔後爲害有似諛佞徒附著君權勢君迷不肯誅又如妖婦人綢繆蠱其夫毫末不蚤辨滋蔓信難圖顧以藤爲戒銘之於座隅 白居易

故鄉春欲盡一歲芳難再右樹已青葱吾廬日堪愛幽溪人未去芳草行應碍遲徊惜紫藤垂縈照潭黛 李衛公

【五言古詩散聯】纖條寄喬木弱影掣風斜標春抽曉翠出霧露懸花 梁簡文帝

引蔓出雲樹垂輪覆巢鶴幽人對酒時苔上閒花落 錢起

紫藤挂雲木花蔓宜陽春密葉隱歌鳥香風留美人 李太白

泚蔓相紆盤風梢互回曲紛若未契繩縈如已綺綷 宋景文

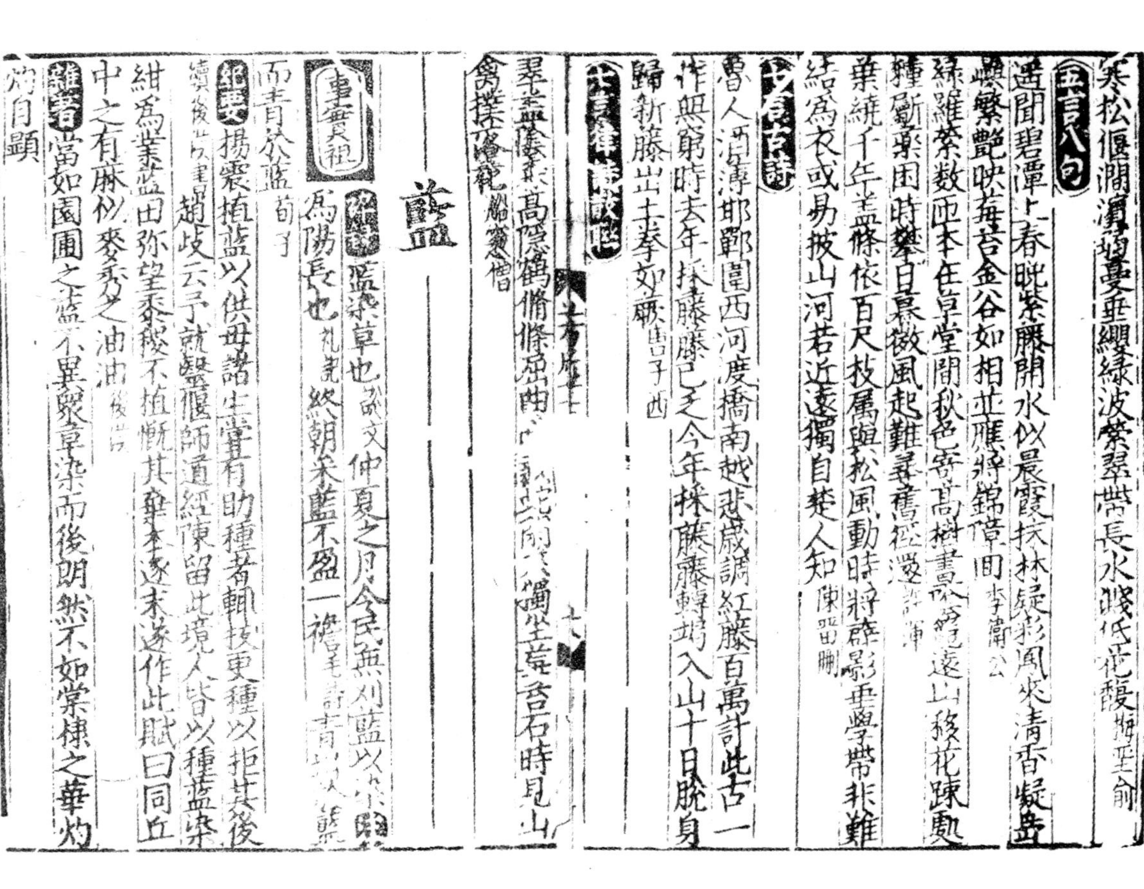

寒松偃澗濱翠蔓垂纓緑波縈翠帶長水淺低花馥 梅聖俞

【五言八句】遥聞碧潭上春晚紫藤開水似晨霞照林疑彩鳳來清香凝島嶼繁艷映莓苔金谷如相並應將錦障回 李衛公

緑羅縈數匝本在草堂間秋色寄高樹晝陰移遠山移花疎凱種斷藥困時攀日暮微風起難尋舊徑還 許渾

藥繞千年蓋條依百尺枝屬與松風動時將薜影垂學帶非難結爲衣或易披山河若近遠獨自楚人知 陳留聃

【七言古詩】魯人酒薄邯鄲圍西河度橋南越悲歲調紅藤百萬計此古一作興窮時去年採藤藤已乏今年採藤藤轉竭入山十日脫身歸新藤出土拳如蕨 唐子西

【七言律詩散聯】翠蓋蔭森高隱鶴脩條屈曲[illegible]獨坐蒼苔石時見山禽撲落花 船齋僧

藍

【釋名】藍染草也 說文 仲夏之月令民無刈藍以[illegible] 爲陽長也 孔氏 終朝采藍不盈一襜 毛詩 青取之於藍而青於藍 荀子

【事實祖】

【紀要】揚震植藍以供毋諸生嘗有助種者輒拔更種以拒其後 續後漢書

趙岐云予就醫偃師道經陳留此境人皆以種藍染紺爲業藍田弥望黍稷不植慨其棄本逐末遂作此賦曰同丘中之有麻似麥秀之油油 後漢書

【雜著】嘗如園圃之藍不異衆草染而後朗然不如棠棣之華灼灼自顯

賦詠祖 五言八句 物有無窮好藍青又出青朱研方比德白受始成形袍襲宜從政衫垂可問經當時不採擷作色幾飄零 呂溫

茅

事實祖 [illegible] 菅茅也 說文 藾挂茅也 爾雅 其英一名茹子 易注 藉用白茅 易卦 禹貢荊州包匭菁茅注匭匣也菁以為葅茅以藉酒 尚書 王者建諸侯受之以土苴以白茅 左傳 于首封建必須三脊之茅以為藉 杜預云江淮之間一茅三脊以靈物也 左傳 甸師祭祀供蕭茅 禮天官 白華菅兮白茅束兮 詩 白茅包之 詩 晝尔于茅宵尔索綯 詩

紀要 堯為天子土階三尺茅茨不翦 尹文子 殷湯救旱素車白馬身嬰白茅以身為犧牲 史記 …… 齊 肉袒面縛牽羊握茅膝行而前 典錄 呂尚 …… 中說 桓公曰古之封禪江淮間一茅三脊所以為藉也 史記封禪書 僖公四年齊侯以諸侯之師伐楚管仲曰爾貢包茅不入王祭不供無以縮酒寡人是徵昭王南征而不復寡人是問 左傳

雜著 蘭芷變而不芳兮荃蕙化而為茅 楚詞

賦詠祖 五言散句 荒郊寡草茅 茅堂石笋西 茅屋還堪賦 並杜甫 何時一茅屋送老白雲邊 杜甫

七言散句 石臼 石田茅屋荒蒼苔 杜

五言古詩 鶗鴂芳不歇霜繁綠更滋擢本同三脊流芳有四時豈????根縮酒易結解??蚕遲欲當入楚貢?兹羨詠陳詩 梁[illegible]侯

銅律與鳴琴俱稱類君子豈惟江淮間發葉起衆美珍同自拔歸茅因彙征起豈獨過秦衡方知茂沉沚 梁簡文帝

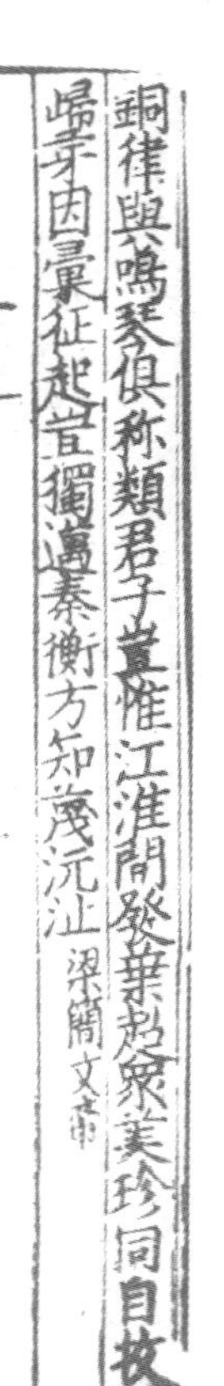

蓬

事實祖 [illegible] 彼茁者蓬 詩 首如飛蓬 詩 蓬生麻中不扶自直白沙在泥與之皆黑 家語 斥鴳翱翔乎蓬蒿之間 莊子 有百歲髑髏攓蓬而指之 列子 桑弧蓬矢 禮記 今夫飛蓬飄風而行千里乘風之勢也 商君書 見飛蓬轉而知飛車 淮南子

紀要 魯哀公失國走齊齊公問焉曰子之年甚少道至于此乎吾少之時多憂我者吾躰不親人多諫我者吾忘不能用是內無弼外無輔輔弼無人諂諛甚衆譬之猶秋蓬也孤其根本密其枝葉 國語 子貢作環堵之室編蓬户彈琴發其中以歌先王之風 尚書大傳 張仲蔚平陵人也與 …… 隱身不仕所居蓬蒿至於沒人 三輔決錄

雜著 蓬艾親人御于茅芳 楚詞 蔌蔌風威孤蓬自振 鮑昭蕪城賦

賦詠祖 五言散句 孤蓬轉窮根 轉蓬憂悄悄 轉蓬行地遠 並杜甫 勛窗鄰家兩飄飄客子蓬 有喜留攀桂無勞問轉蓬 並杜甫

五言古詩 轉蓬離本根飄飄隨長風何意回飈舉吹我入雲中高高上無極天路安可窮類此遊客子捐軀遠從戎毛褐不掩形薇藿常不充去去莫復道沉憂令人老 曹子建

五言[illegible] 百草應節生含氣有深淺秋蓬獨何辜飄飄隨風轉 五言司馬彪

五言絕句 適岑聊知止逢風或未歸孤根何勞斷輕葉強能飛 王无功

莎

【纂要】莎一名蒿，一名侯莎，一名香附子，一名雀兒頭。生田野間，其根生如棗核者，謂之香附子。本草

事實祖

賦詠祖

五言散句　綠滿若耶外，縟綿芳杜陰。[illegible]

七言散句　流水涓涓落砌莎。[illegible]集

老樹雨陰渾脫葉，綠莎霜後半摧尖。[illegible]

最憐[illegible]官道細，細烟莎偏燒痕。[illegible]

五言八句

何事牽幽思，公庭對野莎。青春衡野[illegible]落日拄筇過，色與[illegible]

七言八句

近塍藏[illegible]多閑思，舊山下蕭國[illegible]因羅[illegible]

耕蹊李[illegible]有壁莎初放雪[illegible]我未歸。宋景文

天台陳先生類編花果卉木全芳備祖卷之十三

天台陳先生類編花果卉木全芳備祖卷之十八

江淮肥遯愚一子陳　景沂　編輯

建安　祝　穆　訂正

○木部

楓

事實祖

【碎錄】楓香樹，似白楊，葉圓而岐分，有脂而香，其子大如鴨卵，二月花發，著實九月熟，曝乾可燒。南方草木狀　楓聶聶天風則鳴，故曰聶聶。爾雅　漢宮殿中多植之，至霜後葉丹可愛，故騷人多稱之。同上　老楓化為羽人。宋齊丘化書

【紀要】黃帝殺蚩尤於黎山之丘，擲其械於宋山之上，化為楓木之林。王瓘軒轅本紀　後周武帝保定[illegible]川上書言鳳集于楓，一羣鳥列侍以萬數。本史

【雜著】楓樞被宸。何晏景福殿賦

賦詠祖

五言散句　楓落吳江冷。崔信明　曉霜楓葉丹。謝靈運

青楓浦瀟湘。李白

湛湛長江水，上有楓樹林。阮籍　春岸桃花水，雲帆楓樹林。

綴葉青楓浦，雙楓昔已摧。回首過津口，而多楓樹林。並杜

七言散句　昔日丹楓萬木稠。玉露凋傷楓樹林。並杜甫

楓葉荻花秋索索。白樂天　杳靄深谷攢青楓。韓愈

赤葉楓林百舌呼，黃泥野岸天雞舞。

旅雁上雲歸紫塞，家人鑽火用青楓。並杜

江頭赤葉楓愁客，籬外黃花菊對誰。嚴武

楓樹千枝復萬枝，江橋掩映暮帆遲。曾元[illegible]

青楓綠草將愁去，遠入吳雲暝不還。李群玉

月落烏啼霜滿天，江楓漁父對愁眠。張繼

遥看一樹凌霜葉好似衰顔醉裏紅 朱行中
含雨数峯真水墨着霜千樹半丹青 潘逍山
水落纔餘半篙緑霜高初染一林丹 翁元廣

五言古詩散聯

楓葉不耐冷露下臙脂紅無復恋本枝蕭蕭隨驚風向來樹頭
蟬去盡不見斜日落秋水寒哀哀叫征鴻 劉仙倫
萋緑映段青跡紅分浪白落葉满行舟仍持送遠客 魏文帝

五言絶句

輦路江楓暗宮城野草春傷心庾開府老作北朝臣 司空文明
一夕起霜風千林隨曉[illegible]無端逐流水流向武陵東 名賢集
[illegible]驚乎曉[illegible]動翠微楓林[illegible]明月蹤影亂人衣 僧[illegible]
一塢藏深林楓葉[illegible]蜀錦[illegible]語別[illegible]路遥霜葉凛 郭功父

七言古詩

雙楓一松相後前少時老翁依少年少年翡翠新衫子老翁[illegible]
衣青布被更有秋風清露時少年再披輕紅衣莫教一夜雨雪
落少年亦立无衣着老翁深取却不惡[illegible]

七言古詩散聯

鳳山高兮上有楓青女染葉猩血紅莫愁老紅嫁西風一夜憔
悴成老翁 朱某庵

七言絶句

遠上寒山石徑斜白雲生處有人家停車坐愛楓林晚霜葉紅
於二月花 杜牧
千里楓林煙樹深無朝無暮有猿吟停橈靜聽曲中意好是雲
山韶濩音 元次山
赤葉楓林落酒旗白沙洲渚夕陽微數聲柔櫓蒼茫外何處江
村人夜歸 僧[illegible]

山寒江冷丹楓落爭渡行人簇晚沙孤葉頻花飛白鳥一張公
錦夕陽斜 黄山谷
黄紅紫緑巖巒上遠近高低松竹間山色未應秋後老靈楓方
為駐童顔 趙成[illegible]

七言八句

少立危亭獨倚欄此心使与白鷗閑水波不動魚龍靜風月无
邊天地寬幾処風清連碧浪数重煙樹出青山垂虹[illegible]下清遊
日楓落吴江波正寒 史雲[illegible]

榕

事實祖

[illegible]榕葉如冬青其葉不凋嶺表録榕樹一株可以
庇蔭数畝泉福間多産此木畏雪霜樹上鬚垂下着
地即復生根故[illegible]倒生[illegible]曲不可為材
無滔不可為薪[illegible]而曲[illegible]氏[illegible]

賦詠祖

五言散句 忽此榕林中蹊空飛拱揖 東坡

七言散句 拔地高標如鐵色拂天老樹作寒声 [illegible]

五言古詩

寒窓[illegible]客去老木枝相樛其誰合二美名此是物幽大守昔南
寓於焉曾小休想當下榻時清幽可目謀品題得要領亦有翰
墨留我來訪遺[illegible]竹鳴鈎輈[illegible]今舊觀復還與佳客遊樹影
敢[illegible]水光浮[illegible]市声不到耳永日風颼颼所[illegible]
此只[illegible]猶平生在壑頑如掴不可瘦[illegible]知[illegible]寂寥静理優
世[illegible]君[illegible]榕根浮小舟 張南軒 昔山公在南[illegible]下[illegible]
[illegible]
[illegible]思[illegible]二春半如秋意轉迷山城過雨百花尽榕葉[illegible]

子部　第二册

庭鶯乳啼娜子學
晚暑无涼可得尋小風一點尉人心斜陽碎入高梢葉翻作青
天覆作金 楊誠齋
塔古竹影一溪風迂客曾來繫短蓬我与君俱晚出兩榕曾
為識涪翁 劉後村

楸

事實祖

雜說 河濟之間千樹楸与千户侯等 貨殖書 紋楸可以
為棊局 雜志

賦詠祖

散聯 文馬長楸之間 東[illegible]王賦 [illegible]青楸之[illegible]
七言散句 高花由比驛庭春老[illegible]空纏辟荔 [illegible]王右
丞 [illegible]楷疏[illegible]不適賞因見楸花憶去春 [illegible]

五言古詩

庭樹止五株共[illegible]二[illegible]十楷各有[illegible]之上葉各相[illegible]下葉各無
地樹顛各呈[illegible]連朝日出其東我坐西窗夕日在其西我當坐
東窗當晝日在上我在中央閒仰視何青青上不見纖穿蔚暑
无日時我在八九旋灌二二晨露有明珠何爛二二夜月來照之倚
二自生煙我已自傾情暫遭五楸客來尚不見[illegible]前
權門衆所趨有客動百千九牛亡一毛未在多少間往既无可
顧不往自可怜 韓魏公庭楸

五言古詩

楸葉獨好嫋娜[illegible]月相参差大[illegible]与[illegible]發[illegible]自[illegible]
涼風[illegible]我階前樹[illegible]被上[illegible]留春 [illegible]

五言[illegible]

[illegible]庭[illegible]楸百丈餘[illegible]相[illegible]並坐可
以千人[illegible]

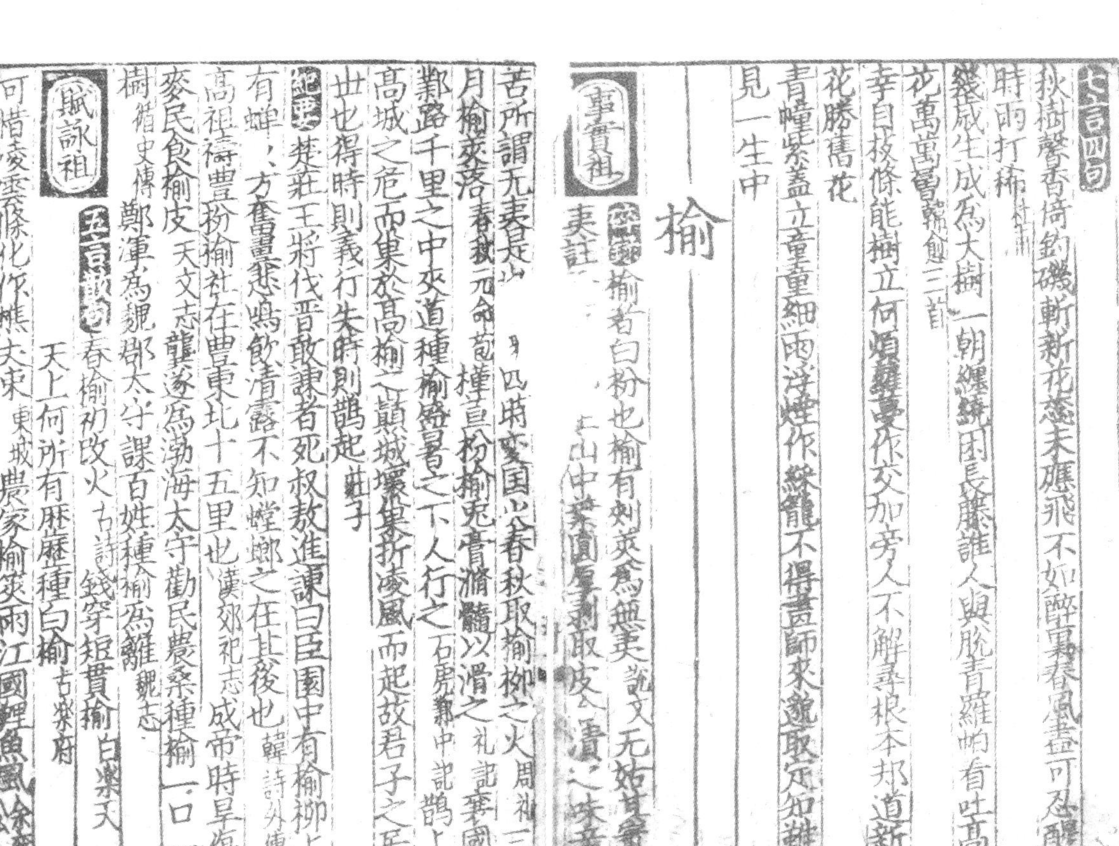

七言四句

秋樹馨香倚釣磯斬新花蕊未應飛不如醉裏春風盡一可忍醒
時雨打稀 杜甫
幾歲生成爲大樹一朝纏繞困長藤誰人與脫青羅帕看吐高
花萬萬層 韓愈三首
幸自枝條能樹立何煩蘿蔓作交加旁人不解尋根本却道新
花勝舊花
青幢紫蓋立童童細雨浮煙作綵籠不得畫師來貌取定知難
見一生中

榆

事實祖

雜說 榆者白粉也榆有刺莢為無莢 說文 无姑其實
夷 註 [illegible]山中莢圓厚剝取皮合漬之味辛
苦所謂无荑是也 [illegible] 四時變國火春取榆柳之火 周禮 三
月榆莢落 春秋元命苞 堇荁枌榆兔薨滑瀡以滑之 禮記 鄴國
鄴路千里之中夾道種榆蔭蔭之下人行之 石虎鄴中記 鵲上
高城之危而巢於高榆之顛城壞巢折凌風而起故君子之居
世也得時則義行失時則鵲起 莊子

紀要 楚莊王將伐晋敢諫者死叔敖進諫曰臣園中有榆上
有蟬蟬方奮翼悲鳴飲清露不知螳螂之在其後也 韓詩外傳
高祖禱豐枌榆社在豐東北十五里也 漢郊祀志 成帝時旱傷
麥民食榆皮 天文志 龔遂爲渤海太守勸民農桑種榆一口一
樹 循吏傳 鄭渾爲魏郡太守課百姓種榆爲籬 魏志

賦詠祖

五言散句 春榆初改火 古詩 錢穿短貫榆 白樂天
天上何所有歷歷種白榆 古樂府
可惜凌雲條化作樵夫束 東坡 農家榆莢雨江國鯉魚風 余襄公

七言散句 榆莢拋錢柳展眉 陽墻榆葉撒青錢 並白樂天
榆莢相催不知數 李賀 柳絮榆錢不當春 東坡
榆錢可學柳帶乘 山谷
楊花榆莢無才思 也解漫天作雪飛 韓愈
此日郊亭心乍喜 敢榆芳景似還家 韓維
寂寞春風花落盡 滿庭榆莢似秋天 雍陶
榆莢鋪風鶯社節 卸花帶雨近清明 王坦

五言古詩 我行汴堤上 厭見榆陰綠 千株不盈畝 斬伐同一束 及居幽囚中 亦復見此木 蠹皮溜秋雨 病葉埋牆曲 誰言霜雪苦 生意殊未足 坐待秋風至 飛英覆空屋 東坡御史臺榆

五言古詩散聯 脩柯遇雲日老[illegible] [illegible]材大匠何見 張右史

桐

事實祖 釋訓 榮桐木 梧桐也 櫬梧也 爾雅 椅桐梓漆 爰伐琴瑟 疏 梓實桐皮曰椅 即今之梧桐也 定之方中 鳳凰鳴矣 于彼高岡 梧桐生矣 于彼朝陽 卷阿 鵷鶵非梧桐不棲 莊子 徐州嶧陽孤桐 禹貢 梓 楸屬梓也 爾雅 維桑與梓 必恭敬止 小弁 拱把之桐梓 孟子

紀要 成王剪桐葉為圭以與唐叔曰 吾以此封若 史佚因請擇日 成王曰 吾以此戲之 史佚曰 天子無戲言 遂封於唐 史記 吳人有燒桐以爨者 邕聞火烈之聲 因請裁而為琴 頗有美音 故時人號為焦尾琴焉 後漢蔡邕傳 晉武帝時 吳郡臨平岸出一石 打之無聲 以問張華 華曰 取蜀中桐材刻作魚形扣之則鳴矣 於是如其言 音聞數里 異苑 何力司稼少卿梁修仁新作大明宮植白楊于庭 示力曰 此木易成 不數年可芘 何力不答 但誦白楊多悲風 蕭蕭愁殺人之句 修仁驚悟 更植以桐 世說 歷城房家園齊博陵君豹之山池 其中雜樹森竦 或有人折其桐枝者 君曰 何謂傷吾鳳條 自是人不敢復折其枝 雜俎 吳平州門外忽生一株青桐 上有歌謠之聲 平惡而伐之 平隨軍北虜三載 忽空中以歌曰 死樹今更青 吳平尋當歸 適聞殺此樹已復有光輝 平尋歸 異苑 王義方初拜御史 買宅酬直訖 數日忽對賓朋指庭中青桐一雙曰 此忘酬直 召宅主付錢四千 北夢瑣言 德宗在奉天 召李泌赴行在 時李懷光叛 歲又旱蝗 議者欲赦懷光 帝博問羣臣 泌破以一桐葉附使以進 曰 陛下與懷光君臣之分 不可復合 如此葉 由是不赦 唐史 顧況嘗於御溝流水上得桐葉 有詩云 一入深宮裏 年年不見春 聊題一片葉 寄與有情人 況復題葉於流泛之 後十餘日 況又得一詩 其詩若答之者 唐神隱說 有任繼圖倚大慈寺樓 飄大桐葉上有詩曰 拭翠斂蛾眉 為鬱心中事 搦管下庭除 書作相思字 此字不書名 此字不書紙 書向秋葉上 願逐秋風起 天下有心人 盡解相思死 天下負心人 不識相思意 有心與負心 不知落何地 後數年繼圖卜任氏為婚焉 本事詩 梓 伯禽康叔見周公 三見而三笞 商子曰 南山之陽有木名橋 北山之陰有木名梓 二子盍往觀焉 二子往觀 見喬木高而仰 梓木實而俯 反以告商子 曰 橋者父道也 梓者子道也 尚書大傳 子胥將死 告其舍人 曰 必樹吾墓上以梓 令可以為器 而抉吾眼懸吳之東門上 以觀越兵之入吳也 史記 斬泗濱之梓以為箏 文選 後漢樊宏父重嘗欲作器物 先種梓漆 時人嗤之 積以歲月 皆得其用 向之笑者咸求假焉 貲至鉅萬 鑑為壽張敬侯

雜著 龍門之桐 高百尺而無枝 中鬱結而輪囷 枚乘七發 今[illegible]

次吐翰據蒼兮以孤生 張協賦 納谷風以疏葉含春雨以濯莖 晉夏侯張湛賦 呂洞賓題汴都峨眉院云明月斜秋風冷今夜故人來不來教人立盡梧桐影 曾慥集仙傳

賦詠祖

五言散句

桐林帶晨霞 謝靈運 寒井落梧桐 文選

霜風侵梧桐 韓愈 井梧棲靈鳳 古詩

秋色老梧桐 杜 樹暗惜桐孫 杜 庭梧白黃隕 陳后山

風梧有先聲 同上 露葉耿高梧 坡 桐葉滿東齋 東坡

有谷杉漆桐 杜 睇葉藏棲鳳朝花拂曙烏 梁簡文帝

方同散木叢清響竟誰知 梁王 分根蔭玉池欲待高鸞集 沈約

一株青玉立千葉綠雲委 白樂天 梧桐落金井一葉飛銀床

四面無附枝中心有通理 葉生既婀娜葉落亦扶疏 並李白

今茲大火落秋葉黃梧桐 杜 秋日坐梧桐轉陰如轉轂 荊公

寒落鴻鴈秋意有梧桐 [illegible] 庭梧自黃隕風過成夜語 后山

七言散句

碧梧棲老鳳凰枝 杜 清秋幕府井梧寒 並杜

秋雨梧桐葉落時 白樂天 秋桐不識春風面 劉貢父

滿階桐葉候蟲鳴 東坡 蜮蜮井梧疎更殞 韓

夢斷南窗啼曉烏新霜昨夜下庭梧 羅鄴

枉教紫鳳無棲處斷作秋琴彈廣陵 李義山

百葉盆榴照眼明桐陰初密暑猶清 程明道

風高露井無桐葉雨急村煙有鴈聲 劉貢父

不緣桃李鬬顏色不為炎涼覆肌膚 劉原父

井梧搖落先霜盡衣杵凄涼帶月聞 洪适

畫堂蟋蟀怨清夜金井梧桐辭故枝 陸放翁

驚破繁華海棠夢又驚搖落井梧時 翁元廣

雨滴梧桐秋夜長愁心和雨到昭陽 劉媛

睡起秋聲無覓處滿階梧葉月明中 劉小山

五言古詩

昔吾梧桐樹寄生於南岳上凌青雲霄下臨千仞谷怨月孤且危於何託余足昔也植朝陽傾枝俟鸞鷟今者絕世用惟恐見迫東班匠不我顧牙曠不我錄為得琴瑟成何由揚妙曲 [illegible]

山木多悉對梧桐獨亭亭葉重碧雲片花簇朱霞英是時三月天春暖山雨晴無人解愛賞有客識芳馨不得所死欲揚其声裁為天子琴薦之於穆清誠是君子心恐非草木情老龜被刳腸不如無神靈雄雞自斷尾不願為犧牲況此好顏色花紫葉青青宜遂天地性忍加刀斧刑我思五丁力拔入九重城當君正殿栽花葉生光晶上對月中桂下覆階前蓂泛拂香爐煙隱映斧藻屏為君布綠陰當暑蔭軒楹為君發清韻風來如扣瓊愛君陽和德不特含乎葉我君無戲言翦桐封弟兄愛君司功不[illegible]資子成為君長高枝鳳凰上頭鳴一鳴君万歲壽山[illegible]頃[illegible]鳴万人[illegible]之平如何有此[illegible]在空高待余有勢力移爾獻丹庭 白居易

猗猗井上桐花葉何蓑蓑下蔭百尺泉上有凌雲枝葉色洗胡露青吟當年昔日出花照耀飛香動浮埃一朝一雨過狼藉粘青苔 歐陽文忠

朝陽升東隅照此庭下桐[illegible]葉去年[illegible]根[illegible]宵夕照留殘紅雨[illegible]風生户牖中主人政多暇坐賞于從容 司馬溫公

庭梧鳴秋風葉葉凋萎紅行人胡不歸女蘿送孤鴻去日良已賒客身轉飄蓬千里共一涯闊山月明中兩耳恨不羽飛送君西東 項[illegible]

五言古詩散聯

孤桐生空井枝葉自相[illegible]過[illegible]其根[illegible]

[illegible]霜葉已蕭不風條自鳴不願見雕斲爲君堂上琴 宋雍[illegible]

孤桐比窓外高高百丈餘枝生既婀娜葉落更扶疎 [illegible]

秋還遷已落春晚猶未栽綠葉雖可賤一剪或成珪 [illegible]

霜風侵梧桐衆葉著樹乾空音一葉下鏘若摧琅玕 韓愈

高梧一葉下空齋歸思多 [illegible] 蕭灑兩岸聽秋荷 [illegible]

高岡得孤桐斲爲綠綺琴上有紅朱絲有激軋黄金引手試拂拭琅然發清音 吳竹坡

五言四句

往往遊西塘時時憩午陰風來人不見飛入白雲波深

五言八句

曉來紅女酒量大酒無功忽能容月夜高宮忽得風破[illegible]

蟬聲[illegible]奔梧桐[illegible]湖世鈎翁道節[illegible]

頭歸故園 元義之

桐葉別梧桐[illegible]桐孫城中過[illegible]第事白髮滿

君家井泉深百尺上有高梧十丈碧風雨不至獨可憂蛟龍深潛莫能識 劉原父

七言四句

老桐休去爲琴瑟胡部新翻格調清試聽琵琶撥運曲一般弦上數般声 陶弼

仰看陽光只見空不知靈裏看梧桐莫言日脚无行跡偷轉零分破寸中 楊誠齋 觀桐陰

金井梧桐秋葉黄珠簾不捲夜來霜薰籠玉枕无顔色卧聽南宮清漏長 王昌齡

葉底秋声急雨催人言滴樹是愁媒九回百斷渠何預自是愁人做得來 [illegible]

夢回歷歷雨声中窓影分明曉色紅出戶方知是黄葉更无一片在梧桐 陳[illegible]

七言八句

灝氣行秋万宇涼玄姑新剃辦衣裳林爲機杼織无迹月當膏油緝易長謂介索裘雖有日到頭无褐可禁霜工夫只有琵琶索又在梧桐夜雨傍 徐介軒 [illegible]

開盡羣花欲拆桐春歸何事太怱怱枝頭嫩綠偏宜雨葉底殘紅不奈風燕帶香泥歸院落蜂粘飛絮入簾櫳小窗獨坐无餘事盡日青山在眼中 謝益齋

樂府祖

憶秦娥 臨高閣乱山平野煙光薄煙光薄棲鴉歸後暮天聞角。斷香殘酒情懷惡催襯梧桐落梧桐落又還秋色又還寂寞 [illegible]

[illegible] 缺月掛疎桐漏斷人初靜時見幽人獨往來縹渺孤鴻影 驚起却回頭有恨無人省揀盡寒枝不肯栖寂莫沙洲冷 東坡

訴衷情 征衣薄薄不禁風長日雨絲中又是一年春事花信到梧桐。雲漠漠水茫茫去匆匆客懷今夜家在江西身在江東 劉招山

天台陳先生類編花果卉木全芳備祖卷之二十八

天台陳先生類編花果卉木全芳備祖卷之十九　後集

江淮肥遯愚一子陳　景沂　編輯

建安　祝　穆　訂正

木部

豫章

事實祖

碎錄　豫章大木也漢書注　豫章生七年而後知

衆木異述異記　山海經豫章木可伐作鼓荊州記

紀要　用陽丹袁粲見王儉曰松柏豫章雖小已有棟梁器矣南史

雜著　其北則有楩柟豫章子虛賦　木則楩柟豫章吳都賦　余卜

居南溪上流溪之滸有喬木一蓋古之豫章而今俗以樟名者

也其幹高三百餘尺[illegible]而[illegible]二十圍圍余偃臥其庇及數畝若根

踞[illegible]面如巨石[illegible]不因其[illegible]其根使平若

一臺可坐數客又爲根入土[illegible]所蔽[illegible]數畝亭午日

不穿漏夏五六月清陰[illegible]暑氣不入冬颸作東方春稚綠競

榜譪若雲屯及元冥凍冱此獨挺秀余愛護封殖每爲賦甘棠

之詩余聞昔有商山之老戲於橘中者獨之橘隱後世效山陰

之種竹者謂之竹隱慕彭澤之種菊者謂之菊隱擬孤山之詠

梅者謂之梅隱余愛此古樟遂名吾廬以南溪樟隱暇日搜閱

書藏得晦菴朱子所書四大字適與余所命名者有天相吻揆

勒揭于廳之楣即其右闢小室又取朱子所書巖樂二大字爲

扁以表古樟之高致室僅容膝處勢最高中揭翠嵐下臨綠浸

隔岸擔簦負笈之行人中流披蓑鼓枻之漁父皆可坐見於几

席之上市囂遠而一塵不侵余蓋於此而讀書以求聖賢爲

己之學涵養休簽私淑吾身庶幾不負朱子教育之意日力有

餘則編輯古人嘉言善行類成巨帙窮年矻矻皆手自抄錄樂

而忘疲今一二書已行于世者幸有楊子雲不以覆醬瓿之可以

坐久神倦起而欠伸則信手拈取前輩詩文一二帙緩誦微吟

戰睡魔而却之此則樟隱之成趣也其西則築小樓四楹與廳

對峙又取南軒張子所書藏書閣三大字揭扁樓上雖余無貲

聚書不能多視鄴侯插架特泰山之毫芒然余性健忘不可無

書舊所讀不復盡記必藉檢閱積久抽取簡帙散亂則必次其

甲乙使如舊序刷去蠹魚以風日曬茲樓也檢書則登曬書

則登當此之時憑欄四敞不妨眺望以舒暢心目至

於秋宵霽月[illegible]風怒號雲聚飛舞爽與一登便覺水

晶宮闕瓊樓玉宇去人不遠此又樟隱之勝槩也噫余晨興而

啓吾廬出入而涉吾庭仰而瞻吾巨扁銀鉤鐵畫動有法度則

思其人[illegible]先儒之[illegible]上顧而見吾古樟龍身虬枝昂霄聳

壑則愛其不[illegible]吾側是則吾[illegible]臨罕幽

而[illegible]樟隱之[illegible]不在於物[illegible]之美也[illegible]

見有老鸛長頸[illegible]立于樹杪[illegible]

牖之計他禽亦喃喃[illegible]以相其役余甚異之豈杜子美所謂

鶻者耶居無何近山叢薄[illegible]二三突如其來[illegible]

殺之衆羽或傷其翅或[illegible]從起數日一鶻忽爲不之

嚼而[illegible]亦引去他日又聞鸛[illegible]甚悲若有所

訴余試辭[illegible]隔林一鳩飛去復來[illegible]余因悟

召南鵲巢鳩居之意豈[illegible]

去夫鸛鵲一枝之棲且尚不能免夫物之爲害余以貧士[illegible]

寸累僅架數椽其艱難辛苦[illegible]之巢於古樟者[illegible]今

雖幸而迄於落成且茸居焉而觸物興懷[illegible]

後人之居于斯者其必念余經始之勞可也其必讀韓昌黎示

兒之詩使有賢鄉大夫相過詩道之精粗以不墜所契可也

其必思朱子所記先大父遺事克稱天之報施其將在此之語可也番能如是則古楠亦不貽楚懺淵愧之譏而凌雲傲雪之標當相與輝映於無窮此則余之望也寶祐丙辰冬十一月樟隱老人記

賦詠祖

五言散句

豫章夾日月歲久空深根

豫章深入地滄海闊無涯　並杜甫

七言散句

豫章翻風動白日鯨魚跋浪滄溟開　杜甫

七言絶句

豫章復蹇兩蒼龍雪幹霜須匠石逢借重歲寒雲谷字絶勝松拜大夫封　張樟隱

石楠

事實祖

葉似枇杷有小刺淩冬不凋春生白花秋結細紅實人多移植庭宇間陰翳可愛不透日氣

雜著

予在成都偶以事至沕犀過國寧觀有古楠四皆千歲木也枝擾雲漢聲挾風雨根入地不知幾百尺而陰之所庇車且百兩正晝日不穿漏夏五六月暑氣不至凜如九秋成都固多壽木然莫與四楠比者蓋愛而不能去者弥月有石刻立廡下曰是仙人蘧君手植予歎曰神仙至人手之所觸氣之所呵疾者起盲瞶者愈群朽而命王屋石不難況其親所培植哉又而不槁不死固宜欲爲作詩以貪多事不果嘗以語道人蘧昌老眞叟以爲恨予既去蜀三年而昌老萬里以書屬予曰國寧之楠幾伐以營繕郡人力爭之僅乃得免懼卒不免也予爲我紀昔之意予發書且歎且喜夫勿剪勿伐甘棠爲敬桑梓愛其人及其木自古以然始以蜀事言之則唐節度取孔明祠柏一小枝

此葉缺

爲手板書於圖志今見非䑕蔣堂守成都有美政止以築銅壺閣伐江瀆廟木坐謡言罷亦書國史且王建孟知祥父子專有西南窮土木之侈況犀近在國城數十里間而四楠不爲當時所取彼猶有畏而不敢者況今之聖主以恭儉化天下有夏禹卑宮室漢文罷露臺之風專閫方面皆重德偉人豈其毀數千歲遺跡後大陳宇爲王孟之所難哉意者情出於主斧斤匠欺罔專恣以自爲功而已使有以吾文告之者讀未終篇悲今下矣然則其可不書也歟　翁

賦詠祖

五言散句

客觀偷閒不是閑石楠雖好懶頻攀　同空

佛現寶幢經幾劫天開雲幰待何人　劉

五言近體

大利既一剖衆材爭爲奇慈效南海草木與此境俱生長如自惜雪霜無濁命蘇　起靈元發地芳膚實士再起萌子流

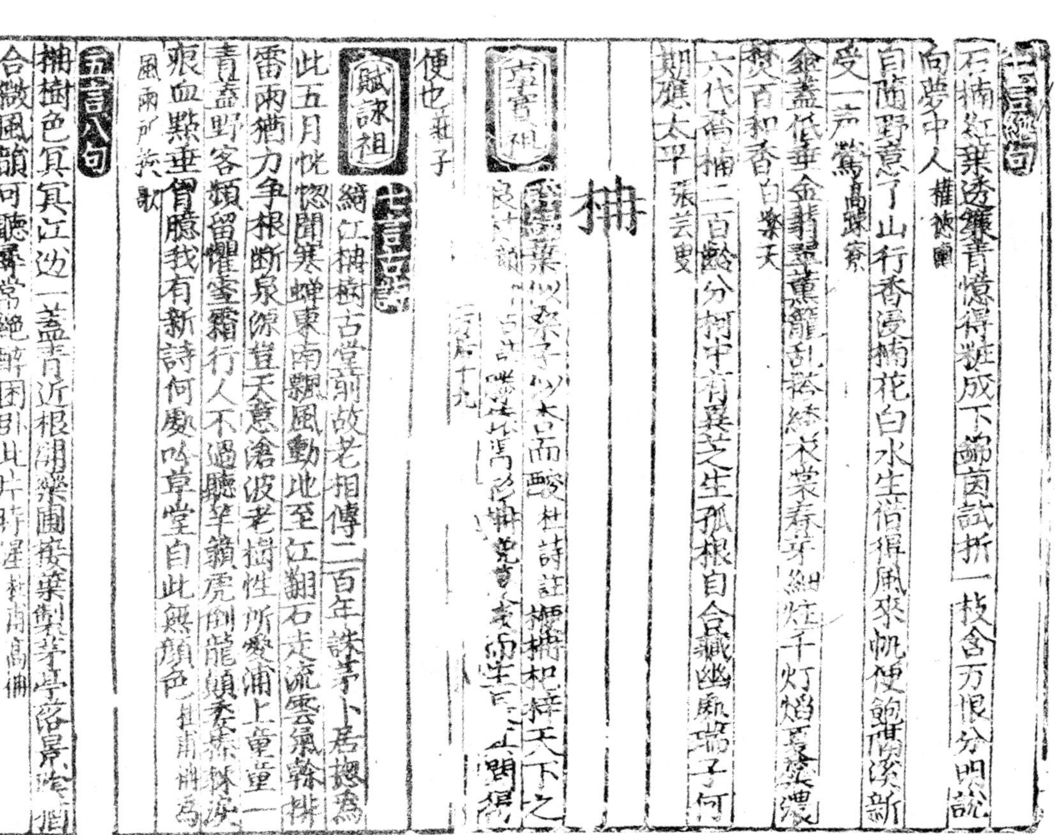

七言絕句　石楠紅葉透簾青憶得粧成下翠茵試折一枝含万恨分明說向夢中人 權德輿

自憐野意了山行香浸楠花白水生猶得風來帆使飽謝溪新受一声鶯 高蟾察

傘蓋低垂金翡翠薰籠亂搭繡衣裳春芽細炷千灯焰夏蕋濃焚百和香 白樂天

六代喬楠二百齡分柯中有異芝生孤根自合藏幽處瑞子何期應太平 張芸叟

枏

事實祖　碎錄　葉似桑子似杏而酸 杜詩註 楩楠杞梓天下之良材[illegible]便也 莊子

賦詠祖　七言古詩　綺江楠樹古堂前故老相傳二百年誅茅卜居總為此五月悵惚聞寒蟬東南飄風動地至江翻石走流雲氣幹排雷雨猶力爭根斷泉源豈天意滄波老樹性所愛浦上童童一青蓋野客頻留懼雪霜行人不過聽竽籟虎倒龍顛委榛棘淚痕血點垂胸臆我有新詩何處吟草堂自此無顏色 杜甫柟為風雨所拔歎

五言八句　楠樹色冥冥江邊一蓋青近根開藥圃接葉製茅亭落景陰猶合微風韻可聽尋常絕醉困臥此片時醒 杜甫高楠

靈壽木

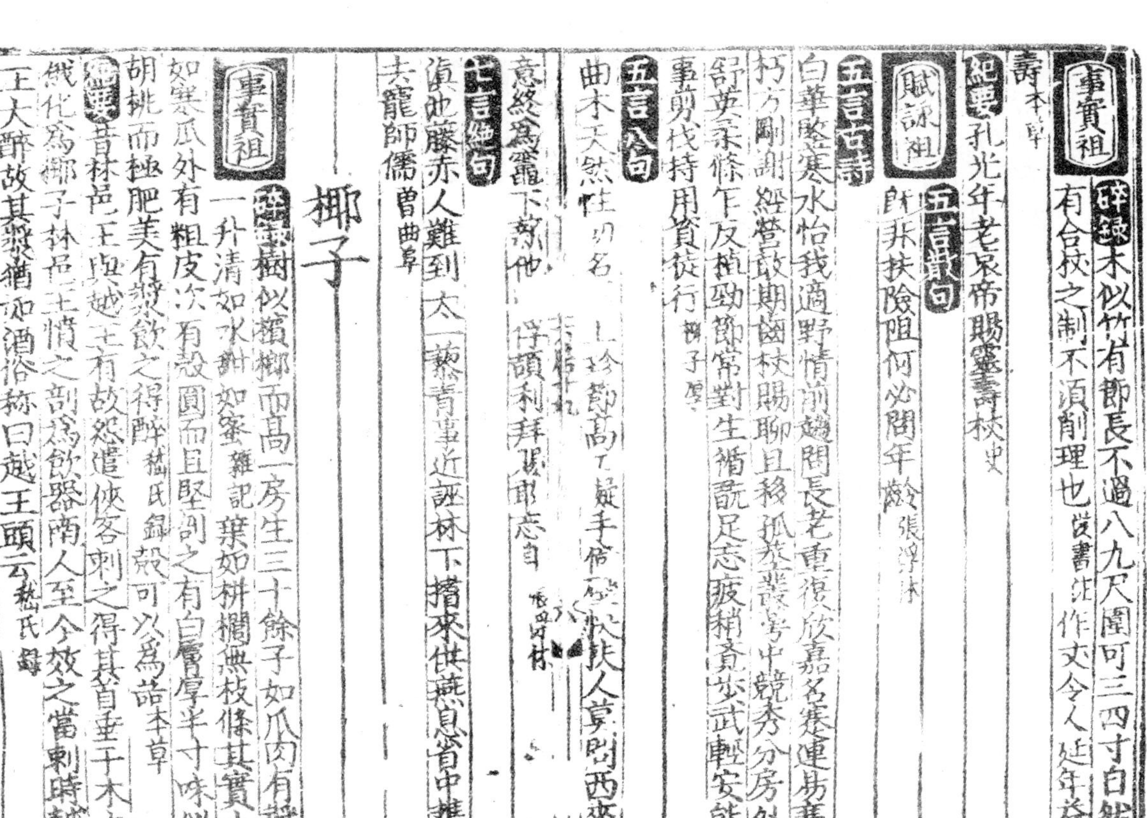

事實祖　碎錄　木似竹有節長不過八九尺圍可三四寸自然有合杖之制不須削理也 漢書注 作丈令人延年益壽 本草

紀要　孔光年老哀帝賜靈壽杖 史

賦詠祖　五言絕句　既非扶險阻何必閩年齡 張浮休

五言古詩　白華警寒水怡我適野情削趣閑長老重復欣嘉名寒連易衰朽方剛謝經營敢期幽杖賜聊且移孤莖叢竿中競秀分房外舒英柔條下反植勁節常對生循詠足忘疲稍覺步武輕安能事剪伐持用資徒行 柳子厚

五言八句　曲木天然性[illegible]節高[illegible]疑手[illegible]扶人莫問西來意終為霜下寂他[illegible]

七言絕句　滇池藤赤人難到太一藜青事近誣林下揞來供燕息省中夫寵師儒 曾曲阜

椰子

事實祖　碎錄　樹似檳榔而高一房生三十餘子如瓜內有漿一升清如水甜如蜜 雜記 葉如栟櫚無枝條其實大如寒瓜外有粗皮次有殼圓而且堅剖之有白膚厚半寸味似胡桃而極肥美有漿飲之得醉 嵇氏錄 殼可以為器 本草

紀要　昔林邑王與越王有故怨遣俠客刺之得其首垂于木上俄化為椰子林邑王憤之剖為飲器南人至今效之當刺時越王大醉故其漿猶如酒俗稱曰越王頭云 嵇氏錄

【賦詠祖】

【七言散句】美酒生林不用儀 東坡詩儀狄也

【五言古詩】日南椰子樹香裊出風塵叢生雕木首圓實檳榔身玉房九霄露碧葉四時春不及塗林果移根隨漢臣 沈佺期

魏公番禺歸逢子蕪江口贈以越王頭還同月氏首割解爲飲器津漿若美酒 梅聖俞

矮胡生南方託家碧山崖揉擇供貢篚扶持上天街憫此忍戀姿欲售父未諧道傍翻先生風味固自佳逢渠即傾蓋輸寫能開懷刳削出光彩規繩去嵌窊金玉豈足貴膠漆真吾儕客來有嘉招二七往必偕婆娑止坐隅供饋煩金釵矮胡雖木強醇醨無涯崖公實其腹枵然外形骸微物幸見用棄置理則乖冠有封國陶泓爲歡樂世痾炮燔及根荄願子自洗濯勿受塵埃埋瓶日月相從醉裡老焉 胡椰子詩

【七言絕句】槳成乳酒醺人醉肉截鵝肪上客盤有核如匏可雕琢道裝宜作玉人冠 山谷椰子冠

碩果不食寒林梢剖而器之如懸匏故人相見各貧病且可烹茶當酒肴 山谷椰子茶盃

桄榔

【事實祖】

【叢錄】生廣南山谷間其樹身皮葉與蒼棗檳榔等異然葉下有鬚如麤馬尾廣人織爲巾子其麵有脩可以碎穀 本草 其皮可作綆得水則柔韌胡人以此聯木爲舟皮中有屑如麪木性如竹紫黑色有文理解之以製弈枰 嶺南記

【賦詠祖】

【五言散句】雪粉剖桄榔 東坡

【七言散句】日下桄榔羽扇開 山谷

【七言絕句】化工到得巧窮時東補西移也大奇君看桄榔一窠子竹身杳葉海棕枝 楊誠齋

【七言八句】睡起風清酒在亡身隨殘夢兩茫茫江邊曳杖桄榔下尋苗葄撥香獨步儻逢屾嶁令遠來莫恨曲江張滿知吾國真男子獨憶平生盛孝章 東坡以桄榔杖寄張文潜

楮

【事實祖】

【叢錄】楮一名穀 說文 樂彼之園其下維穀 注 楮也 詩 世以楮實練鎔又爲面藥以米泔洒楮而生菌 東坡詩註

【紀要】蔡倫造意用楮膚麻頭敝魚網以爲紙 後漢蔡倫傳 桐君藥錄其花葉形色仙方楮實正赤時收取其子陰乾 采藥錄

【五言古詩】我墻東北隅張王並去声維老穀樹先樗櫟大葉等桑柘沃流膏馬乳漲墮子楊梅熟胡爲尋丈地養此不材木蹶之得輿薪規以種松菊靖言求其用略數得五六膚爲蔡侯紙子入桐君錄黃繒練成素黝面類作玉灌洒蒸生菌腐餘光吐燭雖無傲霜節幸免狂酲毒孤根信微陋生理有倚伏投斧爲賦詩德怨聊相續 東坡宥老楮

【五言古詩散聯】植根雖云固伐夫曾須臾我塗雖不寬出入自有餘開門應來往併納賢與愚 賴翁

【五言絕句】可憐臺上楮轉日已陰繁不解詩人意何爲樂彼園 王文公

【七言絕句】楮樹婆娑覆小齋，更無日影午窗開。一端能敗幽人意，夜夜墻西礙月來。

㯃

【事實祖】

【啓蒙】椅桐梓㯃 定之方中 山有㯃 詩 坂有㯃 詩 以竹筒釘入木中取之 本草

【紀要】莊子嘗為漆園吏，楚威王聘之，欲以為相，謂使者曰：亟去，無汙我，故曰傲吏 莊子 樊阿從華佗求方可服食有益於人者，佗以㯃葉青黏散與之 後漢方藝傳 樊宏父嘗欲作器物，先種梓㯃，時人嗤之，積以歲月，皆得其用，向之笑者咸求假焉。貲至鉅萬，追爵謚為壽張敬侯 本傳 雷義與陳重為友，時人語曰：膠㯃自謂堅，不如雷與陳 本傳

【賦詠祖】

【五言散句】漆園有傲吏 郭璞遊仙 楚材擇杞梓 杜甫 樊侯種梓㯃 東坡

【五言古詩】古人非傲吏，自闕經世務。偶寄一微官，婆娑數株樹 王維

近聞西枝西，有谷杉㯃稠 杜

【五言古詩】好閑早成性，果此諧宿諾。今日㯃園遊，還同莊叟樂 崔湜

舊聞南華仙，作吏㯃園裏。應悟見割憂，嗒然空隱几 宋文公

【七言古詩】天以昌華累爾形，千夫斂鍔可曾停。世間有器紫鮮飾，林下無辜受割刑。斫壞孫枝雖老大，摧殘去幹易凋零。退思禹貢周征日，未必如今稅不征 蕭入川

椶櫚 椶筍附

【事實祖】

【啓蒙】一名栟櫚，葉似車輪，乃在巔上，有皮纏之附地起，二旬一採，轉復上生 廣志 椶樹高一丈許，無枝，幹葉大而圓，歧生枝頭，實皮相重被，一行一皮，各有節，皮可為索也 山海經 椶筍狀如魚子，味如苦筍而加甘芳，蜀人以饌佛，僧甚貴之，而南方不知也。筍生膚毳中，蓋花之方孕者，正二月間可剝而取，過此苦澀不可食矣。取之無害於木，而宜於飲食，法當蒸熟，所施略與竹筍同，蜜煮酢浸，可致千里外 坡詩注

【紀要】杜甫以朝廷以李林甫瑣瑣之才代張九齡為相，作椶櫚拂詩以寓意 杜詩注

【雜著】異木之生，疑竹疑草，攢叢石徑，森從山道，烟岫相珍，靈鑿共寶，不錦不綵，何遂工巧 江淹頌

【五言句】藻井交椶葉 杜甫

栟櫚葉青倚兩車蓋 魯直

【[illegible]句】栟櫚風[illegible]白[illegible]

秋初開吾櫂，面椶櫚葉散夜之明 [illegible]

孤出亭亭羽蓋高，掌開圓葉聳抽條 程俞紫

蕭條影吒婆娑，竿影直壓中霜，裹伴松筠

【[illegible]詩】蜀門多椶櫚，高者十八九。其皮剝割甚，雖衆亦易朽。徒布如雲葉，青青歲寒後。交橫集斧斤，凋落先蒲柳。傷時苦軍乏，一物官盡取。念爾形影乾，摧殘沒藜莠 杜子美

椶拂且薄陋，豈知身效能。不能代白羽，有足除蒼蠅。熒熒金錯刀，擢擢朱絲繩。非獨顏色好，亦用顧盼稱。吾老抱疾病，家貧自炎蒸。咂膚倦撲滅，賴爾甘服膺。物微世競棄，義在誰肯徵。三歲清秋至，未敢闕緘縢 杜子美椶拂

【五言古詩散聯】

青青栟櫚樹散葉如車輪擁籜交紫髯歲歲剝皮非仁用以[illegible]
興何憚剋斫身 梅聖俞
斫破夜叉頭取出仙人掌較人滿腹珠鯽魚漸出網 梅聖俞
喙爍鳳巢張囷儼雨皮厚叢條列喬端攢冷旗斾 宋景文

五言八句

舊脫敗蓑乱新添華節高剛容春尚静佽氣佐方豪黃孕子魚
腹青披孔雀尾豐擁知何製雨動鐘號 梅聖俞

七言古詩

贈君木魚三百尾中有鵝黃子魚子夜叉剖瓔欲分甘擇龍藏
頭敢言天厩薦蔬果得自用勿使山林空老死問君何事食木
魚烹不能鳴同其理 東坡送竹箭與謙長老

七言絶句

[illegible]扶疎綠擁新琅玕一束淨無[illegible] 黃金鑲[illegible]
碧玉輪

黃楊

事實祖

碎錄 俗說黃楊歲長一寸遇閏年退三寸 [illegible]詩註

賦詠祖

五言散句 雖非百尺材歲晚好顔色 曾文昭

七言散句 園中草木春無數只有黃楊厄閏年 東坡

五言古詩散聯 彼美兩佳木生長在巖石後植君子堂初因醉翁識 曾文昭
黃楊性堅正枝葉已剛愿三十六旬久增生但方寸今何成脩
林左右映霞蔓良材豈一二所期不在鈍 李方叔

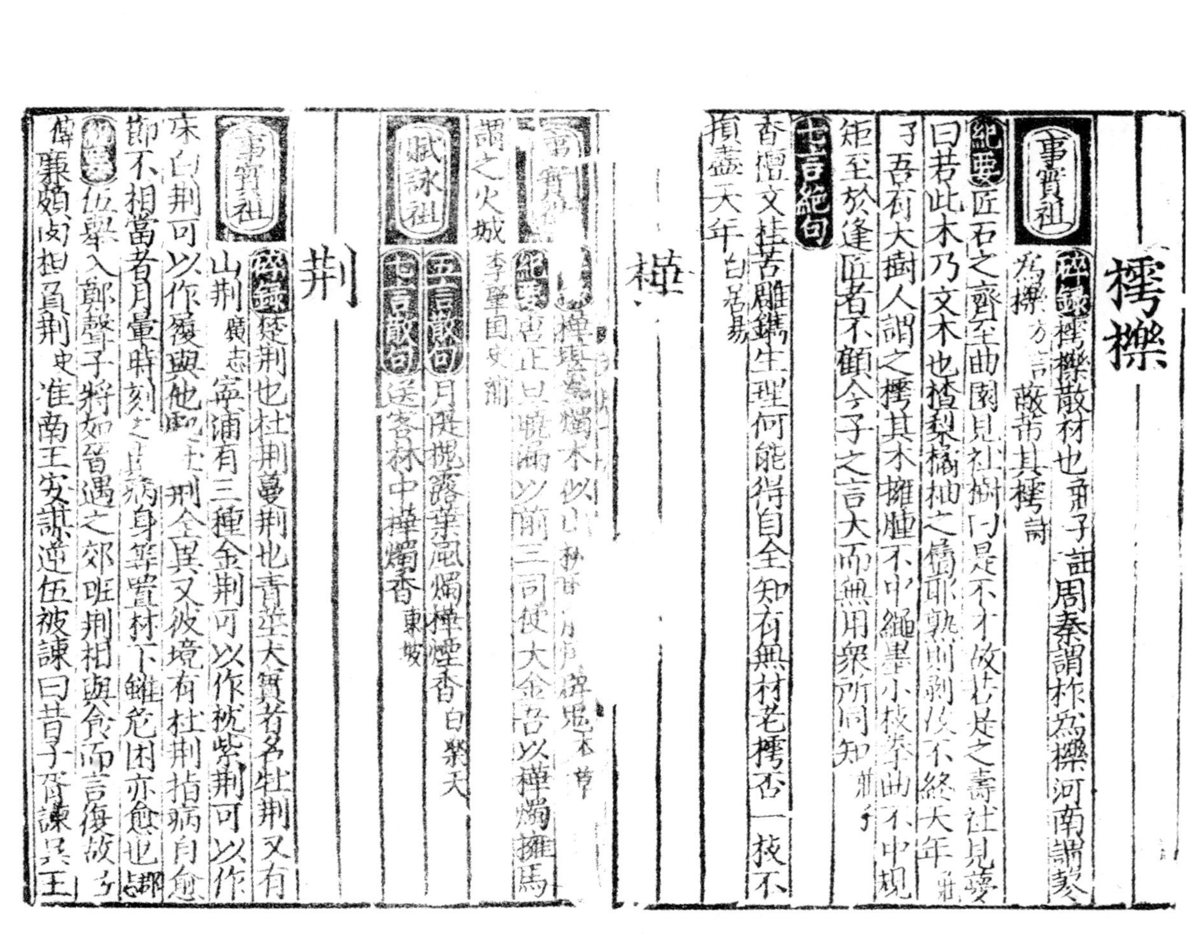

樗櫟

事實祖

碎錄 樗櫟散材也莊子註 周秦謂柞爲櫟河南謂芟爲櫟 方言 蔽芾其樗 詩

紀要 匠石之齊至曲轅見社樹曰是不材故能若是之壽社見夢曰若此木乃文木也楂梨橘柚之屬耶熟則剝剝不終天年 莊子
子吾有大樹人謂之樗其本擁腫不中繩墨小枝卷曲不中規矩至於逢匠者不顧今子之言大而無用衆所同知 莊子

七言絶句 香櫄文梓苦雕鐫生理何能得自全知有無材老樗否一枝不損盡天年 白居易

樺

事實祖

碎錄 樺皮[illegible]燭木以[illegible]

紀要 唐正旦晚漏以前三司使大金吾以樺燭擁馬謂之火城 李肇國史補

賦詠祖

五言散句 月從攏露葉風燭樺煙香 白樂天

七言散句 送客林中樺燭香 東坡

荊

事實祖

碎錄 楚荊也牡荊蔓荊也青荃大實者名牡荊又有山荊 廣志 寧浦有三種金荊可以作枕紫荊可以作床白荊可以作履與他處[illegible]荊全異又彼境有牡荊指病自愈節不相當者月暈時刻之與病身等置床下雖危困亦愈也 鄱陽記

[illegible] 伍舉入鄭聲子將如晉遇之郊班荊相與食而言復故 左傳
廉頗肉袒負荊 史 淮南王安謀逆伍被諫曰昔子胥諫吳王

落蒼稜白皮十抱大自是衆木亂紛紛海棕焉知身出群移栽北辰不可得時有西域胡僧識

女貞木

事實祖

碎錄　葉茂盛凌冬不凋或云即冬青　本草　女貞之木一名冬青負霜葱翠振柯凌風故清士欽其質而貞女慕其名多植之於庭階云　蘇彥頌序　江左人謂之萬年枝

賦詠祖

七言散句　好風吹動萬年枝　盧多遜　三足赤烏去不顧牆根隱隱叉青樹

五言律詩　霜霰不凋色兩株交石壇未秋紅實淺經夏綠陰寒　許渾

[illegible]句　碧樹[illegible]如煙樹鴻鴈[illegible]來回[illegible]　趙嘏　雛台見兩近天墀雨露常私養種時惆悵一枝嵐(?)氣重無人識是萬年枝　韓子蒼

樂府祖

眼兒媚　山磬風味木犀兜高樹綠堆雲水光殿側月華樓畔晴雪紛紛○何如且向南湖住深映竹邊門月兒照着風兒吹動香了黃昏　張約齋

七葉木

賦詠祖

五言古詩　伊洛多佳木娑羅舊得名常於佛家見宜在月中生空砌陰鋪靜虛堂子落聲　文忠公

沙欏木

賦詠祖

七言古詩　沙欏古樹常占歲在昔曾看北海碑今日四方俱大稔不知榮悴向何枝　黃[illegible]

天台陳先生類編花果卉木全芳備祖卷之十九　[illegible]

天台陳先生類編花果卉木全芳備祖卷之二十

江淮肥遯愚一子陳　景沂　編輯
建安　祝　穆　訂正

農桑部

穀

禾　稼穡　黍稷　粟
粳　秫　農田並同

事實祖

碎錄　三農生九穀鄭司農注稷秫黍稻麻大小豆大小麥周礼　六穀凡王之膳食用六穀鄭司馬注稌黍稷粱麥苽周礼　五穀以五味五穀五藥養其病鄭司農注麻黍稷麥豆同上　百穀粱者黍稷之總名稻者既種之總名叔者衆豆之總名三穀各二十種為六十蔬果之實助穀各二十凡為百穀楊泉物理論　五穀皆熟為有年穀梁　俶載南畝播厥百穀載芟　亟其乘屋其始播百穀七月　穀賤傷農昭帝詔　百穀仰其雨左傳　農殖嘉穀呂刑　不違農時穀不可勝食也孟子　一穀不升曰歉二穀不升曰饑三穀不升曰饉四穀不升曰康五穀不升曰大侵大侵則君食不兼味臺榭不塗百官布而不制鬼神亦禱而不祠穀梁傳　一穀不收謂之饉二穀不收謂之旱三穀不收謂之凶四穀不收謂之餽五穀不收謂之饑饑九穀不熟謂之大侵大侵則大夫以下損祿五分之一旱則二凶則三餽則四飢饉大侵則盡祿稟食而已墨子　穀不熟為飢仍饑為荐荐連年不熟也爾雅　禾嘉穀也二月始生八月而熟得時之中故謂之禾說文　禾易長畝終善且有甫田　十月納禾稼黍稷重穋禾麻菽麥注禾者總名黍稷稻粱苽粱皆名為禾麻與菽麥則無禾稱七月　地之美者善養禾賈山論　稼穡禾之秀實為稼一曰在野曰稼說文　土爰稼穡注種曰稼斂曰穡洪範　君子所其無逸先知稼穡之艱難無逸　稼穡維寶代食維好桑柔

不稼不穡胡取禾三百廛兮伐檀　若農服田力穡乃亦有秋盤庚　我稼既同七月　曾孫之稼甫田　大田多稼大田　黍稷禾之粘者為黍亦謂之穄亦曰黃黍古今注　以大暑而種故謂之黍說文　華黍時和歲豐宜黍稷也詩　豐年多黍多稌詩　彼黍離離彼稷之苗詩　黍稷稻粱農夫之慶甫田　黍稷非馨明德惟馨君陳　祭宗廟之禮黍曰薌合粱曰薌萁稷曰明粢曲礼　仲夏之月可乃登黍是月也天子以雛嘗黍月令　孟冬之月天子食黍與彘月令　牛宜稌羊宜黍豕宜稷犬宜粱內則　飯黍稷稻粱白黍黃粱稰穛同上　芃芃黍苗詩　稷五穀之長也說文　粢稷今江東人呼粟為粢爾雅　虋赤苗今之赤粱粟芑白苗今之白粱粟秬黑黍一名秬黍秠一稃二米秠是黑黍之中一稃有二米者爾雅　青粱穀穗有毛粒青米亦微青而細於黃白粱也黃粱穗大毛長其穀米俱黃□於白粱而收子少白粱穗亦大而毛穀粗扁長不如粟圓也粟米當田種之甚易舂粒細香美陳之或呼為粢大抵人多種粟而少種粱以其損地力而收穫少耳粟米比粱乃細而圓本草　粳米即人所常食米有白赤大小異族四五種同一類也本草　秔稌為也秔稻不粘者然秔稻與糯稻甚相類粘與不粘異耳江東呼糯為穤乃乱反呼秔為秈本草　秔有両熟之稻吴都賦注　秫稻之黏者為秫古今注

紀要　炎帝大庭氏下為地皇作耒耜播百穀曰神農月令疏　神農氏之治天下也甘雨以時五穀蕃殖淮南子　黃帝蓺五穀史記　帝堯之時有老人擊壤於路曰吾日出而作日入而息耕田而食鑿井而飲帝何力於我哉通　帝舜曰棄黎民阻飢汝后稷播時百穀舜典　誕后稷之穡有相之道生民　禹稷躬稼而有天下憲問　厉山氏之子能殖五穀故祀以為稷礼記　惟勾龍氏兼食於社而棄為稷神歷代奉之家語　后稷封斄公劉處豳太

王遷邠文王作豐武王治鎬其民有先王遺風好稼穡故豳詩言農桑衣食之本甚備 地理志 文王卑服即康功田功 無逸 武王農用八政 洪範 成王春籍田而祈社稷 載芟 魯威公三年五穀皆熟爲有年 穀梁 大有年何以書以喜書也 公羊 淳于髡滑稽多辯齊威王八年楚伐齊齊使髡之趙請救齊金百斤車馬十駟髡仰天大笑冠纓索絶王曰先生少之乎髡曰臣今者從東方來見道傍禳田者操一豚蹄酒一盂祝曰甌窶滿篝汙邪滿車五穀蕃熟穰穰滿家臣見其所持者狹所欲者奢故笑之齊王乃益黃金千鎰白璧十雙車馬百乘髡至趙趙予精兵十萬楚聞之引去 汙邪下田也 史記 漢文帝親率羣臣農以勸之 本紀 漢文帝問丞相勃曰天下錢穀一歲出入幾何勃謝不知又問左丞相平平曰各有主者陛下問錢穀責治粟內史 本傳 景帝詔郡國務農桑益種樹 本紀 武帝始令民入穀補官郎至六百石 本紀 武帝末年悔征伐之事下詔以趙過爲搜粟都尉 本紀 魏太祖患廩穀不足私謂主者曰何如答曰以小斛量之太祖曰善其後軍中謂太祖欺衆太祖謂主者曰特當借汝死以厭衆不然不可解遂斬于軍中 魏志

黍 孔子侍坐於魯哀公設桃與黍孔子對曰夫黍者五穀之長也祭先王以爲上盛果有六而桃爲下祭先王不得入於廟丘聞之也君子以賤雪貴不聞以貴雪賤今以五穀之長雪果蓏之下是侵上雪下也 家語 鄒衍在燕有谷地美而寒不生五穀鄒子吹律而温至今傳名爲黍谷 列子

禾 唐叔得禾異畝同穎獻諸天子 尚書 秋大熟未穫天大雷電以風禾盡偃王與大夫盡弁以啓金縢之書王出郊天乃雨反風禾則盡起 金縢 漢光武生於濟陽縣是歲有嘉禾九穗 東觀漢記

秫 陶淵明爲彭澤令公田悉令種秫稻妻子固請種粳乃使二百五十畝種秫三十畝種粳

雜著 猗猗嘉禾惟穀之精其洪盈箱協穗殊莖昔生周朝今植魏廷獻之廟堂以昭祖靈 曹子建頌 華實離離野黍稷盈疇 王維登樓賦 嘉禾六穗昌積昌齡 何尚州 如封禪頌 野多滯穗畝有餘糧 六穗甦稱於漢臣異畝聞言於周典 柳子厚賀嘉禾表 秦民歌曰涇水一石其泥數斗且溉且糞長我禾黍 前漢溝洫志 稻粢穱麥挐黃粱些 楚辭 五穀六仞設菰粱只 同上

賦詠祖

五言散句

舊穀猶儲今 陶淵明　佳穀垂金穎 陸機

衰年催釀黍　白露黃粱熟

新炊間黃粱 杜　雲嶼鋤畬粟 放翁

平疇交遠風良苗亦懷新 陶淵明　春秫作美酒酒熟吾自斟 同上

今年秋熟過從飽雞黍 東坡　秋風報秋熟万頃炊羅稏 張右史

七言散句

藝多俱收穀價平 放翁

眉山遠地蜀山西九穗嘉禾忽效奇 夏英公

果飯送君吾豈敢黃雲羅稏連東皐 張文潛

五言古詩

貧居依稼穡戮力東林隈不言春作苦常恐負所懷司田眷有秋寄聲與我諧飢者歡初飽束帶候鳴雞揚楫越平湖泛隨清壑迴鬱鬱荒山裏猿聲閑且哀悲風愛靜夜林鳥喜晨開曰余作此來三四星火頹姿年逝已老其事未云乖遙謝荷蓧翁聊得從君栖 陶淵明

何處好畬田團團縵山腹鑽龜得雨卦上山燒卧木下種暖灰中乘陽拆牙蘖蒼蒼一雨後苕穎如雲發 劉禹錫畬田行

斜陽照墟落窮巷牛羊歸野老念牧童倚杖候荊扉雉雊麥苗秀蠶眠桑葉稀田夫荷鋤至相見語依依即此羨閒逸悵然歌式微 王維田家

父耕原上田子斸山下荒六月禾未秀官家已修倉鋤田當日
午汗滴禾下土誰念盤中飧粒粒皆辛苦二月賣新絲五月糶
秋穀醫得眼前瘡剜却心頭肉我願君王心化作光明燭不照
綺羅筵只照逃亡屋 聶夷中田家
田因時雨足轆牛務深耕選種隨土宜播植糯與秔條桑去蠹
枝采采待春榮春事不可緩春鳥亦已鳴
麻麥聞熟刈蠶絲成繰莫遲更看田中禾苞秀時去之幸此赤日
長農事莫敢違願言一歲餘不受三冬飢
開塍放餘水經霜穀將實束犁原上疇坎麥亦云畢老叟呼兒
童敲朴收橡栗乃知田家勤卒歲無閑日
田事今云休官輸亦已足刈禾既盈囷採薪又盈屋牛羊各番
衍御冬冬而畜何以介眉壽甕中酒新熟 郭功父田家四時

五言古詩

既多九穗穀復有三秀芝以保万壽歡以豐東菑 朱景文
早稻如倒戈十穗八九折晚禾不及秀日炙根土烈踏車激湖
水車聲湖欲竭 張文潛

五言絕句

春種一粒粟秋收万顆子四海無閑田農夫猶卧死 李紳
禾黍不陽豔競栽桃李春翻令力耕者亦作弄花人 名賢集

五言八句

白露黃粱熟分張素有期已應春得細頗覺寄來遲味豈同甘
菊香宜配紫葵老人他日愛政想滑流匙 杜甫
田家無五行水旱卜蛙聲牛犢乘春放兒孫候暖耕池塘煙未
起桑柘雨初晴歲晚香醪熟村村自送迎 章孝標
縣官清且儉深谷有人家一徑入寒竹小橋穿野花碓喧春澗
滿梯倚綠桑斜自說年來稔前村酒可賒 鄭谷田舍

井字行都整花香遠已甜穗肥黃俯首芒動紫掀髯風撓平雲
陣赤縣欸月鎌不愁禾把減高廩欲愁添 楊誠齋
出畏一簞飯歸收百把禾勤勞辨堪忍餘暇更吟哦氣悉增吾
困家貧賴汝多村醪莫辭醉美汝乞字眠娥 陸放翁
種秫供留客栽花待探春懸邊閑樂國鼎裏作閑身鬢髮今如
此頭顱莫問人白鷗非避俗野性自難馴 陸放翁

七言古詩

牛吒吒田确确旱塊敲牛蹄趵趵種得官倉珠顆穀六十年來
兵簇簇月月倉粮車轔轔一日官軍收海服驅牛駕車食羊肉
歸來收得牛兩角重鑄鋤犁作斤斸姑舂婦擔輸促促輸官不
足歸賣屋農死有兒牛有犢不遣官軍粮不足 元稹田家詞
老翁家貧在山住耕種山三四畝苗疏稅多不得食輸入官
倉化爲土歲暮鋤犁倚空屋呼兒登山收橡實西江賈客珠百
船船中養犬長食肉 張籍
歌元豐十日五日一雨風麥行千里不見土連山沒雲皆種黍
水挾綿綿復多稌龍骨長乾掛梁梠鮮魚出網蔽洲渚荻笋肥
甘勝牛乳百錢可得斗酒許雖非社日長聞鼓吳兒踏歌女起
舞但道快樂無所苦老翁塹水西南流楊柳中間杙小舟乘興
欲眠過白下逢人歡笑得無愁 荊公歌元豐
翻翻聯聯銜尾鴉犖犖确确蛻骨蛇分畦翠浪走雲陣刺水綠
鍼抽稻芽天工不念老農泣喚取阿香推雷車 東坡水車
春雲濛濛雨淒淒春秧欲老翠剡齊嗟我婦子行水泥朝分一
飯暮千畦腰如箜篌首啄雞筋煩骨殆聲酸嘶我有銅馬手自
提頭尻軒昂腹脇低背如覆瓦去角圭以我兩足爲四蹄聳踊
滑汰如鳧鷖纖纖束藁亦可齎何用繁纓與月題朅從畦東走
畦西山城欲閉聞鼓鼙忽作的盧躍檀溪歸來掛壁從高栖了

無芻抹餓不啼少壯騎汝逮老翻無何曾蹶趹防顛擠錦韉公子
朝金闕笑我一牛蹋牛犁不知自有木駃騠 東坡秧馬歌
今年粳熟稍苦遲庶見霜風來幾時霜風來時雨如瀉杷頭出
菌鐮生衣眼枯淚盡雨不盡忍見黃穗臥青泥茆苫一月壟上
宿天晴獲稻隨車歸汗流肩赬載入市價賤乞與如糠粞賣牛
納稅拆屋炊慮淺不及明年飢官今要錢不要米西北万里招
羌兒龔黃滿朝人更苦不如却作河伯婦 東坡田婦歎
鳩婦勃谿農婿鉏身披襏襫頭茅蒲雨不破塊田拆圖犁犁青
青佳穀枯大婦碓舂頭蓬跣小婦拾穟行餉姑四時作苦無袴
孺門前叫嗔官索租 洪駒父
田夫抛秧田婦接小兒抛秧大兒插笠是兜鍪蓑是甲雨從頭
上濕到胛喚渠朝餐歇半霎低頭折腰只不答秧根未牢蒔禾
匝照管鵝兒與雛鴨 楊誠齋插秧歌

農夫怨農夫怨此怨非是怨年荒此怨翻因年穀賤終年辛苦
不少擔及到秋成擬償債誰知斛粟不百錢利尚不償本仍在
秋來露冷刈穫時旱是朔來傍又催况兼荒政拘官急不管農
夫無穴泣君王明哲洞無遺農怨君王知不知 趙竹所

七言古詩

靴地如鏡築我場破龍碧玉粒輸官倉九月野空天欲霜龍中初
喜炊粳香 陸放翁

七言絶句

稻穗易穀滿車家家雞犬更桑麻設栽木槿成籬落已得清
陰又得
過遭圩岸繞全城一眼圩田翠不分行到秋苗初熟處翠茸錦
上織靑雲
古來圩岸護堤防岸岸行行種綠楊歲久樹根無寸土綠楊走

入水中央
種柰蘋接紅霞隝灌稻泉生白石根嶓腹老翁前似雪海棠籬
下戲兒孫 陳白
高田二麥接山青傍水低田綠未耕桃杏滿村春似錦踏歌椎
鼓過清明 范石湖
二頃春蕪不耕半生名宦竟何成歸來毋羨鄰家樂月下風
傳打稻声 陸放翁
翁棲發掀去栽秧婦踏踏車日夜忙終歲我曾身飽暖逢人猶
自說農桑 黃淑澗

七言八句

田底泥中跡尚深折花和葉插畦心晚秧初撚金絨線先種輸
他綠玉針露壟霧蓑晨小響絲風毛雨政春陰望聽布穀相煎
阿香一笑走豐隆兩部三蛙萬竅中舊喜樊遲知學圃今看許
子悞耕功遥憐翻翻湖秋隴預想垂垂弄晚風玲瓏重詩翁且強
健東阡南陌與無窮 朱文公和種粟

稻

事類祖

碎錄 秔稻屬也 說文 秈秔也 廣雅 稌亦稻也 爾雅 稻
穗謂之禾 當雅 有紫芒稻赤穬白米稻 同上 稻已割
而復抽曰稻孫 同上 十月穫稻 七月 季秋之月天子乃以犬嘗
稻先薦寢廟 月令 祭宗廟之禮稻曰嘉蔬 曲禮
紀要 魏文帝與羣臣書曰江表惟長沙有好米何時新粳稻出
耶 風吹之五里聞香 姚古 晨香有盜刈稻者香助收之盜者
慙送以還香不受 合璧事曲 李百藥隋內史德林之子七歲能
屬文父友陸乂等共讀徐陵文有刈琅琊之稻之語歎不得其

事百藥進曰春秋鄙稽稻杜預謂任琅琊客大鸞鳥 木傳

雜著 国秔再熟之稻鄉貢八蠶之綿 吳都賦 其厨膳則有華瓜

重秬黑皁香秔 東都賦

賦詠祖

五言散句 粳稻共比室 家饒足稻粱

秔稻熟天風 曾稻雪翻匙

稻粱求未足 稏稻空雲水 王山 霞米牙空粥 白樂天

浙玉炊香粳 刈稻擡肩稍 杜牧 白甌貯香秔 李商

東渚雨今足佇聞秔稻香 柴門臨野碓半濕搗香秔

国馬竭粟豆官雞輸稻粱 杜甫 擺稏百頃稻西風吹一黃 杜牧

七言散句 香稻啄殘鸚鵡粒 稻米流脂粟米白 杜甫

荒畦九月稻叉牙 李賀 浮浮大甑嘗炊玉 東坡

都城一飯炊白玉 山谷 稻陂雨細豐年候 施公

壓塢稻畦 飽飯鵝鴨野日天 宋景文

五言古 東屯大江北百頃平若案六月青稻多千畦碧泉亂插秧適云

已引溜加溉灌更僕往方塘決渠當斷岸公私各地着浸潤

天旱主守問家臣分明見溪畔芊芊炯翠羽剡剡生[illegible]鷗鳥

鏡裏來關山雲邊看秋菰成黑米精鑿傳白粲玉粒足晨炊紅

鮮任霞散終然添旅食作苦期壯觀遺穗及衆多我倉戒滋蔓

杜甫

五言八句 香稻三秋末平田百頃間喜無多屋宇幸不礙雲山御袂侵寒

氣嘗新破旅顏紅鮮終日有玉粒未吾慳 杜甫

稻米炊能白秋葵煮復新誰云滑易飽老藉軟俱勻種幸房州

熟苗同伊闕春無勞映渠碗自有色如銀 杜甫

復作歸田去猶殘穫稻功築場憐穴蟻拾穗許村童落杵光輝

白除芒子粒紅加餐可扶老倉廩慰飄蓬 杜甫

樂府祖

點絳唇 霜落吳江萬畦香稻來場圃夜村舂鬧茅屋

寒燈雨。○玉粒長腰沉水溫溫注相留任其我雲子

更聽歌聲駐 謝文節

天台□□先生類編花果卉木全芳備祖卷之二十

天台陳先生類編花果卉木全芳備祖卷之二十一 後集

江淮肥遯愚一子陳　景沂　編輯
建安　祝穆　訂正

農桑部

米 粟

事實祖

碎錄 米之精者曰粲 說文 烝民乃粒 注 米食曰粒 孟子 樂歲粒米狼戾多取之而不為虐 滕文 粟 嘉穀實也 粟之為言續也 說文 雖有粟吾得而食諸 論語

紀要 子路見於孔子曰昔者由也事二親[illegible]之食為親負米百里之外親歿之後南[illegible]從車百乘積粟萬鍾[illegible]欲食藜藿為親負米不可得也 [illegible] 淵明為彭澤令郡遣督郵至吏白應束帶[illegible]不能為五斗米折腰向鄉里小兒 曰解印綬歸去來以遂其志 本傳 蘇秦謂楚王曰楚國之食貴於玉薪貴於桂 又云食玉炊桂 戰國策 東方朔言臣若無用宜棄捐無索長安米 本傳 魯肅以振窮士為務甚得邑人歡心 三國志 周瑜為居巢長將數百人故過候肅求資糧肅家有囷米各三千斛乃指一囷與瑜瑜益知其奇遂相親結僑札之分 本傳 吳全琮父柔為桂陽守使琮齎米數千斛至吳交易琮皆振給士大夫空船而還柔奇之 本傳 王脩齡貧乏陶胡奴為烏程令送米一船答曰王脩齡若飢自就謝仁祖索食不須陶胡奴送米 世說 齊劉懷慰為齊郡守人有餉新米一斛者懷慰出所食麥飯示之曰食有餘幸不煩此 同上 梁張率為新安太守遣家僮載米三千石還宅及至遂耗其半率問其故答曰鼠雀耗率笑曰壯哉鼠雀竟不問 梁書 梁庾詵嘗乘舟從山合還載米百五十石有人寄載三十石至宅寄載者曰君三十石我百五十石詵默然不辯恣其取足 世說 梁沈約少貧干宗黨得米數百斛為宗人所侮覆米而去及貴不以為憾 梁書 唐太宗正觀初戶不及三百萬絹一匹易米一斗至四年米斗三四錢人行數千里不齎粮 本紀 顏眞卿乞米於李大夫帖云拙於生事舉家食粥而已數月今又罄竭只益憂煎 法帖 陽城嘗絕粮遣奴求米奴以米易酒醉臥于路城訝其遲與弟迎之奴未醒乃負以歸及覺痛咎謝城曰寒而飲何害焉 本傳 粟 武王發鉅橋之粟 武成 武王平商天下宗周伯夷叔齊恥之義不食周粟隱於首陽山采薇而食 史記 鄭飢而未及麥民病子皮以子展之命餼國人粟戶一鍾 左傳 晉荐饑乞糴於秦秦伯輸粟於晉自雍及絳命之曰汎舟之役 左傳 鄒穆公有令食鳧鴈者必以秕無敢以粟是鳧鴈無食而以二石粟易一石秕其費甚矣請以粟食之公曰非爾所知也夫百姓飽牛而耕暴背而耘勤而不敢惰者豈為鳥獸食哉是米人之上食也奈何其以養鳥汝知小計而不知大害 賈誼新書 子華使於齊冉子為其母請粟原思為之宰與之粟九百辭子曰毋以與鄰里鄉黨乎 論語 季桓子以粟十鍾饟夫子夫子受而頒諸門人之無者子貢曰季孫以夫子之貧也而致粟今而施矣乃厭意乎子曰吾受而不辭為季孫之惠受而思非一人不亦宜乎 家語 子思居貧其友有饋之粟者受二車焉或獻以樽酒束脩子思曰為費而不當也或曰子取人粟而辭酒是辭少而受多於義無名於分則不全行之何也子思曰然伋不幸而貧至於困乏將絕先人之祀夫所以受粟為周之也酒脯則所飲燕也方為食而乃飲燕非義也度義而行之可也 家語 郭騷見管子託以養母晏子分倉粟府金以遺之騷辭金受粟 管子 莊周往貸粟於監河侯曰諾我以金貸子周忿然曰君乃言不如早索我於枯魚之肆矣 莊子 高平王遺

使者從魏文侯貸粟文侯曰須吾租粟至乃可也使者曰如魚張口待水上呼吸間君待決淮河之水必求吾於枯魚之肆矣說苑田釐子之為晉大夫收賦稅於民以小斗受之其粟予民以大斗行陰德於民由此得齊衆心田乞卒子常立復脩釐子之政以大斗出貸以小斗收齊人歌之史記商君以金生粟遂致金粟西生倉府西实国是以強史記有任氏為督道倉吏秦敗豪傑爭取金玉而任氏獨窖倉粟楚漢相距滎陽民不得耕其米石至貴是時豪傑金玉盡歸任氏以此起富史記酈食其說高祖曰敖倉天下轉輸久矣急據敖倉之粟本傳炎漢之興七十餘年大倉之粟陳陳相因充溢露積於外至腐敗而不可食食貨志淮南王死民歌曰一斗粟尚可舂兄弟二人不相容本傳晁錯建策令民入粟塞下拜爵除罪漢書晁錯說文帝曰方今之務莫若使民務農而在於貴粟貴粟之道在於使民以粟為賞罰令天下入粟縣官得以拜爵除罪本紀武帝太初中征伐之事下詔以趙過為搜粟都尉本紀武帝建元四年天雨粟宣帝地節三年長安雨黑粟竟寧元年南陽山都縣雨粟色青黑味苦大者如小豆小者如麻子古今註河內失火上使汲黯視之還報曰河內水旱或父子相食臣謹發河內倉粟以賑貧之本傳東方朔曰侏儒長三尺餘俸一囊粟錢二百四十臣朔長九尺餘亦一囊粟錢二百四十侏儒飽欲死臣朔飢欲死也漢書諸葛亮聞孫恪伐徐以書告陸遜曰家兄年老而性疏今使典糧穀糧穀者軍之要最也僕在遠切用不安白本傳

雜著 杜子美稻畦詩秋稻成黑米精鑿傲白粲精鑿出左傳粢食不鑿謂治米使白也詩話杜詩云玉粒足晨飲紅鮮任霞散紅鮮言飯紅潤之色又收稻詩云紅鮮終日有玉粒未吾慳今有一種紅米即此謂也詩話

賦詠祖

五言古詩 古人供飯米杜甑郡甚瘦地翻宜粟杜

乞米助饘飦荊公

七言散句 鳥雀苦肥秋粟菽杜甫

五言古詩 辛家鳴鵝鴈突冷無晨炊大貧丐小貧安能不相哀幸存顏氏帖況有陶公詩乞米與乞食皆是前人為梅堯臣貸米於如晦

七言古詩 臈中儲蓄百事利第一先舂年計米群呼步碓滿門庭運杵成風雷動地篩勻箕健無糠覈百斛只費三日忙齊頭圓潔箭子長隔籮耀日雪生光土倉瓦龕分蓋藏不蠹不腐常清香去年薄收飯不足今年頓頓炊白玉春耕有種夏有糧接到明年秋又熟鄰叟來觀還歎嗟貧人一飽不可賒官租私債紛如麻有米冬舂能幾家范石湖冬舂

有實有穀双重華兩聖一心民一家豐秋刺水農事起重華愁旱從此始黃雲登場萬寶成重華對天失却愁二十八年臨玉座大半光陰愁裏過天顏憂喜丞相知常平使者陳便宜倡為社倉首建溪昕江吳○承君師化霖仲雪發私儲文奇僮贍手莫施活幾饭子幾凍黎詔子文孫孫又子當見重華聖人意無論十世百千世楊誠齋題社倉

七言古詩散聯 先生結髮憎俗徒閉門不出動一紀至今鄰僧乞米送僕忝縣尹能不恥韓退之寄盧仝

七言絕句 靈仝不出憎流俗我亦如君避俗僧今有鄰僧來乞米我今送米乞鄰僧王荊公送米真法

麥

事實祖

【釋義】來小麥也牟大麥也（廣雅）麥有大麥小麥穬麥蕎麥四種大麥久食令人肥白滑肌膚爲麪勝小麥無躁熱（本草）於皇來牟受厥明明昭上帝迄用康年（臣工）我行其野芃芃其麥（載馳）麻麥幪幪（詩）禾麻菽麥（七月）稙穉菽麥（閟宮）季春天子乃爲麥祈實（月令）孟夏麥秋至（月令）孟夏之月農乃登麥天子乃以彘嘗麥先薦寢廟（月令）今夫麰麥播種而耰之（孟子）北人當新麥初熟取以炒乾磨爲粗麨而乾食之禮部韻作麨（韻略）注糗也今大內當麥熟時以黃羅帕封賜百官其外題曰麨或云以糗漬食尤佳（坡詩註）

【紀要】思文后稷克配彼天貽我來牟帝命率育（周頌）箕子朝周過故殷墟見而傷之作麥秀之歌其詩曰麥秀漸漸兮禾黍油油（史記）夏四月鄭祭足帥師取溫之麥（左傳）晉侯夢大厲公覺召桑田巫曰不食新矣六月晉侯欲麥使甸人獻麥饋人爲之召桑田巫示而殺之將食張如廁陷而卒（同上）莊八年冬大無麥禾（春秋）春秋他穀不書至於麥禾不成則書之以此見聖人於五穀最重麥與禾也（前漢食貨志）宓子賤爲單父宰百姓化之齊人攻魯道由單父單父老請曰麥已熟矣今齊寇至人人自收不及請放民皆使出穫可以益糧且不資寇宓子賤不從曰今玆無麥明年可樹若使不耕者得穫是使民樂有寇也季孫聞之赧（家語）光武自宛東南馳至南宮遇大風雨帝引車入宮舍馮異進麥飯（東觀）張堪爲漁陽太守勸民耕種以致殷富百姓歌曰桑無附枝麥穗兩岐張君爲政樂不可支（後漢書）漢桓帝童謠云小麥青青大麥枯誰當穫者婦與姑丈夫何在西擊胡（後漢書）高鳳勤學妻嘗之田曝麥于庭以竿授鳳令護雞竿誦讀如故天忽雷雨麥漂去不知（東觀漢記）孔文舉爲北海相有遭父喪哭泣墓側色無憔悴文舉殺之又有母病瘥思食新麥家無乃盜鄰熟麥而進之文舉聞之特賞曰不必來謝但勿盜也盜而不罪者以爲勤於母矣父而見殺者以形慈而實否也（秦子）魏祖經行麥中令士卒無敢麥犯者死上皆下馬扶麥以相付時太祖馬騰入麥中勑主簿議罪主簿對以春秋之義罰不加於至尊太祖曰制法而自犯之何以率下遂援劒割髮以寘地（魏志）孫權嘗饗蜀使費禕禕停食餅索筆作麥賦恪亦請筆作磨賦咸稱善（吳志）人有中麥毒夢紅裳娘子趂歌有一丸蓋服火熏宮之句（小說）

【雜著】久旱傷麥秋種未下朕甚憂之（光武詔）

賦詠祖

【五言散句】麥秋是氣潤（文選）　暖風抽細麥（同上）　春雉多秀麥（同上）　[illegible]

青麥喚啼鶯　野[illegible]青青　田麥無[illegible]　麥黃蠶欲眠　桑下麥青青　黃花入麥稀（文粹）　崆峒小麥熟且願休王師（杜）　梅殘數點雪麥漲一溪雲　小輿穿麥去狹徑礙桑田（荊公）　不憂無餅餌已幸有襦裙　雨後麥多病雨中蠶欲飛　細細場無隙輕輕磨有音（並宛陵）　弄田勒育裏兒稼麥秋餘（劉原父）　但見古河東蕎麥如鋪雪　漫漫蕎麥花如雪麗平野（放翁）

【七言散句】麥芒如彗黍如煙（韓）　麥芒漲天搖青波（柳子厚）　寒食離家麥熟還（王建）　雲花漫漫麥將熟（陸放翁）　割盡黃雲稻正青（荊公）　似法陰交星六穗或符陽數效三岐（夏英公）　期君正似稻待麥忍飢待食明年麨（東坡）　使麥長熟人不飢敢告吾君不須赦（石守道）

穿鞋帶笠隨麥壠早日炎炎煙燎顔 晁無咎
蕎花着雨相爭秀麥穎迎陽一半州 孔毅父
夜來東下西風雪蕎麥梢頭萬玉塵 楊誠齋
林稈一見錯歡喜[illegible]花
具波平下蘩稻卅輕雨[illegible]秋[illegible]
麥秋天氣朝朝變蠶月人家處處忙[illegible]

五言古詩散聯

春寒風雨裡蕎麥止半熟耕桑未嘗親有獲敢求足[illegible]
青青已滿壠芃芃在杙桐(?)農功欣嗣歲節物喜騰波[illegible]

五言律詩散聯

天行九五健歲取十千來洪洞開金仗連蜷拔玉虬塵清屬車
豹撥寄羽林[illegible]觀刈麥

七言古詩

大麥乾枯[illegible]婦女行[illegible]
鎌胡與羌豈无蜀兵三千人部領辛苦江山長安得如鳥有羽
翅託身白雲還故鄉 杜甫大麥行
霜孫老鴉閑無用畦東拾麥畦西種畦西種得青猗猗畦東已
作毛毛(?)尾稀明年麥熟芒攢攢農夫未食鴉先啄徐行俛仰若自
矜鼓翅跳踉上牛角憶昔舜耕歷山鳥爲耘如今老鴉種麥更
辛勤農夫羅拜鴉飛起勸農使者來行水東坡鴉種麥行
去年麥不熟挾彈規我肉今年麥上場處處有殘粟豐年无象
何處尋聽取林間快活吟[illegible]禽言
打麥打麥彭彭魄魄聲在山南應山北五月太陽出東北纔離
海嶠麥尚青轉到天心麥已熟鷃旦催人夜不眠竹雞喚雨雲
如墨大父腰鐮出小婦具筯(?)逐上壠先捋青下壠已成東田家
以苦爲樂敢憚頭枯面焦黑貴人薦廟已嘗新酒醴雍容會
所親曲終歌飲勞僮僕豈信田家未入脣尽將精好輸公賦次
把升斗求市人麥秋正急又秧禾豐歲自少凶年多辛苦可奈
何將此打麥詞兼作插禾歌 張芸叟
梅花開時我種麥桃李花飛麥叢碧多病經旬不出門東坡已
作黃雲色腰鐮刈熟趁晴歸[illegible]雨來麥[illegible]田待雨插秧
稻朝出移秧夜食麨 范石湖
城南城北如鋪雪原頭家家種蕎麥霜時收斂少在家餅餌今
冬不憂饑胡麻壓油油更香油新餅美爭先嘗獵歸熾火燎雉
兔相呼置酒喜欲狂陌上行歌忘惡歲小婦紅粧穗簪髻詔書
寬大與天通逐熟淮南(?)哉誤計 陸放翁觀刈蕎麥
苦寒勿怨天雨雪雪來遺我明年麥三月翠浪舞東風四月黃
雲暗南陌坐看比屋騰歡声已覺有司寬吏貪腰鐮丁壯消閒
里拾穗兒[illegible]
發剩炊[illegible]壓油[illegible]
晚粧老翁餉食笑捫腹松下擊壤歌時康 陸放翁
大麥半枯白浮沉小麥刈水鋪綠針山邊老農望麥熟出門見
水放聲哭去年冷冷七月雨秋苗不收一粒穀只今米價貴如
玉併日舉家纔食粥小兒索飯門前啼大兒雖瘦把鋤犁晴時
種麥耕荒壠正好下秧无稻畦 張于湖
新穀未升陳穀罄宵人託麥以爲命今年種麥如去年去年蔬
至今空田吁嗟皇天毋乃癸去年浙右當死歲湘中死饑淮死
兵留得東川僅毓(?)緩只今數(?)食猶如斯豈是造物有乘除我無
一語活四海對之泣下徒洟(?)洟催租官吏如束濕里正打門急
復急安得君眼如月光灼破麥田叢蘘盆 陳賓窗(?)

七言古詩散聯

少年食稻不食麥老居潁川稻不足人言小麥勝西川雪花落

麥熟成玉冷陶槐葉冰上齒湯餅羊羹火入腹 賴演

場頭雨乾場地白老翁相呼打新麥半歸倉廩半輸公免教縣吏相催迫 張文潛

七言絕句

舍西柔桑葉可拈江邊細麥復纖纖 又人生幾何春已夏不放酒醪如蜜甜 杜甫

麥風翻隴潑濃綠花露滴秋黏老紅小亢 檢春事一綠暖日暖青出 處達吉

無邊綠錦織雲機全幅青羅作地衣窗是農家真富貴雪花銷盡麥苗肥 楊誠齋麥田

黃金割盡幾行歸 香 一飽肥邦破麥田秋晚 未教水牯卧 麥

七言

貽牟風 見郊 龍鞾上 文娥霞觴政自誇 香鉢何須問果羅我欲 來年歲不知還許受塵 朱文公

回家望麥在須臾何以中流濟一壺黑雨漫天殊未已 地不堪扶翁出 活真成誤鳩婦流離空自呼亦笑此翁長負腹又尋花箭 大秋崔麥數

樂府祖

滿庭芳 麥隴如雲清風吹破夜來疎雨嫩晴滿川煙草殘照落微明縹緲危欄曲檻遙天盡日映初平林外麥弄晴翳翳帶遠山青 ○ 孤城春已過綠陰是處時有鶯聲聞落絮遊絲畢竟何成信步蒼苔繞遍真堪付閒客閒行徹吟罷重回皓首江漢渺遺情 葉少蘊

天台陳先生類編花果卉木全芳備祖卷之二十一 後集

江淮肥遯愚一子陳 景沂 編輯
建　安　祝　穆　訂正

農桑部

豆

事實祖

碎錄 菽者豆之總名 物類總論 大豆菽也小豆荅也豆角謂之莢其葉謂之藿 廣雅 其豆莖也 說文 采菽采菽筐之筥之 詩 七月烹葵及菽 七月 禾麻菽麥 同上 使有菽粟如水火 孟子

紀要 桓公北伐山戎以戎菽遍布天下 管子 子路曰貧也無以為養子曰啜菽飲水盡其歡斯謂之孝 禮記 王郎起光武向東南 至饒陽無蔞亭時天寒 眾皆飢疲馮異上豆粥 明旦光武謂諸將曰昨得公孫豆粥飢寒俱解後帝即位追中黃門賜以珍寶 詔曰倉卒蕪蔞亭豆粥滹沱河麥飯厚意久不報 本紀 楊惲與孫會宗曰臣之得罪已三年矣田家作苦歲時伏臘烹羊炰羔斗酒自勞家本秦也能為秦聲婦趙女也雅善鼓瑟奴婢歌者數人酒後耳熱仰天拊缶而呼烏烏其詩曰田彼南山蕪穢不治種一頃豆落而為萁人生行樂耳須富貴何時 本傳 閔仲叔太原人與同黨相友黨每過仲叔共啜菽飲水亦無菜茹 東觀漢紀 魏陳思王曹植字子建文帝同母弟也帝嘗令王七步中作詩不成者行大法應聲為詩曰煮豆作豆羹漉菽以為汁萁在釜下然豆在釜中泣本是同根生相煎何太急 魏志 劉平嘗為賊所劫叩頭曰老母飢少氣力恃平為命願得還飯食母畢來就死涕泣 發於肝膽賊即遣去乃撫三斗豆以謝賊恩 孝子傳 趙達壽 使人取小豆數升播之席上立

知其數 動術 郭璞至廬江愛主人婢無由而得乃取小豆三升
繞主人舍散之主人晨見赤衣人數千人圍其家就視則滅甚
惡之請璞爲卦璞曰君家不宜畜此婢可於東南二十里賣之
慎勿爭價則此祟可除主人從之 本傳 石崇作豆粥咄嗟
而辦 晉書 石勒諱胡凡有胡名皆改胡餅曰麻餅胡綏曰綏胡
豆曰豆 鄴中記

【賦詠祖】

【雜著】孟秋嘉菽垂枝挺英是刈是穫充簾盈筐 張翰豆 菁賦

【五言散句】豆子雨已熟 杜 宿雨飽豆莢 放翁
敢辭茅葦漏已喜黍豆高 杜

【七言散句】南山豆苗早荒穢青門瓜地新凍裂 百氏集
道邊籬落聊遊眼白白紅紅扁豆花 楊誠齋
碧絲高壓捉蹭蹬曉響平欺豆莢焞 方秋崖

【五言古詩】種豆南山下 …… 荷鋤歸道狹草木
長夕露沾我衣衣沾不足惜但使願無違 陶淵明
弱年逢家乏老至更長飢菽麥實所羨孰敢慕甘肥惄如亞無
飯當暑厭寒衣歲月將欲暮如何辛苦悲常善粥者心深恨蒙
袂非嗟來何足吝徒沒空自遺斯濫豈彼志固窮昔所歸餒也
已矣夫在昔余多師 陶淵明

【五言律詩散聯】相攜行豆田秋花藹霏霏子實不得喫貨市送王畿盡添軍旅
用迫此公家威 杜甫

【七言古詩】君不見呼沱流澌車折軸公孫倉皇奉豆粥濕薪破竈自燎衣
飢寒頓解劉文叔又不見金谷敲冰草木春帳下烹煎多美人
萍齏豆粥不傳法咄嗟而辦石季倫干戈未解身如寄聲色相
纏心已醉身心顛倒自不知更識人間有真味豈如江頭千頃
雪色蘆茆簷出沒晨煙孤地碓舂秔光似玉沙瓶煮豆軟如酥
我老此身無着處賣書來問東家住卧聽雞鳴粥熟時蓬頭曳
履君家去 東坡 豆粥

【七言八句】翠莢中排淺碧珠甘欺崖蜜軟欺酥沙瓶新熟西湖水漆櫑分
嘗曉露腴味與櫻梅三友益名因蚕繭一絲約老夫稼圃方双
李請入詩中當稼書 楊誠齋 蚕豆

桑 麻

【事實祖】

【經緯】女桑 稚桑 壓桑 山桑 爾雅 遵彼微行爰求柔桑 七月
蠶月條桑取彼斧斨以伐遠揚 七月 桑之未落
其葉沃若 氓 維桑與梓必恭敬止 小弁 …… 說于桑田 定之
方中 無踰我墻無折我樹桑 將仲子 食我桑黮懷我好音 泮水
桑土既蠶 禹貢 厥篚檿絲 同上 其亡其亡繫于苞桑 否卦 五畝
之宅樹之以桑五十者可以衣帛矣 孟子 季春之月命野虞無
伐桑柘鳴鳩拂其羽戴勝降于桑具曲植籧筐后妃齊戒親東
鄉躬桑禁婦女毋觀省婦使以勸蠶事蠶既登分繭稱絲效功
以共郊廟之服無有敢惰 月令 古者天子諸侯必有公桑蠶室
近川而爲之築宮仞有三尺棘墻而外閉夫人世婦之吉者使
入蠶室奉種浴于川桑于公桑風戾以食之 註 戾燥也蠶性惡
溼 歲既單矣世婦卒蠶奉繭以示于君遂獻繭于夫人 祭義 宅
不毛者有里布 注 謂不樹桑麻也欲令宅樹桑麻則無稅賦以
勸之不蠶桑麻之毛者則罰以二十五家之稅布 周礼 麻 枲麻
蕡 枲實 蕡 子麻 爾雅 有食麻有緝麻二種 草木記 仲秋之月
天子乃以犬嘗麻先薦寢廟 月令 天子居總章服白玉食麻與

犬 同上 蓬生麻中不扶自直 風俗通

紀要 伊尹生於空桑 列子 晉公子重耳出犇齊々桓公妻之將行舅犯等謀於桑下蚕妾在上聞之以告姜氏姜氏殺之謂公子曰子有四方之志其聞之者吾殺之矣 左傳 趙宣子田於首山舍於翳桑見靈輒餓曰不食三日矣爲携簞食与肉寘諸槖以与之既而与爲公介倒戟以禦公徒而免之問何故曰翳桑之餓人也問其姓名不告而去遂自亡也 左傳 晉文公會欲伐衛公子鉏仰而笑公問之曰臣之鄰人有送其妻適私家者道見桑婦悅而与言然顧其妻亦有招之者矣臣切笑此公悟其言引師還未至而有伐其北鄙者 列子 子產開畝植桑鄭人嘗謗 韓非子 鄒魯濱洙泗猶有先主之遺風其民齗々頗重桑麻之業 史貨殖傳 齊帶山海膏壤千里宜桑麻与千户侯等 史貨殖傳 齊宿瘤女東[illegible] 女項有大瘤閔王游至東郭百姓盡觀宿瘤女採如故王恠問之對曰受父母教採桑不受教觀王王曰此奇女悅而聘迎之 列女傳 吳公子光伐楚拔居巢鍾離初楚邊邑卑氏之処女与吳邊邑之女爭桑二女家相怒々兩国楚邊邑長聞之怒而攻吳之邊邑吳王怒遂伐楚 兩都 國語 魯秋胡子納妻五日而官於陳後歸未至家見路傍有美婦方採桑秋胡悅之下車顧託桑蔭下婦人採桑不顧胡曰力田不如逢年力桑不如見郎今吾有金願与夫人而婦人不受胡乃歸母呼其婦乃向採桑者也秋胡慙之而自投于河 列女傳 邯鄲有美女姓秦名羅敷爲邑人王仁妻仁後爲趙王家令羅敷出採桑於陌上趙王登臺見而悅之因飲酒欲奪焉羅敷善彈箏作陌上桑之歌以自明 崔豹古今註 晉大夫使於宋過陳遇採桑之女止而戲曰女爲我歌吾將告女々乃歌曰墓門有棘斧以斯之夫也不良國人知之 晉書 漢魯恭爲中牟令雉馴于桑下 後漢書 蔡君仲汝南人至孝王莽乱人相食君仲取桑椹赤黑異器賊問所以答曰黑者供母赤者自食賊義之遺鹽二斗 後漢書 陳留申屠蟠恥與義士遂閉門養志蓬户蓽室依大桑樹以爲棟梁 後漢書 汝南尹昆爲汝陰縣功曹令新到官問曰國中有桑以食蠶何如昆曰非初至所當務 謝承後漢書 蜀先主舍東南角南有桑高丈餘遥望如小車蓋先主曰吾必當乘此羽葆車蓋叔父曰勿妄言以滅吾門 蜀志 龐士元師事司馬德操々不矜少名衆莫知之德操蠶月躬採桑後園士元助之因與談世變與其言如神遂移日忘飧德操於是異之 三國志 齊太祖在武進其宅南有桑樹高三丈橫出四枝如車蓋太祖年数歲遊於下從兄謂之曰此桑爲汝生也 南史 諸葛亮自表後主曰成都有桑八百株薄田十五頃弟子衣食自有餘饒至死之日不使內 [illegible] 嬴帛外有餘財以負陛下 本傳 何祗夢桑生井中趙直曰々 [illegible] 八君壽不過此矣果然 蜀書 尉遲敬德贊曰桑蔭未從而大[illegible]立 本傳 李襲譽嘗謂子弟曰吾負京有田千頃能耕之足以食河內千株桑事之足以衣吾沒後能勤此無資於人矣 本傳

雜著 綠葉興而盈尺崇條蔓而增尋 陸機桑賦 黝之桑柘 文選 土地平曠有良田美池桑竹之屬 桃源記 桑柘以衣之 仲舒策

賦詠祖

五言散句

桑柘起寒煙 謝朓

天蚕眠桑葉稀 王維

春桑低綠枝

桑麻深雨露 杜

桑麻深雨露

桑柘綠如雲 並杜甫

桑柘羅平蕪 並李白

宅邊有桑葉 張籍

吳地桑葉綠三眠蚕正熟 李白

桑柘葉如雨飛蠶共徘徊 杜甫

秦地羅敷女採桑綠水邊 李白

二月起蚕事伐桑人阻飢 梅聖俞

隴上麥頭昂林間桑子落 東坡

兩淮蚕室地不復長桑芽 劉後村

到底農桑好營々愧此生 吳履齋

力難及黍稷得種麥与麻 杜甫　煖分煨芋火明借絹麻燈 劉禹錫

七言散句

含西桑柔葉可拈 杜甫　野蚕食葉巡成繭 張籍

一村桑柘一村煙 前人　織成白疊桑重綠 荊公

自斷此生休問天韋曲牢有桑麻田 杜

麥隴雪苗寒刈刈　柘林霜葉暮颼颼 曹子□

桑間葚熟麥齊腰鶯語惺惚野雉驕 張文潛

隔籬犬吠窺人過滿箔蚕飢待葉歸 前人

洲中未種千頭橘宅畔先栽百本桑 張芸叟

中分那斷道邊橫枝餘雖枯葉尚榮 林和靖

兩足人家插稻秧蚕生鄰女采桑忙 李商老

桑柘村村煙樹濃新秧刺水麥梳風 劉改之

知是人家蚕事未路傍桑葉小如錢 趙□之

天道春陰□□□□□

□化工昨夜到桑麻 王□文肅

□□□□扶桑日照女莊繁 趙康齋

二月人家蚕事早屋頭先辦採桑梯 何小村

五言古詩

代耕本非望所業在田桑躬親未曾替寒餒常糟糠豈期過滿腹但願飽粳糧御冬足大布粗絺以應陽正爾不能得哀哉亦可傷人皆盡獲宜拙生失其方理也可奈何且為陶一觴 陶淵明

種桑長江邊三年望當採枝條始欲茂忽值山河改柯葉自摧折根株浮滄海春蚕既無食寒衣欲誰待本不植高原今日復何悔 陶淵明

日出東南隅照我秦氏樓秦氏有好女自名為羅敷羅敷善蚕桑採桑城南隅青絲為籠繫桂枝為籠鉤觀者見羅敷下擔捋髭鬚少年見羅敷脫巾着帩頭耕者忘其耕鋤者忘其鋤使君從南來五馬立踟躕羅敷年幾何二十尚未滿十五頗有餘使君謝羅敷寧可共載不羅敷前致辭使君一何愚使君自有婦羅敷自有夫東方千餘騎夫婿居上頭何以識夫婿白馬從驪駒青絲繫馬尾黃金絡馬頭腰中鹿盧劍可直千萬餘十五府小吏二十朝大夫三十侍中郎四十專城居為人潔白皙鬑鬑頗有鬚盈盈公府步冉冉府中趨坐中數千人皆言夫婿殊 羅敷

洛陽城東路桃李生路傍不知誰家子提籠行採桑纖手折其枝花落何飄颻高秋八九月白露變為霜終年會飄墮安得久馨香何如盛年去驩如永相忘吾欲竟此曲此曲愁人腸歸來酌美酒挾瑟上高堂 後漢宋少侯

野外罕人事窮巷寡輪鞅白日掩荊扉虛室絕塵想時復墟曲中披草共來往相見無雜言但道桑麻長桑麻日已長土物日以廣常恐霜霰至零落同草莽 陶淵明

遊女細纖□□□□□□□□五□□□□飛青絲結金絡不知誰家子調笑來□□□□□□豔名部綠條映素手採桑向城隅使君且不顧況復論秋胡寒螀愛碧草鳴鳳棲青梧□心自有所但怪旁人愚徒勞白日暮高駕空踟躕 李白陌上

出自薊北門遙望湖池桑枝枝自相值葉葉自相當春色映空來先發院邊梅奇聲採桑伴訝今春日短枝高攀不及細葉節難滿 梁簡文帝

桑女不勝愁結束下青樓逐伴西蠶路相攜南陌頭蠶飢日已暝詎為使君留 梁劉邈

賤妾恩不堪采桑渭城南帶減連枝覆鬢亂鳳凰簪無由報君信流涕向春蠶 梁吳均

今日開和景麗動春心桂筐須葉滿息倦重枝陰 梁王臺卿

五言絕句

纖手摘桑柘鉤籠曉望過今朝去何早向晚蠶恐飢 王文公

向晚携籠去桑村路隔淮何如鬬百草賭取鳳凰釵 范谷
地僻柴桑古人亡松菊存不如彭澤吏歸去有田園 王迥可

【七言古詩】朱城壁月啓朱扉青楼含照本暉暉遠映陌上春桑葉斜入秦家綿繡衣羅穀粉粧能佳麗鏡前新梳後髻鬟閒龍袋裝挂青絲鐵鈎冉冉勝冉桂蠶飢日晚暫生愁忽逢使君南陌頭五馬停驕遣借問双臉含嬌特好羞妾婿府中輕小吏郎今來往尊城裏欲識東方千騎歸靄靄日暮紅塵起 陳徐伯

晴採桑雨採桑田頭陌上家家忙去年蠶十分熟蠶娘只著麻衣裳 范石湖

【七言絕句】夾岸瀕河種樺桑春風吹出萬條長船行老眼渾多思喚不西神把霧

童嘯呼雀聲 陸放翁聞鄰村守麻

【七言八句】三分天下二分田桂被西南雨露天接野營荆失官陌透逢桑蒙識民隋去稆削斷行人迹鷹鸇頻過猛獸邊彈壓官軍早屯宿晚炊崖竹汲河噀 陳肥遯

【樂府祖】

【蠶桑歌】着春衫玉鞭鞭馬南城南南城南柔桑芳草留住金銜○粉娥采桑供新蠶蠶飢略許携纖纖手纖纖湔裙淇上更待初三 賀方回

【蠶□頭】雨過園林觸處落紅凝綠正桑葉齊如沃嬌羞只恐人偷目背立墻陰慢展纖纖玉○聽啼鳩幾声耳邊相促念蠶飢四眠初熟勸路傍立馬莫踟躕是那口裏道秋胡曲 馬古洲

天台陳先生類編花果卉木全芳備祖卷之二十二 後集

天台陳先生類編花果卉木全芳備祖卷之二十三 後集

江淮肥遯愚一子陳 景沂 編輯

建 安 祝 穆 訂正

○蔬部

筍

【事實祖】

【碎錄】筍一名竹萌一名篛竹一名箬一名□一名竹胎一名竹牙一名茁一名初篁 筍譜 稱龍孫龍王版錦棚兒皆筍名也 竹譜 杜鄠竹林號爲陸海 漢書

【紀要】尹士舉用作韓奕詩以美宣王能錫命諸侯其三章云韓侯出祖顯父餞之清酒百壺其殽伊何維筍及蒲 詩 孟宗性孝母卒冬節將至宗乃入林哀泣筍爲之生得以供祭 本傳 劉宋□□□□□□□□□□□相与乃令人買大筍送与之盜者慙不敢使置其門內而買 本傳 何隨人有筍其園笋臨見挈筏而歸恐盜者見也 華陽國志 范元琰家有竹圃每見人盜筍苦於過溝元琰伐樹爲橋与盜者過盜慙琰情而息意不盜 本傳 漢人有適吳吳人設筍問是何物曰竹也歸煮其床簀而不熟乃謂其妻曰吳人轣轆欺我如此 笑林 唐夏侯彪之上新縣令問里胥曰筍一莖幾錢曰一錢五莖彪取十千買五万莖謂之曰吾未要且寄林中養之至秋竹成一竿千文遂成五十万貪猥不道皆此類 本傳 孟氏有蜀時翰林李士徐光溥劉侍郎義度分直忽覩庭中筍迸出徐因題之劉性多譏誚徐託七本是蜀人詩成一字士從此不睦 何光遠鑒戒錄 東坡云文与可嘗令余作篔簹谷詩予詩云漢川脩竹賤如蓬斤斧何曾赦籜龍料得清貧饞太守渭川千畝在

胷中與可是日與其妻游谷中燒筍晚食發函得詩失笑噴飯滿案（貫齋讀書錄）

東坡嘗邀劉器之同參玉版和尚器之每倦山行聞參玉版玉版欣然從之至廉泉寺燒筍而食器之覺筍味勝問何名也東坡曰名玉版也此老師善說法要能令君得禪悅之味於是器之乃悟其戲爲之大笑（冷齋夜話）

雜著

麻油姜皆殺筍毒凡食筍之要譬若治藥脩煉得法則益人反是則損採筍之法可避露日出後掘深土取之半折取鞭根旋得投密竹器中以油單覆之勿令見風風吹旋堅以巾愉拭土又不宜見水合殼沸湯瀹之煮宜久生必損人苦筍最宜久甘筍出湯後去殼澄煮筍汁爲羹茹味全而美不然蒸最美味全猶灰中煨後入五味尤佳採筍一日曰蔫二日曰䈴風則觸本堅入水則浸肉硬脫殼煮則失味生着刃則失柔而淨之入……此外不……也……譜

僧贊寧爲筍譜甚詳其摘撫古人詩詠自梁元帝至唐楊師道皆詩中言及筍者非專爲題詠也惟孟蜀時徐光溥等二人詩句乃在筍譜然退之和侯協律筍二十六韻詩不見收何耶（鑒史）

賦詠祖

五言散句

岸筍開新籜（李）　綠垂風折筍（杜）

春筍滿林生（杜）　年年鱗籜龍（朱文公）

稚子脫錦棚駢頭香玉滑（唐）　破臘初挑箘誇新欲比瓊（梅聖俞）

宝地琉璃折紫苞琅玕踈（元稹）

七言散句

更容一夜抽千尺別却池園數寸苔（李賀）

無情有恨何人見露壓煙啼千力枝（前人）

池上龍蛇爲摯起軍中牙戟曉營看（劉原父）

龍蛇戢戢風雷後虎豹斑斑霧雨餘（曾文清）

筍便落林猶勝肉蕨綠出土更饒伯（楊誠齋）

便令剝錦煮荊玉甘脆不道簞瓢空（梅聖俞）

鄉里亦知偏愛竹春來相與護龍雛（東坡）

五言古詩

此州乃竹鄉春筍滿山谷山夫折盈抱抱來早市鬻以多爲賤雙錢易一束置之吹甑中与飯同時熟紫籜拆故錦素肌擘新玉每日遂加餐經時不忠肉久爲京洛客此味常不足日食勿踟躕南風吹作竹（白樂天）

洛下花竹筍花時擊鮮來一束酬千金掉頭不肯賣我來白下聚此族富瀕字璽栗戴……入中厨如當食竹……鵝雛脫……高標……

甘饌嘗一酪南客……君菜自甘初落南邨幾爲兒所賣嘗知價廉平百態事真筍蓋稀枯腊瘦筍潰真味壞就根煨苗美豈念炮烙債咀吞千畝餘醫貧不蕙介二妙各能詩才名動江介論詩多佳句膾炙甘我喉恩君思養竹萬籟聽松噫從此結藩籬下令禁漁采

韭黃照春盤菰白媚春菜惟此蒼竹苗市上三時賣江南家家竹剪伐誰主宰半以苦見疎不言甘易壞曷陂雖龍睡未索兒孫情獺膽能分析虎魄好拾芥此物於食殺如客得償介色入帝鼎烹忍遭飢涎嘬懶林供翰墨砧杵風號噫每下歎枯株荻如落樵采

人笑庾郎貧滿腹飯實求春盤佗指動筍出入市賣回首鳥鏃厨不羨廊廟宰民生暫神奇胸携伐世壞丸持巴蕉身多自牟

羊債籜龍不稱筧易致等拾芥蕭蕭煙雨姿壯士持戈介騈頭
沸鼎芼可口垂涎曝霜叢負後凋王食竿餘噴續詩无全功對
非儻可采
飽食有殘肉飢食无餘菜紛然生喜怒似被狙公賣近來誰獨
覓亹亹白下白下 太和吉卒 一飯在家僧竿樂廿不摡多生味蠹箭
食筍乃餘債蕭然映樽俎未肯雜松介君看霜雪姿童稚已耿
介胡爲遭暴横一嗅不忍嚼朝來忽解籜势迫風雷怒尚可餉
三間飯筒纏五采 東坡次韻
久客厭虜饌枵然思南烹故人知我意千里寄竹萌騈頭玉嬰
兒一一脫錦棚庖人應未識旅人眼先明我家拙厨膳彘肉芼
蕪菁送與江南客燒煮配香粳 東坡送筍与公擇
竹日來是席珍成竹看錦抱五色映市人惠然羹 與影二

聊使怨一笑鷺比鄰 陳簡齋

五言古詩散聯

竹林吾最惜新筍好看守方籜包龍兒攢迸溢林薮吾眼恨不
見心腸痛如搵宅錢都未還債利日月厚籜龍正稱冤莫殺入
汝口丁寧囑託汝汝活籜龍否 盧仝寄男抱孫
園客自偷賣主人那能知徒令養新竹待與作藩籬 梅聖俞
卧病十日餘不見西軒竹稚子忽報言新筍抽五六 張无盡
此君耐歲寒小友極風味相思如調飢孰可當饑饋 王右丞
兒童繞紀角兵衛忽森戟十日不汝見尋丈出咫天 陳止齋

五言絕句

脩脩江上林白日暗風雨下有萬玉斛三冬卧寒土 朱文公
南山春筍多萬里行枯腊不落盤餐中今知綠如簀 朱文公筍脯

五言八句

叢林具百丈法嗣有横枝不怕石頭路來參玉版師聊憑柏樹
子与問籜龍兒瓦礫猶能說此君那不知 東坡參玉版長老

五言律詩

竹亭人不到新筍滿前軒乍出真堪賞初多未忍頫成行齊婢
僕環立比兒孫驗長常携尺愁乾屢側盆對吟忘膳飲偶坐又
朝昏滿雨膏腴澀驕陽氣候溫得時方張王挾勢欲騰騫見角
牛羊没看皮虎豹存攢生猶有隙散布忽无根迸出可押誰
能以理言縱横公占地羅列勝連根狂劚時穿壁横強幾觸藩
深潛如避逐遠去若追奔始詫妨人路還驚入藥園萌芽防寖
大覆載莫偏恩已復侵危砌非徙出短垣身當虞猛噬計擬捺
繭孫曰无數衛然不較先後竟推論外恨 樸樑疑糊

競寒元戢戢蛇虺首扰吏揀兒癡絕一充
侯意詩句讀驚竟偶和才將喝呻吟至欲瞰 韓愈和侯
協律食筍
使君喜食筍筍脯味勝肉秘法不肯傳閉門謀私僕君不見金
谷饌客本爭豪世籍此真成癡但令長饋日致饋不敢求君
帳下兒 張于湖謝南軒筍脯
筍脯登吾盤可便食无肉鮭腥避三舍棕櫚乃從僕書生長有
十饔飧鄭熒大虎頭骨相癡得君新法也大奇且復從遊錦綳兒
于湖謝筍脯方
齋厨日蕭條晚食以當肉公來共蔬盤留語輒更僕平生厭沸
仍吹齏欲了官事隹能寢何時竟作淮南歸擊鮮校獵從盧兒
冊和一首

五言律詩散聯

又約悅林笋何年會勝園人嘗清氣味每厭供盤飧漸損煙巢老方憐露錦縈 楊侍長

七言古詩

藜藿盤中忽眼明斮頭脫穎句下觀縫知耿介種性別苦節乃與生俱生我見魏徵殊嫵媚約束兒童勿多取人才自古要養成放使干霄戰風雨 陸放翁筍詩

江西猫笋未出尖雪中土膏養新甜先生別得烹笋法丁寧勿用醯與醬罌下清泉須旋汲熬出霜根生蜜汁寒牙嚼作冰片聲餘瀝仍和月光吸菘羔楮雞浪得名不如來參玉版僧醉裏何須酒解酲此羹一啜爽然醒大都煮菜皆如此淡處當知有眞味先生此法未要傳為公作經藏名山 楊誠齋筍詩

高人愛笋如愛玉忍口不餐要添竹云何又遣十輩來[illegible]花兩眼[illegible]開[illegible]束縛向市賣[illegible]中[illegible]錦衣循帶化[illegible]泥不論[illegible]可[illegible]以[illegible]公眞不[illegible] 齋煮笋

食蕨食臂莫食拳食笋食梢莫食根何曾萬錢方下筯先生把菜亦飽去嶺南風物似江南笋如東薪簾作藍先生食指知幾卷千巖萬壑皆廚傳 楊誠齋

金陵竹笋硬如石石猶有髓笋不及杜還市裏笋如酥笋味清絕酥不如帶雨斸來和籜煮中含柘漿雜甘露可齋可膾最可羹繞齒蔌蔌冰雪聲不須咒笋莫成竹頻頻食笋莫食肉 楊誠齋煮笋

七言古詩散聯

天与歲寒終崛強澤人分淇澳轉數杂狂鞭已逐草侵徑踈影長隨月到楹

偶然當雨一尺深知有南園衆君子從他遶屋似人長一一便有凌雲氣 韻濱三首

龍孫春吐一尺芽紫錦包玉離泥沙金刀璀璨截嫩節銅錢不與大梁除 劉原父

七言絕句

嫩籜香苞初出林於陵論價重於金皇都陸海應無數忍剪凌雲一寸心 李商隱

昨夜春霞迸鮮根乱抽煙籜出柴門稚川龍過應回首認得青青錢代孫 前人

南園苦笋味勝肉籜龍稱冤莫採録煩君更致蒼玉束明日風雨吹成竹 黃山谷苦笋

長沙一月煨鞭笋鸚鵡洲前人未知走送煩公助湯餅猫頭突兀想穿籬 山谷[illegible]笋

猫猫出土[illegible]又[illegible]是[illegible]生此[illegible]此[illegible]文聳[illegible]如[illegible]集

迸出班斑數十株更添幽景向蓬壺出來似有凌雲勢用作丹梯得也無 劉[illegible]

數里春畦獨自尋迸犀抽錦亂森森田文死去賓朋散抛擲三千玳瑁簪 王元之二首

一雷驚起籜龍兒戢戢滿山人未知急喚蒼頭斸煙雨明朝吹作碧參差 朱韋齋

梅雨具宜稻已齊連雲竹暗綠溪短萌解籜登雕俎錯落黃金么鳥蹏 朱韋齋[illegible]

長江繞地肖胘風氣相連不甚殊自是舌根分彼此致令苦笋勝宜都 張[illegible]

七言八句

竹祖龍孫渭上居供儴尊俎半年餘斑衣戲綵誇無價玉版談

禪佛不如苦忍平生食無肉何如隨巷飯斯蔬不須更乞元脩
菜只到僧時始憶渠 楊誠齋都下食一句十月至□中
庖鳳烹龍世浪傳猩脣熊掌我無緣只逢筍蕨杯盤日便是山
林富貴天穉子玉膚新脫錦小兒紫臂未開拳只嫌顏外無珍
饌一味春蔬不直錢 楊誠齋
此君乃有婆薺兒每角豐盈玉不如老去煙姿元耸壑生來風
骨已專車詩腸慣識猫頭筍食指寧知熊掌魚莫遣忽忽上牙
綠一春心事政闌珊 方秋崖猫笋

樂府祖

玉樓春 錦纏參差朱檻曲露浥文犀和粉綠未容濃
翠伴桃紅已許纖枝留鳳宿○嫩似春荑明似玉一
寸芳心誰管束勸君速喫莫踟躕看被南風吹作竹 錢信公

薇 [illegible]

事實祖

薇 詩 采薇采薇 詩 [illegible]根[illegible]山間[illegible]壽夷齊食之而〔[illegible]〕固非良物 本草 陸疫南山[illegible]采其[illegible]食之[illegible]而[illegible]

紀要 伯夷叔齊不食周粟餓于首陽採薇而食之 杜詩註 晉齊
王冏秉政張翰謂顧榮曰天下紛紛未已吾本山林人無望於
時久矣宜采南山薇飲三江水 晉書

賦詠祖

五言散句 採薇南山岑 張九齡 山中疾採薇 杜甫
石暄蕨芽紫 杜甫 薇蕨臥首陽 杜甫
初拳幾枝蕨 李太白 爭復茹藜蕨 韓愈 飢捉採薇筐 白樂天
野蕨漸紫色 百氏集 飢食西山蕨 山谷

七言散句 秋風吹几枝不厭北山薇 杜甫 石間採蕨女鬻采輸官曹 杜甫
今日東湖采薇蕨 杜甫 蕨芽已作小兒拳 百氏集
山童新采蕨芽肥 放翁

五言古詩 西山采蕨人革首尚傾國懷哉遂莫致引脛勢已塞填臣忍饕
前此意豈易得良遇不可遲枯節有餘力 朱文公

七言八句 眞人官府未因緣且向龍山作散仙春入燒痕催采蕨雨翻泥
塊憶歸田蹴腸我若[illegible]蝉腹詩格君如[illegible]節下萬錢誅更
鄙諸君飽死太官饔
野燒初肥紫玉圓枯松瀑布蔓春煙偃徐妙勵元元骨釣乞生
來已作拳蠻蛩不甘同臭味秋尊鱼濁帶腥涎食經豈爲吾書
設弱脚寒中恐未然 方秋崖

天台陳先生類編花果卉木全芳備祖卷之二十三

子部　第二册

天台陳先生類編花果卉木全芳備祖卷之二十四 後集

江淮肥遯愚一子陳 景沂 編輯

建安 祝 穆 訂正

蔬部

枸杞 甘菊

事實祖

碎錄 一名杞根 一名地骨 一名枸忌 一名地輔 一名仙人杖本草 杞一名枸檵 今枸杞也 詩四牡云集于苞杞 春生作羮茹 子秋熟正赤 莖葉及子服之輕身益氣本草

枸杞千歲其形如犬[illegible] 甘菊 菊有兩種 一種莖紫氣香而味甘 葉可作羮食者爲真 一種青莖而大 作蒿艾氣味苦不堪食本草

紀要 [illegible]

犬逐之[illegible]枸杞叢[illegible]丹如[illegible]食[illegible]

飛于峯上續仙傳

雜著 天隨宅荒少墻 屋多隙地 著圖書所前後皆樹以杞菊 春苗恣肥 得以採擷 供左右杯案 及夏五月 枝葉老硬 氣味苦澀 旦暮猶責兒童輩拾掇不已 人或歎曰 千乘之邑 非无好事之家 日欲擊鮮爲具以飽君者多矣 君獨閉關不出 率空腸貯古聖賢道德言語 何自苦如此 天隨生笑曰 我幾年來忍飢誦經 豈不知屠沽兒有酒食耶 退而作杞菊賦以自廣云 惟杞与菊 偕寒互綠 或穎或苕 煙披雨沐 我衣敗綈 我飯脫粟 羞慚齒牙 苟且粱肉 蔓延駢羅 其生實多 尔杞未棘 尔菊未莎 其如予何 其如予何天隨杞菊賦

天隨生自言常食杞菊 及夏五月枝葉老硬 氣味苦澀 猶食不已 因作賦以自廣 始余疑之 以爲士不遇 窮約可也 至於飢餓 嚼嚙草木 則過矣 而余仕宦十有九年 家日益貧 衣食之奉殆不如昔者 及移守膠西 意且一飽 而齋厨索然 不堪其憂 日与通守劉君廷式循古城廢圃 求杞菊食之 捫腹而笑 然後知天隨之言可信不繆 作後杞菊賦以自嘲 且解云 吁嗟先生 誰使汝坐堂上稱太守 前賓客之造請 後掾屬之趨走 朝衙達午 夕坐過酉 曾杯酒之不設 攬草木以誑口 對案顰蹙 舉箸噎嘔 昔陰將軍設麥飯与葱葉 井州推去而不嗅 逕先生之眷眷 豈故山之无有 先生忻然而笑曰 人生一世 如屈伸肘 何者爲貧 何者爲富 何者爲美 何者爲陋 或糠覈而瓠肥 或粱肉而黑瘦 何侯方丈 庾郎三韭 較豐約於夢寐 卒同歸於一朽 吾方以杞爲糧 以菊爲糗 春食苗 夏食葉 秋食花實而冬食根 庶幾乎西河南陽之壽東坡後杞菊賦

張子爲江陵之數月 時方仲[illegible] 付之庖[illegible]清泉以[illegible] 蓋日[illegible]力食而他[illegible] 嗜此也 昔蘇子之在[illegible]叢菊[illegible]之方四[illegible] 乎草木之英 今先生當无事之時 據方伯之位 校吏奔走 頤指如意 廣廈延賓 毬場享士 清酒百壺 鼎臑俎胾 宰夫奏刀 各獻其技 頋何求而弗獲 雖醉飽其何忌 而乃樂從夫野叟之餐 豈亦下取乎葑菲 不然 得无近於矯激 有同於脫粟布被者乎 張子應之曰 天壤之間 孰爲正味 厚或腊毒 淡乃其至 猩唇豹胎 徒取詭異 山鮮海錯 紛糾莫計 苟滋味之或偏 在臟腑而成贅 惟杞与菊 微勁不苦 滑甘靡滯 非若他蔬 善嘔走水 既瞭目而安神 復沃煩而滌穢 驕南陽於西河 又頹齡之可制 此其爲功 曷可殫紀 況於膏粱之習 貧賤則廢 雋永之求 不得則恚 茲隨寓之必有 雖約居而足恃 殆將与之終身 又可貽夫同志 子獨不見吾納湖之陰乎 雪蝕壞肥 其茸葳蕤 与子婆娑 薄言擷之

石銚压盃啜汁咀虀高論唐虞謌歌書詩嗟乎微斯物孰同先生之歸於是相屬而歌殆日晏以忘飢 張南軒續杞菊賦

賦詠祖

五言散句

新芽摘杞叢 東坡

吹雲千歲根 同上

腹飽仙人杖心存姹女丹 曾文昭

七言散句

金菊香宜配綠葵 拙

不知靈性根成狗悵得時聞夜吠聲 李白

叢前甘菊移來晚細蕊重陽不堪摘 杜甫

五言古詩

深鎖銀泉甃高葉架雲空不與凡木並且將仙蓋同影踈千點月聲細萬條風迸子鄰溝外飄香客位中花杯承此飲椿壽逈無窮 孟東野

神藥不自閟羅生兩山[illegible]自有牛羊憂或有斧[illegible]且以巳越必[illegible]笋鬚長芳棘失[illegible]春[illegible] 文休[illegible] 叢新植卧節扣莖與花實収拾[illegible]吾鬚小則餉我安朱明洞中有千歲質靈[illegible]氣夜吠可見不可索山人儻畀杖扶衰疾 東坡

江皋春氣足佳杞蓄新苗老枅飽霜露餘滋發柯條神農不吾欺詩書何切切堅筋及奔馬瑩目察秋毫 張子潜

仙苗壽日月佛界承露雨誰為萬年計乞此一杯土扶疎上翠蓋磊落綴丹乳去家尚不食出家安用許政恐落人間采剝四時苦養成九節杖持獻西王母 山谷題聖寺杞菊

越山春始寒霜菊晚逾好朝來出細蕊稍覺芳歲老孤根蔭長松獨秀無衆草晨光雖照耀秋雨半摧倒先生卧不出黃葉紛可掃無人送酒壺空嚼珠寶香風入牙頰楚些發天藻新美蔚已蒲宿根寒不槁揚揚弄芳蝶生死何足道頗訝昌黎公恨爾生不早 東坡甘菊

五言古詩散聯

野岸競多杞小實霜且丹繁丹聊以綴粲粲忽盈盈助吾苦羸薾豈必採琅玕 梅聖俞

杳侯得靈藥言自八公來當時雲中犬千歲伏陳荄 曾文昭

周黨過仲叔菽水無菜茹我盤有枸杞與子同一筯 朱待制

七言古詩

菊芽伏土糝青粟杞笋傍根埋紫玉雷聲一夜雨一朝蒜然迸出如蕨苗先生飢腸詩作梗小摘珍芳汲氷井風爐蟹眼候松聲皁羅親撈微帶生爛炊雕胡漸青精毛以天隨寒綠萌飢時作羹仍作羹飽後龍鳳同庖烹大官蒸羊厭花片宰夫腳踏削瓊動豹胎熬出禍胎來貴人有眼何曾見天隨尚有秋作甕拘杞作速菊作落不見黃金錢照紅玉盃秋高更覓風吹去先生餐[illegible]紅玉自[illegible]白棘[illegible]何[illegible]盃蓋苗[illegible]笑[illegible]花井喫飯只大隨白眼看花兒不送有人頭上立 揚誠齋

七言八句

僧房藥樹依寒井井有香泉樹有靈翠葉生籠石甃殷紅子熟照銅瓶枝繁本是仙人杖根老新成瑞犬形上品功能甘露味還知一勺可延齡 劉夢得

芥花松菌餞春忙夜吠仙苗喜晚嘗味抱土膏甘復脆氣含風露咽猶香作齏淡着微施酪芼茗臨時莫過湯却憶荊溪古城上翠條紅乳摘盈箱 揚誠齋

七言絕句

雨餘芽甲翠光勻杞菊成蹊亦自春骨相定知非食肉可能長伴箇中人 朱文公

幽叢最秀色可攬觸煮餅菊苗新注湯飲水食蘗浪自苦摩挲痛

懷春草香　山谷自採菊苗薦湯餅

蔬菜

事實祖

釋名　菜謂之蔬不熟曰饉 爾雅　仲秋命有司趣民務畜菜 月令

紀要　孔子曰飯疏食飲水曲肱而枕之樂亦在其中矣 論語　孔子窮於陳蔡之間顏回擇菜 莊子　後漢宣秉常蔬食瓦器 漢書　後漢崔瑗愛士好賓客盛脩肴膳殫極滋味不問餘産居常食菜羹而已 漢書　范宣挑菜傷指大啼曰身體髮膚不敢毀傷故啼 藝文類聚　桓溫性儉每燕唯下七奠柈菜果而已 本傳　吳隱之為廣州清操愈勵常食不過菜及乾魚而已 本傳　宋宇種蔬三十品時雨之後按行園圃曰天茁此徒助予鼎俎 豫章記　梁武帝太官常膳唯以菜蔬 本傳　齊江泌性仁孝食菜不食心以其生意也唯食老葉而已 本傳　盧懷謹為黃門監兼吏部尚書卧病既久宋璟從愿嘗相與訪焉懷謹卧於敝簀門無簾箔當暴重環及從愿見之甚喜命設食有蒸豆兩甌菜數莖而已 太平廣記　劉崇龜以清儉自居嘗召同列食苦蕒 北夢瑣言　菜品中蕪菁菘芥之類遇旱其標多結成花或如蓮花或作龍蛇之形此常性無足怪者熙寧中李賓客及之知潤州園中菜花悉成荷花仍各有一佛坐于花中形如雕刻莫知其數暴乾之其相依然或云李君之家奉佛甚謹故有此異 筆談　汪信民常言人常咬得菜根則百事可做胡康侯聞之擊節歎賞 聞見錄

雜著　紫菜榮曄以叢茂 文選　菜蔬傲霜而秀拆 劉禹錫賦　菜則葱韭蒜芋青筍紫薑堇薺甘旨蓼荾芬芳蘘荷依陰時藿向陽綠葵含露白薤負霜 潘安仁賦　不可使士大夫不知此味不可使天下之民有此色 山谷題畫菜　嗟余生之剌乖甘偃蹇而卻車坐玩相牛之經間抄種樹之書五十步兮野園數百步兮破廬一禿翁以自樂皇[illegible]兒而共鉏冰解寒祛霏開日舒濯濯我畦洌洌我渠稗甲始長對莢蔚扶沙蔌成趣雖然乏劬翁放鉏顧兒而言曰汝亦知夫世有遇不遇之蔬乎[illegible][illegible]施莢鹽菹[illegible][illegible]數清羞饌食[illegible]為由[illegible]皆且截[illegible]渫且晌烈有桂椒滑有堇榆已多乎燧人庖犧氏之初而兒識[illegible]暑蘇[illegible]紅[illegible]能[illegible]為麟鼻[illegible]鍾乎遲[illegible]豹胎之鼎素[illegible]之廚始[illegible]其趣新甘便腹而[illegible]於是[illegible]革[illegible]而引[illegible]芳乎晚色而應[illegible]於[illegible]丘[illegible]瑤[illegible]乎[illegible]盛夏而凍[illegible]寒而[illegible]動行以白玉秦之綠珠五侯鯖兮孰美大[illegible]兮失腴此其遇合不啻初識之機雲晚見之嚴徐也若乃岩[illegible]選竹[illegible]籬專擅場於秋風空結[illegible]之恩[illegible]於春雨未[illegible]黃[illegible]之炊萩生而河豚[illegible]熟而[illegible]肥指雖動而莫試腹不負其幾希已而凌寒采薇近陽刈葵菘[illegible]芹淵湄饒苦獨之雲[illegible]白薤之露[illegible]茗[illegible]無以[illegible]構杞而補[illegible]蕨兮淵菁莫兮[illegible]苗鍾鈍斫兮[illegible]霞[illegible]蕈兮躋鴟酣糟[illegible]之掌沐鹽青[illegible]之絲[illegible]之乳[illegible]胡床[illegible]輪困[illegible]鴨之[illegible]龍蛇之芝婆娑龍[illegible]之[illegible]苦[illegible]子兮[illegible]解裾兮樹雞竹[illegible]雉子[illegible]初拳兮小兒以至太華之藕黃河之菇婆羅之菠[illegible]大宛之苜蓿南越之鹿角江東之[illegible]土[illegible]夫蜀之雞蘇龍[illegible]加皮[illegible]色[illegible]性異溫涼氣分王[illegible]毛擇加精[illegible]有[illegible]接敢無[illegible]之見欺[illegible]更進可以[illegible]文園之渴療首陽之飢彼其石芥[illegible]而逾勁苦筍少而已奇蘀有拂士之風蒟抱幽人之姿回睨[illegible]書蹲地而易貫薯芋視人而變形曾不滿乎

一喚猢猻數乎聚首邪蒿莫蒜而穢姿然是蔬也進不榮於珥貂鳴玉之齒退不豪乎洒削胃脯之顺煙雲散薄乎夜讀之吻風露數蕩乎朝吟之脾與齊鉢其爭道食方丈乎何期其不遇可知已兒拱而前其然豈然諸葛以姓行元脩以字傳玉糝得坡老而重銀茄爲涪翁而妍與其見賞於肉食之鄙孰若託名於猝茹之賢蓋窮患誇名之不立而不患併日之食粥達患宿學之不能行而不患一飽之萬錢苟道義之倍飽飯蔬食而樂爲翁捧腹一笑長歌振林於白駒之束芻毋金玉乎爾音

賦詠祖

五言散句

鄰舍與園蔬 杜

菜本如白玉 陳簡齋

煙畦挽野蔬 放翁

畦蔬繞茅屋自足媚盤飧 並杜

日鋤稀菜甲小摘爲情親 並杜

清晨只菜把常荷地主恩

七言散句

秋菘頗倞友送園蔬 長安冬菹酸且綠 並山谷

王人憐我長蔬食走送廚珍自不嘗 山谷

五言古詩

孟夏草木長繞屋樹扶疎衆鳥欣有託吾亦愛吾廬既耕亦已種時還讀我書窮巷隔深轍頗迴故人車歡然酌春酒摘我園中蔬微雨從東來好風與之俱泛覽周王傳流觀山海圖俯仰終宇宙不樂復何如 陶淵明

夢回聞雨聲喜我菜甲長平明江路濕並岸飛兩槳天公真富有乳膏瀉黃壤霜根一番滋風葉漸俯仰未任筐筥載已作盃盤想艱難生理窄一味敢專享小摘飯山僧清安寄真賞芥藍如菌蕈脆美牙頰響白菘類羔豚冒土出蹯掌誰能視火候小竈當自養 東坡雨後行菜

傍舍種菜蔬攜鉏理荒穢拮据勤俯仰一雨功百倍朝來綠映土新葉搖胏胏牛羊勿踐畦肉食吾爾輩 劉拜山種菜

踏雪課園丁趁雨鉏菜甲土甘春繞畦煙重曉攜鍤毋令蔓章滋旋拾枯條揷詩勝風露香碧脆已可掬誰言使郎貧未覺三韭之那知世有人猶嫌萬錢俠去毛莫拗項美哉不鳴鶂瀑泉蒸山月此豈腥膻壓流犢乳蒸肫鄉自用鄉法 方秋崖畦菜

五言絶句

耕地桑柘間地肥菜常熟爲問葵藿資何如廟堂肉 島隅

雖無適口味煖益功稀比柔苦不登盤言忘多逆耳 劉拜山

五言律詩

山翁老學圃自笑一何愚磽确三畝勤渠輕兩奴正方畦畫局微潤土融酥翦闌升椿並鋤耙磊砢無遺滿擴略約聚疏起浮窪隱地成瓜援餘功及芋區如縷細生菜似鴨爛蒸壺此事今兵漸東臨不爲蘆 陸放翁

七言古詩

蔓菁宿根已生葉韭芽戴土拳如蕨爛蒸香薺白魚肥碎點青蒿涼餅滑宿酒初消春睡起細履幽畦掇芳辣茵陳甘菊不負渠鱠縷堆盤纖手抹北方苦寒今未已雪底波稜如鐵甲豈知吾蜀富冬蔬霜葉露芽寒更茁久抛松菊猶細事苦竹江豚那忍說明年投劾徑須歸莫待齒摇并髮脫 東坡春菜

北方春蔬嚼冰雪妍暖思採南山蕨韭苗水餅姑置之苦菜黃雞羹糝滑蒓絲色紫菰首白蔞蒿芽甜蔊頭辣生葅入湯翻手成芼以薑橙誇縷抹驚雷菌子出萬釘白鵝截掌鱉解甲琅玕森深未飄籜軟炊香粳煨短茁萬錢自足宰相事一飯且從吾黨說公如端爲苦筍歸明日青衫誠可脫 山谷春菜

雪白蘆菔非蘆菔喫來自是軟底玉花葉蔓菁非蔓菁喫來自是甜底冰三館宰夫傳食籍野人蔬譜渠不識用醯不用酸用鹽不用鹹醯鹽之外別有味蔓芽菘子仍相參不甑亦不釜非蒸亦非煮熨盡蔬中脆乃以煙火故霜根露葉細縷來甕瓶夕

羃朝即開貴人我知不官樣肉食我知無骨相秖合南溪嚼菜
根一尊徑醉溪中雲此詩莫續恐嘯殺要讀此詩先捉舌 [illegible]

齋春菜

菜服根䓁縷水玉薹高苗肥點寒綠霜皺行由軟於酥雪樹生
釘肥勝肉與吾同味辣辯辣知我長貧韭菹熟更烝豚壓花會
曾略饞見成金粟聚青紅飽飣雜梅柳紫翠掇邀醉松竹擘將
碧脆捲月明嚼出宮商帶詩韻賜餳依上老人頭家園不負將
軍腹人生行樂未渠央物意過新自相續五十三翁日落山三
百六旬車轉轂不妨細雨看梅花且喜春風到茅屋 方秋崖

七言絕句

秋來霜露滿東園蘆服生兒芥有孫我與何曾同一飽不知何
苦食雞豚 東坡菜羹

南山晴昔從諸父雨中煙涵手自鉏三徑就荒歸計拙瀰頃傺

女芸園蔬 山谷

春蔬照映度郎貧遣騎持龍佐茹貧却得齋廚厭滋味白鵝存
掌鼈留裾 山谷和蔡孝蕩送菜

衆下春蔬綠滿畦菘心青嫩芥臺肥溪頭洗擇店頭賣日暮裹
鹽沽酒歸 范石湖田園雜興四首

海雨江風浪作堆時新魚菜逐春回荻芽抽筍河魨上楝子開
花石首來

梅子金黃杏子肥麥花雪白菜花稀日長籬落無人過惟有蜻
蜓蛺蝶飛

桑雪挑來蹋地菘味如蜜藕更肥濃朱門肉食無風味只作尋
常菜把供

擬種蕪菁已是遲晚菘早韭恰當時老夫要作齋盂備乞得青
秧趁雨移 陸放翁二首

一百錢新買綠蓑衣不羨黃金帶十圍枯柳坡頭風雨急憑誰畫
我荷鋤歸

青青蔬甲早寒天想像登盤已流涎更欲鉏畦向東去園丁來
報竹行鞭

黃瓜翠苣最相宜上市登盤四月時莫擬將軍春蔬句西京名
價有誰知 陸放翁二首

珍芥可蘿芹可羹晚風吹嗅特芬馨白頭孤宦成何事悔不畦
蔬過此生

新春雲子滑流匙更嚼冰蔬與雪虀飽穩山前水雨菜近來
子到江西 楊誠齋初食白菜因名以水晶菜

江西菜甲要霜栽徑到炎天總不佳浪說水菘水茴菔硬根攞
葉似生柴

五言八句

新春丐下筍芽生厨裏[illegible]時遂麥田求野蕎強為僧
舍羹山羹園無雨潤何須歎身與時違合退耕欲看年華自有
處鬢間秋色兩三莖 東坡和種菜

雲子香抄玉色鮮菜羹新煮翠茸纖人間膾炙無此味天上酥
陀恐爾甜渾是土膏含雨露何須醬豉與醯鹽莎毛褐首雖巫
出饞到能踏未屬厭 楊誠齋菜羹易牙雍人名巫見左傳此

未覺開來歲月頻荷鉏方喜土膏勻連畦已放瑶簪露傍地行
看玉本新小摘登盤先餉客晚炊當肉更宜人郤憐寂寞公儀
子拔盡園葵不歎貧 朱文公蔬圃

薤

事實祖

說文 薤菜也 說文今江淅間以大鋼貯米泔投生菜
釀其中作齏菜 雜志

【紀要】楚惠王食寒葅而得蛭遂吞之 新序 石崇為客作豆粥咄嗟便辦每冬得韭萍齏 王愷密賂其帳下云豆至難熟豫作熟末客來但作白粥投之韭萍齏是擣韭根雜以麥苗耳 晉書

太宗皇帝命蘇易簡講文中子有楊素遺子食經羹黎含糗之說 上因問食品何物最珍對曰物無定味適口者珍臣止知齏汁為美臣憶一夕寒甚擁爐痛飲夜半吻燥中庭月明殘雪中覆一齏盂連咀數根臣此時自謂上界仙廚鸞脯鳳胎殆恐不及屢欲作冰壺先生傳紀其事因循未果也 上笑而然之 僧文瑩玉壺清話

【雜詠】朝齏暮鹽 韓退之　解舍齏王膾 隋唐嘉話

【賦詠祖】

【七言古詩】

君不見領軍家有韭一星相國藏椒八百斛士患飢寒求免患癡兒已足憂不足伯龍平生受兒笑無錢可使宜見瀆但當與作謫仙詩聊復使渠終夜哭詩中有味甜如飴佳哉一戰三鼓腹空腸時作不平鳴却恨忍饑猶未熟冰壺先生作玄傳未如魚婢何足錄顏生散擔還可憐晚食由來未忘肉 陳簡齋

九月十月至虎霜家人共畏畦蔬黃小甕大甕淨滌濯青荻絲韭謹蓄藏天氣初寒手訣妙吳鹽正白山泉香挼青晏觀稚子喜洗刀竭作廚人忙園丁無事卧曝日藉狼藉堆空廊泥封繊封糠作火守護不敢非時嘗人生各自有貴賤百花開時我高宴劉伶病酲相如渴長魚大肉何由薦凍齏此際價千金不數狐泉槐葉麵摩挲便腹一欣然作歌聊續冰壺傳 陸放翁

庚郎晚菘翡翠茸金城土酥玉雪容如何但墮瓔䙸中那得與雞同閱宮金井銀床水清泚雪山冰谷鹽輕脆秋風一月擣得成字曰受辛非麴生大學徐生朝復暮茹冷啜寒那可夢十年雪汁凍蔬腸一夜飢雷聽更鼓不如甕頭吏部甕頭醒一逢受辛還一醒畢卓與爾同死生 楊誠齋

【七言八句】

芥菁醬香辣最嘉蔬孫芥乃芳辛不讓渠解服嫩湯微熟了鵝兒新酒未醒初根香酸釀作三友霜雪齏熟與蝦鋤白笑拍照成破甕一生只解貯寒葅 楊誠齋芥齏

元脩菜

【紀要】菜之美者有吾鄉之巢故人巢元脩嗜之余亦嗜之元脩云使孔北海見當復云吾家菜耶因謂之元脩菜余去鄉十有五年思而不可得見元脩適自蜀來見余於黃乃作是詩使歸致其子種之東坡之下 坡詩敍

【事實祖】蜀蔬有兩巢大巢豌豆之不實者小巢生稻畦中東坡所謂元脩菜是也吳中絕多名漂搖草一名野蠶豆但人不知取食耳予小舟過梅市得之始以作羹風味宛如在醴泉蓬顧時也 放翁詩序

【賦詠祖】

【五言古詩】

彼美君家菜鋪田綠茸茸豆莢圓且小槐芽細而豐種之秋雨餘擢秀繁霜中欲花而未萼一一如青蟲是時青裙女採擷何忽忽烝之復湘之香色蔚其饛點酒下鹽豉縷橙芼薑蔥那知雞與豚但恐放箸空春盡苗葉老耕翻煙雨叢潤隨甘澤化暖作青泥融始終不我負力與糞壤同我老忘家舍楚音變兒童此物獨嫵媚終年繫余胷君歸致其子囊盛勿函封張騫移苜蓿適用如葵菘馬援載薏苡羅生等蒿蓬懸知東坡下麥肉化千鍾長使齊安人持此說兩翁 東坡

【七言絕句】

昏昏霧雨暗衡茅兒女隨宜治酒殽便覺此身如在蜀一盤籠

餅見疏巢蜀中雜記肉作巢饅頭甚佳放翁集冷落無人佐客庖庾郎三九困譏嘲此行忽似蟇津路自纖風爐煮小巢陸放翁

天台陳先生類編花果卉木全芳備祖卷之二十四（終）

此處缺葉

羊儀之蜻蛚超然之至味乃陸沉於鱸鯉責言吁能於我渴亦或
御而或烹左傳石乞曰事克則為卿不克則烹起援筆以三叫馳蛇蚓以縱橫吾
何與大夫之迷疾列子秦人逢氏有子有迷罔之疾視白以為黑享香以為朽嘗甘以為苦也蓋以慰
此玉之不平也　陳藻斎玉延賦

賦詠祖

五言散句

充腸多薯蕷崖蜜亦易求　杜甫

五言律詩

人無本則憂物以地為貴如何山芋葉天下稱宋魏蘇云更

五言古詩散聯

不種東陵瓜不利千畦韭山藥數十本帶土遺野叟故華姜未
醒傷根亦何咎　梅聖俞
客從魏都來遺我山藷奠撒之膏土間春苗比如櫛吾家户庭
狹種勢苦其密
況聞知藥者餌此等苓朮頗益君子年康豈体无疾
冬實散肥埃春苗動野藥會種一畝陰坐取詩盈筐　晁嵩公

五言古詩

潦縮田路寬委蛇散腰腳勝日一夜節村西買山藥函盃相吞
土六遂木互前郄天陰野水明歲暮竹篤薄田翁須各意發筐堆
盃盎洛玉簪湘色裹用世乃見雋畐闐幾許於夜話要幽約石鼎
春雲翻門前北風惡　陳簡齋

五言絕句

園池春晚綠生煙曾見高枝蔓玉延常伴兜絲留我幾隨竹
葉泛君筵　王岐公
雖追老圃每台遥空對珍盤玳瑁筵嘉種忽傳河右壤蔓苗更
長闕西偏　王文公

七言絕句

廚人清曉獻瓊糜正是相如酒渴時能解飢寒勝湯餅略無風
味笑蹲鴟打窗急雨知燃鼎乱眼晴雲看上匙已覓壁生雙下
椀濁醪從此不須持　山谷山預湯
誑來朽壞耀瓊英小斷頃當可代耕蔡劉於人佟無分蹲鴟從
此不須生雪鏇但使人長健石鼎何妨手自煎欲賦玉延無好
語羞論蜂蜜與羊羹　朱元晦

樂府祖

臨江仙

積雪迷松徑圍爐掩竹扉床頭一味有蹲鴟
軟火深開香熟已多時○自得陶朱法体教懶瓚知
浪傳黃獨正甘肥紫玉嬰兒纔尺更新奇二首　張約齋　種玉能延命
居山易李仙青青一畝自鉏煙霧挐雲蒸肌骨更凝堅○孰梁
蜂房蜜清添石鼎雪香酥膩老來便煨芋爐深却笑祖師禪

芋

事實祖

圖錄

芋土芝本草　齊人呼為莒說文　有君子芋大如
斗魁又有青邊芋淡善芋大如瓶葉如蓋湘色紫莖
廣志

紀要

蜀卓氏曰吾聞岷山之下沃野有蹲鴟至死不飢顏師古
蹲鴟芋也　前漢食貨志　汝南有鴻隙陂郡以為饒翟方進為相
奏罷之王莽時林旱郡中追怨乃作童謠曰壞陂誰翟子威飯
我豆食羹芋魁言不生稻粱惟生豆芋　本傳　徐無鬼見魏武侯
曰先生居山林食芋栗厭葱韭以賓寡人久矣夫　莊子

雜著

瓜疇芋區　左思蜀都賦

五言絕句

分得蹲鴟種連招占地腴曉炊黏玉糝深椀啖模糊　劉屏山

七言絕句

沃野無凶年正得蹲鴟力區種萬葉青深煨奉朝食　朱文公

隨竹縈迴蔓延土壟諸名異出前編會須霜晚餐珠實可惡浮丘作地仙 韓忠獻

香似龍涎仍釅白味如牛乳更全清莫將南海金虀膾輕比東坡玉糝羹 東坡作山芋羹

瓠

事實祖

碎錄 瓠亦瓜也 爾雅 一曰匏 說文 匏有苦葉 詩 仲冬行秋令則瓜瓠不成 月令 委人斂野之聚物瓜瓠芋葵 周礼 吾豈匏瓜也哉焉能繫而不食 論語 七月食瓜八月斷壺十月 廿瓠䵼之 詩 綿綿瓜瓞 一名天羅絮所在有之又名布瓜有苦甜二種多生籬落開黃花結實如瓜狀内結成網 草木記

紀要 惠子謂莊子曰魏王遺我大瓠之種注大瓠者言護落無所不容也 莊子 張蒼身長大肥白如瓠 史記 蜀張裔如瓠壺外雖澤而内實粗 本傳 盧懷謹為相部儉召客食曰爛蒸去毛莫拗折項容疑鴉鴨已而下粟米飯一器胡盧一枚而已 唐史

賦詠祖

五言散句 桑枝礙行路瓜蔓網疏籬 戴石屏

七言散句 匏瓠放教須上屋樵蘇相倚自相憐 名賢集

五言絶句 瓠金熟輪囷香清味仍美一線醉瓊瑤中有佳人齒 刘屏山

五言律詩散聯 束薪已零落瓠葉轉蕭疏幸結白花了寧辭青蔓除 杜甫

七言絶句 笑殺桑根甘瓠苗乱他桑葉上他條向人更逞瘦藏巧却到桑梢掛一瓢 楊誠齋

寂寞籬户入泉声不見山容亦自清数日雨晴秋草長絲瓜上危墻生 杜北山詠絲瓜

黃花褪束綠身長百結絲包困曉霜虛瘦得來成一捻剛償人面染脂香 趙梅隱詠絲瓜

前剪黃花秋復春霜皮露葉護長身生來籠統君休笑腹裏能容數百人 鄭安晚詠冬瓜

茄

事實祖

碎錄 茄損人動氣一名落蘇 本草

紀要 蔡搏爲吳興守齋前自種白莧紫茄記案其請 南史 隋煬帝改茄子爲昆侖紫瓜 老田録 段成式食茄子偶問張周封茄子故事張云具食療本草 酉陽雜俎

雜著 身藥百莢頸附千疣采之不勤卬之頰柔 張舜休頌

賦詠祖

七言散句 映葉乳茄濃黛抹 張文潛

五言古詩 實瓜方卧壠秋菰正滿陂紫茄紛爛熳綠樹鬱參差 隱侯行園

七言絶句 藜藿盤中生精神珍蔬長帶色勝銀朝來鹽醯飽滋味已覺瓜瓠謾輪囷 山谷謝廷銀茄四首

君家水茄白銀色殊勝埧裏紫彭亨蜀人生疏不下筋吾與北人俱眼明

白金作顆非椎成中有万粟嚼輕冰戎州夏畦少蔬供感君來飯在家僧

畦丁收盡垂露實葉底猶藏十二三待得銀包已成殼更當乞種過江南

青紫皮膚類宰官光圓頭腦作僧看如何緇俗偏同嗜入口元

类撰一般　鄭安抄

薤

事实祖

故録　内則　豚脂用葱，膏用薤。古界　切葱薤，實諸醯以柔之。

紀要　齊田横亡，門人為薤露之歌曰：薤上露，何易晞。露晞明朝還復落。漢書

漢龔遂為渤海太守，勸民口種百本薤、五十本葱、一畦韭。本傳

後漢龐參為漢陽太守，郡人任棠有奇節，參到，先候之。棠不與言，但以薤一本、水一盂置屏前，抱兒孫伏戶下。參思其微旨曰：水欲吾清，拔薤欲吾擊强宗，抱孫兒當戶欲吾開門恤孤也。本傳

唐李崇回與客謁華陰令，客能知人之飲食，客曰：明日公食薤。酉果然。[illegible]

雜著　白薤負霜　潘安仁賦

賦詠祖

五言散句　薤葉有朝露　白樂天　留薤為春菜　同上　酥暖薤白酒　同上　昔聞霜薤白，重惹意如何　杜甫　輕身强骨幹，却老衛正氣　[illegible]　微言師水鑑，交分記金蘭　曾文昭

五言散句　[illegible]未生熟，下筯還小益。加點瓜畦間，依稀橘奴跡　杜甫

五言八句　隱者柴門內，畦蔬遶舍秋。盈箱承露薤，不待致書求。束比青芻色，圓齊玉筯頭。衰年關鬲冷，味暖併無憂。杜甫

韭

事实祖

故録　山韭藿　釋草　爾雅　韭曰豐本　曲禮　韭是菜鍾乳　本草　醢人其實韭菹　周禮　庶人春薦韭以卵　王制　獻羔祭韭　七月

紀要　郭林宗見友人夜冒雨煎韭作炊餅，今洛人倣之。杜詩註

石崇韭萍齏　晉書　周顒清貧終日長蔬。王儉謂顒曰：卿山中何所食？答曰：赤米白鹽，綠葵紫蓼。文惠太子問顒菜食何味最勝，曰：春初早韭，秋末晚菘。南史

庾杲之清貧，食唯有韭菹、瀹韭、生韭雜菜。任昉戲之曰：誰謂庾郎貧，食有二十七種。謂三韭也。南史

李崇為尚書令，富而儉，食常無肉，止有韭茹、韭菹。崇客李元祐謂人曰：李令公一食十八種。人問其故，元祐曰：二韭十八。聞者大笑。雜記集

雜著　菜則葱韭蒜芋　潘安仁賦

賦詠祖

五言散句　秋韭花初白　白樂天

七言散句　韭芽戴土拳如蕨　東坡　見說周顒誇早韭，斷烟鋤雨幸時分　[illegible]

五言古詩　人生不相見，動如參與商。今夕復何夕，共此燈燭光。少壯能幾時，鬢髮各已蒼。訪舊半為鬼，驚呼熱中腸。焉知二十載，重上君子堂。昔別君未婚，兒女忽成行。怡然敬父執，問我來何方。問答未及已，兒女羅酒漿。夜雨翦春韭，新炊間黃粱。主稱會面難，一舉累十觴。十觴亦不醉，感子故意長。明日隔山岳，世事兩茫茫。杜甫

五言絶句　肉食朝三九，終憐氣韻清。一畦春雨足，翠髮翦還生。劉屏山

葱

事实祖

故録　本草　葱凡四種，入藥用山葱、胡葱，食只用凍葱、漢葱。

【紀要】梁呂僧珍爲冠軍將軍封平固侯其先以販葱爲業及僧珍貴其兄子棄業求官僧珍不許曰汝等自有常分豈可妄求但當速歸葱肆耳 本傳

【賦詠祖】【五言散句】點酒下鹽豉縷橙芼薑葱 坡

【七言散句】一杯湯餅潑油葱 坡　韭菜青分只韭葱 谷山　已擁煮餅澆油葱 后山

【七言散句】瓦盆麥飯伴鄰翁黃菌青蔬放筯空一事尚非貧賤分芼羹僭用太官葱 鄭國有太官葱比常葱差小 陸放翁

薑

【事實祖】【[illegible]】陶氏云久服少志少智傷心氣不宜多食經云久服[illegible]神明 本草　胥桂與薑以酒諸上兩瞳之 内外

【紀要】孔子不撤薑食 論語　梁周捨占對辯捷嘗與帝野語及嗜好子野云從來不嘗食薑捨應聲曰孔稱不撤薑乃不嘗一坐皆悅 南史　秦會之使人諭晏敦復晏答曰爲我謝秦公吾薑桂之性到老愈辣 長編

【雜著】菜則青筍紫薑 潘安仁賦

【賦詠祖】【五言古詩】名園万家城千畦等封侯斷當冤熙去前醞芽費糟丘無窮假王笑有味三閭羞奇入翰林席聖以不撤優又寄蓬門下作賦誰肯休唯我廣文舍完爲薑鹽仇劉公漢家裔才辛歆向儒侗懷飽經史辯論出九州曾不奉權貴但與故人投贈辛非贈甘此意當自求 梅聖俞謝劉原父送薑

【五言絶句】薑云能損心此謗誰與雪請論去穢功神明看朝徹 朱文公

新芽肌理膩映日淨如空恰似匀妝指柔尖帶淺紅 劉屏山

【七言絶句】撤薑畏食損智深

仲尼胡不撤薑食損智深識藏戲劇將以愚民豈其然半山失喜爲動色 邵安卿

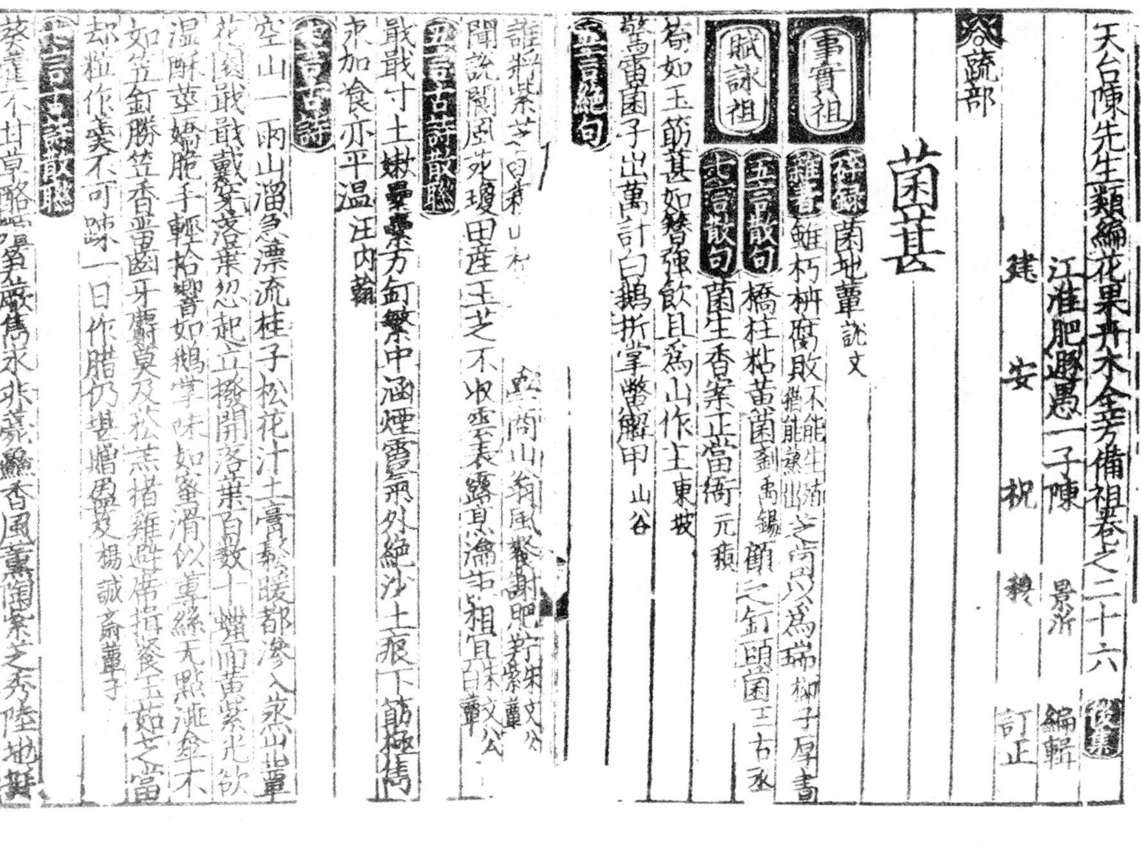

天台陳先生類編花果卉木全芳備祖卷之二十六　後集

江淮肥遯愚一子陳　景沂　編輯

建　安　祝　穆　訂正

蔬部

菌蕈

事實祖

碎錄　菌地蕈　說文

雜著　雖朽株腐敗不能生殖猶能蒸出之菌以為瑞　柳子厚書

賦詠祖

五言散句　橋柱粘黃菌　劉禹錫　斷之釘頭菌　王右丞

七言散句　菌生香案正當衙　元稹

筍如玉筯蕈如簪強飲且為山作主　東坡

驚雷菌子出萬釘白鵝折掌鱉解甲　山谷

五言絕句

誰將紫芝苗種此槎上土便學商山翁風餐謝肥羜　紫蕈　朱文公

聞說閩風苑瓊田產玉芝不收雲表露烹瀹詎相宜　白蕈　朱文公

五言古詩散聯

戢戢寸土嫩累累芳甸繁中涵煙霞氣外絕沙土痕下筯極雋永加餐亦平温　汪內翰

七言古詩

空山一雨山溜急漂流桂子松花汁土膏鬆暖都滲入蒸出蕈花團戢戢戴穿落葉忽起立撥開落葉百數十蟻而黃紫光欲濕酥莖嬌脆手輕拾響如鵝掌味如蜜滑似蓴絲無點澁傘不如笠釘勝笠香留齒牙麝莫及菘羔楮雞避席揖餐玉茹芝當却粒作羹不可疏一日作腊仍堪貯盈篋　楊誠齋　蕈子

七言古詩散聯

葵藿不甘草略鹽[illegible]薇蕨傷冰非蕭鯗香風薰蘭紫芝秀陸地

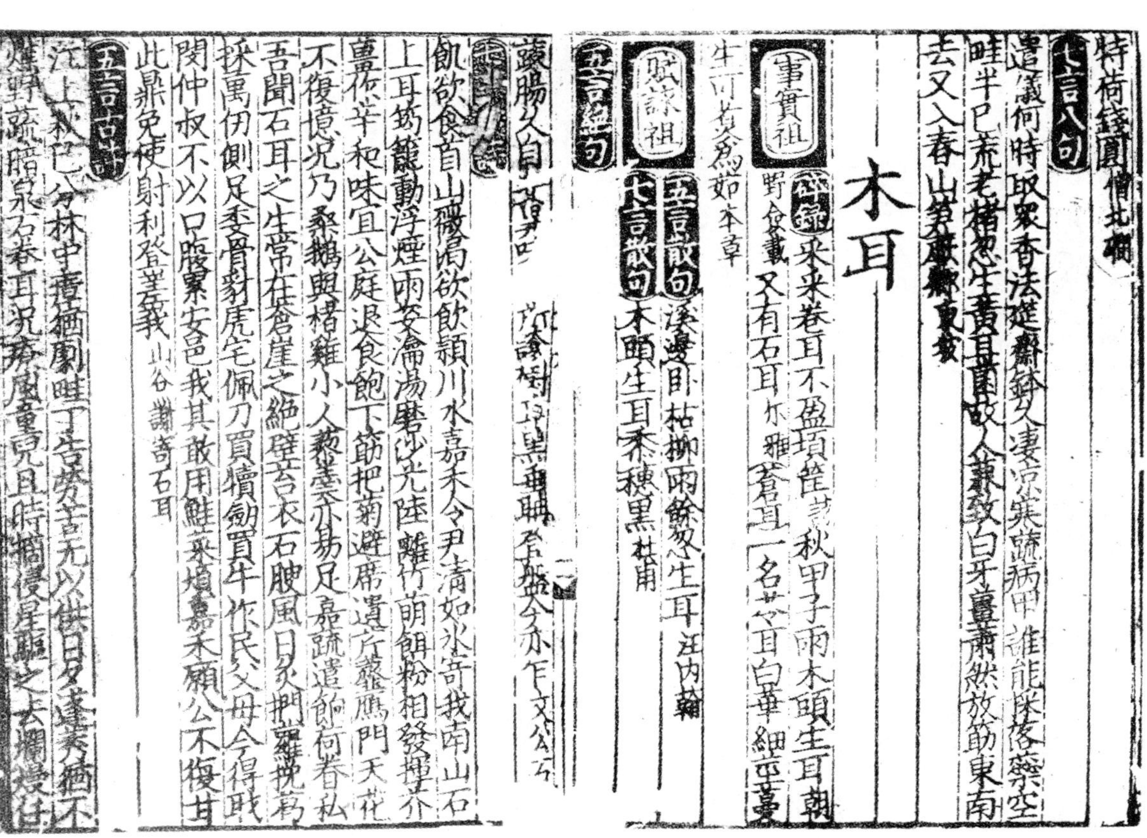

特荷錢貫　僧北磵

七言八句

遺儀何特取衆香法筵齋鉢久凄凉寒蔬病甲誰能采落葉空畦半已荒老楮忽生黃耳菌故人兼致白芽薑蕭然放筯東南去又入春山笋蕨鄉　東坡

木耳

事實祖

碎錄　采采卷耳不盈頃筐　詩　秋甲子雨木頭生耳朝生可煮為茹　本草

野食載　又有石耳　爾雅　蒼耳一名莫耳白華細莖蔓

賦詠祖

五言散句　溪邊卧枯柳雨餘忽生耳　汪內翰

七言散句　木頭生耳黍穗黑　杜甫

五言絕句

蔬腸久自[illegible]休論樹耳黑垂耳登盤[illegible]今亦作　文公

五言古詩

飢欲食首山薇渴欲飲潁川水嘉禾令尹清如冰寄我南山石上耳筠籠動浮煙雨女淪湯響砂光陸離竹萌餉粉相發揮芥薑佐辛和味宜公庭退食飽下筯把菊避席遺芹羹鴈門天花不復憶况乃桑鵝與楮雞小人藜羹亦易足嘉蔬遺餉荷眷私吾聞石耳之生常在蒼崖之絕壁苔衣石腴風日炙捫蘿挽葛采萬仞側足委骨豺虎宅佩刀買犢劍買牛作民父母今得賊閔仲叔不以口腹累安邑我其敢用鮭菜煩嘉禾願公不復甘此鼎免使射利登壟義　山谷　謝寄石耳

五言古詩

江上秋已分林中瘴猶劇畦丁告勞苦无以供日夕蓬莠猶不燋野蔬暗泉石卷耳况療風童兒且時摘侵星驅之去爛漫任

遠適放逢亭午際洗剔相蒙纍登床半生一飽半下所還不益加黥爪薤間依稀橘奴亦亂世誅求急黎民糠籺饞飽食復何心荒哉膏粱客富家厨肉臭戰地骸骨白寄語惡少年黃金且休擲 杜甫 蓄耳

芸薹

事實祖

碎錄 能發痼疾患腰脚人不可多食 本草

賦詠祖

七言古詩 蔓菘正自有風味杯盤底用專腴豐遐行不解殺風景呵殿謾自驚兒童桑麻事起兒女長春色縱好關渠儂家山福地最深勤芸花竹樹多華風只今芸薹便歸去自立名號皆山農 楊誠齋

七言絕句 桑下春蔬綠滿畦菘心青嫩芥薹肥溪頭洗擇店頭買日暮裹鹽沽酒歸 范石湖

蓴菜

賦詠祖

五言古詩 吾家自有蓴相識自有經蔬經我繙盡不見蓴菜名舍藥詩裏初相識王文尊前每相憶坐令芥孫輩子牙一見風流俱避席取士取名多失真向來許靖亦誤人君不見鄭花不得半山句卻參曾直稱門生 楊誠齋

五言絕句 小草旨有性託根寒澗幽儒夫曾一嚼感憤不能休 朱文公

七言絕句

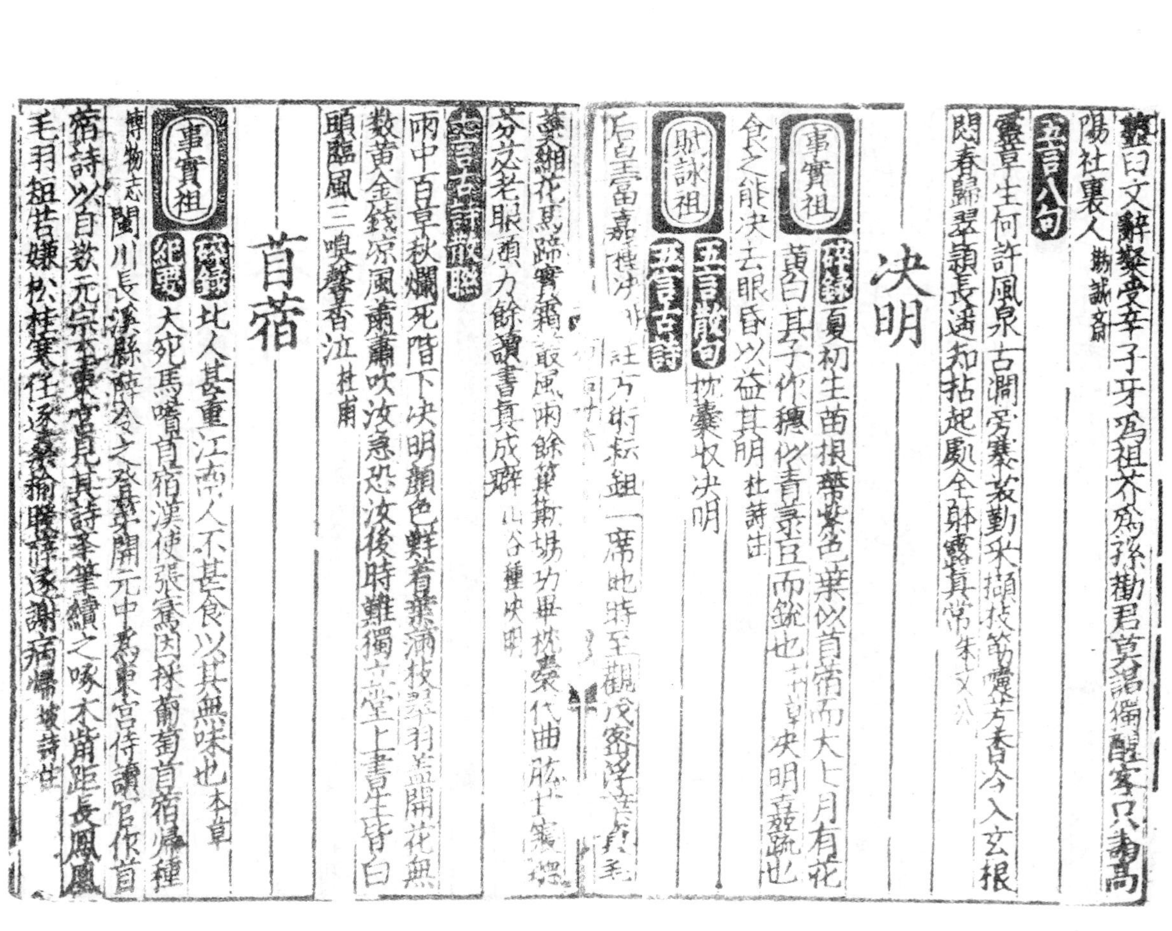

蔬曰文辭綮受辛子牙爲祖芥爲孫勸君莫諸獨醒客只畫高陽社裏人 楊誠齋

五言八句 靈草生何許風泉古澗旁褰裳勤采擷枝節靡芳香今入玄根閟春歸翠穎長遙知拈起處全體露真常 朱文公

决明

事實祖

碎錄 夏初生苗根帶紫色葉似苜蓿而大七月有花黃白其子作穗似青菉豆而銳也 本草 决明蘋疏也 食之能決去眼昏以益其明 杜詩注

賦詠祖

五言散句 枕囊收决明

五言古詩 后皇富嘉種决明注方術[illegible]一席地時至觀茂密[illegible]葉細花黃踏實繁[illegible]敢風雨餘草斯場功畢枕囊代曲肱[illegible]芬芬老眼頭力餘讀書真成癖 山谷種決明

七言古詩散聯 雨中百草秋爛死階下決明顏色鮮著葉滿枝翠羽蓋開花無數黃金錢涼風蕭蕭吹汝急恐汝後時難獨立堂上書生空白頭臨風三嗅馨香泣 杜甫

苜蓿

事實祖

碎錄 北人甚重江南人不甚食以其無味也 本草

紀要 大宛馬嗜苜蓿漢使張騫因採葡萄苜蓿歸種 博物志 閩川長溪縣薛令之登第開元中爲東宮侍讀官作苜蓿詩以自歎元宗幸東宮見其詩筆續之啄木觜距長鳳凰毛羽短若嫌松桂寒任逐桑榆暖薛遂謝病歸 坡詩注

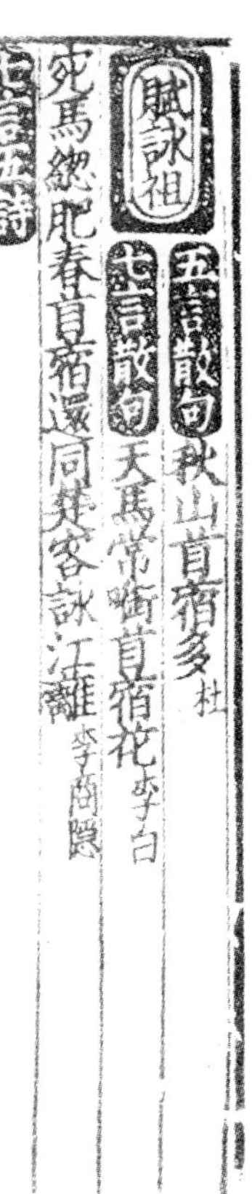

【賦詠祖】

【五言散句】秋山苜蓿多 杜

【七言散句】天馬常銜苜蓿花 李白

死馬總肥春苜蓿還同楚客詠江蘺 李商隱

【五言古詩】朝日上團團照見先生盤盤中何所有苜蓿長闌干飯澀匙難綰羹稀箸易寬只宜謀旦夕何由保歲寒 薛令之

藜藿

【事實祖】

【碎錄】藿豆葉也 說文

【紀要】孔子厄於陳蔡藜羹不糝 莊子 陸龜蒙後文生書云讀古聖人書每涵咀義味獨坐日昃案上一杯藜羹如五鼎七牢錯於左右 叢書

【雜著】[illegible]何[illegible]者難與道紈綺之麗[illegible]含糗者[illegible]與論太牢之滋味 王褒頌 啜糟糠之食藜藿之羹 太史公[illegible]

甘藜藿未嘗此食也 曹子建七啓

【賦詠祖】

【五言散句】白露滋藜藿 李

弊襟不掩肘藜羹常乏斟 陶淵明

藜羹尚如此肉食安可嘗 韓愈

三年國子師腸肚集藜莧 韓愈

試問甘藜藿未可羨輕肥

韋羅頻書札盤飧詎糝藜 並杜

振我麤糲腸塵慚客茹藜羹

寂寞天寶後園廬但蒿藜 杜甫

時來一顧我笑飯葵與藿 李

【七言散句】顧我從來貧到骨經營藜藿亦艱辛 陳亮

【五言古詩】

薺

【事實祖】

【碎錄】綠薺草可食 本草 薺可作菹羹詩云誰謂荼苦其甘如薺是也 本草

【雜著】見芳薺之時生被畦疇而獨繁鎖重冰而獨茂蒙霜雪而發鮮 夏侯湛薺賦 有萋萋之綠薺方滋繁於中丘 卞伯玉薺賦

【賦詠祖】

【五言散句】食薺腸亦苦 東野

薺麥餘春雪

薄飯不能羹墻陰老春薺 簡齋

【七言散句】爛蒸香薺白魚肥[illegible]看殺墻陰薺菜花 江湖集

時危如識不世才誰謂荼苦甘如薺 杜甫

詩澆麥田求野薺強為僧舍煮山羹 東坡

【五言古詩】舍東種早韭生計似庾郎舍西種小菓藏客藜叢鄉惟薺天所賜青青被陂岡珍美屏鹽酪耿介凌雪霜采擷無關日烹飪有秘方候火地爐暖加糝沙鉢香尚嫌雜筍蕨而況污膏粱[illegible]

[illegible]煮餅得此生理乃吾鄉[illegible]甚易足捫腹喜欲狂一掃萬金食[illegible]老稽山旁 陸放翁食薺

萋萋墻根薺采掇盈一襜破白半浮糝殺青微下鹽長貧數寒苦稍悟意尤甘緬想披裘者吾今已傷廉 徐竹隱

【五言古詩散聯】盤飧到野薺曳杖閑挑根幽人此味熟俗子誰知津微物經品題便作席上珍 曾文清公

【七言絕句】日日思歸飽蕨薇春來薺美忽忘歸傳誇真欲嫌荼苦自笑何時得瓠肥 陸放翁食薺三首

采采珍蔬不待畦中原正味壓蓴絲挑根擇葉無虛日直到開花如雪時

小著鹽醯助滋味微加薑桂發精神風爐歙鉢窮家活[illegible]

曾肯授人

藤菜

【事實祖】

【碎錄】豐湖有藤脂藤生菜滑美大類蓴 坡詩注

【賦詠祖】

【五言散句】豐湖有藤菜似可敵蓴羹 東坡

天台陳先生類編花果卉木全芳備祖卷之二十六 後集

天台陳先生類編花果卉木全芳備祖卷之二十七 後集

江淮肥遯愚一子陳 景沂 編輯

建安 祝 穆 訂正

蔬部

蕪菁 萊菔附

【事實祖】

【碎錄】一名蔓菁 小雅 蕪菁乃下之菜也蘆服乃下之根今俗呼為蘿蔔是也 本草 萊服下氣消穀解麵毒又云研如泥制麵作餺飥佳 同上

【紀要】諸葛亮所止必令兵士種蔓菁者取其纔出甲生啖一也葉舒可煮食二也久居隨以滋長三也棄去不惜四也回則易尋而採之五也冬有根可劚食六也比諸蔬其利不亦博乎三蜀之人呼蔓菁為諸葛菜 嘉話

【賦詠祖】

【五言散句】蕪菁只過冬 張文潛

中有蘆服根尚含曉露清 東坡

蔓蒸䔲氏芼葛龍炊字元脩 洪平齋

【七言散句】蕪菁脆肥美殖蕤 張文潛

從教蘆服專車大早覓蔓菁撲鼻香 楊誠齋

金城土酥淨如練 注 今之蘆菔也 山谷

蔓菁宿根已生葉韭芽戴土拳如蕨 東坡

安得脆珍蘆服于蘋洲南畔種殘雲 僧北礀

【五言古詩】

黃黃蕪菁花桃李事已退狂風簸枯榆狼藉九衢內春序一如此汝顏安足賴誰能駕飛車相從觀海外 韓昌黎

我昔在田間寒庖有珍烹常支折腳鼎自煮花蔓菁中年失此味想像如隔生誰知南岳老解作東坡羹中有蘆服根尚含曉

露青勿語貴公子從渠嗜膻腥 東坡詠蔓菁蘆菔羹

五言古詩散聯 冬菁飯之半牛力減來新深耕種數畝未甚後四鄰 杜甫

五言絕句 紛敷翠蔓叢津潤擢土本寂寞荊文園吟餘得深蹤 宋文公

寒壟冰根帶風霜九鉤縕如何纖白質近帶染微青 劉屏山

七言古詩散聯 雪白蘆菔非蘆菔喫來自是辣底 玉花菜葛蕾青非葛蕾喫來自是甜底水 楊誠齋

五言絕句 秋來霜露滿東園蘆菔生兒芥有孫我與何曾同一飽不知何苦食雞豚 東坡

往日燕青不到吳只今幽興手親鉏憑誰爲曹瞞道徹底无能令種蔬 [illegible]

萵苣

事實祖 本草

辯錄 萵苣即野苣也可以供厨饌人種爲菜生食之

紀要 既兩已秋堂下小畦植萵苣向二旬矣而苣不甲拆傷時君子或晚得微祿轗軻不進云　園官送菜把本關數日別苦苣馬齒掩之　嘉蔬傷小人害君子菜不足道也比而作詩 杜詩序

賦詠祖

五言古詩 苣兮蔬之常隨事藝其子破塊數席間荷鋤功易止兩旬不甲拆空惜埋泥滓野莧迷汝來宗生實於此此輩豈无秋亦蒙寒露委翻然出地速滋蔓户庭毀因知邪干正掩抑至沒齒中園陷蕭艾老圃永爲恥登于白玉盤藉以如霞綺莧也無所施胡顏入筐籠 杜

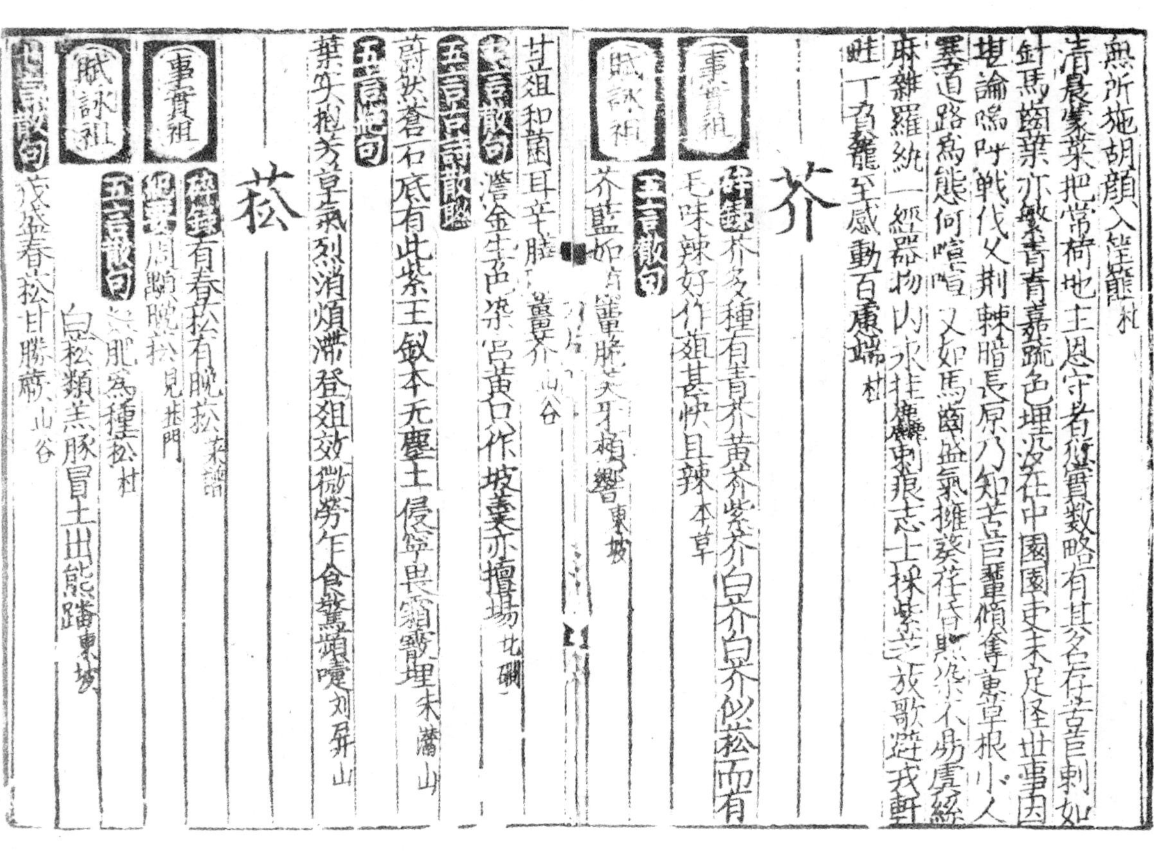

清晨蒙菜把常荷地主恩守者疑實數略有其名存苦苣刺如針馬齒葉亦繁青青嘉蔬色埋沒在中園園吏未足怪世事因甚論嗚呼戰伐久荊棘暗長原乃知苦苣輩傾奪蕙草根小人塞道路爲態何喧喧　又如馬齒盛氣擁葵荏姿照然不易虞絲麻雜羅紈一經器物內永挂麤刺痕志士採紫芝放歌避戎軒畦丁負籠至感動百慮端 杜

芥

事實祖

辯錄 芥多種有青芥黃芥紫芥白芥白芥似菘而有毛味辣好作葅甚快且辣 本草

賦詠祖

五言散句 芥藍如菌蕈脆美牙頰響 東坡

甘俎和菌耳辛膳[illegible]薑芥 山谷

七言散句 瀋金生芭染宮黃白作坡羹亦擅場 屯磵

五言古詩散聯 蔚然蒼石底有此紫玉叙本无塵土侵寧畏霜霰埋 朱蕭山

五言絕句 葉爭抱芳草氣烈消煩滯登俎効微勞乍食驚頻嚏 劉屏山

菘

事實祖

辯錄 有春菘有晚菘 茶譜

紀要 周顒晚菘 見世門

賦詠祖

五言散句 無肥爲種菘 杜

白菘類羔豚冒土出熊蹯 東坡

七言散句 茂芽春菘甘勝[illegible] 山谷

分人拋秋菰菰猶細事苦筍江豚那忍説 東坡

五言古詩散聯 幽居无一事隙地自栽蔬秋雨忽甲拆青青千萬餘江鄉盛菘芥烹煎亦甘腴 張文潜

五言絶句 周郎愛晩菘對客嫁稱賞今晨喜薦新小嚼冰霜響 劉屏山

七言絶句 雨送寒声滿背蓬如今真是荷鋤翁可憐遇事常遲鈍九月遲遲種晩菘 陸放翁

撥雪挑來塌地菘味如蜜藕更肥醲朱門肉食無風味只作尋常菜把供 范石湖

菠薐

事實祖 碎錄 本西國中自頗陵國將其子來語訛爾 劉禹錫嘉話錄

賦詠祖 五言絶句 金鞍因形製臨軒發永歎時危思擷佩楚客莫紉蘭 杜甫

七言古詩散聯 北方苦寒今未已雪底菠薐如鐵甲豈知吾蜀富冬蔬霜葉露牙寒更茁 東坡

莧

事實祖 碎錄 野莧馬齒莧也 杜詩注 不可以莧菜与鼈同食食則生鼈瘕試以鼈甲如豆片大者以莧菜封裹之置於土坑内上以土蓋之一宿盡變成鼈也 圖註本草

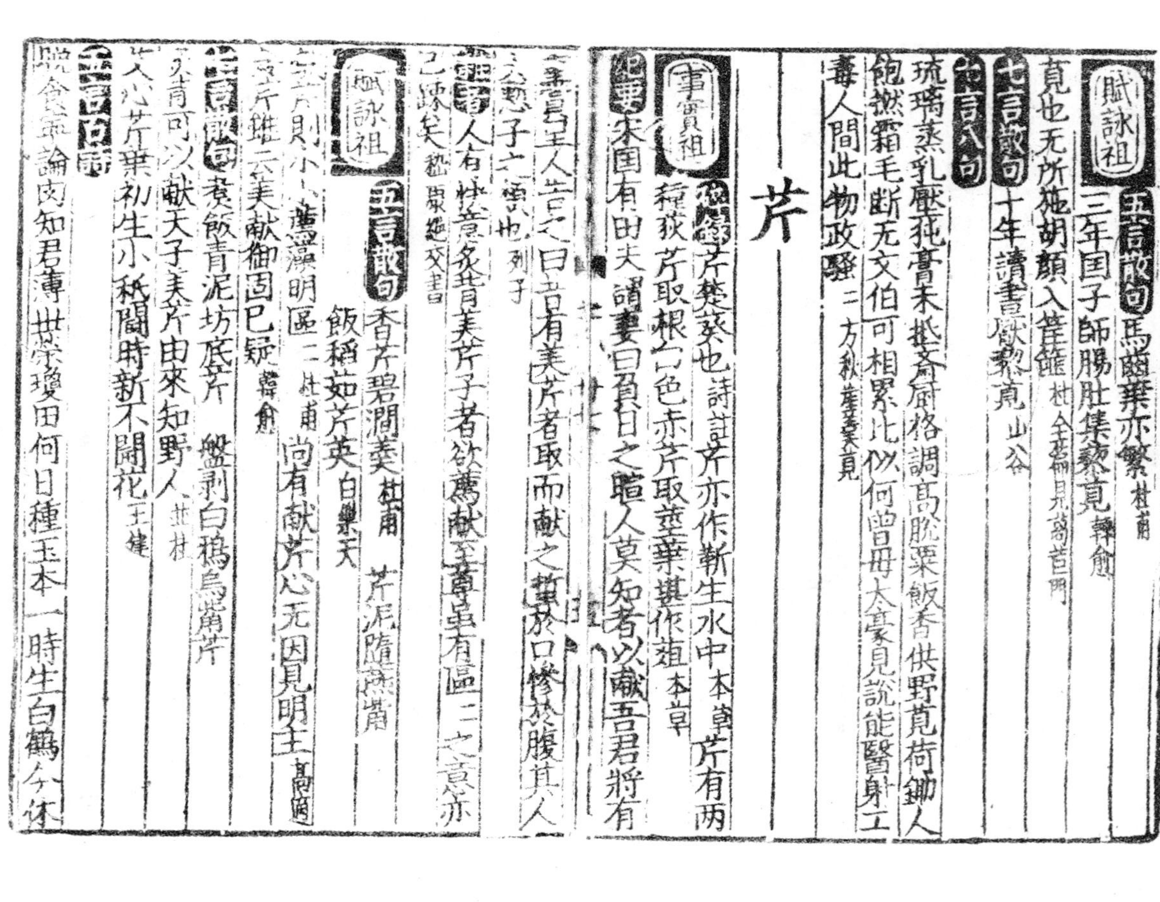

賦詠祖 五言散句 馬齒葉亦繁 杜甫 三年国子師腸肚集藜莧 韓愈 莧也无所施胡顔入筐籠 杜 全篇見蔬菜門

七言散句 十年讀書厭藜莧 山谷

五言八句 琉璃蒸乳壓豚膏未抵齋廚格調高脱粟飯香供野莧荷鋤人飽撚霜毛断无文伯可相累比似何曾毋太豪見説能醫身上毒人間此物政騷騷 方秋崖詠野莧

芹

事實祖 碎錄 芹楚葵也 詩註 芹亦作靳生水中 本草 芹有两種荻芹取根白色赤芹取莖葉堪作葅 本草

紀要 宋国有田夫謂妻曰負日之暄人莫知者以獻吾君將有重賞里人告之曰昔人有美芹者取而献之鄉豪於口慘於腹其人大慙子之類也 列子

紀要 人有快意炙背美芹子者欲薦献至尊雖有區區之意亦已疎矣 嵇康與山巨源絶交書

賦詠祖 五言散句 香芹碧澗羮 杜甫 芹泥隨燕觜 杜甫 飯稻茹芹英 白樂天 芹則小小薦藻明區區 杜甫 尚有献芹心无因見明主 高適 野芹雖云美献御固已疑 韓愈

七言散句 煮飯青泥坊底芹 盤剝白鴉鳥觜芹 芹青可以献天子美芹由來知野人 並杜 人心芹菜初生小秋間時新不闘花 王建

五言古詩 晩食謝論肉知君薄世榮瓊田何日種玉本一時生白鶴分休

誤青泥傳得名收蕈還炙脊比關儻閑情 朱文公

【七言古詩散聯】幽人本無肉食願岸草深毛躬自薦並限有芹秀晩春采掇歸來待朝餐 朱侍制

【七言八句】芘萬蕊香辣最佳蔬孫芥芳辛不遜渠蟹眼嫩湯纔熟了鵝兒新酒未醒初糅香酸釃作三友露叢風霜牙知幾鈕自笑枯腸成破瓮一生只解對寒菹 楊誠齋

【樂府祖】

【生查子】野香春吐芽泥濕隨飛燕碧澗一杯羹夜韭無人剪○玉瓮和醫香鵝管隨香軟野意重殷勤持以君王獻 高竹屋

蓴菜

【事實祖】

【碎錄】蓴生水中葉似鳧葵春夏細長肥滑三月至八月為絲蓴九月至十一月為豬蓴又曰龜蓴又有石蓴絲蓴者 本草 諸菜之中蓴為第一四月蓴生莖而未葉名雉蓴第一肥美葉舒長名絲蓴 齊民要術

【紀要】晉張翰吳人為大司馬東曹掾見秋風起乃思吳中菰菜蓴羹鱸魚曰人生貴適志何能羈宦數千里以要名爵乎遂命駕而歸 本傳 晉王武子食前有羊酪問陸雲曰吳中何以敵此雲答曰千里蓴羹未下鹽豉 世說

【雜著】蓴羹不糝鱸魚白香 虞貫元西征記

【賦詠祖】

【五言散句】蓴羹秋蓴滑 絲繁覓細蓴 誰欲討蓴羹 並杜 枯豉蓴絲熟 白樂天 羹美秋蓴弱 白樂天 還鄉念蓴菜 劉長卿 君恩千里蓴 杜 豉化蓴絲熟刀鳴鱠縷飛 杜 強飯蓴絲滑端居茗續煎 杜

【七言散句】未肯將鹽下蓴菜 一官久已輕鱸蓴 蘇東坡 思歸不復為蓴菜 歐陽 蓴羹鮮滑煮龍涎 虞貫元 時望青旗沽綠酒醉煮白魚羹紫蓴 山谷

【七言絕句】我夢扁舟震澤風蓴羹晚節落盤空那知貧味炎蒸地也有青絲蕈出石龍 張于湖 千里雲蓴未下鹽北遊誰復話江南可憐一筯秋風味錯被旁人云在季鷹 戴竹隱

【七言八句】軟絲一丈白龍鬚割得龍鬚八合滑翠鋪曉起相傳翠孫關夜來失却水晶盤一抔淡煮賓醒酒千里何須下豉鹽可是士衡殺風[illegible] 楊誠齋 [illegible]一洗空羹贈疑居舵樓底杯盤如[illegible]盤酒船中蓴鱸未足詩人事撐姐那容俗子同不日挽君來扶問請分一筯供滄翁 [illegible]

蒿

【事實祖】

【碎錄】一名蔞蒿一名同蒿一名邪蒿 本草

【紀要】北齊邢峙為博士授太子經廚進食有菜曰邪蒿峙命去之曰菜有不正之名非殿下所宜食顯祖佳之 通鑑

【賦詠祖】

【五言散句】潤跡煮蒿節 東坡

【七言散句】蔞蒿數節玉簪橫 容 蔞蒿芽甜草頭辣 容

【七言古詩散聯】攔水香姿白魚肥碎點青蒿涼餅滑宿酒初消春睡起細履幽畦掇芳辣 東坡 驟[illegible]取態百金不滿筯下供朱門人物多偉岸一字不

子部　第二册

識神氏家深林蒿藜最強項大皆失身焉

【七言絕句】竹外桃花三兩枝春江水暖鴨先知蔞蒿滿地蘆芽短正是河豚欲上時 東坡

野蔬山芋慣寒酸蔞綠韲黃頓頓餐及到新年立春日都無生菜上春盤 周吟軒

荇

【事實祖】【碎錄】荇接余也白莖葉紫赤色正圓徑寸餘浮在水上根在水底 詩註 參差荇菜左右求之 關雎

【賦詠祖】【五言絕句】黃龍記昔遊圖客有佳遺不為洛生吟輟飡時擬臯 劉屏山

茭白

【事實祖】【碎錄】菰謂之茭白歲久中心出白臺如小兒臂謂之菰手其臺中有黑者謂之茭鬱至後結實乃雕胡米也 杜詩註

【賦詠祖】【五言絕句】寒茭翳秋塘風葉自長短刳心一飽餘并得牀敖人 劉屏山

秋風吹折碧削玉茹芳根應傍鵝池發中懷洒墨飛 劉屏山

蘆筍

【事實祖】【碎錄】苞蘆蘆筍也 杜詩注

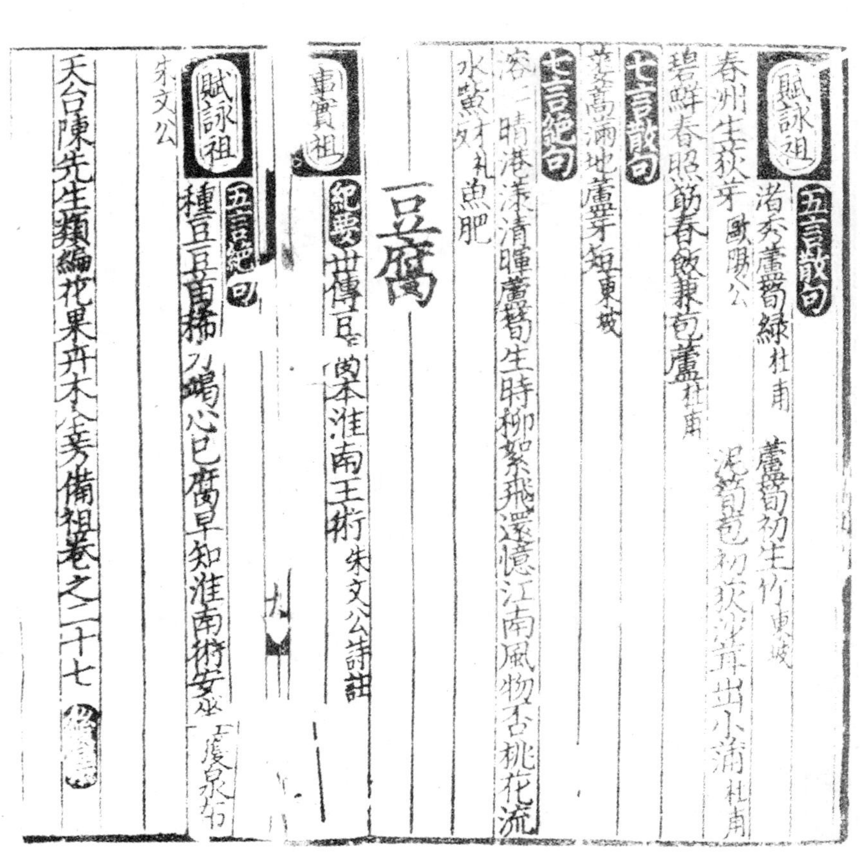

【賦詠祖】【五言散句】渚秀蘆筍綠 杜甫 蘆筍初生竹 東坡

春洲生荻芽 歐陽公 泥筍苞初荻沙茸出小蒲 杜甫

碧鮮春照筋春飯兼苞蘆 杜甫

【七言散句】蔞蒿滿地蘆芽短 東坡

【七言絕句】浴二晴港漾清暉蘆筍生時柳絮飛還憶江南風物否桃花流水鱖魚肥

豆腐

【事實祖】【紀要】世傳豆腐本淮南王術 朱文公詩註

【賦詠祖】【五言絕句】種豆豆苗稀力竭心已腐早知淮南術安坐獲泉布 朱文公

天台陳先生類編花果卉木全芳備祖卷之二十七

天台陳先生類編花果卉木全芳備祖卷之二十八 後集

江淮肥遯愚一子陳 景沂 編輯

建 安 祝 穆 訂正

藥部

茶

事實祖

碎錄 一曰茶二曰檟三曰蔎四曰茗五曰荈 茶經

茶有三品上者生爛石中者生礫壤下者生黃土 茶經 沫餑者湯之華也花之薄者為沫厚者為餑細者為花 陸羽茶經 凡茶少湯多則雲腳散湯少茶多則乳面聚 同上 建安以鬬茶為名戰 茶錄 茶之佳者造在社前其次火前謂寒食前也其下則雨前謂穀雨前也 齊己詩云高人愛惜藏巖裏白甀封[illegible]前此言火前盞未知上所前之為佳也 唐人之於茶雖有陸羽為之經而持論未精 [illegible]則持論精也 李林新錄 [illegible]

茶湖州有顧渚紫筍峽州有碧澗明月 蔡寬夫詩話 兩浙日注第一自景祐以來洪州雙井白芽制作尤精遠出日注之上遂為草茶第一 歐陽詢 湖州長洲縣啄木嶺金沙泉每歲造茶之所也泉處沙中居常無水湖常二郡太守至于境會亭具犧牲拜勑祭泉頃之水溢造御茶畢水即微減供堂者畢水已半之太守造畢即涸矣守或淹留稽晚時則有風雷之變 張君房脞說 宣州宣城縣有茶山其東為朝日所燭號曰陽坡其茶最勝形如小方餅横鋪茗芽其上太守常薦之京洛題曰陽坡茶杜牧茶山詩云山實東吳秀茶稱瑞草魁 王文錫茶譜 袁州界橋其名甚著不若湖州之研膏紫筍之有綠腳垂下故吳淑賦云雲垂綠腳 同上 建州北苑先春龍焙洪州西山白露雙井白芽鶴嶺安吉州顧渚紫筍常州義興紫筍陽羨春池陽鳳嶺睦州鳩坑宣州陽坡南劍蒙頂石花露鋑芽籛芽南康雲居峽州碧澗明月東川獸目福州方山露芽壽州霍山黃芽 茶譜

紀要 齊王肅歸魏初不食羊肉及酪漿常食鯽魚羹渴飲茗汁[illegible]高帝曰羊肉何如魚羹茗汁何如酪漿[illegible]水族之長羊比齊魯大邦魚比邾莒小國惟茗不中與酪為奴彭城王勰曰卿不重齊魯大邦而愛邾莒小國[illegible]會亦有酪奴因呼茗為酪奴 洛陽伽藍記 [illegible]中憤悶常仰真茶汝可信致之 法帖 [illegible]飲茶盛之長慶初王播又增其數大中六年[illegible]德宗貞元中稅茶先是鹽鐵使張滂奏請稅茶以待水旱之闕賦詔曰可是歲得錢四十萬 實錄 [illegible]益其[illegible]以濟用度[illegible]

鴻漸嗜茶著經三 御史大夫李季卿宣慰江南素聞[illegible]羽[illegible]羽衣野服挈具而入公心鄙之命奴子取錢三十文酬煎茶博士羽愧之更著毀茶論 唐林 甫里先生陸龜蒙嗜茶荈置小園於顧渚山下歲入茶租薄為甌蟻之費自為品第書一篇繼茶經茶訣之後 茶譜 白樂天方齋劉禹錫正病酒乃饋菊苗虀蘆菔鮓換取樂天六班茶二囊以自醒酒 蠻甌志 王濛好茶人至輒飲之士大夫甚以為苦每欲候濛必云今日有水厄 伽藍記 覺林僧志崇收茶三等待客以驚雷莢自奉以萱草帶供佛以紫茸香赴茶者以油囊盛餘瀝歸 茶譜 有人授飲茶飲至一斛二斗一日過量吐如牛胇一物以茶澆之容一斛二斗客云此名斛二瘕 太平御覽 出搜神後記 陶穀買得党太尉故妓取雪水煎團茶謂妓曰党家應不識此妓曰彼粗人安得有此但能銷金帳下淺斟低唱飲羊羔兒酒耳陶愧其言 類苑 張詠

崇陽民以茶為業公曰茶利厚官將搉之命拔茶而植桑民
以為苦其後搉茶他縣皆失業而崇陽之桑已成其為政知所
先後如此 言行錄 建州大小龍團始於丁晉公而成於蔡君謨
歐陽永叔聞之驚歎曰君謨士人也何至作此事 畫墁錄 金鑾故例翰
林當直學士春晚人困則日賜成象殿茶 金鑾密記
雜著 臣前因奏事伏蒙陛下諭臣先任福建轉運使日所進上
品龍茶最為精好臣退念草木之微首辱陛下知鑒若處之得
地則能盡其材昔陸羽茶經不第建安之品丁謂茶圖獨論採
造之本至於烹試曾未有聞臣輒條數事簡而易明勒成二篇
名曰茶錄伏惟清閒之宴或賜觀采臣不勝惶懼榮幸之至
亭 蔡襄進茶錄序上篇論茶 色 茶色貴白而餅茶多以珍膏
油其面故有青黃紫黑之異善別茶者正如相工之
色也隱然察之於內以肉理潤者為上既已末之黃
白者受水昏重青白者受水詳明故建安人鬥試以青白勝黃白 香 茶有
真香而入貢者微以龍腦和膏欲助其香建安民間試茶皆不
入香恐奪其真若烹點之際又雜珍果香草其奪益甚正當不
用 味 茶味主於甘滑惟北苑鳳凰山連屬諸焙所產者味佳隔
溪諸山雖及時加意製作色味皆重莫能及也又有水泉不甘
能損茶味前世之論水品者以此 藏茶 茶宜蒻葉而畏香藥喜
溫燥而忌濕冷故收藏之家以蒻葉封裹入焙中兩三日一次
用火常如人體溫溫則禦濕潤若火多則茶焦不可食 炙茶 茶
或經年則香色味皆陳於淨器中以沸湯漬之刮去膏油一兩
重乃止以鈐箝之微火炙乾然後碎碾若當年新茶則不用此
說 碾茶 碾茶先以淨紙密裹槌碎然後熟碾其大要旋碾則色
白或經宿則色已昏矣 羅茶 羅細則茶浮粗則水浮 候湯 候湯
最難未熟則沫浮過熟則茶沉前世謂之蟹眼者過熟湯也

沉瓶中煮之不可辨故曰候湯最難 熁盞 凡欲點茶先須熁盞
令熱冷則茶不浮 點茶 茶少湯多則雲腳散湯少茶多則粥面
聚 建人謂之雲腳粥面 鈔茶一錢匕先注湯調令極勻又添注
入環迴擊拂湯上盞可四分則止視其面色鮮白著盞無水痕
為絕佳建安鬥茶以水痕先者為負耐久者為勝故較勝負
之說曰相去一水兩水 ○下篇論茶器 茶焙 茶焙編竹為之裹
以蒻葉蓋其上以收火也隔其中以有容也納火其下去茶尺
許常溫溫然所以養茶色香味也 茶籠 茶不入焙者宜密封裹
以蒻籠盛之置高處不近濕氣 砧椎 砧椎蓋以砧茶砧以木為之椎或金
或鐵取於便用 茶鈐 茶鈐屈金鐵為之用以炙茶 茶碾 茶碾以銀或鐵為
之黃金性柔銅及鍮石皆能生鉎不入用 茶羅 茶羅以絕細為佳羅
底用蜀東川鵝溪畫絹之密者投湯中揉洗以冪之 茶盞 茶
色白宜黑盞建安所造者紺黑紋如兔毫其坯微厚熁之久熱
冷最為要用出他處者或薄或色紫皆不及也其青白盞鬥試
家自不用 茶匙 茶匙要重擊拂有力黃金為上人間以銀鐵為之竹
者輕建茶不取 湯瓶 瓶要小者易候湯又點茶注湯有準黃金
為上人間以銀鐵或瓷石為之 以上並茶錄 茶為物之至精而小
團又其精者錄序所謂上品龍茶者是也蓋自君謨始造而歲
貢焉○仁宗尤所珍惜雖輔相之臣未嘗輒賜惟南郊大禮致
齋之夕中書樞密院各四人共賜一餅宮人剪金為龍鳳花草
貼其上兩府八家分割以歸不敢碾試相家藏以為寶時有佳客
出而傳玩爾嘉祐七年親享明堂齋夕始人賜一餅余亦忝與
至今藏之余自以諫官供奉仗內至登二府二十餘年纔一獲
賜而丹成龍駕舐鼎莫及每一捧玩清血交零而已因君謨著
錄輒附于後庶知小團自君謨始而可貴如此 歐陽公龍茶錄
後序

賦詠祖

五言散句

破睡見茶功　春風啜茗時　杜甫

碾聲亂泉聲　李德裕　茶疏綠睡少　劉禹錫

閩實東南秀茶稱瑞草魁　杜牧　紫性不可汙為飲滌塵煩　韋應物

松花飄鼎泛蘭氣入甌輕　李德裕　碧沉霞腳碎香泛乳花輕　前人

舌小侔黃雀毛奇摘綠猿　之上元　采從青竹籠蒸自白雲家　梅聖俞

價與黃金齊包開青蒻整　前人　天王初受貢楚客已烹新　前人

甌聚蟻芳乳羅織撼纖塵　宋景文　香濃煙穗直茶嫩乳花圓　宋庠

古木鴉啼紙空山人採茶　毛西　何以同歲暮共此晴雲腴　簡齋

赤泥開方印紫餅絕圓玉　歐公　共約試春茶槍旗幾時綠　歐公

七言散句

賜得還應作近臣　王元之　採憶春山露滿旗　宋景文

合坐半甌輕泛綠開緘數片淺含黃　鄭谷

山中摘來探新名前花亂發前山頂　李涉

靜試恰如湖上雪對嘗兼憶剡中人　杜荀鶴

揀芽幾日始能就[illegible]月一懸初齊采　梅聖俞

小石冷泉留早味紫泥新品泛春華　前人

湯嫩水輕花不散口甘神爽味偏長　前人

碧月團團墮九天封題寄與洛中仙　王文公

絲絳緘囊海上舟月團蒼潤紫煙浮　前人

溪山擊鼓助雷驚逗曉靈芽發翠莖　歐公

初筍一槍知採候亂花三沸記烹時　宋景文

春睡無端巧逐人驅呵不去苦相親　温公

舊譜最稱蒙頂味露芽雲液勝醍醐　文潞公

西江水清江石老石上生茶如鳳爪　歐公

思公煮茗共湯鼎蚯蚓竅生魚眼珠　山谷

香苞解盡寶帶夸黑面碾出明窗塵　山谷

銀瓶野泉水一掬松雨聲來乳花熟　崔珏

午食易消愁藿粥夜堂無睡數燈花　張芸叟

官園老兵朝入城報道新芽已堪摘　前人

雲疊亂花爭一水鳳團雙影貢先春　王岐公

未須乘此蓬萊去明日論詩齒頰香　張無咎

閩侯貢璧琢蒼玉中有掉尾蟠潭龍　前人

與療文園消渴病還招楚客獨醒魂　王逢原

得諸向來輕季子打門何日走周公　陳后山

分付着身長引去免教人道販私茶　張無盡

草茶無賴空有名高者妖邪次頑獷　東坡

獨攜天上小團月來試人間第二泉　前人

火前試焙分新茗雪裏題緘暖賜龍　前人

松鳴湯鼎茶初熟雪鎖爐灰火漸低　洪駒父

羹官差入常侯帳[illegible]點平收壓羽名

相參六一泉中味[illegible]封焙名句子[illegible]　楊誠齋

五言古詩

禹貢通遠俗始圖在安人後王失其本職吏不敢陳亦有奸佞者因茲欲求伸動生千金費日使萬姓貧我來顧渚源得與茶事親黎毗輟農桑採摘實苦辛一夫且當役盡室皆同臻捫葛上敧壁蓬頭入荒榛終朝不盈掬手脚皆鱗皴悲嗟遍空山草木為不春陰嶺芽未吐使者牒已頻心爭造化先走挺麋鹿均選納無日夜擣聲昏繼晨眾功何枯櫨俯視彌傷神皇帝尚巡狩東郊路多堙周迴繞天涯所獻惟艱勤況值兵革困疲民未知供御餘誰合分此珍顧省忝邦守有慙復因循茫茫滄海間丹憤何由申　唐袁高

芳叢翳湘竹零露凝清華復此雪山客晨朝掇靈芽蒸煙俯石瀨咫尺凌丹崖圓方麗其色圭玉無纖瑕呼兒爨金鼎餘馥延

幽遐滌慮發其照邃泳澹皆邪猶同甘露飯佛事薰幽邪出此
蓬瀛客無爲眞流霞 柳子厚
粉細越笋芽野煎寒溪濱恐乖靈草性觸事皆手親敲石取鮮
火撇泉避腥鱗熒熒爨風鐺拾得墜葉薪潔色旣爽別浮氳亦
氤氳以茲委曲靜求得正味眞究如摘山時自謂指下春湘瓷
泛輕花滌盡昏渴神此遊愜醒趣可以話高人 劉言史
周詩記苦荼茗飲生近世初緣厭粱肉假此雪昏滯嗟我五畝
園桑麥苦蒙翳不令守地閑更乞茶子藝飢寒知未免已作太
飽計庶將通有無農末不相妨春生凍地裂紫筍森已銳牛羊
煩呵叱筐筥未敢睨江南老道人齒髮日夜逝他年雪堂品尚
記桃花開 東坡乞桃花茶栽
蒼山走千里斗落分兩驂雲泉出地清嘉卉得天味入門 徐女
氣宮曹眞敏史 案明甘花
造化曾無私亦有意所嘉夜雨作春力朝雲護日車千萬 君玉
枝戢戢抽靈芽 茶壠
春衫逐紅旗散入青林下陰崖喜先至新苗漸盈把競攜筠籠
歸更帶山雲寫 採茶
屑玉寸陰間摶金新範裏規呈月正圓勢動龍初起出焙香花
全爭誇火候是 造茶
兔毫紫甌新蟹眼清泉煮雪凍作成花雲閑未垂縷願爾池中
波去作人間雨 試茶

五言古詩散聯

嫩芽香且靈吾謂草中英夜臼和煙擣寒爐對雪烹 鄭愚
忽有西山使始遺七品茶末品無水暈次品無沉柤五品散雲
腳四品浮粟花三品若瓊乳二品罕所加絕品不可議甘香難
字差

昔觀唐人詩茶詠鴉山嘉鴉銜茶子生遂以山名稱
春雷未出地南土物尚凍呼謙助發生萌穎強抽其開爲茗玉
璧隱起雙飛鳳
顧渚及陽羨又復下越茗近年江國人鷹爪誇雙井且鵰幾何
多六色十五餅每餅包青蒻紅纖纏素縷 梅聖俞

五言律詩

北苑龍茶者甘鮮的是珍四方惟數此萬物更無新纔吐微茫
綠初沾少許春散尋縈樹遍急擇上山頻宿葉寒猶在芳芽冷
未申茅茨溪口焙籃籠雨中民長疾勾萌拆開齊分兩勻帶煙
蒸雀舌和露疊龍鱗作貢勝諸道先嘗祇一人緘封瞻闕下郵
傳渡江濱特旨留丹禁殊恩賜近臣啜將靈藥助用與上尊親
頭進英華盡初烹氣味眞細香勝卻麝淺色過於筠顧渚慚投
木宜都愧積薪年年號供御天產壯甌閩 丁晉公北苑茶

五言八句

古路行終日僧房出翠微瀑爲煎茗水雲足坐禪衣尊者難相
遇遊人又獨歸一徑橋外急却似不忘機 賈秋壑題天台石橋

五言絕句散聯

揀芽分雀舌賜茗出龍團曉日雲菴暖春風浴殿寒 東坡
玉尺鋒稜聳銀槽樣度攽月中三桂實雨裏得天施 張芸叟

七言古詩

日高丈五睡正濃軍將打門驚周公口云諫議送書信白絹斜
封三道印開緘宛見諫議面手閱月團三百片聞道新年入山
裏蟄蟲驚動春風起天子須嘗陽羨茶百草不敢先開花仁風
暗結珠琲瓃先春抽出黃金芽摘鮮焙芳旋封裹至精至好且
不奢至尊之餘合王公何事便到山人家柴門反關無俗客紗
帽籠頭自煎喫碧雲引風吹不斷白花浮光凝碗面一碗喉吻

潤兩椀破孤悶三椀搜枯腸唯有文字五千卷四椀發輕汗平生不平事盡向毛孔散五椀肌骨清六椀通仙靈七椀喫不得也唯覺兩腋習習清風生蓬萊山在何處玉川子乘此清風欲歸去山下羣仙司下土地位清高隔風雨安得知百萬億蒼生命墮在巔崖受辛苦便爲諫議問蒼生到頭還得蘇息否盧仝謝孟諫議新茶

山僧後檐茶數叢春來映竹抽新茸宛然爲客振衣起自傍芳叢摘鷹嘴斯須炒成滿室香便酌砌下金沙水驟雨松聲入鼎來白雲滿椀花徘徊悠揚噴鼻宿酲散清峭徹骨煩襟開陽崖陰嶺各殊氣未若竹下莓苔地炎帝雖嘗未解煎桐君有籙那知味新芽連拳半未舒自摘至煎俄頃餘木蘭沾露香微似瑤草臨波色不如僧言靈味宜幽寂采采翹英爲嘉客不辭緘封寄郡齋甎井銅鑪損標格何況蒙山顧渚春白泥赤印走風塵欲知花乳清泠味須是眠雲跂石人劉禹錫蘭若試茶歌

年年春自東南來建溪先暖水微開溪邊奇茗冠天下武夷仙人從古栽新雷昨夜發何處家家嬉笑穿雲去露芽錯落一番榮綴玉含珠散嘉樹終朝采掇未盈襜唯求精粹不敢貪研膏焙乳有雅製方中圭兮圓中蟾北苑將期獻天子林下雄豪先鬭美鼎磨雲外首山銅瓶攜江上中泠水黃金碾畔綠塵飛碧玉甌中翠濤起鬭茶味兮輕醍醐鬭茶香兮薄蘭芷其間品第胡能欺十目視而十手指勝若登仙不可攀輸同降將無窮恥吁嗟天產石上英論功不愧階前蓂衆人之濁我可清千日之醉我可醒屈原試與招魂魄劉伶却得聞雷霆盧仝敢不歌陸羽須作經森然萬象中焉知無茶星商山丈人休茹芝首陽先生休采薇長安酒價減千萬成都藥市無光輝不如仙山一啜好泠然便欲乘風飛君莫羨花間女郎只鬭草贏得珠璣滿斗歸歐陽公鬭茶歌

建安三千里京師三月嘗新茶人情好先務取勝百物貴早相矜奇年窮臘盡春欲動蟄雷未起驅龍蛇夜聞擊鼓滿山谷千人助叫聲喊呀萬木寒癡癡不醒唯有此樹先萌芽乃知此爲最靈物宜其獨得天地之英華終朝採摘不盈掬通犀銙小圓復方鄙哉穀雨槍欲旗多不足貴如刈麻建安太守急寄我香蒻包裹封題斜泉甘器潔天色好坐中揀擇客亦嘉新香嫩色如始造不似來遠從天涯停匙側盞試水路拭目向空看乳花可憐俗夫把金錠猛火炙背如蝦蟆由來真物有真賞坐逢詩老頻咨嗟須臾共起索酒飲何異奏雅終淫哇歐陽脩嘗新茶

蟹眼已過魚眼生颼颼欲作松風鳴蒙茸出磨細珠落眩轉遶甌飛雪輕銀瓶瀉湯誇第二未識古人煎水意君不見昔時李生好客手自煎貴從活火發新泉又不見今時潞公煎茶學西蜀定州花瓷琢紅玉我今貧病常苦飢分無玉椀捧蛾眉且學公家作茗飲甎爐石銚行相隨不用撐腸拄腹文字五千卷但願常及睡足日高時東坡煎茶歌

矞雲從龍小蒼璧元豐至今人未識壑源包貢第一春緗奩碾香供玉食睿思殿東金井欄甘露薦椀天開顏橋山事嚴庀百司補袞諸公省中宿中人傳賜夜未央雨露恩光照宮燭右丞似是李元禮好事風流有涇渭肯憐天祿校書郎親敕家庭遣分似春風飽識太官羊不慣腐儒湯餅腸搜攪十年燈火讀令我胷中書傳香已戒應門老馬走客來問字莫載酒山谷謝送碾賜

我持玄圭與蒼璧以暗投人渠不識城南窮巷有佳人不索賓郎常晏食赤銅茗椀雨斑斑銀粟翻光解破顏上有龍文下棊局擣殘臘君諾已宿此物已是元豐春先皇聖功調玉燭晁子胸中開典禮平生自期莘與渭故用澆君磊隗胸莫令鬢毛

雪霏似曲几浦團聽煮湯煎成車聲繞羊腸雞蘇胡麻留渴羌
不應乱我官焙香肌如瓠壺鼻雷吼幸君飲此莫飲酒 山谷以
龍團半鋌贈无咎
人間風日不到處天上玉堂森寶書想見東坡舊居士揮毫百
斛瀉明珠我家江南摘雲腴落磑霏霏雪不如爲君喚起黄州
夢獨載扁舟向五湖 山谷以雙井茶送子瞻
吳綾縫囊染菊水蠻砂塗印題進字淳熙錫貢新水芽天珍誤
落黄茅地故人鸞渚紫微郎金華講徹花草香宣賜龍焙第一
綱殿上走趨明月璫御前啜罷三危露滿袖香煙懷璧去歸來
拈出兩蜿蜒雷電晦冥驚破柱北苑龍芽内樣新銅圍銀範鑄
瓊塵九天寶月霏五雲玉龍雙舞黄金鱗老夫平生愛煮茗十
年燒穿折脚鼎下山汲井得甘冷上山摘芽得苦梗何曾夢到
龍遊窠何曾要與龍茶奔故人分送玉川子春風來自玉皇家
鍛圭椎璧調冰水烹龍庖鳳搜肝髓石花紫笋可衙官赤印白
泥牛走爾故人氣味茶様清故人風骨茶様明開緘不但似見
面叩之咳唾金玉聲麹生勸人墮巾幘睡魔遣我拋書冊老夫
七椀病未能一啜猶堪坐秋夕 楊誠齋謝木舍人送講筵茶
分茶何似煎茶好煎茶不似分茶巧蒸水老禪弄泉聲隆興元
春新玉爪二者相遭兎甌面怪怪奇奇真善幻紛如擘絮行太
空影落寒江能萬變銀瓶首下仍尻高注湯作字勢嫖姚不須
更師屋漏法只問此瓶當響答紫微仙人烏角巾喚我起看清
風生京塵滿袖思一洗病眼生花得再明漢鼎難調要公理策
勳茗椀非公事不如回施與寒儒歸讀茶經傳衲子 楊誠齋澹
庵坐上觀顯上人分茶

七言古詩散聯

瀾花入井水味香山月當人松影直仙翁白扇霜鳥翎拂拭夜
讀黄庭經 温飛卿
春風三月貢茶時盡逐紅旌到山裏焙中清曉朱門開箱籠漸
見新芽來凌煙觸露不停採官家亦印連帖催朝饑暮匐誰興
哀喧闐競納不盈掬一時一餉還成堆蒸之馥之香勝梅研膏
架動奔如雷 李郢
山僧後簷茶數叢春來映竹抽新茸宛然爲客振衣起自傍芳
叢摘鷹觜斯須炒成滿室香便酌砌下金沙水驟雨松聲入鼎
來白雲滿椀花徘徊 劉禹錫
始於歐陽永叔席乃識雙井絶品茶次逢江東許子春又出鷹
爪與露芽
建溪芳株成大樹頗殊楚越所種茶先春減山焙白薯亦畏爲
蜀客誇 並梅聖俞
我有龍團古蒼璧九龍泉深一百尺憑君汲井試烹茶不是人
間香味色
西江水清江上石老石上生茶如鳳爪窮臘不寒春氣早雙井芽
生先百草 並歐公
山南之茗先春採山北之人及夏嘗爲余老親方見惠極知舊
友不相忘
老來辛苦須自烹且勿嫌婷婷腕如玉香如桃葉色如蟹眼松
聲浮艾緑 並張芸叟
君不見莆陽亭士蓬萊仙製成月團飛上天南北自此供歲貢
寸璧往往人間傳 曾文昭
金甍玉膾飯炊雪海螯江柱初脫泉臨風飽食甘寢罷一甌花
乳浮輕圜 東坡
吳剛小君贈我杵阿香蔡碚授我斧斤劚鑿碧鑿磊二杵碎玄
璣絲楚楚出臼入磨光吐吞宛坐隻手旋乾坤碧瑤宮殿几塵

陶壺止珠樓閣粧鉛樹 洪平齋

海濱魚鹽勝耕稼嘗呼父老來丁寧江鄉與茗尤逐末爲分利害別重輕拔茶種桑何苦口崇陽因得良吏名 [illegible]

七言絕句

紅紙一封書後信綠芽十片火前春湯添勺水煎魚眼末下刀圭攪麴塵 白樂天

湖上畫船風送客江邊紅燭夜還家今朝寂寞山堂下獨對炎暉看雪花 蔡君謨

石碾輕飛瑟瑟塵乳花烹出建茶春人間絕品應難識閑對茶經憶故人 林和靖

麥粒收來品絕倫葵花製出樣爭新一杯永日醒雙眼草木英華信有神 曾子固

婺源山勢上干雲合向南州第一春自有化工鍾粹氣特生靈

學君留宿[illegible]

慶雲十六升龍樣國老元年密賜來披拂龍文射牛斗外家英鑒似張雷 山谷以潞公揀芽送公擇二首

赤囊歲上雙龍璧曾見前朝盛事來想得天香隨御所延春閣道轉春雷

雞蘇狗蝨難同味懷取君恩歸去來青箬湖邊尋顧陸白頭[illegible]裹見宗雷 官茶極妙難爲賞音二首

乳花翻椀正眉開時苦渴羌衝熱來知味者誰心已許維摩默語如雷

山芽落磑風回雪曾爲尚書破睡來勿以姬姜棄顦顇逢時瓦釜亦鳴雷 又以雙井解嘲

要及新香碾一盃不應傳寶到雲來碎身粉骨方餘味莫厭聲喧迸蟄雷 和公擇韻

風爐小鼎不須催魚眼長隨蟹眼來深注寒泉收第一亦防枵腹爆乾雷

乳粥瓊糜霧腳回色香味觸映根來睡魔有耳不及掩直拂繩床過疾雷

白錦秋鷹微露爪青瑤曉樹未成芽松梢鼓吹湯翻鼎甌面雲煙乳作花 楊誠齋

書如秀色倦猶愛茶似苦言終有情謹勿數[illegible]識珠槽翠釜浪相輕 鄭安晚

一盃春露暫留客兩腋清風幾欲仙可但喚回攪國夢不妨更挈趙州禪 錢[illegible]

官焙春綱入貢時擔頭擷又小黃旗甘香不救煎湯辣寄侍天顏喜可知 徐照

騷客醉眠燃正[illegible]山[illegible]退聽[illegible]先[illegible]未[illegible]供龍焙品遭旗登虎穴 [illegible]

七言八句

昨日東風吹枳花酒醒春晚一甌茶如雲正護幽人塹似雪終分野老家金餅拍成和雨露玉塵煎出照煙霞相如病渴今全校不羨生臺白鷁 李郢

活水還將活火烹自臨釣石汲深清大瓢貯月歸春甕小杓分江入夜瓶雪乳已翻煎處腳松風仍作瀉時声枯腸未易經三碗卧聽山城長短更 東坡

仙山靈雨濕行雲洗遍香肌粉未勻明月來投玉川子清風吹破武林春要知玉雪心腸好不是膏油首面新戲作小詩君一笑從來佳茗似佳人 東坡壑源茶

蒼爪初驚鷹脫鞲得湯已見玉花浮睡魔何止避三舍歡伯直教輸一籌日鑄煙香懷舊隱谷簾試水憶西游銀瓶銅碾俱官

貘設文纖二爲捧甌 張南軒

樂府祖

滿庭芳 北苑龍團江南鷹爪萬里名動京關碾深羅細瓊蘂暖生煙一種風流氣味如甘露不染塵凡纖纖捧冰瓷瑩玉金縷鷓鴣斑。相如方病酒銀瓶蟹眼波怒濤翻爲扶起樽前醉玉頹山飲罷風生兩腋醒魂到明月輪邊歸來晚文君未寢相對小窗前 黃山谷

阮郎歸 摘山初製小龍團色和香味全碾声初斷夜將闌烹時鶴避煙。消滯思解塵煩金甌雪浪翻只愁啜罷月流天餘清攪夜眠 黃山谷 烹茶留客駐雕鞍有人愁遠山別郎容易見郎難月斜窗外山。歸去後憶前歡畫屏金博山一盃春露莫留殘與郎扶玉山 黃山谷 歌停檀板舞停鸞高陽飲興闌獸煙噴盡玉壺乾香分小鳳團。雲浪淺露珠圓捧甌春笋寒絳紗籠下躍金鞍歸時人倚闌 東坡

行香子 綺席纔終歡意猶濃酒闌時高興無窮共誇君賜初拆臣封看分香餅黃金縷密雲龍。鬭贏一水功敵千鍾覺涼生兩腋清風暫留紅袖少卻紗籠放笙歌散庭館靜略從容 東坡

古今陳先生類編花果卉木全芳備祖卷之二十八

古今陳先生類編花果卉木全芳備祖卷之二十九 後集

江淮肥遯愚一子陳 景沂 編輯

建安 祝穆 訂正

藥部

人參

事實祖

碎錄 人參初生小者一椏兩葉生年深者生四椏各五葉根如人形者神 本草

紀要 駱驛採藥於山月夜見紫衣童子歌曰山消消兮樹蒙蒙明月愁兮當夜空烟兮密兮垂枯松遂於古松下得參一本食之而壽 異苑

雜著 紫參幽芳也五葩連萼狀飛鳥羽起故[illegible]書劉公詠歌之 [illegible]

賦詠祖

五言古詩 上黨天下脊遼東真井底玄泉倘海腴白露洒天醴靈苗此孕毓肩股或具體移根到羅浮越水灌清泚地殊風雨隔臭味終祖禰青椏綴紫萼圓實墮紅米窮年生意足黃土手自啓上藥無炮炙齕齧盡根柢開心定魂魄憂恚何足洗糜身輔吾軀既食首重啓 東坡

谽谺土門口突兀太行頂豈惟團紫雲實自俯倒景剛風被草木真氣入苕穎舊聞人銜芝 人參一名人銜 生此羊腸嶺纖纖虎豹鬣蹙縮龍蛇癭蚕頭試小嚼龜息變方騁[illegible]明真子已造浮玉境清宵月挂戶半夜珠落井灰心寧復然汗喘久已靜東坡猶故目北藥致遺秉欲持三椏根往侑九轉鼎爲予置齒頰豈不賢酒茗 東坡紫團參寄王定國

七言古詩

燕公林下蒲青石春藥偏宜閒石開往往幽人尋水見時時仙蝶陽雲來陰陽雕刻花如鳥對鳳樓雞一何小春風光轉虎溪傍紫翠翼紅翅翻翠光貝葉經前無住色蓮花會裏斷留香蓬山才子憐幽性白雪陽春動新詠應知仙者老雲霞莫賞夭桃滿蹊溪 權德輿

〔七言八句〕新羅上黨各宗枝有兩曾參果是非入手截來花葉紫閒香已竟玉池肥舊傳飲子安心妙新擣珠塵肴雪飛珍重故人相問意爲言老矣只思歸 楊誠齋謝[illegible]贈人參

茯苓

〔事實祖〕〔釋名〕一名松腴一名松脂本草 伏苓千歲松脂也菟絲生其上而無根一名女蘿上有菟絲下有茯神 淮南三十九 茯苓皆自作塊不附著根上其抱根而輕虛者爲茯神本草 茯苓在菟絲之下狀如飛鳥之形似人形龜形者佳久服安魂養神不飢延年同上

〔賦詠祖〕〔七言散句〕無復青黏和漆葉枉教鍾鼓敵仙茅 東坡

〔五言古詩〕委緩來名山觀奇恣所傳山中若有聞言此不死庭遂逢五老人一謂西嶽靈或聞誰人語飛去入昴星殺我出雲路苔蒼絲淩石弄視之有文字乃古黃庭經左右長松列動搖風露零上蟠千年枝陰虬負青冥下結九秋霜流膏爲茯苓取之沙石間妙者龜鶴形況聞秦宮女華髮變已青有如上帝心與我千萬齡始疑有仙骨鍊魂可永寧何事逐豪遊飲啄以羶腥神物亦自然風霜護此冠欲傳山中客回策忽已暝乃悲世上人求醒終不醒 李太白

〔五言八句〕寄信楊員外山寒少茯苓歸來稍暄暖當爲斸青冥翻動神仙窟封題鳥獸形兼將老藤杖扶汝醉初醒 杜甫

〔七言絕句〕莫道長松浪得名能教覆額兩眉青便將徑寸同千尺知有奇功似伏苓 東坡

〔七言古詩〕岷峨山中千歲松枝虬幹直摩青空雪霜剝落中不槁膏液下與靈泉通龜蛇蟠伏自磊砢金堅玉潔仍豐融篝明夜取喜得雋煮鼎朝聽如吟風杵成坐上香飛雪更和乳酪收全功當知全味本無味子若服之壽無窮異哉廣騷育冰硬如鐵冠峩切雲風明月白好都隨春夢去一人樂[illegible] 無藥訣中[illegible]曾不[illegible]頭[illegible]池生肥蘇不徹憐我衰疲形[illegible] 贈我持書[illegible]切用砂著根謾爾傳脂澤釀黍詞已拙由來刻道初不煩此法莫從兒輩說徑思來袂揖浮丘下視塵世真一吷朱顏留得亦何爲追逐同堅歲寒節 張南 謝李仁父送茯苓酥

〔樂府祖〕〔鷓鴣天〕湯泛冰瓷一坐春長松林下得靈根吉祥老子親拈出箇箇教成百歲人。燈焰焰酒醺醺壑源曾未破醒魂與君更把長生盌略爲清歌駐白雲 山谷茯苓湯

术

白术 蒼术

〔事實祖〕〔釋名〕术山薊也爾雅 一名山姜一名山薊又名山芥又名天蘇术有二種曰蒼曰白是也本草 必欲長生當服山精神農經

〔[illegible]〕藥有乞力伽术也瀕海所產有如數斤者劉涓子取以作

煎令可丸餌之長生魏氏 南陽文氏其祖漢中人值亂逃華山飢困將死有二人教以食朮遂不飢數十年乃還鄉顏色少年氣力轉勝故朮名曰山精抱朴子 陳子皇得餌朮要方服之得仙入霍山去其妻念婿疲病亦效其採朮之法服之病自愈其力氣如二十時神仙傳

雜著 切以綠葉抽條生乎首峯之側紫花標色出自鄭岩之中六府內充百邪外禦又云味重金漿芳踰玉液足使坐致延生伏深銘感梁庾肩吾謝賚朮啓

賦詠祖

七言散句

雨浥山姜病有花東坡

五言古詩

守閑學服餌採朮東山阿東山幽且阻疲苶煩經過戒徒斸靈根封植閟天和違爾澗底石徹我庭中莎土膏滋玄液松露墜繁柯東南自成畝緣繞紛相[illegible]云佳色娟[illegible]氣多離憂苟可怡歡能知其他[illegible]竹如若果[illegible][illegible]嫩採薇歌悟拙封自足激清愧同波輩豹且理內[illegible]門從[illegible]韜功名

白朮結靈根持鉏採秋月歸來濯寒澗香氣流不歇夜以煮白石泉朝煙偏巖穴千歲扶玉顏終年固元髮梅聖俞

七言古詩

下簾深與意商量無酒何如此夜長一筋朮絲仙有分依然只作秘書香高似孫

肉豆蔻

白豆蔻

事實祖

釋名 肉豆蔻其形圓小皮紫緊薄中肉辛辣本草 白豆蔻形如芭蕉葉似杜若子作朵如蒲萄其子初出微青熟則變白本草

賦詠祖

七言散句 瘴山江上重相見醉裏同看豆蔻花李[illegible] 娉娉嫋嫋十三餘豆蔻梢頭二月初杜牧 日暮天寒吹屬玉蠻江豆蔻重重綠張武子

五言絕句

豆蔻生南園秋來發幾枝贈公多採摘此物最相宜王摩詰

樂府祖

南鄉子 停舞神斂數絹採香深洞笑相邀藤杖枝頭芦酒滴携燕席豆蔻花間民暖日 歸路近叩舷歌採真珠 処水風多曲岸 小橋山月過煙深鎖豆蔻花垂千萬朵紅豆蔻紫玫瑰謝娘家接越王臺一曲鄉歌齊祝壽堪遊賞酒酌螺盃流水上

丁香

[事實祖] [illegible] 樹高丈餘凌冬[illegible] [illegible] 子上如釘長三四分紫色有麄大如山茱萸者謂之母丁香治口氣即御史所含之香也本草 江南人謂之百結花雜志

紀要 王梅有十二子名以丁香爲丁子索文集

賦詠祖

五言古詩

丁香體柔弱亂結枝猶墊細葉帶浮毛疎花披素艷深栽小齋後庶近幽人占晚隨蘭麝香休懷粉身念百草競春華麗春態最勝少須好顏色多謾枝條賸紛紛桃李枝亂亂總能移如何貴重此卻怕有人知杜

五言律詩散聯

雨果含愁態枝頭綴玉英爲花更雜目更亂樂中名王梅谿 丁子索

五言八句

亦自丁香國還應此所稀叢生盛枝葉亂結實巾衣冷艷瓊爲

□□枝葉作團聚連綴鎖骨時見玉塵飛 洪景盧

七言絕句 勿援千歲遞相親內結花心外結身草木至微猶有合况哉父子与君臣 陶弼

甘草

事實祖 碎錄 此草最爲衆藥之主猶香中之有沉水也 本草 反甘遂芫花大戟海藻惡遠志解附子毒 本草

賦詠祖 五言八句 美草將爲杖孤生馬嶺危難從荷蓧叟寧入化龍陂去与秦人採來扶楚客衰病中秋圓老我懶豈能醫 梅聖俞

辰砂

事實祖 碎錄 辰砂本出辰州[illegible]以[illegible]州今爲沅州不屬辰也其地產砂而砂井之名有九皆在猺獠蠻穴之中而錦之舊坑在[illegible]以薪竹燔火爆石以取之時出与土人貿易不知者以辰砂爲辰所出也 雜志 辰砂生深山石崖間土人採之穴地數十尺始見其苗乃白石耳謂之朱砂牀砂生石上其塊大者如雞子小者如石榴顆狀若芙蓉箭鏃頭連牀者紫黯若鐵色而光明瑩澈碎之嶄岩作牆壁又似雲母片可析者眞辰砂也无石弥佳過此皆淘土石中得之非生於石狀者 本草 水銀出於丹砂蓋採鹿次朱砂作鑪置砂於中下承以水上覆以盆器外加火煅養則煙飛於上水銀流於下 本草

紀要 晉葛洪字稚川從祖玄吳時學道得仙号曰葛仙翁其鍊丹秘術悉得眞法以年老欲鍊丹砂以期遐壽聞交趾出丹砂求爲勾漏令帝以洪年高不許洪曰非欲爲榮以有丹砂帝從之 神仙傳

賦詠祖 五言散句 遠慚勾漏令不得問丹砂 杜甫

七言八句 將軍結髮戰蠻溪篋有殊珍勝象犀慢說玉牀分箭鏃何曾金鼎識刀圭近聞猛士收丹穴欲助君王鑄裊蹄多少空山人不見自隨初日吐虹霓 東坡謝張帥□所惠辰砂

鍾乳

事實祖 碎錄 鍾乳世間中輕薄如鵝翎管碎之如爪甲中无鴈齒光明者爲善 本草 乳有三種有石鍾乳其山純石以石津相滋狀如蟬翼爲石□□乳 其山多生篁竹以竹津相滋乳如竹狀其□□有茅山之乳其山土石相雜徧生茅草以茅津相滋乳謂之茅山之乳性微寒 同上

雜著 前以所致石鍾乳非良以爲土之所出乃良又況鍾乳直產於石石之精粗疎密尋尺特異則其依而產者固不一性然由其精密而出者食之使人榮華温柔由其疏踈而下者食之使人偃蹇壅鬱故君子愼焉取其色之美而不必惟土之信以求其至精凡爲此也 柳子厚与崔連州論石鍾乳書

賦詠祖 五言古詩 寄語曾公子金丹幾時熟頤持鍾乳粉实此磬懸腹遥憐蟹眼湯已化鵝管玉刀圭勿妄傳此物非碌碌 山谷乞鍾乳於曾公衮

天台陳先生類編花果卉木全芳備祖卷之三十 後集

江淮肥遯愚一子陳 景沂 編輯
建安祝 穆 訂正

藥部

茱萸

事實祖

碎錄 茗菽九月九日採 本草 三牲用菽注菽煎茱萸也 内則

紀要 汝南桓景隨費長房遊學謂之曰九月九日汝南當有災厄急令家人縫囊盛茱萸繫臂登山飲菊花酒此禍可消景如其言舉家上山夕還見雞犬一時暴死長房曰此可代之也 續齊諧記 郭璞自洞林避難至新息有以茱萸令璞射之璞曰子如小鈴含玄珠案文言是茱萸 本傳

賦詠祖

五言散句 [illegible]茱萸好 杜 茱萸賜朝士難得一枝來 杜 西楚茱萸節 張說

七言散句 茱萸暗綻紅珠藥 元稹 菊酒攜山客萸囊繫牧童 張說 明年此會知誰健更把茱萸子細看

五言絕句 朱實山下開清香寒更發幸與雙桂華窗前向秋月 皇甫冉

結實紅且綠復如花更開山中儻留客置此芙蓉盃 王維

飄香乱椒桂布葉間檀欒雲日雖回照森沉猶自寒 崔迪

樂府祖

六么令 快風收雨亭館清殘燠池光靜橫秋影岸柳如新沐聞道宜城酒美昨日新醅熟輕鑣相逐衝泥策馬來折東籬半開菊○花艷華堂對列一一驚郎目歌韻巧共泉聲間雜琮琤玉惆悵周郎易老莫唱當時曲幽懷難卜明

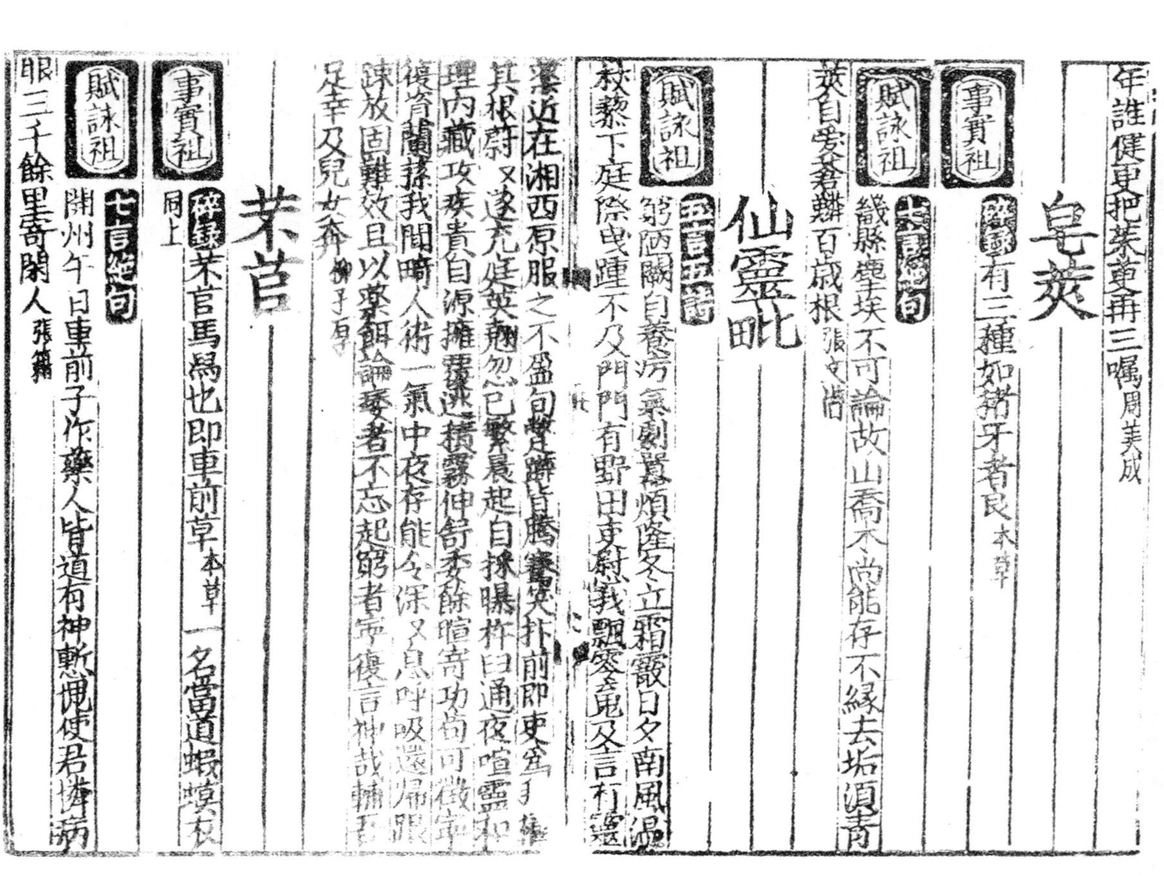

年誰健更把茱萸再三囑 周美成

皂莢

事實祖

碎錄 有三種如豬牙者良 本草

賦詠祖

七言絕句 畿縣塵埃不可論故山喬木尚能存不緣去垢須青莢自愛蒼鱗百歲根 張文潛

仙靈毗

賦詠祖

五言古詩 窮陋闕自養疠氣劇囂煩隆冬立霜霰日夕南風温杖藜下庭除蹇蹇不及門門有野田吏慰我飄零魂及言有靈藥近在湘西原服之不盈旬蹩躠皆騰騫笑抃前即吏爲手擷其根蔚蔚遂充庭英翹忽已繁晨起自採曝杵臼通夜喧靈和理内藏攻疾貴自源擁覆逃積霧伸舒委餘暄奇功苟可徵寧復資蘭蓀我聞畸人術一氣中夜存能令深深息呼吸還歸跟疏放固難效且以藥餌論痿者不忘起窮者寧復言神哉輔吾足幸及兒女奔 柳子厚

芣苢

事實祖

碎錄 芣苢馬舄也即車前草 本草 一名當道蝦蟆衣 同上

賦詠祖

七言絕句 開州午日車前子作藥人皆道有神慚愧使君憐病眼三千餘里寄閑人 張籍

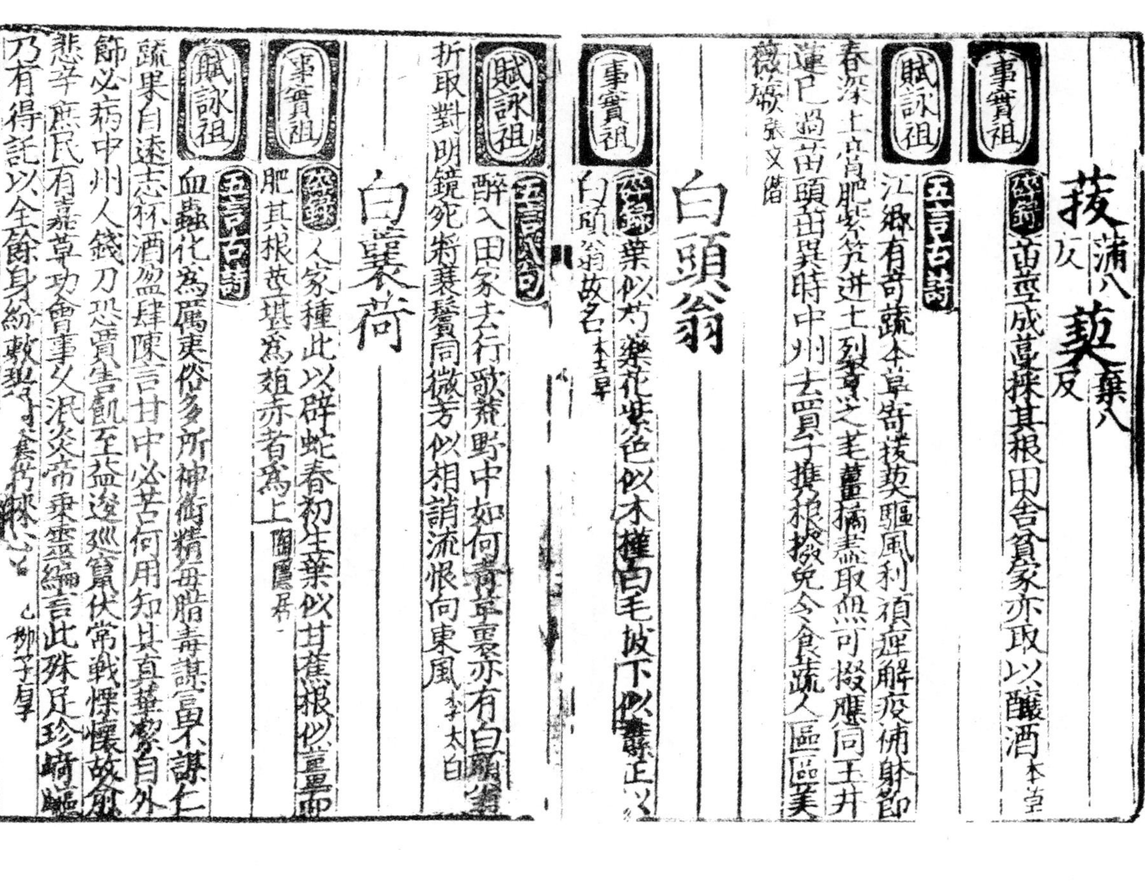

菝蒲八反 葜棄八反

事實祖 碎録 苗莖成蔓採其根田舍貧家亦取以釀酒 本草

賦詠祖 五言古詩 江鄉有奇蔬本草奇菝葜驅風利頑痺解疫脯躬節春深土膏肥紫笋迸土烈翠葉之芼蘿摘盡取無可擬應同王井蓮已過苗頭甾異時中州去買子攜根撥兒今食蔬人區區美薇蕨 張文潛

白頭翁

事實祖 碎録 葉似芍藥花紫色似木槿白毛披下似髻正以白頭翁故名 本草

賦詠祖 五言八句 醉入田家去行歌荒野中如何青草裏亦有白頭翁折取對明鏡宛將衰鬢同微芳似相誚流恨向東風 李太白

白蘘荷

事實祖 碎録 人家種此以辟蛇春初生葉似甘蕉根似薑而肥其根莖堪為菹赤者為上 陶隱居

賦詠祖 五言古詩 血蠱化為厲夷俗多所神銜精每腊毒謀富不謀仁疏果自遠志杯酒盈肆陳言甘中必苦何用知其真華𩟄自外飾必病中州人錢刀恐買生飢至益遂巡竄伏常戰慄懷故負悲辛庶氏有嘉草功會事久泯炎帝垂靈編言此殊足珍崎嶇乃有得託以全餘身紛敷勃云云 柳子厚

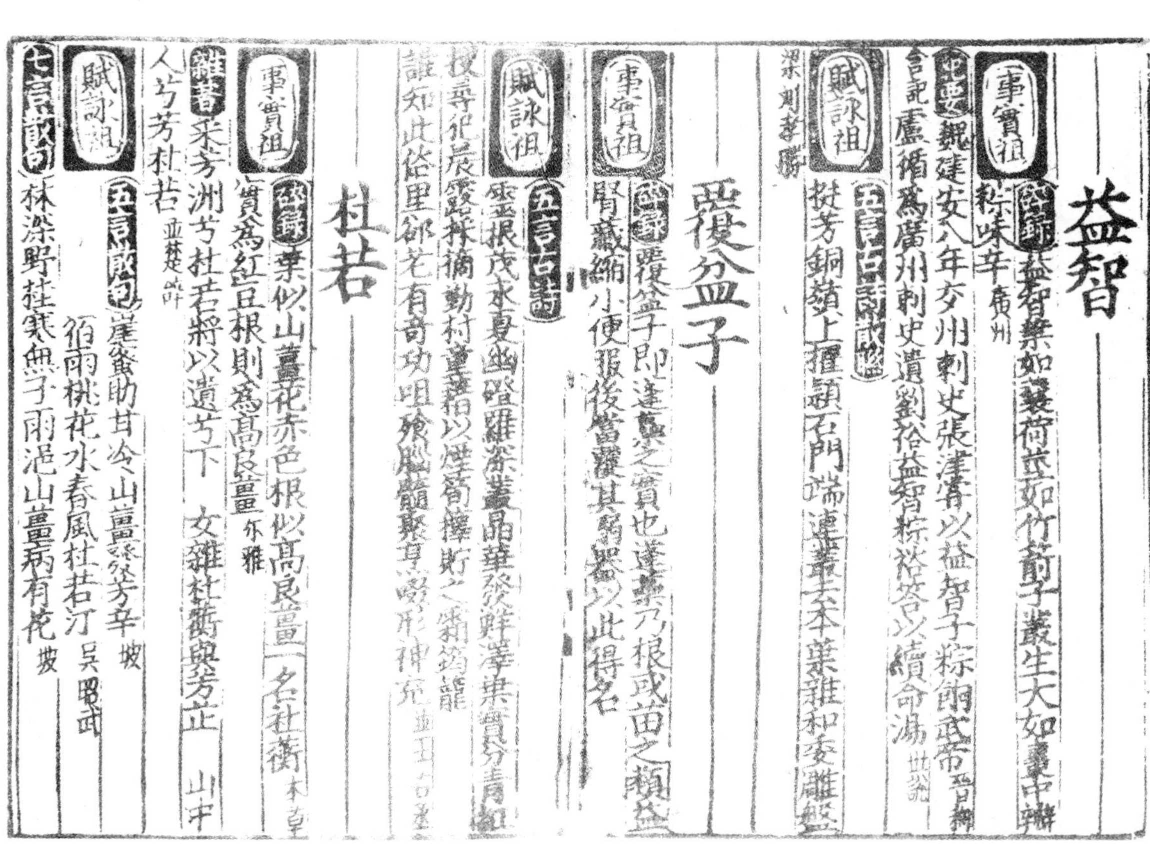

益智

事實祖 碎録 益智葉如蘘荷莖如竹箭子叢生大如棗中辦粽味辛 廣州

紀要 魏建安八年交州刺史張津嘗以益智子粽餉武帝 晉 會記 盧循為廣州刺史遺劉裕益智粽裕答以續命湯 世說

賦詠祖 五言古詩截聯 挺芳銅嶺上擢頴石門端連叢十本葉雖和委離盤 梁 劉孝勝

覆盆子

事實祖 碎録 覆盆子即蓬蘽之實也蓬蘽乃根或苗之類益腎藏縮小便服後當覆其溺器以此得名

賦詠祖 五言古詩 靈根茂永夏幽磴羅深叢晶華發鮮澤果實分青紅投尋犯晨露採擷勤村童藉以煙霄撑貯之翡翠籠誰知此俗里邻老有奇功咀嚼腦髓聚耳目形神充 [illegible]

杜若

事實祖 碎録 葉似山薑花赤色根似高良薑 一名杜衡 本草 實為紅豆根則為高良薑 尔雅

雜著 采芳洲兮杜若將以遺兮下女 雜杜衡與芳芷 山中人兮芳杜若 並楚辭

賦詠祖 五言散句 崖蜜助甘冷山薑發芳辛 坡 佰雨桃花水春風杜若汀 呉融武

七言散句 林深野桂寒無子雨浥山薑病有花 坡

【五言古詩】生在窮絕地，豈無迹相親。不願逢採擷，本欲芳幽人。沈約

【五言八句】採擷黃薑蘂，封隨青瑣闈。共聞調膳日，正是退朝歸。香為華筵發，清隨綬翰飛。故將天下宝，万里與光輝。劉禹錫山薑

【七言古詩】欽州五月土如炊，蒲山壯若芳菲菲。素英綠葉紛可喜，勁烈不避炎敲威。采之盈掬薦蔬食，臧獲失笑僮人譏。君不見屈平夕飡賦秋菊，嘉芳無南姦來歸。又不見坡公服食得昇耳，扣角數從前非。伊予假祿二千石，窮比二子猶庶幾。貪花嚼蘂有真藥，一飽何必謀甘肥。尚餘升合漬生蜜，從他意苡生珠璣。陶弼

蘼蕪

【事實祖】

【雜錄】芎藭葉也，苗似芹，與胡荽及蛇床等。本草

【雜著】秋蘭兮蘼蕪，羅生兮堂下，綠葉兮素枝，芳菲菲兮襲予。楚辭　蘼蕪香草，亂之蛇床。不隕其貴，自烈以芳。佞人似智，巧言如簧。郭璞贊

【賦詠祖】

【五言散句】上山採蘼蕪，下山逢故夫。古詩　蘼蕪斂綠葉，絲出蠟眉陰。朱待制　時過湯餅客，共破粤侯瑕。朱待制

【七言散句】蘼蕪自是王孫草，莫送春香入客衣。孟遲　飽食不嫌溪筍瘦，穿林閑覓野芎苗。東坡

【五言古詩】葉葉秋聲中，霏霏亞英蘇。人特有如松，繁華匪茲藥。勃蔚馨香墀，薰沾湔衣服。情人摧纖指，拾蘂動盈掬。蘼見離騷芳，名藿入譜錄。鄭雙溪

【五言古詩散聯】蘼蕪有香葉，采采秉清旦。山頭去婦思，堂下騷人怨。使君亦何為，胥吏奉閒燕。曾文昭自注宜入茶

【七言絕句】蘼蕪蒸種列君芳，御延前推藥品良。時摘嫩苗烹賜茗，更從雲腳發清香。蔣堂獻

天台陳先生類編花果卉木全芳備祖卷之三十　後集

天台陳先生類編花果卉木全芳備祖卷之三十一　後集

江淮肥遯愚一子陳　景沂　編輯

建　安　祝　穆　訂正

藥部

兎絲子

事實祖

碎錄　女蘿兎絲也爾雅　蔦與女蘿施于松栢詩　兎絲蔓草上生今兎絲子是也在木曰松蘿陸璣疏

賦詠祖

五言散句　兎絲附女蘿古詩　兎絲附蓬麻引蔓故不長杜甫

五言古詩　人生莫依倚依倚事不成君看兎絲蔓依倚榛與荊荊榛易蒙密百鳥撩亂鳴下有狐兎穴奔走亦縱橫樵童破將去柔蔓與之并翳薈生可恥束縛死無名桂樹月中出珊瑚石上生俊鶻度海食應龍升天行靈物本特達不敢相纏縈纏縈竟何者荊榛與飛莖元稹

五言古詩散聯　輕絲既難理細縷竟無織爛熳已萬條連緜復一色安根不可知縈心終不測謝朓

地黃

事實祖

碎錄　有乾生二種久服輕身不老一名地髓一名芐一名芑本草

賦詠祖

五言古詩　麥死春不雨禾損秋旱傷歲晏無口食田中採地黃採之將何用持以易糇糧凌晨荷鋤去薄暮不盈筐攜來朱門家賣與白面郎與君啖肥馬可使照地光願易馬殘粟救此苦飢腸白樂天

地黃飼老馬可使光鑒人吾聞樂天語喻馬施之身我衰正伏櫪垂耳氣不振移栽附沃壤蕃茂爭新春沈水得穉根重湯養陳薪投以東河清和以北海醇崖蜜助甘冷山薑發芳辛融爲寒食餳嚥作瑞露珍丹田自留火渴肺還生津願餉內熱子一洗胷中塵東坡

椒

事實祖

碎錄　檓大椒也爾雅　蜀椒出武都秦椒出天水隴西　胡椒生西戎亦出南海向陰生者名澄茄向陽生者名胡椒本草　椒聊之實蕃衍盈升詩　有椒其馨詩

紀要　漢椒房殿皇后所居以椒和泥取其溫而芳也顏師古註　桓帝竇皇后崩帝常侍曹節王甫欲以貴人禮葬太尉李固擣椒自隨謂妻子曰若太后不得配桓帝吾不生還矣漢書　晉石崇以奢相尚室宇宏麗至以椒塗其壁本傳　鍾繇黜其妻文帝命復爲繇恚忿飡椒帝乃止魏氏春秋　呂真君服椒法并歌曰其椒稟五行其仁通五義服之半年內脚心汗如水吳人呼脚爲轂坡詩註　元載爲相朝廷籍其家胡椒至八百斛他物稱是本傳

正月旦日進酒降神訖室家無大小以次坐祖先之前各上椒酒於家長曰椒觴四民月令

雜著　雜申椒與菌桂　奠桂酒兮椒漿楚辭　青陽散暉澄景載煥嗟美此靈葩爰采爰獻劉臻妻　椒花頌

賦詠祖

五言散句　椒花逐頌來庾信　紅椒艷復殊　椒實雨新紅　椒盤已頌花並杜甫

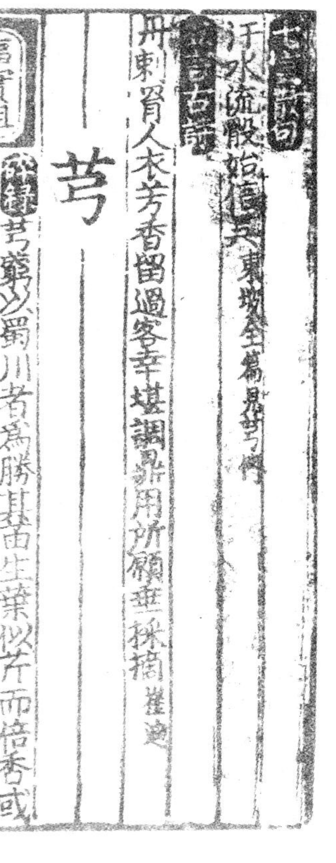

七言散句 汙水流骹始信吳 東坡全篇見芎門

五言古詩 冊刺胃人衣芳香留過客幸堪調鼎用所願垂採摘 崔塗

芎

事實祖 叢錄 芎藭以蜀川者為勝其苗生葉似芹而倍香或蒔於園庭則芬馨滿徑人採其葉作飲香云惟貴形塊重實作雀腦狀者此最有力也 本草

紀要 楚子伐蕭王遂圍蕭蕭潰申公巫臣曰師人多寒王巡三軍拊而勉之三軍之士皆如挾纊遂傅於蕭還無社 蕭大夫 與司馬卯言呼申叔 楚大夫 叔展曰有麥麴乎曰無有山鞠窮乎曰無 二物所以禦濕欲使無社逃泥水中無社不解故曰無軍中不敢正言 [illegible] 曰目於眢井而拯之若為茅絰哭井則己 [illegible] 明日蕭潰申叔視其井則茅絰存焉號而出之 宣十三

賦詠祖 五言八句 芎藭生蜀道白芷來江南漂流到關輔猶不失芳甘濯濯翠莖滿愔愔清露涵及其未花實可以資筐籃秋節忽已老苦寒非所堪斸根取其實對此微物慚 東坡注云可以為羹

七言八句 [illegible]要今卧疾致文殊河魚潰腹空號楚[illegible]暮求三歲艾不如長作獨眠夫[illegible]驅 東坡次韻公擇謝芎椒

檳榔

事實祖 叢錄 樹高五七丈正直無枝皮似青銅節如桂竹葉生末顛大如楯頭其實作房從葉中出傍有刺若棘針重疊其下一房數百實如雞子狀皆有皮殼肉滿殼中味苦澀得扶留藤與瓦屋子灰同咀嚼之則柔滑而甘美其俗云南方地温不食此無以祛之蓋瘴癘也其大腹子與檳榔相似檳榔難得真者今皆者多大腹也生南海今嶺外諸郡皆有之 本草 構藤可以食檳榔蓋蒟醬也 坡詩注 南中風俗男聘女必以檳榔盤為禮賓客會見必先進檳榔若不設用相嫌恨 郡志

紀要 劉穆之少貧往妻兄江氏乞食畢求檳榔江氏戲曰檳榔消食君飢何須此穆之為丹陽令乃令廚人以金柈貯一斛與其妻兄弟 南史

雜著 無勞朱實兼荔枝之五滋能發紅顏類芙蓉之十酒 梁庾肩吾啓

賦詠祖 五言散句 檳榔共聘幣 [illegible]

綠房千子熟紫穗百花開 周庾信

七言散句 櫻櫚葉子海棠花 楊誠齋

人人藤葉嚼檳榔户户茅簷覆土牀 楊誠齋

不用長愁掛月村檳榔生子竹生孫 東坡

五言古詩散聯 羞比朱櫻就詎易紫梨津莫言蒂中熟當看心裏新微芳雖不足含咀願相親 梁劉孝綽

五言八句 憶昔南遊日初嘗面發紅藥囊知有用茗盌詎能同蠲疾收殊效修真錄異功三彭如不避糜爛七非中 見椰子[illegible]

七言絕句 蠻煙雨裏紛千樹逐水排痰肘後方莫笑忍飢窮縣令煩君一

解寄檳榔　山谷

少來不食蚊虻觜，老去得意漆園方。鹽中已失兒時面，忍能乞與陳印郎。山谷　乞檳榔

人人藤葉嚼檳榔，戶戶茅簷覆土床。只有春風不容乞，隔溪吹渡柚花香。

七言八句

海角人煙百万家，蠻風未变事堪嗟。果蒲羊豕烏青攬，菜包丁香紫白茄。楊棗貴酸薄納子，山茶无葉大綿花。一般氣味真難辛，日啖檳榔當啖茶。蠻名薄納，如棗而酸

扶留

賦詠祖

五言古句　根節含露辛，苕穎援援綠。蒟醬子多憂，水清陟足。朱文公

薏苡

事實祖

本草　春生苗，莖高三四尺，葉如黍，開紅白花，作穗子。五六月結實，形如珠子而稍長，故名薏珠子。小兒多以線穿如貫珠爲戲，細舂爲飯或煮粥亦好。今人多取葉爲飲，香。本草

紀要　馬援在交趾，常餌薏苡以勝瘴氣，軍還載之一車。時人以爲南土珍貴，權貴皆疑之。援方有寵，故莫以聞。及卒，有上書讚之者，以謂前所載還乃明珠文犀，亦上益怒。後漢書

賦詠祖

七言散句　胡椒尚數元相國，薏苡猶疑馬伏波。徐竹隱

五言古詩

伏波飯薏苡，以禦瘴傳神。良能除五溪毒，不救讒言傷。讒言風雨過，瘴癘久亦亡。兩俱不足治，但愛草木長。草木各有宜，珍產驛南荒。絳囊懸荔支，雪粉剖桄榔。不謂蓬荻姿，中有藥与糧。舂爲芡珠圓，炊作菰米香。子美拾橡栗，黃精誑空腸。今吾獨何者，玉粒照坐光。東坡

五言散聯

佳實産南州，流傳卻山癘。如何馬伏波，坐取丘山謗。同前

七言古詩

初游唐安飯薏米，炊成不減雕胡美。大如芡實白如玉，滑欲流匙香滿屋。腹腴項臠不入盤，況復飧酪誇甘酸。東歸思之不可得，每以問人人不識。嗚呼奇才從古棄草菅，君試求之籬落間。陸放翁

五言古詩散聯

葉如華黍實如珠，移種宮庭特見憐。但獨……明珠……言歸馬援。梅聖俞

黃精

事實祖

本草　一名兔竹，一名救窮。服花勝實，服實勝根。子抱朴

紀要　陸通字接輿，与妻俱隱峨眉諸名山，食蒥櫨實，服黃精子，俗傳以爲仙。高士傳

賦詠祖

五言散句　三春濕黃精，一食先毛羽。杜甫

七言散句　掃除白髮黃精在。杜甫

詩人空腹待黃精，生事只看長柄械。東坡

雪底黃精與不蹊，憶着君詩應捧腹。刘公

五言古詩

靈苗出西山，服食採其根。九蒸換凡骨，經著上世言。候火起中夜，馨香滿南軒。齋居感衆靈，藥術起妙門。自懷物外心，豈与俗

士論終朝脫印綬求与天壤存 韋應物

七言古詩

長鑱長鑱白木柄我生託子以爲命黃獨无苗山雪盛短衣數挽不掩脛此時与子俱歸來男呻女吟四壁靜嗚呼四歌兮歌四奏竹林爲我啼清晝 杜甫

五言絕句

太華西南第幾峯落花流水自重重幽人只採黃精去不見青山養鹿茸

金櫻子

事實祖

碎錄 金櫻子今叢生於籬落間類薔薇有刺經霜後方紅熟味甘少澀 止多便斂精氣今野人盛摘搗汁熬成糖 本草

賦詠祖

五言古詩

人生欲長存日月不肯遲百年風吹過忽成甘蔗滓傳聞上世士烹餌草木滋千秋垂綠髮每恨不同時李侯好方術肘後探神奇金櫻出皇墳刺棗攙霜枝安憑司火候右鼎乘膠飴初嘗不可口酹酒和味宜至今身七十孫子色不衰田中按耘耔孫息親抱持却笑鄰舍翁未老須杖藜 [illegible]

假守富春公秋毫聽民詞夙夜臨公庁歸卧厥体肢李侯來饋藥期以十日知深中護靈根金鑠祕玉筏不須許君子孝勤采五芝我方困訟牒翁事一雖不能鳴琴坐蘇娩恐焉期敢忘刀圭餘歸和卯飲巵倘分惠民病拯出得國醫 同前

七言絕句

三月花如蒼蔔香霜中採實似金黃煎成風味亦不淺潤色鎭煩頤長康 姚西岩

麥門冬 一天門冬附

事實祖

碎錄 葉似莎草長及尺餘四季不凋根作連珠形似穬麥顆 本草 取苗作水飲 本草 天門冬 春生藤蔓大如釵股高至丈餘葉似茴香秋結黑子在其根 一名虋 本草

賦詠祖

五言古詩

佳人種碧草所愛凌風霜佳人昔已殁草色猶蒼蒼思人不忍棄期植守墳傍

五言絕句

高蔓引修長插援垂碧絲西窗夜來雨无人領幽姿 紫陽文公 天門冬

七言絕句

一枕清風直万錢无人肯買北窗眠開心暖胃門冬飲知是東坡手自煎 東坡 麥門冬飲[illegible]

紫蘇

事實祖

碎錄 有水蘇紫蘇假蘇三種水蘇又名雞蘇 本草 葉下紫色而氣甚香其不紫无香者爲野蘇不堪用其子主下氣与橘皮相宜 本草

賦詠祖

五言古詩

歲暮有秋苧帶經且親鋤今茲五月交盛陽稍已徂養生寄空瓢魚之未可虛正以營一飲形骸如此劬 劉原父

胡麻

事實祖

碎錄 狗虱巨勝也藤弘胡麻也隱居陶氏云茎方者名巨勝圓者名胡麻類麻故名胡麻又八穀中最爲大勝故名巨勝生上黨川澤青蘘巨勝苗也処処有之皆[illegible]

所種苗梗如麻而葉圓鋭光澤嫩時可作蔬道家多食之〔本草〕

〔紀要〕刘晨阮肇入天台採藥失道食尽見桃実食之覺身輕行数里至溪濟持杯取水見一杯流出有胡麻飯溪邊二女子笑曰刘阮二郎捉向所失流杯來便迎帰作食既出无復相識至家子孫已七世矣〔天台志〕

〔賦詠祖〕

〔五言古詩散聯〕

勉力向兹物由畦聊㠯蔣胡麻養氣血種以督児曹

梅聖俞

天台陳先生類編花果卉木全芳備祖卷之三十一　〔後集〕

古本蒙求

提要

《古本蒙求》三卷，後晉李瀚撰，清光緒八年（一八八二年）佚存叢書（日本林衡輯）木活字本。是書取經傳故事，編爲四言韻語，取《易·蒙》『童蒙求我』之義，以教學童。共五百九十六句，二千三百八十四字，運用典故五百九十二個。《蒙求》保存於《全唐詩》。金元時頗流行於北方少數民族中。元人曾譯爲蒙古文。清初曾譯爲滿文。光緒時，敦煌石窟發現古寫本一卷。李瀚，籍貫、生平俱不詳。

蒙求序

趙郡李　華

安平李瀚著蒙求一篇列古人言行美惡參之聲律以授幼童隨而釋之比其終始則經史百家之要十得其四五矣推而引之源而流之易於諷誦形於章句不出戶知天下其蒙求哉周易有童蒙求我之義李公子以其文碎不敢輕傳有識者惟以訓蒙而已因以蒙求二字題其首所註除人名考證外設其傳中有別事可記者亦以附敘之或事雖與本文不符錄之亦可以資廣博從東字韻起每韻四字計凡五百九十六句焉

薦蒙求表

饒州刺史李良上表

臣良言臣聞建官擇賢其來有素抗表薦士義或可稱爰自宗周迄茲炎漢競徵懋異咸重儒術竊見臣境內寄住客前信州司馬倉參軍李瀚學藝淹通理識精究撰古人狀迹編成音韻屬對類事無非典實名曰蒙求約三千言注下轉相敷演有萬餘事瀚家兒童三數歲者皆善諷誦談古策事無減鴻儒非素諳知必疑神遇司封員外郎李華當代文宗名望夙著與作序云不出戶而知天下豈其蒙求哉漢朝王子淵製洞簫賦漢帝美其文令宮人誦習近代周興嗣撰千字文亦頒行天下豈若蒙求之錯綜經史隨便訓釋童子則固多進益老成亦頗足起予臣屬忝宗支職備藩扞每廣聽遠視採異訪奇未嘗遺一才蔽片善有可甄錄不敢不具狀奏聞陛下察臣丹誠廣達四聰之義令瀚志學開獎善之門伏願量授一職微示勸誡臣良誠惶誠恐頓首頓首謹言天寶五年八月一日饒州刺史李良上表

蒙求卷之上

唐　安　平李　瀚撰註

王戎簡要

晉王戎字大仲琅琊人裴楷字叔則時吏部闕文帝問其人於鍾會會曰裴楷清通王戎簡要皆其選也於是用楷及武帝登祚探策以卜世數既而得一不悅楷曰天得一以淸地得一以寧王侯得一以爲天下正帝大悅後累遷中書令

裴楷清通

事見上註

孔明卧龍

蜀志諸葛亮字孔明漢末往襄州刺史徐庶見之謂先主曰諸葛孔明卧龍也將軍願見之乎先主凡三往乃見因與計事善之關某等不悅先主曰孤有孔明猶魚之得水也後以爲相

呂望非熊

六韜文王將田史編卜曰將大獲焉非龍非彲非虎非熊及得公侯天遺汝師以之佐昌施及三王文王乃齋三日田於渭陽見太公坐石以漁王乃載與俱歸立爲師補註舊本作非熊非羆疑俗承誤莫知正爾

楊震關西

後漢楊震字伯起好學明經諸儒爲之語曰關西夫子補注震常居於湖不答州郡禮命後有鸛雀銜三鱣魚飛集講堂前都講取魚進曰蛇鱣者卿大夫服之象也數三者法三台也先生自此升矣後爲大尉

丁寬易東

前漢丁寬字子襄從田何受易學成東歸何謂門人曰易已東矣

謝安高潔

晉謝安少有重名優游山林宣名不出每遊賞以妓女從大將軍桓溫請爲司馬高崧戲曰卿高卧東山不肯出將如蒼生何蒼生今將如卿何安有愧色

王導公忠

晉王導字茂洪與中宗契同布衣每拜山陵哀慟左右百官拜山陵自導始中宗嘗詔導升御床共坐辭曰大陽下同萬物蒼生何由仰照

匡衡鑿壁

前漢匡衡字稚圭好讀書家貧無油燭鑿鄰壁孔映光讀書後仕至丞相

孫敬閉戶

楚國先賢傳孫敬字文寶嘗閉戶讀書眠則以繩係頸懸之梁上嘗入市人見曰閉戶先生來

郅都蒼鷹

史記郅都敢直諫面折大臣於朝時人見都側目號爲蒼鷹遷鴈門太守威振匈奴匈奴爲木偶人象都令馳騎射之不中其見憚如此

甯成乳虎

史記甯成爲漢中尉嚴酷語曰甯見乳虎無値甯成之怒成素躁急如束溼薪

周嵩狼抗

晉周嵩伯仁之弟母冬至日擧酒曰本謂渡江託足無所今爾等並貴余復何憂嵩曰伯仁志大才短名重識暗好乘人之弊非自全之道嵩性狼抗亦不容於世惟阿奴碌碌在目下爾

梁冀跋扈

後漢梁冀驕橫朝臣目曰跋扈將軍貢獻先輸於冀一門三皇后六貴人及冀誅賓客黜者三百餘人朝廷爲空收冀財物充王府減天下租稅半

郗超髥參

晉王珣郗超並有奇才爲司馬桓溫所擧珣爲主簿形狀短小超爲記室參軍多髥府中語曰髥參軍短主簿能令公喜能令公怒超髥珣短故也

王珣短簿

事見上註

伏波標柱

後漢馬援拜伏波將軍征南蠻回立銅柱爲漢極界

博望尋河

前漢張騫奉使西域因窮河源武帝封博望侯遂得支機石歸

李陵初詩

前漢李陵字少卿爲將失利降匈奴與蘇武詩曰攜手上河梁遊子暮何之武別陵曰雙鳧俱北飛一鳧獨南翔子當留斯館我今歸故鄉五言詩自此始也

田橫感歌

前漢田橫秦末自立爲齊王後居海島高帝得天

下名橫不至遂自剄從者不敢哭而不勝哀故爲歌以寄哀情今之挽歌自横始

武仲不休

後漢傅毅字武仲魏文帝典論曰文人相輕自古而然毅於班固伯仲之間爾而固小之與弟超書曰武仲以能屬文爲蘭臺令史下筆不能自休

士衡患多

晉陸機字士衡少有異才文章冠世張華謂之曰人恨才少子患其多弟雲嘗與書云君苗見兄文輒欲燒其筆硯

桓譚非讖

後漢桓譚好學光武拜議郎詔會議靈臺以讖決疑譚曰臣不識讖帝問其故復極言其讖之非經帝怒之將斬之出爲安陸郡丞

王商止訛

前漢王商字子威有威重身體洪大單于來朝望見遷延卻退上曰眞漢相矣京師民無故相驚言大水至天子大臣將營舟楫商曰此必訛言上止果訛言

嵇呂命駕

晉嵇康與呂安爲友善每有相思輒千里命駕焉

程孔傾蓋

家語孔子之郯遭程子於途傾蓋而語終日甚相親顧謂子路曰取束帛以贈先生

劇孟一敵

前漢劇孟以任俠顯名大將軍周亞夫得孟若一敵國

周處三害

晉周處年十八縱情肆欲忤意輒殺謂父老曰今歲豐何不樂衆歎曰三害未除何樂之有南山白

額虎長橋下蛟并子爲三害處於是殺虎及蛟遂好學期年州府交辟仕吳官爲御史

胡廣補闕

後漢胡廣字伯始爲太尉在朝無謇直之風有補闕之益京師諺曰萬事不理問伯始天下中庸有胡公

袁安倚賴

後漢袁安字邵公爲司徒以天子幼弱外戚擅權與公卿言及國家事未嘗不嗚咽流涕天子及大臣皆倚賴之

黃霸政殊
前漢黃霸爲潁州守仁風盛行治有殊政嘉禾生於府鳳凰集其境宣帝美之賜金三十斤
梁集治最
魏志梁集爲幷州刺史政治爲天下最百姓安寧風雨順時太祖嘉之
墨子悲絲
淮南子墨子見練絲而泣之爲其可以黃可以黑也
楊朱泣岐

楊朱見岐路而泣之爲其可以南可以北
朱博烏集
前漢朱博爲御史大夫府中列栢樹常有烏數千集其上朝去暮來號曰朝夕烏
蕭芝雉隨
孝子傳蕭芝至孝除尚書郎有雉數千飲啄止宿當上直送岐路及下直飛鳴車前
杜后生齒
晉杜皇后少有姿色長無齒有求婚者輒中止及帝納采之日一夜齒盡生在位六年無子先是三吳女子相與簪白花望之如素柰傳言天公織女死爲之著服至是而后崩
靈王出髭
右傳王子朝曰定王六年秦人降妖曰周其有髭王亦克能修其職諸侯服享二世共職王室其有閒王位諸侯不圖而受其亂災至于靈王生而有髭王甚神聖無惡於諸侯靈王景王克終其世
賈誼忌鵩
前漢賈誼年十八能誦詩書屬文帝悅之超遷歲中至太中大夫絳灌等害之帝以誼爲長沙王太

傅三年有鵩飛入止于坐隅誼以爲鵩不祥作詞自廣
莊周畏犧
莊子或聘於莊周莊子應其使曰子見夫犧牛乎衣以文繡食以芻菽及其牽而入於太廟雖欲爲孤犢其可得乎史記曰莊子名周楚威王聞其賢使使厚幣迎之周引此辭應焉
燕昭築臺
史記燕昭王卑辭厚幣以禮賢者郭隗曰先從隗始況賢於隗者豈遠千里哉於是築臺師事之樂

毅自魏往鄒衍自齊往劇辛自趙往士爭趨燕

鄭莊置驛

前漢鄭當時字莊以任俠自喜脫張羽於厄聲聞梁楚間孝景時爲舍人每五日洗沐常置驛馬長安諸郊請謝賓客夜以繼日所交皆大丈夫天下名士其戒門下客至亡分貴賤毋許守門者留難諸公翕然稱之

瓘靖二妙

晉衛瓘拜尚書令與尚書郎索靖俱善草書時號一臺二妙世謂瓘得伯英之筋靖得張芝之骨瓘

筆雖勝靖然有楷法則遠不及靖

岳湛連璧

晉潘岳字安仁夏侯湛字孝若並美姿容每行止同輿接茵京都謂之連璧

郤詵一枝

晉郤詵舉賢良射策爲天下第一武帝問卿才何如詵曰猶桂林一枝崑山片玉文帝笑之

戴馮重席

後漢戴馮拜侍中正旦朝賀帝會羣臣諸生說經史者更相詰難義不通者奪其席以益通者馮遂坐五十餘席故曰解經不窮戴侍中

鄒陽長裾

前漢鄒陽上吳王濞書曰今臣盡智畢議殫精竭慮則無國不可奸飾固陋之心則王之門何不可曳長裾乎

王符縫掖

後漢王符好學耿介著書三十篇號潛夫論後皇甫規解官歸鄉人有以貨得鴈門守者亦去職還家書刺謁規規卧不起既入問卿在郡食鴈美乎有頃又曰王符在門乃驚起衣不及帶屣履出迎

援手同坐時人語曰徒見二千石不如一縫掖言書生道義之爲貴

鳴鶴日下

晉陸雲字士龍與荀隱字鳴鶴未相識嘗會張華坐華以其並有大才謂曰今日相遇可勿爲常談雲因抗手曰雲間陸士龍隱曰日下荀鳴鶴雲曰既開青雲覩白雉何不張爾弓挾爾矢隱曰本謂是雲龍騤騤乃是山鹿野麋獸微弩強是以發遲華撫手大笑

士龍雲間

事見上註

晉宣狼顧

晉宣帝姓司馬名懿少有才節多智略魏武帝察有雄豪志聞有狼顧相欲驗之乃名使前行令反顧面正向後而身不動

漢祖龍顏

前漢高祖諱邦姓劉氏爲人隆準而龍顏美鬚髯寬仁愛人意豁如也

鮑靚記井

晉鮑靚年五歲語父母云本是曲陽李家兒九歲

墮井而死父母訪之果驗其言

羊祜識環

晉羊祜字叔子年五歲時令乳母取金環乳母曰汝無此物祜訪鄰人李氏東園桑樹中探得之主人驚曰此余亡兒所失之物乳母具言之李氏悲惋時人異之

仲容青雲

晉阮咸字仲容任達不拘小節與叔父籍爲竹林之遊顏延年作五君詠其一曰仲容青雲器

叔夜玉山

晉嵇康字叔夜美詞氣有風儀人以爲龍章鳳姿天質自然世說曰叔夜爲人巖巖若孤松之獨立其醉也若玉山之將頹也

毛義捧檄

後漢毛義家貧以孝稱張奉慕其名往候之府檄適至以義爲令義捧檄而入喜動顏色奉薄之後義母亡遂不仕奉歎曰往日之喜謂家貧親老不擇官而仕也

子路負米

家語仲由字子路見孔子曰昔由事二親之時常

食藜藿爲親負米百里之外親沒後南遊於楚爲大夫從車百乘積粟萬鍾願欲爲親負米何可再得也

江革忠孝

後漢江革字次翁母乘車革以母老不欲搖動自在轅中挽車不用牛馬由是江巨孝之行稱天下

王覽友悌

晉王覽字元通母宋氏遇兄祥無道覽年數歲見兄被楚撻輒執杖泣抱以諫其母母少止母屢以非理使祥覽輒與俱母密使酖祥覽徑起取酒覽

疑有毒爭而不與母遽奪反之自後每賜祥饌覽輒先嘗之覽孝友恭恪名亞於祥仕至光祿大夫

蕭何定律

前漢高祖約法三章不足以禦姧於是蕭何攟秦法取宜於時者作律九章焉

叔孫制禮

前漢叔孫通悉去秦儀願徵魯諸生共起朝儀爲綿蕝野外習之後長樂宮成諸侯羣臣皆賀莫不震恐肅敬禮畢置酒以尊卑次起上壽觴無敢讙譁失禮者帝曰吾乃今日始知爲皇帝之貴也

葛豐刺舉

前漢諸葛豐字少季爲司隷校尉刺舉無所避京師語曰間何闊逢諸葛上嘉其節加秩賜光祿大夫

息躬歷詆

前漢息夫躬字子微上疏歷詆大臣曰方今丞相王嘉健而蓄縮不可用御史大夫賈延惰弱不任職左將軍公孫祿司隷鮑宣皆外有高直之名內實不曉政事諸曹以下僕遬不足數卒有強弩圍城長戟指闕陛下誰與備之

管寧割席

魏志管寧與華歆同席讀書有乘軒冕者過門歆出看寧曰大丈夫富貴須自致窺他人乎遂割席分坐曰子非吾之友

和嶠專車

晉和嶠有盛名武帝深器遇之舊監令共車入朝時荀勗爲監嶠鄙其爲人以意氣加之每同乘高抗專車而坐使監令異車自嶠始也

時苗留犢

魏時苗爲壽春令初至縣乘牽車駕黃牸牛方歲餘生一犢及去任留之曰此是爾土所生也此知名也

羊續懸魚

後漢羊續爲南陽守主簿餉魚受而懸之他日又送續出所懸魚示之以絕其意也

樊噲排闥

前漢樊噲從高祖定天下封舞陽侯帝病甚惡見人臥禁中詔無許羣臣入大臣絳灌等莫敢通噲乃排闥直入見上枕一宦者臥噲流涕曰陛下始與臣等起豐沛何其壯也今天下已定又何憊也

陛下疾甚不見臣等計事顧獨與一宦者親乎獨不見趙高事乎帝笑而起

辛毗引裾

魏辛毗字佐治時上欲徙冀州人戶實河南毗爲侍中特諫帝作色而入毗因引帝之裾而諫之也

孫楚漱石

晉孫楚少時欲隱居謂王濟曰嘗欲漱石枕流濟曰流非可枕石非可漱楚曰所以枕流欲洗其耳所以漱石欲礪其齒

郝隆曬書

世說郝隆七月七日人皆曬衣書惟隆於庭中向日仰卧人問之答曰我曬腹中書耳

枚皋詣闕

前漢枚皋詣闕自陳枚乘之子上大喜召入見以爲郎皋不通經術談笑類俳倡貴比東方朔郭舍人

充國自贊

前漢趙充國宣帝時諸羌背叛上問誰可將者充國乃答曰亡踰於老臣者臣願馳至金城圖上方略

王衍風鑑

晉王衍字夷甫神情明秀風姿詳雅善談莊老每提玉柄麈尾與手同色義理不安隨即更改世號口中雌黃時稱有人倫之鑑王戎謂衍神姿高徹如瑤林瓊樹自然風塵表物

許劭月旦

後漢許劭與仲兄靖俱有高名好共覈論鄉黨人物每月輒更品題故汝南俗有月旦評焉

賀循儒宗

晉賀循字彥先經學第一爲江東儒宗也

孫綽才冠

晉孫綽字興公博學善屬文作天台賦成示友人范榮期云卿試擲地當作金石聲于時文士綽爲冠溫王郗庾諸公薨必須綽爲碑文然後刋石

太叔辯洽

晉太叔廣樞機清辯摯虞字仲治著述不倦俱爲列卿廣談虞不能對虞著文難廣廣不能答更相嗤笑紛然於世

摯仲辭翰

事見上註

山濤識量

晉山濤少有器量介然不羣裴楷有知人鑑嘗謂濤若登高臨下幽然深遠王戎曰濤如璞玉渾金世人皆欽其寶而莫知名其器

毛玠公方

魏毛玠居顯位以儉率人士以廉節自勵雖貴寵之臣輿服不敢過度帝歎曰用人如此天下自理矣初太祖平柳城賜玠素屏風素馮几曰君有古人之風故賜古人之物又曰玠國之司直我之周昌也任昉表曰在魏則毛玠公方居晉則山濤識量

袁盎卻座

前漢袁盎爲中郎將從文帝幸上林慎夫人與帝共座盎曰帝已立后夫人乃妾妾主豈可同座哉夫人怒帝亦怒盎曰豈不見人彘乎夫人悟賜盎金五十斤焉

衞瓘撫床

晉衞瓘武帝時遷司空惠帝爲太子咸爲不能親政事會宴陵雲臺瓘託醉跪帝牀前曰臣欲有言而止者三因手撫牀曰此座可惜帝悟因謬曰公眞大醉耶賈后怨之後告老就第惠帝立遂被害

于公高門

前漢于定國字曼倩父于公郡中爲立生祠始其閭門壞父老共治之于公曰可高大閭門令容駟馬高車我治獄多陰德子孫必有興者至定國爲丞相子永爲御史大夫

曹參趣裝

前漢曹參爲齊相蕭何薨參趣治行裝曰吾且入相數日果召參代何爲相

庶女振風

淮南子曰庶女告天雷電下擊景公臺隕海水大出許慎曰庶賤之女齊之寡婦事姑謹敬姑無男有女女利母財令母嫁婦婦不肯女殺母以誣婦婦不能明冤結告天江淹書曰庶女告天振風襲於齊堂

鄒衍降霜

淮南子曰鄒衍盡忠事燕王王信譖而繫之衍仰天而哭夏月天爲之降霜

范冉生塵

後漢范冉字史雲爲萊蕪令家貧里歌曰甑中生

塵范史雲釜中生魚范萊蕪

晏嬰脫粟

晏子春秋曰晏嬰爲齊相常食脫粟米食不重味

詰汾興魏

北史魏武帝諱詰汾嘗畋於山澤見輜軿自天而下見美婦人自稱天女受命相偶旦日請還期年周時復會于此言終而別及期帝至先畋處果見天女以所生男授帝曰此君之子也當世爲帝王語訖而去卽始祖神元皇帝也諱力微故諺曰詰汾皇無婦家力微皇帝無舅家

鼈令王蜀

蜀王本紀荆州人鼈令死其尸流隨江水上至成都見蜀王杜宇立以爲相杜宇號望帝自以德不如鼈令以其國禪之開明帝下至五代有開明尙始去帝號復稱王

不疑誣金

前漢直不疑爲郎事文帝其同舍郎告歸誤持同舍金去已而覺亡意不疑不疑謝有之買金償後告歸者還金亡金郎大慚以此遂稱爲長者

卞和泣玉

韓非子楚人卞和氏得璞玉楚山中獻厲王王使玉人相之曰石也王以和爲詐刖其左足及武王卽位和又獻之玉人又曰石也刖其右足文王卽位何抱璞哭於楚山下三日三夜淚盡而繼之以血王使人問曰天下刖者多子奚哭之悲和曰吾非悲刖也悲夫寶玉而題之以石貞士而名之以詐此吾所以悲也王使玉人理其璞而得寶焉遂命之曰和氏之璧

檀卿沐猴

前漢平恩侯許伯入第丞相御史二千石皆賀時寬饒爲司隸不賀許伯請之寬饒乃往酒酣樂作長信少府檀長卿起舞爲沐猴與狗鬬坐皆大笑寬饒遽出因劾奏長信以列卿而作沐猴舞

謝尙鴝鵒

晉謝尙博綜衆藝王導辟爲掾始到府通謁導以其有勝會謂曰聞君能作鴝鵒舞一坐傾想尙便著衣幘而舞導令坐者撫掌擊節尙俯仰其中傍若無人其豪爽如此

泰初日月

魏夏侯玄字泰初與皇后弟毛曾並坐時人謂蒹

葭倚玉樹又云朗如日月之入懷

季野陽秋

晉褚裒字季野有簡貴之風桓彝曰季野皮裏陽秋言其外無臧否而內有褒貶也謝安亦雅重之

荀陳德星

異苑陳寔字仲弓荀淑字季和仲弓與子姪造季和父子討論于時德星聚太史奏曰五百里內賢人聚

李郭仙舟

後漢李膺字元禮與郭泰字林宗相友善後歸鄉

泰與膺同舟而濟衆賓望之以爲神仙焉

王忳繡被

後漢王忳嘗詣京師於空舍中見一書生少彥疾困愍而視之生曰我命在須臾腰下有金十斤相贈死後乞藏骸骨已而命絕忳鬻一斤營葬餘置棺下忳後署大度亭長有馬馳入亭中而止大風飄一繡被復墮忳前後乘馬到雒縣人問所由得馬忳具說其狀并及繡被人曰卿何陰德而致此忳因說葬書生事人驚曰是我子也大恩久不報天以此彰卿德耳

張氏銅鉤

三輔決錄扶風張氏之先爲郡功曹晨起當朝有鳩從承塵上飛下几前功曹曰鳩何來爲禍飛上承塵爲福飛入我懷開懷待之飛入懷中探得銅鉤帶之官至太守九卿有蜀客至長安私賂張氏婢婢竊鉤與客客家喪禍懼而卻還張氏得鉤復爲二千石後因失鉤張氏遂衰焉

丁公遽戮

前漢丁公名固爲項羽將逐高祖於彭城西短兵方接漢王急顧丁公曰兩賢豈相厄哉丁公引兵

還及羽滅丁公謁見高祖以丁公徇軍中曰項王將不忠於主乃戮之使後人臣無傚丁公者

雍齒先侯

前漢高祖都洛陽從複道望見諸將在沙上往往偶語上問張良良曰陛下起布衣與此屬定天下今爲天子所封皆蕭曹故人親愛所誅皆平生仇怨此屬見疑故相聚謀反爾上曰雍齒與我有故怨我欲殺之爲功多不忍良曰今急先封齒則人人自堅矣於是置酒封齒爲什方侯羣臣喜曰雍齒且侯我屬無患矣

陳雷膠漆

後漢雷義與陳重爲友情如兄弟時人語曰膠漆雖堅不如雷與陳二人竝爲郡守

范張雞黍

後漢范式字巨卿與張元伯爲友春別京師暮秋爲期元伯九月十五日殺雞炊黍以待之母曰千里何期之審元伯曰巨卿信士言畢巨卿果至母大悅

周侯山嶷

世說謂周侯嶷如斷山儕類皆無敢媟近周侯謂周顗也

會稽霞舉

世說海西諸公每入朝廟堂猶闇惟會稽王軒軒如朝霞之欲舉會稽王謂道子也

季布一諾

前漢季布爲項籍將數窘高祖籍滅高祖購之急隱朱家爲奴後因赦之爲郎甚見信重諺曰得黄金百斤不如季布一諾

阮瞻三語

晉阮瞻清虚寡欲見王戎戎問曰聖人貴名教老莊明自然其旨同異瞻曰將無同卽命辟之時人謂之三語掾

郭文遊山

晉郭文愛山水嘗著鹿裘葛巾王導名置園中七年未嘗出入逃歸臨安結廬山中

袁宏泊渚

晉袁宏有逸才謝尚時鎮牛渚秋夜乘月泛江會宏在舫中諷詠聲清詞華藻拔遣問卽迎升舟談論不寐自此名譽日盛

黄琬對日

後漢黄琬少辯慧祖父瓊爲魏郡太守日食京師不見瓊以狀聞太后問所食多少瓊未知所況琬年七歲在旁曰何不言日食之餘如月之初瓊以其言應詔深奇愛之後瓊爲司徒琬以公孫拜童子郎知名於京師

秦宓論天

蜀秦宓吳遣使張温來聘百官往餞而宓未往丞相亮促之温曰何人亮曰益州學士也及至温問宓曰天有顧乎宓曰有在西方詩曰乃眷西顧温曰天有耳乎宓曰天處高而聽卑詩云鶴鳴于九

皐聲聞于天温曰天有足乎宓曰詩云天步艱難無足何以步之温曰天有姓乎宓曰姓劉天子姓劉以此知之温大敬服宓之辯才如此

孟軻養素

史記孟軻受業子思之門與萬章之徒論序詩書述仲尼之意作孟子七篇嘗言曰我善養吾浩然之氣

楊雄草玄

前漢楊雄好學嗜酒人罕至其門草太玄經以自守晏如也後客有薦雄文成帝因獲用之

向秀聞笛

晉向秀清悟有遠識稽康善鍜秀爲之佐後康被誅秀作思舊賦云日薄虞淵寒冰凄然鄰人有吹笛者發聲嘹喨追思曩昔遊宴之好感音而歎

伯牙絶絃

列子伯牙善鼓琴鍾子期善聽伯牙鼓琴志在高山子期曰善哉峨峨然若泰山志在流水子期曰善哉洋洋兮若江河呂氏春秋曰子期死牙破琴絶絃終身不復鼓以爲世無足爲鼓者

郭槐自屈

晉賈充前妻李豐女豐誅李氏坐流徙娶郭槐號廣城君武帝踐祚李以赦還詔充置左右夫人槐性妬忌怒數充曰刊定律令爲佐命之功我有其分李那得與我並充乃爲李築室於永平里而不往來惠帝爲太子納槐女爲妃槐欲省李氏及女爲妃乃盛威儀而去既入戶李氏出迎槐不覺脚屈因再拜焉

南郡猶憐

世説桓温尚明帝女南郡公主温平蜀以李勢妹爲妾甚有寵後主聞之與數十婢拔劒襲之値李梳頭髮垂地姿貌端麗乃徐下地結髮斂手向主曰國破家亡無心以至今日若能見殺猶生之年神色正厲辭氣悽惋主於是擲刀前抱之曰我見汝尚憐何況老奴遂善遇之也

魯恭馴雉

後漢魯恭拜中牟令專以德化爲理螟傷稼不入中牟河南尹袁安聞之使仁恕掾肥親往察之恭隨行阡陌坐桑下有雉止其傍傍有童兒親曰何不捕之兒言雉將雛親瞿然起與恭訣曰所以來者察君政迹耳今螟不犯境化及鳥獸豎子有仁

心三舉也還以狀白安是歲有嘉禾生恭便坐庭中

宋均去獸

後漢宋均爲九江太守郡多暴虎爲患常設檻穽均到任悉去之虎乃相與渡江去

廣客蛇影

晉樂廣有親客久不來廣問其故答曰前蒙賜酒欲飲見杯中有蛇意惡之既飲而疾于時河南廳事壁上有角弓畫作蛇廣意杯中蛇卽角影也復置酒於前處謂客曰杯中復有見否答曰所見如初廣乃告其所以客豁然意解病頓愈

殷師牛鬬

晉殷仲堪父師病仲堪衣不解帶躬學醫術執藥揮淚眇一目其父患耳聰聞牀下蟻動云牛鬬

元禮模楷

後漢李膺字元禮與陳仲舉語其功德不能定先後蔡伯喈曰仲舉強於犯上元禮嚴於攝下時人曰天下模楷李元禮不畏強禦陳仲舉

季彥領袖

晉裴秀字季彥八歲能屬文叔父徽有盛名有詣徽者出則過秀時人爲之語曰後進領袖有裴秀

魯褒錢神

晉魯褒作錢神論云錢無耳可使鬼凡今之人惟錢而已補註錢神論略曰親之如兄字曰孔方失則貧弱得則富昌無德而尊無勢而熱危可使安死可使活

崔烈銅臭

後漢崔烈靈帝開鴻都門賣官爵烈因傅母入錢五百萬爲司徒嘗問其子鈞曰吾居三公外議如何鈞應曰大人少有英稱論者嫌其銅臭

梁竦廟食

後漢梁竦自負其才嘗登高遠望歎曰大丈夫生當封侯死當廟食不然閒居可以養志詩書足以自娛州郡之職徒勞人耳

趙温雄飛

後漢趙温初爲京兆郡丞歎曰大丈夫當雄飛安能雌伏棄官而去歲饑散家糧以活萬人獻帝西遷遂爲三公

枚乘蒲輪

前漢枚乘爲吳王濞郎中王爲逆謀乘諫不聽王

後被誅乘由是知名武帝立乘已年老以安車蒲輪召乘道死

鄭均白衣

後漢鄭均字仲虞東平任城人好黃老舉直言累遷尚書數納忠言後告歸帝東巡幸均舍賜尚書祿以終其身時人號曰白衣尚書

陵母伏劒

前漢王陵高祖起陵亦聚千數人及高祖擊項羽乃以兵屬漢羽取陵母置軍中陵使至則坐陵母以招陵陵母私送使者泣曰爲妾語陵善事漢王漢王長者無以老妾故懷二心妾以死送使者乃伏劒而死

軻親斷機

列女傳孟軻既學而歸母問學所至孟子曰自若也孟母以刀斷其織曰子之廢學若吾斷斯織也孟子懼旦夕勤學不息師事子思遂成名儒

齊后破環

戰國策齊湣王遇弑其子法章變姓名爲莒太史家庸夫太史女奇其狀貌爲非常人憐而竊衣食賜之與私焉法章立是爲襄王以太史女爲后襄王卒子建立秦始皇嘗使使者遺后玉連環曰齊多智能解此環否后以示羣臣羣臣不知解后引椎椎破之謝秦使曰謹以解矣

謝女解圍

晉王凝之妻謝氏字道韞聰識有才辨凝之弟獻之嘗與賓客談議詞理將屈道韞遣婢白獻之曰欲爲小郎解圍乃施青綾步障自蔽申獻之前議客不能屈

鑿齒尺牘

晉習鑿齒字彥威襄陽人博學桓溫辟爲從事任職每處機要尤善尺牘溫甚器遇之

荀勗音律

晉荀勗字公曾武帝拜中書監既掌樂事又修律呂並行於世初勗於路逢賈人牛鐸識其聲及掌樂音韻未調乃曰得趙之牛鐸則諧矣遂下郡國送牛鐸果得諧者

胡威推縑

晉胡威字伯武父質以忠清稱仕魏爲荆州刺史威自京都定省既至見父告歸父賜絹一匹威曰大人清高何得此絹質曰是吾俸祿之餘威受辭

歸卒與父帳下都督役爲徐州刺史風化大行入朝武帝問曰卿父與卿孰清對曰臣父清恐人知臣清恐人不知是臣不及父遠矣

陸績懷橘

吳陸績年六歲見袁術術出橘績懷橘三枚拜辭墮地術曰陸郎作賓客而懷橘乎績跪曰欲歸遺母術大奇之

羅含吞鳥

晉羅含幼孤爲叔母朱氏所養嘗晝卧夢祥鳥文彩入口中起說之朱氏曰鳥有文彩汝後有文章自此藻思日新

江淹夢筆

史南江淹字文通以文章顯仕齊爲侍中嘗夢一丈夫自稱郭璞曰吾有筆在卿處多年可以見還淹探懷中得五色筆一以授之後爲詩絕無美句時人謂之才盡

李廞清貞

世說李廞清貞有遠操少羸病不肯婚王丞相欲招禮之辟爲府掾廞得檄命笑曰茂洪私以爵假人

劉驎高率

晉劉驎之性素寡欲好遊山澤桓冲聞其名請爲長吏驎之乃固辭居于岐陽凡人致贈一無所受

蔣詡三徑

前漢蔣詡爲兗州刺史以廉直名王莽攝位以病免歸鄉里三輔決錄曰詡舍中竹下開三徑惟故人求仲羊仲從之遊

許由一瓢

逸士傳許由隱箕山無杯器以手捧水飲之人遺一瓢得以操飲飲訖掛於木上風吹瀝瀝有聲由以爲煩去之

楊僕移關

前漢楊僕武帝時爲樓船將軍初函谷關在弘農僕既有功耻爲關外民上書乞徙東關以家財給其用度於是徙於新安

杜預建橋

晉杜預博學拜度支尚書以孟津渡險請建河橋及橋成武帝臨會舉觴屬預曰非君此橋不成對曰非陛下之明臣亦不得施其微功

壽王議鼎

前漢吾邱壽王爲光祿大夫汾陰得寶鼎羣臣皆賀得周鼎壽王獨以爲非武帝問之對曰周德始乎后稷成於文武顯於周公上天報應鼎爲周出故曰周鼎今漢自高祖繼周陛下恢廓祖業功德愈盛祥瑞竝臻天祚有德而寶鼎出乃漢鼎非周也上曰善

杜林駁堯

後漢杜林拜御史議郊祀制多以爲周郊后稷漢當祀堯林以爲周室之興德由后稷漢業特起功不緣堯祖宗故事所宜因循從林議

西施捧心

列子西施病心而矉其里其里之醜婦見而美之歸亦捧心矉其里彼知美矉而不知矉之所以美西施越女西子也有絕世之色越王勾踐以獻吳王夫差夫差嬖之卒至傾國

孫壽折腰

後漢梁冀妻孫壽色美善作愁眉啼妝墮馬髻折腰步齲齒笑以爲媚能制御冀冀寵憚之

靈輒扶輪

左傳晉靈公不君趙盾諫公患之飲盾酒伏甲將攻之頻欲殺盾盾走出門將乘車車已脫一輪公令人脫之輒扶車以臂承軸驅駕而行初盾田舍于翳桑見靈輒病不食三日盾食之爲簞食而與之既而與爲公介倒戟以禦公徒而免之問何故對曰翳桑之餓人也不告名而退

魏顆結草

左傳魏顆武子之子武子有寵妾及病謂顆曰死後嫁此妾疾病則曰必殺殉葬及死顆曰寧從治時言豈從昏亂語遂嫁之後顆爲晉將至秦軍見一老人結草以抗秦將杜回回躓而顚故獲之後顆夢老人云我乃所嫁婦人之父也故來相報爾

逸少傾寫

晉王羲之字逸少娶太尉郗鑒之女仕至右將軍世說郗夫人謂二弟愔與曇曰王家見二謝傾筐倒寫見汝來平平耳無煩復來

平子絕倒

晉王澄字平子有高名每聞衛玠言輒歎息絕倒時人語曰衛玠談道平子絕倒

擔臺毀璧

博物志澹臺滅明字子羽齎千金之璧渡河河伯

欲之至陽侯波起兩鮫挾船子羽左操璧右操劒擊鮫皆死既渡投璧于河河伯躍而歸之子羽毀而去

子罕辭寶

左傳宋人得玉獻諸司城子罕子罕弗受獻者曰玉人以爲寶故獻子罕曰我以不貪爲寶爾以玉爲寶若以與我皆喪寶也

東平爲善

後漢東平憲王蒼顯宗同母弟上問王處家何等最樂曰爲善最樂及甍肅宗東巡幸其宫追感謂其子曰思其人至其鄉其處在其人亡因泣下幸其陵祠以太牢

司馬稱好

後漢司馬徽字德操不談人短與人語好惡皆言好有人問徽安否答曰好有人自陳子死答曰大好其妻責之曰人以君有德故相告何忽聞人子死便言好徽曰君言亦大好

公超霧市

後漢張楷字公超隱弘農山學者隨之所居成市後華陰山南有公超市性好道術能作五里霧

魯般雲梯

淮南子楚欲攻宋楚王曰公輸天下之巧士作爲雲梯設以攻宋墨子曰令公輸設攻臣請守之於是公輸般設攻宋之械墨子設守宋之備九攻而墨子九卻之弗能入乃偃兵不攻宋公輸魯般也

田單火牛

史記田單爲臨淄掾燕使樂毅伐齊盡降齊城單得脫東保卽墨燕攻之單乃收城中牛得千餘爲絳繒衣畫五彩龍文束兵刃於角灌脂束葦於尾燒其端鑿城數十穴夜縱牛壯士五千人隨後牛尾熱怒而奔燕軍燕軍大驚視之皆龍文所觸皆死五千人因銜枚擊之燕軍大敗復齊七十餘城

江逌爇雞

晉江逌將軍殷浩請爲參軍時羌叛姚襄結營逼浩浩令逌擊之逌曰當以計破之乃取數千雞以繩連之繫火於其足駭散飛集襄營火發因亂而擊之襄遂大敗

蔡裔殞盜

晉蔡裔有勇氣聲若雷震嘗有二盜入室裔拊牀一呼盜俱殞

張遼止啼

魏張遼爲前將軍江東小兒啼怖之曰遼來遼來無不止者

陳平多轍

前漢陳平家貧好讀書爲人美色及長欲娶妻時人無與貧者平亦媿之富人張負有女孫五嫁夫輒死負偉平至其家乃負郭窮巷以席爲門門外多長者車轍負歸曰固有美如陳平而長貧者乎卒與女後爲丞相

李廣成蹊

前漢李廣武帝時拜右北平太守贊曰李將軍恂恂如鄙人口不能出辭及死之日天下皆流涕諺曰桃李不言下自成蹊此言雖小可以喻大

陳遵投轄

前漢陳遵嗜酒每大飲賓客滿堂輒關門取客車轄投井中雖有急客終不得去

山簡倒載

晉山簡濤之子爲荊州吏優游卒歲荊土豪族有佳園池簡之池上置酒輒醉名曰高陽池童兒歌曰山公出何許往至高陽池日夕倒載歸酩酊無所知時時能騎馬倒著白接䍦舉鞭向葛彊何如并州兒彊家在并州簡愛將也

淵客泣珠

博物志鮫人從水中出向人家寄住積日賣絹臨去從主人索器泣而出珠以與主人左思吳都賦泉室潛織而卷綃淵客慷慨而泣珠淵客者蓋鮫人也

交甫解珮

列仙傳江妃二女珮兩明珠大如雞卵游江漢之湄逢鄭交甫交甫說之不知其神也曰願請子之珮二女解與交甫去數十步二女忽不見珮亦失

龔勝不屈

前漢龔勝哀帝時拜光祿大夫王莽復遣使安車駟馬徵勝勝稱病曰吾受漢家厚恩亡以報今老且暮入地若以一身事二姓何顏見故主於地下哉遂不屈

孫寶自劾

前漢孫寶以明經爲郡吏御史張忠辟寶爲掾欲令授其子經寶自劾去

呂安題鳳

世說呂安與嵇康善嘗詣康康不在康兄喜延之不入題門作鳳字而去喜不覺猶以爲忻不知鳳字乃凡鳥二字也

子猷詩戴

晉王徽之字子猷居山陰夜雪初霽月色淸朗獨酌酒詠左思招隱詩忽憶戴逵逵時在剡便乘小船詣之造門不前而反人問其故曰乘興而來興盡而反何必見安道耶

董宣强項

後漢董宣光武時爲洛陽令帝姑湖陽公主蒼頭殺人匿主家及主出使奴驂乘宣候之扣馬大言叱奴下車因格殺之主訴帝帝怒欲殺之宣曰陛下縱奴殺良人何以理天下臣請自殺以頭擊楹流血被面帝使宣謝主宣不從强之兩手據地不肯俯因封爲强項侯

翟璜直言

新序曰魏文侯問羣臣曰我何如主也羣臣皆曰仁君也次至翟璜曰君非仁君也曰子何以言之對曰君代中山不以封君之弟而以封君之子何謂仁君文侯怒逐去璜次問任座對曰仁君也文侯曰何以知之曰君仁則臣直嚮者翟璜之言直是以知也文侯曰善遂拜翟璜爲上卿舊本翟璜誤作任座

紀昌貫蝨

列子甘蠅古之善射者飛衛學射於甘蠅紀昌學射於飛衛衛曰爾先學不瞬而後可言射昌後以不瞬告衛曰未也學視而後可昌以氂懸蝨於牖而望之旬日之間浸大三年之後如車輪乃以燕角之弧朔蓬之簳射之貫蝨心而懸不絕

養由號猿

淮南子養由基楚將善射懸楊葉百步射之百發百中楚恭王獵見白猿繞林避箭王命由基射之由基始調弓矯矢未發猿抱樹而號

馮衍歸里

後漢馮衍字敬通少有倜儻之志明帝以衍名過實不用罷歸田里衍遂失志

張昭塞門

吳張昭字子布數諫孫權權恨之黜於家塞其門昭又於內以土封之權後召昭不起燒其門以恐之諸子扶昭起權乃命升車同載而歸

蘇韶鬼靈

三十國春秋中牟令蘇韶卒後從弟節見韶乘馬晝日而行著黑介幘節因問幽冥之事韶曰死者爲鬼在人間不與生者接顏回卜商見爲修文郎死之與生並無有異死虛生實此有異爾言終不見

盧充幽婚

孫氏志怪漢盧充家西四十里有崔少府女墓充因獵忽見朱門官舍有人迎充見崔云近得公尊府君書爲君娶吾女故相邀爾將書示乃充亡父手札豈命女於東廂相見成禮留三日臨別謂充曰君婦已有娠矣生男則當送之生女則當留之充至家經三年三月三日臨水戲忽見二犢車水上乍沉乍浮達岸視車中崔氏與三歲兒共載其別車即少府也抱兒還充贈詩一首金椀一枚俄而不見後兒長成歷任數郡

震畏四知

後漢楊震字伯起遷東萊太守道經昌邑所舉荊州茂才王密爲昌邑令謁見至夜懷金十斤以遺震震曰故人知君君不知故人何也密曰暮夜無知者震曰天知神知子知我知何謂無知密大愧

秉去三惑

後漢楊秉字叔節震中子也桓帝時爲太尉性不喜酒早喪夫人遂不復娶所在以清白稱秉常曰我有三不惑酒色財也

柳下直道

論語柳下惠爲士師三黜人曰子未可以去乎曰直道而事人焉往而不三黜枉道而事人何必去父母之邦

叔敖陰德

列子孫叔敖爲兒時出遊見兩頭蛇殺而埋之歸泣白母曰兒聞兩頭蛇見者必死恐後人見乃埋之母曰爾有陰德必有陽報德勝不祥仁除百禍汝無憂矣叔敖後爲楚相

張湯巧詆

前漢張湯爲廷尉舞文巧詆其造請諸公不避寒暑以此多爲爪牙每朝奏事日旰天子忘食

杜周深刻

前漢杜周爲廷尉少言持重而內深刻骨逐捕桑弘羊衛皇后昆弟子深刻上以爲盡力無私遷御

史大夫兩子爽河爲郡守家貲鉅萬治皆酷虐唯少子延年能行寬厚之心

三王尹京

前漢王駿以孝廉爲郎成帝欲大用之出爲京兆尹試以政事先是京兆有趙廣漢張敞王章王尊至駿皆有能名故京師稱曰前有趙張後有三王

二鮑糾慝

後漢鮑永少有志操爲校尉乃辟鮑恢爲都官從事恢亦抗直不避強禦帝嘗曰貴戚且斂手避二鮑人見憚如此

孫康映雪

孫氏世錄康家貧無油常映雪讀書少小清介交遊不雜後至御史大夫

車胤聚螢

晉車胤字武子博學淹通家貧不常得油夏月則練囊盛數十螢火照書以夜繼日後官至吏部尚書

李充四部

晉李充爲著作郎時典籍混亂充刪除煩重以類相從分作四部秘閣以爲永制

井春五經

井丹字大春通五經善談論京師語曰五經紛綸井大春性清高未嘗修刺謁人

谷永筆札

前漢谷永字子雲樓護字君卿俱爲五侯上客長安號曰子雲之筆札君卿之脣舌言其見信用也

顧愷丹青

晉顧愷之字長康博學有才尤善丹青嘗以廚畫糊題其前寄桓玄皆珍惜者玄發廚後竊其畫而緘如舊還之紿云未開愷之見封如初直云妙畫通靈變化而去亦猶人之登仙其矜伐過實故俗每薄之愷之有三絕才絕畫絕癡絕

戴逵破琴

晉戴逵字安道善鼓琴武陵王晞召之逵對使打破琴曰安道不能爲王門伶人後累召之不至

謝敷應星

晉謝敷字慶緒澄靜寡欲初月犯少微少微一名處士星占者以隱士當之戴逵有美才人或憂之俄而敷死會稽人士嘲吳人云吳中高士求死不得死

阮宣杖頭

晉阮修字宣子性簡畧不拘小節常以百錢掛杖頭至酒店惟獨自酣飲當世富貴置而不顧家無儋石之儲晏如也後爲太子洗馬

畢卓甕下

晉畢卓字茂世少放達爲吏部郎中常飲酒廢職比舍郎釀酒熟卓因醉夜至其甕間盜飲爲掌酒者所縛明旦視之乃畢吏部也

文伯羞鼈

列女傳文伯飲南宮敬叔酒以露堵父爲客羞鼈小露堵父怒不食而出敬姜聞之怒曰余聞之先子曰祭養尸宴饗上賓鼈於何有而使夫人怒也遂逐之五日魯大夫辭而復之

孟宗寄鮓

吳錄孟宗字子恭除監池司馬自能結網以捕魚作鮓寄母母還之曰汝爲魚官以鮓寄我何不知避嫌也

史丹青蒲

前漢史丹字君仲累遷侍中元帝欲廢太子以定陶王爲嗣丹直入卧内伏青蒲上泣涕爲言皇儲遂定

張湛白馬

後漢張湛字孝先謹嚴好禮三輔以爲儀表光武臨朝或有惰容輒陳諫常乘白馬上每見之曰白馬生且復諫矣後拜光祿勳

隱之感鄰

晉吳隱之字處默以儒雅名有清操事母孝謹及執喪哀毀過禮與太常韓康伯鄰居康伯母賢明婦人每聞其哭輟餐投筯爲之悲泣謂康伯曰汝若居銓衡當舉如此輩人及康伯爲吏部隱之遂階清級

王修輟社

魏王修年七歲以社日母亡來歲鄰里社修感念母哀甚鄰里爲之罷社後大祖辟爲司空

阮放八儁

晉羊曼少知名歷晉陵太守與阮放友善竝爲中興名士時州里稱阮放爲宏伯郗鑒爲方伯胡毋輔之爲達伯卞壺爲裁伯蔡謨爲朗伯阮孚爲誕伯劉綏爲委伯羊曼爲黯伯凡八人號八伯蓋擬古之八儁也

江泉四凶

曼弟聃不學昔鄙其凡庸先是兗州有八伯之號其後更有四伯大鴻臚江泉以能食爲穀伯豫章太守史疇以大肥爲笨伯散騎張嶷以狡妄爲猾伯羊聃以狠戾爲瑣伯蓋擬古之四凶也

華歆忤旨

華歆譜序文帝受禪朝臣竝受爵位華歆以形色忤旨徙爲司徒而不進爵帝不懌問尚書陳羣曰我應天受禪百辟喜悅形于聲色而相國及公不悅何也羣曰臣與相國竝事漢朝心雖喜悅不形於色帝大悅

陳羣蹙容

世說文帝受禪陳羣有蹙容

王濬懸刀

晉王濬慨廓有大志夜夢懸三刀於屋梁上須臾又益一刀濬惡之主簿李毅賀曰三刀爲州字又益一者明府其臨益州乎果遷益州刺史

丁固生松

吳丁固初爲尚書夢松生於其腹上謂人曰松字十八公也後十八歲吾其爲公乎卒如夢

姜維膽斗

蜀姜維遷大將軍整勒戎馬出戰屢爲魏將鄧艾所破後魏將士發憤殺維世語曰維死時見剖膽如斗大

盧植音鐘

後漢盧植聲如鐘剛毅有大節靈帝時拜尚書

桓温奇骨

晉桓温生未期温嶠見之曰兒有奇骨試使啼及聞聲曰眞英物也父彝以嶠所賞故名曰温終大司馬南郡公

鄧艾大志

魏鄧艾少家貧有大志每見高山大澤輒規度指畫軍營處所後遂爲尚書郎

楊修捷對

後漢楊修有俊才爲曹操主簿至江南讀曹娥碑操曰勿言待朕思之行三十里令修解修曰黃絹色絲絕字幼婦少女妙字外孫女子好字虀臼受辛辭字操曰一如朕意俗云有智無智校三十里

羅友默記

世說羅友多强記從桓宣武伐蜀按行城陌菓竹

皆默記之後宣武集蜀事有遺忘友皆名列之坐者爲之歎服

杜康造酒

文選魏武帝短歌行曰何以解憂惟有杜康註康古之造酒者

蒼頡制字

淮南子昔蒼頡作書而天雨粟鬼夜哭許愼曰蒼頡視鳥迹之文造書契則詐僞萌生天知其將餓故雨粟鬼恐爲文書所劾故夜哭

樗里智囊

史記樗里子名疾其里有樗樹故號謂樗里子滑稽多智秦人號曰智囊

邊韶經笥

後漢邊韶字孝先文學知名教授數百人有口辯曾晝日假卧弟子嘲曰邊孝先腹便便懶讀書但欲眠韶聞之應時對曰邊爲姓孝爲字腹便便五經笥但欲眠思任事寐與周公通夢靜與孔子同意師而可嘲出何典記嘲者大慙韶之才便皆此類桓帝時拜太中大夫

蒙求卷之上終

蒙求卷之中

唐　安平　李瀚　撰註

滕公佳城

西京雜記滕公駕至東都門馬悲鳴跑地不前公使人掘之三尺得石椁有銘視之皆古科斗書也以今文寫之曰佳城鬱鬱三千年見白日吁嗟滕公居此室公曰天乎吾死其安此乎註滕公者即夏侯嬰也

王果石崖

神怪志將軍王果昔爲益州太守路經三峽船中望見江崖石壁千丈有物懸在半崖似棺椁令人緣崖就視乃一棺也骸骨存焉有石誌云三百年後水漂我欲及長江垂欲墮欲墮不墮遇王果果視銘愴然云數百年前知我名如何捨去因留爲營斂葬埋設祭而去

買妻恥醮

前漢朱買臣字翁子家貧好學不治產業其妻求去買臣謂妻曰余年五十當富貴今已三十九矣妻不聽遂去買臣後詣闕上書武帝時爲侍中後遷會稽太守歸鄉見其故妻妻夫治道買臣呼令

後車載歸給衣食其妻慙而死
澤室犯齋
後漢周澤爲太常卿清潔修行嘗卧病齋居其妻哀澤老病往問所苦澤大怒以妻干犯齋禁收送詔獄時人語曰生世不諧作太常妻一歲三百六十日三百五十九日齋一日不齋醉如泥
馬后大練
列女傳漢明帝馬皇后伏波將軍援之女也年十三選入宮立爲后身衣大練率先節儉也
孟光荆釵
列女傳孟光姿貌甚醜德行極高年三十不肯嫁父母問所欲對曰欲節操如梁鴻者鴻乃娶之常荆釵布裙與鴻隱霸陵山中每進食舉案齊眉
顔叔秉燭
史記顔叔子曾獨居一室夜大雨鄰舍屋崩有一女子投之叔子令女執燭燭盡破屋以續至明不二志
宋弘不諧
後漢宋弘以清行致稱時帝姊湖陽公主新寡帝欲妻之以弘先有妻難不斥言後弘被引見帝令主坐屏風後因謂弘曰諺言富易交貴易妻人情乎弘曰臣聞糟糠之妻不下堂貧賤之交不可忘帝謂主曰事不諧矣
鄧通銅山
前漢鄧通以櫂船爲黄頭郎文帝夢欲上天不能有一黄頭郎推上天顧見其衣尻帶後穿覺而之漸臺見通其衣後穿夢中所見也甚說尊幸之賞賜鉅萬使善相者相通曰當貧餓死上曰能富通者在我遂賜蜀道銅山得自鑄錢鄧氏錢布天下
郭況金穴
東觀漢記郭況爲鴻臚卿上數幸其第賞賜金帛京師因號況家爲金穴
秦彭攀轅
東觀漢記秦彭拜潁川太守及去任老幼攀轅號泣
侯霸卧轍
後漢侯霸莽初爲淮平太守更始遣使徵霸百姓老弱相携號哭遮使者車或當道而卧皆曰願乞侯君復留期年
淳于炙輠

史記淳于髠博聞强學其諫說慕晏嬰之爲人然而承意觀色爲務故齊人曰炙輠髠輠者車之承膏器炙不盡猶有餘流蓋言髠智不盡如炙輠耳

彥國吐屑

晉書胡毋輔之字彥國王澄與人書曰彥國吐佳言如鋸木屑霏霏不絶也

太眞玉臺

說苑温嶠字太眞喪妻後從姑劉氏家値亂離有一女甚有姿貌姑以屬嶠覓女婿嶠有自婚意答曰佳婿難得但以嶠比何如姑曰何敢比汝數日因下玉鏡臺一枚竟成禮劉氏撫掌大笑曰我疑是老奴果如所料

武子金埒

世說王濟字武子被責移第北邙山下麗服玉食買地作埒布錢遍地時人號爲金錢埒也

巫馬帶星

呂氏春秋巫馬期爲單父令帶星而出帶星而入日夜不居以身親之單父化焉

宓賤彈琴

呂氏春秋宓子賤爲單父令彈琴不下堂而化巫馬期問其故子賤曰我之謂任人子之謂任力任力故勞任人故逸

郝廉留錢

後漢郝子廉常遠行於路飲馬輒投錢井中過姊家姊設飯潜暗留金席下而去

陳重送金

後漢陳重嘗濟人死罪罪人密投金於承塵上重不知後葺屋得金金主已死重乃封送官

逢萌挂冠

後漢逢萌字子康挂冠避世於遼東不仕

胡昭投簪

魏胡昭養志不仕居陸渾山中躬耕樂道以經籍自娛摯虞作昭贊曰投簪卷帶韜聲匿跡

王喬雙鳧

後漢王喬字子晉爲葉縣令有神仙術每月朔望常自縣詣朝帝怪其來數而不見車騎密令太史伺望之言臨其至有雙鳧自南飛來於是候鳧至舉羅以張之但得雙舄焉

華佗五禽

後漢華佗字元化曉養生之術年且百歲猶有壯

容人以爲仙佗語吳普曰有術名五禽之戲一曰虎二曰鹿三曰熊四曰猿五曰鳥亦以除疾兼利蹄足以當導引體有不快起作一禽之戲怡然而汗出身體輕便而欲食也普施行之

程邈隸書

秦程邈字元岑始皇用爲獄吏得罪雲陽獄中幽四十年邈獄中改篆爲隸書字是也於是始皇善之免其罪焉

史籀大篆

史記周宣王時史籀爲史官改古文字以爲大篆始著十五篇

王承魚盜

世說王承爲東海太守小吏有盜池中魚者綱紀推之承曰文王之囿與衆共之魚何足惜哉有犯夜者爲吏所拘承問其故答曰從師受書不覺日暮承曰鞭撻甯越以刑立威名非致化之本使送之歸家其寬恕如此

丙吉牛喘

前漢丙吉字少卿爲丞相嘗出逢清道羣鬬死傷橫道吉過而不問又逢人逐牛牛喘吐舌吉止駐使騎吏問牛行幾里或譏吉吉曰民鬬相殺長安令京兆尹職所當禁歲竟丞相課其殿最行賞罰而已宰相不親小事非所當於道路問也方春少陽用事未可太熱恐牛近行因暑故喘此時氣失節恐有傷害三公典調和陰陽職所當憂故問之

賈琮褰帷

後漢賈琮爲冀州刺史升車言曰刺史當遠視廣聽糾察美惡何有反垂帷裳以自掩塞乎乃命御者褰之百姓聞風莫不竦震也

郭賀露冕

後漢郭賀字喬卿爲荆州刺史百姓歌曰厥德仁明郭喬卿顯宗至南陽巡狩賜以三公之服黼黻冕旒令去幨帷露冕使百姓見之以彰有德

馮媛當熊

列女傳馮昭儀左將軍奉世之女從元帝幸虎圈鬬獸熊逸攀檻欲上殿羣臣皆走昭儀直前當熊而立上問曰人情驚懼何故前當熊對曰猛獸得人而止恐熊至御座故以身當之上嗟嘆倍敬重焉

班女辭輦

前漢成帝班婕妤賢才通辯帝嘗欲同輦辭曰妾觀古畫圖賢聖之君皆有賢臣在側三代之末乃有女嬖今欲同輦得無似之太后聞之喜曰古有樊姬今有婕妤後趙飛燕譖云許皇后與婕妤挾媚祝詛上考問婕妤對曰死生有命富貴在天修正尚未蒙福爲邪欲以何望且鬼神有知不受不信之訴如其無知訴之何益上善其對以金百斤賜之

王充閱市

後漢王充家貧無書常於洛陽市肆閱所賣書一見輙能誦憶博通衆流百家之言

董生下帷

前漢董仲舒少治春秋孝景時爲博士下帷講誦弟子授業或莫見其面蓋三年不窺園其精勤如此武帝時舉賢良對策爲江都相

平叔傅粉

魏何晏字平叔美姿容面至白文帝疑其傅粉夏月賜食熱湯餅啖之汗出以巾拭之轉皎白

弘治凝脂

晉杜艾字弘治美姿容王羲之見之曰膚如凝脂

知言

賈詡非次

魏志賈詡文帝擢用非次乃登太尉孫權大笑之

何晏神伏

世說何晏字平叔注老子成詣王輔嗣輔嗣見何注精奇乃神伏曰若斯人可以論天人之際矣因以所注爲道德二論

郭奕心醉

晉書郭奕少有重名山濤稱其高簡一見阮咸心醉不覺歎息

常林帶經

魏志常林字伯槐少爲書生漢末大亂耕種山阿帶經而鋤其妻餉之在田野相敬如賓

高鳳漂麥

後漢高鳳字文通專精誦讀晝夜不息妻嘗之田曝麥於庭前令鳳護雞大雨暴至而鳳持竿誦經不覺潦水漂麥妻還怪問鳳方悟后爲名儒帝聞其志公車累徵不就遂詐與其嫂爭田竟不仕

孟嘉落帽

晉書孟嘉爲征西桓溫參軍溫甚重之九月九日

車載之女曰父母在堂而隨大王是奔女也王大慚遣使奉金百鎰聘之父母驚惶欲沐浴加衣裳女曰如是見王變容更服恐不識也於是如故至閔王立爲后期月之間化行隣國諸侯朝之及女死燕遂屠齊

漆室憂葵

列女傳魯漆室之女過時未適人倚柱而嘯鄰婦曰何嘯之悲子欲嫁耶女曰吾豈爲不嫁而悲憂魯君老而太子幼也鄰婦曰此丈夫之憂婦人何與焉女曰不然昔晉客舍吾家馬踐吾葵使我終歲不食葵鄰女奔亡吾兄追之逢水溺死使我終身無兄吾聞河潤九里漸洳三百步夫魯國有患君臣父子皆被辱婦人獨安所逃乎

韋賢滿籯

前漢韋賢爲相致仕少子玄成位亦至丞相賢嘗曰遺子黃金滿籯不如教子一經

夏侯拾芥

前漢夏侯勝嘗曰士病不明經術經術苟明其取青紫如俛拾地芥耳

阮簡曠達

竹林七賢論曰阮簡咸之從子亦以曠達自樂居父喪行遇大雪寒凍詣浚儀令令爲佗賓設黍臛食之以致清議廢頓幾三十年

袁耽俊邁

晉袁耽字彥道桓溫少時遊于博徒資產俱盡尚有負債主敦求甚切莫知所出聞耽俊邁欲求濟於耽而耽居艱試以告焉耽略無難色遂變服懷布帽隨桓去與債主戲耽素有芺名債主聞之而不識謂曰卿當不辦作袁彥道也遂就局十萬一擲俄頃充數百萬耽投馬絕叫旁若無人乃探布帽擲地曰竟識袁彥道否

蘇武持節

前漢蘇武字子卿使匈奴中十九年後歸仍持舊節

鄭衆不拜

後漢鄭衆持節使匈奴衆至北庭虜欲衆拜衆不屈

郭巨將坑

後漢郭巨家貧養老母妻生一子三歲母常減食與之巨謂妻曰貧乏不能供給共汝埋子子可再

有母不可再得妻不敢違巨遂掘坑三尺餘忽見黃金一釜釜上文云天賜孝子郭巨官不得奪人不得取

董永自賣

後漢董永少失母養父家貧傭力至農月以小車推父置田頭樹陰下而營農作父死就主人貸錢一萬自賣身爲奴遂得錢葬父還於路忽遇一婦人姿容端美求爲永妻與俱詣主人令永妻織縑三百匹放汝夫妻乃織一月而畢主人怪其速遂放之相隨至舊相遇處輒辭永曰我天之織女緣君至孝天帝令助君償債言訖凌空而去

仲連蹈海

史記魯仲連好奇偉倜儻之畫放蕩高節嘗云寧蹈海而死不願爲秦臣

范蠡泛湖

史記范蠡越王勾踐用其計既雪會稽之耻遂乘扁舟浮於江湖變姓名適齊爲鴟夷子齊人以爲相蠡乃歸相印間行而去止于陶致貲巨萬世稱陶朱公

文寶緝柳

楚國先賢傳孫敬字文寶至洛陽在大學傍得一小屋安止母然後入學編緝楊柳爲簡以寫經

溫舒截蒲

前漢路溫舒父爲里監門使牧羊溫舒取澤中蒲截以爲牒而寫書太守見而奇之使歸學後仕至臨淮太守

伯道無兒

晉鄧攸字伯道遭亂而逃爲賊所追度不能兩全遂係其子於樹上與弟子俱行攸棄子之後妻不復孕過江納妾甚寵之訊其所由乃攸之甥聞之感恨遂不復畜妾卒以無嗣時人義而哀之曰天道無知使伯道無兒

嵇紹不孤

晉嵇紹父康臨誅謂紹曰山公在汝不孤矣紹後爲秘書丞累遷侍中王師敗洛陽百官奔走唯紹端冕以身捍帝遂被害血濺御服帝哀歎之左右欲浣衣帝曰此嵇侍中血勿去元帝表贈太尉

綠珠墜樓

晉綠珠石崇之妓女美而艷善吹笛孫秀使人求之崇時在金谷別館方登凉臺臨清流婦人侍側

使者以告崇盡出婢數十人以示之皆蘊蘭麝被羅縠曰任選使者曰受命取綠珠崇勃然曰綠珠吾所愛不可得也秀怒乃勸趙王倫誅崇遂矯詔收之崇正宴樓上介士到門崇謂綠珠曰我今爲爾得罪綠珠泣曰當効死於君前因自投樓下而死崇詣東市歎曰奴輩利吾家財刑者曰知財致害何不早散崇不能答

文君當壚

前漢卓文君蜀郡臨邛富人卓王孫之女新寡好音司馬相如至其家以琴心挑之文君夜奔相如與馳歸成都家徒四壁文君不樂乃歸臨邛盡賣車馬置酒舍令文君當壚相如著犢鼻褌與保傭雜作滌器於市中王孫耻之諸公更謂王孫曰長卿才足依何辱之如此王孫乃與文君僮僕百餘人錢百萬歸成都相如著子虛賦因楊得意達於武帝帝召拜爲郎

伊尹負鼎

史記伊尹負鼎俎以滋味干湯致於王道

甯戚扣角

三齊畧記甯戚候齊桓公出扣牛角歌曰南山粲白石爛中有鯉魚長尺半生不遭堯與舜禪短布單衣纔至骭從昏飯牛至夜半長夜漫漫何時旦公召之因以爲相

趙壹坎壈

後漢趙壹恃才倨傲爲鄉黨所擯屢抵罪幾死得免作窮鳥賦長揖司徒袁逢逢命相者相壹云仕不過郡吏竟如其言

顏駟蹇剝

漢武故事上至郎署舍見一老郎鬢眉皓白問何時爲郎對曰臣姓顏名駟文帝時爲郎帝問何久不遇駟曰文帝好文臣好武景帝好美臣貌醜陛下好少臣已老故三朝不遇帝感之擢爲會稽太守

龔遂勸農

前漢龔遂爲渤海太守勸民務農桑使人賣劒買牛賣刀買犢

文翁興學

前漢文翁爲蜀郡太守見蜀地有蠻夷風欲誘進之修起學宮於成都市中招下縣子弟爲學宮弟子由是大化蜀地學於京師者蓋比齊魯

晏御洋洋

列女傳晏平仲爲齊相將出御者擁大蓋策駟馬意氣洋洋甚自得其妻窺見謂夫曰宜乎子之卑賤也晏子長不滿六尺相齊君名顯諸侯志氣恂恂自下今子長八尺爲人僕御意氣自以爲足其後夫自抑損晏子怪問之御以實對晏子薦以爲大夫

五鹿岳岳

前漢五鹿充宗元帝令與諸易家論其同異充宗乘貴辨口諸儒莫能與抗朱雲攝齊登堂抗首論難連拄五鹿君諸儒語曰五鹿岳岳朱雲折其角今傳之

蕭朱結綬

前漢蕭育與朱博爲友名聞當世往者有王陽貢禹故長安語曰蕭朱結綬王貢彈冠言其相薦達也

王貢彈冠

前漢王吉字子陽與貢禹爲友並以明經著聞世稱王陽在位貢禹彈冠言取舍同

龐統展驥

蜀志龐統字士元劉備以爲耒陽令在縣不治免官魯肅與備書曰龐士元非百里才也使處治中別駕之任當展驥足耳

仇覽棲鸞

後漢仇覽字季智一名香考城令王渙政尚嚴猛聞覽德化署爲主簿謂曰主簿得無少鷹鸇之志耶覽曰鷹鸇不若鸞鳳渙謝曰枳棘非鸞鳳所棲百里豈大賢之路

葛亮顧廬

蜀志諸葛亮奉表於後主云臣本布衣躬耕南陽先帝不以臣卑鄙三顧臣於草廬之中諮以當世之事

韓信升壇

前漢韓信與蕭何語何奇之言於漢王曰韓信國士無雙王必欲爭天下非信無可與計事者於是擇日齋戒設壇場具禮拜信爲大將

王裒柏慘

晉王裒父見殺裒痛父非命廬于墓側旦夕常至墓所拜跪攀柏悲號涕淚著樹樹爲之枯

閔損衣單

史記閔損字子騫早喪母父娶後妻生二子損孝心不息後母疾之所生子衣綿絮損以蘆花絮父冬日令損御車體寒失靷父責之損不自理父察知之欲遣後母損啟父曰母在一子寒母去三子單父善之母亦改悔待三子均平遂成慈母

蒙恬製筆

博物志蒙恬爲秦將製筆始焉

蔡倫造紙

後漢宦者蔡倫乃造意用樹膚麻頭及敝布魚網之類以爲紙奏上之和帝善其能自是從用故天下咸稱蔡侯紙

孔伋緼袍

說苑孔伋字子思縕袍無裏二旬九食田子方遺狐白裘子思不受曰伋聞之妄與不如遺棄物於溝壑是以不敢當

祭遵布被

後漢祭遵克己奉公賞賜與士卒家無私財身衣布袴臥布被夫人裳不加緣帝重之

周公握髮

韓詩外傳成王封伯禽於魯周公戒之曰我文王之子武王之弟成王之叔父我於天下亦不賤矣然我一沐三握髮一飯三吐哺猶恐失天下之賢士子之魯慎無以國驕人

蔡邕倒屣

後漢蔡邕才學顯著貴重朝廷常車騎塡巷賓客盈坐王粲至謁蔡邕爲之倒屣迎之曰此王公之孫有異才吾不如

王敦傾室

晉王敦少有奇人之目嘗荒恣於色體爲之弊左右諫之敦曰吾不覺如此此甚易耳乃開後閤驅諸婢妾數十人並放之時人歎異

紀瞻出妓

世說王導與周顗及諸朝士詣尚書紀瞻家觀妓瞻有愛妾能作新聲顗問答之顏無怍色有司奏顗耽荒詔原之

暴勝持斧

前漢暴勝之爲直指使者衣綉衣持斧逐捕盜賊威振州郡

張綱埋輪

後漢張綱漢安初遣八使循行風俗綱獨埋其車

輪於洛陽都亭曰豺狼當道安問狐狸遂奏大將軍梁冀等無君之心京師震悚是日誅梁冀

靈運曲笠

世說謝靈運好戴曲柄笠孔隱士謂曰卿欲希心高遠何不能遺曲蓋之貌答曰將不畏影者未能忘懷

林宗折巾

後漢郭泰字林宗嘗行陳蔡間遇雨巾一角折時人乃故折巾一角以爲林宗巾其見慕如此

屈原澤畔

史記屈原名平與楚同姓懷王甚任之同列大夫上官靳尙妬其能因讒之王遂放之原至江濱被髮行吟澤畔形容枯槁漁父問曰子非三閭大夫耶何故至此原曰舉世皆濁我獨清衆人皆醉我獨醒所以見放漁父曰舉世皆濁何不隨其流揚其波衆人皆醉何不餔其糟餟其醨原曰新沐者彈冠新浴者振衣誰能以身之察察受物之汶汶乎寧赴湘流葬於江魚之腹漁父鼓枻而去原乃懷石自投汨羅江而死

漁父江濱

事見上註

魏勃掃門

前漢魏勃少時欲求見齊相曹參家貧無以自通乃常獨早起掃齊相舍人門舍人怪問之勃曰願見相君無因故爲掃於是爲勃通曹參參因以勃爲舍人

潘岳望塵

晉潘岳性趨世利與石崇等諂事賈謐每見其出望塵而拜之

京房推律

前漢京房好鐘律知音聲本姓李推律自定爲京氏

翼奉觀性

前漢翼奉好律歷陰陽之占上封事其畧曰觀性以歷觀情以律

甘甯奢侈

吳志甘甯字興霸性奢侈以紅綿維舟去則棄之孫權曰孟德有張遼孤有興霸足以相敵

陸凱貴盛

世說陸凱忠梗有大節孫皓問曰卿一家在朝幾

人荅曰三相五侯將軍十餘人皓曰盛哉凱曰君賢臣忠國之盛父慈子孝家之盛今政荒民弊覆亡是懼臣何敢言盛

干木富義

史記段干木隱居不仕魏文侯累召不就文侯出過其廬未嘗不下車左右問曰君爲國之主何恭如此侯曰寡人富于財干木富于義

於陵辭聘

高士傳楚王聞於陵子終賢欲以爲相使使持金百鎰往聘之子終辭之不受與其妻逃去爲人灌

園

元凱傳癖

語林杜預字元凱常云王武子有馬癖和長輿有錢癖武帝問卿有何癖對曰臣有左傳癖

伯英草聖

後漢張芝字伯英善草書絕妙時人語曰臨池學書池水盡黑韋誕曰伯英草聖家中衣絹先書後練

馮異大樹

後漢馮異爲人謙退不伐諸將論功異常獨屏樹下軍中號曰大樹將軍

千秋小車

前漢車千秋本姓田氏年老上優之朝見得乘小車入宮殿中故因號曰車丞相

漂母進食

前漢韓信少時家貧曾至下邳釣有一漂母哀之與食信曰吾必重報母母曰吾哀王孫豈望報乎信後爲楚王召漂母贈之以百金

孫鍾設瓜

幽冥錄孫鍾少時家貧種瓜瓜熟有三人來乞瓜

鍾引入庵中設瓜及飯三人謂鍾曰蒙君厚惠今示子葬地欲得世世封侯乎欲爲數代天子乎又曰我司命也君下山百步勿反顧鍾下山六十步回看並爲白鶴飛去鍾遂於此葬母冢上有氣觸天鍾後生堅堅生權權生亮亮生休休生和和生皓爲晉所伐降爲歸命侯

壺公謫天

後漢費長房見市中有老翁賣藥懸一壺於肆頭及市罷跳入壺中市人莫之見惟長房於樓上覩之異長因往再拜奉酒脯翁知長房之意其神也

謂曰子明日更來長房旦日復詣翁與俱入壺中唯見玉堂華麗旨酒甘肴盈衍其中共飲畢而出翁曰我神仙之人以過見責今當去能相隨乎樓下有少酒與卿爲別長房令十人扛之猶不舉翁笑以一指提上視器如一升許二人終日飲不盡

薊訓歷家

神仙傳薊子訓三百餘年顏色不老嘗抱鄰舍嬰兒誤墮地死兒家即埋之子訓自外來抱兒還之家恐是鬼子訓掘視所埋但泥而已京師貴人莫不虛心欲見爭請子訓比居太學諸生爲請子訓子訓以食時發日中到未半日行千餘里往二十三處諸貴人喜自謂先詣之明日相問各言子訓衣服顏色如一遠近驚異

劉玄刮席

後漢劉玄字聖公稱帝於南陽號更始見羣臣列位羞不能對俛首刮席後爲赤眉賊所殺

晉惠聞蟇

晉惠帝嘗在華林園聞蝦蟇聲問左右曰鳴者爲官乎爲私乎賈胤曰在官地爲官在私地爲私天下荒亂百姓餓死帝乃曰何不食肉糜其蒙蔽皆此類也

伊籍一拜

蜀伊籍嘗東使吳孫權聞其才辯欲折其辭籍入拜權曰勞事無道之君籍曰一拜一起未足爲勞也

酈生長揖

前漢酈食其求見沛公沛公方踞床使兩女洗足食其不拜長揖曰足下欲誅無道秦不宜踞見長者於是沛公起攝衣延上座

馬安四至

前漢司馬安汲黯姊之子文深巧善宦四至九卿

應璩三入

文章錄應璩好屬文嘗作百一詩云問我何功德三入承明廬璩爲侍郎又爲常侍又爲侍中故稱三入

郭解借交

前漢郭解爲人精悍不飲酒少時爲陰賊所殺甚衆以軀借交報仇藏命作奸剽攻劫不休及鑄錢掘冢不可勝數至年老乃折節爲儉以德報怨公孫引曰解布衣以睚眦殺人大逆無道遂族解

朱家脫急

前漢魯人朱家以俠聞所藏豪士以百數不伐其能專脫人之急甚於己私旣陰脫季布之厄及布貴終身不見自關以東皆延頸願交

虞延剋期

後漢虞延嘗爲漁陽令麥秀兩歧每節放囚歸家剋期而至

盛吉垂泣

會稽典錄盛吉爲廷尉性多仁恩每冬月罪囚當斷其妻執燭吉持丹筆相向垂泣

豫讓吞炭

史記豫讓事智伯趙襄子殺智伯以頭爲飲器讓乃變姓名入塗廁欲爲智伯報讎以刺襄子襄子如廁心動搜獲赦之後又漆身爲癩吞炭爲啞使形狀不可識伏於橋下襄子至橋馬驚曰此必豫讓果搜得問曰子事范中行氏不爲報讎反臣智伯智伯死何報之深讓曰范中行氏衆人遇我我故衆人報之智伯國士遇我我故國士報之願請君之衣以致報讎之意襄子將衣與之乃拔劔三躍而擊曰吾可以下報智伯遂伏劔而死

鉏麑觸槐

左傳晉靈公不君厚斂以彫墻從臺上彈人而觀其避丸宰夫胹熊蹯不熟殺之趙盾驟諫公使鉏麑賊之麑曰賊民之主不忠棄君之命不信不如死也觸槐而死

阮孚蠟屐

晉阮孚好屐祖約好財同是累而未判得失有人詣約見正料財物客至屏當不盡餘兩簏傾身障之或有詣阮正見其蠟屐因自嘆曰未知一生當著幾量屐神色閑暢於是勝負始分

祖約好財

事見上註

初平起石

神仙傳黃初平年十五家使牧羊有道士與俱入金華山石室中四十餘年不復念家其兄初起尋之道士引至金華山中相見悲喜兄問羊何在初平曰近在山東初起往但見白石無數還曰無羊初平與兄俱往初平叱之云羊起於是白石皆起成羊數萬頭初起便棄妻兒留就初平共服松脂茯苓至五千日遂得仙初平乃易姓名爲赤松子

左慈擲杯

神仙傳左慈學道能使鬼神曹公聞之名見因設酒時天寒温酒酒尚未熱慈拔簪以畫杯酒即中斷分爲兩向慈飲其半送半與操操未即飲慈乞自飲飲畢以杯擲屋棟杯懸棟動摇似鳥飛欲落不落人但視杯不覺失慈所在也

武陵桃源

陶潛桃花源記晉太康中武陵人捕魚從溪往忽逢桃林夾岸芳華鮮美落英繽紛復前行窮其林林盡水源山有小口便捨船從口入豁然開朗屋舍田池阡陌交通雞犬相聞黄髮垂髫怡然自樂言避秦亂至此問漁人今是何世乃不知有漢魏聞皆歎惋漁人既出遂迷其所也

劉阮天台

續齊諧記漢明帝時永平十五年剡縣有劉晨阮肇入天台山採藥迷失道路糧食乏盡望山頭有一桃樹二人共取桃食如覺少健下山得澗水飲之并各澡洗又見蔓菁菜從山腹流出次又有一杯流出中有胡麻飯屑二人相謂曰去之不遠因各入水水深四尺許行一里又度一山出大溪見二女子顔容絶妙便喚劉阮姓名如有交舊歡悦問曰劉郎等來何晚因邀過家廳館服飾無不精華東西各有床張帷幔七寶瓔珞非世所有左右侍直青衣並皆端正都無男兒須臾下胡麻飯山羊脯食之甚美又設甘酒又有數仙客投三五桃子至女家云來慶女婿各出樂器歌調作樂既向暮仙女各還去劉阮就所邀女宿言語巧美又行夫婦之道住十五日求還女曰今來至此皆是宿福所招得與仙女交接流俗何可樂遂住半年天氣和適常如二三月中百鳥哀鳴能不悲思求去甚切女云罪根未滅使君等如此更喚諸仙女作絃歌共送劉阮云從此山東洞口去不遠至大道隨其言果得還家鄉都無相識鄉里怪異乃驗七世子孫云傳聞上世祖翁入山不出不知所在今乃是既無親屬棲宿欲還女家尋山路不獲至太康八年失二人所在

王儉墜車

南史齊司徒褚淵送湘州刺史王僧虔閣道壞落水僕射王儉驚跳下車謝超宗抵掌笑曰落水三公墜車僕射

褚淵落水

事見上註

季倫錦障

晉石崇字季倫性豪華王愷作紫絲步障四十里崇作錦步障五十里

春申珠履

史記楚考烈王以黃歇爲相封春申君是時趙平原君使人於春申君趙使欲誇楚爲玳瑁簪刀劍室以珠玉飾之春申君賓客三千餘人皆躡珠履見趙使趙使大慙

甄后出拜

魏志文昭甄皇后初嫁袁紹中子熙熙出爲幽州后留養姑及冀州平文帝納后於鄴典略曰太子嘗請諸文學酒酣坐歡命夫人甄氏出拜坐中衆人皆伏而劉楨獨平視太祖聞之乃收楨減死輸作

劉楨平視

事見上註

胡嬪爭樗

晉胡貴嬪名芳武帝平孫皓選皓宮人數千掖庭殆將萬人而有寵者甚衆帝常乘羊車恣其所之至便寢宿宮人乃取竹葉挿戶鹽汁灑地引帝車而芳最蒙寵幸殆有專房之寵侍御服飾亞於皇后帝嘗與之樗蒲爭錢傷帝指帝曰此固將種也芳對曰北征公孫西征諸葛非將種而何帝甚有慙色

晉武傷指

事見上註

石慶數馬

前漢石慶爲太僕御出帝問車中幾馬慶以策數馬訖舉手曰六馬慶於兄弟中最簡易猶如此父奮及兄弟四人皆官至二千石時號萬石君也

孔光溫樹

前漢孔光性謹愼時有所言輙削草藁沐日歸休兄弟妻子宴語終不及朝省政事或問光溫室省中樹何木也光默然更答以他事其不洩如此

翟湯隱操

晉翟湯尋陽人子莊孫矯世有隱操庾亮臨江州聞湯之風束帶躡履詣焉禮甚恭亮問之君高蹈世表僕敢望其恭耶湯曰使君直敬其枯木朽株

耳亮稱其能言

許詢勝具

世說許詢好遊山澤便登陟時人曰許非徒有勝情有濟勝之具詢隱永興幽究每致四方諸侯之遺或謂詢曰聞箕山有人似爾否詢曰筐篚苞苴固輕於天下之寶

優旃滑稽

史記滑稽傳優旃秦倡侏儒善笑言然合於大道始皇置酒而天大雨陛楯者霑寒旃哀之有頃還檻曰汝雖長雨中立我雖短幸無濕於是得半相代帝欲大苑囿旃曰善寇從東來令禽獸觸之足矣帝乃止二世欲漆城旃曰善漆城蕩蕩寇來不能上然難爲蔭室二世笑而止

落下歷數

史記落下閎善推算歷數班固史傳曰歷數則唐都落下閎

曼容自免

前漢邴丹字曼容養志自修爲官不肯過六百石輒自免而去

子平畢娶

後漢向長字子平隱居不仕爲男女嫁娶畢敕斷家事勿相關遂遊五岳名山不知所終也

師曠清耳

呂氏春秋晉平公鑄大鐘使人聽之皆以爲調師曠曰不調後師涓果與曠同乃稱曠清耳

離婁明目

愼子曰離婁之明察秋毫於百步之外

仲文照鏡

世說殷堪字仲文素有名望自謂必當朝政忽任東陽太守意甚不平乃與桓玄謀反嘗照鏡不見其面數日而遇禍

臨江折軸

漢臨江閔王名榮景帝長子初爲太子廢爲臨江王後徵還臨發車軸折江陵父老言吾王不返矣至長安令自殺葬藍田有燕數萬銜土置冢上

欒巴噀酒

神仙傳欒巴漢帝召爲尚書正旦大會羣臣巴乃含酒望西而噀帝問其故巴曰蜀有火災故以救之郎遣使往驗其言果云正旦失火有大雨從東北來火乃息雨有酒氣

偃師舞木

列子周穆王時有獻工人名偃師曰臣有所造願王觀之越日謁見曰臣所造能倡者王視之趨步俯仰信人也巧夫鎖其頤則歌捧其手則舞千變萬化惟意所適王以爲實人也技將終倡者瞬目而招王之侍妾王怒欲誅偃師偃師剖以示王皆縛會革木爲之

德潤傭書

吳志闞澤字德潤志好學家貧爲人傭書以供紙筆所寫既畢誦讀亦遍覽究羣籍兼通歴數由是顯名仕爲中書令侍中

君平賣卜

前漢嚴遵字君平蜀郡人常賣卜成都市日閲數人得錢百文則閉肆下簾戴烏帽尋墳典不求榮祿也

叔寶玉潤

晉衛玠字叔寶風神秀發舅王濟歎曰珠玉在側覺我形穢妻父樂廣素有重名議者以爲婦公冰清女婿玉潤

彥輔冰清

晉樂廣字彥輔神色朗徹衛瓘見而奇之曰此人之水鏡見之瑩然若披雲霧而覩青天也

衛后髮鬒

張衡西京賦衛后興於鬒髮飛燕寵於體輕前漢武帝衛皇后字子夫平陽公主家謳者帝過主家獨悅子夫遂從帝入宮立爲后漢武帝故事衛子夫得幸頭解帝見髮鬒美而悅之

飛燕體輕

前漢飛燕成帝趙皇后也初生父母不舉三日不死乃收養之及壯屬河陽公主家學歌舞帝微行主家見而悅之召入宮立爲后女弟爲昭儀貴傾後宮西京雜記飛燕爲皇后女弟在昭陽殿后體輕腰弱善行步進退昭儀不能及二人並色如紅玉

玄石沈湎

博物志劉玄石於中山沽酒酒家與之千日酒至家而醉其家不知以爲死矣以棺斂葬之酒家計千日滿憶玄石醒矣往視之其家云玄石死三年已葬於是開棺醉始醒俗云玄石飲酒一醉千日

劉伶解醒

晉劉伶字伯倫常乘鹿車攜一壺酒使人荷鍤隨之曰死便埋我嘗渴求酒其妻曰君飲太過非攝生之道伶曰善當祝神誓斷之汝可具酒肉妻從之伶跪咒曰天生劉伶以酒爲名一飲一石五斗解醒婦人之言愼不可聽引酒御肉陶然而醉

趙勝謝躄

史記平原君趙勝有樓臨民家民家有躄者盤跚行汲美人居樓上見而大笑躄者造門請所笑者頭勝笑應曰諾終不殺賓客因此稍稍引去勝怪之客曰以君不殺笑躄者以爲愛色賤士故去耳勝乃斬笑者頭造躄者門謝客乃復來

楚莊絶纓

說苑楚莊王賜羣臣酒日暮酒酣燈燭滅有引美人衣者美人援絶其冠纓告王趣火視之王曰賜人酒使醉失禮奈何欲顯婦人之節而辱士乎乃令羣臣皆斷纓然後出燈盡懽而罷後晉與楚戰有一臣常在前却敵卒勝之王怪問乃夜絶纓者

惡來多力

史記飛廉生惡來惡來多力擘裂虎尾飛廉善走父子俱有才力武王伐紂并殺惡來時飛廉居北方作石棺而免

飛廉善走

事見上註

趙孟疵面

晉趙孟善清談面有疵黠時人曰諸事不決問疵面

田駢天口

七畧田駢好談論時號天口駢言其口如天難窮也

張憑理窟

晉張憑舉孝廉負其才謂必參時彥欲詣劉惔同舉共笑之既至惔處之下座神意不接憑欲自發而無端會王濛就惔清言有所不通憑於末座判之言旨深遠足暢彼我之懷一坐皆驚惔延之上座清言彌日留宿至旦遣之憑既還船須臾惔遣傳教覓張孝廉船召與同載遂言於簡文帝帝召與語歎曰張憑勃窣爲理窟官至御史中丞

裴頠談藪

晉裴頠引雅有遠識樂廣嘗與頠清言欲以理服而頠辭語浩博廣笑而不言時人謂頠爲言談之

林藪後累遷左僕射

仲宣獨步

魏志王粲字仲宣避西京之亂往荆州依劉表曹子建與楊德祖書曰昔仲宣獨步於漢南

子建八斗

魏志曹植字子建善屬文下筆成章謝靈運云天下才共有一石子建獨得八斗我得一斗自古及今同用一斗奇才博敏安有繼之

廣漢鉤距

前漢趙廣漢遷京兆尹發姧擿伏如神天性精於吏職尤善爲鉤距以得事情鉤距者設欲知馬價則先問狗問羊問牛然後及馬參伍其價以類相準則馬之貴賤不失其實矣它人効者莫能及也

弘羊心計

前漢桑弘羊以心計用事年十三爲侍中與大農丞東郭咸陽孔僅言利事析秋毫

衛青拜幕

前漢衛青征匈奴大克獲帝就拜大將軍於幕中故曰幕府

去病辭第

前漢霍去病從衛青征匈奴以功封冠軍侯驃騎將軍帝爲治第去病曰匈奴未滅無以家爲也上益爲之愛重

酈寄賣友

前漢酈寄丞相商之子與呂祿善大臣欲誅諸呂呂祿軍於北軍太尉周勃不得入乃使人劫商令寄紿祿祿信之與出遊勃乃得入據北軍遂誅諸呂天下稱寄賣友

紀信詐帝

前漢紀信爲將軍項羽圍漢王滎陽信曰事急矣臣請誑楚可以間出乃乘王車黃屋左纛曰食盡漢王降楚楚皆呼萬歲之城東觀以故漢王得與數十騎出西門遁及左右視之乃信也羽燒殺之

濟叔不癡

晉王湛龍額大鼻少言語初有隱德兄弟宗族皆以爲癡惟父昶異焉合門守靜不交當世兄子濟輕之嘗詣湛見床頭有周易問曰叔父用此何爲湛曰體中不佳時脫復看耳濟請言之因剖析玄微皆濟所不聞武帝亦以湛爲癡每調濟曰卿家癡叔死未濟曰臣叔殊不癡因稱其美帝曰誰比

濟曰山濤以下魏舒以上從仕至汝南內史

周兄無慧

左傳周子有兄無慧不辨菽麥故不可立

虞卿擔簦

史記虞卿游說之士躡屩擔簦說趙孝成王一見賜黃金百鎰白璧一雙再見遂拜爲上卿

蘇章負笈

前漢蘇章負笈追師不遠千里

南風擲孕

晉惠帝賈后名南風性酷虐嘗手殺數人或以戟擲孕妾子隨刃墮地后短形青黑色眉後有疵黠其後趙王倫矯詔賜死

商受斮涉

尙書今商王受斮朝涉之脛剖賢人之心

廣德從橋

前漢薛廣德爲人溫雅有醞藉及爲三公直言諫諍元帝酎祭宗廟出便門欲御樓船廣德免冠頓首曰宜從橋行陛下不聽臣請自刎以血濺車輪陛下不得入廟矣帝不悅光祿大夫張猛曰臣聞主聖臣直從船危從橋安廣德言可聽帝曰曉人不當如是乎乃從橋

君章拒獵

後漢郅惲字君章爲上東門監候世祖嘗獵夜還惲拒關不納帝乃從東中門入明日惲上書諫曰陛下遠獵山林夜以繼晝如社稷何帝深納之

應奉五行

後漢應奉少聰明凡所經履莫不暗記讀書五行並下

安世三篋

前漢張安世爲人强記武帝亡書三篋詔問莫能知唯安世識之具作其事後購求得書以相校無所遺失上奇其材乃擢爲尙書令

相如題柱

前漢司馬相如字長卿成都人蜀地北七里有昇仙橋相如題其柱曰大丈夫不乘駟馬車不復過此橋後還中郞將入蜀郡守郊迎縣令負弩先驅蜀人咸以爲寵

終軍棄繻

前漢終軍年十八西入關關吏與軍繻曰爲復傳還當合符軍曰大丈夫西遊終不復傳還棄繻而

去及爲謁者使行郡國建節東出諸關吏識之曰此使者乃前棄繻生也

孫晨藳席

三輔決錄孫晨家貧織席爲業明詩書爲京兆功曹冬月無被有藳一束暮卧朝收

原憲桑樞

莊子原憲居魯環堵之室蓬戶甕牖以桑爲樞上漏下濕坐而弦歌子貢過之曰嘻先生何病憲曰無財謂之貧學不行謂之病今憲貧也非病也

端木辭金

家語端木賜字子貢魯國之法贖人臣妾於諸侯者皆取金於府子貢贖之辭而不受金孔子聞之曰賜失之矣贖人受金則爲不廉何以相贖乎自是已後魯國不復贖人於諸侯矣

鍾離委珠

後漢鍾離意顯宗徵爲尚書時交趾守張恢坐贓千金伏法以貲物簿入大司農詔班賜羣臣意得珠璣委地而不拜帝怪問對曰孔子忍渴於盜泉之水曾參回車於勝母之閭惡其名也此贓穢之寶誠不敢拜帝歎曰清乎尚書之言乃賜庫錢三十萬拜爲右僕射

季札挂劒

史記吳季札使鄭國北過徐君徐君好季札劒口弗敢言札心知之及還徐君已死札乃解劒挂徐君墓樹而去曰吾心已許之豈以死背吾心哉

徐穉致蒭

後漢徐穉字孺子郭林宗有母憂穉往弔之不遇致生蒭一束於廬前而去林宗曰此必南州高士徐孺子也詩云生蒭一束其人如玉吾無德以堪之也

朱雲折檻

前漢朱雲字子游成帝時張禹以帝師甚尊重雲上書曰願賜尚方斬馬劒斷佞臣一人以厲其餘上曰誰對曰安昌侯張禹帝怒曰小臣居下訕上廷辱師傅罪死不赦令御史將雲下殿雲攀殿檻折左將軍辛慶忌叩頭諫帝意解後理檻上曰勿易因而輯之以旌直臣

申屠斷鞅

後漢申屠剛光武時爲大夫帝出遊剛叩頭曰今隴蜀未平不宜遊逸帝不從剛以刀斷馬鞅帝於

是止焉

衛玠羊車

晉衛玠總角時乘羊車入市人以爲玉人觀者傾都

王恭鶴氅

晉王恭美姿儀人多愛悅目之云濯濯如春月柳嘗披鶴氅裘涉雪而行孟昶窺見曰眞神仙中人也

管仲隨馬

韓非子管仲從齊桓公伐孤竹國迷失道管仲曰老馬之智可用乃放老馬而隨之遂得歸國

蒼舒秤象

魏志鄧哀王冲字蒼舒武帝子五六歲有若成人之智孫權上巨象太祖欲知其斤重訪之羣臣莫能出其理冲曰置象船上刻其水所至秤物以載之則校其可知矣太祖大悅即施行

丁蘭刻木

孝子傳丁蘭事母孝母亡刻木爲母事之婦誤以火燒母面應時髮落如割

伯瑜泣杖

韓詩外傳伯瑜有過其母笞之泣母曰他日笞汝未嘗泣今泣何也對曰他日得杖常痛今母老無力不能痛是以泣

蒙求卷之中終

蒙求卷之下

唐　安平　李瀚　撰註

陳逵豪爽

世說豪爽篇陳逵字道林在西岸都下諸人共邀至牛渚陳善言理諸人欲共折之陳以如意拄頰望雞籠山嘆曰昔孫伯符志業不遂於是竟坐不得談

田方簡傲

史記魏文侯伐中山使子擊守之子擊逢文侯之師田子方於朝歌引車避下謁子方不爲禮子擊問曰富貴者驕人乎貧賤者驕人乎子方曰貧賤者驕人耳諸侯驕人則失其國大夫驕人則失其家貧賤者行不合言不用則去之楚越若脫躧然奈何同之哉

黃向訪主

後漢黃向嘗行於路拾得金囊乃求訪金主還之

陳寔遺盜

後漢陳寔字仲弓爲太丘長有盜夜入其室伏梁上寔見之呼子孫訓之曰夫不善之人未必本惡習以性成遂至於此梁上君子是矣盜驚投地伏罪寔曰視君狀貌不似惡人當由貧困乃遺絹二疋令改過自是縣無盜

龐儉鑿井

風俗通龐儉亡其父隨母流宕後居廬里鑿井得銅遂富因求奴得老蒼頭數日蒼頭言堂上母是我婦母聞乃問之奴曰婦艾氏女字阿宏左足有黑子右腋有赤痣如牛錢大母曰我翁也遂爲夫婦如初時人曰廬里龐公鑿井得銅買奴得翁

陰方祀竈

後漢陰識祖父子方至孝臘日晨炊竈神形見子方再拜以黃牛祀之自是暴至巨富至識三世而遂貴顯

韓壽竊香

晉韓壽美姿容賈充辟爲掾每宴賓其女於青瑣中竊見壽而悅之感想發於寤寐婢往壽家具說女意并言女光麗艷逸壽聞而意動令婢通殷懃壽踰垣而至家中莫知時西域貢奇香一著人經月不歇帝以賜賈充其女竊以遺壽僚屬聞其芬馥與充言充意知女與壽通卽以妻焉

王濛市帽

晉王濛美姿容居貧嘗戴破帽入市嫗憐其貌竟以新帽遺之

勾踐投醪

列女傳楚將子發母曰昔越王勾踐伐吳客有獻醇醪一器者王使注江之上流使士卒飲其下流味不及加矣而士卒戰殆百倍

陸抗嘗藥

吳陸抗爲吳將時晉平南將軍羊祜與抗對軍使命交通抗嘗遺祜酒祜飲之抗有疾祜饋之藥抗服之無疑曰羊祜豈酖人者時以爲華元子反復見於今或以祜抗失人臣之節抗曰一鄉一邑且不可以無信義況大國乎

孔愉放龜

晉孔愉封餘不亭侯愉嘗經餘不亭見籠龜買放溪中龜中流顧者數四及鑄侯印而印龜左顧更鑄如初愉乃悟遂佩焉

張顥墮鵲

博物志張顥爲梁相雨後有鳥似山鵲飛翔近地令人擲之墮地化爲圓石搥破得金印文曰忠孝侯印

田豫儉素

魏志田豫爲并州刺史清約儉素賞賜皆散之將士

李恂清約

後漢李恂爲兖州刺史清約率下常席羊皮臥布被

義縱攻剽

前漢義縱少時與張次公攻剽爲羣盜縱有姊以醫幸王太后上乃拜縱爲中郎遷長安令縱以鷹擊爲治若鷙鳥將擊必張羽毛

周陽暴虐

前漢周陽由爲郡守二千石中最爲暴虐驕恣所愛者撓法活之所憎者曲法誅之

孟陽擲瓦

晉張載字孟陽閑雅博學有文章貌甚醜每行人市小兒以瓦礫擲之委頓而反

賈氏如皐

左傳賈大夫醜惡娶妻而美三年不言不笑御以如皐射雉獲之其妻始笑而言也

顔回簞瓢

論語一簞食一瓢飲在陋巷人不堪其憂回也不改其樂賢哉回也

仲蔚蓬蒿

高士傳張仲蔚所居蓬蒿没人閉門養性清高不治名利時人莫知也

麋竺收貲

搜神記麋竺嘗從洛歸路見一婦人求寄載臨別曰我天使也當往燒東海麋竺家感君寄載又不可不燒君但速歸我當緩行竺還家遽收貲物日中而火乃大發

桓景登高

續齊諧記汝南桓景隨費長房遊學累年長房謂曰九月九日汝家有災厄可速去令家人各作絳囊盛茱萸以繫臂登高山飲菊花酒此可禍消景如其言舉家登山夕還見牛羊雞犬皆暴死焉

雷煥送劍

晉雷煥妙達象緯張華望斗牛之間有異氣乃邀煥宿登樓共尋天文煥曰僕察之久矣寶劍之精上徹於天耳在豫章豐城縣即除煥爲豐城令煥到縣掘獄基得石函中有雙劍並刻題一曰龍泉一曰太阿發使送一與華留一自佩或曰得兩送一張公可欺乎煥曰本朝將亂張公受其禍靈異之物終當化去華報煥曰詳觀劍文乃干將莫邪何不至天生神物終當合耳華誅失劍所在煥卒子華持劍至延平津腰間忽躍出墮水使人投水取之但見兩龍蟠縈投水者懼而反

呂虔佩刀

魏志呂虔遷徐州刺史有佩刀工相之以爲必登三公可服此刀虔謂別駕王祥曰苟非其人刀或爲害卿有公輔之量故以相與祥臨薨以刀授其弟覽曰汝後必興足稱此

老萊斑衣

高士傳老萊子孝行養親年七十父母猶存身著斑斕之衣作嬰兒戲於親前取食上堂詐跌仆因臥地爲小兒啼欲親喜焉

黄香扇枕

後漢黄香九歲失母思慕骨立事父竭力致養暑則扇其床枕寒則以身溫席和帝聞之特加異賜

王祥守柰

晉王祥事後母朱氏庭内有一株丹柰母命守之

旬風雨輒抱樹而泣母又思黃雀炙今祥捕之忽有黃雀數十飛入幕中

蔡順分椹

後漢蔡順王莽末天下大荒順拾椹赤黑異器盛之赤眉賊見而問之順曰黑者奉母赤者自食賊知其孝乃遺米三斗牛蹄一隻及母終停喪在堂東家失火順不能移棺伏棺而哭火乃飛於西家

淮南食時

前漢淮南王劉安好讀書鼓琴不好弋獵嘗朝武帝帝令作離騷旦受詔命食時便上又著中篇八

卷言神仙黃老之術

左思十稔

晉左思字太冲少博學覽文記欲作三都賦乃詣著作郎張載訪臨邛事遂構思十稔門庭藩溷皆著紙筆遇得一句書記之后徵爲秘書監

劉惔傾釀

世說劉惔字眞長爲丹陽尹常云見何以道飲酒使人欲傾家釀何次道飲酒能温克故也

孝伯痛飲

世說王孝伯云名士不必須奇才但常無事痛飲

讀離騷可稱名士

女媧補天

淮南子云往古時四極廢九州裂列女傳云女媧煉五色石以補蒼天

長房縮地

神仙傳云費長房汝南人也旣遇仙翁隨入深山歷試諸難翁曰子可教也復使食糞糞中有蟲臭甚長房意惡之翁曰子幾得道恨於此不成遺一竹杖令長房騎之須臾至家以竹杖投葛陂化爲龍去長房得仙翁符能鞭笞百鬼及縮地脉也

季珪士首

魏志崔琰字季珪崔林論冀州人士以琰爲首

安國國器

前漢韓安國事梁孝王爲中大夫爲人多大略智足以謀當世取舍不貪財然所推舉必廉賢於己者士亦以此稱之天子以爲國器

陸玩無人

晉書陸玩拜司空時王導郗鑒庾亮相繼薨朝野憂懼以玩有德望乃遷司空玩辭不獲免旣而嘆息謂賓客曰以我爲三公是天下爲無人時以爲

眼若點漆眞所謂神仙中人也

楊寶黃雀

續齊諧記楊寶年七歲時至華陰山見一黃雀爲鴟梟所搏墜地爲螻蟻所困寶取之以歸置巾箱中採黃花飼之百餘日瘡愈旦去暮來忽一朝變爲黃衣年少持玉環一雙報曰好掌此環子孫累世爲三公寶生震漢明帝時爲太尉震生秉和帝時爲太尉秉生賜安帝時爲司徒賜生彪靈帝時爲司徒震至彪四世三公德業相繼

毛寶白龜

搜神記毛寶行於江上見漁父釣得一白龜寶贖放江中後十餘年寶守鎭邾城石虎遣二萬騎攻之城陷寶突圍出赴江脚如蹈著物視之乃昔所放龜長五六尺送至東岸遂得免焉

宿瘤採桑

列女傳宿瘤者齊東郭採桑女也項有大瘤名曰宿瘤初閔王出遊至東郭百姓盡觀宿瘤採桑如故王問曰寡人出遊少長皆觀汝不一視何也對曰妾受父母教採桑不教觀大王王曰此奇女也惜哉宿瘤女曰中心何如宿瘤何傷王大悅命後

溫宴龍山僚佐畢集時佐吏並著戎服有風至吹嘉帽墮落嘉不之覺溫使勿言欲觀其舉止如何嘉良久如廁溫令人取還之令孫盛作文以嘲嘉著於嘉座嘉還見卽荅之其文甚美

庾凱墮幘

晉庾凱參東海王越軍事時劉輿見任於越人士多爲所搆唯凱縱心事外無迹可間後以其性儉家富說越令就換錢千萬冀其有吝因此可乘越於衆坐問凱凱頽然已醉幘墮机上以頭就穿取徐答云下官家有兩千萬隨公所取輿於是乃服越甚悅因曰不可以小人之慮度君子之心

龍逢板出

論語陰嬉讖庚子之日金板剋書出地庭中曰臣族虐王禽宋均曰謂殺關龍逢之後庚子之日庭中地有此板異也龍同姓稱族虐王見殺我必見禽也

張華台坼

晉張華才識經濟阮籍見之曰王佐才也後爲司空第舍數有妖怪少子韙以中台星坼勸華遜位華不從曰天道玄遠惟修德以應耳後果遇害

董奉活燮

神傳仙董奉字君異時交州刺史杜燮遇毒死三日奉以太一散和水瀉燮口中須臾即活

扁鵲起虢

史記扁鵲姓秦名越人曾過虢虢太子死扁鵲曰臣能生之乃使弟子子陽厲鍼砥石以取外三陽五會有間太子蘇使子豹熨兩脇下太子起坐更適陰陽但服湯二旬而復故

寇恂借一

後漢寇恂爲河內太守徵爲執金吾潁川盜起車駕南征盜賊悉降河內百姓遮道願從陛下復借寇君一年乃留恂

何武去思

前漢何武爲人仁厚好進士獎稱人善然疾朋黨欲除吏先爲科例以防請托其所居無赫赫之名去後常見思也

韓子孤憤

史記韓非韓之諸公子也爲人口吃好讀書見韓之削弱數以書諫韓王不用遂作孤憤五蠹之說十餘萬言在秦秦王悅之爲李斯譖自殺

梁鴻五噫

後漢梁鴻家貧尙節介過京師作五噫之歌曰陟彼北芒兮噫顧覽帝京兮噫宮室崔嵬兮噫人之劬勞兮噫遼遼未央兮噫

蔡琰辨琴

後漢蔡琰字文姬中郎將邕之女年九歲時邕夜鼓琴絃絕琰曰第二絃邕故絕一絃以問之琰曰第四絃邕曰爾偶中耳琰曰昔季札觀風知國之存亡師曠吹律識南風之不競以此推之豈有不知也

王粲覆碁

魏志王粲博物多識問無不對觀人圍碁局壞粲爲覆之碁者不信以帊蓋局使更以他局爲之用相比校不誤一道其強記默識如此

西門投巫

史記西門豹爲鄴令問民所疾苦皆曰苦爲河伯娶婦不爲娶婦水漂人民豹曰至時來報吾亦往送女至其時豹往河上三老官屬豪長者里父老皆會其巫老女子從弟子十人皆立大巫後豹呼河伯婦視之曰是女不好煩大巫嫗爲報河伯更

求好女使吏抱大巫投河中有頃曰何久也弟子趣之凡投三弟子豹曰巫嫗女子不能白事復投三老河中豹簪笏磬折向河立良久又曰三老不還欲煩廷掾與豪長者一人趣之皆叩頭流血豹曰狀河伯留客之久若皆罷去吏民驚恐從是不敢復言河伯娶婦

何謙焚祠

晉何謙不畏神祠遇有靈廟盡皆焚之

孟嘗還珠

後漢孟嘗爲合浦太守郡不產穀海出珠寶與交

趾通商貿糴糧食前宰政貪穢珠徙交趾人物無資貧者餓死嘗到官革前獘去珠復還百姓反業商貨流通稱爲神明

劉昆反火

後漢劉昆除江陵令連年火災昆向火叩頭多能降雨止風還弘農守崤黽多虎昆至虎皆負子渡河徵爲光祿卿詔問昆在江陵反風滅火守弘農虎北渡河行何德政致此昆曰偶然耳帝曰此長者之言命書諸策

姜肱共被

後漢姜肱字伯淮與弟仲海季江並以孝友著聞每共被而寢

孔融讓果

後漢孔融字文舉四歲時與諸兄共食梨棗輙引小者人問其故答曰我小兒法當取小者由是宗族莫不奇之

端康相代

三輔決錄韋康父端徙涼州牧徵爲大僕康代爲涼州刺史時人榮之

亮騭隔坐

吳志紀騭吳主孫休時其父亮爲尚書而騭爲中書令每朝會詔以屏風隔其坐宣城記曰隔以雲母屏風

趙倫瘤怪

晉趙王倫宣帝第九子僭位爲帝後於殿上得異鳥問羣臣皆不知名累日向夕宮西有素衣小兒言是服劉鳥倫令錄小兒并鳥閉置牢室明日開視戶扃如故並失所在倫目下有瘤時人以爲妖後果誅

梁孝牛禍

前漢梁孝王文帝子也景帝初欲傳位與王袁盎等有所關說於帝王使人刺殺盎帝稍疎之王意不樂北獵梁山有獻牛足出背上王惡之病熱薨曰怙親無厭牛禍告罰

桓典避馬

後漢桓典拜侍御史執政無所回避常乘驄馬京師畏憚語曰行行且止避驄馬御史

王遵叱馭

前漢王遵爲益州刺史先是王陽爲刺史行部至九折阪歎曰奉先人遺體奈何乘此險及遵至其阪叱其馭驅之曰陽爲孝子遵爲忠臣也

鼂錯峭直

前漢鼂錯學申商刑名爲人峭直刻深爲御史大夫請諸侯之罪過削其支郡諸侯讙譁吳楚七國反以誅錯爲名竟斬東市

趙禹廉倨

前漢趙禹爲人廉倨爲吏以來舍無食客公卿相造請禹終不行報謝務在絕知友焉

亮遺巾幗

晉書蜀諸葛亮壘于渭南魏明帝遣司馬宣王爲戰宣王既與亮對陣亮設謀萬方遺以巾幗之服以激怒宣王王果怒將應以重兵辛毗杖節而立軍門宣王乃止未幾亮卒

備失匕箸

蜀先主劉備從曹公還許曹公從容謂曰今天下英雄惟使君與操耳本初之徒不足數也先主方食失匕箸本初袁紹字

張翰適意

晉張翰字季鷹齊王辟爲東曹掾因見秋風起思吳中菰米蓴羹鱸魚鱠曰人生貴適意何能羇宦數千里以要名爵乎遂命駕東歸俄而齊王敗人謂見幾

陶潛歸去

晉陶潛字淵明爲彭澤令素簡貴不私事上官郡遣督郵至縣吏白應束帶見之潛歎曰吾安能爲五斗米折腰拳拳事鄉里小人邪解印綬去縣乃賦歸去來詞後宋文帝徵求不就職

魏儲南館

魏文帝爲太子時與元城令吳質書曰每憶昔日南坡之遊馳騁北場旅食南館

漢相東閣

前漢公孫弘起徒步數年至宰相封侯起客館開東閣延賢人與參謀議

楚元置醴

前漢楚元王交高祖少弟好書敬禮申公穆生等穆生不嗜酒毎置酒常爲穆生設醴

陳蕃下榻

後漢陳蕃爲豫章太守以禮待徐穉性方峻不接賓客惟穉來時設一榻去則懸之

廣利泉湧

前漢李廣利發兵至貳師城取善馬號貳師將軍耿恭曰貳師拔佩刀刺山飛泉湧出

王霸冰合

後漢王霸從光武征王郎聞郎兵在後從者皆恐至滹沱河候吏還白河水流澌無船不可渡令霸往視霸恐驚衆還即詭曰冰堅可渡遂前比至河河冰果合乃令霸護渡未畢數騎而冰解上曰王霸權以濟事殆天瑞也

孔融座滿

後漢孔融性寬容少忌好士喜誘掖後進及退閑職賓客日盈門常曰座上客常滿樽中酒不空吾何憂

鄭崇門雜

前漢鄭崇哀帝擢爲尚書僕射數諫諍毎曳革履上曰我識鄭尚書履聲後以諫得罪上責曰君門如市又何以欲禁切主上對曰臣門如市臣心如水

張堪折轅

後漢張堪爲蜀郡及漁陽守民樂爲用帝嘗召郡吏問前後守令能否蜀計掾進曰張堪昔在蜀仁以惠下威能討姦去職之日乘折轅車布被囊而已帝歎息

周鎮漏船

世說周鎮罷臨川泊於清溪渚王導往看之時夏暴雨船狹又漏殆無坐處導曰胡威之清何以過此

郭伋竹馬

後漢郭伋爲并州牧行部到河西有童兒數百各騎竹馬於道次迎拜伋問兒曹何爲遠來對曰聞使君到故來奉迎問何日當還伋計日告之旣還

先期一日假為違信於諸兒遂止野亭須期乃入

劉寬蒲鞭

後漢劉寬為南陽守溫仁多恕吏有過者皆用蒲鞭示辱而已終不加笞

許史侯盛

前漢宣帝許皇后元帝母也元帝封后父廣漢為平恩侯其弟舜為博望侯延壽為樂成侯廣漢薨諡戴侯復封延壽子嘉為平恩侯武帝衛太子史良娣宣帝祖母也宣帝卽位而良娣母及兄恭已死乃封恭子高為樂陵侯曾為將陵侯玄為平臺侯高子丹封武陽侯

韋平相延

前漢韋賢及子玄成竝為丞相平當為丞相子晏為大司徒漢興以來惟韋平父子至宰相

雍伯種玉

搜神記羊公雍伯嘗作義漿以給行者經三年有一人就飲飲訖出懷中石子一升與之謂曰種此可生好玉并得好婦言畢不見乃種其石數歲北平徐氏有女公試求之徐氏戲云得白璧一雙當為婚公至所種石中得玉一雙以聘遂以女妻名地為玉田

黃尋飛錢

幽冥錄海陵黃尋先貧因大風雨散飛錢至其家觸蕃落者無數后富至數千萬擅名江北

王允千里

後漢王允郭林宗見而奇之曰王生一日千里王佐才也遂相友善後仕至司徒

黃憲萬頃

後漢黃憲字叔度郭林宗曰叔度汪汪若萬頃波澄之不清撓之不濁不可量也

虞駿才望

晉虞駿字思行王導嘗謂曰孔愉有公才而無公望丁譚有公望而無公才兼之者其在卿乎官未達而喪時人惜之

戴淵峯穎

世說戴淵字若思少時遊俠不治行檢常在江淮間攻剽淵既風姿峯穎雖處鄙事而神氣有異

史魚黜殯

家語衛靈公有蘧伯玉賢而不用彌子瑕不肖反任之史魚諫不從將卒命其子曰吾在朝而不能

進遽伯玉退彌子瑕是不能正君也生不能正君死無以成禮我死汝置屍牖下於我畢矣其子從之靈公弔焉怪問之其子以父言告公公愕然曰是寡人之過也命殯於客位進伯玉退子瑕孔子聞之曰古之烈諫者死則已矣未有若史魚死而屍諫忠感其君可不謂直乎

子囊城郢

左傳楚子囊將死遺言謂子庚必城郢君子謂子囊忠君薨不忘增其名將死不忘衛社稷可謂不忠乎

戴封積薪

後漢戴封爲西華令歲大旱封乃積薪卧其上以自焚火起而大雨至

耿恭拜井

後漢耿恭守疏勒城被圍城中穿井十五丈無水軍士渴乏恭乃整衣向井拜禱有頃水泉奔出吏士揚水虜以爲神遂引去

汲黯開倉

前漢汲黯武帝時爲謁者河內失火上使往視還報曰家人失火延燒不足憂河內貧人傷水旱萬餘家臣以爲便宜持節發倉廩以賑貧民臣請歸節伏矯詔罪帝釋之

馮煖折券

戰國馮煖齊人貧乏寄食於孟嘗君君遣煖收債於薛臨行問君所市何物而反君曰吾家寡有者市之煖遂至薛召諸債主悉來合券因焚其券皆稱萬歲煖遂還君問何市而返曰市義而返君曰市義若何對曰君之府藏財物盈積惟欠於義耳臣召諸債主與合券盡燒之結義而反孟嘗君喜之

齊景駟千

論語齊景公有馬千駟死之日民無德而稱焉注千駟四千匹也

何曾食萬

晉何曾性奢豪帷帳車服窮極綺麗厨膳滋味過於王者日食萬錢猶言無下箸處

顧榮錫炙

晉顧榮字彦先在洛陽與同寮飲見行炙者有異於常乃輟已炙啖之同坐悉笑榮曰豈有終日執炙而不知味後趙王倫敗榮與其難有一人救之

問其故曰我是省中受炙人

田文比飯

史記孟嘗君田文好招賢客文夜與客飲食有一人蔽火光客怒以飯爲不等輟食請辭文起持已飯比之無異客慙自刎士以此歸之

稚珪蛙鳴

南史孔稚珪字德璋齊明帝時爲南郡太守所居門庭之内草萊不剪中有蛙鳴珪曰我以此當兩部鼓吹王晏嘗鳴鼓吹候之聞羣蛙鳴曰此殊聒人耳珪曰我聽鼓吹殆不及此晏慙愧

彦倫鶴怨

南史周顒字彦倫始隱鍾山出爲剡令孔稚珪過鍾山草堂作北山移文辭曰蕙帳空兮夜鶴怨山人去兮曉猿驚

廉頗負荆

史記廉頗爲趙將藺相如爲上卿位在頗上頗曰我有攻城野戰之功相如徒以口舌而位居吾上我見必辱之相如聞之每朝常稱病不欲爭列出而望見引車避匿舍人皆交爲耻相如曰子視頗孰與秦王曰不若也相如曰以秦王之威相如廷叱之吾雖駑獨畏廉將軍哉顧念秦不敢加兵於趙者徒以吾兩人在也今兩虎共鬬勢不俱生吾所以先國家之急而後私仇也頗聞之肉袒負荆至門謝罪遂爲刎頸之交也

須賈擢髮

史記魏大夫須賈譖范雎於魏齊雎後爲秦丞相須賈肉袒膝行謝曰賈有鑊湯之罪請屏胡貉之地擢賈之髮不足以贖罪

孔翊絶書

晉先賢傳孔翊爲洛陽令置水於庭得求囑書皆投於水中一無所發

申嘉私謁

前漢申屠嘉爲丞相爲人廉直門不受私謁時鄧通愛幸居上旁怠慢嘉奏欲斬之名責通上令謝丞相乃釋之

淵明把菊

晉陶潛字淵明好學嗜酒九月九日於宅邊採菊盈把悵望久之見白衣人至乃太守王弘送酒也即就便酌醉而歸

眞長望月

晉劉惔字眞長夜在簡文座愀然歎曰清風朗月恨無玄度玄度乃高士許詢

子房取履

前漢張良字子房少遊下邳圯上有一老父衣褐至良所墮履圯下謂良曰孺子取履良愕然欲毆之見其老强爲取因以進父以足受之笑去復還曰孺子可教乃授兵法曰讀此可爲王者師

釋之結韈

史記張釋之以貲爲散騎常侍事文帝十年不得調後爲廷尉持議平天下稱之有王生者善黄老嘗召公卿盡會王生曰吾韈解顧謂釋之爲我結韈釋之跪而結之或讓王生奈何辱廷尉生曰吾老且賤自度無益於廷尉廷尉方今名臣吾故使結韈欲以重之諸公聞之賢王生而重釋之

郭丹約關

後漢郭丹從師長安買符入函谷關乃嘆曰不乘使者車不復出關後爲諫議大夫持節歸南陽果如志

祖逖誓江

晉祖逖北渡江中流擊楫而誓曰祖逖不能清中原而復濟者有如大江辭色壯烈衆皆慨嘆

賈逵問事

後漢賈逵字景伯自爲兒童常在大學不通人間事身長八尺二寸諸儒曰問事不休賈長頭後爲通儒

許愼無雙

後漢許愼字叔重博學經籍嘗撰五經異義時人語曰五經無雙許叔重

婁敬和親

前漢婁敬說高祖西都關中封建信侯時冒頓單于兵强數苦北邊上患之敬曰宜以長公主妻單于冒頓則爲子壻豈敢抗禮呂后泣曰妾唯一女奈何棄之匈奴乃使家人子爲公主妻之使敬往結和親

白起坑降

史記白起爲秦昭王將有功封武安君秦攻趙趙將廉頗堅壁不出秦使人爲反間曰秦獨畏馬服君之子趙括將耳廉頗易與趙王怒因使括代頗秦使起爲上將軍括擊秦秦軍佯敗走張奇兵劫之趙軍糧道絶秦軍射殺括四十萬人降起盡坑

之

簫史鳳臺

列仙傳簫史善吹簫秦穆公有女字弄玉以妻之教弄玉吹簫作鳳鳴鳳凰來止其室公作鳳臺夫妻止其上一旦皆隨鳳飛去故秦人作鳳女祠

宋宗雞聰

幽冥錄宋處宗嘗買一長鳴雞著聰間後雞作人語與處宗談論終日不輟因此功業大進

王陽囊衣

前漢王吉字子陽世名清廉祿位彌隆自奉養極鮮明及遷徙所載不過囊衣不積餘財天下服其廉而怪其奢故俗傳王陽能作黃金

馬援薏苡

後漢馬援在交趾常餌薏苡實能輕身省慾以勝瘴氣援欲以為種軍還載之卒後人譜之者以前所載皆明珠文犀吳祐傳祐父恢為南海守欲殺青簡以寫書祐乃進諫曰昔馬援以薏苡興謗王陽以囊衣要名

劉整交質

南史劉整兄寅卒其子在整壁停住整就兄妻范求米范未還整怒自取范車帷為質范詣臺訴御史任昉論曰昔人睦親衣無常主整之撫姪食有故人何不能折券鍾庾而禮帷交質人之無情一何至此

五倫十起

後漢第五倫字伯陽或問倫有私乎倫曰兄子嘗病一夜十起退即安寢吾子有疾雖不省視而竟夕不眠以此量之可謂無私乎

張敞畫眉

前漢張敞字子高為京兆尹以經術自輔其政頗雜儒雅然無威儀罷朝會走馬章臺街又為婦畫眉長安中傳張京兆眉

謝鯤折齒

晉謝鯤字幼輿不修威儀能清歌鼓琴鄰家高氏女有美色鯤嘗挑之女投梭折其兩齒時人語曰任達不已幼輿折齒鯤聞之傲然長嘯曰猶不廢我嘯歌

盛彥感蠐

晉盛彥母因疾失明婢取蠐螬炙飴之母食以為美密藏以示彥彥見之抱母慟哭絕而復蘇母目

豁然朗開

姜詩躍鯉

後漢姜詩事母至孝母好生魚及江水其妻取水不及時詩乃棄妻妻寄鄰家常作鱠倩鄰母送之詩感之乃呼妻還舍中庭忽有湧泉味如江水水中毎日躍出鯉魚一雙其孝感如此

宋資主諾

後漢范滂字孟博汝南守宋資請爲功曹郡中謠曰汝南太守范孟博南陽宋資但主諾至今傳之

成瑨坐嘯

後漢岑晊字公孝南陽人太守成瑨請爲功曹郡人謠曰南陽太守岑公孝弘農成瑨但坐嘯

伯成辭耕

莊子堯治天下伯成子高立爲諸侯堯授舜舜授禹子高辭諸侯而耕

嚴陵去釣

後漢嚴光字子陵少與光武同學光武即位乃變姓名隱身不見後齊國上言有一男子披羊裘釣澤中帝疑其光聘至除諫議大夫不屈乃耕於富春山後人名釣處爲嚴陵瀨

董遇三餘

後漢董遇有從學者遇不肯教云讀書百遍其義自見學者苦渴無日遇言當以三餘冬者歲之餘夜者日之餘陰雨者時之餘

譙周獨笑

蜀志譙周耽古篤學家貧未嘗營產業誦讀典籍欣然獨笑以忘寢食遂研精六經

將閭仰天

史記秦公子將閭兄弟三人囚於後宮二世使使謂將閭曰公子不臣罪當處死使將法焉將閭曰朝廷之禮敢不從賓廊廟之位未嘗失節何謂不臣使者曰臣不得與謀將閭仰天大呼者三兄弟皆拔劍而自殺

王凌呼廟

晉王淩謀廢齊王乃詐請發兵以討吳人司馬宣王知其計自帥中軍汎舟到其城淩計無所出面縛水次王即以淩歸京師道經賈逵廟淩呼曰賈梁道王淩是大魏忠臣惟爾有靈知之遂飲鴆而死

二疎散金

前漢疏廣爲太子太傅兄子受爲少傅朝廷以爲榮後廣謂受曰知足不辱知止不殆功成名遂身退天之道也父子遂乞骸骨上許之賜金二十斤太子贈五十斤公卿故人設祖道供帳東都門外送車數百乘旣歸鄉具酒食散金與鄉黨宗族共享其賜

陸賈分橐

前漢陸賈有口辯時尉佗平南越因自王之高祖使賈賜佗印綬佗箕踞見賈賈因說佗佗蹶然起謝稱臣送賈橐中裝直千金歸報帝大悅拜賈太

中大夫後病免歸家有五男乃出越橐分五子各二百金令爲生產

慈明八龍

魏志荀爽字慈明兄弟八人並有名稱時人謂八龍潁川爲之語曰荀氏八龍慈明無雙後累徵拜九十五日而登司空

禰衡一鶚

後漢禰衡少有才辯孔融上書薦之曰鷙鳥累百不如一鶚

不占殞車

韓詩外傳陳不占聞崔杼弑齊莊公往救之食則失哺乘則失轡馳至公門聞戰鬭之聲怖懼殞車而死

子雲投閣

前漢揚雄字子雲少好學不爲章句王莽誅甄豐父子投劉歆子棻於四裔時雄校書天祿閣上辭所連及使者欲收雄雄恐不免乃從閣自投下幾死莽聞曰雄素不預事遂赦之京師語曰惟寂寞自投閣

魏舒堂堂

晉魏舒武帝嘗曰魏舒堂堂人之領袖也代山濤爲司徒初舒少孤爲外家甯氏所養甯氏起宅相者云當出貴甥舒乃曰當爲外氏成此宅相

周舍鄂鄂

史記晉大夫趙簡子有臣曰周舍好直諫及舍死簡子毎聽朝常不說諸大夫請罪簡子曰大夫無罪吾聞千羊之皮不如一狐之腋諸大夫朝徒聞唯唯不聞周舍之鄂鄂是以憂也

無鹽如漆

列女傳鍾離春者齊無鹽邑之女宣王正后也極

醜無雙臼頭深目長指大節昂鼻結喉肥項少髮折腰出胸皮膚若漆年四十無所容身衒嫁不售乃拂拭短褐詣王願備於後宮之掃除王召見用其言遂拜爲后而齊國大安

姑射若冰

莊子藐姑射之山有神人肌膚若冰雪綽約若處子

邾子投火

左傳邾子在門臺臨廷閽以瓶水沃廷邾子望見怒閽曰夷射姑旋焉命執之弗得滋怒自投于床廢于鑪炭身爛遂卒杜預曰旋小便也廢墮也

王思怒蠅

魏畧王思性急嘗執筆作書蠅集筆端驅去復來思怒起逐蠅不得還取筆擲地而蹈壞之

苻朗皂白

晉苻朗堅從子爲青州刺史善別味食鵝肉知皂白色食雞肉知雌雄也

易牙淄澠

列子易牙齊大夫善聞味辨淄澠二水但嘗而知之也

周勃織畚

前漢周勃其先秦人徙沛以織畚爲生常以吹簫給喪事材官引強高祖起勃以中涓從攻戰以功封絳侯其後乃爲丞相

灌嬰販繒

前漢灌嬰睢陽販繒者也從高祖征伐有功封潁陰侯文帝時代周勃爲丞相

馬良白眉

蜀志馬良字季常眉中有白毫兄弟五人並有才名時人語曰馬氏五常白眉最良

阮籍青眼

晉阮籍字嗣宗能爲青白眼見凡俗之人以白眼對之見才思之士以青眼對之遭母喪嵇喜來弔籍作白眼喜不懌而退喜弟康賫酒挾琴造之籍乃作青眼由是禮法之士疾之若仇

黥布開關

前漢黥布姓英氏少時客相之當刑而王及壯坐法黥布笑曰當刑而王幾是乎聚兵數千屬項梁項羽引兵西至關不得入乃使布等從間道破關下軍遂得入至咸陽布爲前鋒羽立爲九江王後

乃歸漢封淮南王

張良燒棧

前漢張良漢王往漢中良辭歸王送至褒中良因説漢王燒絕棧道以備諸侯盜兵亦示項王無東意

陳遺飯感

南史宋初陳遺爲郡吏母好食鐺底焦飯遺常帶一囊每煑食輒錄其焦以貽母後戰敗逃竄常帶焦飯自隨以此遂得活時人以爲純孝之報也

陶侃酒限

晉陶侃母湛氏賢明有法侃每飲酒有定限常歡有餘而酒限已竭佐吏殷浩等勸更少進侃答曰年少曾有酒失亡親見約不敢踰也

楚昭萍實

家語楚昭王渡江江中有物大如斗圓而赤直觸王舟舟人取之王問羣臣莫能識使使聘魯問孔子孔子曰此萍實也可剖食之惟覇者獲焉使者返王遂食之大美久之又使使問孔子何以知之曰余昔之鄭過陳之野聞童謡曰楚王渡江得萍實大如斗赤如日剖而食之甜如蜜是以知之也

束晳竹簡

晉束晳博學多聞有人於嵩高山下得竹簡一枚上兩行科斗書傳示莫知者張華以問晳晳曰此漢明帝顯節陵中策文也撿驗果然時人伏其博識矣

曼倩三冬

前漢東方朔字曼倩上武帝書曰臣少失父母長養兄嫂年十三學書三冬文史足用十五學擊劍十六學詩書十九學孫吳兵法

陳思七步

世説魏文帝嘗令陳思王七步作詩如不成當行法卽應聲曰煑豆燃豆萁豆在釜中泣本是同根生相煎何太急帝有慙色陳思王曹子建也

劉寵一錢

後漢劉寵還會稽太守徵爲將作大匠山陰縣有五六老叟自若耶山谷間出人齎百錢以送寵寵謝之各爲選一大錢受之人號一錢太守其清如此

廉范五袴

東觀漢記廉范字叔度爲蜀郡太守舊制禁民夜

作以防火災范乃廢前令嚴使儲水百姓爲便歌曰廉叔度來何暮不禁火民安作平生無襦今五袴

范毓字孤

晉范毓奕世儒素敦睦九族時人號其家兒無常母衣無常主

郗鑒吐哺

世說郗鑒值永嘉亂窮餒鄉人以鑒名德共飯之時兄子邁外甥周翼竝小鑒獨往食訖載飯兩頰還吐與二兒後竝得存

荀弟轉酷

晉荀晞字道將爲兖州刺史從母老有一子坐小事晞杖節斬之既而素服哭之甚哀曰殺卿者兖州刺史哭弟者荀道將後爲青州刺史日加斬戮流血盈川號曰屠伯晞之弟純復領青州刑殺尤甚於晞百姓號小荀酷於大荀

嚴母掃墓

前漢嚴延年遷河南太守務摧折豪强扶助貧弱冬月傳屬縣會囚論府上流血數里河南號曰屠伯其母從東海來見報囚大驚因責延年不聞仁愛教化多刑殺以立威天道神明人不可獨殺我不意當老見壯子被刑戮遂東歸掃墓地以待之歲餘延年果坐棄市

洪喬擲水

晉殷羨字洪喬爲豫章太守臨去都下人士因寄書者百餘函行次石頭悉擲水中祝曰沉者自沉浮者自浮殷洪喬不爲置書郵

陳泰掛壁

魏志陳泰爲并州刺史加振威將軍持節護匈奴中郎將京邑貴人多寄寶貨因泰市奴婢泰皆掛之於壁不發其封及徵爲尚書乃悉以還之

王述忿狷

晉王述性急嘗食雞子以筯刺之不得大怒擲地圓轉不止乃下地以履碾之又不得嗔甚取內口中嚙破吐之王右軍聞而大笑曰使東海性尤無一毫可論況藍田邪述父承東海太守

荀粲惑溺

世說荀粲字奉倩夫婦至篤冬月婦病熱荀粲乃出中庭自取冷還以身熨之婦亡奉倩歲餘亦卒粲別傳曰粲以婦人才智不足論自宜以色爲主

驃騎將軍曹洪女有美色粲聘焉專房婉娩歷年後婦亡傅瑕往吊粲不哭而神傷瑕問曰婦人才色並茂爲難子遺才而好色此自易遇何哀之甚粲曰佳人難再得逝者不能有傾國之色未可謂之易遇痛悼不已歲亦卒

宋女愈謹

列女傳宋女者鮑蘇妻也養姑甚謹蘇仕衞三年而別娶妻宋女養姑愈謹問鮑不輟賂遺外妻甚厚君子莫不言宋女謙而知禮

敬姜猶績

列女傳魯季敬姜莒女也穆伯之妻文伯之母也文伯退朝敬姜方績文伯曰以歜之家而主猶績其以歜爲不能事主乎

鮑昭篇翰

南史鮑昭字明遠文辭贍速宋文帝以爲中書舍人帝好文章自謂人莫能及昭悟其旨爲文多鄙言咸謂昭才盡實不然也嘗賦其詩曰十五諷詩書篇翰靡不通

陳琳書檄

魏志陳琳字孔璋善書檄曹操秉政南陽張綉反操令琳作檄操苦頭風見檄遂愈賜琳束帛

浩浩萬古

言此書自史記至晉宋子史搜神列異諸書蓋百千萬卷也

不可備甄

言古人窮一經猶造皓首況此書甄擇豈能全備也

芟煩摭華

言今人以有限之才讀無涯之書恐唇腐齒落終難悉記所以芟夷煩亂採摭精華易於觀覽

爾曹勉旃

言此書之出冀爾曹於螢牕雪案朝夕披尋幾爲有益也

蒙求卷之下終

唐李瀚著蒙求三卷采摭經傳故實隸以韻語又自
註出處於下簡而不遺以便童蒙迨宋徐子光爲之
補註第原書欲簡而易記而今乃爲繁間或濫及他
事恐非瀚本意人喜其詳也自補註出而原本佚余
獲古鈔本無補註乃其原本矣傳寫之久譌謬匪尠
然亦秘笈也今活字刷印收之叢書中或目猶乎徐
本之增多而病原本之簡省是則買菜傭之見耳題
曰古本蒙求以別通行本文化三年龍集丙寅九月
三日天瀑山人識

蒙求

提要

《蒙求》一卷，元吴化龍撰，清光緒八年（一八八二年）佚存叢書（日本林衡輯）木活字本。每半葉十行二十字，白口，單魚尾，左右雙邊。此書亦名《左氏蒙求》。前有天瀑山人自朱彝尊《經義考》所輯戴表元序。是書又稱《左氏蒙求注》，舊名《左傳比事》，取《春秋左氏傳》之義，按類對偶，編為四字韻語。清許乃濟、王慶鱗注，言簡意達，便於童子習讀。

左氏蒙求序

戴表元撰

吳伯秀爲鄉校諸生時予與之寒同枕饑同竈比試於有司亦同業也然予性遲每得有司命題輒勉強營度至移晷刻不能辨囘視伯秀引筆書卷滔滔十已成五六矣又當是時學徒如林問疑請益者八面而坐人人得所欲越幾日榜出伯秀嵬然占㙇上游諸問疑請益者班班選中余甚慙而慕之以爲爲儒不當如是邪別十年予自大學成進士伯秀亦階鄉舉收禮官之科各相慰勞滿意年齒亦皆壯強自度

非碌碌必將有所著見於時既而皆失官家居流落顛頓積二十年顏蒼髮枯皆欲成老翁於是予始悔其舊業謀以筋力之勞辨治衣食尋計曰種樹書陶公養魚法之類而習之顧此事亦非旦暮可就徒失之而已而伯秀學益堅識益深風節益峻乃方闔門下帷躬少年書生之事取數千年興亡之說賢否之迹皆細理纂緝成一家言惟左氏傳自其少時即已精熟蓋嘗取義類對偶之相洽者韻爲蒙求以便學余讀之如斲泥之斤鳴鏑之射百發百返而不少差噫乎異哉夫人之材力相去果若是遠乎伯秀蒙求成於左氏傳又有筆記通纂於毛氏詩又有集彖等書次第皆且脫稿余雖坐前累不可望有所進抑攘臂於勇夫之旁垂涎於他人之餘意氣固未已也伯秀名化龍今又字漢翔云

右序從朱錫鬯經義考錄補庚申杪冬月吉天瀑記

左氏蒙求

元 吳化龍 撰

平王遷都　隱公攝位 元年
宋魯屢盟 桓十二　周鄭交質 隱三
州吁無親 隱四　叔段不義 隱元
桓公問名 桓六　羽父請謚 隱八
晉啟南陽 僖二十五　許居東偏 隱十一
文指白水 僖二十四　莊誓黃泉 隱元
會宴折俎 宣十六　宿饗加籩 昭六
楚人謀徙 文十六　邾公卜遷 文十三

魯隱觀魚 隱五　○衛懿好鶴 閔二
鄭伯肉袒 宣十二　許男面縛 僖六
韓子見禮 昭二　季札觀樂 襄二十九
南風不競 襄十八　楚氛甚惡 襄二十七
伯宗好直 成十五　處父以剛 文五
庸取姑蔑 哀十三　光呼餘皇 昭十七
宣子嘉樹 昭二　欒氏甘棠 襄十四
懿卜鳴鳳 莊二十二　獻篋刲羊 僖十五
豹畏丹書 襄二十三　殖懼藏策 襄二十
昭子去魂 昭二十五　原叔奪魄 宣十五

輿誦疑晉 僖二十八　童謠奔虢 僖五
彌成一隊 襄十　熊當五百 哀十六
定就盈數 莊十六　魏啟大名 閔元
商臣蠭目 文元　越椒豺聲 宣四
子卬握節 文八　仲由結纓 哀十五
駟陳卿服 哀五　圍爲王旌 昭七
考叔純孝 隱元　叔向遺直 昭十四
郭重何肥 哀二十五　蘧馮甚瘠 襄二十一
齊子仕楚 僖二十六　晉卿在狄 文十三
魯人始髽 襄四　晉侯遂壘 僖三十三

楚不京觀 宣十二　○魯乃武宮 成六
敖轅敗北 宣十二　鼉馬欲東 襄十四
碏諫以義 隱三　突教之忠 僖二十三
州邢欒勇 襄二十一　殖郭齊雄 襄二十一
申儆興楚 宣十二　教訓霸越 哀元
壺飧舉衰 僖二十五　檮鎑起鈌 僖三十三
椒滅若敖 宣四　石喪羊舌 昭二十八
札願附義 襄十四　臧敢失節 襄十四
衛公宵濟 閔二　吳子夕遷 哀八
魯盤莒鐘 襄十二　宋門鄭椽 桓十四

風祀大皞僖二十一　蓼祖庭堅文五
趙舍溫縣昭三　郤爭鄇田成十一
虞虢輔車僖五　魯齊脣齒襄八
舒病夏姬宣十　蒯羞南子定十四
衛獻皮冠襄十四　楚靈翠被昭十二
鬬秦利晉僖三十　瘠魯肥杞襄二十九
陳哀桓大莊二十二　姜弱嬀昌昭三
驪姬猶臭僖四　燕姞蘭香宣三
吳爲蛇豕定四　晉乃虎狼文十三
獻楯執樂定八　與馬歸唐定三

楚師六間成十六　晉國三殆昭四
段蔓難圖隱元　霄莠猶在襄十三
鄭人相驚昭七　楚國大駭昭十三
狄具四姦僖二十四　酈有五罪宣十五
哀姜哭市文十八　穆嬴啼朝文七
絳獻虞箴襄四　革誦祈招昭十二
舉聲相善襄二十六　荀先同寮文七
築謳國父襄十七　輿彌鄭僑襄三十
陳生賄政襄十　叔魚鬻獄昭十四
胥遂逃賞定五　推不言祿僖二十四

魯欲焚巫僖二十一　齊將誅祝昭二十
韓起請環昭十六　子罕辭玉襄十五
宋人逐狗襄十七　晉侯嗾獒宣二
趙辭玉獻昭元　吳徵百牢哀七
單子視下昭十一　屈瑕趾高桓十三
齊師滅譚莊十　晉侯圍曹僖二十八
成作丘甲成元　哀用田賦哀十二
衛文帛冠閔二　楚敖蓽路宣十二
尹論人等昭七　卜言日數昭五
州公不復桓五　紀侯大去莊四

晉祀夏郊昭七　衛饗帝丘僖三十一
褚師韈席哀二十五　良夫袒裘哀十七
右師言疾成十五　趙孟語偷襄三十一
儋括足高襄三十　鄭伯視流成十六
哀誄尼父哀十六　肥思子贛哀二十七
懷子多士襄二十一　虢公無眾莊二十七
盧姜止舍襄二十八　雍姬告仲桓十五
齊致玉磬成二　燕賂瑤甕昭七
祁奚舉讎襄三　石碏滅親隱四
慶封又富襄二十八　伯張能貧襄二十二

衛公農訓閔二　晉侯教民僖二十七
宋證於鬼定元　虢聽于神莊三十二
建母召吳昭二十三　武姜襲鄭隱元
喜先賜謚昭二十　仲豫歸賵隱元
乞終不言哀十六　楊遂致命宣十五
童攻三郤成十七　黃愬二慶襄二十三
鷁過宋都僖十六　鳥鳴亳社襄三十
瑩避桑林襄十　豹辭肆夏襄四
子皙委禽昭元　高固反馬宣五
鬭莬夢中宣四　芮棄堤下襄二十八

龍見絳郊昭二十九　蛇鬬鄭門昭十九
隨季梁在桓六　虞之奇存僖二
襄作楚宮襄三十一　輒效夷言哀十二
賜玉孟諸僖二十八　投吳陸渾昭十七
楚弗祭河哀六　齊欲禳彗昭二十六
景有內寵昭二十　厲多外嬖成十七
懷背秦施僖三十三　文思楚惠僖二十八
周班後鄭桓十　晉盟先衛定四
靈輒舍肉宣二　考叔遺羹隱元
杞子掌管僖三十二　謝息挈餅昭七

晉人拔舍僖十五　包胥哭庭定四
奇將不聽僖二　鮒何能行襄二十一
慶盧易內襄二十八　祁鄔通室昭二十八
晉舍退三僖二十八　齊師借一成二
札哭以待昭二十七　家踊而出宣十八
鄭非齊耦桓六　秦本晉匹僖二十三
庚輿試劍昭二十三　夷皐觀丸宣二
樂鮒求帶昭元　范鞅請冠昭二十三
鄭貴七穆襄二十六　魯患三桓哀二十七
晉悼始命成十八　楚康能官襄十五

齊疥遂痁昭二十　晉疾如蠱昭元
華耦辱先文十五　籍談忘祖昭十五
示信伐原僖二十七　率義圍鼓昭十五
墨辦勾龍昭二十九　郯識農扈昭十七
虢憂龍尾僖五　蔡忌豕韋昭十一
楚成章華昭七　晉築虒祁昭八
六卿請賦昭十六　七子言詩襄二十七
趙武多文襄二十七　子產有辭襄三十一
晉廟安于定十四　衛室達子定十四
嬴辭子圉僖二十二　姜遺重耳僖二十三

晉國和乎 僖十五　魯人悲矣 襄二十八
僑將爲除 昭十八　吉使無毀 昭十二
靈輒倒戟 宣二　孫尨取旗 哀二
簡子問禮 昭二十五　叔侯論儀 昭五
潛軍敗燕 隱五　羸師誘隨 桓六
綽矢夾脰 襄十八　顏射中眉 定八
五戰入郢 定四　三敗及韓 僖十五
晉絕駒支 襄十四　齊滅鄋瞞 文十一
甯納橐饘 僖二十八　陳逆肉潘 哀十四
桓公守備 桓十七　宣叔繕完 成元

郈雞金距 昭二十五　宋馬朱尾 定十
臧服不衷 僖二十四　慶車甚美 襄二十七
子干無人 昭十三　重耳有士 僖二十三
內蛇外蛇 莊十四　新鬼故鬼 文二
三覆誘吳 襄十三　七遇驕庸 文十六
梁命新里 僖十八　宋城舊鄘 昭二十一
魯反大屈 昭七　鄭鑄三鍾 僖十八
因醉殲戍 莊十七　乘飲敗戎 文十七
蹇叔哭師 僖三十二　公孫歌殯 哀十一
史墨答趙 昭三十二　師曠對晉 襄三十

囊瓦不仁 定四　子木無信 襄二十七
魏不從亂 宣十五　宋始用殉 成二
荀寅法姦 昭二十九　鄭伯效尤 莊二十一
楚師授孑 莊四　魯戰用矛 哀十一
偃請勤王 僖二十五　舒令城周 昭三十二
拳兵楚子 莊十九　軫唾晉侯 僖三十三
燕人不虞 隱五　莒子無備 成九
孟陽居牀 莊八　丑父易位 成二
瓜衍賞會 宣十五　先茅命季 僖三十三
欒敗鹿門 昭十　胥死羊肆 襄三十

晉立趙武 成八　楚復克黃 宣四
虎母生禍 襄二十一　夏姬不祥 成二
魯莊刻桷 莊二十四　晉靈彫牆 宣二
生佗黜僕 文十八　愛段惡莊 隱元
莒城亦惡 成九　郢守已小 昭二十三
穆懼滅江 文四　臧哀伐蓼 文五
晉夢黃熊 昭七　楚占赤烏 哀六
齊史言罪 昭二十　隨祝舉矯 桓六
曹人夢彊 哀七　穆伯志牛 昭四
陳堙鄭井 襄二十五　秦毒涇流 襄十四

晏子憂齊襄二十三　大叔閔周昭二十四
城諞犀甲宣二　國誦狐裘襄四
陽州名子定八　干畝命弟桓二
閻没置饋昭二十八　犪咺進醴哀十一
曹人致餼桓十四　魯公饋米僖二十九
晉守唐法昭二十九　魯秉周禮閔元
提中楯瓦昭二十六　椒及鼓跗宣四
簡子伏弢哀二　張侯援枹成二
靈右伯輿襄十　匡叛孫蘇文十四
越使罪人定十四　吳用囚徒昭二十三

僖恥懸胄僖十二　吳憾取屨定十四
東郭哲幘定九　郤至跗注成十六
何對牢禮哀七　仲答羽數隱五
六卿命服襄十九　三帥先路成二
趙且視蔭昭元　駟不俟河襄八
董蒲勝旣定十二　宋兕尙多宣二
士魴易秦襄十一　屈瑕小羅桓十三
起視旗彊昭二　服枏轂難文元
穆子名仇桓二　惠男曰圉僖十七
董狐罪盾宣二　齊史書杼襄二十五

叛名齊豹昭三十一　盜書陽虎定八
忽無大援桓十一　桓有內主昭十三
成季名友閔二　唐叔曰虞昭元
齊罪鮑牽成十七　鄭治强鉏莊十六
秦師小芮桓四　魯衆畀邾僖二十二
趙鞅作器昭二十九　子產鑄書昭六
文伯對日昭七　申豐論雹昭四
武子求禮定十六　孟僖講學昭七
趙珠一簞哀二十　晉玉五轂莊十八
圍犖蓋門莊三十二　子之援桷襄二十八

吳歸景伯哀十三　狄舍史龍閔二
楚尹城郢昭二十三　梁伯溝宮僖十九
札見南籥襄二十九　曠歌北風襄十八
閽殺蔿掩襄三十　郄害伯宗成十五
穆伯爭娶文七　子哲强聘昭元
癸惡識宗襄二十八　崔不辨姓襄二十五
秦伯增德文二　隨侯修政桓六
揚干亂行襄三　宋公違命文十
萬輦乘車莊十二　虎載葱靈定九
三子伐鄭僖三十　二禮仕邢僖二十四

元請交贄成十二　戍欲弭兵襄二十七
秦師無禮僖三十三　楚政有經宣十二
圍郤野賜昭元　弓辭郊勞昭二
慶鄭去滓僖十五　欒鍼掀淖成十六
晉庇衞賊昭七　魯賞邾盜襄二十一
伯魯不學昭十八　叔段失教隱元
秦朱當御襄二十六　鄭黑辭行襄二十九
岡山用隱昭十一　次雎執鄫僖十九
周郤請隧僖二十九　衞許假纓成二
鄭未可間僖七　晉難與爭成三

羔不踐難哀十五　嬰焉得死襄二十五
閔速莊禘閔二　文躋僖祀文二
胥攻大族成十七　蔿去富子莊二十三
子良獨憂宣九　伍員不喜哀十一
羅稱姻妾哀十五　克冒婦人成十七
皐皮犯宋莊十　虎皮奔陳僖二十八
石言于晉昭八　神降於莘莊二十八
臧惡無禮文十八　蔑嫉不仁襄二十五
虞祀豐潔僖五　隨牲肥腯桓六
昭執伍奢昭二十　懷殺狐突僖二十三

子西卵翼哀十六　申叔肉骨襄二十二
宋文蜃炭成二　敬嬴葛茀宣八
滕薛爭長隱十一　晉楚相先襄二十七
晉厲踊地成十　衞人叫天哀十七
宗魯斷肱昭二十　由于中肩定四
遷桃取成昭七　與州易原昭七
楚成不瞑文元　荀偃猶視襄十九
子期盟心定四　孟任割臂莊三十二
儀歎如棋襄二十五　悼言巽器哀六
圭嬀亞宋襄十九　杜祁次季文六

奄唁臧堅襄十七　優盟拳彌哀二十五
齊遜孟速襄十六　札避子期哀十
齊使諸姜襄二十二　楚取二姬僖二十二
豹誦相鼠襄二十七　封昧茅鴟襄二十八
狐庸通路襄三十一　荀息假道僖二
獻子戴首襄十八　晉侯盬腦僖二十八
鄭旱伐木昭十六　魯火去稾哀三
無忌遜立襄七　崔成請老襄二十七
公怒黿鼎宣四　斟懷羊羹宣二
遺室孔姞哀十一　文妾懷嬴文六

楚武已蕩 莊四　吳王易盈 哀十二
宋欲役薛 定元　魯請屬鄫 襄四
齊侯侵蔡 僖四　莒人入向 隱二
趙鞅自伐 哀二　范匄能讓 襄十三
僑幕九張 昭十三　虎幣百兩 昭十
定合昭墓 定元　隱改惠葬 隱元
衛命子輒 哀二　晉立州蒲 成十
魯無梁矣 哀十三　蕭有麴乎 宣十二
齊營班馬 襄十八　楚幕有烏 莊二十八
求酒譖僖 哀十六　乞肉怒邾 定三

齊莊賜冠 襄二十五　陳靈衷服 宣九
秦人入鄀 文五　楚子滅六 文五
鄭盟石門 隱三　宋會瓦屋 隱八
齊怒公拜 哀十七　晉懼君辱 襄三
鄭禳同祿 昭十八　晉卜臺駘 昭元
蹇未已拱 僖三十二　胥櫝可材 哀十一
滕成多涕 襄三十一　魯昭不哀 襄三十一
子頹樂禍 莊二十　晉人幸災 僖十四
魏子與戊 昭二十八　祁奚舉午 襄三
聲必復椒 襄二十六　申能興楚 定四

文覇一戰 僖二十七　悼興三駕 襄九
張病猶御 成二　高偃且射 定八
洩爭路服 昭四　懷改璵璠 定五
術怨大叔 襄二十六　厲憾原繁 莊十四
賜不幸中 定十五　竈亦多言 昭十八
范乘婦輦 襄二十三　盈載勝藩 襄二十三
邾執玉高 定十五　晉受瑞惰 僖十一
桓日官失 桓十七　哀司歷過 哀十二
子猶受幣 昭二十六　無極取貨 昭二十一
趙言可弔 昭八　吉稱將賀 昭八

吳末楚革 定四　鄭車戎徒 隱九
僖四卜郊 僖三十一　昭再書雩 昭二十五
烏枝用劔 昭二十一　魏舒毀車 昭元
胥代舊門 襄二十三　餘襲高魚 襄二十六
鄭徙主祏 昭十八　魯藏象魏 哀三
高固賈勇 成二　冉猛客氣 定八
欒死爲福 成十七　簡囚乃幸 僖十五
晉侯請隧 僖二十五　楚子問鼎 宣三
三國析郜 襄十三　七縣分祁 昭二十八
商人貸施 文十四　宋鮑饋詒 文十六

陳桓施貧 昭三　子罕貸饋 襄二十九
鞏簡用遠 定元　單獻任羇 昭七
文尙無害 定十三　鼷猶可免 襄十四
師蘇負羈 僖二十八　尹炮御宛 昭二十七
魯士傳乘 莊九　鄭御踞轉 襄二十四
子尾欺晉 昭三　公爲誣衍 昭二十九
晉返汶陽 成二　齊歸龜陰 定十
姒用季櫝 襄四　姜取穆琴 襄二
緩察膏肓 成十　和辨蠱淫 昭元
滎叔歸賵 文五　毛伯求金 文九

欒鮒求貨 昭元　魏子辭賄 昭二十八
大戎小戎 莊二十八　叔隗季隗 僖二十三
愛何爲邑 襄三十一　惡溯投宰 哀五
速視瞶顧 定十四　踁聽婼欵 昭二十四
會問殺烝 宣十六　閔辭形鹽 僖三十
莊厚共叔 隱元　桓寵秦鍼 昭元
魏子不足 昭二十八　虞公無厭 桓十
秦師夜遁 文十二　午鼎宵熸 定十
衞食至旰 襄十四　齊飲繼夜 莊二十二
天震夷廟 僖十五　人火宣榭 宣十六

左氏蒙求

具車執餘 襄二十七　負甲襲鼓 昭二十二
孫子巢燕 襄二十九　齊侯宄鼠 襄二十三
崔杼兼室 襄十九　衞疾二妻 哀十一
晉軍夾泜 僖三十三　楚師背酅 僖二十八
旝動奔陳 桓五　旗靡逐齊 莊十
吳居甬東 哀二十二　越保會稽 哀元
魯繹去籥 宣八　晉飲徹酒 昭九
昭萬二八 昭二十五　襄射三耦 襄二十九
虞下嬰妻 襄二十五　陳舍賈母 襄二十五
晉猶瘠牛 昭十三　吳譬瘈狗 哀十二

三卿相惡 成十六　三帥專行 宣十二
姜搆急子 桓十六　姬譖申生 僖四
晉復林父 宣十二　秦用孟明 文三
泉宮蛇妖 文十六　文柩牛聲 僖三十二
信會老桃 隱十　桓盟北杏 莊十三
秦使目動 文十二　晉客容猛 昭十七
晉霸遂失 定四　齊人始貳 襄十四
夷吾無禮 僖十　晉景不義 僖十四
晉傳及絳 定十三　魯柝聞邾 哀七
紡麻報莒 昭十九　漚菅導吳 哀八

佩裘止蔡定三　寶劍奔虞桓十
衛子婦人哀二　武叔丈夫哀十一
子元魚麗桓五　鄭翩鸛陳昭二十一
綾小寡謀桓十二　戎輕務進隱九
文不告朔文六　襄再失閏襄二十七
員言報楚定四　豹請代晉僖十三
屯蔡九日哀元　城沂三旬宣十一
昭使望氛昭二十　僖命書雲僖五
子西掩面哀十六　司馬藏身定四
曹疆獻雁哀七　鉏商獲麟哀十四

左氏蒙求終

左氏蒙求跋

吳化龍左氏蒙求一卷朱彝尊以爲佚而此間有刊本行焉第其每句夾注某公某年者恐係後人所攙然是冊原不過供童蒙之求故姑存以便檢尋刊本改題曰左傳比事今復其舊名化龍元人以爲明人者誤庚申涂月五蓂天瀑識

群書治要（二）

提要

《群書治要》四十七卷，原五十卷，闕三卷，唐魏徵及虞世南、褚遂良奉敕編，日本尾張刊本。每半葉九行十八字，小字雙行，白口，單魚尾，版心上書『群書治要』，魚尾下書卷數及葉數。前有林信『校正群書治要序』、『刊群書治要考例』、魏徵序，末有張國校督學臣細井德民『刊群書治要考例』，次目錄。此書取材於六經、四史、諸子百家，『上始五帝，下迄晉年』，以『務乎政術，存乎勸戒』為宗旨，采摭一萬四千多部、八萬九千多卷古籍，於貞觀五年（六三一年）編成，計六十五部，約五十餘萬言。

校正羣書治要序

古昔聖主賢臣所以孜孜講求莫非平治天下之道皆以救弊于一時成法于萬世

外此豈有可觀者哉但世遷事變時換勢殊不得不因物立則視宜創制是以論說之言日浩撰著之文

月繁簡樸常寡浮誕漸勝其綱之不能知而況舉其目乎此書之作蓋其以此也先明道之所以立而後

知政之所行先尋教之所以設而後得學之所歸自典誥深奧訖史子辯博諸係乎政術存乎勸戒者舉

而不遺罷朝而不厭
其淆亂閉室而不煩
其尋究誠亦次經之
書也我
朝承和貞觀之間致重

雍龢熙之盛者未必
不因講究此書之力
則凡君民臣君者非
所可忽也
尾公有見于斯使

世子命臣僚校正而
上之木又使余信敬
序之惟信敬弱而不
敏如宜固辭者而不
敢者抑亦有故也羣

書治要五十卷五十
卷內闕三卷
神祖遷駿府得此書惜
其不全命我遠祖羅
山補之三卷內一卷

今不傳今
尾公此舉上之欲君
民者執以致日新之
美下之欲臣君者奉
以贊金鏡之明為天

下國家基昇平之愈
久遠心曠度有不可
勝言者也信敬願事
亦知遠祖所望信敬
是所以奉　命不敢
辭也

天明七年丁未四月

朝散大夫國子祭酒林信敬謹序

刊羣書治要考例

謹考

國史承和貞觀之際

經筵屢講此書距今殆千年而宋明諸儒無

一言及者則其亡失已久寛永中我

敬公儒臣堀正意撿此書題其首曰正和

年中北條實時好居書籍得請諸

中秘寫以藏其金澤文庫及

神祖統一之日見之喜其免兵燹乃

命範金至

台廟獻之

皇朝其餘頒宗戚親臣是今之活字銅版也舊

目五十卷今存四十七卷其三卷不知亡

何時羅山先生補其二卷其一卷不傳故

不取也但知金澤之舊藏亦缺三本近世

活本亦難得如其繕本隨寫隨誤勢世以

音訛所處以訓謬間有不可讀者我

孝昭二世子好學及讀此書有志挍刊幸

魏氏所引原書今存者十七八乃博募異

本於四方日與侍臣照對是正業未成不

幸皆早逝

今世子深悼之請繼其志勗諸臣相與卒

其業於是我

公上自

內庫之藏旁至公卿大夫之家請以比之

借以對之乃命臣人見桼臣深田正純臣

大塚長幹臣宇野久恒臣角田明臣野村

昌武臣岡田挺之臣關嘉臣中西衛臣小

河鼎臣南宫齡臣德民等考異同定疑似

臣等議曰是非不疑者就正之兩可者共

存又與所引錯綜大異者疑魏氏所見其

亦有異本歟又有彼全備而此甚省者葢

魏氏之志唯主治要不事修辭亦足以觀

魏氏經國之器規模宏大取舍之意大非

後世諸儒所及也今逐次補之則失魏氏

之意故不為也不得原書者則敢附臆考

以待後賢以是爲例讎挍以上

天明五年乙巳春二月乙未

尾張國校督學臣細井德民謹識

羣書治要序

秘書監鉅鹿男臣魏徵等奉　勅撰

竊惟載籍之興其來尚矣左史右史記事記言皆所以昭德塞違勸善懲惡故作而可紀薰風揚乎百代動而不法炯戒垂乎千祀是以歷觀前聖撫運膺期莫不懔乎御朽自強不息乾乾夕惕義在兹乎近古皇王時有撰述並皆包括天地牢籠羣有競採浮豔之詞爭馳迂誕之説騁末學之博聞飾雕蟲之小伎流宕忘反殊塗同致雖辯周萬物愈失司契之源術總百端乖得一之旨皇上以天縱之多才運生知之叡思性與道合動妙幾神玄德潛通化前王之所未化損己利物行列聖之所不能行翰海龍庭之野並爲郡國扶桑若木之域咸襲纓冕天地成平外內禔福猶且爲而不恃雖休勿休俯協堯舜式遵稽古不察貌乎止水將取鑒乎哲人以爲六籍紛綸百家踳駮窮理盡性則勞而少功周覽汎觀則博而寡要故爰命臣等採摭羣書

翦截淫放、光昭訓典、聖思所存、務乎政術、綴叙大略、咸發神衷、雅致鉤深、規摹宏遠、綱羅治體、事非一目、若乃欽明之后、屈已以救時、無道之君、樂身以亡國、或臨難而知懼、在危而獲安、或得志而驕居、業成以致敗者、莫不備其得失、以著爲君之難、其委質策名、立功樹惠、貞心直道、忘軀殉國、身殞百年之中、聲馳千載之外、或大姦巨猾、轉日迴天、社鼠城狐、反白仰黑、忠良由其放逐、邦國因以危亡者、咸亦述其終始、以顯

爲臣不易、其立德立言、作訓垂範、爲綱爲紀、經天緯地、金聲玉振、騰實飛英、雅論徽猷、嘉言美事、可以弘奬名教、崇太平之基者、固亦片善不遺、將以丕顯皇極、至於母儀嬪則、懿后良妃、參徽猷於十亂、著深誡於辭輦、或傾城哲婦、亡國豔妻、候晨雞以先鳴、待舉烽而後笑者、時有所存、以備勸戒、爰自六經、訖乎諸子、上始五帝、下盡晉年、凡爲五袠、合五十卷、本求治要、故以治要爲名、但皇覽遍略、隨方類聚、名目互顯、首尾淆亂、文義斷絕、尋究爲難、今之所撰、異乎先作、總立新名、各全舊體、欲令見本知末、原始要終、並棄彼春華、採茲秋實、一書之內、牙角無遺、一事之中、羽毛咸盡、用之當今、足以鑒覽前古、傳之來葉、可以貽厥孫謀、引而申之、觸類而長、蓋亦言之者無罪、聞之者足以自戒、庶弘茲九德、簡而易從、觀彼百王、不疾而速、崇巍巍之盛業、開蕩蕩之王道、可久可大之功、並天地之貞觀、日用日新之德、將金鏡以長懸、其目錄次第、編之如左、

羣書治要目錄

羣書治要　目錄　二

第五袠十卷

本文作劉廙別傳

本文作袁子正書

羣書治要卷第一

秘書監鉅鹿男臣魏徵等奉　勅撰

周易

乾元亨利貞。文言備也。象曰天行健君子以自強不息。九三君子終日乾乾夕惕若厲無咎。處下體之極居上體之下純修下道則居上之德廢純修上道則處下之禮曠故終日乾乾至于夕惕猶若厲也。九五飛龍在天利見大人。不行不躍而在乎天故曰飛龍也龍德在天則大人之路亨也夫位以德興德以位叙以至德而處盛位萬物之覩不亦宜乎。上九亢龍有悔。彖曰大哉乾元萬物資始乃統天雲行雨施品物流形大明終始六位時成時乘六龍以御天乾道變化各正性命。大明乎終始之道故六位不失其時而成也升降無常隨時而用處則乘潛龍出則乘飛龍故曰時乘六龍也。保合大和乃利貞。不和而剛暴也。首出庶物萬國咸寧。萬國所以寧各以有君也。文言曰元者善之長也亨者嘉之會也利者義之和也貞者事之幹也君子體仁足以長人嘉會足以合禮利物足以和義貞固足以幹事君子行此四德者故曰乾元亨利貞君子終日乾乾夕惕若厲無咎何謂也子曰君子進德修業忠信所以進德也修辭立其誠所以居業也是故居上位而不驕在下位而不憂。居下體之上在上體之下明夫終敝故不驕也知夫至至故不憂也。故乾乾因其時而惕雖危無咎矣。惕怵惕之謂也。飛龍在天利見大人何謂也子曰同聲相應同氣相求水流濕火就燥雲從龍風從虎聖人作而萬物覩亢龍有悔何謂也子曰貴而無位高而無民。下無陰也。賢人在下位而無輔。賢人雖在下而當位不爲之助。是以動而有悔也君子學以聚之問以辨之。以君德而處下體資納於物者也。寬以居之仁以行之夫大人者與天地合其德與日月合其明與四時合其序與鬼神合其吉凶先天而天弗違後天而奉天時天且弗違而況於人乎況於鬼神乎亢之爲言也知進而不知退知存而不知亡知得而不知喪其唯聖人乎知進退存亡而不失其正者其唯聖人乎

坤象曰地勢坤君子以厚德載物象曰至哉坤元萬物資生乃順承天坤厚載物德合無疆含弘光大品物咸亨文言曰坤至柔而動也剛至

靜而德方、合萬物而化光、坤道其順乎、承天而時行、積善之家、必有餘慶、積不善之家、必有餘殃、君子敬以直內、義以方外、敬義立而德不孤、

屯象曰、雲雷屯、君子以經綸、君子經綸之時、象曰、天造草昧、宜建侯而不寧、屯體不寧、故利建諸侯也、屯者天地造始之時也、造物之始、始於冥昧、故曰草昧也、處造始之時、所宜之善、莫善於建侯、

蒙象曰、山下出泉、蒙、君子以果行育德、彖曰、匪我求童蒙、童蒙求我、志應也、我謂非童蒙者、闇者求明、明者不諮闇、故蒙之爲義、匪我求童蒙、童蒙求我也、童蒙之來、求我志應故也、蒙以養正、

聖功也、

師象曰、地中有水、師、君子以容民畜衆、初六、師出以律、否臧凶、爲師之始、齊師者也、失令有功、法所不赦、故師出不以律、否臧皆凶也、上六、大君有命、開國承家、小人勿用、處師之極、師之終也、大君之命、不失功也、開國承家、以寧邦也、小人勿用、非其道也、象曰、大君有命、以正功也、小人勿用、必亂邦也、

比象曰、地上有水、比、先王以建萬國、親諸侯、萬國以比建、諸侯以比親、

履象曰、上天下澤、履、君子以辯上下、定民志、

泰象曰、天地交泰、后以財成天地之道、輔相天地之宜、以左右民、上下大通、則物失其節、故財成而輔相、以左右民也、彖曰、天地交而萬物通也、上下交而其志同也、內君子而外小人、君子道長、小人道消也、

否象曰、天地不交、否、君子以儉德避難、不可榮以祿、彖曰、天地不交而萬物不通、上下不交而天下無邦也、內陰而外陽、內柔而外剛、內小人而外君子、小人道長、君子道消也、九五、休否、大人吉、其亡其亡、繫于苞桑、居否之世、能全其身者、唯大人耳、巽爲木、

木莫善於桑、人雖欲有亡之者、衆根堅固、弗能拔之也、

同人象曰、天與火、同人、天體於上、而火炎上、同人之義、君子以類族辯物、君子小人、各得所同、象曰、文明以健、中正而應、君子正也、行健不以武、而以文明用之、相應不以邪、而以中正應之、君子正也、唯君子爲能通天下之志、君子以文明爲德者也、

大有象曰、火在天上、大有、君子以遏惡揚善、順天休命、大有、包容之象也、故遏惡揚善、成物之美、順奉天德、休物之命也、象曰、柔得尊位、大中而上下應之、曰大有、處尊以柔、居中以大、上下應之、靡所不納、大有之義也、其德剛健而文明、應乎天而

時行、是以元亨、德應于天、則行不失時矣、剛健不滯、文明不犯、應天則大、時行無違、是以元亨也、上九、自天佑之、吉無不利、居大有之上、而不累于位、志尚於賢者也、

謙象曰、地中有山、謙、君子以裒多益寡、稱物平施、多者用謙以爲裒、少者用謙以爲益、隨物而與、施不失平也、象曰、謙亨、天道下濟而光明、地道卑而上行、天道虧盈而益謙、地道變盈而流謙、鬼神害盈而福謙、人道惡盈而好謙、謙尊而光、卑而不可踰、君子之終也、初六、謙謙君子、用涉大川、吉、能體謙謙、其唯君子、用涉大難、物無

害也、象曰、謙謙君子、卑以自牧也、牧、養也、九三、勞謙君子、有終吉、勞謙匪懈、是以吉也、象曰、勞謙君子、萬民服也、

豫象曰、雷出地奮、豫、象曰、豫順以動、故天地如之、天地以順動、故日月不過、而四時不忒、聖人以順動、則刑罰清而民服、豫之時義大矣哉、

隨象曰、澤中有雷、隨、君子以向晦入宴息、澤中有雷、動悅之象也、物皆悅隨、可以無爲、不勞明監、故君子向晦入宴息也、象曰、隨時之義大矣哉、得時則天下隨之矣、隨之所施、唯在於時、時異而不隨、否之道也、故隨時

本書整作敕

之義大矣哉、

觀象曰、風行地上、觀、先王以省方觀民設教、象曰、順而巽、中正以觀天下、觀天之神道、而四時不忒、聖人以神道設教、而天下服、六四、觀國之光、利用賓于王、居觀之時、最近至尊、觀國之光者也、居近得位、明習國儀者也、故曰、利用賓于王也、九五、觀我生、君子無咎、上之化下、猶風靡草、故觀民之俗、以察已道、百姓有罪、在余一人、君子風著、已乃無咎、上爲化主、將欲自觀、乃觀民也、

噬嗑象曰、雷電噬嗑、先王以明罰整法、象曰、剛柔分動而明、雷電合而彰、剛柔分動、不溷乃明、雷電並合、不亂乃章、

皆利用獄之義也、

賁象曰、山下有火、賁、君子以明庶政、無敢折獄、處賁之時、止物以文明、不可以威刑、故君子以明庶政、而無敢折獄也、象曰、觀乎天文以察時變、觀乎人文以化成天下、六五、賁于丘園、束帛戔戔、吝、終吉、爲飾之主、飾之盛者也、施飾於物、其道害矣、施飾丘園、盛莫大焉、故曰賁于丘園、束帛乃戔戔、用莫過儉、泰而能約、故必吝焉、乃得終吉也、

大畜象曰、天在山中、大畜、君子以多識前言往行、以畜其德、物之可畜於懷、令德不散、盡於此也、象曰、大畜剛健

篤實、煇光日新其德、凡物能煇光日新其德者、唯剛健篤實者也、頤象曰、山下有雷頤、君子以愼言語節飲食、言語飲食、猶愼而節之、而況其餘乎、象曰、頤貞吉養正則吉也、天地養萬物、聖人養賢以及萬民、頤之時大矣哉、

習坎象曰、水洊至習坎、君子以常德行、習敎事、至險未夷、敎不可廢、故以常德行、而習敎事也、習于坎、然後能不以險難爲困、而德行不失常、象曰、習坎重險也、天險不可升也、不可得升、故得保其威尊、地險山川丘陵也、有山川丘陵、故物得保以全也、王公設險以守其國、國之爲衛、恃於險也、言自天地以下、莫不須險也、險之時用大矣哉、非用之常、用有時也、

離象曰、明兩作離、大人以繼明照于四方、繼謂不絕、象曰、離麗也、麗猶著也、各得所著之宜者也、日月麗于天、百穀草木麗乎土、重明以麗乎正、乃化成天下、

咸象曰、山上有澤咸、君子以虛受人、以虛受人、物乃感應也、象曰、咸感也、柔上而剛下、二氣感應以相與、天地感而萬物化生、二氣相與、乃化生也、聖人感人心而天下和平、觀其所感、而天地萬物之情可見矣、天地萬物之情、見於所感也、

恒象曰、雷風恒、長陽長陰、合而相與、可久之道也、君子以立不易方、得其所久、故不易也、象曰、天地之道、恒久而不已也、得其所久、故不已也、日月得天而能久照、四時變化而能久成、聖人久於其道、而天下化成、言各得所恒、故皆能久長也、觀其所恒、而天地萬物之情可見矣、天地萬物之情、見於所恒也、九三、不恒其德、或承之羞、德行無恒、自相違錯、不可致詰、故或承之羞也、不恒其德、無所容也、

遯象曰、天下有山遯、天下有山、陰長之象也、君子以遠小人、不惡而嚴、九五、嘉遯貞吉、遯而得正、反制於內、小人應命、率正其志、不惡而嚴、得正之吉、遯之嘉者也、象曰、嘉遯貞吉、以正志也、上九、肥遯無不利、最處外極、無應於內、超然絕志、心無疑顧、憂患不能累、矰繳不能及、是以肥遯、無不利也、象曰、肥遯無不利、無所疑也、

大壯象曰、雷在天上大壯、君子以非禮弗履、壯而違禮則凶、凶則失壯矣、故君子以大壯而順禮也、象曰、大壯利貞、大者正也、正大而天地之情可見矣、天地之情、正大而已、弘正極大、則天地之情可見矣、

晉象曰、明出地上晉、君子以自昭明德、以順著明、自顯之道、

明夷象曰、明入地中、明夷、君子以莅衆、莅衆顯明、蔽僞百姓者也、故以蒙養正、以明夷莅衆矣、用晦而明、藏明於內、乃得明也、顯明於外、乃所避也、象曰、內文明而外柔順、以蒙大難、文王以之、利艱貞、晦其明也、內難而能正其志、箕子以之、

家人象曰、風自火出、家人、由內相成熾也、君子以言有物而行有恆、家人之道、修於近小、而不妄者也、故君子言必有物、而口無擇言、行必有恆、而身無擇行也、象曰、家人、女正位乎內、男正位乎外、天地之大義也、家人有嚴君焉、父母之謂也、

父父、子子、兄兄、弟弟、夫夫、婦婦、而家道正、正家而天下定矣、

睽象曰、上火下澤、睽、君子以同而異、同於通理、異於職事、彖曰、睽、火動而上、澤動而下、天地睽而其事同也、男女睽而其志通也、萬物睽而其事類也、睽之時用、大矣哉、睽離之時、非小人之所能用也、

蹇象曰、山上有水、蹇、君子以反身修德、除難莫若反身修德也、彖曰、蹇、難也、險在前也、見險而能止、智矣哉、六二、王臣蹇蹇、匪躬之故、處難之時、履當其位、執心不回、志匡王室者也、故曰、王臣蹇蹇、匪躬之故也、履中行義、以在其上、處蹇以此、未見其尤也、象曰、王臣蹇蹇、終無尤也、

解象曰、雷雨作、解、君子以赦過宥罪、彖曰、天地解而雷雨作、雷雨作而百菓草木皆甲坼、天地否結、則雷雨不作、交通感散、雷雨乃作也、雷雨之作、則險厄者亨、否結者散、故百菓草木皆甲坼也、解之時、大矣哉、無所而不釋也、六三、負且乘、致寇至、貞吝、處非其位、履非其正、以附於四、用夫柔邪、以自媚者也、乘二負四、以容其身、寇之來也、自已所致矣、雖幸而免、正之所賤也、

損象曰、山下有澤、損、君子以懲忿窒欲、可損之善、莫善

損忿欲、彖曰、損益盈虛、與時偕行、自然之質、各定其分、損益將何加焉、非道之常、故必與時偕行也、

益象曰、風雷、益、君子以見善則遷、有過則改矣、從善改過、益莫大焉、彖曰、益、損上益下、民悅無疆、自上下下、其道大光、利有攸往、中正有慶、五處中正、自上下下、故有慶也、以中正有慶之德、有攸往也、何適而不利哉、

升象曰、地中生木、升、君子以慎德、積小以成高大、

革象曰、澤中有火、革、彖曰、革、水火相息、凡不合而後變

生、火欲上、澤欲下、水火相戰、而後變生者也、天地革而四時成、湯武革命、順乎天而應乎人、革之時、大矣哉、上六、君子豹變、小人革面、居變之終、變道已成、君子處之、能成其文、小人樂成、則變面以順上也、

鼎象曰、木上有火、鼎、象曰、鼎象也、以木巽火、亨飪也、聖人以亨上帝、而大亨以養聖賢、亨者鼎之所爲也、革去故而鼎成新、故爲亨飪調和之器也、去故取新、聖賢不可失也、飪熟也、天下莫不用之、而聖人用之、乃上以亨上帝、下以大亨、養聖賢焉、

震、震驚百里、不喪七鬯、威震驚乎百里、則足可以不喪七鬯矣、七所以載鼎實、鬯香酒、奉宗廟之盛者也、象曰、洊雷、震、君子以恐懼修省、象曰、震亨、震來虩虩、恐致福也、震驚百里、驚遠而懼邇也、威震驚乎百里、則惰者懼於近矣、出可以守宗廟社稷、以爲祭主也、明所以堪長子之義也、不喪七鬯、則已出可以守宗廟也、

艮象曰、兼山、艮、君子以思不出其位、各止其所、不侵官也、象曰、艮止也、時止則止、時行則行、動靜不失其時、其道光明、止道不可常用、必施於不可以行、適于其時、道乃光明、

豐亨、王假之、大而亨者、王之所至也、勿憂、宜日中、豐之爲義、闡弘微細、通夫隱滯者也、爲天下之主、而令微隱者不亨、憂未已也、故至豐亨、乃得勿憂也、用夫豐亨不憂之德、宜處天中以徧照者也、故曰、宜日中也、象曰、雷電皆至、豐、君子以折獄致刑、文明以動、不失情理、象曰、日中則昃、月盈則食、天地盈虛、與時消息、而況於人乎、況於鬼神乎、豐之爲用、困於昃食者也、施於未足則尚豐、施於已盈則方溢、不可以爲常、故具陳消息之道也、

兌象曰、麗澤、兌、君子以朋友講習、象曰、兌悅也、剛中而柔外、悅以利貞、悅而違剛則諂、剛而違悅則暴、剛中而柔外、所以悅以利貞也、是以順乎天而應乎人、天剛而不失悅者也、悅以先民、民忘其勞、悅以犯難、民忘其死、悅之大、民勸矣哉、

渙象曰、風行水上、渙、九五、渙汗其大號、渙王居、無咎、處尊履正、居巽之中、散汗大號、以盪險阨者也、爲渙之主、唯王居之、乃得無咎也、

節象曰、澤上有水、節、君子以制度數、議德行、象曰、苦節不可貞、其道窮、爲節過苦、則物不能堪也、物不能堪、則不可復正也、悅以行險、當位以節、中正以通、無悅而行險、過中而爲節、則道窮也、天地節而四時成、節以制度、不傷財、不害民、

中孚象曰、澤上有風、中孚、君子以議獄緩死、信發

於中、雖過可亮、象曰、中孚柔在內、而剛得中、悅而巽、孚、有上四德、然後乃孚、乃化邦也、信立而後邦乃化也、柔在內而剛得中、各當其所也、剛得中則直而正、柔在內則靜而順、悅而以巽、則乖爭不作、如此則物無巧競、敦實之行著、而篤信發乎其中矣、豚魚吉、信及豚魚也、魚者虫之潛隱者也、豚者獸之微賤者也、爭競之道不興、忠信之德淳著、則雖微隱之物、信皆及之也、中孚以利貞、乃應天、盛之至也、

小過象曰、山上有雷、小過、君子以行過乎恭、喪過乎哀、用過乎儉、象曰、小過、小者過而亨也、小者謂凡諸小事也、過於小事而過者也、過以利貞、與時行也、過而得以利貞、應時宜也、施過於恭儉、利貞者也、柔得中、是以小事吉、剛失位而不中、是以不可大事、成大事者、必在剛也、柔而侵大、剝之道也、

既濟象曰、水在火上、既濟、君子以思患而豫防之、存不忘亡、既濟不忘未濟也、象曰、既濟亨、利貞、剛柔正而位當、剛柔正而位當、則邪不可以行矣、故唯正乃利貞也、九五、東鄰之殺牛、不如西鄰之禴祭、實受其福、牛祭之盛者也、禴祭之薄者也、居既濟之時、而處尊位、物皆濟矣、將何為焉、其所務者祭祀而已、祭祀之盛、莫盛修德、故沼沚之毛、蘋蘩之菜、可羞之於鬼神、黍稷非馨、明德惟馨、是以東鄰殺牛、不如西鄰之禴祭、實受其福也、

天尊地卑、乾坤定矣、卑高以陳、貴賤位矣、動靜有常、剛柔斷矣、剛動而柔止也、動止得其常體、則剛柔之分著矣、方以類聚、物以羣分、吉凶生矣、方有類、物有羣、則有同有異、有聚有分也、順其所同則吉、乖其所趣則凶、故吉凶生矣、在天成象、在地成形、變化見矣、象況日月星辰、形況山川草木也、懸象運轉、以成昏明、山澤通氣、而雲行雨施、故變化見也、是故鼓之以雷霆、潤之以風雨、日月運行、一寒一暑、乾知大始、坤作成物、乾以易知、坤以簡能、天地之道、不為而善始、不勞而善成、故曰易簡、易則易知、簡則易從、易知則有親、易從則有功、有親則可久、有功則可大、有易簡之德、則能成可久可大之功、可久則賢人之德、可大則賢人之業、天地易簡、萬物久載其形、聖人不為、羣方各遂其業、德業既成、則入於形器、故以賢人目其德業也、易簡而天下之理得矣、易與天地准、作易以准天地也、故能彌綸天地之道、仰以觀於天文、俯以察於地理、知幽明之故、知死生之說也、幽明者、有形無形之象、死生者、始終之數也、知鬼神之情狀、與天地相似、德合天地、故曰相似也、知周乎萬物、而道濟天下、知周萬物、則能以道濟天下也、樂天知命、故不憂、順天之化、故曰樂也、範圍天地之化而不過、範圍者、擬

範天地、而周備其理也、曲成萬物而不遺、曲成者、乘變應物、不係一方者也、則物得宜矣、故神無方而易無體、神則陰陽不測、易則唯變所適、不可以一方一體明也、仁者見之謂之仁、智者見之謂之智、百姓日用而不知、故君子之道鮮矣、君子體道以爲用者也、體斯道者不亦鮮乎、顯諸仁、藏諸用、衣被萬物、故曰顯諸仁、日用而不知、故曰藏諸用也、盛德大業至矣哉、富有之謂大業、廣大悉備、故曰富有、日新之謂盛德、體化合變、故曰日新、生生之謂易、陰陽轉易、以成化生、陰陽不測之謂神、神也者、變化之極也、妙萬物而爲言、不可以形詰者也、故曰、陰陽不測也、

夫易廣矣大矣、以言乎天地之間則備矣、廣大配天地、變通配四時、陰陽之義配日月、易簡之善配至德、易之所載、配此四義也、子曰、易其至矣乎、夫易聖人所以崇德而廣業也、窮理入神、其德崇也、兼濟萬物、其業廣也、天地設位、而易行乎其中矣、聖人有以見天下之賾、而擬諸其形容、象其物宜、乾剛坤柔、各有其體、故曰擬諸其形容也、擬之而後言、議之而後動、擬議以成其變化、擬議以動、則盡變化之道也、鳴鶴在陰、

其子和之、我有好爵、吾與爾靡之、鶴鳴則子和、修誠則物應、我有好爵、與物散之、物亦以善應也、鶴鳴乎陰、氣同則和、出言戶庭、千里應之、出言猶然、況其大者乎、千里或應、況其邇者乎、子曰、君子居其室出其言、善則千里之外應之、況其邇者乎、居其室出其言不善、則千里之外違之、況其邇者乎、言出乎身加乎民、行發乎邇見乎遠、言行君子之樞機、樞機制動之主、樞機之發、榮辱之主也、言行君子之所以動天地、可不愼乎、同人先號咷而後笑、子曰、君子之道、或出或處、或默或語、二人同心、其利斷金、

同人終獲後笑者、以有同心之應也、夫所況同者、豈係乎一方哉、君子出處默語、不違其中、則其迹雖異、道同則應也、同心之言、其臭如蘭、藉用白茅、無咎、子曰、苟錯諸地而可矣、藉之用白茅、何咎之有、愼之至也、勞謙君子有終吉、子曰、勞而不伐、有功而不德、厚之至也、語以其功下人者也、德言盛、禮言恭、謙也者致恭以存其位者也、不出戶庭無咎、子曰、亂之所生也、則言語爲之階、君不密則失臣、臣不密則失身、機事不密則害成、是以君子愼密而不出也、子曰、爲易者其知盜

下作地

乎、（言盜亦乘釁而至也、）易曰、負且乘、致寇至、負也者、小人之事也、乘也者、君子之器也、小人而乘君子之器、盜思奪之矣、上慢下暴、盜思伐之矣、慢藏誨盜、冶容誨淫、易曰、負且乘、致寇至、盜之招也、

子曰、易有聖人之道四焉、以言者尚其辭、以動者尚其變、以制器者尚其象、以卜筮者尚其占、（此四存乎器象、可得而用者也、）是以君子將有爲也、將有行也、問焉而以言、其受命也如響、無有遠近幽深、遂知來物、非天下之至精、其孰能與於此、參伍以變、錯綜其數、通其變、遂成天下之文、極其數、遂定天下之象、非天下之至變、其孰能與於此、易無思也、無爲也、寂然不動、感而遂通天下之故、非天下之至神、其孰能與於此、夫易、聖人之所以極深而研幾也、唯深也、故能通天下之志、唯幾也、故能成天下之務、（極未形之理、則曰深、適動微之會、則曰幾也、）唯神也、故不疾而速、不行而至、子曰、易有聖人之道四焉者、此之謂也、（四者由聖道以成、故曰聖人之道也、）

夫易、開物成務、冐天下之道、如斯而已者也、（冐覆也、言易通萬物之志、成天下之務、其道可以覆冒天下也、）是故聖人以通天下之志、以定天下之業、以斷天下之疑、其孰能與於此哉、古之聰明叡智神武而不殺者夫、（服萬物而不以威刑者也、）是以明於天之道、而察於民之故、以神明其德、一闔一闢謂之變、往來不窮謂之通、見乃謂之象、（兆見曰象、）形乃謂之器、（成形曰器、）制而用之謂之法、利用出入、民咸用之謂之神、

法象莫大乎天地、變通莫大乎四時、懸象著明莫大乎日月、崇高莫大乎富貴、（位所以一天下之動、而濟萬物也、）備物致用、立成器以爲天下利、莫大乎聖人、探賾索隱、鉤深致遠、以定天下之吉凶、成天下之亹亹、莫善乎蓍龜、子曰、天之所助者順也、人之所助者信也、履信思乎順、是以自天祐之、吉無不利、

天地之道、貞觀者也、（明夫天地萬物、莫不保其貞以全其用也、）日月之道、貞明者也、天下之動、貞夫一者也、天地之大德曰生、聖人之大寶曰位、何以守位、曰仁、何以聚人、曰財、（財所以資物生也、）理財正辭、禁民爲非、曰

義、

易曰、困于石、據于蒺藜、子曰、非所困而困焉、名必辱、非所據而據焉、身必危、子曰、小人不耻不仁、不畏不義、不見利不勸、不威不懲、小懲而大誡、此小人之福也、易曰、屨校滅趾、無咎、此之謂也、善不積不足以成名、惡不積不足以滅身、小人以小善爲無益而弗爲也、以小惡爲無傷而弗去也、故惡積而不可掩、罪大而不可解也、易曰、荷校滅耳、凶、子曰、危者安其位者也、亡者保

其存者也、亂者有其治者也、是故君子安不忘危、存不忘亡、治不忘亂、是以身安而國家可保也、易曰、其亡其亡、繫于苞桑、子曰、德薄而位尊、知小而謀大、力少而任重、鮮不及矣、易曰、鼎折足、覆公餗、其形渥、凶、言不勝其任也、子曰、知幾其神乎、君子上交不諂、下交不瀆、其知幾乎、幾者動之微、君子見幾而作、不俟終日、易曰、介于石、不終日、貞吉、定之於始、故不待終日、君子知微知彰、知柔知剛、萬夫之望、此知幾其神者也、子曰、顏氏之子、其殆庶幾乎、有不善未嘗不知、知之未嘗復行也、易曰、不遠復、無祇悔、元吉、子曰、君子安其身而後動、易其心而後語、定其交而後求、君子修此三者、故全也、危以動、則民不與也、懼以語、則民不應也、無交而求、則民不與、莫之與、則傷之者至矣、

子曰、履德之基也、基所蹈也、謙德之柄也、復德之本也、恒德之固也、固不傾移也、損德之修也、益德之裕也、能益物者、其德寬大也、困德之辯也、困而益明、

夫乾天下之至健也、德行恒易以知險、夫坤天下之至順也、德行恒簡以知阻、能悅諸心、能研諸侯之慮、諸侯物主、有爲者也、能悅萬物之心、能精爲者之務也、定天下之吉凶、成天下之亹亹者、凡易之情、近而不相得則凶、近况比爻也、將叛者其辭慙、中心疑者其辭枝、吉人之辭寡、躁人之辭多、誣善之人其辭游、失其守者其辭屈、

昔者聖人之作易也、將以順性命之理也、是以立天之道曰陰與陽、立地之道曰柔與剛、立人

之道、曰仁與義、

羣書治要卷第一

羣書治要卷第二

秘書監鉅鹿男臣魏徵等奉　勅撰

尚書

昔在帝堯、聰明文思、光宅天下、言聖德之遠著、作堯典、典者常也、言可爲百代常行之道、曰若稽古帝堯、言能順考古道、而行之者、帝堯也、曰放勛、欽明文思安安、勛功也、言堯放上世之功化、而以敬明文思之四德、安天下之當安者也、允恭克讓、光被四表、格于上下、既有四德、又信恭能讓、故其名聞、充溢四外、至于天地也、克明俊德、以親九族、能明俊德之士任用之、以睦高祖玄孫之親也、九族既睦、平章百姓、百姓百官、百姓昭明、協和萬邦、黎民於變時雍、時是也、雍和也、言天下衆人、皆變化從上、是以風俗大和也、虞舜側微、堯聞之聰明、側側陋、微微賤、將使嗣位、歷試諸難、歷試之以難事、愼徽五典、五典克從、五典五常之教也、謂父義母慈兄友弟恭子孝、舜舉八元、使布五教于四方、五教能從、無違命也、納于百揆、百揆時敘、揆度也、舜舉八凱、以度百事、百事時敘也、賓于四門、四門穆穆、賓迎也、四門官四門也、舜流四凶族、諸侯來朝者、舜賓迎之、皆有美德、無凶人也、納于大麓、烈風雷雨弗迷、納舜於尊顯之官、使大錄萬機之政、於是陰陽清和、烈風雷雨、各以期應、不有迷錯愆伏、明舜之行合於天心也、正月上日、受終于文祖、堯天祿永終、舜受之也、文祖是五廟之大名也、五載一巡狩、羣后四朝、敷奏以言、明試以功、車服以庸、敷奏猶遍進也、諸侯每見、皆以攷序徧進而問焉、以觀其才、既則效試其居國爲政、以著其功、賜之車服、以旌其所用任也、象以典刑、典常也、象用之者、謂上刑赭衣不純、中刑雜屨、下刑墨幪、以居州里、而民恥之、而反於禮、流宥五刑、流放也、宥三宥也、言所流宥、皆犯五刑之罪也、眚災肆赦、眚過也、災害也、肆失也、言罪過誤失、以爲當赦之也、怙終賊刑、怙謂怙赦宥而爲者也、終爲殘賊、當刑之也、流共工于幽洲、共工窮奇也、幽洲北裔也、放驩兜于崇山、驩兜渾敦、崇山南裔也、竄三苗于三危、三苗國名也、縉雲氏之後、爲諸侯、號饕餮也、三危西裔也、殛鯀于

羽山、鯀檮杌也、殛誅也、羽山東裔也、四罪而天下咸服、美舜之行、故本其徵用之功也、二十有八載、放勛乃徂落、百姓如喪考妣、三載四海遏密八音、遏絕也、密止也、堯崩、百姓如喪父母、絕止金石八音之樂也、舜格于文祖、詢于四岳、闢四門、開闢四方之門、廣致衆賢也、明四目、明視四方也、達四聽、聽達於四方也、柔遠能邇、能安遠者、則能安近也、不能安近、則不能安遠也、敦德允元、所厚而尊者德也、所信而行者善也、而難任人、任佞也、辯給之言、易悅耳目、以理難之也、蠻夷率服、遠無不服、邇無不安、三載考績、三考黜陟幽明、黜退也、陟升也、三歲考功、九載三考、退其幽闇無功者、升其昭明有功者也、庶績咸熙、九載

本書聽作聽

三考、衆功皆興也、曰若稽古大禹、曰、后克艱厥后、臣克艱厥臣、政乃乂、黎民敏德、敏疾也、能知爲君之難、爲臣不易、則其政治、而衆民皆疾修德也、帝曰、俞、允若茲、嘉言罔攸伏、野無遺賢、萬邦咸寧、攸所也、嘉言無所伏、言必用也、如此、則賢材在位、天下安也、稽于衆、舍己從人、弗虐無告、弗廢困窮、惟帝時克、帝謂堯也、舜因嘉言無所伏、遂稱堯德、以成其義、考衆從人、矜孤愍窮、凡人所輕、聖人所重也、益曰、都、帝德廣運、乃聖乃神、乃武乃文、益因舜言、又美堯也、廣謂所覆者大、運謂所及者遠、聖無不通、神妙無方、文經緯天地、武定禍亂也、皇天眷命、奄

有四海、爲天下君、言堯有此德、故爲天所命、所以勉舜也、禹曰、惠迪吉、從逆凶、惟影響、迪道也、順道吉、從逆凶、吉凶之報、若影之隨形、響之應聲、言不虛、益曰、吁、戒哉、儆戒無虞、罔失法度、罔遊于逸、罔淫于樂、淫過也、遊逸過樂、敗德之源、富貴所忽、故特以爲戒也、任賢勿貳、去邪勿疑、疑謀勿成、百志惟熙、一意任賢、果於去邪、疑則勿行、道義所存於心者、日以廣也、罔違道以干百姓之譽、干求也、失道求名、古人賤之也、罔咈百姓以從己之欲、咈戾也、專欲難成、犯衆興禍、故戒也、無怠無荒、四夷來王、言天子常戒愼、無怠惰荒廢、則四夷歸往之也、禹曰、於、帝念哉、德惟善政、政在養民、水

火金木土穀惟修、言養民之本、在先修六府也、正德利用厚生惟和、正德以率下、利用以阜財、厚生以養民、三者和、所謂善政也、九功惟叙、九叙惟歌、言六府三事之功有次叙、皆可歌樂、乃德政之致、戒之用休、董之用威、勸之以九歌、俾勿壞、休美也、董督也、言善政之道、美以戒之、威以督之、歌以勸之、使政勿壞、在此三者也、帝曰、兪、地平天成、六府三事允治、萬世永賴、時乃功、水土治曰平、五行敘曰成、因禹陳九功、而歎美之、言是汝之功也、帝曰、咎繇、惟茲臣庶、罔或干予正、或有也、無有干我正、言順命也、汝作士、明于五刑、以弼五教、期于予治、欲其能以刑輔敎、當於治體也、刑期于無刑、民協于中、時乃功、懋哉、雖或行刑、以殺止殺、終無犯者、刑期於無所刑、民皆合于大中、是汝之功勉之也、咎繇曰、帝德罔愆、臨下以簡、御衆以寛、愆過也、善則歸君、人臣之義也、罰弗及嗣、賞延于世、嗣亦世也、延及也、父子罪不相及也、而及其賞、道德之政也、宥過無大、刑故無小、過誤所犯、雖大必宥、不忌故犯、雖小必刑也、罪疑惟輕、功疑惟重、刑疑附輕、賞疑從重、忠厚至也、與其殺弗辜、寧失不經、好生之德洽于民心、茲用弗犯于有司、咎繇因帝勉已、遂稱帝之德、所以明民不犯上也、寧失不常之罪、不枉不辜之善、仁愛之道也、帝曰、來禹、汝惟弗矜、天下莫與汝爭能、汝惟弗伐、天下莫與汝

諴作誠

爭功、自賢曰矜、自功曰伐、言禹推善讓人、而不失其能、不有其勞、而不失其功、所以能絕衆人也、人心惟危、道心惟微、惟精惟一、允執厥中、危則難安、微則難明、故戒以精一、信執其中也、無稽之言勿聽、弗詢之謀勿庸、無考無信驗也、不詢專獨也、終必無成、故戒勿聽用也、可愛非君、可畏非民、衆非元后何戴、后非衆罔與守邦、庶民以君爲命、故可愛、君失道民叛之、故可畏、言衆戴君以自存、君恃衆以守國、相須而成也、惟口出好興戎、朕言弗再、好謂賞善、戎謂伐惡、言口榮辱之主、慮而宣之、成於一也、帝曰、咨禹、惟時有苗弗率、汝徂征、三苗之民、數干王誅、率循也、徂往也、不循帝道、言亂逆也、命禹討之、禹乃會羣后、誓于師

曰、濟濟有衆、咸聽朕命、會諸侯共伐有苗也、軍旅曰誓、濟濟衆盛之貌也、蠢茲有苗、昬迷弗恭、蠢動也、昬闇也、言其所以宜討也、侮慢自賢、反道敗德、狎侮先王、輕慢典敎、反正道、敗德義也、君子在野、小人在位、廢仁賢、任姦佞、民棄弗保、天降之咎、言民叛之、天災之也、肆予以爾衆士、奉詞伐罪、肆故也、爾尚一乃心力、其克有勳、三旬有苗民逆命、益贊于禹曰、惟德動天、無遠弗屆、滿招損、謙受益、時乃天道、自滿者人損之、自謙者人益之、是天道之常、至誠感神、矧茲有苗、至和感神、況有苗也、言易感也、禹拜昌言曰、兪、班師振旅、以益言爲當、故拜受、

逡班師兵入曰振旅、言整衆也、帝乃誕敷文德、遠人不服、大布文德以來之也、
儛干羽于兩階、七旬有苗格、討而不服、不討自來、明御之必有道
也、
咎繇曰、允迪厥德、謨明弼諧、迪蹈、厥其也、其古人、謨謀也、言人君
當信蹈行古人之德、謀廣聰明、以輔諧其政也、禹曰、俞如何、然其言、問所以行也、
咎繇曰、都慎厥身脩、思永、歎美之重也、愼脩其身、思爲長久之道也、
惇叙九族、庶明厲翼、邇可遠在茲、言愼脩其身、厚次叙九族、
則衆庶皆明其敎、而自勉厲翼戴上命、邇可推而遠者、在此道也、禹拜昌言曰、
俞、以咎繇言爲當、故拜受而然之、咎繇曰、都在知人、在安民、歎修

身親親之道、在知人所信任、在能安民也、禹曰、吁咸若時、惟帝其難
之、言帝堯亦以知人安民爲難也、知人則哲、能官人、安民則惠、
黎民懷之、哲知也、無所不知、故能官人、惠愛也、愛則民歸之也、能哲而惠、
何憂乎驩兜、何遷乎有苗、何畏乎巧言令色孔
壬、孔甚也、壬佞也、巧言、靜言庸違也、令色、象恭滔天也、禹言有苗驩兜之徒、甚佞如此、堯畏
其亂政、故遷放之也、咎繇曰、都亦行有九德、言人性行有九德、以考察
眞僞、則可知也、寬而栗、性寬弘而能莊栗也、柔而立、和柔而能立事、愿而
恭、愨愿而恭恪也、亂而敬、亂治也、有治而能謹敬也、擾而毅、擾順也、致果爲
毅也、直而溫、行正直而氣溫和也、簡而廉、性簡大而有廉隅也、剛而塞、

剛斷而實塞也、彊而義、無所屈撓、動必合義、彰厥有常吉哉、彰明也、吉
善也、明九德之常、以擇人而官之、則政之善也、九德咸事、俊乂在官、使九
德之人皆用事、則俊德治能之士、並在官也、百僚師師、百工惟時、僚工
皆官也、師師相師法也、百官皆是、言政無非也、庶績其凝、凝成也、言百事功皆成也、
無教逸欲有邦、不爲逸豫貪欲之敎、是有國者之常也、兢兢業業、
一日二日萬幾、兢兢戒愼、業業危懼、戒懼萬事微也、無曠庶官、天
工人其代之、曠空也、位非其人爲空官、言人代天理官、不可以天官私非其才也、
政事懋哉、言無非天意者、故人君居天官、聽政治事、不可以不自勉也、
帝曰、吁臣哉鄰哉、鄰哉臣哉、禹曰、俞、鄰近也、言君臣道近、

相須而成也、帝曰、臣作朕股肱耳目、言大體若身也、予欲左
右有民、汝翼、左右助也、助我所有之民、富而敎之、汝翼成我也、予欲觀
古人之象、欲觀示法象之服制也、以五采彰施于五色、作
服、汝明、天子服日月以下、諸侯自龍袞以下、上得兼下、下不得僭上、以五采明施于五
色、作尊卑之服、汝明制之也、予欲聞六律五聲八音、以出納
五言、汝聽、言欲以六律和聲音、出納仁義禮智信五德之言、施於民以成化、汝當聽
審之、予違汝弼、汝無面從退有後言、我違道、汝當以義輔正我、
無得面從我、違退後言我不可弼也、禹曰、俞哉萬邦黎獻、共惟帝
臣、惟帝時舉、敷納以言、明庶以功、車服以庸、獻賢

也萬國衆賢共爲帝臣帝舉是而用之使陳布其言明之皆以功大小爲差以車服旌其能用之也誰敢弗讓敢弗敬應上唯賢是用則下皆敬應上命而讓善也帝弗時敷同日奏罔功帝用臣不是則遠近布同而日進於無功以賢愚並位傲劣共流故也無若丹朱奡惟慢遊是好丹朱堯子舉以戒也傲虐是作罔晝夜頟頟傲戲而爲虐無晝夜常頟頟肆惡不休息也罔水行舟朋淫于家用殄厥世朋羣也丹朱習於無水陸地行舟言無度也羣淫於家妻妾亂也用是絶其世不得嗣也帝其念哉夔曰於予擊石拊石百獸率舞庶尹允諧尹正也衆正官之長信皆和諧言神人治也始於任賢立政以禮治成以樂所以致太平也帝庸作歌曰

勑天之命惟時惟幾勑正也奉正天命以臨民惟在順時惟在愼微也乃歌曰股肱喜哉元首起哉百工熙哉元首君也股肱之臣喜樂盡忠君之治功乃起百官之業乃廣也咎繇拜手稽首乃賡載歌曰元首明哉股肱良哉庶事康哉賡續也載成也帝歌歸美股肱義未足故續歌先君後臣衆事乃安以成其義也又歌曰元首叢脞哉股肱惰哉萬事墮哉叢脞細碎無大略也君如此則臣懈惰萬事墮廢其功不成歌以申戒也帝拜曰俞欽哉拜受其歌戒羣臣自今已往敬職也

太康尸位以逸豫啓子也尸主也以尊位爲逸豫不勤也滅厥德黎民咸貳君喪其德則衆民二心也乃盤遊無度盤樂遊逸無法度也畋于有洛之表十旬弗反洛水表也有窮后羿因民弗忍距于河有窮國名羿諸侯名也距太康於河遂廢之也厥弟五人御其母以從御侍言從畋也徯于洛之汭五子咸怨待太康怨其久畋失國也述大禹之戒以作歌述循也其一曰民惟邦本本固邦寧言人君當固民以安國也予視天下愚夫愚婦一能勝予言能敬畏小民所以得衆心也怨豈在明不見是圖不見是謀備其微也予臨兆民懍乎若朽索之馭六馬懍危貌也朽腐也腐索御馬言危懼甚也爲人上者奈何弗敬能敬

則不驕在上不驕則高而不危也其二曰訓有之內作色荒外作禽荒迷亂曰荒甘酒嗜音峻宇雕牆有一于此未或弗亡此六者有一必亡況兼有乎其三曰惟彼陶唐有此冀方陶唐帝堯氏都冀州也今失厥道亂其紀綱乃底滅亡言失堯之道亂其法制自致亡滅也其四曰明明我祖萬邦之君有典有則貽厥子孫典謂經籍也則法也荒墜厥緒覆宗絶祀言古制存而太康失其業以亡也其五曰烏虖曷歸予懷之悲曷何也言思而悲也萬世仇予予將疇依仇怨也言當依誰以復國乎鬱陶乎予心顏厚有忸怩鬱陶言哀思也顏厚色愧

忸怩心慚也、慚愧於仁人賢士也、弗愼厥德、雖悔可追、言人君行已、不愼其德、以速滅敗、雖欲改悔、其可追及乎、言無益也、

成湯放桀于南巢、惟有慚德、有慚德、慚德不及古也、曰、予恐來世以台爲口實、恐來世論道我放天子、常不去口也、仲虺乃作誥、陳義告湯可無慚也、曰、烏虖、惟天生民有欲、無主乃亂、民無君主、則恣情欲、必致禍亂也、惟天生聰明時乂、言天生聰明、是治民亂也、有夏昏德、民墜塗炭、夏桀闇亂、不恤下民、民之危險、若陷泥墜火、無救之者、惟王弗邇聲色、弗殖貨利、邇近也、德懋懋官、功懋懋賞、用人惟已、改過弗吝、勉於德者、則勉之以官、勉於功者、亦勉之以賞、用人之言、若自已出、有過則改、無所悋惜、所以能成王業者也、克寬克仁、彰信兆民、言湯寬仁之德、明信於天下也、乃葛伯仇餉、初征自葛、東征西夷怨、南征北狄怨、葛伯遊行見農民之餉於田者、殺其人、奪其餉、故謂之仇餉、仇怨也、曰、奚獨後予、怨者辭也、攸徂之民、室家相慶曰、徯予后、后來其蘇、湯所往之民、皆喜曰、待我君、君來其可蘇息也、右賢輔德、顯忠進良、賢則助之、德則輔之、忠則顯之、良則進之、明王之道、推亡固存、邦乃其昌、有亡道、則推而亡之、有存道、則輔而固之、王者如此、國乃昌盛也、德日新、萬邦惟懷、志自滿、九族乃離、日新、不懈怠也、自滿、志盈溢也、王懋昭大德、建中于民、以義制事、以禮制心、垂裕後昆、欲王自勉明大德、立大中之道於民、率義奉禮、垂優足之道、示後世也、予聞曰、能自得師者王、求聖賢而事之、謂人莫己若者亡、自多足、人莫之益、己亡之道、好問則裕、自用則小、問則有得、所以足也、不問專固、所以小也、烏虖、愼厥終、惟其始、靡不有初、鮮克有終、故戒愼終如其始也、殖有禮、覆昏暴、有禮者封殖之、昏暴者覆亡之、欽崇天道、永保天命、王者如此上事、則敬天安命之道也、

王歸自克夏、至于亳、誕告萬方、誕大也、以天命大義、告萬方之衆人、曰、夏王滅德作威、以敷虐于爾萬方百姓、夏桀滅道德、作威刑、以布行虐政於天下百官、言殘酷也、肆台小子、將天命明威、弗敢赦、其爾萬方有罪、在予一人、自責化不至也、予一人有罪、無以爾萬方、無用汝萬方、言非所及也、烏虖、尚克時忱、乃亦有終、忱誠也、庶幾能是誠道、乃亦有終世之美也、

治要舊書敢下有自字、據本書刪之

成湯既歿、伊尹作伊訓、作訓以教道太甲也、曰、烏虖、古有夏先后、方懋厥德、罔有天災、先君、謂禹以下少康以上賢王、言能以德禳災也、于其子孫弗率、皇天降災、假手于我有命、言桀不循其祖道、天下禍災、借手於我有命商王、誅討之也、惟我商王、布昭聖武、代虐以寬、兆民允懷、言湯布明武德、以寬政代桀虐政、兆

民以此皆信懷我商王之德也、今王嗣厥德、罔弗在初、言善惡之由、無不在初、欲其慎始也、立愛惟親、立敬惟長、始于家邦、終于四海、言立愛敬之道、始於親長、則家國並化、終洽四海也、嗚呼、先后敷求哲人、俾輔于爾後嗣、敷求賢智、使師輔於爾嗣王、言仁及後世也、制官刑、儆于有位、言湯制治官刑法、儆戒百官也、曰敢有恒舞于宮、酣歌于室、時謂巫風、常舞則荒淫也、樂酒曰酣、事鬼神曰巫也、敢有殉于貨色、恒于遊畋、時謂淫風、殉求也、昧求財貨美色、常遊戲田獵、是淫過之風俗、敢有侮聖言、逆忠直、遠耆德、比頑童、時謂亂風、狎侮聖人之言而不行、拒逆忠直之規而不納、耆年有德疏遠之、童稚頑嚚親比之、是謂荒亂之風俗也、惟茲三風十愆、卿士有一于身、家必喪、有一過則德義廢、失位亡家之道也、邦君有一于身、國必亡、諸侯犯此、國亡之道也、臣下弗匡、其刑墨、邦君卿士、則以爭臣自匡正、臣不正君、服墨刑、鑿其額、涅以墨也、嗚呼、嗣王祗厥身、念哉、言當敬身念祖德也、惟上帝弗常、作善降之百祥、作不善降之百殃、祥善也、天之禍福、唯善惡所在、不常在一家也、爾惟德罔小、萬邦惟慶、修德無小、則天下賴慶也、爾惟弗德罔大、墜厥宗、苟為不德無大、必墜失宗廟、此伊尹至忠之訓也、太甲既立弗明、不用伊尹之訓、不明居喪之禮、伊尹放諸桐、湯葬

地也、王徂桐宮居憂、往入桐宮、居憂位也、克終允德、言能思念其祖、終其信德也、惟三祀、伊尹奉嗣王、歸于亳、王拜稽首曰、予小子弗明于德、自底弗類、類善也、闇於德、故自致不善也、欲敗度、縱敗禮、以速戾于厥躬、速召也、言已放縱情欲、毀敗禮儀法度、以召罪於其身也、天作孽、猶可違、自作孽、弗可逭、孽災也、逭逃也、言天災可避、自作災不可逃也、既往背師保之訓、弗克于厥初、尚賴匡救之德、圖惟厥終、言已往之前、不能修德於其初、今庶幾賴教訓之德、謀終於善、悔過之辭也、伊尹拜手稽首、拜手首至手也、曰修厥身、允德協于下、惟明后、言修其身、使信德合于群下、惟乃明君、先王子惠困窮、民服厥命、罔有弗悅、言湯子愛困窮之人、使皆得其所、故民心服其教令、無有不欣喜也、奉先思孝、接下思恭、以念祖德為孝、以不驕慢為恭也、視遠惟明、聽德惟聰、言當以明視遠、以聰聽德、朕承王之休無斁、王所行如此、則我承王之美無厭也、伊尹申誥于王曰、嗚呼、惟天無親、克敬惟親、言天於人無所親疏、唯親能敬身者、民無常懷、懷于有仁、民所歸無常、以仁政為常也、鬼神無常享、享于克誠、言鬼神不保一人、能誠信者、則享其祀、天位難哉、言居天子之位難、以此三者、德惟治、否德亂、為政

以德則治、不以德則亂也、與治同道罔弗興、與亂同事罔弗
亡、言安危在所任、治亂在所法也、若升高必自下、若陟遐必自
邇、言善政有漸、如登高升遠、必用下近爲始、然後致高遠也、無輕民事惟難、
無輕爲力役之事、必重難之乃可也、無安厥位惟危、言當常自危懼、以保其位
也、愼終于始、於始慮終、於終慮始、有言逆于汝心、必求諸
道、人以言咈違汝心、必以道義求其意、勿拒逆之也、有言遜于汝志、必
求諸非道、遜順也、言順汝心、必以非道察之、勿以自臧也、嗚呼、弗慮胡
獲、弗爲胡成、一人元良、萬邦以貞、胡何也、貞正也、言常念慮
道德、則得道德、念爲善政、則成善政也、一人天子也、天子有大善、則天下得正也、君罔
以辯言亂舊政、利口覆國家、故特愼焉、臣罔以寵利居成
功、成功不退、其志無限、故爲之極以安之也、邦其永孚于休、言君臣各以其
道、則國長信保於美也、
伊尹既復政厥辟、還政太甲、將告歸、乃陳戒于德、告老
歸邑、陳德以戒、曰、嗚呼、天難忱、命靡常、以其無常、故難信也、常厥
德、保厥位、厥德匪常、九有以亡、人能常其德、則安其位、九有諸
侯也、夏王弗克庸德、慢神虐民、言桀不能常其德、不敬神明、不恤下
民、皇天弗保、言天不安桀所爲、眷求一德、俾作神主、天求
一德、使代桀爲天地神祇之主、惟尹躬暨湯、咸有一德、克享天

心、受天明命、享當也、非天私我有商、惟天祐于一
德、非天私商而王之也、祐助一德、所以王也、非商求于下民、惟民歸
于一德、非商以力求民、民自歸於一德、德惟一、動罔弗吉、德二
三、動罔弗凶、惟吉凶不僭在人、惟天降災祥在
德、行善則吉、行惡則凶、是不差也、德一、天降之福、不一、天降之災、是在德也、今嗣王
新服厥命、惟新厥德、其命、王命也、新其德、戒勿怠也、終始惟一、
時乃日新、言德行終始不衰殺、是乃日新之義也、任官惟賢材、左
右惟其人、官賢才而任之、非賢才不可任也、選左右必忠良、不忠良、非其人也、其
難其愼、惟和惟一、其難、無以爲易也、其愼、無以輕之也、羣臣當和一心事君、
政乃善也、后非民罔使、民非后罔事、君以使民自尊、民以事君自生、
無自廣以狹人、匹夫匹婦、弗獲自盡、民主罔與
成厥功、上有狹人之心、則下無所自盡矣、言先盡其心、然後乃能盡其力、人君所以成
功也、
高宗夢得說、小乙子也、名武丁、夢得賢相、其名曰說也、使百工營求
諸野、得諸傅岩、使百官以所夢之形象、經營求之於外野、得之於傅岩之溪也、
曰、朝夕納誨、以輔台德、言當納諫誨直辭以輔我、若金、用汝
作礪、若濟巨川、用汝作舟楫、若歲大旱、用汝作
霖雨、啓乃心、沃朕心、若藥弗瞑眩、厥疾弗瘳、開汝

心以沃我心、如服藥必瞑眩極、其病乃除、欲其出切言以自警也、若跣弗視地、厥足用傷、跣必視地、足乃無害、言欲使爲已視聽也、惟曁乃僚、罔弗同心以匡乃辟、與汝並官、皆當倡率、無不同心以匡正汝君也、說復于王曰、惟木從繩則正、后從諫則聖、言木以繩直、君以諫明也、后克聖、臣弗命其承、君能受諫、則臣不待命、其承意而諫也、誰敢弗祗若王之休命、言如此、誰敢不敬順王之美命而諫也、惟說命總百官、在冢宰之任也、乃進于王曰、嗚虖明王、奉若天道、建邦設都、天有日月五星、皆有尊卑相正之法、言明王奉順此道、以立國設都也、樹后王君公、承以大夫師長、言立君臣上下

也、將陳爲治之本、故先擧其始也、弗惟逸豫、惟以亂民、不使有位者逸豫於民上也、言立之主使治民也、惟口起羞、惟甲冑起戎、言不可輕教令、易用兵也、惟衣裳在笥、惟干戈省厥躬、言服不可加非其人、兵不可任非其才也、王惟戒茲、允茲克明、乃罔弗休、言王戒愼四惟之事、信能明政、乃無不美也、惟治亂在庶官、所官得人則治、失人則亂也、官弗及私昵、惟其能、不加私昵、唯能是官也、爵弗及惡德、惟其賢、言非賢不爵也、慮善以動、動惟厥時、非善非時、不可動也、有其善、喪厥善、矜其能、喪厥功、雖天子亦必讓以得之、無啓寵納侮、開寵非其人、則納侮之道也、無恥過作非、恥過誤而

文之、遂成大非、王曰、旨哉、說乃言惟服、旨美也、美其所言、皆可服行也、乃弗良于言、予罔聞于行、汝若不善於所言、則我無聞於所行之事、說拜稽首曰、非知之艱、行之惟艱、言知之易、而行之難、以勉高宗也、

王曰、來汝說、爾惟訓于朕志、言汝當教訓於我使我志通達也、若作酒醴、爾惟麴糵、酒醴須麴糵以成亦我須汝以成也、若作和羹、爾惟鹽梅、鹽鹹梅酢、羹須鹹酢以和之、說曰、王人求多聞、時惟建事、學于古訓、乃有獲、王者求多聞以立事、學古訓乃有所得也、事弗師古、以克永世、匪說攸聞、事不法古訓而以能長世、

非所聞、王曰、嗚虖、說、四海之內、咸仰朕德、時乃風、風教也、使天下皆仰我德是汝教也、股肱惟人、良臣惟聖、手足具乃成人、有良臣乃成聖也、昔先正保衡作我先王、保衡伊尹也、作起也、正長也、言先世長官之臣也、乃曰、予弗克俾厥后惟堯舜、其心愧恥、若撻于市、言伊尹不能使其君如堯舜、則心恥之、若見撻于市也、一夫弗獲、則曰時予之辜、伊尹見一夫不得其所、則以爲已罪也、右我烈祖、格于皇天、言以此道左右成湯、功至大天、爾尚明保予、罔俾阿衡專美有商、汝庶幾明安我事、與伊尹同美也、惟后非賢弗乂、惟賢非后弗食、言君須賢以治、賢須君以食也、其爾克

注無也字

紹乃辟于先王永綏民〔能繼汝君於先王長安民則汝亦有保衛之功也〕說拜稽首曰敢對揚天子之休命〔受美命而稱揚之也〕

武王伐殷師渡盟津王曰今商王受弗敬上天降災下民沈湎冐色敢行暴虐〔沈湎嗜酒冐亂女色敢行酷暴虐殺無辜也〕罪人以族官人以世〔一人有罪刑及父母兄弟妻子言淫濫也官人不以賢才而以父兄所以政亂也〕焚炙忠良刳剔孕婦〔忠良無罪焚炙之懷子之婦刳剔視之言暴虐也〕皇天震怒惟受罔有悛心乃夷居弗事上帝神祇遺厥先宗廟弗祀〔悛改也言紂縱惡無改心平居無故廢天地百神宗廟之祀慢甚也〕乃曰吾有民有

命罔懲其侮〔紂言吾所以有兆民有天命故也羣臣畏罪不爭無能止其慢心〕同力度德同德度義〔力鈞則有德者勝德鈞則秉義者彊揆度優劣勝負可見〕受有臣億萬惟億萬心〔人執異心不和諧也〕予有臣三千惟一心〔三千一心言同欲也〕商罪貫盈天命誅之予弗順天厥罪惟鈞〔紂之爲惡一以貫之惡貫已滿天畢其命今不誅紂則爲逆天與紂同罪〕天矜于民民之所欲天必從之〔矜憐也言天除惡樹善與民同也〕時哉不可失〔言今我伐紂正是天人合同之時不可違失也〕

王次于河朔〔次止〕羣后以師畢會王乃徇師而誓曰我聞吉人爲善惟日弗足凶人爲不善亦惟日弗足〔言吉人竭日以爲善凶人亦竭日以行惡者也〕今商王受力行無度播棄犂老昵比罪人〔鮐背之耈稱犂老布棄不禮敬也昵近也罪人謂天下逋逃小人也〕剝喪元良賊虐諫輔〔剝傷害也賊殺也元善之長良善也以諫輔紂紂反殺之〕謂己有天命謂敬弗足行謂祭無益謂暴無傷天其以予乂民〔用我治民當除惡也〕受有億兆夷人離心離德〔平人凡人也雖多而執心用德不同也〕予有亂臣十人同心同德〔我治理之臣雖少而心德同也〕今朕必往百姓懍懍若崩厥角〔言民畏紂之虐危懼不安若崩摧其角無所容頭也〕烏虖乃一德一心立定厥功惟克永世〔汝同心立功則能長世以安也〕

王曰商王受自絕于天結怨于民〔不敬天自絕之也酷虐民結怨也〕斮朝涉之脛剖賢人之心崇信姦回放黜師保屛棄典刑囚奴正士〔屛棄常法而不顧也箕子正諫而以爲囚奴也〕郊社弗修宗廟弗享作奇技淫巧以悅婦人古人有言曰撫我則后虐我則讎〔武王述古言以明義言非惟今惡紂也〕獨夫受洪惟作威乃汝世讎〔言獨夫失君道也大作威殺無辜乃是汝累世讎明不可不討也〕樹德務滋除惡務本〔立德務滋長除惡務除本言紂爲天下惡本也〕肆予小子誕以爾衆士殄

舊無功字無益字皆補之

殲乃讎、言欲行除惡之義、絕盡紂也、武王與受戰于牧野、王曰、古人有言、牝鷄無晨、言無晨鳴之道、牝鷄之晨、惟家之索、索盡也、喻婦知外事、雌代雄鳴則家盡、婦奪夫政則國亡也、今商王受惟婦言是用、妲己惑紂、紂信用之、乃惟四方之多罪逋逃、是崇是長、言紂棄其忠臣、而尊長逃亡罪人、信用之、是信是使、是以爲大夫卿士、俾暴虐于百姓、以姦宄于商邑、使四方罪人、暴虐姦宄於都邑也、今予發惟龔行天之罰、王來自商、至于豐、乃偃武修文、倒載干戈、示不復用也、行禮射、設庠序、修文教也、歸馬于華山之陽、放牛于桃林之野、示天下弗服、示天下不復乘用也、王若曰、今商王受爲天下逋逃主、肆予東征、陳于商郊、受率其旅若林、會于牧野、罔有敵于我師、前徒倒戈、攻于後以北、血流漂杵、壹戎衣、天下大定、一著戎服而滅紂、言與衆同心、動有成功、釋箕子囚、封比干墓、式商容閭、封益其土也、商容賢人、紂所黜退、散鹿臺之財、發巨橋之粟、紂所積之府倉也、皆散發以賑貧民也、大賚于四海、而萬姓悅服、施舍已責、救乏賙無、所謂周有大賚也、天下皆悅仁服德也、

西旅獻獒、西旅遠國也、貢大犬也、大保乃作旅獒、用訓于王、言明陳貢獒之義、以訓諫也、曰、烏虖、明王慎德、四夷咸賓、言王慎德以懷遠、故四夷皆賓服、無有遠近、畢獻方物、惟服食器用、天下萬國、盡貢方土所生之物、惟可以供服食器用者、言不爲耳目華侈、王乃昭德之致于異姓之邦、無替厥服、德之所致、謂遠夷之貢也、以分賜異姓諸侯、使無廢其職也、分珤玉于伯叔之國、時庸展親、以寶玉分同姓之國、是用誠信其親親之道也、人弗易物、惟德其物、言物貴由人也、有德則物貴、無德則物賤、所貴在德也、德盛弗狎侮、盛德必自敬、何狎易侮慢之有也、狎侮君子、罔以盡人心、以虛受人、則人盡其心矣、狎侮小人、罔以盡其力、以悅使民、民忘其勞、則盡力矣、玩人喪德、以人爲戲弄、則喪其德矣、玩物喪志、以器物爲戲弄、則喪其志矣、弗作無益害有益、功乃成、弗貴異物賤用物、民乃足、遊觀爲無益、奇巧爲異物、言明王之道、以德義爲益、器用爲貴、所以化俗生民、犬馬非其土生弗畜、非此土所生不畜、以不習其用、珍禽奇獸弗育于國、皆非所用、有所損害故也、弗珤遠物、則遠人格、不侵奪其利、則來服、所珤惟賢、則邇人安、寶賢任能、則近人安、近人安、則遠人安矣、烏虖、夙夜罔或弗勤、言當常勤於德、弗務細行、終累大德、輕忽小物、積害毀大、故君子慎其微也、爲山九仞、功虧一簣、諭向成也、未成一簣、

（猶不爲山、故曰功虧一簣、是以聖人乾乾日側、愼終如始也、）允迪茲、生民保厥居、惟乃世王、（言其能信蹈行此誡、則生民安其居、天子乃世世王天下也、武王雖聖、猶設此誡、況其非聖、可以無誡乎、其不免於過、則亦宜矣、）

王若曰、小子封、（封、康叔名、）惟乃丕顯考文王、克明德愼罰、弗敢侮鰥寡、庸庸祗祗、威威顯民、（惠恤窮民、不慢鰥夫寡婦、用可用、敬可敬、刑可刑、明此道以示民也、）天乃大命文王、殪戎殷、誕受厥命、（天美文王、乃大命之殺兵殷、大受其王命、）往盡乃心、無康好逸豫、（往當盡汝心爲政、無自安好逸豫也、）我聞曰、怨弗在大、亦弗在小、惠弗惠、懋弗懋、（不在大、起於小也、不在小、小至於大也、言怨不可爲、故當使不順者順、不勉者勉也、）若保赤子、惟民其康乂、（愛養民如赤子、不失其欲、惟民其皆安治也、）非汝封刑人殺人、（言得刑殺人也、）無或刑人殺人、（無以得刑殺人、而有安刑殺也、）非汝封劓刵人、（劓截鼻也、刵截耳也、）無或劓刵人、（所以舉輕刑以戒、爲人輕行之也、）王曰、封、元惡大憝、矧惟弗孝弗友、（言人之罪惡、莫大於不孝不友、）乃其速由文王作罰、刑茲無赦、（言當亦速用文王所作違敎之罰、刑此無得赦也、）敬哉、無作怨、勿用非謀非彝、（言當脩已以敬、無爲可怨之事、勿用非善之謀、非常之法、）小子封、惟命弗于常、（當念天命之不於常也、行善則得之、行惡則失之、）

王若曰、乃穆考文王、誥庶邦御事、朝夕曰祀茲酒、（文王所告衆國治事吏、朝夕勅之、唯祭祀而用此酒、不常飮也、）曰小大邦用喪、亦罔非酒惟辜、（於小大之國、所用喪、無不以酒爲罪也、）飮惟祀、德將無醉、（飮酒惟當因祭祀、以德自將、無至醉、）在昔殷先哲王、惟御事、弗敢自暇自逸、（惟殷御治事之臣、不敢自寬暇、自逸豫、）矧曰其敢崇飮、（崇聚也、自逸暇猶不敢、況敢聚會飮酒乎、）弗惟弗敢、亦弗暇、（非徒不敢、志在助君敬法、亦不暇飮、）在今後嗣王、酣身、（嗣王紂也、酣樂其身、不憂政也、）惟荒腆于酒、弗惟自息、（言紂大厚於酒、晝夜不念自息、）庶羣嗜酒、腥聞在上、故天降喪于殷、（紂衆羣臣用酒耽荒、腥穢聞在天、故下喪亡於殷也、）天非虐、惟人自速辜、（言凡爲天所亡、天非虐人、惟人所行惡自召罪、）古人有言曰、人無于水鑒、當于民鑒、（古賢聖有言、人無於水鑒、當於民鑒也、視水見己形、視民行事、見吉凶、）今惟殷墜命、我其可弗大鑑、（今惟殷紂無道、墜失天命、我其可不大視爲戒也、）

周公作無逸、（中人之性、好逸豫、成王卽政、恐其逸豫、故以所戒名篇、）周公曰、烏虖、君子所其無逸、（歎美君子之道所在念德、其無逸豫也、君子且猶然、況王者乎、）先知稼穡之艱難、乃逸、則知小人之依、（稼穡農夫之艱難事、先知之、乃謀逸豫、則知小民所依怙、）我聞曰、昔在殷王中宗、（大戊也、）治民祗懼、弗敢荒寧、（爲政敬身畏懼、不敢荒怠自安、）

享國七十有五年、以敬畏之故、得壽考之福也、其在高宗、嘉靖殷邦、至于小大、無時或怨、善謀殷國、至於小大之政、民無時有怨也、享國五十有九年、其在祖甲、湯孫太甲、爰知小人之依、能保惠于庶民、弗侮鰥寡、知小人之所依、依仁政也、故能安順於衆民、不敢侮慢惸獨也、享國三十有三年、自時厥後立王、生則逸、從是三王、各承其後而立者、生則逸豫、無法度也、弗知稼穡之艱難、弗聞小人之勞、惟耽樂之從、過樂謂之耽、惟耽樂之從、言荒淫、亦罔或克壽、以耽樂之故、無有能壽者也、或十年、或七八年、或四三年、高者十年、下者三年、言逸樂之損壽也、惟我周

大王王季、克自抑畏、大王、周公曾祖、王季、即祖也、言皆能以義自抑畏、敬天命也、文王卑服、文王節儉、卑其衣服、自朝至于日中昃、弗皇暇食、用咸和萬民、從朝至日昳、不暇食、思慮政事、用皆協和萬民者也、厥享國五十年、自殷王中宗、及我周文王、兹四人迪哲、言此四人皆蹈智明德以臨下也、厥或告之曰、小人怨汝詈汝、則皇自敬德、其有告之、言小人怨詈者、則大自敬德、增修善政也、此厥弗聽、人乃或譸張爲幻、曰小人怨汝詈汝、則信之、此其不聽中正之君、有人誑惑之、言小人怨憾詈汝、則信受之也、亂罰無罪、殺無辜、怨有同、是叢于厥身、信讒含怒、罰殺無罪、則天

下同怨讎之、叢聚於其身也、烏虖、嗣王其監于兹、視此亂罰之禍、以爲戒也、

蔡叔既沒、以罪放而卒也、王命蔡仲、踐諸侯位、王成王也、父卒命子、罪不相及、王若曰、小子胡、胡仲名也、皇天無親、惟德是輔、民心無常、惟惠之懷、天之於人、無有親疏、惟有德者、則輔佐之、民心於上、無有常主、惟愛己者、則歸往之、爲善弗同、同歸于治、爲惡弗同、同歸于亂、爾其戒哉、愼厥初、惟其終、康濟小民、率自中、無作聰明亂舊章、汝爲政、當安小民之業、循用大中之道、無敢爲小聰明、作異辯、以變亂舊典文章也、詳乃視聽、罔以側言改厥度、則予一人汝嘉、詳審汝視聽、非禮義勿視聽也、無以邪巧之言、易其常度、必斷之以義、則我一人善汝矣、小子胡、汝往哉、無荒棄朕命、汝往之國、無廢我命、欲其終身奉行之、

王若曰、猷告爾四國多方、順大道、告四方、惟聖罔念作狂、惟狂克念作聖、惟聖人無念於善、則爲狂人、惟狂人能念善、則爲聖人、言桀紂非實狂愚、以不念善故滅亡也、自作不和、爾惟和哉、爾室弗睦、爾惟和哉、爾邑克明、爾惟克勤乃事、小大衆官、自爲不和、汝有方多士、當和之哉、汝親近室家不睦、汝亦當和之、汝邑中能明、是汝惟能勤職事也、

周公戒于王曰、文王罔攸兼于庶言庶獄庶愼、

惟有司之牧夫、文王無所兼知於毁譽衆言、及衆刑獄、衆所當愼之事、惟愼擇有司牧夫而已、勞於求才、逸於任賢、是訓用違、庶獄庶愼、文王罔敢知于茲、是萬民順法、用違法、衆獄衆愼之事、文王一無敢自知於此、委任賢能而已也、武王率惟敉功、弗敢替厥義德、武王循惟文王撫安天下之功、不敢廢其義德、奉遵父道也、孺子王矣、稚子今已爲王矣、不可不勤法祖考也、繼自今文子文孫、其勿誤于庶獄庶愼、惟正是乂之、文子文孫文王之子孫也、從今以往、惟以正是之道、治衆獄衆愼、其勿誤也、王曰、若昔大猷、制治于未亂、保邦于未危、言當順古大道、制治安國、必於未亂未危之前、思患豫防之、曰、唐虞稽古、建官惟百、內有百揆四岳、外有州牧侯伯、道堯舜考古、以建百官、上下相維、內外咸治也、庶政惟和、萬國咸寧、官職有序、故衆政惟和、萬國皆安、所以爲至治也、夏商官倍、亦克用乂、禹湯建官二百、亦能用治、言不及唐虞之淸要也、明王立政、弗惟其官、惟其人、言聖帝明王、立政修教也、不惟多其官、惟在得其人也、立太師太傅太保、茲惟三公、論道經邦、燮理陰陽、師天子所師法、傅傅相天子、保保安天子於德義者也、此惟三公之任、佐王論道、以經緯國事、和理陰陽也、官弗必備、唯其人、三公之官、不必備員、惟其人有德乃處之也、少師少傅少保曰三孤、孤特也、卑於公、尊於卿、特置此三人也、貳公弘化、寅亮天地、弼

予一人、副貳三公、弘大道化、敬信天地之教、輔我一人之治、冢宰掌邦治、統百官、均四海、天官卿稱太宰、主國政治、統理百官、均平四海之內、邦國、言任大、司徒掌邦教、敷五典、擾兆民、地官卿、主國敎化、布五常之教、安和天下衆民、使小大協睦也、宗伯掌邦禮、治神人、和上下、春官卿、主宗廟天地神祇人鬼之事、及國之五禮、以和上下尊卑等列也、司馬掌邦政、統六師、平邦國、夏官卿、主戎馬之事、掌國征伐、統正六軍、平治王邦四方之亂也、司寇掌邦禁、詰姦慝、刑暴亂、秋官卿、主寇賊法禁、治姦慝、刑彊暴作亂者也、司空掌邦土、居四民、時地利、冬官卿、主國空土、以居士農工商四民、使順天時、分地利、授之土、六卿分職、各帥其屬、以倡九牧、阜成兆民、六卿各率其屬官大夫士、治其所分之職、以倡導九州之牧伯爲政、大成兆民之性命、皆能其官、則政治矣、王曰、嗚呼、凡我有官君子、欽乃攸司、愼乃出令、令出惟行、弗惟反、有官君子、大夫以上也、歎而戒之、使敬所司、愼出令從政之本也、令出必惟行之、不惟反改、二三其令、亂之道也、以公滅私、民其允懷、從政以公平滅私情、則民其信歸之、學古入官、議事以制、政乃弗迷、言當先學古訓然後入官治政、凡制事必以古義、議度終始、政乃不迷錯也、其爾典常作師、無以利口亂厥官、其汝爲政、當以舊典常故事爲師法、無以利口辯佞亂其官也、弗學牆面、蒞事惟煩、人而不學、其猶正牆面而立、臨政事必煩矣、戒爾卿

士、功崇惟志、業廣惟勤、此戒凡有官位、但言卿士、擧其掌事者也、功高由志、業廣由勤也、位弗期驕、祿弗期侈、貴不與驕期、而驕自至、富不與侈期、而侈自來、驕侈以行己、所以速亡也、恭儉惟德、無載爾僞、言當恭儉惟以立德、無行姦僞也、作德、心逸日休、作僞、心勞日拙、爲德直道而行、於心逸豫、而名日美、爲僞飾巧百端、於心勞苦、而事日拙、不可爲之也、居寵思危、罔弗惟畏、弗畏入畏、言雖居貴寵、當常思危懼、無所不畏、若乃不畏、則入可畏之刑、推賢讓能、庶官乃和、賢能相讓、俊乂在官、所以和諧也、擧能其官、惟爾之能、稱匪其人、惟爾弗任、所擧能脩其官、惟亦汝之功能也、擧非其人、惟亦汝之不勝其任也、王曰、嗚虖、三事

暨大夫、敬爾有官、亂爾有政、歎而勑公卿以下、各敬居汝所有之官、治汝所有之職也、以右乃辟、永康兆民、萬邦惟無斁、言當敬治官政以助汝君、長安天下兆民、則天下萬國、惟乃無厭我周德也、周公既歿、命君陳分正東郊成周、成王重周公所營、故命君陳、分居正東郊成周之邑、王若曰、君陳、我聞曰、至治馨香、感于神明、黍稷非馨、明德惟馨、所聞上古聖賢之言也、政治之至者、芬芳馨氣、動於神明、所謂芬芳、非黍稷之氣、乃明德之馨、厲之以德也、凡人未見聖、若弗克見、既見聖、亦弗克由聖、此言凡人有初無終也、未見聖道、如不能得見、已見聖道、亦不能用之、所以無成也、爾其戒哉、爾惟風、

王舊作命改之

下民惟草、汝戒勿爲凡人之行也、民從上教而變、猶草應風而偃、不可不慎也、無依勢作威、無倚法以削、無乘勢位、作威民上、無倚法制、以行刻削之政、寬而有制、從容以和、寬不失制、動不失和、德教之治也、殷民在辟、予曰辟、爾惟勿辟、予曰宥、爾惟勿宥、惟厥中、殷民有罪在刑法者、我曰刑之、汝勿刑也、我曰赦宥、汝勿宥也、惟其當以中正平理斷也、無弗若于汝政、弗化于汝訓、辟以止辟、乃辟、有不順於汝政、不變於汝教、刑之而懲止、犯刑者、乃刑之也、爾無忿疾于頑、無求備于一人、人有頑嚚不喻、汝當訓之、無忿怒疾之、使人當器之、無責備於一夫也、王曰、嗚虖、父師、畢公代周公爲大師、爲東伯、命之代君陳也、政貴有

恒、辭尚體要、弗惟好異、政以仁義爲常、辭以體實爲要、故貴尚之、若異於先王、君子不好也、商俗靡靡、利口惟賢、餘風未殄、公其念哉、紂以靡靡利口爲賢、覆亡國家、今殷民利口、餘風未絕、公其念絕之也、我聞曰、世祿之家、鮮克由禮、以蕩凌德、實悖天道、世有祿位、而無禮教、少不以放蕩陵邈有德者、如此實亂天道也、弊化奢麗、萬世同流、言弊俗相化、車服奢麗、雖相去萬世、若同一流者也、茲殷庶士、驕淫矜侉、將由惡終、閑之惟艱、言殷士驕恣過制、矜其所能、以自侉大、將用惡自終、以禮禦其心惟難也、惟周公克慎厥始、惟君陳克和厥中、惟公克成厥終、周公遷殷頑民、以消亂階、能慎其始也、君陳弘周公

之訓、能和其中也、畢公闡二公之烈、能成其終也、欽若先王成烈、以休于前政、敬順文武成業、以美於前人之政、所以勉畢公、

穆王命君牙作周大司徒、穆王、昭王子也、王若曰、烏虖惟乃祖乃父世篤忠貞服勞王家、厥有成績紀于大常、言汝父祖世厚忠貞、服事勤勞王家、其有成功、見紀錄書於王之大常、以表顯之也、惟予小子嗣守文武成康遺緖、亦惟先王之臣克左右亂四方、惟我小子、繼守先王遺業、亦惟父祖之臣、能佐助我、治四方、言已無所能也、心之憂危若蹈虎尾涉于春冰、言祖業之大、已才之弱、故心懷危懼也、虎尾畏噬、春冰畏陷、危懼之甚也、今命爾予翊作股肱心膂、今命汝爲我輔翊、股肱心體之臣、言委任之也、爾身克正、罔敢弗正、民心罔中、惟爾之中、言汝身能正、則下無敢不正、民心無中、從女取中、必當正身示民、以中正之道、夏暑雨、小民惟曰怨咨、夏月暑雨、天之常道、小民惟怨歎咨嗟、言心無中正也、冬祁寒、小民亦惟曰怨咨、厥惟艱哉、思其艱以圖其易、民乃寧、天不可怨、民猶怨咨嗟、治民其惟艱哉、當思慮其艱、以謀其易、民乃安、

王若曰、伯冏、昔在文武聰明齊聖、小大之臣、咸懷忠良、聰明聽視遠也、齊通無滯礙也、臣雖官有尊卑、無不忠良、其侍御僕從、罔匪正人、給侍進御、僕從從官、官雖微、無不用中正之人、以且夕承弼厥辟、出入起居、罔有弗欽、小臣皆良、僕從皆正、以且夕承輔其君、故君出入起居、無有不欽、發號施令、罔有弗臧、下民祗若、萬邦咸休、言文武發號施令、無有不善、下民敬順其命、萬國皆美其化也、惟予一人無良、實賴左右前後有位之士、匡其弗及、惟我一人無善、實恃左右前後、有職位之士、匡正其不及、言此責羣臣正已者也、繩愆糾謬、格其非心、俾克紹先烈、言恃左右之臣、彌正過誤、撿其非妄之心、使能繼先王之功業也、今予命汝作大僕正、正于羣僕侍御之臣、欲其教正群僕、無敢佞僞也、懋乃后德、交修弗逮、言侍御之臣、無小大親疎、皆當勉汝君爲德、更代修進其所不逮也、愼簡乃僚、無以巧言令色便辟側媚、其惟吉士、當謹愼簡選汝僚屬侍臣、無得用巧言無實、令色無質、便辟足恭、側媚諂諛之人、其惟皆吉良正士也、僕臣正、厥后克正、僕臣諛、厥后自聖、言僕臣皆正、則其君乃能正、僕臣諂諛、則其君乃自謂聖、后德惟臣、弗德惟臣、君之有德、惟臣成之、君之無德、惟臣諛之、言君所行善惡、專在左右也、爾無昵于憸人、充耳目之官、迪上以非先王之典、汝無親近憸利小子之人、充備侍從、在視聽之官、導君上以非先王之法也、

王曰、嗚呼、伯父伯兄、仲叔季弟、幼子童孫、皆聽朕言、皆王同姓、有父兄弟子孫列者也、爾尚敬逆天命、以奉我

中下有正字

一人雖畏勿畏、雖休勿休、汝當庶幾敬逆天命、以奉我一人之戒、行事雖見畏、勿自謂可敬畏、雖見美、勿自謂有德美、惟敬五刑、以成三德、一人有慶、兆民賴之、先戒以勞謙之德、次教以惟敬五刑、所以成剛柔正直之三德也、天子有善、則兆民賴之、王曰、吁來、有邦有土、告爾祥刑、吁歎也、有國有土諸侯也、告汝以善用刑之道也、在今爾安百姓、何擇非人、何敬非刑、在今汝安百官兆民之道、當何所擇、非惟吉人乎、當何所敬、非惟五刑乎、兩造具備、師聽五辭、兩謂囚證也、造至也、兩至具備、則衆獄官共聽其入五刑之辭也、五辭簡孚、正于五刑、五辭簡核、信有罪驗、則正之於五刑也、五刑不簡、正于五罰、不簡核、謂不應五刑、當出金贖罪也、五罰不服、正于五過、不服不應罰也、正於五過、從赦免也、五刑之疑有赦、五罰之疑有赦、刑疑赦從罰、罰疑赦從免、刑罰世輕世重、惟齊非齊、言刑罰隨世輕重也、刑新國用輕典、刑亂國、用重典、刑平國、用中典、凡刑所以齊非齊、非佞折獄、惟良折獄、罔非在中、非口才可以斷獄、惟平良可以斷獄、無非在中正也、哀敬折獄、咸庶中正、當矜下民之犯法、敬斷獄之害人、皆庶幾必得中正之道也、其刑其罰、其審克之、其所刑、其所罰、其當審能之、無失中也、

群書治要卷第二

以一至至也本

群書治要卷第三

秘書監鉅鹿男臣魏徵等奉　勅撰

詩

周南

關雎、后妃之德也、風之始也、所以風天下而正夫婦也、故用之鄉人焉、用之邦國焉、風諷也、教也、風以動之、教以化之、詩者志之所之也、在心爲志、發言爲詩、情動於衷而形於言、言之不足、故嗟歎之、嗟歎之不足、故詠歌之、詠歌之不足、不知手之舞之、足之蹈之也、情發於聲、聲成文謂之音、發猶見也、聲謂宮商角徵羽、聲成文者、宮商上下相應也、治世之音、安以樂、其政和、亂世之音、怨以怒、其政乖、亡國之音、哀以思、其民困、故正得失、動天地、感鬼神、莫近於詩、先王以是經夫婦、成孝敬、厚人倫、美教化、移風易俗、故詩有六義焉、一曰風、二曰賦、三曰比、四曰興、五曰雅、六曰頌、上以風化下、下以風刺上、言之者無罪、聞之者足以自誡、故曰風、以一國之事、繫一人之本、謂之風、言天下之

書入變雅作矣下

事、形四方之風、謂之雅、雅者正也、言王政之所由廢興也、政有小大、故有小雅焉、有大雅焉、頌者、美盛德之形容、以其成功、告於神明者也、是謂四始、詩之至也、始者、王道興衰之所由也、至於王道衰、禮義廢、政教失、國異政、家殊俗、而變風變雅作矣、周南邵南、正始之道、王化之基、是以關雎樂得淑女以配君子、憂在進賢、不婬其色、哀窈窕、思賢才、而無傷善之心焉、是關雎之義也、

關關雎鳩、在河之洲、興也、關關和聲也、雎鳩王雎也、鳥摯而有別、后妃悅樂君子之德、無不和諧、又不淫其色、若雎鳩之有別焉、然後可以風化天下、夫婦有別、則父子親、父子親、則君臣敬、君臣敬、則朝廷正、朝廷正、則王化成也、

窈窕淑女、君子好仇、窈窕、幽閒也、淑、善也、仇、逑也、后妃有關雎之德、是幽閒貞專之善女、宜為君子仇逑也、

仇逑也作仇匹　扎　仇逑也作仇匹逑也

參差荇菜、左右流之、荇、接茶也、流、求也、后妃有關雎之德、乃能供荇菜、備庶物、以事宗廟也、左右助之、言三夫人九嬪以下、皆樂后妃之事也、

窈窕淑女、寤寐求之、寤、覺也、寐、寢也、言后妃覺寐、則常求此賢女、欲與之共已職、

求之不得、寤寐思服、服、事也、求賢女而不得、覺寐則思已職事、當與誰共之也、

悠哉悠哉、展轉反側、悠、思也、言已誠思之也、臥而不周曰展也、

卷耳、后妃之志也、又當輔佐君子、求賢審官、知臣下之勤勞、內有進賢之志、而無險詖私謁之心、朝夕思念、至於憂勤、謁、請也、

采采卷耳、不盈傾筐、憂者之興也、采采、事采之也、卷耳、苓耳也、傾筐、畚屬也、易盈之器也、器之易盈而不盈者、志在輔佐君子、憂思深也、

嗟我懷人、寘彼周行、懷、思也、寘、置也、行、列也、思君子官賢人、置之周之列位也、周之列位、謂朝廷之臣也、

邵南

甘棠、美邵伯也、邵伯之教、明于南國、邵伯、姬姓、名奭、作上公為二伯、

蔽芾甘棠、勿翦勿伐、邵伯所茇、蔽芾、小貌、甘棠、杜也、茇、草舍也、邵伯聽男女之訟、不重煩勞百姓、止舍小棠之下而聽斷焉、國人被其德、悅其化、敬其樹也、

何彼襛矣、美王姬也、雖則王姬、亦下嫁於諸侯、車服不繫其夫、下王后一等、猶執婦道以成肅雝之德、

何彼襛矣、唐棣之華、興也、襛猶戎戎也、唐棣、栘也、云何乎彼戎戎者、乃栘之華、興者喻王姬顏色之美盛也、

曷弗肅雝、王姬之車、肅、敬也、雝、和也、曷、何也、之、往也、何不敬和乎、王姬往乘車、言其嫁時始乘車、則已敬和矣、

邶風

栢舟、言仁而不遇也、衛頃公時、仁人不遇、小人在側、

汎彼栢舟、亦汎其流、興也、汎汎、流貌也、栢木所以宜為舟也、汎

其流不以濟渡也舟載渡物也今不用而與衆物汎汎然俱流水中興者喻仁人之不用與羣小人並列亦猶是也耿耿不寐如有隱憂耿耿猶儆儆也隱痛也仁人既不遇憂在見侵害也憂心悄悄慍于羣小悄悄憂貌慍怒也覯閔既多受侮不少閔病也

谷風刺夫婦失道也衛人化其上淫於新婚而棄其舊室夫婦離絕國俗傷敗焉習習谷風以陰以雨興也習習和舒之貌東風言之谷風陰陽和而谷風至夫婦和則室家成也黽勉同心不宜有怒言黽勉思與君子同心也所以黽勉者以爲見譴怒非夫婦之宜也采葑采菲無以下體葑蕪也菲芴也下體根莖也二菜皆上下可食然而其根有美時有惡時采之者不可以根惡之時并弃其葉喻夫婦以禮義合以顏色親亦不可以顏色衰而弃其相與之禮德音莫違及爾同死莫無也及與也夫婦之言無相違者則可長相與處至死顏色斯須之有也

鄘風

相鼠刺無禮也衛文公能正其羣臣而刺在位承先君之化無禮儀也相鼠有皮人而無儀相視也儀威儀也視鼠有皮雖居高顯之處偷食苟得不知廉恥亦與人無威儀者同也人而無儀不死胡爲人以有威儀爲貴今反無之傷化敗俗不如其死無所害也相鼠有體人而無禮體支體也人而無禮胡不遄死

干旄美好善也衛文公之臣子多好善賢者樂告以善道也賢者時處士也孑孑干旄在浚之郊孑孑干旄貌注旄於干首大夫之旗也浚衛邑時有建此旄來至浚之郊卿大夫好善者也素絲紕之良馬四之紕所以織組也總紕於此成文於彼願以素絲紕組之法御四馬也彼姝者子何以畀之姝順貌畀與時賢者既悅此大夫有忠順之德又欲以善道與之誠愛厚之至焉

衛風

淇澳美武公之德也有文章又能聽規諫以禮自防故能入相于周美而作是詩瞻彼淇澳綠竹猗猗興也猗猗美貌也武公質美德盛有康叔之餘烈也有斐君子如切如瑳如琢如磨斐文章貌治骨曰切象曰瑳玉曰琢石曰磨道其學而成也聽其規諫以禮自修飾如玉石之見琢磨

芄蘭刺惠公也驕而無禮大夫刺之惠公以幼童即位自謂有才能而驕慢於大臣但習威儀不知爲政以禮也芄蘭之支興也芄蘭草柔弱恒延蔓於地有所依緣則起興者喻幼穉之君任用大臣乃能成其政也童子佩觿觿所以解結成人之佩也人君治成人事雖童子猶佩觿以早成其德也雖則佩觿能不我知此幼穉之君雖佩觿焉其才能實不如我衆臣之所知爲也惠公自謂有才能而驕慢所以見刺也

王風

葛藟、王族刺桓王也、周室道衰、棄其九族焉、綿綿葛藟、在河之滸、水涯曰滸、葛也蘽也、生河之涯、得其潤澤、以長而不絕、興者、喻王之同姓、得王恩施以生長其子、終遠兄弟、謂他人父、兄弟族親也、王寡於恩施、今以遠弃族親矣、是我以他人爲己父也、

采葛、懼讒也、桓王之時、政事不明、臣無大小、使出者、則爲讒人所毀、故懼之也、彼采葛兮、一日不見、如三月兮、興也、葛所以爲絺綌也、事雖小、一日不見於君、憂懼於讒矣、興者、以采葛喻臣以小事使出者也、

鄭風

風雨、思君子也、亂世則思君子、不改其度焉、風雨凄凄、雞鳴喈喈、興也、風且雨凄凄然、雞猶守時而鳴喈喈然、興者喻君子雖居亂世不改其節度也、既見君子、云胡不夷、夷、悅也、思而見之、云何不悅也、

子衿、刺學校廢也、亂世則學校不修、青青子衿、悠悠我心、青衿、青領、學子之所服、學子而俱在學校之中、己留彼去、故隨而思之、縱我不往、子寧不嗣音、嗣續也、汝曾不傳聲問我、我以恩責其忘己也、

齊風

雞鳴、思賢妃也、哀公荒淫怠慢、故陳賢妃貞女夙夜警戒相成之道焉、雞既鳴矣、朝既盈矣、雞鳴朝盈、夫人也君也、可以起之常禮也、匪雞則鳴、蒼蠅之聲、夫人以蠅聲爲雞鳴、則以作早於常時、敬也、

甫田、大夫刺襄公也、無禮義而求大功、不修其德而求諸侯、志大心勞、所以求者非其道也、無田甫田、維莠驕驕、興也、甫大也、大田過度、而無人功、終不能獲、興者喻人君欲立功致治、必勤身修德、積小以成高大也、無思遠人、勞心忉忉、忉忉、憂勞、此言無德而求諸侯、徒勞其心忉忉然、

魏風

伐檀、刺貪也、在位貪鄙、無功而受祿、君子不得進仕爾、坎坎伐檀兮、寘之河之干兮、河水清且漣漪、伐檀以俟世用、若俟河水清且漣漪、是謂君子之人、不得進仕也、不稼不穡、胡取禾三百廛兮、不狩不獵、胡瞻爾庭有懸貆兮、一夫之居曰廛、貆獸名也、彼君子兮、不素餐兮、素、空、彼君子者、斥伐檀之人、仕有功乃肯受祿、

碩鼠、刺重斂也、國人刺其君之重斂、蠶食於民、不修其政、貪而畏人、若大鼠也、碩鼠碩鼠、無食我黍、三歲貫汝、莫我肯顧、碩、大也、大鼠大鼠者、斥其君、汝無復食我

黍、疾其君稅斂之多、我事汝已三歲矣、曾無教令恩德、來顧眷我、又疾其不修德政、逝將去汝、適彼樂土、往矣將去汝、與之訣別之辭、樂土、有德之國也、

唐風

杕杜、刺時也、君不能親其宗族、骨肉離散、獨居而無兄弟、將爲沃所并爾、有杕之杜、其葉湑湑、興也、杕、特生貌、杜、赤棠也、湑湑、茂葉不相次比之貌、獨行踽踽、豈無他人、不如我同父、踽踽、無所親也、他人謂異姓也、言昭公遠其宗族、獨行國中、踽踽然、此豈無異姓之臣乎、顧恩不如同姓之親親耳、

秦風

晨風、刺康公也、忘穆公之業、始棄其賢臣焉、鴥彼晨風、鬱彼北林、興也、鴥、疾飛貌也、晨風、鸇也、鬱、積也、先君招賢人、賢人歸往之、駛疾如晨風之飛入北林也、未見君子、憂心欽欽、言穆公始未見君子之時、思望而憂、欽欽然也、如何如何、忘我實多、此言穆公之意、責康公、如何乎如何乎、汝忘我之事、實多大也、

渭陽、康公念母也、康公之母、晉獻公之女、文公遭驪姬之難、未反而秦姬卒、穆公納文公、康公時爲太子、贈送文公于渭之陽、念母之不見也、我見舅氏、如母存焉、及其卽位、思而作是詩也、

我送舅氏、曰至渭陽、渭、水名也、何以贈之、路車乘黃、贈、送也、乘黃、駟馬皆黃也、我送舅氏、悠悠我思、何以贈之、瓊瑰玉佩、瓊瑰、美石而次玉者也、

權輿、刺康公也、忘先君之舊臣與賢者、有始而無終也、於我乎夏屋渠渠、夏、大也、屋、具也、渠渠、猶勤勤也、言君始於我厚、設禮食大具以食我、其意勤勤然、今也每食無餘、此言君今遇我薄、其食我裁足也、于嗟乎不承權輿、承、繼也、權輿、始也、

曹風

蜉蝣、刺奢也、昭公國小而迫、無法以自守、好奢而任小人、將無所依焉、蜉蝣之羽、衣裳楚楚、興也、蜉蝣、渠略也、朝生夕死、猶有羽翼以自修飾、楚楚、鮮明貌、興者、喻昭公之朝、其羣臣皆小人也、徒整飾其衣裳、不知國將迫脅、君臣死亡之無日、如渠略然也、心之憂矣、於我歸處、歸、依歸也、君當於何依歸、言有危亡之難、將無所就往也、

候人、刺近小人也、共公遠君子、而好近小人焉、彼候人兮、荷戈與祋、候人、道路送迎賓客者也、荷、揭也、祋、殳也、言賢者之官、不過候人也、彼其之子、三百赤芾、芾、韠也、大夫以上、赤芾乘軒、之子、是子也、佩赤芾者、三百人、

小雅

以作爲

鹿鳴、燕羣臣嘉賓也、既飲食之、又實幣帛筐篚、以將其厚意、然後忠臣嘉賓得盡其心矣、呦呦鹿鳴、食野之苹、興也、苹、大蓱也、鹿得苹草、呦呦然鳴而相呼、懇誠發于中、以興嘉樂賓客、當有懇誠相招呼以成禮也、我有嘉賓、鼓瑟吹笙、吹笙鼓簧、承筐是將、筐、篚屬、所以行幣帛也、承、猶奉也、

皇皇者華、君遣使臣也、送之以禮樂、言遠而有光華也、言臣出使、能揚君之美、以延其譽於四方、則爲不辱君命也、皇皇者華、于彼原隰、皇皇、猶煌煌也、忠臣奉使、能光君命、無遠無近、如華不以高下易其色矣、無遠無近、惟所之則然也、駪駪征夫、每懷靡及、駪駪、衆多之貌也、征

夫、行人也、衆行夫既受君命、當速行、每人懷其私相稽留、則於王事將無所及也、

常棣、燕兄弟也、閔管蔡之失道、故作常棣焉、周公弔二叔之不咸、而使兄弟之恩疏、召公爲作是詩、而歌之以親之、常棣之華、萼不韡韡、承華者曰萼、不當作跗、跗、萼足也、萼足得華之光明、韡韡然也、興者喻弟以敬事兄、兄以榮覆弟、恩義之顯、亦韡韡然也、凡今之人、莫如兄弟、人之恩親、無如兄弟之最厚、鶺鴒在原、兄弟急難、鶺鴒、雝渠也、飛則鳴、行則搖、不能自舍爾、急難、言兄弟之相救於急難矣、每有良朋、況也永歎、況、茲也、永、長也、每、雖也、良、善也、當急難之時、雖有善同門來、茲對之長歎而已、兄弟鬩于墻、外禦其侮、鬩、狠也、禦、禁也、兄弟雖內鬩、外猶禦侮也、

伐木、燕朋友故舊也、自天子以下至于庶人、未有不須友以成者、親親以睦、友賢不棄、不遺故舊、則民德歸厚矣、伐木丁丁、鳥鳴嚶嚶、丁丁、嚶嚶、相切直也、言昔日未居位、與友生於山巖伐木、爲勤苦之事、猶以道德相切正也、嚶嚶兩鳥聲也、其鳴之志、似於有朋友道然、故連言之、出自幽谷、遷于喬木、遷、徙也、謂鄉時之鳥、出從深谷、今移處高木也、嚶其鳴矣、求其友聲、君子雖遷處於高位、不可以忘其朋友也、相彼鳥矣、猶求友聲、矧伊人矣、不求友生、矧、況也、相、視也、鳥尚知居高木呼其友、況是人乎、可不求乎、

天保、下報上也、君能下下、以成其政、則臣亦歸

美、以報其上焉、天保定爾、俾爾戩穀、罄無不宜、受天百祿、保、安也、爾、汝也、戩、福也、穀、祿也、罄、盡也、天使汝所福祿之人、謂羣臣也、其舉事盡得其宜、受天之多福祿、如月之恒、如日之昇、恒、弦也、昇、出也、言俱進也、月上弦而就盈、日始出而就明也、如南山之壽、不騫不崩、騫、虧、如松柏之茂、無不爾或承、或之言有也、如松柏之枝葉常茂盛、青青相承無衰落也、

南山有臺、樂得賢也、得賢者則能爲邦家立太平之基矣、人君得賢者、則其德廣大堅固、如山之有基趾也、南山有臺、北山有萊、臺、夫須也、興者山之有草木以自覆蓋、成其高大、喻人君有賢臣、自以尊

顯也、樂只君子、邦家之基、基、本也、只之言是也、人君既得賢者、置之於位、又尊敬以禮樂樂之、則能爲國家之本也、

蓼蕭、澤及四海也、蓼彼蕭斯、零露湑兮、興也、蓼、長大貌、蕭、蒿也、湑湑然、蕭上露貌、興者、蕭香物之微者、喻四海之諸侯、亦國君之賤者、露天所以潤萬物、喻王者恩澤不爲遠國則不及之、既見君子、我心寫兮、既見君子者、遠國之君、朝見於天子也、我心寫者、舒其情意、無留恨者、燕笑語兮、是以有譽處兮、天子與之燕而笑語、則遠國之君各得其所、是以稱揚德美、使聲譽常處天子也、

舒作輸

湛露、天子燕諸侯也、湛湛露斯、匪陽不晞、晞、乾也、露雖湛湛然、見陽則乾、興者、露之在物湛湛然、使物柯葉低垂、喻諸侯受燕爵、其威儀有似醉之貌、唯天子賜爵、則自變肅敬承命、有似露見日而晞也、厭厭夜飲、不醉無歸、厭厭、安也、

自作貌

六月、宣王北伐也、鹿鳴廢則和樂缺矣、四牡廢則君臣缺矣、皇皇者華廢則忠信缺矣、常棣廢則兄弟缺矣、伐木廢則朋友缺矣、天保廢則福祿缺矣、采薇廢則征伐缺矣、出車廢則功力缺矣、杕杜廢則師衆缺矣、魚麗廢則法度缺矣、南陔廢則孝友缺矣、白華廢則廉耻缺矣、華黍廢、則畜積缺矣、由庚廢則陰陽失其道理矣、南有嘉魚廢則賢者不安、下民不得其所矣、崇丘廢則萬物不遂矣、南山有臺廢則爲國之基墜矣、由儀廢則萬物失其道理矣、蓼蕭廢則恩澤乖矣、湛露廢則萬國離矣、彤弓廢則諸夏衰矣、菁菁者莪廢則無禮儀矣、小雅盡廢則四夷交侵、中國微矣、六月棲棲、戎車既飭、棲棲、簡閱貌、飭、正也、記六月者、盛夏出兵、明其急也、玁狁孔熾、我是用急、熾、盛也、孔、甚也、此序吉甫之意也、北狄來侵甚熾、故王以是急遣我也、

車攻、宣王復古也、宣王能內修政事、外攘夷狄、復文武之境土、修車馬、備器械、復會諸侯於東都、因田獵而選車徒焉、東都、王城、我車既攻、我馬既同、攻、堅也、同、齊也、四牡龐龐、駕言徂東、龐龐、充實、東、雒邑也、蕭蕭馬鳴、悠悠旆旌、言不讙譁也、之子于征、有聞無聲、有善聞而無讙譁、

鴻鴈、美宣王也、萬民離散、不安其居、而能勞來還定安集之、至乎鰥寡、無不得其所焉、宣王承厲王衰亂之弊、而興復先王之道、以安集衆民爲始、鴻鴈于飛、集于中澤、中澤、

澤中、鴻鴈之性、安居澤中、今飛而又集于澤之中、猶民去其居而離散、今見還定安集之也、之子于垣、百堵皆作、侯伯卿士、又於壞滅之國、徵民起屋舍、築牆壁、百堵同時起、言邁事也、雖則劬勞、其究安宅、此勸萬民之辭、汝今雖病勞、終有所安居也、

白駒、大夫刺宣王也、刺其不能留賢也、皎皎白駒、食我場苗、縶之維之、以永今朝、宣王之末、不能用賢、賢者有乘白駒而去者、縶絆也、維繫也、永久也、願此去者乘白駒而來、使食我場中之苗、我則絆之繫之、以久今朝、愛之欲留也、所謂伊人、於焉逍遙、乘白駒而去之賢人、今於何遊息乎、思之甚矣、

節南山、家父刺幽王也、家父字、周大夫也、節彼南山、維石巖巖、興也、節高峻貌、巖巖積石貌、興者喻三公之位、人所尊嚴也、赫赫師尹、民具爾瞻、師大師、周之三公、尹氏為大師、具俱也、此言尹氏汝居三公之位、天下之民俱視汝之所為也、國既卒斬、何用不監、卒盡也、斬斷也、監視也、天下之諸侯日相侵伐、其國已盡絕滅、汝何用為職、不監察之、

正月、大夫刺幽王也、正月繁霜、我心憂傷、正月夏之四月也、繁多也、夏之四月霜多、急恆寒若之異、傷害萬物、故我心為之憂傷也、民之訛言、亦孔之將、將大也、訛偽也、人以偽言相陷入、使王行酷暴之刑、致此災異、故言甚大、謂天蓋高、不敢不局、謂地蓋厚、不敢不蹐、局曲也、蹐累足也、此民疾苦王政、上下皆可畏之言也、哀今之人、胡為虺蜴、虺蜴之性、見人則走、哀哉今之人、何為如是、傷時政也、燎之方揚、寧或滅之、滅之以水也、燎之方盛之時、炎熾熛怒、寧有能滅息之者乎、言無有也、以無有喻有之者為甚也、赫赫宗周、褒姒威之、宗周鎬京也、褒國名也、姒姓也、威滅也、有褒之女、幽王惑焉、而以為后、詩人知其必威周也、

十月之交、大夫刺幽王也、十月之交、朔日辛卯、日有蝕之、亦孔之醜、之交日月之交會也、醜惡也、周十月夏之八月也、日食陰侵陽、臣侵君之象也、日為君、辰為臣、辛金也、卯木也、又以卯侵辛、故甚惡之、彼月而蝕、則維其常、此日而蝕、于何不臧、臧善也、

百川沸騰、山冢崒崩、沸出也、騰乘也、山頂曰冢、崒者崔嵬也、百川沸出、相乘凌者、由貴小人也、山頂崔嵬者崩、喻君道壞也、高岸為谷、深谷為陵、言君子居下、小人處上也、哀今之人、胡憯莫懲、憯曾也、變異如此、禍亂方至、哀哉今在位之人、何曾無以道德止之、黽勉從事、不敢告勞、詩人賢者、見時如是、自勉以從王事、雖勞不敢自謂勞、畏刑罰也、無罪無辜、讒口囂囂、囂囂眾多貌也、時人非有辜罪、其被讒口見椓譖囂囂然、

小旻、大夫刺幽王也、謀臧不從、不臧覆用、臧善也、謀之善者不從之、其不善者反用之、我龜既厭、不我告猶、猶圖也、卜筮數而瀆龜、龜靈厭之、不復告其所圖之吉凶、謀夫孔多、是用不集、集就也、謀

事者衆多、而非賢者、是非相奪、莫適可從、故所爲不成也、發言盈庭、誰敢執其咎、謀事者衆、訩訩滿庭、而無能決當是非、事若不成、誰云已當受其咎責者、言小人爭智而讓過、如彼築室于道謀、是用不潰于成、潰、遂也、如當路築室、得人而與之謀所爲、路人之意不同、故不得遂成也、不敢暴虎、不敢馮河、人知其一、莫知其他、馮、陵也、人皆知暴虎馮河立至之害、而無知當畏愼小人能危亡已也、

小宛、大夫刺幽王也、溫溫恭人、溫溫、和柔貌、如集于木、恐墜也、惴惴小心、如臨于谷、恐隕、戰戰兢兢、如履薄冰、衰亂之世、賢人君子雖無罪猶恐懼也、

小弁、刺幽王也、太子之傅作焉、踧踧周道、鞫爲茂草、踧踧、平易貌、周道、周室之通道也、鞫、窮也、我心憂傷、惄焉如擣、惄、思也、擣、心疾也、不脫冠衣而寐、曰假寐、疢、猶病也、假寐永歎、維憂用老、心之憂矣、疢如疾首、維桑與梓、必恭敬止、父之所樹、已尚不敢不恭敬也、靡瞻匪父、靡依匪母、不屬于毛、不離于裏、此言人無不瞻仰其父取法則者、無不依特其母以長大者、今我太子獨不受父之皮膚之氣乎、不處母之胞胎乎、何曾無恩於我也、無逝我梁、無發我笱、逝、之也、之人梁、發人笱、此必有盜魚之罪、以言褒姒以淫色來嬖於王、盜我太子母子之寵也、我躬不閱、遑恤我後、念父孝也、念父孝者、太子念王將受讒言不止、我死之後、懼復有被讒者、無如之何、故自決云、身尚不能得自容、何暇乃憂我死之後乎、

巧言、刺幽王也、大夫傷於讒而作是詩、亂之初生、僭始既涵、僭、不信也、涵、同也、王之初生亂萌、羣臣之言、信與不信、盡同之不別、亂之又生、君子信讒、君子斥在位者、信讒人言、是復亂之所生、君子信盜、亂是用暴、盜謂小人、盜言孔甘、亂是用餤、餤、進也、

巷伯、刺幽王也、寺人傷於讒而作是詩、巷伯、奄官、寺人、內小臣、萋兮斐兮、成是貝錦、興也、萋斐、文章貌、貝錦、錦文、興者喻讒人集作己過、以成於罪、猶女工之集采色成錦文也、彼譖人者、亦已太甚、太甚者、謂使己得重罪、取彼譖人、投畀豺虎、豺虎不食、投畀有北、北方寒涼而不毛也、有北不受、投畀有昊、昊、昊天也、與昊天使制其罪也、

谷風、刺幽王也、天下俗薄、朋友道絕焉、習習谷風、維風及雨、興也、風雨相感、朋友相須、風而有雨、則潤澤行、喻朋友同志、則恩愛成、將恐將懼、維予與汝、將、且也、恐懼、喻遭厄難也、將安將樂、汝轉棄予、汝今已志達而安樂、而棄恩忘舊、薄之甚也、忘我大德、思我小怨、大德、切嗟以道相成之謂也、

蓼莪、刺幽王也、民人勞苦、孝子不得終養爾、蓼蓼者莪、匪莪伊蒿、興也、蓼蓼、長大貌也、莪已蓼蓼長大、我視之反謂之蒿、興

者喻憂思心不精識其事也哀哀父母生我劬勞哀哀者恨不得終養父母報其生長己之苦也無父何怙無母何恃出則銜恤入則靡至恤憂也孝子之心怙恃父母依依然以為不可斯須無也出門則思之憂旋入門又不見如入無所至也父兮生我母兮鞠我拊我畜我長我育我顧我復我出入腹我鞠養也顧旋視也復反覆也腹懷抱欲報之德昊天罔極之猶是也我欲報父母是德昊天乎我心無極也

北山大夫刺幽王也役使不均已勞於從事而不得養其父母焉溥天之下莫非王土率土之濱莫非王臣此言王之土地廣大矣王之臣又衆矣何求而不得何使而不行乎

大夫不均我從事獨賢賢勞也或燕燕以居息燕燕安息貌也或盡瘁以事國盡力勞病以從國事或息偃在床或不已于行不已猶不止也或棲遲偃仰或王事鞅掌鞅猶荷也掌謂捧持之也負荷捧持以趍走言促遽也或耽樂飲酒或慘慘畏咎咎猶罪過

青蠅大夫刺幽王也營營青蠅止于樊興也營營往來貌樊藩也興者蠅之為蟲汚白使黑汚黑使白喻讒佞之人變亂善惡也止於藩欲外之令遠物也豈弟君子無信讒言豈弟樂易也營營青蠅止于棘讒人罔極交亂四國極猶已也

賓之初筵衛武公刺時也幽王荒廢媟近小人飲酒無度天下化之君臣上下沈湎淫液武公既入而作是詩也淫液者飲酒時情態也言武公入者入為王卿士也賓之初筵溫溫其恭溫溫和柔也其未醉止威儀反反反反言重愼也幡幡失威儀也仙仙僊也此言賓初即筵之時自勅戒以禮至於旅醻而小人之態出也曰既醉止威儀幡幡舍其坐遷屢舞僊僊賓既醉止載號載呶亂我籩豆屢舞僛僛是曰既醉不知其郵側弁之俄屢舞傞傞號呶號呼讙呶也僛僛舞不能自正也傞傞不止也郵過也側傾也俄傾貌也

采菽刺幽王也侮慢諸侯諸侯來朝不能錫命以禮數徵會之而無信義君子見微而思古焉采菽采菽筐之筥之菽所以芼大牢而待君子也君子來朝何錫與之雖無與之路車乘馬君子謂諸侯也賜諸侯以車馬言雖無與之尚以為薄也

角弓父兄刺幽王也不親九族而好讒佞骨肉相怨故作是詩也騂騂角弓翩其反矣興也騂騂調和也不善紲檠巧用則翩然而反興者喻王與九族不以恩禮御待之則使之多怨心兄弟婚姻無胥遠矣胥相也骨肉之親當相親無相疎遠相疎遠則以親親之望易

以成怨也、爾之遠矣、民胥然矣、爾之教矣、民胥效矣、爾、汝、爾幽王也、胥、皆也、言王汝不親骨肉、則天下之人皆如斯、汝之教令、無善無惡、所尚者天下之人皆學之、言上之化下、不可不慎也、

菀柳、刺幽王也、暴虐而刑罰不中、諸侯皆不欲朝、言王者之不可朝事也、有菀者柳、不尚息焉、尚、庶幾也、有菀然枝葉茂盛之柳、行路之人、豈有不庶幾欲就之止息乎、興者喻王有盛德、則天下皆庶幾願往朝焉、憂今不然也、俾予靖之、後予極焉、靖、謀也、俾、使也、極、誅也、假使我朝王、王留我使我謀政事、王信讒、不察功考績、後反誅放我、是言王刑罰不中、不可朝事、

隰桑、刺幽王也、小人在位、君子在野、思見君子盡心以事之也、隰桑有阿、其葉有難、隰中之桑、枝條阿然長美、其葉又茂盛、可以庇廕人、興者喻時賢人君子、不用而野處、有覆養之德也、既見君子、其樂如何、思在野之君子、而得見其在位、我喜樂無度也、心乎愛矣、遐不謂矣、中心臧之、何日忘之、遐、遠也、謂、勤也、臧、善也、我心愛此君子、雖遠在野、豈能不勤思之乎、我心善此君子、又誠不能忘也、

白華、周人刺幽后也、幽王娶申女以為后、又得褒姒而黜申后、故下國化之、以妾為妻、以孽代宗、而王弗能治、申、姜姓之國、孽、支庶也、宗、適子也、王不能治、已不正故也、

英英白雲、露彼菅茅、英英、白雲貌、白雲下露、養彼可以為菅之茅、使與白華之菅、可相亂易、猶天之下妖氣生褒姒、使申后見黜也、天步艱難、之子不猶、步、行也、猶、圖也、天行此艱難之妖久矣、王不圖其變之所由、昔夏之衰、有二龍之妖、卜藏其漦、周厲王發而觀之、化為玄黿、童女遇之、當宣王之時而生女、懼而棄之、後褒人有獄、而入之幽王、幽王嬖之、是謂褒姒、鼓鐘于宮、聲聞于外、王失禮於內、而下國聞知而化之、王弗能治、如鳴鐘鼓於宮中、而欲使外人不聞、亦不可得也、念子懆懆、視我邁邁、邁邁、不悅也、言申后之忠於王也、念之懆懆然、欲諫正之、王反不悅於其所言、

何草不黃、下國刺幽王也、四夷交侵、中國背叛、用兵不息、視民如禽獸、君子憂之、故作是詩也、何草不黃、何日不行、用兵不息、軍旅自歲始草生而出、至歲晚矣、何草而不黃乎、草皆黃矣、於是間將率何日不行乎、言常行勞苦甚也、何人不將、經營四方、言萬民無不從役者也、匪兕匪虎、率彼曠野、兕虎、野獸也、曠、空也、兕虎者、以比戰士也、哀我征夫、朝夕不暇、

大雅

文王、文王受命作周也、受命、受天命而王天下、制立周邦、文王在上、於昭于天、在上、在民上也、於、歎辭也、昭、見也、文王初為西伯、有功於民、其德著見於天、故天命之以為王也、周雖舊邦、其命惟新、乃新在文王也、濟濟多士、文王以寧、濟濟、多威儀也、商之孫子、其麗不億、

子部　第二冊

上帝既命、侯于周服、麗數也、商之孫子、其數不億、多言之也、至天已命文王之後、乃為君於周之九服之中、言衆之不如德也、侯服于周、天命靡常、則見天命之無常也、無常者、善則就之、惡則去之、殷士膚敏、祼將于京、殷士、殷侯也、膚美也、敏疾也、祼灌鬯也、將行也、殷之臣壯美而敏、來助周祭也、

大明、文王有明德、故天復命武王也、二聖相承其明德日廣大、故曰大明也、明明在下、赫赫在上、明明、察也、文王之德、明明在於下、故赫赫然著見於天、天難忱斯、不易維王、天位殷適、使不挾四方、忱、信也、挾、達也、天意難信矣、不可改易者、天子也、今紂居王位、而又殷之正嫡、以其為惡、乃絕棄之、使教令不行於四方、四方共叛之、是天命無常、唯德是與耳、維

此文王、小心翼翼、昭事上帝、聿懷多福、厥德不回、以受方國、回、違也、小心翼翼、恭慎貌也、聿、述也、懷、思也、方國、四方來附者也、

思齊、文王所以聖也、言其非但天性德有所由成也、思齊大任、文王之母、思媚周姜、京室之婦、齊莊也、媚愛也、周姜、大姜、京室、王室也、常思莊敬者太任也、乃為文王之母、又常思愛大姜之配大王之禮、以為京室之婦、言其德行純備、以生聖子、大姒嗣徽音、則百斯男、大姒、文王之妃也、大姒十子、衆妾則宜百子也、徽美也、嗣大任之美音、謂續行其善教令、刑于寡妻、至于兄弟、以御于家邦、刑法也、寡妻寡有之妻、言賢也、御治也、文王以禮法接待其妻、至于其宗族、以此又能為政、治於家邦、

靈臺、民始附也、文王受命、而民樂其有靈德、以及鳥獸昆蟲焉、文王受命、而作邑于豐、立靈臺也、經始靈臺、經之營之、庶民攻之、不日成之、文王應天命、度始靈臺之基趾、營表其位、衆民則築作、不設期日而成之、言說文王之德、勸其事忘已勞也、經始勿亟、庶民子來、亟急也、經始靈臺之基趾、非有急成之意、衆民各以子成父事、而來攻之、

行葦、忠厚也、周家忠厚、仁及草木、故能內睦於九族、外尊事黃耇、養老乞言、以成其福祿焉、乞言從求善言可以為政者也、敦彼行葦、羊牛勿踐履、方苞方體、維葉泥泥、敦、聚貌也、行、道也、葉初生泥泥然、苞茂也、體成形也、敦敦然道旁之葦、牧

羊牛者、無使踏履折傷之、草物方茂盛、以其終將為人用、故周之先王、為此愛之、況於其人乎、黃耇台背、以引以翼、台之言鮐也、大老則背有鮐文也、既告老人、及其來也、以禮引之、以禮翼之、在其前曰引、在其旁曰翼也、壽考維祺、以介景福、祺吉、介助也、養老人而得吉、所以助大福也、

假樂、嘉成王也、假樂君子、顯顯令德、宜民宜人、受祿于天、假嘉也、宜民宜人、宜安民、宜官人也、天嘉樂成王有光光之善德、安民官人、皆得其宜、以受福祿於天也、干祿百福、子孫千億、穆穆皇皇、宜君宜王、宜君王天下也、干求也、成王行顯顯之令德、求祿得百福、其子孫亦勤行而求之、得祿千億、故或為諸侯、或為天子、言皆相勗以道也、不愆不忘、率由

舊章、愆過也、率循也、成王之令德、不過誤、不遺失、循用舊典之文章、謂周公之禮法、

民勞、召穆公刺厲王也、民亦勞止、汔可小康、惠此中國、以綏四方、汔幾也、康綏皆安也、惠愛也、今周民疲勞矣、王幾可小安之乎、愛此京師之人、以安天下、京師者、諸夏之根本也、

板、凡伯刺厲王也、上帝板板、下民卒癉、出話不然、爲猶不遠、板反也、上帝以稱王者、癉病也、話善言也、猶謀也、王爲政反先王與天之道、天下民盡癉、其出善言而不行之也、以此爲謀、不能遠圖、不知禍之將至也、猶之不遠、是用大諫、王之謀、不能圖遠、用是故我大諫王也、介人維藩、大師維垣、大邦維屏、大宗維翰、介善也、藩屏也、垣牆也、翰幹也、

大師三公也、大邦成國諸侯也、大宗王之同姓世嫡子也、王當用公卿諸侯及宗室之貴者、爲藩屏垣幹、爲輔弼、無疏遠之也、懷德維寧、宗子維城、無俾城壞、無獨斯畏、懷和也、斯離也、和汝德、無行酷暴之政、以安汝國、以是爲宗子之城、使免於難、宗子城壞、則乖離而汝獨居而畏矣、宗子適子也、

蕩、召穆公傷周室大壞也、厲王無道、天下蕩蕩、無綱紀文章、故作是詩也、蕩蕩上帝、下民之辟、上帝以託君王也、辟君也、蕩蕩言法度廢壞之貌也、厲王乃以此居人上、爲天下之君、言其無可則像之甚也、疾威上帝、其命多僻、疾病人矣、威罪人矣、疾病人者、重賦斂也、威罪人者、峻刑法也、其政教又多邪僻、不由舊章也、天生烝民、其命匪

諶、靡不有初、鮮克有終、天之生此衆民、其教道之、非當以誠信使之忠厚乎、今則不然、民始皆庶幾於善道、後更化於惡俗也、既愆爾止、靡明靡晦、式號式呼、俾晝作夜、使晝爲夜也、愆過也、汝既過於沈湎矣、又不爲明晦有止息也、醉則號呼相效、用晝日作夜、不視政事也、文王曰咨、咨汝殷商、匪上帝不時、殷不用舊、此言紂之亂、非其生不得其時、乃不用先王之故法之所致也、雖無老成人、尚有典刑、老成人、謂若伊尹伊陟臣扈之屬也、雖無此臣、猶有常事、故法可案用、曾是莫聽、大命以傾、莫無也、朝廷君臣、皆任喜怒、曾無用典刑治事者、以至誅滅也、殷鑒不遠、在夏后之世、此言殷之明鏡不遠也、近在夏后之世、謂湯誅桀也、後武王誅紂、今之王何以不用

爲戒乎、

抑、衛武公刺厲王也、亦以自警也、無競維人、四方其訓之、有覺德行、四國順之、無競、競也、訓、教也、覺、直也、競、強也、人君爲政、無強於得賢人、得賢人則天下教化於其俗、有大德行、則天下順從其政、言在上所以倡道之、敬慎威儀、維民之則、則、法也、慎爾出話、敬爾威儀、無不柔嘉、話、善言也、謂教令也、白圭之玷、尚可磨也、斯言之玷、不可爲也、玷、缺也、斯、此也、玉之玷缺、尚可磨鑢而平、人君政教一失、誰能反復之也、

桑柔、芮伯刺厲王也、芮伯、王卿士也、憂心殷殷、念我土

宇、我生不辰、逢天僤怒、自西徂東、靡所定處、宇、居
也、僤、厚也、此士卒從軍、久不息、勞苦自傷之言也、人亦有言、進退維谷、
谷、窮也、前無明君、抑迫罪役、故窮也、維此良人、弗求弗迪、維彼忍
心、是顧是復、迪、進也、良、善也、國有善人、王不求索、不進用之、有忍爲惡之心者、王
反顧念、而重復之、言其忽賢者愛小人也、大風有隧、貪人敗類、聽言
則對、誦言如醉、類、類等夷也、貪惡之人、見道聽之言、則應答之、見誦詩書之言、
則瞑眩如醉、君居上位、而行如此、人或効之也、
雲漢、仍叔美宣王也、宣王承厲王之烈、內有撥
亂之志、遇災而懼、側身修行、欲消去之、天下喜

於王化復行、百姓見憂、故作是詩也、仍叔、周大夫也、倬
彼雲漢、昭回于天、雲漢、謂天河也、昭、光也、倬然、天河水氣也、精光轉運於天、
時旱渴雨、故宣王夜仰視天河望其候也、王曰於乎、何辜今之人、天
降喪亂、饑饉薦臻、薦、重也、臻、至也、辜、罪也、王憂旱而嗟歎云、何罪與、今時天
下之人、天仍下旱災、亡亂之道、飢饉之害、復重至也、靡神不擧、靡愛斯牲、
圭璧既卒、寧莫我聽、靡、莫、皆無也、言王爲旱之故、求於羣神無不祭也、無
所愛於三牲也、禮神之圭璧、又已盡矣、曾無聽聆我之精誠、而興雲雨者與、
崧高、尹吉甫美宣王也、天下復平、能建國親諸
侯、褒賞申伯焉、尹吉甫、申伯、皆周之卿士也、維嶽降神、生甫

及申、維申及甫、維周之翰、翰、幹也、申、申伯也、甫、甫侯也、皆以賢知入
爲周之楨幹之臣也、申伯之德、柔惠且直、揉此萬邦、聞于
四國、揉、順也、四國、猶言四方也、
烝民、尹吉甫美宣王也、任賢使能、周室中興焉、
天生烝民、好是懿德、天之生衆民、莫不好有美德之人也、天監有
周、昭假于下、保茲天子、生仲山甫、監、視也、假、至也、天視周室
之政教、其光明乃至於下、謂及於衆民也、天安愛此天子宣王、故生仲山甫使佐也、仲山
甫之德、柔嘉維則、令儀令色、小心翼翼、嘉、美也、令、善也、
善威儀、善顏色、容貌翼翼然恭敬也、肅肅王命、仲山甫將之、邦國

若否、仲山甫明之、將、行也、若、順也、順否猶臧否、謂善惡也、既明且
哲、以保其身、夙夜匪解、以事一人、夙、早也、匪、非也、一人、斥天
子也、人亦有言、柔則茹之、剛則吐之、維仲山甫、柔
亦不茹、剛亦不吐、不侮鰥寡、不畏強禦、人亦有
言、德輶如毛、民鮮克擧之、我儀圖之、輶、輕也、儀、匹也、人之
言云、德甚輕、然而衆人寡能獨擧之以行者、言政事易耳、人不能行者、無其志也、我與倫匹圖
之、而未能爲也、維仲山甫擧之、仲山甫能獨擧是德而行之、袞職有
闕、維仲山甫補之、王之職有缺、輒能補之者、仲山甫也、
瞻卬、凡伯刺幽王大壞也、瞻卬昊天、降此大厲、

象也作衆焉

昊天斥王也。厲，惡也。邦靡有定，士民其瘵。瘵，病也。人有土田，女反有之。人有民人，女覆奪之。此言王削黜諸侯及卿大夫無罪者也。覆，猶反也。此宜無罪，女反收之。彼宜有罪，女覆說之。收，拘收也。說，赦也。哲夫成城，哲婦傾城。哲，謂多謀慮也。城，猶國也。懿厥哲婦，爲梟爲鴟。懿，有所痛傷之聲也。梟鴟，惡聲之鳥也。喻褒姒之言無善也。婦有長舌，維厲之階。亂匪降自天，生自婦人。匪教匪誨，時維婦寺。寺，近也。長舌喻多言語也。今王之有此亂政，非從天而下，但從婦人出耳。又非有人教王爲亂，語王爲惡者，是維近愛婦人，用其言，是故致亂也。如賈三倍，君子是識。婦無公事，休其蠶織。婦人無與外政，雖王后猶以蠶織爲事。識，知也。賈而有三倍之利者，小人所宜知也，而君子反知之，非其宜也。今婦人休其蠶桑織紝之事，而與朝廷之事，其爲非宜，亦猶是也。不弔不祥，威儀不類。人之云亡，邦國殄瘁。弔，至也。王之爲政，德不能至於天矣，不能致徵祥於神矣，威儀又不善於朝廷矣。賢人皆言奔亡，則天下邦國將盡困病也。

周頌

清廟，祀文王也。周公既成雒邑，朝諸侯，率以祀文王焉。清廟者，祭有清明之德者之宮也。謂祭文王也。天德清明，文王象也，故祭之而歌此詩也。於穆清廟，肅雝顯相。於，歎之辭也。穆，美也。肅，敬也。雝，和也。相，助也。顯，光也。於乎美哉，周公之祭清廟也。其禮敬且和，又諸侯有光明著見之德者，來助祭之也。濟濟多士，秉文之德。對越在天。濟濟之衆士，皆執行文王之德。對，配也。越，於也。文王精神已在天矣，猶配順其素行，如生存焉。

振鷺，二王之後來助祭也。二王，夏殷也。其後杞宋也。振鷺于飛，于彼西雝。我客戾止，亦有斯容。興也。振，羣飛貌也。鷺，白鳥也。雝，澤也。客，二王之後也。白鳥集於西雝之澤，言所集得其處也。興者喻杞宋之君有絜白之德，來助祭於周之廟，得禮之宜也。其至止亦有此容，言威儀之善，如鷺鳥然也。

雝，禘大祖也。禘，大祭也。大祖，謂文王。有來雝雝，至止肅肅。相維辟公，天子穆穆。相，助也。雝雝，和也。肅肅，敬也。有是來時雝雝然，既至而肅肅然者，乃助王禘祭百辟與諸侯也。天子是時穆穆然，言得天下之歡心也。

有客，微子來見於祖廟也。微子代殷後，既受命，來朝見之也。有客有客，亦白其馬。殷尚白也。

敬之，羣臣進戒嗣王也。敬之敬之，天維顯思，命不易哉。無曰高高在上，陟降厥士，日監在茲。顯，光也。監，視也。羣臣見王謀即政之事，故因此時戒之曰：敬之哉，敬之哉，天乃光明，去惡與善，其命吉凶，不變易也。無謂天高又高，在上遠人，而不畏也。天上下其事，謂轉運日月，施其所行，日視瞻近在此也。

魯頌

閟宮、頌僖公之能復周公之宇也、宇、居、王曰叔父、建爾元子、俾侯于魯、大啓爾宇、爲周室輔、王、成王也、元、首也、宇、居也、成王告周公、叔父我立汝首子、使爲君於魯、謂欲封伯禽也、以爲周公後也、大開汝居、以爲周家輔、謂封以方七百里也、乃命魯公、俾侯于東、賜之山川、土田附庸、既告周公、乃策命伯禽、使爲君於東、加賜之、以山川土田及附庸、令專統之也、

商頌

長發、大禘也、大禘、郊祭天也、湯降不遲、聖敬日躋、昭假遲遲、上帝是祗、帝命式于九圍、不遲、言疾也、躋、升也、九圍、九州也、降、下也、假、暇也、祗、敬也、式、用也、湯之下士尊賢甚疾、其聖敬之德日進、然而能以其聰明、寬暇天下之人遲遲然、言其急於已而緩於人也、天用是故愛敬之、天於是又命之、使用事於天下、言王之、不競不絿、不剛不柔、敷政優優、百祿是遒、絿、急也、優優、和也、遒、聚也、

殷武、祀高宗也、天命降監、下民有嚴、不僭不濫、不敢怠遑、命于下國、封建厥福、不僭不濫、賞不僭、刑不濫也、封、大也、遑、暇也、天命乃下視、下民有嚴顯之君、能明德慎罰、不敢怠惰、自暇於政事者、則命之於小國、以爲天子、大立其福、謂命湯使由七十里、王天下也、商邑翼翼、四方之極、商邑、京師也、極、中也、商邑之禮俗、翼翼然可則傚、乃四方之中正也、

羣書治要卷第三

群書治要卷第五

秘書監鉅鹿男臣魏徵等奉　勅撰

春秋左氏傳中

宣公

二年、鄭公子歸生伐宋、宋華元禦之、將戰、華元殺羊食士、其御羊斟不與、及戰、曰、疇昔之羊、子爲政、（疇昔、猶前日也、）今日之事、我爲政、與入鄭師、故敗、晉靈公不君、（失君道、）厚斂以雕牆、（雕、畫也、）從臺上彈人、而觀其避丸也、宰夫胹熊蹯不熟、殺之、寘諸畚、使婦人載以過朝、（畚、筥屬、）趙盾士季患之、將諫、士季曰、諫而不入、則莫之繼也、會請先、不入則子繼之、三進及溜、而後視之、（士季、隨會也、三進三伏、公不省而又前也、公知欲諫、故佯不視、）曰、吾知所過矣、將改之、稽首而對曰、人誰無過、過而能改、善莫大焉、詩曰、靡不有初、鮮克有終、夫如是、則能補過者鮮矣、君能有終、則社稷之固也、豈唯羣臣賴之、猶不改、宣子驟諫、公患之、使鉏麑賊之、（鉏麑、力士、）晨往、寢門闢矣、盛服將朝、尚早、坐而假寐、（不解衣冠而睡、）麑退、歎而言曰、不忘恭敬、民之主也、賊民之主、不忠、弃君之命、不信、有一於此、不如死、觸槐而死、（槐、趙盾庭樹、）晉侯飲趙盾酒、伏甲將攻之、其右提彌明知之、（右、車右、）趨登曰、臣侍宴、過三爵、非禮、遂扶以下、公嗾夫獒焉、明搏而殺之、（獒、猛犬也、）盾曰、弃人用犬、雖猛何爲、（責公不養士、而更以犬爲己用也、）鬭且出、趙穿攻靈公於桃園、（穿、趙盾之從父昆弟子、）宣子未出山而復、（晉境之山也、盾出奔、聞公弒而還、）大史書曰、趙盾弒其君、以示於朝、宣子曰、不然、對曰、子爲正卿、亡不越境、反不討賊、非子而誰、孔子曰、董狐古之良史也、書法不隱、（不隱盾之罪、）趙宣子古之良大夫也、爲法受惡、（善其爲法屈也、）三年、楚子伐陸渾之戎、遂至于雒、觀兵于周疆、定王使王孫滿勞楚子、（王孫滿、周大夫、）楚子問鼎之大小輕重焉、（示欲逼周取天下也、）對曰、在德不在鼎、昔夏之方有德也、（禹之世也、）遠方圖物、（圖畫山川奇異之物、而獻之、）貢金九牧、（使九州之牧貢金、）鑄鼎象物、（象所圖物、）使民知神姦、（圖鬼神百物之形、使民逆備之、）故民入川澤山林、魑魅罔兩、（魑、山神、魅、怪物、罔兩、水神也、）莫能逢之、（逢、遇、）用能協于上下、以承天休、(民無灾害、則上下和、而受天祜、)桀有昏德、鼎遷于商、商紂暴虐、鼎遷于周、德之休明、雖小重、(不可遷、)其姦回昏亂、雖大輕也、(言可移、)天祚明德、有所底止、(底、致、)周德雖衰、天命未改、鼎之輕重、未可問也、

四年、楚子滅若敖氏、其孫箴尹克黄、(箴尹、官名、克黄、子文孫也、)使于齊、還及宋、聞亂、其人曰、不可以入矣、箴尹曰、弃君之命、獨誰受之、君天也、天可逃乎、遂歸復命、自拘於司敗、王思子文之治楚國也、曰、子文無後、何以勸善、使復其所、

十一年、楚子伐陳、(十年、夏徵舒弑君也、)謂陳人無動、將討於少西氏矣、(少西、徵舒之祖、子夏之名、)遂入陳、殺夏徵舒、因縣陳、(滅陳以爲楚縣、)申叔時使於齊、反復命而退、王使讓之曰、夏徵舒爲不道、弑其君、寡人以諸侯討而戮之、諸侯縣公皆慶寡人、(楚縣大夫皆僭稱公、)汝獨不慶寡人、何故、對曰、夏徵舒弑其君、其罪大矣、討而戮之、君之義也、抑人亦有言曰、牽牛以蹊人之田、(抑、辭也、蹊、徑也、)而奪之牛、牽牛以蹊者、信有罪矣、而奪之牛、罰已重矣、諸侯之從也、曰討有罪也、今縣陳、貪其富也、以討召諸侯、而以貪歸之、無乃不可乎、王曰、善哉、吾未之聞也、反之可乎、對曰、可哉、吾儕小人所謂取諸其懷而與之也、(叔時謙言、小人意淺、謂譬如取人物於其懷而還之、爲愈於不還也、)乃復封陳、

十二年、晉師救鄭、及河、聞鄭既及楚平、桓子欲還、(桓子、林父、)隨武子曰、善、(武子、士會也、)會聞用師觀釁而動、(釁、罪也、)德刑政事典禮不易、不可敵也、楚君討鄭、怒其貳而哀其卑、叛而伐之、服而舍之、德刑成矣、伐叛刑也、柔服德也、二者立矣、昔歲入陳、

(討徵舒、)今茲入鄭、民不罷勞、君無怨讟、(讟、謗也、)政有經矣、(經、常也、)商農工賈、不敗其業、而卒乘輯睦、(步曰卒、車曰乘、)事不奸矣、(奸、犯也、)蔿敖爲宰、擇楚國之令典、(宰、令尹、蔿敖、孫叔敖、)百官象物而動、軍政不戒而備、(物、猶類也、戒、勑令也、)能用典矣、其君之舉也、內姓選於親、外姓選於舊、(言親疎並用也、)舉不失德、賞不失勞、君子小人物有服章、(尊卑別也、)貴有常尊、賤有等威、(威儀有等差也、)禮不逆矣、德立刑行、政成事時、典從禮順、若之何敵之、見可而進、知難而退、軍之善政也、兼弱攻

昧、武之善經也、昧、昏亂也、經、法、子姑整軍而經武乎、姑、且、猶有弱而昧者、何必楚、彘子曰、不可、彘子、先穀、成師以出、聞敵彊而退、非夫也、非丈夫、師遂濟、楚子北師次於管、熒陽有管城、鄭皇戌使如晉師、曰、楚師驟勝而驕、其師老矣、子擊之、楚師必敗、欒武子曰、武子、欒書、楚自克庸以來、在文十六年、其君無日不討國人而訓之、討、治也、于民生之不易、禍至之無日、戒懼之不可怠、于、曰也、在軍無日不討軍實而申儆之、軍實、軍器、于勝之不可保、紂之百克而卒無後、箴

之曰、民生在勤、勤則不匱、不可謂驕、箴、誡也、先大夫子犯有言、曰、師直為壯、曲為老、我不德而徼怨于楚、我曲楚直、不可謂老、不德、謂以力爭諸侯也、徼、要也、鄭不可從、楚人遂疾進師、乘晉軍、桓子不知所為、鼓於軍中曰、先濟者有賞、中軍下軍爭舟、舟中之指可掬、潘黨曰、君盍築武軍、築軍營以彰武功也、而收晉尸以為京觀、積尸封土其上、謂之京觀、臣聞克敵必示子孫、以無忘武功、楚子曰、非爾所知也、夫文止戈為武、文、字也、武王克商、作頌曰、載戢干戈、載櫜弓

矢、戢、藏也、櫜、韜也、詩美武王能滅暴亂而息兵也、夫武禁暴戢兵保大、定功安民和衆豐財者也、此武七德也、故使子孫無忘其章、著之篇章、使子孫不忘也、今我使二國暴骨、暴矣、觀兵以威諸侯、兵不戢矣、暴而不戢、安能保大、猶有晉在、焉得定功、所違民欲猶多、民何安焉、無德而彊爭諸侯、何以和衆、利人之幾、幾、危也、而安人之亂、以為己榮、何以豐財、兵動則年荒、武有七德、我無一焉、何以示子孫、其為先君宮、告成事而已、祀先君、告戰勝、武非吾功也、古者明王伐不敬、取其

鯨鯢而封之、以為大戮、於是乎有京觀、以懲淫慝、鯨鯢、大魚名也、以喻不義之人、吞食小國也、今罪無所、晉罪無所犯、而民皆盡忠、以死君命、又可以為京觀乎、晉師歸、桓子請死、晉侯欲許之、士貞子諫曰、不可、貞子、士渥濁、城濮之役、晉師三日穀、在僖二十八年、文公猶有憂色、左右曰、有喜而憂、如有憂而喜乎、言憂喜失時也、公曰、得臣猶在、憂未歇也、歇、盡也、困獸猶鬬、況國相乎、及楚殺子玉、子玉、得臣也、公喜而後可知也、喜見於顏色也、曰、莫余毒也已、是晉再克而楚再敗也、楚是

以再世不競、成王至穆王也、今天或者大警晉也、而又殺林父以重楚勝、其無乃久不競乎、林父之事君也、進思盡忠、退思補過、社稷之衛也、若之何殺之、夫其敗也、如日月之食、何損於明、晉侯使復其位、言晉景所以不失霸也、

楚子伐蕭、申公巫臣曰、師人多寒、王巡三軍、拊而勉之、拊、撫慰勉之、三軍之士、皆如挾纊、纊、綿也、言悅以忘寒、

十五年、楚子伐宋、宋人告急于晉、晉侯欲救之、伯宗曰、不可、伯宗、晉大夫、古人有言曰、雖鞭之長、不及馬腹、言非所擊、天方授楚、未可與爭、雖晉之強、能違天乎、諺曰、高下在心、度時制宜也、川澤納汙、受汙濁也、山藪藏疾、山之有林藪、毒害者所居、瑾瑜匿瑕、匿亦藏也、雖美玉之質、亦或居藏瑕穢、國君含垢、天之道也、晉侯恥不救宋、故伯宗爲說小惡不損大德之喩也、君其待之、待楚衰也、乃止、使解揚如宋、使無降楚、曰、晉師悉起、將至、鄭人囚而獻楚、楚子厚賂之、使反其言、不許、三乃許之、登諸樓車、使呼宋人而告之、樓車、車上望櫓、遂致其君命、楚子將殺之、使與之言曰、爾既許不穀、而反之、何故、非我無

信、汝則棄之、速即爾刑、對曰、臣聞之、君能制命爲義、臣能承命爲信、義無二信、欲爲義者、不行兩信、信無二命、欲行信者、不受二命、君之賂臣、不知命也、受命以出、有死無霣、霣、廢隊、又可賂乎、臣之許君、以成命也、成君命、死之成命、臣之祿也、寡君有信臣、已不廢命也、下臣獲考、考、成也、死又何求、楚子舍之以歸、

潞子嬰兒之夫人、晉景公之姊也、酆舒爲政而殺之、又傷潞子之目、酆舒、潞相、晉侯將伐之、諸大夫皆曰、不可、酆舒有三儁才、儁、絕異也、不如待後之人、伯宗曰、必伐之、狄有五罪、儁才雖多、何補焉、不祀、一也、耆酒、二也、棄仲章而奪黎氏之地、三也、仲章、潞賢人、黎氏、黎侯國、虐我伯姬、四也、傷其君目、五也、怙其儁才、而不以茂德、茲益罪也、後之人或者將敬奉德義、以事神人、而申固其命、審政令、若之何待之、不討有罪、曰將待後、後有辭而討焉、無乃不可乎、夫恃才與衆、亡之道也、商紂由之、故滅、天反時爲災、寒暑易節、地反物爲妖、群物失性、民反德爲亂、亂則妖災生、盡在狄矣、晉侯從之、夏晉荀林

父敗赤狄于曲梁，滅潞。晉侯賞桓子狄臣千室，千家也。亦賞士伯以瓜衍之縣，士伯，士貞子。曰：吾獲狄土，子之功也。微子，吾喪伯氏矣。伯，桓子字也。羊舌職悅是賞也，職，叔向父。曰：周書所謂庸庸祗祗者，謂此物也夫。庸，用也。祗，敬也。言文王能用可用，敬可敬也。士伯庸中行伯，言中行伯可用。君信之，亦庸士伯，此之謂明德矣。文王所以造周，不是過也。率是道也，其何不濟。

十六年，晉侯命士會將中軍，且爲太傅。於是晉國之盜逃奔于秦。羊舌職曰：吾聞之，禹稱善人，稱，舉也。不善人遠，此之謂也夫。善人在上，則國無幸民。諺曰：民之多幸，國之不幸。是無善人之謂也。

成公

二年，衛侯使孫良夫侵齊，與齊師遇，師敗。仲叔于奚救孫桓子，桓子是以免。既，衛人賞之以邑，賞于奚也。辭，請曲縣、軒縣也。繁纓以朝，許之。繁纓，馬飾，皆諸侯之服也。仲尼聞之曰：惜也，不如多與之邑。唯器與名，不可以假人。器，車服也。名，爵號也。君之所司也。政之大節

也。若以假人，與人政也。政亡，則國家從之，不可止也已。

宋文公卒，始厚葬，用蜃炭，燒蛤爲炭以瘞壙，多埋車馬，用人從葬也。益車馬，始用殉，重器備。重，猶多也。君子謂華元、樂舉於是乎不臣。臣，治煩去惑者也，是以伏死而爭。今二子者，君生則縱其惑，謂文十八年殺母弟須。死則益其侈，是弃君於惡也，何臣之爲。若言何用爲臣。

楚之討陳夏氏也，在宣十一年。莊王欲納夏姬。申公巫臣諫曰：不可。君召諸侯以討罪也，今納夏姬，貪其色也。貪色爲淫，淫爲大罰。周書曰：明德愼罰。若興諸侯以取大罰，非愼之也。君其圖之。王乃止。

六年，晉欒書救鄭，與楚師遇於繞角。繞角，鄭地。楚師還，晉師遂侵蔡。楚公子申、公子成以申息之師救蔡，趙同、趙括欲戰，請於武子，武子將許之。知莊子、荀首。范文子、士燮。韓獻子韓厥。諫曰：不可。吾來救鄭，楚師去我，吾遂至於此，此，蔡地。是遷戮也。戮而不已，又怒楚師，戰必不克。遷戮不義，怒敵難當，故不克也。雖克

不令、成師以出、而敗楚二縣、何榮之有焉、六軍悉出、故曰成師、以大勝小、不足爲榮也、若不能敗、爲辱已甚、不如還也、乃遂還、於是軍帥之欲戰者衆、或謂欒武子曰、聖人與衆同欲、是以濟事、子盍從衆、盍、何不、子之佐十一人、六軍之卿佐也、其不欲戰者三人而已、知范韓也、欲戰者可謂衆矣、商書曰、三人占、從二人、衆故也、武子曰、善鈞從衆、鈞等、夫善衆之主也、三卿爲主、可謂衆矣、三卿皆晉之賢人、從之不亦可乎、傳善欒書得從衆之義也、

八年、晉侯使韓穿來言汶陽之田、歸之于齊、季文子餞之、餞送行飲酒也、私焉、私與之言、曰、大國制義以爲盟主、是以諸侯懷德畏討、無有貳心、謂汶陽之田、弊邑之舊也、而用師於齊、使歸諸弊邑、用師、鞌之戰也、今有二命、曰歸諸齊、信以行義、義以成命、小國所望而懷也、信不可知、義無所立、四方諸侯、其誰不解體、言不復肅敬於晉也、詩曰、女也不爽、士貳其行、士也罔極、二三其德、爽差也、極中也、婦人怨丈夫不一其行也、喻魯事晉猶女之事夫、不敢過差、而晉有罔極之心、反二三其德也、七年之中、一與一奪、二三孰甚焉、士之二三、猶喪配耦、而況霸主乎、將德是以、以用也、而二三之、其何以長有諸侯乎、

晉討趙同趙括、武從姬氏畜于公室、趙武、莊姬之子、莊姬、晉成公女也、畜養也、以其田與祁奚、韓厥言於晉侯曰、成季之勳、宣孟之忠、成季趙衰、宣孟趙盾、而無後、爲善者其懼矣、三代之令王、皆數百年保天祿、夫豈無辟王、賴前哲以免也、言三代亦有邪僻之君、但賴其先人以免禍耳、周書曰、不敢侮鰥寡、所以明德也、言文王不侮鰥寡、而德益明、欲使晉

侯之法文王、乃立武而反其田焉、

十六年、楚子救鄭、司馬將中軍、子反也、過申、子反入見申叔時、叔時老在申也、曰、師其何如、對曰、德刑詳義禮信、戰之器也、器猶用也、德以施惠、刑以正邪、詳以事神、義以建利、禮以順時、信以守物、上下和睦、周旋不逆、動順理也、是以神降之福、時無灾害、民生敦龎、和同以聽、敦厚龎大、莫不盡力以從上命、此戰之所由克也、今楚內弃其民、不施惠也、而外絶其好、義不建利、瀆齊盟、不詳事神、而食話言、信不守物、奸時以動、

(不順時妨農業、)而疲民以逞、(刑不正邪、而苟快意、)民不知信、進退罪也、子其勉之、吾不復見子矣、(言其必敗不反也、)晉楚遇於鄢陵、范文子不欲戰、郤至曰、韓之戰、惠公不振旅、(衆散敗也、在僖十五年、)邲之師、荀伯不復從、(荀林父奔走、不復故道也、在宣十二年、)皆晉之耻也、子亦見先君之事矣、(見先君成敗之事、)今我避楚、又益耻也、文子曰、吾先君之亟戰也有故、(亟數也、)秦狄齊楚皆彊、不盡力、子孫將弱、今三彊服矣、(齊秦狄也、)敵楚而已、唯聖人能外內無患、自非聖人、外寧必有內憂、(驕亢則憂患生、)盍釋楚以爲外懼乎、

襄公

三年、祁奚請老、(老致仕、)晉侯問嗣焉、(嗣續其職者、)稱解狐其讎也、將立之而卒、(解狐卒也、)又問焉、對曰、午也可、(午祁奚子、)於是羊舌職死矣、晉侯曰、孰可以代之、對曰、赤也可、(赤職之子伯華、)於是使祁午爲中軍尉、羊舌赤佐之、(各代其父、)君子謂祁奚於是能舉善矣、稱其讎不爲諂、立其子不爲比、舉其偏不爲黨、(偏屬也、)能舉善也、夫唯善、故能舉其類也、

晉侯之弟揚干亂行於曲梁、(行陳次也、)魏絳戮其僕、(僕御、)晉侯怒、謂羊舌赤曰、合諸侯以爲榮也、揚干爲戮、何辱如之、必殺魏絳無失之也、對曰、絳無貳志、事君不避難、有罪不逃刑、其將來辭、何辱命焉、言終、魏絳至、授僕人書、(僕人晉侯御僕、)將伏劒、士魴張老止之、公讀其書曰、日君乏使、使臣斯司馬、(斯此也、)臣聞師衆以順爲武、(順莫敢違、)軍事有死無犯爲敬、(守官行法、雖死不敢有違、)君合諸侯、臣敢不敬乎、君師不武、執事不敬、罪莫大焉、臣懼其死以及揚干、無所逃罪、(懼自犯不武不敬之罪也、)不能致訓、至於用鉞、(用鉞斬揚干之僕也、)臣之罪重、敢有不從以怒君心、(言不敢不從戮、)請歸死於司寇、公跣而出曰、寡人之言親愛也、吾子之討軍禮也、寡人有弟、弗能教訓、使干大命、寡人之過也、子無重寡人之過、(聽絳死、爲重過、)敢以爲請、(請使無死、)反役、使佐新軍、

四年、無終子嘉父使孟樂如晉、(無終山戎國名也、)因魏莊子納虎豹之皮、以請和諸戎、(欲戎與晉和、莊子魏絳、)晉侯曰、戎狄無親而貪、不如伐之、魏絳曰、諸侯新

服、陳新來和、將觀於我、我德則睦、否則攜貳、勞師於戎、而楚伐陳、必不能救、是弃陳也、諸華必叛、(諸華、中國)戎禽獸也、獲戎失華、無乃不可乎、昔周辛甲之爲太史也、命百官、官箴王闕、(辛甲、周武王太史也、闕過也、使百官各爲箴辭、戒王過也、)於虞人之箴、(虞人、掌田獵者、)曰、芒芒禹迹、畫爲九州、(芒芒遠貌、畫分也、)經啓九道、(啓開九州之道、)民有寢廟、獸有茂草、各有攸處、德用不擾、(人神各有所歸、故德不亂也、)在帝夷羿、冒于原獸、(冒貪也、)忘其國恤、而思其麀牡、(言但念獵、)武不可重、(重猶數、)用不恢于夏家、(羿以好武、雖有夏家、而不能恢大之也、)獸臣司原、敢告僕夫、(獸臣、虞人也、告僕夫、不敢斥尊也、)虞箴如是、可不懲乎、於是晉侯好田、故魏絳及之、(及后羿事也、)公曰、然則莫如和戎乎、對曰、和戎有五利焉、戎狄荐居、貴貨易土、(荐聚也、易猶輕也、)土可賈焉、一也、邊鄙不聳、民狎其野、穡人成功、二也、(聳懼也、狎習也、)戎狄事晉、四隣振動、諸侯威懷、三也、以德綏戎、師徒不勤、甲兵不頓、四也、(頓壞也、)鑒于后羿、而用德度、(以后羿爲鑒戒、)遠至邇安、五也、君其圖之、公悅、使魏絳盟諸戎、脩民事、田以時、

(言晉侯能用善謀也、)

九年、秦景公使乞師于楚、將以伐晉、楚子許之、子囊曰、不可、當今吾不能與晉爭也、晉君類能而使之、(隨所能也、)舉不失選、(得所選也、)官不易方、(方猶宜也、)其卿讓於善、(讓勝己者、)其大夫不失守、(各任其職也、)其士競於教、(奉上命也、)其庶人力於農穡、(種曰農、收曰穡、)商工皂隷、不知遷業、(四民不雜也、)君明臣忠、上讓下競、(尊官相讓、勞職力競、)當是時也、晉不可敵、事之而後可、君其圖之、

冬、諸侯伐鄭、(鄭從楚也、)鄭人行成、(與晉成也、)

冬諸侯以下恐有脫誤

十一年、諸侯復伐鄭、鄭人賂晉侯以師觸師蠲、(觸、蠲、皆樂師名、)歌鍾二肆、(肆列也、懸鍾十六爲一肆、)女樂二八、(十六人也、)晉侯以樂之半賜魏絳、曰、子教寡人和諸戎狄、以正諸華、(在四年、)八年之中、九合諸侯、如樂之和、無所不諧、(諧亦和也、)請與子樂之、(共此樂也、)辭曰、夫和戎狄、國之福也、八年之中、九合諸侯、諸侯無慝、君之靈也、二三子之勞也、臣何力之有焉、抑臣願君安其樂、而思其終也、公曰、子之教、敢不承命、抑微子、寡人無以待戎、(待遇接納、)不能濟河、(度河南服鄭、)

夫賞國之典也、不可廢也、子其受之、魏絳於是乎始有金石之樂、禮也、（禮、大夫有功則賜樂、）

十三年、晉侯蒐于綿上以治兵、（爲將命軍帥也、）使士匄將中軍、辭曰、伯游長、（伯游、荀偃、）昔臣習於知伯、是以佐之、非能賢也、（七年韓厥老、知罃代將中軍、士匄佐之、匄今將讓、故謂爾時之舉、不以己賢也、）請從伯游、荀偃將中軍、（代荀罃、）士匄佐之、（位如故、）使韓起將上軍、辭以趙武、又使欒黶、（以武位卑故、不聽、更命黶也、）辭曰、臣不如韓起、韓起願上趙武、君其聽之、使趙武將上軍、（武自新軍超四等、）韓起佐之、（位如故、）欒黶將下軍、魏絳佐之、（黶亦如故、絳自新軍佐超一等、）晉國之民、是以大和、諸侯遂睦、君子曰、讓禮之主也、范宣子讓、其下皆讓、欒黶爲汰、弗敢違也、晉國以平、數世賴之、刑善也夫、（刑、法也、）一人刑善、百姓休和、可不務乎、世之治也、君子尚能而讓其下、（能者在下位、則貴尚而讓之、）小人農力以事其上、是以上下有禮、而讒慝黜遠、由不爭也、謂之懿德、及其亂也、君子稱其功以加小人、（加、陵也、君子在位者也、）小人伐其技以馮君子、（馮亦陵也、自稱其能爲伐、）是以上下無禮、亂虐並生、由爭善也、（爭自善也、）謂之昏德、國家之弊、恒必由之、（傳言晉之所以興也、）

十四年、衛獻公戒孫文子、甯惠子食、（勅戒二子、欲共宴食、）日旰不召、（旰、晏也、）而射鴻於囿、二子怒、公使子蟜子伯子皮與孫子盟于丘宮、孫子皆殺之、（三子、衛羣公子也、）公出奔齊、師曠侍於晉侯、（師曠、子野、）晉侯曰、衛人出其君、不亦甚乎、對曰、或者其君實甚、良君養民如子、蓋之如天、容之如地、民奉其君、愛之如父母、仰之如日月、敬之如神明、畏之如雷霆、其可出乎、夫君神之主、而民之望也、若困民之主、匱神之祀、百姓絕望、社稷無主、將安用之、弗去何爲、天生民而立之君、使司牧之、勿使失性、有君而爲之貳、（貳、卿佐、）使師保之、勿使過度、善則賞之、（賞、謂宣揚之也、）過則匡之、（匡、正、）患則救之、（救其難也、）失則革之、自王以下、各有父兄子弟、以補察其政、（補其愆過、察其得失、）史爲書、（謂大史君舉必書、）瞽爲詩、（爲詩以風刺、）工誦箴諫、（工、樂人也、誦箴諫之辭、）大夫規誨、（規正諫誨其君、）士傳言、（聞君過失、傳告大夫、）庶人謗、（庶人不與政、聞君過得從而誹謗、）商旅于市、（旅、陳、也、陳其貨物、以示時所貴尚也、百工獻藝、獻其伎藝、以喻政事也、天之愛民甚矣、豈其使一人肆於民上、肆、放也、以從其淫、而弃天地之性、必不然矣、傳言師曠能因問盡言也、

十五年、宋人或得玉、獻諸子罕、子罕不受、獻玉者曰、以示玉人、玉人能治玉者、玉人以爲寶也、故敢獻之、子罕曰、我以不貪爲寶、爾以玉爲寶、若以與我、皆喪寶也、不若人有其寶、稽首而告曰、小人懷璧、不可以越鄉、言必爲盜所害、納此以請死、請免死、子罕寘諸其里、使玉人爲之攻之、攻、治也、富而後使復其所、賣玉得富、

二十一年、邾庶其以漆閭丘來奔、庶其、邾大夫也、季武子以公姑姊妻之、皆有賜於其從者、於是魯多盜、季孫謂臧武仲曰、子盍詰盜、詰、治也、武仲曰、不可詰也、紇又不能、季孫曰、子爲司寇、將盜是務去、若之何不能、武仲曰、子召外盜而大禮焉、何以止吾盜、吾、謂國中也、子爲正卿、而來外盜、使紇去之、將何以能、庶其竊邑於邾以來、子以姬氏妻之、而與之邑、使食漆閭丘也、其從者皆有賜焉、若大盜禮焉、以君之姑姊與其大邑、其次皂牧輿馬、給其賤役、從皂至牧、其小者衣裳劍帶、是賞盜也、賞而去之、其或難焉、紇也聞之、在上位者、洒濯其心、壹以待人、軌度其信、可明徵也、徵、驗也、而後可以治人、夫上之所爲、民之歸也、上所不爲、而民或爲之、是以加刑罰焉、而莫敢不懲、若上之所爲、而民亦爲之、乃其所也、又可禁乎、

晉欒盈出奔楚、宣子殺羊舌虎、欒盈之黨、囚叔向、樂王鮒見叔向曰、吾爲子請、叔向不應、樂王鮒、晉大夫、樂桓子、其人皆咎叔向、叔向曰、必祁大夫、祁大夫、祁奚、室老聞之曰、樂王鮒言於君無不行、求赦吾子、吾子不許、祁大夫所不能也、何爲也、叔向曰、祁大夫外舉不弃讎、內舉不失親、其獨遺我乎、詩曰、有覺德行、四國順之、言德行直、則天下順也、夫子覺者也、覺、較然正直、晉侯問叔向之罪於樂王鮒、對曰、不弃其親、其有焉、言叔向篤親親、必與叔虎同謀、於是祁奚老矣、老去公族大夫、聞之、乘馹而見宣子曰、詩云、惠我無疆、子孫保之、言文武有惠訓之德、加於百姓、故子孫保賴之、夫謀而鮮過、惠訓不

倦者、叔向有焉、社稷之固也、猶將十世宥之、以勸能者、今壹不免其身、壹以弟故、以弃社稷、不亦惑乎、鯀殛而禹興、言不以父罪廢其子也、管蔡爲戮、周公右王、言兄弟罪不相及也、若之何其以虎也弃社稷乎、子爲善、誰敢不勉、多殺何爲、宣子悅、與之乘、以言諸公而免之、共載入見公也、不見叔向而歸、言爲國非私叔向也、叔向亦不告免焉而朝、不告謝之、明不爲己、

二十三年、孟孫惡臧孫、季孫愛之、孟孫卒、臧孫入哭甚哀、多涕出、其御曰、孟孫之惡子也、而哀

如是、季孫若死、其若之何、臧孫曰、季孫之愛我、疾疢也、志相順從、身之害、孟孫之惡我、藥石也、志相違戾、猶藥石療疾、美疢不如惡石、夫石猶生我、愈己疾也、疢之美、其毒滋多、孟孫死、吾亡無日矣、

二十五年、齊棠公之妻、東郭偃之姊也、棠公、齊棠邑大夫、棠公死、武子取之、武子、崔杼、莊公通焉、驟如崔氏、崔杼殺莊公、晏子立於崔氏之門外、聞難而來、其人曰、死乎、曰、獨吾君也乎哉、吾死也、言己與衆臣無異也、曰、行乎、曰、吾罪也乎哉、吾亡也、自謂無罪、曰、歸乎、曰、君死安歸、言安可以歸也、君民者、豈以陵人、社稷是主、臣君者、豈爲其口實、社稷是養、言君不徒居民上、臣不徒求祿、皆爲社稷也、故君爲社稷死、則死之、爲社稷亡、則亡之、謂以公義死亡也、若爲己死、而爲己亡、非其私暱、誰敢任之、私暱、所親愛也、非所親愛、無爲當其禍、門啓而入、枕尸股而哭、以公尸枕己股、興、三踊而出、

晉程鄭卒、子產始知然明、前年然明謂程鄭將死、今如其言、故知之、問爲政、對曰、視民如子、見不仁者誅之、如鷹鸇之逐鳥雀也、子產喜、以語子大叔、且曰、他日吾

見蔑之面而已、蔑、然明名、今吾見其心矣、

二十六年、初、楚伍參與蔡太師子朝友、其子伍舉與聲子相善、聲子、子朝子也、伍舉、椒舉也、伍舉奔晉、聲子通使於晉、還如楚、令尹子木與之語、曰、晉大夫與楚孰賢、對曰、晉卿不如楚、其大夫則賢、皆卿才也、如杞梓皮革、自楚往也、杞梓皆木名也、雖楚有材、晉實用之、言楚亡臣多在晉、子木曰、夫獨無族姻乎、夫謂晉也、對曰、雖有、而用楚材實多、歸生聞之、歸生、聲子名也、曰、善爲國者、賞不僭而刑不濫、賞僭則懼及淫

人、刑濫則懼及善人、若不幸而過、寧僭無濫、與其失善、寧其利淫、無善人則國從之、從亡也、詩曰、人之云亡、邦國殄瘁、無善人之謂也、故夏書曰、與其殺不辜、寧失不經、懼失善也、逸書也、不經不用常法、古之治民者、勸賞而畏刑、樂行賞而憚用刑也、恤民不倦、賞以春夏、刑以秋冬、順天時、是以將賞爲之加膳、加膳則飫賜、飫、厭也、酒食賜下、無不饜足、所謂加膳也、此以知其勸賞也、將刑爲之不舉、不舉則徹樂、不舉盛饌也、此以知其畏刑也、夙興夜寐、朝夕臨政、此以知其恤民也、三者禮之大節也、有禮無敗、今楚多淫刑、其大夫逃死於四方、而爲之謀主、以害楚國、不可救療、所謂不能也、療、治也、所謂楚人不能用其材也、子儀之亂、析公奔晉、在文十四年、晉人以爲謀主、繞角之役、楚師宵潰、楚失華夏、則析公之爲也、雍子之父兄譖雍子、君與夫人不善是也、不是其曲直、雍子奔晉、晉人以爲謀主、彭城之役、楚師宵潰、晉降彭城而歸諸宋、在元年、楚失東夷、則雍子之爲也、楚東小國、見楚不能救彭城、皆叛也、子反與子靈爭夏姬、子靈巫臣、子靈奔晉、晉人以爲謀主、通吳于晉、教吳叛楚、楚疲於奔命、至今爲患、則子靈之爲也、事見成七年、若敖之亂、伯賁之子賁皇奔晉、晉人以爲謀主、鄢陵之役、在成十六年、楚師大敗、王夷師熸、夷、傷也、吳楚之間、謂火滅爲熸、鄭叛吳興、楚失諸侯、則苗賁皇之爲也、子木曰、是皆然矣、聲子曰、今又有甚於此者、椒舉娶於申公子牟、子牟得戾而亡、君大夫謂椒舉、汝實遣之、懼而奔鄭、今在晉矣、晉人將與之縣、以比叔向、以舉才能比叔向、彼若謀害楚國、豈不爲患、子木懼、言諸王、益其祿爵而復之、

二十七年、宋向戌欲弭諸侯之兵、爲會於宋、將盟於宋西門之外、楚人衷甲、甲在衣中、欲因會擊晉、伯州犂曰、合諸侯之師、以爲不信、無乃不可乎、夫諸侯望信於楚、是以來服、若不信、是弃其所以服諸侯也、固請釋甲、子木曰、晉楚無信久矣、事利而已、苟得志焉、焉用有信、大宰退、大宰、伯州犂、告人曰、令尹將死矣、不及三年、求逞志而弃信、志其逞乎、信亡、何以及三、明年、子木死也、趙孟患楚衷甲、

以告叔向、叔向曰何害也、匹夫一爲不信、猶不可也、若合諸卿以爲不信、必不捷矣、非子之患也、夫以信召人、而以僭濟之、濟成 必莫之與也、安能害我、子何懼焉、

宋左師請賞曰、請免死之邑、欲宋君稱功加厚賞、故謙言免死之邑、公與之邑六十、以示子罕、子罕曰、凡諸侯小國、晉楚所以兵威之、畏而後上下慈和、慈和而後能安靜其國家、以事大國、所以存也、無威則驕、驕則亂生、亂生必滅、所以亡也、天生五材、金木水火土也、民並用之、廢一不可、誰能去兵、兵之設久矣、所以威不軌而昭文德、聖人以興、謂湯武、亂人以廢、謂桀紂、廢興存亡、昏明之術、皆兵之由也、而子求去之、不亦誣乎、以誣道蔽諸侯、罪莫大焉、縱無大討、而又求賞、無厭之甚也、削而投之、削賞左師之書、左師辭邑、

二十九年、吳公子札來聘、見叔孫穆子曰、子其不得死乎、不得以壽死也、好善而不能擇人、吾子爲魯宗卿、而任其大政、不愼舉、何以堪之、禍必及子焉、昭四年、豎牛作亂、

三十年、楚公子圍殺大司馬蔿掩、而取其室、申無宇曰、王子必不免、善人國之主也、王子相楚國、將善是封殖、而虐之、是禍國也、且司馬令尹之偏、偏、佐也、而王之四體也、絕民之主、去身之偏、刈王之體、以禍其國、無不祥大焉、何以得免、爲昭十三年弒靈王傳、

鄭子皮授子產政、子產使都鄙有章、國都及邊鄙、車服尊卑、各有分部也、上下有服、公卿大夫、服不相踰、田有封洫、封、疆也、洫、溝也、廬井有伍、廬、舍也、九夫爲井、使五家相保也、大人之忠儉者、謂卿大夫、從而與之、泰侈者、因而斃之、從政一年、輿人誦之曰、取我衣冠而褚之、褚、畜也、奢侈者畏法、故畜藏也、取我田疇而伍之、孰殺子產、吾其與之、並畔爲疇、及三年、又誦之曰、我有子弟、子產誨之、我有田疇、子產殖之、殖、生也、子產而死、誰其嗣之、嗣、續也、

三十一年、鄭人遊于鄉校、校、學之名也、以論執政、論其得失、然明謂子產曰、毀鄉校如何、患人於中謗議國政、子產曰、何爲、夫人朝夕退而遊焉、以議執政之善否、

其所善者、吾則行之、其所惡者、吾則改之、是吾師也、若之何毁之、我聞忠善以損怨、（爲忠善則怨謗息也、）不聞作威以防怨、（欲毁鄉校、卽作威也、）豈不遽止、然猶防川也、（遽畏懼也、）大決所犯、傷人必多、吾不克救也、不如小決使道、（道通、）不如吾聞而藥之、（以爲己藥石、）然明曰、蔑也今而後知吾子之信可事、小人實不才、若果行此、其鄭國實賴之、豈唯二三臣、仲尼聞是語也、曰、以是觀之、人謂子産不仁、吾不信也、

鄭子皮欲使尹何爲邑、（爲邑大夫、）子産曰、少未知可否、（尹何年少、）子皮曰、愿、吾愛之、不吾叛也、（愿謹善也、）使夫往而學焉、夫亦愈知治矣、（夫謂尹何、）子産曰、不可、人之愛人、求利之也、今吾子愛人則以政、（以政與之、）猶未能操刀而使割也、其傷實多、（多自傷、）子之愛人、傷之而已、其誰敢求愛於子、子於鄭國、棟也、棟折榱崩、僑將厭焉、敢不盡言、子有美錦、不使人學製焉、（製裁、）大官大邑、身之所庇也、而使學者製焉、其爲美錦、不亦多乎、（言官邑之重、多於美錦、）僑聞學而後入政、未聞以政學者也、若果行此、必有所害、譬如田獵、射御貫則能獲禽、（貫習也、）若未嘗登車射御、則敗績厭覆是懼、何暇思獲、子皮曰、善哉、虎不敏、吾聞君子務知大者遠者、小人務知小者近者、我小人也、衣服附在吾身、我知而愼之、大官大邑所以庇身也、吾遠而慢之、（慢易、）微子之言、吾不知也、他日我曰、子爲鄭國、我爲吾家、以庇焉、其可也、今而後知不足、（自知謀慮不足謀其家、）自今請雖吾家、聽子而行、子産曰、人心不同也、如其面焉、吾豈敢謂子面如吾面乎、抑心所謂危、亦以告也、子皮以爲忠、故委政焉、子産是以能爲鄭國、（傳言子産之治、乃子皮之力、）

衛侯在楚、北宮文子見令尹圍之威儀、言於衛侯曰、令尹似君矣、將有他志、（言語瞻視行步不常、）雖獲其志、不能終也、詩云、靡不有初、鮮克有終、終之實難、令尹其將不免乎、公曰、何以知之、對曰、詩云、敬愼威儀、惟民之則、令尹無威儀、民無則焉、民所不則、以在民上、不可以終、公曰、善哉、何謂威儀、對曰、有威而可畏謂之威、有儀而可象謂之

儀、君有君之威儀、其臣畏而愛之、則而象之、故能有其國家、令聞長世、臣有臣之威儀、其下畏而愛之、故能守其官職、保族宜家、順是以下皆如是、是以上下能相固也、衛詩曰、威儀棣棣、不可選也、（棣棣、富而閑也、選、猶數也、）言君臣上下父子兄弟內外大小皆有威儀也、周書數文王之德、（逸書、）曰、大國畏其力、小國懷其德、言畏而愛之也、詩云、不識不知、順帝之則、言則而象之、（言文王行事、無所斟酌、唯在則象上天、）紂囚文王七年、諸侯皆從之囚、可謂愛之矣、文王伐崇、再駕而降爲臣、（文王聞崇德亂而伐之、三旬不降、退脩教、而復伐之、因壘而降、）蠻夷帥服、可謂畏之矣、文王之功、天下誦而歌舞之、可謂則之矣、文王之行、至今爲法、可謂象之、有威儀也、故君子在位可畏、施舍可愛、進退可度、周旋可則、容止可觀、作事可法、德行可象、聲氣可樂、動作有文、言語有章、以臨其下、謂之有威儀也、

羣書治要卷第五

羣書治要卷第六

秘書監鉅鹿男臣魏徵等奉　勅撰

春秋左氏傳下

昭公

元年、楚公子圍會于虢、（虢、鄭邑也、）尋宋之盟也、（宋盟在襄二十七年、）晉祁午謂趙文子曰、宋之盟、楚人得志於晉、（得志、謂先歃也、祁午、祁奚子也、）今令尹之不信、諸侯之所聞也、子弗戒懼、又如宋、（恐楚復得志也、）楚重得志於晉、晉之恥也、吾子其不可以不戒、文子曰、然、宋之盟、子木有禍人之心、武有仁人之心、是楚所以駕於晉也、（駕、猶陵也、）今武猶是心也、楚又行僭、（僭、不信、）非所害也、武將信以爲本、循而行之、譬如農夫、是穮是蔉、（穮、耘也、壅苗爲蔉、）雖有飢饉、必有豐年、（言耕鋤不以水旱息、必獲豐年之收、）且吾聞之、能信不爲人下、吾未能也、（自恐未能信也、）詩曰、不僭不賊、鮮不爲則、信也、（僭、不信、賊、害人、）能爲人則者、不爲人下矣、吾不能是難、楚不爲患也、

三年、齊侯使晏嬰於晉、叔向從之宴、相與語、叔

向曰、齊其何如、（問興衰也、）晏子曰、此季世也、齊其爲陳氏矣、公弃其民、而歸於陳氏、（弃民不憧之也、）公聚朽蠹、而三老凍餒、（三老、謂上壽中壽下壽、皆八十以上、）國之諸市、屨賤踊貴、（踊、刖足者屨也、言刖多也、）民人痛疾、而或燠休之、（燠休、痛念之聲、謂陳氏也、）其愛之如父母、而歸之如流水、欲無獲民、將焉避之、叔向曰、然雖吾公室、今亦季世也、庶人罷弊、而宮室滋侈、（滋益也、）道殣相望、（餓死爲殣、）而女富溢尤、（女、嬖寵之家也、）民聞公命、如逃寇讎、政在家門、（大夫專政、）民無所依、公室之卑、其何日之有、（言今至也、）

讒鼎之銘、（讒鼎名、）曰、昧旦丕顯、後世猶怠、（昧旦、早起、丕、大也、言夙興以務大顯、後世猶懈怠、）況日不悛、（悛、改也、）其能久乎、晉之公族盡矣、肸聞之、公室將卑、其宗族枝葉先落、則公從之、初景公欲更晏子之宅、曰、子之宅近市、湫隘囂塵、不可以居、（湫、下、隘、小也、囂、聲、塵、土也、）請更諸爽塏者、（爽、明也、塏、燥也、）辭曰、君之先臣容焉、（先臣、晏子之先人也、）臣不足以嗣之、於臣侈矣、（侈、奢也、）且小人近市、朝夕得所求、小人之利也、公笑曰、子近市、識貴賤乎、對曰、既利之、敢不識乎、公曰、何貴何賤、於是

景公繁於刑、有鬻踊者、故對曰、踊貴屨賤、景公爲是省於刑、君子曰、仁人之言、其利博哉、晏子一言、而齊侯省刑、

四年、楚子使椒舉如晉求諸侯、晉侯欲勿許、司馬侯曰、不可、楚王方侈、天或者欲逞其心、以厚其毒、而降之罰、未可知也、其使能終、亦未可知也、唯天所相、（相、助也、）不可與爭、君其許之、而修德以待其歸、若歸於德、吾猶將事之、況諸侯乎、若適淫虐、楚將棄之、（棄、不以爲君也、）吾又誰與爭、公曰、晉

有三不殆、其何敵之有、（殆、危也、）國險而多馬、齊楚多難、（多篡弒之難也、）有是三者、何向而不濟、對曰、恃險與馬、虞鄰國之難、是三殆也、四嶽、（岱、華、衡、常、）三塗、陽城、太室、荊山、中南、九州之險也、是不一姓、（雖是天下至險、無德則滅亾、）冀之北土、（冀、代也、）馬之所生、無興國焉、恃險與馬、不可以爲固也、從古以然、是以先王務修德音、以亨神人、（亨、通也、）不聞其務險與馬也、鄰國之難、不可虞也、或多難以固其國、啓其疆土、或無難以喪其國、失其守宇、（於國則四垂爲宇、）若何

虞難、齊有仲孫之難、而獲桓公、至今賴之、仲孫、公孫無知、晉有里丕之難、而獲文公、是以爲盟主、衛邢無難、敵亦喪之、閔二年、狄滅衛、僖二十五年、衛滅邢、故人之難、不可虞也、恃此三者、而不修政德、亡於不暇、又何能濟、君其許之、紂作淫虐、文王惠和、殷是以殞、周是以興、夫豈爭諸侯、乃許楚子合諸侯于申、椒舉言於楚子曰、臣聞諸侯無歸、禮以爲歸、今君始得諸侯、其慎禮矣、霸之濟否、在此會也、夏啓有鈞臺之享、啓禹子、河南陽翟縣南有鈞臺陂、商湯有景亳之命、亳、郎偃師、周武有孟津之誓、成有岐陽之蒐、康有酆宮之朝、穆有塗山之會、齊桓有召陵之師、在僖四年、晉文有踐土之盟、在僖二十八年、皆所以示諸侯禮也、諸侯所由用命也、夏桀爲仍之會、有緡叛之、仍、緡、皆國名、商紂爲黎之蒐、東夷叛之、黎東夷國名、周幽爲大室之盟、戎狄叛之、大室、中嶽也、皆所以示諸侯汰也、諸侯所由弃命也、今君以汰、無乃不濟乎、王弗聽、子產見左師曰、吾不患楚矣、汰而愎諫、不過十年、左師曰、然、不十年侈、其惡不遠、遠惡而後弃、惡及遠方、則人弃之、善亦如之、德遠而後興、十三年、楚弑其君、

五年、公如晉、自郊勞至于贈賄、往有郊勞、去有贈賄、無失禮、揖讓之禮、晉侯謂汝叔齊曰、魯侯不亦善於禮乎、對曰、魯侯焉知禮、公曰、何爲、自郊勞及贈賄、禮無違者、何故不知、對曰、是儀也、不可謂禮、禮所以守其國家、行其政令、無失其民者也、今政令在家、在大夫、不能取也、有子家羈、不能用也、羈、莊公玄孫、奸大國之盟、凌虐小國、謂伐莒取鄆、利人之難、謂往年莒亂而取鄆、不知其私、不自知有私難、公室四分、民食於他、他、謂三家、思莫在公、不圖其終、無爲公謀終始也、爲國君、難將及身、不恤其所、禮之本末、將於此乎在、而屑屑焉習儀以亟、言以習儀爲急、言善於禮、不亦遠乎、君子謂叔侯於是乎知禮、時晉侯亦失政、叔齊以此諷諫、

晉韓宣子如楚送女、叔向爲介、及楚、楚子朝其大夫曰、晉吾仇敵也、苟得志焉、無恤其他、今其來者、上卿上大夫也、若吾以韓起爲閽、刖足使守門也、以羊舌肸爲司空、加宮刑也、足以辱晉、吾亦得志矣、

可乎、大夫莫對、薳啓彊曰、可、苟有其備、何故不可、耻匹夫、不可以無備、況耻國乎、是以聖王務行禮、不求耻人、城濮之役、在僖二十八年、晉無楚備、以敗於邲、在宣十二年、邲之役、楚無晉備、以敗於鄢、在成十六年、自鄢以來、晉不失備、而加之以禮、重之以睦、君臣和也、是以楚弗能報、而求親焉、既獲姻親、又欲耻之、以召寇讎、備之若何、言何以為備、誰其重此、言怨重也、若有其人、耻之可也、謂有賢人以敵晉、則可耻之、若其未有、君亦圖之、晉之事君、臣曰可矣、求諸侯而麇至、麇、群也、求婚而薦女、薦、進、君親送之、上卿及上大夫致之、猶欲耻之、君其亦有備矣、不然奈何、君將以親易怨、失婚姻之親、實無禮以速寇、而未有其備、使群臣往遺之禽、以逞君心、何不可之有、王曰、不穀之過也、大夫無辱、謝薳啓彊、厚為韓子禮、

六年、鄭人鑄刑書、鑄刑書於鼎、以為國之常法、叔向使詒子產書曰、昔先王議事以制、不為刑辟、懼民之有爭心也、臨事制刑、不豫設法、法豫設、則民知爭端、猶不可禁禦、是故閑之以義、閑、防也、糺之以政、行之以禮、守之以信、奉之以仁、奉、養也、制為祿位、以勸其從、勸從、敎也、嚴斷刑罰、以威其淫、淫、放也、懼其未也、故誨之以忠、聳之以行、聳、懼也、敎之以務、時所急也、使之以和、悅以使民、臨之以敬、涖之以彊、施之於事為涖、斷之以剛、義斷恩也、猶求聖哲之上、明察之官、上公王也、官卿大夫也、忠信之長、慈惠之師、民於是乎可任使也、而不生禍亂、民知有辟、則不忌於上、權移於法、故民不畏上也、並有爭心、以徵於書、而徼幸以成之、因危文以生爭、緣徼幸以成其巧偽也、弗可為矣、為、治也、夏有亂政、而作禹刑、商有亂政、而作湯刑、夏商之亂、著禹湯之法、言不能議事以制、周有亂政、而作九刑、周之衰、亦為刑書、謂之九刑也、三辟之興、皆叔世也、言刑書不起於始盛之世、今吾子相鄭國、制參辟、鑄刑書、制參辟、謂用三代之末法、將以靖民、不亦難乎、詩曰、儀式刑文王之德、日靖四方、言文王以德為儀式、故能日有安靖四方之功、刑、法也、又曰、儀刑文王、萬邦作孚、言文王作儀法、為天下所信也、如是、何辟之有、言詩唯以德與信、不以刑、民知爭端矣、將弃禮而徵於書、以刑書為徵、錐刀之末、將盡爭之、錐刀末、喻小事、亂獄滋豐、賄賂並行、終子之世、鄭其敗乎、肸聞之、國將亡、必

多制、數改法也、其此之謂乎、復書曰、若吾子之言、復報也、僑不才、不能及子孫、吾以救世也、

晉韓宣子之適楚、楚人弗逆、公子弃疾及晉境、晉侯將亦弗逆、叔向曰、楚辟我衷、辟、邪衷、正、若何效辟、書曰、聖作則、則、法也、無寧以善人為則、無寧、寧也、而則人之辟乎、匹夫為善、民猶則之、況國君乎、晉侯悅乃逆、

七年、楚子之為令尹也、為王旌以田、王旌、游至於軫、芊尹無宇斷之曰、一國兩君、其誰堪之、及即位、為

章華之宮、納亡人以實之、無宇之閽入焉、有罪亡入章華宮、無宇執之、有司弗與、曰、執人於王宮、其罪大矣、執而謁諸王、執無宇也、無宇辭曰、天子經略、經營天下、略有四海、諸侯正封、封疆有定分、古之制也、封略之內、何非君土、食土之毛、誰非君臣、毛、草也、天有十日、甲至癸、人有十等、王至臺、下所以事上、上所以供神也、今有司曰、汝胡執人於王宮、將焉執之、周文王之法曰、有亡荒閱、荒、大也、閱、蒐也、有亡人、當大蒐其衆也、所以得天下也、吾先君文王、楚文王也、作僕區之法、僕區、刑書名、曰、盜所隱器、隱盜所得器、與盜同罪、所以封汝也、行善法、故能啓疆北至汝水也、若從有司、是無所執逃臣也、逃而舍之、王事無乃闕乎、昔武王數紂之罪、以告諸侯曰、紂為天下逋逃主、萃淵藪、萃、集也、天下逋逃、悉以紂為淵藪、集而歸之、故夫致死焉、人欲致死討紂也、君王始求諸侯而則紂、無乃不可乎、若以二文之法取之、盜有所在矣、言王亦為盜、王曰、取而臣以往、往、去也、盜有寵、未可得也、盜有寵、王自謂也、遂舍之、赦無宇也、

八年、石言于晉魏榆、魏榆、晉地、晉侯問於師曠曰、石

何故言、對曰、石不能言、或憑焉、謂有精神憑依石而言也、不然民聽濫也、濫、失也、抑臣又聞之、抑、疑辭也、曰、作事不時、怨讟動於民、則有非言之物而言、今宮室崇侈、民力彫盡、彫、傷也、怨讟並作、莫保其性、性、命也、民不敢自保其性命也、石言不亦宜乎、於是晉侯方築虒祁之宮、虒祁、地名、叔向曰、子野之言、君子哉、子野、師曠字也、君子之言、信而有徵、故怨遠於其身、怨咎遠其身也、小人之言、僭而無徵、故怨咎及之、是宮也成、諸侯必叛、君必有咎、夫子知之矣、叔弓如晉、賀虒祁也、賀宮成、

游吉相鄭伯以如晉、亦賀虒祁也、史趙見子大叔曰、甚哉其相蒙、（蒙欺也、）可弔也而亦賀之、大叔曰、若何弔也、其非唯我賀、將天下實賀、（言諸侯畏晉、非獨鄭、）

九年、周甘人與晉閻嘉爭閻田、（甘人甘大夫、閻嘉閻縣大夫、）晉梁丙張趯率陰戎伐潁、（陰戎陸渾之戎、潁周邑、）王使詹桓伯辭於晉、（辭責讓之也、桓伯周大夫、）曰、文武成康之建母弟、以蕃屏周、亦其廢隊是爲、（爲後世廢隊、兄弟之國、當救濟之也、）先王居檮杌于四裔、以禦螭魅、（言檮杌略舉四凶之一也、）故允姓之姦、居于瓜州、（允姓陰戎之祖、與三苗俱放於三危也、瓜州今敦煌也、）伯父惠公歸自秦、而誘以來、（僖公十五年、晉惠公自秦歸、二十二年、秦晉遷陸渾之戎於伊川、）使逼我諸姬、入我郊甸、戎有中國、誰之咎也、（咎在晉、）后稷封殖天下、今戎制之、不亦難乎、（后稷修封疆、殖五穀、今戎得之、唯畜牧也、）伯父圖之、我在伯父、猶衣服之有冠冕、木水之有本源、民人之有謀主也、（民人謀主、宗族之師長、）伯父若裂冠毀冕、拔本塞源、專棄謀主、雖戎狄、其何有余一人、（伯父猶然、則雖戎狄、無所可責、）叔向謂宣子曰、文之伯也、豈能改物、（言文公雖霸、未能改正朔易服色、）翼戴天子、而加之以恭、（翼佐也、）自文以來、世有衰德、而暴蔑宗周、（宗周天子、）以宣示其侈、諸侯之貳、不亦宜乎、且王辭直、子其圖之、宣子悅、使趙成如周、致閻田反潁俘、

築郎囿、季平子欲其速成、叔孫昭子曰、詩云、經始勿亟、庶人子來、（言文王始經營靈臺、非急疾之、衆民自以子義來、勸樂爲之、）焉用速成、其以勦民也、（勦、勞也、）無囿猶可、無民其可乎、

十二年、楚子次于乾谿、（在譙國城父縣南、）僕析父從、（楚大夫、）右尹子革夕、（子革、鄭丹也、夕、暮見也、）王見語曰、今吾使人於周、求鼎、其與我乎、對曰、與君王哉、今周服事君王、將唯命是從、豈其愛鼎、王曰、昔我皇祖伯父昆吾、舊許是宅、（陸終氏生六子、長曰昆吾、少曰季連、季連楚之祖、故謂昆吾爲伯父也、昆吾嘗居許、故曰舊許是宅也、）今鄭人貪賴其田、而不我與、我若求之、其與我乎、對曰、與君王哉、周不愛鼎、鄭何敢愛田、王曰、昔諸侯遠我而畏晉、今我大城陳蔡不羹、賦皆千乘、諸侯其畏我乎、對曰、畏君王哉、是四國者、專足畏也、（四國、陳蔡二不羹也、）

又加之以楚，敢不畏君王乎、王入、析父謂子華曰、吾子楚國之望也、今與王言如響、國其若之何、識其順王心、如響應聲、子華曰、摩厲以須王出、吾刃將斬之矣、以己喻鋒刃、欲自摩厲以斷王之淫慝、王出復語、左史倚相趍過、倚相、楚史名也、王曰、是良史也、能讀三墳五典八索九丘、皆古書名、對曰、臣嘗問焉、昔穆王欲肆其心、周穆王、肆、極也、周行天下、將皆必有車轍馬跡焉、祭公謀父作祈招之詩、以止王心、謀父、周卿士也、祈父、司馬、掌甲兵之職、招其名、王是以獲沒於祗宮、獲沒、不見篡弑、臣問其詩、而不知也、若問遠焉、其焉能知之、王曰、子能乎、對曰、能、其詩曰、祈招之愔愔、式昭德音、愔愔、安和貌也、式、用也、昭、明也、思我王度、式如玉、式如金、金玉取其堅重、形民之力、而無醉飽之心、言國之用民、當隨其力任、如金冶之器、隨器而制形、故言形民之力、去其醉飽過盈之心、王揖而入、饋不食、寢不寐數日、深感子革之言、不能自克、以及於難、克、勝也、仲尼曰、古也有志、克己復禮、仁也、信善哉、楚靈王若能如此、豈其辱於乾谿、

十三年、季平子立、而不禮於南蒯、南蒯、季氏費邑宰也、南蒯以費叛、叔弓圍費、弗克、敗焉、爲費人所敗、平子怒、令見費人執之、以爲囚俘、冶區夫曰、非也、區夫、魯大夫、若見費人、寒者衣之、饑者食之、爲之令主、而共其乏困、費來如歸、南氏亡矣、民將叛之、誰與居邑、若憚之以威、懼之以怒、民疾而叛、爲之聚也、若諸侯皆然、費人無歸、不親南氏、將焉入乎、平子從之、費人叛南氏、

十五年、晉荀吳帥師伐鮮虞、圍鼓、鼓、白狄之別、鼓人請以城叛、穆子弗許、左右曰、師徒不勤、而可以獲城、何故不爲、穆子曰、吾聞之叔向曰、好惡不愆、民知所適、事無不濟、愆、過也、適、歸也、或以吾城叛、吾所甚惡也、人以城來、吾獨何好焉、賞所甚惡、若所好何、無以復加所好、若其弗賞、是吾失信也、何以庇民、力能則進、否則速退、量力而行、吾不可以欲城而邇姦、所喪滋多、使鼓人殺叛人、而繕守備、圍鼓三月、鼓人或請降、使其民見、曰、猶有食色、姑修而城、軍吏曰、獲城而弗取、勤民而頓兵、何以事君也、穆子曰、吾以事君也、獲一邑而教民

舊無衛字補之

怠、將焉用邑、邑以賈怠、不如完舊、完猶保守、賈怠無卒、卒、終也、弃舊不祥、鼓人能事其君、我亦能事吾君、率義不爽、好惡不愆、城可獲、而民知義所、知義所在、有死命而無二心、不亦可乎、鼓人告食竭力盡、而後取之、克鼓而反、不戮一人、

十八年、火始昏見、火、心星也、梓愼曰、七日其火作乎、宋衛陳鄭也、數日皆來告火、裨竈曰、不用吾言、鄭又將火、前年裨竈欲用瓘斝禳火、子產不聽、鄭人請用之、子產不可、子大叔曰、寶以保民也、若有火、國幾亡、可以救亡、子何愛焉、子產曰、天道遠、人道邇、非所及也、何以知之、竈焉知天道、是亦多言矣、豈不或信、多言者、或時有中也、遂不與、亦不復火、

十九年、楚子之在蔡也、生太子建、及卽位、使伍奢爲之師、費無極爲少師、無寵焉、欲譖諸王、曰、建可室矣、王爲之聘於秦、無極與逆、勸王取之、楚子爲舟師以伐濮、濮、南夷也、無極言於楚子曰、晉之伯也、邇於諸夏、而楚辟陋、故弗能與爭、若大城城父而寘太子、城父、今襄城城父縣、以通北方、王收南方、是得天下、王說從之、故太子建居于城父、

鄭大水、龍鬬于時門之外洧淵、時門、鄭城門也、國人請爲禜焉、子產弗許、曰、我鬬、龍不我覿、覿、見也、龍鬬我何覿焉、禳之、則彼其室也、淵、龍之室、吾無求於龍、龍亦無求我、乃止也、言子產之智、

二十年、費無極言於楚子曰、建與伍奢、將以方城之外叛、齊晉又交輔之、將以害楚、其事集矣、王信之、問伍奢、奢對曰、君一過多矣、一過、納建妻、何信于讒、王執伍奢、忿奢切言、使城父司馬奮揚殺太子、未至、而使遣之、知太子冤、故遣令去、太子建走宋、王召奮揚、奮揚使城父人執已以至、王曰、言出於余口、入於爾耳、誰告建也、對曰、臣告之、君王命臣曰、事建如事余、臣不佞、佞、才也、不能苟貳、奉初以還、奉初命以周旋、不忍後命、故遣之、旣而悔之、亦無及已、王曰、而敢來何也、對曰、使而失命、召而不來、是再奸也、奸、犯也、逃無所入、王曰、歸、從政如他日、善其言、舍使還、無極曰、奢之子才、若在吳、必憂楚國、盍以免其父召之、彼仁必來、不然將爲患、王使召

求舊作媿改之

之、曰、來吾免而父、棠君尚謂其弟員、（棠君、奢之長子、）曰、爾適吳、我將歸死、吾智不逮、（自以智不及員、）我能死、爾能報、聞免父之命、不可以莫之奔也、親戚爲戮、不可以莫之報也、父不可棄、（俱去、爲棄父也、）名不可廢、（俱死、爲廢名、）爾其勉之、伍尚歸、奢聞員不來、曰、楚君大夫其旰食乎、（將有吳患、不得早食、）楚人皆殺之、員如吳、言伐楚之利於州于、（州于、吳子僚也、）

齊侯疥、遂痁、（痁、瘧疾也、）期而不瘳、諸侯之賓問疾者多在、（多在齊、）梁丘據與裔款、（二子齊嬖大夫、）言於公曰、吾事鬼神也豐、於先君有加矣、今君疾病、爲諸侯憂、是祝史之罪、諸侯不知、其謂我不敬、君盍誅於祝固史嚚以辭賓、（欲殺嚚固以辭謝來問疾之賓、）公悅、告晏子、晏子對曰、日宋之盟、屈建問范會之德於趙武、武曰、夫子之家事治、言於晉國、竭情無私、其祝史祭祀、陳信不媿、其家事無猜、其祝史不祈、（家無猜疑之事、故祝史無求於鬼神、）建以語康王、（楚王也、）康王曰、神人無怨、宜夫子之光輔五君、以爲諸侯主也、（五君、文襄靈成景也、）公曰、據與款、謂寡人能事鬼神、故欲誅於祝史、子稱是語也、何故、對曰、若有德之君、外內不廢、（無廢事也、）上下無怨、動無違事、祝史薦信、無愧心矣、（若有功德、祝史陳說之、無所愧、）是以鬼神用饗、國受其福、祝史與焉、（與受國福也、）其所以蕃祉老壽者、爲信君使也、其適遇淫君、外內頗邪、上下怨疾、動作辟違、斬刈民力、暴虐淫縱、肆行非度、不思謗讟、不憚鬼神、神怒民痛、無悛於心、其祝史薦信、是言罪也、（以實白神、是爲言君之罪、）其蓋失數美、是矯誣也、（蓋、掩也、）進退無辭、則虛以求媚、（作虛辭以求媚於神、）是以鬼神不饗其國以禍之、祝史與焉、所以夭昏孤疾者、爲暴君使也、公曰、然則若之何、對曰、不可爲也、（言非誅祝史所能治、）山林之木、衡鹿守之、澤之萑蒲、舟鮫守之、藪之薪蒸、虞候守之、海之鹽蜃、祈望守之、（衡鹿、舟鮫、虞候、祈望、皆官名也、言公專守山澤之利、不與民共、）布常無藝、（藝、法制也、）（言布政無法制、）徵斂無度、宮室日更、淫樂不違、（違、去也、）內寵之妾、肆奪於市、（肆、放也、）外寵之臣、僭令於鄙、（詐爲斂令於邊鄙也、）民人苦病、夫婦皆詛、祝有益也、詛亦有損、聊攝以東、（聊攝、齊西界也、）姑尤以西、（姑尤、齊東界也、）其爲人也多矣、雖其善祝、豈能勝億兆人之詛耶、君若欲誅於祝史、修德而後可、公悅、使有司寬政、毀關去禁、薄歛已責、齊侯至自田、晏子侍于遄臺、子猶馳而造焉、子猶、梁丘據、公曰、唯據與我和夫、晏子對曰、據亦同也、焉得為和、公曰、和與同異乎、對曰、異、和如羹焉、水火醯醢鹽梅、以烹魚肉、宰夫和之、齊之以味、濟其不及、以泄其過、濟益也、泄減也、君子食之、以平其心、君臣亦然、亦如羹、君所謂可而有否焉、臣獻其否、以成其可、獻君之否、以成君可、君所謂否而有可焉、臣獻其可、以去其否、是以政平而不姧、民無爭心、今據不然、君所謂可、據亦曰可、君所謂否、據亦曰否、若以水濟水、誰能食之、若琴瑟之專壹、誰能聽之、同之不可也如是、

二十五年、會于黃父、鄭子太叔見趙簡子、簡子問揖讓周旋之禮焉、對曰、是儀也、非禮也、簡子曰、敢問、何謂禮、對曰、吉也聞諸先大夫子產曰、夫禮、天之經、經者道之常也、地之義、義者利之宜也、民之行、行者人所履行、天地之經、而民實則之、則天之明、日月星辰、天之明也、因地之性、高下剛柔、地之性也、生其六氣、陰陽風雨晦明、用其五行、金木水火土也、氣為五味、酸鹹辛苦甘、發為五色、青黃赤白黑、發見也、章為五聲、宮商角徵羽、淫則昏亂、民失其性、滋味聲色、過則傷性也、是故為禮以奉之、制禮以奉其性、民有好惡喜怒哀樂、生于六氣、此六者、皆稟陰陽風雨晦明之氣、是故審則宜類、以制六志、為禮以制好惡喜怒哀樂六志、使不過節、哀有哭泣、樂有歌舞、喜有施舍、怒有戰鬭、哀樂不失、乃能協于天地之性、是以長久、協和也、簡子曰、甚哉禮之大也、對曰、禮上下之紀、天地之經緯也、經緯錯居以相成也、民之所以生也、是以先王尚之、故人之能自曲直以赴禮者、謂之成人、大不亦宜乎、曲直以弼其性、簡子曰、鞅也請終身守此言也、

二十六年、齊有彗星、出齊之分野、齊侯使禳之、禳除、晏子曰、無益也、祇取誣焉、誣欺也、天道不謟、謟疑也、不貳其命、若之何禳之、且天之有彗、以除穢也、君無穢德、又何禳焉、若德之穢、禳之何損、詩曰、惟此文王、小心翼翼、昭事上帝、聿懷多福、厥德不回、以受方國、翼翼恭也、聿惟也、回違也、言文王德不違天人、故四方之國、歸往之、

君無違德、方國將至、何患於彗、詩曰、我無所監、夏后及商、用亂之故、民卒流亡、若德回亂、民將流亡、祝史之爲、無能補也、公悅乃止、齊侯與晏子坐于路寢、公歎曰、美哉室、其誰有此乎、景公自知德不能久有國、故歎也、晏子曰、敢問何謂也、公曰、吾以爲在德、對曰、如君之言、其陳氏乎、陳氏雖無大德、而有施於民、公厚斂焉、陳氏厚施焉、民歸之矣、詩曰、雖無德與汝、式歌且舞、義取雖無大德、要有喜悅之心、式、用也、陳氏之施、民歌舞之矣、後世若少惰、陳氏而不亡、則國其國也已、公曰、善哉、是可若何、對曰、唯禮可以已之、在禮、家施不及國、大夫不收公利、不作福也、公曰、善哉、我不能矣、吾今而後知禮之可以爲國也、對曰、禮之可以爲國也久矣、與天地並、君令臣恭、父慈子孝、兄愛弟敬、夫和妻柔、姑慈婦聽、禮也、君令而不違、臣恭而不貳、父慈而敎、子孝而箴、箴諫也、兄愛而友、弟敬而順、夫和而義、妻柔而正、姑慈而從、從不自專也、婦聽而婉、婉順也、禮之善物也、公曰、善哉、

二十七年、楚左尹郤宛直而和、國人悅之、以直事君、以和接類、鄢將師爲右領、右領、官名、與費無極比而惡之、謂子常曰、子惡欲飲子酒、子惡郤宛、又謂子惡、令尹欲飲酒於子氏、子惡曰、令尹將必來辱、爲惠已甚、吾無以酬之、若何、酬、報獻、無極曰、令尹好甲兵、子出之、吾擇焉、取五甲五兵、曰、寘諸門、令尹至必觀之、而從以酬之、及饗日、帷諸門左、張帷陳兵甲其中、無極謂令尹曰、吾幾禍子、子惡將爲子不利、甲在門矣、子無往、令尹使視郤氏、則有甲焉、不往、召鄢將師而告之、將師退、遂令攻郤氏、且爇之、爇、燒也、子惡聞之、自殺、國人弗爇、令尹炮之、炮、燔也、盡滅郤氏之族黨、殺陽令終、與晉陳及其子弟、皆郤氏黨、國言未已、進胙者莫不謗令尹、進胙、國中祭祀也、謗、詛也、沈尹戌言於子常曰、夫左尹與中廐尹莫知其罪、而子殺之、以興謗讟、至於今不已、左尹、郤宛也、中廐尹、陽令終、戌也惑之、仁者殺人以掩謗、猶弗爲也、今吾子殺人以興謗、而弗圖、不亦異乎、夫無極、楚之讒人也、民莫不知、去朝吳、在十五年、出蔡侯

朱、在二十一年、喪太子建、殺連尹奢、在二十年、屛王之耳目、使不聰明、不然、平王之溫惠恭儉、有過成莊、所以不獲諸侯、邇無極也、邇近也、今又殺三不辜、三不辜、郤氏陽氏晉陳氏、以興大謗、幾及子矣、子而不圖、將焉用之、夫鄢將師矯子之命、以滅三族、三族國之良也、㝵新有君、光新立、疆場日駭、楚國若有大事、子其危哉、智者除讒以自安、今子愛讒以自危、甚矣其惑也、子常曰、是瓦之罪、敢不良圖、子常殺費無極與鄢將師、盡滅其族、以說于國、謗言乃止、

二十八年、晉魏獻子爲政、魏舒也、以司馬彌牟爲鄔大夫、賈辛爲祁大夫、司馬烏爲平陵大夫、魏戊爲梗陽大夫、戊、魏舒庶子、謂賈辛司馬烏爲有力於王室、二十二年、辛烏帥師納敬王、故擧之、魏子謂成鱄、鱄、晉大夫、吾與戊也縣人、其以我爲黨乎、對曰、何也、戊之爲人也、遠不忘君、遠、疏遠也、近不偪同、不偪同位、居利思義、不苟得、在約思純、無濫心、雖與之縣、不亦可乎、昔武王克商、光有天下、其兄弟之國者十有五人、姬姓之國者四十人、皆擧親也、夫擧無他、唯善所在、親疎一也、賈辛將適其縣、見於魏子、魏子曰、辛來、今汝有力於王室、吾是以擧汝、行乎、敬之哉、毋墮乃力、墮、損也、仲尼聞魏子之擧也、以爲義、曰、近不失親、謂擧魏戊、遠不失擧、以賢擧、可謂義矣、又聞其命賈辛也、以爲忠、先賞王室之功、故爲忠也、曰、魏子之擧也義、其命也忠、其長有後於晉國乎、梗陽人有獄、魏戊不能斷、以獄上、上魏子、其大宗賂以女樂、訟者之大宗、魏子將受之、魏戊謂閻沒女寬二人、魏子屬大夫、曰、主以不賄聞於諸侯、若受梗陽人賄、莫甚焉、吾子必諫、皆許諾、退朝待於庭、魏子之庭、饋入召之、召二大夫食、比置三歎、魏子曰、吾聞諸伯叔、諺曰、唯食忘憂、吾子置食之間三歎、何也、同辭而對曰、或賜二小人酒、不夕食、言饑甚、饋之始至、恐其不足、是以歎、中置、自咎曰、豈將軍食之而有不足、是以再歎、及饋之畢、願以小人腹爲君子心、屬厭而已、屬足也、言小人之腹飽、猶知厭足、君子心亦宜然、獻子辭梗陽人、言魏氏所以興、

定公

四年、鄭子大叔卒、晉趙簡子爲之臨、甚哀、曰、黃父之會、在昭二十五年、夫子語我九言、曰、無始亂、無怙富、無恃寵、無違同、無敖禮、無驕能、以能驕人、無復怒、復、重也、無謀非德、非所謀、無犯非義、言簡子能用善言、所以遂興也、

吳子伐楚、陳于柏舉、敗之、五戰及郢、楚子濟江、入于雲中、入雲夢澤中、王寢、盜攻之、以戈擊王、王孫由于以背受之、中肩、王奔鄖、鄖公辛之弟懷將弒王、曰、平王殺吾父、我殺其子、不亦可乎、辛、蔓成然之子鬬辛也、昭十四年、楚平王殺成然也、辛曰、君討臣、誰敢讎之、君命天也、若死天命、將誰讎、詩曰、柔亦不茹、剛亦不吐、不侮鰥寡、不畏彊禦、唯仁者能之、言仲山甫不避彊凌弱也、違彊凌弱、非勇也、乘人之約、非仁也、滅宗廢祀、非孝也、殺君、罪應滅宗、動無令名、非智也、必犯是、余將殺汝、鬬辛與其弟巢以王奔隨、申包胥如秦乞師曰、吳爲封豕長蛇、以荐食上國、荐、數也、言吳貪害如蛇豕、寡君失守社稷、越在草莽、使下臣告急、秦伯使辭焉、曰、寡人聞命矣、子姑就館、將圖而告、對曰、寡君越在草莽、未獲所伏、伏猶處也、下臣何敢卽安、立依庭牆而哭、日夜不絕聲、勺飲不入口、七日、秦師乃出、

五年、申包胥以秦師至、吳師大敗、吳子乃歸、楚子入于郢、初楚王之奔隨也、將涉於成臼、江夏竟陵縣西有臼水、藍尹亹涉其帑、亹、楚大夫、不與王舟、及寧、王欲殺之、寧、安定也、子西曰、子常唯思舊怨以敗、君何效焉、王曰、善、使復其所、吾以志前惡、惡、過、王賞鬬辛、王孫由于、申包胥、鬬懷、皆從王有大功、子西曰、請舍懷也、以初謀殺王故、王曰、大德滅小怨、道也、終從其兄免王大難、是大德也、申包胥曰、吾爲君也、非爲身也、君既定矣、又何求、且吾尤子旗、其又爲諸、子旗、蔓成然也、以有德於平王、求無厭、平王殺之、遂逃賞、

九年、鄭駟歂殺鄧析、而用其竹刑、鄧析、鄭大夫、欲改鄭所鑄之舊制、不受君命、而私造刑法、書之於竹簡、故言竹刑也、君子謂子然、於是不忠、苟有可以加於國家者、棄其邪可也、加猶益、棄不責其邪惡也、故用其道、不棄其人、詩云、蔽芾甘棠、勿翦勿伐、召伯所茇、召伯決訟於甘棠之下、詩人思之、不伐其樹、茇、草舍也、

思其人、猶愛其樹、況用其道、而不恤其人乎、子然無以勸能矣、

哀公

元年、吳王夫差敗越于夫椒、遂入越、越子以甲楯五千、保于會稽、上會稽山、使大夫種因吳太宰嚭以行成吳、子將許之、伍員曰、不可、臣聞之、樹德莫如滋、去疾莫如盡、勾踐能親而務施、施不失人、所加惠賜、皆得其人、親不棄勞、推親愛之誠、則不遺小勞、與我同壤、而世為仇讎、於是乎克而弗取、將又存之、違天長寇讎、後雖悔之、不可食已、食、消也、已、止也、弗聽、退而告人曰、二十年之外、吳其為沼乎、謂吳宮室廢壞、當為汙池、

二十二年越入吳、越及吳平、吳之入楚、在定四年、使召陳懷公、懷公朝國人而問焉、曰、欲與楚者右、欲與吳者左、陳人從田、無田從黨、無田者、從黨而立、逢猾當公而進、不左不右、曰、臣聞國之興也以福、其亡也以禍、今吳未有福、楚未有禍、楚未可棄、吳未可從也、公曰、國勝君亡、非禍而何、楚為吳所勝也、對曰、國之有是多矣、何必不復、小國猶復、況大國乎、臣聞國之興也、視民如傷、是其福也、如傷、恐驚動、其亡也、以民為土芥、是其禍也、芥、草也、楚雖無德、亦不艾殺其民、吳日敝於兵、暴骨如莽、而未見德焉、禍之適吳、其何日之有、言今至也、陳侯從之、及夫差克越、乃脩舊怨、言吳不脩德而脩怨、所以亡、吳師在陳、楚大夫皆懼曰、闔廬惟能用其民、以敗我於柏舉、今聞其嗣又甚焉、將若之何、子西曰、二三子恤不相睦、無患吳矣、昔闔廬食不二味、居不重席、室不崇壇、平地作室、不起壇、器不彤鏤、彤、丹也、鏤、刻也、宮室不觀、觀、臺榭也、舟車不飾、衣服財用、擇不取費、選取堅厚、不尚細靡、在國、天有災癘、親巡孤寡、而供其乏困、在軍、熟食者分、而後敢食、分猶遍、其所嘗者、卒乘與焉、所嘗甘珍非常食、勤恤其民、而與之勞逸、是以民不罷勞、死知不曠、知身死不見曠棄、吾先大夫子常易之、所以敗我、易猶反、今聞夫差次有臺榭陂池焉、宿有妃嬙嬪御焉、妃嬙、貴者、嬪御、賤者、皆內官也、一日之行、所欲必成、玩好必從、珍異是聚、觀樂是務、視民如讎、而用之日新、夫先自敗也已、安能敗我、

六年、楚有雲如衆赤鳥、夾日而飛三日、楚子使問諸周太史、周太史曰、其當王身乎、（日爲人君、妖氣守之、故爲當王身、）若禜之、可移於令尹司馬、（禜、禳祭、）王曰、除腹心之疾、而寘諸股肱、何益、不穀不有大過、天其夭諸、有罪受罰、又焉移之、遂不禜、孔子曰、楚昭王知大道矣、其不失國也宜哉、

十一年、吳子將伐齊、越子率其衆以朝焉、王及列士、皆有饋賂、吳人皆喜、唯子胥懼曰、是豢吳也夫、（豢、養也、若人養犧牲、非愛之、將殺之、）諫曰、越在我心腹之疾也、壤地同、而有欲於我、（欲得吳也、）得志於齊、猶獲石田也、無所用之、（石田不可耕、）越不爲沼、吳其泯矣、使醫除病、而曰必遺類焉者、未之有也、弗聽、使於齊、屬其子於鮑氏、爲王孫氏、（欲以避吳禍、）反役、王聞之、使賜之屬鏤以死、（屬鏤、劍名、）將死、曰、樹吾墓檟、檟可材也、吳其亡乎、三年、其始弱矣、盈必毀、天之道也、（越人朝之、伐齊勝之、盈之極、）

季孫欲以田賦、（丘賦之法、因其田財、通出馬一匹牛三頭、今欲別其田及家財、各爲一賦、故言田賦、）使冉有訪諸仲尼、仲尼不對、（不公答、）而私於冉有曰、君子之行也、（行政事、）度於禮、施取其厚、事擧其中、斂從其薄、如是則丘亦足矣、（丘十六井、）若不度於禮、而貪冒無厭、則雖以田賦、將又不足、且子季孫若欲行而法、則周公之典在、若欲苟而行之、又何訪焉、

十四年、小邾射以句繹來奔、曰、使季路要我、吾無盟矣、（子路信誠、故欲得與相要誓而不須盟也、）使子路、子路辭、季康子使冉有謂之曰、千乘之國、不信其盟、而信子之言、子何辱焉、對曰、魯有事于小邾、不敢問故、死其城下可也、彼不臣而濟其言、是義之也、由弗能、（濟成也、）

二十四年、公子荆之母嬖、（荆、哀公庶子、）將以爲夫人、使宗人釁夏獻其禮、（宗人、禮官、）對曰、無之、公怒曰、汝爲宗司、立夫人、國之大禮也、何故無之、對曰、周公及武公娶於薛、（武公、敖也、）孝惠娶於商、（孝公稱惠公、弗皇也、）自桓以下娶於齊、（桓公始娶文姜、）此禮也則有、若以妾爲夫人、則固無其禮也、公卒立之、而以荆爲太子、國人始惡之、（惡公也、）

羣書治要卷第六

以善之以本書作之

羣書治要卷第七

秘書監鉅鹿男臣魏徵等奉 勅撰

禮記

曲禮

曲禮曰、毋不敬、禮主於敬、儼若思、言人坐思、貌必儼然、安定辭、審言語也、安民哉、此三句可以安民也、傲不可長、欲不可從、志不可滿、樂不可極、此四者慢遊之道、桀紂所以自禍也、賢者狎而敬之、狎習也、近也、習其所行、畏而愛之、心服曰畏、愛而知其惡、憎而知其善、不可以己心之愛憎、誣人以善惡、夫禮者、所以定親疏、決嫌疑、別同異、明是非也、道德仁義、非禮不成、教訓正俗、非禮不備、分爭辯訟、非禮不決、君臣上下、父子兄弟、非禮不定、宦學事師、非禮不親、班朝治軍、莅官行法、非禮威嚴不行、禱祠祭祀、供給鬼神、非禮不誠不莊、班次也、莅臨也、莊敬也、富貴而知好禮、則不驕不淫、貧賤而知好禮、則志不懾、懾猶怯惑、國君春田不圍澤、大夫不掩羣、士不取麛卵、生乳之時、重傷其類、歲凶年穀不登、登成也、君膳不祭肺、馬不食穀、馳道不除、祭事不縣、大夫不食

則祭所先作殺牲祭先

粱、士飲酒不樂、皆自爲貶損、憂民也、禮食則祭所先、不祭肺則不殺、除治也、縣、樂器鐘磬之屬也、

檀弓

知悼子卒、未葬、悼子晉大夫荀盈也、平公飲酒、師曠李調侍鼓鐘、杜蕢自外來、歷階而升堂、酌曰、曠飲斯、又酌曰、調飲斯、又酌堂上北面坐飲之、降趍而出、三酌皆罰爵、平公呼而進之曰、蕢爾飲曠何也、曰、子卯不樂、紂以甲子死、桀以乙卯亡、王者謂之疾日、不以舉樂、所以自戒懼也、知悼子之喪在堂、未葬、斯其爲子卯也大矣、言大夫喪、重於疾日、曠也大師也、不以詔、是以飲之、詔告也、太師典司奏樂也、爾飲調何也、曰、調也君之褻臣也、爲一飲一食忘君之疾、是以飲之、言調貪酒食也、褻嬖也、近臣亦當規君疾憂也、爾飲何也、曰、蕢也宰夫也、非刀匕是供、又敢與知防、是以飲也、防禁放溢者也、平公曰、寡人亦有過焉、酌而飲寡人、聞義則服、杜蕢洗爵而揚觶、舉爵於君、公謂侍者曰、如我死、則必無廢斯爵、欲後世以爲戒、至于今、既畢獻、斯揚觶、謂之杜舉、此爵遂因杜蕢爲名、畢獻、獻賓與君也、孔子過泰山側、有婦人哭於墓者而哀、夫子式

而聽之、怪其哀甚也、使子貢問之曰、昔吾舅死於虎、吾夫又死焉、今吾子又死焉、夫之父曰舅、夫子曰、何爲不去、曰無苛政、夫子曰、小子識之、苛政猛於虎也、陽門之介夫死、陽門宋國門也、介夫甲冑衛士、司城子罕入而哭之哀、子罕樂喜也、晉人之覘宋者、反報於晉侯曰、陽門之介夫死、而子罕哭之哀、而民悅、殆不可伐也、覘窺覘也、孔子聞之曰、善哉覘國乎、善其知微、

王制

凡官民材、必先論之、論謂考其德行道藝也、論辨然後使之、辨謂考問得其定也、任事然後爵之、爵謂正其秩次、位定然後祿之、爵人於朝、與士共之、刑人於市、與衆弃之、必共之者、所以審愼之、獺祭魚、然後虞人入澤梁、豺祭獸、然後田獵、鳩化爲鷹、然後設罻羅、草木零落、然後入山林、昆蟲未蟄、不以火田、取物必順時候也、昆蟲者、得陽而生、得陰而藏也、國無九年之蓄、曰不足、無六年之蓄、曰急、無三年之蓄、曰國非其國也、三年耕必有一年之食、九年耕必有三年之食、以三十年之通、雖有凶旱水溢、民無菜色、然後天子食、日擧以樂、民無食菜之飢色、天子乃日擧樂以食也、

月令

孟春之月、立春之日、天子親率三公九卿諸侯大夫、以迎春於東郊、命相布德和令、行慶施惠、下及兆民、相謂三公相王之事者也、德謂善教也、令謂時禁也、慶謂休其善也、惠謂恤其不足也、是月也、天子乃以元日祈穀于上帝、謂以上辛郊祭天也、郊祀后稷以祈農事也、上帝、太微之帝也、乃擇元辰、天子親帥三公九卿諸侯大夫、躬耕帝籍、元辰蓋郊後吉辰也、帝籍、爲天神借民力所治之田也、禁止伐木、盛德所在、毋覆巢、毋殺孩蟲胎夭飛鳥、毋麛毋卵、爲傷萌幼之類、毋聚大衆、毋置城郭、爲妨農之始也、掩骼埋胔、爲死氣逆生氣也、骨枯曰骼、肉腐曰胔也、不可稱兵、稱兵必有天殃、逆生氣也、仲春之月、養幼少、存諸孤、助生氣也、命有司省囹圄、去桎梏、毋肆掠、順陽氣也、省減也、肆謂死刑暴尸、毋竭川澤、毋漉陂池、毋焚山林、順陽養物、季春之月、天子布德行惠、命有司發倉廩、賜貧窮、振乏絕、振猶救也、開府庫、出幣帛、聘名士、禮賢者、聘問也、名士、不仕者、命司空曰、時雨將降、下水上騰、循利

垻坊導達溝瀆開通道路毋有障塞潦使民事也、田獵罝罘羅罔畢翳餧獸之藥無出九門、爲逆天時也、天子九門也、命野虞毋伐桑柘、愛蠶食也、野虞、謂主田及山林之官、后妃齋戒、親帥東向躬桑、禁婦女無觀、省婦使、以勸蠶事、后妃親採桑、示帥先天下也、東向者、向時氣、無觀、去容飾也、婦使、縫線組紃之事、命工師、百工咸理、監工日號、無悖于時、毋或作爲淫巧、以蕩上心、咸、皆也、於百工皆治理其事之時工師則監之、日號令、戒之以此二事、百工作器物、各有時、逆之則功不善也、淫巧、謂僞飾不如法也、蕩、謂動之使生奢泰、

孟夏之月、無起土功、毋發大衆、爲妨蠶農之事、命野虞勞農、命農勉作、毋休于都、急趣農事、

仲夏之月、命有司爲民祈祀山川百源、大雩帝、乃命百縣雩祀百辟卿士、有益於民者、以祈穀實、陽氣盛而恒旱、山川百原、能興雲雨者也、雩帝、謂雩五精之帝也、百辟卿士、古者上公以下、若句龍后稷之類、

季夏之月、樹木方盛、無有斬伐、爲其未堅韌也、毋發令而待、以妨神農之事、發令而待、謂出繇役之令以豫驚民、民驚則心動、是害土神之氣也、土神稱曰

有天殃、

孟秋之月、乃命將帥選士厲兵、命大理審斷刑、命百官完堤坊、謹壅塞、以備水潦、

仲秋之月、養衰老、授几杖、乃命有司趣民收斂、務蓄菜、多積聚、爲禦冬之備也、乃勸民種麥、毋或失時、麥者、接絶續乏之穀、尤重之也、

季秋之月、命冢宰舉五穀之要、定其租稅簿、藏帝籍之收於神倉、霜始降、百工咸休、寒而膠漆作不堅好、

孟冬之月、賞死事、恤孤寡、死事、謂以國事死也、命百官謹蓋藏、謂府庫囷倉也、固封疆、備邊境、完要塞、謹關梁、大飲烝、十月農功畢、天子諸侯、與其群臣、飲酒於大學、以正齒位、謂之大飲、天子乃祈來年于天宗、祀于公社及門閭、臘先祖五祀、此周禮所謂蜡祭也、天宗謂日月星辰也、五祀、門戶中霤竈行、勞農以休息之、黨正屬民飲酒、正齒位、是也、天子乃命將帥講武習射御、

仲冬之月、天子乃命有司祈祀四海大川山林藪澤、有能取蔬食田獵禽獸者、野虞教導之、務收斂野物也、大澤曰藪、草木之實爲蔬食、

季冬之月、命取氷、氷已入、令告民出五種、命田官告

民出五種、明大寒氣過、農事將起、命農計耦耕事、修耒耜具田器、天子乃與公卿大夫、共飭國典、論時令、以待來歲之宜、飭國典者、和六典之法也、周禮、以正月爲之也、

文王世子

文王之爲世子、朝於王季日三、雞初鳴而起、衣服、至於寢門外、問內豎之御者、曰、今日安否何如、內豎小臣之屬、掌外內之通令者、御、如今小吏直日也、內豎曰、安、文王乃喜、及日中又至、亦如之、及暮又至、亦如之、其有不安節、則內豎以告文王、文王色憂、行不能正履、節、謂居處故事也、履、蹈地也、王季復膳、然後亦復初、食上、必在、視寒煖之節、在、察也、食下、問所膳、膳、所食也、然後退、武王帥而行之、帥、循也、文王有疾、武王不脫冠帶而養、言常在側、文王壹飯、亦壹飯、文王再飯、亦再飯、欲知氣力箴藥所勝、凡三王教世子、必以禮樂、樂所以脩內也、禮所以修外也、禮樂交錯於中、發形於外、立太傅少傅、以養之、養、猶教也、言養者、積浸成長、太傅審父子君臣之道、以示之、爲之行其禮也、少傅奉世子以觀太傅之德行、而審諭之、爲之說其義也、太傅在前、少傅在後、謂其在學時也、入則有保、出則有師、謂燕居出入時也、是以教諭而德成也、以有四人維持之、師也者、教之以事而諭諸德者也、保也者、愼其身以輔翼之、而歸諸道者也、愼其身者、謹安護之、是故知爲人子、然後可以爲人父、知爲人臣、然後可以爲人君、知事人、然後能使人、君之於世子也、親則父也、尊則君也、有父之親、有君之尊、然後兼天下而有之、是故養世子不可不愼也、處君父之位、覽海內之士、而近不能以教其子、則其餘不足觀之也、行一物而三善皆得者、唯世子而已、其齒於學之謂也、物猶事也、故世子齒於學、國人觀之、曰、將君我而與我齒讓、何也、曰、有父在則禮然、然而衆知父子之道矣、其二曰、將君我而與我齒讓、何也、曰、有君在則禮然、然而衆知君臣之義也、其三曰、將君我而與我齒讓、何也、曰、長長也、然而衆知長幼之節、故父在斯爲子、君在斯謂臣、居子與臣之節、所以尊君親親也、故學之爲父子焉、學之爲君臣焉、學之爲長幼焉、學、教也、父子君臣長幼之道得、而國治、語曰、樂正司

業父師司成、一有元良、萬國以貞、世子之謂也、司、主也、一、一人也、元、大也、良、善也、貞、正也、

禮運

昔者仲尼與於蜡賓、蜡者、索也、歲十二月、合聚萬物而索饗之、亦祭宗廟、時孔子仕魯、而在助祭之中、事畢、出遊於觀之上、喟然而歎、觀、闕也、言偃在側、曰、君子何歎、言偃、孔子弟子、子游也、孔子曰、大道之行也、天下爲公、選賢與能、公、猶共也、禪位授聖、不家之也、故人不獨親其親、不獨子其子、孝慈之道廣也、使老有所終、幼有所長、鰥寡孤獨廢疾者、皆有所養、無匱乏者、是故謀閉而不興、盜竊亂賊而不作、是謂大同、同、猶和平也、今大道既隱、隱、猶去也、天下爲家、傳位於子也、各親其親、各子其子、大人世及以爲禮、城郭溝池以爲固、亂賊繁多、爲此以服之、大人、諸侯也、禮義以爲紀、以正君臣、以篤父子、以睦兄弟、以和夫婦、以設制度、以功爲己、故謀用是作、兵由此起、以其違大道敦朴之本也、其弊則然、老子曰、法令滋章、盜賊多有也、禹湯文武成王周公、由此其選也、由、用也、能用禮義成治者也、此六君子者、未有不謹於禮者、言偃復問曰、如此乎、禮之急也、孔子曰、夫禮者、先王以承天之道、以治人之情、故失之者死、得之者生、詩云、人而無禮、胡不遄死、故聖人以禮示之、天下國家可得而正、民知禮、則易教也、是故禮者、君之大柄、所以治政安君、故聖王脩義之柄、禮之序、以治人情、治者、去瑕穢、養精華也、故人情者、聖王之田也、脩禮以耕之、和其剛柔、陳義以種之、樹以善道、講學以耨之、存是去非類也、本仁以聚之、合其所盛、播樂以安之、感動使之堅固、故治國不以禮、猶無耜而耕也、無以入之也、爲禮不本於義、猶耕而不種也、嘉穀無由生也、爲義而不講以學、猶種而不耨也、苗不殖、草不除、講之以學而不合以仁、猶耨而不穫也、無以知收之豐荒也、合之以仁而不安以樂、猶穫而不食也、不知味之甘苦、安之以樂而不達於順、猶食而不肥也、功不見也、四體既正、膚革充盈、人之肥也、父子篤、兄弟睦、夫婦和、家之肥也、大臣法、小臣廉、官職相序、君臣相正、國之肥也、天子以德爲車、以樂爲御、諸侯以禮相與、大夫以法相序、士以信相考、百姓以睦相守、天下之肥也、是謂大順、故無水旱昆蟲

之災、民無凶飢妖孽之疾、(言大順之時、陰陽和也、昆蟲之災、螟螽之屬也、)故天不愛其道、地不愛其寶、人不愛其情、(言嘉瑞出、人情至也、)故天降膏露、地出醴泉、山出器車、河出馬圖、鳳皇騏驎、皆在郊棷、龜龍在宮沼、其餘鳥獸之卵胎、皆可俯而窺也、(膏、猶甘也、器謂若銀甕丹甑也、馬圖、龍馬負圖而出也、棷、藪草也、沼、池也、)則是無故、(非有他故、使之然、)先王能脩禮以達義、體信而達順、故此順之實也、

禮器

禮釋回、增美質、措則正、施則行、(釋、猶去也、回、邪僻也、質、猶性也、措、猶置也、)其在人也、如竹箭之有筠、如松栢之有心、二者居天下之大端、故貫四時而不改柯易葉、(箭、篠也、端、本也、四物於天下、最得氣之本也、或柔韌於外、或和澤於內、以此不變傷、人之得禮亦猶然、)君子有禮、則外諧而內無怨、故物無不懷仁、鬼神饗德、(懷、歸、)先王之立禮也、有本有文、忠信禮之本也、義理禮之文、無本不立、無文不行、(言必外內具也、)禮也者、合於天時、設於地財、順於鬼神、合於人心、理萬物者、故天不生、地不養、君子不以爲禮、鬼神弗饗、(天不生、謂非其時物也、地不養、謂非其地所生也、)是故昔

者先王之制禮也、因其財物、而致其義焉、故作大事必順天時、(大事、祭祀也、)爲朝夕必放於日月、(日出東方、月生西方也、)爲高必因丘陵、(謂冬至祭天於圓丘之上、)爲下必因川澤、(謂夏至祭地於方澤之中、)是故因天事天、(天高、因高者以事之、)因地事地、(地下、因下者以事之、)因名山升中于天、(名、猶大也、升、猶上也、中、猶成也、謂巡狩至於方岳、燔柴祭天、告以諸侯之成功也、)因吉土以饗帝于郊、(吉土、王者所卜而居之土也、饗帝于郊、以四時所兆祭於四郊者也、)升中于天、而鳳皇降、龜龍格、(功成而太平、陰陽氣和、而致象物也、)饗帝於郊、而風雨節、寒暑時、(五帝、主五行、五行之氣和、而庶徵得其序、五行木爲雨、金爲暘、火爲燠、水爲寒、土爲風、)是故聖人南面而立、而天下大治、是故先王制禮也、以節事、(動反本也、)脩樂以導志、(勸之善也、)故觀其禮樂、而治亂可知、(亂國禮慢而樂淫也、)

內則

子事父母、雞初鳴、咸盥漱、冠緌纓、端韠紳、搢笏、(咸、皆也、緌、纓之飾也、端、玄端、士服也、庶人深衣也、紳、大帶也、)左右佩用、(必佩者、備尊者使令也、)以適父母舅姑之所、及所、下氣怡聲、問所欲、而敬進之、柔色以溫之、(溫、藉也、承尊者、必和顏色也、)父母有過、下氣怡色、柔聲以諫、諫若不入、起敬起

孝悅則復諫父母怒不悅而撻之流血不敢疾怨起敬起孝（撻擊也）父母雖沒將爲善思貽父母令名必果曾子曰孝子之養老樂其耳目安其寢處以其飲食忠養之父母之所愛亦愛之父母之所敬亦敬之至於犬馬盡然而況於人乎

玉藻

年不順成則天子素服乘素車食無樂（自貶損也）君無故不殺牛大夫無故不殺羊士無故不殺犬家（故謂祭祀之時）君子遠庖厨凡有血氣之類弗身踐也（踐當爲翦聲之誤翦猶殺也）

大傳

聖人南面而聽天下所且先者有五民不得與焉（且先言未追餘事）一曰治親二曰報功三曰擧賢四曰使能五曰存愛（功功臣也存察也察有仁愛者）五者一得於天下民無不足無不贍五者一物紕繆民不得其死（物猶事紕猶錯也五事得則民足一事失則民不得其死明政之難也）聖人南面而治天下必自人道始矣（人道謂此五事也）是故人道親親（言先有恩）親親故尊祖尊祖故敬宗敬宗故收族收族故宗廟嚴宗廟嚴故重社稷重社稷故愛百姓愛百姓故刑罰中刑罰中故庶民安庶民安故財用足財用足故百志成百志成故禮俗刑禮俗刑然後樂（收族序以昭穆也嚴猶尊也百志人之志意所欲也刑猶成也）詩云不顯不承無斁於人斯此之謂也（斁厭也言文王之德不顯乎不承先人之業乎言其顯且承之樂之無厭）

樂記

凡音之起由人心生也人心之動物使之然也感於物而動故形於聲（宮商角徵羽雜比曰音單出曰聲形猶見也）樂者音之所由生也其本在人心之感於物是故其哀心感者其聲噍以殺其樂心感者其聲嘽以緩其喜心感者其聲發以散其怒心感者其聲粗以厲其敬心感者其聲直以廉其愛心感者其聲和以柔六者非其性也感於物而後動（言人聲在所見非有常也噍踧也嘽寬綽貌發猶揚也）是故先王愼所以感之者故禮以導其志樂以和其聲政以一其行刑以防其姦禮樂刑政其極一也所以同民心而出治道凡音者生人心者也情動於中

本書怘作怗

故形於聲、聲成文、謂之音、是故治世之音、安以樂、其政和、亂世之音、怨以怒、其政乖、亡國之音、哀以思、其民困、音聲之道、與政通矣、言八音和否隨政、宮爲君、商爲臣、角爲民、徵爲事、羽爲物、五者不亂、則無怘懘之音矣、五者君臣民事物也、凡聲濁者尊、清者卑、怘懘弊敗不和之貌也、宮亂則荒、其君驕、商亂則陂、其臣壞、角亂則憂、其民怨、徵亂則哀、其事勤、羽亂則危、其財匱、五者皆亂、迭相陵、謂之慢、如此則國之滅亡無日矣、君臣民事物其道亂、則其音應而亂也、荒猶散也、陂傾也、鄭衛之音、亂世之音、比於慢矣、比猶同也、桑間濮上之音、亡國之音、其政散、其民流、誣上行私、而不可止也、濮水之上地有桑間者、亡國之音、於此水出也、是故知聲而不知音者、禽獸是也、知音而不知樂者、衆庶是也、唯君子爲能知樂、禽獸知此爲聲耳、不知其宮商之變、八音並作克諧曰樂、審聲以知音、審音以知樂、審樂以知政、而治道備矣、是故不知聲者、不可與言音、不知音者、不可與言樂、知樂者則幾於禮矣、禮樂皆得、謂之有德、幾近也、聽樂而知政之得失、則能正君臣民事物之禮也、樂之隆、非極音、食饗

舊無先王之制禮樂六字補之

之禮、非致味、隆猶盛也、極猶窮也、是故先王之制禮樂、非以極口腹耳目之欲、將以教民平好惡、而反人道之正、教之使知好惡、先王之制禮樂、人爲之節、言爲作法度以過其欲也、衰麻哭泣、所以節喪紀也、鍾鼓干戚、所以和安樂也、婚姻冠笄、所以別男女也、射鄉食饗、所以正交接也、男二十而冠、女許嫁而笄、成人之禮也、射大射、鄉鄉飲酒也、食食禮、饗饗禮也、禮節民心、樂和民聲、政以行之、刑以防之、禮樂刑政、四達而不悖、則王道備矣、樂由中出、和在心也、禮自外作、敬在貌也、大樂必易、大禮必簡、易簡若於清廟大饗然也、樂至則無怨、禮至則不爭、揖讓而治天下者、禮樂之謂也、至猶達行也、大樂與天地同和、大禮與天地同節、言順天地之氣與其數也、和故百物不失、不失性也、節故祀天祭地、成萬物有功報焉也、明則有禮樂、教人者也、幽則有鬼神、助天地成物者也、如此則四海之內、合敬同愛矣、王者功成作樂、治定制禮、功主於王業、治主於教民、五帝殊時、不相沿樂、三王異世、不相襲禮、言其有損益也、故聖人作樂以應天、制禮以配地、禮樂明備、天地官矣、官猶事也、各得其事、地氣上躋、天氣下降、鼓之以

雷霆、奮之以風雨、動之以四時、煖之以日月、而百化興焉、如此則樂者天地之和也、禮者所以綴淫也、綴、猶止也、是故先王有大事必有禮以哀之、有大福、必有禮以樂之、哀樂之分、皆以禮終、大事、謂死喪也、是故先王本之情性、稽之度數、制之禮義、合生氣之和、道五常之行、使之陽而不散、陰而不密、剛氣不怒、柔氣不懾、四暢交於中而發作於外、皆安其位、而不相奪也、生氣、陰陽氣也、五常、五行也、密之言閉也、懾、猶恐懼也、土弊則草木不長、水煩則魚鼈不大、氣衰則生物不遂、世亂則禮慝而樂淫、是故其聲哀而不莊、樂而不安、慢易以犯節、流湎以忘本、感條暢之氣、而滅平和之德、是以君子賤之也、遂、猶成也、慝、穢也、感、動也、動人條暢之善氣、使失其所也、凡姦聲感人而逆氣應之、逆氣成象、而淫樂興焉、正聲感人而順氣應之、順氣成象、而和樂興焉、唱和有應、回邪曲直、各歸其分、而萬物之理、各以類相動、成象、謂人樂習焉、是故君子反情以和其志、比類以成其行、姦聲亂色、不留聰明、淫樂慝禮、不接心術、惰慢邪僻之氣、不設於身體、使耳目鼻口、心智百體、皆由順正、以行其義、反、猶本也、術、猶道也、然後發以聲音、而文以琴瑟、動以干戚、飾以羽旄、從以簫管、奮至德之光、動四氣之和、以著萬物之理、奮、猶動、動至德之光、謂降天神、出地祇、格祖考也、著、猶成也、故樂行而倫淸、耳目聰明、血氣和平、移風易俗、天下皆寧、言樂用則正人理和陰陽也、倫、謂人道也、魏文侯問於子夏曰、吾端冕而聽古樂、則唯恐臥、聽鄭衞之音、則不知倦、敢問古樂之如彼何也、新樂之如此何也、古樂、先王之正樂也、對曰、今君之所問者樂也、所好者音也、相近而不同、鏗鏘之類皆爲音、應律乃爲樂、欲知音樂異意、對曰、夫古者天地順而四時當、民有德而五穀昌、疾疢不作、而無妖祥、此之謂大當、然後聖人作爲父子君臣、以爲綱紀、綱紀既正、天下大定、天下大定、然後正六律、和五聲、弦歌詩頌、此之謂德音、德音之謂樂、當、謂樂不失其所也、今君之所好者、其溺音乎、鄭音好濫淫志、宋音燕女溺志、衞音趨數煩志、齊音敖辟驕志、四者淫於色、而害於德、是以祭祀弗用也、（言四國出此溺音也、）爲人君者、謹其所好惡而已矣、君好之則臣爲之、上行之則民從之、詩云、誘民孔易、此之謂也、（誘進也、孔甚也、民從君之所好惡、進之於善無難也、）君子曰、禮樂不可斯須去身、致樂以治心、（樂由中出、故治心也、）致禮以治躬、（禮自外作、故治身也、）心中斯須不和不樂、而鄙詐之心入之矣、（鄙詐入之、謂利欲生也、）外貌斯須不莊不敬、而慢易之心入之矣、（易、輕易也、）故樂也者動於內者也、禮也者動於外者也、樂極則和、禮極則順、內和而外順、則民瞻其顏色而不與爭也、望其容貌、而民不生易慢焉、是故樂在宗廟之中、君臣上下同聽之、則莫不和敬、在族長鄉里之中、長幼同聽之、則莫不和順、在閨門之內、父子兄弟同聽之、則莫不和親、故樂者所以合和父子君臣、附親萬民、是先王立樂之方也、

祭法

夫聖王之制祭祀也、法施於民則祀之、以死勤事則祀之、以勞定國則祀之、能禦大災則祀之、能扞大患則祀之、是故厲山氏之有天下也、其子曰農、能殖百穀、夏后氏之衰、周棄繼之、故祀以爲稷、共工氏之霸九州也、其子曰后土、能平九州、故祀以爲社、帝嚳能序星辰、堯能賞均刑法、舜能勤衆事、鯀鄣洪水、禹能脩鯀之功、黃帝正名百物、顓頊能脩之、契爲司徒而民成、冥勤其官而水死、湯以寬治民而除其虐、文王以文治、武王以武功去民之災、此皆有功烈於民者也、及夫日月星辰、民所瞻仰也、山林川谷丘陵、民所取財用也、非此族也、不在祀典、（祀典、謂祭禮也、）

祭義

祭不欲數、數則煩、煩則不敬、祭不欲疏、疏則怠、怠則忘、是故君子合諸天道、春禘秋嘗、（忘與不敬、違禮莫大焉、合於天道、因四時之變化、孝子感時而念親、則以此祭之也、）霜露既降、君子履之、必有悽愴之心、非其寒之謂也、春雨露既濡、君子履之、必有怵惕之心、如將見之、（非其寒之謂、謂悽愴及怵惕、皆爲感時念親也、）樂以迎來、哀以送往、致齋於內、散齋於外、齋之日、思其居處、思其笑語、思其志意、思其所樂、思其所嗜、齋三日、乃見其所爲

齋者、見其所爲齋、思之熟也、祭之日入室、僾然必有見乎其位、周旋出戶、肅然必有聞乎其容聲、出戶而聽、愾然必有聞乎其歎息之聲、是故先王之孝也、色不忘乎目、聲不絕乎耳、心志嗜欲不忘乎心、安得不敬乎、君子生則敬養、死則敬享、享、猶祭也、饗也、唯聖人爲能饗帝、孝子爲能饗親、謂祭之能使之饗之也、帝、天也、先王之所以治天下者五、貴有德也、貴貴也、貴老也、敬長也、慈幼也、此五者先王之所以定天下也、貴有德、爲其近於道也、貴貴、爲其近於君也、貴老、爲其近於親也、敬長、爲其近於兄也、慈幼、爲其近於子也、言治國有家道也、曾子曰、身也者、父母之遺體也、行父母之遺體、敢不敬乎、居處不莊、非孝也、事君不忠、非孝也、蒞官不敬、非孝也、朋友不信、非孝也、戰陳無勇、非孝也、五者不遂、災及於親、敢不敬乎、遂、猶成也、夫孝置之而塞乎天地、敷之而橫乎四海、施諸後世而無朝夕、詩云、自西自東、自南自北、無思不服、此之謂也、孝有三、小孝用力、中孝用勞、大孝不匱、勞、猶功、思

慈愛忘勞、可謂用力矣、尊仁安義、可謂用勞矣、博施備物、可謂不匱矣、思慈愛忘勞、思父母之慈愛己、而自忘己之勞苦、父母愛之、喜而弗忘、父母惡之、懼而無怨、無怨、無怨於父母之心也、父母有過、諫而不逆、順而諫之、父母既沒、必求仁者之粟以祀之、此之謂禮終、喻貧困猶不取惡人之物以事已親、樂正子春下堂而傷其足、數月不出、猶有憂色、門弟子曰、夫子之足瘳矣、數月不出、猶有憂色、何也、曰、吾聞諸曾子、父母全而生之、子全而歸之、可謂孝矣、不虧其體、不辱其身、可謂全矣、故君子蹞步弗敢忘孝也、今予忘孝之道、予是以有憂色也、壹舉足而不敢忘父母、壹出言而不敢忘父母、壹舉足而不敢忘父母、是故道而弗徑、舟而不游、不敢以先父母之遺體行危殆、壹出言而不敢忘父母、是故惡言不出於口、忿言不及於身、不辱其身、不羞其親、可謂孝矣、徑、步邪趨疾也、虞夏殷周、天下之盛王也、未有遺年者、是故天子巡狩諸侯、待見于境、天子先見百年者、問其國君、以百年者所在、而往見之、

祭統

凡治人之道莫急於禮禮有五經莫重於祭禮有五經謂吉凶賓軍嘉也莫重於祭謂以吉禮爲首也夫祭者非物自外至也自中生出於心也心怵而奉之以禮是故唯賢者能盡祭之義是故君子之教也外則教之以尊其君長內則教之以孝於其親是故君子之事君也必身行之所不安於上則不以使下所惡於下則不以事上非諸人行諸己非教之道也必身行之言恕己乃行之是故君子之教也必由其本順之至也祭其是與故曰祭者教之本也已教由孝順生祭而不敬何以爲也

經解

天子者與天地參焉故德配天地兼利萬物與日月並明明照四海而不遺微小其在朝廷則道仁聖禮義之序燕處則聽雅頌之音行步則有環珮之聲升車則有鸞和之響居處有禮進退有度百官得其宜萬事得其序詩云淑人君子其儀不忒其儀不忒正是四國此之謂也道猶言也發號出令而民悅謂之和上下相親謂之仁民不求其所欲而得之謂之信除去天地之害謂之義義與信和與仁霸王之器也有治民之意而無其器則不成器謂所操以作事者義信和仁皆在於禮也夫禮之於國也猶衡之於輕重也繩墨之於曲直也規矩之於方圓也故衡誠懸不可欺以輕重繩墨誠陳不可欺以曲直規矩誠設不可欺以方圓君子審禮不可誣以姦詐衡稱也懸錘也陳設也孔子曰安上治民莫善於禮此之謂也故朝覲之禮所以明君臣之義也聘問之禮所以使諸侯相尊敬也喪祭之禮所以明臣子之恩也鄉飲酒之禮所以明長幼之序也婚姻之禮所以明男女之別也夫禮禁亂之所由生猶防止水之所自來也故以舊防爲無所用而壞之者必有水敗以舊禮爲無所用而去之者必有亂患故婚姻之禮廢則夫婦之道苦而淫僻之罪多矣鄉飲酒之禮廢則長幼之序失而鬬爭之獄繁矣喪祭之禮廢則臣子之恩薄而背死忘生者

眾矣、聘覲之禮廢、則君臣之位失、而背叛侵陵之敗起矣、（苦、謂不至、不答之屬、）故禮之教化也微、其正邪於未形、使人日徙善遠罪而不自知也、是以先王隆之也、易曰、君子慎始、差若毫氂、謬以千里、此之謂也、（隆、謂尊盛之也、始、謂其微時也、）

仲尼燕居

子曰、禮者何也、卽事之治也、治國而無禮、譬猶瞽之無相與、倀倀乎其何之、譬如終夜有求於幽室之中、非燭何以見之、若無禮、則手足無所措、耳目無所加、進退揖讓無所制、是故以之居處長幼失其別、閨門三族失其和、朝廷官爵失其序、軍旅武功失其制、宮室失其度量、喪紀失其哀、政事失其施、凡衆之動失其宜、

中庸

天命之謂性、率性之謂道、脩道之謂教、（性者、生之質也、命者、人所稟受、率、循、循性行之、是曰道、脩、治也、治而廣之、人放傚之、是曰教、）道也者不可須臾離也、可離非道也、（道、猶道路也、出入動作由之、須臾離之、惡乎從、）是故君子戒慎乎其所不覩、恐懼乎其所不聞、莫見乎隱、莫顯乎微、故君子慎其獨也、（慎其獨者、慎其閒居之所爲也、小人於隱者、動作言語、自以爲不見覩、不見聞、則必肆盡其情、若有佔聽之者、是爲顯見、甚於衆人之中爲之也、）子曰、中庸其至矣乎、民鮮能久矣、（鮮、罕也、言中庸爲道至美、故人罕能久行之者、）子曰、無憂者其唯文王乎、以王季爲父、以武王爲子、父作之、子述之、（聖人以立法度爲大事、子能述成之、則何憂乎、堯舜之父子則有凶頑、禹湯之父子則寡令聞、父子相成、唯有文王也、）武王纘大王王季文王之緒、一戎衣而有天下、身不失天下之顯名、尊爲天子、富有四海之內、宗廟饗之、子孫保之、（纘、繼也、緒、業也、）子曰、武王周公其達孝矣乎、夫孝者善繼人之志、善述人之事者也、

表記

子曰、仁有三、與仁同功而異情、（利仁強仁、功雖與安仁者同、本情則異也、）與仁同功、其仁未可知也、與仁同過、然後其仁可知也、仁者安仁、智者利仁、畏罪者強仁、（功者、人所貪、過者、人所避、）子曰、君子不以辭盡人、（不見人之言語、則以爲善、言其餘行、或時惡也、）故天下有道、則行有枝葉、天下無道、則辭有枝葉、（行有枝葉、所以益德也、言有枝葉、是衆虛華也、枝葉依幹而生、）

言行亦由禮出也、是故君子於有喪者之側、不能賻焉、則不問其所費、於有病者之側、不能饋焉、則不問其所欲、有客不能館焉、則不問其所舍、皆避有其言而無其實也、故君子之接如水、小人之接如醴、君子淡以成、小人甘以壞、水相得合而已、酒醴相得則敗、淡無酸酢少味也、不以口譽人、則民作忠、故君子問人之寒則衣之、問人之飢則食之、稱人之美則爵之、皆爲有言、不可以無實也、

緇衣

子言之曰、爲上易事也、爲下易知也、則刑不煩矣、言君不苛虐、臣無姦心、則刑可以措也、子曰、夫民教之以德、齊之以禮、則民有格心、教之以政、齊之以刑、則民有遯心、格來也、遯逃也、故君民者、子以愛之、則民親之、信以結之、則民不背、恭以莅之、則民有遜心、莅臨也、遜猶順也、子曰、下之事上也、不從其所令、而從其所行、言民化行、不拘於言也、上好是物、下必有甚矣、甚者甚於君也、故上之所好惡、不可不慎也、是民之表也、言民之從君、如影之逐表、子曰、禹立三年、百姓以仁遂焉、豈必盡仁、言百姓傚禹爲仁、非本性能仁也、子曰、上好仁、則下之爲仁爭先人、子曰、王言如絲、其出如綸、王言如綸、其出如綍、言言出彌大也、綸今有秩、嗇夫所佩也、綍引棺索也、故大人不唱游言、游猶浮也、不可用之言也、可言也、不可行、君子弗言也、可行也、弗可言、君子弗行也、則民言不危行、而行不危言矣、危猶高也、言不高於行、行不高於言、言行相應、子曰、君子道人以言、而禁人以行、禁猶謹也、故言必慮其所終、而行必稽其所弊、則民謹於言、而慎於行、稽猶考也、詩云、慎爾出話、敬爾威儀、話善言也、子曰、爲上可望而知也、爲下可述而志也、則君不疑於其臣、而臣不惑於其君矣、志猶知也、上人疑則百姓惑、下難知則君長勞、難知有姦心也、故君民者、章好以示民俗、慎惡以御民之淫、則民不惑矣、淫貪侈也、孝經曰、示之以好惡、而民知禁也、子曰、大臣不可以不敬也、是民之表也、邇臣不可以不慎也、是民之道也、民之道、言民循從也、子曰、大人不親其所賢、而信其所賤、民是以親失、而教是以煩、親失、失其所當親也、教煩、由信賤者也、賤者無壹德也、子曰、民以君爲心、君以民爲體、心莊則體舒、心肅

則容敬心好之身必安之君好之民必欲之心以體全亦以體傷君以民存亦以民亡莊齊莊也

大學

堯舜率天下以仁而民從之桀紂率天下以暴而民從之其所令反其所好而民不從言民化君行也君好貨而禁民淫於財利不能止也是故君子有諸己而後求諸人無諸己而後非諸人所藏乎身不恕而能喻諸人者未之有也故上老老而民興孝上長長而民興悌上恤孤而民不背所惡於上無以使下所惡於下毋以事上所惡於前毋以先後所惡於後毋以從前所惡於右毋以交左所惡於左毋以交於右詩云樂只君子民之父母民之所好好之民之所惡惡之此之謂民之父母言治民之道無他取於己而已好人之所惡惡人之所好是謂拂人之性災必逮夫身拂猶佹也逮及也

昏義

昏禮者將合二姓之好上以事宗廟而下以繼後世也故君子重之男女有別而後夫婦有義夫婦有義而後父子有親父子有親而後君臣有正故曰昏禮者禮之本也夫禮始於冠本於昏重於喪祭尊於朝聘和於鄉射此禮之大體也古者天子后立六宮三夫人九嬪二十七世婦八十一御女以聽天下之內治以明章婦順故天下內和而家理也天子立六官三公九卿二十七大夫八十一元士以聽天下之外治以明章天下之男教故外和而國治也故曰天子聽男教后聽女順天子理陽道后治陰德天子聽外治后聽內治教順成俗外內和順國家理治此之謂盛德也是故男教不修陽事不得謫見于天日爲之食婦順不修陰事不得謫見于天月爲之食是故日食則天子素服而修六官之職蕩天下之陽事月食則后素服而修六宮之職蕩天下之陰事故天子之與后猶日之與月陰之與陽相須而後成者也謫之言責也蕩蕩滌去穢惡也

射義

古者諸侯之射也必先行燕禮卿大夫士之射

也、必先行鄉飲酒之禮、故燕禮者、所以明君臣之義也、鄉飲酒之禮者、所以明長幼之序也、言別尊卑老稚、乃後射以觀德行也、故射者進退周還必中禮、內志正、外體直、然後持弓矢審固、持弓矢審固、然後可以言中、此可以觀德行也、內正外直、習於禮樂有德行者其節、天子以騶虞、諸侯以貍首、大夫以采蘋、士以采蘩、故明乎其節之志、以不失其事、則功成而德行立、德行立、則無暴亂之禍、功成則國安、故曰、射者所以觀盛德也、騶虞、采蘋、采蘩、今詩篇名也、貍首亡也、是故古者、天子以射選諸侯卿大夫士、射者男子之事、因而飾之以禮樂也、故事之盡禮樂、而可數爲以立德行者、莫若射、故聖王務焉、選士者先考德行乃後決之射也、男子生而有射事、長學禮樂以飾之、是故古者、天子之制、諸侯歲獻貢士於天子、天子試之於射宮、觀其容體比於禮、其節比於樂、而中多者、得與於祭、其容體不比於禮、其節不比於樂、而中少者、不得與於祭、數與於祭、而君有慶、數不與於祭、而君有讓、數有慶而益地、數有讓而削地、故曰、

天子之大射、謂之射侯、射侯者、射爲諸侯也、射中則得爲諸侯、射不中則不得爲諸侯、大射謂將祭擇士之射也、得爲諸侯、謂有慶也、不得爲諸侯、謂有讓也、故射者、仁之道也、射求正諸已、已正而後發、發而不中、則不怨勝者、反求諸已而已矣、孔子曰、弟子無所爭、必也射乎、

羣書治要卷第七

羣書治要卷第八

秘書監鉅鹿男臣魏徵等奉　勅撰

周禮　周書　春秋外傳國語

韓詩外傳

周禮

天官

惟王建國、辯方正位、別四方、正君臣之位、君南面、臣北面之屬、體國經野、體猶分、邦畿之度、經野、疆理其井廬也、設官分職、置冢宰、司徒、宗伯、司馬、司寇、司空、各有所職、而百官事舉、以爲民極、極中也、令天下之人、各得其中、不失其所也、乃立天官冢宰、使帥其屬、而掌其邦治、以佐王均邦國、掌主也、邦治、王所以治邦國者、佐猶助也、建邦之六典、以佐王治邦國、一曰治典、以經邦國、以治官府、以紀萬民、二曰教典、以安邦國、以教官府、以擾萬民、三曰禮典、以和邦國、以統百官、以諧萬民、四曰政典、以平邦國、以正百官、以均萬民、五曰刑典、以詰邦國、以刑百官、以糺萬民、六曰事典、以富邦國、以任百官、以生萬民、典、常也、法也、王謂之禮經、常所秉以理天下者也、邦國官府、謂之禮法、常所守以爲法式也、擾猶馴也、統猶合也、詰猶禁也、任猶倳也、生猶養也、以八柄詔王馭羣臣、一曰爵、以馭其貴、二曰祿、以馭其富、三曰予、以馭其幸、四曰置、以馭其行、五曰生、以馭其福、六曰奪、以馭其貧、七曰廢、以馭其罪、八曰誅、以馭其過、柄所秉執以起事者也、詔、告也、助也、爵謂公侯伯子男卿大夫士也、祿所以富臣下也、幸、謂言行偶合於善、則有以賜與之勸後也、生、猶養也、賢臣之老者、王有以養之也、奪謂臣有大罪、沒入家財者也、誅、責讓也、以八統詔王馭萬民、一曰親親、二曰敬故、三曰進賢、四曰使能、五曰保庸、六曰尊貴、七曰達吏、八曰禮賓、統所以總物者也、親親、若堯親九族也、敬故、不慢舊也、賢、有善行也、能、多才藝也、保庸、安有功也、尊貴、尊天下之貴者也、達吏、察舉勤勞之小吏也、禮賓、賓客諸侯、所以示民親仁善鄰也、

之貴下舊無者字補之

歲終、則令百官府各正其治、受其會、正、正處也、會、大計也、三歲則大計郡吏之治而誅賞、三載考績也、

膳夫掌王之食飲膳羞、大喪則不舉、大荒則不舉、大札則不舉、天地有災則不舉、邦有大故則不舉、大荒、凶年也、大札、疫癘也、天災、日月晦食也、地災、崩動也、大故、刑殺也、春秋傳曰、司寇行戮、君爲之不舉、

地官

衍也有書作丕之

大司徒之職掌建邦之土地之圖與其人民之數以佐王安擾邦國 敎所以親百姓訓五品也擾亦安也言饒衍也 而施十有二敎焉一曰以祀禮敎敬則民不苟二曰以陽禮敎讓則民不爭三曰以陰禮敎親則民不怨四曰以樂禮敎和則民不乖五曰以儀辯等則民不越六曰以俗敎安則民不愉七曰以刑敎中則民不虣八曰以誓敎恤則民不怠九曰以度敎節則民知足十曰以世事敎能則民不失職十有一曰以賢制爵則民慎德十有二曰以庸制祿則民興功 陽禮謂鄉射飲酒也陰禮謂男女之禮也昏姻以時則男不曠女不怨也儀謂君南面臣北面父坐子伏之屬也俗謂土地所生習也愉謂朝不謀夕也恤謂災厄相憂也民有凶患憂之則民不懈怠也度謂宮室車服之制也世事謂士農工商之事少而習焉其心安焉因敎以能不易其業也慎德謂矜其善德勸爲善也庸功也爵以顯賢祿以賞功也 以保息六畜萬民一曰慈幼二曰養老三曰振窮四曰恤貧五曰寬疾六曰安富 保息謂安之使蕃足也慈幼愛少也養老七十養於學五十異糧之屬也振窮救天民之窮者也恤貧貧無財業稟食貸之也寬疾若今癃不可事不筭卒也安富平傜役不專取之也 以鄉三物敎萬民而賓興之一曰六德智仁聖義忠和二曰六行孝友睦婣任恤三曰六藝禮樂射馭書數 物猶事也興猶擧也民三事之敎成鄉大夫擧其賢者能者以飲酒之禮賓客之既則獻其書於王矣智明於事也仁愛人以及物也聖通而先識也義能斷時宜也忠言以中心也和不剛不柔也善於父母爲孝善於兄弟爲友睦親於九族也婣親於外親也任信於友道也恤振憂貧者禮五禮之儀也樂六樂之歌舞也射五射之法也御五御之節也書六書之品也數九數之計也 以五禮防萬民之僞而敎之中 禮所以節止民之侈僞使其行得中也五禮謂吉凶賓軍嘉 以六樂防萬民之情而敎之和 樂所以蕩正民之情思使其心應和也六樂謂雲門咸池大韶大夏大濩大武也

舊無鄉師字補之

鄉師以歲時巡國及野而賙萬民之艱阨以王命施惠 歲時者隨其事之時不必四時也艱阨饑乏者也

師氏掌以美詔王 告王以善道也文王世子曰師者敎之以事而諭諸德者也 以三德敎國子一曰至德以爲道本二曰敏德以爲行本三曰孝德以知逆惡也敎三行一曰孝行以親父母二曰友行以尊賢良三曰順行以事師長 德行外內之稱也在心爲德施之爲行也至德中和之德覆燾持載含容者也敏德仁義順時者也孝德尊祖愛親守其所以生者也孔子曰武王周公其達孝矣乎夫孝善繼人之志善述人之事也

保氏舊作而字改之

保氏養國子以道、乃敎之六藝、一曰五禮、二曰六樂、三曰五䠶、四曰五馭、五曰六書、六曰九數、乃敎之六儀、一曰祭祀之容、二曰賓客之容、三曰朝廷之容、四曰喪紀之容、五曰軍旅之容、六曰車馬之容、養國子以道者、以師氏之德行審諭之、而後敎之以藝儀也、五䠶白矢、參連、剡注、襄尺、井儀也、五馭、鳴和鸞、逐水曲、過君表、舞交衢、逐禽左也、六書、象形、會意、轉注、指事、假借、諧聲也、九數、方田、粟米、差分、少廣、商功、均輸、贏不足、旁要、方程、今有重差、夕桀、句股也、祭祀之容、穆穆皇皇、賓客之容、嚴恪矜莊、朝廷之容、蹡蹡蹌蹌、喪紀之容、纍纍顚顚、軍旅之容、暨暨詻詻、車馬之容、匪匪翼翼、

指作處

蹡蹡作濟濟

司救掌凡歲時有天患民病、則以節巡國中及郊野、而以王命施惠、天患、謂災害也、節、旌節也、施惠、賙恤、

春官

大司樂以樂德敎國子中和祗庸孝友、中、猶忠也、和、剛柔適也、祗、敬也、庸、有常也、凡日月食、四鎭五嶽崩、大傀異災、諸侯薨、令去樂、四鎭、山之重大者也、謂會稽沂山、醫無閭、霍山也、五嶽、岱、衡、華、嵩、恆也、傀、猶怪也、大怪異災、謂天地奇變、若星辰奔賈、及震裂爲害者也、去樂、藏之也、大札、大凶、大災、大荒、大臣死、凡國之大憂、令弛縣、札、疫癘、凶、凶年也、災、水火也、弛、釋下之也、凡建國、禁其淫聲、過聲、凶聲、慢聲、淫聲、若鄭衛也、過聲、失哀樂節也、凶聲、亡國之聲、若桑間濮上也、慢聲、惰慢不恭之聲、

夏官

舊無治字補之

大司馬之職、掌建邦國之九法、以佐王平邦國、平、成也、正也、制畿封國、以正邦國、封、謂立封於壝爲界、設儀辨位、以等邦國、儀、謂諸侯諸臣之儀、進賢興功、以作邦國、作、起也、起其進善樂業之心、建牧立監、以維邦國、維、猶連結、制軍詰禁、以糾邦國、詰、窮治也、糾、正也、施貢分職、以任邦國、職、謂賦稅也、任、猶事也、簡稽鄉民、以用邦國、稽、計也、均守平則、以安邦國、均、謂尊者守大、卑者守小也、比小事大、以和邦國、比、猶親、使大國親小國、小國事大國、以九伐之法正邦國、諸侯有違王命、則出兵征伐而正也、馮弱犯寡則眚之、眚、猶人眚瘦也、四面削其地、賊賢害民則伐之、有鐘鼓曰伐、以聲其罪、暴內陵外則壇之、壇、置之空壇之中、別立君也、野荒民散則削之、田不治、民不附、則削其地也、負固不服則侵之、侵、用兵淺、侵之而已、賊殺其親則正之、正、殺也、放弑其君則殘之、殘、滅其爲惡者、犯令陵政則杜之、犯令、逆命也、陵政、輕法也、杜、塞、使不得與諸侯通、外內亂、鳥獸行、則滅之、仲春敎振旅、師出曰治兵、入曰振旅、皆習戰也、四時獵各敎民、以其一

薙、遂以蒐田、蒐、擇也、擇取禽獸不孕者、仲夏教茇舍、茇舍、猶草舍、軍有草止之法、遂以苗田、夏田爲苗、簡取禽獸不孕任、若治苗去不秀實者也、仲秋教治兵、遂以獮田、獮、猶殺也、中殺者多、仲冬教大閱、大閱簡軍實、備禮不如出軍時、遂以狩田、冬田爲狩、言守取之、無所擇也、

司勳掌等其功、等、猶差也、以功大小、爲差等、凡有功者、銘書於王之大常、祭於大烝、銘之言名也、生則書於王旗、以識其人與其功也、死則於烝先王祭之、冬祭曰烝、王旗畫日月、爲大常也、凡賞無常、輕重視功、無常者、功之大小不可議、

秋官

大司寇之職、掌建邦之三典、以佐王刑邦國、詰四方、一曰、刑新國用輕典、新國、謂新闢地立君之國也、二曰、刑平國用中典、三曰、刑亂國用重典、亂國、謂纂弑叛逆之國也、以圜土聚教罷民、圜土、獄城也、聚罷民其中、困苦以教之爲善也、民不愍作勞、有似於罷也、凡害人者、寘之圜土、而施職事焉、以明刑恥之、明刑、謂明書其罪於大方板、以著背也、職事、謂役使之也、其能改者、反于中國、不齒三年、其不能改、而出圜土者殺、以嘉石平罷民、罷民、謂爲邪惡者也、凡萬民之有罪過、而未麗於法、而害於州里者、桎梏而坐諸嘉石、役諸司空、州里任之、則宥而舍之、有罪過、謂邪惡之人、所罪過者也、麗、附也、未附於法、未著於法也、役諸司空、坐日訖、使給百工之役、役月訖、使其州里之人任之、乃赦之也、以肺石達窮民、肺石、赤石也、窮民、天民之窮而無告者、凡遠近惸獨老幼之欲有復於上、而其長弗達者、立於肺石三日、士聽其辭、以告於上、而罪其長、復、白也、長、謂諸侯及所屬吏、

舊兵小司寇字補之

小司寇、凡命夫命婦、不躬坐獄訟、命夫、謂大夫也、命婦、謂大夫妻也、若有罪不自身坐、使其屬及子弟也、凡王同族有罪、不卽市、刑於甸師氏也、以五聲聽獄訟、求民情、一曰、辭聽、辭不直則煩、也、二曰、色聽、色不直、則赧也、三曰、氣聽、氣不直、則喘也、四曰、耳聽、耳不直、則惑也、五曰、目聽、目不直、則眊然、以八辟麗邦法、附于刑罰、辟、法也、麗、附也、一曰、議親之辟、若今時宗室有罪先請、是也、

苺也作舊知

二曰、議故之辟、故、謂舊也、三曰、議賢之辟、若今時廉吏有罪先請、是也、四曰、議能之辟、能、謂有道藝者、五曰、議功之辟、謂有大勳力立功者也、六曰、議貴之辟、若今時吏墨綬有罪先請、是也、七曰、議勤之辟、謂憔悴事國者、八曰、議賓之辟、謂所不臣者三恪二代之後與、

司刺、掌三刺三宥三赦之法、以贊司寇聽獄訟、

刺、殺也、致三問之、然後殺、一刺曰、訊羣臣、再刺曰、訊羣吏、三刺曰、訊萬民、訊、言問也、壹宥曰、不識、再宥曰、過失、三宥曰、遺忘、不識、謂愚民無所識也、宥、寬也、壹赦曰、幼弱、再赦曰、老耄、三赦曰、惷愚、惷愚、生而癡騃也、赦、謂免其罪也、以此三法者求民情、然後刑殺、

小行人、若國札喪、則令賻補之、賻、喪家、補其不足、若國凶荒、則令賙委之、委、輸也、若國師役、則令犒禬之、犒、勞也、禬、合助相振爲會、若國有福事、則令慶賀之、若國有禍灾、則令哀弔之、

掌客、凡禮賓客、國新殺禮、凶荒殺禮、札喪殺禮、禍灾殺禮、在野在外殺禮、殺、減也、國新、新建國也、凶荒、無年也、札喪、疫癘也、禍灾、新有兵寇及水火也、在野、行軍在外也、

周書

文傳解

天有四殃、水旱饑荒、其至無時、非務積聚、何以備之、夏箴曰、小人無兼年之食、遇天饑、妻子非其有也、大夫無兼年之食、遇天饑、臣妾輿馬非其有也、國無兼年之食、遇天饑、百姓非其百姓也、戒之哉、不思禍咎無日矣、言不遠也、不明開塞禁舍者、其取天下如化、變化之頓、謂其疾、不明開塞禁舍者、其失天下如化、不明、謂失其機、兵彊勝人、人彊勝天、勝天、勝有天命、能制其有者、能制人之有、不能制其有者、人制之、令行禁止、王之始也、

官人

富貴者、觀其有禮施、貧窮者、觀其有德守、嬖寵者、觀其不驕奢、隱約者、觀其不懾懼、其少者、觀其恭敬好學而能弟、其壯者、觀其潔廉務行而勝其私、其老者、觀其思慎彊其所不足而不踰、父子之間、觀其慈孝、兄弟之間、觀其和友、君臣之間、觀其忠惠、鄉黨之間、觀其信誠、設之以謀、以觀其智、示之以難、以觀其勇、煩之以事、以觀其治、臨之以利、以觀其不貪、濫之以樂、以觀其不荒、喜之以觀其輕、怒之以觀其重、醉之以觀其失、縱之以觀其常、遠之以觀其不貳、暱之以觀其不狎、復徵其言、以觀其精、曲省其行、以觀其備、此之謂觀誠、

本書無厲王以下十二字案良夫下當有解字首作道謹作誥

芮良夫解

厲王失道、芮伯陳誥、作芮良夫、芮伯若曰、余小臣良夫、稽首謹誥、天子惟民父母、致厥道、無遠不服、無道、左右臣妾乃違、（道、謂德政、違、叛之、）民歸于德、德則民戴、否德民讎、茲允効于前、斯不遠、（信驗於前世、不遠也、）商紂弗改夏桀之虐、（舉桀行惡滅亡、以爲戒也、）嗚呼、惟爾天子、嗣文武之業、惟爾執政小子、同先王之臣、昏行内顧、道王不若、（同、謂位同也、昏闇也、言教王爲不順、）專利作威、佐亂進禍、民將弗龕、（專利侵亂、進不善也、）治亂信于其行、惟王暨爾執政小子攸聞、（行善則治、行惡則亂、皆所聞知也、）古人求多聞以鑒戒、弗聞、是惟弗知、（言古人患不聞、故有所不知也、）爾聞爾知、弗改厥度、亦惟艱哉、（知而不改、無可如何、故曰難也、）夫后除民害、不惟民害、害民乃非后、惟其讎、（是與民爲怨讎、）民至億兆、后一而已、寡弗敵衆、后其殆哉、（言上下無義、對共相怨、則寡者危已、）烏虖、野禽馴服于人、家畜見人而奔、非禽畜之性、實惟人民亦如之、（人養之故擾服、雖家畜不養、則畏人、治民亦然也、）今爾執政小子、惟以貪諛事王、（專利爲貪、面從爲諛、）不對以備

多聞下舊無以字補之

對作懟

德

難、下民胥怨、財單力竭、手足靡措、弗龕戴上、不其亂而、（言民相與怨上、上加之罪、民不堪命、必作亂也、）惟禍發於人之攸忽、咎起於人攸輕、心不存焉、變之攸伏、（言人所輕忽、則禍之所起、）爾執政小子、弗圖大艱、偷生苟安、爵以賄成、（苟安、無遠慮、賄成、不任德、）賢智拑口、小人鼓舌、逃害要利、並得其求、惟曰哀哉、（賢者隱默、以逃害、小人佞諂、以要利、各得其求、故君子爲之哀也、）我聞曰、以言取人、人飾其言、以行取人、人竭其行、飾言無庸、竭行有成、惟爾小子、飾言事王、實蕃有徒、爾自謂有餘、余謂爾不足、敬思以明德、備乃禍難、（言其不足於道義也、以用、乃汝、）難至而悔、悔將安及、

春秋外傳國語

周語

景王二十一年、將鑄大錢、單穆公曰、不可、古者天災降戾、（降、下也、戾至也、灾謂水旱蝗螟之屬、）於是乎量資幣、權輕重、以振救民、（量猶度也、資財也、權稱也、振拯也、）民患輕、則爲之作重幣以行之、（民患幣輕而物貴、則作重以行其輕、）於是乎有母權子而行、民皆得焉、（重曰母、輕曰子、貿物、物輕則子獨行、物重則以

本書相權之權作通

其貨作其資

母權而行之也、子母相權、民皆得其欲也、若不堪重、則多作輕而行之、亦不廢重、於是乎、有子權母而行、小大利之、堪、任也、不任之者、幣重物輕、妨其用也、故作輕幣、雜而用之、以重者貿其貴、以輕者貿其賤也、子權母者、母不足、則以子平之、而行之也、故錢小大、民皆以爲利也、今王廢輕而作重、民失其貨、能無匱乎、廢輕而作重、則本竭而末寡也、故民失其貨、若匱、王用將有所乏、民財匱、無以供上、故王用將乏也、乏則將厚取於民、厚取、厚歛也、民不給、將有遠志、是離民也、給、共也、遠志、逋逃也、且夫備有未至而設之、備、國備也、未至而設之、謂豫備不虞、安不忘危、有至而後救之、至而後救之、謂若救火療疾、量資幣平輕重之屬、是不相入也、二者前後各有宜、不相入、不相爲用、可先而不備謂之怠、怠、緩也、可後而先之謂之召災、謂民未患輕而重之、離民匱財、是爲召災、周固羸國也、天未厭禍焉、而又離民以佐災、無乃不可乎、言周故已爲羸病之國、天降禍災未厭已、將民之與處而離之、將災是備禦而召之、則何以經國、君以善政爲經、臣奉而成之爲緯也、國無經、何以出令、令之不從、上之患也、故聖王樹德於民以除之、樹、立也、除、除令不從之患也、絕民用以實王府、絕民用、謂廢小錢歛而鑄大也、猶塞川原爲潢汙也、其竭也無日矣、大曰潢、小曰汙、竭、盡也、無日、無日數也、若民離財匱、災至備亡、王其若之何、備亡、無救災之備也、王弗聽、

民貨作民資

二十三年、王將鑄無射、無射、鐘名、律中無射、單穆公曰、不可作重幣以絕民貨、又鑄大鐘以鮮其繼、鮮、寡也、寡其繼者、用物過度、妨於財也、若積聚既喪、又鮮其繼、生何以殖、積聚既喪、謂廢小錢也、生、財也、殖、長也、今王作鐘也、無益於樂、而鮮民財、將焉用之、夫樂不過以聽耳、而美不過以觀目、若聽樂而震、觀美而眩、患莫甚焉、夫耳目、心之樞機也、樞機、發動也、心有所欲、耳目發動也、故必聽和而視正、聽和則聰、視正則明、習於和正、則不眩惑也、聰則言聽、明則德昭、聽言昭德、民歆而德之、則歸心焉、歆猶欣、歆、喜服也、言發德教、是以作無不濟、求無不獲、然則能樂、夫耳納和聲、而口出美言、耳聞和聲、則口有美言、此感於物也、以爲憲令、憲、法也、而布諸民、民以心力行之不倦、成事不貳、樂之至也、貳、變也、若視聽不和而有震眩、於是乎有狂悖之言、有眩惑之明、出令不信、有轉易也、刑政放紛、動不順時、民無據依、不知所力、各有離心、不知所爲盡力、上失其民、作則不濟、求

則不獲、其何以能樂、三年之中而有離民之器二焉、二謂作大錢鑄大鐘國其危哉、王弗聽、問之伶州鳩、伶司樂官、州鳩名也、對曰、夫匱財用、疲民力、以逞淫心、逞快也、聽之不和、比之不度、無益於教、而離民怒神、非臣之所聞也、王不聽、卒鑄大鐘、財匱、故民離、樂不和、故神怒也、二十四年鐘成、伶人告和、伶人、樂人、王謂伶州鳩曰、鐘果和矣、對曰、未可知也、州鳩以爲鐘實不和、伶人媚王、謂之和、故曰、未可知、王曰、何故、對曰、上作器、民備樂之、則爲和、言聲音之道、與政通也、今財亡民疲、莫不怨恨、臣不知其和也、亂世之音怨以怒、故曰、不知其和、且民所曹好、鮮其不濟、曹、群也、其所曹惡、鮮其不廢、諺曰、衆心成城、衆心所好、莫之能敗、其固如城、衆口鑠金、鑠消也、衆口所毀、雖金石猶可消、今三年之中而害金再興焉、害金、害民之金、謂錢鐘也、懼一之廢也、二金中、其一必廢也、王曰、爾老耄矣、何知、二十五年王崩、鐘不和、王崩而言不和、明樂人之諛、

晉語

武公伐翼、弒哀侯、止欒共子、曰、苟無死、共子、晉大夫、共叔成也、吾以子爲上卿、制晉國之政、辭曰、成聞之、民生於三、事之如一、三、君父師也、如一、服勤至死也、父生之、師教之、君食之、食謂祿也、唯其所在、則致死焉、在君父爲君父、在師爲師也、人之道也、臣敢以私利廢人道乎、私利謂不死爲上卿也、君何以訓矣、無以教爲忠也、從君而貳、君焉用臣、貳二心也、遂鬬而死、

文公問於郭偃、郭偃卜偃、曰、始也吾以國爲易、易易治也、今也難、對曰、君以爲易、其難也將至矣、君以爲難、其易也將至矣、以爲難、而勤修之、故其易將至、

趙宣子言韓獻子於靈公爲司馬、宣子、趙宣孟也、獻子、韓厥也、司馬、掌軍大夫也、河曲之役、趙孟使人以其乘車干行、干、犯也、行、軍列也、獻子執而戮之、宣子召而禮之、曰、吾聞事君者、比而不黨、比、比義也、阿私曰黨、夫周以舉義比也、忠信曰周、舉以其私黨也、夫軍事有死無犯、犯而不隱義也、在公爲義、吾言汝於君、懼汝不能也、舉而不能、黨孰大焉、事君而黨、吾何以從政、勉之、苟從是行也、勉之、勸修其志、是行、今所行也、臨長晉國者、非汝其誰、臨、監也、長、師也、皆告諸大夫曰、二三子可以賀我矣、吾舉厥也而中、吾乃今知免於罪矣、

叔向見司馬侯之子、撫而泣之、曰、自其父之死、吾莫與比而事君矣、昔者其父始之、我終之、謂有所造爲、及諫爭相爲、終始成其事也、我始之、夫子終之、無不可、無不可、言皆從、藉偃在側、曰、君子有比乎、君子周而不比、故偃問之、叔向曰、君子比而不別、比德以贊事、比也、贊、佐、引黨以封己、引、取也、封、厚也、利己而忘君、別也、別、爲朋黨、

楚語

靈王爲章華之臺、章華、地名、與伍舉升焉、曰、美夫、對曰、臣聞國君服寵以爲美、服寵、謂以賢受寵服、以是爲美、安民以爲樂、以能安民爲樂、聽德以爲聰、聽用有德也、致遠以爲明、能致遠人、不聞其以土木之崇高彤鏤爲美、彤、謂丹楹、鏤、謂刻桷也、先君莊王爲匏居之臺、匏居、臺名、高不過望國氛、氛、祲氣也、大不過容宴豆、言宴有折俎籩豆之陳、木不妨守備、不妨城郭守備之材、用不煩官府、財用不出府藏也、民不廢時務、官不易朝常、先君是以除亂克敵、而無惡於諸侯、今君爲此臺也、國民疲焉、財用盡焉、年穀敗焉、敗、廢其時務也、百官煩也、爲之徵發、數年乃成、臣不知其美也、夫美也者、上下外內、小大遠邇、皆無害焉、故曰美也、若於目觀則美、於目則美、德則不也、財用則匱、是聚民利、以自封而瘠民也、胡美之爲、封、厚也、胡、何、何以爲美、夫君國者、將民之與處、民實瘠、君安得肥、安得獨肥、言將有患、故先王之爲臺榭也、積土爲臺、無室曰榭、榭不過講軍實、講、習也、軍實、戎士也、臺不過望氛祥、凶氣爲氛、吉氣爲祥、其所不奪穡地、稼穡之地、其爲不匱財用、爲、作也、其事不煩官業、業、事也、其日不廢時務、以農隙也、瘠磽之地、於是乎爲之、不害穀土也、磽、确、城守之木、於是乎用之、城守之餘、然後用之、官寮之暇、於是乎臨之、暇、閒也、四時之隙、於是乎成之、隙、空閒時、夫爲臺榭、將以教民利也、臺、所以望氛祥、而備災害、榭、所以講軍實、而禦寇亂、皆所以利民也、不知其以匱之也、知、猶聞也、若君謂此美而爲之正、以爲得事之正也、楚其殆矣、殆、危也、

鬬且廷見令尹子常、鬬且、楚大夫、子常、囊瓦、子常與之語、問蓄貨聚馬、歸以語其弟曰、楚其亡乎、不然、令尹其不免乎、吾見令尹、問蓄聚積實、如餓豺狼、殆必亡者、實、財也、昔鬬子文三舍令尹、無一日之積、恤民之故也、積、儲也、成王每出子文之祿必逃、

王止而後復人謂子文曰人生求富而子逃之何也對曰夫從政者以庇民也庇覆也民多曠者而我取富焉曠空也是勤民以自封也勤勞也封厚也死無日矣我逃死非惡富也故莊王之世滅若敖氏唯子文之後在至于今爲楚良臣是不先恤民而後已之富乎今子常先大夫之後先大夫子囊也而相楚君無令名於四方四境盈壘盈滿也壘壁也言壘壁滿四境之內道殣相望道冢曰殣是之不恤而畜聚不厭其速怨於民多矣速召也積貨滋多蓄怨滋厚不亡何待期年子常奔鄭

王孫圉聘於晉王孫圉楚大夫也定公饗之趙簡子相問於王孫圉曰楚之白珩猶在乎珩佩上之横者對曰然簡子曰其爲寶也幾何矣幾何世也曰未嘗爲寶楚之所寶者觀射父言以賢爲寶也能作訓辭以行事於諸侯言以訓辭交結諸侯也使無以寡君爲口實口實毁弄也又有左史倚相能道訓典以叙百物叙次也物事也以朝夕獻善敗于寡君無忘先王之業又能上下悅于鬼神悅媚也使神無有怨痛于楚國痛疾也又有藪曰雲金木竹箭之所生也楚有雲夢之藪澤也龜珠齒角皮革羽毛所以備賦以戒不虞者也龜所以備吉凶珠所以禦火災角所以爲弓弩齒所以爲弭賦兵賦也所以供幣帛以享於諸侯享獻也寡君其可以免罪於諸侯而國民保焉保安也此楚國之寶也若夫白珩先王之玩也何寶焉玩玩弄之物也

韓詩外傳

楚莊王聽朝罷晏樊姬下堂而迎之曰何罷之晏乎莊王曰今者聽忠賢之言不知饑倦也姬曰王之所謂忠賢者諸侯之客與中國之士與莊王曰則沈令尹也樊姬掩口而笑王曰姬之所笑者何等也姬曰妾得侍於王十有一年矣然妾未嘗不遣人求美人而進於王也與妾同列者十人賢於妾者二人妾豈不欲擅王之愛專王之寵哉不敢以私願蔽衆美也今沈令尹相楚數年矣未嘗見進賢而退不肖也又焉得爲忠賢乎莊王以樊姬之言告沈令尹令尹進孫叔敖叔敖治楚三年而楚國霸樊姬之力也

高墻豐上激下、未必崩也、降雨興、流潦至、則崩必先矣、草木根荄淺、未必橛也、飄風興、暴雨墜、則橛必先矣、君子居是國也、不崇仁義、尊其賢臣、以理萬物、未必亡也、一旦有非常之變、諸侯交爭、人趍車馳、汩然禍至、乃始愁憂、乾喉焦脣、仰天而歎、庶幾乎望天之救也、不亦晚乎、

田饒事魯哀公、而不見察、謂哀公曰、臣將去君黃鵠舉矣、哀公曰、何謂也、田饒曰、君獨不見夫雞乎、頭戴冠者、文也、足傅距者、武也、敵在前敢鬬者、勇也、見食相告者、仁也、守夜不失時者、信也、雞雖有此五德、君猶烹而食之者、何也、則以其所從來者近也、夫黃鵠一舉千里、止君園池、食君魚鼈、啄君黍粱、無此五者、君猶貴之者、何也、以其所從來者遠也、臣將去君、黃鵠舉矣、哀公曰、止、吾書子之言也、田饒曰、臣聞食其食者、不毀其器、陰其樹者、不折其枝、有臣不用、何書其言爲、遂去之燕、燕以爲相、三年、燕政大平、哀公喟然大息、爲之避寢三月、曰、不慎其前、而悔其後、何可復得、

孔子曰、士有五、有埶尊貴者、有家富厚者、有資勇悍者、有心智慧者、有貌美好者、埶尊貴不以愛民行義理、而反以暴傲、家富厚、不以振窮救不足、而反以侈靡無度、資勇悍、不以衞上攻戰、而反以侵凌私鬬、心智慧、不以端計數、而反以事姦飾詐、貌美好、不以統朝涖民、而反以蠱女從欲、此五者、所謂士失其美質也、

原天命、治心術、理好惡、適情性、而治道畢矣、原天命、則不惑禍福、不惑禍福、則動靜脩理矣、治心術、則不妄喜怒、不妄喜怒、則賞罰不阿矣、理好惡、則不貪無用、不貪無用、則不以物害性矣、（本書不以物害性矣作不害物性）適情性、則欲不過節、欲不過節、則養性知足矣、四者不求於外、不假於人、反諸己而已、

天設其高、而日月成明、地設其厚、而山陵成居、上設其道、而百事得序、（舊無百字補之）

人有六情、失之則亂、從之則睦、故聖王之教其民也、必因其情、而節之以禮、必從其欲、而制之

以義、義簡而備、禮易而法、去情不遠、故民之從
命也速、
智如原泉、行可以爲表儀者、人師也、智可以砥
礪、行可以爲輔檠者、人友也、據法守職而不敢
爲非者、人吏也、當前快意、一呼再諾者、人隷也、
故上主以師爲佐、中主以友爲佐、下主以吏爲
佐、危亡之主以隷爲佐、欲觀其亡、必由其下、故
同明者相見、同聽者相聞、同志者相從、非賢者
莫能用賢、故輔佐左右所任使、有存亡之機、得
失之要也、可無慎乎、
昔者不出戶而知天下、不闚牖而知天道者、非
目能見乎千里之前、非耳能聞乎萬里之外、以
已之度度之也、以已之情量之也、已欲衣食焉、
亦知天下之欲衣食也、已欲安逸焉、亦知天下
之欲安逸也、已有好惡焉、亦知天下之有好惡
也、此三者聖王之所以不降席而匡天下者也、
故君子之道、忠恕而已矣、夫饑渴苦血氣、寒暑
動肌膚、此四者民之大害也、大害不除、未可敢

御也、四體不掩、則鮮仁人、五藏空虛、則無立士、
百姓內不乏食、外不患寒、乃可御以禮矣、
藍有青而絲假之青於藍、地有黃而絲假之黃、
於地藍青地黃猶可假也、仁義之士、可不假乎
哉、東海之魚名曰鰈、比目而行、北方有獸名曰
婁、更食更候、南方有鳥名曰鶼、比翼而飛、夫鳥
獸魚猶知假、而況萬乘之主乎、而獨不知比假
天下之英雄俊士、與之爲伍、則豈不痛哉、故曰、
以明扶明、則升于天、以明扶闇、則歸其人、兩瞽
相扶、不觸牆木、不陷井穽、則其幸也、
福生於無爲、而患生於多欲、故知足然後富從
之、德宜君人、然後貴從之、故貴爵而賤德者、雖
爲天子不貴矣、貪物而不知止者、雖有天下不
富矣、夫土地之生物不益、山澤之出財有盡、懷
不富之心、而求不益之物、挾百倍之欲、而求有
盡之財、是桀紂之所以失其位也、
古者必有命民、民有能敬長憐孤、取舍好讓、居
事力者、命於其君、命然後得乘飾車並馬、未得

卽作則下卽不卽盤同

命者不得乘、乘皆有罰、故其民雖有餘財侈物、而無禮義功德、卽無所用其餘財物、故其民皆興仁義而賤財利、賤財利卽不爭、不爭卽彊不凌弱、衆不暴寡、是唐虞之所以象典刑、而民莫犯法、民莫犯法、而亂斯止矣、

趙王使人於楚、鼓瑟而遣之曰、必如吾言、愼無失吾言、使者受命伏而不起、曰、大王鼓瑟未嘗若今日之悲也、王曰、然、瑟固方調、使者曰、調則可記其柱、王曰、不可、天有燥濕、絃有緩急、柱有推移、不可記也、使者曰、臣請借此以喩楚之去趙也、千有餘里、且有凶則弔之、吉則賀之、猶柱之有推移、不可記也、故明王之使人也、必愼其所使、旣使之、任之以心、不任以辭也、

趙簡子有臣曰周舍、立於門下三日三夜、簡子使問之曰、子欲見寡人何事、周舍對曰、願爲愕愕之臣、墨筆操牘、從君之過、而日有記也、月有成也、歲有效也、簡子居則與之居、出則與之出、居無幾何、而周舍死、簡子後與諸大夫飮於洪波之臺、酒酣、簡子涕泣、諸大夫皆出走曰、臣有罪而不自知也、簡子曰、大夫無罪、昔者吾友周舍有言曰、千羊之皮、不若一狐之掖、衆人之唯唯、不若直士之愕愕、昔者紂默默而亡、武王愕愕而昌、今自周舍之死、吾未嘗聞吾過也、吾亡無日矣、是以寡人泣也、

晉平公遊於河而樂、曰、安得賢士與之樂此也、船人盍胥跪而對曰、主君亦不好士耳、夫珠出於江海、玉出於崑山、無足而至者、猶主之好之也、士有足而不至者、蓋主君無好士之意耳、何患於無士乎、平公曰、吾食客門左千人、門右千人、朝食不足、夕收市賦、暮食不足、朝收市賦、吾可謂不好士乎、盍胥對曰、夫鴻鵠一擧千里、所恃者六翮耳、背上之毛、腹下之毳、益一把、飛不爲加高、損一把、不爲加下、今君之食客、將皆背上之毛、腹下之毳耳、詩曰、謀夫孔多、是用不就、此之謂也、

宋燕相齊見逐、罷歸之舍、召門尉陳饒等二十

六人曰、諸大夫有能與我赴諸侯者乎、陳饒等皆伏而不對、燕曰、悲乎哉、何士大夫易得而難用也、陳饒對曰、非士大夫易得而難用、君弗能用也、君不能用、則有不平之心、是失之已而責諸人也、燕曰、其說云何、對曰、三升之稷、不足於士、而君雁鶩有餘粟、是君之一過也、果園梨粟、後宮婦女以相提挃、而士曾不得一嘗、是君之二過也、綾紈綺縠、靡麗於堂、從風而弊、士曾不得以為緣、是君之三過也、且夫財者、君之所輕也、死者士之所重也、君不能行君之所輕、而欲使士致其所重、譬猶鉛刀畜之、干將用之、不亦難乎、宋燕曰、是燕之過也、

魏文侯問狐卷子曰、父賢足恃乎、對曰、不足、子賢足恃乎、對曰、不足、兄賢足恃乎、對曰、不足、弟賢足恃乎、對曰、不足、臣賢足恃乎、對曰、不足、文侯勃然作色而怒曰、何也、對曰、父賢不過堯、而丹朱放、子賢不過舜、而瞽叟頑、兄賢不過舜、而象敖、弟賢不過周公、而管叔誅、臣賢不過湯武、而桀紂伐、望人者不至、恃人者不久、君欲治亦從身始、人何可恃乎、詩云、自求伊祜、此之謂也、

昔者田子方出、見老馬於道、喟然有志焉、以問於御曰、此何馬、御曰、故公家畜也、罷而不為用、故出放之、田子方曰、少盡其力、而老棄其身、仁者不為也、束帛而贖之、窮士聞之、知所歸心矣、

魏文侯問李克曰、人有惡乎、對曰、有、夫貴者則賤者惡之、富者則貧者惡之、智者則愚者惡之、文侯曰、行此三者、使人勿惡可乎、對曰、可、臣聞貴而下賤、則眾弗惡也、富能分貧、則窮乏士弗惡也、智而教愚、則童蒙者不惡也、文侯曰、善、

人主之疾十有二發、非有賢醫、莫能治也、何謂十二發、曰、痿蹷逆脹滿支膈肓煩喘痹風、此之謂也、賢醫治之若何、曰、省事輕刑、則痿不作、無使小民饑寒、則蹷不作、無令財貨上流、則逆不作、無使倉廩積腐、則脹不作、無使府庫充實、則滿不作、無使羣臣縱恣、則支不作、無使下情不上通、則膈不作、上振恤下、則肓不作、法令奉用、

則煩不作、無使下怨、則喘不作、無使賢人伏匿、則痹不作、無使百姓歌吟誹謗、則風不作、夫重臣羣下者、人主之心腹支體也、心腹支體無害、則人主無疾矣、故非有賢醫、莫能治也、人主皆有此十二疾、而不用賢醫、則國非其國也、

齊景公使使於楚、楚王與之上九重之臺、顧使者曰、齊亦有臺若此者乎、使者曰、吾君有治位之堂、土階三尺、茅茨不翦、采椽不斲、猶以爲爲之者勞、居之者泰、吾君惡有若此者乎、於是楚王怛如也、

羣書治要卷第八

本書形作刑

羣書治要卷第九

秘書監鉅鹿男臣魏徵等奉　勅撰

孝經　論語

孝經

仲尼居、仲尼、孔子字、曾子侍、曾子、孔子弟子也、子曰、先王有至德要道、子者、孔子、以順天下、民用和睦、上下無怨、以、用也、睦、親也、至德以敎之、要道以化之、是以民用和睦、上下無怨也、汝知之乎、曾子避席曰、參不敏、何足以知之、參、名也、參不達、子曰、夫孝、德之本也、人之行、莫大於孝、故曰德之本也、敎之所由生也、敎人親愛、莫善於孝、故言敎之所由生、復坐、吾語汝、身體髮膚、受之父母、不敢毀傷、孝之始也、立身行道、揚名於後世、以顯父母、孝之終也、夫孝始於事親、中於事君、終於立身、大雅云、無念爾祖、聿修厥德、大雅者、詩之篇名、無念、無忘也、聿、述也、修、治也、爲孝之道、無敢忘爾先祖、當修治其德矣、

子曰、愛親者、不敢惡於人、愛其親者、不敢惡於他人之親、敬親者、不敢慢於人、已慢人之親、人亦慢已之親、故君子不爲也、愛敬盡於事親、盡愛於母、盡敬於父、而德敎加於百姓、敬以直內、義以方外、故德敎加於百姓也、形于四海、形、見也、德敎流行、見四海也、蓋天子之

孝也、呂刑云、一人有慶、兆民賴之、呂刑、尚書篇名、一人謂天子、天子爲善、天下皆頼之、在上不驕、高而不危、諸侯在民上、故言在上、敬上愛下、謂之不驕、故居高位而不危殆也、制節謹度、滿而不溢、費用約儉、謂之制節、奉行天子法度、謂之謹度、故能守法、而不驕逸也、高而不危、所以長守貴也、居高位能不驕、所以長守貴也、滿而不溢、所以長守富也、雖有一國之財、而不奢泰、故能長守富、富貴不離其身、富能不奢、貴能不驕、故云不離其身、然後能保其社稷、上能長守富貴、然後乃能安其社稷、而和其民人、薄賦歛、省傜役、是以民人和也、蓋諸侯之孝也、詩云、戰戰兢兢、如臨深淵、如履薄冰、戰戰、恐懼、兢兢、戒愼、如臨深淵、恐墜、如履薄冰、恐陷、

非先王之法服不敢服、非先王之法言不敢道、不合詩書、不敢道、非先王之德行不敢行、不合禮樂、則不敢行、是故非法不言、非詩書、則不言、非道不行、非禮樂、則不行、口無擇言、身無擇行、言滿天下無口過、行滿天下無怨惡、三者備矣、然後能守其宗廟、法先王服、言先王道、行先王德、則爲備矣、蓋卿大夫之孝也、詩云、夙夜匪懈、以事一人、夙、早也、夜、暮也、一人、天子也、卿大夫當早起夜臥、以事天子、勿懈惰、

因上蓋有子曰

資於事父以事母、而愛同、事父與母、愛同、敬不同也、資於事父以事君、而敬同、事父與君、敬同、愛不同、故母取其愛、而君取其敬、兼之者父也、兼、并也、愛與母同、敬與君同、并此二者、事父之道也、故以孝事君則忠、移事父孝、以事於君、則爲忠也、以敬事長則順、移事兄敬、以事於長、則爲順矣、忠順不失、以事其上、事君能忠、事長能順、二者不失、可以事上也、然後能保其祿位、而守其祭祀、蓋士之孝也、詩云、夙興夜寐、無忝爾所生、忝、辱也、所生、謂父母、士爲孝、當早起夜臥、無辱其父母也、因天之道、春生、夏長、秋收、冬藏、順四時、以奉事天道、分地之利、分別五土、

二字刪之

未下九字恐有脫誤

視其高下、此分地之利、謹身節用、以養父母、行不爲非、爲謹身、富不奢泰、爲節用、度財爲費、父母不乏也、此庶人之孝也、故自天子至于庶人、孝無終始、而患不及己者、未之有也、總說五孝、上從天子、下至庶人、皆當孝無終始、能行孝道、故患難不及其身、未之有者、言未之有也、曾子曰、甚哉孝之大也、上從天子、下至庶人、皆當爲孝無終始、曾子乃知孝之爲大、子曰、夫孝天之經也、春秋冬夏、物有死生、天之經也、地之義也、山川高下、水泉流通、地之義也、民之行也、孝悌恭敬、民之行也、天地之經、而民是則之、天有四時、地有高下、民居其間、當是而則之、則天之明、則、視也、視天四時、無失其早晩也、因地之利、因地高下、所宜何等、

以順天下。是以其教不肅而成。以用也，用天四時地利，順治天下，下民皆樂之，是以其教不肅而成也。其政不嚴而治。政不煩苛，故不嚴而治也。先王見教之可以化民也。見因天地教化民之易也。是故先之以博愛，而民莫遺其親。先修人事，流化於民也。陳之以德義，而民興行。上好義，則民莫敢不服也。先之以敬讓，而民不爭。若文王敬讓於朝，虞芮推畔於野，上行之，則下效法之。道之以禮樂，而民和睦。上好禮，則民莫敢不敬。示之以好惡，而民知禁。善者賞之，惡者罰之，民知禁，不敢爲非也。

子曰：昔者明王之以孝治天下，不敢遺小國之臣，古者諸侯歲遣大夫聘問天子，天子待之以禮，此不遺小國之臣者也。而況於公侯伯子男乎。古者諸侯五年一朝天子，天子使世子郊迎，芻禾百車，以客禮待之。故得萬國之歡心，以事其先王。諸侯五年一朝天子，各以其職來助祭宗廟，是得萬國之歡心，事其先王也。治國者不敢侮於鰥寡，而況於士民乎。治國者，諸侯也。故得百姓之歡心，以事其先君。治家者不敢失於臣妾之心，而況於妻子乎。故得人之歡心，以事其親。夫然，故生則親安之，養則致其樂，故親安之也。祭則鬼饗之。祭則致其嚴，故鬼饗之。是以天下和平，上下無怨，故和平。災害不生，風雨順時，百穀成熟。禍亂不作。君惠臣忠，父慈子孝，是以禍亂無緣得起也。故明王之以孝治天下也如此。故上明王所以災害不生，禍亂不作，以其孝治天下，故致於此。詩云：有覺德行，四國順之。覺，大也，有大德行，四方之國，順而行之也。

曾子曰：敢問聖人之德，無以加於孝乎。子曰：天地之性，人爲貴。貴其異於萬物也。人之行，莫大於孝。孝者德之本，又何加焉。孝莫大於嚴父。莫大尊嚴其父。嚴父莫大於配天。尊嚴其父，莫大於配天。生事愛敬，死爲神主也。則周公其人也。尊嚴其父，配食天者，周公爲之。昔者周公郊祀后稷以配天。郊者，祭天名。后稷者，周公始祖。宗祀文王於明堂，以配上帝。文王，周公之父。明堂，天子布政之宮。上帝者，天之別名。是以四海之內，各以其職來祭。周公行孝朝，越裳重譯來貢，是得萬國之歡心也。夫聖人之德，又何以加於孝乎。孝悌之至，通於神明，豈聖人所能加。聖人因嚴以教敬，因親以教愛。因人尊嚴其父，教之爲敬；因親近於其父，教之爲愛，順人情也。聖人之教，不肅而成，聖人因人情而教民，民皆樂之，故不肅而成也。其政不嚴而治，其身正，不令而行，故不嚴而治。其所因者本也。本謂孝也。父子之道，天性也。性，常也。君臣之義也。君臣非有天性，但義合耳。父母生之，續莫大焉。父母生子，骨肉相連屬，復何加焉。君親隣之厚莫重焉、君親擇賢、寵之以爵、寵之以祿、厚之至也、故不愛其親、而愛他人者、謂之悖德、人不能愛其親、而愛他人親者、謂之悖德、不敬其親、而敬他人者、謂之悖禮、不能敬其親、而敬他人之親者、謂之悖禮也、以順則逆、以悖爲順、則逆亂之道也、民無則焉、則法、不在於善、而皆在於凶德、惡人不能以禮爲善、乃化爲惡、若桀紂是也、雖得之、君子所不貴、不以其道、故君子不貴、君子則不然、言思可道、君子不爲逆亂之道、言中詩書、故可傳道也、行思可樂、動中規矩、故可樂也、德義可尊、可尊法也、作事可法、可法則也、容止可觀、威儀中禮、故可觀、進退可度、難進而盡忠、易退而補過、以臨其民、是以其民畏而愛之、畏其刑罰、愛其德義、則而象之、故能成其德敎、而行其政令、詩云、淑人君子、其儀不忒、淑、善也、忒、差也、善人君子威儀不差、可法則也、

子曰、孝子之事親、居則致其敬、養則致其樂、樂竭歡心、以事其親、病則致其憂、喪則致其哀、祭則致其嚴、五者備矣、然後能事親、事親者、居上不驕、雖尊爲君而不驕也、爲下不亂、爲人臣下、不敢爲亂也、在醜不爭、醜、類也、以爲善不忿爭、居上而驕則亡、富貴不以其道、是以取亡也、爲下而亂則刑、爲人臣下、好作亂則刑罰及其身、在醜而爭則兵、朋友中好爲忿爭者、惟兵刄之道、三者不除、雖日用三牲之養、猶爲不孝、夫愛親者、不敢惡於人之親、今反驕亂分爭、雖日致三牲之養、豈得爲孝子、

宮下舊有剳字刪之

子曰、五刑之屬三千、五刑者、謂墨劓臏宮大辟也、而罪莫大於不孝、要君者無上、事君、先事而後食祿、今反要君、此無尊上之道、非聖人者無法、非侮聖人者、不可法、非孝者無親、已不自孝、又非他人爲孝、不可親、此大亂之道也、事君不忠、侮聖人言、非孝者、大亂之道也、

子曰、敎民親愛、莫善於孝、敎民禮順、莫善於悌、移風易俗、莫善於樂、夫樂者、感人情、樂正則心正、樂淫則心淫也、安上治民、莫善於禮、上好禮、則民易使、禮者、敬而已矣、敬、禮之本、有何加焉、故敬其父則子悅、敬其兄則弟悅、敬其君則臣悅、敬一人而千萬人悅、所敬者寡、悅者衆、所敬一人、是其少、千萬人悅、是其衆、此之謂要道也、孝悌以敎之、禮樂以化之、此謂要道也、

子曰、君子之敎以孝、非家至而日見之也、但行孝於內、流化於外也、敎以孝、所以敬天下之爲人父者也、天子父事三老、所以敬天下老也、敎以悌、所以敬天下之爲人兄者也、天子兄事五更、所以敎天下悌也、敎以臣、所以敬天下之爲人君者也、天子郊則君事天、廟則君事尸、所以敎天下臣、詩云、愷悌

君子民之父母、以上三者敎於天下、眞民之父母、非至德、其孰能順民如此其大者乎、至德之君、能行此三者、敎於天下也、

子曰、君子之事親孝、故忠可移於君、欲求忠臣、出孝子之門、故可移於君、事兄悌、故順可移於長、以敬事兄則順、故可移於長也、居家理、故治可移於官、君子所居則化、所在則治、故可移於官也、是以行成於內、而名立於後世矣、

曾子曰、若夫慈愛恭敬、安親揚名、則聞命矣、敢問子從父之命、可謂孝乎、子曰、是何言與、是何言與、昔者天子有爭臣七人、雖無道、不失其天下、七人者、謂大師、大保、大傅、左輔、右弼、前疑、後丞、維持王者、使不危殆、諸侯有爭臣五人、雖無道、不失其國、大夫有爭臣三人、雖無道、不失其家、尊卑輔善、未聞其官、士有爭友、則身不離於令名、令、善也、士卑無臣、故以賢友助已、父有爭子、則身不陷於不義、故當不義、則爭之、從父之命、又焉得爲孝乎、委曲從父命、善亦從善、惡亦從惡、而心有隱、豈得爲孝乎、

子曰、昔者明王、事父孝、故事天明、盡孝於父、則事天明、事母孝、故事地察、盡孝於母、能事地、察其高下、視其分察也、長幼順、故上下治、卑事於尊、幼順於長、故上下治、天地明察、神明彰矣、事天能明、事地能察、德合天地、可謂彰也、故雖天子、必有尊也、言有父也、必有先也、言有兄也、雖貴爲天子、必有所尊、事之若父、三老是也、必有所先、事之若兄、五更是也、宗廟致敬、不忘親也、設宗廟四時齋戒、以祭之、不忘其親、修身愼行、恐辱先也、修身者不敢毀傷、愼行者不歷危殆、常恐其辱先也、宗廟致敬、鬼神著矣、事生者易、事死者難、聖人愼之、故重其文、孝悌之至、通於神明、光于四海、無所不通、孝至於天、則風雨時、孝至於地、則萬物成、孝至於人、則重譯來貢、故無所不通也、詩云、自西自東、自南自北、無思不服、孝道流行、莫敢不服、

子曰、君子之事上也、進思盡忠、退思補過、將順其美、匡救其惡、故上下能相親也、君臣同心、故能相親、

上下下蓋有弟字刪之

論語

學而

有子曰、孔子弟子有若也、君子務本、本立而道生、孝悌也者、其仁之本與、先能事父兄、然後仁可成、子曰、巧言令色、鮮矣仁、子、孔子、巧言、好其言語、令色、善其顏色、皆欲令人悅之、少能有仁也、曾子曰、孔子弟子、曾參也、吾日三省吾身、爲人謀、而不忠乎、與朋友交、而不信乎、傳不習乎、言凡所傳之事、得無素不講習而傳之者也、子曰、導千乘之國、導、謂爲之政敎也、敬事而信

爲國者、舉事必敬愼、與民必誠信也、節用而愛人、節用、不奢侈也、國以民爲本、故愛養之、使民以時、不妨奪農務也、子曰、弟子入則孝、出則悌、謹而信、汎愛衆而親仁、行有餘力則以學文、文者、古之遺文、子夏曰、孔子弟子卜商也、事父母能竭其力、事君能致其身、盡忠節、不愛其身也、與朋友交言而有信、雖曰未學、吾必謂之學矣、子曰、君子不重則不威、學則不固、主忠信、無友不如已者、過則勿憚改、主、親也、憚、難也、曾子曰、愼終追遠、民德歸厚、愼終者、喪盡其哀、追遠者、祭盡其敬、人君行此二者、民化其德、皆歸於厚也、有子曰、禮之用和爲貴、先王之道斯爲美、小大由之、有所不行、知和而和、不以禮節之、亦不可行也、人知禮貴和、而每事從和、不以禮爲節、亦不可行也、

爲政

子曰、爲政以德、譬如北辰居其所、而衆星共之、德者、無爲、猶北辰之不移、而衆星共之、子曰、詩三百、篇之大數、一言以蔽之、曰、思無邪、歸於正也、子曰、導之以政、政、謂法教、齊之以刑、民免而無耻、苟免、導之以德、德、謂道德、齊之以禮、有耻且格、格、正也、子曰、君子周而不比、忠信爲周、阿黨爲比、小人比而不周、哀公問曰、何爲則民服、哀公、魯君謚也、孔子對曰、舉直錯諸枉、則民服、錯、置也、舉正直之人用之、廢置邪枉之人、則民服其上、舉枉錯諸直、則民不服、季康子問、使民敬忠以勸、如之何、康子、魯卿季孫肥也、子曰、臨之以莊則敬、莊、嚴也、君臨民以嚴、則民敬上也、孝慈則忠、君能上孝於親、下慈於民、則民忠矣、舉善而教不能則勸、舉用善人、而教不能者、則民勸、子曰、人而無信、不知其可也、無信、其餘終無可也、大車無輗、小車無軏、其何以行之哉、大車、牛車、輗、轅端橫木以縛軛者、小車、駟馬車、軏、轅端上曲鉤衡者也、

八佾

林放問禮之本、林放、魯人、子曰、禮與其奢也寧儉、喪與其易也寧戚、易、和易、言禮之本意、失於奢、不如儉也、喪失於和易、不如哀戚、祭如在、言事死如事生、祭神如神在、謂祭百神、定公問、君使臣、臣事君、如之何、定公、魯君謚、孔子對曰、君使臣以禮、臣事君以忠、子曰、居上不寬、爲禮不敬、臨喪不哀、吾何以觀之哉、

里仁

子曰、君子無終食之間違仁、造次必於是、顚沛

必於是、造次、急遽也、顛沛、僵仆也、子曰、民之過也、各於其黨、觀過斯知仁矣、此黨謂族親也、過厚則仁、過薄則不仁也、子曰、朝聞道、夕死可矣、子曰、能以禮讓爲國乎、何有、何有者、言不難也、不能以禮讓爲國、如禮何、如禮何者、言不能用禮也、子曰、見賢思齊焉、見不賢而內自省也、子曰、以約失之者鮮矣、俱不得中、奢則驕溢招禍、儉約則無憂患也、子曰、君子欲訥於言、而敏於行、訥、遲鈍也、言欲遲、行欲疾、

公冶長

子貢問曰、孔文子何以謂之文、孔文子、衛大夫孔圉、子曰、敏而好學、不恥下問、是以謂之文、敏者、識之疾也、子謂子產、有君子之道四焉、子產、公孫僑也、其行己也恭、其事上也敬、其養民也惠、其使民也義、子曰、巧言令色足恭、足恭、便僻貌也、左丘明恥之、丘亦恥之、丘明、魯大史也、子曰、已矣乎、吾未見能見其過而內自訟者也、訟、猶責也、言人有過、莫能自責也、

雍也

哀公問、弟子孰爲好學、孔子對曰、有顏回者、好學、不遷怒、不貳過、不幸短命死矣、顏回、孔子弟子也、遷者移也、不貳過、有不善未嘗復行也、

述而

子曰、德之不修、學之不講、聞義不能徙也、不善不能改也、是吾憂也、夫子常以此四者爲憂也、子之所愼、齊、戰、疾、愼齊、尊祖考、愼戰、重民命、愼疾、愛性命也、子曰、我三人行、必得我師焉、擇其善者而從之、其不善者而改之、言我三人行、本無賢愚、擇善從之、不善改之、故無常師、子曰、仁遠乎哉、我欲仁、斯仁至矣、仁道不遠、行之則是、

太伯

子曰、恭而無禮則勞、愼而無禮則葸、葸、畏懼之貌也、言愼而不以禮節之、則常畏懼、勇而無禮則亂、直而無禮則絞、絞、刺也、君子篤於親、則民興於仁、故舊不遺、則民不偸、興、起也、能厚於親屬、不遺忘其故舊、行之美者也、則皆化之、起爲仁厚之行、不偸薄、曾子曰、士不可以不弘毅、任重而道遠、弘、大也、毅、强而能斷也、士弘毅、然後能負重任、致遠路也、仁以爲己任、不亦重乎、死而後已、不亦遠乎、仁以爲己任、重莫重焉、死而後已、遠莫遠焉、子曰、如有周公之才之美、使驕且吝、其餘不足觀也已、子

曰、不在其位、不謀其政、欲各專一於其職也、子曰、學如不及、猶恐失之、言此者勉人學也、子曰、巍巍乎舜禹有天下、而不與焉、美其有成功、能擇任賢臣、子曰、大哉堯之爲君也、巍巍乎唯天爲大、唯堯則之、則法也、美堯能法天而行化也、蕩蕩乎民無能名焉、蕩蕩廣遠之稱也、言布其德廣遠、民無能識名焉、煥乎其有文章也、煥明也、其立文垂制、又著明、舜有臣五人、而天下治、禹稷契臯陶伯益也、武王曰、予有亂臣十人、亂治也、治官者十人、謂周公召公太公畢公榮公大顛閎夭散宜生南宮适、其一人謂文母也、孔子曰、才難、不其然乎、唐虞之際、於斯爲盛、有婦人焉、九人而已、斯此也、言堯舜交會之間、比於此周、周最盛多賢、然尚有一婦人、其餘九人而已、人才難得、豈不然乎、子曰、禹吾無間然矣、菲飮食而致孝乎鬼神、惡衣服而致美于黻冕、卑宮室而盡力溝洫、禹吾無間然矣、間非也、菲薄也、致孝于鬼神、謂祭祀豐絜也、黻祭服之衣、冕冠名也、

子罕

子曰、譬如爲山、未成一簣、止吾止也、簣土籠也、此勸人於道德也、爲山者、其功雖已多、未成一籠、而中道止者、我不以其前功多而善之、見其志不遂、故不與也、譬如平地、雖覆一簣、進吾往也、平地者、將進加功、雖始覆一簣、我不以其功少而薄之、據其欲進而與之、

顏淵

顏淵問仁、子曰、克己復禮爲仁、克己約身、一日克己復禮、天下歸仁焉、一日猶見歸、況終身乎、爲仁由己、而由人乎哉、行善在己、不在人、曰、請問其目、知其必有條目、故請問之、子曰、非禮勿視、非禮勿聽、非禮勿言、非禮勿動、此四者、克己復禮之目、曰、回雖不敏、請事斯語矣、敬事此語、必行之、仲弓問仁、子曰、出門如見大賓、使民如承大祭、仁之道、莫尚乎敬、己所不欲、勿施於人、在邦無怨、在家無怨、在邦爲諸侯、在家爲卿大夫、子張問明、子曰、浸潤之譖、膚受之愬、不行焉、可謂明也已、子張、孔子弟子顓孫師也、譖人之言、如水之浸潤、以漸成之、膚受、皮膚外語、非其內實也、浸潤之譖、膚受之愬、不行焉、可謂遠也已、無此二者、非但爲明、其德行高遠、人莫之及也、子貢問政、子曰、足食、足兵、民信之矣、子貢曰、必不得已而去、於斯三者何先、曰、去兵、曰、必不得已而去、於斯二者何先、曰、去食、自古皆有死、民不信不立、死者古今常道、人皆有之、治邦不可失信、哀公問於有若曰、年飢用不足、如之何、對曰、盍徹乎、盍何不也、周法什一

而稅、謂之徹也、曰、二吾猶不足、如之何其徹也、二謂什二而稅、對曰、百姓足、君孰與不足、百姓不足、君孰與足、子張問崇德辯惑、辯別、子曰、主忠信、徙義、崇德也、徙義、見義則徙意從之、愛之欲其生、惡之欲其死、既欲其生、又欲其死、是惑也、愛惡當有常、一欲生之、一欲死之、是心惑也、子曰、聽訟吾猶人、與人等、必也使無訟乎、化之在前、子曰、君子成人之美、不成人之惡、小人反是、季康子問政孔子、孔子對曰、政者正也、子帥而正、孰敢不正、康子魯上卿、諸臣之帥、季康子患盜、問孔子、孔子對曰、苟子之不欲、雖賞之不竊、言民化於上、不從其令、從其所好、季康子問於孔子曰、如殺無道、以就有道、何如、就、成也、欲多殺以止姦也、對曰、子爲政、焉用殺、子欲善而民善矣、君子之德風也、小人之德草也、草上之風、必偃、亦欲康子先自正也、偃、仆也、加草以風、無不仆者、猶民之化於上也、樊遲曰、敢問崇德修慝辯惑、孔子弟子樊須也、慝、惡也、修、治也、治惡爲善、子曰、先事後得、非崇德與、先勞於事、然後得報、攻其惡、毋攻人之惡、非修慝與、一朝之忿、忘其身以及其親、非惑與、樊遲問智、曰、知人、樊遲未達、子曰、舉直措諸枉、能使枉者直、舉正直之人用之、廢邪枉之人、則皆化爲直也、樊遲退、見子夏曰、何謂也、子夏曰、舜有天下、選於衆舉皋陶、不仁者遠矣、湯有天下、選於衆舉伊尹、不仁者遠矣、言舜湯有天下、選擇於衆、舉皋陶伊尹、則不仁者遠、仁者至矣、

子路

子路問政、子曰、先之勞之、孔子弟子仲由也、先導之以德、使人信之、然後勞之、易曰、悅以使民、民忘其勞、請益、曰、毋倦、子路嫌其少、故請益、曰無倦者、行此上事無倦則可矣、仲弓爲季子宰、問政、子曰、先有司、孔子弟子冉雍也、言爲政當先任有司、而後責其事也、赦小過、舉賢才、曰、焉知賢才而舉之、曰、舉爾所知、爾所不知、人其舍諸、汝所不知者、人將自舉之、各舉其所知、則賢才無遺矣、子路曰、衛君待子而爲政、子將奚先、問往將何所先行之也、子曰、必也正名乎、正百事之名也、名不正、則言不順、言不順、則事不成、事不成、則禮樂不興、禮樂不興、則刑罰不中、禮以安上、樂以移風、二者不行、則有淫刑濫罰矣、刑罰不中、則民無所措手足、故君子名之必可言、言之必可行也、所名之事、必可得而明言也、所言之事、必可得而遵行、子曰、上好禮、則民莫敢不敬、上好義、則民莫敢不服、上好信、則民

莫敢不用情、情、情實也、言民化上、各以實應也、夫如是、則四方之民、襁負其子而至矣、子曰、其身正、不令而行、其身不正、雖令不從、令、教令也、子適衛、冉子僕、冉有御也、子曰、庶矣哉、庶、衆也、言衛民多也、冉有曰、既庶矣、又何加焉、曰、富之、曰、既富矣、又何加焉、曰、教之、子曰、善人爲邦百年、亦可以勝殘去殺矣、勝殘、勝殘暴之人、使不爲惡也、去殺、不用刑殺也、誠哉是言也、古有此言、孔子信之、子曰、如有王者、必世而後仁、三十年曰世、如有受命王者、必三十年仁政乃成、子曰、苟正其身、於從政乎何有、不能正其身、如正

人何、定公問、一言而可以興國、有諸、孔子對曰、言不可以若是其幾也、以其大要、一言不能興國也、幾、近也、有近一言興國也、人之言曰、爲君難、爲臣不易、如知爲君之難也、不幾乎一言而興邦乎、事不可一言而成、知如此則可近之、曰、一言而喪邦、有諸、孔子對曰、言不可以若是、其幾也、人之言曰、予無樂乎爲君、唯其言而莫予違也、言無樂於爲君、所樂者、唯樂其言、而不見違也、如善而莫之違也、不亦善乎、如不善而莫之違也、不幾乎一言而喪邦乎、人君所言善、無違之者、則善也、所言不善、而無敢違之者、則近一言而喪

國矣、葉公問政、葉公名諸梁、子曰、近者悅、遠者來、子夏爲莒父宰、問政、莒父、魯下邑也、子曰、毋欲速、毋見小利、欲速則不達、見小利則大事不成、事不可以速成、而欲其速則不達矣、小利妨大、則大事不成矣、樊遲問仁、子曰、居處恭、執事敬、與人忠、雖之夷狄、不可弃也、雖之夷狄無禮義之處、猶不可弃去、而不行之、子曰、南人有言曰、人而無恒、不可以作巫醫、南國之人也、言巫醫不能治無常之人、善夫、善南人之言也、子曰、君子和而不同、小人同而不和、君子心和、然其所見各異、故曰不同、小人所嗜好者同、然各爭利、故曰不和也、子貢問曰、鄉人皆好之、何

如、子曰、未可也、鄉人皆惡之、何如、子曰、未可也、不如鄉人之善者好之、其不善者惡之、善人善已、惡人惡已、是善善明惡惡著也、子曰、君子易事而難悅也、不責備於一人、故易事也、悅之不以道、不悅也、及其使人也、器之、度才而官之、小人難事而易悅也、悅之雖不以道、悅也、及其使人也、求備焉、子曰、君子泰而不驕、小人驕而不泰、君子自縱泰、似驕而不驕、小人拘忌、而實自驕矜也、子曰、以不教民戰、是謂弃之、言用不習之民、使之戰、必破敗、是爲弃之、

憲問

子曰、有德者必有言、有言者不必有德、仁者必有勇、有勇者不必有仁、子曰、君子而不仁者有矣夫、未有小人而仁者也、雖曰君子猶未能備也子問公叔文子於公明賈曰、信乎夫子不言不笑不取、公叔文子衛大夫、對曰、以告者過也、夫子時然後言、人不厭其言也、樂然後笑、人不厭其笑、義然後取、人不厭其取也、子謂衛靈公之無道也、季康子曰、夫如是、奚而不喪、孔子曰、仲叔圉治賓客、祝鮀治宗廟、王孫賈治軍旅、夫如是、奚其喪、言雖無道、所任者、各當其才、何爲當亡也、子路問事君、子曰、勿欺而犯之、事君之道、義不可欺、當犯顏諫爭、子曰、不逆詐、不億不信、抑亦先覺者是賢乎、有人來、不逆之以爲詐、不億疑之以爲有不信、然而人有詐不信、有以先發知之、是人賢逆詐億不信、所以恨恥之也、子路問君子、子曰、修己以敬、敬其身也、曰、如斯而已乎、曰修己以安百姓、修己以安百姓、堯舜其猶病諸、病、猶難也、

衛靈公

子曰、無爲而治者、其舜也與、夫何爲哉、恭己正南面而已矣、言任官得其人、故無爲也、子張問行、子曰、言忠信、行篤敬、雖蠻貊之邦行矣、言不忠信、行不篤敬、雖州里行乎哉、行乎哉、言不可行也、子張書諸紳、紳、大帶也、子曰、志士仁人、無求生以害仁、有殺身以成仁、無求生而害仁、死而後成仁、則志士仁人不愛其身也、顏淵問爲邦、子曰行夏之時、據見萬物之生、以爲四時之始、取其易知也、乘殷之輅、大輅越席、昭其儉也、服周之冕、取其黈纊塞耳、不任視聽、樂則韶舞、韶、舜樂也、盡善盡美、故取之、放鄭聲、遠佞人、鄭聲淫、佞人危、俱能惑人心、使淫亂危殆、故當放遠之也、子曰、人而無遠慮、必有近憂、子曰、臧文仲其竊位者與、知柳下惠之賢、而不與立也、文仲魯大夫也、柳下惠、展禽也、知賢不舉、爲竊位也、子曰、躬自厚、而薄責於人、則遠怨矣、責己厚、責人薄、所以遠怨咎也、子曰、君子求諸己、小人求諸人、君子責己、小人責人、子曰、君子不以言舉人、有言者、不必有德、故不可以言舉人也、不以人廢言、子貢問曰、有一言而可終身行者乎、子曰、其恕乎、己所不欲、勿施於人、子曰、巧言亂德、小不忍亂大謀、巧言利口、則亂德義、小不忍、則亂大謀、子曰、衆惡之、必察焉、衆好之、必察焉、或衆阿黨比周、或其人特立不群、故好惡不可不察也、子曰、人能弘道、非道弘人、材大者、道隨大、材小者、道隨小、故不能弘人也、子曰、過而

不改、是謂過矣、子曰、吾嘗終日不食、終夜不寢、以思、無益、不如學也、

季氏

季氏將伐顓臾、冉有季路見於孔子、孔子曰、求無乃爾是過與、冉有曰、夫子欲之、吾二臣者皆不欲也、歸咎於季氏、孔子曰、求周任有言、曰陳力就列、不能者止、周任、古之良史也、言當陳才力、度已所任、以就其位、不能則當止、危而不持、顚而不扶、則將焉用彼相矣、言輔相人者、當能持危扶顚、若不能、何用相爲也、且爾言過矣、虎兕出於柙、龜玉毀於櫝中、是誰之過與、柙檻也、櫝櫃也、失虎毀玉、非典守者過耶、冉有曰、今夫顓臾、固而近於費、固城郭完堅、兵甲利也、費季氏邑、今不取、後世必爲子孫憂、孔子曰、求君子疾夫、疾如汝言、舍曰欲之、而必爲之辭、舍其貪利之說、而更作他辭、是所疾、丘也聞有國有家者、不患寡而患不均、不患土地人民之寡少、患政治之不均平、不患貧而患不安、憂不能安民耳、民安國富、蓋均無貧、和無寡、安無傾、政教均平、則不患貧矣、上下和同、則不患寡矣、大小安寧、不傾危矣、夫如是、故遠人不服、則修文德以來之、既來之、則安之、今由與求也、相夫子、遠人不服、而不能來也、邦分崩離析、而不能守也、而謀動干戈於邦內、吾恐季孫之憂、不在顓臾、而在蕭牆之內也、蕭之言肅也、牆謂屏也、君臣相見之禮、至屏而加肅敬焉、是以謂之蕭牆、後季氏家臣陽虎、果囚季桓子也、孔子曰、益者三友、損者三友、友直、友諒、友多聞、益矣、友便辟、便辟、巧避人所忌、以求容媚、友善柔、面柔者也、友便佞、損矣、便、辯也、謂佞而辯、孔子曰、益者三樂、損者三樂、樂節禮樂、動則得禮樂之節、樂道人之善、樂多賢友、益矣、樂驕樂、恃尊貴以自恣、樂佚遊、佚遊、出入不節、樂宴樂、損矣、宴樂沉荒淫瀆也、三者、自損之道、孔子曰、侍於君子有三愆、言未及之而言、謂之躁、躁不安靜、言及之而不言、謂之隱、隱匿不盡情實、未見顏色而言、謂之瞽、未見君子顏色所趨向、而便逆先意語者、猶瞽者也、孔子曰、君子有三戒、少之時、血氣未定、戒之在色、及其壯也、血氣方剛、戒之在鬭、及其老也、血氣既衰、戒之在得、得、貪得也、孔子曰、君子有三畏、畏天命、順吉逆凶、天之命、畏大人、大人卽聖人、與天地合德也、畏聖人之言、小人不知天命而不畏、狎大人、侮聖人之言、孔子曰、生而知之者、上也、學而知之者、次也、困而學之、

又其次也、困謂有所不通也、困而不學、民斯爲下矣、孔子曰、君子有九思、視思明、聽思聰、色思溫、貌思恭、言思忠、事思敬、疑思問、忿思難、見得思義、孔子曰、見善如不及、見不善如探湯、齊景公有馬千駟、死之日、民無得而稱焉、千駟、四千疋也、伯夷叔齊餓于首陽之下、首陽、山名、民到于今稱之、其斯之謂與、此所謂以德爲稱、

陽貨

子曰、性相近也、習相遠也、君子愼所習、子張問仁於孔子、孔子曰、能行五者於天下、爲仁矣、請問之、曰、恭寬信敏惠、恭則不侮、不見侮也、寬則得衆、信則人任焉、敏則有功、應事疾則多成功、惠則足以使人、子曰、由汝聞六言六蔽乎、對曰、未、居吾語汝、好仁不好學、其蔽也愚、仁者愛物、不知所以裁之則愚也、好智不好學、其蔽也蕩、蕩無所適守、好信不好學、其蔽也賊、父子不知相爲隱之輩、好直不好學、其蔽也絞、好勇不好學、其蔽也亂、好剛不好學、其蔽也狂、狂妄抵觸人也、子曰、禮云禮云、玉帛云乎哉、言禮非但崇此玉帛而已、所貴者、乃貴其安上治民、樂云樂云、鐘鼓云乎哉、樂之所貴者、移風易俗也、非但謂鐘鼓而已、子曰、鄙夫可與事君也哉、言不可與事君、其未得之也、患得之、患得之者、患不能得之、既得之、患失之、苟患失之、無所不至矣、無所不至者、言邪媚無所不爲、子曰、惡紫之奪朱也、惡其邪好而奪正色、惡鄭聲之亂雅樂也、惡其邪音而亂雅樂、惡利口之覆邦家也、利口之人、多言少實、苟能悅媚時君、傾覆國家也、子貢曰、君子亦有惡乎、子曰、有惡、惡稱人惡者、好稱說人惡、所以爲惡也、惡居下流而訕上者、訕、謗毀也、惡勇而無禮者、惡果敢而窒者、窒、塞、曰、賜也、亦有惡也、惡徼以爲智者、徼、抄也、抄人之意以爲己有、惡不遜以爲勇者、惡訐以爲直者、訐、謂攻發人之陰私、

微子

柳下惠爲士師、士師、典獄之官也、三黜、人曰、子未可以去乎、曰、直道而事人、焉往而不三黜、苟直道以事人、所至之國、俱當復三黜、枉道而事人、何必去父母之邦、周公謂魯公、魯公、周公之子、伯禽也、曰、君子不施其親、施、易也、不以他人之親、易己之親、不使大臣怨乎不以、以、用也、怨不見聽用也、故舊無大故、則不弃也、大故、謂惡逆之事也、無求備於一人、

子張

子夏曰、小人之過也必文、文飾其過、不言情實也、子夏曰、君子信而後勞其民、未信則以爲厲已也、厲病、信而後諫、未信則以爲謗已也、孟氏使陽膚爲士師、陽膚、曾子弟子也、士師、典獄官也、問於曾子、曾子曰、上失其道、民散久矣、如得其情、則哀矜而勿喜、民之離散、爲輕漂犯法、乃上之所爲、非民之過也、當哀矜之、勿自喜能得其情也、子貢曰、紂之不善也、不如是之甚也、是以君子惡居下流、天下之惡皆歸焉、紂爲不善、以喪天下、後世憎之甚、皆以天下之惡、歸之於紂也、

子貢曰、君子之過也、如日月之食焉、過也、人皆見之、更也、人皆仰之、更、改也、

堯曰

朕躬有罪、無以萬方、萬方有罪、罪在朕躬、無以萬方、萬方不與也、萬方有罪、我身之過、雖有周親、不如仁人、親而不賢不忠、則誅之、管蔡是也、仁人箕子微子、來則用之、百姓有過、在予一人、謹權量、審法度、修廢官、四方之政行焉、權、秤也、量、斗斛、興滅國、繼絕世、擧逸民、天下之民歸心焉、所重民食喪祭、重民、國之本也、重食、民之命也、重喪、所以盡哀也、重祭、所以致敬也、寬則

五作二

得衆、敏則有功、公則悅、言政公平則民悅矣、凡此五帝三王所以治、故傳以示後世也、子張問政於孔子曰、何如斯可以從政矣、子曰、尊五美、屏四惡、斯可以從政矣、屏、除也、子張曰、何謂五美、子曰、君子惠而不費、勞而不怨、欲而不貪、泰而不驕、威而不猛、子張曰、何謂惠而不費、子曰、因人所利而利之、不亦惠而不費乎、利民在政、無費於財、擇可勞而勞之、又誰怨、欲仁而得仁、又焉貪、君子無衆寡、無小大、無敢慢、言君子不以寡小而慢之、斯不亦泰而不驕乎、君子正其衣冠、尊其

瞻視、儼然人望而畏之、斯不亦威而不猛乎、子張曰、何謂四惡、子曰、不教而殺謂之虐、不戒視成謂之暴、不宿戒而責目前成、爲視成也、慢令致期謂之賊、與民無信、而虛刻期、猶之與人也、出納之吝、謂之有司、謂財物俱當與人、而吝嗇於出內惜難之、此有司之任耳、非人君之道、

羣書治要卷第九

群書治要卷第十

秘書監鉅鹿男臣魏徵等奉　勅撰

孔子家語

始誅

孔子爲魯大司寇、朝政七日、而誅亂法大夫少正卯、戮之于兩觀之下、（兩觀、闕也）尸於朝三日、子貢進曰、夫少正卯、魯之聞人也、今夫子爲政而始誅之、或者爲失之乎、孔子曰、天下有大惡者五、而盜竊不與焉、一曰、心逆而險、二曰、行僻而堅、三曰、言僞而辯、四曰記醜而博、（醜、謂非義）五曰、順非而澤、此五者有一於人、則不免於君子之誅、而少正卯皆兼有之、其居處足以撮徒成黨、（撮、聚也）其談說足以飾袞熒衆、其強禦足以反是獨立、此乃人之姦雄也、不可以不除、

袞舊作褒改之

孔子爲魯大司寇、有父子訟者、夫子同狴執之、（狴、獄牢也）三月不別、其父請止、夫子赦焉、季孫聞之不悅、曰、司寇欺余、曩告余曰、爲國家者、必先以孝、今戮一不孝、以教民孝、不亦可乎、而又赦之、何哉、孔子喟然歎曰、嗚呼上失其道、而殺其下、非理也、不教以孝、而聽其獄、是殺不辜也、三軍大敗、不可斬也、獄犴不治、不可刑也、何者、上教之不行、罪不在民故也、夫慢令謹誅、賊也、徵斂無時、暴也、不誡責成、虐也、政無此三者、然後刑可卽也、既陳道德以先服之、而猶不可、則尚賢以勸之、又不可、則廢不能以憚之、若是百姓正矣、其有邪民不從化者、然後待之以刑、則民咸知罪矣、是以威厲而不試、刑措而不用也、今世不然、亂其教、煩其刑、使民迷惑而陷罪焉、又從而制之、故刑彌繁、而盜不勝也、世俗之陵遲久矣、雖有刑法、民能勿踰乎、

則廢至憚之七字作而廢之又不可而後以威

憚之下三字誡作試世上有今字

王言

孔子閒居、謂曾子曰、參、汝可語明王之道與、居吾語汝、夫道者、所以明德也、德者、所以尊道也、是故非德道不尊也、非道德不明也、雖有國之良馬、不敎服乘、不可以取道里、雖有博地衆民、不以其道治之、不可以致霸王、是故昔者明王、

舊無其霸之其

補之

內修七教、外行三至、七教修、而可以守、三至行、而可以征、明王之道、其守也、則必折衝千里之外、其征也、還師衽席之上、故曰、內修七教、而上不勞、外行三至、而財不費、此之謂明王之道也、曾子曰、不勞不費之爲明王、可得而聞乎、孔子曰、昔者帝舜左禹右皐陶、不下席而天下治、夫如此、何上之勞乎、若乃十一而稅、用民之力歲不過三日、入山澤以其時而無征、此則生財之路也、而明王節之、何財之費乎、曾子曰、敢問何謂七教、孔子曰、上敬老、則下益孝、上尊齒、則下益悌、上樂施、則下益寬、上親賢、則下擇友、上好德、則下無隱、上惡貪、則下耻爭、上廉讓、則下知節、此之謂七教也、七教者、治民之本也、政教定、則本正矣、凡上者民之表也、表正則何物不正、曾子曰、道則至矣、弟子不足以明之、孔子曰、參汝以爲姑止此乎、昔者明王之治民也、有法必裂地而封之、分屬而理之、然後賢民無所隱、暴民無所伏、使有司日省而時考之、進用賢良、退

不肖下舊有然字賢下舊有良字刪之

貶不肖、則賢者悅、而不肖者懼、哀鰥寡、養孤獨、恤貧窮、誘孝悌、選才能、此七者修、則四海之內無刑民矣、上之親下也、如手足之於腹心、下之親上也、如幼子之於慈母矣、上下相親如此、故令則從、施則行、民懷其德、近者悅服、遠者來附、政之致也、田獵罩弋、（罩、掩網也、弋、繳射也、）非以盈宮室也、徵斂百姓、非以充府庫也、慘怛以補不足、禮節以損有餘、多信而寡貌、其禮可守、其言可覆、其迹可履、其於信也、如四時、其博有萬民也、如饑而食、如渴而飲、民之信之、如寒暑之必驗也、故視遠若邇、非道邇也、見明德也、是故兵革不動而威、用利不施而親、此之謂明王之守、折衝乎千里之外者也、曾子曰、敢問何謂三至、孔子曰、至禮不讓、而天下治、至賞不費、而天下之士悅、至樂無聲、而天下之民和、明王篤行三至、故天下之君可得而知也、天下之士可得而臣也、天下之民可得而用也、曾子曰、敢問此義何謂也、孔子曰、古者明王必盡知天下良士之名、既知

其名、又知其實、旣知其實、然後因天下之爵以尊之、此之謂至禮不讓、而天下治、因天下之祿以富天下之士、此之謂至賞不費、而天下之士悅、如此則天下之明譽興焉、此之謂至樂無聲、而天下之民和、故曰、所謂天下之至仁者、能合天下之至親者也、所謂天下之至智者、能用天下之至和、所謂天下之至明者、能擧天下之至賢、此三者咸通、然後可以征、是故仁者莫大於愛人、智者莫大於知賢、政者莫大於官能、有土之君、能修此三者、則四海之內供命而已矣、夫明王之所征、必道之所廢者也、是故誅其君而改其政、弔其民而不奪其財、故曰、明王之征也、猶時雨之降也、至則民悅矣、是故行施彌博、得親彌衆、此之謂還師衽席之上、言安而無憂也、

大婚

孔子侍坐於哀公、公問曰、敢問人道誰爲大、孔子對曰、夫人道政爲大、夫政者正也、君爲正、則百姓從而正矣、君之所爲、百姓之所從也、君之不爲、百姓何從、公曰、敢問爲政如之何、孔子對曰、夫婦別、父子親、君臣信、三者正、則庶物從之矣、內以治宗廟之禮、足以配天地之神也、出以治直言之禮、足以立上下之敬也、夫婦正則出可以治政言禮矣、身正乃可以正人矣、物恥足以振之、恥事不知禮則足以振救之也、國恥則足以興之、恥國不知禮則足以興起之、故爲政先乎禮、禮其政之本與、孔子遂言曰、昔三代明王之必敬妻子也、蓋有道焉、妻也者、親之主也、子也者、親之後也、敢不敬與、是故君子無不敬也、敬也者、敬身爲大、身也者、親之支也、敢不敬與、不敬其身、是傷其親、傷其親、是傷其本也、傷其本、則支從而亡、三者、百姓之象也、言百姓之所法而行、身以及身、子以及子、妃以及妃、君修此三者、則大化愾于天下、愾滿也、公曰、敢問何謂敬身、孔子對曰、君子過言則民作辭、過動則民作則、言不過辭、動不過則、百姓敬恭以從命、若是則可謂能敬其身、能敬其身、則能成其親矣、公曰、何謂成親、孔子對曰、君子者、乃人之成名也、百姓與名、謂

恐下有以作共

之君子則是成其親爲君而爲其子也孔子遂言曰爲政而不能愛人則不能成其身不能成其身則不能安其土不能安其土則不能樂天（不能樂天道也）不能樂天則不能成身公曰敢問何謂成身孔子對曰夫其行已不過于物謂之成身不過于物合天道也

問禮

哀公問於孔子曰大禮何如子之言禮何其尊也孔子曰丘聞之民之所以生者禮爲大非禮

則無以節事天地之神焉非禮則無以辨君臣上下長幼之位焉非禮則無以別男女父子兄弟婚姻親族疏數之交焉是故君子此爲之尊敬然後以其所能敎示百姓弗其宮室節其服御車不雕璣器不雕鏤食不二味心不淫志以與萬民同利古之明王之行禮也如此公曰今之君子胡莫之行也孔子對曰今之君子好利無厭淫行不倦荒怠慢遊固民是盡以遂其心以怨其政以伐有道求得當欲不以其所（言苟求得

疑四字

當其情欲而已）虐殺刑誅不以其理夫昔之用民也由前（用上所言）今之用民也由後（用下所言）是卽今之君子莫能爲禮也

五儀

哀公問於孔子曰寡人欲論魯國之士與之爲治敢問如何取之孔子曰人有五儀有庸人有士人有君子有賢有聖審此五者則治道畢矣所謂庸人者心不存愼終之規口不吐訓格之言（格法也）不擇賢以託其身不力行以自定見小

舊脫所謂字補之

備作徧

闇大而不知所務從物如流而不知所執此則庸人也所謂士人者心有所定計有所守雖不能盡道術之本必有率也（率猶述也）雖不能備百善之美必有處也是故智不務多務審其所知言不務多務審其所謂（所謂者謂言之要也）行不務多務審其所由智既知之言既得之（得其要也）行既由之則若性命形骸之不可易也富貴不足以益貧賤不足以損此則士人也所謂君子者言必忠信而心不怨（忍怨害也）仁義在身而色不伐（無伐善之色也）思

慮通明、而辭不專、篤行信道、自强不息、油然若將可越、而終不可及者、此君子也、（油然、不進之貌、越、過、）所謂賢者、德不踰閑、（閑、猶法也、）行中規繩、言足法於天下、而不傷於身、（言滿天下無口過也、）道足化於百姓、而不傷於本、（本、亦謂身、）富則天下無宛財、（宛、積也、）施則天下不病貧、此賢者也、所謂聖者、德合天地、變通無方、窮萬事之終始、協庶品之自然、敷其大道、而遂成情性、明並日月、化行若神、下民不知其德、覩者不識其隣、此聖者也、（隣、以喻畔界也、）公曰、善哉、非

子之賢、則寡人不得聞此言也、雖然、寡人生於深宮之中、長於婦人之手、未嘗知哀、未嘗知憂、未嘗知勞、未嘗知懼、未嘗知危、恐不足以行五儀之教、若何、孔子曰、君入廟而右、登自阼階、仰視榱桷、俯察机筵、其器皆存、而不覩其人、君以此思哀、則哀可知矣、昧爽夙興、正其衣冠、（爽、明也、昧明、始明也、夙、早也、興、起也、）平旦視朝、慮其危難、一物失理、亂亡之端、君以此思憂、則憂可知矣、日出聽政、至乎中昃、（中、日中也、昃、日昳也、）諸侯子孫、往來爲賓、行禮揖

讓、慎其威儀、君以此思勞、則勞可知矣、緬然長思、出乎四門、周章遠望、覩亡國之墟、必將有數焉、（言亡國故墟、非但一也、）君以此思懼、則懼可知矣、夫君者舟也、民者水也、水所以載舟、亦所以覆舟、君以此思危、則危可知矣、既明此五者、而又少留意於五儀之事、則於政治乎何有失哉、

哀公問於孔子曰、請問取人之法、孔子對曰、事任之官、（言各當以其所能之事任之於官也、）無取捷捷、無取鉗鉗、（鉗、妄對不謹誠、）無取啍啍、（啍啍、多言也、）捷捷、貪也、（捷捷而不良、所以爲

貪、）鉗鉗、亂也、啍啍、誕也、（誕、欺詐也、）故弓調而後求勁焉、馬服而後求良焉、士必慤而後求智能焉、不慤而多能、譬之豺狼不可邇也、（邇、近也、言人無智能者、雖不慤信、不能爲大惡也、不慤信而有智能者、然後乃可畏也、）

哀公問於孔子曰、夫國家之存亡禍福、信有天命、非唯人耶、孔子對曰、存亡禍福、皆在己而已、天災地妖、弗能加也、昔者殷王帝辛之世、（帝辛、紂也、）有雀生大鳥於城隅焉、帝辛介雀之德、（介、助也、以雀之德爲助也、）不修國政、殷國以亡、此即以己逆天時、得

福反爲禍者也、又其先世殷大戊之時、道鈌法邪、以致夭孽、桑穀生朝、七日大拱、太戊恐駭、側身修行、三年之後、遠方慕義、重譯至者十有六國、此卽以己逆天時、得禍轉爲福者也、故天災地妖、所以儆人主也、寤夢徵怪、所以儆人臣也、（儆、戒也）災妖不勝善政、夢怪不勝善行、能知此至治之極也、明王達此也、

致思

季羔爲衛士師、（士師、獄官）刖人之足、俄而衛有亂、季羔逃之、刖者守門焉、謂季羔曰、彼有鈌、季羔曰、君子不踰、又曰、彼有竇、季羔曰、君子不隧、（隧、從竇出）又曰、於此有室、季羔入焉、旣而追者罷、季羔將去、謂刖者曰、吾不能虧主之法、而親刖子之足、今吾在難、此正子報怨之時、而子逃我、何故、刖者曰、斷足故我之罪也、無可奈何、曩者君治臣以法令、先人後臣、欲臣之免也、臣知之、獄決罪定、臨當論刑、君愀然不樂、見於顏色、臣又知之、君豈私臣哉、天生君子、其道故然、此臣之所以

（者下有則字）

悅君也、孔子聞之曰、善哉爲吏、其用法一也、思仁恕則樹德、加嚴暴則樹怨、公以行其子羔乎、

（悅作脫）

子路爲蒲宰、爲水備、修溝瀆、以民之煩苦也、人與一簞食一壺漿、孔子止之、子路曰、由也以民多匱餓者、（匱、乏也）是以與之簞食壺漿、而夫子使止之、是夫子止由之行仁也、孔子曰、爾以民爲餓、何不白於君、發倉廩以給之、而私以爾食饋之、是汝明君之無惠也、速已則可、不已則爾之見罪必矣、

子貢問治民於孔子、孔子曰、懔懔焉如以腐索御扞馬、（懔懔、誡懼之貌、扞馬、突馬也）子貢曰、何其畏也、孔子曰、夫通達之屬、皆人也、以道導之、則吾畜也、不以道導之、則吾讎也、若之何其無畏也、

三恕

孔子曰、君子有三恕、有君不能事、有臣而求其使、非恕也、有親弗能孝、有子而求其報、非恕也、有兄弗能敬、有弟而求其順、非恕也、士能明於三恕之本、則可謂端身矣、（端、正也）

孔子觀於魯桓公之廟有欹器焉孔子問於守廟者曰此爲何器對曰此蓋爲宥坐之器孔子曰吾聞宥坐之器虛則欹中則正滿則覆明君以爲誡故置於坐側也顧謂弟子曰試注水焉水實之中則正滿則覆夫子喟然歎曰嗚呼夫物惡有滿而不覆者哉子路進曰敢問持滿有道乎子曰聰明叡智守之以愚功被天下守之以讓勇力振世守之以怯富有四海守之以謙此所謂損之又損之之道也

好生

哀公問於孔子曰昔者舜冠何冠乎孔子不對公曰寡人問於子而子無言何也孔子曰以君之問不先其大者故方思所以爲對焉公曰其大何乎孔子曰舜之爲君也其政好生而惡殺其任授賢而替不肖德若天地之虛靜化若四時之變物是以四海承風暢於異類（異類四方之夷狄也）鳳翔麟至鳥獸馴德（馴順也）無他好生故也君舍此道而冠冕是問是以緩對

觀周

孔子觀於明堂覩四方之墉（墉墻）有堯舜桀紂之象而各有善惡之狀興廢之誡焉又有周公相成王抱之而負斧扆南面以朝諸侯之圖焉孔子徘徊而望之謂從者曰此則周之所以盛也夫明鏡者所以察形往古者所以知今人主不務襲跡於其所以安存而忽怠於所以危亡是猶未有以異於却步而欲求及前人也豈非惑哉

孔子觀周遂入大祖后稷之廟廟堂右階之前有金人焉參緘其口而銘其背曰古之愼言人也戒之哉無多言多言多敗無多事多事多患安樂必誡（雖處安樂必警誡也）無行所悔（所悔之事不可復行）勿謂何傷其禍將長勿謂何害其禍將大勿謂不聞神將伺人焰焰不滅炎炎若何涓涓不壅終爲江河緜緜不絕或成網羅（緜緜微而不絕則有成網羅者）豪末不扎（如豪之末言微也扎拔也）將尋斧柯（尋用）誠能愼之福之根也口是何傷禍之門也彊梁者不得其死好

勝者必遇其敵、盜憎主人、民惡其上、君子知天下之不可上也、故下之、知衆人之不可先也、故後之、溫恭慎德、使人慕之、執雌持下、人莫踰之、人皆趣彼、我獨守此、人皆惑惑、我獨不徙、惑惑東西轉移之貌內藏我智、不示人技、我雖尊高、人弗我害、唯能於此、天道無親、常與善人、戒之哉戒之哉、孔子既讀斯文、顧謂弟子曰、小子志之、此言實而中、情而信、

賢君

哀公問於孔子曰、當今之君、孰爲最賢、孔子對曰、丘未之見也、抑有衛靈公乎、公曰、吾聞其閨門之內無別、而子次之賢、何也、孔子對曰、臣語其朝廷行事、不論其私家之際也、公曰、其事如何、孔子曰、靈公之弟曰公子渠牟、其智足以治千乘、其信足以守之、靈公愛而任之、又有士曰王林國者、見賢必進之、而退與分其祿、是以衛國無遊放之士、靈公知而尊之、又有士曰慶足者、國有大事則必起而治之、國無事則退而容賢、言其所以退、欲以容賢於朝、靈公悅而敬之、又有大夫史鰌、以道去衛、而靈公郊舍三日、琴瑟不御、必待史鰌之入而後敢入、臣以此取之、雖次之賢、不亦可乎、

子貢問孔子曰、今之人臣、孰爲賢乎、子曰、齊有鮑叔、鄭有子皮、則賢者矣、子貢曰、齊無管仲、鄭無子產乎、子曰、賜、汝徒知其一、未知其二也、汝聞用力爲賢乎、進賢爲賢乎、子貢曰、進賢賢哉、子曰、然、吾聞鮑叔達管仲、子皮達子產、未聞二子之達賢己之才者也、

哀公問於孔子曰、寡人聞忘之甚者、徙而忘其妻、有諸、孔子對曰、此猶未甚者、甚者乃忘其身、公曰、可得聞乎、孔子曰、昔夏桀貴爲天子、富有四海、忘其聖祖之道、壞其典法、絕其世祀、荒乎淫樂、沈湎于酒、佞臣諂諛、窺導其心、忠士鉗口、逃罪不言、鉗口杜口天下誅桀而有其國、此之謂忘其身之甚者也、

子路問於孔子曰、賢君治國、所先者何在、孔子

曰、在於尊賢而賤不肖、子路曰、由聞晉中行氏尊賢而賤不肖矣、其亡何也、子曰、中行氏尊賢而弗能用、賤不肖而不能去、賢者知其不己用而怨之、不肖者知其必己賤而讎之、怨讎並存於國、隣敵搆兵於郊、中行氏雖欲無亡、豈可得乎、

哀公問政於孔子、孔子對曰、政之急者莫大乎使民富且壽也、公曰、爲之奈何、孔子曰、省力役、薄賦斂、則民富矣、敦禮教、遠罪疾、則民壽矣、公

曰、寡人欲行夫子之言、恐吾國貧矣、孔子曰、詩不云乎、愷悌君子、民之父母、未有其子富而父母貧者也、

衛靈公問孔子曰、有語寡人爲國家者、計之於廟堂之上、則政治矣、何如、孔子曰、其可也、愛人者則人愛之、惡人者則人惡之、知得之己者、則知得之人、所謂不出環堵之室、而知天下者、知反己之謂也、

辯政

子貢爲信陽宰、將行、孔子曰、勤之愼之、奉天之時、無奪無伐、無暴無盜、子貢曰、賜也少而事君子、豈以盜爲累哉、孔子曰、而未之詳也、夫以賢代賢、是之謂奪、以不肖代賢、是之謂伐、緩令急誅、是之謂暴、取善自與、是之謂盜、盜非竊財之謂也、吾聞之、知爲吏者、奉法以利民、不知爲吏者、枉法以侵民、此怨所由生也、匿人之善、斯謂蔽賢、揚人之惡、斯謂小人、内不相訓、而外相謗、非親睦也、言人之善若己有之、言人之惡若己

受之、故君子無所不愼焉、

六本

孔子曰、行己有六本焉、然後爲君子、立身有義矣、而孝爲本、喪紀有禮矣、而哀爲本、戰陣有列矣、而勇爲本、治政有理矣、而農爲本、居國有道矣、而嗣爲本、（繼嗣不立、則亂之源也、）生財有時矣、而力爲本、置本不固、無務豐末、親戚不悅、無務外交、事不終始、無務多業、反本修迹、君子之道也、

孔子曰、藥酒苦於口而利於病、忠言逆於耳而

利於行、湯武以諤諤而昌、桀紂以唯唯而亡、君無爭臣、父無爭子、兄無爭弟、士無爭友、其無過者、未之有也、故曰、君失之、臣得之、父失之、子得之、兄失之、弟得之、士失之、友得之、是以國無危亡之兆、家無悖亂之惡、父子兄弟無失、而交友無絕、

孔子讀易、至於損益、喟然而歎、子夏避席問曰、夫子何歎焉、孔子曰、夫自損者必有益之、自益者、必有決之、吾是以歎也、子夏曰、然則學者不可以益乎、子曰、非道益之謂也、道彌益、而身彌損、夫學者損其自多、以虛受之、天道成而必變、凡持滿而能久者、未嘗有也、故曰、自賢者、則天下之善言、不得聞其耳矣、

孔子曰、以富貴而下人、何人不與、以富貴而愛人、何人不親、發言不逆、可謂知言矣、

孔子曰、吾死之後、則商也日益、賜也日損、曾子問曰、何謂也、子曰、商也好與賢已者處、賜也好悅不如已者、不知其子、視其父、不知其人、視其友、不知其君、視其所使、故曰、與善人居、如入芝蘭之室、久而不聞其香、卽與之化矣、與不善人居、如入鮑魚之肆、久而不聞其臭、亦與之化矣、是以君子必愼其所與者焉、

哀公問政

哀公問政於孔子、孔子對曰、文武之政、布在方策、其人存、則其政擧、其人亡、則其政息、故爲政在於得人、取人以身、修身以道、修道以仁、仁者人也、親親爲大、義者宜也、尊賢爲大、親親之殺、尊賢之等、禮所生也、是以君子不可以不修身、思修身、不可以不事親、思事親、不可以不知人、思知人、不可以不知天、天下之達道有五、其所以行之者三、曰君臣也、父子也、夫婦也、昆弟也、朋友之交也、五者天下之達道也、智仁勇三者、天下之達德也、所以行之者一也、或生而知之、或學而知之、或困而知之、及其知之一也、或安而行之、或利而行之、或勉強而行之、及其成功一也、好學近於智、力行近於仁、知耻近於勇、知

斯三者則知所以修身知所以修身則知所以治人知所以治人則能成天下國家矣公曰政其盡此而已乎孔子曰凡爲天下國家者有九經焉曰修身也尊賢也親親也敬大臣也體羣臣也子庶人也來百工也柔遠人也懷諸侯也修身則道立尊賢則不惑親親則諸父昆弟不怨敬大臣則不眩體羣臣則士之報禮重子庶民則百姓勸來百工則財用足柔遠人則四方歸之懷諸侯則天下畏之公曰爲之奈何孔子曰齊莊盛服非禮不動所以修身也去讒遠色賤貨而貴德所以尊賢也爵其能重其祿同其好惡所以篤親親也官盛任使所以敬大臣也〔盛其官任而使之也〕忠信重祿所以勸士也〔忠信者與之重祿也〕時使薄斂所以子百姓也日省月考旣稟稱事所以來百工也〔旣稟食之各當其職事也〕送往迎來嘉善而矜不能所以綏遠人也〔綏安也〕繼絕世舉廢邦朝聘以時厚往而薄來所以懷諸侯也治天下國家有九經焉其所以行之者一也凡事豫則立不豫則廢言前定則不跲〔跲躓〕事前定則不困行前定則不疚〔疚病〕道前定則不窮公曰子之教寡人備矣敢問行之所始孔子曰立愛自親始教民睦也立敬自長始教民順也教以慈睦而民貴有親教以敬長而民貴用命民旣孝於親又順以聽命措諸天下無所不行

顏回

魯定公問於顏回曰子亦聞東冶畢之善御乎對曰善則善矣雖然其馬將必逸公不悅其後三日東冶畢之馬逸公聞之促駕召顏回顏回至公曰前日寡人問吾子以東冶畢之善御而子曰其馬將逸不識吾子奚以知之顏回對曰以政知之而已矣昔者帝舜巧於使民而造父巧於使馬舜不窮其民力造父不窮其馬力是以舜無逸民造父無逸馬今東冶畢之御也歷險致遠馬力盡矣然而其心猶求馬不已臣以此知之公曰善哉吾子之言其義大矣願少進乎顏回曰臣聞之鳥窮則啄獸窮則攫人窮則

詐、馬窮則逸、自古及今、未有窮其下而能無危者也、公悅、

困誓

衛蘧伯玉賢、而靈公不用、彌子瑕不肖、而反任之、史魚驟諫、公不從、史魚病將卒、命其子曰、吾在公朝、不能進蘧伯玉退彌子瑕、是吾爲臣不能正君也、生而不能正君、死不可以成禮矣、吾死、汝置屍牖下、於我畢矣、畢猶足也、禮殯於客位、其子從之、靈公弔焉、怪而問之、其子以其父言告公、公

愕然失容曰、是寡人之過也、於是命之殯於客位、進蘧伯玉而用之、退彌子瑕而遠之、孔子聞之曰、古之烈諫者、死則已矣、未有若史魚死而屍諫、忠感其君者也、可不謂直乎、

執轡

閔子騫爲費宰、問政於孔子、孔子曰、以德以法、夫德法者、御民之具、猶御馬之有銜勒也、君者、人也、吏者、轡也、刑者、策也、人君之政、執其轡策而已矣、子騫曰、敢問古之爲政、孔子曰、古者天

舊無法字補之　已下舊有而字

子以內史爲左右手、以德法爲銜勒、以百官爲轡、以刑罰爲策、以萬民爲馬、故御天下數百年而不失、善御馬者、正銜勒、齊轡策、均馬力、和馬心、故口無聲而馬應轡、策不舉而極千里、極、至也、善御民者、一其德法、正其百官、均齊民力、和安民心、故令不再而民順從、刑不用而天下化治、是以天地德之、天地以爲有德、而兆民懷之、懷、歸、不能御民者、棄其德法、專用刑辟、譬猶御馬、棄其銜勒而專用箠策、其不可制也必矣、夫無銜勒而用

箠策、馬必傷、車必敗、無德法而用刑、民必流、國必亡、凡治國而無德法、則民無所法修、民無所法修、則迷惑失道、古之御天下者、以六官總治焉、六官在手以爲轡、故曰、御四馬者執六轡、御天下者正六官、是故善御馬者、正身以總轡、均馬力、齊馬心、迴旋曲折、唯其所之、故可以取長道、可以趣急疾、此聖人所以御天地與人事之法則也、天子以內史爲左右手、以六官爲轡、已與三公執六官、均五教、齊五法、仁義禮智信之法也、故

亦唯其所引、無不如志、

五刑

冉有問於孔子曰、先王制法、使刑不上於大夫、禮不下於庶人、然則大夫之犯罪、不可以加刑、庶人之行事、不可以治禮乎、孔子曰、不然、凡治君子、以禮義御其心、所以厲之以廉耻之節也、故古之大夫、其有坐不廉汚穢而退放之者、則曰簠簋不飾、（飾、整齊、）有坐淫亂男女無別者、則曰帷薄不修、有坐罔上不忠者、則曰臣節未著、有坐罷軟不勝任者、則曰下官不職、（言其下官不務其職、不斥其身也、）有坐干國之紀者、則曰行事不請、（言不請而擅行也、）此五者、大夫既自定有罪名矣、而猶不忍斥然正以呼之也、既而爲之諱、所以愧耻之、是故大夫之罪、其在五刑之域者、聞而譴發、則白冠氂纓、盤水加劒、造于闕而自請罪、君不使有司執縛牽掣而加之也、其有大罪者、聞命則北面再拜、跪而自裁、君不使人捽引而刑殺之也、曰、子大夫自取之耳、吾遇子有禮矣、是以刑不上大夫、而大夫亦不失其罪者、教使然也、凡所謂禮不下庶人者、以庶人遽其事而不能充禮、故不責之以備禮也、

刑政

仲弓問於孔子曰、雍聞至刑無所用政、至政無所用刑、至刑無所用政、桀紂之世是也、至政無所用刑、成康之世是也、信乎、孔子曰、聖人之治化也、必刑政相參焉、太上以德教民、而以禮齊之、其次以政導民、以刑禁之、化之弗變、導之弗從、傷義敗俗、於是乎用刑矣、仲弓曰、古之聽訟、可得聞乎、孔子曰、凡聽五刑之訟、必原父子之親、立君臣之義、以權之、意論輕重之序、慎測淺深之量、以別之、悉其聰明、致其忠愛、以盡之、大司寇正刑明辟、以察獄、獄必三訊焉、（一曰、訊群臣、二曰、訊群吏、三曰、訊萬民也、）有指無簡、則不聽、（簡、誠也、有其意、無其誠者、不論以爲罪、）附從輕、赦從重、（附人之罪、以輕爲比、赦人之罪、以重爲比、）疑獄則汎與衆共之、衆疑赦之、故爵人必於朝、與衆共之也、刑人必於市、與衆弃之也、古者公家不畜

刑人、大夫不養也、士遇之塗、弗與之言也、屏諸四方、唯其所之、弗及以政、弗欲生之故也、仲弓曰、聽獄、獄之成、成何官、孔子曰、獄成於吏、吏以獄之成告於正、（吏、獄官吏也、正、獄官長、）正既聽之、乃告於大司寇、大司寇聽之、乃奏於王、王命三公卿士、參聽棘木之下、（外朝之法、左九棘、孤卿大夫位焉、右九棘、公侯伯子男位焉、面三槐、三公位焉、）然後乃以獄之成報于王、王以三宥之法聽之、（君王尚寬、罪雖已定、猶三宥之、不可得輕、然後刑之也、）而後制刑焉、所以重之也、仲弓曰、古之禁何禁、孔子曰、析言破律、（巧賣法令者也、）亂名改作、（變易官與物名、）執左道以亂政者殺、（左道、邪道、）作淫聲、（淫逸惑亂之聲、）造異服、（非人所常見、）設奇伎奇器以盪上心者殺、（怪異之伎、可以眩曜人心之器、盪、動也、）行偽而堅、（行詐偽而堅守、）言偽而辯、學非而博、順非而澤、（順其非而滑澤之、）以惑衆者殺、假於鬼神時日卜筮、以疑民者殺、此四誅者、不待時、不以聽、（不聽於棘木之下也、）

問玉

子張問聖人之所以教、孔子曰、師乎、吾語汝、聖人明於禮樂、舉而措之而已、子張又問、孔子曰、師、爾以爲必布几筵、揖讓升降、酌獻酬酢、然後謂之禮乎、爾以爲必行綴兆、執羽籥、作鐘鼓、然後謂之樂乎、言而可履、禮也、行而可樂、樂也、聖人力此二者、以恭己南面、是故天下太平、萬國順服、百官承事、上下有禮也、夫禮之所興、衆之所以治也、禮之所廢、衆之所以亂也、昔者明王聖主之辯貴賤長幼、正男女外內、序親疏遠邇、而莫敢相踰越者、皆由此塗出也、

屈節

宓子賤爲單父宰、恐魯君聽讒人、使己不得行其政、於是辭行也、故請君之近史二人、與之俱至官、宓子戒其邑吏、令二史書、方書、掣其肘、書不善、則從而怒之、二史患焉、辭請歸魯、君以問孔子、孔子曰、宓不齊、君子也、意者其以此諫乎、公寤、大息而嘆曰、此寡人之不肖也、寡人亂宓子之政、而責其善者數矣、微二史、則寡人無以知過、微夫子、則寡人無由寤、遽使告宓子曰、自

今日以往、單父非吾有也、從子之制、有便於民者、子決爲之、五年一言其要、宓子遂得行政於單父焉、躬敦厚、明親親、尚篤敬、施至仁、加懇誠、致忠信、百姓化之、

正論

定公問於孔子曰、大夫皆勸寡人使隆敬於高年、可乎、孔子對曰、君之及此言也、將天下實賴之、豈惟魯而已哉、公曰、何也、孔子曰、昔者有虞氏貴德而上齒、夏后氏貴爵而上齒、殷人貴富而上齒、（富謂世祿之家、）周人貴親而上齒、虞夏殷周、天下之盛王也、未有遺年者焉、年之貴于天下久矣、次于事親、是故朝廷同爵則上齒、七十杖於朝、君問則席、（君欲問之、則爲之設席、）八十不仕朝、君問則就之、而悌達於朝廷矣、其行也、肩而不並、（不敢與長者並肩也、）不錯則隨、（錯、鴈行也、父黨隨行、兄黨鴈行、）見老者、則車從避、（見老者在道、車避之也、）斑白者不以其任行於路、（任、擔也、少者代之也、）而悌達於道路矣、居鄉以齒、而老窮不匱、強不犯弱、衆不暴寡、而悌達於州巷矣、古之道、五十不爲甸役、（五十始老、不從力役之事、不及田獵之徒也、）頒禽隆諸長者、而悌達於蒐狩矣、軍旅什伍、同爵則上齒、而悌達于軍旅矣、夫聖王之教、孝悌發諸朝廷、行于道路、至于州巷、放于蒐狩、修于軍旅、則衆同以義死之、而弗敢犯也、公曰、善、

哀公問於孔子曰、寡人聞之、東益不祥、（東益、東益宅也、）信有之乎、孔子曰、不祥有五、而東益不與焉、夫損人而自益、身之不祥也、棄老而取幼、家之不祥也、釋賢而用不肖、國之不祥也、老者不教、幼者不學、俗之不祥也、聖人伏匿、愚者擅權、天下不祥也、故不祥有五、而東益不與焉、

子夏問

子夏問於孔子曰、記云周公相成王、教之以世子之禮、有諸、孔子曰、昔者成王嗣立、幼、未能莅阼、周公攝政而治、抗世子之法於伯禽、欲成王之知父子君臣之道、所以善成王也、夫知爲人子者、然後可以爲人父、知爲人臣者、然後可以爲人君、知事人者、然後可以使人、是故抗世子

法於伯禽、使之與成王居、使成王知父子君臣長幼之義焉、

羣書治要卷第十

羣書治要卷第十一

秘書監鉅鹿男臣魏徵等奉　勅撰

史記上

本紀

黃帝者、少典之子、姓公孫、有熊國君少典之子也、名曰軒轅、生而神靈、弱而能言、幼而徇齊、徇疾也、齊速也、言聖德幼而疾速也、長而敦敏、成而聰明、神農氏世衰、諸侯相侵伐、而神農氏弗能征、於是軒轅乃習用干戈、修德振兵、以與炎帝戰于阪泉之野、阪泉地名、三戰然後得其志、蚩尤作亂、乃殺蚩尤而代神農氏、是爲黃帝、東至于海、西至于空桐、山名也、在隴右、南至于江、北逐葷粥、獫狁也、邑于涿鹿之阿、遷徙往來無常處、以師兵爲營衞、置左右大監、監于萬國、舉風后力牧常先大鴻、以治民、順天地之紀、時播百穀、勞勤心力耳目、節用水火材物、有土德之瑞、故號黃帝、帝王世紀曰、神農氏衰、蚩尤氏叛、不用帝命、黃帝於是脩德撫民、始垂衣裳、以班上下、刳木爲舟、剡木爲檝、舟檝之利、以濟不通、服牛乘馬、以引重致遠、重門擊柝、以待暴客、斷木爲杵、掘地爲臼、杵臼之用、以利萬人、弦木爲弧、剡木爲矢、弧矢之利、以威

天下、諸侯咸叛神農而歸之、討蚩尤氏、禽之于涿鹿之野、諸侯有不服者、從而征之、凡五十二戰、而天下大服、俯仰天地、置衆官、故以風后配上台、天老配中台、五聖配下台、謂之三公、其餘地典力牧常先大鴻等、或以爲師、或以爲將、分掌四方、各如已親、故號曰黃帝四目、又使岐伯嘗味草木、典醫療疾、今經方本草之書咸出焉、其史倉頡、又象鳥迹、始作文字、自黃帝以上、穴居而野處、死則厚衣以薪、葬之中野、結繩以治、及至黃帝、爲築宮室、上棟下宇、以待風雨、而易以棺槨、制以書契、百官以序、萬民以察、神而化之、使民不倦、後作雲門咸池之樂、周禮所謂大咸者也、於是人事畢具、黃帝在位百年而崩、年百一十歲矣、或傳以爲仙、或言壽三百年、故宰我疑以問孔子、孔子曰、民賴其利、百年而崩、民畏其神、百年而亡、民用其教、百年而移、故曰三百年、

帝顓頊高陽者、黃帝之孫、昌意之子也、養材以任地、載時以象天、依鬼神以制義、治氣以教化、絜誠以祭祀、北至于幽陵、南至于交趾、西濟於流沙、東至於蟠木、東海中有山焉、名度索、上有大桃樹、屈蟠三千里也、動靜之物、大小之神、日月所照、莫不砥屬、砥平也、四遠皆平而來服屬也、帝王世紀曰、帝顓頊平九黎之亂、使南正重司天以屬神、火正黎司地以屬民、於是民神不雜、萬物有序、

帝嚳高辛者、高陽高辛皆所興地名也、顓頊與嚳、以字爲號、上古質故也、黃帝之曾孫也、生而神靈、聽以知遠、明以察微、仁

舊無子道二字補之

而威、惠而信、修身而天下服、取地之財而節用之、撫教萬民而利誨之、歷日月而迎送之、明鬼神而敬事之、其色郁郁、其德嶷嶷、其動也時、其服也士、日月所照、風雨所至、莫弗從服、帝王世紀曰、帝嚳以人事紀官、故以句芒爲木正、祝融爲火正、蓐收爲金正、玄冥爲水正、后土爲土正、是五行之官、分職而治、

帝堯放勛、其仁如天、其智如神、就之如日、望之如雲、富而不驕、貴而不舒、帝王世紀曰、帝堯置欲諫之鼓、命羲和四子羲仲羲叔和仲和叔、分掌四時方嶽之職、故名徵、天下大和、百姓無事、有五老人、擊壤於道、觀者歎曰、大哉堯之德也、老人曰、日出而作、日入而息、鑿井而飲、耕田而食、帝力何有於我哉、墨子以爲堯堂高三尺、土堦三等、茅茨不剪、株椽不斲、夏服葛衣、冬服鹿裘、

虞舜、名曰重華、父瞽叟頑、母嚚、弟象傲、皆欲殺舜、舜順適不失子道、以孝聞、於是堯乃以二女妻舜、以觀其內、使九男與處、以觀其外、二女不敢以貴驕、九男皆益篤、舜耕歷山、歷山之人皆讓畔、漁雷澤、雷澤上人皆讓居、陶河濱、河濱器皆不苦窳、窳病也、一年而所居成聚、二年成邑、三年成都、於是堯乃試舜五典百官、皆治、以揆百

事、莫不時序、流四凶族、以禦螭魅、堯乃使舜攝行天子政、堯崩天下歸舜、（帝王世紀曰、舜立誹謗之木、論曰、孔子稱古者三皇五帝、設防而不犯、故無陷刑之民、是以或結繩而治、或象畫而化、自庖犧至于堯舜、神道設教、可謂至政無所用刑矣、夫三載考績、黜陟幽明、善無微不著、惡無隱不章、任自然以誅賞、委羣心以就制、故能造御乎無爲、運道於至和、百姓日用而不知、含德若自有者也、詩云、上天之載、無聲無臭、其斯之謂乎、）夏禹、名曰文命、當堯之時、洪水滔天、舜登用、乃命禹平水土、勞身焦思、居外十三年、過家門不敢入、薄衣食、致孝于鬼神、卑宮室、致費於溝洫、以開九州、通九道、陂九澤、度九山、行相地宜所有以貢、東漸于海、西被于流沙、朔南暨（朔、北方也、）聲教訖于四海、於是帝錫禹玄圭、以告成功于天下、於是大平治、帝舜薦禹於天、舜崩、遂即天子位、國號曰夏后、十七世帝履癸立、是爲桀、不務德而武傷百姓、百姓弗堪、湯脩德、諸侯皆歸湯、湯遂伐桀、桀走鳴條、（南夷地名、）遂放而死、湯始居亳、征諸侯、（爲夏方伯、得專征伐、）葛伯不祀、湯始伐之、湯曰、予有言、人視水視形、視民知治不、伊尹

曰、明哉言能聽、道迺進、君國子民、爲善者在王官、勉哉勉哉、湯出見野張網四面、祝曰、自天下四方皆入吾網、湯曰、嘻盡之矣、乃去其三面、祝曰、欲左左、欲右右、不用命乃入吾網、諸侯聞之曰、湯德至矣、及禽獸、當是時、夏桀爲虐政淫荒、湯乃伐桀、踐天子位、帝太戊立、伊陟爲相、（伊陟、伊尹子也、）亳有祥桑穀共生於朝、一暮大拱、（祥、妖怪也、二木合生、不恭之罰、）太戊懼、問伊陟、曰、臣聞妖不勝德、帝之政其有闕與、帝其修德、太戊從之、而祥桑枯死、殷復興、故稱中宗、帝辛立、天下謂之紂、帝紂資辨捷疾、聞見甚敏、材力過人、手格猛獸、智足以拒諫、飾是非之端、矜人臣以聲、以爲皆出已之下、好酒淫樂、嬖於婦人、愛妲已、（有蘇氏美女也、）妲已之言是從、於是使師涓作新淫聲、北里之舞、靡靡之樂、厚賦稅、以實鹿臺之錢、（鹿臺、在朝歌城中也、）而盈鉅橋之粟、（鉅橋、鹿水之大橋也、有漕粟、）益收狗馬奇物、充仞宮室、益廣沙丘苑臺、（沙丘、在鉅鹿東北、）多取野獸飛鳥置其中、慢於鬼神、以酒爲池、懸肉爲林、使男女倮相

逐其間，爲長夜之飲，百姓怨望，而諸侯有叛者，於是紂廼重辟刑，有炮烙之法，膏銅柱，加之炭上，令有罪者行焉，輒墮炭中，妲己笑，名曰炮烙之刑也。以西伯昌九侯、鄴縣有九侯城。鄂侯爲三公，九侯有好女，入之紂，九侯女不憙淫，紂怒殺之，而醢九侯，鄂侯爭之強，并脯鄂侯，西伯昌聞之竊歎，紂囚西伯羑里，河內湯陰有羑里城。西伯之臣閎夭之徒，求美女奇物善馬以獻紂，紂廼赦西伯，用費中爲政，費中善諛好利，殷人弗親，又用惡來，善毀讒，諸侯以此益疏，多叛紂，微子數諫不聽，廼遂去，比干強諫，紂怒剖比干觀其心，箕子懼，廼詳狂爲奴，紂又囚之，周武王於是遂率諸侯伐紂，紂走，衣其寶玉衣，赴火而死，武王遂斬紂頭，縣之白旗，殺妲己，殷民大悅。

周后稷名弃，好耕農，天下得其利，有功，封於邰，曾孫公劉修后稷之業，民賴其慶，古公復修后稷公劉之業，積德行義，國人皆戴之，古公卒，季歷立，季歷卒，子昌立，是爲西伯，西伯遵后稷公劉之業，則古公之法，敬老慈少，禮下賢者，日中

舊脫古公卒至季歷卒九字補之

不暇食以待士，士以此多歸之，諸侯皆來決平，於是虞芮之人有獄不能決，乃如周，入界，耕者皆讓畔，民俗皆讓長，虞芮皆慚，俱讓而去，諸侯聞之曰，西伯蓋受命之君也，武王即位，太公望爲師，周公旦爲輔，召公畢公之徒左右王師，修文王緒業，聞紂昏亂暴虐滋甚，於是伐紂，紂師皆倒兵以戰，武王遂入，斬紂，散鹿臺之錢，發鉅橋之粟，以振貧弱，封諸侯，班賜殷之器物，縱馬於華山之陽，放牛於桃林之墟，偃干戈，振兵釋

旅，入曰振旅也。示天下不復用，成康之際，天下安寧，刑措四十餘年不用，措者置也，民不犯法，無所置刑也。穆王即位，將征犬戎，祭公謀父諫，祭畿內之國，爲王卿士，謀父字也。曰，不可，先王耀德不觀兵，戢而時動，動則威，觀則玩，玩則無震，震懼也。先王之於民也，茂正其德而厚其性，阜其財求而利其器用，明利害之鄉，鄉方也。以文修之，使務利而避害，懷德而畏威，故能保世以滋大，昔我先王世后稷，以服事虞夏，奕世載德，不忝前人，至于文王武王，昭前之光明，

舊無財求而利其五字補之

舊無有不祀則修言六字及注

言號令也四字補之

而加之以慈和、事神保民、無不欣喜、商王帝辛大惡于民、庶民不忍、欣戴武王、以致戎于商牧、非務武也、勤恤民隱、而除其害也、夫先王之制、邦內甸服、邦外侯服、侯衛賓服、此總言之也、侯侯圻、衛衛圻、夷蠻要服、戎狄荒服、甸服者祭、供日祭也、侯服者祀、供月祀也、賓服者享、供時享也、要服者貢、供歲貢也、荒服者王、詩云、莫敢不來王也、日祭、月祀、時享、歲貢、終王、先王之順祀、外傳云、先王之訓也、有不祭則脩意、先修志意以自責也、有不祀則修言、言、號令也、有不享則修文、文、典法也、有不貢則修名、名、謂尊卑職貢之名號也、有不王則修德、遠人不服、則修文德以來之也、序成而有不至則修刑、序成、謂上五者次序已成、不至則有刑罰也、於是有刑不祭、伐不祀、征不享、讓不貢、告不王、於是有刑罰之辟、有攻伐之兵、有征討之備、有威讓之命、有文告之辭、布令陳辭、而有不至、則增脩於德、無勤民於遠、是以近無不聽、遠無不服、今犬戎氏以其職來王、天子曰、予必以不享征之、且觀之兵、無乃廢先王之訓、而幾頓乎、王遂征之、得四白狼四白鹿以歸、自是荒服者不

有作若

舊無出猶至是乎十四字補之

至、諸侯有不睦者、厲王即位、好利近榮夷公、芮良夫諫曰、王室其將卑乎、夫榮公好專利、而不知大難、夫利、百物之所生也、天地之所載也、而有專之、其害多矣、天地百物皆將取焉、何可專也、所怒甚多、而不備大難、以是教王、王其能久乎、夫王人者、將導利而布之上下者也、使神人百物無不得極、極中也、猶日怵惕、懼怨之來、今王學專利、其可乎、匹夫專利、猶謂之盜、王而行之、其歸鮮矣、榮公有用、周必敗、王不聽、卒以榮公爲卿士、用事、王行暴虐侈傲、國人謗王、召公諫召穆公也、曰、民不堪命矣、王怒得衛巫、衛國之巫、使監謗者、以告則殺之、其謗鮮矣、諸侯不朝、王益嚴、國人莫敢言、道路以目、以目相眄而已、王喜告召公曰、吾能弭謗矣、乃不敢言、召公曰、是鄣之也、防民之口、甚於防水、水壅而潰、傷人必多、民亦如之、是故爲水者、決之使導、爲民者、宣之使言、故民之有口、猶土之有山川也、財用於是乎出、猶其有原隰衍沃也、衣食於是乎生、口之宣言也、善敗

於是乎興夫民慮之心而宣之口成而行之若壅其口其與能幾何王不聽於是國莫敢出言三年乃相與叛襲王王出奔于彘宣王即位脩政法文武成康遺風諸侯復宗周幽王嬖愛褒姒欲廢后并去太子用褒姒爲后以其子伯服爲太子褒姒不好笑幽王欲其笑萬方故不笑幽王爲舉烽火諸侯悉至至而無寇褒姒乃大笑幽王欲悅之爲數舉烽火其後不信益不至王之廢后去太子也申侯怒乃與繒西夷犬戎共攻王王舉烽火徵兵兵莫至遂殺幽王驪山下

秦繆公與晉惠公合戰爲晉軍所圍於是岐下食善馬者三百人馳冒晉軍解圍遂脫繆公而反生得晉君初繆公亡善馬岐下野人共得而食之者三百餘人吏逐得欲法之繆公曰君子不以畜產害人吾聞食善馬肉不飲酒傷人乃皆賜酒而赦之三百人者聞秦擊晉皆求從從而見繆公窘亦皆推鋒爭死以報食馬之德於是繆公虜晉君以歸戎王使由余於秦繆公示以宮室積聚由余曰使鬼爲之則勞神矣使人爲之亦苦民矣繆公怪之問曰中國以詩書禮樂法度爲政然尚時亂今戎夷無此何以爲治不亦難乎由余笑曰此乃中國所以亂也夫自上聖黃帝作爲禮樂法度身以先之僅以小治及其後世日以驕淫阻法度之威以責督於下下疲極則以仁義怨望於上上下交爭怨而相篡弑至於滅宗皆以此類也夫戎夷不然上含淳德以遇其下下懷忠信以事其上一國之政猶一身之治不知所以治此眞聖人之治也於是繆公退而問內史廖曰孤聞鄰國有聖人敵國之憂也今由余賢寡人之害將奈何廖曰戎王處僻匿未聞中國之聲君試遺其女樂以奪其志爲由余請以疏其間君臣有間乃可虜也繆公曰善因以女樂二八遺戎王戎王受而悅之於是秦乃歸由余由余數諫不聽遂去降秦繆公以客禮禮之用由余謀伐戎王益國十二

開地千里遂霸西戎
秦始皇帝莊襄王子也名政二十六年初并天下自號曰皇帝事皆決於法刻削無仁恩收天下兵聚之咸陽銷以爲鐘鐻金人十二置廷宮中每破諸侯寫放其宫室作之咸陽北坂上（在長安西北刜名渭城）南臨渭自雍門（在高陵縣）以東至涇渭殿屋複道周閣相屬所得諸侯美人鐘鼓以充入之三十二年燕人盧生奏錄圖書曰亡秦者胡也（胡胡亥秦二世名也秦見圖書不知此爲人名反備北胡）始皇乃使將軍蒙恬發兵三十萬人北擊胡三十四年始皇置酒咸陽宮僕射周青臣曰他時秦地不過千里賴陛下神靈明聖平定海內日月所照莫不賓服以諸侯爲郡縣人人自安樂無戰爭之患傳之萬世自上古不及陛下威德始皇悅博士齊人淳于越進曰臣聞殷周王千餘歲封子弟功臣自爲枝輔今陛下有海內而子弟爲匹夫卒有田常六卿之臣無輔弼何以相救哉事不師古而能長久者非所聞也今青臣又面諛以重陛下之過非忠臣也始皇下其議丞相斯曰五帝不相復三代不相襲各以治非其相反時變異也今陛下創大業建萬世之功固非愚儒所知也且越言乃三代之事何足法也今諸生不師今而學古以非當世惑亂黔首聞令下則各以其學議之入則心非出則巷議率羣下以造謗如此弗禁則主勢降於上黨與成乎下禁之便臣請史官非秦記皆燒之天下敢有藏詩書百家語者悉詣守尉雜燒之有敢偶語詩書弃市（禁民聚語畏其謗也）以古非今者族吏見知不舉與同罪令下三十日不燒黥爲城旦若欲有學法令以吏爲師三十五年作前殿阿房東西五百步南北五十丈上可以坐萬人下可以建五丈旗周馳爲閣道自殿下直抵南山表南山之顛以爲闕爲複道自阿房渡渭屬之咸陽以象天極閣道絕漢抵營室也隱宮徒刑者七十餘萬人分作阿房宮或作驪山發北山石椁乃寫蜀荊地材皆至關中計宮三百關外四百餘於是立

石東海上、以為秦東門、因徙三萬家驪邑、五萬家雲陽、皆復不事十歲、盧生說始皇曰、臣等求芝奇藥仙者常弗遇、類物有害之者、人主所居、而人臣知之、則害於神、願上所居宮、無令人知、然後不死之藥殆可得也、於是始皇乃令咸陽之旁二百里內宮觀二百七十、復道甬道相連、帷帳鐘鼓美人充之、案署不移徙、行所幸、有言其處者罪死、自是後莫知行所在、侯生盧生相與謀曰、始皇為人、天性剛戾、以為自古莫及己、專任獄吏、獄吏得親幸、博士雖七十人、特備員弗用、樂以刑殺為威、天下畏罪持祿、莫敢盡忠、上不聞過而日驕、下懾伏謾欺以取容、天下之事無小大皆決於上、貪於權勢至如此、未可為求仙藥、於是乃亡去、始皇聞亡、乃大怒曰、盧生等吾尊賜之甚厚、今乃誹謗我也、諸生在咸陽者、或為訞言、以亂黔首、於是使御史悉案問諸生、諸生傳相告引、犯禁者四百六十餘人、皆坑之咸陽、使天下知之以懲後、長子扶蘇諫、始皇怒、使扶蘇北監蒙恬於上郡、三十六年、熒惑守心、有墜星下東郡、至地為石、黔首或刻其石曰、始皇帝死而地分、始皇聞之、遣御史逐問、莫服、盡取石旁居人誅之、三十七年、始皇出遊、丞相斯少子胡亥從、至平原津而病、病益甚、乃為璽書賜公子扶蘇曰、與喪會咸陽而葬、始皇崩、趙高乃與胡亥李斯陰謀、更詐為始皇遺詔、立子胡亥為太子、賜扶蘇蒙恬死、

二世皇帝元年、趙高為郎中令、掌宮殿門戶、任用事、二世與高謀曰、先帝巡行郡縣、以示強、威服海內、今晏然不巡行、即見弱、無以臣畜天下、二世東行郡縣、尊用趙高、乃陰與高謀曰、大臣不服、官吏尚強、及諸公子必與我爭、為之奈何、高曰、臣固願言而未敢也、先帝之大臣、皆天下累世名貴人也、積功勞世以相傳久矣、今高素小賤、陛下幸稱舉、令在上位、管中事、大臣鞅鞅、特以貌從臣、其心實不服也、今上出、不因此時案郡縣守尉有罪者誅之、上以振威天下、下以除上

尊舊作遵改之

生平所不可者今時不師文而決於武力願陛下遂從時無疑卽羣臣不及謀矣明主收擧餘民賤者貴之貧者富之遠者近之則上下集而國安矣二世曰善乃行誅大臣及諸公子以罪過連逮無得立者而六公子戮死於杜羣臣諫者以爲誹謗大吏持祿取容黔首振恐戍卒陳勝等反山東郡縣皆殺其守尉令丞反以應陳涉不可勝數也謁者使東方來以反者聞二世怒下吏後使者至上問對曰羣盜郡守尉方逐捕今盡得不足憂上悅三年章邯等圍鉅鹿邯等數却二世使人讓邯邯使長史欣請事趙高弗見又弗信欣恐亡去欣見邯曰趙高用事於中將軍有功亦誅無功亦誅邯等遂以兵降諸侯趙高欲爲亂恐羣臣不聽乃先設驗持鹿獻於二世曰馬也二世笑曰丞相誤耶謂鹿爲馬問左右左右或言馬以阿順趙高或言鹿高因陰中以法後羣臣畏高高前數言關東盜無能爲及項羽虜將王離等自關以東大氐盡叛高

書無無功亦誅四字補之

恐二世怒誅及其身乃謝病不朝見二世夢白虎齧其驂馬殺之心不樂怪問占夢卜涇水爲祟二世乃齊望夷宮欲祠涇沈四白馬使使責讓高以盜賊事高懼乃陰與其壻咸陽令閻樂其弟趙成謀使郞中令爲內應詐爲有大賊令樂召發吏卒追樂將吏卒千餘人至望夷宮前卽二世數曰足下驕恣誅殺無道天下叛足下足下其自爲計二世曰丞相可得見否樂曰不可二世曰吾願得一郡爲王弗許又曰願爲萬戶侯弗許曰願與妻子爲黔首比諸公子閻樂曰臣受命於丞相爲天下誅足下足下雖多言臣不敢報二世自殺趙高乃立二世之兄子公子嬰爲秦王令子嬰齋當廟見受玉璽齋五日子嬰稱病不行高自往曰宗廟重事王奈何不行子嬰遂刺殺高於齋宮三族高家以徇咸陽子嬰爲秦王四十六日沛公破秦軍至霸上子嬰奉天子璽符降軹道旁諸侯兵至項籍殺子嬰及秦諸公子宗族遂屠咸陽燒其宮室虜其

子女收其珍寶貨財諸侯共分之
太史公曰秦自穆公以來稍蠶食諸侯竟成始皇始皇自以爲功過五帝地廣三王而羞與之侔足已不問遂過而不變二世受之因而不改暴虐以重禍子嬰孤立無親危弱無輔三主惑而終身不悟亡不亦宜乎當此時也世非無深慮知化之士也然所以不敢盡忠拂過者秦俗多忌諱之禁忠言未卒於口而身爲戮沒矣故使天下之士傾耳而聽重足而立鉗口而不言

是以三主失道忠臣不敢諫智士不敢謀天下已亂姦不上聞豈不哀哉先王知雍蔽之傷國也故置公卿大夫士以飾法設刑而天下治其強也禁暴誅亂而天下服其弱也五伯征而諸侯從其削也內守外附而社稷存故秦之盛也繁法嚴刑而天下振及其衰也百姓怨而海內叛矣故周得其道千餘歲不絕秦本末並失故不長久由此觀之安危之統相去遠矣野諺曰前事之不忘後事之師是以君子爲國觀之上古驗之當世參以人事察盛衰之理審權勢之宜去就有序變化應時故曠日長久而社稷安矣秦孝公據殽函之固擁雍州之地君臣固守而窺周室有席卷天下包舉宇內囊括四海之意并吞八荒之心當是時商君佐之內立法度務耕織修守戰之備外連衡而鬬諸侯於是秦人拱手而取西河之外惠王武王蒙故業因遺冊南兼漢中西舉巴蜀東割膏腴之地收要害之郡諸侯恐懼會盟而謀弱秦不愛珍器重寶

肥美之地以致天下之士合從締交締結也相與爲一當是時齊有孟嘗趙有平原楚有春申魏有信陵此四君者皆明智而忠信寬厚而愛人尊賢而重士約從離衡并韓魏燕趙宋衛中山之衆於是六國之士有甯越徐尚蘇秦杜赫之屬爲之謀陳軫樓緩蘇厲樂毅之徒通其意吳起孫臏田忌廉頗之朋制其兵常以十倍之地百萬之衆叩關而攻秦秦人開關延敵九國之師逡巡而不敢進秦無亡矢遺鏃之費而天下

諸侯已困矣、於是從散約解、爭割地而奉秦、秦有餘力、而制其弊、因利乘便、宰割天下、分裂河山、強國請服、弱國入朝、及至秦王、續六世之餘烈、孝公惠文王武王昭王孝文王莊襄王、振長策而御宇內、吞二周而亡諸侯、履至尊而制六合、執棰拊拊拍也、一作槁朴、以鞭笞天下、威振四海、南取百越之地、北築長城、胡人不敢南下而牧馬、士不敢彎弓而報怨、於是廢先王之道、焚百家之言、以愚百姓、隳名城、殺豪俊、收天下之兵、聚之咸陽、銷鋒鑄鐻、以爲金人十二、以弱黔首之民、然後斬華爲城、斷華山爲城也、因河爲津、據億丈之城、臨不測之谿以爲固、良將勁弩、守要害之處、信臣精卒、陳利兵而誰何、何猶問也、秦王之心、自以爲關中之固、金城千里、子孫帝王萬世之業也、秦王既沒、餘威振殊俗、陳涉甕牖繩樞之子、以繩繫戶樞、瓦甕爲窗也、甿隸之人、甿民、才能不及中人、非有仲尼墨翟之賢、陶朱猗頓之富、躡足行伍之間、出偭起什佰之中、首出十長佰長中也、率疲散之卒、將數百之衆、斬木爲兵、揭竿爲旗、天下雲集響應、贏糧而景從、山東豪俊遂並起而亡秦族矣、且夫天下非小弱也、雍州之地、殽函之固自若、陳涉之位、非尊於齊楚韓魏之君、鉏耰棘矜、以鉏柄及棘作矛槿也、耰椎塊椎也、非銛於長鎩矛戟、長刃矛也、適戍之衆、非抗於九國之師、深謀遠慮、行軍用兵之道、非及向時之士也、然而成敗異變、功業相反、試使山東之國、與陳涉度長絜大、絜束之絜、比權量力、則不可同年而語矣、然秦以區區之地、千乘之權、招八州而朝同列、百有餘年矣、然後以六合爲家、殽函爲宮、一夫作難而七廟隳、身死人手、爲天下笑者、仁義不施、而攻守之勢異也、秦兼諸侯、南面稱帝、天下之士、斐然向風、元元之民、冀得安其性命、莫不虛心而仰上、當此之時、守威定功、安危之本、在於此矣、秦王懷貪鄙之心、行自奮之智、不信功臣、不親士民、廢王道、立私權、禁文書而酷刑法、先詐力而後仁義、以暴虐爲天下始、孤獨而有之、故其亡可立而待、借使秦王計上世之事、並殷周之迹、以制御其政、後雖有淫驕之主、而未有傾危之患也。故三王之建天下、名號顯美、功業長久。今秦二世立、天下莫不引領而觀其政。夫寒者利短褐、（小襦也、）而飢者甘糟糠。天下之嗷嗷、斯新主之資也、此言勞民之易爲仁也。向使二世有庸主之行、而任忠賢、臣主一心、而憂海內之患、縞素而正先帝之過、裂地分民、以封功臣之後、建國立君、以禮天下、虛囹圄而免刑戮、除去收帑汙穢之罪、使各反其鄉里、發倉廩、散財幣、以振孤獨窮困之士、輕賦少事、以佐百姓之急、約法省刑、以持其後、使天下之人、皆得自新、更節修行、各愼其身、塞萬民之望、而以威德與天下、天下集矣。卽四海之內、皆讙然各自安樂其處、唯恐有變、雖有狡猾之民、無離上之心、則不軌之臣、無以飾其智、而暴亂之姦止矣。二世不行此術、而重之以無道、更始作阿房之宮、繁刑嚴誅、賦斂無度、天下多事、百姓困窮、然後姦僞並起、而上下相遁、蒙罪者衆、而天下苦之。自君卿以下、至于衆庶、人懷自危之心、咸不安其位、故易動也。是以陳涉不用湯武之賢、不藉公侯之尊、奮臂於大澤、而天下響應者、其民危也。故先王見始終之變、知存亡之機、是以牧民之道、務在安之而已。天下雖有逆行之臣、必無響應之助矣。故曰、安民可與行義、而危民易與爲非、此之謂也。貴爲天子、富有天下、身不免於戮殺者、正傾非也。是二世之過也。

舊無世家二字加之

世家

舊無齊字補之

齊釐公同母弟夷仲年死、其子曰公孫無知、釐公愛之、令其秩服奉養比太子。釐公立、絀無知秩服、無知怨。數欺大臣、羣弟子糾奔魯、管仲召忽傅之。小白奔莒、鮑叔傅之。及雍林人殺無知、高國先陰召小白於莒、魯亦發兵送子糾、而使管仲將兵遮莒道、射中小白帶鉤。小白已立、欲殺管仲、鮑叔曰、君將治齊、則高傒與叔牙足矣。君且欲霸王、非管夷吾不可。於是桓公厚禮以爲大夫任政、齊人皆悅、於是始霸焉。管仲病、桓

舊無桓公也三字補之

公問曰、羣臣誰可相者、管仲曰、知臣莫如君、公曰、易牙何如、對曰、殺其子以適君、非人情也、不可、公曰、開方何如、對曰、背親以適君、非人情也、難近、(衛公子開方也、)公曰、豎刁何如、對曰、自宮以適君、非人情也、難親、管仲死、而桓公不用管仲言、卒近用三子、三子專權、桓公卒、易牙與豎刁因內寵殺羣吏、(羣吏、諸大夫也、內寵、內官之有權寵者、)而立公子無詭爲君、太子昭奔宋、桓公病、五公子各樹黨爭立、及桓公卒、宮中空莫敢棺、桓公屍在床上六十七日、屍蟲出于戶、

周公旦者、周武王弟也、封於魯、成王使其子伯禽代就封於魯、周公戒伯禽曰、我文王之子、武王之弟、成王之叔父、我於天下亦不賤矣、然我一沐三捉髮、一飯三吐哺、起以待士、猶恐失天下之賢人、子之魯、愼無以國驕人、武公與長子括少子戲朝宣王、宣王愛戲、欲立爲魯太子、仲山父諫曰、廢長立少、不順、不順必犯王命、犯王命必誅之、故出令不可不順也、令之不行、政之不立、(令不行、則政不立也、)今天子建諸侯、立其少、是敎民逆也、若魯從之、諸侯効之、王命將有所壅、(言先王立長之命、將壅塞不行也、)若弗從而誅之、是自誅王命也、(先王之命立長、今魯亦立長、若誅之、是自誅王命也、)誅之亦失、不誅亦失、(誅之、誅王命、不誅、則王命廢也、)王其圖之、弗聽、卒立戲爲太子、是爲懿公、括之子伯御攻弑懿公、宣王伐魯殺伯御、自是後、諸侯多叛王命、

燕昭王於破燕之後卽位、卑身厚幣、以招賢者、謂郭隗曰、齊因孤之國亂、而襲破燕、孤極知燕

小力少、不足報、然得賢士與共國、以雪先王之耻、孤之願也、先生視可者、得身事之、郭隗曰、王必欲致士、先從隗始、況賢於隗者、豈遠千里哉、於是昭王爲隗改築宮而師事之、樂毅自魏往、鄒衍自齊往、劇辛自趙往、士爭趨燕、燕王遂以樂毅爲上將軍、與秦楚三晉合謀以伐齊、齊兵敗、湣王出亡於外、燕兵獨追北、入至臨淄、盡取齊寶、燒其宮室宗廟、齊城之不下者、唯獨聊莒卽墨、其餘皆屬燕、昭王卒、惠王爲太子時、與樂

毅有隙、及即位疑毅、使騎劫代將、樂毅亡走趙、齊田單以即墨擊敗燕軍、騎劫死、燕兵引歸、齊悉復得其故城、

微子開者、紂之庶兄也、紂既立不明、淫亂於政、微子數諫、箕子者、紂親戚也、紂爲象箸、箕子歎曰、彼爲象箸、必爲玉杯、爲玉杯則必思遠方珍怪之物而御之矣、輿馬宮室之漸自此始、不可振也、紂爲淫泆、箕子諫不聽、乃被髮詳狂、王子比干見箕子諫不聽、乃直言諫紂、紂怒曰、吾聞

聖人之心有七竅、信有諸乎、乃遂殺王子比干、刳視其心、微子曰、人臣三諫不聽、則其義可以去矣、於是遂行、周公誅武庚、乃命微子代殷後、奉其先祀曰宋、

唐叔虞者、周成王弟也、成王與叔虞戲、削桐葉爲珪、以與叔虞曰、以此封若、史佚因請擇日立叔虞、成王曰、吾與之戲耳、史佚曰、天子無戲言、言則史書之、禮成之、樂歌之、於是遂封叔虞於唐、

萬無趙字補之

趙烈侯好音、謂相國公仲連曰、寡人有愛、可以貴之乎、公仲曰、富之可、貴之則否、烈侯曰、然、夫鄭歌者槍石二人、吾賜之田人萬畝、公仲曰、諾、不與、居一月、烈侯從代來、問歌者田、公仲曰、求未有可者、有頃、烈侯復問、公仲終不與、乃稱疾不朝、番吾君（常山有番吾縣）自代來、謂公仲曰、君實好善、未知所持、今公仲相趙、於今四年、亦有進士乎、公仲曰、未也、番吾君曰、牛畜荀欣徐越皆可、公仲乃進三人、及朝、烈侯復問歌者田、何如、公

仲曰、方使擇其善者、牛畜侍烈侯以仁義、約以王道、明日荀欣侍、以選練舉賢、任官使能、明日徐越侍、以節財儉用、察度功德、所與無不充、君悅、烈侯使使謂相國曰、歌者之田且止、官牛畜爲師、荀欣爲中尉、徐越爲內史、賜相國衣二襲、（單複具爲一襲也、）

魏文侯受子夏經藝、客段干木、過其閭、未嘗不軾也、秦嘗欲伐魏、或曰、魏君賢人、是禮國人稱仁、上下和合、未可圖也、文侯由此得譽於諸侯、

文侯謂李克曰先生嘗教寡人曰家貧則思良妻國亂則思良相今所置非成則璜（文侯弟名成也）二子何如對曰君不察故也居視其所親富視其所與達視其所舉窮視其所不爲貧視其所不取五者足以定之矣何待克哉文侯曰寡人相定矣李克曰魏成子爲相矣翟璜忿然作色曰以耳目之所睹記臣何負於魏成子西河之守臣之所進也君內以鄴爲憂臣進西門豹君謀欲伐中山臣進樂羊中山已拔無使守之臣進先生君之子無傅臣進屈侯鮒臣何以負於魏成子李克曰且子之言克於子之君者豈將比周以求大官哉且子安得與魏成子比乎魏成子以食祿千鍾什九在外什一在內是以東得卜子夏田子方段干木此三人者君皆師之子所進五人者君皆臣之子惡得與魏成子比也翟璜逡巡再拜曰璜鄙人也失對願卒爲弟子矣

齊威王初即位九年之間諸侯並伐國人不治於是威王召即墨大夫語之曰自子之居即墨也毀言日至然吾使人視即墨田野開民人給官無留事東方以寧是子不事吾左右以求譽也封之萬家召阿大夫語之曰自子之守阿譽言日聞然使使視阿田野不開民貧苦昔日趙攻甄子弗能救衛取薛陵子弗知是子以幣厚吾左右以求譽也是日烹阿大夫及左右嘗譽者皆并烹之遂起兵西擊趙衛敗魏於濁澤於是齊國震懼人人不敢飾非務盡其誠齊國大治諸侯聞之莫敢致兵於齊二十四年與魏王會田於郊魏王問曰王亦有寶乎威王曰無有梁王曰若寡人國小也尚有徑寸之珠照車前後各十二乘者十枚奈何以萬乘之國而無寶乎威王曰寡人之所以爲寶與王異吾臣有檀子者使守南城則楚人不敢爲寇東取泗上十二諸侯皆來朝吾臣有盼子者使守高唐則趙人不敢東漁於河吾吏有黔夫者使守徐州則燕人祭北門趙人祭西門（齊之北門西門也言燕趙之人畏見）

使伐、故祭以求福也、徙而從者七千餘家、吾臣有種首者、使備盜賊、則道不拾遺、將以照千里、豈特十二乘哉、梁惠王慙、不懌而去、

羣書治要卷第十一

文舊無傳記列伯四字之

羣書治要卷第十二

秘書監鉅鹿男臣魏徵等奉　勅撰

史記下　吳越春秋

史記

列傳

管仲夷吾者潁上人也、少時常與鮑叔牙遊、鮑叔知其賢、管仲貧困、常欺鮑叔、鮑叔終善遇之、已而鮑叔事齊公子小白、管仲事公子糾、及小白立、公子糾死、管仲囚焉、鮑叔遂進管仲、管仲既用、任政於齊、桓公以霸、九合諸侯、壹匡天下、管仲之謀也、鮑叔既進管仲、以身下之、子孫世祿於齊、常爲名大夫、世不多管仲之賢、而多鮑叔能知人也、

晏平仲嬰者、萊人也、萊者、今東萊地也、事齊靈公莊公景公、以節儉力行、重於齊、其在朝、君語及之、則危言、語不及、則危行、國有道則順命、無道則衡命、以此三世顯名於諸侯、太史公曰、吾讀晏子春秋、詳哉其言之也、至其諫說犯君之顏、此所

謂進思盡忠退思補過者哉、

韓非者韓之諸公子也作孤憤五蠹內外儲說林說難十餘萬言人或傳其書至秦秦王見之曰嗟乎寡人得見此人與之游死不恨矣秦因急攻韓韓王乃遣非使秦秦王悅之未信用李斯姚賈害之毀之曰韓非韓之諸公子也今王欲并諸侯非終為韓不為秦此人情也今王不用久留而歸之此自遺患也不如以過法誅之秦王以為然下吏治非李斯使人遺非藥使早自殺韓非欲自陳不得見王後悔使人赦之非已死矣、

司馬穰苴者田完之苗裔也齊景公時晉伐阿甄而燕侵河上齊師敗績景公患之晏嬰乃薦田穰苴景公以為將軍將兵扞燕晉之師穰苴曰臣素卑賤君擢之閭伍之中加之大夫之上士卒未附百姓不信願得君之寵臣國之所尊以監軍乃可於是景公使莊賈往穰苴既辭與莊賈約曰且日日中會於軍門穰苴先馳至軍立表下漏待賈賈素驕貴親戚左右送之留飲夕時乃至穰苴曰何後期為賈謝曰大夫親戚送之故留穰苴曰將受命之日則忘其家臨軍約束則忘其親援枹鼓之急則忘其身今敵深侵邦內騷動士卒暴露於境君寢不安席食不甘味百姓之命皆懸於君何謂相送乎於是遂斬莊賈以徇三軍之士皆振慄然後行士卒次舍井竈飲食問疾醫藥身自拊循之悉取將軍之資糧享士卒平分糧食最比其羸弱者三日而後勒兵病者求行爭奮赴戰晉師聞之為罷去燕師聞之渡易水而解於是追擊之遂取所亡故境而歸立為大司馬、

（舊無騷字無食不甘味四字補之）

孫武者齊人也以兵法見於吳王闔廬闔廬曰子之十三篇吾盡觀之矣可小試勒兵乎對曰可闔廬曰可試以婦人乎曰可於是許之出宮中美人得百八十人孫子分為二隊以王之寵姬二人各為隊長令之曰汝知而心與左右手背乎婦人曰知之孫子曰前則視心左則視左

（本書立作尊）

手右則視右手後則視背婦人曰諾乃設鈇鉞三令而五申之於是鼓之右婦人大笑孫子曰約束不明申令不熟將之罪也復三令而五申之鼓之左婦人復大笑孫子曰約束不明申令不熟將之罪也既已明而不如法者吏士之罪也乃欲斬左右隊長吳王從臺上觀見且斬愛姬大駭趣使下令曰寡人已知將軍能用兵矣寡人非此二姬食不甘味願勿斬也孫子曰臣已受命將將在軍君命有所不受遂斬隊長二

人以徇用其次爲隊長於是復鼓之婦人左右前後跪起皆中規矩繩墨無敢出聲者於是孫子使使報曰兵已整唯王所欲用之雖赴水火猶可也吳王曰將軍罷休就舍寡人不願下觀孫子曰王徒好其言不能用其實於是闔廬知孫子能用兵也卒以爲將西破楚入郢北威齊晉顯名諸侯

舊無用兵二字無齊字補之

吳起者衛人也魏文侯以爲將與士卒最下者同衣食臥不設席行不騎乘親裹糧與士卒分勞卒有病疽者吳起爲吮之卒母哭之人曰子卒也而將軍自吮其疽何哭爲母曰不然也往年吳公吮其父其父戰不旋踵而遂死於敵今又吮此子妾不知其死處矣是以哭之文侯既卒事武侯武侯浮西河而下中流顧而謂起曰美哉山河之固此魏國之寶也起對曰在德不在險昔三苗氏左洞庭而右彭蠡德義不修而禹滅之夏桀之居左河濟右太華伊闕在其南羊腸在其北羊腸坂在太原修政不仁而湯放之殷紂

之國左孟門右太行常山在其北大河經其南修政不德武王殺之由之觀之在德不在險若君不修德船中之人盡敵國也武侯曰善

甘茂者下蔡人也秦武王以爲左丞相謂茂曰寡人欲容車通三河以窺周室而寡人死不朽矣茂曰請之魏約以伐韓而令向壽輔行茂謂向壽子歸言之於王曰魏聽臣矣然願王勿伐也壽歸以告王王迎茂於息壤茂至王問其故對曰宜陽大縣也雖名曰縣其實郡也今王倍

河作川

然作之下同

數險、行千里攻之難、昔曾參之處費、魯人有與
曾參同姓名殺人、人告其母曰、曾參殺人、其母
織自若也、頃然、一人又告其母尚織自若也、頃
然一人又告之、其母投杼下機、踰牆而走、夫以
曾參之賢、與其母信之也、三人疑之、其母懼焉、
今臣之賢、不若曾參、王之信臣、又不如曾參之
母信曾參也、疑臣者、非特三人、臣恐大王之投
杼也、始張儀西幷巴蜀之地、北開西河之外、南
取上庸、天下不以多張子、而賢先王、魏文侯令
樂羊將而攻中山、三年而拔之、樂羊返而論功、
文侯示之謗書一篋、樂羊再拜稽首曰、此非臣
功、主君之力也、今臣羈旅之臣、樗里子公孫奭
二人者、挾韓而議、王必聽之、王欺魏而臣受公
仲侈之怨也、王曰寡人不聽也、請與子盟、卒使
茂將兵伐宜陽、五月而不拔、樗里子公孫奭果
爭之、武王召茂欲罷兵、茂曰、息壤在彼、王曰、有
之、因大悉起兵使茂擊之、遂拔宜陽、韓襄王使
公仲侈入謝、

無遂字

白起者、郿人也、善用兵、事秦昭王、昭王使白起
爲上將軍、前後斬首虜四十五萬人、趙人大震、
使蘇代厚幣說秦相應侯曰、武安君所爲秦戰
勝攻取者七十餘城、南定鄢郢漢中、北禽趙括
之軍、雖周召呂望之功、不益於此矣、今趙亡、秦
王王、則武安君必爲三公、君能爲之下乎、雖無
欲爲之下、固不得已矣、秦嘗攻韓、圍邢丘、困上
黨、上黨之人皆反爲趙、天下不樂爲秦民之日
久矣、今亡趙、北地入燕、東地入齊、南地入韓魏、
則君之所得民亡幾何人、故不如因而割之、無
以爲武安君功也、於是應侯言秦王曰、秦兵勞
請許韓趙之割地以和、且休士卒、王聽之、皆罷
兵、武安君由是與應侯有隙、秦復發兵、使王陵
攻趙、陵戰少利、秦王欲使武安君代陵將、武安
君言曰、秦雖破長平軍、而秦卒死者亦過半、國
內空、遂遠絕河山、而爭人國都、趙應其內、諸侯
攻其外、破秦軍必矣、不可、秦王强起武安君、武
安君遂稱病篤、應侯請之不起、於是免爲士伍、

遷之陰密、屬安定 武安君病、未能行、秦王乃使人遣白起不得留咸陽中、武安君既行、出咸陽西門十里至杜郵、秦昭王與應侯羣臣議曰、白起之遷、其意尚怏怏不服有餘言、秦王乃使使者賜之劒自裁、武安君遂自殺、秦人憐之、鄉邑皆祭祀焉、

樂毅聞燕昭王屈身下士、先禮郭隗、以招賢者、毅爲魏使燕、遂委質爲臣、昭王以爲亞卿、時齊湣王強自矜、百姓弗堪、於是昭王使毅約趙楚魏以伐齊、昭王悉起兵、使毅爲上將軍、幷護趙楚韓魏燕之兵以伐齊、破之濟西、諸侯兵罷歸、而毅獨追入臨菑、盡取齊寶財物輸之燕、昭王大悅、封樂毅於昌國、齊七十餘城皆爲郡縣以屬燕、唯獨莒卽墨未服、會燕昭王卒、惠王自爲太子時、嘗不快於毅、及卽位、齊之田單聞之、乃縱反間於燕曰、齊城不下者兩城耳、然所以不早下者、聞樂毅與燕新王有隙、欲連兵且留齊南面而王齊、齊之所患、唯恐他將之來、惠王固已疑毅、得齊閒、乃使騎劫代將而召毅、毅知惠王之弗善代之、遂西降趙、齊田單遂破騎劫、盡復得齊城、

廉頗者、趙之良將也、藺相如者、趙人也、趙王與秦王會澠池、秦王飲酒酣、曰、寡人竊聞趙王好音、請奏瑟、趙王鼓瑟、秦御史前書曰、某年某月、秦王與趙王會飲、令趙王鼓瑟、相如前曰、趙王竊聞秦王善爲秦聲、請奉盆缻以相樂、秦王怒不許、於是相如前進缻、因跪請秦王、秦王不肯擊缻、相如曰、五步之內、相如請得以頸血濺大王矣、左右欲刃相如、相如張目叱之、左右皆靡、於是秦王不懌、爲壹擊缻、相如顧召趙御史書曰、某月秦王爲趙王擊缻、秦之羣臣曰、請以趙十五城爲秦王壽、相如亦曰、請以秦之咸陽爲趙王壽、秦王竟酒、終不能加勝於趙、既罷歸國、以相如功大、拜爲上卿、位在廉頗之右、頗曰、我爲趙將、有攻城野戰之功、而藺相如徒以口舌爲勞、而位居我上、且相如素賤人、吾羞不忍爲之下、

宣言曰、我見相如必辱之、相如聞每朝常稱病、已而相如出望見廉頗、引車避匿、於是舍人相與諫曰、臣所以去親戚而事君者、徒慕君之高義也、今君與廉君同列、廉君宣惡言、而君畏匿之、恐懼殊甚、且庸人尚羞之、況於將相乎、臣等不肖、請辭去、相如固止之曰、公之視廉將軍孰與秦王、曰、不若也、相如曰、夫以秦王之威、而相如廷叱之、辱其羣臣、相如雖駑、獨何畏廉將軍哉、顧吾念之、彊秦之所以不敢加兵於趙者、徒以吾兩人在也、今兩虎鬬、其勢不俱生、吾所以爲此、先公家之急、而後私讎也、頗聞之、肉袒負荊、因賓客至相如門、謝罪曰、鄙賤之人、不知將軍寬之至此也、卒相與歡、爲刎頸之交、

[固舊作故改之]

趙奢者、趙之田部吏也、收稅、而平原君家不肯出、奢以法治之、殺平原君用事者九人、平原君怒、將殺奢、因說曰、君於趙爲貴公子、今縱君家而不奉公、則法削、法削則國弱、國弱則諸侯加兵、諸侯加兵、是無趙也、君安得有此富乎、以君之貴、奉公如法、則上下平、上下平則國彊、國彊則趙固、而君爲貴戚、豈輕於天下邪、平原君以爲賢、言之王、王用之治國賦、國賦大治、民富而府庫實、秦伐韓、軍閼與、王乃令奢將救之、大破秦軍、惠文王賜奢爵號爲馬服君、孝成王立、秦與趙兵相距長平、使廉頗將、固壁不戰、秦之閒言曰、秦之所惡、獨畏趙奢之子趙括爲將耳、趙王因以括爲將代廉頗、括自少時學兵法、言兵事、以天下莫能當、嘗與其父奢言兵事、奢不能難、然不謂之善、括母問其故、奢曰、兵死地也、而括易言之、使趙不將括則已、若必將之、破趙軍者必括也、及括將行、其母上書曰、括不可使將、王曰、何以、對曰、始妾事其父、時爲將、身所奉飯而進食者以十數、所友者以百數、大王及宗室所賞賜者、盡以與軍吏士大夫、受命之日、不問家事、今括一旦爲將、東向而朝、軍吏無仰視之者、王所賜金帛、歸藏家、而日視便利田宅可買者、王以爲何如、其父子異心、願王勿遣、王曰、

毋置之吾已決矣終遣之括既代廉頗悉更約束易置軍吏秦將白起聞之縱奇兵射殺括數十萬之衆遂降秦秦悉坑之

李牧者趙之北邊良將也常居代鴈門備匈奴日饗士習騎射謹烽火多間諜厚遇戰士爲約曰匈奴卽入盜急入收保有敢捕虜者斬如是數歲亦不亡失然匈奴以李牧爲怯雖趙邊兵亦以爲吾將怯趙王讓牧牧如故趙王怒召之使他人代將歲餘匈奴每來出戰戰數不利失亡多邊不得田畜復請牧牧固稱疾趙王乃復強起使將兵牧曰王必用臣如前乃敢奉令王許之牧至如故約匈奴數歲無所得終以爲怯邊士日得賜而不用皆願得一戰於是悉勒習戰大縱畜牧人民滿野匈奴小入佯北不勝以數千人委之單于聞之大率衆來入牧多爲奇陳張左右翼擊之大破殺匈奴十餘萬騎破東胡單于奔走匈奴不敢近趙邊

屈原者名平楚之同姓也爲楚懷王左徒博聞強志明於治亂嫻於辭令入則與王圖議國事以出號令出則接遇賓客應對諸侯王甚任之上官大夫與之同列而心害其能懷王使平造爲憲令平屬草藁未定上官大夫見而欲奪之平不與因讒之曰王使屈平爲令衆莫弗知每一令出屈平伐其功以爲非我莫能爲也王怒而疎平平疾王聽之不聰也讒諂之蔽明也邪曲之害公也方正之不容也故憂愁幽思而作離騷平既絀其後秦大破楚師懷王入秦而不反平雖放流睠顧楚國冀幸君之一悟俗之一改也令尹子蘭卒使上官大夫短原於頃襄王頃襄王怒而遷之（遷於江南）遂自投汨羅以死（汨水在羅故曰汨羅）原既死之後楚日以削竟爲秦所滅

豫讓者晉人也故嘗事范氏及中行氏而無所知名去而事智伯智伯甚尊寵之及智伯伐趙趙襄子與韓魏合謀滅智伯三分其地襄子漆智伯頭以爲飲器豫讓遁逃山中變名易姓爲刑人入宮塗厠欲以刺襄子襄子如厠心動執

問塗厠之刑人豫讓内持刀兵曰欲爲智伯報仇左右欲誅之襄子曰彼義人也吾謹避之耳釋去之居頃之豫讓又漆身爲厲吞炭爲啞行乞於市其妻不識行見其友其友識之曰以子之材委質而臣事襄子襄子必近幸子近幸子乃爲所欲顧不易邪何乃殘身苦形欲以求報襄子不亦難乎豫讓曰既已委質臣事人而殺之是懷二心以事君也且吾所爲者極難耳然所以爲此者將以愧天下後世之爲人臣懷二心以事其君也頃之襄子當出豫讓伏於所當過之橋下襄子至橋馬驚曰此必是豫讓也使人問之果豫讓也於是趙襄子數豫讓曰子不嘗事范中行氏乎智伯盡滅之而子不爲報讎反委質臣於智伯智伯亦已死矣而子獨何以爲之報讎之深也豫讓曰臣事范中行氏范中行氏皆衆人遇我我故衆人報之至於智伯國士遇我我故國士報之

李斯者楚上蔡人也爲丞相始皇出遊會稽斯及中車府令趙高皆從始皇有二十餘子長子扶蘇以數直諫使監兵上郡蒙恬爲將少子胡亥從始皇帝至沙丘疾甚令趙高爲書賜公子扶蘇曰以兵屬蒙恬與喪會咸陽而葬書已封未授使者始皇崩於是斯高相與謀詐爲受始皇詔立子胡亥爲太子更爲書賜扶蘇劍以自裁將軍恬賜死至咸陽發喪太子立爲二世皇帝以趙高爲郎中令常侍中用事二世燕居乃召高與謀謂高曰夫人生世間也譬猶騁六驥過決隙也吾既已臨天下矣欲悉耳目之所好窮心志之所樂以安宗廟而樂萬姓長有天下終吾年壽其道可乎高曰此賢主之所能行而昏亂主之所禁也臣請言之願陛下少留意焉夫沙丘謀諸公子至大臣皆疑焉而諸公子盡帝兄大臣又先帝之所置也今陛下初立此其屬意怏怏皆不服恐爲變且蒙恬已死蒙毅將兵居外臣戰戰慄慄唯恐不終且陛下安得爲此樂乎二世曰爲之柰何趙高曰嚴法而刻刑

令有罪者相坐誅，至收族，滅大臣而遠骨肉，貧者富之，賤者貴之，盡除去先帝之故臣，更置陛下之所親信者近之，此則陰德歸陛下，害除而姦謀塞，羣臣莫不被潤澤，蒙厚德，陛下則高枕肆志寵樂矣。計莫出於此。二世然高之言，乃更爲法律，羣臣諸公子有罪，輒下高令治之，誅殺大臣蒙毅等，公子十二人僇死咸陽市，十公主矺死於杜，相連坐者不可勝數。公子高欲奔，恐收族，乃上書曰：先帝無恙時，臣入則賜食，出則

乘輿，御府之衣，臣得賜之，中廐之寶馬，臣得賜之。臣請從死，願葬驪山之足。書上，胡亥大悅，召趙高而示之曰：此可謂急乎？高曰：人臣當憂死不暇，何變之得謀？胡亥可其書，賜錢十萬以葬。法令誅罰日益刻深，羣臣人人自危，欲叛者衆。又作阿房之宮，治直道、馳道，賦斂愈重，戍徭無已。於是楚戍卒陳勝、吳廣等乃作亂。斯數欲請間諫，二世不許，而二世責問斯曰：吾有私議，而有所聞於韓子也，曰：堯之有天下，堂高三尺，茅

舊無梏字補之下桎梏同

茨不翦，雖逆旅之宿，不勤於此矣；粢糲之食，藜藿之羹，飯土甌，啜土鉶，雖監門之養，不觳於此矣；禹鑿龍門，疏九河，手足胼胝，面目黎黑，臣虜之勞，不烈於此矣。然則夫所貴於有天下者，豈欲苦形勞神，身處逆旅之宿，口食監門之養，手持臣虜之作哉？此不肖人之所勉也，非賢者之所務也。夫所謂賢人者，必將能安天下而治萬民也。今身且弗能利，將惡能治天下哉？故吾願肆志廣欲，長享天下而無害，爲之柰何？斯子由

爲三川守，羣盜吳廣等西略地，過去弗能禁。李斯恐懼，不知所出，乃阿二世意，欲求容，以書對曰：夫賢主者，必且能全道而行督責之術者。督責之，則臣不敢不竭能以徇其主矣。臣主之分定，上下之義明，則天下賢不肖莫敢不盡力竭任以徇其君矣。是故主獨制於天下而無所制也，能窮樂之極矣。賢明之主也，可不察耶？故申子曰：有天下而不恣睢，命之曰以天下爲桎梏者，無他焉，不能督責，而顧以其身勞於天下之

民若堯禹然故謂之桎梏也夫不能修申韓之明術行督責之道專以天下自適也而徒務苦形勞神以身徇百姓則是黔首之役非畜天下者也何足貴哉夫以人徇己則己貴而人賤以己徇人則己賤而人貴故徇人者賤而所徇者貴自古及今未有不然者也凡古之所為尊賢者為其貴也而所為惡不肖者為其賤也夫堯禹以身徇天下者也可謂大繆矣謂之為桎梏不亦宜乎不知督責之過也故韓子曰慈母有

敗子而嚴家無格虜者何也則能罰之加焉必也故商君之法刑棄灰於道者夫棄灰薄罪也而被刑重罰也彼唯明主為能深督輕罪夫輕罪且督深而況有重罪乎故民弗敢犯也明主聖王之所以能久處尊位長執重勢而獨擅天下之利者非有異道也能獨斷而審督責必深罰故天下弗敢犯也今不務所以不犯而事慈毋之所以敗子也則亦不察於聖人之論矣凡賢主者必將能拂世摩俗而廢其所惡立其所

欲故生則有尊重之勢死則有賢明之謚也是以明君獨斷故權不在臣也然後能滅仁義之塗掩馳說之口困烈士之行塞聰掩明內獨視聽故外不可傾以仁義烈士之行而內不可奪以諫說忿爭之辯故能犖然獨行恣睢之心而莫敢逆若此然後可謂能明申韓之術而修商君之法法修術明而天下亂者未之有也故督責之術設則所欲無不得矣羣臣百姓救過不給何變之敢圖若此則帝道備而可謂能明君

臣之術矣雖申韓復生弗能加也書奏二世悅於是行督責益嚴稅民深者為明吏二世曰若此則可謂能責矣刑者相半於道而死人日成積於市殺人衆者為忠臣二世曰若此則可謂能督矣初趙高為郎中令所殺及報私怨衆多恐大臣入朝奏事毀惡之乃說二世曰天子所以貴者但以聞聲羣臣莫得見其面故號曰朕且陛下富於春秋未必盡通諸事今坐朝廷譴舉有不當者則見短於大臣非所以示神明於

天下、且陛下深拱禁中與臣及侍中習法者待事、事來有以揆之、如此則大臣不敢奏疑事、天下稱聖主矣、二世用其計、乃不坐廷見大臣、居禁中、趙高常侍中用事、事皆決於高、高聞斯以爲言、乃見丞相曰、關東羣盜多、今上急益發繇治阿房、聚狗馬無用之物、臣欲諫、爲位賤、此眞君侯之事、君何不諫、斯曰、固也、吾欲言之久矣、今時上不坐朝廷、上居深宮、吾所欲言者、不可傳也、欲見無間、高謂曰、君誠能諫、請爲君候上間語君、於是趙高待二世方宴樂婦女居前、使人告丞相、上方閒、可奏事、丞相至宮門上謁、如此者三、二世怒曰、吾常多閒日、丞相不來、吾方宴私、丞相輙來請事、丞相豈少我、且固我哉、趙高因曰、此殆矣、夫沙丘之謀、丞相與焉、今陛下已立爲帝、而丞相貴不益、此其意亦望裂地而王矣、且陛下不問臣、臣不敢言、丞相長男由爲三川守、楚盜陳勝等、皆丞相傍縣之子、以故楚盜公行、過三川、城守不肯擊、高聞其文書相往來、未得其審、故未敢以聞、且丞相居外、權重於陛下、二世以爲然、欲案丞相、恐其不審、乃使人案驗三川守與盜通狀、斯聞之、因上書言高短曰、臣聞之、臣疑其君、無不危國、妾疑其夫、無不危家、今高有邪佚之志、危反之行、陛下不圖、臣恐其爲變也、二世曰、何哉、夫高故宦人也、然不爲安肆志、不以危易心、潔行脩善、自使至此、以忠得進、以信守位、朕實賢之、而君疑之、何也、且朕少失先人、無識不習治、而君又老、恐與天下絕矣、朕非屬趙君、當誰任哉、且趙君爲人精廉強力、下知民情、上能適朕、君其勿疑、李斯曰、不然、夫高故賤人也、無識於理、貪欲無厭、求利不止、列勢次主、求欲無窮、臣故曰殆、二世乃私告趙高、高曰、丞相所患者獨高、高已死、丞相欲爲田常所爲、於是二世責斯與子由謀反狀、皆收捕宗族賓客、高治斯、榜掠千餘、不勝痛自誣服、斯所以不死者、自負有功、實無反心、上書自陳、幸二世之寤、高使吏弃去弗奏、曰、囚安得上書、使其客十餘輩詐爲御史謁者侍中更往覆訊斯斯更以其實對輒使人復榜之後二世使人驗斯斯以爲如前終不敢更言辭服奏當上二世喜曰微趙君幾爲丞相所賣具斯五刑論腰斬咸陽市遂夷三族李斯已死二世拜高爲中丞相事無大小輒決於高高自知權重乃獻鹿謂之馬二世問左右此乃鹿也左右曰馬也二世驚自以爲惑乃召太卜令卦之太卜曰陛下春秋郊祀奉宗廟鬼神齋戒不明故至于此可

依盛德而明齋戒於是乃入上林齋戒日遊弋獵有行人二世自射殺之高乃諫二世天子無故賊殺不辜人此上帝之禁天且降殃當遠避宮以禳之二世乃出居望夷之宮留三日高劫令自殺也

田叔者趙人也趙王張敖以爲郎中高祖過趙貫高等謀弒上發覺詔捕趙王趙有敢隨王者罪三族唯孟舒田叔等自髡鉗隨王至長安敖得出叔爲漢中守文帝召叔問曰公知天下長者乎叔曰故雲中守孟舒長者上曰先帝置舒雲中十餘年矣虜曾一入舒不能堅守無故士卒戰死者數百人長者固殺人乎叔曰是乃孟舒所以爲長者也漢與楚相距士卒疲弊匈奴冒頓新服北夷來爲邊害孟舒知士卒疲弊不忍出言士爭臨城死敵如子爲父弟爲兄以故死者數百人孟舒豈故驅戰之哉是乃孟舒所以爲長者也於是上曰賢哉孟舒復以爲雲中守景帝以田叔爲魯相魯王好獵相常從入苑

中王輒休相就館舍相出常暴坐待王苑外王數使人請相曰休終不休曰我王暴露苑中我獨何爲就舍魯王以故不大出遊

循吏傳

太史公曰法令所以導民也刑罰所以禁姦也文武不備良民懼然身修者官未嘗亂也奉職循理亦可以爲治何必威嚴哉

公儀休爲魯相奉法循理無所變更百官自正使食祿者不得與下民爭利受大者不得取小

客有遺相魚者、不受也、客曰、聞君嗜魚、遺君魚、何故不受也、相曰、以嗜魚故不受也、今爲相、能自給魚、今受魚而免、誰復給我魚者、吾故不受也、食茹而美、拔其園葵而弃之、見其家織布好、而疾出其家婦、燔其機、云欲令農士工女安所讎其貨乎、

酷吏傳

孔子曰、導之以政、齊之以刑、民免而無耻、導之以德、齊之以禮、有耻且格、〔格正〕老氏稱、法令滋章、盜賊多有、太史公曰、信哉是言也、法令者治之具、而非制治淸濁之源也、昔天下之網嘗密矣、然姧僞萌起、其極也、上下相遁、至於不振、當是之時、吏治若救火揚沸、非武健嚴酷、惡能勝其任而愉快乎、言道德者、溺於職矣、故曰、聽訟吾猶人也、必也使無訟乎、下士聞道大笑之、非虛言也、漢興、破觚而爲圜、〔觚方〕斲雕而爲朴、網漏於吞舟之魚、而吏治烝烝、不至於姧、黎民艾安、由是觀之、在彼不在此、〔在道德、不在嚴酷也、〕

滑稽傳

優孟者、楚優人也、莊王之時、有愛馬、衣以文繡、置之華屋之下、席以露牀、啗以棗脯、馬病肥死、使以大夫禮葬之、下令、有諫者死、優孟入門大哭曰、馬者王之所愛也、以楚國堂堂之大、何求不得、而以大夫禮葬之薄、請以人君禮葬之、以雕玉爲棺、文梓爲椁、發卒穿壙、老弱負土、廟食太牢、奉以萬戶、諸侯聞之、皆知大王賤人而貴馬、王曰、寡人過一至此乎、爲之柰何、孟曰、請爲大王六畜葬之、〔舊無大王二字補之〕人腹腸、於是王乃使以馬屬大官、無令天下久聞也、楚相孫叔敖死、其子窮困負薪、孟卽爲敖衣冠、抵掌談語、〔抵掌、談說之容則也、〕歲餘像孫叔敖、王大驚、以爲叔敖復生也、欲以爲相、孟曰、楚相不足爲也、如孫叔敖之爲楚相、盡忠爲廉以治楚、楚得以霸、今死、其子無立錐之地、貧困負薪、以自飲食、楚相不足爲也、於是莊王謝優孟、乃召叔敖子、封之寢丘、

優旃者、秦倡侏儒也、善爲笑言、然合大道、秦始

皇帝、議欲大苑囿、東至函谷關、西至雍陳倉、優旃曰、善、多縱禽獸於其中、寇從東方來、令麋鹿觸之足矣、始皇以故輟止、二世立、又欲漆其城、優旃曰、善、漆城雖於百姓愁費、然佳哉、漆城蕩蕩、寇來不能上、即欲就之、易爲漆耳、顧難爲蔭室、於是二世笑之、以其故止、

舊無用其之其補之

魏文侯時、西門豹爲鄴令、鄴三老廷掾、常歲賦斂百姓、收取其錢、得數百萬、用其二三十萬爲河伯娶婦、與祝巫共分其餘錢、人家有好女者、持女逃亡、以故城中益空無人、又困貧、俗曰、不爲河伯娶婦、水來漂沒、至爲河伯娶婦、送女河上、豹往會之、曰、是女不好、煩大巫嫗入報、更求好女、後日送之、即使吏卒共抱大巫嫗投之河中、有頃曰、巫嫗何久也、弟子趣之、復以弟子一人投河中、有頃曰、弟子何久也、復使投之、凡投三弟子也、豹曰、巫嫗弟子、女子也、不能白事、煩三老爲入白之、復投三老、豹曰、巫嫗三老不來、奈何、欲復使掾趣之、皆叩頭破額血流、豹曰、若皆罷歸去、吏民大驚恐、從是已後、不敢言爲河伯娶婦、豹發民鑿十二渠、引河水灌田、民煩苦不欲、豹曰、民可與樂成、不可與慮始、今雖患苦、然期令子孫思我、至今皆得水利、民人以給足、故豹爲鄴令、澤流後世、無絶已時、子產治鄭、民不能欺、子賤治單父、人不忍欺、西門豹治鄴、人不敢欺、三子之才能、誰最賢哉、辨治者當能別之、魏文帝問羣臣三不欺於君德孰優、大尉鍾繇、司徒華歆、司空王朗對曰、臣以爲君任德、則臣感義而不忍欺、君任察、則臣畏覺而不能欺、君任刑、則臣畏罪而不敢欺、任德感義、與夫導德齊禮、有恥且格、等同歸者也、孔子曰、爲政以德、譬如北辰居其所、而衆星拱之、考以斯言、論以斯義、臣等以爲不忍欺、不能欺、優劣之縣在權衡、非徒低昻之差、乃鈞銖之覺也、且前志稱仁者安仁、智者利仁、畏罪者強仁、挍其仁者功、則無以殊、核其爲仁者則不得不異、安仁者性善者也、利仁者力行者也、強仁者不得已者也、三仁相比、則安者優矣、易稱、神而化、使民宜之、若君化然也、然則安仁之化、與夫強仁之化、優劣亦不得不相懸絶也、然則三臣之不欺雖同、所以不欺異、則純以恩義崇不欺與以威察成不欺、既不得同槩而比量、又不得錯綜而易處、

舊無以故城中益空無七字補之

舊無大巫嫗之嫗字補之下大巫嫗同

舊無豹曰若皆四字補之

吳越春秋

吳王夫差聞孔子與子貢游於吳、出求觀其形、

纆作摶　愈心財進作貪心而進

變服而行、爲或人所戲而傷其指、夫差還發兵索於國中欲誅或人、子胥諫曰、臣聞昔上帝之少子、下游青冷之淵、化爲鯉魚、隨流而戲、漁者豫沮射而中之、上訴天帝、天帝曰、汝方游之時、何衣而行、少子曰、我爲鯉魚、上帝曰、汝乃白龍也、而變爲魚、漁者射汝、是其宜也、又何怨焉、今夫大王弃萬乘之服、而從匹夫之禮、而爲或人所刑、亦其宜也、於是吳王默然不言、

吳王夫差興兵伐齊、堀爲漁溝、通於商魯之間、

北屬之沂、西屬之濟、欲以會晉、恐羣臣之諫也、乃令於邦中曰、寡人伐齊、敢有諫者死、太子友乃風諫、以發激吳王之心、以清朝時懷丸挾彈、從後園而來、衣洽履濡、吳王怪而問之曰、何爲如此也、友曰、遊於後園、聞秋蟬之鳴、往而觀之、夫秋蟬登高樹、飲清露、其鳴悲吟、自以爲安、不知蟷蜋超枝緣條、申要舉刃、纆其形也、夫蟷蜋愈心財進、志在利蟬、不知黃雀徘徊枝葉、欲啄之也、夫黃雀但知伺蟷蜋、不知臣飛丸之集其背也、但臣知虛心、念在黃雀、不知穽埳在於前、掩忽陷墜於深井也、王曰、天下之愚莫過於斯、知貪前之利、不睹其後之患也、對曰、天下之愚非但直於是也、復有甚者、王曰、豈復有甚於是者乎、友曰、夫魯守文抱德、無欲於鄰國、而齊伐之、齊徒知舉兵伐魯、不知吳悉境內之士、盡府庫之財、暴師千里而攻之也、吳徒知踰境貪敵往伐齊、不知越王將選其死士、出三江之口、入五湖之中、屠滅吳國也、臣竊觀禍之端、天下之

舊無吳國之吳字補之下吳國同

危莫過於斯也、王喟然而歎、默無所言、遂往伐齊、不用太子之諫、越王勾踐聞吳王北伐、乃帥軍泝江以襲吳、遂入吳國、焚其姑蘇之臺、

羣書治要卷第十二

羣書治要卷第十四

秘書監鉅鹿男臣魏徵等奉　勅撰

漢書二

志

六經之道同歸、而禮樂之用為急、治身者斯須忘禮、則暴嫚入之矣、為國者一朝失禮、則荒亂及之矣、人函天地陰陽之氣、有喜怒哀樂之情、天禀其性、而不能節也、聖人能為之節、而不能絕也、故象天地而制禮樂、所以通神明、立人倫、正情性、節萬事者也、哀有哭踊之節、樂有歌舞之容、正人足以副其誠、邪人足以防其失、故婚姻之禮廢、則夫婦之道乖、而淫僻之罪多、鄉飲之禮廢、則長幼之序亂、而爭鬬之獄繁、

本書祭祀作喪祭

祭祀之禮廢、則骨肉之恩薄、而背死忘先者衆、朝聘之禮廢、則君臣之位失、而侵陵之漸起、故孔子曰、安上治民、莫善於禮、移風易俗、莫善於樂、禮節民心、樂和民聲、政以刑之、刑以防之、

刑之之刑作行

禮樂政刑、四達而不誖、則王道備矣、樂以治內而為同、（同於和樂也、）禮以脩外而為異、（尊卑為異、）同則和親、異則畏敬、和親則無怨、畏敬則不爭、揖讓而天下治者、禮樂之謂也、王者必因前王之禮、順時宜、有所損益、即民心、稍稍制作、至太平而大備、周監二代、禮文尤具、事為之制、曲為之防、故稱禮經三百、威儀三千、於是教化浹洽、民用和睦、災害不生、禍亂不作、囹圄空虛、四十餘年、及其衰也、諸侯踰越法度、惡禮制之害己、去其篇籍、遭秦滅學、遂以亂亡、漢興、撥亂反正、日不暇給、猶命叔孫通、制禮儀、以正君臣之位、高祖悅而歎曰、吾乃今日知為天子之貴也、遂定儀法、未盡備而通終、至文帝時、賈誼以為漢承秦之敗俗、棄禮義、捐廉耻、而大臣特以簿書不報期會為故、至於風俗流溢、恬而不怪、夫移風易俗、使天下回心而向道、類非俗吏之所能為也、立君臣、等上下、使綱紀有序、六親和睦、此非天之所為、人之所設也、人之所設、不為不立、不脩則壞、乃草具其儀、天子悅焉、而大臣絳灌之屬害之、故其議

遂寢、至武帝即位、議立明堂、制禮服、會竇太后不悅儒術、其事又廢、後董仲舒言、王者承天意以從事、故務德教而省刑罰、今廢先王之德教、獨用執法之吏治民、而欲德化被四海、故難成也、是故古之王者、莫不以教化爲大務、立大學以教於國、設庠序以化於邑、教化已明、習俗已成、天下嘗無一人之獄矣、至周末世、大爲無道、秦繼其後、又益甚之、今漢繼秦之後、雖欲治之、無可奈何、法出而姦生、令下而詐起、如以湯止沸、沸愈甚而無益、譬之琴瑟不調、甚者必解而更張之、乃可鼓也、爲政而不行、甚者必變而更化之、乃可理也、故漢得天下以來、常欲以善治、而至今不能勝殘去殺者、失之當更化而不能更化也、是時上方征討四夷、銳志武功、不暇留意禮文之事、至宣帝時、琅耶王吉爲諫大夫、又上疏言、欲治之主不世出、公卿幸得遭遇其時、未有建萬世之長策、舉明主於三代之隆者也、其務在於簿書斷獄聽訟而已、此非太平之基

舊無下沸字補之

也、上不納其言、至成帝時、劉向說上、宜興辟雍、設庠序、陳禮樂、隆雅頌之聲、盛揖讓之容、以風化天下、如此而不治、未之有也、或曰、不能具禮、禮以養人爲本、如有過差、是過而養人也、刑罰之過、或至死傷、今之刑、非皐陶之法也、而有司請定法、削則削、筆則筆、救時務也、至於禮樂則曰不敢、是敢於殺人、不敢於養人也、夫教化之比於刑法、刑法輕、是舍所重而急所輕也、且教化所恃以爲治、刑法所以助治也、今廢所恃而獨立其所助、非所以致太平也、成帝以向言下公卿議、丞相大司空奏請立辟雍、營表未作、遭成帝崩、世祖受命中興、即位三十年、四夷賓服、政教清明、乃營立明堂辟雍、明帝即位、躬行其禮、威儀既盛美矣、然德化未流洽者、以其禮樂未具、羣下無所誦說、而庠序尚未設之故也、

夫人宵天地之貌、（宵化也、言稟天地氣化而生也、）懷五常之性、（仁義禮智信也、）聰明精粹、（精細也、粹淳也、）有生之最靈者也、爪牙不足以供嗜欲、趨走不足以避利害、無毛羽

用作任

以禦寒暑必將役物以爲養用智而不恃力此所以爲貴也故不仁愛則不能羣不能羣則不勝物不勝物則養不足羣而不足爭心將作上聖卓然先行敬讓博愛之德者衆心悅而從之從之成羣是爲君矣歸而往之是爲王矣洪範曰天子作民父母爲天下王聖人取類以正名而謂君爲父母明仁愛德讓王道之本也愛待敬而不敗德須威而久立故制禮以崇敬作刑以明威也聖人既躬明哲之性必通天地之心制禮作教立法設刑動緣民情而則天象地故因天秩而制五禮因天討而作五刑上刑用甲兵其次用斧鉞中刑用刀鋸其次用鑽鑿薄刑用鞭扑大者陳諸原野小者致諸市朝其所繇來者上矣自黃帝有涿鹿之戰顓頊有共工之陳（共工主水官、秉政作虐、故顓頊伐之也。）唐虞之隆至治之極猶流共工放驩兜殺三苗殛鯀然後天下服夏有甘扈之誓殷周以兵定天下古人有言天生五材民並用之廢一不可誰能去兵鞭扑不可弛

隆作際

於家刑罰不可廢於國征伐不可偃於天下用之有本末行之有逆順耳孔子曰工欲善其事必先利其器文德者帝王之利器威武者文德之輔助也夫文之所加者深則武之所服者大德之所施者博則威之所制者廣三代之盛至於刑措兵寢者以其本末有序帝王之極功也春秋之時王道寖壞禮樂不興刑罰不中陵夷至於戰國韓任申子秦用商鞅連相坐之法造參夷之誅增加肉刑大辟有鑿顛抽脅鑊亨之刑至於始皇兼吞戰國遂毀先王之法滅禮義之官專任刑罰躬操文墨而姦邪並生赭衣塞路囹圄成市天下愁怨潰而叛之高祖初入關約法三章網削煩苛兆民大悅其後四夷未附兵革未息三章之法不足以禦姦於是相國蕭何攟摭秦法取其宜於時者作律九章當孝惠高后時蕭曹爲相填以無爲是以衣食滋殖刑罰用希及孝文即位躬修玄默勸趣農桑減省租賦將相皆舊功臣少文多質懲惡亡秦之政

抽

論議務在寬厚、耻言人之過失、化行天下、告訐之俗易、吏安其官、民樂其業、蓄積歲增、戶口浸息、風流篤厚、禁罔疎闊、選張釋之爲廷尉、罪疑者予民、是以刑罰大省、至於斷獄四百、有刑措之風、即位十三年、齊太倉令淳于公有罪當刑、其少女緹縈上書曰、妾父爲吏、齊中皆稱其廉平、今坐法當刑、妾傷夫死者不可復生、刑者不復屬、雖後欲改過自新、其道無由也、妾願沒入爲官婢、以贖父刑罪、使得自新、書奏天子、天子憐悲其意、遂下令曰、蓋聞有虞氏之時、畫衣冠異章服以爲戮、民不犯、何治之至也、今法有肉刑三、黥劓二、刖左右趾合一、凡三也、而姦不止、其咎安在、非乃朕德之薄、而教不明與、吾甚自愧、故夫訓道不純、而愚民陷焉、詩曰、愷悌君子、民之父母、今人有過、教未施而刑已加焉、或欲改行爲善、而道無由至、朕甚憐之、夫刑至斷支體、刻肌膚、終身不息、何其刑之痛而不德也、豈稱爲民父母之意哉、其除肉刑、有以易之、善乎、孫卿之論刑也、曰、

世俗之爲說者、以爲治古無肉刑、有象刑、是不然矣、以爲治古、則人莫觸罪邪、豈獨無肉刑哉、亦不待象刑矣、以爲人或觸罪矣、而直輕其刑、是殺人者不死、而傷人者不刑也、罪至重而刑至輕、民無所畏、亂莫大焉、凡制刑之本、將以禁暴惡、且懲其末也、殺人者不死、傷人者不刑、是惠暴而寬惡也、故象刑非生於治古、方起於亂今也、所以有象刑之言者、近起今人惡刑之重、故遂推言古之聖君、但以象刑、天下自治、凡爵列官職、賞慶刑罰、皆以類相從者也、一物失稱、亂之端也、德不稱位、能不稱官、賞不當功、刑不當罪、不祥莫大焉、夫征暴誅悖、治之盛也、殺人者死、傷人者刑、是百王之所同、未有知其所由來者也、故治則刑重、亂則刑輕、犯治之罪固重、犯亂之罪固輕也、書云、刑罰世重世輕、此之謂也、書所謂象刑惟明者、言象天道而作刑、安有菲屨赭衣者哉、孫卿之言既然、又因俗說而論之曰、禹承堯舜之後、自以德衰而制肉刑、湯武順而行之者、以俗薄於唐虞故也、今漢

盛作威

承衰周暴秦極弊之流、俗已薄於三代、而行堯舜之刑、是猶以鞿韁而御駻突、以繩繫馬頸曰鞿、駻突惡馬也、違救時之宜矣、且除肉刑者、本欲以全民也、今去髠鉗一等、轉而入於大辟、以死罔民、失本惠矣、故死者歲以萬數、刑重之所致也、至乎穿窬之盜、忿怒傷人、男女淫佚、吏爲姦臧、若此之惡、髠鉗之罰、又不足以懲也、故刑者歲十萬數、民既不畏、又曾不耻、刑輕之所生也、故俗之能吏、公以殺盜爲威、專殺者勝任、奉法者不治、亂名

傷制、不可勝條、是以網密而姦不塞、刑繁而民愈嫚、必世而未仁、百年而不勝殘、誠以禮樂闕而刑不正也、豈宜惟思所以清原正本之論、刪定律令、撰二百章、以應大辟、其餘罪次於古當生今觸死者、皆可募行肉刑、及傷人與盜、吏受賕枉法、男女淫亂、皆復古刑、爲三千章、詆欺文致微細之法、悉蠲除、如此則刑可畏、而禁易避、吏不專殺、法無二門、輕重當罪、民命得全、合刑罰之中、殷天人之和、順稽古之制、成時雍之化、

成康刑措、雖未可致、孝文斷獄、庶幾可及也、洪範八政、一曰食、二曰貨、二者生民之本、興自神農之世、斲木爲耜、煣木爲耒、耒耨之利、以教天下、日中爲市、致天下之民、聚天下之貨、交易而退、各得其所、而貨通食足、然後國實民富、而教化成、黄帝以下、通其變、使民不倦、殷周之盛、詩書所述、要在安民、富而教之也、故易稱天地之大德曰生、聖人之大寶曰位、何以守位曰仁、何以聚人曰財、財者帝王所以聚人守位、養成

羣生、治國安人之本也、是以聖王域民、築城郭以居之、制井廬以均之、開市肆以通之、設庠序以教之、士農工商、四民有業、聖王量能授事、四民陳力受職、故朝無廢官、邑無傲民、地無曠土、孔子曰、道千乘之國、敬事而信、節用而愛人、使民以時、故民皆勸功樂業、先公而後私、民三年耕、則餘一年之畜、衣食足而知榮辱、廉讓生而爭訟息、餘三年食、進業曰登、再登曰平、三登泰平、然後王德流洽、禮樂成焉、又曰、糴甚貴傷民、

甚賤傷農民傷則離散農傷則國貧故甚貴與甚賤其傷一也善爲國者使民毋傷而農益勸

文帝即位躬脩儉節思安百姓時民近戰國背本趣末賈誼說上曰筦子曰倉廩實知禮節民不足而可治者自古及今未之嘗聞古之人曰一夫不耕或受之飢一女不織或受之寒生之有時而用之無度則物力必屈古之治天下至纖至悉也故其蓄積足恃今背本而趨末食者甚衆是天下之大殘也淫侈之俗日日以長是

天下之大賊也殘賊公行莫之或止生之者甚少而靡之者甚多天下財產何得不蹷哉世之有飢穰天之行也（天之行氣不能常孰）禹湯被之矣即不幸有方二三千里之旱國胡以相恤卒然邊境有急數十萬之衆國胡以餽之兵旱相乘天下屈有勇者聚徒而橫擊並舉而爭起矣廼駭而圖之豈將有及乎夫積貯者天下之大命也苟粟多而財有餘何爲而不成以攻則取以守則固以戰則勝懷敵附遠何招而不至今毆民而歸之農皆著於本使天下各食其力末技游食之民轉而緣南畮則畜積足而人樂其所矣可以爲富安天下而直爲此廩廩也（廩廩危也）竊爲陛下惜之於是上感誼言始開藉田躬耕以勸百姓

鼂錯復說上曰聖王在上而民不凍飢者非能耕而食之織而衣之也爲開其資財之道也故堯禹有九年之水湯有七年之旱而國無捐瘠者（捐謂民飢也或謂貧乞者爲捐也）以畜積多而備先具也今海內爲一土地民人之衆不避湯禹加以無

天災而畜積之未及者何也地有遺利民有餘力生穀之土未盡墾山澤之利未盡出游食之人未盡歸農也民貧則姦邪生貧生於不足不足生於不農不農則不地著不地著則離鄉輕家民如鳥獸雖有高城深池嚴法重刑猶不能禁也夫寒之於衣不待輕煖飢之於食不待甘旨飢寒至身不顧廉耻人情一日不再食則飢終歲不製衣則寒夫腹飢不得食膚寒不得衣雖慈母不能保其子君安能以有民哉明主知

其然也故務民於農桑薄賦斂廣畜積以實倉廩備水旱故民可得而有也民者在上所以牧之趨利如水走下四方無擇也夫珠玉金銀飢不可食寒不可衣然而衆貴之者以上用之故也其爲物輕微易臧在於把握可以周海內而無飢寒之患此令民易去其鄉盜賊有所勸亡逃者得輕資也粟米布帛生於地長於時聚於力非可一日成也數石之重中人不勝不爲姦邪所利一日弗得而飢寒至是故明君貴五穀而賤金玉今農夫春耕夏耘秋穫冬藏伐薪樵給傜役春不得避風塵夏不得避暑熱秋不得避陰雨冬不得避寒凍四時之間無日休息又私自送往迎來弔死問疾養孤長幼在其中勤苦如此尚復被水旱之災急政暴虐賦斂不時朝令而暮改當其有者半賈而賣無者取倍稱之息（取一償二爲倍稱）於是有賣田宅鬻子孫以償責者矣而商賈大者積貯倍息小者坐列販賣操其奇贏日游都市乘上之急所賣必倍故其男

不耕耘女不蠶織衣必文采食必粱肉無農夫之苦而有仟佰之得因其富厚交通王侯力過吏埶以利相傾千里遊遨冠蓋相望此商人所以兼農人農人所以流亡者也今法律賤商人商人已富貴矣尊農夫農夫已貧賤矣故俗之所貴主之所賤也吏之所卑法之所尊也上下相反好惡乖迕而欲國富法立不可得也方今之務莫若使民務農而已矣欲民務農在於貴粟貴粟之道在於使民以粟爲賞罰今募天下入粟縣官得以拜爵得以除辠如此富人有爵農民有錢粟有所渫矣夫能入粟以受爵皆有餘者也取於有餘以供上用則貧民之賦可損所謂損有餘補不足令出而民利者也順於民心所補者三一曰主用足二曰民賦少三曰勸農功爵者上之所擅出於口而無窮粟者民之所種生於地而不乏夫得高爵與免辠人之所甚欲也使天下人入粟於邊以受爵免辠不過三歲塞下粟必多矣於是文帝從錯之言令民

入粟邊，各以多少級數爲差。至武帝之初七十年間，國家無事，都鄙廩庾盡滿，而府庫餘財。京師之錢累百鉅萬，貫朽而不可校。校，數也。太倉之粟陳陳相因，充溢露積於外，腐敗不可食。衆庶街巷有馬，阡陌之間成羣，守閭閻者食粱肉，爲吏者長子孫，居官者以爲姓號，倉氏庾氏是也。人人自愛而重犯法，先行誼而黜媿辱焉。於是罔疏而民富，是後外事四夷，內興功利，役費並興，而民去本。天下虛耗，人民相食。武帝末年，悔征伐之

事，廼封丞相爲富民侯，以趙過爲搜粟都尉，教民代田，用力少而得穀多。至昭帝時，流民稍還，田野益闢，頗有蓄積。宣帝即位，用吏多選賢良，百姓安土，歲數豐穰，穀至石五錢，農人少利。時大司農中丞耿壽昌奏言：糴三輔、弘農、河東、上黨、太原郡穀足供京師，可以省關東漕卒過半。天子從其計。壽昌遂白令邊郡皆以穀賤時增價而糴，穀貴時減價而糶，名曰常平倉，民便之。上乃賜壽昌爵關內侯。至元帝時，乃罷常平倉。

哀帝即位，百姓訾富雖不及文景，然天下戶口最盛。平帝崩，莽遂篡位，因漢承平之業，匈奴稱藩，百蠻賓服，舟車所通，盡爲臣妾，府庫百官之富，天下晏然。莽一朝有之，而其意未滿，陿小漢家制度，以爲疏闊。宣帝始賜單于印璽，與天子同，而西南夷鉤町稱王。莽乃遣使易單于印綬，貶鉤町爲侯。二方始怨，侵犯邊境。莽遂興師，發三十萬衆，欲同時十道並出，壹舉滅匈奴。海內擾矣。又動欲慕古，不度時宜，分裂州郡，改職作

官，下令更名天下田曰王田，奴婢曰私屬，皆不得賣買。其男口不滿八，而田過一井者，分餘田與九族鄉黨。犯令法至死，制又不定，吏緣爲姦，天下謷謷然，陷刑者衆。

凡貨，金錢布帛之用，夏殷以前，其詳靡記云。太公爲周立九府圜法，圜即錢也。退又行之于齊。至管仲相桓公，通輕重之權，曰：歲有凶穰，故穀有貴賤；令有緩急，故物有輕重。所緩則賤，所急則貴。人君不理，則蓄賈游於市，乘民之不給，百倍其本矣。計本

量委則足矣、然而民有飢餓者、穀有所藏也、民有餘則輕之、故人君斂之以輕、民不足則重之、故人君散之以重、(民輕之之時、爲斂糴之、重之之時、官爲散之、)凡輕重斂散之以時、卽準平、故大賈蓄家、不得豪奪吾民矣、秦兼天下、幣爲二等、黃金以溢爲名、(二十兩爲溢、秦以溢爲一金、漢以一斤爲一金也、)錢質如周錢、文曰半兩、漢興、以爲秦錢重難用、更令民鑄莢錢、(如榆莢也、)孝文爲錢益多而輕、更鑄四銖、文爲半兩、除盜鑄錢令、賈誼諫曰、夫事有召禍、而法有起姦、今令

細民人操造幣之勢、各隱屏而鑄作、因欲禁其厚利微姦、雖黥罪日報、其勢不止、(報、論、)爲法若此、上何賴焉、又民用錢、郡縣不同、法錢不立、吏急而壹之虖、則大爲煩苛、而力不能勝、縱而弗呵乎、則市肆異用、錢文大亂、苟非其術、何鄉而可哉、今農事弃捐、而采銅者繁、姦錢日多、五穀不爲多、(民采銅鑄錢、廢其農業、故五穀不爲多、)善人怵而爲姦邪、(怵、誘動心於姦邪也、)愿民陷而之刑戮、刑戮甚不祥、奈何而忽、上不聽、是時吳以諸侯卽山鑄錢、富埒天子、

柏作貊

後卒叛逆、鄧通大夫也、以鑄錢財過王者、故吳鄧錢布天下、武帝因文景之蓄、忿胡粵之害、卽位數年、嚴助朱買臣等、招來東甌、事兩粵、江淮之間、蕭然煩費矣、唐蒙司馬相如開西南夷、鑿山通道千餘里、以廣巴蜀、巴蜀之民罷焉、彭吳穿穢貊朝鮮、置滄海郡、則燕齊之間、靡然發動、及王恢設謀馬邑、匈奴絕和親、侵擾北邊、兵連而不解、天下共其勞、干戈日滋、行者齎、居者送、中外騷擾相奉、財賂衰耗而不澹、入物者補官、

出貨者除辠、選擧陵夷、廉耻相冒、武力進用、法嚴令具、興利之臣、自此而始、其後衞青歲以數萬騎、出擊匈奴、遂取河南、築朔方郡、時又通西南夷道、作者數萬人、千里負擔餽饟、率十餘鍾致一石、(鍾、六石四斗、)置滄海郡、築衞朔方、轉漕甚遠、自山東咸被其勞、費數十百鉅萬、府庫並虛、迺募民能入奴婢、以終身復、爲郞增秩、及入羊爲郞、始於此、此後衞青比歲將十餘萬衆、擊胡、斬捕首虜之士、受賜黃金二十餘萬斤、而漢軍士

馬死者十餘萬兵甲轉漕之費不與焉於是經用賦稅既竭不足以奉戰士有司請令民得買爵及贖禁錮免贓罪大者封侯卿大夫小者郎吏道雜而多端官職耗廢票騎仍再出擊胡大克獲渾邪王率數萬衆來降皆得厚賞衣食仰給縣官縣官不給天子迺損膳解乘輿駟出御府禁藏以澹之費以億計縣官大空富商賈財或累萬金而不佐公家之急於是天子與公卿議更造錢造幣以澹用而摧浮淫并兼之徒於

是以東郭咸陽孔僅爲大司農丞領鹽鐵事而桑弘羊貴幸侍中故三人言利事析秋豪矣法既益嚴吏多廢免皆謫令伐棘上林作昆明池其明年大將軍票騎大出擊胡賞賜五十萬金軍馬死者十餘萬匹轉漕車甲之費不與焉是時財匱戰士頗不得祿矣諸賈人末作貰貸及商以取利者雖無市籍各以其物自占率緡錢二千而筭一軺車一筭商賈人軺車二筭商賈人有軺車使出二筭重其賦也船五丈以上一筭匿不自占占不

超萬作越改之

悉戍邊一歲沒入緡錢有能告者以其半畀之是時豪富皆爭匿財唯卜式數求入財以助縣官天子迺超拜式爲中郎賜爵左庶長田十頃布告天下以風百姓自造白金五銖錢後五歲而赦吏民之坐盜鑄金錢死者數十萬人其不發覺相殺者不可勝計赦自出者百餘萬人然不能半自出矣犯法者衆吏不能盡誅於是遣博士褚大徐偃等分行郡國舉并兼之徒而御史大夫張湯方貴用事減宣杜周等爲中丞義

縱尹齊王溫舒等用慘急苛刻爲九卿直指夏蘭之屬始出而大農顏異誅矣自是後有腹非之法比而公卿大夫多諂諛取容天子既下緡錢令而尊卜式百姓終莫分財佐縣官於是告緡錢縱矣楊可告緡徧天下中家以上大氐皆遇告得民財物以億計奴婢以千萬數田大縣數百頃小縣百餘頃宅亦如之於是商賈中家以上大氐破民媮甘食好衣不事畜藏之業而縣官以鹽鐵緡錢之故用少饒矣是時越欲與漢

糧作糧

用船戰逐（水戰相逐）乃大脩昆明池列館環之治樓船高十餘丈作柏梁臺高數十丈宮室之脩由此日麗明年天子始巡郡國公卿白議封禪事而郡國皆豫治道修繕故宮儲設共具而望幸明年南越反西羌侵邊天子因南方樓船士二十餘萬人擊越發三河以西騎擊羌又度河築令居初置張掖酒泉郡而上郡朔方西河河西開田官斥塞卒（塞上候斥卒也）六十萬人戍田之中國繕道餽糧遠者三千餘里邊兵不足廼發武庫

工官兵器以澹之齊相卜式上書願父子死南粤天子下詔褒揚賜爵關內侯黃金四十斤田十頃布告天下天下莫應列侯以百數皆莫求從軍至飲酎少府省金（省視諸侯金有輕重）而列侯坐酎金失侯者百餘人廼拜卜式為御史大夫式既在位見郡國多不便縣官作鹽鐵器或彊令民買之而船有筭因孔僅言船筭事上不說然兵所過縣縣以為訾給毋乏而已不敢言輕賦法矣元封元年卜式貶為太子太傅而桑弘羊為

治粟都尉領大農廼請置大農部丞數十人分部主郡國各往往置均輸鹽鐵官盡籠天下之貨名曰平準不復告緡民不益賦天下用饒於是弘羊賜爵左庶長黃金者再百焉是歲小旱上令百官求雨卜式言曰縣官當食租衣稅而已今弘羊令吏坐市列販物求利亨弘羊天乃雨久之拜弘羊為御史大夫昭帝即位詔郡國舉賢良文學士問以民所疾苦教化之要皆對願罷鹽鐵酒榷均輸官毋與天下爭利示以節

儉然後教化可興廼罷酒酤宣元成哀平五世亡所變改王莽居攝變漢制更作金銀龜貝錢布之品名曰寶貨凡寶貨五物六名二十八品百姓憒亂其貨不行民私以五銖錢市買莽患之下詔敢非井田挾五銖錢者為惑眾投諸四裔以御魑魅於是商農失業食貨俱廢民涕泣於市道坐賣買田宅奴婢鑄錢抵辠者自公卿大夫至庶人不可勝數莽知民愁廼但行小錢直一與大錢五十二品並行龜貝布屬且寢莽

踐作躁

性踐擾、不能毋為、每有所興造、必欲依古得經文義、和置命士、督五均六斡、郡有數人、皆用富賈、乘傳求利、交錯天下、因與郡縣通姦、多張空簿、府藏不實、百姓愈病、莽每一斡、為設科條防禁、犯者辠至死、姦吏猾民並侵、衆庶各不安生、每壹易錢、民用破業、而大陷刑、莽以私鑄錢死、及非沮寶貨投四裔、犯法者多、不可勝計、乃更輕其法、私鑄作泉布者、與妻子沒入為官奴婢、吏及比伍、知而不舉告、與同罪、非沮寶貨、民罰

作一歲、吏免官、犯者兪衆、及五人相坐皆沒入、郡國檻車鐵鎖、傳送長安鍾官、愁苦死者十六七、匈奴侵寇甚、莽大募天下囚徒人奴、名曰豬突狶勇、豬性觸突人、故取以喻、壹切稅吏民訾三十而取一、又令公卿已下、至郡縣黃綬吏、皆保養軍馬、吏盡復以與民、民搖手觸禁、不得耕桑、傜役煩劇、而枯旱蝗蟲相因、又用制作未定、上自公侯、下至小吏、皆不得奉祿、而私賦斂、貨賂上流、獄訟不決、吏用苛暴立威、旁緣莽禁、侵刻小民、富者不得自保、貧者無以自存、起為盜賊、依阻山澤、吏不能禽、而覆蔽之、浸淫日廣、於是青徐荊楚之地、往往萬數、戰鬭死亡、緣邊四夷所係虜陷罪、飢疫人相食、及莽未誅、而天下戶口減半矣、自發豬突狶勇後四年、而漢兵誅莽、

昔仲尼沒而微言絕、隱微不顯之言、七十子喪而大義乖、戰國從橫、真偽分爭、諸子之言、紛然殽亂、至秦患之、乃焚滅文章、以愚黔首、漢興改秦之敗、大收篇籍、廣開獻書之路、建藏書之策、置寫書

之官、書必同文、不知則闕、問諸故老、至於衰世是非亡正、人用其私、古之學者、耕且養、三年而通一藝、存其大體、玩經文而已、是故用日約少、而蓄德多、三十而五經立也、後世經傳既已乖離、博學者、又不思多聞闕疑之義、而務碎義逃難、便辭巧說、破壞形體、說五字之文、至於二三萬言、後進彌以馳逐、故幼童而守一藝、白首而後能言、以安其所習、毀所不見、終以自蔽、此學者之患也、

無舊作云改之

儒家者流、蓋出於司徒之官、助人君、順陰陽、明敎化者也、游文於六經之中、留意於仁義之際、祖述堯舜、憲章文武、宗師仲尼、以重其言、於道最爲高、然惑者旣失精微、而辟者又隨時抑揚、違離道本、苟以譁衆取寵、後進循之、是以五經乖析、儒學寖衰、此辟儒之患也、

道家者流、蓋出於史官、歷紀成敗存亡禍福古今之道、秉要執本、淸虛以自守、卑弱以自持、此君人南面者之術也、合於堯之克讓、易之嗛嗛、一謙而四益、此其所長也、及放者爲之、則欲絕去禮學、兼弃仁義、曰獨任淸虛、可以爲治、

陰陽家者流、蓋出於羲和之官、敬順昊天、歷象日月星辰、敬授民時、此其所長也、及拘者爲之、則牽於禁忌、泥於小數、舍人事而任鬼神、

法家者流、蓋出於理官、信賞必罰、以輔禮制、此其所長也、及刻者爲之、則無敎化、去仁愛、專任刑法、而欲以致治、至於殘害至親、傷恩薄厚、

名家者流、蓋出於禮官、古者名位不同、禮亦異數、孔子曰、必也正名乎、此其所長也、及警者爲之、則苟鉤鈲析亂而已、

墨家者流、蓋出於淸廟之守、茅屋采椽、是以貴儉、養三老五更、是以兼愛、選士大射、是以上賢、宗祀嚴父、是以右鬼、右鬼、謂信鬼神、親鬼而右之、順四時而行、是以非命、言無吉凶之命、但有賢不肖善惡也、以孝視天下、是以上同、言皆同、可以治、此其所長也、及蔽者爲之、見儉之利、因以非禮、推兼愛之意、而不知別親疏、

從橫家者流、蓋出於行人之官、孔子曰、使乎使乎、言當權事制宜、受命而不受辭、此其所長也、及邪人爲之、則上詐諼而弃其信、

雜家者流、蓋出於議官、兼儒墨、合名法、知國體之有此、見王治之無不貫、此其所長也、及盪者爲之、則漫羨而無所歸心、

農家者流、蓋出於農稷之官、播百穀、勸耕桑、以足衣食、故孔子曰、所重民食、此其所長也、及鄙者爲之、以爲無所事聖王、欲使君臣並耕、誖上下之序、

羣書治要卷第十四

羣書治要卷第十五

秘書監鉅鹿男臣魏徵等奉　勅撰

漢書三

傳

韓信淮陰人也家貧無行不得推擇爲吏常從人寄食從項羽爲郎中數以策干項羽弗用亡楚歸漢上未奇之也數與蕭何語何奇之至南鄭諸將亡者十數人信度何已數言上不我用卽亡何聞信亡不及以聞自追之人有言上曰丞相何亡上怒如失左右手居一二日何來謁上且怒且喜罵何曰若亡何也曰臣非敢亡追亡者耳上曰所追誰曰韓信上復罵曰諸將亡者以十數公無所追追信詐也何曰諸將易得至如信國士無雙王必欲長王漢中無所事信必欲爭天下非信無可與計事者王曰吾亦欲東耳何曰王必東能用信信卽留不能用信信終亡耳王曰吾以爲將何曰雖爲將信不留王曰以爲大將何曰幸甚必欲拜之擇日齋戒設

壇場、具禮乃可、王許之、諸將皆喜、人人各以爲得大將、至拜、乃韓信也、一軍皆驚、信已拜上坐、王曰、丞相數言將軍、將軍何以教寡人計策、信因問王曰、今東向爭天下、豈非項王耶、曰然、大王自料勇悍仁強、孰與項王、漢王曰、弗如也、信曰唯、信亦以爲大王弗如也、然臣嘗事項王、請言項王爲人也、項王意烏猝嗟、千人皆廢、言羽一嗟千人皆廢不收也、然不能任屬賢將、此特匹夫之勇也、項王見人恭謹、言語姁姁、人有疾病、涕泣分食飲、至使人有功當封爵、刻印刓、忍不能與、此所謂婦人之仁也、又背義帝約、而以親愛王諸侯、不平、所過無不殘滅、多怨百姓、百姓不附、特劫於威強服耳、名雖爲霸、實失天下心、故曰其強易弱、今大王誠能反其道、任天下武勇、何不誅、以天下城邑封功臣、何不服、以義兵從思東歸之士、何不散、且大王之入武關、秋豪無所害、除秦苛法、秦民無不欲得大王、今失職之蜀、民無不恨者、今王舉而東、三秦可傳檄而定也、於是

漢王大喜、自以爲得信晚、漢王以信爲左丞相、擊魏、信問酈生、魏得無用周叔爲大將乎、曰柏直也、信曰豎子耳、遂進擊魏、虜豹、定河東、使人請漢王、願益兵三萬人、臣請以北舉燕趙、東擊齊、南絕楚之糧道、西與大王會於滎陽、漢王與兵三萬人、進破代、禽夏說、以兵數萬、欲東下井陘擊趙、趙王成安君陳餘聚兵井陘口、廣武君李左車說成安君曰、聞漢將韓信涉西河、虜魏王、禽夏說、議欲以下趙、此乘勝而去國遠鬬、其鋒不可當、臣聞千里餽糧、士有飢色、樵蘇後爨、樵、取薪也、蘇、取草也、師不宿飽、今井陘之道、車不得方軌、騎不得成列、行數百里、其勢糧食必在後、願足下假臣奇兵三萬人、從間路絕其輜重、足下深溝高壘勿與戰、彼前不得鬬、退不得還、不至十日、兩將之頭可致麾下、成安君不聽、信知其不用、大喜、乃引兵遂下井陘口、斬成安君泜水、禽趙王歇、乃令軍毋斬廣武君、有縛而至麾下者、於是問廣武君、僕欲北攻燕、東伐齊、何若

有功廣武君辭曰臣聞之亡國之大夫不可以圖存敗軍之將不可以語勇若臣者何足以權大事乎信曰僕聞之百里奚居虞而虞亡之秦而秦伯非愚於虞而智於秦也用與不用聽與不聽耳使成安君聽子計僕亦禽矣僕委心歸計願子勿辭廣武君曰臣聞智者千慮必有一失愚者千慮亦有一得故曰狂夫之言聖人擇焉顧恐臣計未足用願效愚忠故成安君有百戰百勝之計一日而失之軍敗鄗下今高邑是也身

死泜水上今足下虜魏王禽夏說不旬朝破趙二十萬衆誅成安君名聞海內威震諸侯衆庶莫不傾耳以待命者然而衆勞卒疲其實難用也今足下舉勸弊之兵頓之燕堅城之下情見力屈欲戰不拔曠日持久糧食單竭若燕不破齊必拒境而自強二國相持則劉項之權未有所分也當今之計不如按甲休兵饗士大夫北首燕路然後發一乘之使奉咫尺之書以使燕燕必不敢不聽從燕而東臨齊雖有智者亦不

知爲齊計矣如是則天下事可圖也兵固有先聲後實者此之謂也信曰善於是發使燕燕從風而靡遂度河襲歷下軍破龍且楚已亡龍且項王恐使武涉往信信謝曰臣得事項王數年官不過郎中位不過執戟言不聽畫策不用故背楚歸漢漢王授我上將軍印數萬之衆解衣衣我推食食我言聽計用吾得至於此人深親信我背之不祥武涉已去蒯通知天下權在於信深說以三分天下之計信不忍背漢又自以

舊無我字補之

功大漢不奪我齊遂不聽項羽死徙信爲楚王信初之國陳兵出入有變告信欲反上僞游於雲夢信謁於陳高祖令武士縛信載後車信曰果若人言狡兔死良狗烹上曰人告公反遂械信至雒陽赦以爲淮陰侯信知漢王畏惡其能稱疾不朝

黥布六人也漢封爲淮南王十一年高后誅韓信布心恐憂復誅彭越盛其醢以徧賜諸侯王布見醢大恐遂聚兵反書聞上召諸將問布反

為之柰何、皆曰發兵阬豎子耳、何能為、汝陰侯滕公以問其客薛公、薛公曰、是固當反、滕公曰、上裂地而封之、疏爵而貴之、疏、分也、南面而立、萬乘之主、其反何也、薛公曰、前年殺彭越、往年殺韓信、三人皆同功一體之人也、自疑禍及身、故反耳、

楚元王交、高祖少弟也、玄孫向、字子政、本名更生、為諫大夫、向見光祿勳周堪、光祿大夫張猛二人給事中、大見信、弘恭石顯憚之、數譖毀焉、

向上封事曰、臣前幸得以骨肉備九卿、奉法不謹、乃復蒙恩、竊見灾異並起、天地失常、徵表為國、欲終不言、念忠臣雖在甽畝、猶不忘君、況重以骨肉之親、又加以舊恩乎、臣聞舜命九官、禹作司空、弃后稷、契司徒、咎繇作士、垂共工、益朕虞、伯夷秩宗、夔典樂、龍納言、凡九官也、濟濟相讓、和之至也、衆賢和於朝、則萬物和於野、故四海之內、靡不和寧、及至周文開基西郊、雜遝衆賢、罔不肅和、宗推讓之風、以銷分爭之訟、武王周公繼政、朝臣和於內、萬國驩於外、故盡得其驩心、以事其先祖、下至幽厲之際、朝廷不和、轉相非怨、君子獨守正、勉強以從王事、則反見憎毒讒愬、故其詩曰、密勿從事、不敢告勞、無罪無辜、讒口嗸嗸、當是之時、天變見於上、地變動於下、水泉沸騰、山谷易處、由此觀之、和氣致祥、乖氣致異、祥多者其國安、異衆者其國危、天地之常經、古今之通義也、今陛下開三代之業、招文學之士、優游寬容、使得並進、今賢不肖渾殽、白黑不分、邪正雜糅、忠讒並進、朝臣更相讒愬、

轉相是非、文書紛糺、毀譽渾亂、所以熒惑耳目、感移心意者、不可勝載、分曹為黨、將同心以陷正臣、正臣進者治之表也、正臣陷者亂之機也、乘治亂之機、未知孰任、而災異數見、此臣所以寒心者也、夫乘權席勢之人、子弟鱗集於朝、羽翼陰附者衆、毀譽將必用、以終乖離之咎、是以日月無光、雪霜夏隕、陵谷易處、列星失行、皆怨氣之所致也、夫遵衰周之軌迹、循詩人之所刺、而欲以成太平、致雅頌、猶却行而求及前人也、初元

〔舊無爲字補之〕

以來六年矣按春秋六年之中災異未有稠如今用賢人而行善政如或譖之則賢人退而善政還夫執狐疑之心者來讒賊之口持不斷之意者開羣枉之門讒邪進者衆賢退羣枉盛者正士銷故易有否泰小人道長則君子道銷君子道銷則政日亂故爲否否者閉而亂也君子道長則小人道銷小人道銷則政日治故爲泰泰者通而治也昔者鯀共工讙兜與舜禹雜處堯朝周公與管蔡並居周位當是時迭進相毀流言相謗豈可勝道哉帝堯成王能賢舜禹周公而銷共工管蔡故以大治孔子與季孟偕仕於魯李斯與叔孫俱宦於秦定公始皇賢季孟李斯而銷孔子叔孫故以大亂故治亂榮辱之端在所信任所信任既賢在於堅固而不移詩云我心匪石不可轉也言守善篤也易曰渙汗其大號言號令如汗汗出而不反者也今出號令未能踰時而反是反汗也用賢未能三旬而退是轉石也論語曰見不善如探湯今二府奏

〔治作法〕

佞諂不當在位歷年而不去也出令則如反汗用賢則如轉石去佞則如拔山而望陰陽之調不亦難乎是以羣小窺見間隙巧言醜詆流言飛文譁於民間故詩云憂心悄悄慍于羣小小人成羣誠足慍也昔孔子與顏淵子貢更相稱譽不爲朋黨禹稷與臯陶傳相汲引不爲比周何則忠於爲國無邪心也故賢人在上位則引其類而聚之朝在下位則思與其類俱進故湯用伊尹不仁者遠而衆賢至類相致也今佞邪與賢臣並在交戟之內合黨共謀違善依惡數設危險之言欲以傾移主上如忽然用之此天地之所以先戒災異之所以重至者也自古明聖未有無誅而治者也故舜有四放之罰而孔子有兩觀之誅然後聖化可得而行也今以陛下明智誠深思天地之心迹察兩觀之誅覽否泰之卦歷周唐之所進以爲治原秦魯之所銷以爲戒考祥應之福省災異之禍以揆當世之變放遠佞邪之黨壞散險詖之聚杜閉羣枉之

門、廣開衆正之路、決斷狐疑、分別猶豫、使是非炳然可知、則百異銷滅、而衆祥並至、太平之基萬世之利也、向又見成帝營起昌陵、數年不成、制度泰奢、上疏諫曰、臣聞易曰、安不忘危、存不忘亡、是以身安而國家可保也、故賢聖之君、博觀終始、必通三統、一曰天統、二曰地統、三曰人統、天命所授者博、非獨一姓也、孔子論詩至於殷士膚敏、灌將于京、喟然歎曰、大哉天命、善不可不傳于子孫、是以富貴無常、不如是則王公其何以戒愼、民

萌其何以勸勉、蓋傷微子之事周、而痛殷之亡也、雖有堯舜之聖、不能化丹朱之子、雖有禹湯之德、不能移末孫之桀紂、自古及今、未有不亡之國也、故常戰慄、不敢諱亡、孔子所謂富貴無常、蓋謂此也、孝文皇帝居霸陵、顧曰、以北山石爲椁、豈可動哉、張釋之進曰、使其中有可欲、雖錮南山、猶有隙、使其中無可欲、雖無石椁、又何慼乎、孝文寤焉、遂爲薄葬、易曰、古之葬者、厚衣之以薪、藏之中野、不封不樹、後世聖人易之以

(移作訓)

(舊無厚衣之以薪五字補之)

棺椁、黃帝葬於橋山、堯葬濟陰、丘壟皆小、葬具甚微、舜葬蒼梧、二妃不從、禹葬會稽、不改其列、不改官里樹木百物之行列也、殷湯無葬處、文武周公葬於畢、秦穆公葬於雍、樗里子葬於武庫、皆無丘壟之處、此聖帝明王賢君智士、遠覽獨慮無窮之計也、其賢臣孝子、亦承命順意而薄葬之、此誠奉安君父、忠孝之至也、故仲尼孝子、而延陵慈父、舜禹忠臣、周公悌弟、其葬君親骨肉、皆微薄矣、非苟爲儉、誠便於體也、宋桓司馬爲石椁、仲尼

曰、不如速朽、逮至吳王闔閭、違禮厚葬、十有餘年、越人發之、及秦惠文武昭嚴襄五王、皆大作丘壟、多其瘞藏、咸盡發掘暴露、甚足悲也、秦始皇帝葬於驪山之阿、下錮三泉、上崇山墳、棺椁之麗、宮館之盛、不可勝原、又多殺宮人、生埋工匠、計以萬數、天下苦其役而叛之、驪山之作未成、而周章百萬之師、至其下矣、數年之間、外被項籍之災、内離牧豎之禍、豈不哀哉、是故德彌厚者、葬彌薄、智愈深者、葬愈微、無德寡智者、葬

愈厚、丘隴彌高、宮廟甚麗、發掘必速、由是觀之、明暗之效、葬之吉凶、昭然可見矣、陛下即位、躬親節儉、始營初陵、其制約小、天下莫不稱明、及徙昌陵、增埤爲高、積土爲山、發民墳墓、積以萬數、營起邑居、期日迫卒、功費大萬百餘、大萬、一億也、死者恨於下、生者愁於上、怨氣感動陰陽、因之以飢饉、物故流離以十萬數、臣甚惽焉、以死者爲有知、發人之墓、其害多矣、若其無知、又安用大、謀之賢智則不悅、以示衆庶則苦之、若苟以

悅愚夫淫侈之人、又何爲哉、陛下慈仁篤美甚厚、聰明疏達蓋世、而顧與暴秦亂君、競爲奢侈、比方丘隴、悅愚夫之目、隆一時之觀、違賢智之心、忘萬世之安、臣竊爲陛下羞之、唯陛下上覽明聖黃帝堯舜禹湯文武周公仲尼之制、下觀賢智穆公延陵樗里張釋之之意、孝文皇帝去墳薄葬、以儉安神、可以爲則、秦昭始皇增山厚葬、以侈生害、足以爲戒、初陵之摹、宜從公卿大臣之議、以息衆庶、書奏、上甚感向言、而不能從其

計、向見上無繼嗣、政由王氏、遂上封事極諫曰、臣聞人君莫不欲安、然而危、莫不欲存、然而亡、失御臣之術也、夫大臣操權柄、持國政、未有不爲害者也、昔晉有六卿、智伯范中行韓趙魏也、齊有田崔、衛有孫甯、魯有季孟、常掌國事、世執朝柄、後田氏取齊、六卿分晉、崔杼殺其君光、孫林父甯殖出其君衎、弒其君剽、季氏卒逐昭公、皆陰盛而陽微、下失臣道之所致也、故書曰、臣之有作威作福、害于而家、凶于而國、孔子曰、祿去公室、政

逮大夫、危亡之兆也、秦昭王舅穰侯及涇陽葉陽君、皆昭王母之弟、專國擅勢、假大后之威、三人者權重於昭王、家富於秦國、國甚危殆、賴寤范睢之言、而秦復存、二世委任趙高、趙高專權自恣、壅蔽大臣、終有閻樂望夷之禍、秦遂以亡、近事不遠、即漢所代也、漢興、諸呂無道、擅相尊王、呂產、呂祿席大后之寵、據將相之位、欲危劉氏、賴忠正大臣絳侯朱虛等竭誠盡節、以誅滅之、然後劉氏復安、今王氏一姓、乘朱輪華轂者二十三

人青紫貂蟬充盈幄內魚鱗左右大將軍秉事用權五侯驕奢僭盛並作威福擊斷自恣行汙而寄治身私而託公依東宮之尊假甥舅之親以為威重尚書九卿州牧郡守皆出其門筦執樞機朋黨比周稱譽者登進忤恨者誅傷游談者助之說執政者為之言排擯宗室孤弱公族其有智能者尤非毀而不進遠絕宗室之任不令得給事朝省恐其與己分權數稱燕王蓋主以疑上心避諱呂霍而弗肯稱內有管蔡之萌

外假周公之論兄弟據重宗族磐牙歷上古至秦漢外戚貴未有如王氏者也雖周皇甫秦穰侯漢武安呂霍上官之屬皆不及也物盛必有非常之變先見為其人微象孝昭帝時冠石立於泰山（有石自立三石為足一石在上故曰冠石也）仆柳起於上林而孝宣帝即位今王氏先祖墳墓在濟南者其梓柱生枝葉扶疏上出屋根垂地中雖立石起柳無以過此明也事勢不兩大王氏與劉氏亦且不並立如下有泰山之安則上有累卵之危

陛下為人子孫守持宗廟而令國祚移於外親降為阜隸縱不為身奈宗廟何婦人內夫家而外父母家此亦非皇太后之福也孝宣皇帝不與舅平昌樂昌侯權所以全安之也夫明者起福於無形銷患於未然宜發明詔吐德音援近宗室親而納信黜遠外戚無授以政以則效先帝之所行厚安外戚全其宗族誠東宮之意外家之福也王氏永存保其爵祿劉氏長安不失社稷所以褒睦外內之姓子子孫孫無疆之計

也如不行此策田氏復見於今六卿必起於漢為後嗣憂昭昭甚明不可不深圖不可不早慮也唯陛下深留聖思覽往事之戒居萬安之實用保宗廟久承皇太后天下幸甚書奏天子召見向歎息悲傷其意謂曰君且休矣吾將思之向每召見數言公族者國之枝葉枝葉落則本根無所庇廕方今同姓疏遠母黨專政祿去公室權在外家非所以強漢宗卑私門保守社稷安固後嗣也向自見得信於上故常顯訟宗室

舊舍下有上字、刪之

譏刺王氏及在位大臣、其言多痛切、發於至誠、終不能用、向卒後十三歲而王氏代漢、

季布楚人也、項籍使將兵、數窘漢王、項籍滅、高祖購求布千金、敢舍匿罪三族、布匿濮陽周氏、周氏迺髡鉗布、衣褐、置廣柳車中、載以喪車、欲人不知也、之魯朱家賣之、朱家心知其季布也、買置田舍、迺之雒陽、見汝陰侯滕公、說曰、季布何罪、臣各爲其主用、職耳、項氏臣豈可盡誅耶、今上始得天下、而以私怨求一人、何示不廣也、且以季布之賢、漢求之急如此、此不北走胡、南走越耳、夫忌壯士以資敵國、此伍子胥所以鞭荊平王之墓也、君何不從容爲上言之、滕公心知朱家大俠、意布匿其所、迺許諾、侍間果言如朱家旨、上迺赦布、布爲河東守、孝文時、人有言其賢、召欲以爲御史大夫、人又言其勇、使酒難近、至留邸一月、見罷、布進曰、臣待罪河東、陛下無故召臣、此人必有以臣欺陛下者、今臣至、無所受事、罷去、此人必有毀臣者、夫以一人譽召臣、一人毀去臣、恐天下有識聞之、有以窺陛下、窺見陛下深淺也、上默然慙曰、河東吾股肱郡、故特召君耳、

欒布梁人也、爲梁大夫、使於齊、未還、漢召彭越、責以謀反、夷三族、梟首雒陽、下詔有收視者、輒捕之、布還、奏事彭越頭下、祠而哭之、吏捕以聞、上召罵曰、若與彭越反耶、吾禁人勿收、若獨祠哭之、與反明矣、趣烹之、方提趨湯、顧曰、願壹言而死、上曰、何言、布曰、方上之困彭城、敗滎陽成皋、項王所以不能遂西、徒以彭王居梁地、與漢合從苦楚也、當是之時、彭王壹顧、與楚則漢破、且垓下之會、微彭王、項氏不亡、天下已定、彭王剖符受封、亦欲傳之萬世、今漢壹徵兵於梁、彭王病不行、而疑以爲反、反形未見、以苛細誅之、臣恐功臣人人自危也、今彭王已死、臣生不如死、請就烹、上迺釋布、拜爲都尉、

蕭何沛人也、漢殺項羽、即皇帝位、論功行封、羣臣爭功、歲餘不決、上以何功最盛、先封爲酇侯、食邑八千戶、功臣皆曰、臣等身被堅執兵、多者

百餘戰少者數十合攻城略地大小各有差今蕭何未有汗馬之勞徒持文墨議論不戰居臣等上何也上曰諸君知獵乎曰知之知獵狗乎曰知之上曰夫獵追殺獸者狗也而發縱指示獸處者人也諸君徒能走得獸耳功狗也至如蕭何發縱指示功人也且諸君獨以身從我多者兩三人蕭何擧宗數十人皆隨我功不可忘也羣臣後皆莫敢言列侯畢已受封奏位次皆曰平陽侯曹參身被七十創攻城略地功最多

宜第一關內侯鄂千秋時爲謁者進曰羣臣議皆誤夫曹參雖有野戰略地之功此待一時之事夫上與楚相拒五歲失軍亡衆跳身遯者數矣然蕭何常從關中遣軍補其處非上所詔令召而數萬衆會上乏絶者數矣夫漢與楚相守滎陽數年軍無見糧蕭何轉漕關中給食不乏陛下雖數亡山東蕭何常全關中侍陛下此萬世功也今雖無曹參等百數何缺於漢漢得之不必待以全奈何欲以一旦之功而加萬世之

功哉蕭何當第一曹參次之上曰善於是乃令何第一賜劍履上殿入朝不趨是日悉封何父母兄弟十餘人皆食邑何爲民請曰長安地陜上林中多空地弃願令民得入田毋收稾爲獸食上大怒曰相國多受賈人財物爲請吾苑乃下何廷尉械繫之數日王衛尉侍前問曰相國胡大罪陛下繫之暴也上曰吾聞李斯相秦有善歸主有惡自予今相國多受賈豎金爲請吾苑以自媚於民故繫治之王衛尉曰夫職事苟

有便於民而請之眞宰相事也陛下奈何乃疑相國受賈人錢乎且陛下距楚數歲陳豨黥布反時陛下自將往當是時相國守關中搖足則關西非陛下有相國不以此時爲利乃利賈人之金乎且秦以不聞其過亡天下夫李斯之分過又何足法哉陛下何疑宰相之淺也是日使使持節赦出何何年老素恭謹徒跣入謝上曰相國休矣相國爲民請吾苑不許我不過爲桀紂主而相國爲賢相吾故繫相國欲令百姓聞

吾過也、

曹參、沛人也、爲齊丞相、參聞膠西有蓋公、善治黃老言、使人厚幣請之、旣見蓋公、爲言治道、貴清靜而民自定、推此類具言、參於是避正堂、舍蓋公焉、其治要用黃老術、齊國安集、大稱賢相、蕭何薨、使者召參、參去、屬其後相曰、以齊獄市爲寄、愼勿擾也、後相曰、治無大於此者乎、參曰、不然、夫獄市者、所以幷容也、今君擾之、姦人安所容乎、吾是以先之、夫獄市、兼受善惡、若窮極姦人、姦人無所容竄、反且爲亂、秦人極刑而天下叛、孝武峻法而獄繁、此其效也、老子曰、我無爲、民自化、我好靜、民自正、參欲以道化爲本、不欲擾其末也、始參微時、與蕭何善、及爲宰相有隙、至何且死、所推賢唯參、參代何爲相國、舉事無所變更、壹遵何之約束、擇郡國吏長大訥於文辭、謹厚長者、卽召除爲丞相史、取年長大者、吏言文刻深、欲務聲名、輒斥去之、日夜飲酒、卿大夫以下、吏及賓客見參不事事、不事丞相之事、來者皆欲有言、至者參輒飲以醇酒、度之欲有言、復飲酒、醉而後去、終莫得開說、開謂有所啓白、相舍後園

開舊作闓改之

近吏舍、日飲歌呼、從吏患之、無如何、乃請參遊後園、聞吏醉歌呼、從吏幸相國召按之、乃反取酒張坐飲、大歌呼與相和、參見人之有細過、專掩匿覆蓋之、府中無事、參子窋、爲中大夫、惠帝怪相國不治事、以爲豈少朕與、乃謂窋曰、汝歸試私從容問乃父曰、高帝新弃羣臣、帝富於春秋、君爲相國、日飲無所請事、何以憂天下、然無言吾告汝也、窋旣洗沐歸諫參、參怒而笞之二百、曰趣入侍、天下事、非乃所當言也、至朝時、帝讓參、參免冠謝曰、陛下自察聖武、孰與高皇帝、上曰、朕乃安敢望先帝、參曰、陛下觀參、孰與蕭何賢、上曰、君似不及也、參曰、陛下之言是也、且高皇帝與蕭何定天下、法令旣明具、陛下垂拱、參等守職、遵而勿失、不亦可乎、惠帝曰、善、君休矣、百姓歌之曰、蕭何爲法、講若畫一、講或作較、曹參代之、守而勿失、載其清靜、民以寧壹、

張良字子房、韓人也、沛公欲以二萬人擊秦嶢關下軍、良曰、秦兵尚強、未可輕、臣聞、其將屠者

子賈豎易動以利願沛公令酈食其持重寶啗秦將秦將果欲連和俱西良曰此獨其將欲叛士卒恐不從不如因其解擊之沛公廼引兵擊秦軍大破之遂至咸陽秦王子嬰降沛公沛公入秦宮室帷帳狗馬重寶婦女以千數意欲留居之樊噲諫沛公不聽良曰夫秦爲無道故沛公得至此爲天下除殘去賊宜縞素爲資今始入秦卽安其樂此所謂助桀爲虐(資質也欲令沛公反秦奢儉素以爲質也)且忠言逆於耳利於行毒藥苦於口利

於病願沛公聽樊噲言沛公廼還軍霸上

陳平戸牖人也背楚因魏無知見漢王漢王拜爲都尉典護軍絳灌等或讒平曰聞平居家時盜其嫂事魏王不容亡而歸楚不中又亡歸漢今大王尊官之令護軍臣聞平使諸將金多者得善處金少者得惡處平反覆亂臣也願王察之漢王疑之以讓無知問曰有之乎無知曰有漢王曰公言其賢人何也對曰臣之所言者能也陛下所問者行也今有尾生孝已之行(孝已高宗之子有孝行也)而無益於勝敗之數陛下何暇用之乎今楚漢相拒臣進奇謀之士王召平而問曰吾聞先生事魏不遂事楚而去今又從吾遊信者固多心乎平曰臣事魏王魏王不能用臣說故去事項王項王不信人其所任愛非諸項卽妻之昆弟雖有奇士不能用臣居楚聞漢王之能用人故歸大王臣贏身來不受金無以爲資誠臣計畫有可采者願大王用之使無可用者大王所賜金具在請封輸官得請骸骨漢王廼謝

厚賜拜以爲護軍中尉盡護諸將諸將廼不敢復言

周勃沛人也爲人木強敦厚高帝以爲可屬大事惠帝以勃爲大尉高后崩呂祿以趙王爲漢上將軍呂産以呂王爲相國秉權欲危劉氏勃與丞相平朱虛侯章共誅諸呂遂共迎立代王是爲孝文皇帝初卽位以勃爲右丞相後廼免丞相就國人有上書告勃欲反下廷尉廷尉逮捕勃治之勃恐不知置辭吏稍侵辱之勃以千

書無嘗字補之

金與獄吏，迺書牘背示之，以公主爲證。公主者，文帝女也，勃太子勝之尚之，故獄吏教引爲證。薄太后亦以爲無反事。文帝朝，太后曰：絳侯綰皇帝璽，將兵於北軍，不以此時反，今居一小縣，顧欲反耶。文帝迺謝曰：吏方驗而出之。於是使使持節赦勃，復爵邑。勃既出，曰：吾嘗將百萬軍，然安知獄吏之貴也。勃子亞夫，文帝封爲條侯。後六年，匈奴大入邊，以宗正劉禮爲將軍，軍霸上；祝茲侯徐厲爲將軍，軍棘門；以亞夫爲將軍，

軍細柳，以備胡。上自勞軍，至霸上及棘門軍，直馳入，將以下騎送迎。已而之細柳軍，軍士吏被甲，銳兵刃，彀弓弩，持滿。天子先驅至，不得入。先驅曰：天子且至。軍門都尉曰：將軍令曰：軍中聞將軍之令，不聞天子之詔。有頃，上至，又不得入。於是上使使持節詔將軍曰：吾欲勞軍。亞夫乃傳言開壁門。壁門士請車騎曰：將軍約，軍中不得驅馳。於是迺按轡徐行。至中營，將軍亞夫持兵揖曰：介冑之士不拜，請以軍禮見。（禮，介者不拜。）天子爲動，改容式車，使人稱謝，成禮而去。既出軍門，羣臣皆驚。文帝曰：嗟乎，此眞將軍矣。向者霸上、棘門軍，如兒戲耳，其將固可襲而虜也。亞夫可得而犯耶。稱善者久之。

樊噲，沛人也，與高祖俱起。高帝嘗病，惡見人，臥禁中，詔戶者毋得入羣臣。絳、灌等莫敢入。十餘日，噲迺排闥直入，大臣隨之。上獨枕一宦者臥。噲等見上，流涕曰：始陛下與臣等起豐沛，定天下，何其壯也。今天下已定，又何憊也。且陛下病

甚，大臣震恐，不見臣等計事，顧獨與一宦者絕乎。且陛下獨不見趙高之事乎。高帝笑而起。

周昌，沛人也，爲御史大夫，爲人強力，敢直言。自蕭曹等皆卑下之。昌嘗燕入奏事，（以上宴時入奏事也。）高帝方擁戚姬，昌還走，高帝逐得，騎昌項，問曰：我何如主。昌仰曰：陛下卽桀紂之主也。於是上笑之，然尤憚昌。及高帝欲廢太子，大臣固爭，莫能得，而昌庭爭之強。上問其說，昌爲人吃，又盛怒曰：臣口不能言，然臣心知其不可。陛下欲廢太

子、臣期期不奉詔、上欣然而笑、太子遂定、

中屠嘉梁人也、爲丞相、是時太中大夫鄧通方愛幸、賞賜累鉅萬、文帝常燕飲通家、其寵如是、是時嘉入朝、而通居上旁、有怠慢之禮、嘉奏事畢、因言曰、陛下幸愛羣臣、則富貴之、至於朝廷之禮、不可以不肅、上曰、君勿言、吾私之、罷朝坐府中、爲檄召通、通恐入言上、上曰、汝第往、吾今使人召若、通至丞相府、免冠徒跣頓首謝、嘉責曰、夫朝廷者、高皇帝之朝廷也、通小臣戲殿上、大不敬、當斬、通頓首、首盡出血不解、上使使持節召通、而謝丞相曰、此吾弄臣、君釋之、通既至、爲上泣曰、丞相幾殺臣、

羣書治要卷第十五

羣書治要卷第十六

秘書監鉅鹿男臣魏徵等奉　勅撰

漢書四

傳

酈食其、陳留人也、好讀書、身長八尺、人皆謂之狂生、自謂我非狂、沛公至高陽傳舍、使人召食其、至入謁、沛公方踞牀、令兩女子洗、而見食其、食其入、即長揖不拜曰、足下欲助秦攻諸侯乎、欲率諸侯破秦乎、沛公罵曰、豎儒、夫天下同苦秦久矣、故諸侯相率攻秦、何謂助秦、食其曰、必欲聚徒合義兵、誅無道秦、不宜踞見長者、於是沛公輟洗、起衣延食其上坐、謝之、漢王據守敖倉、而使食其說齊王曰、王知天下之所歸乎、曰不知也、天下何歸、曰歸漢、齊王曰、先生何以言之、曰漢王與項王約、先入咸陽者王之、項王背約不與、而遷殺義帝、漢王起蜀漢之兵、擊三秦、出關、而責義帝之負處、收天下之兵、立諸侯之後、降城即以侯其將、得賂則以分其士、與天下

同其利豪英賢才皆樂爲之用諸侯之兵四面而至蜀漢之粟方船而下項王有背約之名殺義帝之負於人之功無所記於人之罪無所忘戰勝而不得其賞拔城而不得其封非項氏莫得用事爲人刻印刓而不能授（刓斷無復廉鍔也）攻城得賂積財而不能賞天下叛之賢材怨之而莫爲之用故天下之士歸於漢王可坐而策也夫漢王發蜀漢定三秦涉西河之水援上黨之兵下井陘破北魏此黃帝之兵非人之力天之福也今已據敖倉之粟塞成皐之險守白馬之津杜太行之阨拒飛狐之口天下後服者先亡矣王疾下漢王齊國社稷可得而保也不下漢王危亡可立而待也田廣迺聽食其罷歷下兵守戰備

陸賈楚人也有口辯常居左右時時前說稱詩書高帝罵之曰乃公居馬上得之安事詩書賈曰馬上得之寧可以馬上治乎且文武並用長久之術也昔者吳王夫差智伯極武而亡秦任

刑法不變卒滅趙氏（秦之先造父封於趙城其後曰趙氏）向使秦已并天下行仁義法先聖陛下安得而有之高帝不懌有慙色謂賈曰試爲我著秦所以失天下吾所以得之者及古成敗之國事賈凡著十二篇每奏一篇高帝未嘗不稱善稱其書曰新語呂大后時王諸呂諸呂擅權欲劫少主危劉氏右丞相陳平患之賈曰天下安注意相天下危注意將將相和則士豫附士豫附天下雖有變則權不分權不分爲社稷計在兩君掌握耳平因結謀於大尉勃卒誅諸呂安劉氏立文帝賈之謀也

婁敬齊人也漢五年戍隴西過雒陽高帝在焉敬脫輓輅（輅以木當胸挽重輦車也）見齊人虞將軍曰臣願見上言便宜虞將軍入言上上召見問敬說曰陛下都雒陽豈欲與周室比隆哉上曰然敬曰陛下取天下與周異周之先自后稷積德累善十餘世及武王伐紂不期會孟津上八百諸侯遂滅殷成王即位周公之屬傅相焉迺營成周

都雒、以爲此天下中、諸侯四方納貢職、道里鈞矣、有德則易以王、無德則易以亡、凡居此者、欲令周務以德致人、不欲阻險、令後世驕奢以虐民也、及周之衰、分而爲二、天下莫朝、周不能制、非德薄、形勢弱也、今陛下起豐沛、收卒三千人、卷蜀漢、定三秦、與項籍大戰七十、小戰四十、使天下之民、肝腦塗地、父子暴骸中野、不可勝數、哭泣之聲不絕、傷痍者未起、而欲比隆成康之時、臣竊以爲不侔矣、且夫秦地被山帶河、四塞以爲固、卒然有急、百萬之衆可具、因秦之故、資甚美膏腴之地、此所謂天府、陛下入關而都之、山東雖亂、秦故地可全而有也、夫與人鬭、不搤其亢、（亢喉嚨也）拊其背、未能全勝、今陛下入關而都、按秦之故、此亦搤天下之亢、而拊其背也、高帝即日駕、西都關中、於是賜姓劉氏、拜爲郎中、號曰奉春君、漢七年、韓王信反、高帝自往擊、至晉陽、聞信與匈奴欲擊漢、上使人使匈奴、匈奴匿其壯士肥牛馬、徒見其老弱及羸畜、使者十輩來皆言匈奴易擊、上使敬復往、還報曰、兩國相擊、此宜夸矜見所長、今臣往、徒見羸瘠老弱、此必欲見短、伏奇兵以爭利、愚以爲匈奴不可擊也、是時漢兵三十餘萬、衆兵已業行、上怒罵敬曰、齊虜以舌得官、迺今妄言沮吾軍、械繫敬廣武、遂往至平城、匈奴果出奇兵、圍高帝白登七日、然後得解、高帝至廣武、赦敬曰、吾不用公言、以困平城、迺封敬二千戶、號建信侯、

叔孫通薛人也、爲太子太傅、高帝欲以趙王如意易太子、通諫曰、昔者晉獻公、以驪姬故廢太子立奚齊、晉國亂者數十年、爲天下笑、秦以不早定扶蘇、胡亥詐立、自使滅祀、此陛下所親見、今太子仁孝、天下皆聞之、呂后與陛下攻苦食啖、（食無菜茹爲啖）其可背哉、陛下必欲廢嫡而立少、臣願先伏誅、以頸血汚地、高帝曰、公罷矣、吾特戲耳、通曰、太子天下本、本壹搖、天下震動、奈何以天下戲、高帝曰、吾聽公、

蒯通范陽人也、韓信定齊地、自立爲齊假王、通

知天下權在於信、說信曰、今劉項分爭、使人肝腦塗地、流離中野、不可勝數、非天下賢聖、其勢固不能息天下之禍、當今之時、兩主懸命於足下、足下爲漢則漢勝、與楚則楚勝、方今爲足下計、莫若兩利而俱存之、參分天下、鼎足而立、其勢莫敢先動、蓋聞天與弗取、反受其咎、時至弗行、反受其殃、願足下孰圖之、信曰、漢王遇我厚、吾豈可見利而背恩乎、遂謝通、通說不聽、惶恐乃陽狂爲巫、天下既定、後信以罪廢爲淮陰侯、謀反誅、臨死歎曰、悔不用蒯通之言、高帝聞之召通、通至、上欲亨之、曰、若教韓信反何也、通曰、狗各吠非其主、當彼時、臣獨知齊王韓信、非知陛下也、且秦失其鹿、以鹿喻帝位也天下共逐之、高材者先得、天下匈匈、爭欲爲陛下所爲、顧力不能、可殫誅邪、上迺赦之、至齊悼惠王時、曹參爲相、禮下賢人、請通爲客、初齊處士東郭先生梁石君、入深山隱居、通迺見相國曰、婦人有夫死三日而嫁者、有幽居守寡不出門者、足下即欲求婦何取、曰取不嫁者、通曰、然則求臣亦猶是也、彼東郭先生梁石君、齊之俊士也、隱居不嫁、未嘗卑節下意以求仕也、願足下使人禮之、曹相國曰、敬受命、皆以爲上賓、

賈誼洛陽人也、孝文時、爲梁懷王太傅、是時匈奴強侵邊、天下初定、制度疏闊、諸侯王僭擬地過古制、淮南濟北王皆爲逆誅、誼數上疏陳政事、多所欲匡建、其大略曰、臣竊惟事勢、可爲痛哭者一、可爲流涕者二、可爲長太息者六、若其他背理而傷道者難徧以疏舉、進言者皆曰、天下已安已治矣、臣獨以爲未也、曰安且治者、非愚則諛、皆非事實知治亂之體者也、夫抱火厝之積薪之下、而寢其上、火未及燃、因謂之安、方今之勢、何以異此、陛下何不壹令臣得孰數之於前、因陳治安之策、試詳擇焉、夫使爲治勞智慮苦身體、乏鐘鼓之樂、勿爲可　也、樂與今同、而加之以諸侯軌道、兵革不動、民保首領、匈奴賓服、四荒向風、百姓素朴、獄訟衰息、天下順治、生

爲明帝沒爲明神名譽之美垂於無窮建久安之勢成長治之業以承祖廟以奉六親至孝也以幸天下以育羣生至仁也立經陳紀輕重同得後可以爲萬世法程雖有愚幼不肖之嗣猶得蒙業而安至明也以陛下之明達因使少知治體者得佐下風致此非難也臣謹稽之天地驗之往古按之當今之務日夜念之至孰也雖使禹舜復生爲陛下計無以易此夫樹國固必相疑之勢也樹國於險固諸侯強大則必與天子有相疑之勢也下數被

其殃上數爽其憂甚非所以安上而全下今或親弟謀爲東帝淮南厲王長也親兄之子西向而擊謂齊悼惠王子興居爲濟北王反欲擊取滎陽天子春秋鼎盛鼎方行義未過德澤有加焉猶尚如是況莫大諸侯權力且十此者乎然而天下少安何也大國之王幼弱未壯漢之所置傅相方握其事數年之後諸侯之王大抵皆冠血氣方剛漢之傅相稱病而賜罷彼自丞尉以上徧置私人如此有異淮南濟北之爲邪此時而欲爲治安雖堯舜不治也今

令此道順而全安甚易不肯早爲已廼墮骨肉之屬而抗剄之抗其頭而剄之也豈有異秦之季世乎夫以天子之位乘今之時因天之助尚憚以危爲安以亂爲治假設天下如曩時淮陰侯尚王楚黥布王淮南彭越王梁韓信王韓張敖王趙盧綰王燕陳豨在代令此六七公者皆亡恙當是時而陛下卽天子位能自安乎臣有以知陛下之不能也天下殽亂高皇帝與諸公並起諸公幸者廼爲中涓其次僅得舍人材之不逮至

遠也高皇帝以明聖威武卽天子位割膏腴之地以王諸公多者百餘城少者三四十縣德至渥也然其後十年之間反者九起陛下之與諸公非親角材而臣之也又非身封王之也自高皇帝不能以是一歲爲安故臣知陛下之不能也臣請試言其親者假令悼惠王王齊元王王楚中子王趙幽王王淮陽恭王王梁靈王王燕厲王王淮南六七貴人皆無恙當是時陛下卽位能爲治乎臣又知陛下之不能也若此諸王

雖名爲臣、實皆有布衣昆弟之心、慮無不帝制而天子自爲者、擅爵人赦死辠、甚者或戴黃屋、令不肯聽、召之安可致乎、幸而來至、法安可得加、動一親戚、天下圜視而起、陛下之臣、雖有悍如馮敬者、（爲御史大夫、奏淮南厲王誅也、）適啓其口、匕首已陷其匈矣、陛下雖賢、誰與領此、故疏者必危、親者必亂、已然之效也、其異姓負強而動者、漢已幸而勝之矣、又不易其所以然、同姓襲是跡而動、既有徵矣、殃禍之變、未知所移、明帝處之、尚不能以安、後世將如之何、屠牛坦一朝解十二牛、而芒刄不頓者、所排擊剝割、皆衆理解也、至於髖髀之所、非斤則斧、夫仁義恩厚、人主之芒刄也、權勢法制、人主之斤斧也、今諸侯王、皆衆髖髀也、釋斤斧之用、而欲嬰以芒刄、臣以爲不缺則折、胡不用之淮南濟北、勢不可也、（二國皆反誅、何不施之仁恩、勢不可故也、）臣竊跡前事、大抵強者先反、淮陰王楚最強、則最先反、韓王信倚胡、則又反、貫高因趙資、則又反、陳豨兵精、則又反、彭越用梁、則又

反、黥布用淮南、則又反、盧綰最弱、最後反、長沙迺在二萬五千戶耳、功少而最完、勢疏而最忠、非獨性異人、亦形勢然也、曩令樊酈絳灌、據數十城而王、今雖已殘亡可也、令信越之倫、列爲徹侯而居、雖至今存可、然則天下之大計可知也、欲諸王之皆忠附、則莫若令如長沙王、欲臣子之勿葅醢、則莫若令如樊酈等、欲天下之治安、莫若衆建諸侯而少其力、力少則易使以義、國小則無邪心、令海內之勢、如身之使臂、臂之使指、莫不制從、諸侯之君、不敢有異心、雖在細民、且知其安、故天下咸知陛下之明、割地定制、令齊趙楚各爲若干國、使其子孫各受祖之分地、地盡而止、及燕梁他國皆然、其分地衆而子孫少者、建以爲國、空而置之、須其子孫生者、舉使君之、天子無所利焉、誠以定治而已、故天下咸知陛下之廉、地制壹定、宗室子孫、莫慮不王、下無背叛之心、上無誅伐之志、天下咸知陛下之仁、法立而不犯、令行而不逆、細民向善、大臣

致順故天下咸知陛下之義當時大治後世誦聖陛下誰憚而久不爲此天下之勢方病大瘇（瘇足曰瘇）一脛之大幾如要一指之大幾如股平居不可屈伸失今不治必爲錮疾後雖有扁鵲不能爲已可痛哭者此病是也天下之勢方倒懸凡天子者天下之首也蠻夷者天下之足也今匈奴嫚侮侵掠至不敬也爲天下患至無已也而漢歲致金絮采繒以奉之足反居上首顧居下倒懸如此莫之能解猶爲國有人乎可爲流涕者此也今民賣僮者（僮謂隸妾）爲之繡衣絲履偏諸緣內之閑中（閑賣奴婢闌也）是古天子后服所以廟而不宴者也而庶人得以衣婢妾白縠之表薄紈之裏緁以偏諸是古天子之服也今富人大賈嘉會召客者以被牆古者以奉一帝一后而節適今庶人屋壁得爲帝服倡優下賤得爲后飾然而天下不屈者殆未有也夫俗至大不敬也至無等也至冒上也進計者猶曰無爲可爲長太息者此也商君遺禮義弃仁恩幷心於進

取秦俗日敗故秦人家富子壯則出分家貧子壯則出贅（出作贅壻）借父耰鉏慮有德色（假其父鉏而恩之）毋取箕帚立而誶語（誶猶責也）抱哺其子與公倂倨其慈子嗜利不同禽獸者無幾耳然幷心而赴時者猶曰蹷六國兼天下功成求得矣終不知反廉愧之節仁義之厚衆掩寡知欺愚勇威怯壯陵衰其亂至矣是以大賢起之威震海內德從天下曩之爲秦者今轉而爲漢矣然其遺風餘俗猶尚未改今世以侈靡相競而上無制度弃禮誼捐廉耻日甚殺父兄盜者剟寢戶之簾（剟取也）搴兩廟之器（搴取也兩廟高祖惠帝廟也）白晝大都之中剽吏而奪之金矯僞者出幾十萬石粟（吏矯僞徵發盈出十萬石粟）賦六百餘萬錢乘傳而行郡國此其無行義之尤至者也而大臣特以簿書不報期會之間以爲大故至於俗流失世壞敗因恬而不知怪夫移風易俗使天下回心而向道類非俗吏之所能爲也俗吏之所務在於刀筆筐篋而不知大體陛下又不自憂竊爲陛下惜之夫

立君臣等上下使父子有禮六親有紀[父母兄弟妻子]此非天之所爲人之所設也人之所設不爲不立不植則僵不修則壞管子曰禮義廉耻是謂四維四維不張國乃滅亡使管子愚人也則可管子而少知治體則是豈可不爲寒心哉秦滅四維而不張故君臣乖亂六親殃戮姦人並起萬民離叛凡十三歲而社稷爲墟今四維猶未備也故姦人幾幸而衆心疑惑豈如今定經制令君臣上下有差父子六親各得其宜姦人無

所幾幸此業壹定世世常安若夫經制不定是猶渡江河無維檝中流而遇風波船必覆矣可爲長大息者此也夏爲天子十有餘世殷爲天子二十餘世周爲天子三十餘世秦爲天子二世而亡人性不甚相遠也何三代之君有道之長而秦無道之暴也其故可知也古之王者太子迺生固舉以禮使士負之有司齊肅端冕見于天也過闕則下過廟則趍孝子之道也故自爲赤子而教固已行矣昔者成王幼在繈緥之

中召公爲大保周公爲太傅太公爲大師保保其身體傅傅之德義師導之教訓此三公職也於是爲置三少少保少傅少師是與太子宴者也故迺孩提有識三公三少明孝仁禮義以導習之逐去邪人不使見惡行於是皆選天下之端士孝悌博聞有道術者以衞翼之使與太子居處出入故太子迺生而見正事聞正言行正道左右前後皆正人夫習與正人居之不能無正猶生長楚之鄉不能不楚言也孔子曰少成

若天性習貫如自然太子既冠成人免於保傅之嚴則有記過之史徹膳之宰進善之旌誹謗之木敢諫之鼓瞽史誦詩工誦箴諫大夫進謀士傳民語習與智長故切而不媿化與心成故中道若性春秋入學坐國老執醬而親餽之所以明有孝也行以鑾和[鑾在衡和在軾]步中采齊趍中肆夏[樂詩也步則歌之以中節]所以明有度也其於禽獸見其生不食其死聞其聲不食其肉故遠庖廚所以長恩且明有仁也夫三代之所以長久者以

其輔翼太子有此具也、至秦而不然、其俗固非貴辭讓也、所上者告訐也、固非貴禮義也、所上者刑罰也、使趙高傅胡亥、而教之獄、所習者、非斬劓人、則夷人之三族也、故胡亥今日卽位、而明日射人、忠諫者謂之誹謗、深計者謂之妖言、其視殺人若刈草菅然、豈唯胡亥之性惡哉、彼其所以導之者非其理故也、鄙諺曰、不習爲吏視已成事、又曰、前車覆後車誡、夫三代之所以長久者、其已事可知也、夫存亡之變、治亂之機、

舊無故字補之

其要在是矣、夫天下之命、懸於太子、太子之善、在於早諭教與選左右、夫心未濫而先諭教、則化易成也、開於道術智誼之指、則教之力也、若其服習積貫、貫習也則左右而已、臣故曰、選左右早諭教最急、夫教得而左右正、則太子正矣、太子正、而天下定矣、若夫慶賞以勸善、刑罰以懲惡、先王執此之政、堅如金石、行此之令、信如四時、據此之公、無私如天地、豈顧不用哉、孔子曰、聽訟吾猶人也、必也使無訟乎、爲人主計者、莫

如先審取舍、取舍之極定於內、而安危之萌應於外矣、安者非一日而安也、危者非一日而危也、皆以積漸然、不可不察也、人主之所積、在其取舍、以禮義治之者積禮義、以刑罰治之者積刑罰、刑罰積而民怨背、禮義積而民和親、故世主欲民之善同、而所以使民善者或異、或導之以德教、或敺之以法令、導之以德教、德教洽而民氣樂、敺之以法令者法令極、而民風哀、哀樂之感、禍福之應也、秦王之欲尊宗廟而安子孫、

與湯武同、然而湯武廣大其德行、六七百歲而弗失、秦王持天下十餘歲則大敗、此無他故矣、湯武之定取舍審、而秦王之定取舍不審也、夫天下大器、今人之置器、置諸安處則安、置諸危處則危、天下之情與器無以異、在天子之所置之、湯武置天下於仁義禮樂、而德澤洽、禽獸草木廣裕、德被子孫數十世、此天下所共聞也、秦王置天下於法令刑罰、德澤無一有、而怨毒盈於世、人憎惡之如仇讎、禍幾及身、子孫誅絕、此

天下之所共見也。是非其明效大驗邪。人之言曰。聽言之道。必以其事觀之。則言者莫敢妄言。今或言禮誼之不如法令。教化之不如刑罰。人主胡不引殷周秦事以觀之也。人主之尊。譬如堂。羣臣如陛。衆庶如地。古者聖王制爲等列。內有公卿大夫士。外有公侯伯子男。等級分明。而天子加焉。故其尊不可及也。鄙諺曰。欲投鼠忌器。尚憚不投。恐傷其器。況貴臣之近主乎。廉耻禮節。以治君子。故有賜死。而無戮辱。是以黥劓

之辠。不及大夫。顧其離主上不遠也。君之寵臣。雖或有過。刑戮之罪。不加其身者。尊君故也。所以體貌大臣。而厲其節也。今自王侯三公之貴。皆天子之所改容而禮之。古天子之所謂伯父伯舅也。而今與衆庶同黥劓髡刖笞傌棄市之法。然則堂不無陛乎。被戮辱者。不泰迫乎。廉耻不行。大臣無迺握重權大官。而有徒隷無耻之心乎。今而有過。帝令廢之可也。退之可也。賜之死可也。滅之可也。若夫束縛之。係緤之。輸之司

舊無死而二字補之

寇。編之徒官。司寇小吏。詈罵而榜笞之。殆非所以令衆庶見也。夫天子之所嘗敬。衆庶之所嘗寵。死而死耳。賤人安得如此而頓辱之哉。故主上遇其大臣。如遇犬馬。彼將犬馬自爲也。如遇官徒。彼將官徒自爲也。故古者禮不及庶人。刑不至大夫。所以厲寵臣之節也。其有大罪者。聞命則北面再拜。跪而自裁。上不使人捽抑而刑之也。曰。子大夫自有過耳。吾遇子有禮矣。遇之有禮。故羣臣自憙。嬰以廉耻。故人矜以節行。上

羣書治要　卷之二十六

設廉耻禮義。以遇其臣。而臣不以節行報其上者。則非人類也。故爲人臣者。利不苟就。害不苟去。唯義所在。上之化也。故父兄之臣。誠死宗廟。法度之臣。誠死社稷。輔翼之臣。誠死君上。守圄扞敵之臣。誠死城郭封疆。故曰。聖人有金城者。比物此志也。比謂比方。使忠臣以死社稷之志。比於金城。彼且爲我死。故吾得與之俱生。彼且爲我亡。故吾得與之俱存。爲我危。故吾得與之皆安。顧行而忘利。守節而仗義。故可以託不御之權。可以寄六尺之

狐、此厲廉耻、行禮誼之所致也、主上何喪焉、此之不爲、而顧彼之久行、彼亡國也、故曰、可爲長太息者此也、

爰盎字絲、楚人也、孝文時爲中郎將、從覇陵上欲西馳下峻阪、盎攬轡、上曰、將軍怯邪、盎曰、臣聞千金之子不垂堂、百金之子不騎衡、騎倚衡也、聖主不乘危、不徼幸、今陛下騁六飛、六馬之疾若飛也、馳不測山、有如馬驚車敗、陛下縱自輕、奈高廟太后何、上乃止、上幸上林、皇后慎夫人從、其在禁中常

同坐、及坐、郎署盎卻慎夫人坐、慎夫人怒、不肯坐、上亦怒起、盎因前說曰、臣聞尊卑有序、則上下和、今陛下既已立后、慎夫人迺妾、妾主豈可以同坐哉、且陛下幸之、則厚賜之、陛下所以爲慎夫人、適所以禍之、獨不見人豕乎、戚夫人也、於是上迺悅、入語慎夫人、夫人賜盎金五十斤、然盎亦以數直諫、不得久居中、調爲隴西都尉、調選也、仁愛士卒、皆爭爲死、

晁錯、潁川人也、以文學爲太子家令、是時匈奴彊、數寇邊、上發兵以禦之、錯上言兵事曰、臣聞兵法有必勝之將、由此觀之、安邊境立功名、在於良將、不可不擇也、臣又聞用兵臨戰合刃之急者三、一曰得地形、二曰卒服習、三曰器用利、兵法曰、丈五之溝、漸車之水、山林積石、經川丘阜、草木所在、此步兵之地也、車騎二不當一、土山丘陵、曼衍相屬、平原廣野、此車騎之地也、步兵十不當一、平陵相遠、川谷居間、仰高臨下、此弓弩之地也、短兵百不當一、兩陣相近、平地淺

草、可前可後、此長戟之地也、劍楯三不當一、萑葦竹蕭、草木蒙蘢、支葉茂接、此矛鋋之地也、長戟二不當一、曲道相伏、險阨相薄、此劍楯之地也、弓弩三不當一、士不選練、卒不服習、起居不精、動靜不集、趍利弗及、避難不畢、前擊後解、與金鼓之音相失、此不習勒卒之過也、百不當十、兵不完利、與空手同、甲不堅密、與袒裼同、袒裼肉袒、弩不可以及遠、與短兵同、射不能中、與無矢同、中不能入、與無鏃同、此將不省兵之禍也、五不

當一、故兵法曰、器械不利、以其卒予敵也、卒不可用、以其將與敵也、君不擇將、以其國與敵也、四者兵之至要也、臣又聞小大異形、強弱異勢、險易異備、夫卑身以事強、小國之形也、合小以攻大、敵國之形也、以蠻夷攻蠻夷、中國之形也、今匈奴地形技藝、與中國異、上下山阪、出入谿澗、中國之馬弗與也、險道傾側、且馳且射、中國之騎弗與也、風雨罷勞、飢渴不困、中國之人弗與也、此匈奴之長技也、若夫平原易地、輕車突騎、則匈奴之衆、易撓亂也、勁弩長戟、射疏及遠、則匈奴之弓弗能格也、堅甲利刃、長短相雜、遊弩往來、什伍俱前、則匈奴之兵、弗能當也、材官騶發、矢道同的、（材官、騎射之官也、射者騶發、其用矢者、同中一的、言其工妙、）則匈奴之革笥木薦、（革笥以皮作、如鎧也、木薦以木板作、如楯、）弗能支也、下馬地鬬、劒戟相接、去就相薄、則匈奴之足弗能給也、此中國之長技也、以此觀之、匈奴之長技三、中國之長技五、陛下又興數十萬之衆、以誅數萬之匈奴、衆寡之計、以一擊十之術

也、雖然、兵凶器、戰危事也、以大爲小、以強爲弱、在俛仰之間耳、夫以人死爭勝、跌而不振、（蹉跌不可復起、）則悔之無及也、帝王之道、出於萬全、今降胡義渠蠻夷之屬來歸誼者、其衆數千、飲食長技與匈奴同、可賜之堅甲絮衣、勁弓利矢、益以邊郡之良騎、令明將能知其習俗和輯其心者、將之、即有險阻、以此當之、平地通道、則以輕車材官制之、兩軍相表裏、各用其長技、衡加之以衆、此萬全之術也、文帝嘉之、乃賜錯璽書寵答焉、錯復言守邊備塞、勸農力本、當世急務二事、曰、臣竊聞秦時北攻胡貉、築塞河上、南攻揚粵、（揚州之南越也、）置戍卒焉、其起兵而攻胡粵者、非以衛邊地而救民死也、貪戾而欲廣大也、故功未立而天下亂、且夫起兵而不知其勢、戰則爲人禽、屯則卒積死、夫胡貉之地、積陰之處也、其性能寒、揚粵之地、少陰多陽、其性能暑、秦之戍卒不能其水土、戍者死於邊、輸者僨於道、（僨、仆也、）秦民見行、如往弃市、因以讁發之、名曰讁戍、發之不順、

行者深怨有背叛之心凡民守戰至死而不降北者以計爲之也故戰勝守固則有拜爵之賞攻城屠邑則得其財鹵以富家室故能使其衆蒙矢石赴湯火視死如生今秦之發卒也有萬死之害而無銖兩之報死事之後不得一筭之復天下明知其禍烈及己也陳勝行戍至於大澤爲天下先唱天下從之如流水者秦以威劫而行之敝也胡人衣食之業不著於地其勢易擾亂邊境如飛鳥走獸放於廣野美草甘水則止草盡水竭則移以是觀之往來轉徙時至時去此胡人生業而中國之所以離南畝也今使胡人數處轉牧行獵於塞下或當燕代或當上郡北地隴西以候備塞之卒卒少則入陛下不救則邊民絕望而有降敵之心少發則不足多發遠縣纔至胡又已去聚不罷爲費甚大罷之則胡復入如此連年則中國貧苦而民不安矣陛下幸憂邊境遣將吏發卒以治塞甚大惠也然令遠方之卒守塞一歲而更不知胡人之能

不如選常居者家室田作且以備之以便爲之高城深塹先爲室屋具田器迺募罪人令居之不足募以丁奴婢贖罪及輸奴婢欲以拜爵者不足迺募民之欲往者皆賜高爵復其家與冬夏衣稟食能自給而止其無夫若妻者縣官買與之人情非有匹敵不能久安其處塞下之民祿利不厚不可使久居危難之地胡人入驅而能止其所驅者以其半與之（謂胡人驅收中國、能奪得之者、以半與之也、）縣官爲贖（得漢人、官爲贖也、）其民如是則邑里相救助赴胡不避死非以德上也欲全親戚而利其財也此與東方之戍卒（東方諸郡、次當戍邊、）不習地勢而心畏胡者功相萬也以陛下之時徙民實邊使遠方無屯戍之事塞下之民父子相保無係虜之患利施後世名稱聖明其與秦之行怨民相去遠矣上從其言募民徙塞下錯復言陛下幸募民相徙以實塞下使屯戍之事益省甚大惠也使先至者安樂而不思故鄉則貧民相募而勸往矣臣聞古之徙遠方以實廣虛也相其陰陽之和、嘗其水泉之味、審其土地之宜、觀其草木之饒、然後營邑立城、制里割宅、通田作之道、正阡陌之界、先爲築室家、置器物焉、民至有所居、作有所用、此民所以輕去故鄉、而勸之新邑也、爲置醫巫、以救疾病、生死相䘏、墳墓相從、此所以使民樂其處、而有長居之心也、擇其邑之賢材、習地形、知民心者、居則習民於射法、出則教民於應敵、故卒伍成於內、則軍正定於外、服習以成、勿令遷徙、幼則同遊、長則共事、夜戰聲相知、則足以相救、晝戰目相見、則足以相識、驩愛之心、足以相死、如此而勸以厚賞、威以重罰、則前死不還踵矣、文帝詔舉賢良文學之士、錯在選中、上親策詔之曰、昔者大禹、勤求賢士、施及方外、近者獻其明、遠者通厥聰、比善勠力、以翼天子、是以大禹能無失德、故詔有司、選賢良明於國家之大體、通於人事之終始、及能直言極諫者、將以匡朕之不逮、永惟朕之不德、吏之不平、政之不宣、民之不寧、四者之闕、悉陳其志、無有所隱、錯對詔策曰、通於人事終始、愚臣竊以古之三王、臣主俱賢、故合謀相輔、計安天下、莫不本於人情、人情莫不欲壽、三王生而不傷也、人情莫不欲富、三王厚而不困也、人情莫不欲安、三王扶而不危也、人情莫不欲逸、三王節其力不盡也、其爲法令也、合於人情而後行之、其動衆使民也、本於人事然後爲之、取人以己、內恕及人、情之所惡、不以強人、情之所欲、不以禁民、是以天下樂其政、而歸其德、望之若父母、從之若流水、百姓和親、國家安寧、名位不失、施及後世、此明於人情終始之功也、詔策曰、吏之不平、政之不宣、民之不寧、愚臣竊以秦事明之、臣聞秦始并天下之時、其主不及三王、而臣不及其佐、然功力不遲者何也、地形便、財用足、民利戰、其所與並者六國、六國者、臣主皆不肖、謀不輯、民不用、故當此之時、秦最富強、夫國富強而鄰國亂者、帝王之資也、故秦能兼六國、立爲天子、當此之時、三王之功、不能進焉、及其末塗之衰也、任不肖而信讒賊、宮室過度、耆欲無極、民力罷盡、賦斂不節、矜奮自賢、羣臣恐諛、（恐機發陷、觸而諛、以求自全、）驕溢縱恣、不顧患禍、妄賞以隨喜意、妄誅以快怒心、法令煩憯、刑罰暴酷、輕絕人命、天下寒心、莫安其處、姦邪之吏、乘其亂法、以成其威、獄官主斷、生殺自恣、上下瓦解、各自爲製、秦始亂之時、吏之所先侵者、貧人賤民也、至其中節、所侵者富人吏家也、及其末塗、所侵者、宗室大臣也、是故親疏皆危、外內咸怨、離散逋逃、人有走心、陳勝先倡、天下大潰、絕祀亡世、爲異姓福、此吏不平、政不宣、民不寧之禍也、對奏、天子善之、遷大中大夫、錯以諸侯強大、請削之、後吳楚反、會竇嬰言爰盎、詔召入見、上問曰、計安出、盎對曰、吳楚相遺書言、高皇帝王子弟各有分地、今賊臣鼂錯、擅讁諸侯、削奪之地、以故反、名爲西共誅錯、復故地而罷、方今計、獨有斬錯、發使赦吳楚七國、復其故地、則兵可無血刃而俱罷、於是上默然良久、曰、顧誠何如、吾不愛

舊無貧人至侵者十二字補之

一人謝天下也、後十餘日、迺使中尉召錯、紿載行市、錯衣朝衣斬東市、錯已死、謁者僕射鄧公爲校尉、擊吳楚還、上書言軍事、上問曰、聞鼂錯死、吳楚罷不也、鄧公曰、吳爲反數十歲矣、發怒削地、以誅錯爲名、其意不在錯也、且臣恐天下之士拑口、不敢復言矣、上曰、何哉、鄧公曰、夫鼂錯患諸侯強大不可制、故請削之、以尊京師、萬世之利也、計畫始行、卒被大戮、內杜忠臣之口、外爲諸侯報仇、臣竊爲陛下不取也、於是景帝喟然長息曰、公言善、吾亦恨之、

羣書治要卷第十六

羣書治要卷第十七

秘書監鉅鹿男臣魏徵等奉　勅撰

漢書五

傳

張釋之字季、南陽人也、以貲爲郎、事文帝、十年不得調、欲免歸、中郎將爰盎知其賢、惜其去、乃請徙釋之補謁者、釋之旣朝畢、因前言便宜事、文帝稱善、拜釋之爲謁者僕射、從行、上登虎圈、問上林尉禽獸簿十餘問、尉左右視、盡不能對、虎圈嗇夫從旁代尉對、上所問禽獸簿甚悉、欲以觀其能、口對響應無窮者、文帝曰、吏不當如此耶、詔拜嗇夫爲上林令、釋之前曰、陛下以絳侯周勃何人也、上曰、長者、又復問東陽侯張相如何人也、上復曰、長者、釋之曰、夫絳侯東陽侯稱爲長者、此兩人言事、曾不能出口、豈效嗇夫喋喋利口捷給哉、且秦以任刀筆之吏、爭以亟疾苛察相高、其弊徒文具、無惻隱之實、以故不聞其過、陵夷至於二世、天下土崩、今陛下以嗇夫口辯而超遷之、臣恐天下隨風靡、爭口辯無其實、且下之化上、疾於景響、擧措不可不察也、文帝曰、善、迺止、從行至霸陵、上顧謂羣臣曰、嗟乎、以北山石爲椁、用紵絮斮陳漆其間、豈可動哉、左右皆曰、善、釋之前曰、使其中有可欲、雖錮南山猶有隙、使其中無可欲、雖無石椁、又何戚焉、文帝稱善、其後拜釋之爲廷尉、頃之、上行出中渭橋、橋在兩岸之中也、有一人從橋下走、乘輿馬驚、於是使騎捕屬廷尉、釋之奏當此人犯蹕、蹕止行人、當罰金、上怒曰、此人親驚吾馬、馬賴和柔、令他馬固不敗傷我乎、而廷尉迺當之罰金、釋之曰、法者天子所與天下公共也、今法如是、更重之、是法不信於民也、且方其時、上使使誅之則已、今已下廷尉、廷尉天下之平也、壹傾、天下用法皆爲之輕重、民安所措其手足、唯陛下察之、良久曰、廷尉當是也、其後人有盜高廟坐前玉環、得、文帝怒、下廷尉治、奏當弃市、上大怒曰、人無道、迺盜先帝器、吾屬廷尉者、欲致之族、而君以

法奏之、非吾所以共承宗廟意也、釋之曰、法如
是足矣、且罪等、俱死罪也、盜玉環不若盜長陵土之逆也、然以逆順
爲基、今盜宗廟器而族之、假令愚民取長陵一
抔土、不欲指言故以取土喩也、陛下且何以加其法乎、乃許
廷尉當、
馮唐趙人也、以孝著、爲郎中署長、事文帝、帝輦
過、問唐曰、父老何自爲郎、家安在、具以實言、曰、
吾居代時、吾尚食監高祛、數爲我言趙將李齊
之賢、戰於鉅鹿下、吾每飮食、意未嘗不在鉅鹿

也、每食念監所說李齊在鉅鹿時也、父老知之乎、唐對曰、齊尚
不如廉頗李牧、上曰、嗟乎、吾獨不得廉頗李牧
時爲將、豈憂匈奴哉、唐曰、陛下雖有頗牧不能
用也、上怒起入禁中、良久召唐、復問曰、公何以
言吾不能用頗牧也、對曰、臣聞上古王者遣將
也、跪而推轂曰、閫以內寡人制之、閫以外將軍
制之、門中橛爲閫也、軍功爵賞皆決於外、歸而奏之、此
非空言也、李牧之爲趙將居邊、軍市之租、皆自
用饗士、賞賜決於外、不從中覆也、委任而責成

功、故李牧乃得盡其知能、是以北逐單于、破東
胡、滅澹林、胡名也、西抑強秦、南支韓魏、今臣竊聞、
魏尚爲雲中守、軍市租盡以給士卒、出私養錢、
五日壹殺牛、以饗賓客軍吏舍人、是以匈奴遠
避、不近雲中之塞、虜嘗壹入、尚帥車騎擊之、所
殺甚衆、上功莫府、一言不相應、文吏以法繩之、
其賞不行、愚以爲陛下法太明、賞太輕、罰太重、
且魏尚坐上功首虜差六級、陛下下之吏、削其
爵、罰作之、由此言之、陛下雖得頗牧、不能用也、

臣誠愚、觸忌諱、死罪、文帝悅、是日令唐持節赦
魏尚、復以爲雲中守、而拜唐爲車騎都尉、荀悅紀論
曰、以孝文之明、本朝之治、百寮之賢、而賈誼見
排逐、張釋之十年不見省、馮唐皓首屈於郎署、
豈不惜哉、夫絳侯之忠、功存社稷、而由見疑、不
亦痛乎、夫知賢之難、用人之不易、忠臣自固之
難、在明世且由若茲、而況亂君闇主者乎、然則
屈原赴於汨羅、子胥鴟夷於江、安足恨哉、周勃
質樸忠誠、高祖知之、以爲安劉氏者勃也、旣定
漢室、建立明主、眷眷之心、豈有已哉、狼狽失據、
塊然囚執、俛首擗襟、屈於獄吏、可不愍哉、夫忠
臣之於其主、由孝子之於其親也、盡心焉、盡力
焉、進而喜、非貪位也、退而憂、非懷寵也、忠結於
心、戀慕不止、進得及時、樂行其道也、故仲尼去
魯、遲遲吾行也、孟軻去齊、三宿而後出、蓋彼誠
仁聖之心也、夫賈誼過湘、弔屈原、惻愴慟懷、豈

(徒忿怨而已哉，與夫苟患失之者異類殊意矣。及其傅梁王，哭泣而從之死，豈可謂非至忠乎。然而人主不察，豈不哀哉。及釋之屈而思歸，馮唐困而後達，又可悼也。此忠臣所以泣血，賢哲所以傷心也。)

汲黯字長孺，濮陽人也。爲人正直，以嚴見憚。武帝召爲中大夫，以數切諫，不得久留內，遷爲東海太守。黯學黃老言，治民好清靜，責大指而不細苛。黯多病，臥閤內不出，歲餘，東海大治。召爲主爵都尉，治務在無爲而已，引大體，不拘文法。上曰：汲黯何如人也？嚴助曰：使黯任職居官，亡

以瘉人，然至其輔少主，雖自謂賁育，弗能奪也。上曰：然。古有社稷之臣，至如汲黯，近之矣。大將軍靑侍中，上踞廁視之，(廁謂牀邊，踞牀視之。)丞相弘宴見，上或時不冠，至如見黯，不冠不見也。嘗坐武帳，黯前奏事，上不冠，望見黯，避帳中，使人可其奏，其見敬禮如此。張湯以更定律令爲廷尉，黯質責湯於上前曰：公爲正卿，上不能襃先帝之功業，下不能化天下之邪心，安國富民，使囹圄空虛，何空取高皇帝約束紛更之爲也，(紛，亂。)而公以

此無種矣。黯時與湯論議，湯辯常在文深小苛，黯憤發罵曰：天下謂刀筆吏不可以爲公卿，果然。必湯也，令天下重足而立，側目而視矣。

賈山，潁川人也。孝文時，言治亂之道，借秦爲諭，名曰至言。其辭曰：夫布衣韋帶之士，修身於內，成名於外，而使後世不絕息。至秦則不然，貴爲天子，富有天下，賦斂重數，赭衣半道，羣盜滿山，使天下之人戴目而視，傾耳而聽，一夫大呼，天下響應。秦非徒如此也，又起咸陽而西至雍，離

宮三百，鐘鼓帷帳，不移而具。又爲阿房之殿，殿高數十仞，東西五里，南北千步，從車羅騎，四馬騖馳，旌旗不撓。爲宮室之麗，至於此，使其後世曾不得聚廬而託處焉。爲馳道於天下，東窮燕齊，南極吳楚，道廣五十步，厚築其外，隱以金椎，(作壁如甬道。隱，築也。以鐵椎築之也。)樹以靑松。爲馳道之麗，至於此，使其後世曾不得邪徑而託足焉。死葬乎驪山，吏徒數十萬人，曠日十年，下徹三泉，冶銅錮其內，漆塗其外，被以珠玉，飾以翡翠，中成觀游，

上成山林爲葬埋之侈至於此使其後世曾不得蓬顆蔽冢而託葬焉（蓬顆猶裸顆小冢）秦以熊羆之力虎狼之心蠶食諸侯并吞海內而不篤禮義故天殃已加矣臣昧死以聞願陛下少留意而詳擇其中臣聞忠臣之事君也言切直則不用其身危不切直則不可以明道故切直之言明主所欲急聞忠臣之所以蒙死而竭智也地之磽者雖有善種不能生焉江皋河瀕雖有惡種無不猥大故地之美者善養禾君之仁者善養士雷霆之所擊無不摧折者萬鈞之所壓無不糜滅者今人主之威非特雷霆勢重非特萬鈞也開道而求諫和顏色而受之用其言而顯其身士猶恐懼而不敢自盡又迺況於縱欲恣行暴虐惡聞其過乎震之以威壓之以重則雖有堯舜之智孟賁之勇豈有不摧折者哉如此則人主不得聞其過失矣弗聞則社稷危矣古者聖王之制史在前書過失工誦箴諫庶人謗於道商旅議於市然後君得聞其過失也聞其過失而改之見義而從之所以永有天下也天子之尊四海之內其義莫不爲臣然而養三老於大學舉賢以自輔弼求脩正之士使直諫故尊養三老示孝也立輔弼之臣者恐驕也置直諫之士者恐不得聞其過也學問至於芻蕘者求善無厭也商人庶人誹謗已而改之從善無不聽也昔者秦力并萬國富有天下破六國以爲郡縣築長城以爲關塞秦地之固大小之勢輕重之權其與一家之富一夫之彊胡可勝計也然而兵破於陳涉地奪於劉氏者何也秦王貪狼暴虐殘賊天下窮困萬民以適其欲也昔者周蓋千八百國以九州之民養千八百之君用民之力不過歲三日什一而籍君有餘財民有餘力而頌聲作秦皇帝以千八百國之民自養力疲不勝其役財盡不勝其求一君之身所以自養者馳騁弋獵之娛天下弗能供也勞疲者不得休息飢寒者不得衣食無辜死刑者無所告訴人與之爲怨家與之爲讎故天下壞也身

死纔數月、天下四面而攻之、宗廟滅絕矣、秦皇帝居滅絕之中、而不自知者、何也、天下莫敢告也、其所以莫敢告者、何也、無養老之義、無輔弼之臣、無進諫之士、縱恣行誅、退誹謗之人、殺直諫之士、是以偷合苟容、比其德則賢於堯舜、課其功則賢於湯武、天下已潰、而莫之告也、詩曰、非言不能、胡此畏忌、此之謂也、又曰濟濟多士、文王以寧、天下未嘗無士也、然而文王獨言以寧者、何也、文王好仁、故仁興、得士而敬之、則士用、用之有禮義、故不致其愛敬、則不能盡其心、則不能盡其力、則不能成其功、故古之賢君於其臣也、尊其爵祿而親之、疾則臨視之無數、死則弔哭之、爲之服錫衰、而三臨其喪、未斂不飲酒食肉、未葬不舉樂、當宗廟之祭而死、爲之廢樂、故古之君人者於其臣也、可謂盡禮矣、故臣下莫敢不竭力盡死、以報其上、功德立於後世、而令問不忘也、

鄒陽齊人也、事吳王濞、濞以太子事怨望、稱疾

不朝、陰有邪謀、陽奏書諫、吳王不納其言、去之梁、從孝王遊、陽爲人有智略、忼慨不苟合、介於羊勝公孫詭之間、勝等疾陽、惡之於孝王、孝王怒、下陽吏、將殺之、陽迺從獄中上書曰、臣聞忠無不報、信不見疑、臣常以爲然、徒虛語耳、昔者荊軻慕燕丹之義、白虹貫日、太子畏之、燕太子丹厚養荊軻、令西刺秦王、其精誠感天、白虹爲之貫日也、白虹兵象也、日君象也、衛先生爲秦畫長平之事、太白食昴、昭王疑之、白起爲秦伐趙、破長平軍、欲遂滅趙、遣衛先生說昭王益兵糧、爲應侯所害、事不成、其精誠上達於天、故太白爲之食昴、昴趙分也、夫精變天地、而信不諭兩主、豈不哀哉、今臣盡忠竭誠、畢議願知、盡其計議、願王知之也、左右不明、卒從吏訊、爲世所疑、是使荊軻衛先生復起、而燕秦不寤也、願大王孰察之、昔玉人獻寶、楚王誅之、李斯竭忠、胡亥極刑、是以箕子陽狂、接輿避世、恐遭此患也、願大王察玉人李斯之意、而後楚王胡亥之聽、無使臣爲箕子接輿所笑、臣聞比干剖心、子胥鴟夷、臣始不信、迺今知之、願大王孰察、少加憐焉、語曰、有白頭如新、傾蓋

如故何則知與不知也故樊於期逃秦之燕借荆軻首以奉丹事（於期爲秦將被讒走之燕始皇滅其家又重購之燕遣軻刺始皇於期自刎首令軻齎往也）王奢去齊之魏臨城自剄以却齊而存魏（王奢齊臣也亡至魏其後齊伐魏奢登城謂齊將曰今君之來不過以奢故也義不苟生以爲魏累也遂自剄）夫王奢樊於期非新於齊秦而故於燕魏也所以去二國死兩君者行合於志慕義無窮也蘇秦相燕人惡於燕王燕王按劍而怒食以駃騠（駃騠駿馬也敬重蘇秦雖有讒謗而更食以珍奇之味也）白圭顯於中山人惡之魏文侯文侯賜以夜光之璧何則兩主二臣剖心析肝相信豈移於浮辭哉女無美惡入宮見妬士無賢不肖入朝見疾昔司馬喜臏脚於宋卒相中山范睢拉脅折齒於魏卒爲應侯此二人者皆信必然之畫捐朋黨之私故不能自免於疾妬之人也百里奚乞於道路繆公委之以政寗戚飯牛車下桓公任之以國此二人者豈素宦於朝借譽左右然後二主用之哉感於心合於行堅如膠漆昆弟不能離豈惑於衆口哉故偏聽生姦獨任成亂昔魯聽季孫之說逐孔子宋任子冉之計囚墨翟夫以孔墨之辯不能自免於讒諛而二國以危何則衆口鑠金積毁銷骨也秦用戎人由余而伯中國齊用越人子臧而彊威宣此二國豈係於俗牽於世繫奇偏之辭哉公聽並觀垂明當世故意合則胡越爲兄弟由余子臧是矣不合則骨肉爲讎敵朱象管蔡是矣今人主誠能用齊秦之明後宋魯之聽則五伯不足侔而三王易爲也夫晉文親其讎彊伯諸侯齊桓用其仇而匡天下何則慈仁殷勤誠加於心不可以虛辭借也至夫秦用商鞅之法東弱韓魏立彊天下卒車裂之越用大夫種之謀禽勁吳而伯中國遂誅其身是以孫叔敖三去相而不悔於陵子仲辭三公爲人灌園也今人主誠能去驕傲之心懷可報之意披心腹見情素墮肝膽施德厚無愛於士則桀之狗可使吠堯跖之客可使刺由何況因萬乘之權假聖王之資乎然則荆軻沈七族要離燔妻子豈足爲大王道哉

臣聞明月之珠、夜光之璧、以闇投人於道、衆莫不按劍相眄者、何則無因而至前也、蟠木根柢、輪囷離奇、根柢下本也、輪囷離奇、委曲盤戾也、而爲萬乘器者、以左右先爲之容也、故無因至前、雖出隨珠和璧、祇結怨而不見德、有人先游、則枯木朽株、樹功而不忘、今夫天下布衣窮居之士、身在貧羸、雖蒙堯舜之術、挾伊管之辯、懷龍逢比干之意、而素無根柢之容、雖竭精神、欲開忠於當世之君、

舊無之君二字補之

則人主必襲案劍相眄之迹矣、是使布衣之士、

不得爲枯木朽株之資也、今人主沈諂諛之辭、牽帷廧之制、使不羈之士、與牛驥同皁、此鮑焦所以憤於世也、臣聞盛飾入朝者、不以私汙義、砥礪名號者、不以利傷行、故里名勝母、曾子不入、邑號朝歌、墨子廻車、今欲使天下寥廓之士、籠於威重之權、脇於位勢之貴、廻面汙行、以事諂諛之人、而求親近於左右、則士有伏死堀穴岩藪之中耳、安有盡忠信、而趨闕下者哉、書奏、孝王立出之、卒爲上客、

枚乘字叔、淮陰人也、爲吳王濞郎中、吳王之初怨望謀爲逆也、乘奏書諫曰、臣聞得全者全昌、失全者全亡、忠臣不避重誅、以直諫、則事無遺策、功流萬世、臣乘願披心腹、而效愚忠、唯大王少加意念於臣乘言、夫以一縷之任、係千鈞之重、上懸之無極之高、下垂之不測之淵、雖甚愚之人、猶知哀其將絕也、馬方駭鼓而驚之、係方絕又重鎮之、係絕於天、不可復結、墜入深淵、難以復出、其出不出、間不容髮、言其激切甚急也、能聽忠

臣之言、百擧必脫、必若所欲爲、危於累卵、難於上天、變所欲爲、易於反掌、安於泰山、今欲極天命之壽、敝無窮之樂、究萬乘之勢、不出反掌之易、以居泰山之安、而欲乘累卵之危、走上天之難、此愚臣之所大惑也、人性有畏其影而惡其迹者、卻背而走、迹逾多、影逾疾、不知就陰而止、影滅迹絕、欲人勿聞、莫若勿言、欲人勿知、莫若勿爲、欲湯之滄、滄寒也、一人炊之、百人揚之、無益也、不如絕薪止火而已、不絕之於彼、而救之於

此譬由抱薪而救火也。夫銖銖而稱之，至石必差；寸寸而度之，至丈必過。石稱丈量，徑而寡失。夫十圍之木，始生而如蘖，足可搔而絕，手可擢而拔，據其未生，先其未形也。磨礱砥礪，不見其損，有時而盡；種樹畜養，不見其益，有時而大；積德累行，不知其善，有時而用；弃義背理，不知其惡，有時而亡。臣願大王孰計而行之，此百世不易之道也。吳王不納，乘去而之梁。

路溫舒字長君，鉅鹿人也。宣帝初即位，溫舒上書言：宜尚德緩刑。其辭曰：臣聞齊有無知之禍，而桓公以興；晉有驪姬之難，而文公用伯。近世諸呂作亂，而孝文爲大宗。由是觀之，禍亂之作，將以開聖人也。帝永思至德，以承天心，崇仁義，省刑罰，通關梁，壹遠近，敬賢如大賓，愛民如赤子，內恕情之所安，而施之海內，是以囹圄空虛，天下太平。夫繼變化之後，必有異舊之德，此賢聖所以昭天命也。陛下初登至尊，宜改前世之失，滌煩文，除民疾，存亡繼絕，以應天意。臣聞秦有十失，其一尚存，治獄之吏是也。秦之時，羞文學，好武勇，賤仁義之士，貴治獄之吏，正言者謂之誹謗，遏過者謂之妖言，故盛服先生不用於世，忠良切言皆鬱於胷，譽諛之聲日滿於耳，虛美熏心，實禍蔽塞，此乃秦之所以亡天下也。方今天下賴陛下厚恩，無金革之危、飢寒之患，然太平未洽者，獄亂之也。夫獄者，天下之大命，死者不可生，斷者不可屬。書曰：與殺不辜，寧失不經。今治獄吏則不然，上下相毆，以刻爲明，深者

獲公名，平者多後患，故治獄之吏皆欲人死，非憎人也，自安之道在人之死。是以死人之血，流離於市；被刑之徒，比肩而立；大辟之計，歲以萬數。此仁聖之所傷也。太平之未洽，凡以此也。夫人情安則樂生，痛則思死，捶楚之下，何求而不得？故囚人不勝痛，則飾辭以示之；吏治者利其然，則指道以明之；上奏畏却，則鍛練而周內之。精孰周悉，致之法中也。蓋奏當之成，雖咎繇聽之，猶以爲死有餘辜。何則？成練者衆，文致之罪明也。是以

〔舊無與副至等俱廿四字補之〕

獄吏專爲深刻殘賊、不顧國患、此世之大賊也、故俗語曰、畫地爲獄、議不入、刻木爲吏、期不對、此皆疾吏之風、悲痛之辭也、故天下之患、莫深於獄、敗法亂正、離親塞道、莫甚乎治獄之吏、此所謂一尚存者也、臣聞烏鳶之卵不毀、而後鳳皇集、誹謗之罪不誅、而後良言進、故古人有言曰、山藪藏疾、川澤納汙、瑾瑜匿惡、國君含詬、唯陛下除誹謗以招切言、開天下之口、廣箴諫之路、掃亡秦之失、尊文武之德、省法制、寬刑罰、則

太平之風、可興於世、永履和樂、與天無極、天下幸甚、上善其言、

蘇建、杜陵人也、子武、字子卿、武帝遣武以中郎將、持節送匈奴使、與副中郎將張勝、及假吏常惠等俱、會虞常等謀反匈奴中、虞常在漢時、素與副張勝相知、私候勝曰、聞漢天子甚怨衛律、常能爲漢殺之、吾母與弟在漢、幸蒙其賞、人夜亡告之、單于怒、召諸貴人議、欲殺漢使者、左伊秩訾曰、（胡官號也、）即謀單于、何以復加、宜皆降之、單于使衛律召武受辭、武曰、屈節辱命、雖生、何面目以歸漢、引佩刀自刺、衛律驚、自抱持武、氣絕、半日復息、單于壯其節、使使曉武、會論虞常、欲因此時降武、劍斬虞常已、律曰、單于募降者赦罪、舉劍欲擊之、勝請降、律謂武曰、副有罪、當相坐、復舉劍擬之、武不動、律曰、蘇君、律前負漢歸匈奴、幸蒙大恩、賜號稱王、擁衆數萬、馬畜彌山、富貴如此、蘇君今日降、明日復然、空以身膏草野、誰復知之、武不應、律曰、君因我降、與君爲兄

弟、今不聽吾計、後雖欲復見我、尚可得乎、武罵律曰、汝爲人臣子、不顧恩義、畔主背親、爲降虜於蠻夷、何以汝爲見、且單于信汝、使決人死生、不平心持正、反欲鬬兩主、觀禍敗、南越殺漢使者、屠爲九郡、宛王殺漢使者、頭懸北闕、朝鮮殺漢使者、即時誅滅、獨匈奴未耳、若知我不降明、欲令兩國相攻、匈奴之禍、從我始矣、律知武終不可脅、白單于、單于愈益欲降之、迺幽武置大窖中、絕不飲食、天雨雪、武臥齧雪、與旃毛并咽

舊無去字補之

之數日不死匈奴以爲神乃徙武北海上無人處使牧羝羊曰羊乳乃得歸武至海上廩食不至掘野鼠去草實而食之杖漢節而牧羊臥起操持節旄盡落單于使李陵至海上爲武置酒設樂因謂武曰單于聞陵與子卿素厚故使陵來說足下虛心欲相待終不得歸空自苦無人之地信義安所見乎來時大夫人已不幸子卿婦年少聞已更嫁矣獨有女弟二人兩女一男今復十餘年存亡不可知人生如朝露何久自

苦如此陵始降時忽忽如狂自痛負漢加以老母繫保宮子卿不欲降何以過陵且陛下春秋高法令無常大臣無罪夷滅者數十家安危不可知尚復誰爲乎願聽陵計武曰武父子無功德皆陛下所成就位列將爵通侯兄弟親近常願肝腦塗地今得殺身自效雖蒙斧鉞湯鑊誠甘樂之臣事君猶子事父子爲父死無所恨願勿復再言陵與武飲數日復曰子卿壹聽陵言武曰自分已死久矣王必欲降武請畢今日之驩效死於前陵見其至誠喟然歎曰嗟乎義士陵與衛律之罪上通天因泣下霑衿與武決去武留匈奴十九年始以強壯出及還須髮盡白在匈奴聞上崩南向號哭歐血旦夕臨數月卒得全歸宣帝甘露三年單于始入朝上思股肱之美乃圖畫其人於麒麟閣法其形貌署其官爵姓名唯霍光不名曰大司馬大將軍博陸侯姓霍氏次曰衛將軍富平侯張安世次曰車騎將軍龍額侯韓增次曰後將軍營平侯趙充國

次曰丞相高平侯魏相次曰丞相博陽侯丙吉次曰御史大夫建平侯杜延年次曰宗正陽成侯劉德次曰少府梁丘賀次曰太子太傅蕭望之次曰典屬國蘇武皆有功德知名當世是以表而揚之明中興輔佐列於方叔召虎仲山甫焉凡十一人

韓安國字長孺梁人也爲御史大夫是時匈奴請和親上下其議大行王恢議曰漢與匈奴和親率不過數歲即背約不如勿許舉兵擊之安

國曰千里而戰卽兵不獲利今匈奴負戎馬足懷鳥獸心遷徙鳥集難得而制得其地不足爲廣有其衆不足爲強自古弗屬漢數千里爭利則人馬疲虜以全制其弊埶必危殆臣故以爲不如和親羣臣議多附安國於是上許和親明年雁門馬邑豪聶壹因大行王恢言匈奴初和親親信邊可誘以利致之伏兵襲必破之道也上迺召問公卿曰朕飾子女以配單于幣帛文錦賂之甚厚單于待命加嫚侵盜無已邊境數

驚朕甚閔之今欲舉兵攻之何如大行王恢對曰陛下雖未言臣固願效之臣聞全代之時北有強胡之敵內連中國之兵然尚得養老長幼倉廩常實匈奴不輕侵也今以陛下威海內爲一又遣子弟乘邊守塞轉粟輓輸以爲之備然匈奴侵盜不已者無他以不恐之故耳臣竊以爲擊之便安國曰不然臣聞高皇帝嘗圍於平城七日不食天下歌之解圍反位而無忿怒之心夫聖人以天下爲度者也不以己私怒傷天

下之功故迺遣劉敬奉金千斤以結和親至今爲五世利孝文皇帝又嘗壹擁天下之精兵聚之廣武常谿然無尺寸之功而天下黔首無不憂者孝文寤於兵之不可宿故復合和親之約此二聖之跡足以爲効矣臣竊以爲勿擊便恢曰不然臣聞五帝不相襲禮三王不相復樂非故相反也各因世宜且高帝所以不報平城之怨者非力不能所以休天下之心也今邊境數驚士卒傷死中國槥車相望此仁人之所隱也

隱痛也臣故曰擊之便安國曰不然臣聞利不十者不易業功不百者不變常且自三代之盛夷狄不與正朔服色非威不能制強弗能服也以爲遠方絕地不牧之臣不足煩中國也且匈奴輕疾悍亟之兵也至如猋風去如收電逐獸隨草居處無常難得而制今使邊郡久廢耕織以支胡之常事其勢不相權也臣故曰勿擊便恢曰不然臣聞鳳鳥乘於風聖人因於時昔秦穆公都雍地方三百里知時宜之變攻取西戎闢

劉向新序繆巧作詭妙

地千里及後蒙恬爲秦侵胡闢數千里以河爲境匈奴不敢飲馬於河夫匈奴獨可以威服不可以仁畜也今以中國之威萬倍之資遣百分之一以攻匈奴譬猶以強弩射且潰之𤻲也必不留行矣若是則北發月氏可得而臣也故曰擊之便安國曰不然臣聞用兵者以飽待飢正治以待其亂定舍以待其勞故接兵覆衆伐國隳城常坐而役敵國此聖人之兵也且臣聞之衝風之衰不能起毛羽強弩之末力不能入魯縞夫盛之有衰猶朝之有暮也今卷甲輕舉深入長敺難以爲功從行則迫脅橫行則中絶疾則糧乏徐則後利不至千里人馬乏食兵法曰遺人獲也意者有他繆巧以禽之則臣不知也不然則未見深入之利也臣故曰勿擊便恢曰不然夫草木遭霜者不可以風過淸水明鏡不可以形逃通方之士不可以文亂今臣言擊之者固非發而深入也將順因單于之欲誘而致之邊吾選驍騎壯士審遮險阻吾勢已定或營其左或營其右或當其前或絶其後單于可禽百全必取上曰善廼從恢議陰使聶壹爲間亡入匈奴謂單于曰吾能斬馬邑令丞以城降財物可盡得單于信以爲然而許之聶壹廼詐斬死罪囚懸其頭馬邑城下示單于使者於是單于穿塞將十萬騎入武州塞是時漢兵三十餘萬匿馬邑旁谷中約單于入馬邑縱兵擊之單于入塞未至馬邑百餘里覺之還去諸將竟無功恢坐自殺

舊無曰以仆滅四字補之

董仲舒廣川人也下帷讀書三年不窺園舉賢良武帝制問焉曰蓋聞五帝三王之道改制作樂而天下洽和百王同之聖王已没鐘鼓筦弦之聲未衰而大道微缺陵夷至乎桀紂之行作王道大壞矣夫五百年之間守文之君當塗之士欲則先王之法以戴翼其世者甚衆然猶不能反曰以仆滅至後王而後止豈其所持操或誖繆而失統與固天降命不可復反與夙興夜寐法上古者又將無補與三代受命其符安在

灾異之變、何緣而起、性命之情、或夭或壽、或仁或鄙、習聞其號、未燭厥理、伊欲風流而令行、刑輕而奸改、百姓和樂、政事宣昭、何脩何飾而膏露降、百穀登、德潤四海、澤臻草木、三光全、寒暑平、受天之祜、享鬼神之靈、德澤洋溢、施乎方外、延及群生、士大夫其明以諭朕、靡有所隱、仲舒對曰、陛下發德音、下明詔、求天命與情性、皆非愚臣之所能及也、臣謹按春秋之中、視前世已行之事、以觀天人相與之際、甚可畏也、國家將

祜舊作祐改之

舊無將字補之

有失道之敗、而天乃先出灾害、以譴告之、不知自省、又出怪異、以警懼之、尚不知變、而傷敗乃至、以此見天心之仁愛人君、而欲止其亂也、自非大無道之世者、天盡欲扶持而全安之、事在強勉而已矣、強勉學問、則聞見博而智益明、強勉行道、則德日起而大有功、此皆可使還至而立有効者也、夫人君莫不欲安存、而惡危亡、然而政亂國危者甚衆、所任者非其人、而所由者非其道也、夫周道衰於幽厲、非道亡也、幽厲不由也、至於宣王、思昔先王之德、周道粲然復興、此夙夜不懈、行善之所致也、孔子曰、人能弘道、非道弘人也、故治亂廢興在於己、非天降命不可得反也、及至後世、淫泆衰微、諸侯背叛、廢德教而任刑罰、刑罰不中、則生邪氣、邪氣積於下、怨惡蓄於上、上下不和、陰陽繆戾、而妖孽生矣、此灾異所緣而起也、故堯舜行德則民仁壽、桀紂行暴則民鄙夭、夫上之化下、下之從上、猶泥之在鈞、唯甄者之所爲、陶人作瓦器謂之甄、猶金之在鎔、

唯冶者之所鑄、綏之斯俫、動之斯和、此之謂也、天道之大者在陰陽、陽爲德、陰爲刑、刑主殺而德主生、是故陽常居大夏、而以生育養長爲事、陰常居大冬、而積於空虛不用之處、以此見天之任德不任刑也、天使陽出布施於上、而主歲功、使陰入伏於下、而時出佐陽、陽不得陰之助、亦不能獨成歲也、王者承天意以從事、故任德教而不任刑、刑者不可任以治世、猶陰之不可任以成歲也、爲政而任刑、不順於天、故先王莫

之肯爲也今廢先王任德教之官而獨用執法之吏治民無乃任刑之意與孔子曰不教而誅謂之虐虐政用於下而欲德教之被四海故難成也故爲人君者正心以正朝廷正朝廷以正百官正百官以正萬民正萬民以正四方四方正遠近莫敢不壹於正而無有邪氣奸其間者是以陰陽調而風雨時羣生和而萬民殖天地之間被潤澤而大豐美四海之內聞盛德而皆倈臣諸福之物可致之祥莫不畢至而王道終

矣孔子稱鳳鳥不至河不出圖吾已矣夫自悲能致此物而身卑賤不得致也今陛下居得致之位操可致之勢又有能致之資然而天地未應而美祥莫至者何也凡民之從利如水之走下不以教化隄防之不能止也是故教化立而奸邪皆止者其隄防完也教化廢而奸邪皆出刑罰不能勝者其隄防壞也古之王者莫不以教化爲大務立大學以教於國設庠序以化於邑漸民以仁摩民以義節民以禮故其刑罰甚

輕而禁不犯者教化行而習俗美也聖王之繼亂世也掃除其迹而悉去之復脩教化而崇起之教化已明習俗已成子孫循之行五六百歲尚未敗也至周之末世大爲無道以失天下秦繼其後猶不能改又益甚之重禁文學棄捐禮誼其心欲盡滅先聖之道而專爲自恣苟簡之治故立爲天子十四歲而國破亡矣自古以來未嘗有以亂濟亂大敗天下之民如秦者也其遺毒餘烈至今未滅今漢繼秦之後如朽木糞

牆矣雖欲善治之無可奈何法出而奸生令下而詐起如以湯止沸以薪救火愈甚無益也竊譬之琴瑟琴瑟不調甚者必解而更張之乃可鼓也爲政而不行甚者必變而更化之乃可理也當更張而不更張雖有良工不能善調也當更化而不更化雖有大賢不能善治也故漢得天下以來常欲善治而至今不可善治者失之於當更化而不更化也古人有言臨川而羨魚不如退而結網今臨政而願治七十餘歲矣不

祐舊作祜改之

如退而更化、更化則可善治、善治則災害日去、福祿日來、夫仁誼禮智信五常之道、王者所當脩飾也、五者脩飾、故受天之祐、而享鬼之靈德施乎方外、延及羣生也、天子覽其對而異焉、制曰、蓋聞虞舜之時、垂拱無爲、而天下太平、周文王至於日昃不暇食、而宇内亦治、夫帝王之道、豈不同條共貫與、何逸勞之殊也、殷人執五刑以督奸、傷肌膚以懲惡、成康不式四十餘年、天下不犯、囹圄空虛、秦國用之、死者甚衆、刑者相望、朕夙寤晨興、惟前帝王之憲、功烈休德、未始云獲、今陰陽錯謬、羣生寡遂、廉恥貿亂、賢不肖渾殽、未得其眞、明其指略、稱朕意焉、仲舒對曰、臣聞堯受命以天下爲憂、而未聞以位爲樂也、故誅逐亂臣、務求賢聖、是以教化大行、天下和洽、虞舜因堯之輔佐、繼其統業、是以垂拱無爲而天下治、孔子曰、韶盡善矣、此之謂也、至殷紂逆天暴物、殺戮賢智、天下耗亂、萬民不安、文王順天理物、悼痛而欲安之、是以日昃不暇食也、

由此觀之、帝王之條貫同、然而勞逸異、所遇之時異也、陛下愍世俗之靡薄、悼王道之不昭、故舉賢良方正之士、論議考問、將欲興仁誼之休德、明帝王之法制、建太平之道也、此大臣輔佐之職、三公九卿之任、非臣仲舒所及也、然而臣竊有所怪、夫古之天下、亦今之天下、共是天下、古以大治、上下和睦、不令而行、不禁而止、吏無奸邪、囹圄空虛、德潤草木、澤被四海、以古準今、壹何不相逮之遠也、安所繆戾而陵夷若是、意者有所失於古之道與、有所詭於天之理與、夫天亦有所分與、與上齒者去其角、傅其翼者兩其足、是所受大者不得取小也、古之所與祿者不食於力、不動於末、是亦受大者不得取小也、夫已受大、又取小、天不能足、而況人乎、此民之所以囂囂苦不足也、身寵而載高位、家溫而食厚祿、因乘富貴之資力、以與民爭利於下、民安能如之哉、是故博其產業、蓄其積委、務此而無已、以迫蹵民、民寖以大窮、富者奢侈羨溢、貧者

窮急愁苦、而上不救、則民不樂生、民不樂生、尚不避死、安能避罪、此刑罰之所以繁、而奸邪不可勝者也、故受祿之家、食祿而已、不與民爭業、然後利可均布、而民可家足也、此上天之理、而太古之道、天子之所宜法以爲制、大夫之所當循以爲行也、故公儀子怒而出其婦、慍而拔其葵、曰吾已食祿矣、又奪園夫工女利乎、古之賢人君子、在列位者皆如是、故下高其行、而從其教、民化其廉、而不貪鄙、故詩曰、赫赫師尹、民具

爾瞻、由是觀之、天子大夫者、下民之所視効、豈可以居賢人之位、而爲庶人行哉、皇皇求財利、常恐匱乏者、庶人之意也、皇皇求仁義、常恐不能化民者、大夫之意也、易曰、負且乘、致寇至、乘車者、君子之位也、負擔者、小人之事也、此言居君子之位、而爲庶人行者、其患禍必至也、

羣書治要卷第十七

羣書治要卷第十八

秘書監鉅鹿男臣魏徵等奉　勑撰

漢書六

傳

司馬相如字長卿、蜀郡人也、爲郎、嘗從上至長楊獵、是時天子方好自擊熊豕、馳逐野獸、相如因上疏諫、其辭曰、臣聞物有同類而殊能者、故力稱烏獲、捷言慶忌、勇期賁育、臣之愚竊以爲人誠有之、獸亦宜然、今陛下好陵阻險、射猛獸、卒然遇逸材之獸、駭不存之地、犯屬車之清塵、

輿不及還轅、人不暇施巧、雖有烏獲逢蒙之伎、力不得施用、枯木朽株、盡爲難矣、是胡越起於轂下、而羌夷接軫也、豈不殆哉、雖萬全而無患、然本非天子之所宜近也、且夫清道而後行、中路而馳、猶時有銜橛之變、況乎涉豐草、騁丘墟、前有利獸之樂、而內無存變之意、其爲害也、不難矣、夫輕萬乘之重、不以爲安樂、出萬有一危之塗、以爲娛、臣竊爲陛下不取、蓋明者遠見於

未萌知者避危於無形禍固多藏於隱微而發於人之所忽者也故鄙諺曰家累千金坐不垂堂此言雖小可以諭大臣願陛下留意幸察上善之

公孫弘菑川人也家貧牧豕海上年四十乃學春秋武帝初卽位弘年六十以賢良對策焉武帝制曰蓋聞上古至治畫衣冠異章服而民不犯陰陽和五穀登六畜蕃甘露降風雨時嘉禾興朱草生山不童（童無草木也）澤不涸麟鳳在郊藪

龜龍遊於沼河洛出圖書父不喪子兄不哭弟舟車所至人跡所及跂行喙息咸得其宜朕甚嘉之今何道而臻乎此天人之道何所本始吉凶之效安所期焉仁義禮智四者之宜當安設施屬統垂業天文地理人事之紀子大夫習焉其悉意正議弘對曰臣聞上古堯舜之時不貴爵賞而民勸善不重刑罰而民不犯躬率以正遇民信也末世貴爵厚賞而民不信也夫厚賞重刑未足以勸善而禁非必信而已矣是故因

能任官則分職治去無用之言則事情得不作無用之器卽賦斂省不奪民時卽百姓富有德者進無德者退則朝廷尊有功者上無功者下則羣臣逡罰當罪則姦邪止賞當賢則臣下勸凡此八者治之本也故民者業之卽不爭理得則不怨有禮則不暴愛之則親上此有天下之急者也故法不遠義則民服而不離和不遠禮則民親而不暴故法之所罰義之所去也和之所賞禮之所取也禮義者民之所服也而賞罰

順之則民不犯禁矣故畫衣冠異章服而民不犯者此道素行也臣聞之氣同則從聲比則應今人主和德於上百姓和合於下故心和則氣和氣和則形和形和則聲和聲和則天地之和應矣故陰陽和風雨時甘露降五穀登山不童澤不涸此和之至也故形和則無疾無疾則不夭故父不喪子兄不哭弟德配天地明並日月則麟鳳至龜龍在郊河出圖洛出書遠方之君莫不悅義奉幣而來朝此和之至也臣聞之仁

者變也、義者宜也、禮者所履也、智者術之原也、致利除害、兼愛無私、謂之仁、明是非、立可否、謂之義、進退有度、尊卑有分、謂之禮、擅殺生之柄、通壅塞之塗、權輕重之數、論得失之道、使遠近情僞必見於上、謂之術、凡此四者、治之本、道之用也、皆當設施、不可廢也、得其要術、則天下安樂、法設而不用、不得其術、則主蔽於上、官亂於下、此事之情、屬統垂業之本也、桀紂行惡、受天之罰、禹湯積德、以王天下、因此觀之、天德無私親、順之和起、逆之害生、此天文地理人事之紀也、太常奏弘第居下、策奏、天子擢爲第一、拜爲博士、待詔金馬門、後爲丞相、

卜式、河南人也、以田畜爲事、時漢方事匈奴、式上書、願輸家財半助邊、上使使問式、欲爲官乎、式曰、自小牧羊、不習仕宦、不願也、使者以聞、上乃召拜式爲中郎、賜爵左庶長、田十頃、布告天下、尊顯以風百姓、初式不願爲郎、上曰、吾有羊在上林中、欲令子牧之、式旣爲郎、布衣草蹻而牧羊、歲餘、羊肥息、上過其羊所、善之、式曰、非獨羊也、治民亦猶是矣、以時起居、惡者輒去、無令敗羣、上奇其言、欲試使治民、拜式緱氏令、緱氏便之、遷齊王大傅、轉御史大夫、

舊無下緱氏二字補之

贊曰、公孫弘、卜式、兒寬、皆以鴻漸之翼、困於燕爵、（漸進也、鴻一舉而進千里者、羽翼之材也、弘等皆以大材、初爲俗所薄、若燕爵不知鴻志也、）遠迹羊豕之間、非遇其時、焉能致此位乎、是時漢興六十餘載、海內艾安、府庫充實、而四夷未賓、制度多闕、上方欲用文武、求之如弗及、始以蒲輪迎枚生、見主父而歎息、羣士慕嚮、異人並出、卜式拔於芻牧、弘羊擢於賈豎、衛青奮於奴僕、日磾出於降虜、斯亦曩時板築飯牛之朋已、漢之得人、於茲爲盛、儒雅則公孫弘、董仲舒、兒寬、篤行則石建、石慶、質直則汲黯、卜式、推賢則韓安國、鄭當時、定令則趙禹、張湯、文章則司馬遷、相如、滑稽則東方朔、枚皋、應對則嚴助、朱買臣、歷數則唐都、洛下閎、協律則李延年、運籌則桑弘羊、奉使則張騫、蘇武、將率則衛青、霍去

舊無石建二字補之

病、受遺則霍光、金日磾、其餘不可勝紀、是以興造功業、制度遺文、後世莫及、孝宣承統、纂修洪業、亦講論六藝、招選茂異、而蕭望之、梁丘賀、夏侯勝、韋玄成、嚴彭祖、尹更始以儒術進、劉向、王褒以文章顯、將相則張安世、趙充國、魏相、丙吉、于定國、杜延年、治民則黃霸、王成、龔遂、鄭弘、召信臣、韓延壽、尹翁歸、趙廣漢、嚴延年、張敞之屬、皆有功迹見述於後世、參其名臣、亦其次也、

嚴助、會稽人也、建元三年、閩越舉兵圍東甌、東

甌告急、太尉田蚡以為越人相攻擊、其常事、又數反覆、不足煩中國往救也、自秦時弃不屬、於是助詰蚡曰、特患力不能救、德不能覆、誠能何故弃之、且秦舉咸陽弃之、何但越也、上迺遣助以節發兵、浮海救東甌、遣兩將軍將兵誅閩越、淮南王安上書諫曰、今聞有司舉兵、將以誅越、臣安竊為陛下重之、越方外之地、劗髮文身之民也、不可以冠帶之國法度治也、三代之盛、胡越不與受正朔、非強弗能服、威弗能制也、以為

舊無竹輿二字補之、通下有舩字

不居之地、不牧之民、不足以煩中國也、自漢初定以來七十二年、吳越人相攻擊者、不可勝數、然天子未嘗舉兵而入其地也、臣聞越非有城郭邑里也、處谿谷之間、篁竹之中、習於水鬬、便於用舟、地深昧而多水險、中國之人、不知其勢阻、雖百不當一、得其地不可郡縣也、攻之不可暴取也、以地圖察其山川要塞、相去不過寸數、而間獨數百千里、阻險林叢、弗能盡著、視之若易、行之甚難、越人名為藩臣、貢酎之奉、不輸大

內、越國僻遠、珍奇之貢、宗廟之祭、皆不與也、大內、都內也、一卒之用、不給上事、自相攻擊、而陛下以兵救之、是反以中國而勞蠻夷也、越人愚戇輕薄、負約反覆、其不用天子之法度、非一日之積也、壹不奉詔、舉兵誅之、臣恐後兵革無時得息也、間者數年、歲比不登、賴陛下德澤振救之、得毋轉死溝壑、今發兵行數千里、資衣糧入越地、輿轎而隃領、轎、竹輿車也、領、山嶺也、不通車、運轉皆擔輿也、拕舟而入水、行數百千里、夾以深林叢竹、水道上下擊石、林中多蝮蛇猛獸、夏

月暑時歐洩霍亂之病相隨屬也曾未施兵接刃死傷者必衆矣前時南海王反陛下先臣使將軍間忌將兵擊之（先臣淮南厲王長也）會天暑多雨樓船卒水居擊櫂未戰而病死者過半親老哭泣孤子啼號破家散業迎尸千里之外裹骸骨而歸悲哀之氣數年不息長老至今以爲記曾未入其地而禍已至此矣臣聞軍旅之後必有凶年陛下德配天地明象日月恩至禽獸澤及草木一人有飢寒不終其天年而死者爲之悽愴

於心今方內無狗吠之警而使陛下甲卒死亡暴露中原霑漬山谷邊境之民爲之早閉晏開朝不及夕臣安竊爲陛下重之不習南方地形者多以越爲人衆兵強能難邊城（爲邊城作難也）臣竊聞之與中國異限以高山人迹絕車道不通天地所以隔外內也且越人綿力薄材不能陸戰又無車騎弓弩之用然而不可入者以保險而中國之人不能其水土也兵未血刃而病死者什二三雖舉越國而虜之不足以償所亡臣聞

道路言閩越王弟甲弑而殺之甲以誅死其民未有所屬陛下使重臣臨存施德垂賞以招致之此必委質爲藩臣世供貢職陛下以方寸之印丈二之組鎮撫方外不勞一卒不頓一戟而威德並行今以兵入其地此必震恐以有司爲欲屠滅之也必雉兔逃入山林險阻背而去之則復相羣聚留而守之歷歲經年則士卒疲倦食糧乏絕男子不得耕稼樹種婦人不得紡績織紝丁壯從軍老弱轉餉居者無食行者無糧

民苦兵事亡逃者必衆隨而誅之不可勝盡盜賊必起兵者凶事一方有急四面皆從臣恐變故之生姦邪之作由此始也周易曰高宗伐鬼方三年而剋之鬼方小蠻夷高宗殷之盛天子也以盛天子伐小蠻夷三年而後剋言用兵之不可不重也臣聞天子之兵有征而無戰言莫敢校也如使越人蒙死徼幸以逆執事之顏行（在前行故曰顏也）厮輿之卒有一不備而歸者雖得越王之首臣猶竊爲大漢羞之陛下四海爲境九

舊無民不得挾弓弩六字補之

刪為家，八藪為囿，江漢為池，生民之屬皆為臣妾。陛下垂德惠以覆露之，使元元之民安生樂業，則澤被萬世，施之無窮，天下之安猶泰山而四維之也。夷狄之地，何足以為一日之閒，而煩汗馬之勞乎！是時漢兵遂出踰嶺，適會閩越王弟餘善殺王以降，漢兵罷，上嘉淮南之意。

吾丘壽王字子贛，趙人也。丞相公孫弘奏言：民不得挾弓弩。十賊彍弩，百吏不敢前，害寡而利多，此盜賊所以繁也。禁民不得挾弓弩，則盜賊

執短兵，短兵接則衆者勝，以衆吏捕寡賊，其勢必得。盜賊有害無利，則莫犯法，臣愚以為禁民無得挾弓弩便。上下其議，壽王對曰：臣聞古者作五兵，非以相害，以禁暴討邪。安居則以制猛獸而備非常，有事則以設守衛而施行陳。及至周室衰微，諸侯力政，強侵弱，衆暴寡，海內抗弊，巧詐並生，是以智者陷愚，勇者威怯，苟以得勝為務，不顧義理，故機變械飾，所以相賊害之具，不可勝數。秦兼天下，廢王道，立私議，去仁恩，而任刑戮，墮名城，殺豪傑，銷甲兵，折鋒刃。其後民以耰鉏箠梃相撻擊，犯法滋衆，盜賊不勝，至於赭衣塞路，羣盜滿山，卒以亂亡。故聖王務教化，而省禁防，知其不足恃也。今陛下昭明德，建太平，舉俊材，興學官，宇內日化，方外鄉風，然而盜賊猶有者，郡國二千石之罪，非挾弓弩之過也。禮曰：男子生，桑弧蓬矢以舉之，明示有事也。大射之禮，自天子降及乎庶人，三代之道也。愚聞聖王合射以明教，未聞弓矢之為禁也。且所為

禁者，為盜賊之以攻奪也。攻奪之罪死，然而不止者，大姦之於重誅固不避也。臣恐邪人挾之而吏不能止，良民以自備而抵法禁，是擅賊威而奪民救也。竊以為無益於禁姦，而廢先王之典，使學者不得習行其禮，不便。書奏，上以難丞相弘，弘詘服焉。

主父偃，齊國人也。上書闕下，所言九事，其八事為律令，一事諫伐匈奴，曰：臣聞國雖大，好戰必亡；天下雖平，忘戰必危。天下既平，春蒐秋獮，所

以不忘戰也。且怒者逆德也，兵者凶器也，爭者末節也。故聖王重之。夫務戰勝，窮武事，未有不悔者也。昔秦皇帝任戰勝之威，并吞戰國，海內爲一，功齊三代，務勝不休，欲攻匈奴。李斯諫曰：夫匈奴無城郭之居，委積之守，遷徙鳥舉，難得而制。輕兵深入，糧食必絕；運糧以行，重不及事。得其地不足以爲利，得其民不可調而守也。（不可和調）勝必弃之。非民父母，靡弊中國，甘心匈奴，非完計也。秦皇帝不聽，遂使蒙恬將兵而攻胡，郤

地千里，以河爲境。發天下丁男以守北河，暴兵露師十有餘年，死者不可勝數，終不踰河而北。是豈人衆之不足，兵革之不備哉？其勢不可也。又使天下飛芻輓粟，轉輸北河，率三十鍾而致一石。男子疾耕不足於糧餉，女子紡績不足於帷幕。百姓靡弊，孤寡老弱不能相養，道死者相望，蓋天下始叛也。及至高皇帝定天下，略地於邊，聞匈奴聚代谷之外而欲擊之。御史成諫曰：夫匈奴獸聚而鳥散，從之如搏景。今陛下盛德

攻匈奴，臣竊危之。高帝不聽，遂至代谷，果有平城之圍。高帝悔之，廼使劉敬往結和親，然後天下無干戈之事。故兵法曰：興師十萬，日費千金。秦常積衆數十萬人，雖有覆軍殺將係虜單于，適足以結怨深讎，不足以償天下之費也。夫匈奴行盜侵敺，所以爲業，天性固然。上自虞夏殷周，禽獸畜之，不比爲人。夫不上觀虞夏殷周之統，而下循近世之失，此臣之所以大恐，百姓所疾苦也。且夫兵久則變生，事苦則慮易，使邊境

之民靡敝愁苦，將吏相疑而外市。（與外國交市，若章邯之比也。）故尉佗、章邯得成其私，此得失之效也。書奏，召見，廼拜爲郎中。偃數上疏言事，歲中四遷。偃說上曰：古者諸侯地不過百里，彊弱之形易制。今諸侯或連城數十，地方千里，緩則驕奢易爲淫亂，急則阻其彊而合從以逆京師。今以法割削，則逆節萌起，前日朝錯是也。今諸侯子弟或十數，而嫡嗣代立，餘雖骨肉，無尺地封，則仁孝之道不宣。願陛下令諸侯得推恩分子弟以地

侯之彼人人喜得所願上以德施實分其國必稍自銷弱矣於是上從其計

徐樂燕人也上書曰臣聞天下之患在於土崩不在瓦解古今一也何謂土崩秦之末世是也陳涉無千乘之尊身非王公大人名族之後非有孔曾墨子之賢陶朱猗頓之富然起窮巷奮棘矜偏袒大呼天下從風此其故何也由民困而主不恤下怨而上不知俗以亂而政不修此三者陳涉之所以為資也此之謂土崩故曰天

下之患在乎土崩何謂瓦解吳楚齊趙之兵是也七國謀為大逆號皆稱萬乘之君帶甲數十萬威足以嚴其境內財足以勸其士民然不能西攘尺寸之地而身為禽於中原者此其故何也非權輕於匹夫而兵弱於陳涉也當是之時先帝之德未衰而安土樂俗之民衆諸侯無境外之助此之謂瓦解故曰天下之患不在瓦解由此觀之天下誠有土崩之勢雖布衣窮處之士或首難而危海內況三晉之君或存乎天下

雖未治也誠能無土崩之勢雖有強國勁兵不得還踵而身為禽也況羣臣百姓能為亂乎此二體者安危之明要賢主之所留意而深察也間者關東五穀數不登年歲未復民多窮困重之以邊境之事推數循理而觀之民宜有不安其處者矣不安故易動易動者土崩之勢也故賢主獨觀萬化之原明安危之機修之廟堂之上而銷未形之患也其要期使天下無土崩之勢而已矣臣聞圖王不成其弊足以安安則陛

下何求而不得何威而不成奚征而不服哉

嚴安臨菑人也以故丞相史上書曰臣聞鄒子曰政教文質者所以云救也當時則用過則舍之有易則易之故守一而不變者未睹治之至也秦王并吞戰國稱號皇帝壹海內之政壞諸侯之城民得免戰國人人自以為更生鄉使秦緩其刑罰薄賦斂省徭役貴仁義賤權利上篤厚下佞巧變風易俗化於海內則世世必安矣秦不行是風循其故俗為智巧權利者進篤厚

忠正者退法嚴令苛諂諛者衆日聞其美意廣心逸欲威海外當是時秦禍北構於胡南挂於越宿兵無用之地進而不得退行十餘年丁男被甲丁女轉輸苦不聊生自經於道樹死者相望及秦皇帝崩天下大叛豪士並起不可勝載也然本皆非公侯之後無尺寸之勢起閭巷杖棘矜應時而動不謀而俱起不約而同會至乎伯王時教使然也秦貴爲天子富有天下滅世絶祀窮兵之禍也故周失之弱秦失之強不變

之患也今徇南夷朝夜郎降羌僰略薉州東夷也建城邑深入匈奴燔其龍城議者美之此人臣之利非天下之長策也今中國無狗吠之警而外累於遠方之備靡弊國家非所以子民也行無窮之欲甘心快意結怨於匈奴非所以安邊也禍挐而不解兵休而復起近者愁苦遠者驚駭非所以持久也今天下鍛甲磨劍矯箭控弦轉輸軍糧未見休時此天下所共憂也夫兵久而變起事煩而慮生今外郡之地或幾千里列城數十帶脅諸侯非宗室之利也上觀齊晉所以亡公室卑削六卿大盛也下覽秦之所以滅刑嚴文刻欲大無窮也今郡守之權非特六卿之重也地幾千里非特閭巷之資也甲兵器械非特棘矜之用也以逢萬世之變則不可勝諱也天子納之

賈捐之字君房賈誼之曾孫也元帝初珠厓又反發兵擊之諸縣更叛連年不定上與有司議大發軍捐之建議以爲不當擊上使侍中王商

詰問捐之曰珠厓內屬爲郡久矣今背叛逆節而云不當擊長蠻夷之亂虧先帝功德經義何以處之捐之對曰孔子稱堯曰大哉韶曰盡善禹曰無間以三聖之德地方不過數千里欲與聲教則治之不欲與者不強治也故君臣歌德含氣之物各得其宜武丁成王殷周之大仁也然地東不過江黃西不過氐羌南不過蠻荊北不過朔方是以頌聲並作視聽之類咸樂其生越裳氏重九譯而獻此非兵革之所能致及其

衰也、南征不還、秦興兵遠攻、貪外虛內、務欲廣
地、不慮其害、而天下潰叛、賴聖漢初興、平定天
下、至孝文皇帝、閔中國未安、偃武行文、則斷獄
數百、民賦四十、丁男三年而一事、時有獻千里
馬者、詔曰、鸞旗在前、屬車在後、吉行日五十里、
師行三十里、朕乘千里之馬、獨先安之、於是還
馬與道里費、而下詔曰、朕不受獻也、其令四方
無求來獻、當此之時、逸遊之樂絕、奇麗之賂塞、
故謚爲孝文、廟稱太宗、至孝武皇帝、大倉之粟、

紅腐而不可食、都内之錢、貫朽而不可校、迺探
平城之事、錄冒頓以來數爲邊害、籍兵厲馬、因
富民以攘服之、西連諸國、至于安息、東過碣石、
以玄菟樂浪爲郡、北却匈奴萬里、制南海以爲
八郡、則天下斷獄萬數、民賦數百、造鹽鐵酒榷
之利、以佐用度、猶不能足、當此之時、寇賊並起、
軍旅數發、父戰於前、子鬬於後、女子乘亭鄣、孤
兒號於道、老母寡婦、飲泣巷哭、遥設虛祭、想魂
乎萬里之外、淮南王盜寫虎符、公孫勇等詐爲

使者、是皆廓地泰大、征伐不休之故也、今天下
獨有關東、關東大者獨有齊楚、民衆久困、連年
流離、離其城郭、相枕席於道路、人情莫親父母、
莫樂夫婦、至嫁妻賣子、法不能禁、義不能止、此
社稷之憂也、今陛下不忍悁悁之忿、欲驅士衆
擠之大海之中、快心幽冥之地、非所以救助飢
饉、保全元元也、駱越之人、父子同川而浴、與禽
獸無異、本不足郡縣置也、獨居一海之中、多毒
草蟲蛇水土之害、人未見虜、戰士自死、又非獨

珠厓有珠犀瑇瑁也、弃之不足惜、不擊不損威、
其民譬猶魚鼈、何足貪也、臣竊以往者羌軍言
之、暴師曾未一年、兵出不踰千里、費四十餘萬
萬、大司農錢盡、迺以少府禁錢續之、夫一隅爲
不善、費尚如此、況於勞師遠攻、亡士無功乎、求
之往古、則不合、施之當今、又不便、臣愚以爲非
冠帶之國、禹貢所及、春秋所治、皆可且無以爲、
願遂弃珠厓、專用恤關東爲憂、對奏、丞相于定
國以爲捐之議是、上乃從之、遂下詔曰、珠厓虜

殺吏民背叛爲逆今議者或言可守或欲弃之其指各殊朕日夜惟思議者之言羞威不行則欲誅之狐疑避難則守屯田遁于時變則憂萬民夫萬民之飢餓與遠蠻之不討危孰大焉且宗廟之祭凶年不備況避不嫌之辱哉今關東大困倉庫空虛無以相贍又以動兵非特勞民凶年隨之其罷珠厓郡捐之數召見言多納用時中書令石顯用事捐之數短顯以故不得官後稀復見

東方朔字曼倩平原人也武帝卽位待詔金馬門建元三年上始微行北至池陽西至黃山南至長楊東游宜春夜出夕還後上以爲道遠勞苦又爲百姓所患乃使吾丘壽王擧籍阿城以南盩厔以東宜春以西提封頃畝及其價直欲除以爲上林苑屬之南山壽王奏事上大悅朔進諫曰臣聞謙遜靜愨天表之應應之以福驕溢靡麗天表之應應之以異今陛下累郎臺恐其不高弋獵之處恐其不廣如天不爲變則三輔之地盡可以爲苑何必盩厔鄠杜乎奢侈越制天爲之變上林雖小臣尚以爲大也夫南山天下之大阻也南有江淮北有河渭其地從汧隴以東商雒以西厥壤肥饒漢興去三河之地止霸產以西都涇渭之南此所謂天下陸海之地秦之所以虜西戎兼山東者也其山出玉石金銀銅鐵豫章檀柘異類之物不可勝原此百工所取給萬民所仰足也又有秔稻梨栗桑麻竹箭之饒貧者得以人給家足無飢寒之憂故

舊無取給萬民所五字補之

鄠鎬之間號爲土膏其價畝一金今規以爲苑絕陂池水澤之利而取民膏腴之地上乏國家之用下奪農桑之業弃成功就敗事損耗五穀是其不可一也且盛荊棘之林而長養麋鹿廣狐菟之苑大虎狼之墟又壞人冢墓發人室廬令幼弱懷土而思耆老泣涕而悲是其不可二也騎馳東西車騖南北又有深溝大渠夫一日之樂不足以危無隄之輿(不敢斥天子故言輿)是其不可三也故務苑囿之大不恤農時非所以強國富

舊無死字補之

人也夫殷作九市之宮(紂於宮中設九市也)而諸侯叛靈王起章華之臺而楚人散秦興阿房之殿而天下亂糞土愚臣忘生觸死逆盛意犯隆指罪當萬死上乃拜朔爲大中大夫給事中賜黃金百斤然遂起上林苑武帝時公主貴人多踰禮制天下侈靡趨末百姓多離農畝上從容問朔朕欲化民豈有道乎朔對曰堯舜禹湯文武成康上古之事經數千載尚難言也臣不敢陳願近述孝文皇帝之時當世耆老皆聞見之貴爲天

子富有四海身衣弋綈足履革舄以韋帶劍莞蒲爲席衣緼無文集上書囊以爲殿帷以道德爲麗以仁義爲準於是天下望風成俗昭然化之今陛下以城中爲小圖起建章左鳳闕右神明號稱千門萬戶木土衣綺繡狗馬被繢罽宮人簪瑇瑁垂珠璣設戲車教馳逐飾文采叢珍怪撞萬石之鐘擊雷霆之鼓作俳優舞鄭女上爲淫侈如此而欲使民獨不奢侈失農事之難者也陛下誠能用臣之計推甲乙之帳(甲乙帳名)燔

舊無今則不然四字補之

之於四通之衢卻走馬示不復用則堯舜之隆宜可與比治矣易曰正其本萬事理失之豪氂差以千里願陛下留意察之朔直言切諫上常用之設非有先生之論其辭曰非有先生仕吳進不稱往古以厲主意退不揚君美以顯其功默然無言者三年矣吳王怪而問之曰談何容易夫談有悖於目咈於耳謬於心而便於身者或有悅於目順於耳快於心而毀於行者非有明王聖主孰能聽之吳王曰何爲其然也中人

以上可以語上先生試言寡人將聽焉先生對曰昔者關龍逢深諫於桀而王子比干直言於紂此二臣者皆極慮盡忠閔主澤不下流而萬民騷動故直言其失切諫其邪者將以爲君之榮除主之禍也今則不然反以爲誹謗君之行無人臣之禮戮及先人爲天下笑故曰談何容易是以輔弼之臣瓦解而邪諂之人並進遂及飛廉惡來革等(二人皆紂時佞臣也)二人皆詐僞巧言利口以進其身陰奉彫瑑刻鏤之好以納其心務

快耳目之欲、以苟容爲度、遂往不戒、身沒被戮、宗廟崩弛、國家爲墟、故毀身賤體、悅色微辭、愉愉呴呴、終無益於主上之治、則志士仁人不忍爲也、將儼然作矜嚴之色、深言直諫、上以拂主之邪、下以損百姓之害、則忤於邪主之心、歷於衰世之法、如是邪主之行、固足畏也、故曰、談何容易、於是吳王懼然易容、捐薦去几、危坐而聽、先生曰、接輿避世、箕子陽狂、此二子者、皆避濁世、以全其身者也、使遇明王聖主、得賜清燕之

閒、寬和之色、發憤畢誠、圖畫安危、揆度得失、上以安主體、下以便萬民、則五帝三王之道、可幾而見也、故伊尹蒙耻辱、負鼎俎、以干湯、太公釣於渭之陽、以見文王、心合意同、謀無不成、計無不從、深念遠慮、引義以正其身、推恩以廣下、本仁祖義、褒有德、祿賢能、誅惡亂、總遠方、壹統類、美風俗、此帝王所由昌也、上不變天性、下不奪人倫、則天地和洽、遠方懷之、故號聖王、於是裂地定封、爵爲公侯、傳國子孫、名顯後世、民到于今稱之、以遇湯與文王也、太公伊尹以如此、龍逢比干獨如彼、豈不哀哉、故曰、談何容易、

羣書治要卷第十八

舊無左字補之

羣書治要卷第十九

秘書監鉅鹿男臣魏徵等奉　勅撰

漢書七

傳

朱雲字游魯人也成帝時故丞相安昌侯張禹以帝師位特進甚尊雲上書求見公卿在前雲曰今朝廷大臣上不能匡主下無以益民皆尸位素餐孔子所謂鄙夫不可與事君苟患失之亡所不至者也臣願賜尚方斬馬劍斷佞臣一人以厲其餘上問誰也對曰丞相安昌侯張禹上大怒曰小臣居下訕上廷辱師傅罪死不赦御史將雲下雲攀殿檻檻折雲呼曰臣得下從龍逢比干遊於地下足矣未知聖朝何如耳御史遂將雲去於是左將軍辛慶忌免冠解印綬叩頭殿下曰此臣素著狂直於世使其言是不可誅其言非固當容之臣以死爭慶忌叩頭流血上意解然後得已及後當治殿檻上曰勿易因而輯之以旌直臣雲自是之後不復仕

梅福字子眞九江人也成帝委任大將軍王鳳而京兆尹王章素忠直譏鳳爲鳳所誅羣下莫敢正言故福上書曰臣聞箕子陽狂於殷而爲周陳洪範叔孫通遯秦歸漢制作儀品夫叔孫先非不忠也箕子非疏其家而叛親也不可爲言也昔高祖納善若不及從諫若轉圜聽言不求其能舉功不考其素陳平起於亡命而爲謀主韓信拔於行陣而建上將故天下之士雲合歸漢爭進奇異智者竭其策愚者盡其慮勇士極其節怯夫勉其死合天下之智并天下之威是以舉秦如鴻毛取楚若拾遺此高祖所以無敵於天下也士者國之重器得士則重失士則輕詩云濟濟多士文王以寧廟堂之議非草茅所當言也臣誠恐身塗野草尸并卒伍故數上書求見輒報罷臣聞齊桓之時有以九九見者桓公不逆欲以致大也今臣所言非特九九也陛下拒臣者三矣此天下士所以不至也今陛下既不納天下之言又加戮焉夫鳶鵲遭害則

仁烏增逝、愚者蒙戮、則智士深退、間者愚民上疏、多觸不急之法、或下廷尉而死者衆、自陽朔以來、天下以言爲諱、朝廷尤甚、羣臣承順上指、莫有執正、何以明其然也、取民所上書、陛下之所善者、試下之廷尉、廷尉必曰、非所宜言、大不敬、以此卜之一矣、故京兆尹王章資質忠直、敢面引廷爭、孝元皇帝擢之、以厲具臣而矯曲朝、及至陛下、戮及妻子、惡惡止其身、王章非有反叛之辜、而殃及家、折直士之節、結諫臣之舌、羣

臣皆知其非、然不敢爭、天下以言爲戒、最國家之大患也、

雋不疑、字曼倩、勃海人也、爲京兆尹、吏民敬其威信、始元五年、有一男子、乘黃犢車、建黃旐、衣黃襜褕、著黃冒、詣北闕、自謂爲衛太子、詔使公卿將軍雜識視、長安中吏民聚觀者數萬人、右將軍勒兵闕下、以備非常、丞相御史中二千石至者、立莫敢發言、不疑後到、叱從吏使收縛、或曰、是非未可知、且安之、不疑曰、昔蒯聵違命出奔、輒拒而不內、春秋是之、衛太子得罪先帝、亡不卽死、今來自詣、此罪人也、遂送詔獄、天子與大將軍霍光聞而嘉之、曰、公卿大臣、當用經術明於大誼、由是名聲重於朝廷、在位者皆自以不及也、廷尉驗治、竟得姦詐、

疏廣、字仲翁、東海人也、爲太子太傅、兄子受爲少傅、太子外祖父平恩侯許伯、以爲太子幼、白使其弟中郎將舜監護太子家、上以問廣、廣對曰、太子國儲副君、師友必於天下英俊、不宜獨

舊無少傅二字補之

親外家、且太子自有太傅少傅、官屬已備、今復使舜護太子家、示陋、非所以廣太子德於天下也、上善其言、以語丞相魏相、相免冠謝曰、此非臣等所能及、廣由是見器重、

于定國、字曼倩、東海人也、其父于公爲郡決曹、決獄平、羅文法者、于公所決皆不恨、郡中爲之生立祠、名曰于公祠、定國少學法於父、爲廷尉、其決疑平法、務在哀鰥寡、罪疑從輕、加審愼之心、朝廷稱之曰、張釋之爲廷尉、天下無冤民、于

定國爲廷尉、民自以爲不冤、遷御史大夫、爲丞相、始定國父于公、其閭門壞、父老方共治之、于公謂曰、少高大閭門、令容駟馬高蓋車、我治獄未嘗有所冤、子孫必有興者、至定國爲丞相、子永爲御史大夫、封侯傳世云、

薛廣德字長卿、沛郡人也、爲人温雅、及爲三公、直言諫爭、成帝幸甘泉、郊泰畤、禮畢、因留射獵、廣德上書曰、竊見關東困極、民人流離、陛下日撞亡秦之鐘、聽鄭衛之樂、臣誠悼之、今士卒暴

露、從官勞倦、願陛下亟反宮、思與百姓同憂樂、天下幸甚、上即日還、其秋上酎祭宗廟、出便門、欲御樓船、廣德當乘輿車、免冠頓首曰、宜從橋、詔曰、大夫冠、廣德曰、陛下不聽臣、臣自刎以血汙車輪、陛下不得入廟矣、上不悅、先驅光祿大夫張猛進曰、臣聞主聖臣直、乘船危、就橋安、聖主不乘危、御史大夫言可聽、乃從橋、

王吉字子陽、琅耶人也、爲諫大夫、是時宣帝頗修武帝故事、宮室車服、盛於昭帝時、外戚許史王氏貴寵、而上躬親政事、任用能吏、吉上疏言得失曰、陛下總萬方、帝王圖籍、日陳於前、惟思世務、將興太平、詔書每下、民欣然若更生、臣伏而思之、可謂至恩、未可謂本務也、欲治之主、不世出、公卿幸得遭遇其時、言聽諫從、然未有建萬世之長策、舉明主於三代之隆者也、其務在於期會簿書、斷獄聽訟而已、此非太平之基也、臣聞聖王宣德流化、必自近始、朝廷不備、難以言治、左右不正、難以化遠、民者弱而不可勝、愚

而不可欺也、聖主獨行於深宮、得則天下稱誦之、失則天下咸言之、行發於近、必見於遠、謹選左右、審擇所使、左右所以正身也、所使所以宣德也、今俗吏所以牧民者、非有禮義科指、可世世通行者也、獨設刑法以守之、其欲治者、不知所由、以意穿鑿、各取一切、是以百里不同風、千里不同俗、詐偽萌生、刑罰無極、質樸日銷、恩愛寖薄、孔子曰、安上治民、莫善於禮、非空言也、臣願陛下承天心、發大業、與公卿大臣、延及儒生、

舊無俗字無儀字皆備之

述舊禮明王制歐一世之人躋之仁壽之域則俗何以不若成康壽何以不若高宗竊見當世趨務不合於道者謹條奏唯陛下裁擇焉吉意以爲漢家列侯尚公主諸侯則國人承翁主（娶天子女則曰尚公主國人娶諸侯女曰承翁主也）使男事女夫詘於婦逆陰陽之位故多女亂古者衣服車馬貴賤有章以褒有德而別尊卑今上下僭差人人自制是故貪財趨利不畏死亡周之所以能致治刑措而不用者以其禁邪於冥冥絕惡於未萌也又

言舜湯不用三公九卿之世而舉咎繇伊尹不仁者遠今使俗吏得任子弟（漢舊儀子弟以父兄任爲郎）率多驕傲不通古今至於積功治人無益於民此伐檀所爲作也宜明選求賢除任子之令外家及故人可厚以財不宜居位去角抵減樂府省尚方明視天下以儉民見儉則歸本本立而末成其指如此上以其言迂闊不甚寵異也吉遂謝病歸

貢禹字少翁琅耶人也元帝初即位徵爲諫大夫數虛己問以政事是時年歲不登郡國多困禹奏言古者宮室有制宮女不過九人秣馬不過八匹牆塗而不雕木摩而不刻車輿器物皆不文畫苑不過數十里與民共之任賢使能什一而稅無他賦斂繇戍之役使民歲不過三日故天下家給人足頌聲作至高祖孝文孝景循古節儉宮女不過十餘人廏馬百餘匹孝文皇帝衣綈履革器無雕文金銀之飾後世爭爲奢轉轉益甚臣下亦相放效衣服亂於主上甚非

宜然非自知奢僭也今大夫僭諸侯諸侯僭天子天子過天道其日久矣承衰救亂矯復古化在於陛下臣愚以爲盡如太古難宜少放古以自節焉方今宮室已定無可奈何矣其餘盡可減損故時齊三服官輸物不過十笥方今齊三服官一歲費數鉅萬蜀廣漢主金銀器歲各用五百萬三工官官費五千萬（河內懷蜀郡成都廣漢皆有工官工官主漆器物）東西織室亦然廏馬食粟將萬匹臣禹嘗從之東宮見賜杯案盡文畫金銀飾非當所

以賜食臣下也東宮之費亦不可勝計天下之民所爲大飢餓死者是也今民大飢而死人至相食而廐馬食粟苦其大肥氣盛怒至乃日步作之王者受命於天爲民父母固當若此乎天不見邪武帝時又多取好女至數千人以塡後宮及棄天下昭帝幼弱霍光專事不知禮正妄多藏金錢財物鳥獸魚鼈凡百九十物盡瘞藏之又皆取後宮女置於園陵大失禮逆天心昭帝晏駕光復行之至孝宣皇帝時羣臣亦隨故

事甚可痛也故使天下承化及衆庶葬埋皆虛地上以實地下其過自上生皆在大臣循故事之辠也唯陛下深察古道從其儉者大減損乘輿服御器物三分去二審察後宮擇其賢者留二十人餘悉歸之諸陵園女無子者宜皆遣廐馬可無過數十匹獨舍長安城南死地以爲田獵之囿自城西南至鄠皆復其田以與貧民方今天下飢饉可無大自損減以救之稱天意乎天生聖人蓋爲萬民非獨使自娛樂而已也當

仁不讓獨可以聖心參諸天地揆之往古不可與臣下議也臣禹不勝拳拳不敢不盡愚心天子納善其忠乃下詔令太僕減食穀馬水衡減食肉獸省宜春下苑以與貧民又罷角抵諸戲及齊三服官遷禹爲光祿大夫禹又言孝文皇帝時貴廉潔賤貪汙賞善罰惡不阿親戚罪白者伏其誅疑者以與民無贖罪之法故令行禁止海內大化與刑措無異武帝始臨天下尊賢用士闢地廣境數千里自見功大威行遂從嗜

欲用度不足乃行一切之變使犯法者贖罪入穀者補吏是以天下奢侈官亂民貧盜賊並起亡命者衆郡國恐伏誅則擇便巧史書習於計簿能欺上府者以爲右職姦軌不勝則取勇猛能操切百姓以苛暴威服下者使居大位故無義而有財者顯於世欺謾而善書者尊於朝誖逆而勇猛者貴於官故俗皆曰何以孝悌爲財多而光榮何以禮義爲史書而仕宦何以謹愼爲勇猛而臨官故黥劓而髡鉗者猶復攘臂爲

政於世、而行雖犬彘、家富埶足、目指氣使、是爲賢耳。謂居官而致富者爲雄桀、處姦而得利者爲壯士、兄勸其弟、父勉其子、俗之壞敗乃至於是。察其所以然者、皆以犯法得贖罪、求士不得眞賢、相守崇財利、誅不行之所致也。今欲興至治致太平、宜除贖罪之法、相守選擧不以實、及有臧者、輒行其誅、無但免官、則爭盡力爲善、貴孝悌、賤賈人、進眞賢、擧實廉、而天下治矣。孔子匹夫之人耳、以樂道正身不懈之故、四海之內、

天下之君、微孔子之言、無所折中、況乎以漢地之廣、陛下之德、處南面之尊、因天地之助、其於以變世易俗、調和陰陽、陶冶萬物、化正天下、易於決流抑隧。（隧、物欲隧落也。）自成康以來、幾且千歲、欲爲治者甚衆、然而太平不復興者、何也。以其舍法度、而任私意、奢侈行而仁義廢也。陛下誠深念高祖之苦、醇法太宗之治、正已以先下、選賢以自輔、開進忠正、致誅姦臣、遠放諂佞、放出園陵之女、罷倡樂、絕鄭聲、去甲乙之帳、退僞薄之

物、修節儉之化、驅天下之民、皆歸於農、如此不懈、則三王可侔、五帝可及。唯陛下留意省察、天下幸甚。上雖未盡從、嘉其質直之意、而省其半、

鮑宣字子都、渤海人也。爲諫大夫、以丁傅子弟並進、董賢貴幸、上書諫曰、竊見孝成皇帝時、外親持權、人人牽引所私、以充塞朝廷、妨賢人路、濁亂天下、奢泰無度、窮困百姓、是以日蝕且十、彗星四起、危亡之徵、陛下所親見也。今奈何反覆劇於前乎。朝臣無有大儒骨鯁白首耆艾魁

壘之士、（魁壘、壯貌。）論議通古今、喟然動衆心、憂國如飢渴者、臣未見也。敦外親小童及幸臣董賢等、在公門省戶下、陛下欲與此共承天地、安海內、甚難。今俗謂不知者爲能、謂智者爲不能。昔堯放四罪而天下服、今除一吏而衆皆惑。古刑人尚服、今賞人反惑、請寄爲姦、羣小日進、國家空虛、用度不足、民流亡、去城郭、盜賊並起、吏爲殘賊、歲增於前。凡民有七亡、陰陽不和、水旱爲災、一亡也。縣官重責、更賦租稅、二亡也。貪吏並公、

姓下舊有家字刪之

愛取不已，三亡也。豪強大姓蠶食無厭，四亡也。苛吏繇役失農桑時，五亡也。部落鼓鳴，男女遮列，六亡也。盜賊劫略，取民財物，七亡也。七亡尚可，又有七死。酷吏毆殺，一死也。治獄深刻，二死也。冤陷無辜，三死也。盜賊橫發，四死也。怨讎相殘，五死也。歲惡飢餓，六死也。時氣疾疫，七死也。民有七亡而無一得，欲望國安，誠難。民有七死而無一生，欲望刑措，誠難。此非公卿守相貪殘成化之所致邪？羣臣幸得居尊官，食重祿，豈有

肯加惻隱於細民，助陛下流教化者邪？志但在營私家，稱賓客，爲姦利而已。以苟容曲從爲賢，以拱默尸祿爲智，謂如臣宣等爲愚。陛下擢臣巖穴，誠冀有益豪毛，豈徒欲使臣美食大官，重高門之地哉。（高門，殿名。）天下乃皇天之天下也。陛下上爲皇天子，下爲黎庶父母，爲天牧養元元，視之當如一。合尸鳩之詩。今貧民菜食不厭，衣又穿空，父子夫婦不能相保，誠可爲酸鼻。陛下不救，將安所歸命乎？奈何獨私養外親與幸臣董

賢，多賞賜以大萬數，使奴從賓客，漿酒霍肉。（酒視如漿，視肉如霍也。）蒼頭廬兒皆用致富，非天意也。（漢名奴爲蒼頭。諸給殿中者所居爲廬，蒼頭侍從，因呼廬兒。）及汝昌侯傅商無功而封，夫官爵非陛下之官爵，乃天下之官爵也。陛下取非其官，官非其人，而望天悅民服，不亦難乎？治天下者當用天下之心爲心，不得自專快意而已也。上之皇天見譴，下之黎庶恨怨。上以宣名儒，優而納之，宣復上書言：陛下父事天，母事地，子養黎民，即位以來，父虧明，母震動，子

訛言相驚恐。今日蝕於三始，（正月一日爲歲之朝、月之朝、日之朝，始猶朝也。）誠可畏懼。小民正月朔日尚恐毀敗器物，何況於日虧乎？

舊無宣字補之

魏相字弱翁，濟陰人也，爲丞相。宣帝與後將軍趙充國等議，欲因匈奴衰弱，出兵擊其右地，使不敢復擾西域。相上書諫曰：臣聞救亂誅暴，謂之義兵，兵義者王。敵加於己，不得已而起者，謂之應兵，兵應者勝。爭恨小故，不勝憤怒者，謂之忿兵，兵忿者敗。利人土地貨寶者，謂之貪兵，兵

貪者破侍國家之大矜民人之衆欲見威於敵者謂之驕兵兵驕者滅此五者非但人事乃天道也間者匈奴常有善意所得漢民輒奉歸之未有犯於邊境雖爭屯田車師不足致意中今聞諸將軍欲興兵入其地臣愚不知此兵何名者也今邊郡困乏父子共犬羊之裘食草萊之實常恐不能自存難以動兵軍旅之後必有凶年言民以其愁苦之氣傷陰陽之和也出兵雖勝猶有後憂恐災害之變因此以生今郡國守相多不實選風俗尤薄水旱不時案今年計子弟殺父兄妻殺夫者凡二百二十二人臣愚以爲此非小變也今左右不憂此乃欲發兵報纖介之忿於遠夷殆孔子所謂吾恐季孫之憂不在顓臾而在蕭牆之內者也願陛下與有識者詳議乃可上從相言而止

丙吉字少卿魯國人也代魏相爲丞相吉本起獄法小吏及居相位尚寬大好禮讓嘗出逢清道羣鬬者死傷橫道吉過之不問掾史獨怪之吉前行逢人逐牛牛喘吉止駐使騎吏問逐牛行幾里矣掾史謂丞相前後失問或以譏吉吉曰民鬬相殺傷長安令京兆尹職所當禁備逐捕歲竟丞相課其殿最奏行賞罰而已宰相不親小事非所當於道路問也方春少陽用事未可以熱恐牛近行用暑故喘此時氣失節恐有所傷害也三公典調和陰陽職所當憂是以問之掾史乃服以吉知大體

京房字君明東郡人也以孝廉爲郎是時中書令石顯專權顯友人五鹿充宗爲尚書令與房同經論議相非二人用事房嘗宴見問上曰幽厲之君何以危所任者何人也上曰君不明而所任巧佞房曰知其巧佞而用之耶將以爲賢也上曰賢之房曰然則今何以知其不賢也上曰以其時亂而君危知之房曰若是任賢必治任不肖必亂必然之道也幽厲何不覺寤而更求賢曷爲卒任不肖以至於是上曰臨亂之君各賢其臣令皆覺寤天下安得危亡之君房曰

舊無上曰至何道九字補之

齊桓公、秦二世、亦嘗聞此君而非笑之、然則任豎刁趙高、政治日亂、盜賊滿山、何不以幽厲卜之而覺寤乎、上曰、唯有道者、能以往知來耳、房因免冠頓首曰、春秋紀二百四十二年災異、以示萬世之君、今陛下即位以來、日月失明、星辰逆行、山崩泉湧、地震石隕、夏霜冬雷、春凋秋榮、水旱螟蟲、民人飢疫、盜賊不禁、刑人滿市、春秋所記、災異盡備、陛下視今爲治耶、亂耶、上曰、亦極亂耳、尚何道、房曰、今所任用者誰與、上曰、然幸其愈於彼、又以爲不在此人也、房曰、夫前世之君、亦皆然矣、臣恐後之視今、猶今之視前也、上良久乃曰、今爲亂者誰哉、房曰、明主宜自知之、上曰、不知也、如知之、何故用之、房曰、上最所信任、與圖事帷幄之中、進退天下之士者是矣、房指謂石顯、上亦知之、謂房曰、已諭、房罷出、後石顯五鹿充宗皆疾房、欲遠之、建言宜試以房爲郡守、元帝於是以房爲魏郡太守、顯告房與張博通謀、非謗政治、歸惡天子、詿誤諸侯王、房博皆棄市、

舊無豐上書之疊補之

羣書治要　卷二十九

蓋寬饒字次公、魏郡人也、爲司隸校尉、刺舉無所迴避、公卿貴戚及郡國吏繇使至長安、莫敢犯禁、京師爲清、爲人剛直高節、志在奉公、以言事不當意、而爲文法吏所詆挫、大夫鄭昌上書頌寬饒曰、臣聞山有猛獸、藜藿爲之不採、國有忠臣、姦邪爲之不起、司隸校尉寬饒、居不求安、食不求飽、進有憂國之心、退有死節之義、上無許史之屬、（許伯、宣帝后父也、史高、宣帝外家也、）下無金張之託、（金日磾、張安世也、）職在司察、直道而行、多仇少與、上書陳國事、有司劾以大辟、臣幸得從大夫之後、官以諫爲名、不敢不言、上不聽、遂下寬饒吏、寬饒引佩刀自剄北闕下、衆莫不憐之、

諸葛豐字少季、琅耶人也、爲司隸校尉、刺舉無所避、侍中許章奢淫不奉法度、賓客犯事、與章相連、豐按劾章、欲收之、章迫窘馳車去、得入宮門自歸、於是收豐節、豐上書謝曰、臣豐駑怯、文不足以勸善、武不足以執邪、陛下拜爲司隸校

尉、未有以自效、故常願捐一旦之命、而斷姦臣之首、懸於都市、編書其罪、使四方明知爲惡之罰、然後却就斧鉞之誅、誠臣所甘心也、夫以布衣、尚猶有刎頸之交、今以四海之大、曾無伏節死義之臣、率盡苟合取容、阿黨相爲、念私門之利、忘國家之政、邪穢濁溷之氣、上感于天、是以灾變數見、百姓困乏、此臣下不忠之效也、臣誠耻之無已、凡人情莫不欲安存而惡危亡、然忠臣直士、不避患害者、誠爲君也、臣竊不勝憤懣、

願賜淸宴、唯陛下裁幸、上不許、是後所言益不用、豐復上書言、臣聞、伯奇孝而棄於親、子胥忠而誅於君、隱公慈而殺於弟、叔武弟而殺於兄、夫以四子之行、屈平之材、然猶不能自顯、而被刑戮、豈不足以觀哉、使臣殺身以安國、蒙誅以顯君、臣誠願之、獨恐未有云補、而爲衆邪所排、令讒夫得遂、正直之路壅塞、忠臣沮心、智士杜口、此愚臣之所懼也、

劉輔河間人也、爲諫大夫、會成帝欲立趙倢伃爲皇后、輔上封事曰、今廼觸情縱欲、傾於卑賤之女、欲以母天下、不畏乎天、不媿于人、惑莫大焉、里語曰、腐木不可以爲柱、卑人不可以爲主、天人之所不與、必有禍而無福、市道皆共知之、朝臣莫肯一言、臣竊傷心、自念得以同姓拔擢、尸祿不忠、汙辱諫爭之官、不敢不盡死、唯陛下察焉、書奏、上使侍御史收縛輔、繫掖庭秘獄、羣臣莫知其故、於是左將軍辛慶忌、右將軍廉褒、光祿勳師丹、太中大夫谷永、俱上書曰、臣聞明

主垂寬容之聽、崇諫爭之官、廣開忠直之路、不罪狂狷之言、然後百僚在位、竭忠盡謀、不懼後患、朝廷無諂諛之士、元首無失道之愆、竊見諫大夫劉輔、前以縣令求見、擢爲諫大夫、此其言必有卓詭切至、當聖心者、故得拔至於此、旬日之間、收下秘獄、臣等愚以爲、輔幸得託公族之親、在諫臣之列、新從下土來、未知朝廷體、獨觸忌諱、不足深過、小罪宜隱忍而已、如有大惡宜暴治理官、與衆共之、今天心未豫、豫悅豫也、灾異屢

降、水旱迭臻、方當隆寬廣問、襃直盡下之時也、而行慘急之誅於諫爭之臣、震驚羣下、失忠直心、假令輔不坐直言、所坐不著、天下不可戶曉、同姓近臣、本以言顯、其於治親養忠之義、誠不宜幽囚于掖庭獄、公卿以下、見陛下進用輔亟而折傷之、暴人有懼心、莫敢盡節正言、非所以昭有虞之聽、廣德美之風也、臣等竊深傷之、唯陛下留神省察、上迺減死罪、

鄭崇字子游、本高密人也、哀帝擢爲尚書僕射、數求見諫爭、上初納用之、每見曳革履、上咲曰、我識鄭尚書履聲、久之上欲封祖母傅大后從弟商、崇諫曰、孝成皇帝封親舅五侯、天爲赤黃、晝昏日中有黑氣、今祖母從昆弟二人已侯、孔鄉侯皇后父高武侯以三公封、尚有因緣、今無故欲復封商、壞亂制度、逆天人心、非傅氏之福也、臣願以身命當咎、崇因持詔書案起、持當受詔書案起去、傅太后大怒曰、何有爲天子乃反爲一臣所專制邪、上遂下詔、封商爲汝昌侯、崇又以董賢

揚非舊作謁誨譏作試下二字改之

共舊作其改之

吾作予

貴寵過度、數諫、由是重得罪、數以職事見責、發疾頸癰、欲乞骸骨、不敢、尚書令趙昌佞諂、素害崇、知其見疏、因奏崇與宗族通、疑有姦、請治、上責崇曰、君門如市、何以欲禁切主上、崇對曰、臣門如市、臣心如水、願得考覆、上怒下崇獄、窮治、死獄中、荀悅紀論曰、夫臣下之所以難言者何也、言出乎口、則咎悔及之矣、故舉過揚非、則剌上之譏、言而當、則恥其勝已也、言而不當、則賤其愚也、先已而同、則惡其奪已之明也、後已而同、則以爲順從也、違下從上、則以爲諂諛也、違上從下、則以爲雷同也、與衆共言、則以爲順負也、違衆獨言、則以爲尊美也、言而淺露、則簡而薄之、深妙弘遠、則不知而非之、特見獨知、則衆共蓋之、雖是而不見稱、與衆同智、則以爲附隨也、雖得之、不以爲功、據事盡理、則以爲專必、謙讓不爭、則以爲易窮、言而不盡、則以爲懷隱進說、竭情、則謂之不知量、言而不効、則受其怨責、言而事効、則以爲固當也、或利於上、不利於下、或便於右、不便於左、或合於前、而忤於後、夫能應事當理、決疑定功、發情起意、値所欲聞、不害上下、無妨於時、言立而策成、紿無咎悔、若此之比、百不一遇、又智之所見、萬不一及也、且犯顏冒死、下之所難言也、拂旨忤情、上之所難聞也、以難言之臣、忤難聞之主、以萬不一及之智、求百不一遇之時、此下情所以常不通也、非唯君臣而已、凡言亦皆如之、是乃仲尼所以發憤嗟歎、稱吾欲無言者也、

蕭望之字長倩、東海人也、爲諫大夫、出爲平原太守、上疏曰、陛下哀愍百姓、恐德化之不究、悉

出諫官以補郡吏所謂憂其末而忘其本者也朝無爭臣則不知過國無達士則不聞善願陛下選明經術溫故知新通於幾微謀慮之士以爲內臣與參政事諸侯聞之則知國家納諫憂政無有闕遺若此不怠成康之道其庶幾矣外郡不治豈足憂哉書聞徵入守少府爲御史大夫五鳳中匈奴大亂議者多曰匈奴爲害日久可因其壞亂舉兵滅之詔問望之對曰春秋晉士匄帥師侵齊聞齊侯卒而還君子大其不伐

喪以爲恩足以服孝子誼足以動諸侯前單于慕化鄉善遣使請求和親海內欣然夷狄莫不聞不幸爲賊臣所殺今而伐之是乘亂而幸災也彼必奔走遠遁不以義動兵恐勞而無功宜遣使者弔問輔其微弱救其災患四夷聞之咸貴中國之仁義必稱臣服從此德之盛也上從其議宣帝寢疾選大臣可屬者引外屬侍中史高太子太傅望之少傅周堪至禁中拜高爲車騎將軍望之爲前將軍堪爲光祿大夫皆受遺

舊無常字補之

詔輔政孝元皇帝即位望之堪本以師傅見尊重數宴見言治亂陳王事望之選白宗室明經達學劉更生與金敞並拾遺左右四人同心謀議多所匡正中書令弘恭石顯久典樞機與車騎將軍高爲表裏論議常持故事不從望之等望之以爲中書政本宜以賢明之選自武帝游宴後庭故用宦者非國舊制又違古不近刑人之義白欲更置士人由是大與高恭顯忤恭顯令鄭朋華龍二人告望之等謀欲罷車騎將軍

疏退許史狀候望之出休日令朋龍上之事下弘恭恭顯奏望之堪更生朋黨相稱舉數譖大臣毀離親戚欲以專擅權執爲臣不忠誣上不道請召致廷尉時上初即位不省召致廷尉爲下獄也可其奏後上召堪更生曰繫獄上大驚責恭顯皆叩頭謝上曰令出視事恭顯因使高言上新即位而先驗師傅既下獄宜因決免於是望之堪更生皆免爲庶人後數月賜望之爵關內侯給事中恭顯等知望之素高節不詘辱

舊無下望之二字補之

白望之前輔政、欲事權擅朝、幸得不坐、復賜爵邑、與聞政事、不悔過服罪、深懷怨望、自以託師傅、懷終不坐、非頗詘望之於牢獄、塞其怏怏心、則聖朝無以施恩厚、上曰、蕭太傅素剛、安肯就吏、顯等曰、人命至重、望之所坐、語言薄罪、必無所憂、上乃可其奏、顯等封以付謁者、因急發車騎、馳圍其第、使者至召望之、望之仰天歎曰、吾嘗備位將相、年踰六十矣、老入牢獄、苟求生活、不亦鄙乎、竟自殺、天子聞之驚、拊手曰、果殺吾賢傅、是時太官方上晝食、上乃却食、爲之涕泣、哀慟左右、顯等免冠謝、良久然後已、

羣書治要卷第十九

羣書治要卷第二十一

秘書監鉅鹿男臣魏徵等奉　勅撰

後漢書一

本紀

世祖光武皇帝諱秀、字文叔、南陽人、高祖九世孫也、更始元年、遣世祖行大司馬事、北渡河、鎮慰州郡、進至邯鄲、故趙繆王子林、以卜者王郎爲天子、都邯鄲、二年、進圍邯鄲、拔其城、誅王郎、收文書、得吏民與郎交關謗毀者數千章、世祖爲不省、會諸將燒之、曰、令反側子自安、更始立世祖爲蕭王、世祖擊銅馬高湖重連、悉破降之、封其渠帥爲列侯、降者猶不自安、世祖勅令各歸營勒兵、乃自乘輕騎、案行部陳、降者更相語曰、蕭王推赤心置人腹中、安得不投死乎、由是皆服、即皇帝位、封功臣皆爲列侯、大國四縣、餘各有差、博士丁恭等議曰、古帝王封諸侯、不過百里、強幹弱枝、所以爲治也、今封諸將四縣、不合法制、帝曰、古之亡國者、皆以無道、未嘗聞封

功臣地多而滅亡者也乃遣謁者卽授印綬

建武十三年詔曰往年已勑郡國異味不得有所獻御今猶未止非徒有豫養導擇之勞至乃煩擾道上疲費過所其令大官勿復受明勑宣下若遠方口實可以薦宗廟自如舊制時兵革既息天下少事文書調役務從簡寡至乃十存一焉

十七年幸章陵修園廟祠舊宅觀田廬置酒作樂賞賜焉時宗室諸母因酣悅相與語曰文叔少時謹信與人不欵曲唯直柔耳今乃能如此帝聞之大笑曰吾治天下亦欲以柔道行之

二十一年鄯善王車師王等十六國遣子入侍願請都護帝以中國初定未遑外事乃還其侍子厚加賞賜

中元二年帝崩遺詔曰朕無益百姓皆如孝文皇帝制度務從約省初帝在兵間久厭武事且知天下疲耗思樂息肩自隴蜀平後非儆急未嘗復言軍旅皇太子嘗問攻戰之事帝曰昔衛

靈公問陳孔子不對此非爾所及也每旦視朝日旲乃罷數引公卿郎將講經論治夜分乃寐皇太子見帝勤勞不怠承間諫曰陛下有禹湯之明而失黃老養生之福願頤養精神優遊自寧帝曰我自樂此不爲疲也雖身濟大業兢兢如不及故能明愼政體總攬權綱量時度力舉無過事退功臣而進文吏戢弓矢而散馬牛雖道未方古斯亦止戈之武焉

孝明皇帝諱莊世祖第四子也永平二年春宗祀光武皇帝於明堂禮畢登靈臺詔曰朕以闇陋奉承大業親執珪璧恭祀天地仰惟先帝受命中興撥亂反正以寧天下封泰山建明堂立辟雍起靈臺恢弘大道被之八極而胤子無成康之質羣臣無呂旦之謀盥洗進爵踧踖惟慙其令天下自殊死以下謀反大逆皆赦除之冬幸辟雍初行養老禮詔曰三老李躬年耆學明五更桓榮授朕尚書詩曰無德不報其賜榮爵關內侯食邑五千戶三老五更皆以二千石祿

養終厥身、其賜天下三老、酒人一石、肉四十斤、有司其存耆耋、恤幼孤、惠鰥寡、稱朕意焉、

六年、詔曰、先帝詔書禁民上事言聖、而閒者章奏頗多浮辭、自今若有過稱虛譽、尚書皆宜抑而勿省、示不爲諂子嗤也、

八年、日有蝕之、詔曰、朕以無德奉承大業、而下貽民怨、上動三光、日蝕之變、其災尤大、永思厥咎、在予一人、羣司勉修職事、極言無諱、於是在位者皆上封事、各陳得失、帝覽章、深自引咎、乃以所上班示百官、詔曰、羣寮所言、皆朕之過、人冤不能理、吏黠不能禁、而輕用民力、繕治室宇、出入無節、喜怒過差、永覽前戒、竦然兢懼、徒恐薄德、久而致怠耳、

十二年、詔曰、昔曾閔奉親、竭歡致養、仲尼葬子、有棺無槨、喪貴致哀、禮存寧儉、今百姓送終之制、競爲奢靡、生者無擔石、而財力盡於墳土、伏臘無糟糠、而牲牢兼於一奠、糜破積世之業、以供終朝之費、子孫飢寒、絕命於此、豈祖考之意哉、又車服過制、恣極耳目、田荒不耕、浮食者衆、有司其申明科禁、宜於今者、宣下郡國、

十八年、帝崩、遺詔無起寢廟、藏主於光烈皇后更衣別室、帝遵奉建武制度、事無違者、後宮之家、不得封侯與政、館陶公主爲子求郎、不許、而賜錢千萬、謂羣臣曰、郎官上應列宿、出宰百里、有非其人、則民受其殃、是以難之、故吏稱其官、民安其業、遠近肅服、戶口滋殖焉、

論曰、明帝善刑理、法令分明、日晏坐朝、幽枉必達、外內無倖曲之私、在上無矜大之色、斷獄得情、號居前世十二、故後之言事者、莫不先建武永平之政、

孝章皇帝諱炟、明帝第五子也、少寬容、好儒術、顯宗器重之、建初元年、詔曰、朕以無德奉承大業、夙夜慄慄、不敢荒寧、而灾異仍見、與政相應、朕既不明、涉道日寡、又選舉乖實、俗吏傷民、官職耗亂、刑罰不中、可不憂與、昔仲弓季氏之家臣、子游武城之小宰、孔子猶誨以賢才、問以得

人明政之小大以人爲本鄉舉里選必累功勞今刺史守相不明眞僞茂才孝廉歲以百數既非能顯而當授之政事甚無謂也每尋前世舉人貢士或起甽畝不繫閥閱敷奏以言則文章可採明試以功則治有異迹文質斌斌朕甚嘉之其令太傅三公中二千石二千石郡國守相舉賢良方正能直言極諫之士各一人四年詔於是下太常將大夫博士議郎郎官及諸生諸儒會白虎觀講議五經同異帝親稱制臨決焉

七年詔曰車駕行秋稼觀收穫因涉郡界皆精騎輕行無他輜重不得輒修道橋遠離城郭遣吏逢迎刺探起居出入前後以爲煩擾也動務省約但患不能脫粟瓢飲耳所過欲令貧弱有利無違詔書

元和二年詔曰令云民有產子者復勿筭三歲今諸懷妊者賜胎養穀人三斛復其夫勿筭一歲著以爲令又詔曰方春生養萬物莩甲宜助萌陽以育時物其令有司罪非殊死且勿案驗及吏民條書相告不得聽受冀以息事寧民敬奉天氣立秋如故夫俗吏矯飾外貌似是而非揆之人事則悅耳論之陰陽則傷化朕甚饜之甚苦之安靜之吏悃愊無華日計不足月計有餘如襄城令劉方吏民同聲謂之不煩雖未有他異斯亦殆近之矣間勑二千石各尚寛明而今富奸行賂於下貪吏枉法於上使有罪不論而無過被刑甚大逆也夫以苛爲察以刻爲明以輕爲德以重爲威四者或興則下有怨心吾

詔書數下冠蓋接道而吏不加治民或失職其咎安在勉思舊令稱朕意焉又詔曰律十二月立春不以報囚月令冬至之後有順陽助生之文而無鞫獄斷刑之政朕諮訪儒雅稽之典籍以爲王者生殺宜順時氣其定律無以十一月十二月報囚

三年春北巡狩勑侍御史司空曰方春所過無得有所伐殺車可引避引避之騑馬可輟解輟解之詩云敦彼行葦牛羊勿踐履禮人君伐一

舊無時[illegible]縣據[illegible]子補之

草木不時，謂之不孝，俗知順人，莫知順天，其明稱朕意，諭曰，魏文帝稱明帝察察，章帝長者，章帝素知民厭明帝苛切，事從寬厚，感陳寵之議，除慘獄之科，深元元之愛，著胎養之令，割裂名都，以崇建周親，平徭簡賦，而民賴其慶，又體之以忠恕，文之以禮樂，故乃蕃輔克諧，羣后德讓，謂之長者，不亦宜乎，在位十三年，郡國所上符瑞，合於圖書者，數百千所，嗚呼懋哉，

孝和皇帝諱肇，章帝第四子也，在位十七年，而

崩，齊民歲增，闢土日廣，每有災異，輒延問公卿，極言得失，前後符瑞八十一所，自稱德薄，皆抑而不宣，舊南海獻龍眼荔支，十里一置，五里一候，奔騰阻險，死者繼路，時臨武長汝南唐羌，縣接南海，乃上書陳狀，帝下詔曰，遠國珍羞，本以奉宗廟，苟有傷害，豈愛民之本耶，其勑太官勿復受獻，由是遂省，

皇后紀序

夏殷以上，后妃之制，其文略矣，周禮王者立后三夫人，九嬪，二十七世婦，八十一女御，以備內職焉，后正位宮闈，同體天王，夫人坐論婦禮，九嬪掌教四德，世婦主知喪祭賓客，女御序于王之燕寢，頒官分務，各有典司，女史彤管，記功書過，居有保阿之訓，動有環珮之響，進賢才以輔佐君子，哀窈窕而不淫其色，所以能述宣陰化，修成內則，閨房肅雍，險謁不行者也，故康王晚朝，關雎作諷，宣后晏起，姜氏請愆，及周室東遷，禮序凋缺，諸侯僭縱，軌制無章，齊桓有如夫人

者六人，晉獻升戎女為元妃，終於五子作亂，冢嗣遘屯，爰逮戰國，風憲愈薄，適情任欲，顛倒衣裳，以至破國亡身，不可勝數，斯固輕禮弛防，先色後德者也，秦并天下，多自驕大，宮備七國，爵列八品，漢興因循其號，而婦制莫釐，高祖帷薄不修，孝文衽席無辨，然而選納尚簡，飾玩少華，自武元之後，世增淫費，至乃掖庭三千，增級十四，妖倖毀政之符，外姻亂邦之迹，前史載之詳矣，及光武中興，斲雕為朴，六宮稱號，唯皇后貴

萬無下貴人二字補之

人貴人金印紫綬俸不過粟數十斛又置美人宮人采女三等並無爵秩歲時賞賜充給而已明帝聿遵先旨宮教頗修登建嬪后必先令德內無出閫之言權無私溺之授可謂矯其弊矣雖御已有度而防閑未篤故孝章以下漸用色授恩隆好合遂忘淄蠹自古雖主幼時艱王家多釁必委成冢宰簡求忠賢未有專任婦人斷割重器唯秦芊太后始攝政事故穰侯權重於昭王家富於嬴國漢仍其謬知患莫改東京皇統屢絕權歸女主外立者四帝臨朝者六后莫不定策帷帟委事父兄貪孩童以久其政抑明賢以專其威任重道悠利深禍速身犯霧露於雲臺之上家嬰縲紲於圄犴之下湮滅連踵傾輈繼路而赴蹈不息燋爛爲期終於陵夷大運淪亡神寶詩書所歎略同一揆故考列行跡以爲皇后本紀云

明德馬皇后伏波將軍援之小女也永平三年立爲皇后既正位宮闈愈自謙肅能誦易經好

萬無所字無每於至政事十一字皆補之

讀春秋楚辭尤善周官常衣大練裙不加緣諸姬主朝請望見后袍衣疎麤反以爲綺縠就視乃笑后辭曰此繒特宜染色故用之耳六宮莫不歎息時楚獄連年不斷囚相證引坐繫者甚衆后慮其多濫乘間言及惻然帝感之多有所降宥每於侍執之際輒言及政事多所毘裨而未嘗以家私干欲寵敬日隆始終無衰自撰顯宗起居注削去兄防參醫藥事帝請曰黃門舅旦夕供養且一年既無褒異又不錄勤勞無乃過乎太后曰吾不欲令後世聞先帝數親後宮之家故不著也帝欲封爵諸舅太后不聽明年夏大旱言事者以爲不封外戚之故有司因此上奏宜依舊典太后詔曰凡言事者皆欲媚朕以要福耳昔王氏五侯同日俱封其時黃霧四塞不聞澍雨之應又田蚡竇嬰寵貴橫恣傾覆之禍爲世所傳故先帝防慎舅氏不令在樞機之位諸子之封裁令半楚淮陽諸國常謂我子不當與先帝子等今有司奈何欲以馬氏比陰

氏乎、吾爲天下母、而身服大練、食不求甘、左右但著皂布、無香薰之飾者、欲身率下也、以爲外親見之、當傷心自勑、但笑言太后素好儉、前過濯龍門上、見外家問起居者、車如流水、馬如游龍、蒼頭衣綠褠、領袖正白、顧視御者、不及遠矣、故不加譴怒、但絕歲用而已、冀以默愧其心、而猶懈怠、無憂國忘家之慮、知臣莫若君、況親屬乎、吾豈可上負先帝之旨、下虧先人之德、重襲西京敗亡之禍哉、固不許、帝省詔悲歎、復重請曰、漢興舅氏之封侯、猶皇子之爲王也、太后誠存謙虛、奈何令臣獨不得加恩三舅乎、且衛尉年尊、兩校尉有大病、如令不諱、使臣長抱刻骨之恨、宜及吉時、不可稽留、太后報曰、吾反覆念之、思令兩善、豈徒欲獲謙讓之名、而使帝受不外施之嫌哉、昔竇太后欲封王皇后之兄、丞相條侯言受高祖約、無軍功、非劉氏不侯、今馬氏無功於國、豈得與陰郭中興之后等耶、常觀富貴之家、祿位重疊、猶再實之木、其根必傷、且人所以願封侯者、欲上奉祭祀、下求溫飽耳、今祭祀則受四方之珍、衣食則蒙御府之餘資、斯豈不足、而必當得一縣乎、吾計之熟矣、勿有疑也、夫至孝之行、安親爲上、今數遭變異、穀價數倍、憂惶晝夜、不安坐臥、而欲先營外封、違慈母之拳拳乎、吾素剛急、有匈中氣、不可不順也、若陰陽調和、邊境清靜、然後行子之志、吾但當含飴弄孫、不能復關政矣、其外親有謙素義行者、輒假借溫言、賞以財位、如有纖介、則先見嚴恪之色、然後加譴、其美車服、不軌法度者、便絕屬籍、遣歸田里、廣平鉅鹿樂成王、車騎朴素、無金銀之飾、太后即賜錢各五百萬、於是內外從化、被服如一、諸家惶恐、倍於永平世、乃置織室、蠶於濯龍中、數往觀視、以爲娛樂、常與帝旦夕言道政事、及教授諸小王、論議經書、述敘平生、雍和終日、天下豐稔、方垂無事、帝遂封三舅廖防光爲列侯、並辭讓、願就關內侯、太后聞之曰、聖人設敎、各有其方、知人情性莫能齊也、吾日夜惕厲思自降損居不求安食不念飽冀乘此道不負先帝所以化導兄弟共同斯志欲令瞑目之日無所復恨何意老志復不從哉廖等不得已受封爵而退位歸第焉

和熹鄧皇后諱綏太傅禹之孫也選入宮爲貴人恭肅小心動有法度帝深嘉愛焉及后有疾特令后母兄弟入親醫藥不限以日數后言於帝曰宮禁至重而使外舍久在內省上令陛下有幸私之譏下使賤妾獲不知足之謗上下交

損誠不願也帝曰人皆以數入爲榮貴人反以爲憂深自抑損誠難及也每有讌會諸姬貴人競自修整簪珥光彩袿裳鮮明而后獨省素裝服無飾陰后以巫蠱事廢立爲皇后是時方國貢獻競求珍麗之物自后卽位悉令禁絕歲時但供紙墨而已

列傳

馮異字公孫潁川人也建武三年爲征西大將軍大破赤眉屯兵上林死威行關中六年朝京

舊無拜廷尉三字補之

師帝謂公卿曰是我起兵時主簿也爲吾披荊棘定關中旣罷使中黃門賜以珍寶衣服錢帛詔曰倉卒蕪蔞亭豆粥呼沱河麥飯厚意久不報異稽首謝曰臣聞管仲謂桓公曰願君無忘射鉤臣無忘檻車齊國賴之臣今亦願國家無忘河北之難小臣不敢忘巾車之恩

岑彭字君然南陽人也拜廷尉行大將軍事與大司馬吳漢等圍洛陽數月朱鮪等堅守不肯下帝以彭嘗爲鮪校尉令往說之鮪曰大司徒

被害時鮪與其謀又諫更始無遣蕭王北伐誠自知罪深彭還具言於帝帝曰夫建大事者不忌小怨鮪今若降官爵可保況誅罰乎河水在此吾不食言彭復往告鮪鮪乃面縛與彭俱詣河陽帝卽解其縛拜鮪爲平狄將軍封扶溝侯建武八年彭與吳漢圍隗囂於西城公孫述將李育守上邽蓋延耿弇圍之勅彭曰兩城若下便可將兵南擊蜀虜人苦不知足旣平隴復望蜀每一發兵頭鬢爲白

臧宮字君翁，潁川人也。匈奴飢疫，自相分爭，帝以問宮，宮曰：願得五千騎以立功。帝笑曰：常勝之家，難與慮敵，吾方自思之。建武二十七年，宮與楊虛侯馬武上書曰：匈奴人畜疫死，旱蝗赤地，疫困之力，不當中國一郡，萬里死命，懸在陛下。福不再來，時或易失，豈宜固守文德而墮武事乎？詔報曰：黃石公記曰：柔能制剛，弱能制強，柔者德也，剛者賊也，弱者仁之助也，強者怨之歸也。舍近謀遠者，勞而無功；舍遠謀近者，逸而

有終。逸政多忠臣，勞政多亂民。故曰：務廣地者荒，務廣德者強。有其有者安，貪人有者殘。殘滅之政，雖成必敗。今國無善政，災變不息，百姓驚惶，人不自保，而復欲遠事邊外乎？孔子曰：吾恐季孫之憂，不在顓臾。且傳聞之事，恒多失實。苟非其時，不如息民。自是諸將莫敢復言兵事者。

非萬作無敢之

祭遵字弟孫，潁川人也。從征河北，爲軍市令。世祖舍中兒犯法，遵格殺之。世祖怒，命收遵。時主簿陳副諫曰：明公常欲衆軍整齊，今遵奉法不避，是教令行也。世祖乃貰之，以爲刺姦將軍。謂諸將曰：當備祭遵。吾舍中兒犯令尚殺之，必不私諸卿也。河北平，拜征虜將軍。遵爲人廉約小心，克己奉公，賞賜輒盡與士卒，家無私財，身衣韋袴布被，夫人裳不加緣，帝以是重焉。及卒，愍悼之尤甚。遵喪至河南縣，詔遣百官先會喪所，車駕素服臨之，望哭哀慟。還幸城門，過其車騎，涕泣不能已。喪禮成，復親祠以太牢，如宣帝臨霍光故事。至葬，車駕復臨，贈以將軍侯印綬，朱

輪容車，介士軍陳送葬，謚曰成侯。既葬，車駕復臨其墳，存見夫人室家。其後朝會，帝每歎曰：安得憂國奉公之臣如祭征虜者乎？遵之見思若此。

馬武字子張，南陽人也。封爲揚虛侯。爲人嗜酒，闊達敢言，時醉在御前，面折同列，言其短長，無所避忌。帝故縱之，以爲笑樂。帝雖制御功臣，而每能回容，宥其小失。遠方貢珍甘，必先遍列侯，而大官無餘。有功輒增邑賞，不任以吏職，故皆

保其福祿終無誅譴者、

論曰光武中興二十八將、前世以爲上應二十八宿未之詳、然咸能感會風雲奮其智勇、稱爲佐命亦各志能之士也、議者多非光武不以功臣任職、至使英姿茂績委而勿用、然原夫深圖遠筭固將有以焉爾、若乃王道既衰、降及霸德、猶能授受惟庸、勳賢兼序、如管隰之迭升桓世、先趙之同列文朝、可謂兼通矣、降自秦漢、世資戰力、至於翼扶王運、皆武人屈起、亦有鬻繒屠狗輕猾之徒、或崇以連城之賞、或任以阿衡之地、故勢疑則隙生、力侔則亂起、蕭樊且猶縲紲、信越終見葅戮、不其然乎、自茲以降、迄于孝武、宰輔五世、莫非公侯、遂使搢紳道塞、賢能蔽壅、朝有世及之私、下多抱關之怨、其懷道無聞、委身草莽者、亦何可勝言哉、故光武鑒前事之違、存矯枉之志、雖寇鄧之高勳、耿賈之洪烈、分土不過大縣數四、所加特進朝請而已、觀其治平臨政、課職責咎、將所謂導之以法、齊之以刑者乎、若格之功臣、其傷已甚、何者、直繩則虧喪恩舊、撓情則違廢禁典、選德則功不必厚、舉勞則人或未賢、參任則羣心難塞、並列則其弊未遠、不得不校其勝否、即以事相權、故高秩厚禮、允答元功、峻文深憲、責成吏職、建武之世、侯者百餘、若夫數公者、則與參國議、分均休咎、其餘並優以寬科、完其封祿、莫不終以功名延慶于後、昔留侯以爲高祖悉用蕭曹故人、而郭伋亦譏南陽多顯、鄭興又戒功臣專任、夫崇恩偏授、易啓私溺之失、至公均被、必廣招賢之路、意者不其然乎、永平中、顯宗追感前世功臣、乃圖畫二十八將於南宮雲臺、其外又有王常李通竇融卓茂、合三十二人、故依其本第係之篇末、以志功臣之次云爾、

〔舊無以字補之〕

太傅高密侯鄧禹、

中山太守全椒侯馬成、

大司馬廣平侯吳漢、

河南尹阜成侯王梁、

左將軍膠東侯賈復、
琅耶太守祝阿侯陳俊、
建威大將軍好畤侯耿弇、
驃騎大將軍參蘧侯杜茂、
執金吾雍奴侯寇恂、
積弩將軍昆陽侯傅俊、
征南大將軍舞陽侯岑彭、
左曹合肥侯堅鐔、
征西大將軍陽夏侯馮異、
上谷太守淮陽侯王霸、
建義大將軍鬲侯朱祐、
信都太守阿陵侯任光、
征虜將軍潁陽侯祭遵、
豫章太守中水侯李忠、
驃騎大將軍櫟陽侯景丹、
右將軍槐里侯萬修、
虎牙大將軍安平侯蓋延、
大常靈壽侯邳彤、

衛尉安成侯銚期、
驍騎將軍昌成侯劉植、
東郡太守東光侯耿純、
横野大將軍山桑侯王常、
城門校尉朗陵侯臧宮、
大司空固始侯李通、
捕虜將軍楊虛侯馬武、
大司空安豐侯竇融、
驃騎將軍慎侯劉隆、
大傅宣德侯卓茂、

馬援字文淵、扶風人也、建武九年、拜爲太中大夫、十七年、交阯女子徵側及女弟徵貳反、攻沒其郡、九眞日南合浦蠻夷皆應之、寇略嶺外六十餘城、側自立爲王、於是拜援伏波將軍、督樓船將軍段志等、南擊交阯、斬徵側徵貳、傳首洛陽、封援爲新息侯、援嘗有疾、梁松來候之、獨拜牀下、援不答、松去後、諸子問曰、梁伯孫帝壻、貴重朝廷、公卿已下莫不憚之、大人奈何獨不爲

禮援曰我松父友也雖貴何得失其序乎松由
是恨之二十四年武威將軍劉尚擊武陵五谿
尚舊作向改之
蠻夷軍没援因復請行遂遣援率中郎將馬武
耿舒等征五谿援夜與送者訣謂友人謁者杜
愔曰吾受厚恩年迫餘日索常恐不得死國事
今獲所願甘心瞑目但畏長者家兒或在左右
或與從事殊難得調獨惡是耳初軍次下雋有
兩道可入從壺頭則路近而水嶮從充道則塗
夷而運遠帝初以爲疑及軍至耿舒欲從充道
援以爲弃日費糧不如進壺頭搤其喉咽充賊
自破以事上之帝從援策進營壺頭賊乘高守
隘水疾船不得上會暑甚士卒多疫死援亦中
病遂困乃穿岸爲室以避炎氣賊每升險鼓譟
援輒曳足以觀之左右哀其壯意莫不爲之流
涕耿舒與兄好時侯弇書曰前舒上言當先擊
充糧雖難運而兵馬得用軍人數萬爭欲先奮
今壺頭竟不得進大衆怫鬱行死誠可痛惜弇
得書奏之帝乃使虎賁中郎將梁松乘驛責問

援因代監軍會援病卒松宿懷不平遂因事陷
之帝大怒追收援新息侯印綬初援在交阯常
餌薏苡實用能輕身省欲以勝瘴氣南方薏苡
實大援欲以爲種軍還載之一車時人以爲南
土珍怪權貴皆望之援時方有寵故莫以聞及
卒後有上書譖之者以爲前所載還皆明珠文
犀馬武於陵侯侯昱等皆以章言其狀帝益怒
援妻孥惶懼不敢以喪還舊塋裁買城西數畝
地槀葬而已賓客故人莫敢弔會援兄子嚴與
援妻子草索相連詣闕請罪帝乃出松書以示
之方知所坐上書訴冤前後六上辭甚哀切然
後得葬又前雲陽令同郡朱勃詣闕上書曰臣
聞王德聖政不忘人之功採其一美不求備於
衆故高祖赦蒯通而以王禮葬田横大臣曠然
咸不自疑夫大將在外讒言在内微過輒記大
功不計誠爲國之所慎也故章邯畏口而奔楚
燕將據聊而不下豈其甘心末規哉悼巧言之
傷類也竊見故伏波將軍馬援拔自西州欽慕

聖義、間關險難、觸冒萬死、孤立羣貴之間、傍無一言之佐、馳深淵、入虎口、豈顧計哉、寧自知當要七郡之使、徼封侯之福耶、八年、車駕西討隗囂、國計狐疑、衆營未集、援建宜進之策、卒破西州、及吳漢下隴、冀路斷隔、唯獨狄道爲國堅守、士民飢困、寄命漏刻、援奉詔西使、鎮慰邊衆、乃招集豪傑、曉誘羌戎、謀如涌泉、勢如轉規、遂救倒懸之急、存幾亡之城、兵全師進、因糧敵人、隴冀略平、而獨守空郡、兵動有功、師進輒克、誅鋤先零、緣入山谷、猛怒力戰、飛矢貫脛、又出征交阯、土多瘴氣、援與妻子生訣、無悔吝之心、遂斬滅徵側、尅平一州、間復南討、立陷臨鄉、師已有業、未竟而死、吏士雖疫、援不獨存、夫戰或以久而立功、或以速而致敗、深入未必爲得、不進未必爲非、人情豈樂久屯絕地、不生歸哉、惟援得事朝廷二十二年、北出塞漠、南渡江海、觸冒害氣、僵死軍事、名滅爵絕、國土不傳、海內不知其過、衆庶未聞其毀、卒遇三夫之言、橫被誣罔之讒、家屬杜門、葬不歸墓、怨隙並興、宗親怖慄、死者不能自列、生者莫爲之訟、臣竊傷之、夫明主醲於用賞、約於用刑、高祖嘗與陳平金四萬斤、以間楚軍、不問出入所爲、豈復疑以錢穀間哉、夫操孔父之忠、不能自免於讒、此鄒陽之所悲也、惟陛下留思豎儒之言、無使功臣懷恨黃泉、臣聞春秋之義、罪以功除、聖王之祀、臣有五義、若援所謂以死勤事者也、願下公卿平援功罪、宜絕宜續、以厭海內之望、臣年已六十、常伏田里、竊感欒布哭彭越之義、冒陳悲憤、戰慄闕庭、書奏、報歸田里、

子廖字敬平、少以父任爲郎、肅宗甚尊重之、時皇太后躬履節儉、事從簡約、廖慮美業難終、上疏長樂宮、以勸成德政曰、臣案前世詔令、以百姓不足、起於世尚奢靡、故元帝罷服官、成帝御浣衣、哀帝去樂府、然而侈費不息、至於衰亂者、百姓從行不從言也、夫改政移風、必有其本、傳曰、吳王好劍客、百姓多瘢瘡、楚王好細腰、宮中

多餓死長安語曰城中好高髻四方高一尺城中好廣眉四方且半額城中好大袖四方用疋帛斯言如戲有切事實前下制度未幾後稍不行雖或吏不奉法良由慢起京師今陛下躬服厚繒斥去華餙素簡所安發自聖情此誠上合天心下順民望浩大之福莫尚於此陛下既已得之自然猶宜加以勉勗法大宗之隆德戒成哀之不終易曰不恒其德或承之羞誠令斯事一竟則四海誦德聲熏天地神明可通金石可

勤而況於人心乎況於行令乎願置章坐側以當瞽人夜誦之音太后深納之

卓茂字子康南陽人也以儒術舉遷密令視民如子舉善而教口無惡言吏民親愛而不忍欺之民常有言部亭長受其米肉遺者茂避左右問之曰亭長爲從汝求乎爲汝有事屬之而受乎將平居自以恩意遺之乎民曰往遺之耳茂曰遺之而受何故言邪民曰竊聞賢明之君使民不畏吏吏不取民今我畏吏是以遺之吏既卒受故來言耳茂曰汝爲弊民矣凡人所以貴於禽獸者以有仁愛知相敬事也今鄰里長老尚致饋遺此乃人道所以相親況吏與民乎吏顧不當乘威力強請求耳凡人之生羣居雜處故有經紀禮義以相交接汝獨不欲修之寧能高飛遠走不在人間邪亭長素善吏歲時遺之禮也民曰苟如此律何故禁之茂笑曰律設大法禮順人情今我以禮敎汝必無怨惡以律治汝何所厝其手足乎一門之內小者可論大者

可殺也且歸念之於是人納其訓吏懷其恩治密數年敎化大行道不拾遺平帝時天下大蝗河南二十餘縣皆被其災獨不入密界王莽居攝以病免歸世祖即位乃下詔曰前密令卓茂束身自脩執節淳固誠能爲人所不能爲夫名冠天下當受天下重賞今以茂爲太傅封褒德侯食邑二千戶

魯恭字仲康扶風人也太傅趙熹舉恭直言拜中牟令恭以德化爲治不任刑罰民許伯等爭

舊無太傅趙熹四字補之

田累年、守令不能決、恭為平理曲直、皆退而自責、輟耕相讓、亭長從民借牛、而不肯還之、牛主訟於恭、恭召亭長、勅令歸牛者再三、猶不從、恭歎曰、是教化不行也、欲解印綬去、掾史泣涕共留之、亭長乃慙悔、還牛、詣獄受罪、恭貰不問、於是吏民信服、建初七年、郡國螟傷稼、犬牙緣界、不入中牟、河南尹袁安聞之、疑其不實、使仁恕掾肥親往廉之、恭隨行阡陌、俱坐桑下、有雉過止其傍、傍有童兒、親曰、兒何不捕之、兒言雉方

將雛、親瞿然而起、與恭訣曰、所以來者、欲察君之治迹耳、今蟲不犯境、此一異也、化及鳥獸、此二異也、豎子有仁心、此三異也、久留徒擾賢者耳、還府具以狀白安、是歲嘉禾生中牟、安上書言狀、帝異之、

羣書治要卷第二十一

羣書治要卷第二十二

秘書監鉅鹿男臣魏徵等奉　勅撰

後漢書二

傳

宋弘字仲子、長安人也、世祖嘗問弘通博之士、弘薦沛國桓譚才學洽聞、幾能及揚雄劉向父子、於是召譚拜議郎給事中、帝每讌、輒令鼓琴、好其繁聲、弘聞之不悅、悔於薦舉、伺譚內出、正朝服、坐府上、遣吏召之、譚至不與席而讓之曰、

吾所以薦子者、欲令輔國家以道德也、而今數進鄭聲、以亂雅頌、非忠正者也、能自改耶、將令相舉以法乎、譚頓首辭謝、良久乃遣之、後大會羣臣、帝使譚鼓琴、譚見弘、失其常度、帝怪而問之、弘乃免冠謝曰、臣所以薦桓譚者、望能以忠正導主、而令朝廷耽悅鄭聲、臣之罪也、帝改容謝之、使反服、其後遂不復令譚給事中、弘推進賢士三十餘人、或相及為公卿者、弘當讌見、御坐新施屏風、圖畫列女、帝數顧視之、弘正容言

曰未見好德如好色者帝卽爲徹之咲謂弘曰聞義則服可乎對曰陛下進德臣不勝其喜時帝姊湖陽公主新寡帝與共論朝臣微觀其意主曰宋公威容德器羣臣莫及帝曰方且圖之後弘被引見帝令主坐屛風後因謂弘曰諺言貴易交富易妻人情乎弘曰臣聞貧賤之知不可忘糟糠之妻不下堂帝顧謂主曰事不諧矣

韋彪字孟達扶風人也拜大鴻臚是時陳事者多言郡國貢舉率非功次故守職益懈而吏事寖疎咎在州郡彪上議曰孔子曰事親孝故忠可移於君是以求忠臣必於孝子之門夫人才行少能相兼是以孟公綽優於趙魏老不可以爲滕薛大夫忠孝之人持心近厚鍛練之吏持心近薄三代之所以直道而行者在其所以磨之故也士宜以才行爲先不可純以閥閱然其要歸在於選二千石二千石賢則貢舉皆得其人矣帝深納之彪以世承二帝吏治之後多以苛刻爲能又置官選職不必以才上疏諫曰農

民急於務而苛吏奪其時賦發充常調而貪吏割其財此其巨患也夫欲急民所務當先除其所患天下樞要在於尚書尚書之選豈可不重而間者多從郎官超升此位雖曉習文法長於應對然察察小惠類無大能宜簡嘗歷州宰素有名者雖進退舒遲時有不逮然端心向公奉職周密宜鑒嗇夫捷急之對深思絳侯木訥之功也往時楚獄大起故置令史以助郎職而類多小人好爲奸利今者務簡可皆停省又諫議之職應用公直之士通才謇正有補益於朝者今或從徵試輩爲大夫又御史外遷動據州郡並宜淸選其任責以言績其二千石視事雖久而爲吏民所便安者宜增秩重賞勿妄遷徙惟留聖心書奏帝納之

杜林字伯山扶風人也爲光祿勳建武十四年羣臣上言古者肉刑嚴重則民畏法令今憲章輕薄故奸軌不勝宜增科禁以防其源詔下公卿林奏曰夫人情挫辱則義節之風損法防繁

多則苟免之行興。孔子曰：導之以政，齊之以刑，民免而無耻；導之以德，齊之以禮，有耻且格。古之明王，深識遠慮，動居其厚，不務多辟，周之五刑，不過三千。大漢初興，詳覽失得，故破矩爲圜，斲雕爲朴，蠲除苛政，更立疏綱，海内歡欣，人懷寬德。及至其後，漸以滋章，吹毛索疵，詆欺無限，果桃菜茹之饋，集以成贓，小事無妨於義，以爲大戮，故國無廉士，家無完行，至於法不能禁，令不能止，上下相遁，爲弊彌深。臣愚以爲宜如舊制。帝從之。

桓譚字君山，沛國人也。拜議郎給事中，因上疏陳時政所宜，曰：臣聞國家之廢興，在於政事，政事得失，由乎輔佐，輔佐賢明，則俊士充朝，而治合世務；輔佐不明，則論失時宜，而舉多過事。夫有國之君，俱欲興化建善，然而治道未理者，其所謂賢者異也。蓋善治者，視俗而施教，察失而立防，威德更興，文武迭用，然後政調於時，而躁人可定。昔董仲舒言治國譬若琴瑟，其不調者，

舊無其字補之

則解而更張。夫更張難行，而咈衆者亡，是故賈誼以才逐，而晁錯以智死，世雖有殊能，而終莫敢談者，懼於前事也。且設法禁者，非能盡塞天下之奸，皆合衆人之所欲也，大抵取便國利事多者，則可矣。又見法令決事，輕重不齊，或一事殊法，同罪異論，奸吏得因緣爲市，所欲活則出生議，所欲陷則與死比，是爲刑開二門也。今可令通義理明習法律者，校定科比，一其法度，班下郡國，蠲除故條，如此天下知方，而獄無怨濫

舊無怨字補之

矣。書奏不省。是時帝方信讖，多以決定嫌疑，譚復上疏曰：今諸巧慧小才伎數之人，增益圖書，矯稱讖記，以欺惑貪邪，詿誤人主，焉可不抑遠之哉！其事雖有時合，譬猶卜數隻偶之類。陛下宜垂明聽，發聖意，屏羣小之曲說，述五經之正義，略雷同之俗語，詳通人之雅謀。帝省奏愈不悅。其後有詔會議靈臺所處，帝謂譚曰：吾欲以讖決之，何如？譚默然良久曰：臣不讀讖。帝問其故，譚復極言讖之非經。帝大怒曰：桓譚非聖無

養下舊有良字刪之　舊無遺宗至餘合十七字補之

法將下斬之、譚叩頭流血、良久得解、出爲六安郡丞、意忽忽不樂、道病卒、

馮衍字敬通、京兆人也、更始二年、遣尚書僕射鮑永行大將軍事、安集北方、乃以衍爲立漢將軍、與上黨太守田邑等繕甲養士、扞衛幷土、及世祖卽位、遣宗正劉延攻天井關、與田邑連戰十餘合、後邑聞更始敗、乃遣使詣洛陽獻璧馬、卽拜爲上黨太守、因遣使者招永衍、永衍等疑不肯降、而忿邑背前約、衍乃遺邑書曰、衍聞之、

委質爲臣、無有二心、挈缾之智、守不假器、是以晏嬰臨盟、擬以曲戟、不易其辭、謝息守郕、脅以晉魯、不喪其邑、由是言之、內無鉤頸之禍、外無桃萊之利、而被畔人之聲、蒙降城之恥、竊爲左右羞之、時訛言更始隨赤眉在北地、永衍信之、故屯兵界休、方移書上黨、云皇帝在雍、以惑百姓、審知更始已殁、乃共罷兵、幅巾降于河內、帝怨衍等不時至、永以立功得贖罪、遂任用之、而衍獨見黜、永謂衍曰、昔高祖賞季布之罪、誅丁固之功、今遭明主、亦何憂哉、衍曰、記有之、人有挑其鄰之妻者、挑其長者、長者詈之、挑其少者、少者報之、後其夫死、而取其長者、或謂之曰、夫非罵爾者耶、曰、在人欲其報我、在我欲其罵人也、夫天命難知、人道易守、守道之臣、何患死亡、頃之、帝以衍爲曲陽令、誅斬劇賊郭勝等、降五千餘人、論功當封、以讒毁故、賞不行、建武六年、日食、衍上書陳八事、其一曰顯文德、二曰褒武烈、三曰脩舊功、四曰招俊傑、五曰明好惡、六曰、

簡法令、七曰差秩祿、八曰撫邊境、書奏、帝將召見、初衍爲浪孟長、以罪摧陷大姓令狐略、是時略爲司空長史、讒之於尚書令王護、尚書周生豐曰、衍所以求見者、欲毁君也、護等懼之、卽共排閒、衍遂不得入、後衛尉陰興、新陽侯陰就、以外戚貴顯、深敬重衍、衍遂與之交結、由是爲諸王所聘請、尋爲司隷從事、帝懲西京外戚賓客、故以法繩之、大者抵死徙、其餘至貶黜、衍由此得罪、嘗自詣獄、有詔赦不問、歸故郡、閉門自保、

不敢復與親故通、建武末上疏自陳曰、臣伏念高祖之略、而陳平之謀、毀之則疏、譽之則親、以文帝之明、而魏尚之忠、繩之以法則為罪、施之以德則為功、逮至晚世、董仲舒言道德、見妒於公孫弘、李廣奮節於匈奴、見排於衛青、此臣之常所為流涕也、臣衍自惟微賤之臣、上無無知之薦、下無馮唐之說、乏董生之才、寡李廣之勢、而欲免讒口、濟怨嫌、豈不難哉、臣衍之先祖、以忠貞之故、成私門之禍、而臣衍復遭擾攘之時、

值兵革之際、不敢回行求世之利、事君無傾邪之謀、將帥無虜掠之心、衛尉陰興、敬慎周密、內自修敕、外遠嫌疑、故與交通、興知臣之貧、數欲本業之、臣自惟無三益之才、不敢處三損之地、固讓而不受之、昔在更始、太原執貨財之柄、居倉卒之間、據位食祿二十餘年、而財產歲狹、居處日貧、家無布帛之積、出無輿馬之飾、於今遭清明之世、飭躬力行之秋、而怨讎叢興、譏議橫世、蓋富貴易為善、貧賤難為工也、疏遠壠畝之

臣、無望高闕之下、惶恐自陳、以救罪尤、書奏、猶以前過不用、論曰、馮衍之引挑妻之譬、得矣、夫納妻皆知取詈己者、而取士則不能、何也、豈非反妒情易、而恕義情難、光武雖得之於鮑永、猶失之於馮衍、夫然義直所以見屈於既往、守節故亦瀰阻於來情、嗚呼、

申屠剛字巨卿、扶風人也、遷尚書令、世祖嘗欲出遊、剛以隴蜀未平、不宜晏安逸豫、諫不見聽、遂以頭軔乘輿輪、帝遂為止、時內外群官多帝

自選舉、加以法理嚴察、職事過苦、尚書近臣至乃捶撲牽曳於前、群臣莫敢正言、剛每輒極諫、又數言皇太子宜時就東宮、簡任賢保、以成其德、

鮑永字君長、上黨人也、父宣為王莽所殺、事後母至孝、妻嘗於母前叱狗、而永即去之、莽以宣不附己、欲滅其子孫、太守苟諫擁護、召以為吏、更始二年、徵、再遷尚書僕射、行大將軍事、持節將兵、安集河東、并州、朔部、世祖即位、遣諫議大

夫儒大伯持節徵永、永乃收繫大伯、遣使馳至長安、既知更始已亡、乃發喪出大伯等、封上將軍列侯印綬、悉罷兵、但幅巾與諸將及同心客百餘人、詣河內、帝見永問曰、卿衆所在、永離席叩頭曰、臣事更始不能令全、誠慚以其衆幸富貴、故悉罷之、帝曰、卿言大、而意不悅、爲司隸校尉、行縣到霸陵、路經更始墓、引車入陌、從事諫止之、永曰、親北面事人、寧有過墓不拜、雖以獲罪司隸所不避也、遂下拜哭盡哀而去、西至扶風、椎牛上諫冢、帝聞之、意不平、問公卿曰、奉使如此何如、太中大夫張湛對曰、仁者行之宗、忠者義之主也、仁不遺舊、忠不忘君、行之高者也、帝意乃釋、論曰、鮑永守義於故主、斯可以事新主矣、恥以其衆受寵、斯可以受大寵矣、若乃言之者雖誠、而聞之者未譬、豈苟進之悅、易以情納、持正之忤、難以理求乎、誠能釋利以循道、居方以從義、君子之概也、

郅惲字君章、汝南人也、舉孝廉、爲上東城門候、帝嘗出獵、車駕夜還、惲拒關不開、帝令從者見面於門間、惲曰、火明遼遠、遂不受詔、帝乃廻從東中門入、明日惲上書諫曰、陛下遠獵山林、夜以繼晝、其如社稷宗廟何、暴虎馮河、未至之誠、誠小臣所竊憂也、書奏、賜布百匹、貶東中門候爲參封尉、

舊無封字補之

郭伋字細侯、扶風人也、王莽時、爲并州牧、建武九年、拜潁川太守、十一年、調爲并州刺史、引見讌語、伋因言選補衆職、當簡天下賢俊、不宜專用南陽人、帝納之、伋前在并州、素結恩德、及後入界、所到縣邑、老幼相攜、逢迎道路、所過問民疾苦、聘求耆德雄俊、設几杖之禮、朝夕與參政事、始至行部、到西河美稷、有童兒數百、各騎竹馬、於道次迎拜、伋問曰、兒曹何自遠來、對曰、聞使君到、喜、故來奉迎、伋辭謝之、及事訖、諸兒復送至郭外、問使君何日當還、伋計日告之、既還先期一日、伋爲違信於諸兒、遂止于野亭、須期乃入、

樊宏字靡卿南陽人世祖之舅也宏爲人謙柔畏慎不求苟進常戒其子曰富貴盈溢未有能終者吾非不喜榮勢也天道惡滿而好謙前代貴戚皆明戒也保身全已豈不樂哉宗族染其化未嘗犯法帝甚重之

陰識字次伯南陽人光烈皇后之兄也以征伐軍功增封識叩頭讓曰天下初定將帥有功者衆臣託屬掖庭仍加爵邑不可以示天下帝甚美之

帝下舊有後字刪之

興字君陵識弟也帝召興欲封之置印綬於前興固讓曰臣未有先登陷陳之功而一家數人並蒙爵土令天下觖望誠爲盈溢臣蒙陛下貴人恩澤至厚富貴已極不可復加至誠不願帝嘉興之讓不奪其志貴人問其故興曰貴人不讀書記耶亢龍有悔外戚家苦不知謙退嫁女欲配侯王取婦眄睨公主愚心實不安也富貴有極人當知足夸奢益爲觀聽所譏貴人感其言深自降挹卒不爲宗族求位帝後復欲以興代吳漢爲大司馬興叩頭流涕固讓曰臣不敢惜身誠虧損聖德不可苟冒至誠發中感動左右帝遂聽之

朱浮字叔元沛國人也爲幽州牧漁陽太守彭寵敗後世祖以二千石長吏多不勝任時有纖微之過者必見斥罷交易紛擾百姓不寧建武六年有日蝕之異浮因上疏曰臣聞日者衆陽之宗君上之位也凡居官治民據郡典縣皆爲陽爲上爲尊爲長若陽上不明尊長不足則干

動三光垂示王者陛下哀愍海內新離禍毒保宥生民使得蘇息而今牧民之吏多未稱職小違治實輙見斥罷豈不粲然黑白分明哉然以堯舜之盛猶加三考大漢之興亦累功効吏皆積久養老於官至名子孫因爲氏姓當時吏職何能悉治論議之徒豈不諠譁蓋以爲天地之功不可倉卒艱難之業當累日也間者守宰數見換易迎新相代疲勞道路尋其視事日淺未足昭見其職既加嚴切人不自保各相顧望無

自安之心有司或因睚眦以騁私怨苟求長短求媚上意二千石及長吏迫於舉劾懼于刺譏故爭飾詐偽以希虛譽斯皆羣陽騷動日月失行之應夫物暴長者必夭折功卒成者必亟壞如摧長久之業而造速成之功非陛下之福也天下非一時之用也海內非一旦之功也願陛下遊意於經年之外望化於一世之後天下幸甚帝下其議羣臣多同於浮自是牧守易代頗簡舊制州牧奏二千石長吏不任位者事皆先

下三公三公遣掾史案驗然後黜退帝時用明察不復委任三府而權歸刺舉之吏浮復上疏曰陛下清明履約率禮無違自宗室諸王外家后親皆奉繩墨無黨勢之名斯固法令整齊下無作威者也求之於事宜以和平而灾異猶見者而豈徒然哉天道信誠不可不察竊見陛下疾往者上威不行下專國命即位以來不用舊典信刺舉之官黜鼎輔之任至於有所劾奏便加退免覆案不關三府罪譴不蒙澄察陛下以

使者爲腹心而使者以從事爲耳目是爲尚書之平決於百石之吏故羣下苛刻各自爲能兼以私情容長憎愛在職皆競張空虛以要時利故有罪者心不厭服無咎者坐被空文不可經盛衰貽後王也夫事積久則吏自重吏安則民自靜傳曰五年再閏天道乃備夫以天地之靈猶五載以成其化況人道哉

陳元字長孫蒼梧人也以父任爲郎時大司農江馮上言宜令司隷校尉督察三府元上疏曰

臣聞師臣者帝賓臣者霸故武王以太公爲師齊桓以夷吾爲仲父孔子曰百官總己聽於冢宰近則高帝優相國之禮太宗假宰輔之權及亡新王莽遭漢中衰專操國柄以偷天下況已自喻不信羣臣奪公輔之任損宰相之威以刺舉爲明徼訐爲直至乃陪僕告其君長子弟變其父兄罔密法峻大臣無所措手足然不能禁董忠之謀身爲世戮故人君患在自驕不患驕臣失在自任不在任人是以文王有日昃之勞

周公執吐握之恭、不聞其崇刺舉、務督察也、方今四方尚擾、天下未一、百姓觀聽、咸張耳目、陛下宜循文武之聖典、襲祖宗之遺德、勞心下士、屈節待賢、誠不宜使有伺察公輔之名、帝從之、

桓榮字春卿、沛郡人也、以明經入授太子、每朝會、輒令榮於公卿前敷奏經書、帝稱善、曰、得卿幾晚、建武二十八年、大會百官、詔問誰可傅太子者、羣臣承望上意、皆言太子舅執金吾陰識可、博士張佚正色曰、今陛下立太子、爲陰氏乎、爲天下乎、卽爲陰氏、則陰侯可、爲天下、則固宜用天下之賢才、帝稱善、曰、欲置傅者、以輔太子也、今博士不難正朕、況太子乎、卽拜佚爲太子太傅、而以榮爲少傅、賜以輜車乘馬、

第五倫字伯魚、京兆人也、舉孝廉、帝問以政事、大悅、與語至夕、帝謂倫曰、聞卿爲吏篣婦公、不過從兄飯、寧有之耶、倫對曰、臣三娶妻、皆無父母、少遭飢亂、實不敢妄過人飡、帝大笑、拜會稽太守、會稽俗多淫祀、好卜筮、人常以牛祭神、百姓財產、以之困匱、其有自食牛肉、而不以薦祠者、發病且死、先爲牛鳴、前後郡將莫敢禁、倫到官、移書屬縣、曉告百姓、其巫祝有依託鬼神、詐怖愚民、皆案驗之、有妄屠牛者、吏輒行罰、民初恐懼、或祝詛妄言、倫案之愈急、後遂斷絕、百姓以安、肅宗初爲司空、及馬防爲車騎將軍、當出征西羌、倫上疏曰、臣愚以爲貴戚可封侯以富之、不當職事以任之、何者、繩以法則傷恩、私以親則違憲、伏聞馬防今當西征、臣以太后恩仁、陛下至孝、恐卒有纖介、難爲意愛也、倫雖峭直、然常疾俗吏苛刻、及爲三公、值帝長者、屢有善政、乃上疏褒稱盛美、因以勸成風德、曰、陛下卽位、躬天然之德、體晏晏之姿、以寬弘臨下、出入四年、前歲誅刺史二千石貪殘者六人、斯皆明聖所鑒、非羣下所及、然詔書每下寬和、而政急不解、務存節儉、而奢侈不止者、咎在俗弊、羣下不稱故也、世祖承王莽之餘、頗以嚴猛爲治、後世因之、遂成風化、郡國所舉、類多辦職俗吏、殊

未有寬博之選、以應上求者也、陳留令劉豫、冠軍令駟協、並以刻薄之姿、臨民宰邑、專念掠殺、務爲嚴苦、吏民愁怨、莫不疾之、而今之議者、反以爲能、違天心、失經義、誠不可不慎也、非徒應坐豫協、亦當宜譴舉者、務進仁賢、以任時政、不過數人、則風俗自化矣、臣嘗讀書記、知秦以酷急亡國、又目見王莽亦以苛法自滅、故勤勤懇懇、實在於此、又聞諸王主貴戚、驕奢踰制、京師尚然、何以示遠、故曰、其身不正、雖令不行、以身

教者從、以言教者訟、夫陰陽和、歲乃豐、君臣同心、化乃成也、其刺史太守以下、拜除京師、及道出洛陽者、宜皆召見、可因博問四方、兼以觀察其人、諸上書言事、有不合者、可但報歸田里、不宜過加喜怒、以明在寬也、倫奉公盡節、言事無所依違、或問倫曰、公有私乎、對曰、昔人有與吾千里馬者、吾雖不受、每三公有所選舉、心不能忘、而亦終不用也、吾兄子常病、一夜十往、退而安寢、吾子有疾、雖不省視、而竟夕不眠、若是者

舊無以字補之

豈謂無私乎、

鍾離意字子阿、會稽人也、顯宗即位、徵爲尚書、時交阯太守坐藏千金、徵還伏法、以資物簿入大司農、詔班賜羣臣、意得珠璣、悉以委地、而不拜賜、帝怪而問其故、對曰、臣聞孔子忍渴於盜泉之水、曾參迴車於勝母之閭、惡其名也、此藏穢之寶、誠不敢拜、帝嗟歎曰、清乎尚書之言、乃更以庫錢三十萬賜意、轉爲尚書僕射、車駕數幸廣成苑、意常當車陳諫般樂遊田之事、天子

即時還宮、永平三年夏旱、而大起北宮、意詣闕免冠上疏曰、伏見陛下以天時小旱、憂念元元、降避正殿、躬自克責、而比日密雲、遂無大潤、豈政有未得應天心者耶、昔成湯遭旱、以六事自責曰、政不節耶、使民疾耶、宮室榮耶、女謁盛耶、苞苴行耶、讒夫昌耶、竊見北宮大作、民失農時、此所謂宮室榮也、自古非苦宮室小狹、但患民不安寧、宜且罷止、以應天心、帝策詔報曰、湯引六事、咎在一人、其冠履勿謝、今又勑大匠、止作

諸宮減省不急庶消灾譴詔因謝公卿百僚遂應時澍雨焉時詔賜降胡子縑尚書案事誤以十爲百帝見簿大怒召郎將笞之意因入叩頭曰過誤之失常人所容若以懈慢爲愆則臣位大罪重郎位小罪輕咎皆在臣臣當先坐乃解衣就格帝意解使復冠而貫郎帝性褊察好以耳目隱發爲明故公卿大臣數被詆毁近臣尚書以下至見提拽常以事怒郎藥崧以杖撞之崧走入牀下帝怒甚疾言曰郎出郎出崧曰天子穆穆諸侯煌煌未聞人君自起撞郎帝乃赦之朝廷莫不悚慄爭爲嚴切以避誅責唯意獨敢諫爭數封還詔書臣下過失輒救解之帝雖不能用然知其至誠亦以此故不得久留出爲魯相後德陽殿成百官大會帝思意言謂公卿曰鍾離尚書若在此殿不立意卒遺言上書陳升平之世難以急治宜少寬假帝感傷其意下詔嗟歎賜錢二十萬

宋均字叔庠南陽人也遷九江太守郡多虎暴數爲民患常募設檻穽而猶多傷害均到下記屬縣曰夫虎豹在山黿鼉在水各有所託且江淮之有猛獸猶北土之有雞豚也今爲人患咎在殘吏而勞勤張捕非憂恤之本也其務退姦貪思進忠善可一去檻穽除削課制其後傳言虎相與東游渡江中元元年山陽楚沛多蝗其飛至九江界者輒東西散去由是名稱遠近浚遒縣有唐后二山民共祠之衆巫遂取百姓男女以爲山嫗歲歲改易既而不敢嫁娶前後守令莫敢禁斷均乃下書曰自今以後爲山娶者皆娶巫家勿擾良人於是遂絶徵拜尚書令嘗刪翦疑事帝以爲有姧大怒收郎郎縛格之諸尚書惶恐皆叩頭謝罪均顧厲色曰蓋忠臣執義無有二心若畏威失正均雖死不易志也小黄門在傍入具以聞帝善其不撓卽令貫郎遷均司隷校尉

山作公

寒朗字伯奇魯國人也守侍御史與三府掾屬共考案楚獄顔忠王平等辭連及隱鄉侯耿建

朗陵侯臧信、護澤侯鄧鯉、曲成侯劉建、建等辭未嘗與忠平相見、是時顯宗怒甚、吏皆惶恐、諸所連及、率一切陷入、無敢以情恕者、朗心傷其冤、試以建等物色獨問忠平、而二人錯愕不能對、朗知其詐、乃上言建等無姦、專爲忠平所誣、疑天下無辜類多如此、帝乃召朗入問曰、建等卽如是、忠平何故引之、朗對曰、忠平自知所犯不道、故多有虛引、冀以自明、帝曰、卽如是、四侯無事、何不早奏、而久繫至今耶、朗對曰、臣雖考

之無事、然恐海內別有發其姦者、故未敢時上、帝怒罵曰、吏持兩端、促提下、左右方引去、朗曰、願一言而死、小臣不敢欺、欲助國耳、誠冀陛下一覺悟而已、臣見考囚在事者、咸共言妖惡大故、臣子所宜同疾、今出之不如入之、可無後責、是以考一連十、考十連百、又公卿朝會、陛下問以得失、皆長跪言、舊制大罪禍及九族、陛下大恩、裁止於身、天下幸甚、及其歸舍、口雖不言、而仰屋竊歎、莫不知其多冤、無敢忤陛下者、臣今所陳、誠死無悔、帝意解、詔遣朗出、後二日、車駕自幸洛陽獄、錄囚徒、理出千餘人、論曰、左丘明有言、仁人之言、其利博哉、晏子一言、齊侯省刑、若鍾離意之就格請過、寒朗之廷爭冤獄、篤矣乎仁者之情也、

東平王蒼、顯宗同母弟也、少好經書、雅有智思、顯宗甚愛重之、及卽位、拜驃騎將軍、位在三公上、在朝數載、多所隆益、而自以至親輔政、聲望日重、意不自安、數上疏、乞上印綬、退就藩國、詔

不聽、其後數陳乞、辭甚懇切、乃許還國、而不聽上將軍印綬、加賜錢五千萬、布十萬匹、永平十一年、蒼與諸王朝京師、月餘還國、帝臨送歸宮、悽然懷思、乃遣使手詔告諸國中傅曰、辭別之後、獨坐不樂、因就車歸、伏軾而吟、瞻望永懷、實勞我心、誦及采菽、以增歎息、日者問東平王、處家何等最樂、王言爲善最樂、其言甚大、副是腰腹矣、肅宗卽位、尊重恩禮、踰於前世、諸王莫與爲比、建初元年、地震、蒼上便宜、後帝欲爲原陵

舊無後 帝王疏

諫十九字補之

顯節陵、起縣邑、蒼聞之、遽上疏諫、帝從而止、自是朝廷每有疑政、輙驛使諮問、蒼悉心以對、皆見納用、帝饗衛士於南宮、因從皇太后周行掖庭池閣、乃閱陰太后舊時器服、愴然動容、乃命留五時衣各一襲、及常所御衣餘悉分布諸王主、及子孫在京師者、特賜蒼及琅耶王京書曰、歲月騖過、山陵浸遠、孤心悽愴、如何如何、間饗衛士於南宮、因閱視舊時衣物、聞於師曰、其物存、其人亡、不言哀而哀自至、信矣、惟王孝友之德、亦豈不然、今送光烈皇后假髻帛巾各一、及衣一篋、可時奉瞻、以慰凱風寒泉之思、又欲令後生子孫、得見先后衣服之製、願王寶精神、加供養、苦言至戒、望之如渴、建初六年冬、請朝、明年正月、帝許之、後有司奏遣諸王歸國、帝特留蒼、八月飲酎畢、有司復奏遣、乃許之、手詔賜蒼曰、骨肉天性、誠不以遠近為親疏、然數見顏色、情重昔時、念王久勞、思得還休、欲署大鴻臚奏、不忍下筆、顧授小黃門、中心戀戀、惻然不能言、

舊無明年正月四字補之

於是車駕祖送、流涕而訣、蒼薨、後帝東巡守、幸東平宮、追感念蒼、謂其諸子曰、思其人、至其鄉、其處在、其人亡、因泣下沾襟、遂幸蒼陵、祠以太牢、親拜祠坐、哭泣盡哀、賜御劍於陵前而去、

朱暉字文季、南陽人也、為尚書僕射、是時穀貴、縣官經用不足、朝廷憂之、尚書張林上言、穀所以貴、由錢賤故也、可盡封錢、一取布帛為租、以通天下之用、又鹽食之急者、雖貴民不得不須、官可自鬻、又宜因交阯益州上計吏往來、市珍寶、收採其利、武帝時所謂均輸者也、帝然之、有詔施行、暉獨奏曰、王制、天子不言有無、諸侯不言多少、食祿之家、不與百姓爭利、今均輸之法、與賈販無異、鹽利歸官、則下人窮怨、布帛為租、則吏多姦盜、誠非明主所宜行也、帝卒以林等言為然、得暉重議、因發怒、切責諸尚書、暉因稱病篤、不肯復署議、尚書令以下惶怖、謂暉曰、今臨得譴讓、奈何稱疾、其禍不細、暉曰、行年八十、蒙恩得在機密、當以死報、若心知不可、而順旨

雷同、負臣子之義、今耳目無所聞見、伏待死命、遂閉口不言、諸尚書不知所爲、乃共劾奏暉、帝意解、寢其事、

袁安字邵公、汝南人也、爲司徒、時和帝幼弱、太后臨朝、安以天子幼弱、外戚擅權、每朝會進見、及與公卿言國家事、未嘗不噫嗚流涕、自天子及大臣、皆倚賴之、章和四年薨、朝廷痛惜焉、後數月、竇氏敗、帝始親萬機、追思前議者邪正之節、乃除安子賞爲郎、

郭躬字仲孫、潁川人也、明法律、有兄弟共殺人者、而罪未有所歸、帝以兄不訓弟、故報兄重、而減弟死、中常侍孫章宣詔、誤言兩報重、尚書奏章矯制、罪當腰斬、帝復召躬問之、躬對章應罰金、帝曰、章矯詔殺人、何謂罰金、躬曰、法令有故誤、章傳命之謬、於事爲誤、誤者其文則輕、帝曰、章與囚同縣、疑其故也、躬曰、周道如砥、其直如矢、君子不逆詐、君王法天刑、不可以委曲生意、帝曰、善、遷躬廷尉正、

陳寵字昭公、沛國人也、章帝初爲尚書、是時承永平故事、吏治尚嚴切、尚書決事、率近於重、寵乃上疏曰、臣聞先王之政、賞不僭、刑不濫、與其不得已、寧僭不濫、陛下即位、數詔羣僚、弘崇晏晏、而有司執事、猶尚深刻、治獄者、急於篣格酷烈之痛、執憲者、煩於詆欺放濫之文、或因公行私、逞縱威福、夫爲政、猶張琴瑟、大弦急者、小弦絕、故子貢非臧孫之猛法、而美鄭喬之仁政、詩云、不剛不柔、布政優優、方今聖德充塞、假于上下、宜隆先王之道、蕩滌煩苛之法、輕薄箠楚、以濟羣生、帝敬納寵言、每事務於寬厚、其後遂詔有司、絕諸慘酷之科、解妖惡之禁、除文致之請讞五十餘事、定著于令、是後民俗和平、屢有嘉瑞、

寵子忠字伯始、擢拜尚書、安帝始親朝事、連有灾異、詔舉有道、公卿百僚、各上封事、忠以詔書旣開諫爭、慮言事者必多激切、或致不能容、乃上疏豫通廣帝意曰、臣聞仁君廣山藪之大、納

切直之謀，忠臣盡謇諤之節，不畏逆耳之害。是以高祖舍周昌桀紂之譬，孝文嘉爰盎人豕之譏，世宗納東方朔宣室之正，元帝容薛廣德自刎之切。昔者晉平公問於叔向曰：國家之患，孰爲大？對曰：大臣重祿不極諫，小臣畏罪不敢言，下情不上通，此患之大者。今明詔崇高宗之德，推宋景之誠，引咎克躬，諮訪羣吏。言事者見杜根、成翊世等新蒙表錄，顯列二臺，必承風響應，爭爲切直。若嘉謀異策，宜輒納用。如其管穴妄

有譏刺，雖苦口逆耳，不得事實，且優游寬容，以示聖朝無諱之美。若有道之士，對問高者，宜垂省覽，特遷一等，以廣直言之路。

楊終字子山，蜀郡人。徵詣蘭臺，拜校書郎。建初元年，大旱穀貴。終以爲廣陵、楚、淮陽、濟南之獄，徙者萬數，又遠屯絕域，吏民怨曠，乃上疏曰：臣聞善善及子孫，惡惡止其身，百王常典，不易之道也。秦政酷烈，違忤天心，一人有罪，延及三族。高祖平亂，約法三章。太宗至仁，除去收孥。萬姓

舊善上有修字，惡上有行字，刪之。

廓然蒙被更生，澤及昆蟲，功垂萬世。陛下聖明，德被四表。今以比年久旱，災疫未息，躬自菲薄，廣訪得失，三代之隆，無以加焉。臣竊案春秋水旱之變，皆應暴急，惠不下流。自永平以來，仍連大獄，有司窮考，轉相牽引，掠治冤濫，家屬徙邊。加以北征匈奴，西開三十六國，又遠屯伊吾、樓蘭、車師、戊已，人懷土思，怨結邊域。昔殷民近遷洛邑，且猶怨望，何況去中土之肥饒，寄不毛之荒極乎？且南方暑濕，障毒互生，愁困之民，足以

感動天地，移變陰陽矣。惟陛下留念省察，以濟元元。孝元棄珠崖之郡，光武絕西域之國，不以介鱗易我衣裳。今伊吾之役，樓蘭之屯，久而不還，非天意也。帝從之，聽還徙者，悉罷邊屯。

龐參字仲達，河南人也。順帝以爲大尉。是時三公之中，參名忠直，數爲左右所陷。以所舉用忤帝旨，司隸承風案之。時會茂才孝廉，參以被疾稱疾，不得會。上計掾廣漢段恭因會上疏曰：伏見道路行人，農夫織婦，皆曰：太尉龐參，竭忠盡

舊無南方至互生八字，補之。

舊無孝元至光武九字，補之。

舊無參以至得會九字，補之。

舊無竇憲之竇字補之

節徒以直道不能曲心孤立羣邪之間自處中傷之地臣猶冀在陛下之世當蒙安全而復以讒佞傷毀忠正此天地之大禁人主之至誡昔白起賜死諸侯酌酒相賀季子來歸魯人喜其紓難夫國以賢治君以忠安今天下咸欣陛下有此忠賢願卒寵任以安社稷書奏詔即遣小黃門視參疾太醫致羊酒復爲太尉

崔駰字亭伯涿郡人也竇太后臨朝竇憲以重戚出内詔命駰獻書戒之曰生而富者驕生而

貴者傲生富貴而能不驕傲者未之有也今寵祿初隆百僚觀行當堯舜之盛世處光華之顯時豈可不庶幾夙夜以永終譽弘申伯之美致周邵之事乎語曰不患無位患所以立昔馮野王以外戚居位稱爲賢臣近陰衛尉尅己復禮終受多福鄧氏之宗非不尊也陽侯之族非不盛也重侯累將建天樞執斗柄其所以獲譏於時垂愆於後者何也蓋在滿而不挹位有餘而仁不足也漢興以後迄于哀平外家二十保族全身四人而已書曰鑑于有殷可不愼哉夫謙德之光周易所美滿溢之位道家之所戒故君子福大而愈懼爵隆而益恭遠察近覽俯仰有則銘諸机杖刻諸盤杅矜矜業業無殆無荒如此則百福是荷慶流無窮矣及憲爲車騎將軍辟駰爲掾憲擅權驕恣駰數諫之及出擊匈奴道路愈多不法駰爲主簿前後奏記數十指切長短憲不能容稍踈之因察駰高第出爲長岑長駰自以遠去不得意遂不之官而歸卒于家

羣書治要卷第二十二

羣書治要卷第二十三

秘書監鉅鹿男臣魏徵等奉 勅撰

後漢書三

傳

楊震字伯起弘農人也遷東萊太守道經昌邑故所舉茂才王密爲昌邑令謁見至夜懷金十斤以遺震震曰故人知君君不知故人何也密曰暮夜無知者震曰天知神知我知子知何謂無知密愧而出後轉涿郡太守性公廉子孫常蔬食步行故舊長者或欲令爲開産業震曰使後世稱爲清白吏子孫以此遺之不亦厚乎爲司徒安帝乳母王聖因保養之勤緣恩放恣聖子女伯榮出入宮掖傳通姦賂震上疏曰臣聞政以得賢爲本理以去穢爲務是以唐虞俊乂在官四凶流放天下咸服以致雍熙方今九德未事嬖倖充庭阿母王聖出自至微得遭千載奉養聖躬雖有推燥居濕之勤前後賞惠過報勞苦而無厭之心不知紀極外交屬託擾亂天下損辱清朝塵點日月書誡牝雞牡鳴詩刺哲婦喪國夫女子小人實爲難養宜速出阿母令居外舍斷絕伯榮莫使往來令恩德兩隆上下俱美惟陛下絕婉孌之私割不忍之心留神萬機誡愼拜爵減省獻御損節徵發令野無鶴鳴之歎朝無小明之悔大東不興於今勞止不怨於下擬蹤往古比德哲王豈不休哉奏御帝以示阿母等內倖皆懷忿恚而伯榮驕淫尤甚與故朝陽侯劉護再從兄瓌交通瓌遂以爲妻得襲護爵位至侍中震深疾之復詣闕上疏曰臣聞高祖與羣臣約非功臣不得封故經制父死子繼兄亡弟及以防篡也伏見詔書封故朝陽侯劉護再從兄瓌襲護爵爲侯護同産弟威今猶見在臣聞天子專封封有功諸侯專爵爵有德今瓌無他功行但以配阿母女一時之間既忝侍中又至封侯不稽舊制不合經義行人諠譁百姓不安陛下宜覽鏡既往順帝之則書奏不省時詔遣使者大爲阿母治第中常侍樊豐

豐下舊有閣字刪之

及侍中周廣謝惲等更相扇動傾搖朝廷震復上疏曰臣伏念方今灾害發起百姓空虛不能自贍重以螟蝗羌虜鈔掠三邊震擾兵甲軍糧不能復給大司農帑藏匱乏殆非社稷安寧之時伏見詔書爲阿母興起津城門内第舍合兩爲一連里竟街雕治繕飾窮極巧技轉相迫促爲費巨億周廣謝惲兄弟與國無肺腑枝葉之屬依倚近倖分威共權屬託州郡傾動大臣宰司辟召承望旨意招來海内貪汙之人受其貨

賂至有臧錮棄世之徒復得顯用白黑溷淆清濁同源天下讙譁爲朝結譏臣聞師言上之所取財盡則怨力盡則叛怨叛之民不可復使惟陛下度之豐惲等見震連切諫不從無所顧忌遂詐作詔書調發司農錢穀大匠見徒材木各起家舍園池廬觀役費無數震因地震復上疏前後所上轉有切至帝既不平之而樊豐等皆側目憤怨俱以其大儒未敢加害尋有河間男子趙騰詣闕上書指陳得失帝發怒遂收考詔

獄結以罔上不道震復上疏救之曰臣聞堯舜之世諫鼓謗木立之於朝殷周哲王小人怨詈則洗目改聽所以達聰明開不諱博採負薪盡極下情也今趙騰所坐激訐謗語爲罪宜與手刃犯法有差乞爲虧除全騰之命以誘芻蕘輿人之言帝不省騰竟伏尸都市會東巡岱宗樊豐等因乘輿在外競治第宅震部掾高舒召大匠令史考校之得豐等所詐下詔書具奏須行還上之豐等聞惶怖遂共譖震云自趙騰死後

深用怨懟且鄧氏故吏有恚恨心及車駕行還遣使者策收震太尉印綬震於是柴門絕賓客豐等復惡之乃請大將軍耿寶奏震大臣不服罪懷恚望有詔遣歸本郡震行至城西夕陽亭乃慷慨謂其諸子門人曰死者士之常分吾蒙恩居上司疾姦臣狡猾而不能誅惡嬖女傾亂而不能禁何面目復見日月身死之日以雜木爲棺布單被裁足蓋形勿歸冢次勿設祭祠因飲酖而卒

震中子秉字叔節延喜五年爲大尉是時宦官方熾中常侍侯覽弟參爲益州刺史累有臧罪暴虐一州秉劾奏參檻車徵詣廷尉參自殺秉因奏覽及中常侍具瑗免覽官而削瑗國每朝廷有得失輒盡忠規諫多見納用秉性不飲酒嘗從容言曰我有三不惑酒色財也

秉子賜字伯獻爲司徒坐辟黨人免復拜光祿大夫光和元年有虹蜺晝降於嘉德殿前帝惡之引賜入金商門使中常侍曹節王甫問以祥

異禍福所在賜仰天而歎謂節等曰吾每讀張禹傳未嘗不憤恚歎息既不能竭忠盡情極言其要而反留意少子乞還女壻至令朱游欲得尚方斬馬劒以治之固其宜也吾以微薄之學充師傅之末累世見寵無以報國猥當大問死而後已乃手書對曰臣聞之經傳或得神以昌或得神以亡國家休明則鑑其德邪辟昏亂則視其禍今殿前之氣應爲虹蜺皆妖邪所生不正之象詩人所謂蝃蝀者也今內多嬖倖外任小臣上下並怨諠譁盈路是以災異屢見前後丁寧今復投蜺可謂孰矣易曰天垂象見吉凶聖人則之今妾媵嬖人閹尹之徒共專國朝欺罔日月又鴻都門下招會羣小造作賦說以蟲篆小技見寵於時如驩兜共工更相薦說旬月之間並各拔擢樂松處常伯任芝居納言郄儉梁鵠以便辟之性佞辯之心各受豐爵不次之寵而令搢紳之徒委伏畎畝口誦堯舜之言身蹈絕俗之行棄捐溝壑不見逮及冠履倒易陵

谷代處從小人之邪意順無知之私欲不念板蕩之作虺蜴之誡殆哉之危莫過於今幸賴皇天垂象譴告周書曰天子見怪則修德諸侯見怪則修政惟陛下慎經典之誡圖變復之道斥遠佞巧之臣速徵鶴鳴之士內親張仲外任山甫斷絕尺一抑止盤遊留思庶政無敢怠遑冀上天還威衆變可弭老臣過受師傅之任數蒙寵異之恩豈敢愛惜垂沒之年而不盡其慺慺之心哉

張晧字叔明犍爲人也子綱字文紀爲侍御史時順帝委縱宦官有識危心綱常感激慨然歎曰穢惡滿朝不能奮身出命埽國家之難雖生吾不願也退而上書曰詩云不愆不忘率由舊章尋大漢初隆及中興之世文明二帝德化尤盛觀其治爲易循易見但恭儉守節約身尚德而已中官常侍不過兩人近倖賞賜裁滿數金惜費重民故家給人足而頃者以來不遵舊典無功小人皆有官爵富之驕之而復害之非愛

民重器承天順道者也伏願陛下割損左右以奉天心書奏不省漢安元年選遣八使廵行風俗皆耆儒知名多歷顯位唯綱年少官次最微餘人受命之部而綱獨埋其車輪於洛陽都亭曰豺狼當路安問狐狸遂奏曰大將軍冀河南尹不疑蒙外戚之援荷國厚恩以芻蕘之資居阿衡之任不能敷揚五教翼讚日月而專爲封豕長蛇肆其貪叨甘心好貨縱恣無底多樹諂諛以害忠良誠天威所不赦大辟所宜加也謹條其無君之心十五事斯皆臣子所以切齒者也書奏御京師震竦時冀妹爲皇后内寵方盛諸梁姻族滿朝帝雖知綱言直終不忍用時廣陵賊張嬰等衆數萬人殺刺史二千石寇亂楊徐間積十餘年朝廷不能討冀乃諷尚書以綱爲廣陵太守因欲以事中之前遣郡守率多求兵馬綱獨請單車之職既到乃將吏卒十餘人徑造嬰壘申示國恩嬰初大驚既見綱誠信乃出拜謁綱延置上坐問所疾苦乃譬之曰前

後二千石多肆貪暴故致公等懷憤相聚二千石信有罪矣然爲之者又非義也今主上仁聖欲以文德服叛故遣太守思以爵祿相榮不願以刑罰相加今誠轉禍爲福之時也若聞義不服天子赫然震怒荊楊兗豫大兵雲合豈不危乎若不料彊弱非明也棄善取惡非智也去順効逆非忠也身絕血嗣非孝也背正從邪非直也見義不爲非勇也六者成敗之幾利害所從公其深計之嬰聞之泣下曰荒裔愚民不能自

暠無順帝二字補之

逼朝廷不堪侵枉遂復相聚偷生若魚游釜中喘息須臾間耳今聞明府之言乃嬰等更生之晨也既自陷不義實恐投兵之日不免孥戮綱約之以天地誓之以日月嬰深感悟乃辭還營明日將所部萬餘人與妻子面縛歸降綱乃單車入嬰壘大會置酒爲樂散遣部衆任從所之親爲卜居宅相田疇子弟欲爲吏者皆引召之民情悅服南州晏然朝廷論功當封梁冀遏絶乃止天子嘉美欲擢用綱而嬰等上書乞留乃許之綱在郡一年卒百姓老幼相攜詣府赴哀者不可勝數綱自被疾吏民咸爲祠祀求福皆言千秋萬歲何時復見此君張嬰等五百餘人制服行喪送到犍爲負土成墳詔拜綱子續爲郎中賜錢百萬

种暠字景伯河南人也舉孝廉順帝擢暠監太子於承光宮中常侍高梵從中單駕出迎太子時太傅杜喬等疑不欲從惶惑不知所爲暠乃手劍當車曰太子國之儲副民命所係今常侍來無詔信何以知非姦邪今日有死而已梵辭屈馳命奏之詔報太子乃得去喬退而歎息愧暠臨事不惑帝亦嘉其持重稱善者良久出爲益州刺史宣恩遠夷開曉殊俗岷山雜落皆懷服漢德焉

劉陶字子奇一名偉潁川人也時大將軍梁冀專朝而桓帝無子連歲荒饑災異數見陶時遊大學乃上疏陳事曰臣聞人非天地無以爲生天地非人無以爲靈是故帝非民不立民非帝不寧夫天之與帝帝之與民猶頭之與足相須而行也伏惟陛下襲常存之慶循不易之制目不視鳴條之事耳不聞檀車之聲天灾不有痛於肌膚震食不卽損於聖體故蔑三光之謬輕上天之怒伏念高祖之起始自布衣合散扶傷克成帝業功既顯矣勤亦至矣流福遺祚至於陛下陛下既不能增明烈考之軌而忽高祖之勤妄假利器委授國柄使羣醜刑隸芟刈小民雕敝諸夏虐流遠近故天降衆異以戒陛下陛

下不悟而競令虎豹窟於麑場豺狼乳於春囿斯豈唐吝禹稷益典朕虞之意哉又今牧守長吏上下交競封豕長蛇蠶食天下貨殖者為窮冤之魂貧餒者作饑寒之鬼高門獲東觀之辜豐室羅妖叛之罪死者悲於窀穸生者戚於朝野是愚臣所為咨嗟長懷歎息者也且秦之將亡正諫者誅諛進者賞嘉言結於忠舌國命出於讒口擅閻樂於咸陽授趙高以車府權去已而不知威離身而弗顧古今一揆成敗同執願陛下遠覽彊秦之傾近察哀平之變得失昭然禍福可見臣敢吐不時之議於諱言之朝猶冰霜見日必至消滅臣始悲天下之可悲今天下亦悲臣之愚惑也書奏不省是時天下日危寇賊方熾陶復上疏曰臣聞事之急者不能安言心之痛者不能緩聲竊見天下前遇張角之亂後遭邊章之寇每聞羽書告急之聲心灼內熱四體驚竦今西羌逆類曉習戰陳變詐萬端軍吏士民悲愁相守人有百走退死之心而無一前闘生之計西羌侵前去營咫尺胡騎分布已至諸陵將軍張溫天性精勇而主者旦夕迫促軍無後殿假令失利其敗不救臣自知言數見厭而言不自裁者以為國安則臣蒙其慶國危則臣亦先亡也謹復陳當今要急八事乞須臾之間深垂納省其八事大較言大亂皆由宦官宦官事急共讒陶曰前張角事發詔書示以威恩自此以來各各改悔今者四方安靜而陶疾害聖政專言妖孽州郡不上陶何緣知疑陶與賊通情於是收陶下獄掠治日急陶自知必死對使者曰朝廷前封臣云何今反受邪譖恨不與伊呂同疇而以三仁為輩遂閉氣而死天下莫不痛之

李雲字行祖甘陵人也舉孝廉遷白馬令桓帝誅大將軍梁冀而中常侍單超等五人皆以誅冀功並封列侯專權選舉又立掖庭人女亳氏為皇后數月間后家封者四人賞賜巨萬是時地數震裂衆災頻降雲素剛憂國將危心不能

忍乃露布上書移副三府曰臣聞皇后天下之母德配坤靈得其人則五氏來備不得其人則地動搖宮比年灾異可謂多矣皇天下之戒可謂至矣舉厝至重不可不愼班功行賞宜應其實梁冀雖持權專擅虐流天下今以罪行誅猶召家臣搤殺之耳而猥封謀臣萬戶以上高祖聞之得無見非西北列將得無解體耶孔子曰帝者諦也今官位錯亂小人諂進財貨公行政治日損尺一拜用不經御省是帝欲不諦乎帝得奏震怒下有司逮雲送獄使中常侍管霸與御史廷尉雜考之時弘農五官掾杜衆傷雲以忠諫獲罪上書願與雲同日死帝愈怒遂幷下廷尉大鴻臚陳蕃上疏救雲曰李雲所言雖不識禁忌干上逆旨其意歸於忠國而已昔高祖忍周昌不諱之諫成帝赦朱雲腰領之誅今殺雲臣恐剖心之譏復議於世矣故敢觸龍鱗冒昧以請太常楊秉洛陽市長沐茂郎中上官資並上疏請雲帝恚甚有司皆奏以爲大不敬詔切責蕃秉免歸田里茂資貶秩二等雲衆皆死獄中

劉瑜字季節廣陵人也舉賢良方正及到京師上書陳事曰臣在下土聽聞歌謠驕臣虐政之事遠近呼嗟之音竊爲辛楚泣血連如誠願陛下且以須臾之慮覽今往之事民何爲咨嗟天曷爲動變邪蓋諸侯之位上法四七關之盛衰者也今中官邪孽比肩裂土皆競立胤嗣繼體傳爵或乞子疎屬或買兒市道殆乖開國承家之義古者天子一娶九女娣姪有序今女嬖令色充積閨帷皆當盛其玩飾冗食空宮勞散精神生長六疾此國之費也性之傷也且天地之性陰陽正紀隔絕其道則水旱爲災又常侍黃門亦廣妻娶怨毒之氣結成妖眚行路之人言官發略人女取而復置轉相驚懼孰不悉然無緣空生此謗也鄒衍匹夫杞氏匹婦尚有城崩霜霣之異況乃羣輩咨嗟能無感乎昔秦作阿房國多刑人今第舍增多窮極奇巧掘山攻石

不避時令、促以嚴刑、威以峻法、民無罪而覆入之、民有田而覆奪之、民愁鬱結、起入賊黨、官輒興兵、誅討其罪、貧困之民、或有賣其首級、以要酬賞、父兄相代殘身、妻孥相視分裂、窮之如彼、伐之如此、豈不痛哉、又陛下以北辰之尊、神器之寶、而微行近習之家、私幸宦官之舍、賓客市買、熏灼道路、因此暴縱、無所不容、今三公在位、皆博達道藝、而莫或匡益者、非不智也、畏死罰也、惟陛下設置七臣、以廣諫道、遠佞邪之人、放鄭衛之聲、則治致和平、德感祥風矣、於是特詔召瑜拜爲議郎、

虞詡字升卿、陳國人也、永建元年、爲司隷校尉、時中常侍張防特用權勢、每請託受取、詡輙案之、而屢寢不報、詡不勝其憤、乃自繫廷尉、奏言曰、昔孝安皇帝任用樊豐、遂交亂嫡統、幾亡社稷、今者張防復弄威柄、國家之禍、將重至矣、臣不忍與防同朝、謹自繫以聞、無令臣襲楊震之跡、書奏、防流涕訴帝、詡坐論輸左校、防必欲害

舊無有字補之

之、二日之中、傳考四獄、宦者孫程等知詡以忠獲罪、乃相率奏曰、陛下始與臣等造事之時、常疾姦臣、知其傾國、今者即位、而復自爲、何以非先帝乎、司隷校尉虞詡、爲陛下盡忠、而更被拘繫、常侍張防、臧罪明正、反搆忠良、今客星守羽林、其占宮中有姦臣、宜急收防送獄、以塞天變、防坐徙邊、即日赦出詡、拜議郎、遷尚書僕射、先是寧陽主簿詣闕、訴其縣令之枉、積六七歲不省、主簿乃上書曰、臣爲陛下子、陛下爲臣父、臣章百上、終不見省、臣豈可北詣單于以告怨乎、帝大怒、持章示尚書、尚書遂劾以大逆、詡駮曰、主簿所訟、乃君父之怨、百上不達、是有司之過、愚惷之民、不足多誅、帝納詡言、笞之而已、詡好刺舉、無所回容、數忤權戚、遂九見譴考、三遭刑罰、而剛正之性、終老不屈、遷尚書令、

傅燮字南容、北地人也、爲護軍司馬、與左中郎皇甫嵩俱討賊張角、燮素疾中官、既行、因上疏曰、臣聞天下之禍、不由於外、皆興於內、是故虞

也舊作者改之　息作自

舜升朝、先除四凶、然後用十六相、明惡人不去、則善人無由進也、今張角起於趙魏、黃巾亂於六州、此皆釁發蕭牆、而禍延四海也、臣受戎任、奉辭伐罪、始到潁川、戰無不剋、黃巾雖盛、不足爲廟堂憂也、臣之所懼、在於治水、不息其源、末流彌增其廣耳、陛下仁德寬容、多所不忍、故閹豎擅權、忠臣不進、誠使張角梟夷、黃巾變服、臣之所憂、愈益深耳、何者、夫邪正之人、不宜共國、亦猶冰炭不可同器、彼知正人之功顯、而危亡之兆見、皆將巧辭飾說、共長虛僞、夫孝子疑於屢至、市虎成於三夫、若不詳察眞僞、忠臣將復有杜郵之戮矣、陛下宜思虞舜四罪之舉、速行讒佞放殛之誅、則善人思進、姦凶自去矣、臣聞忠臣之事君、猶孝子之事父也、子之事父、焉得不盡其情、使臣身備鈇鉞之戮、陛下少用其言、國之福也、書奏、宦者趙忠見而忿惡、及破張角、燮功多當封、忠訴譖之、竟亦不封、以爲安定都尉、頃之、趙忠爲車騎將軍、詔忠論討黃巾之功、執金吾甄舉等謂忠曰、傅南容前在東軍、有功不侯、故天下失望、今將軍當重任、宜進賢理屈、以副衆心、忠遣弟延致殷勤、延謂燮曰、南容少答我常侍、萬戶侯不足得也、燮正色拒之曰、遇與不遇、命也、有功不論、時也、傅燮豈求私賞哉、忠愈懷恨、權貴亦多疾之、是以不得留、出爲漢陽太守、賊圍漢陽、城中兵少糧盡、燮猶固守、時北地胡騎數千隨賊攻郡、皆夙懷燮恩、共於城外叩頭、求送燮歸鄉里、子幹進曰、國家昏亂、遂令大人不容於朝、今天下已叛、而兵不足自守、鄉里羌胡先被恩德、欲令棄郡而歸、願必許之、言未終、燮慨然而歎曰、蓋聖達節、次守節、且殷紂之暴、伯夷不食周粟而死、今朝廷不甚殷紂、吾德亦豈絕伯夷、世亂不能養浩然之志、食祿人間、欲避其難乎、吾行何之、遂麾左右進兵臨陳戰歿、謚曰壯節侯、

蓋勳字元固、敦煌人也、爲漢陽長史、時武威太守倚恃權執、恣行貪橫、從事武都蘇正和案致

其罪、涼州刺史梁鵠、畏懼貴戚、欲殺正和以免其負、乃訪之於勳、勳素與正和有仇、乃諫鵠曰、夫紲食鷹鳶、欲其鷙、鷙而烹之、將何用哉、鵠從其言、正和喜於得免、而詣勳求謝、勳不見曰、吾爲梁使君謀、不爲蘇正和也、怨之如初、徵拜討虜校尉、靈帝召見、問天下何苦而反亂如此、勳曰、倖臣子弟擾之、時宦者上軍校尉蹇碩在坐、帝顧問碩、碩懼不知所對、而以此恨勳、司隸校尉張溫擧勳爲京兆尹、帝方欲延接勳、而蹇碩等心憚之、並勸從溫奏、遂拜京兆尹、時長安令楊黨父爲中常侍、恃勢貪放、勳案得其臧千餘萬、貴戚咸爲之請、勳不聽、具以事聞、幷連黨父、有詔窮治、威震京師、時小黃門京兆高望爲尚藥監、倖於皇太子、太子因蹇碩屬望子進爲孝廉、勳不肯用、或曰、皇太子副主、望其所愛、碩帝之寵臣、而子違之、所謂三怨成府者也、勳曰、選賢所以報國也、非賢不擧、死亦何悔、董卓廢少帝、殺何太后、勳與書曰、昔伊尹霍光權以立功、猶可寒心、足下小醜、何以終此、賀者在門、弔者在廬、可不愼哉、卓得書、意甚憚之、徵爲議郎、自公卿以下、莫不卑下於卓、唯勳長揖爭禮、見者皆爲失色、勳雖彊直不屈、而內厭於卓、不得意、疽發背卒、遺令勿受卓賻贈、

蔡邕字伯喈、陳留人也、靈帝時、信任閹豎、災變數見、天子引咎、詔羣臣各陳政要、邕上封事曰、臣聞古者取士、諸侯歲貢孝武之世、郡擧孝廉、又有賢良文學之選、於是名臣輩出、文武並興、漢之得人、數路而已、夫書畫辭賦、才之小者、匡國理政、未有其能、陛下卽位之初、先涉經術、聽政餘日、觀省篇章、聊以游意、當代博奕、非以爲敎化取士之本也、而諸生競利、作者鼎沸、其高者頗引經訓風喩之言、下則連偶俗語、有類俳優、或竊成文、虛冒名氏、臣每受詔於盛化門、差次錄第、其未及者、亦復隨輩皆見拜擢、旣加之恩、難復收改、但守奉祿、於義已弘、不可復使治民及仕州郡、昔孝宣會諸儒於石渠、章帝集學

士於白虎通經釋義其事優大文武之道所宜從之若乃小能小善雖有可觀孔子以爲致遠則泥君子故當志其大者也又特詔問曰比災變互生未知厥咎朝廷焦心載懷恐懼每訪羣公庶聞忠言而各存括囊莫肯盡心以邕經學深奧故密特稽問宜披露失得指陳政要勿有依違自生疑諱邕對曰臣伏思諸異皆亡國之怪也天於大漢殷勤不已故屢出祅變以當譴責欲令人君感悟改危即安今災眚之發不於他所遠則門垣近在寺署其爲監戒可謂至切蜺墮雞化皆婦人干政之所致也前者乳母趙嬈貴重天下生則貲藏侔於天府死則丘墓踰於園陵兩子受封兄弟典郡續以永樂門史霍玉依阻城社又爲姦邪今者道路紛紛復云有程大人者察其風聲將爲國患宜高爲堤防明設禁令深惟趙霍以爲至戒今聖意勤勤思明邪正而聞太尉張顥爲玉所進光祿勳偉璋有名貪濁又長水校尉趙玹屯騎校尉蓋升並叨時幸榮富優足宜念小人在位之咎退思引身避賢之福伏見廷尉郭禧純厚老成光祿大夫橋玄聰達方直故太尉劉寵忠實守正並宜爲謀主數見訪問夫宰相大臣君之四體委任責成優劣已分不宜聽納小吏雕琢大臣也又尚方工技之作鴻都篇賦之文可且消息以示惟憂詩云畏天之怒不敢戲豫天戒誠不可戲也夫君臣不密上有漏言之戒下有失身之禍願寑臣表無使盡忠之吏受怨姦仇章奏帝覽而歎息因起更衣曹節於後覗之悉宣語左右事遂漏露其爲邕所裁黜者皆側目思報初邕與司徒劉郃素不相平而叔父衛尉質又與將作大匠陽球有隙球即中常侍程璜女夫也璜遂使人飛章言邕質數以私事請託於郃郃不聽邕含隱切志欲相中傷於是下邕質於洛陽獄劾以仇怨奉公議害大臣大不敬棄市事奏中常侍呂彊愍邕無罪請之帝亦更思其章有詔減死一等與家屬髡鉗徙朔方不得以赦令除

治作政

左雄字伯豪南郡人也舉孝廉拜議郞時順帝新立朝多闕政雄數言事其辭深切尚書僕射虞詡以雄有忠公節上疏薦之曰臣見方今公卿以下類多拱默以樹恩爲賢盡節爲愚至相戒曰白壁不可爲容容多後福伏見議郞左雄數上封事至引陛下身遭難厄以爲敬戒實有王臣蹇蹇之節周公謨成王之風宜擢在喉舌之官必有匡弼之益由是拜尚書令上疏陳事曰臣聞柔遠和邇莫大寧民寧民之務莫重用賢用賢之道必存考黜大漢受命雖未復古然至於文景天下康乂誠由玄靖寬柔克愼官人故也降及宣帝興於仄陋綜覈名實知世所病以爲吏數變易則下不安業久於其事則民服敎化其有治理者輒以璽書勉勵增秩賜金是以吏稱其職民安其業漢世良吏於玆爲盛故能降來儀之瑞建中興之功漢初至今三百餘載俗浸彫敝巧僞滋萌下飾其詐上肆其殘典城百里轉動無常各懷一切莫慮長久謂殺害不辜爲威風聚斂整辯爲賢能以脩已安民爲劣弱奉法循理爲不治髠鉗之戮生於睚眦覆尸之禍成於喜怒視民如寇讎稅之如豺虎監司見非不舉聞惡不察觀政於亭傳責成於期月言善不稱德論功不據實虛誕者獲譽拘撿者離毀州宰不覆競共辟召或考奏捕治而亡不受罪會赦行賂復見洗滌朱紫同色淸濁不分故使姦猾枉濫輕忽去就拜除如流缺動百數特選橫調紛紛不絕送迎煩費損政傷民和氣未洽災眚不消咎皆在此臣愚以爲鄕部親民之吏皆用儒生淸白任從政者寬其負筭增其秩祿吏職滿歲宰府州郡乃得辟舉如此威福之路塞虛僞之端絕送迎之役損賦斂之源息循理之吏得成其化率土之民各寧其所帝感其言申下有司考其眞僞雄之所言皆明達治體而宦竪擅權終不能用雄復諫曰臣聞人君莫不好忠正而惡讒諛然而歷世之患莫不以忠正得罪讒諛蒙倖者蓋聽忠難從諛易也

夫刑罪人情之所甚惡貴寵人情之所甚欲是以世俗爲忠者少而習諛者多故令人主數聞其美稀知其過迷而不悟至於危亡也

周舉字宣光汝南人也爲尚書時三輔大旱五穀災傷天子親自策問舉對曰夫陰陽閉隔則二氣否塞二氣否塞則人物不昌人物不昌則風雨不時風雨不時則水旱成災陛下處唐虞之位未行堯舜之政變文帝世祖之法而循亡秦奢侈之欲內積怨女外有曠夫今皇嗣不興

東宮未立傷和逆理斷絕人倫之所致也非但陛下行此而已豎宦之人亦復虛以形勢威侮良家取女閉之至有白首歿無配偶逆於天心昔武王入殷出傾宮之女成湯遭災以六事尅已自枯旱以來彌歷年歲未聞陛下改過之效徒勞至尊暴露風塵誠無益也又下州郡祈神致請昔齊有大旱景公欲祀河伯晏子諫曰夫河伯以水爲城國魚鼈爲人民水盡魚枯豈不欲雨自是不能致也陛下所行但務其華不尋

希作求

其實猶緣木希魚却行求前也誠宜推信革政崇道變惑出後宮不御之女理天下冤枉之獄除大官重膳之費臣才薄智淺不足以對惟陛下留神裁察以舉爲司徒

李固字子堅漢中人也陽嘉二年有地動山崩火災之異公卿舉固對策詔又特問當世之敝爲政所宜固對曰臣聞王者父天母地寶有山川王道得則陰陽和理政化乖則崩震爲災斯皆關之天心効於成事者也夫化以職成官由

能理古之進者有德有命今之進者唯財與力伏聞詔書務求寬博疾惡嚴暴而今長吏多殺伐致聲名者必加遷賞其存寬和無黨援者輒見斥逐是以淳厚之風不宣雕薄之俗未革雖繁刑重禁何能有益前孝安皇帝變亂舊典封爵阿母因造妖孽使樊豐之徒乘權放恣侵奪主威改亂嫡嗣至令聖躬狼狽親遇其難既拔自困殆龍興即位天下喁喁屬望風政積弊之後易致中興誠當沛然思惟善道而論者猶云

方今之事復同於前臣伏從山草痛心傷臆今宋阿母雖有大功勤謹之德但加賞賜足以酬其勞苦至於裂土開國實乖舊典夫妃后之家所以少完全者豈天性當然但以爵位尊顯專總權柄天道惡盈不知自損故至顛仆先帝寵遇閻氏位號太疾故其受禍曾不旋時今梁氏戚爲椒房禮所不臣尊以高爵尚可然也而子弟羣從榮顯兼加永平建初故事殆不如此宜令步兵校尉冀及諸侍中還居黃門之官使權去外戚政歸國家豈不休乎又宜罷退宦官去其權重裁置常侍二人省事左右小黃門五人給事殿中如此則論者厭塞升平可致也順帝覽其對多所納用即時出阿母還第舍諸常侍悉叩頭謝罪朝廷肅然以固爲議郎沖帝即位爲大尉與梁冀參錄尚書事帝崩固以清河王蒜年長有德欲立之梁冀不從乃立樂安王子纘是爲質帝冀忌帝聰惠恐爲後患遂令左右進鴆帝崩固伏尸號哭推舉侍醫冀慮其事泄

命作終

大惡之因議立嗣固與司徒胡廣司空趙戒大鴻臚杜喬皆以爲清河王蒜明德著聞又屬最尊親宜立爲嗣先是蠡吾侯志取冀妹冀欲立之衆論旣異憤憤不得意而未有以相奪中常侍曹騰等聞而夜往說冀曰將軍累世有椒房之親秉攝萬機賓客縱橫多有過差清河王嚴明若果立則將軍受禍不久矣不如立蠡吾侯富貴可長保也冀然其言明日重會公卿冀意氣凶凶而言辭激切自胡廣趙戒以下莫不慴憚之皆曰惟大將軍令而固獨與杜喬堅守本議冀厲聲罷會固復以書勸冀冀愈激怒乃說大后先策免固竟立蠡吾侯是爲桓帝後歲餘甘陵劉文魏郡劉鮪各謀立蒜爲天子梁冀因此誣固與文鮪共爲妖言下獄門生勃海王調貫械上書證固之枉河內趙承等數十人亦腰鈇鑕詣闕通訴太后明之乃赦焉及出獄京師市里皆稱萬歲冀聞之大驚畏固名德終爲已患乃更據奏前事遂誅之臨命與胡廣趙戒書曰

固受國厚恩、是以竭其股肱、不顧死亡、志欲扶
持王室、比隆文宣、何圖一朝梁氏迷謬、公等曲
從、以吉爲凶、成事爲敗乎、漢家衰微、從此始矣、
公等受主厚祿、顛而不扶、傾覆大事、後之良史、
豈有所私、固身已矣、於義得矣、夫復何言、廣戒
得書悲慙、長歎流涕、州郡收固二子基慈、皆死
獄中、
杜喬字叔榮、河內人也、漢安元年、以喬守光祿
大夫、梁冀子弟五人、及中常侍等、以無功並封、

喬上書諫曰、陛下越從藩臣、龍飛即位、天人屬
心、萬邦攸賴、不急忠賢之禮、而先左右之封、傷
善害德、興長佞諛、臣聞古之明君、褒罰必以功
過、末代闇主、誅賞各緣其私、今梁氏一門、宦者
微孽、並帶無功之紱、裂勞臣之土、其爲乖濫、胡
可勝言、夫有功不賞、爲善失其望、姦回不詰、爲
惡肆其凶、故陳資斧而民靡畏、班爵位而物無
勸、苟遂斯道、豈伊傷政爲亂而已、喪身亡國、可
不慎哉、書奏、不省、先是李固見廢、內外喪氣、羣

臣側足而立、唯喬正色無所回橈、由是朝野瞻
望焉、冀愈怒、遂白執繫之、死獄中、與李固俱暴
尸於城北、
論曰、順桓之間、國統三絕、太后稱制、賊臣虎視、
李固據位持重、以爭大義、確乎而不可奪、豈不
知守節之觸禍、耻夫覆折之傷任也、觀其發正
辭、及所遺梁冀書、雖機失謀乖、猶戀戀而不能
已、至矣哉、社稷之心乎、其顧視胡廣趙戒、猶糞
土也、

群書治要卷第二十三

羣書治要卷第二十四

秘書監鉅鹿男臣魏徵等奉　勅撰

後漢書四

傳

延篤字叔堅南陽人也爲京兆尹時皇子有疾下郡縣出珍藥而大將軍梁冀遣客賫書詣京兆并貨牛黃篤發書收客曰大將軍椒房外家而皇子有疾必應陳進醫方豈當使客千里求利乎遂殺之冀慙而不得言有司承旨欲求其事篤以疾免歸也

史弼字公謙陳留人也爲北軍中候是時桓帝弟渤海王悝素行險辟僭傲多不法弼懼其驕悖爲亂乃上封事曰臣聞帝王之於親戚愛雖隆必示之以威體雖貴必禁之以度如是和睦之道興骨肉之恩遂昔周襄王恣甘昭公孝景皇帝驕梁孝王二弟階寵終用教慢卒周有播蕩之禍漢有爰盎之變竊聞勃海王悝憑至親之屬恃偏私之愛失奉上之節有僭慢之心外聚剽輕不逞之徒內荒酒樂出入無常所與羣居皆有口無行或家之棄子或朝之斥臣必有羊勝伍被之變州司不敢彈糾傅相不能匡輔陛下隆於友于不忍遏絕恐遂滋蔓爲害彌大乞露臣奏宣示百僚詔公卿平處其法法決罪定乃下不忍之詔如是則聖朝無傷親之譏勃海有享國之慶不然懼大獄將興使者相望於路矣不勝憤懣謹冒死以聞帝以至親不忍下其事後悝竟坐逆謀貶爲癭陶王弼遷河東太守當舉孝廉弼知多權貴請託乃豫勑斷絕書屬中常侍侯覽果遣諸生齎書請之并求假鹽稅積日不得通生乃說以他事謁弼而因達覽書弼大怒曰太守忝荷重任當選士報國爾何人而詐僞無狀命左右引出楚撻數百即日考殺之侯覽大怨遂詐作飛章下司隷誣弼誹謗檻車徵下廷尉詔獄得減死罪一等

（舊無爲太尉三字補之）

陳蕃字仲舉汝南人也爲太尉時小黃門趙津南陽大猾張汜等奉事中官乘勢犯法二郡太

守劉瓆成瑨考案其罪雖經赦令而並竟考殺之宦官怨恚有司承旨遂奏瓆瑨罪當弃市又山陽太守翟超沒入中常侍侯覽財產東海相黃浮誅殺下邳令徐宣超浮並坐髡鉗輸作左校蕃與司徒劉矩司空劉茂共諫請瓆等帝不悅有司劾奏之矩茂不敢復言蕃乃獨上疏曰臣聞齊桓修霸務爲內政今寇賊在外四支之疾內政不理心腹之患臣寢不能寐食不能飽實憂左右日親忠言以疏內患漸積外難方深陛下超從列侯繼承天位小家畜產百萬之資子孫尚恥失其先業況乃產兼天下受之先帝而欲懈怠以自輕忽乎誠不愛己不當念先帝得之勤苦邪前梁氏五侯毒遍海內天啟聖意收而戮之天下之議冀當小平明鑒未遠覆車如昨而近習之權復相扇結小黃門趙津大猾張汜等肆行貪虐姦媚左右前太原太守劉瓆南陽太守成瑨糾而戮之雖言赦後不當誅殺原其誠心在乎去惡而小人道長熒惑聖聽遂使天威爲之發怒如加刑讁已爲過甚況乃重罰令伏歐刀乎又前山陽太守翟超東海相黃浮奉公不撓疾惡如讎超沒侯覽財物浮誅徐宣之罪並蒙刑坐不逢赦恕覽之縱橫沒財已幸宣犯釁過死有餘辜昔丞相申屠嘉召責鄧通洛陽令董宣折辱公主而文帝從而請之世祖加以重賞未聞二臣有專命之誅而今左右羣豎惡傷黨類妄相交構致此刑譴聞臣是言當復啼訴陛下深宜割塞近習豫政之源引納尚書朝省之事簡練清高斥黜佞邪如是天和於上地洽於下休禎符瑞豈遠乎哉陛下雖厭毒臣言人主有自勉強敢以死陳帝得奏愈怒竟無所納朝廷衆庶莫不怨之宦官由此疾蕃彌甚李膺等以黨事下獄考實蕃因上疏諫曰臣聞賢明之君委心輔佐亡國之主諱聞直辭故湯武雖聖而興於伊呂桀紂迷惑亡在失人由此言之君爲元首臣爲股肱同體相須共成美惡者也伏見前司隸校尉李膺太僕杜密太

尉掾范滂等，正身無玷，死心社稷，以忠忤旨，橫加考案，或禁錮閉隔，或死徙非所，杜塞天下之口，聾盲一代之人，與秦焚書坑儒，何以爲異？昔武王克殷，表閭封墓；今陛下臨政，先誅忠賢。遇善何薄，待惡何優？夫讒人似實，巧言如簧，使聽之者惑，視之者昏。夫吉凶之效，在乎識善；成敗之機，在於察言。人君者，攝天地之政，秉四海之維，舉動不可以違聖法，進退不可以離道規。謬言出口，則亂及八方，何況髡無罪於獄，殺無辜於市乎！又青、徐炎旱，五穀損傷，人物流遷，茹菽不足。而宮女積於房掖，國用盡於羅紈，外戚私門，貪財受賂，所謂祿去公室，政在大夫。昔春秋之末，周德衰微，數十年間，無復災眚者，天所弃也。天之於漢，悢悢無已，故殷勤示變，以悟陛下。除妖去孽，實在脩德。臣位列台司，憂責深重，不敢尸祿惜生，坐觀成敗。如蒙采錄，使身首分裂，異門而出，所不恨也。帝諱其言切，託以蕃辟召非其人，遂策免之。靈帝即位，竇太后臨朝，以蕃

智無以
蕃至書

事九字
補之

爲太傅，錄尚書事。蕃與后父大將軍竇武同心盡力，徵用名賢，共參政事，天下之士，莫不延頸想望太平。而帝乳母趙嬈旦夕在太后側，中常侍曹節、王甫等與共交搆，諂事太后，太后信之，數出詔命，有所封拜。及其支類，多行貪虐。蕃常疾之，志誅中官，會竇武亦有謀，蕃乃先上疏曰：臣聞言不直而行不正，則爲欺乎天而負乎人。危言極意，則羣凶側目，禍不旋踵。鈞此二者，臣寧得禍，不敢欺天也。今京師囂囂，道路諠譁，言侯覽、曹節等與趙夫人、諸女尚書並亂天下，附從者升進，忤逆者中傷，方今一朝羣臣，如河中木耳，泛泛東西，耽祿畏害。陛下前始攝位，順天行誅，蘇康、管霸並伏其辜，是時天地清明，人鬼歡喜，奈何數月復縱左右？元惡大姦，莫此之甚。今不急誅，必生變亂，傾危社稷，其禍難量。太后不納。蕃因與竇武謀之，及事泄，曹節等矯詔誅武等，遂令收蕃，即日害之。

論曰：桓、靈之代，若陳蕃之徒，咸能樹立風聲，抗

論：「惛俗而驅馳崄阬之中，與刑人腐夫同朝爭衡，終取滅亡之禍者，彼非不能絜情志遵埃霧也。愍夫世士以離俗爲高，而人倫莫能相恤也。以遁世爲非義，故屢退而不去，以仁心爲已任，雖道遠而彌厲。及遭值際會，協策竇武，自謂萬世一遇也。懍懍乎伊望之業矣。功雖不終，然其信義足以携持世心。漢代亂而不亡，百餘年間，數公之力也。」

竇武字游平，扶風人，拜城門校尉，清身疾惡，時國政多失，內官專寵，李膺、杜密等爲黨事考逮，上疏諫曰：「臣聞明主不諱譏刺之言，以探幽暗之實；忠臣不恤諫爭之患，以暢萬端之事。是以君臣並熙，名奮百世。臣豈敢懷祿逃罪，不竭其誠？陛下初從藩國，爰登帝祚，天下逸豫，謂當中興。自即位以來，未聞善政。梁、孫、寇、鄧雖或誅滅，而常侍黃門續爲禍虐，欺罔陛下，競行譎詐，自造制度，妄爵非人，朝政日衰，姦臣日彊。臣恐二世之難，必將復及，趙高之變，不朝則夕。近者姦

臣牢脩造設黨議，遂收前司隸校尉李膺、太僕杜密、御史中丞陳翔、太尉掾范滂等逮考，連及數百人，曠年拘錄，事無効驗。臣惟膺等建忠抗節，志經王室，此誠陛下稷、契、伊、呂之佐，而虛爲姦臣賊子之所誣枉，天下寒心，海內失望。惟陛下留神澄省，時見理出，以厭人鬼喁喁之心。臣聞近臣尚書令陳蕃、僕射胡廣、尚書朱寓、荀緄、劉祐、魏朗、劉矩、尹勳等，皆國之貞士，朝之良佐。尚書郎張凌、嬀晧、范康、楊喬、邊韶、戴恢等，文質

彬彬，明達國典，內外之職，羣才並列。而陛下委任近習，專樹饕餮，外典州郡，內幹心膂，宜以次貶黜，抑奪宦官欺國之封，案其無狀誣罔之罪，信任忠良，平決臧否，使邪正毀譽，各得其所，寶愛天官，唯善是授，如此咎徵可消，天應可待。間者有嘉禾、芝草、黃龍之見。夫瑞生必於嘉士，福至實由善人，在德爲瑞，無德爲災。陛下所行，不合天意，不宜稱慶。」書奏，因以疾上還城門校尉槐里侯印綬，帝不許，有詔原李膺、杜密等。其冬

帝崩、靈帝立、拜武爲大將軍、常居禁中、武既輔朝政、常有誅翦宦官之計、太傅陳蕃亦素有謀、武乃白太后曰、故事、黃門常侍但當給事省內、典門戶、主近署財物耳、今乃使與政事而任權重、子弟布列、專爲貪暴、天下匈匈、正以此故、宜悉誅廢以清朝廷、長樂五官史朱瑀盜發武奏、罵曰、中官放縱者、自可誅耳、我曹何罪、而當盡見族滅、因大呼曰、陳蕃竇武奏白太后、廢帝爲大逆、曹節聞之、驚起白帝、請出御德陽前殿、拜王甫爲黃門令、甫將虎賁羽林追圍武、武自殺、梟首洛陽都亭、收捕宗親賓客姻屬、悉誅之、遷太后於雲臺也、

循吏傳

初光武長於民間、頗達情僞、見稼穡艱難、百姓病害、至天下已定、務用安靜、解王莽之繁密、還漢世之輕法、身衣大練、色無重綵、耳不聽鄭衛之音、手不持珠玉之玩、宮房無私愛、左右無偏恩、建武十三年、異國有獻名馬者、日行千里、又進寶劍、價兼百金、詔以馬駕鼓車、劍賜騎士、損上林池籞之官、廢騁望弋獵之事、數引公卿郎將、列于禁坐、廣求民瘼、觀納風謠、故能內外匪懈、百姓寬息、自臨宰邦邑者、競能其官、若杜詩守南陽、號爲杜母、任延錫光移變邊俗、斯其績用之最章章者也、又第五倫宋均之徒、亦足有可稱談、然建武永平之間、吏事刻深、亟以謠言單辭、轉易守長、故朱浮數上諫書、箴切峻政、鍾離意等、亦規諷殷勤、以長者爲言、而不能得也、所以中興之美、蓋未盡焉、

任延字長孫、南陽人也、拜會稽都尉、時年十九、迎官驚其壯、及到、靜泊無爲、唯先遣饋祠延陵季子、聘請高行如董子儀嚴子陵等、敬待以師友之禮、掾吏貧者、輙分奉祿以賑給之、是以郡中賢士大夫、爭往官焉、建武初、延上書乞骸骨、歸拜王庭、詔徵爲九眞太守、九眞俗以射獵爲業、不知牛耕、民常告糴交阯、每致困乏、延乃鑄作田器、教之墾闢、百姓充給、又駱越之民無嫁

娶禮法各因淫好不識父子之性夫婦之道延
乃使男女皆以年齒相配其貧無禮聘令長吏
以下各省奉祿以賑助之同時相娶者二千餘
人是歲風雨順節穀稼豐衍其產子者始知種
姓咸曰使我有是子者任君也多名子爲任於
是徼外蠻夷夜郎等慕義保塞延遂止罷偵候
戍卒初平帝時漢中錫光爲交阯太守教導民
夷漸以禮義化聲侔於延王莽末閉境拒守建
武初遣使貢獻封鹽水侯嶺南華風始於二守

矣延視事四年徵詣洛陽九眞吏民生爲立祠
拜武威太守帝親見戒之曰善事上官無失名
譽延對曰臣聞忠臣不私私臣不忠履正奉公
臣子之節上下雷同非陛下之福也善事上官
臣不敢奉詔帝歎息曰卿言是也
董宣字少平陳留人也爲洛陽令時湖陽公主
蒼頭白日殺人因匿主家吏不能得及主出行
而以奴驂乘宣於夏門亭候之乃駐車叩馬數
主之失叱奴下車因格殺之主即還宮訴帝帝

大怒召宣欲箠殺之宣曰陛下聖德中興而縱
奴殺良民將何以治天下乎臣不須箠請得自
殺即以頭擊楹流血被面帝令小黃門持之使
宣叩頭謝主宣不從帝強使頓之宣兩手據地
終不肯俯主曰文叔爲白衣時臧亡匿死吏不
敢至門今爲天子威不能行一令乎帝笑曰天
子不與白衣同因勑強項令出賜錢三十萬搏
擊豪強莫不震慄京師號爲臥虎歌之曰枹鼓
不鳴董少平也

論曰古者敦厖善惡易分至畫衣冠異服色而
莫之犯叔世偷薄上下相蒙德義不足以相洽
化導不能以懲違乃嚴刑痛殺以暴治姦倚疾
邪之公直濟忍苛之虐情與夫斷斷守道之吏
何工否之殊乎故嚴君蚩黃霸之術密民笑卓
茂之政猛既窮矣而猶或未勝然朱邑不以笞
辱加物袁安未嘗鞫人臧罪而猾惡自禁民不
欺犯何者以爲威辟既用而苟免之行興仁信
道孚故感被之情著苟免者威隟則姦起感被

者人亡而思存由一邪以言天下則刑訟繁措可得而求矣

宦者傳

周禮閽者守中門之禁寺人掌女宮之戒然宦人之在王朝其來舊矣漢興仍襲秦制置中常侍官然亦引用士人以參其選及高后稱制乃以張卿爲大謁者出入臥內受宣詔命至於孝武數宴後庭潛遊離宮故請奏機事多以宦人主之元帝之世史游爲黃門令勤心納忠有所

補益其後弘恭石顯以佞險自進卒有蕭周之禍損穢帝德焉中興之初宦官悉用閹人自明帝以後委用漸大非復掖庭永巷之職閨牖房闥之任也其後孫程定立順之功曹騰參建桓之策迹因公正恩固主心故中外服從上下屏氣舉動迴山海呼吸變霜露阿旨曲求則光寵三族直情忤意則參夷五宗漢之綱紀大亂矣若夫高冠長劍紆朱懷金者布滿宮闈苴茅分虎南面臣民者蓋以十數府署第館棊列於都鄙子弟支附過半於州國南金和寶冰紈霧縠之積盈仞珍藏嬙媛侍兒歌童舞女之翫充備綺室狗馬飾雕文土木被緹繡皆剝割萌黎競恣奢欲搆害明賢專樹黨類敗國蠹政之事不可單書所以海內嗟毒志士窮棲寇劇緣間搖亂區夏雖忠良懷憤時或奮發而言出禍從旋見孥戮凡稱善士莫不離被灾毒斯亦運之極乎

單超河南人徐璜下邳人具瑗魏郡人左悺河南人唐衡潁川人也桓帝初超璜瑗爲中常侍

悺衡爲小黃門史初梁冀兩妹爲順桓二帝皇后冀代父商爲大將軍再世權戚威振天下冀自誅李固杜喬等驕橫益甚皇后乘勢忌恣多所鴆毒上下鉗口莫有言者帝逼畏久恒懷不平延熹二年皇后崩帝因如厠獨呼衡問左右與外舍不相得者皆誰乎衡對單超左悺徐璜具瑗常私忿疾外舍放橫口不敢道於是帝呼超悺璜瑗等五人遂定其議詔收冀及宗親黨

舊無五百至各千二十字補之

與誅之悺衡遷中常侍封超新豐侯二萬戶璜武原侯瑗東武陽侯各萬五千戶賜錢各千五百萬悺上蔡侯衡汝陽侯各萬三千戶賜錢各千三百萬五人同日封故世謂之五侯又封小黄門劉普趙忠等八人爲鄉侯自是權歸宦官朝廷日亂矣超疾病帝遣使者就拜車騎將軍薨賜東園秘器棺中玉具贈侯將軍印綬使者治喪及葬發五營騎士侍御史護喪將作大匠起冢塋其後四侯轉横天下爲之語曰左回天具獨坐徐臥虎唐兩墮皆競起第宅樓觀壯麗窮極伎巧金銀罽毦施於犬馬多取良人美女以爲姬妾皆珍飾華侈擬則宮人其僕從皆乘牛車而從列騎又養其疏屬或乞嗣異姓或買蒼頭爲子並以傳國襲封兄弟姻戚皆宰州臨郡辜較百姓與盜賊無異五侯宗族賓客虐遍天下民不堪命起爲寇賊衡卒亦贈車騎將軍如超故事司隷校尉韓演奏悺罪惡及其兄大僕南鄉侯稱請託州郡聚斂爲姦賓客放縱侵犯吏民悺稱皆自殺演又奏瑗兄沛相恭贓罪徵詣廷尉瑗詣獄謝貶爲都鄉侯卒於家超及璜衡襲封者並降爲鄉侯子弟分封者悉奪爵土劉普等貶爲關内侯

侯覽者山陽人也桓帝初爲中常侍以佞猾進倚埶貪放受納貨遺以巨萬計爵關内侯又託以與議誅梁冀功進封高鄉侯覽兄參爲益州刺史民有豐富者輒誣以大逆皆誅滅之沒入財物前後累億計大尉楊秉奏參檻車徵於道自殺參車重三百餘兩皆金銀錦帛珍玩不可勝數覽坐免旋復復官建寧二年喪母還家大起塋冢督郵張儉因舉奏覽貪侈奢縱前後請奪人宅三百八十一所田百一十八頃起立第宅十有六區皆有高樓池苑堂閣相望飾以綺畫丹漆之屬制度深廣僭類宮省又豫作壽冢石槨雙闕高廡百尺破人居室發掘墳墓虜奪良民妻略婦子及諸罪釁請誅之而覽伺候遮截章竟不上儉遂破覽冢宅籍沒資財具言罪

狀、又奏覽母生時、交通賓客、干亂郡國、復不得御覽、遂誣儉爲鉤黨、及故長樂少府李膺、太僕杜密等、皆夷滅之、遂領長樂太僕、熹平元年、有司舉奏覽專權驕奢、策收印綬、自殺、阿黨者皆免、

曹節字漢豐、南陽人也、建寧元年、持節將中黃門虎賁羽林千人、北迎靈帝、陪乘入宮、及即位、以定策封長安鄉侯、時竇太后臨朝、后父大將軍武與太傅陳蕃謀誅中官、節與長樂五官史

朱瑀從官史張亮、中黃門王尊等十七人共矯詔以長樂食監王甫爲黃門令、將兵誅武、蕃等、節遷長樂衛尉、封育陽侯、甫遷中常侍、黃門令如故、瑀封都鄉侯、亮等五人各三百戶、餘十一人皆爲關內侯、歲食租二千斛、賜瑀錢五千萬、餘各有差、後更封華容侯、二年、節病困、詔拜爲車騎將軍、有頃疾瘳、復爲中常侍、位特進、秩中二千石、尋轉大長秋、熹平元年、竇太后崩、有何人書朱雀闕、言天下大亂、曹節、王甫幽殺太后、

舊無有何至曹節十四字補之

常侍侯覽多殺黨人、公卿皆尸祿、無有忠言者、於是詔司隸校尉劉猛逐捕、猛以誹書言直、不肯急捕、月餘、主名不立、猛坐左轉諫議大夫、以御史中丞段熲代猛、乃四出逐捕、及太學遊生繫者千餘人、節等怨猛不已、使熲以他事奏猛、抵罪輸左校、節遂與王甫等誣奏桓帝弟勃海王悝謀反、誅之、以功封者十二人、甫封冠軍侯、節亦增邑四千六百戶、父兄子弟皆爲公卿列校牧守令長、布滿天下也、

舊無六百二字補之

呂強字漢盛、河南人也、少以宦者小黃門遷中常侍、清忠奉公、靈帝時、例封宦者、以強爲都鄉侯、強辭讓懇惻、帝乃聽之、因上疏陳事曰、臣聞諸侯上象四七、下裂王土、高祖重約、非功臣不侯、所以重天爵、明勸戒也、伏聞中常侍曹節、王甫等、並爲列侯、節等讒諂媚主、佞邪徼寵、放毒人物、嫉妬忠良、有趙高之禍、未被轘裂之誅、掩朝廷之明、成私樹之黨、而陛下不悟、妄授茅土、世爲藩輔、受國重恩、不念爾祖、述脩厥德、而交

結邪黨、下比羣佞、陛下惑其瑣才、特蒙恩澤、又授位乖越、陰陽乖剌、罔不由茲、臣誠知封事已行、言之無逮、所以冒死干觸陳愚忠者、實願陛下損改既謬、從此一止、又今外戚四姓貴倖之家、及中官公族無功德者、造起館舍、凡有萬數、雕刻之飾、不可單言、喪葬踰制、奢麗過禮、競相放效、莫肯矯拂、上之化下、猶風之靡草、今上無去奢之儉、下有縱欲之弊、至使禽獸食民之甘、木土衣民之帛、昔師曠諫晉平公曰、梁柱衣繡、民無褐衣、池有棄酒、士有渴死、廄馬秣粟、民有飢色、近臣不敢諫、遠臣不得暢、此之謂也、又聞前召議郎蔡邕、對問於金商門、而令中常侍曹節王甫詔書喻旨、邕不敢懷道迷國、而切言極對、毀刺貴臣、譏呵豎宦、陛下不密其言、至令宣露、羣邪競欲咀嚼、造作飛條、陛下回受誹謗、致邕刑罪、室家徙放、老幼流離、豈不負忠臣哉、今羣臣皆以邕為戒、上畏不測之難、下懼劍客之害、臣知朝廷不復得聞忠言矣、夫立言無顯過之咎、明鏡無見玼之尤、如惡立言以記過、則不當學也、不欲明鏡之見玼、則不當照也、願陛下詳思臣言、不以記過見玼為責、

時作皆

張讓、潁川人、趙忠、安平人也、少時給事省中、靈帝時、讓忠並遷中常侍、封列侯、與曹節王甫等、相為表裏、節死後、忠領大長秋、讓有監奴、典任家事、交通貨賂、威形諠赫、扶風人孟他、資產饒贍、與奴朋結、傾竭饋問、無所遺愛、奴咸德之、問他曰、君何所欲、力能辦也、他曰、吾望汝曹為我一拜耳、時賓客求謁讓者、車恆數百千兩、他時詣讓、後至、不得進、監奴乃率諸蒼頭迎拜於路、遂共轝車入門、賓客咸驚、謂他善於讓、皆爭以珍玩賂之、他分以遺讓、讓大喜、遂以他為涼州刺史、是時、讓忠及夏惲郭勝孫璋畢嵐栗嵩段珪高望張恭韓悝宋典十二人、皆為中常侍、封侯貴寵、父兄子弟布列州郡、所在貪殘、為人蠹害、黃巾既作、盜賊糜沸、郎中中山張鈞上書曰、竊惟張角所以能興兵作亂、萬民所以樂附之

者、其源皆由十常侍多放父兄子弟、婚親賓客、典據州郡、辜推財利、侵掠百姓、百姓之冤、無所告訴、故謀議不軌、聚爲盜賊、宜斬十常侍、懸頭南郊、以謝百姓、又遣使者布告天下、可不須師旅、而大寇自消、天子以鈞章示讓等、皆免冠徒跣頓首、乞自致洛陽詔獄、並出家財以助軍費、有詔皆冠履視事如故、帝怒鈞曰、此眞狂子也、鈞復重上、猶如前章、輒寢不報、詔使廷尉侍御史考爲張角道者、御史承讓等旨、遂誣奏鈞學

舊缺收掠死獄中五字補之

黃巾道、收掠死獄中、後中常侍封諝徐奏事獨發覺坐誅、帝因怒詰讓等曰、汝曹常言黨人欲爲不軌、皆令禁錮、或有伏誅、今黨人更爲國用、汝曹反與張角通、爲可斬未、皆叩頭云、故中常侍王甫侯覽所爲、帝乃止、明年、南宮災、讓忠等說帝、令斂天下田、畝稅十錢、以脩宮室、發大原河東狄道諸郡材木及文石、每州郡部送至京師、黃門常侍、輒令譴呵不中者、因強折賤買、十分雇一、因復貨之於宦官、復不爲卽受、材木遂

至腐積、宮室連年不成、刺史太守、復增私調、百姓呼嗟、凡詔所徵求、皆令西園騶密約勅、號曰中使、恐動州郡、多受賕賂、刺史二千石、及茂才孝廉遷除、皆責助軍脩宮錢、大郡至二三千萬、餘各有差、當之官者、皆先至西園諧價、然後得去、有錢不畢者、或至自殺、其守清者、乞不之官、皆迫遣之、時鉅鹿太守河內司馬直新除、以有清名、減責三百萬、直被詔悵然曰、爲民父母、而反割剝百姓、以稱時求、吾不忍也、辭疾、不聽、行

至孟津、上書極陳當世之失、古今禍敗之戒、卽吞藥自殺、書奏、帝爲暫絕脩宮錢、又造萬金堂於西園、引司農金錢繒帛、仞積其中、又還河間買田宅、起第觀、帝本侯家、宿貧、每歎桓帝不能作家居、故聚爲私藏、復寄小黃門常侍錢各數千萬、常云張常侍是我父、趙常侍是我母、宦官得志、無所憚畏、並起第宅、擬則宮室、帝常登永安候臺、宦官恐其望見居處、乃使中大夫尚但諫曰、天子不當登高、登高則百姓虛散、自是不

敢復升臺榭。復以忠爲車騎將軍。帝崩，中軍校尉袁紹說大將軍何進令誅中官。謀洩，讓、忠等因進入省，遂共殺進。而紹勒兵斬忠，捕宦官無少長悉斬之。讓等數十人刼質天子走之河上，追急，皆投河而死也。

儒林傳序

昔王莽、更始之際，天下散亂，禮樂分崩，典文殘落。及光武中興，愛好經術，未及下車，而先訪儒雅，採求闕文，補綴漏逸。先是四方學士多懷挾圖書，遁逃林藪。自是莫不抱負墳策，雲會京師。於是立五經博士，各以家法教授，太常差次總領焉。建武五年，乃脩起太學，稽式古典，籩豆干戚之容，備之於其列，服方領、習矩步者，委佗乎其中。中元元年，初建三雍。明帝即位，親行其禮。天子始冠通天，衣日月，備法物之駕，盛清道之儀，坐明堂而朝群后，登靈臺以望雲物，袒割辟雍之上，尊養三老五更。復爲功臣子孫、四姓末屬別立校舍，搜選高能以授其業。自期門羽林之士，悉令通孝經章句，匈奴亦遣子入學。濟濟乎，洋洋乎，盛於永平矣。建初中，大會諸儒於白虎觀，考詳同異，連月乃罷。肅宗親臨稱制，如石渠故事。孝和亦數幸東觀，覽閱書林。及鄧后稱制，學者頗懈。安帝覽政，薄於藝文，博士倚席不講，朋徒相視怠散，學舍頹敝，鞠爲園蔬，牧兒蕘豎，至薪刈其下。順帝感翟酺之言，乃更脩黌宇，試明經下第補弟子，除郡國耆儒皆補郎、舍人。本初元年，詔曰大將軍下至六百石，悉遣子就學，每歲輒於鄉射月一饗會之。自是遊學增盛，至三萬餘生。然章句漸疏，而多以浮華相尚，儒者之風蓋衰矣。熹平四年，靈帝乃詔諸儒正定五經，刊於石碑，爲古文、篆、隸三體書法以相參檢，樹之學門，使天下咸取則焉。

逸民傳

周黨字伯況，太原人也。世祖引見，黨伏而不謁，自陳願守所志，帝乃許焉。博士范升奏毀黨曰：臣聞堯不須許由、巢父而建號天下，周不待伯夷叔齊、而王道以成、伏見太原周黨、陛見帝庭、不以禮屈、伏而不謁、偃蹇驕悍、誇上求高、皆大不敬、書奏、天子以示公卿、詔曰、自古明王聖主、必有不賓之士、伯夷叔齊不食周粟、太原周黨不受朕祿、亦各有志焉、其賜帛四十匹、黨遂隱居、

嚴光字子陵、會稽人也、少有高名、與世祖同遊學、及世祖卽位、光乃變名姓、隱身不見、帝乃令以物色訪之、至舍於北軍、給床褥、太官朝夕進膳、車駕幸其館、光臥不起、帝卽其臥所、撫光腹曰、咄咄子陵、不可相助爲治耶、光眠不應、良久乃張目熟視曰、昔唐堯著德、巢父洗耳、士故有志、何至相迫乎、帝曰、子陵、我竟不能下汝耶、於是升輿歎息而去、復引光入論道舊故、相對累日、除爲諫議大夫、不屈、乃耕於富春山、年八十終於家、帝傷惜之、賜錢百萬、穀千斛、

漢濱老父者、不知何許人也、桓帝延熹中、幸竟陵、過雲夢、臨沔水、百姓莫不觀者、有老父獨耕不輟、尚書郎南陽張溫異之、使問曰、人皆來觀、老父獨不輟、何也、父笑而不對、溫自與言、老父曰、我野人耳、不達斯語、請問天下亂而立天子耶、理而立天子耶、立天子以父天下耶、役天下以奉天子耶、昔聖王宰世、茅茨采椽、而萬民以寧、今子之君、勞民自縱、逸遊無忌、吾爲子羞之、子何忍欲人觀之乎、溫大慙、問其名姓、不告而去、

無悉字

西羌

建武九年、司徒掾班彪上言、今涼州部郡、皆有降羌、羌胡被髮左衽、而與漢人雜處、習俗旣異、言語不通、數爲小吏黠民所侵奪、窮恚無聊、故悉致反叛、夫蠻夷寇亂、皆爲此也、宜明威防、世祖從之、十一年、夏、先零種復寇臨洮、隴西太守馬援破降之、徙置天水隴西扶風三郡、明年、武都參狼羌反、援又破降之、永平元年、復遣捕虜將軍馬武等擊滇吾、滇吾遠去、餘悉散降、徙七千口置三輔、章和十二年、金城太守侯覇與迷

唐戰羌衆折傷種人瓦解降者六千餘口分徙漢陽安定隴西永初中諸降羌布在郡縣皆爲吏民豪右所傜役積以愁怨同時奔潰大爲寇掠斷隴道時羌歸附既久無復器甲或持竹竿木枝以代戈矛或負板案以爲楯或執銅鏡以象兵郡縣不能制遣車騎將軍鄧騭征西校尉任尚副將五營及三輔兵合五萬人屯漢陽騭使尚率諸郡兵與滇零等戰於平襄尚軍大敗於是滇零自稱天子於北地招集武都參狼上郡西河諸雜種衆遂大盛東犯趙魏南入益州寇鈔三輔斷隴道湟中諸縣粟石萬錢百姓死亡不可勝數朝廷不能制而轉運難劇遂詔騭還師留任尚屯漢陽復遣騎都尉任仁督諸郡屯兵仁戰每不利衆羌乘勝漢兵數挫羌遂入寇河東至河內百姓相驚多奔南度河使北軍中候朱寵將五營士屯孟津詔魏郡趙國常山中山繕作塢候六百一十六所（一作二）羌既轉盛而二千石令長並無守戰意皆爭上徙郡縣以避寇難朝廷從之遂移隴西徙襄武安定徙美陽北地徙池陽上郡徙衙百姓戀土不樂去舊遂乃刈其禾稼發徹室屋夷營壁破積聚時連旱蝗飢荒而驅蹙劫略流離分散隨道死亡或弃捐老弱或爲人僕妾喪其太半自羌叛十餘年間兵連師老不暫寧息軍旅之費轉運委輸用二百四十餘億府帑空竭延及內郡邊民死者不可勝數并涼二州遂至虛耗

論曰中興以後邊難漸大朝規失綏御之和戎帥騫然諾之信其內屬者或倥偬於豪右之手或屈折於奴僕之勤塞候時清則憤怒而思禍桴革暫動則屬鞬而鳥驚故永初之間羣種蜂起自西戎作逆未有陵斥上國若斯其熾者也嗚呼昔先王疆理九土判別畿荒知夷貊殊性難以道御故斥遠諸華薄其貢職唯與辭要而已若二漢御戎之方失其本矣何則先零侵境趙充國遷之內地當煎作寇馬援徙之三輔貪其暫安之勢信其馴服之情計日用之權宜忘

經世之遠略、豈夫識微者之爲乎、故微子垂泣於象箸、辛有浩歎於伊川也、

鮮卑

熹平三年、夏育爲護烏桓校尉、六年夏、鮮卑寇三邊、秋、育上言、請徵幽州諸郡兵出塞擊之、帝乃拜田晏爲破鮮卑中郎將、大臣多有不同、乃召百官議、議郎蔡邕議曰、書戒猾夏、易伐鬼方、周有獫狁蠻荊之師、漢有闐顏瀚海之事、征討殊類、所由尚矣、然而時有同異、勢有可否、故謀有得失、事有成敗、不可齊也、武帝情存遠略、志闢四方、南誅百越、北討強胡、西征大宛、東并朝鮮、因文景之蓄積、藉天下之饒、數十年間、官民俱匱、既而覺悟、乃息兵罷役、封丞相爲富民侯、故主父偃曰、夫務戰勝窮武事、未有不悔者也、夫以武帝神武、將帥良猛、財富充實、所拓廣遠、猶有悔焉、況今人財並乏、事劣昔時乎、昔段熲良將、習兵善戰、有事西羌、猶十餘年、今育晏才策未必過熲、鮮卑種衆不弱于前、而虛計二一載、自許有成、若禍結兵連、豈得中休、當復徵發衆人、轉運無已、是爲耗竭諸夏、并力蠻夷、夫邊垂之患、手足之蚧搔、中國之困、胷背之瘭疽也、昔高祖忍平城之耻、呂后弃慢書之詬、方之於今、何者爲甚、天設山河、秦築長城、漢起塞垣、所以別內外、異殊俗也、苟無蹙國內侮之患則可矣、豈與蟲蟻校寇計爭往來哉、雖或破之、豈可殄盡、而方令本朝爲之旰食乎、昔淮南王安諫伐越曰、如使越人蒙死以逆執事、厮輿之卒有一不備而歸者、雖得越王之首、猶爲大漢羞之、而欲以齊民易醜虜、皇威辱外夷、就如其言、猶已危矣、況乎得失不可量耶、昔珠崖郡反、孝元皇帝納賈捐之言、而下詔罷珠崖郡、此元帝所以發德音也、夫卹人救急、雖成郡列縣、尚猶弃之、況障塞之外、未曾爲民居者乎、守邊之術、李牧善其略、保塞之論、嚴尤申其要、遺業猶在、文章具存、循二子之策、守先帝之規、臣曰可矣、帝不從、遂遣夏育出高柳、田晏出雲中、匈奴中郎

將臧旻、率南單于出鴈門、檀石槐命三部大人各帥衆逆戰、育等大敗、喪其節傳輜重、各將數千騎奔還、死者十七八、緣邊莫不被毒也、

羣書治要卷第二十四

舊無衆字補之

羣書治要卷第二十五

秘書監鉅鹿男臣魏徵等奉　勅撰

魏志上

紀

太祖武皇帝、沛國人、姓曹、諱操、字孟德、建安四年、袁紹將攻許、公進軍黎陽、紹衆大潰、公收紹書中得許下及軍中人書、皆焚之、魏氏春秋曰、公云、當紹之強、孤猶不能自保、而況衆人乎、七年令曰、吾起義兵、爲天下除暴亂、舊土人民、死喪略盡、國中終日行、不見所識、使吾悽愴傷懷、其擧義兵已來、將士絶無後者、求其親戚以後之、授土田、官給耕牛、置學師敎之、爲存者立廟、使祀其先人、魂而有靈、吾百年之後、何恨哉、十二年令曰、吾起義兵、誅暴亂、於今十九年、所征必剋、豈吾功哉、乃賢士大夫之力也、天下雖未悉定、吾當要與賢士大夫共定之、而專饗其勞、吾何以安焉、其促定功行封、於是大封功臣二十餘人、皆爲列侯、其餘各以次受封、及復死事之孤、輕重各有差、十九年、安

定大守毋丘興將之官公戒之曰羌胡欲與中國通自當遣人來愼勿遣人往也善人難得必將教羌胡妄有所請求因欲以自利不從便爲失異俗意從之則無益事興至遣校尉范陵至羌中陵果敎羌使自請爲屬國都尉公曰吾預知當爾非聖人也但更事多耳二十五年魏書曰大祖自統御海內芟夷羣醜御軍三十餘年手不舍書晝則講軍策夜則思經傳雅性節儉不好華麗後宮衣不錦繡侍御履不二采帷帳屏風壞則補緻茵蓐取溫無有緣飾攻城拔邑得靡麗之物則悉以賜有功勳勞宜賞不吝千金無功望施分毫不與四方獻御與羣下共之也

本書容作褻

文皇帝諱丕字子桓武帝太子也黃初二年詔以議郎孔羨爲宗聖侯奉孔子祀令魯郡脩起舊廟置百戶吏卒以守衛之日有蝕之有司奏免太尉詔曰災異之作以譴元首而歸過股肱豈禹湯罪已之義乎其令百官各虔厥職後有天地之眚勿復劾三公三年表首陽山東爲壽陵作終制曰禮國君卽位爲椑存不忌亡也封樹之制非上古也吾無取焉壽陵因山爲體無爲封樹無立寢殿造園邑通神道夫葬者藏也

忌作忘

欲人之不得見也骨無痛痒之知冢非棲神之宅禮不墓祭欲存亡之不黷也爲棺槨足以朽骨衣衾足以朽肉而已故吾營此丘墟不食之地欲使易代之後不知其處無施葦炭無藏金銀銅鐵一以瓦器合古塗車芻靈之義飯含無以珠玉無施珠襦玉柙諸愚俗所爲也季孫以璵璠斂孔子譬之暴骸中原宋公厚葬君子謂華元樂呂不臣漢文帝之不發霸陵無求也光武之掘原陵封樹也霸陵之完功在釋之原陵之掘罪在明帝是釋之忠以利君明帝愛以害親也忠臣孝子宜思仲尼丘明釋之之言鑒華元樂呂明帝之戒存於所以安君定親使魂靈萬載無危斯則賢聖之忠孝矣自古及今未有不亡之國是無不掘之墓喪亂以來漢氏諸陵無不發掘至乃燒取玉柙金縷骸骨并盡豈不重痛哉其皇后及貴人以下不隨王之國者有終沒皆葬澗西魂而有靈無不之也一澗之間不足爲遠若違詔妄有所變改造施吾爲戮死

肉上舊有骨字刪之

地下死而重死臣子爲蔑死君父不忠不孝其以此詔藏之宗廟副在尚書秘書三府

五年詔曰先王制禮所以昭孝事祖大則郊社其次宗廟三辰五行名山大川非此族也不在祀典叔世衰亂崇信巫史至乃宮殿之內戶牖之間無不沃酹甚矣其惑也自今其敢設非祀之祭巫祝之言皆以執左道論

明皇帝諱叡字元仲文帝太子也青龍元年祀故大將軍夏侯惇等於太祖廟庭 魏書載詔曰昔先王之禮於功臣存則顯其爵祿沒則祭於大蒸故漢氏功臣祠於廟庭大魏元功之臣功勳優著終始休明者其皆依禮祀之於是以惇等配厚也

厚也作饗之

三年 魏略曰是年起太極諸殿築總章觀又於北立八坊諸才人以次序處其中秩名擬百官之數使博士馬均作水轉百戲魚龍蔓延備如漢西京之制築閶闔諸門闕外罘罳太子舍人張茂以吳蜀數動諸將出征而帝盛興宮室留意於翫飾賜與無度帑藏空竭又錄奪士女前已嫁爲吏民妻者還以配士既聽以生口自贖又簡選其有姿色者內之掖庭乃上書諫曰臣伏見詔書諸士女嫁非士者一切錄奪以配戰士斯誠權時之宜然非大化之善者也臣請論之陛下天之子也百姓吏民亦陛下之子也今奪彼以與此亦無以異於奪兄之妻妻弟也於父母之恩偏矣又詔書聽得以生口代故富者則傾家盡產貧者舉假貸貰貴買生口以贖其妻縣官以配士爲名而實內之掖庭其醜惡者乃出與士得婦者未必有歡心而失妻者必有憂色或窮或愁皆不得志夫君有天下而不得萬姓之歡心者鮮不危殆且軍師在外數十萬人一日之費非徒千金舉天下之賦以奉此役猶將不給況復有宮庭非員無錄之女椒房母后之家賞賜橫興其費半軍昔漢武帝好神仙信方士掘地爲海封土爲山賴此時天下爲一莫敢與爭者耳自衰亂以來四五十載馬不舍鞍士不釋甲每一交戰血流丹野瘡痍號痛之聲于今未已猶強寇在疆圖危魏室陛下當兢兢業業念崇節約思所以安天下者而乃奢靡是務中尚方純作玩弄之物炫燿後園建承露之盤斯誠快耳目之觀然亦足以騁寇讎之心矣惜乎舍堯舜之節儉而爲漢武之侈事臣竊爲陛下不取也願陛下霈然下詔事無益而有損者悉除去之以所除無益之費厚賜將士父母妻子之饑寒者問民所疾而除其所惡實倉廩繕甲兵恪恭以臨天下如是吳賊面縛蜀虜輿櫬不待誅而自服太平之路可計日而待也臣年五十常恐至死無以報國是以投軀沒命冒昧以聞惟陛下裁察書通上顧左右曰張茂恃鄉里故也以事付散騎而已

以下舊有下字刪之

舊無其有姿色者五字補之

景初元年 魏略曰是歲徙長安諸鐘簴駱駝銅人承露盤盤折銅人重不可致留于霸城大發銅鑄作銅人二號曰翁仲列坐於司馬門外又鑄黃龍鳳皇各一置內殿前起土山於芳林園使公卿羣僚負土成山樹松竹雜木善草於其上捕山禽雜獸置其中 魏略載董尋上書曰臣聞古之直士盡言於國不避死亡故周昌比高祖於桀紂劉輔譬趙后於人婢天生忠直雖白刃沸湯往而不顧者誠爲時主愛惜天下也若今之宮室狹小當廣大之猶宜隨時不妨農務況乃作無益之物黃龍鳳皇九龍承露盤土山淵池其功三倍於殿舍三公九卿侍

魏略載董尋上書曰舊作魏書誤曰改之

中尚書、天下至德、皆知非道、而不敢言者、以陛下春秋方剛、心良雷霆、今陛下既尊群臣、顯以冠冕、被以文綉、載以華輿、所以異於小人、而使穿方擧土、面目垢黑、沾體塗足、衣冠了鳥、毁國之光、以崇無益、甚非謂也、孔子曰、君使臣以禮、臣事君以忠、無禮無忠、國何以立、故有君不君、臣不臣、上下不通、心懷鬱結、使陰陽不和、災害屢降、凶惡之徒、因間而起、誰當爲陛下盡言事者乎、又誰當干萬乘以死爲戲乎、臣知言出必死、而臣自比於牛之一毛、生既無益、死亦何損、秉筆流涕、心與世辭、既通、帝曰、董尋不畏死耶、主者奏收尋、有詔勿問之也、

齊王芳字蘭卿、正始八年、尚書何晏奏曰、善爲國者必先治其身、治其身者愼其所習、所習正、則其身正、其身正則不令而行、所習不正則雖令不從、是故爲人君者、所與遊必擇正人、所觀覽必察正象、放鄭聲而弗聽、遠佞人而弗近、然後邪心不生、而正道可弘也、季末闇主、不知損益、斥遠君子、引近小人、忠良疏遠、便辟褻狎、亂生近暱、譬之社鼠、考其昏明、所積以然、故聖賢諄諄、以爲至慮、舜戒禹曰、鄰哉鄰哉、言愼所近也、周公戒成王曰、其朋其朋、言愼所與也、詩云、一人有慶、兆民賴之、自今以後、可御幸式乾殿、及遊豫後園、皆大臣侍從、因從容戲宴、兼省文書、詢謀政事、講論經籍、爲萬世法、

袁紹字本初、汝南人也、領冀州牧、轉爲大將軍、出長子譚爲青州、沮授諫紹、必爲禍始、紹不聽、

九州春秋載授諫辭曰、世稱一兔走、萬人逐之、一人獲之、貪者悉止、分定故也、且年均以賢、德均則卜、古之制也、願上惟先代成敗之戒、下思逐兔分定之義、紹曰、孤欲令四兒各據一州、以觀其能、授出曰、禍其始此乎、

紹進軍黎陽、太祖擊破之、初紹之南也、田豐說紹曰、曹公善用兵、變化無方、衆雖少、未可輕也、不如以久持之、將軍據山河之固、擁四州之衆、外結英雄、內修農戰、然後簡其精銳、分爲奇兵、乘虛迭出、以擾河南、救右則擊其左、救左則擊其右、使敵疲於奔命、民不得安業、我未勞而彼已困、不及二年、可坐克也、今釋廟勝之策、而決成敗於一戰、若不如志、悔無及也、紹不從、豐懇諫、紹怒以爲沮衆、械繫之、紹軍既敗、或謂豐曰、君必見重、豐曰、若軍有利、吾必全、今軍敗、吾其死矣、紹還曰、吾不用田豐言、果爲所笑、遂殺之、

后妃傳

易稱男正位于外女正位于内男女正天地之大義也古先哲王莫不明后妃之制順天地之德故二妃嬪嬀虞道克隆任姒配姬周室用熙廢興存亡恒此之由春秋說云天子十二女諸侯九女考之情理不易之典也而末世奢縱肆其侈欲至使男女怨曠感動和氣唯色是崇不本淑懿故風教陵遲而大綱毀泯豈不惜哉嗚呼有國有家者其可以永鑒矣

武宣卞皇后琅耶人文帝母也黄初中文帝欲

追封太后父母尚書陳羣奏曰陛下應運受命創業革制當永爲後式案典籍之文無婦人裂土因夫爵秦違古制漢氏因之非先王之令典也帝曰此議是也其勿施行以作著詔下藏之臺閣永爲後式

文德郭皇后廣宗人也黄初三年將登后位中郎棧潛上疏曰在昔帝王之有天下不唯外輔亦有内助治亂所由盛衰從之故西陵配黄英娥降嬀並以賢明流芳上世桀奔南巢禍階末喜紂以炮烙怡悅妲己是以聖哲愼立元妃必取先代世族之家擇其令淑以統六宮虔奉宗廟陰教聿修易曰家道正而天下定由内及外先王之令典也春秋書宗人釁夏云無以妾爲夫人之禮齊桓誓命于葵丘亦曰無以妾爲妻今後宮嬖寵常亞乘輿若因愛登后使賤人暴貴臣恐後世下陵上替開張非度亂自上起也文帝不從

傳 舊無傳字加之

夏侯尚字伯仁子玄字太初少知名累遷散騎常侍中護軍司馬宣王問以時事玄議以爲夫官才用人國之柄也故銓衡專於臺閣上之分也孝行存乎閭巷優劣任之鄉人下之叙也夫欲清教審選在明其分叙不使相涉而已何者上過其分則恐所由之不本而干勢馳鶩之路開下踰其叙則恐天爵之外通而機權之門多矣夫天爵下通是庶人議柄也機權多門是紛亂之源也自州郡中正品度官才之來有年載

舊無明字補之

矣緬緬紛紛未聞整齊豈非分叙參錯各失其要之所由哉若令中正但考行倫輩輩當行均斯可官矣何者夫孝行著於家門豈不忠恪於在官乎仁恕稱於九族豈不達於爲政乎義斷行於鄉黨豈不堪於事任乎三者之類取於中正雖不處其官名斯任官可知矣行有大小比有高下則所任之流亦煥然必明矣奚必使中正干銓衡之機於下而執機柄者有所委仗於上上下交侵以生紛錯哉且臺閣臨下考功校否衆職之屬各有官長旦夕相考莫究於此閭閻之議以意裁處而使匠宰失位衆人驅駭欲風俗清靜其可得乎天臺縣遠衆所絕意所得至者更在側近孰不脩飾以要所求所求有路則脩已家門者不如自達於鄉黨矣自達於鄉黨者不如自求於州邦矣苟開之有路而患其飾眞離本雖復嚴責中正督以刑罰猶無益也豈若使各帥其分官長則各以其屬能否獻之臺閣臺閣則據官長能否之第參以鄉閭德行之次擬其倫比勿使偏頗中正則唯考其行迹別其高下審定輩類勿使升降臺閣總之官長所第中正輩擬比隨次率而用之如其不稱責負在外然則內外相參得失有所互相形檢孰能相飾斯則人心定而事理得庶可以靜風俗而審官才矣

荀彧字文若潁川人也爲侍中尚書令彧別傳曰彧德行周備非正道不用心名重天下莫不以爲儀表海內英俊咸宗焉然前後所舉佐命大才則荀攸鍾繇陳羣司馬宣王及引致當世知名郗慮華歆王朗荀悅杜襲辛毗趙儼之儔終爲卿相以十數人取士不以一揆戲志才郭嘉等有負俗之譏杜畿簡傲少文皆以智策擧之終各顯名荀攸後爲魏尚書令推賢進士太祖曰二荀令之論人也久而益信吾沒世不忘也

師作帥

荀攸字公達彧從子也太祖以爲軍師每稱曰公達外愚內智外怯內勇外弱內強不伐善不施勞智可及愚不可及雖顏子甯武不能過也文帝在東宮太祖謂曰荀公達人之師表也汝當盡禮敬之傅子曰太祖稱荀令君之進善不進不休荀軍師之去惡不去不止也

賈詡字文和武威人也爲太中大夫是時文帝

爲五官將而臨菑侯植才名方盛各有黨與有奪宗之議太祖嘗問詡詡嘿然不對太祖曰與卿言而不答何也詡曰屬適有所思故不即對耳太祖曰何思詡曰思袁本初劉景升父子太祖大笑於是太子遂定文帝即位以詡爲大尉

舊無大笑於是太子六字補之

魏略曰文帝得詡之對太祖故即位首登上司荀勗別傳曰晉司徒闕武帝問其人於勗勗答曰三公具瞻所歸不可用非其人昔文帝用賈詡爲三公孫權笑之

袁渙字曜卿陳郡人也劉備之爲豫州舉渙茂才後爲呂布所拘留布初與劉備和親後離隙布欲使渙作書罵辱備渙不可再三強之不許布大怒以兵脅渙曰爲之則生不爲則死渙顏色不變笑而應之曰渙聞唯德可以辱人不聞以罵使彼固君子邪且不恥將軍之言彼誠小人邪將復將軍之意則辱在此不在於彼且渙他日之事劉將軍猶今日之事將軍也如一旦去此復罵將軍可乎布慙而止

王脩字叔治北海人也年七歲喪母母以社日亡來歲鄰里社脩感念母哀甚鄰里聞之爲之罷社袁譚在青州辟脩爲治中從事譚欲攻弟尚脩諫曰夫兄弟者左右手也譬人將鬬而斷其右手而曰我必勝若是者可乎夫弃兄弟而不親天下其孰親之屬有讒人固將交鬬其間以求一朝之利願明使君塞耳而勿聽也若斬佞臣數人復相親睦以禦四方可以橫行天下譚不聽太祖遂引軍攻譚于南皮脩聞譚已死號哭曰無君焉歸遂詣太祖乞收譚屍太祖不應脩復曰受袁氏厚恩若得收斂譚屍然後就戮無所恨太祖嘉其義聽之太祖破南皮閱脩家穀不滿十斛有書數百卷太祖歎曰士不妄有名乃辟爲司空掾

魏略曰郭憲字幼簡西平人也韓約失衆依憲衆人多欲取約以徼功而憲皆責怒之言人窮來歸我云何欲危之後約病死而陽逵等就斬約頭欲條疏憲名憲言我尚不忍生圖之豈忍取死人以要功乎逵等乃止約首到太祖宿聞憲名及覩疏怪不在中以問逵等逵具以情對太祖歎其志義乃并表列賜爵關內侯

邴原字根矩北海朱虛人也太祖辟司空掾原女早亡時太祖愛子倉舒亦沒太祖欲求合葬原辭曰合葬非禮也原之所以自容於明公公之所

以待原者，以能守訓典而不易也。若聽明公之命，則是凡庸也，明公焉以爲哉？太祖乃止。原別傳曰：魏太子爲五官中郎將，天下向慕，賓客如雲，而原獨守道持順，自非公事，不安舉動。太祖微使人從容問之，原曰：吾聞國危不事冢宰，君老不奉世子，此典制也。

崔琰字季珪，清河人也。太祖領冀州牧，辟琰爲別駕從事。太祖征幷州，留琰傅文帝於鄴。世子仍出田獵，變易服乘，志在驅逐。琰書諫曰：蓋聞盤于遊田，書之所戒；魯隱觀魚，春秋譏之。此周孔之格言，二經之明義也。今邦國殄瘁，惠康未洽，士女企踵，所思者德。況公親御戎馬，上下勞慘，世子宜遵大路，慎以行正，思經國之高略，深惟儲副以身爲寶，而猥襲虞旅之賤服，忽馳騖而陵嶮，志雉兔之小娛，忘社稷之爲重，斯誠有識所以惻心也。唯世子燔翳捐褶，以塞衆望，不令老臣獲罪於天。世子報曰：昨奉嘉命，惠示雅教，欲使燔翳捐褶，翳已壞矣，褶亦去焉。後有此比，蒙復誨諸。魏國初建，拜尚書。時未立太子，臨菑侯植有才而愛，太祖狐疑，以函令密訪於外。

舊無琰薦至變時四十三字補之

惟琰露板答曰：蓋聞春秋之義，立子以長，加五官將仁孝聰明，宜承正統，琰以死守之。植，琰之兄女壻也。太祖貴其公亮，喟然歎息，遷中尉。琰甚有威重，朝士瞻望，而太祖亦敬憚焉。先賢行狀曰：琰清忠高亮，雅識經遠，推方直道，正色於朝。魏初載，委銓衡，總齊清議十有餘年，文武羣才多所明拔，朝廷歸高，天下稱平矣。琰薦揚訓，太祖爲魏王，訓發表稱述盛德。時人謂琰爲失所舉，琰與訓書曰：省表事佳耳，時乎時乎，會當有變時。有白琰此書傲世怨謗者，太祖怒，罰琰爲徒隸，使人視之，辭色無撓。太祖令曰：琰雖見刑，而通賓客，門若市人，對賓客虬鬚直視，若有所瞋。遂賜琰死，爲世所痛惜，至今冤之。

毛玠字孝先，陳留人也。爲東曹掾，與崔琰並典選舉。其所用皆清正之士，雖於時有盛名而行不由本者，終莫得進。務以儉率人，由是天下之士莫不以廉節自厲，雖貴寵之臣，輿服不敢過度。太祖歎曰：用人如此，使天下人自治，吾復何爲哉！文帝爲五官將，親自詣玠，屬所親眷。玠答曰老臣以能守職、幸得免戾、今所說人非遷次、是以不敢奉命、魏國初建、為尚書僕射、復典選舉、先賢行狀曰、玠雅亮公正、在官清恪、其典選舉、拔貞實、斥華偽、進遜行、抑黨與、四海翕然莫不厲行、貴者無穢欲之累、賤者絕姦貨之求、吏絜於上、俗移于下、民到于今稱之、崔琰既死、玠內不悅、後有白玠者、出見黥面反者、妻子沒為官奴婢、玠言曰、使天不雨者、蓋由此也、太祖大怒、收玠付獄、大理鍾繇詰玠、玠辭曰、臣聞蕭生縊死、因於石顯、賈子放外、讒在絳灌、白起賜劍於杜郵、晁錯致誅於東市、伍員絕命於吳都、斯數子者、或妒其前、或害其後、臣垂齠執簡、累勤取官、職在機近、人事所竄、屬臣以私、無勢不絕、語臣以冤、無細不理、青蠅橫生、為臣作謗、謗臣之人、勢不在他、昔王叔陳生、爭正王廷、宣子平理、命舉其契、是非有宜、曲直有所、春秋嘉焉、是以書之、臣不言此、無有時人、說臣此言、必有徵要、乞蒙宣子之辨、而求王叔之對、若臣以曲聞、即刑之日、方之安駟之贈、賜劍之來、比之重賞之惠、謹以狀對、時桓楷和洽進言救玠、玠遂免黜、卒于家、孫盛曰、魏武於是失政刑矣、易稱、明折庶獄、傳有舉直錯枉、庶獄明則國無冤民、枉直當則民無不服、未有徵青蠅之浮聲、信浸潤之譖訴、可以允釐四海、唯清緝熙者也、昔漢高獄蕭何、出復相之、玠之一責、永見擯放、二主度量、豈不殊哉、

徐奕字季才、東莞人也、太祖辟東曹屬、丁儀等見寵於時、並害之、而奕終不為動、傅子曰、武皇帝至明也、崔琰徐奕、一時清賢、皆以忠信顯於魏朝、丁儀間之、徐奕失位、而崔琰被誅、

鮑勛字叔業、泰山人也、為中庶子、出為魏郡西部都尉、太子郭夫人弟斷盜官布、法應棄市、太子數手書為之請、勛不敢擅縱、具列上、勛前在東宮、守正不撓、太子固不能悅、及重此事、恚望滋甚、延康元年、勛兼侍中、文帝受禪、勛每陳今之所急、唯在軍農寬惠百姓、臺榭苑囿宜以為後、帝將出遊獵、勛停車上疏曰、臣聞五帝三王、靡不明本立教、以孝治天下、陛下仁聖惻隱、有同古烈、臣冀當繼蹤前代、令萬世可則也、如何在諒闇中、脩馳騁之事乎、臣冒死以聞、唯陛下察焉、帝手毀其表、而競行獵、中道頓息、問侍臣曰、獵之為樂、何如八音也、侍中劉曄對曰、獵勝

於樂勛抗辭曰夫樂上通神明下和人理隆治致化萬邦咸乂故移風易俗莫善於樂況獵暴華蓋於原野傷生育之至理櫛風沐雨不以時隙哉昔魯隱觀漁於棠春秋譏之雖陛下以為務愚臣所不願也因奏劉曄佞諛不忠阿順陛下過戲之言昔梁丘據取媚於遄臺曄之謂也請有司議罪以清皇朝帝怒作色還即出勛為右中郎將黃初四年尚書令陳羣僕射司馬宣王並舉勛為官正帝不得已而用之百寮嚴憚罔不肅然六年帝欲征吳羣臣大議勛面諫以為不可帝益忿之左遷勛為治書執法帝從壽春還屯陳留郡界太守孫邕見出過勛時營壘未成但立標埒邕邪行不從正道軍營令史劉曜欲推之勛以塹壘未成解止不舉大軍還洛陽曜有罪勛奏絀遣而曜密表勛私解邕事詔曰勛指鹿作馬收付廷尉廷尉法議正刑五歲三官駁依律罰金二斤帝大怒曰勛無活分而汝等敢縱之收三官以下付刺姦當令十鼠同穴大尉鍾繇司徒華歆等並表勛父信有功於太祖求請勛罪帝不許遂誅勛勛內行既修廉而能施死之日家無餘財莫不為勛歎恨

王朗字景興東海人也文帝即王位遷御史大夫上疏勸育民省刑曰易稱勑法書著祥刑慎法獄之謂也昔曹相國以獄市為寄路溫舒疾治獄之吏夫治獄者得其情則無冤死之囚丁壯者得盡地力則無飢饉之民窮老者得仰食倉廩則無餧餓之殍嫁娶以時則男女無怨曠之恨胎養必全則孕者無自傷之哀新生必復則孩者無不育之累壯而後役則幼者無離家之思二毛不戎則老者無頓伏之患醫藥以療其疾寬繇以樂其業威罰以抑其強恩仁以濟其弱賑貸以贍其乏十年之後既笄者必盈巷二十年之後勝兵者必滿野矣文帝踐祚改為司空時帝頗出遊獵或昏夜還宮朗上疏曰夫帝王之居外則飾周衛內則重禁門將行則設兵而後登輿清道而後奉引遮列而後轉轂靜

室而後息駕皆所以顯至尊務戒慎垂法教也近日車駕出臨捕虎日昃而行及昏而反違警蹕之常法非萬乘之至慎也帝報曰覽表雖魏絳稱虞箴以諷晉悼相如陳猛獸以戒漢武未足以喻方今二寇未殄將帥遠征故時入原野以習戎備至於夜還之戒輒詔有司施行

子肅字子雍拜散騎常侍上疏陳政本曰夫除無事之位損不急之祿止浮食之費并從容之官使官必有職職任其事事必受祿祿代其耕乃往古之常式當今之所宜也官寡而祿厚則公家之費鮮進仕之志勸各展才力莫相倚杖敷奏以言明試以功能之與否簡在帝心矣景初間宮室盛興民失農業期信不敦刑殺倉卒肅上疏曰大魏承百王之極生民無幾干戈未戢誠宜息民而惠之以安靜遐邇之時也夫務蓄積而息疲民在於省徭役而勤稼穡今宮室未就功業未訖運漕調發轉相供奉是以丁夫疲於力作農者離於南畝今見作者三四萬人九龍可以安聖體其內足以列六宮顯陽之殿又向將畢惟太極已前功夫尚大方向盛寒疾疢或作誠願陛下發德音下明詔深愍役夫之疲勞厚矜兆民之不贍取常食廩之士非急要者之用選其丁壯擇留萬人使一朞而更之咸知息代有日則莫不悅以即事勞而不怨矣夫信之於民國家大寶也仲尼曰自古皆有死民非信不立夫區區之晉國微微之重耳欲用其民先示以信用能一戰而霸于今見稱前車駕當幸洛陽發民爲營有司命以營成而罷既成又利其功力不以時遣有司徒營其目前之利而不顧經國之體臣以爲自今以後儻復使民宜明其令使必如期若有事以次寧復更發無或失信凡陛下臨時之所行刑皆有罪之吏宜死之人也然衆庶不知謂爲倉卒故願陛下下之於吏而暴其罪鈞其死也無使汙于宮掖而爲遠近所疑且人命至重難生易殺氣絕而不續者也是以聖王重之孟軻稱殺一無辜以取

天下仁者不爲也漢時有犯蹕驚乘輿馬者廷尉張釋之奏使罰金文帝怪其輕而釋之曰方其時上使誅之則已今下廷尉廷尉天下之平也一傾之天下用法皆爲輕重民安所措手足哉臣以爲大失其義非忠臣所宜陳也廷尉者天子之吏也猶不可以失平而天子之身反可以惑謬乎斯重於爲已而輕於爲君不忠之甚也周公曰天子無戲言言猶不戲而況行之乎故釋之之言不可不察周公之戒不可不法也

帝嘗問曰漢桓帝時白馬令李雲上書言帝者諦也是帝欲不諦當何得不死肅對曰但爲言失逆順之節原其本意皆欲盡心念存補國且帝者之威過於雷霆殺一匹夫無異螻蟻寬而宥之可以示容受切言廣德宇於天下故臣以爲殺之未必爲是也

程昱字仲德東郡人也孫曉字季明嘉平中爲黃門侍郎時校事放横曉上疏曰周禮云設官分職以爲民極春秋傳曰天有十日人有十等愚不得臨賢賤不得臨貴於是並建聖哲明試以功各修厥業思不出位故欒書欲拯晉侯其子不聽死人横於街路邴吉不問上不責非職之功下不務分外之賞吏無兼統之勢民無二事之役斯誠爲國要道治亂所由也遠覽典志近觀秦漢雖官名改易職司不同至於崇上抑下顯明分例其致一也初無校事之官干與庶政者也昔武皇帝大業草創衆官未備而軍旅勤苦民心不安乃有小罪不可不察故置校事取其一切耳然檢御有方不至縱恣也此霸世之權宜非帝王之正典其後漸蒙見任轉相因仍莫正其本遂令上察宮廟下攝衆司官無局業職無分限隨意任情唯心所適法造於筆端不依科條詔獄成於門下不顧覆訊其選官屬以謹慎爲粗疏以謥詷爲賢能其治事以刻暴爲公嚴以修理爲怯弱外託天威以爲聲勢内聚羣姦以爲腹心大臣耻與分勢含忍而不言小人畏其鋒芒鬱結而無告至使尹模公於目

下、肆其姦慝、罪惡之著、行路皆知、纖惡之過、積年不聞、既非周禮設官之意、又非春秋十等之義也、今外有公卿將校總統諸署、內有侍中尚書綜理萬機、司隸校尉督察京輦、御史中丞董攝宮殿、皆高選賢才以充其職、申明科詔以督其違、若此諸賢猶不足任、校事小吏益不可信、若此諸賢各思盡忠、校事區區、亦復無益、若更高選國士以爲校事、則是中丞司隸重增一官、若如舊選、尹模之姦今復發矣、進退推算、無所用之、昔桑弘羊爲漢求利、卜式以爲獨烹弘羊、天乃可雨、若使政治得失、必感天地、臣恐水旱之災、未必非校事之由也、曹恭公遠君子近小人、國風託以爲刺、衛獻公舍大臣與小臣謀、定姜謂之有罪、縱令校事有益於國、以禮義言之、尚傷大臣之心、況姦回暴露、而復不罷、是衮闕不補、遂而不反也、於是遂罷校事、

劉曄字子揚、淮南人也、爲侍中、傅子曰、曄事明帝、大見親重、帝將伐蜀、朝臣內外皆曰不可、曄入與帝議、因曰可伐、出與朝臣言、因曰不可伐、曄有膽智、言之皆有形、中領軍楊暨、帝之親臣、又重曄、持不可伐蜀之議最堅、每從內出、輒過曄、曄講不可伐之意、後暨從駕行天淵池、帝論伐蜀事、暨切諫、帝曰、卿書生焉知兵事、暨曰、臣誠不足採、侍中劉曄、先帝謀臣、常曰、蜀不可伐、帝曰、曄與吾言、蜀可伐、暨曰、曄可召質也、詔召曄、曄至、帝問之、曄終不言、後獨見、曄責帝曰、伐國大謀也、臣得與聞大謀、常恐眯夢漏洩、以益臣罪焉、敢向人言之、夫兵詭道也、軍事未發、不厭其密、陛下顯然露之、臣恐敵國已聞之矣、於是帝謝之、曄出責暨曰、夫釣者中大魚、則縱而隨之、須可制而後牽、則無不得也、人主之威、豈徒大魚而已、子誠直臣、然計不精思也、暨亦謝之、曄能應變持兩端如此、或惡曄於帝曰、曄不盡忠、善伺上意所趣而合之、陛下試言皆反意而問之、若皆與所問反者、是曄常與聖意合也、復每問皆同者、曄之情必無所復逃矣、帝如言驗之、果得其情、從此疏焉、曄遂狂、出爲大鴻臚、以憂死、諺曰、巧詐不如拙誠、信矣、

舊無活人至問曰十二字補之

蔣濟字子通、楚國人也、文帝踐祚、爲散騎常侍、有詔、詔征南將軍夏侯尚曰、卿腹心重將、特當任使、恩施足死、惠愛可懷、作威作福、殺人活人、尚以示濟、濟既至、帝問曰、卿所聞見、天下風教何如、濟對曰、未有他善、但見亡國之語耳、帝忿然作色、而問其故、濟具以答、因曰、夫作威作福、書之明誡、天子無戲言、古人所慎、唯陛下察之、於是帝意解、遣追取前詔、

舊無督字補之

蘇則字文師、扶風人也、爲金城太守、文帝問則曰、前破酒泉張掖、西域通使、燉煌獻徑寸之珠、可復求市益得不、對曰、若陛下化洽中國、德流沙漠、卽不求自至、求而得之、不足貴也、帝嘿然、後從行獵、槎桎拔、失鹿、帝大怒、踞胡床拔刀、悉收督吏、將斬之、則稽首曰、臣聞古之聖王、不以禽獸害人、今陛下方隆唐堯之化、而以獵戲多殺羣吏、愚臣以爲不可、敢以死請、帝曰、卿直臣也、遂皆赦之、然以此見憚、左遷河東相、

杜畿字伯侯、京兆人也、子恕字務伯、爲散騎黃門侍郎、每政有得失、常引綱維以正言、時又大議考課之制、以考內外衆官、恕上疏曰、書稱、明試以功、三考黜陟、誠帝王之盛制、然歷六代、而考績之法不著、關七聖、而課試之文不垂、臣誠以爲、其法可粗依、其詳難備擧故也、語曰、世有亂人、而無亂法、若使法可專任、則唐虞可不須稷契之佐、殷周無貴伊呂之輔矣、今奏考功者、陳周漢之法爲、綴京房之本旨、可謂明考課之要矣、於以崇揖讓之風、興濟濟之治、臣以爲未盡善也、其欲使州郡考士、必由四科者、皆有事效、然後察擧、試辟公府、爲親民長吏、轉以功次、補郡守者、或就增秩賜爵、是最考課之急務也、至於公卿及內職大臣、亦當俱以其職考課之也、古之三公坐而論道、及內職大臣、納言補闕、無善不紀、無過不擧、且天下至大、萬機至衆、誠非一明所能徧照、故君爲元首、臣爲股肱、明其一體相須而成也、焉有大臣守職辦課、可以致雍熙者哉、且布衣之交、猶有務信誓而蹈水火、感知己而披肝膽、徇聲名而立節義者、所務者非特匹夫之信、所感者非徒知己之惠、所徇者豈聲名而已乎、諸蒙寵祿受重任者、不徒欲擧明主於唐虞之上而已、身亦欲厠稷契之列、是以古人不患於念治之心不盡、患於自任之意不足、此誠人主使之然也、唐虞之君、委任稷契夔龍、而責成功、及其罪也、殛鯀而放四凶、今大臣親奉明詔、給事目下、其有夙夜在公、恪勤特

立當官不撓不阿所私危言行以處朝廷者自明主所察也若尸祿以爲高拱嘿以爲智當官苟在於免負立朝不忘於容身者亦明主所察也誠使容身保位無放退之辜而盡節在公抱見疑之勢公義不修而私議成俗雖仲尼爲謀猶不能盡一才又況於世俗之人乎今之學者師商韓而上法術競以儒家爲迂闊不周此最風俗之流弊創業者之所致愼也後考課竟不行樂安廉昭以才能拔擢頗好言事恕上疏極諫曰伏見尚書郎廉昭奏左丞曹璠以罰當關不依詔坐判問又云諸當坐者別奏尚書令陳矯自奏不敢辭罰亦不敢以處重爲恭意至懇惻臣竊爲朝廷惜之夫聖人不擇世而興不易人而治然而生必有賢智之佐者蓋進之以道帥之以禮故也古之帝王所以能輔世長民者莫不遠得百姓之歡心近盡羣臣之智力誠使今朝任職之臣皆天下之選而不能盡其力不可謂能使人也若非天下之選亦不可謂能官人也陛下憂勞萬機或親燈火而庶事不康刑禁日弛豈非股肱不稱之明効與原其所由非獨臣有不盡忠亦主有不能使也百里奚愚於虞而智於秦豫讓苟容中行而著節智伯斯則古人之明驗矣若陛下以爲今世無良才朝廷乏賢佐豈可追望稷契之遐蹤坐待來世之儁乂乎今之所謂賢者盡有大官而享厚祿矣然而奉上之節未立向公之心不壹者委任之責不專而俗多忌諱故也陛下當闡廣朝臣之心篤厲有道之節使之自同古人望與竹帛耳反使如廉昭者擾亂其間臣懼大臣遂將容身保位坐觀得失爲來世戒也昔周公戒魯侯曰無使大臣怨乎不以言賢愚明皆當世用也堯數舜之功稱去四凶不言大小有罪則去也陛下何不遵周公之所以用大舜之所以去使侍中尚書坐則侍帷幄行則從輿輦親對詔問所陳必達則羣臣之行能否皆可得而知忠能者進闇劣者退誰敢依違而不自盡以陛下之聖明

親與羣臣論議政事使羣臣人得自盡人自以爲親人思所以報賢愚能否在陛下之所用也明主之用人也使能者不敢遺其力而不能者不得處非其任選舉非其人未必爲有罪也舉朝共容非其人乃爲怪耳陛下又患臺閣禁令之不密人事請屬之不絶聽伊尹作迎客出入之制選司徒更惡吏以守寺門威禁由之實未得爲禁之本也陛下自不督必行之罰以絶阿黨之原耳伊尹之制與惡吏守門非治世之具

也使臣之言少蒙察納何患於姧不削滅而養若廉昭等乎夫糺擿姧宄忠事也然而世憎小人行之者以其不顧道理而苟求容進也若陛下不復考其終始必以違衆忤世爲奉公密行白人爲盡節焉有通人大才而更不能爲此邪誠顧道理而弗爲耳使天下皆背道而趨利則人主之所最病者陛下將何樂焉胡不絶其萌乎夫先意承旨以求容美率皆天下淺薄無行義者其意務在於適人主之心而已非欲治天下安百姓也陛下何不試變業而示之彼豈執其所守以違聖意哉夫人臣得人主之心安業也處尊顯之官榮事也食千鍾之祿厚實也人臣雖愚未有不樂此而喜于忤者也迫於道自強耳誠以爲陛下當憐而佑之少委任焉如何反録昭等傾側之意而忽若人者乎恕論議抗直皆此類也

龐德字令明南安人也拜立義將軍屯樊討關羽樊下諸將以德兄在漢中頗疑之德常曰我受國恩義在効死會漢水暴溢羽乘船攻之矢盡短兵接德謂督將成何曰吾聞良將不怯死以苟免烈士不毀節以求生今日我死日也戰益怒氣愈壯而水浸盛爲羽所得立而不跪謂曰卿兄在漢中我以卿爲將不早降何爲罵羽曰豎子何謂降也魏王帶甲百萬威振天下汝劉備庸才耳豈能敵邪我寧爲國家鬼不爲賊將也遂爲羽所殺太祖聞而悲之爲流涕封其二子爲列侯文帝卽王位乃遣使就德墓賜謚

策曰昔先軫喪元王蠋絕脰殞身殉節前代美之惟侯式昭果毅蹈難成名聲溢當時義高在昔寡人愍焉謚曰壯侯又賜子會等四人爵關內侯邑各百戶

舊無以凉至邽令九字補之

閻溫字伯儉天水人也以凉州别駕守上邽令馬超圍州所治冀城甚急州乃遣溫密出告急賊見執還詣超超解其縛謂曰今成敗可見足下爲孤城求救而執於人手義何所施若從吾言反謂城中東方無救此轉禍爲福之計也不然今爲戮矣溫僞許之超乃載溫詣城下溫向城大呼曰大軍不過三日至勉之超怒數之溫不應復謂溫曰城中故人有欲與吾同者不溫又不應遂切責之溫曰夫事君有死無貳而卿乃欲令長者出不義之言吾豈苟生者乎超遂殺之

羣書治要卷第二十五

羣書治要卷第二十六

秘書監鉅鹿男臣魏徵等奉　勅撰

魏志下

傳

舊無親戚二字補之

陳思王植字子建每進見難問應聲而對特見寵愛旣以才見異而丁儀丁廙楊脩等爲之羽翼太祖狐疑幾爲太子者數矣黃初三年立爲鄄城王太和元年徙爲雍丘王三年徙封東阿王五年上疏求存問親戚因致其意曰臣聞天稱其高以無不覆地稱其廣以無不載日月稱其明以無不照江海稱其大以無不容故孔子曰大哉堯之爲君唯天爲大唯堯則之夫天德之於萬物可謂弘廣矣蓋堯之爲教先親後疏自近及遠周之文王亦崇厥化昔周公弔管蔡之不咸廣封懿親以藩屏王室傳曰周之同盟異姓爲後誠骨肉之恩爽而不離親親之義寔在敦固未有義而後其君仁而遺其親者也臣伏惟陛下資帝唐欽明之德體文王翼翼之仁

惠洽椒房恩昭九親羣后百寮番休遞上執政不廢於公朝下情得展於私室親理之路通慶弔之情展誠可謂恕己治人推惠施恩者矣至於臣等婚媾不通兄弟乖絶吉凶之問塞慶弔之禮廢恩紀之違甚於路人隔閡之異殊於胡越以一切之制無朝覲之望至於注心皇極結情紫闥神明知之矣願陛下沛然垂詔使諸國慶問得展以叙骨肉之歡恩全怡怡之篤義妃妾之家膏沐之遺歲得再通齊義於貴宗等惠

於百司如此則風雅所詠復存於聖世矣臣伏自思惟無錐刀之用及觀陛下之所拔授若以臣爲異姓竊自料度不後於朝士矣若得辭遠遊戴武弁解朱組佩青紱駙馬奉車趣得一號安宅京室執鞭珥筆出從華蓋入侍輦轂承答聖問拾遺左右乃臣丹誠之至願也遠慕鹿鳴君臣之宴中詠常棣匪他之誡下思伐木友生之義終懷蓼莪罔極之哀每四節之會塊然獨處左右唯僕隷所對唯妻子高談無所與陳發

義無所與展未嘗不聞樂而拊心臨觴而歎息也臣伏以爲犬馬之誠不能動人譬人之誠不能動天崩城隕霜臣初信之以臣心況徒虛語耳若葵藿之傾葉太陽不爲之迴光亦終向者誠也竊自比葵藿若降天地之施垂三光之明者寔在陛下今之否隔友于同憂而臣獨倡言者竊不願於聖世使有不蒙施之物必有慘毒之懷故柏舟有天只之怨谷風有弃予之歎故伊尹耻其君不如堯舜臣之愚蔽欲使陛下崇

光日月被時雍之美者是臣慺慺之誠也詔報曰夫忠厚仁及草木則行葦之詩作恩澤衰薄不親九屬則角弓之章刺今令諸國兄弟情理簡怠妃妾之家膏沐疎略縱不能敦而睦之王援古喻義備矣悉矣何言精誠不足以感通哉夫明貴賤崇親親禮賢良順少長國之綱紀本無禁諸國通問之詔也矯枉過正下吏懼譴以至於此耳已勑有司如王所訴植復上疏陳審舉之義曰臣聞天地協氣而萬物生君臣合德

而庶政成五帝之世非皆智三季之末非皆愚用與不用知與不知也書曰有不世之君必能用不世之臣用不世之臣必能立不世之功昔樂毅奔趙心不忘燕廉頗在楚思爲趙將臣生乎亂長乎軍又數承敎于武皇帝伏見行師用兵之要不必取孫吳而闇與之合竊揆之於心常願得一奉朝覲排金門蹈玉陛列有職之臣賜須臾之間使臣得一散所懷攄盡蘊積死不恨矣然天高聽遠情不上通徒獨望靑雲而拊心仰高天而歎息耳屈平曰國有驥而不知乘焉遑遑而更索昔管蔡放誅周邵作弼叔魚陷刑叔向匡國三監之釁臣自當之二南之輔求必不遠華宗貴族藩王之中必有應斯擧者故傳曰無周公之親不得行周公之事唯陛下少留意焉近者漢氏廣建藩王豐則連城數十約則饗食祖祭而已未若姬周之樹國五等之品制也若扶蘇之諫始皇淳于越難周靑臣可謂知時變矣能使天下傾耳注目者當權者是矣

故謀能移主威能懾下豪右執政不在親戚權之所在雖疏必重勢之所去雖親必輕蓋取齊者田族非呂宗也分晉者趙魏非姬姓也唯陛下察之苟吉專其位凶離其患者異姓之臣也欲國之安祈家之貴存共其榮沒同其禍者公族之臣也今反公族疏而異姓親臣竊惑焉今臣與陛下踐冰履炭高下共之豈得離陛下哉不勝憤懣拜表陳情若有不合乞且藏之書府不便滅棄臣死之後事可思魏略曰植以近前諸國士息已見發其遺孤稚弱在者無幾而復被取乃上書曰臣聞古之聖君與日月齊其明四時等其信恩不中絕敎無二可以此臨朝則臣下知所死矣受任在萬里之外審主之所以授官必已之可以授命雖有構會之徒泊然不以爲懼者蓋君臣相信之明效也臣初受封策書曰植受兹青社爲魏藩輔而所得兵百五十人皆年在耳順或不踰矩虎賁官騎及親事凡二百餘人皆使年壯備有不虞檢校乘城顧不足以自救況皆復耄耋罷曳乎而名爲魏東藩使屛翰王室臣竊自羞矣就之諸國國有士子合不過五百人伏以爲三軍益損不復賴此方外定否必當須辦者臣願將部曲倍道奔赴夫妻負襁子弟懷糧蹈鋒履刃以徇國難何但習業小兒哉愚誠以揮涕增河鼷鼠飲海於朝萬無損益於臣家計甚有廢損又臣士息前後三送兼人已竭唯尚有小兒七八歲已上十六七已還三十餘人今部曲皆年耆臥在床席非糜不食眼不能視氣

息裁屬者、凡三十七人、疲瘵風靡、疣盲聾瞶者、二十三人、唯正須此小兒大者、可備宿衛、雖不足以禦寇、粗可以警小盜、小者未堪大使、爲可使耘鉏穢草、驅護鳥雀、休候人則一事廢、一日獵則衆業散、不親自經營則功不攝、常自躬親、不委下吏而已、陛下聖仁、恩詔三至、士子給國、長不復發、明詔之下、有若皦日、保金石之恩、必明神之信、定習業者、並復見送、晻若晝晦、悵然失圖、伏以爲陛下既爵臣百僚之右、居藩國之任、爲置卿士、屋名爲宮、冢名爲陵、不使其危居獨立、無異於凡庶、若陛下聽臣、悉還部曲、罷官屬、省監官、使解璽釋紱、追柏成子仲之業、營顏淵原憲之事、居子臧之廬、宅延陵之室、如此、雖進無成功、退有可守、節身死之日、猶松喬也、然伏度國朝、終未肯聽臣之若是、固當羈絆於世繩、維繫于祿位、懷屑屑之小憂、執無已之百念、安得蕩然肆志、逍遙於宇宙之外哉、此願未從、陛下必欲崇親親、篤骨肉、潤白骨而榮枯木者、唯遂仁德、以副前恩、有詔皆遂還之也、

六年、封植爲陳王、時法制待藩國既自峻迫、寮屬皆賈豎下才、兵人給其殘老、大數不過二百人、十一年而三徙都、常汲汲無歡、遂發疾薨、孫盛曰、異哉魏氏之封建也、不度先王之典、不思藩屏之術、違敦穆之風、背維城之義、漢初之封、或權侔人主、雖云不度、時勢然也、魏氏諸侯、陋同匹夫、雖懲七國、矯枉過也、且魏之代漢、非積德之由、風澤既微、六合未一、而彫翦枝幹、委權異族、勢同瘣木、危若巢幕、不嗣忽諸、非天喪也、五等之制、萬世不易之典、六代興亡、曹冏論之詳矣、

中山恭王袞、每兄弟遊娛、袞獨覃思經典、文學防輔、遂共表稱陳袞美、袞聞之大驚懼、責讓文學曰、修身自守、常人之行耳、而諸君乃以上聞、是適所以增其負累也、且如有善、何患不聞、而遽共如是、是非益我、其誠慎如此、袞尚約儉、敎勅妃妾、紡績織紝、習爲家人之事、袞病困、令世子曰、汝幼少、未聞義方、早爲人君、但知樂、不知苦、必將以驕奢爲失也、接大臣、務以禮、雖非大臣、老者猶宜答拜、事兄以敬、恤弟以慈、兄弟有不良之行、當造膝諫之、諫之不從、流涕喻之、喻

之不改、乃白其母、若猶不改、當以奏聞、幷辭國土、與其守寵罹禍、不若貧賤全身也、此亦謂大罪惡耳、其微過細愆、故當奄覆之、嗟乎小子、愼脩乃身、奉聖朝以忠貞、事太妃以孝敬、閨闈之內、奉令於太妃、閫閾之外、受敎於沛王、無怠乃心、以慰余靈、薨、詔使大鴻臚持節典護喪事、贈賵甚厚、評曰、魏氏王公、徒有國土之名、而無社稷之實、又禁防擁隔、同於囹圄、位號靡定、大小歲易、骨肉之恩乖、棠棣之義廢、爲法之弊、一至

舊無或任而不重五字補之

于此乎、魏氏春秋載宗室曹冏上書曰、臣聞古
以明賢賢之王者、必建同姓、以明親親、必樹異姓、
明俊德、故傳曰、庸勳親親、昵近尊賢、書曰、克
斯觀之、非賢無與興功、非親無與輔治也、夫親
親之道、專用則其漸也微弱、賢賢之道、偏任則
其弊也劫奪、先聖知其然也、故博兼親疏而並
用之、近則有宗盟藩衛之固、遠則有仁賢輔佐
之助、興則有與共其治、衰則有與守其土、安則
有與享其福、危則有與同其禍、夫然、故能有其
國家、本枝百世也、今魏尊尊之法雖明、親親之
道未備、詩不云乎、鶺鴒在原、兄弟急難、以斯言
之、明兄弟相救於喪亂之際、同心於憂禍之間、
雖有鬩墻之忿、不忘禦侮之事、何則憂患同也、
今則不然、或任而不重、或釋而不任、一旦疆場
稱警、關門反拒、股肱不扶、胸心無衛、臣竊惟此、
寢不安席、謹撰合所聞、叙論成敗、論曰、昔夏殷
周、歷世數十、而秦二世而亡、何則三代之君、與

天下共其民、故天下同其憂也、秦王獨制其民、
故傾危莫救也、夫與人共其樂者、人必憂其憂、
與人同其安者、人必拯其危、先王知獨治之不
能久也、故與人共治之、知獨守之不能固也、故
與人共守之、兼親疏而兩用、參同異而並建、是
以輕重足以相鎮、親疏足以相衛、并兼路塞、逆
節不生、及其衰也、桓文帥禮、王綱弛而復張、諸
侯微而復肅、二霸之後、浸以陵遲、吳楚憑江漢、
負固方城、雖心希九鼎、而畏迫宗姬、姦情散於
胸懷、逆謀消於脣吻、斯豈非信重親戚、任用賢
能、枝葉碩茂、本根賴之與、自此之後、轉相攻伐、
曁于戰國、諸姬微矣、至於王赧、降為庶人、猶枝
葉相持、得居虛位、海內無主、四十餘年、秦據形
勝之地、騁譎詐之術、至於始皇、乃定天位、曠日
若彼、用力若此、豈非深固根蔕、不拔之道乎、秦
觀周之弊、以為小弱見奪、於是廢五等之爵、立
郡縣之官、子弟無尺寸之封、功臣無立錐之土、
內無宗子以自毗輔、外無諸侯以為藩衛、仁心

舊無捐楫至固金二十二字補之

不加於親戚、惠澤不流於枝葉、譬猶芟刈股肱、
獨任胸腹、浮舟江海、弃捐楫櫂、觀者為之寒心、
而始皇晏然、自以為關中之固、金城千里、子孫
帝王萬世之業也、豈不悖哉、至於身死之日、無
所寄付、委天下之重於凡人之手、託廢立之命
於姦臣之口、至令趙高之徒、誅鋤宗室、胡亥少
習刻薄之教、長遭凶父之業、不能改制易法、寵
任兄弟、而乃師譚申商、諮謀趙高、自幽深宮、委
政讒賊、身殘望夷、求為黔首、豈可得哉、遂乃郡
國離心、衆庶潰叛、勝廣倡之於前、劉項弊之於
後、向使始皇納淳于之策、抑李斯之論、割裂州
國、分王子弟、封三代之後、報功臣之勞、士有常
君、人有定主、枝葉相扶、首尾為用、雖使子孫有
失道之行、時人無湯武之賢、姦謀未發、而身已
屠戮、何區區之陳項、而得措其手足哉、故漢祖
奮三尺之劍、驅烏集之衆、五年之中、而成帝業、
自開闢已來、其興立功勳、未有若漢祖之易者
也、夫伐深根者、難為功、摧枯朽者、易為力、理勢

然也、漢監秦之失、封殖子弟、及諸呂擅權、圖危
劉氏、而天下所以不傾動者、百姓所以不易心
者、徒以諸侯強大、盤石膠固、東牟朱虛、受命於
內、齊代吳楚、作衛于外也、向使高祖踵亡秦之
法、忽先王之制、則天下已傳、非劉氏有也、然高
祖封建、地過古制、大者跨州兼郡、小者連城數
十、上下無別、權侔京室、故有吳楚七國之患、賈
誼曰、諸侯強盛、長亂起姦、莫若衆建諸侯、而少
其力、則下無背叛之心、上無誅伐之事、文帝不
從、至於孝景、猥用晁錯之計、削黜諸侯、親者怨
恨、疏者震恐、吳越倡謀、五國從風、兆發高帝、釁
鍾文景、由寬之過制、急之不漸故也、所謂末大
必折、尾大難掉、尾同於體、猶或不從、況乎非體
之尾、其可掉哉、武帝從主父之策、下推恩之令、
自是之後、齊分為七、趙分為六、淮南三割、梁代
五分、遂以陵遲、子孫微弱、衣食租稅、不預政事、
或以酎金免削、或以無後國除、至於成帝、王氏
擅朝、劉向諫曰、臣聞公族者、國之枝葉、枝葉落

則本根無所庇蔭、其言深切、多所稱引、成帝雖悲傷歎息、而不能用、至于哀平、異姓秉權、假周公之事、而爲田常之亂、高拱而竊天位、一朝而臣四海、漢宗室王侯、解印釋綬、貢奉社稷、猶懼不得爲臣妾、或乃爲之符命、頌莽恩德、豈不哀哉、由斯言之、非宗子獨忠孝於惠文之間、而叛逆於哀平之際也、徒權輕勢弱、不能有定耳、賴光武皇帝挺不世之姿、禽王莽於已成、紹漢嗣於既絕、斯豈非宗子之力耶、而曾不監秦之失策、襲周之舊制、踵亡國之法、而僥倖無疆之期、至於桓靈、閹豎執衡、朝無死難之臣、外無同憂之國、君孤立於上、臣弄權於下、本末不能相御、身首不能相使、由是天下鼎沸、姦凶並爭、宗廟焚爲灰燼、宮室變爲榛藪、居九州之地、而身無所安處、悲夫、漢氏奉天、禪位於大魏、大魏之興、于今二十四年矣、觀五代之存亡、而不用其長策、觀前車之傾覆、而不改其轍迹、子弟王空虛之地、君不使之民、宗室竄於閭閻、不聞邦國之政、權均匹夫、勢齊凡庶、內無深根不拔之固、外無盤石宗盟之助、非所以保安社稷、爲萬世之策、且今之州牧郡守、古之方伯諸侯、皆跨有千里之土、兼軍武之任、或比國數人、或兄弟並據、而宗室子弟、曾無一人間廁其間、非所以強幹弱枝、備萬一之虞也、今之用賢、或超爲名都之主、或爲偏師之帥、而宗室有文者、必限小縣之宰、有武者、必置於百人之上、使夫廉高之士、畢志於衡軛之內、才能之人、恥與非類爲伍、非所以勸進賢能、褒異宗室之禮、夫泉涸則流竭、根朽則葉枯、枝繁者蔭根、條落者本孤、故語曰、百足之蟲、至死不僵、扶之者衆也、此言雖小、可以譬大、且墉基不可倉卒而成、威名不可一朝而立、皆爲之有漸、建之有素、譬之種樹、久則深固、其根本茂盛、其枝葉若造次徙於山林之中、植於宮闕之下、雖壅之以黑墳、煖之以春日、猶不救於枯槁、何暇蕃育哉、夫樹猶親戚、土猶士民、建置不久、則輕下慢上、平居猶懼其離叛、危急將如之何、是以聖王安而不逸、以慮危也、存而設備、以懼亡也、故疾風卒至、而無摧拔之憂、天下有變、而無傾危之患矣、

王粲字仲宣、山陽人也、拜侍中、始文帝爲五官將、及平原侯植、皆好文學、粲與徐幹陳琳阮瑀應瑒劉楨、並見友善、琳字孔璋、避難冀州、袁紹使典文章、魏氏春秋載、紹使琳作檄文曰、司空曹操祖父騰、故中常侍、與左悺徐璜並作妖孽、饕餮放橫、傷化虐民、父嵩乞匄攜養、因贓假位、輿金輦璧、輸貨權門、竊盜鼎司、傾覆重器、操贅閹遺醜、本無令德、僄狡鋒俠、好亂樂禍、幕府昔遇董卓侵官暴國、方羅英雄、弃瑕錄用、謂其鷹犬之才、爪牙可任、遂乘資跋扈、肆行酷裂、割剝元元、殘賢害善、放志專行、威劫省禁、卑侮王宮、敗法亂紀、坐召三臺、專制朝政、爵賞由心、刑罰由口、所愛光五宗、所惡滅三族、羣談者蒙顯誅、腹議者蒙隱戮、道路以目、百寮鉗口、梁孝王、先帝母弟、墳陵尊顯、操率將士、親臨發掘、破棺裸尸、略取金寶、又署發丘中郎將、模金校尉、所過隳突、無骸不露、身處三公之官、而行桀虜之態、殄國虐民、毒流人鬼、加其細政苛慘、科防互設、繒繳充蹊、坑穽塞路、歷觀古今書籍所載、貪殘虐烈無道之臣、於操爲甚、袁氏敗、琳歸太祖、太祖謂曰、卿昔爲本初移書、但可罪狀孤而已、惡惡止其身、何乃上及父祖耶、琳謝罪、文士傳稱琳謝曰、楚漢未分、蒯通進策於韓信、乾時之戰、管仲肆力於子糾、唯欲效計其主、取禍一時、故跖之客可使刺由、桀之犬可使吠堯也、今明公必能進賢於忿後、棄愚於愛前、四方革命、而英豪託心矣、唯明公裁之、太

舊無應瑒二字補之

祖愛才、而不吝也、太祖以琳爲軍謀祭酒、管記室、

衛覬字伯儒、河東人也、爲尚書、明帝卽位、百姓凋匱、而役務方殷、覬上疏曰、夫變情厲性、強所不能、人臣言之既不易、人主受之又艱難、且人之所樂者、富貴榮顯也、所惡者、貧賤死亡也、然此四者、君上之所制、君愛之則富貴顯榮、君惡之則貧賤死亡、順指者愛所由來也、逆意者惡所從至也、故人臣皆爭順指、而避逆意、非破家爲國、殺身成君者、誰能犯顏色、觸忌諱、建一言、開一說哉、陛下留意察之、則臣下之情可見矣、今議者多好悅耳、其言治、則比陛下於堯舜、其言征伐、則比二虜於狸鼠、臣以爲不然、漢文之時、諸侯強大、賈誼累息、以爲至危、況今四海之內、分而爲三、羣士陳力、各爲其主、是與六國分治、無以爲異也、當今千里無煙、遺民困苦、陛下不善留意、將遂凋弊、難可復振、禮、天子之器、必有金玉之飾、飲食之肴、必有八珍之味、至於凶荒、則徹膳降服、然則奢儉之節、必視世之豐約也、武帝之時、後宮食不過一肉、衣不用錦繡、茵蓐不緣飾、器物無丹漆、用能平定天下、遺福子孫、此皆陛下之所親覽也、當今之務、宜君臣上下、量入爲出、深思句踐滋民之術、由恐不及、而尚方所造金銀之物、漸更增廣、修靡日崇、帑藏日竭、昔漢武信神仙之道、謂當得雲表之露、以湌玉屑、故立仙掌、以承高露、陛下至通、每所非笑、漢武有求於露、而由尚見非、陛下無求於露、而空設之、不益於好、而糜費功夫、誠皆聖慮所宜裁制也、

至通作通明

劉廙字恭嗣、南陽人也、爲五官將文學、魏諷反、廙弟偉爲諷所引、當相坐誅、太祖令曰、叔向不坐弟虎、古之制也、特原不問、廙別傳載廙表論治道、曰、昔周有亂臣十人、有婦人焉、孔子稱才難、不其然乎、明賢者難得也、況亂弊之後、百姓彫盡、士之存者、蓋亦無幾、其股肱大職、及至州郡督司邊方重任、雖備其官、亦未得其人也、此非選者之不用意、蓋才匱使之然耳、況長吏已下羣職小任、能皆簡練、備得其人乎、其計莫如督之以法也、不爾而數轉易、往來不已、送迎之煩、不可勝計、轉易之間、輒有姦巧、既於事不省、而爲政者亦以其不得久安之故、知惠益不得成於已、而苟且之可免於患、皆將不念盡心於卹民、而夢想於聲

譽此非所以爲政之本意也今之所以爲黜陟
者近頗以州郡之毀譽聽往來之浮言耳非皆
得其事實而課其能否也長吏之所以爲佳者
奉法也憂公也卹民也此三事者或州郡有所
不便往來者有所不安而長吏執之不已於治
雖得計其聲譽未爲美屈而從人於治雖失計
其聲譽必集也長吏皆知黜陟之在於此也亦
何能不去本而就末哉以爲長吏皆宜使少久
足使自展歲課之能三年總計乃加黜陟課之
皆當以事不得依名也事者皆以其戶口率其
墾田之多少及盜賊發興民之亡叛者爲得負
之計如此行之則無能之吏脩名無益有能之
人無名無損法之一行雖無部司之監姦
譽妄毀可得而盡也事上太祖甚善之

陳羣字長文潁川人也爲司空錄尚書事青龍
中營治宮室百姓失農時羣上疏曰禹承唐虞

之盛猶卑宮室而惡衣服況今喪亂之後人民
至少吳蜀未滅社稷不安今舍此急而先宮室
臣懼百姓遂困將何以應敵此安危之機也唯
陛下慮之帝答曰王者宮室亦宜並立滅賊之
後但當罷守耳豈可復興役耶是故君之職蕭
何之大略也羣又曰昔漢祖唯與項羽爭天下
羽已滅宮室燒焚是以蕭何起武庫大倉皆是
要急然猶非其壯麗今二虜未平誠不宜與古
同也夫人之所欲莫不有辭況乃天下莫之敢

違前欲壞武庫謂不可不壞也後欲置之謂不
可不置也若必作之固非臣下辭言所屈若少
留神卓然迴意亦非臣下之所及也漢明帝欲
起德陽殿鍾離意諫卽用其言後乃復作之殿
成謂羣臣曰鍾離尚書在不得成此殿也夫王
者豈憚一臣蓋爲百姓也今臣曾不能少凝聖
聽不及意遠矣帝於是有所減省

陳矯字季弼廣陵人也遷尚書令明帝嘗卒至
尚書門矯跪問帝曰陛下欲何之曰欲案行文

書耳矯曰此自臣職分非陛下所宜臨也若臣
不稱其職則請就黜退陛下宜還帝慙回車而
反其亮直如此

盧毓字子家涿郡人也青龍中入爲侍中侍中
高堂隆數以宮室事切諫帝不悅毓進曰臣聞
君明則臣直古之聖王恐不聞其過故有敢諫
之鼓近臣盡規此乃臣等所以不及隆隆諸生
名爲狂直陛下宜容之爲吏部尚書前此諸葛
誕等馳名譽有四窻八達之誚帝深疾之時舉

中書郎、詔曰、得其人與否、在盧生耳、選擧莫取有名、名如畫地作餅、不可啖、毓對曰、名不足以致異人、而可以得常士、常士畏教慕善、然後有名、非所當疾也、愚臣既不足以識異人、又主者正以循名案常爲職、但當有以驗其後、故古者敷奏以言、明試以功、帝納其言、

和洽字陽士、汝南人也、爲丞相掾屬、時毛玠崔琰並以忠清幹事、其選用先尚儉節、洽言曰、天下大器、在位與人、不可以一節儉也、儉素過中、

自以處身則可、以此格物、所失或多、今朝廷之儀、吏著新衣乘好車者、謂之不清、形容不飾、衣裘弊壞者、謂之廉潔、至令士大夫故汙辱其衣、藏其輿服、朝府大吏、或自挈壺餐、以入官寺、夫立教觀俗、貴處中庸、爲可繼也、今崇一概難堪之行、以檢殊塗、勉而爲之、必有疲瘁、古之大教、務在通人情而已、凡激詭之行、則容隱僞矣、（孫盛曰、夫矯枉過正、則巧僞滋生、以克訓下、則民志險隘、非聖王所以陶化萬物、闡邪存誠之道、和洽之言、於是允矣、）

舊無魏國既建

魏國既建、爲侍中、後有白毛玠謗毀太

四字補之

祖、太祖見近臣怒甚、洽陳玠素行有本、求案實其事、罷朝、太祖令曰、今言事者白玠不但謗吾也、乃復爲崔琰觖望、此損君臣恩義、妄爲死友怨歎、殆不可忍也、和侍中比求實之、所以不聽欲重參之耳、洽對曰、如言玠罪過深重、非天地所覆載、臣非敢曲理玠以枉大倫也、以玠出羣吏之中、特見拔擢、顯在首職、歷年荷寵、剛直忠公、爲衆所憚、不宜有此、然人情難保、要宜考覈兩驗其實、今聖恩垂含垢之仁、不忍致之于理、

更使曲直之分不明、疑自近始、太祖曰、所以不考、欲兩全玠及言事者耳、洽對曰、玠信有謗上之言、當肆之市朝、若玠無此言、言事者加誣大臣、以誤主聽、二者不加檢覈、臣竊不安、太祖曰、方有軍事、安可受人言便考之耶、轉爲太常、清貧守約、至賣田宅以自給、明帝聞之、加賜穀帛、

杜襲字子緒、潁川人也、爲侍中、將軍許攸擁部曲不附太祖、而有謾言、太祖大怒、先欲討之、羣臣多諫、可招懷攸、共討彊敵、太祖橫刀於膝、作

色不聽襲入欲諫太祖逆謂之曰吾計已定卿勿復言之襲曰若殿下計是耶臣方助殿下成之若殿下計非耶雖成宜改之殿下逆臣令勿言何待下之不闇乎太祖曰許攸慢吾如何可置乎襲曰殿下謂許攸何如人耶太祖曰凡人也襲曰夫唯賢知賢唯聖知聖凡人安能知非凡人耶方今豺狼當路而狐狸是先人將謂殿下避強攻弱進不爲勇退不爲仁臣聞千石之弩不爲鼷鼠發機萬鈞之鐘不以莛撞起音今區區之許攸何足以勞神武哉太祖曰善遂厚撫攸攸卽歸服

高柔字文惠陳留人拜丞相理曹掾時置校事盧洪趙達等使察羣下柔諫曰設官分職各有所司今置校事既非居上信下之旨又達等數以憎愛擅作威福宜檢治之太祖曰卿知達等恐不如吾也要能刺擧而辦衆事使賢人君子爲之則不能也昔叔孫通用羣盜良有以也達等後姦利發太祖殺之以謝於柔文帝踐祚轉治書執法時民間數有誹謗妖言帝疾之有妖言輒殺而賞告者柔上疏曰今妖言者必戮告之者輒賞既使過誤無反善之路又將開凶狡之羣相誣罔之漸誠非所以息姦省訟緝熙治道也昔周公作誥稱殷之祖宗咸不顧小人之怨在漢太宗亦除妖言誹謗之令臣愚以爲宜除妖謗賞告之法以隆天父養物之仁帝不卽從而相誣告者滋甚帝乃下詔敢以誹謗相告以所告罪罪之於是遂絕遷爲廷尉明帝卽位（舊無明帝卽位四字補之）時獵法甚峻而典農劉龜竊於禁內射兎其功曹張京詣校事言之帝匿京名收龜付獄柔表請告者名大怒曰劉龜當死乃敢獵吾禁地送龜廷尉廷尉便當考掠何復請告者主名吾豈妄收龜邪柔曰廷尉天下之平也安得以至尊喜怒而毀法乎重復爲奏辭指深切帝意寤乃下京名卽還訊各當其罪

辛毘字佐治潁川人也文帝踐祚遷侍中帝欲徙冀州士家十萬戶實河南時連蝗民饑羣司

以爲不可而帝意甚盛毗與朝臣俱求見帝知其欲諫作色以見皆莫敢言毗曰陛下欲徙士家其計安出帝曰卿謂我徙之非邪毗曰誠以爲非帝曰吾不與卿共議毗曰陛下不以臣不肖置之左右厠之謀議之官安得不與臣議也臣所云非私也乃社稷之慮安得怒臣帝不答起入內毗隨而引其裾帝遂奮衣不還良久乃出曰佐治卿持我何太急耶毗曰今徙既失人心又無以食也帝遂徙其半嘗從帝射雉帝曰射雉樂哉毗曰於陛下甚樂於羣下甚苦帝默然後遂爲之希出明帝卽位時中書監劉放令孫資見信於主制斷時政大臣莫不交好而毗不與往來毗子敞諫曰今劉孫用事衆皆影附大人宜小降意和光同塵不然必有謗言毗正色曰主上雖未稱聰明不爲闇劣吾之立身自有本末就劉孫不平不過令吾不作三公而已何危害之有焉有大丈夫欲爲公而毀其高節者耶冗從僕射畢軌表言尚書僕射王思精勤

舊吏忠亮計略不如辛毗毗宜代思帝以訪放資放資對曰陛下用思者誠欲取其效力不貴虛名也毗實亮直然性剛而專聖慮所當深察也遂不用出爲衛尉

楊阜字義山天水人也爲將作大匠時初治宮室發美女充後庭數出入弋獵阜上疏曰陛下奉武皇帝開拓之大業守文皇帝克終之元緒誠宜思齊往古聖賢之善治總觀季世放盪之惡政所謂善治者務儉約重民力也所謂惡政者從心恣欲觸情而發也惟陛下審古世代之初所以明赫及季世所以衰弱至于泯滅近覽漢末之變足以動心誡懼矣曩使桓靈不廢高祖之法文景之恭儉太祖雖有神武於何所施其能耶而陛下何由處斯尊哉今吳蜀未定軍旅在外願陛下動則三思慮而後行重愼出入以往鑒來言之若輕成敗甚重詔報曰間得密表先陳往古明王聖主以諷闇政切至之辭款誠篤實將順匡救備悉矣覽思苦言吾甚嘉之

遷少府後詔大議政治之不便於民者阜議以爲致治在於任賢興國在於務農若舍賢而任所私此忘治之甚者也廣開宮館高爲臺榭以妨民務此害農之甚者也百工不敦其器而競作奇巧以合上欲此傷本之甚者也孔子曰苛政甚於猛虎今守功文俗之吏爲政不通治體苟好煩苛此亂民之甚者也當今之急宜去四甚帝既新作許昌宮又營洛陽宮殿觀閣阜上疏曰古之聖帝明王未有極宮室之高麗以雕弊百姓之財力者也桀作璇室象廊紂爲傾宮鹿臺以喪其社稷楚靈以築章華而身受其禍秦始皇作阿房而殃及其子二世而滅夫不度萬人之力以從耳目之欲未有不亡者陛下當以堯舜禹湯文武爲法則夏桀殷紂楚靈秦皇爲深誡巍巍大業猶恐失之不夙夜敬止允恭恤民而自逸唯宮室是侈是飾必有顚覆危亡之禍方今二虜合從謀危宗廟十萬之軍東西奔赴邊境無一日之娛農夫廢業民有饑色陛下不是爲憂而營作宮室無有已時君作元首臣爲股肱存亡一體得失同之臣雖駑怯敢忘爭臣之義言不切至不足以感寤陛下陛下不察臣言恐皇祖烈考之祚將墜于地使臣身死有補萬一則死之日猶生之年也奏御天子感其忠言手筆詔答

高堂隆字升平泰山人也爲散騎常侍青龍中大治殿舍西取長安大鐘隆上疏曰昔周景王不儀刑文武之明德忽公旦之聖制既鑄大錢又作大鐘單穆公諫而不聽泠州鳩對而不從遂迷不反周德以衰良史記焉以爲永鑒然今之小人好說秦漢之奢靡以盪聖心求取亡國不度之器勞役費損以傷德政非所以興禮樂之和保神明之休也是日帝幸上方隆與卞蘭從帝以隆表授蘭使難隆曰興衰在政樂何爲也化之不明豈鐘之罪隆對曰夫禮樂者爲治之大本也故簫韶九成鳳皇來儀雷鼓六變天神以降政是以平刑是以錯和之至也新聲發

響、商辛以殞、大鐘既鑄、周景以斃、存亡之機、恒由此作、安在廢興之不階也、君舉必書、古之道也、作而不法、何以示後、帝稱善、遷侍中、猶領太史令、崇華殿災、詔問隆此何咎、於禮寧有祈禳之義乎、對曰、夫災變之發、皆所以明敎戒也、惟率禮脩德、可以勝之、易傳曰、上不儉、下不節、孽火燒其室、又曰、君高其臺、天火爲災、此人君苟飾宮室、不知百姓空竭、故天應之以旱、火從高殿起也、上天降鑒、故譴告陛下、陛下宜增崇人道、以答天意、陵霄闕始搆、有鵲巢其上、帝以問隆、對曰、詩云、惟鵲有巢、惟鳩居之、今興宮室而鵲巢之、此宮室未成、身不得居之象也、夫天道無親、唯與善人、不可不深慮、夏商之季、皆繼體也、不欽承上天之明命、惟讒諂是從、廢德適欲、故其亡也忽焉、臣備腹心、苟可以繁祉聖躬、安存社稷、雖灰身破族、猶生之年也、豈憚忤逆之災、而令陛下不聞至言乎、於是帝改容動色、帝愈增崇宮殿、雕飾觀閣、鑿太行之石英、采穀城之文石、起景陽山於芳林之園、建昭陽殿於大極之北、鑄作黃龍鳳鳥奇偉之獸、飾陵雲臺陵霄闕、百役繁興、作者萬數、公卿以下至於學生、莫不展力、帝乃躬自掘土以率之、而遼東不朝、悼皇后崩、天作淫雨、冀州水出、漂沒民物、隆上疏切諫曰、昔在伊唐、洪水滔天、災眚之甚、莫過於彼、力役之興、莫久於此、堯舜君臣、南面而已、禹敷九州、庶士庸勳、各有等差、君子小人、物有服章、今無若時之急、而使公卿大夫並與廝徒、共供事役、聞之四夷、非嘉聲也、垂之竹帛、非令名也、是以古先哲王、畏上天之明命、矜矜業業、惟恐有違、災異既發、懼而脩政、未有不延期流祚者也、爰及末葉、闇君荒主、不崇先王之令軌、不納正士之直言、以遂其情志、恬忽變戒、未有不至於顚覆者也、秦始皇不築道德之基、而築阿房之宮、不憂蕭墻之變、而脩長城之役、當其君臣爲此計也、亦欲立萬世之業、使子孫長有天下、豈意一朝匹夫大呼、而天下傾覆哉、故臣以爲使先代之君知其所行必將至於敗則弗爲之矣是以亡國之主自謂不亡然後至於亡賢聖之君自謂將亡然後至於不亡昔漢文帝稱爲賢主躬行約儉惠下養民而賈誼方之以爲天下倒懸可爲痛哭者一可爲流涕者二可爲長歎息者三況今天下雖弊民無儋石之儲國無終年之畜外有彊敵六軍暴邊內興土功州郡騷動若有寇警則臣懼板築之士不能投命虜庭矣又將吏奉祿稍見折減方之於昔五

分居一夫祿賜穀帛人主之所以惠養吏民而爲之司命者也若今有廢是奪其命既得之而又失之此生怨之府也今陛下所與共坐廊廟治天下者非三司九列則臺閣近臣皆腹心造膝宜在無諱若見豐省而不敢以告從命奔走唯恐不勝是則具臣非鯁輔也昔李斯教秦二世曰爲人主而不恣睢命之曰天下桎梏二世用之秦國以覆斯亦滅族是以史遷議其不正諫而爲世誡書奏帝覽焉謂中書監令曰觀隆

此奏使朕懼哉隆疾篤口占上疏曰臣常疾世主莫不思紹堯舜湯武之治而蹈踵桀紂幽厲之跡莫不蚩笑季世惑亂亡國之主而不登踐虞夏殷周之軌悲夫尋觀三代之有天下聖賢相承歷載數百尺土莫非其有一民莫非其臣癸辛之徒恃其旅力知足以拒諫才足以飾非諂諛是尚臺觀是崇淫樂是好倡優是悅上天不蠲眷然迴顧宗國爲墟天子之尊湯武有之豈伊異人皆明王之冑也且當六國之時天下

殷熾秦既兼之不脩聖道乃搆阿房之宮築長城之守矜夸中國威服百蠻天下震竦道路以目自謂本枝百世永垂洪暉豈悟二世而滅社稷崩圯哉臣觀黃初之際異類之鳥育長燕巢口爪胷赤此魏室之大異也宜防鷹揚之臣於蕭牆之內可選諸王使君國典兵往往棊跱鎮撫皇畿翼亮帝室昔周之東遷晉鄭是依漢呂之亂實賴朱虛蓋前代之明鑒也夫皇天無親唯德是輔民詠德政則延期過歷下有怨歎則

舊無非獨至下也八字補之

拔錄援能由此觀之則天下之天下也非獨陛下之天下也臣百疾所鍾氣力稍微輒自輿出還舍若遂沈淪魂而有知結草以報

田豫字國讓漁陽人也爲護烏丸校尉魏略曰鮮卑素利等數來客見多以牛馬遺豫豫轉送官胡乃密懷金三十斤謂豫曰我見公貧故前後遺公牛馬公輒送官今密以此上公可以爲家資豫張袖受之答其厚意胡去之後皆悉付外於是詔褒之曰昔魏絳開懷以納戎今卿舉袖以受狄金朕甚嘉焉乃賜絹五百匹也

徐邈字景山燕國人也爲涼州刺史西域流通荒戎入貢皆邈勛也賞賜皆散與將士無入家

者妻子衣食不充太子聞而嘉之隨時供給其家彈邪繩枉州界肅清嘉平六年朝廷追思清節之士詔曰夫顯賢表德聖王所重舉善而教仲尼所美故司空徐邈征東將軍胡質衛尉田豫皆服職前朝歷事四世出統戎馬入讚庶政忠清在公憂國忘私不營產業身沒之後家無餘財朕甚嘉之其賜邈等家穀二千斛錢三十萬布告天下

王昶字文舒太原人也遷兗州刺史爲兄子及子作名字皆依謙實以見其意故兄子默字處靜沈字處道其子渾字玄沖深字道沖遂書戒之曰夫人爲子之道莫大於寶身全行以顯父母此三者人知其善而或危身破家陷於滅亡之禍者何也由所祖習非其道也夫孝敬仁義百行之首而立身之本也孝敬則宗族安之仁義則鄉黨重之此行成於內名著於外者矣若不篤於至行而背本逐末以陷浮華焉以成朋黨焉浮華則有虛僞之累朋黨則有彼此之患

此二者之戒昭然著明而循覆車滋衆逐末彌甚皆由惑當時之譽昧目前之利故也夫富貴聲名人情所樂而君子或得而不處何也惡不由其道耳患人知進而不知退知欲而不知足故有困辱之累悔吝之咎語曰不知足則失所欲故知足之足常足矣覽往事之成敗察將來之吉凶未有干名要利欲而不厭而能保世持家永全福祿者也欲使汝曹立身行己遵儒者之教履道家之言故以玄默沖虛爲名欲使汝

曹顧名思義、不敢違越也、古者盤杅有銘、几杖有誡、俯仰察焉、用無過行、況在己名、可不戒之哉、夫物速成則疾亡、晚就則善終、朝華之草、夕而零落、松栢之茂、隆寒不衰、是以大雅君子惡速成、戒闕黨也、若范匄對秦客、至武子擊之、折其委笄、惡其掩人也、夫人有善鮮不自伐、有能者寡不自矜、伐則掩人、矜則陵人、掩人者人亦掩之、陵人者人亦陵之、故三郤爲戮於晉、王叔負罪於周、不唯矜善自伐好爭之咎乎、故君子

不自稱、非以讓人、惡其蓋人也、夫能屈以爲伸、讓以爲得、弱以爲強、鮮不遂矣、夫毀譽愛惡之原、而禍福之機也、是以聖人愼之、孔子曰、吾之於人、誰毀誰譽、如有所譽、必有所試、以聖人之德、猶尚如此、況庸庸之徒、而輕毀譽哉、昔伏波將軍馬援戒其兄子、言聞人之惡、當如聞父母之名、耳可得聞、口不可得道也、斯戒至矣、人或毀己、當退而求之於身、若己有可毀之行、則彼言當矣、若己無可毀之行、則彼言妄矣、當則無

怨於彼、妄則無害於身、又何反報焉、且聞人毀己而忿者、惡醜聲之加人也、人報者滋甚、不如默而自脩也、諺曰、救寒莫如重裘、止謗莫如自脩、斯言信矣、若與是非之士、凶險之人、近猶不可、況與對校乎、其害深矣、可不愼與、吾與時人從事、雖出處不同、然各有所取、潁川郭伯益、好尚通達、敏而有知、其爲人弘曠不足、輕貴有餘、得其人、重之如山、不得其人、忽之如草、吾以所知親之昵之、不願兒子爲之、北海徐偉長不治

名高、不求苟得、澹然自守、唯道是務、其有所是非、則託古人以見其意、當時無所褒貶、吾敬之重之、願兒子師之、樂安任昭先、淳粹履道、內敏外恕、處不避洿、怯而義勇、吾友之善之、願兒子遵之、若引而申之、觸類而長之、汝其庶幾舉一隅耳、及其用財、先九族、其施舍務周急、其出入存故老、其議論貴無貶、其進仕尚忠節、其取人務道實、其處世戒驕淫、其貧賤愼無戚、其進退念合宜、其行事加九思、如此而已、吾復何憂哉

鍾會字士季、潁川人也、司馬文王欲圖蜀、以會爲鎭西將軍、從駱谷入、姜維等悉降會、詔以會爲司徒、會內有異志、因鄧艾承制專事、密白艾有反狀、（世語曰、會善效人書、於劍閣、要艾章表白事、皆易其言、令辭指悖傲、多自矜伐也、）於是檻車徵艾、艾既禽、而會獨統大衆、威震西土、自謂功名蓋世、不可復爲人下、遂謀反、諸軍兵殺會、（漢晉春秋曰、文王聞鍾會功曹向雄之收葬會也、召而責之曰、往王經之死、卿哭於東市、而我不問也、今鍾會躬爲叛逆、而又輒收葬、若復相容、其如王法何、雄曰、昔先王掩骸埋胔、仁流朽骨、當時豈先卜其功罪、而後收葬哉、今王誅既加、於法已備、雄感義收葬、教亦無闕、法立於上、教弘於下、以此訓物、雄曰可矣、何必使雄背死違生、以立於時、殿下讎對枯骨、損之中野、百歲之後、爲藏獲所笑、豈仁賢所掩哉、王悅之、與宴談而遣之、習鑿齒曰、向伯茂可謂勇於蹈義也、哭王經而哀感市人、葬鍾會而義動明主、彼皆忠烈奮勁、知死而往、非存生也、尋其奉死之心、可以見事生之情、覽其忠貞之節、足以愧背義之士矣、王加禮而遣、可謂明達矣、）

羣書治要卷第二十六

羣書治要卷第二十七

秘書監鉅鹿男臣魏徵等奉　勅撰

蜀志　吳志上

蜀志

劉璋字季玉、江夏人也、爲益州刺史、聞曹公征荊州、遣別駕張松詣曹公、曹公時已定荊州、走先主、不復存錄松、松勸璋自絕、（漢晉春秋曰、張松見曹公、曹公方自矜伐、不存錄松、松歸、乃勸璋自絕、習鑿齒曰、昔齊桓一矜其功、而叛者九國、曹操暫自驕伐、而天下三分、皆勤之於數十年之內、而棄之於俯仰之頃、豈不惜乎、是以君子勞謙日昃、慮以下人、功高而居之以讓、勢尊而守之以卑、情近於物、故雖貴而人不厭其重、德洽羣生、故業廣而天下愈欣其慶、夫然、故能有其富貴、保其功業、隆顯當時、傳福百世、何驕矜之有哉、君子是以知曹操之不能遂兼天下者也、）

先主姓劉、諱備、字玄德、涿郡人也、少語言、善下人、喜怒不形於色、爲豫州牧、叛曹公、劉表郊迎、以上賓禮待之、益其兵、使屯新野、曹公南征表、會表卒、子琮請降、先主遂將其衆去、與曹公戰於赤壁、大破之、益州牧劉璋降、先主領益州牧、諸葛亮爲股肱、法正爲謀主、關羽、張飛、馬超爲爪牙、許靖麋竺簡雍爲賔友、及董和黄權李嚴等本璋之所授用也、吳壹費觀等又璋之婚親也、劉巴者宿昔之所忌恨也、皆處之顯任、盡其器能、有志之士、無不競勸、魏文帝稱尊號、傳聞漢帝見害、先主乃發喪制服、卽皇帝位於成都、章武三年、病篤、託孤於丞相亮、殂於永安宮、諸葛亮集載先主遺詔勅後主曰、朕疾殆不自濟、人年五十不稱夭、年已六十有餘、何所復恨、不復自傷也、更以卿兄弟爲念、勉之勉之、勿以惡小而爲之、勿以善小而不爲、唯賢唯德、能服於人、汝父薄德、勿效之、吾終亡之後、汝兄弟父事丞相也、評曰、先主之弘毅寬厚、

知人待士、蓋有高祖之風、英雄之器焉、及其舉國託孤於諸葛亮、而心神無二、誠君臣之至公、古今之盛軌也、

諸葛亮字孔明、瑯耶人也、每自比於管仲樂毅、時人莫之許也、唯博陵崔州平潁川徐庶元直、與亮友善、謂爲信然、時先主屯新野、徐庶見先主、先主器之、謂先主曰、諸葛孔明者、臥龍也、將軍豈願見之乎、先主遂詣亮、凡三、於是與亮情好日密、關羽張飛等不悅、先主解之曰、孤之有孔明、猶魚之有水也、願諸君勿復言、羽飛乃止、成都平、以亮爲軍師將軍、先主外出、亮常鎮守成都、足食足兵、先主卽帝位、策亮爲丞相、錄尚書事、先主病篤、召亮屬以後事、謂亮曰、君才十倍曹丕、必能安國、終定大事、若嗣子可輔輔之、如其不才、君可自取、亮涕泣曰、臣敢竭股肱之力、效忠貞之節、繼之以死、先主又爲詔勅後主曰、汝與丞相從事、事之如父、建興十二年、亮悉大衆由斜谷出、以流馬運、據武功五丈原、與司

馬宣王對於渭南、分兵屯田、耕者雜於渭濵居民之間、而百姓安堵、軍無私焉、相持百餘日、亮病卒於軍、初亮自表後主曰、成都有桑八百株、薄田十五頃、子弟衣食、自有餘饒、至於臣在外任、無別調度、隨身衣食、悉仰於官、若死之日、不使內有餘帛、外有贏財、以負陛下、及卒、如其所言、漢晉春秋曰、樊建爲給事中、晉武帝問諸葛亮之治國、建對曰、聞惡必改、而不矜過、賞罰之信、足感神明、帝曰、善哉、使我得此人以自補、豈有今日之勞乎、建稽首曰、臣竊聞天下之論、皆謂鄧艾見枉、陛下知而不理、此豈馮唐所謂雖得頗牧而不能用者乎、帝笑曰、吾乃欲明之、

舊無國字補之

卿言起我意於是發鄙理艾焉評曰諸葛亮之爲相國也撫百姓示義軌約官職從權制開誠心布公道盡忠益時者雖讎必賞犯法怠慢者雖親必罰服罪輸情者雖重必釋遊辭巧飾者雖輕必戮善無微而不賞惡無纖而不貶庶事精練物理其本循名責實虛僞不齒終於邦域之內咸畏而愛之刑政雖峻而無怨者以其用心平而勸戒明也可謂識治之良才管蕭之亞匹矣

關羽字雲長河東人也先主合徒衆羽與張飛

爲之御侮先主與二人寢則同牀恩若兄弟而稠人廣坐侍立終日隨先主周旋不避艱險先主使羽守下邳曹公東征擒羽以歸拜爲偏將軍禮之甚厚袁紹遣大將軍顏良攻東郡太守劉延於白馬曹公使張遼及羽爲先鋒擊之羽望見良麾蓋策馬刺良於萬衆之中斬其首還紹諸將莫能當者遂解白馬圍曹公表封羽爲漢壽亭侯初曹公壯羽爲人而察其心神無久留之意謂張遼曰卿試以情問之既而遼以問羽羽歎曰吾極知曹公待我厚然吾受劉將軍恩誓以共死不可背之吾終不留吾要當立效以報曹公而後乃歸遼以羽言報曹公曹公義之及羽殺顏良曹公知其必去也重加賞賜羽盡封所賜而奔先主左右欲追之曹公曰彼各爲其主勿追之

張飛字益德涿郡人也先主攻劉璋飛分定郡縣至江州破璋將嚴顏生獲顏飛呵顏曰大軍至何以不降而敢拒戰顏答曰卿等無狀侵奪

我州我州但有斷頭將軍無有降將軍也飛怒令左右牽去斫頭顏顏色不變曰斫頭便斫頭何爲怒耶飛壯而釋之引爲賓客章武元年遷車騎將軍飛雄壯威猛亞於關羽魏謀臣程昱等咸稱羽飛萬人之敵也羽善待卒伍而驕於士大夫飛愛敬君子而不恤小人先主常戒之曰卿刑殺既過差又日鞭檛健兒而令在左右此取禍之道也飛猶不悛先主伐吳飛當率兵萬人自閬中會江州臨發其帳下將張達范彊

殺飛、

龐統字士元、襄陽人也、郡命爲功曹、性好人倫、勤於長養、每所稱述、多過其才、時人怪問之、統答曰、當今天下大亂、雅道陵遲、善人少而惡人多、方欲興風俗長道業、不美其談、卽聲名不足慕企、不足慕企而爲善者少矣、今拔十失五、猶得其半、而可以崇邁世敎、使有志者自厲、不亦可乎、守耒陽令、在縣不治、免官、吳將魯肅遺先主書曰、龐士元非百里才也、使處治中別駕之

任、始當展其驥足耳、諸葛亮亦言之於先主、先主見與善談、大器之、以爲治中從事、親待亞諸葛亮、爲流矢所中卒、先主痛惜、言則流涕、

簡雍字憲和、涿郡人也、爲昭德將軍、時天旱禁酒、釀者有刑、吏於人家索得釀具、論者欲令與作酒者同罰、雍從先主遊觀、見一男子行道、謂先主曰、彼人欲行淫、何以不縛、先主曰、卿何以知之、雍對曰、彼有淫具、與欲釀者同、先主大笑、而原欲釀者、

董和字幼宰、南郡人也、先主定蜀、與諸葛亮並署大司馬府事、獻可替否、共爲歡交、死之日、家無擔石之財、亮後爲丞相、敎與羣下曰、夫參署者、集衆思廣忠益也、若遠小嫌、難相違覆、曠闕損矣、違覆而得中、猶弃弊蹻而獲珠玉也、然人心苦不能盡、唯徐元直處茲不惑、又董幼宰參署七年、事有不至、至于十反、來相啓告、苟能慕元直之十一、幼宰之慇懃、有忠於國、則亮可少過矣、又曰、昔初交州平、屢聞得失、後交元直、勤

見啓誨、前參事於幼宰、每言則盡、後從事於偉度、數有諫止、雖姿性鄙闇、不能悉納、然與此四子終始好合、亦足以明其不疑於直言也、其追思和如此、偉度者、姓胡名濟、義陽人也、爲亮主簿、有忠藎之効、故見褒述、

允字休昭、和子也、遷爲侍中、甚盡匡救之理、後主嚴憚之、後主漸長大、愛宦人黄晧、晧便辟佞諂、欲自容入、允常上則正色匡主、下則數責於晧、晧畏允、不敢爲非、終允之世、晧位不過黄門丞、陳祗代允爲侍中、與晧互相表裏、晧始預政

事、祗死後賂從黃門令、爲中常侍奉車都尉、操弄威柄、終至覆國、蜀人無不追思允、

張裔字君嗣、蜀郡人也、丞相亮以爲府長史、常稱曰、公賞不遺遠、罰不阿近、爵不可以無功取、刑不可以勢貴免、此賢愚之所以僉忘其身者也、

黃權字公衡、巴西人也、州牧劉璋召爲主簿、時別駕張松建議、宜迎先主、使伐張魯、權諫曰、左將軍有驍名、今請到、欲以部曲遇之、則不滿其

心、欲以賓客禮待之、則一國不容二君、若客有泰山之安、則主有累卵之危矣、璋不聽、出權爲廣漢長、先主遂襲取益州、諸縣望風影附、權閉城門堅守、須劉璋稽服、乃詣先主、先主假權偏將軍、先主將東伐吳、權諫曰、吳人捍戰、又水軍順流、進易退難、臣請爲先驅、以嘗寇、陛下宜爲後鎭、先主不從、以權爲鎭北將軍、督江北軍、南軍敗績、先主引退、而道隔絕、權不得還、故率將所領降于魏、有司執法、白收權妻子、先主曰、孤負黃權、權不負孤也、待之如初、臣松之以爲漢武用虛罔之言、滅李陵之家、劉主拒憲司所執、宥黃權之室、二主得失、縣邈遠矣、魏文帝謂權曰、君捨逆效順、欲追蹤陳韓邪、權對曰、臣過受劉主殊遇、降吳不可、還蜀無路、是以歸命、且敗軍之將、免死爲幸、何古人之可慕也、文帝善之、拜爲鎭南將軍、封育陽侯、加侍中、使之陪乘、蜀降人或云誅權妻子、權知其虛言、未便發喪、後得審問、果如所言、及先主薨問至、魏羣臣咸賀、而權獨否、

舊無或云至言及二十四字補之

蔣琬字公琰、零陵人也、隨先主入蜀、除廣都長、先主嘗因遊觀、奄至廣都、衆事不理、時又沈醉、先主大怒、將加罪戮、諸葛亮請曰、蔣琬社稷之器、非百里之才、其爲政、以安民爲本、不以脩飾爲先、願公重加察之、先主雅敬亮、但免官而已、亮每言、公琰託志忠雅、當與吾共贊王業者也、密表後主、臣若不幸、後事宜以付琬、亮卒、琬爲尚書令、遷大將軍、錄尚書事、時新喪元帥、遠近危竦、琬出類拔萃、處羣僚之右、旣無戚容、又無

據疑讀 聽不字

倒

喜色、神守舉止、有如平日、由是衆望漸服、加大司馬、東曹掾楊戲素性簡略、琬與言論時不應答、或欲搆戲於琬曰、公與戲語而不見應、戲之慢上、不亦甚乎、琬曰、人心不同、各如其面、面從後言、古人之所誡也、戲欲贊吾是邪、則非其本心、欲反吾言、則顯吾之非、是以默然、是戲之快也、又督農楊敏曾毀琬曰、作事憒憒、誠非及前人、或以白琬、主者請推治敏、琬曰、吾實不如前人、無可推也、主者重據聽不推、則乞問其憒憒

之狀、琬曰、苟其不如、則事不當理、事不當理則憒憒矣、復何問邪、後敏坐事繫獄、衆人猶懼其必死、琬心無適莫、得免重罪、

楊戲字文然、犍爲人也、爲射聲校尉、著季漢輔臣讚、其注載諸葛亮與張裔蔣琬書曰、掾屬喪楊顒、爲朝中多損益、襄陽記曰、楊顒字子昭、爲丞相諸葛亮主簿、亮嘗自校簿書、顒直入諫曰、爲治有體、上下不可相侵、請爲明公以作家譬之、今有人於此、使奴執耕稼、婢典炊爨、雞主司晨、犬主吠盜、牛負重載、馬涉遠路、私業無曠、所求皆足、雍容高枕、飲食而已、忽一旦盡欲以身親其役、不復付任、勞其體力、爲此碎務、形疲神困、終無一成、豈其智之不如奴婢雞狗哉、失爲家主之法也、是故古人稱、坐而論道、謂之王公、作而行之、謂之士大夫、邴吉不問橫道死人、而憂牛喘、陳平不肯知錢穀之數、云自有主者、彼誠達於位分之體也、今明公爲治、乃躬自校簿書、流汗竟日、不亦勞乎、亮謝之、又有義陽傅肜、先主退軍、斷後拒戰、兵人死盡、吳將語肜令降、肜罵曰、吳狗何有漢將軍降者、遂戰死、子僉爲關中都督、景耀六年、又臨危授命、蜀記載晉武帝詔曰、蜀將傅僉、前在關城、身拒官軍、致死不顧、僉父肜爲劉備戰亡、天下之善一也、豈由彼此以爲異、僉息著募、後沒入奚官、免爲庶人、

吳志上

孫權字仲謀、吳郡人、策弟也、策薨、以事授權、權待張昭以師傅之禮、而周瑜程普呂範等爲將

率、招延俊秀、聘求名士、魯肅諸葛瑾等、始爲賓客、分部諸將、鎭撫山越、討不從命、赤烏元年、初權信任校事呂壹、壹性苛慘、用法深刻、太子登數諫、權不納、大臣由是莫敢言、後壹姦罪發露伏誅、權引咎責躬、乃使中書郎袁禮告謝諸將、因問時事所當損益、

孫休字子烈、權第六子也、弟亮廢、孫綝使迎休、改元永安、以丞相濮陽興及左將軍張布有舊恩、委之以事、布典宮省、興關軍國、休銳意於典

籍、欲與韋曜盛冲講論道藝、曜冲素皆切直、布恐入侍、發其陰失、令己不得專、因妄飾說、以拒遏之。休答曰、孤之涉學、所見不少、其明君闇主、姦臣賊子、成敗之事、無不覽也。今曜等入、但欲與講論書耳、不爲從曜等始更受學也。縱復如此、亦何所損、君特當以曜等恐道臣下姦變之事、以此不欲令入耳。布得詔陳謝、重自序述、又言懼妨政事。休答曰、書籍之事、患人不好、好之無傷也。此無所爲非、而君以爲不宜、是以孤有

所及耳。政務學業、其流各異、不相妨也。不圖君今日在事、更行此於孤也、良所不取。布拜表叩頭。休答曰、聊相開悟耳、何至叩頭乎。如君之忠誠、遠近所知、詩云、靡不有初、鮮克有終、終之實難、君其終之。初休爲王時、布爲左右將督、素見信愛、及至踐祚、厚加寵待、專擅國勢、多行無禮、自嫌短、懼曜冲言之、故尤患忌。休雖解此旨、心不能悅、更恐其疑懼、竟如布意、廢其講業、不復使冲等入。

孫皓字元宗、權孫也。休薨、迎立皓。江表傳曰、皓初立、發優詔、恤士民、開倉廩、振貧乏、料出宮女、以配無妻、禽獸擾於苑者、放之、當時翕然、稱爲明主矣。既得志、麤暴驕盈、多忌諱、好酒色、大小失望。鳳皇二年、皓愛妾或使人至市、劫奪百姓財物、司市中郎將陳聲、素皓幸臣也、繩之以法。妾愬皓、皓大怒、假他事燒鋸斷聲頭、投其身於四望之下。天璽元年、會稽太守車浚、湘東太守張詠、不出筭緡、就在所斬之、徇首諸郡。江表傳曰、浚在公清忠、値郡荒旱、民無資糧、表求振貸、皓謂浚欲樹私恩、遣人梟首、又尚書熊睦、見皓酷虐、微有所諫、皓使人

以刀環撞殺之、身無完肌。天紀三年、晉命杜預向江陵、王濬唐彬浮江東下。初皓每宴會羣臣、無不咸令沈醉、置黃門郎十人、特不與酒、侍立終日、爲司過之吏。宴罷之後、各奏其闕失、逆視之咎、謬言之愆、罔有不擧。大者卽加威刑、小者輒以爲罪。後宮數千、而採擇無已。又激水入宮、宮人有不合意者、輒殺流之。或剝人之面、或鑿人之眼。岑昏險諛貴幸、致位九列、好興功役、衆所患苦。是以上下離心、莫爲盡力、蓋積惡已極、不復堪命。故

舊無濬受皓之降五字補之

也四年濬彬所至則土崩瓦解皓奉書於濬濬受皓之降

張昭字子布彭城人也孫策創業命昭爲長史升堂拜母如比肩之舊文武之事一以委昭每得北方士大夫書疏專歸美於昭昭欲嘿而不宣則懼有私宣之則恐非宜也進退不安策聞之歡笑曰昔管子相齊一則仲父二則仲父而桓公爲霸者宗今子布賢我能用之其功名獨不在我乎策臨亡以弟權託昭昭率羣僚立而輔之權每田獵常乘馬射虎虎常突前攀持馬鞍昭變色而前曰將軍何有當爾夫爲人君者謂能駕御英雄驅使羣賢豈謂馳逐於原野校勇猛獸者乎如有一旦之患奈天下笑何權謝昭曰年少慮事不遠權於武昌臨釣臺飲酒大醉權使人以水灑羣臣曰今日酣飲惟醉墮臺中乃當止耳昭正色不言出外車中坐權遣人呼昭還謂曰爲共作樂耳公何爲怒乎昭曰昔紂爲糟丘酒池長夜之飲當時亦以爲樂不以爲惡也權嘿然有慚色遂罷酒每朝見言論辭氣壯厲義形於色會以直言逆旨中不進見後遣中使勞問因請見昭昭曰昔太后桓王不以老臣屬陛下而以陛下屬老臣是以思盡臣節以報厚恩使泯没之後有可稱述而意慮淺短違逆盛旨自分幽淪長弃溝壑不圖復蒙引見得奉帷幄然臣愚所以事國志在忠益畢命而已若乃變心易慮以偷榮取容此臣所不能也權辭謝焉權以公孫淵稱藩遣張彌許晏至遼東拜淵爲燕王昭諫曰淵背魏懼討遠來求援非本志也若淵改圖欲自明於魏兩使不反不亦取笑於天下乎權與相反覆昭意彌切權不能堪案刀而怒曰吳國士人入宮則拜孤出宮則拜君孤之敬君亦爲至矣而數於衆中折孤孤嘗恐失計昭孰視權曰臣雖知言不用而每竭愚忠者誠以太后臨崩呼老臣於牀下遺詔顧命之言故耳因涕泣橫流權擲刀致地與昭對泣昭容貌矜嚴有威風權常曰孤與張公言

不敢妄也、舉邦憚之、
顧譚字子嘿、吳郡人也、祖父雍卒、代雍平尚書事、是時魯王霸有盛寵、與太子和齊衡、譚上疏曰、臣聞有國有家者、必明嫡庶之端、異尊卑之禮、高下有差、階級踰邈、如此則骨肉之恩生、覬覦之望絕、昔賈誼陳治安之計、論諸侯之勢、以爲勢重、雖親必有逆節之累、勢輕、雖疏必有保全之祚、故淮南親弟、不終饗國、失之於勢重也、吳芮疏臣、傳祚長沙、得之於勢輕也、今臣所陳、非有偏誠、欲以安太子、而便魯王也、由是霸與譚有隙、

步騭字子山、臨淮人也、拜驃騎將軍、都督西陵、中書呂壹典校文書、多所糾舉、騭上疏曰、伏聞諸典校擿抉細微、吹毛求瑕、重案深誣、趣陷人以成威福、無罪無辜、橫受大刑、是以吏民跼天蹐地、誰不戰慄、昔之獄官、唯賢是任、故民無冤枉、升泰之祚、實由此興、今之小臣、動與古異、獄以賄成、輕忽人命、歸咎於上、爲國速怨、甚可仇疾、明德慎罰、哲人惟刑、書傳所美、自今蔽獄、都下則宜諮顧雍、武昌則陸遜潘濬、平心專意、務在得情、騭黨神明、受罪何恨、此三臣者、思慮不至則已、豈敢專擅威福、欺其所天乎、權亦覺寤、遂誅呂壹、

舊無騭黨神明四字補之

張紘字子綱、廣陵人也、權以爲長史、病卒、臨困留牋曰、自古有國有家者、咸欲修德政、以比隆盛世、至於其治、多不馨香、非無忠臣賢佐、闇於治體也、由主不勝其情、弗能用耳、夫人情憚難而趣易、好同而惡異、與治道相反、傳曰、從善如登、從惡如崩、言善之難也、人君承奕世之基、據自然之勢、操八柄之威、甘易同之歡、無假取於人、而忠臣挾難進之術、吐逆耳之言、其不合也、不亦宜乎、雖則有釁、巧辯緣間、眩於小忠、戀於恩愛、賢愚雜錯、長幼失敘、其所由來、情亂之也、故明君悟之、求賢如饑渴、受諫而不厭、抑情損欲、以義割恩、上無偏謬之授、下無希冀之望、宜加三思、含垢藏疾、以成仁覆之大、權省書流涕、

呂蒙字子明汝南人也拜虎威將軍關羽討樊權遣蒙到南郡糜芳降蒙入據城盡得羽及將士家屬蒙皆撫恤過於平時故羽吏士無鬬心皆委羽降荊州遂定以蒙爲南郡守蒙疾發權時在公安迎置內殿所以治護者萬方募封內有能愈蒙疾者賜千金時有減加權爲之慘慼欲數見其顔色又恐其勞動常穿壁瞻之見其小能下食則喜顧左右言笑不然則咄唶夜不能寐病中瘳爲下赦令令羣臣畢賀後更增篤權自臨視卒權哀痛甚

舊痛下有心字刪之

呂範字子衡汝南人也遷前將軍初策使範典主財計權時年少私從有求範必關白不敢專許當時以此見望權守陽羨長有所私用策或料覆功曹周谷輒爲傳著簿書使無譴問權臨時悅之及後統事以範忠誠厚見信任以谷能欺更簿書不用也

虞翻字仲翔會稽人也孫策命爲功曹待以交友之禮孫權以爲騎都尉數犯顔諫爭權不能悅又性不協俗多見謗毀權既爲吳王歡宴之末自起行酒翻伏地陽醉不持權去翻起坐權於是大怒手劍欲擊之侍坐者莫不遑遽惟大司農劉基起抱權諫曰大王以三爵之後手殺善士雖翻有罪天下孰知之且大王以能容賢畜衆故海內望風今一朝弃之可乎權曰曹孟德殺孔文擧孤於虞翻何有哉基曰孟德輕害士人天下非之今大王躬行德義欲與堯舜比隆何得自喻於彼乎翻由是得免權因勅左右自今酒後言殺皆不得殺翻性疏直數有酒失權積怒非一遂徙翻交州

張溫字惠恕吳人也容貌奇偉權延見文辭占對觀者傾竦權改容加禮拜議郎選曹尚書以輔義中郎將使蜀還權既陰銜溫稱美蜀政又嫌其聲名太盛衆庶炫惑恐終不爲己用思有以中傷之會暨豔事起遂因此發擧豔字子休亦吳郡人也溫引致之以爲選曹郎至尚書豔性狷厲好爲淸議見時郎署雜濁多非其人欲

舊無有字補之

令臧否區別賢愚異貫彈射百寮覈選三署率皆貶高就下其居位貪鄙志節汙卑者皆以爲軍吏置營府以處之而怨憤之聲積浸潤之譖行矣競言豔及選曹郎徐彪專用私情愛憎不由公理豔彪皆坐自殺溫宿與豔彪同意數交書疏聞問往還即罪溫權幽之有司斥還本郡騎統表理溫曰伏惟陛下天生明德神啓聖心招髦秀於四海置俊乂於宮朝多士既受普篤之恩張溫又蒙最隆之施而溫自招罪譴孤負

榮遇念其如此誠可悲疚然臣周旋之間爲國觀聽深知其狀故密陳其理溫實心無他情事無逆跡但年紀尚少鎮重尚淺而戴赫烈之寵體卓偉之才亢臧否之談効褒貶之議於是務勢者妒其寵爭名者嫉其才玄嘿者非其談瑕釁者諱其議此臣下所當詳辯明朝所當究察也在昔賈誼至忠之臣也漢文大明之君也然而絳灌一言賈誼遠退何者疾之者深譖之者巧也然而誤聞於天下失彰於後世故孔子曰

爲君難爲臣不易溫雖智非從橫武非虓虎然其弘雅之素英秀之德文章之采論議之辯卓躒冠羣煒曄曜世世人未有及之者也故論溫才即可惜言罪則可恕若忍威烈以赦盛德宥賢才以敦大業固明朝之休光四方之麗觀也君臣之義義之最重朋友之交交之最輕者國家不嫌與豔爲最重之義是以溫亦不嫌與豔爲最輕之交也時世寵之於上溫竊親之於下也臣竊念人君雖有聖哲之姿非常之智然以

一人之身御兆民之衆從增宮之內瞰四國之外照羣下之情求萬機之理猶未易周也固當聽察羣下之言以廣聰明之烈今者人非溫既殷勤臣是溫又契闊辭則俱巧意則俱至各自言欲爲國誰其言欲爲私倉卒之間猶難即別然以殿下之聰叡察講論之曲直若潛神留思纖粗研核情何嫌而不宣事何昧而不昭哉溫非親臣也臣非愛溫者也昔之君子皆抑私忿以增君明彼獨行之於前臣恥廢之於後故遂

舊無殃疫死喪之災六字補之

發宿懷於今日納愚言於聖聽實盡心於明朝非有念於溫身也權終不納

駱統字公緒會稽人也權召爲功曹統志在補察苟所聞見夕不待旦常勸權以尊賢接士勤求損益饗賜之日可人人別進問其燥濕加以密意誘諭使言察其志趣令皆感恩戴義懷欲報之心權納用焉出爲建忠郎將是時徵役繁數重以疫癘民戶損耗統上疏曰臣聞君國者以據疆土爲强富制威福爲尊貴曜德義爲榮

顯永世胤爲豐祚然財須民生强賴民力威恃民勢福由民殖德俟民茂義以民行六者既備然後應天受祚保族宜邦書曰衆非后無能胥以寧后非衆無以辟四方推是言之則民以君安君以民濟不易之道也今强敵未殄海內未乂三軍有無已之役江境有不釋之備徵賦調數由來積紀加以殃疫死喪之災郡縣荒虛田疇無曠聽聞屬城民戶浸寡又多殘老少有丁夫思尋所由小民無知既有安土重遷之性且

舊無復荒至大願十二字補之

又前後出爲兵者生則困苦無有溫飽死則委弃骸骨不反是以尤用戀本畏遠同之於死每有徵發羸謹居家重累者先見輸送小有財貨傾居行賂不顧窮盡輕剽者則迸入險阻黨就羣惡百姓虛竭嗷然愁擾愁擾則不營業不營業則致窮困致窮困則不樂生故口腹急則姦心動而攜叛多也夫國之有民猶水之有舟停則以安擾則以危愚而不可欺弱而不可勝也是以聖王重焉禍福由之故與人消息觀時制

政方今長吏親民之職惟以辦具爲能取過目前之急少復以恩惠爲治副稱陛下天覆之仁勤恤之德者也官民政俗日以彫弊漸以陵遲勢不可久夫治疾及其未篤除患貴其未深願陛下少以萬機餘閑留神思省補復荒虛深圖遠計臣統之大願足以死而不朽矣權感統言深加意焉遷偏將軍數陳便宜前後書數十上所言皆善

朱據字子範吳郡人也拜左將軍嘉禾中始鑄

大錢、一當五百、後據部曲應受三萬緡、工王遂詐而受之、典校呂壹疑據實取、考問主者、死於杖下、據哀其無辜、以厚棺斂之、壹又表據吏爲據隱、故厚其殯、權數責問據、據無以自明、藉草待罪、數月、典軍吏劉助覺言王遂所取、權大感寤曰、朱據見枉、況吏民乎、乃窮治壹罪、賞助百萬、

羣書治要卷第二十七

羣書治要卷第二十八

秘書監鉅鹿男臣魏徵等奉　勅撰

吳志下

陸遜字伯言、吳郡人也、爲鎭西將軍、劉備大率衆來、權命遜爲大都督拒之、備衆奔潰、拜上大將軍右都護、遜雖身在外、乃心於國、上疏陳時事曰、臣以爲科法嚴峻、下犯者多、頃年以來、將吏罹罪、雖不愼可責、然天下未一、當圖進取、小宜恩貸、以安下情、且世務日興、良能爲先、自不姦穢入身、難忍之過、乞復顯用、展其力効、此乃

聖王忘過記功、以成王業也、昔漢高舍陳平之愆、用其奇略、終建勳祚、功垂千載、夫峻法嚴刑、非帝王之隆業、有罰無恕、非懷遠之弘規也、赤烏七年、爲丞相、先是二宮並闕、中外職司、多遣子弟給侍、全琮報遜、遜以爲子弟苟有才、不憂不用、不宜私出以要榮利、若其不佳、終爲取禍、且聞二宮勢敵、必有彼此、此古人之厚忌也、琮子寄果阿附魯王、輕爲交構、遜書與琮曰、卿不

舊無大將軍三字補之

師曰碑而宿留阿寄終爲足下門戶致禍矣琮
既不納更以致隙及太子有不安之議遜上疏
陳太子正統宜有盤石之固魯王藩臣當使寵
秩有差彼此得所上下獲安謹叩頭流血以聞
書三四上及求詣都欲口論嫡庶之分以匡得
失既不聽許而遜外甥顧譚顧承姚信並以親
附太子枉見流徙太子太傅吾粲坐數與遜交
書下獄死權累遣中使責讓遜遜憤恚致卒也
子抗字幼節遷立節中郎將權謂曰吾前聽用

讒言與汝父大義不篤以此負汝前後所問一
焚滅之莫令人見也孫皓即位加鎮軍大將軍
督信陵等軍事抗聞都下政令多闕時何定弄
權閹官與政抗上疏曰臣聞開國承家小人勿
用靖譖庸回唐書攸戒是雅人所以怨刺仲尼
所爲歎息也春秋已來爰及秦漢傾覆之釁未
有不由斯者也小人所見既淺雖使竭情盡節
猶不足任況其姦心素篤而憎愛移易哉苟患
失之無所不至今委以聰明之任假以專制之

威而冀雍熙之聲作肅清之化立不可得也方
今見吏殊才雖少然或冠冕之胄少漸道教或
清苦自立資能足用自可隨才授職抑黜羣小
然後俗化可清庶政無穢聞薛瑩徵下獄抗上
疏曰夫俊乂者國家之良寶社稷之貴資庶政
所以倫敘四門所以穆清也故大司農樓玄散
騎中常侍王蕃少府李勗皆當世秀穎一時顯
器既蒙初寵從容列位而並旋受誅殛或圮族
替祀或投棄荒裔蓋周禮有赦賢之辟春秋有

宥善之義書曰與其殺不辜寧失不經而蕃等
罪名未定大辟以加心經忠義身被極刑豈不
痛哉且已死之刑固無所識至乃焚爍流漂弃
之水濵懼非先王之正典或甫侯之所戒也是
以百姓哀聳士民同慼蕃勗永已悔亦靡及誠
望陛下赦召玄出而頃聞薛瑩卒見逮錄瑩父
綜納言先帝傅弼文皇及瑩承基內厲名行今
之所坐罪在可宥臣懼有司未詳其事如復誅
戮益失民望乞垂天恩原赦瑩罪哀矜庶獄清

澄刑網、則天下幸甚、

孫登字子高、權長子也、權爲吳王、立登爲太子、選置師傅、銓簡秀士、以爲賓友、登或射獵、遠避良田、不踐苗稼、至所頓息、又擇空閑之地、其不欲煩民如此、嘗乘馬出、有彈丸過、左右求之、有一人操彈佩丸、咸以爲是、辭對不服、從者欲捶之、登不聽、使求過丸、比之非類、乃見釋、又失盛水金馬盂、覺得其主、左右所爲、不忍致罰、呼責數之、長遣歸家、勑親近勿言、

孫和字子孝、立爲太子、常言當世士人宜講脩術學、校習射御、以周世務、而但交遊博奕、以妨事業、非進取之謂、後羣寮侍宴、言及博奕、以爲妨事費日、而無益於用、勞精損思、而終無所成、非所以進德脩業、積累功緒也、且志士愛日惜力、君子慕其大者、凡所患者、在於人情所不能絕、誠能絕無益之欲、以奉德義之塗、棄不急之務、以脩功業之基、其於名行、豈不善哉、夫人情猶不能無嬉娛、嬉娛之好、亦在於飲宴琴書射御之間、何必博奕、以爲歡、乃命侍坐者八人、各著論以矯之、於是中庶子韋曜退而論奏、和以示賓客、時蔡穎好奕、直事在署者頗效焉、故以此諷之、是後王夫人與全公主有隙、權嘗寢疾、和祠祭於廟、和妃叔父張休居近廟、邀和過所居、全公主使人覘、因言太子不在廟中、專就妃家計議、又言王夫人見上寢疾、有喜色、權由是發怒、夫人憂死、和寵稍損、懼於廢黜、魯王霸覬覦滋甚、陸遜吾粲顧譚等、數陳適庶之義、理不

可奪、全寄楊竺等、爲霸支黨、譖愬日興、粲遂下獄誅、譚徙交州、權沈吟者歷年、殷基通語曰、初權既立和爲太子、而封霸爲魯王、初拜猶同宮室、禮秩未分、群公之議、以爲太子國王、禮秩宜異、於是分宮別僚、而隙端開矣、自侍御賓客、造爲二端、仇黨疑貳、中外官僚、將相大臣、擧國中分、權患之、於是有改嗣之規矣、後遂幽閉和、於是驃騎將軍朱據、尚書僕射屈晃、率諸將吏、泥頭自縛、連日詣闕請和、權甚惡之、無難督陳正、五營督陳象、上書稱引晉獻公殺申生、立奚齊、晉國擾亂、又據晃固諫不止、權大怒、族誅正象、牽晃入殿、杖一百、吳曆曰晃

入日諫曰、太子仁明、顯聞四海、今三方鼎跱、實不宜搖動太子、以生衆心、願陛下少垂聖慮、老臣雖死、猶生之年、叩頭流血、辭氣不撓、諱晃言斥還田里、竟從和於故鄣、羣司坐諫誅放者十數、衆咸冤之、吳書曰、權寢疾、意頗感寤、欲徵和還立之、全公主及孫峻孫弘等固爭之、乃止、封和爲南陽王、遣之長沙、諸葛恪被誅、孫峻遣使者賜死、舉邦傷焉、

孫霸字子威、和弟也、和爲太子、霸爲魯王、寵愛崇特、與和無殊、頃之、和霸不穆之聲、聞於權耳、權禁斷往來、時全寄吳安孫奇楊竺等、陰共附霸、圖危太子、譖毀既行、太子以敗、霸亦賜死、流竺屍于江、又誅寄安奇等、咸以黨霸構和故也、

潘濬字承明、武陵人也、權稱尊號、拜爲少府、江表傳曰、權數射雉、濬諫權、權曰、相與別後、時時暫出耳、不復如往日之時、濬曰、天下未定、萬機務多、射雉非急、弦絕括破、皆能爲害、乞特爲臣故息置之、濬出見雉翳故在、乃手自撤壞之、權由是不復射雉、遷太常、時校事呂壹操弄威柄、奏按丞相顧雍左將軍朱據等、皆見禁止、濬求朝、欲盡辭極諫、至聞太子登已數言之、而不見從、濬乃大請百寮、欲因會手刃殺壹、以一身當之、爲國除患、壹密聞知、稱疾不行、濬每進見、無不陳壹之姦險也、由此壹寵漸衰、後遂誅戮、權引咎責躬也、

陸凱字敬風、吳郡人也、孫晧立爲左丞相、時徙都武昌、楊土百姓泝流供給、以爲患苦、又政事多謬、黎元窮匱、凱上疏曰、臣聞有道之君、以樂樂民、無道之君、以樂樂身、樂民者其樂彌長、樂身者不久而亡、夫民者國之根也、誠宜重其食愛其命、民安則君安、民樂則君樂、自頃年以來、君威傷於桀紂、君明闇於姦雄、君惠閉於羣孽、

無災而民命盡、無爲而國財空、辜無罪、賞無功、使君有謬誤之愆、天爲作妖、而諸公卿媚上以求愛、困民以求饒、導君於不義、敗政於淫俗、臣竊爲痛心、今鄰國交好、四邊無事、當務息役養士、實其府庫、以待天時、而更傾動天心、搔擾萬姓、使民不安、大小呼嗟、此實非保國養民之術也、昔秦所以亡天下者、但坐賞輕而罰重、刑政錯亂、民力盡於奢侈、目眩於美色、志濁於財寶、邪臣在位、賢哲隱藏、百姓業業、天下苦之、是以

遂有覆巢破卵之憂、漢所以彊者、躬行誠信、聽
諫納賢、惠及負薪、躬請岩穴、廣採博察、以成其
謀、此往事之明證也、近者漢衰、三家鼎立、曹失
綱紀、晉有其政、又益州危險、兵多精強、閉門固
守、可保萬世、而劉氏與奪乖錯、賞罰失所、君恣
意於奢侈、民力竭於不急、是以為晉所伐、君臣
見虜、此目前之明驗也、臣闇於大理、文不及義、
智慧淺劣、無復冀望、竊為陛下惜天下耳、臣謹
奏耳目所聞見、百姓所為煩苛、刑政所為錯亂、

願陛下息大功、損百役、務寬蕩、忽苛政、又武昌
土地實危險而塉埆、非王都安國養民之處、且
童謠言、寧飲建業水、不食武昌魚、寧還建業死、
不止武昌居、臣聞童謠之言、生於天心、乃以安
居而比死、足明天意知民所苦也、臣聞國無三
年之儲、謂之非國、而今無一年之畜、此臣下之
責也、而諸公卿位處人上、祿延子孫、曾無致命
之節、匡救之術、苟進小利於君、以求容媚、荼毒
百姓、不為君計也、自從孫弘造義兵以來、耕種

既空廢、所在無復輸入、而分一家、父子異役、廪
食日張、畜積日耗、民力困窮、鬻賣兒子、調賦相
仍、日以疲極、加有監官、務行威勢、所在搔擾、更
為煩苛、民苦二端、財力再耗、此為無益而有損
也、願陛下一息此輩、以鎮撫百姓之心、此猶魚
鼈得免毒螫之淵、鳥獸得離羅網之綱、四方之
民、繈負而至矣、如此民可得保、先王之國存焉、
臣聞明王聖主、取士以賢、非求顏色而取好服
捷口容悅者也、臣伏見當今內寵之臣、位非其

舊無人任非其四字補之

人、任非其量、不能輔國匡時、羣黨相扶、害忠隱
賢、願陛下簡文武之臣、各盡其忠、拾遺萬一、則
康哉之歌作、刑錯之理清、願陛下留神思臣愚
言、時殿上列將何定、佞巧便僻、貴幸任事、凱面
責定曰、卿見前後事主不忠、傾亂國政、寧有得
以壽終者、何以專為姦邪、穢塵天聽、宜自改厲、
不然、方見卿有不測之禍矣、定大恨凱、思中傷
之、凱終不以為意、乃心公家、義形於色、疾病、晧
遣中書令董朝、問所欲言、凱陳何定不可任用、

今忠幹與事作委以國事四字

宜授外任不宜幹與事姚信樓玄賀邵張悌郭逴薛瑩或清白忠勤或姿才卓茂皆社稷之楨幹國家之良輔願陛下重留神思訪以時務晧遣親近趙欽口詔報凱曰孤動遵先帝有何不平君所諫非也又建業宮不利故避之而宮室衰耗何以不可徙乎凱上疏曰臣竊見陛下執政事以來陰陽不調五星失晷職司不忠姦黨相扶是陛下不遵先帝之所致也夫王者之興受之於天脩之由德豈在宮乎而陛下不諮之

公輔便盛意驅馳六軍流離就令陛下身得安百姓愁勞何以用治此不遵先帝一也臣聞有國以賢爲本夏殺龍逢殷獲伊摯斯前世之明効今日之師表也中常侍王蕃黄中通理處朝忠謇斯社稷之重鎮大吳之龍逢也而陛下忿其苦辭惡其直對梟之殿堂屍骸暴棄邦內傷心有識悲悼咸以吳國夫差復存先帝親賢陛下反之是不遵先帝二也臣聞宰相國之柱也不可不強是故漢有蕭曹之佐先帝有顧步之相而萬彧瑣才凡庸之質昔從家隷超步紫闥於彧已豐於器已溢而陛下愛其細介不訪大趣榮以尊輔越尚舊臣賢良憤惋智士赫咤是不遵先帝三也先帝愛民過於嬰孩民無妻者以妾妻之見單衣者以帛給之枯骨不收而取埋之而陛下反之是不遵先帝四也昔桀紂滅由妖婦幽厲亂在嬖妾先帝覽之以爲身戒故左右不置婬邪之色後房無曠積之女今中宮萬數不備嬪嬙外多鰥夫女吟於中是不遵先

帝五也先帝憂勞萬機猶懼有失陛下臨祚以來遊戲後宮眩惑婦女乃令庶事多曠下吏容姦欺是不遵先帝六也先帝篤尚朴素服不純麗宮無高臺物無雕飾而陛下徵調州郡竭民財力土被玄黄宮有朱紫是不遵先帝七也先帝外杖顧陸朱張內近胡綜薛瑩是以庶績雍熙邦內清肅今者外非其任內非其人陳聲曹輔斗筲小吏先帝之所棄而陛下幸之是不遵先帝八也先帝每宴見羣臣抑損醇醲臣下終

舊無空戶至民爲十八字補之

日無失慢之尤、而陛下拘以視瞻之敬、懼以不盡之酒、無異商辛長夜之飲、是不遵先帝九也、昔漢之桓靈、親近宦豎、大失民心、今高通羊度、黃門小人、而陛下賞以重爵、權以戰兵、若江渚有難、則度等之武、不能禦侮明矣、是不遵先帝十也、今宮女曠積、而黃門復走州郡、條牒民女、有錢則捨、無錢則取、怨呼道路、母子死訣、是不遵先帝十一也、先帝在時、亦養諸王太子、若取乳母、其夫復役、賜與錢財、時遣歸來、視其弱息、

今則不然、夫婦生離、夫故作役、兒從後死、家爲空戶、是不遵先帝十二也、先帝歎曰、國以民爲本、民以食爲天、衣其次也、三者孤存之於心、今則不然、農桑並廢、是不遵先帝十三也、先帝簡士、不拘貴賤、任之鄉閭、効之於事、擧者不虛受、者不妄、今則不然、浮華者登、朋黨者進、是不遵先帝十四也、先帝戰士、不給他役、江渚有事、責其死効、今之戰士、供給衆役、廩賜不贍、是不遵先帝十五也、夫賞以勸功、罰以禁邪、賞罰不中、

則士民散失、今江邊將士、死不見哀、勞不見賞、是不遵先帝十六也、今在所監司、已爲煩猥、兼有內使擾亂其中、一民十吏、何以堪命、是不遵先帝十七也、夫校事、吏民之仇、先帝末年、雖有呂壹錢欽等、皆誅夷以謝百姓、今復張立校曹、縱吏言事、是不遵先帝十八也、先帝時、居官者咸久於其位、然後考績黜陟、今州郡職司、或莅政無幾、便徵召遷轉、紛紜道路、傷財害民、於是爲甚、是不遵先帝十九也、先帝每察竟解之奏、

常留心推接、是以獄無冤囚、死者吞聲、今則違之、是不遵先帝二十也、若臣言可錄、藏之盟府、如其虛妄、治臣之罪、願陛下留意、江表傳曰、皓所行彌暴、凱知其將亡、上表曰、臣聞惡不可積、過不可長、是以古人懼不聞非、立敢諫之鼓、武公九十、思聞警誡、臣察陛下、無思警誡之義、而有積惡之漸、臣深憂之、故略陳其要、陛下宜克己復禮、述履前德、不可捐弃臣言、而放奢意、意日奢、情日至、吏日欺、民日離、則上不信下、下當疑上、骨肉相刻、公子將奔、臣雖愚闇、於天命以心審之、敗不過二十稔也、臣常忿亡國之人夏桀殷紂、亦不可使後人復忿陛下也、臣受國恩、奉朝三世、復以餘年、値遇陛下、不能循俗、與衆沈浮、若比干伍員、以忠見戮、以正見疑、自謂畢足、無所餘恨、灰身泉壤、無負先帝、願陛下九思、社稷存焉、初

晧始起宮、凱上表諫、不聽、凱重表曰、臣聞宮功當起、夙夜反側、是以頻煩上事、往往留中、不見省報、於邑歎息、昨食時被詔曰、君所陳誠是大趣、然未合鄙意、如何此宮殿不利、宜當避之、乃可以妨勞役、長坐不利宮乎、父之不安、子亦何倚、臣伏讀一周、不覺氣結於胸、而涕泣雨集、臣年已六十九、榮祿已重、於臣過望、復何所冀、所以勤勤數進苦言者、臣伏念大皇帝創基立業、勞苦勤至、今彊敵當塗、西州傾覆、孤疲之民、宜當畜養、廣力肆業、以備其虞、且始徙都屬有軍征戰士流離、州郡搔擾、而大功復起、徵召四方、斯非保國致治之漸也、臣聞為人主者、攘災以德、除咎以義、今宮室之不利、但當克己復禮、篤祖宗之至道、愍黎庶之困苦、何憂宮之不安、災之不銷乎、陛下不務脩德、而築宮、若德之不脩、行之不貴、雖殷辛之瑤臺、秦始之阿房、何止而不喪身覆國、宗廟作墟乎、夫興土功高臺榭、既致水旱、民又多疾、其不疑也、為父長安、使子無倚、此乃子離於父、臣離於陛下之象也、臣子壹離、雖念刮骨肉、茅茨不翦、復何益焉、太皇帝之時、寇鈔僭威、南州無事、尚猶沖讓、未肯築宮、況陛下危側之世、乏太皇帝之德、可不思哉、可不慮哉、願陛下留意、臣不虛言也、

其作有　刮作刻

樓玄字承先、沛郡人也、孫晧即位、為太司農、主殿中事、應對切直、漸見責怒、後人誣白玄與賀邵相逢、駐共耳語大笑、謗訕政事、遂被詔詰責、送付廣州、徙交阯、別勅令殺之、

賀邵字興伯、會稽人也、孫晧時遷中書令、晧兇暴驕矜、政事日弊、邵上疏諫曰、古之聖王所以潛處重闈之內、而知萬里之情、垂拱衽席之上、而明照八極之際者、任賢之功也、陛下宜旌賢表善、以康庶政、自頃年已來、朝列紛錯、真偽相貿、上下空任、文武曠位、外無山嶽之鎮、內無拾遺之臣、佞諛之徒、撫翼天飛、干弄朝威、盜竊榮利、而忠良排墜、信臣被害、是以正士摧方、而庸臣苟媚、遂使清流變濁、忠臣結舌、陛下處九天之上、隱百重之室、言出風靡、令行景從、嬪近寵媚之臣、日聞順意之辭、將謂此輩實賢、而天下已平也、臣心所不安、敢不以聞、臣聞興國之君、樂聞其過、荒亂之主、樂聞其譽、聞其過者過日消而福臻、聞其譽者譽日損而禍至、是以古之人君、揖讓以進賢、虛己以求過、譬天位於乘奔、以虎尾為警戒、至於陛下、嚴刑法以禁直辭、黜善士以逆諫臣、眩耀毀譽之實、沈淪近習之言、故常侍王蕃、忠恪在公、才任輔弼、以醒酒之間、加之大戮、近鴻臚葛奚、先帝舊臣、偶有逆迕昏醉之言耳、三爵之後、禮所不諱、陛下猥發雷霆、

嬪近作親洽　醒作醉

謂之輕慢飲之醇酒中毒殞命自是之後海內悼心朝臣失圖仕者以退爲幸居者以出爲福誠非所以保光洪緒熙隆道化也又何定本趨走小人僕隷之下身無鎦銖之行能無鷹犬之用而陛下愛其佞媚假其威柄使定恃寵放恣自擅威福口正國議手弄天機上虧日月之明下塞君子之路臣竊觀天變自比年已來陰陽錯謬四時逆節日蝕地震中夏殞雹參之典籍皆陰氣陵陽小人弄勢之所致也臣嘗覽書傳

驗諸行事災祥之應可爲寒慄昔高宗脩己以消鼎雉之異宋景崇德以退熒惑之變願陛下上懼皇天譴告之誚下追二君攘災之道遠覽前代任賢之功近寤今日謬授之失清澄朝位旌叙俊乂放退佞邪抑奪姧勢廣延淹滯容受直辭祗承乾指敬奉先業則大化光敷天人望塞矣傳曰國之興也視民如傷其亡也以民爲草芥陛下昔韜神光潛德東夏以聖哲茂姿龍飛應天四海延頸八方拭目以成康之化必隆

傷作赤子

文興作登位　甓作苦

於旦夕也自文興已來法禁轉苛賦調益繁在所長吏迫畏罪負嚴法峻刑甓民求辦是以人力不堪家戶離散呼嗟之聲感傷和氣又江邊戍兵宜時優育以待有事而徵發賦調烟至雲集衣不全裋褐食不贍朝夕出當鋒鏑之難入抱無聊之慼是以父子相弃叛者成行願陛下寬賦除煩省諸不急夫民者國之本也食者民之命也今國無一年之儲家無經月之畜而後宮坐食萬有餘人內有離曠之怨外有損耗之

費使庫廩空於無用士民飢於糟糠又北敵注目伺國盛衰陛下不恃己之威德而怙敵之不來忽四海之困窮而輕虜之不爲難誠非長策廟勝之要也昔大皇帝創基南夏割據江山雖承天贊實由人力餘慶遺祚至於陛下陛下宜勉崇德器以光前烈何可忽顯祖之功勤輕難得之大業哉臣聞否泰無常吉凶由人長江之限不可久恃苟我不守一葦可航也昔秦建皇帝之號據殽函之阻德化不脩法政苛酷毒流

舊無不爲難之　不怖之　策作莽

生民忠臣杜口是以一夫大呼社稷傾覆近劉氏據三關之險守重山之固可謂金城石室萬世之業任授失賢一朝喪没君臣繫頸共爲羈僕此當世之明鑒目前之炯戒也願陛下遠考前事近鑒世變豐基強本割情從道則成康之治興而聖祖之祚隆矣書奏晧深恨之卲奉公貞正親近所憚乃共譖卲與樓玄謗毀國事俱被詰責玄見送南州卲原復職後卲中惡風口不能言去職數月晧疑其託疾掠考千所卒無

一言竟殺之家屬徙臨海并下詔誅玄子孫

韋曜字弘嗣吳郡人也遷太子中庶子時蔡穎亦在東宮性好博奕太子和以爲無益命曜論之其辭曰蓋聞君子恥當年而功不立疾没世而名不稱故曰學如不及猶恐失之是以古之志士悼年齒之流邁而懼名稱之不建也故勉精厲操不遑寧息且以西伯之聖姬公之才猶有日昃待旦之勞故能隆王道垂名億載況在臣庶而可以已乎歷觀古今功名之士皆有積累殊異之迹勞身苦體契闊勤思平居不惰其業窮困不易其素是以卜式立志於耕牧而黄覇受道於囹圄終有崇顯之福以成不朽之名故山甫勤於夙夜而吳漢不離公門豈有遊惰哉而今之人多不務經術好翫博奕廢事弃業忘寢與食窮日盡明繼以脂燭當其臨局交爭雌雄未決專精鋭意心勞體倦人事曠而不脩賓旅闕而不接雖有太牢之饌韶夏之樂不暇存也或至賭及衣物徙棊易行廉耻之意弛而

忿戾之色發其所志不出一枰之上所務不過方罫之間勝敵無封爵之賞獲地無兼土之實技非六藝用非經國立身者不階其術徵選者不由其道求之於戰陳則非孫吳之倫也考之於道藝則非孔氏之門也以變詐爲務則非忠信之事也以劫殺爲名則非仁者之意也而空妨日廢業終無補益是何異設木而擊之置石而投之哉且君子之居室也勤身以致養其在朝也竭命以納忠臨事且猶旰食而何博奕之

足恥乎夫然故孝友之行立貞純之名彰也方今大吳受命海內未平聖朝乾乾務在得人勇略之士則受熊虎之任儒雅之徒則處龍鳳之署百行兼苞文武並騖博選良才旌簡髦俊設程試之科垂金爵之賞誠千載之嘉會百世之良遇也當世之士宜勉思至道愛功惜力以佐明時使名書史籍勳在盟府乃君子之上務當今之先急也夫一木之枰孰與方國之封枯棊三百孰與萬人之將衮龍之服金石之樂足以兼棊局而貿博弈矣設令世士移博弈之力而用之於詩書是有顏閔之志也用之於智計是有良平之思也用之於資貨有猗頓之富也用之於射御是有將帥之備也如此則功名立而鄙賤遠矣孫晧即位爲侍中常領左國史時在所承指數言瑞應晧以問曜曜答曰此人家筐篋中物耳又晧欲爲父和作紀曜執以和不登帝位宜名爲傳如是者非一漸見責怒曜益憂懼自陳衰老求去晧終不聽晧每饗宴無不竟

日坐席無能否率以七升爲限雖不悉入口皆澆灌取盡曜素飲酒不過二升初見禮時常爲裁減或密賜荼茗以當酒至於寵衰更見逼強輒以爲罪又於酒後使侍臣難折公卿以嘲弄侵刻發摘私短以爲歡時有愆過或誤犯晧諱輒見收縛至於誅戮曜以爲外相毀傷內長尤恨使不濟濟非佳事也故但示難問經義言論而已晧以爲不承用詔命意不忠盡遂積前後嫌忿收曜付獄華覈連上疏救曜晧不許遂誅曜也

華覈字永先吳郡人也爲中書丞孫晧更營新宮制度弘廣飾以珠玉所費甚多時盛夏興功農守並廢覈上疏諫曰臣聞漢文之世九州晏然當此之時皆以爲泰山之安無窮之基也至於賈誼獨以爲可痛哭及流涕者三長大息者六乃曰方今之勢何異抱火措之積薪之下而寢其上竊以曩時之事揆今之勢誼云復數年間諸王方剛欲以此爲治雖堯舜不能安而今

荼茗作荼荈

大敵據九州之地有大半之衆習攻戰之餘術
乘戎馬之舊勢非徒漢之諸王淮南濟北而已
誼之所欲痛哭比今爲緩抱火臥薪之喻於今
爲急誠宜住建立之役先備豫之計勉墾植之
業爲飢乏之救若捨此急盡力功作卒有風塵
不虞之變當委版築之役應烽燧之急驅怨苦
之衆赴白刃之難此乃大敵所因爲資也如但
固守曠日持久則軍糧必乏不待接刃而戰士
已困矣王者以九域爲宅天下爲家不與編戶

之民轉徙同也今之宮室先帝所營卜土立基
非爲不祥又楊市土地與宮連接若大功畢竟
輿駕遷住門行之神皆當轉移猶恐長久未必
勝舊屢遷不可留則有嫌此乃愚臣所以夙夜
爲憂灼也臣省月令季夏之月不可以興土功
不可以會諸侯不可以起兵動衆舉大事必有
大凶六月戊巳土行正王既不可犯加又農月
時不可失昔魯隱夏城中丘春秋書之垂爲後
戒今築宮爲長世之洪基而犯天地之大禁襲

春秋之所書廢敬授之上務臣以愚管竊所不
安又恐所召離民或有不至討之則廢役興事
不討則日月滋蔓若悉並到大衆聚會希無疾
病且人心安則思善苦則怨叛今當角力中原
以定強弱正於際會彼益我損此乃雄夫智士
所以深憂也臣聞先王治國無三年之儲曰國
非其國安寧之世戒備如此況敵強大而忽農
忘畜若上下空乏運漕不供北敵犯疆使周邵
更生良平復出不能爲陛下計明矣書奏皓不

納後遷東觀令領右國史時倉廩無儲世俗滋
侈覈上疏曰今寇虜充斥征伐未已居無積年
之儲出無應敵之畜此乃有國者所宜深憂也
夫財穀所生當出於民趨時務農國之上務而
都下諸官所掌別異各自下調不計民力輒與
近期長吏畏罪晝夜催民委舍田事遑赴會日
定送到都或蘊積不用而徒使百姓消力失時
到秋收月督其限入奪其播殖之時而責其今
年之稅如有逋懸則籍沒財物故家戶貧困衣

食不足、宜暫息衆役、壹心農桑、古人稱、一夫不耕、或受其饑、一女不織、或受其寒、是以先王治國、唯農是務、軍興已來、已向百載、農人廢南畝之務、女工失機杼之業、推此揆之、則蔬食而長飢、薄衣而履冰者、固不少矣、臣聞主之所求於民者二、民之所望於主者三、二謂求其爲己勞也、求其爲己死也、三謂飢者能食之、勞者能息之、有功者能賞之、民已致其二事、而主失其三望者、則怨心生、而功不建、今帑藏不實、民勞役

猥、主之二求已備、民之三望未報、且飢者不待備羞而後飽、寒者不俟狐貉而後溫、爲味者口之奇、文繡者身之飾也、今事多而役繁、民窮而俗奢、百工作無用之器、婦人爲綺靡之飾、不勤麻枲、並繡文黼黻、轉相倣効、恥獨無有、兵民之家、猶復逐俗、內無擔石之儲、而出有綾綺之服、至於富賈商販之家、奢恣尤甚、天下未平、百姓不贍、宜壹生民之原、豐穀帛之業、而弃功於浮華之巧、妨日於侈靡之事、上無尊卑等級之差、

備羞作美饌

下有耗財費力之損、且美貌者不待華采以崇好、豔姿者不待文綺以致愛、五色之飾、足以麗矣、若極粉黛、窮盛服、未必無醜婦、廢華采、去文繡、未必無美人也、若實如所論、有之無益、廢之無損者、何愛而不暫禁、以充府藏之急乎、此救乏之上務、富國之本業也、使管晏復生、無以易此、漢之文景、承平繼統、天下已定、四方無虞、猶以雕文之傷農事、錦繡之害女工、開國家之利、杜飢寒之本、況今六合分乖、豺狼充路、兵不離

疆、甲不解帶、而可以不廣生財之原、充府藏之積哉、

羣書治要卷第二十八

羣書治要卷第二十九

秘書監鉅鹿男臣魏徵等奉　勅撰

晉書上

紀

武皇帝諱炎字安世文帝太子也泰始五年廷尉上西平民麴路伐登聞鼓言多妖妄毀謗帝詔曰狂狷怨誹亦朕之愆勿罪也孫盛陽秋云泰始八年帝問右將軍皇甫陶論事陶固執所論與帝爭言散騎常侍鄭徽表求治罪詔曰讜言謇諤直意盡辭所望於左右也人主常以阿媚爲患豈以爭臣爲損乎陶所執不愆此義而徽越職奏之豈朕意乎乃免徽官也

咸寧四年太醫司馬程據獻雉頭裘詔曰異服奇技典制所禁也其於殿前燒裘甲申勅內外敢有犯者依禮治罪

太康元年吳主孫皓降有司奏晉德隆茂光被四表吳會既平六合爲一宜勤封東岳以彰聖德帝曰此盛德之事所未議也群臣固請弗聽干寶紀云太康五年侍御史郭欽上書曰戎狄强横自古爲患魏初民寡西北諸邊郡皆爲戎居今雖伏從若百年之後有風塵之警胡騎自平陽上黨不三日而至孟津北地西河失上馮翊太原安定裁居數縣其餘盡爲狄庭連接畿甸宜及平吳之威出北地西河安定復上郡實馮翊平陽北統河諸縣募取死罪徙三河三魏見士四萬家以充之使裔不亂華漸徙平陽弘農魏郡京兆上黨太原雜胡出於其表峻四夷出入之防明先王荒服之制萬世之長策也弗納晉紀云世祖自平吳之後天下無事不能復孜孜於事物始寵用后黨由此祖禰採擇嬪媛不拘拘華門父兄以之罪釁非正形之謂局禁以之攢聚寶賦穢之甚昔武王伐紂歸傾宮之女助紂爲虐而世祖平皓納吳姬五千是同皓之弊也

今書北統河作巳北二字

惠皇帝諱衷字正度武帝太子也永平元年遷皇太后于永寧宮賈后諷群臣奏廢皇太后爲庶人居于金墉城九年賈后誣奏皇太子有悖

書帝幸式乾殿召公卿百官皆入詔賜太子死以所誘悖書及詔文遍示諸王公司空張華曰此國之太禍自漢氏以來每廢黜正嫡恒至喪亂且晉有天下日淺願陛下詳之尚書僕射裴頠曰臣不識太子書不審誰爲通表誰發此者爲是太子手書不宜先撿校而王公百官竟無言免太子爲庶人幽于金墉城永康元年前西夷校尉司馬閻纘輿棺詣闕上書曰伏見赦文及牓下前太子遹手疏以爲驚愕自古已來臣

本書氏作武

子悖逆。未有如此之甚者也。幸賴天慈。全其首領。臣伏念遹生於聖父。而至此者。由於長養深宮。沈淪富貴。受饒先帝。父母驕之。每見選師傅。下至群吏。率取膏粱擊鐘鼎食之家。稀有寒門儒素。如衛綰周文石奮疏廣者也。洗馬舍人。亦無汲黯鄭莊之比。遂使不見事父事君之道。臣案古典。太子居以士禮。與國人齒。以此明先王欲令知先賤然後乃貴。自頃東宮亦徵太盛。所以致敗也。非但東宮。歷觀諸王師友文學。亦取

豪族。爲能得者。率非龔遂王陽。能以道訓。友無直亮三益之節。官以文學爲名。實不讀書。但共鮮衣怒馬。縱酒高會。嬉遊博弈。豈有切磋能相長益。臣常恐公族凌遲。以此歎息。今遹可以爲戒。恐其被斥弃。逐遠郊。始當悔過。無所復及。昔戾太子無狀。稱兵拒命。而壺關三老上書。猶曰子弄父兵。罪應笞。漢武感悟。築思子之臺。今遹無狀。言語逆悖。受罪之日。不敢失道。猶爲輕於戾太子。尚可禁持。檢著目下。重選師傅。爲置文

學。皆選以學行自立者。及取服勤更事。名行素聞者。使共與處。使嚴御史監護其家。絕貴戚子弟輕薄賓客。如此左右前後。莫非正人。使共論議於前。但道古今孝子慈親忠臣事君。及思愆改過之比。日聞善道。庶幾可全。昔太甲有罪。放之三年。思庸克復。爲殷明王。又魏明帝因母得罪。廢爲平原侯。爲置家臣庶子文學。皆取正人。共相匡矯。事父以孝。事母以謹。聞於天下。于今稱之。李斯云。慈母多敗子。嚴家無格虜。由陛下

驕遹。使至於此。庶其受罪以來。足自思改。方今天下多虞。四夷未寧。將伺國隙。儲副大事。不宜空虛。宜爲大計。少復停留。先加嚴誨。若不悛改。弃之未晚也。臣素寒門。不經東宮。情不私遹也。臣嘗備近職。情同闇寺。悾悾之誠。皆爲國事。臣以死獻忠。輒具棺絮。伏須刑誅。書御不從。遣前將軍司馬。送太子幽于許昌宮。賈后使黃門孫慮殺太子于許昌。于寶紀云。史臣曰。世祖正位居體。重言慎法。仁以厚下。寬而能斷。故民詠惟新。四海歡悅矣。聿修祖宗之志。獨納羊祜之策。役不二時。江湖來同。夷吳蜀

之壘垣、通二方之險塞、掩唐虞之舊域、班正朔
於八荒、餘糧委畝、外關不閉、民相遇者如親、其
匱乏者、取資於道路、故于時有天下無窮人之
言、雖太平未洽、亦足以明吏奉其法、民樂其生、
百代之一時矣、武皇既崩、陵土未乾、而楊駿被
誅、母后廢黜、朝士舊臣、夷滅者數十族、宗子無
維城之助、而閼伯實沈之隙歲構、師尹無具瞻
之貴、而顛墜戮辱之禍日有、民不見德、唯亂是
聞、內外混淆、名實反錯、國政迭移於亂人、禁兵
外散於四方、方岳無鈞石之鎮、門關無結草之
固、李辰石冰、傾之於荊楊、劉淵王彌、撓之於青
冀、二十餘年、而河洛爲墟、戎羯稱制、二帝失尊、
山陵無所、何哉、樹立失權、託付非才、四維不張、
而苟且之政多也、夫作法於治、其弊猶亂、作法
於亂、誰能救之、于時天下非暫弱也、軍旅非無
素也、彼劉淵者、離石之將兵都尉、王彌者、青州
之散吏也、蓋皆弓馬之士、驅走之人、凡庸之才、
非有吳先主諸葛孔明之能也、新起之寇、烏合

之衆、非吳蜀之敵也、脫耒爲兵、裂衣爲旗、非戰
國之器也、自下逆上、非鄰國之勢也、然而成敗
異効、擾天下如驅羣羊、舉二都如拾遺、將相侯
王、連頸受戮、乞爲奴僕、而猶不獲、后嬪妃主、虜
辱於戎卒、豈不哀哉、夫天下大器也、羣生重畜
也、愛惡相攻、利害相奪、其勢若積水于防、燎火
于原、未嘗暫靜也、器大者不可以小道治、勢重
者、不可以爭競擾、古先哲王知利百姓、是以感
而應之、悅而歸之、如晨風之鬱北林、龍魚之趣
淵澤也、然後設禮文以理之、斷刑罰以威之、謹
好惡以示之、審禍福以喻之、求明察以官之、篤
慈愛以固之、故皆樂其生而哀其死、悅其教而
安其俗、君子勤禮、小人盡力、廉恥篤於家閭、邪
僻消於胸懷、故其民有見危以授命、而不求生
以害義、又況奮臂大呼、聚之以干紀作亂之事
乎、基廣則難傾、根深則難拔、理節則不亂、膠結
則不遷、是以昔有天下者之所以長久也、夫豈
無僻主、賴道德典刑以維持之也、故延陵季子

聽樂、以知諸侯存亡之數、短長之期者、蓋民情
風教、國家安危之本也、晉之興也、其創基立本、
異於先代、又加之以朝寡純德之士、鄉乏不二
之老、風俗淫僻、恥尚失所、學者以莊老爲宗、而
黜六經、談者以虛蕩爲辯、而賤名撿、行身者以
放蕩爲通、而狹節操、進仕者以苟得爲貴、而鄙
居正、當官者以望空爲高、而笑勤恪、劉頌屢言
治道、傅咸每糺邪正、皆謂之俗吏、其倚仗虛曠、
依阿無心者、皆名重海內、由是毀譽亂於善惡
之實、情慝奔於貨欲之塗、選者爲人擇官、官者
爲身擇利、而秉鈞當軸之士、身兼官以十數、大
極其尊、小統其要、機事之失、十恒八九、而世族
貴戚之子弟、陵邁超越、不拘資次、悠悠風塵、皆
奔競之士、列官千百、無讓賢之舉、子真著崇讓、
而莫之省、子雅制九班、而不得用、長虞直筆、而
不能糺、其婦女莊櫛織紝、皆取成於婢僕、未嘗
知女功絲枲之業、中饋酒食之事也、先時而婚、
任情而動、故不取淫逸之過、不拘妬忌之惡、有

逆于舅姑、有反易剛柔、有殺戮妾媵、有瀆亂上
下、父兄弗之罪也、天下莫之非也、又況責之問
四教於古、修貞順於今、以輔佐君子者哉、禮法
刑政、於是大壞、如水斯積、而決其堤防、如火斯
畜、而離其薪燎也、國之將亡、本必先顛、其此之
謂乎、故觀阮籍之行、而覺禮教崩弛之所由、察
庾純賈充之爭、而見師尹之多僻、考平吳之功、
而知將帥之不讓、思郭欽之謀、而寤戎狄之有
釁、覽傅玄劉毅之言、而得百官之邪、核傅咸之
奏、錢神之論、而覩寵賂之彰、民風國勢如此、雖
以中庸之才、守文之主、治之、辛有必見之於祭
祀、季札必得之於聲樂、范燮必爲之請死、賈誼
必爲之痛哭、又況我惠帝以蕩蕩之德、而臨之
哉、故賈后肆虐於六宮、韓午助亂於外內、其所
由來漸矣、豈特繫
一婦人之惡乎、

成皇帝諱衍、字世根、明帝太子也、咸和七年、詔

等恐著

除諸養禽之屬無益者集書令史夏侯盛表曰伏聞明詔悉除養熊虎之費舉朝增慶咸稱聖主伏惟陛下未觀古今成敗之戒而卓尒玄覽明發自然遣除無益務在畜民誠可謂性與天道生而知之孔子十五志學四十不惑陛下年在志學之後而思洞不惑之前三代之興無不抑損情欲三季之衰無不肆其侈靡陛下不學其興而與興者同功不覽其衰已去衰者之弊道侔上哲德邁中古吐絲髮之言著如綸之美

臣聞將順其美匡救其惡故人主之言則右史書之陛下此詔既當等之史籍又宜宣布天下自喪亂已來四十餘載塗炭之餘思治久矣陛下智成當年而運值百六德音之詔發自聖德願復綱類而長之廣求其比無使朝有遊食費祿之臣野有遺寶不條之民使居官者必有供時之賦則何患倉廩之不實下土之不均凡修此術易於反掌耳臣誠愡猥官自朝末不足對揚盛化稱廣大猷然自覩聖美心悅至歡自忘叢細謹拜表以賀

簡文皇帝諱昱字道萬元帝少子也咸安二年詔曰夫敦本息末抑絕華競開忠信公坦之門塞浮偽阿私之路詢名撿實致之以道使清濁異流能否殊貫官無秕政士無謗讟不有懲勸則德禮焉施且強寇未殄勞役未息每念民疲力單則中夜忘寢若不弘政以求民瘼簡除遊煩以存儉約將何以紓之耶今自非軍國戎祀之要其華飾煩費之用可除者皆除之宜省者

皆省之其鰥寡窮獨癃殘六疾不能自存皆生民之至艱先王之所愍宜加隱卹各賑賜之若或孝子貞婦殊行異操之人皆以狀條列當有以甄明其節夫肥遁窮谷之賢泊泥揚波之士雖抗志於玄霄之表潛默於幽岫之裏貪屈高尚之道以隆協讚之美使惠風流於天下膏澤被於萬物孰與獨足山水棲遲丘壑殉匹夫之絜而忘兼濟之大古人不借賢於曩代朕所以虛想於今日內外百官剖符親民各勤所司使

善無不達，惡無不聞，退食自公，平情以道，令詩人無素飡之刺，而吾獲虛心之求，豈不善哉。其各宜攝，知朕意焉。

后妃傳

武元楊皇后，弘農華陰人也。初賈充妻郭氏，使言於后，求以女爲太子妃，兼有遺賂。及議太子婚，世祖欲娶衛瓘女，后苦譽賈后有淑德，又密使太子太傅荀顗進言，上乃聽之，遂成婚。

惠賈庶人，名南風，平陽人也。拜太子妃，性妬虐，

嘗手殺數人，或以戟擲孕妾，子乃墮地。惠帝即位，爲皇后，虐誅三楊，逆弑太后，矯害二公，荒淫放恣，與太醫程據等亂彰于內外，詐有身，爲產養妹夫韓壽兒，遂謀廢太子，以所養代立，專爲姦誣，害太子，衆惡彰著。永康元年，爲趙王倫所廢，賜死。

傳

琅耶王伷，字子將，宣帝第五子，受詔征吳，孫皓請降，進拜大將軍。伷既滅屬尊重，加有平吳之

茂作望

舊無封汝陰王四字補之

梁作凉

舊無徙封扶風王五字補之

功，而克已恭儉，無矜滿之色，統御文武，各得其用，百姓悅仰，咸懷惠化。

扶風王駿，字子臧，宣帝第七子也。年五六歲，能書畫，諷詠詩賦，秉德淸貞，宗室之中，最爲儁茂。封汝陰王，遷鎭西大將軍，都督雍梁諸軍事，大興佃農，入朝，徙封扶風王。薨，西土氓黎思慕，悲哭涕泣岐路，吏樹碑讚述德範，長老見碑者無不拜之，其遺愛如此。

齊王攸，字大猷，文帝第二子也。力行敦善，甚有名譽，爲侍中數年，授太子太傅，獻箴於皇太子，

每朝政大議，悉心陳之，且孝敬忠肅，至性過人。太康三年，爲大司馬，都督靑州諸軍事，薨。

子冏嗣，字景治，與趙王倫共廢賈后，倫篡，遷冏鎭東大將軍，開府儀同三司。冏因民心怨望，移檄天下，破倫，帝反正，就拜大司馬，加九錫，輔政，大築第館，使大匠營制，與西宮等，後房施鐘懸，前庭儛八佾，沈于酒色，不入朝見，坐拜百官，符勅三臺，選舉不均，唯寵親昵。殿中御史桓豹奏

事不先經冏府卽考竟之於是朝廷側目海內失望冏驕亂日甚終無悛志長沙王發兵攻冏府生禽冏斬於閶闔門外諸黨屬皆夷三族

愍懷太子遹字熙祖惠帝長子也謝才人所生少而聰慧惠帝卽位立爲皇太子年轉長大而不好學喜與左右嬉戲不能尊敬保傅敬押賓友賈后素忌太子有佳譽因此密勅諸黄門閹宦媚諛於太子曰殿下誠可及壯時極意狡猾何爲恒自拘束每見喜怒之際輒歎曰殿下不知用威刑天下那得畏服也太子於是慢弛益彰或廢朝侍有過差之聲洗馬江統等諫太子不能用賈后詐稱上不和呼太子入朝后不見置別屋中遣婢賜酒棗逼使飲盡仍齎謗書多未成字稱詔令太子寫之累續催促醉不暇看粗得迹便足成悖辭后以呈帝帝卽幸式乾殿召公卿入使黄門令董猛以太子書及青紙詔曰遹書如此今賜死徧示諸公王而莫敢有言者唯張華裴頠證明太子議至日西不決后懼

（敬押可疑）（狡猾作所欲）

羣書治要

事變乃表免太子爲庶人於是送幽于許昌宮賈后矯詔害太子趙王倫等廢后於金墉城賜死冊復太子謚爲愍懷

安平王孚字叔達宣帝弟也魏甘露元年轉太傅高貴鄉公卒當時百官莫敢奔赴孚往枕屍於股號慟盡哀奏治主者會太后有令使以庶人禮葬孚與羣公上表乞以王禮葬之世祖受禪陳留王就金墉城孚拜辭執王手涕泣歔欷不能自勝曰臣死之日固大魏之純臣也臨終曰有魏貞士河內司馬孚不伊不周不夷不惠立身行道終始若一遺令素棺單椁斂以時服所給器物一不施用

高密王泰字子舒宣帝弟馗之子也封爲隴西王遷太尉爲人廉靜不近聲色身爲宰輔食大國之租服飭麤素肴饍疎儉如布衣寒士事親恭謹居喪哀戚謙虛下物爲宗室儀表

劉寔字子眞平原人也太祖引參相國軍事寔以世俗進趣廉讓道缺乃著崇讓論其辭曰古

（舊無安平王三字補之）（舊無高密王三字補之）

百官下舊有具任爲百官五字補之

之聖王之治天下所以貴讓者欲以出賢才息爭競也夫人情莫不皆欲己之賢也故勸令讓賢以自明也賢豈假讓不賢哉故讓道興賢能之人不求自出矣至公之舉自立矣百官之副亦豫具矣一官鈌擇衆官所讓最多者而用之審之道也在朝之士相讓於上草廬之人咸皆化之推能讓賢之風從此生矣爲一國所讓則一國士也天下所共推則天下士也推讓之風行則賢與不肖灼然殊矣此道之行在上者無

所用其心因成清議隨之而已故曰蕩蕩乎堯之爲君莫之能名又曰舜禹之有天下而不與焉賢人相讓於朝大才之人恒在大官小人不爭於野天下無事矣以賢才治無事至道興矣已仰其成復何與焉故可以歌南風之詩彈五弦之琴也成此功者非有他崇讓之所致耳在朝之人不務相讓久矣天下化之自魏代已來登進辟命之士及在職之吏臨見受敘雖自辭不能終莫肯讓有勝己者夫推讓之風息爭競

之心生矣孔子曰上興讓則下不爭明讓不興下必爭也推讓之道興賢能之人日見推擧爭競之心生賢能之人日見謗毀夫爭者之欲自先甚惡能者之先不能無毀也孔墨不能免世之謗己況不及孔墨者乎議者僉言世少高名之才朝廷不有大才之人可以爲大官者山澤人小官吏亦復云朝廷之士雖有大官名德皆不及往時人也余以爲此二言皆失之矣非時獨乏賢也時不貴讓一人有先衆之譽毀必隨

之名不得成使之然也雖令稷契復存亦不復能全其名矣能否渾雜優劣不分士無素定之價官職有缺主選之吏不知所用但案官次而擧之同才之人先用者非勢家之子則必爲有勢者之所念也因先用之資而復遷之無已遷之無已不勝其任之病發矣所以見用不息者由讓道廢也因資用人之有失久矣故自漢魏以來時開大擧令衆官各擧所知唯才所任不限階次如此者甚數矣其所擧必有當者不聞

時有擢用不知何誰最賢故也所舉必有不當而罪不加不知何誰最不肖故也所以不可得知由當時之人莫肯相推賢愚之名不别令其如此舉者知在上者察不能審故敢漫舉而進之或舉所賢因及所念一頓而至人數猥多各言所舉者賢加之高狀相似如一難得而分矣雖舉者不能盡忠之罪亦由上開聽察之路濫令其爾也昔齊王好聽竽聲必令三百人合吹而後聽之廩以數人之俸南郭先生不知吹竽

者也以三百人合吹可以容其不知因請爲王吹竽虛食數人之俸嗣王覺而改之難彰先王之過乃下令曰吾之好聞竽聲有甚於先王欲一一列而聽之先生於此逃矣推賢之風不立濫舉之法不改則南郭先生之徒盈於朝矣才高守道之士日退馳走有勢之門日多矣雖國有典刑弗能禁矣讓道不興之弊非徒賢人在下位不得時進也國之良臣荷重任者亦將以漸受罪退矣何以知其然也孔子以爲顏氏之

子不貳過耳明非聖人皆有過矣寵貴之地欲之者多惡賢能者塞其路其過而毀之者亦多矣夫謗毀之生非徒空設必因人之微過而甚之者也毀謗之言數聞在上者雖欲弗納不能不杖所聞因事之來而微察之也無以其驗至矣得其驗安得不治其罪若知而縱之主之威日衰令之不行自此始矣知而皆治之受罪退者稍多大臣有不自固之心矣夫賢才不進貴臣日疎此有國者之深憂也竊以爲改此俗甚

易矣何以知之夫一時在官之人雖雜有凡猥之才其中賢明者亦多矣豈可謂皆不知讓賢爲貴耶直以其時皆不讓習以成俗故遂不爲耳人臣初除皆通表上聞名之謝章所由來尚矣原謝章之本意欲進賢能以謝國恩也昔舜以禹爲司空禹拜稽首讓于稷契及咎繇唐虞之時衆官初除莫不皆讓也謝章之義蓋取於此也書記之者欲以示永世之則季世所用不賢不能讓賢虛謝見用之恩而已相承不變習

俗之失也、夫敘用之官、通章表者、其讓賢推能乃通、其不能有所讓、徒費簡紙者、皆絕不通、人臣初除、各思推賢能而讓之矣、讓之文、付主者掌之、三司有缺、擇三司所讓最多者而用之、此爲一公缺、三公已豫選之矣、且主選之吏、不必任公而選三公、不如令三公自共選一公爲詳也、四征缺、擇四征所讓最多者而用之、此爲一征缺、四征已豫選之矣、必詳於停缺、而令主者選四征也、尚書缺、擇尚書所讓最多者而用之、

此爲令八尚書共選一尚書、詳於臨缺、而令主者選八尚書也、郡守缺、擇衆郡所讓最多者而用之、詳於任主者令選百郡守也、夫以衆官百郡之讓、與主者共相比、不可同歲而論也、賢愚皆讓、百姓耳目、盡爲國耳目、夫人情爭則欲毀己所不如、讓則競推於勝己、故世爭則毀譽交錯、優劣不分、難得而讓也、時讓則賢智顯出、能否之美、歷歷相次、不可得而亂也、當此時也、能退身修己者、讓之者多矣、雖欲守貧賤、不可得也、馳騖進趣、而欲人見讓、猶卻行而求前也、夫如是、愚智咸知進身求通、非修之於己、則無由矣、遊外求者、於此相隨而歸矣、浮聲虛論、不禁而自息矣、人人無所用其心、任衆人之議、而天下自治矣、元康中、遷司空、

閻纘字續伯、巴西人也、楊駿爲太傅、以纘補舍人、出爲安復令、駿既被誅、莫敢收者、纘聞之、棄官免歸、獨以家財人力修墓、終成葬事、遷殿中將軍、以疾不拜、愍懷太子之廢、纘輿棺詣闕上

書、理太子之冤、朝廷立大孫、纘復上疏、陳今相國雖已保傅東宮、至於旦夕訓誨、輔導出入、動靜劬勞、宜選寒苦之士、忠貞清正、老而不衰、以爲師傅、其侍臣以下、文武將吏、且勿復取盛戚豪門子弟、魏文帝之在東宮、徐幹劉楨爲友、文學相接之道、並如氣類、吳太子登、顧譚爲友、諸葛恪爲賓、臥同床帳、行則參乘、交如布衣、此則近代之明比也、天子之子、不患不富貴、不患人不敬畏、患於驕盈、不聞其過、不知稼穡之艱難

耳至於甚者乃不知名六畜可不勉哉今不恐小相維持令至闕失頓相罪責不亦誤哉大孫幼沖選置兵衛宜得柱石之士如周昌者朝廷善其忠烈擢爲漢中太守

段灼字休然敦煌人也爲鄧艾鎭西司馬徵拜議郎世祖卽位灼上疏追理艾曰故征西將軍鄧艾誅以性剛急矜功伐善而不能協同朋類輕犯雅俗失君子之心故莫肯理之者臣敢昧死言艾不反之狀艾本屯田掌犢人宣皇帝拔

之於農吏之中顯之於宰府之職先帝委艾以廟勝成圖指授長策艾受命忘身前無堅敵軍不踰時而巴蜀蕩定艾功名已成亦當書之竹帛傳祚萬世七十老公復何所求哉艾以劉禪初降遠郡未附矯令承制權安社稷雖違常科有合古義原心定罪事可詳論鍾會有吞天下之心恐艾威名知必不同因其疑似構成其事夫反非小事若懷惡心卽當謀及豪桀然後乃能興動大衆不聞艾有腹心一人臨死口無惡言而獨受腹背之誅豈不哀哉故見之者垂涕聞之者歎息此賈誼所以忼慨於漢文天下之事可爲痛哭者良有以也昔秦民憐白起之無罪吳人傷子胥之冤酷皆爲之立祠天下之人爲艾悼心痛恨亦由是也謂可聽艾門生故吏收艾屍柩歸葬舊墓以平蜀之功繼封其後使艾闔棺定謚死無所恨赦冤魂於黃泉收信義於後世則天下殉名之士立功之臣必投湯火樂爲陛下死矣世祖得表省覽甚嘉其意

虞悝長沙人也弟望字子都並有士操閨門有孝悌之稱鄉黨有廉信之譽譙王承臨州王敦作逆遣使招承承不應與甘卓相結起義赴都承於是命悝爲長史望爲司馬敦遣魏乂等攻戰轉急望臨陣授首悝爲魏乂所害臨刑鄉人送以百數與相酬酢意氣周洽有如平日子弟號泣悝謂曰人生有死闔門爲忠義鬼亦何恨哉及敦被誅詔書追述悝望忠勳贈悝襄陽太守望滎陽太守遣謁者至墓弔祭

治道上下必有脫文

刑法志

侍中臣顧言、夫殺生賞罰、治亂所由興也、人主所謂宜生、或不可生、則人臣當陳所以宜殺、人主所謂宜賞、或不應賞、則人臣當陳所以宜罰、然後治道耳、古之聖賢欲上盡理務、下收損益、莫不深閉愼密、以延良謨兆庶內外咸知主如此、然後乃展布腹心竭其忠誠耳、

廷尉劉頌表曰、臣昔上行肉刑、從來積年、遂寢不論、臣竊以爲議者拘孝文之小仁、而輕違聖

王之典刑、未詳之甚、莫過於此、今死刑重、故非命者衆、生刑輕、故罪不禁姦、所以然者、肉刑不用之所致也、今爲徒者、類性元惡不軌之族也、去家懸遠、無衣食之資、飢寒切身、志不聊生、靡士介節者、則皆爲盜賊、豈況本性姦凶無賴之徒乎、是以徒亡日屬、賊盜日繁、得輒加刑、日益一歲、此爲終身之徒也、自顧反善無期、而灾困逼身、其志亡思盜、勢不得息、事使之然也、古者用刑以止刑、今反於此、以刑生刑、以徒生徒、諸

無心字

重犯亡者、髮過三寸、輒重髡之、此以刑生刑、加作一歲、此以徒生徒也、徒亡者積多、繫獄猥蓄、議者曰、囚不可不赦、復從而赦之、此爲刑不勝罪、法不勝姦、民知法之不勝、相聚而謀爲不軌、月異而歲不同、故自頃年以來、姦惡凌暴、所在充斥、漸以滋漫、議者不深思此故、曰肉刑於名忤聽、忤聽孰與盜賊不禁、聖王之制肉刑、遠有深理、其事可得而言、非徒心懲其畏剝割之痛而不爲也、去其爲惡之具、使夫姦民無用復肆

其志、止姦絕本、理之盡也、亡者刖其足、無所用復亡、盜者截其手、無所用復盜、淫者割其勢、理亦如之、除惡塞源、莫善於此、今宜取死刑之限重、生刑之限輕、及三犯逃亡、淫盜、悉以肉刑代之、其應四五歲刑者、皆髡笞、使各有差、悉不復居作、然後刑不復生刑、徒不復生徒、而殘體爲戮、終身作誡、民見其痛、畏而不犯、必數倍於今、豈與全其爲姦之手足、而蹴居必死之窮地、同哉、而猶曰肉刑不可用、竊以爲不識務之甚也、

衛展字道野河東人也遷大理上書曰今施行詔書有考子正父死刑或鞭父母問子所在近主者所稱庚寅詔書舉家逃亡家長斬若長是逃亡之主斬之斬之雖重猶可也設子孫犯事將考父祖逃亡逃亡是子孫而父祖嬰其酷傷順破教如此者衆相隱之道離則君臣之義廢君臣之義廢則犯上之姧生矣秦網密文峻漢興掃除煩苛風移俗易幾於刑厝大人革命不得不蕩其穢匿通其圮滯今詔書宜除者多有

便於當今著為正條則法差簡易元帝令曰自元康已來事故荐臻法禁滋漫大理所上宜朝堂會議蠲除詔書不可用者此孤所虛心者也轉廷尉又上言古者肉刑事經前聖愚謂宜復古施行中宗詔曰可內外通共議之於是驃騎將軍王導等議以肉刑之典由來尚矣肇自古先以及三代聖哲明王所未曾改班固深論其事以為外有輕刑之名內實殺人輕重失當故刑政不中也且原先王之造刑名也非以過怒

藝文類聚遠作追

藝文類

也非以殘民也所以救姦所以當罪也今盜者竊人之財淫者好人之色亡者避叛之役皆無殺害也刖之以刑刑之則止而加之斬戮戮過其罪死不可生縱虐於此歲以巨計此乃仁人君子所不忍聞而況行之於政乎若乃惑其名而不練其實惡其生而趣其死此畏水投舟避坎陷井愚夫之不若何取於政哉

百官志

中書郎李重以為等級繁多在職不得久又外

選輕而內官重以使風俗大弊宜釐改重外選簡階級使官人議曰古之聖王建官垂制所以體國經治而功在簡易自帝王而下世有增損舜命九官周分六職秦采古制漢仍秦舊倚丞相任九卿雖置五曹尚書令僕射之職始於掌封奏以宣外內事任尚輕而郡守牧民之官重故漢宣稱所與為治唯良二千石其有殊政者或賜爵進秩諒為治大體所以遠蹤三代也及至東京尚書雖漸優顯然令僕出為郡守便入

賢郡守下有鯉離意黃香胡廣是也郡守十一字無侯字

晉疑事

為三公、虞延第五倫桓虞鮑昱是也、近自魏朝名守、杜畿滿寵田豫胡質等、居郡十餘二十年、或秩中二千石假節、猶不去郡、此亦古人苟善其事、雖沒世不徙官之義也、漢魏以來、內官之貴、於今最隆、而百官等級遂多、遷補轉徙如流、能不以著、黜陟不得彰、此為治之大弊也、夫階級繁多、而望官久、官不久而望治功成、不可得也、虞書云、三考黜陟幽明、周官、三年大計羣吏之治、而行其誅賞、漢法官人、或不直秩、魏初用輕資、亦先試守、不稱繼以左遷、然則雋才登進、無能降退、此則所謂有知必試、而使人以器者也、臣以為今宜大并羣官等級、使同班者不得復稍遷、又簡法外議罪之制、明試守左遷之例、則官人理書、士必量能而受爵矣、居職者自久、則政績可考、人心自定、務求諸己矣、裴頠以萬機庶政、宜委宰輔、詔命不應數改、乃上疏曰、臣聞古之聖哲、深原治道、以為經理羣務、非一才之任、照練萬機、非一智所達、故設官建職、制其

分局、分局既制、則軌體有斷、事務不積、則其任易處、選賢舉善、以守其位、委任責成、立相干之禁、侵官為曹、離局陷奸、猶懼此法未足制情、以義明防、曰君子思不出位、夫然故人知厥務、各守其所、下無越分之臣、然後治道可隆、頌聲能舉、故稱堯舜勞於求賢、逸於使能、分業既辨、居任得人、無為而治、豈不宜哉、及其失也、官非其才、人不守分、越位干曹、競達所懷、衆言紛錯、莅職者不得自治其事、非任者橫干他分、主聽眩莫知所信、遂親細事、躬自聽斷、所綜遂密、所告彌衆、功無所歸、非無所責、羣下弃職、得辭宜罰、以此望治、固其難也、昔杜蕢既數師曠、退而自酌、以罰干職之非、記稱其善、陳平不知簿書之目、漢史美其守職、政不可多門、多門則民擾、於今之宜、選士既得其人、但當委責、若有不稱、便加顯戮、誰敢不盡心竭力、不當便有干職之臣、適不守局、則所豫必廣、所豫適廣、則人心赴之、人心遍赴、則得作威福、臣作威福、朝之蠹也、惟

卑作畢

幄張子房之謀者、不宜使多、外委羣司、畀力所職、尊崇宰輔、動靜咨度、保任其負、如此、詔書必不復數改、聽聞風言、頗以詔命數移易、爲不安靜、臣不勝狂瞽、敢陳愚懷、乞陛下少垂省察、何曾字頴考、陳國人也、爲司隷挍尉、言於大祖曰、公方以孝治天下、而聽阮籍以重哀飲酒食肉於公坐、宜擯四裔、無令汙染華夏、大祖曰、此子羸病若此、君不能爲吾忍耶、曾重引據、辭理甚切、朝廷憚焉、泰始九年爲司徒、以疲疾求退、

孫綏位至侍中、潘滔譖之於太傅越、遂被殺、初曾告老、時被召見、侍坐終日、世祖不論經國大事、但說平生常語、曾出每曰、將恐身不免亂、能及嗣乎、告其二子曰、汝等猶可得沒、指諸孫曰、此輩必遇亂死也、及綏死、兄嵩曰、我祖其神乎、羊祜字叔子、泰山人也、都督荊州諸軍事、征南大將軍、上疏平吳、世祖深納之、吳軍人前後至者、不可勝數、祜將入朝而有疾、至洛陽遂薨、南州市會聞喪、舉市悲號而罷、於是傳哭接音邑

惡憎作忌讒

里相達、百姓乃樹碑峴峯、立廟祭祀、行人望碑、皆潸泗垂泣、杜預代鎮名爲墮淚碑、吳滅、詔曰、祜建平吳之規、其封祜夫人夏侯氏爲萬歲鄉君、邑五千戶、絹萬匹、吳平慶會、羣臣上壽、世祖流涕曰、此羊太傅之功、豈朕所能爲也、秦秀字玄良、新興人也、少以學行忠直知名、遷補博士、羣卒伐吳、詔以賈充爲大都督、秀性惡憎佞、疾之如讎、輕鄙賈充、聞其爲大統、心所不平、遂欲哭師、及充卒議謚、秀請謚爲荒公、初何

舊無無正刑也四字補之

曾卒、秀議曰、曾事親有色養之名、在官奏科尹之模、此二者、實得臣子事上之槩、然資性驕奢、不循軌則、朝野之論、不可具言、儉德之恭也、侈惡之大也、曾受寵二代、顯赫累世、荷保傅之貴、秉司徒之均、而乃驕奢之名、被於九域、有生之民、咸怪其行、穢皇代之美、弃羔羊之節、示後生之慠、莫大於此、若生極其情、死又無貶、是則無正刑也、王公貴人、復何畏哉、謹案謚法、名與實爽曰繆、怙亂肆行曰醜、曾宜爲繆醜公、古人闔棺

之日、然後誅行、不以前善沒後惡也、秀性悴直、
與物多忤、爲博士前後埀二十年、卒於官、
李憙字季和、上黨人也、累辟三府不就、宣帝復
辟爲太傅屬、固辭、世宗輔政、命憙爲大將軍從
事中郎、憙到引見、謂憙曰、昔先公辟君而不應、
今孤命君而至、何也、對曰、先君以禮見待、憙得
以禮進退、明公以法見繩、憙畏法而至、帝甚敬
重焉、遷太常司隷校尉、

羣書治要卷第二十九

羣書治要卷第三十

秘書監鉅鹿男臣魏徵等奉　勅撰

晉書下

傳

劉毅字仲雄、東萊人也、治身清高、厲志方直、爲
司隷校尉、皇太子鼓吹入東掖門、毅奏劾保傅
以下、詔赦之、然後得入、世祖問毅曰、卿以吾可
方漢何帝、對曰、可方桓靈、世祖曰、吾雖德不及
古人、猶克己爲治、又平吳會、混一天下、方之桓
靈、其已甚乎、對曰、桓靈賣官錢入官庫、陛下賣
官錢入私門、以此言之、乃殆不如桓靈也、習鑿齒陽
秋曰、毅答已、帝大咲曰、桓靈之朝、不聞此言、今
有直臣、故不同乎、散騎常侍鄒湛進曰、世說以
陛下比漢文帝、人心猶多不同、昔馮唐答文帝
曰、不能用頗牧、而文帝怒、今劉毅言犯順、而陛
下樂、以此相校、聖德乃過之也、帝曰、我平天下、
而不封禪、焚雉頭裘、行布衣禮、今於小事、何見
褒之甚耶、湛曰、聖詔所及、皆可豫先筭計、以長
短相推、慕名者能力行爲之、至如向詔、非明恕
內充、苞之德度、不可爲也、臣聞猛獸在田、荷戈
而出、凡人能之、蜂蠆起於懷袖、勇夫爲之驚駭、
非虎弱蜂蠆強也、倉卒出於意外故也、夫君臣
有自然之尊卑、辭語有自然之逆順、向劉毅始
言、臣等莫不變色易容、而仰視陛下者、陛下發
不世之詔、出思慮之外、臣之喜慶、不亦宜乎、

遷尚書左僕射、龍見武庫井中、車駕親觀、有喜色、於是外內議當賀、毅獨表曰、昔龍降鄭時門之外、子產不賀、龍降夏廷、卜藏其漦、至周幽王、禍釁乃發、證據舊典、無賀龍之禮、詔報曰、政德未修、誠未有以膺受嘉祥、省來示、以為瞿然、賀慶之事、宜詳依典義、動靜數示、上疏陳九品之弊曰、臣聞立政者、以官才為本、官才有三難、而興替之所由也、人物難知、一也、愛憎難防、二也、情偽難明、三也、三者雖聖哲在上、嚴刑督之、猶

不可治、故堯求俊乂、而得四凶、三載考績、而饕餮得成、使世主雖有上聖之明、而無考察之法、授凡庸之才、而去賞罰之勸、則為開姦、豈徒四族側陋、何望於時哉、今立中正、定九品、高下任意、榮辱在手、操人主之威福、奪天朝之權勢、愛憎決於心、情偽由於己、公無考校之負、私無告訴之忌、朋黨橫越、威福擅行、用心百態、求者萬端、廉讓之風滅、苟且之俗成、天下訩訩、但爭品位、不聞推讓、流俗之過、一至於此、竊為聖世恥之、愚心之所非者、不可以一槩論、輒條列其事、夫名狀以當才為清、品輩以得實為平、治亂之要、不可不允、清平者、治化之美、枉濫者、亂敗之惡也、不可不察、然人才異能、備體者寡、器有大小、達有早晚、是以三仁殊塗而同歸、四子異行而鈞義、陳平韓信、咲侮於邑里、而收功於帝王、屈原伍胥、不容於人主、而顯名於竹帛、是篤論之所明也、今之中正、不精才實、務依黨利、不鈞稱尺、務隨愛憎、所欲舉者、獲虛以成譽、所欲下

者、吹毛以求疵、前鄙後脩者、則引古以病今、古賢今病者、則考虛以覆過、質直者、罪以違時、阿容者、善其得和、度遠者、責以小撿、才近者、美其合俗、齊量者、以己為限、高下逐強弱、是非隨愛憎、憑權附黨、毀平從親、隨世興衰、不顧才實、衰則削下、興則扶上、一人之身、旬日異狀、或以貨賂自通、或以計協登進、附託必達、守道困悴、無報於身、必見割奪、有私於己、必得其欲、凌弱黨強、以植後利、是以上品無寒門、下品無勢族、暨

時有之皆曲有故慢主罔時實爲亂源昔在前聖之世欲敦風俗鎮靜百姓隆鄉黨之義崇六親之行人道賢否於是見矣然鄉老書其善以獻天子司馬論其能以官於職有司考績以明黜陟故天下之人退而脩本州黨有德義朝廷有公正天下大治浮華邪佞無所容厝今一國之士多者千數或流徙異邦或給役殊方面猶不識況盡其才力而中正知與不知其當品狀采譽於臺府納毁於流言任己則有不識之蔽聽受則有彼此之偏所知者以愛憎奪其平所不知者以人事亂其度旣無鄉老紀行之譽又非朝廷考績之課遂使進官之人棄近求遠背本逐末位以求成不由行立故狀無實事譖文浮飾品不挍功黨譽虛妄上奪天朝考績之分下長浮華朋黨之事凡官不同事人不同能得其能則成失其能則敗今品不狀才能之所宜而以九等爲例以品取人則非才能之所長以狀取人則爲本品之所限若狀得其實猶品狀

舊無今字補之

相妨所疏則削其長所親則飾其短徒結白論以爲虛譽以治風俗則狀無實行以宰官職則品不料能百揆何以得理萬機何以得脩職名中正實爲姦府事名九品而有八損自魏立以來未見其得人之功而生讎薄之累愚臣以爲宜罷中正除九品弃魏氏之弊法更立一代之美制愚臣以爲便也

張華字茂先范陽人也領中書令名重一世朝野擬爲台輔而荀勗馮紞等深忌疾之會世祖問華誰可付以後事者對曰明德至親莫如齊王攸旣非上意所在微爲忤旨間言得行以華爲都督幽州諸軍事領護烏桓校尉於是遠夷賓服四境無虞朝議欲徵華入相馮紞乾沒苦陷以華有震主之名不可保必遂徵爲太常以小事免官世祖崩遷中書監加侍中遂盡忠救匡彌縫補闕雖當闇主虐后之朝猶使海內晏然遷司空卓爾獨立無所阿比趙王倫及孫秀等疾華如讎倫秀疊起遂與裴頠俱被害朝野

之士莫不悲酸

裴頠字逸民河東人也遷尚書左僕射侍中元康七年以陳准子匡韓蔚子嵩並侍東宮頠諫曰東宮之建以儲皇極其所與遊接必簡英儁宜用成德賢邵之才匡嵩幼弱未識人理立身之節東宮實體夙成之表而今有童子侍從之聲未是光闡遐風之弘理也頠深患時俗放蕩不尊儒術魏末以來轉更增甚何晏阮籍素有高名於世口談浮虛不遵禮法尸祿耽寵仕不事事至王衍之徒聲譽太盛位高勢重不以物務自嬰遂相放效風教陵遲頠著崇有之論以釋其蔽世雖知其言之益治而莫能革也朝廷之士皆以遺事爲高四海尚寧而有識者知其將亂矣而夷狄遂淪中州者其禮久亡故也倫秀之興覺頠張華俱見害朝綱傾弛遠近悼之

傅玄字休奕北地人也性剛直果勁不能容人之非世祖受禪加駙馬都尉與皇甫陶俱掌諫職玄志在拾遺多所獻替上疏曰前皇甫陶上事爲政之要計民而置官分民而授事陶之所上義合古制前春樂平太守胄志上欲爲博士置史卒此尊儒之一隅也主者奏寢之今志典千里臣等並受殊寵雖言辭不足以自申意在有益主者請寢多不施用臣恐草萊之士雖懷一善莫敢獻之矣詔曰凡關言於人主人臣之所至難而人主苦不能虛心聽納自古忠臣直士所忼慨也其甚者至使杜口結舌每念於此未嘗不歎息也故前詔敢有直言勿有所拒庶

幾得以發蒙補過獲保高位喉舌納言諸賢當深解此心務使下情必盡苟言有偏善情在忠益不可責備於一人雖文辭有謬誤言語有失得皆當曠然恕之古人猶不拒誹謗況皆善意在可采錄乎近者孔晁綦毋和皆案以輕慢之罪所以皆原欲使四海知區區之朝無諱言之忌也又每有陳事輒出付主者主者衆事之本故身而所處當多從深刻至乃云恩貸當由上出出村外者寧縱刻峻是信耶故復因此喻意

玄遷侍中、

任愷字元裒樂安人也爲侍中愷性忠直以社稷爲己任帝器而昵之政事多諮焉愷惡賈充之爲人不欲令久執政每裁抑之充病之後承間稱愷忠公局正宜在東宮使保護太子外假稱揚內斥遠之帝以爲太子少傅而侍中如故充計畫不行會吏部尚書缺好事者爲充謀曰愷今總門下樞要得與上親接宜啓令典選便得漸疎此一都令史事耳且九流難精間隙易

乘充卽啓稱愷才能宜在官人之職世祖不疑充挾邪而以選官勢望唯賢是任卽日用愷愷旣在尚書侍覲轉希充與荀勗馮紞承間譖潤免官愷受黜在家充毁間得行世祖情遂漸薄然衆論明愷爲人羣共舉愷爲河南尹甚得朝野稱譽而賈充朋黨日夜求愷小過又諷有司奏愷免官後起爲太常不得志遂以憂卒、

裴楷字叔則河東人也爲侍中世祖嘗問曰朕應天順民海內更始天下風聲何得何失對曰陛下受命四海承風所以未比德於堯舜者賈充之徒猶在朝也夫逆取而順守湯武是也今宜引天下賢人與弘政道不宜示之以私也、

和嶠字長輿汝南人也遷侍中嶠見東宮不令因侍坐曰皇太子有淳古之風而季世多僞恐不了陛下家事世祖默然後與荀顗荀勗同侍世祖曰太子近入朝差長進卿可俱詣粗及世事旣奉詔而還顗勗並稱皇太子明識弘雅誠如明詔嶠曰聖質如初耳帝不悅而起嶠以爲

國雖休明終必喪亂言及社稷未嘗不以儲君爲憂或以告賈妃妃銜之愍懷建宮官嶠爲太子少傅太子朝西宮嶠從入賈后使惠帝問嶠曰卿昔謂我不了家事今日定云何嶠曰臣昔事先帝有斯言言之不效國之福也臣敢逃其罪乎、

郄詵字廣基濟陰人也擧賢良對策曰臣竊觀乎古今而考其美惡古人相與求賢今人相與求爵此風俗所以異流也古之官人君責之於

上臣舉之於下、得其人有賞、失其人有罰、安得不求賢乎、今之官者、父兄營之、親戚助之、有人事則通、無人事則塞、安得不求爵乎、賢茍求達、達在脩道、窮在失義、故靜以待之也、爵茍可求、得在進取、失在後時、故動以要之也、天地不能頓爲寒暑、人主亦不能頓爲治亂、故寒暑漸於春秋、治亂起於得失、當今之世、官者無關梁、邪門啓矣、朝廷不責賢、正路塞矣、所謂責賢、使之相舉也、所謂關梁、使之相保也、賢不舉則有咎、

保不信亦有罰、有罰則有司莫不悚也、以求其才焉、今則不然、貪鄙竊位、不知誰升之者、虎兕出檻、不知誰可咎者、網漏吞舟、何以過此、雖聖思勞於夙夜、所使爲政、恒得此屬、欲化美俗平、亦俟河之清耳、爲左丞、劾奏吏部尚書崔洪、洪曰、我舉郄丞而還奏我、此爲挽弩自射、訥聞曰、昔趙宣子任韓厥爲司馬、厥以軍法戮宣子之僕、宣子謂諸大夫可賀我矣、吾選厥也任其事、崔侯爲國舉才、我以才見舉、惟官是視、各明在公、何故私言乃至於此、洪聞之慙服、

荀勗字公曾、潁陰人也、爲中書監、加侍中、勗才學博覽、有可觀採、而性邪佞、與賈充馮紞共相朋黨、朝廷賢臣、心不能悅、任愷因機舉充鎮關中、世祖卽詔遣之、勗謂紞曰、賈公遠放、吾等失勢、太子婚尚未定、若使充女爲妃、則不營留而自停矣、勗與紞伺世祖間、並稱充女淑令、風姿絕世、若納東宮、必能輔佐君子、有關雎后妃之德、遂成婚焉、

馮紞字少冑、安平人也、稍遷左衛將軍、承顏悅色、寵愛日隆、賈充荀勗並與之親善、世祖詔治金墉、廢賈妃已定、紞與勗乾沒救請、故得不廢、轉侍中、世祖篤病得愈、紞與勗乃言於世祖曰、陛下前者病若不差、太子其廢矣、齊王爲百姓所歸、公卿所仰、雖欲高讓、其得免乎、宜遣還藩以安社稷、世祖納之、初謀伐吳、紞與充勗共苦諫、世祖不納、斷從張華、吳平、紞內懷慙懼、疾華如讎、及華外鎮、威德太著、朝論當徵爲尚書令、

統從容侍帝論晉魏故事因曰臣常謂鍾會之反頗由太祖帝勃然曰何言邪統曰臣以爲夫善御者必識六轡盈縮之勢善治者必審官方控帶之宜是故漢高八王以寵過夷滅光武諸將以抑損克終非上之人有仁暴之異在下者有愚智之殊蓋抑揚與奪使之然耳鍾會才具有限而太祖獎誘太過喜其謀猷盛其名位授以重勢故會自謂策無遺策功在不賞張利害遂搆凶逆耳向令太祖錄其小能節以大禮抑

策作筭 張利害作輈張跋扈

之權勢納之以軌度則逆心無由而生亂事無階而成世祖曰然統稽首曰愚臣之言宜鎮堅冰之道無令如會之徒復致覆喪世祖曰當今豈有會乎統曰陛下謀謨之臣著大功於天下四海莫不聞知據方鎮總戎馬之任者皆在陛下聖慮矣世祖默然徵張華爲太常尋免華官

劉頌字子雅廣陵人也除淮南相上疏曰臣竊惟萬載之事理在二端天下大器一安難傾一傾難正故慮經後世者必精目下之治治安遺業使數世賴之若乃兼建諸侯而樹藩屏深根固蔕則祚延無窮可以比跡三代如或當身之治遺風餘烈不及後嗣雖樹親戚而成國之制不建使夫後世獨任智力以安大業若未盡其理雖經異時憂責猶追在陛下將如之何願陛下善當今之治樹不拔勢則天下無遺憂矣夫聖明不世及後嗣不必賢此天理之常也故善爲天下者任勢而不任人任勢者諸侯是也任人者郡縣是也郡縣之治小察理而大勢危諸

侯牧民近多違而遠慮固聖王惟終始之弊權輕重之理苞彼小違以據大安然後足以藩固內外維鎮九服夫武王聖主也成王賢嗣也然武王不恃成王之賢而廣封建者慮經無窮也且善言今者必有以驗之於古唐虞以前書文殘缺其事難詳至於三代則並建明德及舉王之顯親開國承家以藩屏帝室延祚久長近者五六百歲遠者延將千載逮至秦氏罷侯置守子弟不分尺土孤立無輔二世而亡漢承周秦

惟作推

舉作興

之後雜而用之前後二代各二百餘年揆其封建雖制度舛錯不盡事中然跡其衰亡恆在同姓失職諸侯微時不在強盛也昔呂氏作亂幸賴齊代之援以寧社稷七國叛逆梁王捍之卒弭其難自是之後威權削奪諸侯止食祖俸甚者至乘牛車是以王莽得擅本朝遂其姦謀傾蕩天下毒流生靈光武紹起雖封樹子弟而不建成國之制祚亦不延魏氏承之圈閉親戚幽囚子弟是以神器速傾天命移在陛下長短之

應禍福之徵可見於此矣然則建邦苟盡其理則無向不可故曰為社稷計莫若建國夫邪正逆順者人心之所繫服也今之建置審量事勢使君樂其國臣榮其朝各流福祚傳之無窮上下一心愛國如家視人如子然後能保荷天祿兼翼王室今諸王裂土皆兼於古之諸侯而君賤其爵臣耻其位莫有安志其故何也法同郡縣無成國之制故也今之建置宜使率由舊章一如古典然人心繫常不累十年好惡未改情

無其字

願未移臣之愚慮以為宜早創大制遲迴眾望猶在十年之外然後能令君臣各安其位榮其所蒙上下相持用成藩輔如今之為適足以虧天府之藏徙弃穀帛之資無補鎮國衛上之勢也古者封建既定各有其國後雖王之子孫無復尺土此今事之必不行者也若推親疎轉有所廢以有所樹則是郡縣之職非建國之制也今宜豫開此地使親疎遠近不錯其制然後可以永安然於古典所應有者悉立其制然非急

所須漸而備之不得頓設也須車甲器械既具其群臣乃服綵章倉廩已實乃營宮室百姓已足乃備官司境內充實乃作禮樂唯宗廟社稷則先建之至境內之政官人用才自非內史國相命於天子其餘眾職及死生之斷穀帛資實慶賞刑威非封爵者悉得專之周之建侯長享其國與王者並遠者延將千載近者猶數百年漢之諸王傳祚暨至曾玄人性不甚相遠古今一揆而短長甚違其故何邪立意本殊而制不

同故也、周之封建、使國重於君、公侯之身、輕於社稷、故無道之君、不免誅放、敦興滅繼絕之義、故國祚不泯、不免誅放、則羣后思懼、胤嗣必繼、是無亡國也、諸侯思懼、然後軌道、下無亡國、天子乘之、理勢自安、此周室所以長存也、漢之樹置、君國輕重不殊、故諸王失度、陷於罪戮、國遂以亡、不崇興滅繼絕之序、故下無固國、天子居上、勢孤無輔、故姦臣擅朝、易傾大業、今宜反漢之弊、脩周舊跡、國君雖或失道、陷於誅絕、又無

子應除、苟有始封支胤、不問遠近、必紹其祚、若無遺類、則虛建之、須皇子生、以繼其統、然後建國無滅、又班固稱諸侯失國、亦由網密、今又宜都寬其檢、且建侯之理、本經盛衰、慮關強弱、則天下同忿、并力誅之、大制都邑、班之羣后、著誓丹青、書之玉板、藏之金匱、置諸宗廟、副在有司、寡弱小國、猶不可危、豈況萬乘之主、承難傾之邦、而加其上、則自然永久、故臣願陛下置天下於自安之地、寄大業於固成之勢、則可以無遺

憂矣、今閭閻少名士、官司無高能、其故何也、清議不肅、人不立德、行在取容、故無名士、下不專局、又無考課、吏不竭節、故無高能、無高能則有疾世事、少名士則後進無准、故臣思立吏課而肅清議也、天下至大、萬事至衆、人君至少、同於天日、故非垂聽所得周覽、是以聖王之治、執要而已、委務於下、而不以事自嬰也、分職既定、無所與焉、非憚日側之勤、而牽於逸豫之虞、誠以治體宜然、事勢致之也、何則夫造創謀始、逆暗

是非、以別能否、甚難察也、既以施行、因其成敗、以分功罪、甚易識也、易識在考終、難察在造始、故人君恆居其易、則治、人臣不處其難、則亂、今人主恆能居易執要、以御其下、然後人臣功罪、形於成敗之徵、無所逃其誅賞、故罪不可蔽、功不可誣、不可誣則能者勸、罪不可蔽則違慢日肅、此爲治之大略也、天下至大、非垂聽所周、又精始難校、考終易明、今人主不委事仰成、而與諸下共造事始、則功罪難分、能否不別、陛下

縱未得盡仰成之理都委務於下至如今事應奏御者蠲除不急使要事得精可三分之二今親掌者受成於上上之所失不得復以罪下歲終事功不建不知所責也(舊無不建二字補之)夫監司以法舉罪獄官案劾盡實法吏據辭守文大較雖同然至於施用監司與夫法獄體宜小異獄官唯實法吏唯文監司則欲舉大而略小何則夫細過微闕謬妄之失此人情之所必有而悉糾以法則朝野無全人(舊有字下有罔所不犯之地六字刪之)此所謂欲治而反亂者也是以善為

群書治要　卷之三十　十八

治者綱舉而網疏綱舉則所羅者廣網疏則小罪必漏所羅者廣則大罪不縱則甚泰必刑微過必漏則為政不苛甚泰必刑然後犯治必塞此為治之要也而自近世以來為監司者類大綱不振而網甚密網甚密則微過必舉微過人情所必有而不足以害治舉之則微而益亂大綱不振則豪強橫肆豪強橫肆則平民失職此錯所急而倒所務之由也非徒無益於治體清議乃由此益傷古人有言曰(舊無曰字補之)君子之過如日之蝕焉又曰過而能改又曰不貳過凡此數者是賢人君子不能無過之言也苟不至於害治則皆天綱之所漏也所犯在甚泰然後王誅所必加此舉罪淺深之大例也故君子得全美以善事不善者必夷戮警眾此為治誅赦之准式也凡舉過彈違將以肅風論而整世教今舉小過清議益頹是以聖王深識人情而達治體故其稱曰不以一眚掩大德又曰赦小過舉賢才又曰無求備於一人故冕而前旒充纊塞耳意在

群書治要　卷之三十　十九

去苛察舉甚泰善惡之報必取其尤然後簡而不漏大罪必誅法禁易全也今則當小罪甚察而時不加治者明小罪非亂治之姦也害治在犯尤而謹搜微過何異放兕豹於公路而禁鼠盜於隅隙時政所失少有此類陛下宜反而求之乃得所務也

江統字應元陳留人也除華陰令時關隴屢為氐羌所擾牧守淪沒黎庶塗炭孟觀西討生禽齊萬年羣氐死散統深惟四夷亂華宜杜其萌

乃作徙戎論其辭曰夫蠻夷戎狄謂之四海九服之制地在要荒春秋之義內諸夏而外夷狄以其言語不通法俗詭異或居絕域之外山河之表與中國壤斷土隔不相侵涉賦役不及正朔不加其性氣貪婪凶悍不仁四夷之中戎狄爲甚弱則畏服強則侵叛雖有賢聖之世大德之君咸未能以道化率導而以恩德柔懷也當其強也以殷之高宗而憊於鬼方有周文王而患昆夷獫狁高祖困於白登孝文軍於霸上及其弱也周公來九譯之貢中宗納單于之朝以元成之微而猶四夷賓服此其已然之效也故匈奴求守邊塞而侯應陳其不可單于屈膝未央望之議以不臣是以有道之君牧夷狄也唯以待之有備禦之有常雖稽顙執贄而邊城不弛固守爲寇賊強暴而兵甲不加遠征期令境內獲安疆埸不侵而已及至周室失統諸侯專征以大兼小轉相殘滅封疆不固而利害異心戎狄乘間得入中國或招誘安撫以爲己用故申繒之禍顛覆宗周襄公要秦遽興姜戎義渠大荔居秦晉之域陸渾陰戎據伊洛之間鄋瞞之屬侵入齊宋陵虐邢衛南夷與北夷交侵中國不絕若綫始皇之并天下也南兼百越北走匈奴當時中國無復四夷矣漢興而都長安宗周豐鎬之舊也及至莽之敗西都荒毀百姓流亡建武中以馬援領隴西太守討叛羌徙其餘種於關中居馮翊河東空地而與齊民雜處數歲之後族類蕃息既恃其肥強且苦漢民侵之永初之元騎都尉王弘使西域發調羌氐以爲行衛於是羣羌奔駭互相扇動二州之戎一時俱發覆沒將守屠破城邑諸戎遂熾至於南入蜀漢東掠趙魏唐突軹關侵及河內十年之中夷夏俱斃此所以爲害深重累年不定者雖由禦者之無方將非其才亦豈不以寇發心腹害起肘腋疾篤難療瘡大遲愈之故哉自此之後餘燼不盡小有際會輒復侵叛雍州之戎常爲國患中世之寇唯此爲大漢末之亂關中殘滅

魏興之初、與蜀分隔、疆埸之戎、一彼一此、魏武
皇帝遂徙武都之種於秦川、欲以弱寇彊國、扞
禦蜀虜、此蓋權宜之計、一時之勢、非所以保境
安民、爲萬世之利也、今者當之、已受其弊矣、夫
關中土沃物豐、厥田上上、帝王之都、未聞戎狄
宜在此土也、非我族類、其心必異、戎狄志態不
與華同、而因其衰弊、遷之畿服、吏民玩習、侮其
輕弱、使其怨恨之氣毒於骨髓、至於蕃育衆盛、
則坐生其心、以貪悍之性、挾憤怒之情、候隙乘

便、輒爲橫逆、而居封域之內、無障塞之隔、掩不
備之民、收散野之積、故能爲禍滋蔓、暴害不測、
此必然之勢、已驗之事也、當今之宜、宜及兵威
方盛、衆事未罷、徙馮翊北地新平安定界內諸
羌、著先零罕幵析支之地、徙扶風始平京兆之
氐、出還隴右、著陰平武都之界、各附本種、反其
舊土、使屬國撫夷、就安集之、戎晉不雜、並得其
所、上合往古即敘之義、下爲盛世永久之規、縱
有猾夏之心、風塵之警、則絕遠中國、隔閡山河、

雖爲寇暴、所害不廣、是以充國子明能以數萬
之衆、制羣羌之命、有征無戰、全軍獨克、雖有謀
謨深計、廟勝遠圖、亦豈不以華夷異處、戎夏區
別、要塞易守之故、得成其功哉、難者曰、方今關
中之禍、暴兵二載、征戍之勞、老師十萬、水旱之
害、荐飢累荒、凶逆既戮、悔惡初附、且欵且畏、咸
懷危懼、百姓愁苦、異人同慮、望寧息之有期、若
枯旱之思雨露、誠宜鎮之以靜默、而綏之以安
豫、而子方欲作役起徒、興功造事、使疲悴之衆、

徙自猜之寇、以無穀之民、遷乏食之虜、恐勢盡
力屈、緒業不卒、羌戎離散、心不可一、前害未及
弭、而後變復橫出矣、答曰、羌戎狡猾、傷害牧守、
連兵聚衆、載離寒暑、而今異類瓦解、同種土崩、
老幼繫虜、丁壯降散、子以此等爲尚挾餘資、悔
惡反善、懷我德惠、而來柔附乎、將勢窮道盡、智
力俱困、懼我兵誅、以至於此乎、曰、無有餘力、勢
窮道盡故也、然則我能制其短長之命、而令其
進退由己矣、夫樂其業者、不易事、安其居者、無

遷志方其自疑危懼畏怖促遽可制以兵威使之左右無違也迨其死亡散流故可逌遷遠處令其心不懷土也夫聖賢之謀事爲之於未有治之於未亂道不著而平德不顯而成其次則能轉禍爲福因敗爲功値困必濟遇否能通今子遭弊事之終而不圖更制之始愛易轍之勤而得覆車之軌何哉且關中之民百餘萬口率其少多戎狄居半處之與遷必須口實若有窮乏故當傾關中之穀以全其生生之計必無擠於溝壑而不爲侵掠之害也今我遷之傳食而至附其種族自使相贍而秦地之民得其半穀此爲濟行者以廩糧遺居者以積倉寬關中之逼去盜賊之原除旦夕之損建終年之益若憚暫擧之小勞而遺累世之寇敵非所謂能開物成務創業垂統崇基拓跡謀及子孫者也并州之胡本實匈奴桀惡之寇也漢宣之世凍餒殘破國內五裂後合爲二呼韓邪遂衰弱孤危不能自存依阻塞下委質柔服建武中南單于復

求降附於彌扶羅値世喪亂遂乘釁而作虜掠趙魏寇至河南建安中又使右賢王去卑誘質呼廚泉聽其部落散居六郡咸熙之際分爲三率泰始之初又增爲四今五部之衆戶至數萬人口之盛過於西戎然其天性驍勇弓馬便利倍於氐羌若有不虞風塵之慮則并州之域可爲寒心今晉民失職猶或亡叛犬馬肥充則有噬齧況於夷狄能不爲變但顧其微弱勢力不陳耳夫爲邦者患不在貧而在不均憂不在寡而在不安以四海之廣士民之富豈須夷虜在內然後取足哉此等皆可申諭發遣還其本域慰彼羈旅懷土之思釋我華夏纖介之憂惠此中國以綏四方德施永世於計爲長

陸機字士衡吳郡人也爲著作郎孫盛陽秋載機五等論曰夫體國經野先王所愼創制垂基思隆後業然而經略不同長短異術五等之制始於黃唐郡縣之治創於秦漢得失成敗備在典謨是以其詳可得而言夫王者知帝業至重天下至廣廣不可以偏制重不可以獨任任重必於借力制廣終乎因人故設官分職所以輕其任也並建伍長所以弘其制也於是乎立其封疆之典裁其親疏之宜使萬國相維以成盤石之固宗庶

維居以定維城之業又有以見緜世之長御識人情之大方知其爲人不如厚己利物不如圖身安上在於悦下爲己在乎利人是以分天下以厚樂而己得與之同憂饗天下以豐利而己得與之共害利博則恩篤樂遠則憂深故諸侯享食土之實萬國受傳世之祚夫然則南面之君各務其治九服之民知有定主上之子愛於是乎生下之禮信於是乎結世治足以敦風道衰足以禦暴故強毅之國不能擅一時之勢雄俊之民無所寄霸王之志然後國安由萬邦之思治主尊賴羣后之圖身蓋三代所以直道四王所以垂業也故世及之制弊禍終乎七雄昔者成湯親照夏后之鑒公旦目涉商人之式文質相濟損益有物然五等之禮不革于時封畛之制有隆爾者豈玩二王之禍而闇經世之筭乎固知百世非可懸禦善制不能無弊而侵弱之辱愈於殄祀土崩之困痛於陵夷也是以經始獲其多福慮終取其小禍非謂侯伯無可

基作具

片言舊作行宮改之

豈舊作乎改之

輿作與

亂之符郡縣非致治之基也故國憂賴其釋位主弱憑於其翼戴及其承微積弊王室遂卑猶保名位祚遺後嗣皇統幽而不輟神器否而必存者豈非事勢使之然與降及亡秦弃道任術懲周之失自矜其得尋斧始於所庇制國昧於弱下國慶獨享其利主憂莫與共害雖速亡趍亂不必一道顛沛之釁實由孤立是蓋思五等之小怨忘萬國之大德知陵夷之可患闇土崩之爲痛也周之不競有自來矣國乏令主十有餘世然片言勤王諸侯必應一朝震矜遠國先叛故強晉收其請隧之圖暴楚頓其觀鼎之志豈劉項之能闚關勝廣之敢號澤哉借使秦人因循周制雖則無道有與共亡其覆滅之禍豈在曩日漢矯秦枉大啓王侯境土踰溢不遵舊典故賈生憂其危鼂錯痛其亂是以諸侯阻其國家之富憑其土民之力勢足者反疾土狹者逆遲六臣犯其弱綱七子衝其漏網皇祖夷於黜徙西京病於東帝是蓋過正之災而非建侯之累也逮至中葉忌其失節割削宗子有名無實天下曠然復襲亡秦之軌矣是以五侯作威不忌萬邦新都襲漢易於拾遺也光武中興纂隆皇統而猶遵覆車之遺轍養喪家之宿疾僅及數世姦宄充斥卒有強臣專朝則天下風靡一夫縱橫而城地自夷豈不危哉在周之衰難興王室放命者七臣干位者三子嗣王委其九鼎凶族據其天邑鉦鞞震於閫宇鋒鏑流乎絳闕然禍止畿甸害不覃及天下晏然以治待亂是以宣王興於共和襄惠振於晉鄭豈若二漢陛闥暫擾而四海已沸孽臣朝入而九服夕亂哉遠惟王莽篡逆之事近覽董卓擅權之際億兆悼心愚智同痛然周以之存漢以之亡夫何故哉豈世乏曩時之臣士無匡合之志歟蓋遠績屈於時異雄心挫於卑勢耳故烈士扼腕終委寇讎之手忠臣變節以助虐國之桀雖復時有鳩合同志以謀王室然上非奧主下皆市人師旅無先定之班君臣無相保之志是以義兵雲合無救劫殺之禍衆望未改而已見大漢之滅矣或以諸侯世位不必常全昏主暴君有時比迹故五等所以多亂今之牧守皆官方庸能雖或失之其得固多故郡縣易以爲政治夫德之休明黜陟日用長率連屬咸述其職而淫昏之君無所容過何則不治哉故先代有以之興矣苟或衰陵百度自悖鬻官之吏以貨准才則貪殘之萌皆羣后也安在其不亂哉故後王有以之廢矣且要而言之五等之君爲己思治郡縣之長爲利圖物何以徵之蓋企及進取仕子之常志修己安民良士之所希及夫進取之情銳而安民之譽遲是故侵百姓以利己者在位所不憚損實事以養名者官長所夙夜也君無卒歲之圖臣挾一時之志五等則不然知國爲己土衆皆我民民安己受其利國傷家嬰其病故前人欲以垂後後嗣思其堂構爲上無苟且之心羣下知膠固之義使其並賢居政則功有厚薄而兩愚處亂則過有深淺然則八代之制幾

可以一理貫秦漢之典殆可以一言蔽也

胡威字伯武淮南人也父質字文德清廉絜白貧之爲荊州刺史也威自京都定省家貧每至客舍自放驢取樵既至見父停廐中十餘日告歸臨辭賜絹一匹爲道中資威跪曰大人清高不審於何得此絹質曰是吾奉祿之餘故以爲汝糧耳威受之辭歸荊州帳下都督聞威將去請假還家持資糧於路要威因與爲伴每事佐助又進飯食威疑而誘問之既知乃取所賜絹與都督謝而遣之後因他信以白質質杖都督一百除吏名父子清慎如此於是名譽著聞爲安豐太守徐州刺史政化大行後入朝世祖因言次謂威曰卿清孰如父清對曰臣不如也世祖曰以何爲勝邪對曰臣父清恐人知臣清恐人不知是臣不及遠也世祖以威言直而婉謙而順累遷豫州刺史入爲尚書

周顗字伯仁汝南人也爲尚書左僕射王敦作逆石頭既王師敗績顗奉詔往詣敦敦曰伯仁卿負我顗曰公戎車犯順下官親率六軍不能其事使王旅奔敗以此負公敦憚其辭正不知所答左右文武勸顗避敦曰吾備位大臣朝廷喪破寧可復草間求活外投胡越者邪俄而被收於石頭害之

舊無正字補之

陶侃字士行廬江人也爲荊州刺史政刑清明惠施均洽故楚郢士女莫不相慶引接疎遠門無停客常語人曰大禹聖者乃惜寸陰至於衆人當惜分陰豈可逸遊荒醉生無益於時死無聞於後是自棄也諸參佐或以談戲廢事者乃命取捕博之具悉投之于江吏將則加鞭朴曰樗蒱者牧奴戲耳老莊浮華非先王之法言不可行也君子當正其衣冠攝其威儀何有亂頭養望自謂宏達邪於是朝野用命移風易俗

高崧字茂琰廣陵人也累轉侍中哀帝雅好服食崧諫以爲非萬乘所宜陛下此事實是日月之一蝕也帝欲脩鴻寶禮崧反覆表諫事遂不行

鄙恐性本書作及其執喪哀毀過禮

何充字次道廬江人也爲護軍中書令顯宗初崩充建議曰父子相傳先王舊典忽妄改易懼非長計庾冰等不從故康帝遂立帝臨軒冰充侍坐帝曰朕嗣洪業二君之力也對曰陛下龍飛臣冰之力也若如臣議不覩升平之世康帝崩充奉遺旨便立孝宗加錄尚書事侍中臨朝正色以社稷爲己任凡所選用皆以功臣爲先不以私恩樹用親戚談者以此重之

吳隱之字處默濮陽人也早孤事母孝謹愛敬著於色養幾滅鄙於執喪居近韓康伯家康伯母賢明婦人每聞隱之哭臨饌輟食當織投杼爲之悲泣如此終其喪謂伯曰汝若得在官人之任當舉如此之徒及伯爲吏部超選隱之遂階清級爲龍驤將軍廣州刺史州之北界有水名曰貪泉父老云飲此水者使廉士變節隱之始踐境先至水所酌而飲之因賦詩曰古人云此水一歃懷千金試使夷齊飲終當不易心在州清操愈厲化被幽荒詔曰廣州刺史吳隱之孝友過人祿均九族處可欲之地而能不改其操饗惟錯之富而家人不易其服革奢務嗇南域改觀朕有嘉焉可進號前將軍賜錢五十萬穀千斛

羣書治要卷第三十

羣書治要卷第三十一

秘書監鉅鹿男臣魏徵等奉　勅撰

六韜　陰謀　鬻子

六韜

序

文王田乎渭之陽、見太公坐茅而釣、問之曰、子樂得魚耶、太公曰、夫釣以求得也、其情深、可以觀大矣、文王曰、願聞其情、太公曰、夫魚食其餌、乃牽於緡、人食其祿、乃服於君、故以餌取魚、魚可殺、以祿取人、人可竭、以家取國、國可拔、以國取天下、天下可畢也、天下者非一人之天下、天下之天下也、與天下同利者、則得天下、擅天下之利者、失天下、天有時、地有財、能與人共之者、仁也、仁之所在、天下歸之、免人之死、解人之難、救人之患、濟人之急者、德也、德之所在、天下歸之、與人同憂同樂、同好同惡者、義也、義之所在、天下歸之、凡人惡死而樂生、好得而歸利、能生利者、道也、道之所在、天下歸之、

文韜

文王問太公曰、天下一亂一治、其所以然者何、天時變化自有之乎、太公曰、君不肖則國危而民亂、君賢聖則國家安而天下治、禍福在君、不在天時、文王曰、古之賢君可得聞乎、太公曰、昔帝堯上世之所謂賢君也、堯王天下之時、金銀珠玉弗服、錦繡文綺弗衣、奇怪異物弗視、玩好之器弗寶、淫佚之樂弗聽、宮垣室屋弗崇、茅茨之蓋不剪、衣履不敝盡不更爲、滋味重累不食、不以役作之故、留耕種之時、削心約志、從事乎無爲、其自奉也甚薄、役賦也甚寡、故萬民富樂而無飢寒之色、百姓戴其君如日月、親其君如父母、文王曰、大哉賢君之德矣、

文王問太公曰、願聞爲國之道、太公曰、愛民、文王曰、愛民奈何、太公曰、利而勿害、成而勿敗、生而勿殺、與而勿奪、樂而勿苦、喜而勿怒、文王曰、奈何、太公曰、民不失其所務、則利之也、農不失其時業、則成之也、省刑罰、則生之也、薄賦斂、則

與之也、無多宮室臺池、則樂之也、吏清不苛、則喜之也、民失其務、則害之也、農失其時、則敗之也、無罪而罰、則殺之也、重賦斂、則奪之也、多營宮室遊觀以疲民、則苦之也、吏爲苛擾、則怒之也、故善爲國者、御民如父母之愛子、如兄之慈弟也、見之飢寒、則爲之哀、見之勞苦、則爲之悲、

文王曰、善哉、

文王問於太公曰、賢君治國何如、對曰、賢君之治國、其政平、吏不苛、其賦斂節、其自奉薄、不以

私善害公法、賞賜不加於無功、刑罰不施於無罪、不因喜以賞、不因怒以誅、害民者有罪、進賢者有賞、後宮不荒、女謁不聽、上無淫慝、下無陰害、不供宮室以費財、不多遊觀臺池以罷民、不雕文刻鏤以逞耳目、官無腐蠹之藏、國無流餓之民也、文王曰、善哉、

文王問師尚父曰、王人者、何上何下、何取何去、何禁何止、尚父曰、上賢下不肖、取誠信、去詐僞、禁暴亂、止奢侈、故王人者、有六賊七害、六賊者、

作衆作勢作任氣作業恐字誤吏威作王之威

揚美掩惡作掩善揚惡

一曰、大作宮殿臺池遊觀、淫樂歌舞、傷王之德、二曰、不事農桑、作業作勢、遊俠犯歷法禁、不從吏教、傷王之化、三曰、結連朋黨、比周爲權、以蔽賢智、傷王之權、四曰、抗智高節、以爲氣勢、傷吏威、五曰、輕爵位、賤有司、羞爲上犯難、傷功臣之勞、六曰、強宗侵奪、凌侮貧弱、傷庶民矣、七害者、一曰、無智略大謀、而以重賞尊爵之、故強勇輕戰、僥倖於外、王者愼勿使將、二曰、有名而無用、出入異言、揚美掩惡、進退爲巧、王者愼勿與謀、

三曰、朴其身躬、惡其衣服、語無爲以求名、言無欲以求得、此僞人也、王者愼勿近、四曰、博文辯辭、高行論議、而非時俗、此姦人也、王者愼勿寵、五曰、果敢輕死、苟以貪得尊爵重祿、不圖大事、待利而動、王者愼勿使、六曰、爲雕文刻鏤、技巧華飾、以傷農事、王者必禁之、七曰、爲方伎咒詛、作蠱道鬼神不驗之物、不詳訛言、欺詐良民、王者必禁止之、故民不盡其力、非吾民、士不誠信、而巧僞、非吾士、臣不忠諫、非吾臣、吏不平潔愛

宰相作相一字下同

散其精作隱其情恐是

人非吾吏宰相不能富國強兵調和陰陽以安萬乘之主簡練羣臣定名實明賞罰令百姓富樂非吾宰相也故王人之道如龍之首高居而遠望徐視而審聽神其形散其精若天之高不可極若川之深不可測也

文王問太公曰君務舉賢而不獲其功世亂愈甚以致危亡者何也太公曰舉賢而不用是有舉賢之名也無得賢之實也文王曰其失安在太公曰其失在好用世俗之所譽不得其眞賢

文王曰好用世俗之所譽者何也太公曰好聽世俗之所譽者或以非賢爲賢或以非智爲智或以非忠爲忠或以非信爲信君以世俗之所譽者爲賢智以世俗之所毀者爲不肖則多黨者進少黨者退是以羣邪比周而蔽賢忠臣死於無罪邪臣以虛譽取爵位是以世亂愈甚故其國不免於危亡文王曰舉賢奈何太公曰將相分職而各以官舉人案名察實選才考能令能當其名名得其實則得賢人之道文王曰善哉

文王問太公曰願聞治國之所貴太公曰貴法令之必行必行則治道通通則民大利大利則君德彰矣君不法天地而隨世俗之所善以爲法故令出必亂亂則復更爲法是以法令數變則羣邪成俗而君沈於世是以國不免危亡矣

文王問太公曰願聞爲國之大失太公曰爲國之大失作而不法法國君不悟是爲大失文王曰願聞不法法國君不悟太公曰不法法則令

不行令不行則主威傷不法法則邪不止邪不止則禍亂起矣不法法則刑妄行刑妄行則賞無功不法法則國昏亂國昏亂則臣爲變不法法則水旱發水旱發則萬民病君不悟則兵革起兵革起則失天下也

文王問太公曰人主動作舉事善惡有福殃之應鬼神之福無太公曰有之主動作舉事惡則天應之以刑善則地應之以德逆則人備之以力順則神授之以職故人主好重賦斂大宮室

轉作專

多遊臺則民多病溫霜露殺五穀絲麻不成人主好田獵畢弋不避時禁則歲多大風禾穀不實人主好破壞名山壅塞大川決通名水則歲多大水傷民五穀不滋人主好武事兵革不息則日月薄蝕太白失行故人主動作舉事善則天應之以德惡則人備之以力神奪之以職如響之應聲如影之隨形文王曰誠哉

文王問太公曰君國主民者其所以失之者何也太公曰不慎所與也人君有六守三寶六守

者一曰仁二曰義三曰忠四曰信五曰勇六曰謀是謂六守文王曰慎擇此六者奈何太公曰富之而觀其無犯貴之而觀其無驕付之而觀其無轉使之而觀其無隱危之而觀其無恐事之而觀其無窮富之而不犯者仁也貴之而不驕者義也付之而不轉者忠也使之而不隱者信也危之而不恐者勇也事之而不窮者謀也人君慎此六者以爲君用君無以三寶借人以三寶借人則君將失其威大農大工大商謂之三寶六守長則國昌三寶完則國安

文王問太公曰先聖之道可得聞乎太公曰義勝欲則昌欲勝義則亡敬勝怠則吉怠勝敬則滅故義勝怠者王怠勝敬者亡

武王問太公曰桀紂之時獨無忠臣良士乎太公曰忠臣良士天地之所生何爲無有武王曰爲人臣而令其主殘虐爲後世笑可謂忠臣良士乎太公曰是諫者不必聽賢者不必用武王曰諫不聽是不忠賢而不用是不賢也太公曰

不然諫有六不聽強諫有四必亡賢者有七不用武王曰願聞六不聽四必亡七不用太公曰主好作宮室臺池諫者不聽主好忿怒妄誅殺人諫者不聽主好所愛無功德而富貴者諫者不聽主好財利巧奪萬民諫者不聽主好珠玉奇怪異物諫者不聽是謂六不聽四必亡一曰強諫不可止必亡二曰強諫知而不肯用必亡三曰以寡正強正衆邪必亡四曰以寡直強正衆曲必亡七不用一曰主弱親強賢者不用二

曰主不明正者少邪者衆賢者不用三曰賊臣在外姦臣在內賢者不用四曰法政阿宗族賢者不用五曰以欺爲忠賢者不用六曰忠諫者死賢者不用七曰貨財上流賢者不用

武王伐殷得二丈夫而問之曰殷之將亡亦有妖乎其一人對曰有殷國嘗雨血雨灰雨石小者如椎大者如箕六月雨雪深尺餘其一人曰是非國之大妖也殷君喜以人餧虎喜割人心喜殺孕婦喜殺人之父孤人之子喜奪喜誣以

信爲欺欺者爲眞以忠爲不忠忠諫者死阿諛者賞以君子爲下急令暴取好田獵出入不時喜治宮室脩臺池日夜無已喜爲酒池肉林糟丘而牛飲者三千飲人無長幼之序貴賤之禮喜聽讒用譽無功者賞無德者富所愛專制而擅令無禮義無忠信無聖人無賢士無法度無升斛無尺丈無稱衡此殷國之大妖也

武韜

文王在酆召太公曰商王罪殺不辜汝尚助余憂民今我何如太公曰王其脩身下賢惠民以觀天道天道無殃不可以先唱人道無災不可以先謀必見天殃又見人災乃可以謀與民同利同病相救同情相成同惡相助同好相趣無甲兵而勝無衝機而攻無渠塹而守利人者天下啓之害人者天下閉之天下非一人之天下也取天下若逐野獸得之而天下皆有分肉若同舟而濟濟則皆同其利舟敗皆同其害然則皆有啓之無有閉之矣無取於民者取民者也

無取於國者取國者也無取於天下者取天下者也取民者民利之取國者國利之取天下者天下利之故道在不可見事在不可聞勝在不可知微哉微哉鷙鳥將擊卑飛翕翼猛獸將擊俛耳俯伏聖人將動必有過色唯文唯德誰爲之惑弗觀弗視安知其極今彼殷商衆口相惑吾觀其野草茅勝穀吾觀其羣衆曲勝直吾觀其吏暴虐殘賊敗法亂刑而上下不覺此亡國之時也夫上好貨羣臣好得而賢者逃伏其亂

俛作俯　過作愚是

至矣。太公曰：天下之人如流水，鄣之則止，啓之則行，動之則濁，靜之則淸。嗚呼神哉！聖人見其所始，則知其所終矣。文王曰：靜之奈何？太公曰：夫天有常形，民有常生，與天下共其生，而天下靜矣。

文王在岐周，召太公曰：爭權於天下者何先？太公曰：先人。人與地稱，則萬物備矣。今君之位尊矣，待天下之賢士，勿臣而友之，則君以得天下矣。文王曰：吾地小而民寡，將何以得之？太公曰：

可。天下有地，賢者得之；天下有粟，賢者食之；天下有民，賢者收之。天下者，非一人之天下也，莫常有之，唯賢者取之。夫以賢而爲人下，何人不與？以貴從人曲直，何人不得？屈一人之下，則申萬人之上者，唯聖人而後能爲之。文王曰：善。請著之金板。於是文王所就而見者六人，所求而見者七十人，所呼而友者千人。

文王曰：何如而可以爲天下？太公對曰：大蓋天下，然後能容天下；信蓋天下，然後可約天下；仁蓋天下，然後可以求天下；恩蓋天下，然後王天下；權蓋天下，然後可以不失天下；事而不疑，然後天下恃。此六者備，然後可以爲天下政。故利天下者，天下啓之；害天下者，天下閉之；生天下者，天下德之；殺天下者，天下賊之；徹天下者，天下通之；窮天下者，天下仇之；安天下者，天下恃之；危天下者，天下災之。天下者，非一人之天下，唯有道者得天下也。

武王問太公曰：論將之道奈何？太公曰：將有五

才十過。所謂五才者，勇、智、仁、信、忠也。勇則不可犯，智則不可亂，仁則愛人，信則不欺人，忠則無二心。所謂十過者，將有勇而輕死者，有急而心速者，有貪而喜利者，有仁而不忍於人者，有智而心怯者，有信而喜信於人者，有廉潔而不愛民者，有智而心緩者，有剛毅而自用者，有懦心而喜用人者。勇而輕死者，可暴也；急而心速者，可久也；貪而喜利者，可遺也；仁而不忍於人者，可勞也；智而心怯者，可窘也；信而喜信於人者，

明作任

無微察二字

貪作廉是

可誣也廉潔而不愛人者可侮也智而心緩者可襲也剛毅而自用者可事也愞心而喜用人者可欺也故兵者國之大器存亡之事命在於將也先王之所重故置將不可不審察也

武王問太公曰王者擧兵欲簡練英雄知士之高下爲之奈何太公曰知之有八徵一曰微察問之以言以觀其辭二曰窮之以辭以觀其變三曰與之間諜以觀其誠四曰明白顯問以觀其德五曰使之以財以觀其貪六曰試之以色以觀其貞七曰告之以難觀其勇八曰醉之以酒以觀其態八徵皆備則賢不肖別矣

龍韜

武王曰士高下豈有差乎太公曰有九差武王曰願聞之太公曰人才參差大小猶斗不以盛石滿則棄矣非其人而使之安得不殆多言多語惡口惡舌終日言惡寢臥不絕爲衆所憎爲人所疾此可使要問閭里察姦伺猾權數好事夜臥早起雖遽不悔此妻子將也先語察事實

授下有將

治字似衍

長希言賦物平均此十人之將也切切截截不用諫言數行刑戮不避親戚此百人之將也訟辯好勝疾賊侵陵斥人以刑欲正一衆此千人之將也外貌咋咋言語切切知人飢飽習人劇易此萬人之將也戰戰慄慄日愼一日近賢進謀使人以節言語不慢忠心誠必此十萬之將也溫良實長用心無兩見賢進之行法不枉此百萬之將也動動紛紛鄰國皆聞出入居處百姓所親誠信緩大明於領世能教成事又能救敗上知天文下知地理四海之內皆如妻子此英雄之率乃天下之主也

武王問太公曰立將之道奈何太公曰凡國有難君避正殿召將而詔之曰社稷安危一在將軍將軍受命乃齋於太廟擇日授斧鉞君入廟西面而立將軍入北面立君親操鉞持其首授其柄曰從此以往上至於天將軍制之乃復操斧持柄授將其刃曰從此以下至於泉將軍制之既受命曰臣聞治國不可從外治軍不可從

中御、二心不可以事君、疑志不可以應敵、臣既受命、專斧鉞之威、不敢還請、願君亦垂一言之命於臣、君不許臣、臣不敢將、君許之、乃辭而行、軍中之事、不可聞君命、皆由將出、臨敵決戰、無有二心、若此無天於上、無地於下、無敵於前、無主於後、是故智者爲之慮、勇者爲之鬭、氣厲青雲、疾若馳騖、兵不接刃、而敵降服、

武王問太公曰、將何以爲威、何以爲明、何以爲禁止而令行、太公曰、以誅大爲威、以賞小爲明、以罰審爲禁止而令行、故殺一人而三軍振者、殺之、賞一人而萬人說者、賞之、故殺貴大、賞貴小、殺及貴重當路之臣、是刑上極也、賞及牛馬廝養、是賞下通也、刑上極、賞下通、是將威之所行也、夫殺一人而三軍不聞、殺一人而萬民不知、殺一人而千萬人不恐、雖多殺之、其將不重、封一人而三軍不悅、爵一人而萬人不勸、賞一人而萬人不欣、是爲賞無功、貴無能也、若此則[illegible]不爲使、是失衆之紀也、

爲明下舊有何以爲審四字刪之

武王問太公曰、吾欲令三軍之衆、親其將如父母、攻城爭先登、野戰爭先赴、聞金聲而怒、聞鼓音而喜、爲之柰何、太公曰、將有三禮、冬日不服裘、夏日不操扇、天雨不張蓋幕、名曰三禮也、將身不服禮、無以知士卒之寒暑、出隘塞、犯泥塗、將必下步、名曰力將、將身不服力、無以知士卒之勞苦、士卒軍皆定次、將乃就舍、炊者皆熟、將乃敢食、軍不舉火、將亦不火食、名曰止欲將、不身服止欲、無以知士卒之飢飽、故上將與士卒共寒暑、共飢飽、勤苦、故三軍之衆、聞鼓音而喜、聞金聲而怒矣、高城深池、矢石繁下、士爭先登、白刃始合、士爭先赴、非好死而樂傷、爲其將念其寒苦之極、知其飢飽之審、而見其勞苦之明也、

士卒二字似衍

武王問太公曰、攻伐之道柰何、太公曰、資因敵家之動、變生於兩陣之間、奇正傳於無窮之源、故至事不語、用兵不言、其事之成者、其言不足聽、兵之用者、其狀不足見、倏然而往、忽然而來、

資作勢　傳作發　成作至

轉作專　人作國　成作克　用莫大於必成似衍　勝莫之勝作識　善作智　擇作失　起作赴

能獨轉而不制者也、善戰者、不待張軍、善除患者、理其未生、善勝敵者、勝於無形、上戰無與戰矣、故爭於白刃之前者、非良將也、備於已失之後者、非上聖也、智與衆同、非人師也、伎與衆同、非國工也、事莫大於必成、用莫大於必成、用莫貴於玄眇、動莫神於不意、勝莫大於不識、夫必勝者、先見弱於敵、而後戰者也、故事半而功自倍、兵之害、猶豫最大、兵之災、莫大於狐疑、善者見利不失、遇時不疑、失利後時、反受其災、善者從而不擇、巧者一決而不猶豫、故疾雷不及掩耳、卒電不及瞬目、起之若驚、用之若狂、當之者破、近之者亡、孰能待之、武王曰善、

武王問太公曰、凡用兵之極、天道地利人事、三者孰先、太公曰、天道難見、地利人事易得、天道在上、地道在下、人事以飢飽勞逸文武也、故順天道不必有吉、違之不必有害、失地之利、則士卒迷惑、人事不和、則不可以戰矣、故戰不必任天道、飢飽勞逸文武最急、地利爲寶、王曰、天道鬼神、順之者存、逆之者亡、何以獨不貴天道、太公曰、此聖人之所生也、欲以止後世、故作爲譎書、而寄勝於天道、無益於兵勝、而衆將所拘者九、王曰、敢問九者奈何、太公曰、法令不行而任侵誅、無德厚而用日月之數、不順敵之強弱、幸於天道、無智慮而候氛氣、少勇力而望天福、不知地形而歸過、敵人怯弗敢擊而待龜筮、士卒不募而法鬼神、設伏不巧、而任背向之道、凡天道鬼神、視之不見、聽之不聞、索之不得、不可以治勝敗、不能制死生、故明將不法也、

太公曰、天下有粟、聖人食之、天下有民、聖人收之、天下有物、聖人裁之、利天下者取天下、安天下者有天下、愛天下者久天下、仁天下者化天下、

虎韜

武王勝殷、召太公問曰、今殷民不安其處、奈何使天下安乎、太公曰、夫民之所利、譬之如冬日之陽、夏日之陰、冬日之從陽、夏日之從陰、不召

自來故生民之道先定其所利而民自至民有三幾不可數動動之有凶明賞則不足不足則民怨生明罰則民懾畏民懾畏則變故出明察則民擾民擾則不安其處易以成變故明王之民不知所好不知所惡不知所從不知所去使民各安其所生而天下靜矣樂哉聖人與天下之人皆安樂也武王曰爲之奈何太公曰聖人守無窮之府用無窮之財而天下仰之天下仰之而天下治矣神農之禁春夏之所生不傷不

害謹修地利以成萬物無奪民之所利而農順其時矣任賢使能而官有材而賢者歸之矣故賞在於成民之生罰在於使人無罪是以賞罰施民而天下化矣

犬韜

武王至殷將戰紂之卒握炭流湯者十八人以牛爲禮以朝者三千人舉百石重沙者二十四人趍行五百里而矯矛殺百步之外者五千人介士億有八萬武王懼曰夫天下以紂爲大以周爲細以紂爲衆以周爲寡以周爲弱以紂爲強以周爲危以紂爲安以周爲諸侯以紂爲天子今日之事以諸侯擊天子以細擊大以少擊多以弱擊強以危擊安以此五短擊此五長其可以濟功成事乎太公曰審天子不可擊審大不可擊審衆不可擊審強不可擊審安不可擊王大恐以懼太公曰王無恐且懼所謂大者盡得天下之民所謂衆者盡得天下之衆所謂強者盡用天下之力所謂安者能得天下之所欲

所謂天子者天下相愛如父子此之謂天子今日之事爲天下除殘去賊也周雖細曾殘賊一人之不當乎王大喜曰何謂殘賊太公曰所謂殘者收天下珠玉美女金錢綵帛狗馬穀粟藏之不休此謂殘也所謂賊者收暴虐之吏殺天下之民無貴無賤非以法度此謂賊也

武王問太公曰欲與兵深謀進必斬敵退必克全其略云何太公曰主以禮使將將以忠受命國有難君召將而詔曰見其虛則進見其實則

孕恐媵誤

避勿以三軍爲貴而輕敵勿以授命爲重而苟進勿以貴而賤人勿以獨見而違衆勿以辯士爲必然勿以謀簡於人勿以謀後於人士未坐勿坐士未食勿食寒暑必同敵可勝也

陰謀

武王問太公曰賢君治國敎民其法何如太公對曰賢君治國不以私害公賞不加於無功罰不加於無罪法不廢於仇讎不避於所愛不因怒以誅不因喜以賞不高臺深池以役下不雕

文刻畫以害農不極耳目之欲以亂政是賢君之治國也不好生而好殺不好成而好敗不好利而好害不好與而好奪不好賞而好罰妄孕爲政使內外相疑君臣不和拓人田宅以爲臺觀發人丘墓以爲苑囿僕媵衣文繡禽獸犬馬與人同食而萬民糟糠不厭裘褐不完其上不知而重斂奪民財物藏之府庫賢人逃隱於山林小人任大職無功而爵無德而貴專恣倡樂男女昬亂不恤萬民違陰陽之氣忠諫不聽信用邪佞此亡國之君治國也

武王問太公曰吾欲輕罰而重威少其賞而勸善多簡其令而衆皆化爲之何如太公曰殺一人千人懼者殺之殺二人而萬人懼者殺之殺三人三軍振者殺之賞一人而千人喜者賞之賞二人而萬人喜者賞之賞三人三軍喜者賞之令一人千人得者令之禁二人而萬人止者禁之敎三人而三軍正者敎之殺一以懲萬賞一而勸衆此明君之威福也

武王問太公曰吾欲以一言與身相終再言與天地相永三言爲諸侯雄四言爲海內宗五言傳之天下無窮可得聞乎太公曰一言與身相終者內寬而外仁也再言與天地相永者是言行相副若天地無私也三言爲諸侯雄者是敬賢用諫謙下於士也四言爲海內宗者敬接不肖無貧富無貴賤無善惡無憎愛也五言傳之天下無窮者通於否泰順時容養也

武王問尚父曰五帝之戒可聞乎尚父曰黃帝

之時戒曰吾之居民上也搖搖恐夕不至朝堯之居民上振振如臨深川舜之居民上兢兢如履薄冰禹之居民上慄慄恐不滿日湯之居民上戰戰恐不見旦王曰寡人今新并殷居民上翼翼懼不敢怠

鬻子

君子不與人之謀則已矣若與人謀之則非道無由也故君子之謀能必用道而不能必見受也能必忠而不能必入也能必信而不能必見

信也君子非仁者不出之於辭而施之於行故非非者行是而惡惡者行善而道諭矣

文王問於鬻子曰敢問人有大忌乎對曰有文王曰敢問大忌奈何鬻子對曰大忌知身之惡而不改也以賊其身乃喪其軀有行如此之謂大忌也昔之帝王其所以為明者以其吏也昔之君子其所以為功者以其民也力生於民而功最於吏福歸於君民者至庳也而使之取吏焉必取所愛故十人愛之則十人之吏也百人愛之則百人之吏也千人愛之則千人之吏也萬人愛之則萬人之吏也周公曰吾聞之於政也知善不行者則謂之狂知惡不改者則謂之惑夫狂與惑者聖王之戒也不肖者不自謂不肖而不肖見於行不肖者雖自謂賢人猶皆謂之不肖也愚者不自謂愚而愚見於言愚者雖自謂智人猶皆謂之愚也禹之治天下也以五聲聽門懸鐘鼓鐸磬而置鞀以待四海之士為銘於筍簴曰教寡人以道者擊鼓教寡人以義者擊鐘教寡人以事者振鐸告寡人以憂者擊

磬語寡人以訟獄者揮鞀此之謂五聲是以禹嘗據一饋而七起日中而不暇飽食曰吾不恐四海之士留於道路吾恐其留吾門廷也是以四海之士皆至是以禹朝廷間可以羅雀者夫卿相無世賢者有之國無因治智者理之智者非一日之志也治者非一日之謀也治志治謀在於帝王然後民知所保而知所避發政施令為天下福者謂之道上下相親謂之和民不求

而得所欲謂之信除天下之害謂之仁仁與信和與道帝王之器也凡萬物皆有器故欲有爲而不行其器者不成也欲王者亦然不用帝王之器者亦不成也舊無不行其器者五字補之

昔者曾周公使衛康叔往守於殷戒之曰與殺不辜寧失有罪無有無罪而見誅無有有功而不賞戒之封誅賞之愼焉

羣書治要卷第三十一

羣書治要卷第三十二

秘書監鉅鹿男臣魏徵等奉　勅撰

管子　管夷吾

牧民

凡有地牧民者務在四時守在倉廩倉廩實則知禮節衣食足則知榮辱上服度則六親固四維張則君令行四維不張國乃滅亡國有四維一維絕則傾二維絕則危三維絕則覆四維絕則滅傾可正也危可安也覆可起也滅不可復錯也四維一曰禮二曰義三曰廉四曰耻政之所行在順民心政之所廢在逆民心民惡憂勞我逸樂之民惡貧賤我富貴之民惡危墜我存安之民惡滅絕我生育之能逸樂之則民爲之憂勞能富貴之則民爲之貧賤能存安之則民爲之危墜能生育之則民爲之滅絕故刑罰不足以恐其意殺戮不足以服其心故刑罰繁而意不恐則令不行矣殺戮衆而心不服則上位危矣故從其四欲則遠者自親行其四惡則近

者叛之故知與之爲取者政之寶也措國於不傾之地積於不涸之倉藏於不竭之府下令於流水之原使民於不爭之官明必死之路開必得之門不爲不可成不求不可得不處不可久不行不可復措國於不傾之地授有德也積於不涸之倉務五穀也藏於不竭之府養桑麻育六畜也下令於流水之原令順民心也使民於不爭之官使民各爲其所長也明必死之路嚴刑罰也開必得之門信慶賞也不爲不可成量

民力也不求不可得不彊民以其所惡也不處不可久不偷取壹世也不行不可復不欺其民也如地如天何私何親如月如日唯君之節御人之轡在上之所貴導民之門在上之所先召民之路在上之所好惡故君求之則臣得之君嗜之則臣食之君好之則臣服之無蔽汝惡無異汝度賢者將不汝助言室滿室言堂滿堂是謂聖王城郭溝渠不足以固守兵甲勇力不足以應敵博地多財不足以有衆唯有道者能

備患於未形也天下不患無臣患無君以使人天下不患無財患無人以分之故知時者可立以爲長無私者可置以爲政審於時而察於用而能備官者可奉以爲君也緩者後於事吝於財者失所親信小人者失士

形勢

言而不可復者君不言也行而不可再者君不行也凡言而不可復行而不可再者有國者之大禁也

權脩

萬乘之國兵不可以無主土地博大野不可以無吏百姓殷衆官不可以無長操民命朝不可以無政地博而國貧者野不闢也民衆而兵弱者民無取也故末產不禁則野不闢賞罰不信則民無取野不闢民無取外不可以應敵內不可以固守地闢而國貧者舟輿飾臺榭廣也賞罰信而兵弱者輕用衆使民勞也民勞則力竭賦斂厚則下怨上民力竭則令不行下怨上令

本書正作止　兵作難

不行而求敵勿謀己不可得也欲爲天下者必重用其國欲爲其國者必重用其民欲爲其民者必重盡其力無以畜之則往而不可止也無以牧之則處而不可使也遠人至而不去則有以畜之也民衆而可壹則有以牧之也見其可也喜之有徵見其不可也惡之有刑賞罰信於其所見雖其所不見其敢爲之乎見其可也喜之無徵見其不可也惡之無刑賞罰不信於其所見而求其所不見之爲之化不可得也地之

生財有時民之用力有倦而人君之欲無窮以有時與有倦養無窮之君而度量不生於其間則上下相疾矣故取於民有度用之有正國雖小必安取於民無度用之無正國雖大必危身者治之本也故上不好本事則末產不禁末産不禁則民緩於時事而輕地利輕地利而求田野之闢倉廩之實不可得也商賈在朝則貨財上流婦言人事則賞罰不信男女無別則民無廉耻而求百姓之安兵士之死節不可得也朝

下賤侵節作上下凌節　立君作立政　位作德

廷不肅貴賤不明長幼不分度量不審衣服無等下賤侵節而求百姓之尊主政令不可得也上好詐謀閒欺臣下賦斂競得使民偷壹則百姓疾怨而求下之親上不可得也有地不務本事君國不能壹民而求宗廟社稷之無危不可得也一年之計莫如樹穀十年之計莫如樹木終身之計莫如樹人

立君

君之所審者三一曰德不當其位二曰功不當

其祿三曰能不當其官此三本者治亂之原也故國有德義未明於朝者則不可加於尊位功力未見於國者則不可與重祿臨事不信於民者則不可使任大官故德厚而位卑者謂之過德薄而位尊者謂之失寧過於君子而無失於小人過於君子其爲怨淺矣失於小人其爲禍深矣君之所慎者四一曰大位不至仁不可授國柄二曰見賢不能讓不可與尊位三曰罰避親貴不可使主兵四曰不好本事不務地利而

輕賦斂不可與都邑此四務者安危之本也故曰卿相不得衆國之危也大臣不和同國之危也兵主不足畏國之危也民不懷其產國之危也故大德至仁則操國得衆見賢能讓則大臣和同罰不避親貴則威行於鄰敵好本事務地利則民懷其產矣

七法

言是而不能立言非而不能廢有功而不能賞有罪而不能誅若是而能理民者未之有也是

必立非必廢有功必賞有罪必誅若是治安矣

五輔

古之聖王所以取明名廣譽厚功大業顯於天下不忘於後世非得人者未之嘗聞也暴主之所以失國家危社稷覆宗廟滅於天下非失人者未之嘗聞也今有土之君皆處欲安動欲威戰欲勝守欲固大者欲王天下小者欲霸諸侯而不務得人是以小者兵挫而地削大者身死而國亡故曰人不可不務也此天下之極也曰

敎之下有以敎二字

然則得人之道莫如利之利之道莫如敎之故善爲政者田疇墾而國邑實朝廷閒而官府治公法行而私曲止倉廩實而囹圄空賢人進而姦民退其君子上忠正而下諂諛其士民貴武勇而賤得利其庶人好耕農而惡飲食於是財用足而食飲薪菜饒是故上必寬裕而有解舍下必聽從而不疾怨上下和同而有禮義故處安而動威戰勝而守固不能爲政者田疇荒而國邑虛朝廷兇而官府亂公法廢而私曲行倉

舊無其庶人至聽從三十七字補之

廩虛而囹圄實賢人退而姦民進其君子上諂諛而下忠正其士民貴得利而賤武勇其庶人好飲食而惡耕農於是財用匱而食飲薪菜乏上彌殘苟而無解舍下愈覆鷙而不聽從上下交引而不和同故處不安而動不威戰不勝而守不固是以小者兵挫而地削大者身死而國亡以此觀之則政不可不慎也

法法

聞賢而不舉殆也聞善而不索殆也見能而不

使殆也親仁而不固殆也同謀而離殆也人主不周密則正言直行之士危正言直行之士危則人主孤而無内人主孤而無内則人臣黨而成羣使人主孤而無内人臣黨而成羣者此非人臣之罪也人主之過也號令已出又易之禮義已行又止之度量已制又遷之刑法已措又移之如是則賞慶雖重民不勸也殺戮雖繁民不畏也使賢者食於能鬬士食於功賢者食於能則上尊而民從鬬士食於功則卒輕患而徹

敵二者設於國則天下治而主安矣

凡赦者小利而大害者也故久而不勝其禍無赦者小害而大利者也故久而不勝其福故赦者奔馬之委轡也無赦者痤疽之砭石也先王制軒冕足以著貴賤不求其觀也使君子食於道小人食於力君子食於道則上尊而民順小人食於力則財厚而養足

凡人君之所以爲君者勢也勢在下則君制於臣勢在上則臣制於君故君臣之易位勢在下

也故曰堂上遠於百里堂下遠於千里門廷遠於萬里今步者一日百里之情通矣堂上有事十日而君不聞此所謂遠於百里也步者十日千里之情通矣堂下有事一月而君不聞此所謂遠於千里也步者百日萬里之情通矣門廷有事朞年而君不聞此所謂遠於萬里也故請入而不出謂之滅出而不入謂之絶入而不至謂之侵出而道止謂之壅滅絶侵壅之君者非杜其門而守其戶也爲政之有所不行也政者

正也聖人明正以治國故正者所以止過而逮不及也過與不及皆非正也非正則傷國一也勇而不義傷兵仁而不法傷正故軍之敗也生於不義法之侵也生於不正故言有辯而非務者行有難而非善者故言必中務不苟爲辯行必思善不苟爲難規矩者方圓之正也雖有巧目利手不如拙規矩之正方圓也故巧者能生規矩不能廢規矩而正方圓聖人能生法不能廢法而治國故雖有明智高行背法而治是廢

至作用 義作儀 徑作經

規矩而正方圜也、賢人不至、謂之蔽、忠臣不至、謂之塞、令之不行、謂之障、禁而不止、謂之逆、蔽塞障逆之君者、不杜其門而守其戶也、爲賢者之不至、令之不行也、凡民從上也、不從口之所言、從情之所好也、上好勇則民輕死、上好仁則人輕財、故上之所好、民必甚焉、是故明君知民之必以上爲心也、故置法以自治、立義以自正也、故上不行則民不從、是以有道之君、行法脩制、公國壹民、以聽於世、忠臣直進、以論其能、明

君不以祿爵私所愛、忠臣不誣能以干爵祿、君不私國、臣不誣能、行此道者、雖未大治、正民之徑也、

中匡

管仲朝、公曰、寡人願聞國君之信、對曰、民愛之、隣國親之、天下信之、此國君之信、公曰、善、請問信安始而可、對曰、始於爲身、中於爲國、成於爲天下、公曰、請問爲身、對曰、道血氣以求長年、長心長德、此爲身也、遠舉賢人、慈愛百姓、此爲國也、法行而不苛、刑廉而不赦、此爲天下也、

小匡

桓公自莒反于齊、使鮑叔牙爲宰、辭曰、君有加惠於其臣、使臣不凍餒、則是君之賜也、若必治國家、則非臣之所能也、其唯管夷吾乎、臣之所不如管夷吾者五、寬惠愛民、臣不如也、治國不失柄、臣不如也、忠信可結於諸侯、臣不如也、制禮義可法於四方、臣不如也、介冑執枹、立於軍門、使百姓皆加勇、臣不如也、夫管子民之父母

也、將欲治其子、不可以弃其父母、公曰、管夷吾親射寡人、中鉤、殆於死、今乃用之、可乎、鮑叔曰、彼爲其君也、君若宥而反之、其爲君亦猶是也、公使人請之魯、囚管仲以與齊、桓公親迎之郊、遂與歸、禮之于廟、而問爲政焉、管仲相三月、請論百官、公曰、諾、管仲曰、升降揖讓、進退閑習、臣不如隰朋、請立以爲大行、闢土聚粟、盡地之利、臣不如甯戚、請立以爲司田、平原廣牧、車不結轍、士不旋踵、鼓之而三軍之士、視死如歸、臣不

如王子城父請立以爲大司馬決獄折中不殺不辜不誣無罪臣不如賓胥無請立以爲大理犯君顔色進諫必忠不避死亡不撓貴富臣不如東郭牙請立以爲大諫之官此五子者夷吾一不如然君若欲治國彊兵則五子者存若欲霸王夷吾在此桓公曰善

霸形

桓公在位管仲隰朋見立有間有貳鴻飛而過之桓公歎曰今彼鴻鵠有時而南有時而北四

方無遠所欲至焉寡人之有仲父猶飛鴻之有羽翼也若濟大水有舟楫也仲父不壹言教寡人乎管子對曰君若將欲霸王舉大事乎則必從其本事矣桓公曰敢問何謂其本管子對曰齊國百姓公之本也民甚憂饑而稅斂重民甚[illegible]死而刑政險民甚傷勞而上舉事不時輕其稅斂則民不憂饑緩其刑政則民不懼死舉事以時則民不傷勞桓公曰寡人聞命矣

霸言

闕作門 勞作營

夫明王之所輕者馬與玉其所重者政與軍然輕與人政而重與人馬輕與人軍而重與人玉重宮闕之勞而輕四境之守其所以削也聖人能輔時不能違時智者善謀不如當時精時者日少而功多夫謀無主則困事無備則廢是以聖王務具其備而愼守其時以備待時以時興事德利百姓威振天下令行而不拂近無不服遠無不聽

戒

管仲復於桓公曰任之重者莫如身塗之畏者

莫如口期之遠者莫如年以重任行畏塗至遠期唯君子爲能及矣

君臣

彊作族

國之所以亂者四內有疑妻之妾此宮亂也庶有疑嫡之子此家亂也朝有疑相之臣此國亂也任官無能此衆亂也四者無別主失其體羣官朋黨以懷其私則失彊矣故妻必定子必正相必直立以聽官必忠信以敬

小稱

管子曰身不善之患無患人莫己知民之觀也察矣不可遁逃故我有善則立譽我我有過則立毀我當人之毀譽也則莫歸問於家矣故明王有過則反之於身有善則歸之於民有過而反之身則身懼有善而歸之民則民喜往喜民來懼身此明王之所以治民也今夫桀紂則不然有善則反之於身有過則歸之於民有過而歸之於民則民怒有善而反之於身則身驕往怒民來驕身此其所以失身也可無慎乎

管仲有病桓公往問之曰仲父之病病矣若不可諱將何以詔寡人管仲對曰臣願君之遠易牙豎刁堂巫公子開方夫易牙以調味事公公曰唯烝嬰兒之未嘗也於是烝其首子而獻之公人情非不愛其子也於子之不愛將何有於公公喜宮而妒豎刁自刑而爲公治內人情非不愛其身也於身之不愛將何有於公公子開方事公十五年不歸視其親於親之不愛焉能有於公桓公曰善管仲死已葬公召四子者廢之逐堂巫而苛病起逐易牙而味不至逐豎刁而宮中亂逐公子開方而朝不治桓公曰嗟聖人固有悖乎乃復四子者處期年四人作難圍公一室十日不通公曰嗟死者無知則已若有知吾何面目以見仲父於地下乃援素幭以裹首而絕死十一日蟲出於戶葬以揚門之扇以不終用賢也

桓公管仲鮑叔牙甯戚四人飲飲酣桓公謂叔牙曰盍不起爲寡人壽乎叔牙奉杯而起曰使

公無忘出而在於莒使管仲無忘束縛在於魯也使甯戚無忘飯牛車下也桓公避席再拜曰寡人與二大夫能無忘夫子之言則國之社稷必不危矣

治國

必作則

凡治國之道必先富民民富則易治也民貧必難治奚以知其然也民富則安鄉重家安鄉重家則敬上畏罪敬上畏罪則易治也民貧則危

（必作常）

鄉輕家危鄉輕家則敢凌上犯禁凌上犯禁則難治也故曰治國常富而亂國必貧是以善爲國者必先富民然後治之昔者七十九代之君法制不壹號令不同然俱王天下者何也必國富而粟多也夫富國多粟生於農故先王貴之凡爲國之急者必先禁末作文巧末作文巧禁則民無所遊食民無所遊食則必農民事農則富先王者善爲民除害興利故天下之民歸之所謂興利者利農事也所謂除害者禁害農事

也國富則安鄉家安鄉家則雖變俗易習敺衆移民至於殺之而不怨也民貧則輕家易去輕家易去則上令不能必行上令不能必行則禁不能必止禁不能必止則戰不必勝守不必固矣夫令不必行禁不必止戰不必勝守不必固命之曰寄生之君此由不利農少粟之害也粟者王者之本事也人主之大務治國之道也

（必行下舊無上令至必止十二字補之）

桓公問

齊桓公問管子曰吾念有而勿失得而勿忘爲之有道乎對曰勿創勿作時至而隨無以私好惡害公正察民所惡以自爲戒黃帝立明臺之議堯有衢室之問舜有告善之旌禹立諫鼓於朝湯有總街之庭以觀民誹也此古聖帝明王所以有而勿失得而勿忘者也

（舊無解字加之）

形勢解

人主之所以令則行禁則止者必令於民之所好而禁於民之所惡也民之情莫不欲生而惡死莫不欲利而惡害也故上令於生利人則令

行禁於殺害人則禁止矣令之所以行者必民樂其政也而令乃行故曰貴有以行令也

人主之所以使下盡力而親上者必以爲天下致利除害也故德澤加於天下惠施厚於萬物父子得以安羣生得以育故萬民驩盡其力而樂爲上用入則務本疾作以實倉廩出則盡節死敵以安社稷雖勞苦卑辱而不敢告也民利之則來害之則去民之從利也如水之走下於四旁無擇也故欲來民者先起其利雖不召而民

自至設其所惡雖召之而民不可來也莅民如父母則民親愛之導民純厚遇之有實雖不言曰吾親民而民親矣莅民如仇讎則民疏之導之不厚遇之無實雖言曰吾親民民不親也

聖人擇可言而後言擇可行而後行偷得利而後有害偷得樂而後有憂者聖人不為也故聖人擇言必顧其累擇行必顧其憂

聖人之求事也先論其理義計其可否故義則求之不義則止可則求之不可則止故其所得

事者常為身寶小人求事也不論其理義不計其可否不義亦求之不可亦求之故其所得事者未嘗為賴也故曰必得之事不足賴也

人主者溫良寬厚則民愛之整齊嚴莊則民畏之故民愛之則親畏之則用夫民親而為用主之所急也故曰且懷且威則君道備矣

人主能安其民則民事其主如事其父母故主有憂則憂之有難則死之人主視民如土則民不為用主有憂則不憂有難則不死故曰莫樂之則莫哀之莫生之則莫死之

民之所以守戰至死而不衰者上之所以加施於民者厚也故上施厚則民之報上亦厚上施薄則民之報上亦薄故薄施而厚責君不能得於臣父不能得於子

民之從有道也如饑之先食也如寒之先衣也如暑之先陰也故有道則民歸之無道則民去之故道在身則言自順行自正事君自忠事父自孝遇人自理天之道滿而不溢盛而不衰明

主法象天道故貴而不驕富而不奢故能長守富貴久有天下而不失也故曰持滿者與天

明主救天下之禍安天下之危者也必待萬民之為用也而後能為之故曰安危者與人地大國富民衆兵彊此盛滿之國也雖已盛滿無德厚以安之無度數以治之則國非其國而民非其民也故曰失天之度雖滿必涸臣不親其主百姓不信其吏上下離而不和故雖自安必且危之故曰上下不和雖安必危

古者三王五伯皆人主之利天下者也故身貴顯而子孫被其澤桀紂幽厲皆人主之害天下者也故身困傷而子孫蒙其禍故曰疑今者察之古不知來者視之往

古者武王地方不過百里戰卒之衆不過萬人然能戰勝攻取立爲天子而世謂之聖王者知爲之術也桀紂貴爲天子富有海內地方甚大戰卒甚衆然而身死國亡爲天下戮者不知爲之術也故能爲之則小可以爲大賤可以

爲貴不能爲之則雖爲天子人猶奪之

明王度量人力之所能爲而後使焉故令於人之所能爲則令行使於人之所能爲則事成亂主不量人力令於人之所不能爲故其令廢使於人之所不能爲故其事敗夫令出而廢舉事而敗此彊不能之罪也

明主不用其智而任聖人之智不用其力而任衆人之力故以聖人之智思慮者無不知也以衆人之力起事者無不成也能自去而因天下

之智力起則身逸而福多亂主獨用其智而不任聖人之智獨用其力而不任衆人之力故其身勞而禍多故曰獨任之國勞而多禍

國舊作圖改之

明主者人未之見而皆有親心焉者有使民親之之道也故其位安而民往之故曰未之見而親焉可以往矣

人主出言不逆於民心不悖於理義其所言足以安天下者也人唯恐其不復言也出言而離父子之親疏君臣之道害天下之衆此言之不

可復者也故明君不言也

舊無行發之行字補之

人主身行方正使人有理遇人有禮行發於身而爲天下法式人唯恐其不復行也身行不正使人暴虐遇人不信行發於身而爲天下笑者此不可復之行也故曰行而不可再者君不行也

言之不可復者其言不信也行之不可再者其行暴賊也故言而不信則民不附行而暴賊則天下怨民不附天下怨此滅亡之所從生也故

明主禁之故曰凡言行之不可復者有國者之大禁也

板法解

治國有三器亂國有六攻明君能勝六攻而立三器故國治不肖君不能勝六攻而立三器故國不治三器者何也曰號令也斧鉞也祿賞也六攻者何也曰親也貴也貨也色也巧佞也玩好也三器之用何也曰非號令無以使下非斧鉞無以威衆非祿賞無以勸民六攻之敗何也曰雖不聽而可以得存雖犯禁而可以得免雖無功而可以得富夫國有不聽而可以得存者則號令不足以使下有犯禁而可以得免者則斧鉞不足以威衆有無功而可以得富者則祿賞不足以勸民號令不足以使下斧鉞不足以威衆祿賞不足以勸民則人君無以自守也

明法解

明主者審於法禁而不可犯也察於分職而不可亂也故羣臣不敢行其私貴臣不得蔽賤近者不得塞遠孤寡老弱不失其職此之謂治國故曰所謂治國者主道明也

法度者主之所以制天下而禁姦邪也私意者所以生亂長姦而害公正也故法度行則國治私意行則國亂明主雖心之所愛而無功者弗賞也雖心之所憎而無罪者弗罰也案法式而驗得失非法度不留意焉故曰先王之治國也不淫意於法之外

明主之治國也案賞罰行其正理其當賞者羣臣不得辭也其當罰者羣臣弗敢避也夫賞功誅罪者所以爲天下致利除害也草茅弗去則害禾穀盜賊弗誅則傷良民夫舍公法而行私惠則是利姦邪而長暴亂也行私惠而賞無功則是使民偸幸而望於上也行私惠而赦有罪則是使民輕上而易爲非也夫舍公法用私惠明主弗爲也故曰不爲惠於法之內

（賞罰作其當宜）

權衡者所以起輕重之數也然而人弗事者非心惡利也權不能爲之多少其數而衡不能爲

之輕重其量也人知事權衡之無益故弗事也故明主在上位則官不得枉法吏不得爲私民知事吏之無益故貨財不行於吏權衡平正而待物故姦詐之人不得行其私故曰有權衡之稱者不可欺以輕重也

尺寸尋丈者所以得短長之情也故以尺寸量短長則萬舉而萬不失矣是故尺寸之度雖富貴衆彊不爲益長雖卑辱貧賤弗爲損短公平而無所偏故姦詐之人弗能誤也故曰有尋丈

之數者不可差以長短

凡所謂忠臣者務明法術日夜佐主明於度數之理以治天下者也姦邪之臣知法術明之必治也治則姦臣困而法術之士顯是故姦邪之所務事者使法無明主無寤而己得所欲也故方正之臣得用則姦邪之臣困傷矣是方正之與姦邪不兩進之勢也姦邪之在主之側者不能勿惡之惟惡之則必候主間而日夜危之人主弗察而用其言則忠臣無罪而困死姦臣無

功而富貴故曰忠臣死於非罪而邪臣起於非功

富貴尊顯久有天下人主莫弗欲也令行禁止海內無敵人主莫弗欲也蔽欺侵陵人主莫不惡也失天下滅宗廟人主莫不惡也忠臣之欲明法術以致主之所欲而除主之所惡者也姦臣之擅主者有以私危之則忠臣無從進其公正之數矣故曰所死者非罪所起者非功然則爲人臣者重私而輕公矣

明主之擇賢人也言勇者試之以軍言智者試之以官試於軍而有功者則舉之試於官而事治者則用之故以戰攻之事定勇怯以官職之治定愚智故勇怯愚智之見也如白黑之分亂主則不然聽言而不試故妄言者得用任人而不課故不肖者不困故明主以法案其言而求其實以官任其身而課其功專任法不自舉焉故曰先王之治國也使法擇人弗自舉也

凡所謂功者安主上利萬民者也夫破軍殺將

戰勝攻取使主無危亡之憂而百姓無死虜之患此軍士之所以爲功者也奉主法治境内使彊不凌弱衆不暴寡萬民歡盡其力而奉養其主此吏之所以爲功也匡主之過救主之失明理義以導其主主無邪僻之行蔽欺之患此臣之所以爲功也故明主之治也明分職而課功勞有功者賞亂治者誅誅賞之所加各得其宜而主不自與焉故曰使法量功不自度也

明主之治也審是非察事情以度量案之合於法則行不合於法則止功充其言則賞不充則誅故言智能者必有見功而後舉之言惡敗者必有見過而後廢之如此則士上通而莫之能妬不肖者困廢而莫之能舉故曰能不可蔽而敗不可飾也

輕重

管子入復桓公曰終歲之租金四萬二千金請以一朝素賞軍士桓公卽諸期於泰舟之野朝軍士桓公卽壇而立管子執枹而揖軍士曰誰

卽作曰

能陷陣破衆者賜之百金三問不對有一人秉劒而前問曰幾何人之衆也管子曰千人之衆曰千人之衆臣能陷之賜之百金管子又曰兵接弩張誰能得卒長者賜之百金問曰幾何人卒之長也管子曰千人之長千人之長臣能得之賜之百金管子又曰誰能聽旌旗之所指而得執將首者賜之千金言能得者累千人賜之人千金其餘言能外斬首者賜之人十金一朝素賞四萬二千金廓然虛桓公惕然大息曰吾曷以識此管子曰君勿患且使外爲名於其內鄉爲功於其親家爲德於其妻子若此則士必爭名報德無北之意矣吾舉兵而攻破其軍并其地則非特四萬二千金之利也公曰諾乃戒大將曰百人之長必爲之朝禮千人之長必拜而送之降兩級其有親戚者必遺之酒四石肉四鼎其無親戚者必遺其妻子酒三石肉三鼎行教半歲父教其子兄教其弟妻諫其夫曰見禮若此不死列陣可以反於鄉乎桓公終舉兵

舊無下千人之長四字補之下千人上疑脫曰字

攻萊戰於莒鼓旗未相望而萊人大遁故遂破
其軍兼其地而虜其將故未列地而封未出金
而賞破萊軍并其地禽其君此素賞之計也

羣書治要卷第三十二

羣書治要卷第三十三

秘書監鉅鹿男臣魏徵等奉　勅撰

晏子　司馬法　孫子

晏子　晏嬰

諫上

今晏子去冠被裳作釋衣冠三字

景公飲酒數日去冠被裳自鼓盆甕問於左右
曰仁人亦樂此樂乎梁丘據對曰仁人之耳目
猶人也夫何爲獨不樂此樂也公令趍駕迎晏
子晏子朝服以至公曰寡人甚樂欲與夫子同
此樂請去禮對曰羣臣皆欲去禮以事君嬰恐
君之不欲也今齊國小童自中以上力皆過嬰

下君作上

又能勝君然而不敢者畏禮義也君若無禮無
以使下下若無禮無以事上夫人之所以貴於
禽獸者以有禮也嬰聞之人君無禮無以臨其

無一字

一邦大夫無禮官吏不恭父子無禮其家必凶
詩曰人而無禮胡不遄死故禮不可去也公曰
寡人不敏無良左右淫蠱寡人以至於此請殺
之晏子曰左右無罪君若無禮則好禮者去無

禮者至君若好禮則有禮者至無禮者去矣公曰善請易衣冠糞洒改席召晏子晏子入門三讓升階用三獻禮焉再拜而出公下拜送之徹酒去樂曰吾以章晏子之敎也

景公之時雨雪三日而不霽公被狐白之裘坐於堂側階晏子入見立有間公曰怪哉雨雪三日而天不寒晏子對曰天不寒乎公笑晏子曰嬰聞古之賢君飽而知人之飢溫而知人之寒逸而知人之勞今君不知也公曰善寡人聞命

矣乃命出裘發粟以與飢寒孔子聞之曰晏子能明其所欲景公能行其所善

公下舊無能字補之

淳于人納女於景公生孺子荼景公愛之諸臣謀欲廢公子陽生而立荼公以告晏子晏子不可夫以賤匹貴國之害也置子立少亂之本也

置子作置大

夫陽生長而國人戴之君其勿易夫服位有等故賤不陵貴立子有禮故孽不亂宗廢長立少不可以敎下尊孽卑宗不可以利所愛長少無等宗孽無別是設賊樹姦之本也君其圖之古之明君非不知繁樂也以爲樂淫則哀非不知立愛也以爲義失而憂是故制樂以節立子以道若夫持讒諛以事君者不足以責信今君用讒人之謀亂夫之言廢長立少臣恐後人之有因君之過以資其邪廢少而立長以成其利者君其圖之公不聽景公沒田氏殺荼立陽生殺陽生立簡公殺簡公而取齊國

持作恃

景公燕賞於國內萬鍾者三千鍾者五命三出而職計筴之公怒令之免職計命三出而士師

筴之作莫之從

筴之公不悅晏子見公謂晏子曰寡人聞君國者愛人則能利之惡人則能疏之今寡人愛人不能利惡人不能疏失君道矣晏子曰嬰聞之君正臣從謂之順君僻臣從謂之逆今君賞讒諛之臣而令吏必從則是使君失其道臣失其守也先王之立愛以親善也其去惡以禁暴也昔者三代之興也利於國者愛之害於國者惡之故明所愛而賢良衆明所惡而邪僻滅是以天下平治百姓和集及其衰也行安簡易身安

三字下筴同無令之之之

親作勸

逸樂順於己者愛之逆於己者惡之故明所愛而邪僻繁明所惡而賢良滅離散百姓危覆社稷君上不度聖王之興而下不觀惰君之衰逆政之行有司不敢爭以覆社稷危宗廟矣公曰寡人不知也請從士師之策

景公觀於淄上喟然而曰嗚呼使國可長保而傳子孫豈不樂哉晏子對曰嬰聞之明王不徒立百姓不虛至今君以政亂國以行棄民久矣而欲保之不亦難乎嬰聞之能長保國者能終善者也諸侯並立能終善者爲長列士並立能

終善者爲師昔先君桓公方任賢而贊德之時亡國恃以存危國仰以安是以民樂其政而世高其德行遠征暴勞者不疾驅海內使朝天子諸侯不怨當是時盛君之行不能進焉及其卒而衰怠於德而並於樂身溺於婦侍而謀因於豎刁是以民苦其政而世非其行故身死胡宮而不擧蟲出而不收當是時也桀紂之卒不能惡焉詩曰靡不有初鮮克有終不能終善者不

（國作君）遂其國今君臨民若寇讎見善若避熱亂政而危賢必逆於衆肆欲於民而虐誅其下恐及於身矣嬰之年老不能待君使矣行不能革則持節以沒世矣

景公出遊北面望睹齊國曰嗚呼使古而無死如何晏子曰昔上帝以人之沒（沒作死）爲善仁者息焉不仁者伏焉若使古而無死丁公（丁公下有太公二字）將有齊國桓襄文武將皆相之吾君將戴笠衣褐執銚耨以蹲行畎畝之中孰暇患死公不悅無幾何梁丘

據乘（乘作御）六馬而來公曰據與我和者夫晏子曰此所謂同也所謂和者君甘則臣酸君淡則臣鹹今據也君甘亦甘所謂同也安得爲和公不悅無幾何公西北（北作面）望睹彗星召伯常騫使攘而去之晏子曰不可此天教也以誡不敬今君若設文而受諫雖不去彗星將自亡今君嗜酒而並於樂政不飾而寛於小人近讒好優何暇在（在疑去）彗茀文將見矣公不悅無幾何晏子卒公出屏而立曰嗚呼昔者從夫子而遊夫子一日而三責

我今孰責寡人哉
景公射鳥野人駭之公令吏誅之晏子曰野人
不知也臣聞之賞無功謂之亂罪不知謂之虐
兩者先王之禁也以飛鳥犯先王之禁不可今
君不明先王之制而無仁義之心是以從欲而
輕誅也夫鳥獸固人之養也野人駭之不亦宜
拘作苛
乎公曰善自今以來弛鳥獸之禁無以拘民
諫下
景公築路寢之臺三年未息而又爲長庲之役

二年未息又爲鄒之長途晏子諫曰百姓之力
勤矣君不息乎公曰途將成矣請成而息之對
曰君屈民財者不得其利窮民力者不得其樂
頓作頃
昔者楚靈王作爲頓宮三年未息也又爲章華
之臺五年未息也而又爲乾谿之役八年百姓
之力不足而自息也靈王死乾谿而民不與歸
道作遵　修作循
今君不道明君之義而修靈王之迹嬰懼君之
有暴民之行而不睹長庲之樂也不若息之公
曰善非夫子寡人不知得罪於百姓深也於是
令勿收斬板而去之
景公成路寢之臺逢於何遭晏子於途再拜于
馬前曰於何之母死兆在路寢之臺牖下願請
合骨晏子曰嘻難矣雖然嬰將爲子復之遂入
見公曰有逢於何者母死兆在路寢當牖下願
請合骨公作色不悅曰自古及今子亦嘗聞請
葬人主宮者乎晏子對曰古之君治其宮室節
不侵生人之居其臺榭儉不殘死人之墓未嘗
聞請葬人主宮者也今君侈爲宮室奪人之居

驩作安
廣爲臺榭殘人之墓是生者愁憂不得驩處死
仁人作仁君
者離析不得合骨豐樂侈遊兼傲死生非仁人
之行也遂欲滿求不顧細民非存之道也且嬰
聞之生者不安命之曰蓄憂死者不葬命之曰
蓄哀蓄憂者怨蓄哀者危君不如許之公曰諾
晏子出梁丘據曰自古及今未嘗聞求葬公宮
者也若何許之公曰削人之居殘人之墓凌人
之喪而禁其葬是於生者無施於死者無禮也
且詩曰穀則異室死則同穴吾敢不許乎逢於

爲臣作事君之道四字

爲子作爲子之道四字

爲妻之下有之道二字

何遂葬路寢臺之牖下、解衰去絰、布衣玄冠、踊而不哭、躃而不拜、已乃涕洟而去之、

梁丘據死、景公召晏子而告之曰、據忠且愛我、我欲豐厚其葬、高大其壟、晏子曰、敢問據之所以忠愛君者、可得聞乎、公曰、吾有喜於玩好、有司未能我供也、則據以其財供我、吾是以知其忠也、每有風雨、暮夜求之必存、吾是以知其愛也、晏子曰、嬰對則爲罪、不對則無以事君、敢不對乎、嬰聞之、臣專其君、謂之不忠、子專其父、謂

之不孝、妻專其夫、謂之嫉妬、爲臣道君親於父兄、有禮於羣臣、有惠於百姓、有義於諸侯、謂之忠也、爲子道父以鍾愛其兄弟、施行於諸父、以慈惠於衆子、誠信於朋友、謂之孝也、爲妻使衆妾皆得驩欣於夫、謂之不妬也、今四封之民皆君之臣也、而唯據盡力以愛君、何愛者之少耶、四封之貨、皆君之有也、而唯據也以其私財忠於君、何忠者之寡耶、據之防塞羣臣、壅蔽君、無乃甚乎、公曰、善哉、微子、寡人不知據之至於是也、遂罷爲壟之役、廢厚葬之令、令有司據法而責、羣臣陳過而諫、故官無廢法、臣無隱忠、而百姓大悅、

問上

景公問晏子曰、君子常行曷若、對曰、衣冠不中、不敢以入朝、所言不義、不敢以要君、身行不順、治事不公、不敢以涖衆、衣冠中、故朝無奇僻之服、所言義、故下無僞上之報、身行順、治事公、故國無阿黨之義、三者君子常行也、

景公問晏子曰、請問臣道、對曰、見善必通、不私其利、薦善而不有其名、稱身居位、不爲苟進、稱事受祿、不爲苟得、君用其言、人得其利、不伐其功、此臣道也、

景公問晏子曰、明王之教民何若、對曰、明其教令、而先之以行、養民不苛、而防之以刑、所求於下者、不務於上、所禁於民者、不行於身、故下從其教也、稱事以任民、中聽以禁邪、不窮之以勞、不害之以罰、上以愛民爲法、下以相親爲義、是

富作封

以天下不相違也此明王之教民也

景公問晏子曰忠臣之事君何若對曰有難不死出亡不送公不悅曰君裂地而富之疏爵而貴之有難不死出亡不送其說何也對曰言而見用終身無難臣何死焉謀而見從終身不出臣何送焉若言不用有難而死是妄死也謀而不從出亡而送是詐偽也忠臣也者能納善於君而不與君陷於難者也

景公問晏子曰忠臣之行何如對曰選賢進能

不私乎內稱身就位計能受祿睹賢不居其上受祿不過其量不權君以為行不稱位以為忠不掩賢以隱長不刻下以諛上順即進否即退不與君行邪

無獄作同欲恐作怨

景公問晏子曰臨國蒞民所患何也對曰所患者三忠臣不信一患也信臣不忠二患也君臣異心三患也是以明君居上無忠而不信無信而不忠者是故君臣無獄而百姓無恐也

莊公問晏子曰威當世而服天下時耶對曰行也公曰何行對曰能愛邦內之民者能服境外之不善重士民之死力者能禁暴國之邪中聽任聖者能威諸侯安仁義而樂利世者能服天下不能愛邦內之民者不能服境外之不善輕士民之死力者不能禁暴國之邪逆諫傲賢者不能威諸侯背仁義而貪名實者不能威當世而服天下者此其道已公不用任勇力之士而輕臣僕之死用兵無休國罷民害期年百姓大亂而身及崔氏禍

已作也

舊無禍字補之

景公問晏子曰聖人之不得意也何如晏子對曰上作事反天時從政逆鬼神藉斂單百姓四時易序神祇並怨道忠者不聽薦善者不行諛過者有賞救失者有罪故聖人伏匿隱處不干長上靜身守道不與世陷乎邪是以卑而不失義藏而不失廉此聖人之不得意也公曰聖人之得意何如晏子對曰世治政平舉事調乎天藉斂和乎民百姓樂其政遠者懷其德四時不失序風雨不降虐天明象而致贊地育長而具

靜作潔

藏作齊

物神降福而不靡民服教而不偽治無怨業居無廢民此聖人之得意也

景公問求賢晏子對曰通則視其所舉窮則視其所不爲富則視其所分貧則視其所不取夫上難進而易退也其次易進而易退也其下易進而難退也以此數物者取人其可乎

景公問晏子曰古之莅國治民者其任人何如對曰地不同宜而任之以一種責其俱生不可得也人不同能而任之以一事不可責徧成焉

宜作生

責焉無已知者有不能洽矣求焉無饜天地有不能贍矣故明王之任人諂諛不邇乎左右阿黨不治乎本朝任人之長不強其短任人之工不強其拙此任人之大略也

洽作給

景公問晏子曰富民安衆難乎對曰易節欲則民富中聽則民安行此兩者而已矣

景公問晏子曰古者離散其民而隕失其國者其常行何如對曰國貧而好大智薄而好專尚讒諛而賤賢人樂簡慢而輕百姓國無常法民無經紀好辯以爲智刻民以爲忠流湎而忘國好兵而忘民肅於罪誅而慢於慶賞樂人之哀利人之害德不足以懷人政不足以匡民賞不足以勸善刑不足以防非此亡國之行也今民聞公令如寇讎此古之離其民隕其國常行也

景公問晏子曰謀必得事必成有術乎對曰有公曰其術何如晏子曰謀度於義者必得事因於民者必成反義而謀背民而動未聞存者也昔三代之興也謀必度於義事必因於民及其衰也謀者反義興事傷民故度義因民謀事之

術也

景公問晏子曰治國之患亦有常乎對曰讒夫佞人之在君側者好惡良臣而行與小人此治國之常患也公曰讒佞之人則亦誠不善矣雖然則奚曾爲國常患乎晏子曰君以爲耳目而好謀事則是君之耳目繆也夫上亂君之耳目而下使羣臣皆失其職豈不誠足患哉公曰如是乎寡人將去之晏子曰公不能去也公不悅

曰夫子何少寡人之甚也對曰臣非敢矯也夫能自用於君者材能皆非常也夫藏大不誠於中者必謹小誠於外以成其大不誠入則求君之嗜欲能順之君怨良臣則具其往失而益之出則行威以取富夫可密近不爲大利變而務與君至義者此難得而其難知也公曰然則先聖奈何對曰先聖之治也審見賓客聽治不留患日不足羣臣皆得畢其誠讒諛安得容其私公曰然則夫子助寡人止之寡人亦事勿用矣

對曰讒夫佞人之在君側者若社之有鼠也不可燻去讒佞之人隱君之威以自守也是故難去也

景公問晏子曰古之盛君其行何如對曰薄於身而厚於民約於身而廣於世其處上也足以明政行教而不以威下其取財也權有無均貧富不以養嗜欲誅不避貴賞不遺賤不淫於樂不遁於哀盡智道民而不伐焉勞力事民而不責焉政尚相利故下不以相害爲行教尚相愛

事民作歲事

故民不以相惡爲名刑罰中於法廢罪順於民是以賢者處上而不華不肖者處下而不怨四海之內一意同欲生有厚利死有遺教此盛君之行也

問下

景公出游問於晏子曰吾欲循海而南至於琅邪寡人何脩以則夫先王之游也晏子曰嬰聞之天子之諸侯爲巡狩諸侯之天子爲述職故春省耕而補不足者謂之游秋省實而助不給

者謂之豫夏語曰吾君不游我曷以休吾君不豫我曷以助壹游壹豫爲諸侯度今君之游不然師行而貧苦不補勞者不息夫從高歷時而不反謂之流從下歷時而不反謂之連從獸而不歸謂之荒從樂而忘歸謂之亡古者聖王無流連之游無荒亡之行公曰善令吏出粟以與貧者三千鍾公所身見老者七十人然後歸

景公問晏子曰寡人意氣衰身甚病今吾欲具珪璧犧牲令祝宗薦之乎上帝宗廟意者禮可

語作諺

而下有糧食二字

禮疑祀

以于福乎。晏子對曰。嬰聞之。古者先君之于福也。政必合乎民。行必順乎神。節宮室。不敢大斬伐。以無偪山林。節飲食。無多田漁。以毋偪川浦。祝宗用事。辭罪而不敢有所求也。是以神民俱順。而山川納祿。今君政反于民。而行悖乎神。大宮室。多斬伐。以偪山林。羨飲食。多田漁。以偪川浦。是以神民俱怨。而山川收祿。司過荐至。而祝宗祈福。意者逆乎。公曰。寡人非夫子無所聞此。請革心易行。於是廢公阜之游。止海食之獻。斬

浦作澤下同

荐至作薦罪

伐者以時。田漁者有數。居處飲食。節之勿羨。祝宗用事。辭罪而不敢有所求焉。

景公問晏子曰。寡人欲從夫子。而善齊國之政。可乎。對曰。嬰聞之。國有具官。然後其政可善。公作色不悅曰。齊國雖小。則可謂官不具乎。對曰。昔吾先君桓公。身體惰解。辭令不給。則隰朋暱侍。左右多譽。獄讞不中。則弦寧暱侍。田野不修。民萌不安。則甯戚暱侍。軍士惰戒。士肆。則王子城甫暱侍。居處逸怠。左右懾畏。則東郭牙暱侍。

譽作過

德義不中。意行衰怠。則管子暱侍。先君能以人之長續其短。以人之厚補其薄。是故諸侯朝其德。而天子致胙焉。今君之過失多矣。未有一士以聞者也。故曰。官不具。公曰。善。

景公問晏子曰。昔吾先君桓公。從車三百乘。九合諸侯。一匡天下。今吾從車千乘。可以逮先君桓公之後乎。對曰。桓公從車三百乘。九合諸侯。一匡天下者。左有鮑叔。右有仲父。今君左爲倡。右爲優。讒人在前。諛人在後。又焉可逮先君桓

公之後乎。

高子問晏子曰。子事靈公莊公景公。皆敬子。三君一心耶。夫子之心三耶。對曰。嬰聞一心可以事百君。三心不可以事一君。故三君之心非一心也。而嬰之心非三心也。

雜上

景公使晏子爲阿宰。三年而毀聞於國。公不悅。召而免之。晏子謝曰。嬰知嬰之過矣。請復治阿。三年而譽必聞於國。公復使治阿。三年而譽聞

門作閨下同

於國、公悅、召而賞之、辭而不受、公問其故、對曰、昔者嬰之治阿也、築蹊徑、急門閭之政、而淫民惡之、舉儉力孝悌、罰偷窳、而惰民惡之、決獄不避貴強、貴強惡之、左右之所求、法則與、非法則否、而左右惡之、事貴人、體不過禮、而貴人惡之、是以三邪毀乎外、二讒毀于內、三年而毀聞乎君也、今臣更之、不築蹊徑、而緩門閭之政、而淫民悅、不舉儉力孝悌、不罰偷窳、而惰民悅、決獄阿貴強、而貴強悅、左右所求、言諾、而左右悅、事

貴人、體過禮、而貴人悅、是以三邪譽於外、二讒譽乎內、三年而譽聞於君也、昔者嬰之所以當誅者宜賞、而今之所以當賞者宜誅、是故不敢受、景公乃任以國政焉、

景公正晝被髮乘六馬、御婦人以出、正門刖跪擊馬而反之曰、爾非吾君也、公慚而不朝、晏子入見、景公曰、昔者寡人有罪、被髮乘六馬、以出、正門刖跪擊馬而反之曰、爾非吾君也、寡人以子大夫之賜、得率百姓、以守宗廟、今見戮於刖

羞作辱

跪、以羞社稷、吾猶可以齊於諸侯乎、晏子對曰、君勿惡焉、臣聞之、下無直辭、上有惰君、民多諱言、君有驕行、古者明君在上、下多直辭、君上好善、民無諱言、今君有失行、而刖跪禁之、是君之福也、故臣來慶、請賞之、以明君之好善、禮之以明君之受諫、公笑曰、可乎、晏子曰、可、於是令刖跪倍資無征、時朝無事、

景公飲酒、夜移於晏子、前驅款門曰、君至、晏子被玄端、立於門曰、諸侯得微有故乎、國家得微

有事乎、君何為非時而夜辱、公曰、酒醴之味、金石之聲、願與夫子樂之、晏子曰、夫布薦席、陳簠簋者、有人、臣不敢與焉、公移於司馬穰苴之家、前驅款門曰、君至、穰苴介冑操戟、立於門曰、諸侯得微有兵乎、大臣得微有兵乎、大臣得微有不服乎、君何為非時而來、公曰、酒醴之味、金石之聲、願與夫子樂之、穰苴對曰、夫布薦席、陳簠簋者、有人、臣不敢與焉、公移於梁丘據之家、前驅款門曰、君至、梁丘據左擁琴、右挈竽、行歌而

下兵作叛者二字無大臣得微有不服乎一句夫子作將軍

下君下有仁愛二字

命作令

舊無所字補之

令作今

子之遷位新作

出公曰樂哉今夕吾飲也微彼二子者何以治吾國微此一臣者何以樂吾身

景公探雀鷇鷇弱而反之晏子聞之不時而入見北面再拜賀曰吾君有聖王之道矣公曰寡人探雀鷇鷇弱故反之其當聖王之道者何也晏子曰君探雀鷇鷇弱故反之是長幼也君曾禽獸之加焉而況于人乎此聖王之道也

景公使養所愛馬暴病死公命人操刀解養馬者是時晏子侍前左右執刀而進晏子止之而問於公曰敢問古時堯舜支解人從何軀始公懼焉遂止曰以屬獄晏子曰請數之使自知其罪然後致之獄公曰可晏子數之曰爾有三罪公使汝養馬殺之當死罪一也又殺公之所最善馬當死罪二也使公以一馬之故殺人百姓聞之必怨吾君諸侯聞之必輕吾國汝殺公馬使怨積於百姓兵弱於鄰國汝當死罪三也令以屬獄公喟然曰赦之

魯昭公失國走齊齊景公問焉曰子之遷位新

君何年之少而棄國之蚤十字

春疑秋本書作秋風一至根且拔矣

舊無之嗣二字補之

奚道至于此乎昭公對曰吾少之時人多愛我者吾體不能親人多諫我者吾志不能用是以內無弼外無輔輔弼無一人諂諛我者甚衆譬之猶秋蓬也孤其根荄密其枝葉春氣至僨以槁也景公以其言語晏子曰使是人反其國豈不爲古之賢君乎晏子曰不然夫愚者多悔不肖者自賢溺者不問隧迷者不問路譬之猶臨難而遽鑄兵噎而遽掘井雖速亦無及

景公游於麥丘問其封人曰年幾何對曰鄙人之年八十五矣公曰壽哉子其祝我封人曰使君之年長於國家公曰善哉子其復之封人曰使君之嗣壽皆若鄙人之年公曰善哉子其復之封人曰使君無得罪於民公曰誠有鄙民得罪於君則可安有君得罪於民者乎晏子對曰君過矣敢問桀紂君誅乎民誅乎公曰寡人過矣於是賜封人麥丘以爲邑

晏子侍於景公朝寒曰請進煖食對曰嬰非君奉餽之臣也敢辭公曰請進服裘對曰嬰非君

佼作任

路輿作輅車下

同趍作趨

茵席之臣也敢辭公曰然夫子之於寡人何爲者也對曰社稷之臣公問社稷之臣若何對曰能立社稷別上下之義使當其理制百官之序使得其所作爲辭令可布於四方也自是之後君不以禮不見晏子

雜下

晏子朝乘弊車駑馬景公見之曰嘻夫子之祿寡耶何乘不佼之甚也晏子出公使梁丘據遺之路輿乘馬三反不受公不悅趍召晏子晏子

至公曰夫子不受寡人亦不乘對曰君使臣監百官之吏臣節其衣服食飲之養以先齊國之民然猶恐侈靡而不顧行也今路輿乘馬君乘之上而臣亦乘之下民之無義侈其衣食而多不顧其行者臣無以禁之遂不受

晏子相景公其論人也見賢即進之不同君所欲見不善則廢之不避君所愛行己而無私直言而無諱

景公游淄聞晏子卒公乘而驅自以爲遲下車而趍知不若車之速則又乘比至於國者四下而趍行哭而往至伏尸而號曰子大夫日夜責寡人不遺尺寸寡人猶且淫逸而不收怨罪重積於百姓今天降禍於齊國不加寡人而加之夫子齊國之社稷危矣百姓將誰告乎晏子沒十有七年景公飲諸大夫酒公射出質堂上唱善若出一口公作色大息播弓矢弦章入公曰章自吾失晏子於今十有七年矣未嘗聞吾不善今射出質唱善者如出一口弦章對曰此諸

臣之不肖也智不足以知君不善勇不足以犯君之顏然而有一焉臣聞君好之則臣服之君嗜之則臣食之尺蠖食黃其身黃食蒼其身蒼君其猶有食諂人之言乎公曰善

司馬法

古者以仁爲本以義治之治之謂正治民用兵平亂討暴必以義是故殺人安人殺之可也以殺止殺殺可以生也攻其國愛其民攻之可也除民害去亂君也以戰去戰雖戰可也故仁見親義見悅智見恃勇見方信見

本書己一本作民

舊無是以明其信也六字補之

散作教

治作至

信、將有五材、則民親悅恃方、而信之也、故內得愛焉、所以守也、外
得威焉、所以戰也、利加於民、則守固、威加敵民、則戰勝、故戰道不
違時、不歷民病、所以愛吾民也、春秋興師、爲違時、飢疲不行、所
以愛己也、不加喪、不因凶、所以愛其民也、敵有喪飢疲、不加兵、
愛彼民也、冬夏不興師、所以兼愛民也、大寒甚暑、吏士懈倦、難以
警戒、大寒以露、則生外疾、甚暑以暴、則生內疾、故不出師、愛己彼之民也、故國雖大、
好戰必亡、天下雖平、忘戰必危、天下既平、春蒐
秋獮、振旅治兵、所以不忘戰也、古者逐奔不遠、
從綏不過三舍、不窮不能、而哀憐傷病、是以明

其仁也、成列而鼓、是以明其信也、爭義不爭利、
是以明其義也、又能舍服、是以明其勇也、知始
知終、是以明其知也、五德以時合散、以爲民紀、
古之道也、仁義勇智信、民之本、隨時而施舍、爲民綱紀、古之所傳政道也、先王
之治、順天之道、設地之宜、官人之德、而正名治
物、正者正官名也、名正則可法、立國辨職、立國治民、分守境界、各治其職、諸
侯悅懷、海外來服、服從己也、獄弭而兵寢、聖德之治
也、其次賢王制禮樂法度、乃作五刑、興甲兵以
討不義、巡狩省方、會諸侯、考不同、其有失命亂

伯作百官二字

毀作毀

常也、德逆天之時、徧告于諸侯、章明有罪、天子
正刑、刑者、正天子之法也、刑以征不義、伐不從王者之法也、冢宰與伯布
命于軍、曰、入罪國之地、無暴神祇、無行田獵、無
有暴虐、無毀土功、無燔牆屋、無伐樹木、無取六
畜、無取禾粟、無取器械、見其老幼、奉歸勿傷、雖
遇壯者、不校勿敵、敵若傷之、醫藥歸之、既誅有
罪、王及諸侯、修正其國、舉賢更立明正、復職、王者
與四方諸侯、伐無道之國、整頓其民人、舉賢良、更立爲君、奉尊王法、復五官之職事也、古
者逐奔不遠、從綏不及、所以示君子、且有禮、不

遠則難誘、不及則難陷、以禮爲固、以仁爲勝、既
勝之後、其教可復、是以君子貴之也、故禮與法
表裏也、文與武左右也、古者賢王明民之德、盡
民之善、故無廢德、無簡民、賞無所生、罰無所試、
也、民有一善、處一事、故能盡民之善、無損德棄民也、能堪其事、故賞罰無所施也、有虞
氏不賞不罰、而民可用、至德也、夏賞而不罰、至
教也、殷罰而不賞、至威也、周以賞罰、德衰也、賞
不踰時、欲民速得爲善之利也、罰不遷列、欲民
速覩爲不善之害也、賞功不移時、罰惡不轉列、所以勸善懲惡、欲速疾也、

不登作亡等

大捷不賞，上下皆不伐善也。一軍皆勝，上下俱不叙功也。上苟不伐善，則不驕矣；下苟不伐善，必不登矣。上下不伐善若此，讓之至也。大敗不誅，上下皆不善在己也。一軍奔北，人皆有罪，故不誅，上下俱有過失也。上苟以不善在己，必悔其過；下苟以不善在己，必遠其罪。上下分惡若此，讓之至也。上下不取其善，若不驕下，下不求進也。

孫子兵法

孫子曰：凡用兵之法，全國爲上，破國次之。興兵深入，長驅據其都邑，絕其外內，敵舉國來服爲上；以兵擊破服得之，爲次也。全軍爲上，破軍次之；全卒爲上，破卒次之。是故百戰百勝，非善之善者也；不戰而屈人之兵，善之善者也。未戰而敵自屈服也。故上兵伐謀，敵始有謀，伐之易也。其次伐交，交，將合也。其次伐兵，兵形已成。下攻攻城。敵國已收其外糧城守，攻之爲下。故善用兵者，屈人之兵而非戰也，拔人之城而非攻也，毀人之國而不久也，必以全爭於天下。故兵不鈍而利可全也。兵形象水，水行避高而就下；兵之形，避實而擊虛。故水因地而制行，兵因敵而制勝。故兵無定勢，水無常形，能與敵變化而取勝者，謂之神。

本書與作巴

羣書治要　卷之三十三　三十六

孫子曰：凡用兵之法，君命有所不受。苟便於事，不拘於君命也。無恃其不來，恃吾有以能待之也；無恃其不攻，恃吾之不可攻也。夫唯無慮而易於敵者，必禽於人。故卒未附親而罰之，卽不服，不服卽難用也。卒已附親而罰不行者，卽不可用矣。故令之以文，齊之以武，是謂必取。令素行則民服，令素行者，與衆相得也。戰道必勝，主曰無戰，必戰；戰道不勝，主曰必戰，無戰。故進不求名，退不避罪，唯民是保，而利全於主，國之寶也。視卒如嬰兒，故可與之赴深谿；視卒如愛子，故可與之俱死。厚而不能使，愛而不能全，亂而不能治，譬若驕子，不可用也。恩不可專用，罰不可專任。知吾卒之可以擊，而不知敵之不可擊，勝之半也；知敵之可擊，而不知吾卒之不可以擊，勝之半也；知敵之可擊，知吾卒之可以擊，而不知地形之不可以戰，勝之半也。勝之半者，未可知也。故曰：知彼知己，勝乃不殆；知天知地，勝乃可全。明主慮之，良將修之，非利不

無全字

全作令

羣書治要　卷之三十三　三十七

起、非得不用、非危不戰、不得已而用兵、主不可以怒而興軍、將不可以慍而致戰、合於利而用、不合於利而止、怒可復喜、慍可復悅、亡國不可復存、死者不可復生也、故曰、明王愼之、良將敬之、此安國之道也、興師十萬、出征千里、百姓之費、公家之奉、日千金、內外騷動、不得操事者七十萬家、古者八家爲鄰、一家從軍、七家奉之、言十萬之師不事不耕者、凡七十萬家也、相守數年、以爭一日之勝、而愛爵祿百金、不知敵之情者、不仁之至也、非民之將也、非主之佐也、非勝

作十萬之師舉不事耕稼者

之主也、故明王聖主、賢君勝將、所以動而勝人成功出於衆者、先知也、先知者、不可取於鬼神、不可以禱祀求也、不可象於事也、不可以事類求也、不可驗於度、不可以行事度也、必取於人知敵之情者也、

不可以行事度也作不可以度數推

羣書治要卷第三十三

羣書治要卷第三十四

秘書監鉅鹿男臣魏徵等奉　勅撰

老子　鶡冠子　列子　墨子

老子

道經

聖人處無爲之事、以道治也、行不言之教、以身帥道之也、萬物作焉、動作、而不辭、不辭謝而逆止之也、生而不有、元氣生萬物而不有、爲而不恃、道所施爲不恃望其報也、

不尚賢、賢謂世俗之賢、不貴之也、使民不爭、不爭功名反自然也、不

貴難得之貨、使民不爲盜、上化淸靜下無貪人、不見可欲、放鄭聲遠美人、使心不亂、不邪淫也、是以聖人之治、謂聖人治國、猶治身也、常使民無知無欲、反樸守淳、使夫知者不敢爲也、思慮深不輕言、爲無爲、不造作、動因循、則無不治、德化厚百姓安也、

天地不仁、天施地化不以仁恩、任自然也、以萬物爲芻狗、天地生萬物、視之如芻草狗畜、不責望其報、聖人不仁、聖人愛養萬民、不以仁恩、法天地、行自然、以百姓爲芻狗、

金玉滿堂、莫之能守、嗜欲傷神、財多累身、富貴而驕、還自遺咎、夫富當振貧、貴當憐賤、而反驕恣、必被禍患也、功成名遂身退、天

今老子作自遺其咎　功遂身退

之道也、言人所爲功成事立、名迹稱遂、不退身避位、則遇於害、此乃天之常道、譬如日中則移、月滿則虧、物盛則衰、樂極則哀也、

五色令人目盲、貪淫好色、則傷精失明、五音令人耳聾、好聽五音則和氣去心也、五味令人口爽、爽妄也、人嗜於五味、則口妄言失於道、馳騁田獵令人心發狂、人精神好安靜、馳騁呼吸、精神散亡、故發狂也、難得之貨令人行妨、妨傷也、難得之貨謂金銀珠玉、心貪意欲、則行傷身辱也、

太上下知有之、太上謂太古無名之君也、下知有之者、下知上有君、而不臣事、質朴淳也、其次親之譽之、其德可見、恩惠可稱、故親愛而譽之、其次畏之、設刑法以治之、其次侮之、禁多令煩、不可歸誠、故欺侮之也、信不足焉、有不信焉、君信不足於下、下則應之以不信、而欺其君也、

絕巧、絕巧詐也、棄利、塞貪路也、盜賊無有、上化公正、無邪私也、以爲文不足、文不足以教民也、見素抱樸、見素守真、抱其質朴、少私寡欲、

曲則全、曲己從衆、不自專、則全也、枉則直、窪則盈、地窪下、水流之、人謙下、德歸之、弊則新、自受弊薄、後己先人、天下敬之、久久自新、少則得、自受少則得多、多則惑、財多者惑於守身、學多者惑於所聞也、是以聖人抱一爲天下式、抱守也、式法也、聖人守一、乃知萬事、故能爲天下法式也、不自見故明、聖人因天下之目以視、故能明達、不自是故彰、聖人不自爲是而非人、故能彰顯於世、不自伐故有功、聖人德化流行、不自取其美、故有功於天下也、不自矜故長、聖人不自貴大、故能長久不危也、夫唯不爭、故天下莫能與之爭、此言天下賢與不肖、無能與不爭者爭、

飄風不終朝、驟雨不終日、飄風疾風也、驟雨暴雨也、言疾不能長、暴不能久也、孰爲此者天地也、孰誰也、天地尚不能久、而況於人乎、天地至神、合爲飄風暴雨、尚不能使終朝至暮、況人欲爲暴卒者乎、故從事於道、人爲事當如道安靜、不當如飄風驟雨也、

自見者不明、人自見其形容、以爲好、自見所行、以爲應道、不自知其形醜操行之鄙也、自是者不彰、自以爲是而非人、衆人共蔽之、使不得彰明也、自伐者無功、所爲輒自伐、即失有功也、自矜者不長、好自矜者不以久長、故有道者不處、

道大、道大者無不容也、天大地大王亦大、天大者無不蓋、地大者無不載、王大者無不制、域中有四大而王居其一焉、八極之內有四大、王居其一也、人法地、人當法地安靜和柔也、勞而不怨、有功而不宣、地法天、施而不求報、生長萬物、無所收取、天法道、清靜不言、萬物自成、道法自然、道性自然、無所法也、

重爲輕根、人君不重則不尊、治身不重則失神、靜爲躁君、人君不靜則失

子部　第二冊

賛無貴其師三字補之　流下有入字

威、治身不靜則身危、奈何萬乘之主、奈何者、疾時主傷痛之也、而以身輕於天下、疾時王奢恣輕淫也、輕則失臣、王者輕淫、則失其臣、治身輕淫、則失其精、躁則失君、王者行躁疾、則失其君位、治身躁疾、則失其精神也、聖人常善救人、聖人所以常教人忠孝者、欲以救人性命也、故無棄人、使貴賤各得其所也、常善救物、聖人所以常教民順四時者、以救萬物之殘傷也、故無棄物、不賤石而貴玉、善人者、不善人之師也、人之行善者、聖人即以為人師也、不善人者、善人之資也、資用也、人行不善、聖人教道使為善、得以為給用、貴其師、不愛其資、無所使也、雖智大迷、雖自以為智、言此人乃大迷惑、是謂要妙、能通此意、是謂知微妙要道、

知其雄、守其雌、為天下谿、雄以喻尊、雌以喻卑、人雖自知尊顯、當復守之以卑微、去雄之強梁、就雌之柔和、如是則天下歸之、如水之流入深谿、為天下谿、常德不離、人能謙下、如深谿、則德常在、不復離己、知其白、守其黑、為天下式、白以喻昭昭、黑以喻默默、人雖自知昭昭明達、當復守之以默默、如闇昧無所見、如是、則可為天下法式也、為天下式、常德不忒、人能為天下法式、則德常在於己、不復差忒也、知其榮、守其辱、為天下谷、知己之有榮貴、當守之以汙濁、如是則天下歸之、如水流深谷也、將欲取天下、欲為天下主也、而為之、欲以有為治民也、吾見其

也作之

不得已、我見其不得天道人心已明矣、天道惡煩濁、人心惡多欲、天下神器、不可為也、器物也、人乃天下之神物也、神物好安靜、不可以有為治也、為者敗之、以有為治之、則敗其質性也、執者失也、強執教之、則失其情實、生於詐偽也、是以聖人去甚、去奢、去泰、甚謂貪淫聲色也、奢謂服飾飲食也、泰謂宮室臺榭也、去此三者、處中和、行無為、則天下自化也、以道佐人主、謂人主能以道自輔佐、不以兵強於天下、順天任德、敵人自服也、師之所處、荊棘生焉、農事廢田不修、大軍之後、必有凶年、天應之以惡氣、即害五穀也、善者果而已、行善者、當果敢而已、不休也、不敢以取強焉、不敢以果敢取強大之名、果而勿矜、當果敢謙卑、勿自矜大、

果而勿伐、當果敢推讓、勿自伐也、果而勿驕、驕欺、勿以驕欺也、果而勿強、果敢勿以為強以侵凌人也、兵者不祥之器、兵革者、不善之器也、非君子之器、不得已而用之、謂遭衰逢亂、乃用之以自守也、恬惔為上、不貪土地利人財寶、勝而不美、雖得勝不以為利美、而美之者、是樂殺人也、美得勝者、是為樂殺人也、夫樂殺人者、則不可以得志於天下矣、吉事上左、左生位、凶事上右、陰道殺也、偏將軍處左、偏將軍卑、而居陽者、以其不專殺也、上將軍處右、上將軍尊、而居右者、以其主殺也、言以喪禮處之、喪禮上右、殺人衆多、以悲哀泣之、傷己

無之爲二字　法所下有愛天二字　妄作亡　而能作　若能

德薄不能以道化人，而害無辜之民。戰勝則以喪禮處之、古者戰勝，將軍居喪主之位，素服而哭之，明君子貴德而賤兵，不得已誅不祥，心不樂之，比於喪也。

知人者智、能知人好惡，是智。自知者明、人能自知賢不肖，是爲反聽無聲，內視無形，故爲明也。勝人者有力、能勝人者，不過以威力也。自勝者強、人能自勝己情欲，則天下無有能與己爭者，故爲強也。知足者富、人能知之爲足，則保福祿，故爲富也。強行者則有志、人能強力行善，則爲有意於道。不失其所者久、人能自節養，不失其所，則可以久也。死而不妄者壽、目不妄視，耳不妄聽，口不妄語，則無怨惡於天下，故長壽也。

道常無爲而無不爲、道以無爲爲常也。侯王而能守之，萬物將自化、言侯王而能守道，萬物將自化効於己也。

德經

上德不德、上德謂太古無名號之君，德大無名，故言上德也。因循自然，養人性命，其德不見，故言不德也。是以有德、言其德合於天地，和氣流行，民得以全也。下德不失德、下德謂號謚之君，德不及上德，故言下德也。不失德者，其德可見，其功可稱也。是以無德、以有名號及其身故也。上德無爲、言法道安靜，無所改爲也。而無以爲、言無以名號爲也。下德爲之、言爲教令，施政事也。而有以爲、言以爲己取名號。前識者道之華、不知而言知爲前識也，此人失道之實，得道之華。而愚之始也、言前識之人愚闇之唱始也。是以大丈夫處其厚、大丈夫謂道德之君也，處其厚者處身於敦樸。不處其薄、不處身違道爲世煩亂也。處其實、處忠信也。不處其華、不上言也。

其作非　本下有邪字

昔之得一者、昔往也，一無爲。天得一以清，地得一以寧，言天得一，故能垂象清明；地得一，故能安靜不動搖。神得一以靈、言神得一，故能變化無形。谷得一以盈、言谷得一，故能盈滿而不絕。萬物得一以生、言萬物皆須道生成也。侯王得一以爲天下貞、言侯王得一，故能爲天下平正也。天無以清將恐裂、言天當有陰陽晝夜，不可但欲清明無已時，將恐分裂不爲天也。地無以寧將恐發、言地當有高下剛柔，不可但欲安靜無已時，將恐發泄不爲地。神無以靈將恐歇、言神當有王相休廢，不可但欲靈無已時，將恐虛歇不爲神。谷無以盈將恐竭、言谷當有盈縮虛實，不可但欲盈滿無已時，將恐枯竭不爲谷。萬物無以生將恐滅、言萬物當隨時死生，不可但欲常生無已時，將恐滅亡不爲物也。侯王無以貴高將恐蹷、言侯王當屈己下人，汲汲求賢，不可但欲貴高於人，將恐顛蹷失其位也。故貴必以賤爲本、言必欲尊貴，當以薄賤爲本，若禹稷躬稼，舜陶河濱，周公下白屋也。高必以下爲基、言必欲尊貴，當以下爲本。是以侯王自稱孤寡不轂、孤寡喻孤獨，不轂喻不能如車轂爲衆輻所湊也。此其以賤爲本、侯王至尊貴，能以孤寡自稱，此非以賤爲本乎。人之所惡唯孤寡不轂，而王公以爲稱、孤寡不轂，不祥

式作戒

之名、而王公以爲稱者、處謙法空虛和柔、故物或損之而益、引之不得、推讓必還、或益之而損、夫增高者崩、貪富者得患、人之所教、謂衆人所以教、去弱爲強、去柔爲剛也、我亦教人、言我教衆人、使去強爲弱、去剛爲柔也、強梁者不得其死、強梁者、尚勢任力、爲天所絕、兵刃所伐、不得以命死也、吾將以爲教父、父始也、老子以強梁之人、爲教式之始、天下之至柔、馳騁天下之至堅、至柔者水也、至堅者金石也、水能貫堅入剛、無所不通也、無有入於無間、無有謂道也、道無形質、故能出入無間、通神羣生、不言之教、法道不言、師之以身也、無爲之益、法道無爲、治身則有益精神、治國則有益萬民、不勞煩、天下希及之、天下謂人主也、希能

有及道無爲之治、無爲之治、治身治國也、甚愛必大費、甚愛色者、費精神、甚愛財者、遇禍患、所愛者少、所亡者多、故言大費、多藏必厚亡、生多藏於府庫、死多藏於丘墓、生有攻劫之憂、死有發掘之患也、知足不辱、知足之人、絕利去欲、不辱於身也、知止不殆、知可止則止、財利不累於身、聲色不亂於耳目、則終身不危殆、可以長久、人能知止足、則福祿在己、治身者神不勞、治國者人不擾、故可長久也、大成若缺、謂道德大成之君也、如缺者、滅名藏譽、如毀缺不備、其用不弊、其用心如是、則無弊盡時也、大盈若沖、謂道德大盈滿之君也、如沖者、貴不敢驕、富不敢奢也、其用不窮、其用心如是、則無窮盡、大直若屈、大直謂脩

道法度正直如一也、如屈者、不與俗人爭、如可屈折也、大巧若拙、大巧謂多才術也、如拙者亦不敢見其能也、大辯若訥、大辯知無疑也、如訥者無口辭也、清靜以爲天下正、能清能靜、則爲天下長、持正則無終已時也、天下有道、謂人主有道也、却走馬以糞、糞者治田也、兵甲不用、却走馬以治農田也、天下無道、謂人主無道也、戎馬生於郊、戰伐不止、戎馬生於郊境之上、久不還也、罪莫大於可欲、好淫色也、禍莫大於不知足、富貴不能自禁止也、咎莫大於欲得、欲得人物、利且貪、故知足之足常足矣、無欲心也、不出戶以知天下、聖人不出戶以知天下者、以己身知人身、以己家知人家、

所以見天下矣、不窺牖以見天道、天道與人道同、人君清靜、天氣自正、人君多欲、天氣煩濁、吉凶利害、皆由於己也、其出彌遠、其知彌少、謂去其家觀人家、去其身觀人身、所觀益遠、所知益少也、是以聖人不行而知、不見而名、上好道、下好德、上好武、下好力、聖人原小知大、察內知外也、不爲而成、上無所爲、則下無事、家給人足、物自化也、損之又損之、損情欲、又損之、所以漸去之、以至於無爲、無爲而無不爲、情欲斷絕、德與道合、則無所不施、無所不爲、取天下常以無事、取治也、治天下常當以無事、不當勞煩民也、及其有事、不足以取天下、及其好有事、則政教煩、民不安、故不足以治天下也、

聖人無常心、聖人重改更、貴因循、若自無心也、以百姓心爲心、百姓心之所便、因而從之、善者吾善之、百姓爲善、聖人因而善之、不善者吾亦善之、百姓爲不善、聖人化之使善、信者吾信之、百姓爲信、聖人因而信之、不信者吾亦信之、百姓爲不信、聖人化之使信也、生而不有、道生萬物、不有取以爲利、爲而不恃、道所施爲、不恃望其報也、長而不宰、道長養萬物、不宰割以爲利用也、是謂玄德、道之所行、恩德玄闇、不可得見也、

大道甚夷、夷、平易也、而民好徑、徑、邪不平也、大道甚平易、而人好從邪不平、正、朝甚除、高臺榭、宮室脩、田甚蕪、農事廢、不耕治、倉甚虛、五穀傷害、國無儲也、服文采、好飾僞、貴外華、帶利劍、尚剛強、武且奢、厭飲食、財貨有餘、多嗜欲、無足時、是謂盜夸、百姓不足、而君有餘者、是猶劫盜以爲服飾、持行夸人、不知身死、家破、親戚并隨之也、非道也哉、人君所行如是、此非道也、

善建者不拔、建立也、善以道立身立國者、不可得引而拔也、脩之於身、其德乃眞、脩道於身、愛氣養神、其德如是、乃爲眞人、脩之於家、其德乃餘、脩道於家、父慈子孝、兄友弟順、夫信妻貞、其德如是、乃有餘慶、脩之於鄉、其德乃長、脩道於鄉、尊敬長老、愛養幼少、其德如是、乃無不覆及、脩之於國、其德乃豐、脩道於國、則君信臣忠、政平無私、其德如是、乃爲豐厚、脩之於天下、其德乃普、人主脩道於天下、不言而化、不教而治、下之應上、信如影響、其德如是、乃爲普博、

天下多忌諱、而民彌貧、天下謂人主也、忌諱者防禁也、令煩則姦生、禁多則下詐相殆、故貧也、民多利器、國家滋昏、利器者權也、民多權、則視者眩於目、聽者惑於耳、上下不親、故國家昏亂也、人多伎巧、奇物滋起、人謂人君也、多伎巧、刻畫宮觀、彫琢章服、下則化上、日以滋起也、法物滋彰、盜賊多有、法好也、珍好之物滋生彰著、則農事廢、飢寒並至、故盜賊多有、我無爲而民自化、無所改作、而民自化成、我好靜而民自正、我不言不教、民皆自忠正也、我無事而民自富、我無傜役、故皆自富、我無欲而民自樸、我去華文、民則隨我爲質樸、

其政悶悶、其政教寬大、悶悶昧昧、似若不明也、其民醇醇、政教寬大、故民醇醇、富厚相親睦也、其政察察、其政教急疾、言決於口、聽決於耳、其民缺缺、民不聊生、故缺缺日以疏薄、禍兮福之所倚、倚因、夫福因禍而生、人遭禍而能悔過責己、脩善行道、則禍去福來、福兮禍之所伏、禍伏匿於福中、人得福而爲驕恣、則福去禍來、孰知其極、禍福更相生、無知其窮極時也、

治大國若烹小鮮、鮮、魚也、烹小魚、不敢撓、恐其糜也、治國煩則下亂、治身煩則精去也、以道莅天下者、其鬼不神、以道德居位治天下、則鬼不敢見其精神以犯人也、非其鬼不神、其神不傷人、其鬼非無精神、邪不入正、不能傷自然之民也、非其神不傷人、聖人亦不傷人、非鬼

神不能傷害人、以聖人在位不傷害人、故鬼不敢干也、道者萬物之奧、奧藏也、道爲萬物之藏、無所不容、善人之寶也、善人以道爲身寶、不敢違、不善人之所保、道者不善人之所保倚也、遭患逢急、猶知自悔卑下、故爲天下貴、無不覆濟、恬然無爲、故可爲天下貴、爲無爲、無所造作、事無事、除煩省事、味無味、深思遠慮、味道意也、報怨以德、脩道行善、絕禍於未生也、圖難於其易、欲圖難事、當於易時、未及成也、爲大於其細、欲爲大事、必作於小、禍亂從小來也、天下難事、必作於易、天下大事、必作於細、是以聖人終不爲大、處謙虛也、故能成其大、天下共歸之也、夫輕諾必寡信、不重

言也、多易必多難、不慎患也、是以聖人猶難之、聖人動作舉事、猶進退重難之、欲塞其源也、故終無難、聖人終身無患難之事、由避害深也、其安易持、治身治國安靜者、易守持也、其未兆易謀、情欲禍患未有形兆時、易謀止、其脆易破、禍亂未動於朝、情欲未見於色、如脆弱易破除也、其微易散、其未彰著、微小易散去也、爲之於未有、欲有所爲、當以未有萌牙之時、塞其端也、治之於未亂、治身治國、於未亂之時、當豫閉其門也、合抱之木、生於毫末、從小成大也、九層之臺、起於累土、從卑至高、千里之行、始於足下、從近至遠、爲者敗之、有爲於事、廢於自然、執者失之、執利遇患、堅持不得、推讓反還、聖人無爲、故無敗、

聖人不爲華文、不爲利色、故無敗壞也、民之從事、常於幾成而敗之、從爲也、民人爲事、常於其功德幾成、而貪位好名、奢泰盈滿而敗之也、愼終如始、則無敗事、終當如始、不當懈怠、是以聖人欲不欲、聖人欲人所不欲、人欲文飾、聖人欲樸、人欲於色、聖人欲於德、不貴難得之貨、聖人不賤石、而貴玉也、學不學、聖人學人所不能學、人學智詐、聖人學自然、人學治世、聖人學治身、復衆人之所過、衆人學問、反過本爲末、過實爲華、復之者使反本、以輔萬物之自然、教人反本實者、欲以輔萬物自然之性也、而不敢爲焉、聖人動作因循、不敢有所造爲、恐遠本、古之善爲道者、說古之善以道治身及治國者、非以明民、非以道教

民明知奸巧、將以愚之、將以道德教民、使質樸不詐僞也、民之難治、以其智多、以其智太多、而爲巧僞也、以智治國、國之賊、使智惠之人治國、必遠道德、妄作威福、爲國之賊、不以智治國、國之福、不使智惠之人、知國之政事、則民守正直、上下相親、故爲國之福也、江海所以能爲百谷王、以其善下之、江海以卑下、故衆流歸之、若民歸就王者、是以聖人欲上人、欲在民之上也、必以言下之、法江海處謙虛、欲先民、欲在民之前也、必以身後之、先人而後己也、是以聖人處上而民不重、聖人在民上爲主、不以尊貴虐下、故民戴仰、不以爲重也、處前而民不害、聖人在民前、不以光明蔽後、親之若父母、無有

欲害之者、我有三寶、持而保之、老子言我有三寶、抱持而保倚之、一曰慈、愛百姓若赤子、二曰儉、賦斂若取之於己、三曰不敢爲天下先、執謙退不爲唱始也、慈故能勇、以慈仁、故能勇於忠孝、儉故能廣、身節儉、故民日用寬廣也、不敢爲天下先、故能成器長、成器長謂得道人也、我能爲道人之長也、今舍慈且勇、今世人舍慈仁、但爲勇武、舍儉且廣、舍其儉約、但爲奢泰、舍後且先、舍其後己、但爲人先、死矣、所行如此、動入死道、夫慈以戰則勝、以守則固、夫慈仁者、百姓親附、故戰則勝敵、以守衛則堅固也、用兵有言、陳用兵之道、老子疾時用兵、故託己設其義也、吾

不敢爲主、主先也、不敢先舉兵也、而爲客、客者和而不唱、用兵當承天而後動也、不敢進寸而退尺、侵人境界、利人財寶爲進、閉門守城爲退也、禍莫大於輕敵、夫禍亂之害、莫大於欺輕敵家、侵取不休、輕戰貪財也、輕敵幾喪吾寶、幾近也、寶身欺輕敵家、近喪身也、故抗兵相加、哀者勝矣、哀者慈仁、士卒不遠於死也、吾言甚易知、甚易行、老子言吾所言、省而易知、約而易行、天下莫能知、莫能行、人惡柔弱、好剛強也、夫唯無知、是以不我知、夫唯世人也、是我德之闇、不見於外、窮微極妙、故無知也、知我者稀、則我貴矣、稀少也、唯達道乃能知我、故爲貴也、是以聖人被褐懷玉、被褐者薄

外、懷玉者厚內也、匿寶藏德、爲貴也、天道不爭而善勝、天不與人爭貴賤、而人畏之也、不言而善應、天不言、萬物自動以應時、不召而自來、天不呼召、萬物皆負陰而向陽也、繟然而善謀、繟寬也、天道雖寬博、善謀慮人事、脩善行惡、各蒙其報、天網恢恢、疏而不失、天所羅網、恢恢甚大、雖疏遠、司察人善惡、無有所失、民不畏死、治國者刑罰酷深、民不聊生、故不畏死也、治身者嗜欲傷神、貪財殺身、不知畏之、奈何以死懼之、人君不寬其刑罰、教人去情欲、奈何設刑罰法、以死懼之、若使民常畏死、當除己之所殘刻、教民去利欲、而爲奇者、吾得執而殺之、孰敢矣、以道教化、而民不從、反爲奇巧、乃應王法、執而殺之、

誰敢有犯者、老子傷時王不先道德化之、而先刑罰也、民之飢、以其上食稅之多、人民所以飢寒者、以其君上稅食下太多、是以飢、民之難治、以其上之有爲、人民不可治者、以其君上多欲、好有爲、是以難治、其民化上有爲、情僞難治也、人之輕死、以其求生之厚、人民所以輕犯死者、以其求生活之道太厚、貪利以自危也、是以輕死、以求生太厚之故、輕入死地也、夫唯無以生爲者、是賢於貴生也、夫唯獨無以生爲務者、爵祿不干於意、財利不入於身、天子不得臣、諸侯不得使、則賢於貴生者也、聖人執左契、古者聖人無文書法律、刻契合符、以爲信也、而不責於

人、但執刻契信、不責人以他事也、有德司契、有德之君、司察契信而已、無德司徹、無德之君、背其契信、司人所失也、天道無親、常與善人、天道無有親疏、唯與善人、則與司契者也、

小國寡民、聖人雖治大國、猶以為小、儉約不奢泰、民雖衆、猶若寡之、不敢勞也、使民重死、君能為人興利除害、各得其所、則民重死而貪生也、而不遠徙、政令不煩、則民安其業、故不遠遷離其常處也、雖有舟輿、無所乘之、清靜無為、不好出入、雖有甲兵、無所陳之、無怨惡於天下、甘其食、甘其蔬食、不漁食百姓也、美其衣、美其惡衣、不貴五色、安其居、安其茅茨、不好文飾之屋、樂其俗、樂其質樸之俗、鄰國相望、雞狗之聲相聞、相去近也、民至老死、不相往來、無情欲也、

聖人不積、聖人積德不積財、有德以教愚、有財以與貧、既以為人、己愈有、既以財賄布施與人、財益多、如日月之光、無有盡時、天之道、利而不害、天生萬物、愛育之、令長大、無所害也、聖人之道、為而不爭、聖人法天所施為、化成事就、不與下爭功名、故能全其聖功也、

鶡冠子

博選

本書作厚德陵俊

博選者、序德程俊也、道凡四稽、一曰天、二曰地、三曰人、四曰命、人有五至、一曰百己、二曰十己、

命下有

權字百十作伯什下同

三曰若己、四曰廝役、五曰徒隸、所謂天者、理物情者也、所謂地者、常弗去者也、所謂人者、惡死樂生者也、所謂命者、靡不在君者也、君者、端神明者也、神明者、以人為本、人者、以賢聖為本、賢聖者、以博選為本、博選者、以五至為本、故北面事之、則百己者至、先趨而後息、先問而後默、則十己者至、人趨己趨、則若己者至、馮几據杖、指麾而使、則廝役者至、噫唶叱、則徒隸人至矣、故帝者與師處、王者與交處、亡主與役處、

噫唶叱作樂嗟　昔咄　交作友

著希

無辭字

言作信

夫君子者、易親而難狎、畏禍而難劫、嗜利而不為非、時動靜而不苟作、體雖安之而弗敢處、然後禮生焉、心雖欲之而弗敢言、然後義生焉、夫義節欲而治、禮反情而辨者也、

世賢

幾作成

悼襄王問龐煖曰、夫君人者、亦有為其國乎、龐煖曰、王獨不聞俞跗之為醫乎、已識必治、神避之、昔堯之任人也、不用親戚、而必使能、其治病

[醫術二字恐政字]

也不任所愛必使舊醫襄王曰善龐煖曰王其忘之乎昔伊尹醫殷太公醫周百里醫秦申麃醫郢原季醫晉范蠡醫越管仲醫齊而五國霸其善一也然道不同數襄王曰願聞其數煖曰王獨不聞魏文侯之問扁鵲耶曰子昆弟三人其孰最善爲醫扁鵲曰長兄最善中兄次之扁鵲最爲下也文侯曰可得聞耶扁鵲曰長兄於病視神未有形而除之故名不出於家中兄治病其在毫毛故名不出於閭若扁鵲者鑱血脉投毒藥割肌膚而名出聞於諸侯文侯曰善使管子行醫術以扁鵲之道則桓公幾能成其霸乎

列子

天瑞

[本註闕作閡]

子列子曰天地無全功聖人無全能萬物無全用(全猶備也)故天職生覆地職形載聖職教化物職所宜(職主也生各有性性各有宜)然則天有所短地有所長聖有所否物有所通(夫職適於一方者餘塗則闕矣形必有所分聲必有所屬若温也則不能涼若宫也則不能商)何則生覆者不能形載形載者不能教化教化者不能違所宜宜定者不出所位(皆有素分不可逆也)故天地之道非陰則陽聖人之教非仁則義萬物之宜非剛則柔此皆隨所宜而不能出所位者也(方圓靖躁理不得兼)

[本書無殷字]

殷湯問

[異作其]

大禹曰六合之間四海之內照之以日月經之以星辰紀之以四時要之以太歲神靈所生其物異形或夭或壽唯聖人能通其道(聖人順天地之道因萬物之性任其所適通其所逆使羣異各得其方壽夭盡其分)

力命

管夷吾有病小白問之曰仲父之病病矣至於大病則寡人惡乎屬國而可夷吾曰公誰欲歟小白曰鮑叔牙可曰不可其爲人潔廉善士(清己而已)其於不己若者不比之人(欲以己善齊物也)一聞人之過終身不忘(不能棄瑕録善)使之治國上且鉤乎君下且逆乎民(必引君令其道不弘道苟不弘則逆民而不能納矣)其得罪於君將弗久矣小白曰然則孰可對曰勿已則

賴作頻

隰朋可、其爲人也、愧不若黃帝、而哀不己若者、慙其道之不及聖、矜其民不以逮己、故能無棄人也、以德分人謂之聖人、化之使合道、而不宰割、以財分人謂之賢人、既以與人、己愈有也、以賢臨人者、未有得人者也、求備於人、則物所不與也、以賢下人者、未有不得人者也、與物升降者、物必歸之也、其於國有不聞也、其於家有不見也、道行則不賴聞見、故曰不聵不聾、不能成功、勿已則隰朋可、若有聞見則事鍾於己、而羣生無所措手足、故遺之可、未能盡道、故僅可耳、然則管夷吾非薄鮑叔也、不得不薄、非厚隰朋也、不得不厚、厚薄之去來、弗由我也、皆天理也、

晉國苦盜、有郄雍者、能視盜之貌、察其眉睫之間、而得其情、晉侯使視盜、千百無遺一焉、晉侯大喜、告趙文子曰、吾得一人、而一國盜爲盡、奚用多爲、文子曰、吾君恃伺察而得盜、盜不盡矣、且郄雍必不得其死焉、俄而羣盜謀曰、吾所窮者郄雍也、遂共盜而戕之、殺之也、晉侯聞而大駭、召文子而告之曰、果如子言、郄雍死、然取盜何方、文子曰、周諺有言、察見淵魚者不祥、智料隱匿

少作先

也作言

其作有

丈上有一字

本書何作臣

者有殃、且君欲無盜、莫若舉賢而任之、使教明於上、化行於下、人有耻心、則何盜之爲、於是用隨會知政、而羣盜奔秦焉、用聰明以察是非者、羣詐之所逃、用少識以擿奸伏者、衆惡之所疾、智之爲患、豈虛也哉、

孔子自衛反魯、息駕乎河梁而觀焉、其懸水三十仭、圜流九十里、魚鼈弗能游、黿鼉弗能居、有丈夫方將厲之、孔子使人止之曰、此懸水三十仭、圜流九十里、魚鼈黿鼉弗能居也、意者難可以濟乎、丈夫不以措意、遂度而出、孔子問之曰、巧乎、有道術乎、所以能入而出者何也、丈夫對曰、始吾之入也、先以忠信、吾之出也、又從以忠信、措吾軀於波流、而吾不敢用私、所以能入而復出者以此也、孔子謂弟子曰、二三子識之、水且猶可以忠信親之、而況人乎、

楚莊王問詹何曰、治國奈何、詹何、蓋隱者也、詹何對曰、何明於治身、而不明於治國也、楚王曰、寡人得奉宗廟社稷、願學所以守之、詹何對曰、臣未嘗聞身治而國亂者也、又未嘗聞身亂而國治者

也。故本在身。不敢對以末。楚王曰善。

墨子

墨翟

所染

子墨子見染絲者而歎曰。染於蒼則蒼。染於黃則黃。所入者變。其色亦變。故染不可不慎耶。非獨染絲然也。國亦有染。舜染於許由伯陽。禹染於皐陶伯益。湯染於伊尹仲虺。武王染於太公周公。此四王者。所染當。故王天下。立為天子。功名蔽天地。舉天下之仁義顯人。必稱此四王者。夏桀染於干辛推哆。殷紂染於崇侯惡來。厲王染於厲公長文榮夷終。幽王染於傅公幾蔡公穀。此四王者。所染不當。故國殘身死。為天下僇。舉天下不義辱人。必稱此四王者。齊桓公染於管仲。晉文公染於咎犯。楚莊染於孫叔。吳闔廬染於伍員。越勾踐染於范蠡。此五君者。所染當。故霸諸侯。名傳於後世。范吉射染於張柳朔。中行寅染於籍秦。吳夫差染於宰嚭。知伯瑤染於智國。中山尚染於魏義。宋康染於唐鞅。此六君者。

干作羊　文作公　幾作夷

所染不當。故國家殘亡。身為刑僇。宗廟破滅。絕無後類。君臣離散。民人流亡。舉天下之貪暴苛擾者。必稱此六君也。凡君之所以安者何也。其行理生於染當。故善為君者。勞於論人。而逸於治官。不能為君者。傷形費神。愁心勞意。然國愈危。身愈辱。此六君者。非不重其國愛其身也。以不知要故也。不知要者。所染不當也。

法儀

子墨子曰。天下從事者。不可以無法儀。無法儀而其事能成者。無有也。故百工從事。皆有法度。今大者治天下。其次治大國。而無法度。此不若百工也。然則奚以為治法而可。莫若法天。天之行廣而無私。其施厚而不息。其明久而不衰。故聖王法之。既以天為法。動作有為。必度於天。天之所欲則為之。天所不欲則止。然而天何欲何惡也。天必欲人之相愛相利。而不欲人之相惡相賊也。以其兼而愛之。兼而利之也。奚以知天之兼而愛之。兼而利之也。今天下無小大國。皆

息作倦

天之邑也、人無幼長貴賤、皆天之臣也、故曰、愛人利人者、天必福之、惡人賊人者、天必禍之、是以天欲人相愛相利、而不欲人相惡相賊也、昔之聖王禹湯文武、兼愛天下之百姓、率以尊天事鬼、其利人多、故天福之、使立為天子、天下諸侯皆賓事之、暴王桀紂幽厲、兼惡天下之百姓、率以詬天侮鬼、其賊人多、故天禍之、使遂失其國家、身死為戮於天下、後世子孫毀之、至今不息、故為不善以得禍者、桀紂幽厲是也、愛人利

人以得福者、禹湯文武是也、

七患

子墨子曰、國有七患、七患者何、城郭溝池不可守、而治宮室、一患也、邊國至境、四鄰莫救、二患也、先盡民力無用之功、賞賜無能之人、三患也、仕者持祿、遊者憂佼、君脩法討臣、臣懾而不敢咈、四患也、君自以為聖智、而不問事、自以為安強、而無守備、五患也、所信者不忠、所忠者不信、六患也、蓄種菽粟、不足以食之、大臣不足以事

（佼作反）

之、賞賜不能喜、誅罰不能威、七患也、以七患居國、必無社稷、以七患守城、敵至國傾、七患之所當、國必有殃、

墨子曰、古之民未知為宮室時、就陵阜而居、穴而處下、潤濕傷民、故聖王作為宮室、為宮室之法曰、室高足以避潤濕、邊足以圉風寒、上足以待雪霜雨露、宮牆之高足以別男女之禮、謹此則止、凡費財勞力、不加利者不為也、是故聖王作為宮室、使上不以為觀樂也、作為衣服帶履、使

（墨子曰以下出辭過篇）（潤下有濕字）（使上作便於生）

身不以為辟怪也、故節於身、誨於民、是以天下之民可得而治、財用可得而足、當今之主、其為宮室則與此異矣、必厚斂於百姓、暴奪民衣食之財、以為宮室臺榭曲直之望、青黃刻鏤之飾、為宮室若此、故左右皆法象之、是以其財不足以待凶饑、振孤寡、故國貧而民難治也、君誠欲天下之治、而惡其亂也、當為宮室、不可不節、古之民未知為衣服時、衣皮帶茭、冬則不輕而溫、夏則不輕而凊、聖王以為不中人之情、故作

（使身作便於身）

極作然

誨婦人以爲民衣爲衣服之法冬則練帛之中足以爲輕且煖夏則絺綌之中足以爲輕且凊謹此則止故聖人之爲衣服適身體和肌膚而足矣非榮耳目而觀愚民也當是之時堅車良馬不知貴也刻鏤文采不知喜也得其所以自養之情而不感於外是以其民儉而易治其君用財節而易贍也府庫實滿足以待不極兵革不頓士民不勞足以征不服故霸王之業可行於天下矣當今之主其爲衣服則與此異矣冬

則輕煖夏則輕凊皆已具矣必厚作斂於百姓暴奪民衣食之財以爲錦繡文采靡曼之衣鑄金以爲鉤珠玉以爲珮女工作文采男工作刻鏤以身服之此非云益煖之情也單財勞力畢歸之於無用也以此觀之其爲衣服非爲身體皆爲觀好是以其民淫僻而難治其君奢侈而難諫也夫以奢侈之君御淫僻之民欲用無亂不可得也君誠欲天下之治而惡其亂當爲衣服不可不節古之民未知爲飲食故聖人作誨

無固字

男耕稼樹藝以爲民食也足以增氣充虛強體適腹而已矣其用財節其自養儉故民富國治今則不然厚斂於百姓以爲美食芻豢蒸炙大國累百器小國累十器前方丈目不能徧視手不能徧操口不能徧味冬則凍冰夏則餕饐人君爲飲食如此故左右象之是以富貴者奢侈孤寡者凍餒欲無亂不可得君誠欲天下治而惡其亂當爲食飲不可不節古之民未知爲舟車時重任不移遠道不至故聖王作爲舟車以

便民之事其爲舟車也完固輕利可以任重致遠用財少而爲利多是以民樂而利之法禁不急而行民不勞而上足以用故民歸之當今之主其爲舟車與此異矣完固輕利皆已具矣必厚斂於百姓以爲舟車飾飾車以文采飾舟以刻鏤女子廢其紡織而脩文采故民寒男子離其耕稼而脩刻鏤故民飢人君爲舟車若此故左右象之是以其民飢寒並至故爲姦邪姦邪多則刑罰深刑罰深則固國亂君誠欲天下之

治而惡其亂當爲舟車不可不節

尚賢

子墨子曰今者王公大人爲政於國家者皆欲國家之富人民之衆刑政之治然而不得是其故何也是在王公大人爲政於國家者不能以尚賢事能爲政也是故國有賢良之士衆則國家之治厚故大人之務將在於衆賢而已然則衆賢之術將奈何哉譬若欲衆其國之善射御之士者必將富之貴之敬之譽之然後國之善

射御之士將可得而衆也況又有賢良之士厚乎德行辯乎言談博乎道術者乎此固國家之珍而社稷之佐也亦必且富之貴之敬之譽之然後國之良士亦將可得而衆也是故古者聖王之爲政也言曰不富不義不貴不義不親不義不近不義是以國之富貴人聞之皆退而謀曰始我所恃者富貴也今上舉義不避貧賤然則我不可不爲義親者聞之亦退而謀曰始我所恃者親也今上舉義不避親踈然則我不可不爲義近者聞之亦退而謀曰始我所恃者近也今上舉義不避遠近然則我不可不爲義遠者聞之亦退而謀曰我始以遠無恃今上舉義不避遠然則我不可不爲義人聞之皆競爲義是其故何也曰上之所以使下者一物也下之所以事上者一術也故古者聖王之爲政列德而尚賢雖在農與工肆之人有能則舉之高與之爵重與之祿任之以事非爲賢賜也欲其事之成故當以德就列以官服事以勞受賞量功

而分祿故官無常貴而民無恒賤有能則舉之無能則下之舉公義避私怨故得士得士則謀不困體不勞名立而功成美章而惡不生故尚賢者政之本也子墨子言曰天下之王公大人皆欲其國家之富也人民之衆也刑法之治也然而莫知尚賢而使能我以此知天下之士君子明於小而不明於大也何以知其然也今王公大人有一牛羊不能殺必索良宰有一衣裳不能制必索良工有一疲馬不能治必索良醫

有一危弓不能張必索良工雖有骨肉之親無故富貴面目美好者誠知其不能也必不使是何故恐其敗財也當王公大人之於此也則不失尚賢而使能至建其國家則不然王公大人骨肉之親無故富貴面目美好者則舉之則王公大人之親其國家也不若其親一危弓疲馬衣裳牛羊之財歟我以此知天下之士君子皆明於小而不明於大也古之聖王之治天下也其所貴未必王公大人骨肉之親無故富貴面目美好者也是故昔者堯之舉舜也湯之舉伊尹也武丁之舉傳說也豈以爲骨肉之親無故富貴面目美好者哉唯法其言用其謀行其道上可而利天中可而利鬼下可而利人是故尚賢之爲說不可不察也尚賢者天鬼百姓之利而政事之本也

至建作逮至

非命

古之聖王舉孝子而勸之事親尊賢良而勸之爲善發憲布令以教誨賞罰以勸沮若此則亂者可使治而危者可使安矣若以爲不然昔者桀之所亂湯治之紂之所亂武王治之此世不渝而民不改上變正而民易教其在湯武則治其在桀紂則亂安危治亂在上之發政也則豈可謂有命哉昔者三代之暴王不繆其耳目之淫不愼其心志之僻外之敺騁田獵畢弋內沈於酒樂不肯曰我爲刑政不善曰我命故且亡雖昔也三代之僞民亦猶此也繁飾有命以教衆愚昔者禹湯文武方爲政乎天下之時曰必使飢者得食寒者得衣勞者得息亂者得治遂得光譽令聞於天下夫豈可以爲命哉故以爲其力也今賢良之人尊賢而好蓄道術故上得其王公大人之賞下得其萬民之譽遂得光譽令聞於天下豈以爲其命哉

正作政

下曰上有必字

貴義

子墨子曰世之君子使之一犬一彘之宰不能則辭之使爲一國之相不能而爲之豈不悖哉世之君子欲其義之成而助之脩其身則慍是

猶欲其牆之成、而人助之築則慍也、豈不悖哉、

羣書治要卷第三十四

羣書治要卷第三十五

秘書監鉅鹿男臣魏徵等奉 勅撰

文子 曾子

文子 老子弟子

道原

夫至人之治也、弃其聰明、滅其文章、依道廢智、與民同出乎公、約其所守、寡其所求、去其誘慕、除其嗜欲、損其思慮、約其所守、即察矣、寡其所求、即得矣、

水之性欲清、沙石穢之、人之性欲平、嗜欲害之、唯聖人能遺物反己、不以智役物、不以欲滑和、（本書智作身）是以高而不危、安而不傾也、故聽善言便計、雖愚者知悅之、稱聖德高行、雖不肖者知慕之、悅之者衆、而用之者寡、慕之者多、而行之者少、

精誠

夫水濁者魚噞、政苛即民亂、上多欲即下多詐、（即作者）上煩擾即下不定、上多求即下交爭、不治其本、而救之於末、無以異於鑿渠而止水、抱薪而救

火也聖人事省而治求寡而贍不施而仁不言而信不求而得不爲而成懷自然保至眞抱道推誠天下從之如響之應聲影之象形所脩者本也

冬日之陽夏日之陰萬物歸之而莫之使也至精之感弗召自來不去自往不知所爲者而功自成待目而照見待言而使令其於以治難矣皐陶喑而爲大理天下無虐刑師曠瞽而爲大宰晉國無亂政不言之令不視之見聖人所以

爲師也民之化上不從其言從其所行也故人君好勇而國家多難人君好色而國多昏亂故聖人精誠形於內好憎明於外出言以副情發號以明旨是故刑罰不足以移風殺戮不足以禁姦唯神化爲貴也夫至精爲神精之所動若春氣之生秋氣之殺也故治人者愼所以感也聖人之從事也所由異路而同歸其存亡定傾若一志不忘乎欲利人也故秦楚燕魏之歌異轉而皆樂九夷八狄之哭異聲而皆哀夫歌者

人而作而人　九作十　二十子全書符作府　水作滌

樂之徵也哭者哀之效也愔愔於中而應於外故在所以感之矣聖人之心日夜不忘乎欲利人其澤之所及亦遠也

夫至人精誠內形德流四方見天下有利喜而不忘見天下有害憂若有喪夫憂民之憂者民亦憂其憂樂人之樂者人亦樂其樂故樂以天下憂以天下然而不王者未之有也大人行可悅之政人而莫不順其令令順卽從小而致大令逆卽以善爲害以成爲敗

九守

神者智之淵也神淸則智明智者心之符也智公卽心平人莫鑒於流水而鑒於澄水者以其淸且靜也故神淸意平乃能形物之情也

天道極卽反盈則損物盛則衰日中而移月滿則虧樂終而悲是故聰明廣智守以愚多聞博辯守以儉武力勇毅守以畏富貴廣大守以狹德施天下守以讓此五者先王所以守天下也

符言

得作取

畏作恭

之愛作愛之喩
喩作逾
篇

人之情服於德不服於力故古之聖王以其言下人以其身後人即天下推而不厭戴而不重此德有餘而氣順也故知與之爲得知後之爲先即幾道矣

道德

文子問道老子曰夫道者小行之小得福大行之大得福盡行之天下服

文子問德仁義禮老子曰德者民之所貴也仁者人之所懷也義者民之所畏也禮者民之所

敬也此四者聖人之所以御萬物也君子無德即下怨無仁即下爭無義即下異無禮即下亂四經不立謂之無道無道而不亡者未之有也心之精者可以神化而不可以說道故同言而信信在言前同令而行行在令外聖人在上民化如神情以先之也動於上不應於下者情令殊也三月嬰兒未知利害而慈母之愛喩焉者情也故言之用者小不言之用者大矣夫信君子之言也忠君子之意也忠信形於內感動應乎外賢聖之化也

能成霸王者必得勝者也能勝敵者必強者也能強者必用人力者也能用人力者必得人心者也能得人心者必自得者也能自得者必柔弱者也

上德

日月欲明浮雲蓋之河水欲清沙土穢之叢蘭欲脩秋風敗之人性欲平嗜欲害之蒙塵而欲無眯不可得也

山致其高而雲雨起焉水致其深而蛟龍生焉君子致其道而德澤流焉夫有陰德者必有陽報有隱行者必有昭名

微明

相坐之法立即百姓怨減爵之令張即功臣叛故察於刀筆之迹者即不知治亂之本習於行陳之事者即不知廟戰之權聖人先見福於重關之內慮患於冥冥之外愚者惑於小利而忘大害故事有利於小而害於大得於此而亡於

〔冤作怨〕〔無以字〕〔無聖字〕〔無作字〕〔無盡慮二字〕

彼、故仁莫大於愛人也、智莫大於知人也、愛人卽無冤刑、知人卽無亂政、
見本而知末、執一而應萬、謂之術、居知所爲、行知所之、事知所秉、動知所止、謂之道、言出於口、不可止於人、行發於近、不可禁於遠、事者難成易敗、名者難立易廢、凡人皆以輕小害易微事、以至於大患也、
夫積愛成福、積憎成禍、人皆知救患、莫知使患無生、夫使患無生、易於救患、今人不務使患無

生、而務於救之、雖神聖人不能爲謀也、患禍之所由來、萬萬無方、故聖人深居以避害、靜默以待時、小人不知禍福之門、動作而陷於刑、雖曲爲之備、不足以全身、故上士先避患而後就利、先遠辱而後求名、故聖人常從事於無形之外、而不留心盡慮於已成之內、是以患禍無由至、非譽不能塵垢也、
凡人之道、心欲小、志欲大、智欲圓、行欲方、能欲多、事欲少、所謂心小者、慮患未生、戒禍愼微、不

〔深作淵〕〔不失仁心作有仁義〕

敢縱其欲者也、志大者、兼包萬國、一齊殊俗、是非輻湊、中爲之轂也、智圓者、終始無端、方流四遠、深泉而不竭也、行方者、直立而不撓、素白而不汚、窮不易操、達不肆志也、能多者、文武備具、動靜中儀也、事少者、執約以治廣、處靜以持躁也、故心小者、禁於微也、志大者、無不懷也、智圓者、無不知也、行方者、有不爲也、能多者、無不治也、事少者、約所持也、故聖人之於善也、無小而不行、其於過也、無微而不改、行不用巫祝、而鬼

神不敢先、可謂至貴矣、然而戰戰慄慄、日愼一日、是以無爲而有成、
有功離仁義者、卽見疑、有罪不失仁心者、必見信、故仁義者、事之常順也、天下之尊爵也、雖謀得計當、慮患而患解、圖國而國存、其事有離仁義者、其功必不遂矣、言雖無中於策、其計無益於國、而心周於君、合於仁義者、身必存矣、故曰、百言百當、不若舍趣而審仁義也、
敎本乎君子、小人被其澤、利本乎小人、君子享

上亡作虛

二十子全書無道字 山處者

其功使君子小人各得其宜卽遍功易食而道達矣人多欲卽傷義多憂卽害智故治國樂其所以存亡國樂其所以亡水下流而廣大君下臣而聰明君不與臣爭功而治道通故君根本也臣枝葉也根本不美而枝葉茂者未之有也慈父之愛子也非求報也不可內解於心聖人之養民非求爲已用也性不能已也及恃其力賴其功勳而必窮矣有以爲卽恩不接矣故用衆人之所愛卽得衆人之力擧衆人之所善卽得衆人之心見所始卽知所終矣

人之將疾也必先不甘魚肉之味國之將亡也必先惡忠臣之語故疾之將死者不可爲良醫國之將亡者不可爲忠謀古者親近不以言來遠不以言使近者悅遠者來與民同欲卽和與民同守卽固與民同念卽智得民力者富得民譽者顯行有召寇言有致禍

道自然

昔者堯之治天下其導民也水處者漁山處者

木作林 [illegible]處者採

箭作蕭

躁作譟

養作資

木谷處者牧陸處者田地宜其事事宜其械械便其人如是則民得以所有易所無以所巧易所拙也是以離叛者寡聽從者衆若風之過箭忽然感之各以淸濁應矣物莫不就其所利避其所害是以鄰國相望雞狗之音相聞而足跡不接於諸侯之境車軌不結於千里之外皆安其居也夫亂國若盛治國若虛亡國若不足存國若有餘虛者非無人各守其職也盛者非多人皆徼於末也有餘者非多財欲節事寡也不足者非無貨民躁而費多也故先王之法非所作也所因也其禁誅非所爲也所守也上德之道也

以道治天下非易民性也因其有而條暢之故瀆水者因水之流產稼者因地之宜征伐者因民之欲能因卽無敵於天下矣故先王之制法因民之性而爲之節文無其性無其養不可使遵道也人之性有仁義之資非聖王爲之法度不可使向方也因其所惡以禁姦故刑罰不用

追作通

威行如神矣、因其性、卽天下聽從、咈其性、卽法度張而不用、

帝者貴其德也、王者尚其義也、霸者迫於理也、道狹然後任智、德薄然後任刑、明淺然後任察、

王道者、處無爲之事、行不言之敎、因循任下、責成不勞、謀無失策、舉無過事、進退應時、動靜循理、美醜弗好憎、賞罰不喜怒、其聽治也、虛心弱志、是故羣臣輻湊並進、無愚智不肖、莫不盡其能、君得所以制臣、臣得所以事君、卽治國之道明矣、

智而好問者聖、勇而好同者勝、乘衆人之知、卽無不任也、用衆人之力、卽無不勝也、用衆人之力、烏獲不足恃也、乘衆人之勢、天下不足用也、故聖人舉事、未嘗不因其資而用之也、有一功者處一位、有一能者服一事、力勝其任、卽舉者不重也、能勝其事、卽爲者弗難也、聖人兼而用之、故人無弃人、物無弃財矣、

所謂無爲者、非謂其引之不來、推之不往、迫而

掩作陵

不應、感而不動、堅滯而不流、捲握而不散也、謂其私志不入公道、嗜欲不枉正術、循理而舉事、因資而立功、推自然之勢也、聖人不恥身之賤、惡道之不行、不憂命之短、憂百姓之窮也、故常虛而無爲、抱素見樸、不與物雜、

古之立帝王者、非以奉養其欲也、聖人之踐位者、非以逸樂其身也、爲天下之民、強掩弱、衆暴寡、詐者欺愚、勇者侵怯、又爲其懷智詐、不以相敎、積財貨、不以相分、故立天子以齊一之、爲一

人明不能徧照海內、故立三公九卿以輔翼之、爲絕國殊俗、不得被澤、故立諸侯以敎誨之、是以地無不任、時無不應、官無隱事、國無遺利、所以衣寒食飢、養老弱、息勞倦、無不以也、神農形悴、堯瘦臞、舜黎黑、禹胼胝、伊尹負鼎而干湯、呂望鼓刀而入周、百里奚傳賣、管仲束縛、孔子無黔突、墨子無煖席、非以貪祿慕位、將欲起天下之利、除萬民之害也、自天子至于庶人、四體不勤、思慮不用、於事贍者、未之聞也、

開作供

下德

治身太上養神，其次養形。神清意平，百節皆寧，養生之本也；肥肌膚，充腹腸，開嗜欲，養生之末也。治國太上養化，其次正法。民交讓爭處卑，財利爭受少，事力爭就勞，日化上而遷善，不知其所以然，治之本也；利賞而勸善，畏刑而不敢爲非，法令正於上，百姓服於下，治之末也。上世養本，而下世事末。

欲治之主不世出，可與治之臣不萬一，以不世出求不萬一，此至治所以千歲不一至。霸王之功不世立也，順其善意，防其邪心，與民同出一道，則民性可善，風俗可美矣。所貴聖人者，非貴其隨罪而作刑也，貴其知亂之所生也。若縱之放僻淫逸，而禁之以法，隨之以刑，雖殘天下，不能禁其姦矣。

勢下有位字

目悅五色，口欲滋味，耳淫五聲，七竅交爭，以害一性，日引邪欲，竭其天和，身且不能治，奈天下何。所謂得天下者，非謂其履勢稱尊號也，言其

運天下心，得天下力也。有南面之名，無一人之譽，此失天下者也。故桀紂不爲王，湯武不爲放也。天下得道，守在四夷；天下失道，守在左右。故曰：無恃其不吾奪，恃吾不可奪也。行可奪之道，而非篡殺之行，無益於持天下矣。

農士作士農

治世之職易守也，其事易爲也，其禮易行也，其責易償也。是以人不兼官，官不兼事，農士商工，鄉別州異。故農與農言藏，士與士言行，工與工言巧，商與商言數。是以士無遺行，工無苦事，農無廢功，商無折貨，各安其性也。夫先知遠見，人材之盛也，而治世不以責於民；博聞強志，口辯辭給，人智之溢也，而明主不以求於下；傲世賤物，不汙於俗，士之伉行也，而治世不以爲民化。故高不可及者，不以爲人量；行不可逮者，不以爲國俗。故人材不可專用，而度量道術可世傳也。故國治可與愚守，而軍旅可與性同，不待古之英俊，而人自足者，所有而並用之也。末世之法，高爲量而罪不及，重爲任而罰不勝，危爲難

與性作以法

利殺作峻割　材作文淺作深

而誅不敢、民困於三責、卽飾智而詐上、犯邪而行危、雖峻法嚴刑、不能禁其姦、獸窮卽觸、鳥窮卽啄、人窮卽詐、此之謂也、

國有亡主、世無亡道、人有窮、而理無不通也、故不因道理之數、而專己之能、其窮不遠矣、夫君人者、不出戶以知天下者、因物以識物、因人以知人也、故積力之所舉、旣無不勝也、衆智之所爲、卽無不成也、工無二技、士不兼官、人得所宜、物得所安、是以器械不惡、而職事不慢也、夫責

小易償也、職寡易守也、任輕易勸也、上操約少之分、下效易爲之功、是以君臣久而不相厭也、地廣民衆、不足以爲彊也、甲堅兵利、不足以恃勝也、高城深池、不足以爲固也、嚴刑利殺、不足以爲威也、爲存政者、無小必存、爲亡政者、無大必亡、故善守者無與御、善戰者無與鬬、乘時勢、因民欲、而取天下也、故善爲政者、積其德、善用兵者、蓄其怒、德積而民可用也、怒蓄而威可立也、故材之所加者淺、卽權之所服者大、德之所施者博、卽威之所制者廣、廣卽我強而敵弱矣、善用兵者、先弱敵而後戰、費不半而功十倍、故千乘之國、行文德者王、萬乘之國、好用兵者亡、王兵先勝而後戰、敗兵先戰而後求勝、此不明於兵道也、

作上仁　漠眞作淺漠　通作聰

上行

非漠眞無以明德、非寧靜無以致遠、非寬大無以幷覆、非平正無以制斷、以天下之目視、以天下之耳聽、以天下之智慮、以天下之力爭、故號

令能下究、而臣情得上聞、百官脩通、羣臣輻湊、喜不以賞賜、怒不以罪誅、法令察而不苛、耳目通而不暗、善否之情、日陳於前而不逆、賢者盡其智、不肖者竭其力、近者安其性、遠者懷其德、用人之道也、夫乘輿馬者、不勞而致千里、乘舟楫者、不能游而濟江海、使言之而是、雖在匹夫蒭蕘、猶不可弃也、言之而非、雖在人君卿相、不可用也、是非之處、不可以貴賤尊卑論也、其計可用、不羞其位矣、其言可行、不貴其辯矣、

文子問曰何行而民親其上老子曰使之以時而敬愼之如臨深淵如履薄冰天地之間善即吾畜也不善即吾讎也昔日夏商之臣反讎桀紂而臣湯武宿沙氏之民自攻其君而歸神農氏故曰人之所畏亦不可以不畏

治大者道不可以小地廣者制不可以狹位高者事不可以煩民衆者敎不可以苛事煩難治法苛難行求多難贍寸而度之至丈必差銖而稱之至石必過石稱丈量徑而寡失大較易爲

惠作慧

智曲辯難爲惠故無益於治有益於亂者聖人不爲也無益於用有益於費者智者不行也故功不厭約事不厭寡功約易成事省易治求寡易贍矣調音者小絃急大絃緩立事者賤者勞貴者逸道之言曰芒芒昧昧與天同氣同氣者帝同義者王同功者霸無一焉者亡故不言而信不施而仁不怒而威是以天心動化者也施而仁言而信怒而威是以精誠爲之者也施而不仁言而不信怒而不威是以外貌爲之者也

故有道以理之法雖少足以治矣無道以臨之命雖衆足以亂矣

鯨魚失水而制於螻蟻人君舍其所守而與民爭事則制於有司以無爲持位守職者以聽從取容臣下藏智而弗用反以事專其上君人者不任能而好自爲則智日困而數窮於下智不足以爲治威不足以行刑即無以與下交矣喜怒形於心嗜欲見於外即守職者離正而阿上有司枉法而從風矣賞不當功誅不應罪即上

下乖心羣臣相怨矣百官煩亂而智不能解非譽萌生而明弗能照非己之失而反自責即人主愈勞人臣愈逸矣是代大匠斲者希不傷其手也與馬逐遠筋絕不能及也上車攝輿馬服

銜作衡

銜下伯樂相之王良御之明主乘之無御相之勞而致千里善乘人之資也

國之所以存者得道也所以亡者理塞也故得

生疑存

生道者雖小必大有亡徵者雖成必敗國之亡也大不足恃道之行也小不可輕故存在得道

不在於小亡在失道不在於大故亂國之主務於廣地而不務於仁義務於高位而不務於道德是舍其所以存而造其所以亡也

主與之以時民報之以財主遇之以禮民報之以死生而貴者驕生而富者奢故富貴不以明道自鑒而能無爲非者寡矣

上義

凡學者能明於天人之分通於治亂之本見其終始可謂達矣治之本仁義也其末法度也先

本後末謂之君子先末後本謂之小人法之生也以輔義重法弃義是貴其冠履而忘其頭足也仁義者廣崇也不益其厚而張其廣者毀不廣其基而增其高者覆故不大其棟不能任重重莫若國棟莫若德人主之有民猶城之有基木之有根根深卽本固基厚卽上安故事不本於道德者不可以爲經言不合於先王者不可以爲道

治人之道其猶造父之御馬也內得於中心外

輿馬作駟馬

合乎馬志故能取道致遠氣力有餘進退還曲莫不如意誠得其術也今夫權勢者人主之車輿也大臣者人主之駟馬也身不可以離車輿之安手不可以失駟馬之心故輿馬不調造父不能以取道君臣不和聖人不能以爲治執道以御之中材可盡明分以示之姦邪可止物至而觀其變事來而應其化近者不亂則遠者治矣不用適然之數而行自然之道萬舉而無失矣

治國有常而利民爲本政敎有道而令行爲右苟利於民不必法古苟周於事不必循俗故聖人法與時變禮與俗化衣服器械各便其用法度制令各因其宜故變古未可非循俗未足多誦先王之書不若聞其言聞其言不若得其所以言得其所以言者言弗能言也故道可道者非常道也名可名者非常名也故聖人所由曰道所爲曰事道由金石壹調不可更事猶琴瑟每終改調故法制禮樂者治之具也非所以爲

每作曲

戒作式

治也、

法非從天下、非從地出、發於人間、反己自正也、誠達其本、不亂於末、知其要、不惑於疑、有諸已、不非諸人、無諸已、不責於下、所禁於民者、不行於身、故人主之制法也、先以自爲檢戒、故禁勝於身、卽令行於民矣、夫法者、天下之準繩也、人主之度量也、懸法者、法不法也、法定之後、中繩者賞、缺繩者誅、雖尊貴者、不輕其賞、卑賤者、不重其刑、犯法者、雖賢必誅、中度者、雖不肖無罪、

是故公道行、而私欲塞也、古之置有司也、所以禁民使不得恣也、其立君也、所以制有司使不得專行也、法度道術、所以禁君使無得橫斷也、人莫得恣、卽道勝、而理得矣、故反於無爲、無爲者、非謂其不動也、言其莫從己出也、

善賞者、費少而勸多、善罰者、刑省而姦禁、善與者、用約而爲德、善取者、入多而無怨、故聖人因民之所善、以勸善、因民之所憎、以禁姦、賞一人而天下趣之、罰一人而天下畏之、至賞不費、至

處下有有字

細作略　不善之不作小

刑不濫、聖人守約而治廣、此之謂也、

君臣異道卽治、同道卽亂、各得其宜、處其當、卽上下有以相使也、故枝不得大於幹、末不得強於本、言輕重大小、有以相制也、夫得威勢者、所持甚小、所任甚大、所守甚約、所制甚廣、十圍之木、持千鈞之屋、得勢也、五寸之關、能制開闔、所居要也、下必行之令、從之者利、逆之者害、天下莫不聽從者順也、義者、非能盡利天下之民也、利一人而天下從、暴者、非能盡害海內也、害一

人而天下叛、故舉措廢置、不可不審也、

屈寸而伸尺、小枉而大直、聖人爲之、今人君之論臣也、不計其大功、總其細行、而求其不善、卽失賢之道也、故人有厚德、無問其小節、人有大譽、無疵其小故、夫人情莫不有所短、誠其大略是也、雖有小過、不足以爲累、誠其大略非也、閭里之行、未足多也、

自古及今、未有能全其行者也、故君子不責備於一人、夫夏后氏之璜、不能無瑕、明月之珠、不

能無穢、然天下寶之者、不以小惡妨大美也、今志人之所短、而忘人之所長、而欲求賢於天下、即難矣、夫衆人見位卑賤、事之洿辱、而不知其大略也、故論人之道、貴即觀其所舉、富即觀其所施、窮則觀其所不受、賤即觀其所不爲、視其所患難、以知其勇、動以喜樂、以觀其守、委以貨財、以觀其仁、振以恐懼、以觀其節、如此即人情得矣、

聖人以仁義爲準繩、中繩者謂之君子、弗中者謂之小人、君子雖死亡、其名不滅、小人雖得勢、其罪不除、左手據天下之圖、而右手刎其喉、愚者不爲、身貴乎天下也、死君親之難者、視死若歸、義重於身故也、天下大利、比身即小、身所重也、比義即輕、此以仁義爲準繩者也、

比下有之仁二字

地廣民衆、主賢將良、國富兵強、約束信、號令明、兩敵相當、未接刃而敵人奔亡、此其次也、知土地之宜、習險隘之利、明奇正之變、察行陣之事、白刃合、流矢接、輿死扶傷、流血千里、暴骸盈野、

義作威

義之下也、國之所以強者、必死也、所以必死者、義也、義之所以行者、威也、威義並行、是謂必強、白刃交接、矢石若雨、而士爭先者、賞信而罰明也、上視下如子、下事上如父、上視下如弟、下視上如兄、上視下如子、必王四海、下視上如父、必正天下、上視下如弟、即不難爲之死、下視上如兄、即不難爲之亡、故子父兄弟之寇、不可與鬭、是故義君內修其政、以積其德、外塞其邪、以明其勢、察其

勞逸、以知飢飽、戰期有日、視死如歸、恩之加也、

上禮

昔之聖王、仰取象於天、俯取度於地、中取法於人、調陰陽之氣、和四時之節、察高下之宜、除飢寒之患、行仁義之道、以治人倫、列地而州之、分職而治之、立大學而教之、此其治之綱紀也、得道即舉、失道即廢、夫物未嘗有張而不弛、盛而不敗者也、唯聖人可盛而不衰、聖人初作樂也、以歸神杜淫、反其天心、至其衰也、流而不反、淫

而好色至以亡國其作書也以領理百事愚者以不忘智者以記事及其衰也爲姦僞以解有罪而殺不辜其作囿也以奉宗廟之具簡士卒戒不虞及其衰也馳騁弋獵以奪民時其上賢也以平教化正獄訟賢者在位能者在職澤施於下萬民懷德至其衰也朋黨比周各推其與廢公趍私外內相舉姦人在位賢者隱處天地之道極即反盈即損故聖人治弊而改制事終而更爲矣聖人之道非修禮義廉耻不立民無

（廉下無耻字）

廉耻不可治也不知禮義不可以行法法能教不孝不能使人孝能刑盜者不能使人廉耻聖王在上明好惡以示人經非譽以導之親賢而進之賤不肖而退之刑措而不用禮義修而任賢德也

夫使天下畏刑而不敢盜竊豈若使無有盜心哉故知其無所用雖貪者皆辭之不知其無所用廉者不能讓夫人之所以亡社稷身死人手爲天下笑者未嘗非欲也知冬日之扇夏日之裘無用於已則萬物之變爲塵垢故以湯止沸沸乃益甚知其本者去火而已

夫有餘則讓不足則爭讓則禮義生爭則暴亂起故物多則欲省求贍則爭止故世治則小人守正而利不能動也世亂則君子爲姦而法不能禁也

（鐵作石）

鄷水之深十仞而不受塵垢金鐵在中形見於外非不深且清也魚鼈莫之歸石上不生五穀禿山不游麋鹿無所蔭蔽也故爲政以苛爲察

以切爲明以刻下爲忠以計多爲功如此者譬猶廣革者也大即大矣裂之道也

曾子　參

脩身

曾子曰君子攻其惡求其過強其所不能去私欲從事於義可謂學矣君子愛日以學及時以行難者弗避易者弗從唯義所在日且就業夕而自省思以沒其身亦可謂守業矣君子學必由其業問必以其序問而不決承間觀色而復

之君子既學之、患其不博也、既博之、患其不習也、既習之、患其不知也、既知之、患其不能行也、既能行之、患其不能以讓也、君子之學致此五者而已矣、君子博學而淺守之、（大戴禮淺作孱）微言而篤行之、行欲先人、言欲後人、見利思辱、見難思詬、嗜欲思耻、忿怒思患、君子終身守此戰戰也、君子己善、亦樂人之善也、己能、亦樂人之能也、君子好人之爲善而弗趍也、（趍作趨音促）惡人之爲不善而弗疾也、不先人以惡、不疑人以不信、不説人之過、而成人之美、朝有過夕改則與之、夕有過朝改則與之、君子終日言、不在尤之中、小人一言、終身爲罪矣、君子之於不善也、身勿爲、可能也、色勿爲、不可能也、心勿爲、不可能也、太上樂善、其次安之、其下亦能自強也、太上不生惡、其次生而能夙絶之、其下復而能改、復而不改、隕身覆家、大者傾社稷、是故君子出言愕愕、行身戰戰、亦殆免於罪矣、昔者天子日旦思其四海之內、戰戰唯恐不能乂也、諸侯日旦思其四封之內、戰戰唯恐失損之也、大夫日旦思其官、戰戰唯恐不能勝也、庶人日旦思其事、戰戰唯恐刑罰之至也、是故臨事而慄者、鮮不濟矣、

立孝

曾子曰、君子立孝、其忠之用也、禮之貴也、故爲人子而不能孝其父者、不敢言人父不能畜其子者、爲人弟而不能承其兄者、不敢言人兄不能順其弟者、爲人臣而不能事其君者、不敢言人君不能使其臣者、故與父言言畜子、與子言言孝父、與兄言言順弟、與弟言言承兄、與君言、言使臣、與臣言言事君、君子之孝也、忠愛以敬、反是亂也、盡力而有禮、敬而安之、（敬上有莊字）微諫不倦、聽從不怠、懽欣忠信、咎故不生、可謂孝矣、盡力而無禮則小人也、致敬而不忠則不入也、是故禮以將其力、敬以入其忠、詩言夙興夜寐、毋忝爾所生、不耻其親、君子之孝也、是故未有君而忠臣可知者、孝子之謂也、未有長而順下可知者、悌弟之謂也、未有治而能仕可知者、先脩之謂

也故孝子善事君悌弟善事長君子壹孝壹悌可謂知終矣

制言

曾子曰夫行也者行禮之謂也夫禮貴者敬焉老者孝焉幼者慈焉小者友焉賤者惠焉此禮也弟子毋曰不我知也鄙夫鄙婦相會于墻陰可謂密矣明日則或揚其言者故士執仁與義而不聞行之未篤也故蓬生麻中不扶乃直白沙在泥與之皆黑是故人之相與也譬如舟車然相濟達也已先則援之彼先則推之是故人非人不濟馬非馬不走土非土不高水非水不流弟子問於曾子曰夫士何如則可爲達矣曾子曰不能則學疑則問欲行則比賢雖有險道脩行達矣今之弟子病下人不知事賢恥不知而又不問是以惑闇終其世而已矣是謂窮民

脩作循

疾病

曾子曰君子之務蓋有矣夫華繁而實寡者天也言多而行寡者人也鷹隼以山爲庳而巢其上魚鼈黿鼉以川爲淺而窟穴其中卒其所以得者餌也是故君子苟毋以利害義則辱何由至哉親戚不悅不敢外交近者不親不敢來遠小者不審不敢言大故人之生也百歲之中有疾病焉故君子思其不可復者而先施焉親戚既沒雖欲孝誰爲孝乎年既耆艾雖欲悌誰爲悌乎故孝有不及悌有不時其此之謂與言不遠身言之主也行不遠身行之本也言有主行有本謂之有聞也君子尊其所聞則高明矣行其所聞則廣大矣高明廣大不在於他加之志而已矣與君子游苾乎如入蘭芷之室久而不聞則與之化矣與小人游膩乎如入魚次之室久而不聞則與之化矣是故君子慎其所去就與君子游如長日加益而不自知也與小人游如履薄冰每履而下幾何而不陷乎哉

來作求

加上有在字

膩作貸魚次之室作鮑魚之次

羣書治要卷第三十五